Introdução à Psicologia

```
F312i   Feldman, Robert S.
            Introdução à psicologia / Robert S. Feldman ; tradução:
        Daniel Bueno, Sandra Maria Mallmann da Rosa ; revisão
        técnica: Maria Lucia Tiellet Nunes. – 10. ed. – Porto Alegre
        : AMGH, 2015.
            xxxiii, 656 p. : il. color. ; 28 cm.

            ISBN 978-85-8055-488-5

            1. Psicologia. I. Título.

                                                         CDU 159.9
```

Catalogação na publicação: Poliana Sanchez de Araujo – CRB 10/2094

Robert S. Feldman
University of Massachusetts Amherst

10ª Edição
Introdução à Psicologia

Tradução:
Daniel Bueno
Sandra Maria Mallmann da Rosa

Revisão técnica:
Maria Lucia Tiellet Nunes
Psicóloga. Doutora em Psicologia Clínica.

AMGH Editora Ltda.
2015

Obra originalmente publicada sob o título
Essentials of Understanding Psychology, 10th Edition.
ISBN 0078035252 / 9780078035258

Original edition copyright © 2013, The McGraw-Hill Global Education Holdings, LLC, New York, New York 10121. All rights reserved.

Portuguese language translation copyright © 2015, AMGH Editora Ltda., a Grupo A Educação S.A. company. All rights reserved.

Gerente editorial: *Letícia Bispo de Lima*

Colaboraram nesta edição:

Coordenadora editorial: *Cláudia Bittencourt*

Assistente editorial: *Paola Araújo de Oliveira*

Capa sobre arte original: *Márcio Monticelli*

Preparação de originais: *Elisângela Rosa dos Santos*

Leitura final: *Lisandra Cássia Pedruzzi Picon*

Editoração: *Techbooks*

Reservados todos os direitos de publicação, em língua portuguesa, à
AMGH EDITORA LTDA., uma parceria entre GRUPO A EDUCAÇÃO S.A.
e McGRAW-HILL EDUCATION
Av. Jerônimo de Ornelas, 670 – Santana
90040-340 – Porto Alegre – RS
Fone: (51) 3027-7000   Fax: (51) 3027-7070

É proibida a duplicação ou reprodução deste volume, no todo ou em parte, sob quaisquer formas ou por quaisquer meios (eletrônico, mecânico, gravação, fotocópia, distribuição na Web e outros), sem permissão expressa da Editora.

Unidade São Paulo
Av. Embaixador Macedo Soares, 10.735 – Pavilhão 5 – Cond. Espace Center
Vila Anastácio – 05095-035 – São Paulo – SP
Fone: (11) 3665-1100   Fax: (11) 3667-1333

SAC 0800 703-3444 – www.grupoa.com.br

IMPRESSO NO BRASIL
PRINTED IN BRAZIL

*Dedicado a
Jon, Leigh, Alex, Miles, Josh,
Julie, Sarah e Kathy*

Autor

ROBERT S. FELDMAN é professor de psicologia e decano da Faculdade de Ciências Sociais e do Comportamento da University of Massachusetts Amherst. Agraciado com o College Distinguished Teacher Award, ele ministra aulas de psicologia a turmas de 15 a quase 500 alunos. No decorrer de mais de duas décadas como professor universitário, ele tem ministrado disciplinas na graduação e na pós-graduação no Mount Holyoke College, na Wesleyan University e na Virginia Commonwealth University, além de aulas na University of Massachusetts.

O professor Feldman, que iniciou o Programa de Mentores para Minorias na University of Massachusetts, também trabalha como professor assistente Hewlett e como instrutor de cursos *online* e implementou cursos de ensino a distância em psicologia na University of Massachusetts.

Membro da American Psychological Association e da Association for Psychological Science, o professor Feldman bacharelou-se com honras pela Wesleyan University e fez mestrado e doutorado na University of Wisconsin-Madison. Ele foi vencedor do prêmio Fulbright de professor e pesquisador sênior e aluno de destaque de Wesleyan. É membro do Conselho de Administração da Federation of Associations in Behavioral and Brain Sciences (FABBS) e presidente eleito da Fundação FABBS, que advoga para o campo da psicologia.

Robert Feldman escreveu e editou mais de 150 livros, capítulos de livros e artigos científicos. É editor de *Development of Nonverbal Behavior in Children*, *Applications of Nonverbal Behavioral Theory and Research* e *Improving the First Year of College: Research and Practice* e coeditor de *Fundamentals of Nonverbal Behavior*. Também é autor de *P.O.W.E.R. Learning: Strategies for Success in College and Life*. Seus livros didáticos, que têm sido utilizados por mais de 2 milhões de estudantes em todo o mundo, foram traduzidos para espanhol, francês, português, holandês, alemão, italiano, chinês, coreano e japonês. Seus interesses de pesquisa incluem a mentira e a honestidade na vida cotidiana, trabalho descrito em seu livro *The Liar in Your Life*, publicado em 2009. Sua pesquisa foi financiada pelo National Institute of Mental Health e pelo National Institute on Disabilities and Rehabilitation Research.

O Professor Feldman adora música, é um pianista entusiasmado e gosta de cozinhar e viajar. Ele tem três filhos e dois netos. Ele e sua esposa, que é psicóloga, vivem no oeste de Massachusetts.

Prefácio

Primeiro os estudantes.

Se eu tivesse de resumir em poucas palavras meu objetivo nas 10 edições deste livro, bem como minha filosofia de ensino, é isto que eu diria: primeiro os estudantes. Acredito que um livro didático eficaz deve ser orientado a eles – informando-os, envolvendo-os, despertando seu interesse pelo campo da psicologia e ajudando-os a conectá-lo com suas vidas.

Reimaginando e revolucionando o processo de revisão

Para atingir meu objetivo de "primeiro os estudantes" em cada nova edição de *Introdução à psicologia*, o processo de revisão geralmente é o seguinte: dezenas de professores que usaram a edição anterior do texto fornecem análises daquela edição. Além disso, especialistas da área fornecem análises apontando novo conteúdo a acrescentar, bem como conteúdo superado a remover. Usando todas essas análises e o *feedback* de meus alunos, revisei o livro. Também acrescentei novos tópicos, citações e características.

Esta edição de *Introdução à psicologia* contém uma quantidade significativa de características e conteúdos novos e atualizados. Áreas específicas que foram atualizadas são os avanços em neurociência, cérebro e comportamento, cognição, emoções e abordagens culturais do fenômeno psicológico, incluindo a tecnologia de redes de contato social. Além disso, alguns capítulos foram revisados mais profundamente do que outros, conforme análises de especialistas: Neurociência e comportamento (Cap. 2), Aprendizagem (Cap. 5), Memória (Cap. 6) e Psicologia da saúde (Cap. 11). Para manter a pesquisa atualizada, centenas de novas citações foram incluídas, e a maioria delas refere-se a artigos e livros publicados desde 2010.

A seguinte amostra de tópicos novos e revisados e de mudanças no texto oferece um bom indicativo da atualidade do livro:

Capítulo 1 – Introdução à psicologia
- Mídias sociais
- Problemas financeiros, estresse e saúde
- Consequências do tiroteio em cinema no Colorado durante a exibição de *Batman*
- Relutância dos participantes em revelar o real comportamento em pesquisas
- Limitações da intervenção do espectador
- Sigla WEIRD para participantes de pesquisa

Capítulo 2 – Neurociência e comportamento
- Material de genética comportamental transferido para o capítulo sobre desenvolvimento
- Uso de terapia de reposição hormonal atualizado
- Perigos ligados ao uso de esteroides
- Funções interneuronais
- Papel do neurônio-espelho na percepção da fala e da linguagem
- Implantes eletrocorticográficos (ECoG)
- Diferenças entre os sexos na velocidade do desenvolvimento cerebral
- Comunicação por meio do pensamento
- Hemisferectomia

Capítulo 3 – Sensação e percepção
- Senso inato de direção
- Visão cega
- Treinamento da ativação cerebral para reduzir experiências de dor
- Estatísticas de pessoas que sofrem de dores crônicas
- Lágrimas humanas e feromônios
- Tecnologia para ajudar cegos a ver

Capítulo 4 – Estados de consciência
- Sonhos de fracasso
- Diferenças de gênero no sonhar
- Ligação entre devaneios e sonhos durante o sono
- Legalização da maconha em 13 estados
- Usos medicinais da maconha
- Insônia e uso de tecnologias
- Dependência psicológica de redes sociais e correio eletrônico

Capítulo 5 – Aprendizagem
- Abordagens de condicionamento operante para aumentar a segurança
- Abordagens comportamentais para recompensar motoristas
- Consequências positivas de jogar jogos eletrônicos pró-sociais
- Redes sociais e jogos eletrônicos violentos
- Aversão a sabores
- Sistemas de fichas
- Sustentáculos neurocientíficos do condicionamento operante
- Condicionamento clássico e uso de drogas
- Aprendizagem adaptativa

Capítulo 6 – Memória
- Comunicação neural na doença de Alzheimer
- Síndrome hipertimésica
- Eficácia e ética de medicamentos para aumentar a memória
- Valor de esquecer
- Natureza adaptativa das memórias construídas
- Significado emocional da experiência e precisão da recordação
- Novo exemplo para a memória episódica
- Definições refinadas para os seguintes termos:
    - blocos
    - engrama
    - memórias instantâneas
    - esquemas
    - declínio
    - interferência proativa
    - interferência retroativa
    - amnésia retrógrada
- Interferência e lembrança de testemunha ocular
- Efeito Google na memória
- Dizer nomes em voz alta como forma de ajudar a memória

Capítulo 7 – Pensamento, linguagem e inteligência
- Inteligência artificial e Watson, o computador
- Heurística de familiaridade
- Combinando o pensamento divergente e convergente ao treinar a criatividade
- Evidências da hipótese de relatividade linguística
- Vantagens do bilinguismo no desenvolvimento cognitivo
- Bilinguismo e declínios cognitivos na idade adulta tardia
- Processamento cerebral e bilinguismo
- Definições refinadas para os seguintes termos:
    - pensamento
    - viés de confirmação
    - pensamento divergente e convergente
- Processamento cerebral e categorização
- Dispositivo de aquisição de linguagem removido
- Definições refinadas para os seguintes termos:
    - inteligência fluida
    - quociente de inteligência
- Relação entre uso da internet e inteligência
- Novo material sobre superdotados
- "Retardo mental" substituído por "deficiências intelectuais"
- Material sobre herdabilidade refinado
- Críticas aos testes adaptativos

Capítulo 8 – Motivação e emoção
- Autorregulação em pessoas com bulimia
- Nova definição da teoria de redução de impulsos
- Compulsão alimentar em homens
- Definição da necessidade de realização esclarecida
- Aumentos e projeções da obesidade
- Estratégia de perda de peso recebendo ajuda dos outros
- Monitores sem fio para perda de peso
- Reconhecimento de expressão facial por computador

Capítulo 9 – Desenvolvimento
- Clonagem
- Terapia de linha germinativa
- Genética comportamental
- Reconhecimento de emoções no primeiro ano de vida
- Definição de temperamento refinada
- Princípio de conservação esclarecido
- Zona de desenvolvimento proximal esclarecida
- Uso de mídias sociais na adolescência

Capítulo 10 – Personalidade
- Mudanças no traço do narcisismo
- Definição e explicação do mecanismo de defesa refinada
- Termo complexo de inferioridade refinado
- Descrição refinada das abordagens de aprendizagem da personalidade
- Definição de autoeficácia substituída
- Definição de temperamento refinada
- Comportamento de correr riscos

Capítulo 11 – Psicologia da saúde: estresse, enfrentamento e bem-estar
- Efeitos prolongados dos ataques terroristas sobre TEPT
- Atividade cerebral de adolescentes fumantes
- Benefícios da adversidade sobre futura capacidade de enfrentamento
- Transtornos psicofisiológicos esclarecidos
- Não adesão criativa refinada
- Bem-estar subjetivo refinado
- Habilidades de leitura/escrita e aquiescência
- Sustentáculos biológicos e genéticos da resiliência
- Estatísticas de adesão à medicação
- Linha de tempo emocional de 11 de setembro
- Testemunhando agressão e TEPT
- Resiliência e otimismo
- Treinando clínicos em habilidades de comunicação

Capítulo 12 – Transtornos psicológicos
- Perspectiva médica esclarecida

Prefácio xi

- Aumento na incidência de transtornos em universitários
- Perspectiva cognitiva refinada
- Perspectiva sociocultural esclarecida
- Definição do transtorno de ansiedade refinada
- Explicação do transtorno conversivo refinada
- Emoção expressa esclarecida
- Modelo de predisposição para esquizofrenia esclarecido
- Uso compulsivo da internet
- Universalidade das designações do DSM entre culturas atualizada
- Anorexia em Hong Kong

Capítulo 13 – Tratamento dos transtornos psicológicos
- Tratamento medicamentoso para apagar lembranças causadoras de ansiedade
- Tratamento para depressão por meio da *web*
- Terapia por teleconferência
- O que é um estágio para psicólogos clínicos
- Repressão redefinida
- Psicanálise esclarecida
- Terapia comportamental dialética redefinida

Capítulo 14 – Psicologia social
- Comunicação de normas sociais por meio das mídias sociais
- Acessando mudança de atitudes via tecnologia
- Usando linguagem apropriada ao lutar
- Intervenção para aumentar a afiliação social de estudantes de minorias
- Definições refinadas para os seguintes termos:
    - processamento de rota central e periférica
    - dissonância cognitiva
    - teoria da atribuição
- Decisões morais e atividade cerebral
- Pressão social esclarecida
- Definição de difusão de responsabilidade esclarecida

Envolvendo, informando e despertando o interesse dos estudantes pela psicologia

Independentemente do que leve alguém a se matricular em uma disciplina introdutória e qualquer que seja sua motivação inicial, *Introdução à psicologia*, em sua 10ª edição, tem por objetivo atrair os estudantes para o campo da psicologia e estimular seu pensamento. Centrando-se primeiro nos estudantes e conectando-se com eles, o texto os auxilia envolvendo sua atenção e informando-os sobre o campo. O resultado é que os estudantes aprendem o conteúdo e entusiasmam-se com a área da psicologia.

Modos de se conectar com os estudantes de hoje

Os estudantes de hoje são tão diferentes dos aprendizes da última geração quanto a disciplina de psicologia o é daquela de 30 anos atrás. Os estudantes agora aprendem em múltiplas modalidades; em vez de sentarem e lerem capítulos impressos tradicionais de maneira linear, do início ao fim, suas preferências de trabalho tendem a ser mais visuais e mais interativas, enquanto sua leitura e seu estudo muitas vezes ocorrem de forma intermitente.

Modos de engajar os estudantes

Prólogo Cada capítulo inicia com a descrição de uma situação da vida real que demonstra a ligação dos princípios e conceitos básicos da psicologia com questões e problemas importantes. Os *Prólogos* representam pessoas e eventos conhecidos.

Olhando à frente Essa seção relaciona cada *Prólogo* aos principais temas e questões discutidos nos módulos subsequentes.

Prólogo *O poder da meditação*

Lynn Blakes, uma desenvolvedora de testes de linguagem de 39 anos, já teve três episódios de depressão e diz que a meditação ajuda a prevenir uma recaída.
"Sofri de depressão pela primeira vez há 13 anos, depois da morte de minha mãe, e novamente há sete anos, na época em que trabalhava como professora. Era um trabalho estressante, e eu não estava me cuidando. Nas duas ocasiões, prescreveram-me antidepressivos, que foram eficazes, mas não quero depender de remédios.
Sempre me interessei pela meditação e a usei como auxílio para relaxar, por isso me matriculei em um curso de meditação *mindfulness*. Aprendi a me concentrar em minha respiração e a dedicar algum tempo do dia pensando sobre aspectos do cotidiano, tais como o som dos pássaros. Você pode até se concentrar na escovação dos dentes para ajudar a desligar. Em pouco tempo, isso se torna muito natural" (Lee, 2010, p. 33).

Olhando à frente

Os psicólogos contemporâneos rejeitam a visão de que o estudo da consciência é inadequado para o campo da psicologia. Em vez disso, eles alegam que várias abordagem permitem o estudo científico da consciência. Por exemplo, os neurocientistas do comportamento podem medir os padrões de ondas cerebrais em condições de consciência que variam desde o sono até a vigília e a estados hipnóticos. E o novo conhecimento da química de drogas como maconha e álcool trouxe

Lynn Blakes descobriu que a meditação, uma técnica para concentrar a atenção, ajudava a aliviar seu estresse diário o suficiente para prevenir uma recaída da depressão. A meditação é um entre os diversos métodos que as pessoas podem usar para alterar seu estado de consciência. Ela é uma experiência que muitas pessoas consideram relaxante e agradável. Por que ela é assim, o que é a experiência consciente, como e por que podemos alterá-la são algumas das questões que abor-

Recordando

Epílogo Neste capítulo, discutimos vários tipos de aprendizagem, desde o condicionamento clássico, que depende da existência de emparelhamentos estímulo natural-resposta, até o condicionamento operante, no qual reforço é usado para aumentar o comportamento desejado. Essas abordagens da aprendizagem concentram-se nos processos de aprendizagem comportamentais externos. As abordagens cognitivas da aprendizagem concentram-se nos processos mentais que permitem a aprendizagem.

Destacamos também que a aprendizagem é afetada pela cultura e por diferenças individuais, sendo que estilos de aprendizagem individuais potencialmente afetam os modos como as pessoas aprendem de maneira mais eficaz. E vimos alguns modos em que nosso aprendizado sobre a aprendizagem pode ter uma utilidade prática, mediante meios como programas de modificação de comportamento destinados a diminuir comportamentos negativos e aumentar comportamentos positivos.

Volte ao prólogo deste conjunto de módulos e considere as seguintes questões sobre o uso da modificação de comportamento para mudar hábitos de direção:

1. O dispositivo Snapshot faz uso dos princípios do condicionamento clássico ou do condicionamento operante? Quais são as razões para sua resposta?
2. Para usuários do dispositivo Snapshot, o que é o reforço?
3. Por que um aparelho que fornece um retorno em tempo real sobre uso (e custo) de energia seria uma ferramenta de condicionamento mais eficaz do que a conta de luz que os clientes normalmente recebem todo mês?
4. Se você fosse o responsável pela implementação do programa do dispositivo Snapshot, que características adicionais do programa você poderia promover para tirar proveito dos princípios da aprendizagem cognitiva?

Epílogo No fim de cada conjunto de módulos, questões de pensamento crítico no *Epílogo* relacionam-se ao *Prólogo* da abertura do grupo de módulos. Essas questões intelectualmente instigantes ilustram como os conceitos abordados em cada módulo aplicam-se à situação da vida real descrita no *Prólogo*.

Modos de estimular os estudantes

Cobertura de conteúdo abrangente. *Introdução à psicologia* oferece uma ampla cobertura do campo da psicologia, incluindo as teorias, a pesquisa e as aplicações que permeiam a disciplina. Juntamente às áreas tradicionais da psicologia (neurociência, sensação e percepção, estados de consciência, aprendizagem, memória, cognição, desenvolvimento humano, personalidade, comportamento anormal e tratamento e psicologia social), o tópico aplicado de psicologia da saúde (Cap. 11) recebe grande atenção.

Organização modular. O livro é organizado em módulos. Cada um dos 14 capítulos é dividido em três ou quatro seções autônomas e fáceis de usar, chamadas módulos, que incluem resultados de aprendizagem e oportunidades de avaliação. Cada módulo é finalizado com perguntas que avaliam a aprendizagem a respeito dos objetivos e também em um nível conceitual de ordem superior.

Em vez de encarar um capítulo longo e potencialmente desencorajador, os leitores podem estudar o material em segmentos menores, o que estudos psicológicos há muito constataram ser a melhor forma de aprender. Além disso, os professores podem adaptar as tarefas para seus alunos pedindo-lhes que leiam apenas os módulos que se encaixem com seu programa da disciplina e na sequência que corresponda a seu plano de estudos. Alternativamente, os professores que preferem indicar capítulos inteiros também podem fazê-lo.

Conexão com as competências estudantis da APA. Conformando-se às recomendações de um relatório de uma força-tarefa da American Psycological Association (APA) sobre as competências dos estudantes de graduação (Board of Educational Affairs, 2002), *todo* componente deste livro está relacionado a conceitos psicológicos específicos e a sua aplicação na vida cotidiana. Um quadro indicando como os materiais do livro abordam diretamente as competências estudantis da APA é apresentado na Figura 2.

Resultados de aprendizagem. Novidade nesta edição, o livro inclui *Resultados de Aprendizagem* que fornecem uma estrutura para compreender, organizar e, em última análise, aprender o conteúdo, além de garantir que os estudantes atingiram determinados objetivos de aprendizagem.

Características do livro	Objetivos de aprendizagem da APA									
	Conhecimento básico em psicologia	Métodos de pesquisa em psicologia	Habilidades de pensamento crítico em psicologia	Aplicações da psicologia	Valores em psicologia	Informações e conhecimentos tecnológicos	Habilidades de comunicação	Consciência sociocultural e internacional	Desenvolvimento pessoal	Desenvolvimento e planejamento profissional
Conteúdo do capítulo	X	X	X	X	X	X	X	X	X	X
Prólogo	X		X	X				X		
Olhando à frente	X	X	X		X					
Resultados de aprendizagem	X		X	X				X		
Aplicando a psicologia no século XXI	X	X		X				X	X	X
Explorando a diversidade	X				X		X	X	X	
A neurociência em sua vida	X	X	X	X						
TrabalhoPsi	X			X					X	X
PsicoTec	X					X				
Glossário	X			X		X				
Tornando-se um consumidor informado de psicologia	X	X		X	X		X		X	X
Alerta de estudo	X	X		X						
Recapitule/avalie/repense	X		X	X						
Epílogo	X			X	X			X		
Resumo visual	X	X	X	X	X	X	X	X	X	X

FIGURA 1 Esta grade mostra a relação entre os objetivos de aprendizagem gerais elaborados pela American Psychology Association (APA) e os tipos específicos de conteúdo em *Introdução à psicologia*.

Explorando a diversidade. Além da substancial cobertura de materiais ligados à diversidade ao longo de todo o livro, cada conjunto de módulos também inclui ao menos uma seção especial dedicada a um aspecto da diversidade racial, étnica, de gênero ou cultural. Essas seções salientam o modo como a psicologia informa (e é informada por) questões relacionadas ao crescente multiculturalismo de nossa sociedade globalizada.

Explorando a DIVERSIDADE
Rotas transculturais para estados alterados de consciência

Um grupo de indígenas norte-americanos sioux sentavam-se nus em uma tenda fumegante de suor enquanto um curandeiro jogava água sobre pedras quentes para lançar ondas de vapor escaldante no ar.

Sacerdotes astecas esfregavam sobre seus corpos uma mistura de ervas venenosas, minhocas escuras cabeludas, escorpiões e lagartos triturados. Às vezes, eles bebiam a poção.

Durante o século XVI, um devoto do judaísmo hassídico deitava-se sobre o túmulo de um renomado estudioso. Enquanto murmurava o nome de Deus repetidamente, ele procurava ser possuído pela alma do espírito do sábio morto. Caso fosse bem-sucedido, ele alcançaria um estado místico, e as palavras do falecido fluiriam de sua boca.

Cada um desses rituais tinham um objetivo comum: suspensão dos grilhões da consciência cotidiana e acesso a um estado alterado de consciência. Embora eles possam parecer exóticos do ponto de vista de muitas culturas ocidentais, esses rituais representam um esforço aparentemente universal de alterar a consciência (Bartocci, 2004; Irwin, 2006).

Resumos visuais. Novidade nesta edição, os resumos visuais concluem cada capítulo e amarram os conceitos do capítulo visualmente. Cada um dos resumos visuais fornece um panorama de uma página do material do capítulo, oferecendo aos estudantes uma forma de repensar o material em outra modalidade sensorial. Esse novo recurso inovador é especialmente útil àqueles que preferem material apresentado de maneira mais visual.

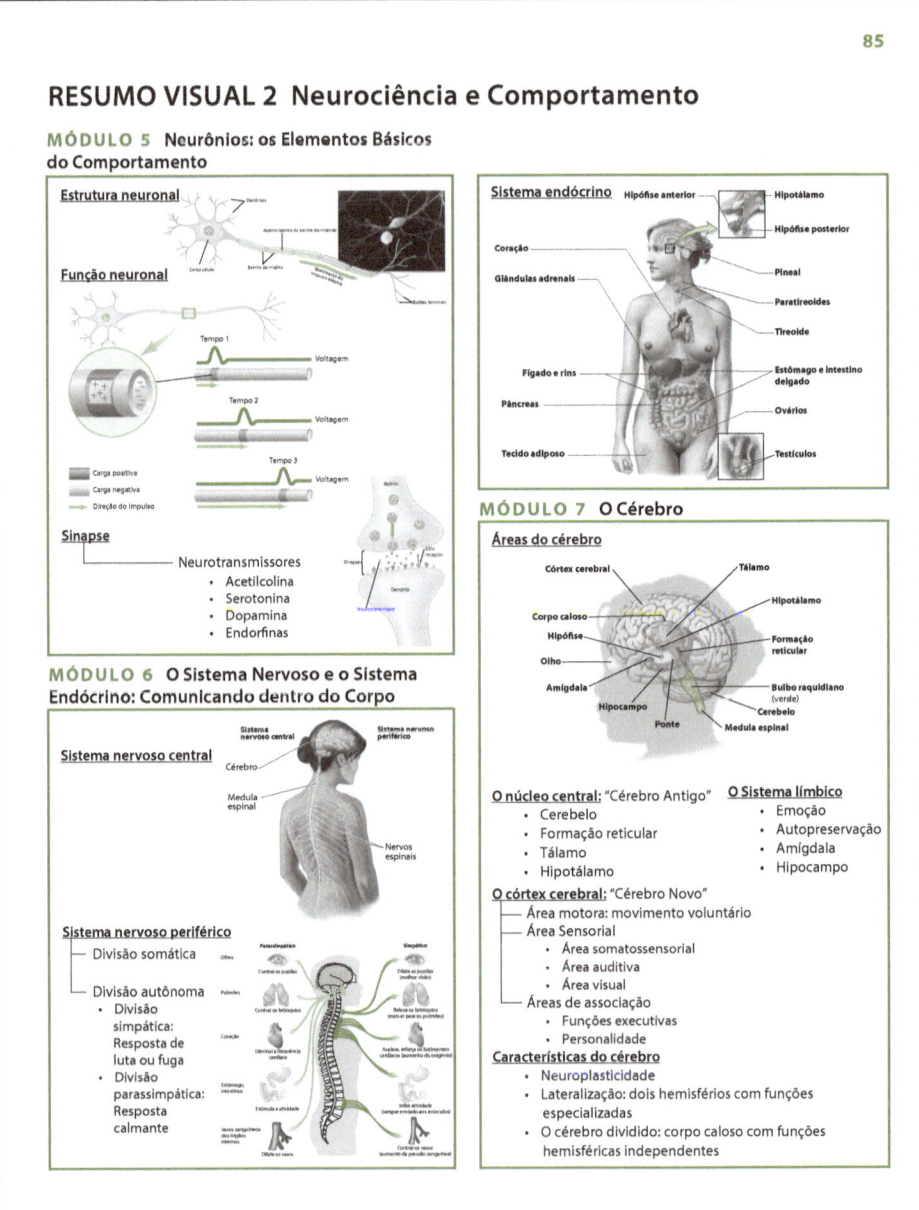

Alerta de estudo

Diferencie os cinco estágios do sono (primeiro, segundo, terceiro e quarto estágios e sono REM), os quais produzem padrões de onda diferentes.

Alertas de estudo. Ao longo de todo o texto, notas às margens das páginas assinalam conceitos e tópicos especialmente importantes. Os Alertas de Estudo oferecem sugestões para aprender o conteúdo de maneira eficaz e, assim, estudar para provas. No Capítulo 4, Módulo 12, por exemplo, um Alerta de Estudo enfatiza a importância de diferenciar as cinco etapas do sono; o recurso no Módulo 13 deixa clara a questão-chave acerca da hipnose – se ela representa um estado de consciência diferente ou se é semelhante à consciência normal da vigília; e o Módulo 14 ressalta a Figura 2 por sua clara visão dos diferentes modos como as drogas produzem seus efeitos em nível neuronal.

Prefácio xv

> **Recapitule/avalie/repense**
>
> **Recapitule**
>
> **RA 36-1** Como as interações com os médicos afetam nossa saúde e adesão ao tratamento?
>
> - Embora os pacientes com frequência desejem que os médicos fundamentem um diagnóstico apenas com base em um exame físico, a comunicação do problema ao médico é igualmente importante.
> - Os pacientes podem considerar difícil a comunicação aberta com seus médicos devido ao alto prestígio social desses profissionais e à natureza técnica de suas informações.
>
> **RA 36-2** Como se desenvolve uma sensação de bem-estar?
>
> - O bem-estar subjetivo, a medida do quanto as pessoas são felizes, é mais alto entre pessoas com uma autoestima elevada, um sentimento de controle e uma rede apoiadora de relacionamentos próximos.
>
> **Avalie**
>
> 1. Os psicólogos da saúde mais provavelmente se detêm em qual dos seguintes problemas com os cuidados à saúde
>   a. Incompetência por parte dos prestadores de cuidados à saúde
>   b. Custos elevados dos cuidados à saúde
>   c. Comunicação ineficaz entre médico e paciente
>   d. Escassez de financiamento à pesquisa médica
>
> 2. Se você quer que as pessoas usem mais fio dental para prevenir doenças nas gengivas, a melhor abordagem é:
>   a. Usar uma mensagem estruturada negativamente
>   b. Usar uma mensagem estruturada positivamente
>   c. Fazer com que um dentista envie uma mensagem encorajadora sobre os prazeres de usar o fio dental
>   d. Dar às pessoas fio dental gratuito
>
> 3. Ganhar na loteria provavelmente:
>   a. Produzirá um aumento imediato e prolongado no nível de bem-estar
>   b. Produzirá um aumento imediato, mas não persistente, no nível de bem-estar
>   c. Produzirá um declínio no bem-estar a longo prazo
>   d. Levará a um aumento na ganância a longo prazo
>
> **Repense**
>
> 1. Você considera que o estresse dificulta a comunicação entre médicos e pacientes? Por quê?
> 2. *Da perspectiva de um prestador de serviço à saúde*: Como você tentaria se comunicar melhor com seus pacientes? Como suas técnicas poderiam depender da origem, do gênero, da idade e da cultura do paciente?
>
> Respostas das questões de avaliação
>
> 1. c; 2. b; 3. b

Recapitule/avalie/repense. Cada módulo conclui com uma seção Recapitule/avalie/repense. As seções *Recapitule* revisam as questões conceituais apresentadas no início de cada módulo. As seções Avalie testam a lembrança do conteúdo, avaliando o grau de aprendizagem inicial. As seções Repense fornecem questões intelectualmente instigantes para promover o pensamento crítico sobre o conteúdo.

Glossários. Termos-chave são destacados no texto em que eles são introduzidos, e definições são apresentadas à margem da página. Para facilitar o estudo, ao final do módulo, há uma lista dos termos e conceitos-chave. Também há um glossário de todos os termos e conceitos-chave no final do livro.

Modos de incentivar os estudantes e ajudá-los a relacionar a psicologia a suas vidas

Aplicando a psicologia no século XXI. Esses quadros – todos novos nesta edição – destacam a importância da psicologia, apresentando aplicações correntes e potenciais da teoria e dos achados da pesquisa psicológica a problemas da vida real. Por exemplo, um quadro discute dos princípios psicológicos que explicam o perigo de trocar mensagens de texto ao volante, enquanto outro mostra como pesquisadores da inteligência artificial estão construindo robôs "mais inteligentes" que poderão transformar a vida diária dos humanos.

> **Aplicando a Psicologia no Século XXI**
>
> **Anunciando na era da informação: mirando alvos em movimento**
>
> Enquanto um homem de meia-idade navega em uma página popular da *web* sobre esportes, mais de uma dúzia de câmeras monitoram cada movimento seu – particularmente os movimentos de seus olhos. Outro equipamento monitora a temperatura de sua pele e o batimento cardíaco, enquanto inúmeras pequenas sondas musculares medem cada *nuance* das mudanças em suas expressões faciais. Em uma sala remota, técnicos monitoram cuidadosamente os dados que seus movimentos produzem em tempo real.
>
> Esta não é uma cena de um filme futurista de ficção científica – é apenas um dia comum em um laboratório de pesquisas privado de propriedade da Walt Disney Company. Os técnicos em pesquisa estão estudando a eficácia dos anúncios *on-line*. Embora as companhias da internet venham há tempo investigando os tipos de anúncios *on-line* que estimulam os usuários dos *sites* a clicarem, sabe-se muito menos sobre por que os usuários *não* respondem. Os anúncios não estão conseguindo capturar sua atenção? Em caso afirmativo, que tipos de anúncios funcionariam melhor para fazer isso? Trata-se apenas de uma questão de criar visuais mais vívidos, ou os usuários aprendem rapidamente a ignorar mesmo os *banners* que saltam aos olhos? A estrutura em si do *site* faz diferença? É um equilíbrio delicado criar anúncios *on-line* que sejam maximamente eficazes, mas não tão intrusivos que afastem o público (Lavrakas, Mane, & Joe, 2010; Hsieh & Chen, 2011).
>
> As agências de publicidade querem ter certeza de que estão obtendo a melhor resposta para seus esforços. Em vez de deixar tudo ao acaso, elas estão usando os últimos métodos de pesquisa para assegurar que seus anúncios tenham o impacto pretendido – mesmo chegando ao ponto de monitorar a atividade cerebral das pessoas
>
>
>
> Os anunciantes estão pesquisando formas de aproveitar as mais recentes tecnologias para assegurar que obterão a maior resposta possível para seus esforços.
>
> enquanto elas assistem a anúncios na televisão. "Você está vendo a ciência ingressar no setor de *marketing* de uma forma intensa", disse David Poltrack, chefe de pesquisas da CBS. Artie Bulgrin, vice-presidente sênior de pesquisa da ESPN, concorda: "Nós vemos isso como uma ferramenta de pesquisa e desenvolvimento muito poderosa para toda a Disney Company. Quando surgem ideias, queremos pesquisá-las e ter os resultados nas mãos de nossa força de vendas o mais rápido possível", acrescenta (Barnes, 2009, p. 6).
>
> A rápida evolução da tecnologia da internet e as formas dinâmicas como as pessoas consomem o conteúdo *on-line* superaram consideravelmente as tentativas dos pesquisadores de compreender os padrões de uso das pessoas e as formas mais efetivas de introduzir a publicidade nessa mistura. Laboratórios de pesquisa privados dos principais interessados como a Disney estão trabalhando freneticamente para se manter, porém ainda há muito trabalho a ser feito. Em sua maior parte, os anunciantes ainda estão baseando-se em métodos que funcionaram para uma tecnologia mais antiga até que as mais novas modalidades de mídia sejam mais bem-entendidas (Li & Leckenby, 2007).
>
> **REPENSE**
> - Por que é tão difícil projetar anúncios efetivos para a mídia *on-line*?
> - Por que os pesquisadores estão profundamente interessados nas respostas físicas dos usuários enquanto eles consomem a mídia *on-line*?

A Neurociência em sua Vida:
Um passo mais próximo da compreensão do TOC

FIGURA 3 As pessoas com transtorno obsessivo-compulsivo (TOC) possuem diferenças em seu cérebro. Essas imagens mostram níveis aumentados de substância cinzenta (i. e., mais conexões e mais neurônios) no tálamo (a) e no córtex frontal esquerdo (b) em pessoas com TOC quando comparadas a pessoas sem TOC. Esses achados ajudam-nos a compreender as causas potenciais do TOC e podem levar ao desenvolvimento de melhores tratamentos para o transtorno.
(Fonte: Christian et al., 2008, Fig. 1.)

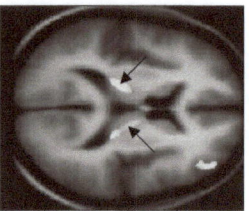
(a)

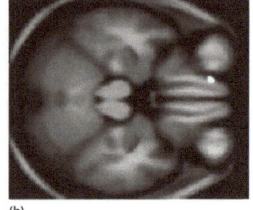
(b)

A neurociência em sua vida. Esse recurso atualizado, que aparece na maior parte dos capítulos, destaca a importância da pesquisa em neurociências no âmbito das diversas especialidades da disciplina e na vida dos estudantes. Varreduras cerebrais, com legendas e textos explicativos, ilustram descobertas neurocientíficas importantes que estão cada vez mais influenciando o campo da psicologia. Por exemplo, uma seção de A Neurociência em sua Vida explica por que a privação de sono pode nos afetar emocionalmente. Outra mostra quais áreas do cérebro são afetadas ao assumir riscos.

Tornando-se um consumidor informado de psicologia. Cada conjunto de módulos inclui material destinado a tornar os leitores consumidores mais informados de conteúdo psicológico, para que possam avaliar criticamente o que o campo da psicologia oferece. Essas discussões também fornecem orientação confiável e útil sobre problemas comuns.

TORNANDO-SE UM CONSUMIDOR INFORMADO de Psicologia
Lidando efetivamente com a raiva

Em um momento ou outro, quase todo mundo sente raiva. A raiva pode resultar de uma situação frustrante ou ser devida ao comportamento de outro indivíduo. A forma como lidamos com a raiva determina a diferença entre uma promoção e um emprego perdido ou uma relação rompida e outra que é recuperada.

Os psicólogos sociais que estudaram o assunto sugerem várias boas estratégias para lidar com a raiva que maximizam o potencial para consequências positivas (Ellis, 2000; Nelson & Finch, 2000; Bernstein, 2011). Entre as estratégias mais úteis, estão as seguintes:

- *Acalmar-se.* Dê uma caminhada ou se envolva em alguma outra atividade física para esfriar a excitação emocional.
- *Olhar novamente para a situação que provoca raiva segundo a perspectiva de outras pessoas.* Assumindo o ponto de vista de outras pessoas, você pode compreender melhor a situação e, com uma maior compreensão, tornar-se mais tolerante em relação às falhas dos outros.
- *Minimizar a importância da situação.* Realmente importa que alguém esteja dirigindo tão devagar e que você vá se atrasar para um compromisso como consequência disso? Reinterprete a situação de uma maneira que seja menos incômoda.
- *Usar a linguagem efetivamente dizendo "eu", e não "você".* Não diga "Você fez _____ errado". Em vez disso, diga "Senti-me magoado quando você fez _____". Quando você acusa as pessoas de estarem erradas, provavelmente elas sentirão a necessidade de reagir.

PsicoTec
Embora algumas pessoas pareçam usar a internet compulsivamente, os psicólogos ainda discutem se isso representa um verdadeiro transtorno psicológico.

PsicoTec. Todo capítulo agora inclui novos comentários às margens das páginas que assinalam como a tecnologia e a psicologia interagem. Esses comentários são dirigidos à geração net da atualidade, estudantes que usam essa tecnologia o tempo todo.

TrabalhoPsi. TrabalhoPsi apresenta aos estudantes diferentes carreiras profissionais às quais a compreensão da psicologia leva. Cada perfil de TrabalhoPsi ilustra pessoas em diversas ocupações cujo conhecimento de psicologia embasa e realça seu trabalho. Dentre os profissionais descritos, há um assistente social, um nutricionista, um terapeuta de reabilitação e um executivo de publicidade, mostrando que a psicologia está a nossa volta e é importante para muitas áreas.

TrabalhoPsi
CRIADOR EM AGÊNCIA DE PUBLICIDADE
Nome: Vlad Kolarov
Formação: Bacharel em Direito, Universidade de Sófia, Sófia, Bulgária

Ao longo dos anos, as empresas vêm empregando inúmeras formas de atrair nossa atenção e de nos seduzir para comprar seus produtos ou serviços. Para Vlad Kolarov, proprietário da agência de publicidade FunnySells.com, o humor é a melhor abordagem.

"O humor é universal. Ele nos faz sentir melhor. Todos gostam de uma boa risada, mesmo as pessoas que dizem que não têm senso de humor", observa ele. "As companhias que usam o humor nas campanhas publicitárias geralmente obtêm um aumento nas vendas de seu produto e serviço. O truque, no entanto, é criar uma campanha publicitária bem-humorada e memorável. Humor e comédia, como gênero, são os mais árduos de dominar."

"Quando feitos corretamente, as companhias podem usá-los para criar e manter uma identidade da marca, para introduzir um novo produto ou serviço ou mudar um já existente, para aumentar o valor comercial da marca ou da companhia e para aumentar as vendas", acrescenta.

O uso do humor como ferramenta promocional pode ser benéfico, embora também seja complicado, de acordo com Kolarov.

Material complementar para professores (em inglês)

Acesse, em www.grupoa.com.br, a página deste livro por meio do campo de busca e clique em Material do Professor (o professor deverá se cadastrar para ter acesso a esse material) e baixe:

Manual do professor (em inglês). Este guia abrangente provê as ferramentas e recursos de que os professores precisam para apresentar e incrementar suas aulas de introdução à psicologia. Ele contém aberturas de aula detalhadas, resultados de aprendizagem, ideias interessantes para apresentação de aulas e mídias, tarefas para os alunos e folhetos. As muitas dicas e atividades neste manual podem ser usadas com qualquer classe, de qualquer tamanho ou abordagem de ensino.

Galeria de imagens. Mais de cem figuras do livro podem ser baixadas.

Apresentações de PowerPoint®, de Cathy Hunt, da Pennsylvania State University. Estas apresentações cobrem os pontos-chave de cada capítulo e incluem quadros e gráficos do texto. Elas podem ser usadas como estão ou ser modificadas para atender suas necessidades específicas.

Agradecimentos

Uma das características centrais de *Introdução à psicologia* é o envolvimento de profissionais e estudantes no processo de revisão. Esta 10ª edição baseou-se muito e beneficiou-se substancialmente dos conselhos de professores e estudantes.

Devo imensa gratidão aos seguintes revisores, que utilizaram seu tempo e suas capacidades para ajudar a garantir que este livro refletisse o melhor que a psicologia tem a oferecer.

Revisores

Bernice Carson
Virginia State University

Wanda Clark
South Plains College

Lori Heiger
Alamance Community College

Nawshin Hoque
Hunter College

Charles Jerred
Bryant & Stratton College

Matthew Minich
Mount Ida College

Regan Murray
Briar Cliff University

LaTishia Smith
Ivy Tech Community College

Jane W. Couperus, do Hampshire College, deu excepcional apoio na identificação da pesquisa em neurociências apropriada para incluir nas seções A Neurociência em sua Vida. Agradeço a ela por seu excelente trabalho.

Muitos professores moldaram meu pensamento ao longo de minha trajetória educacional. Minha introdução na psicologia ocorreu na Wesleyan University, onde vários professores comprometidos e inspiradores – em especial Karl Scheibe – transmitiram sua empolgação sobre o campo da psicologia e deixaram clara para mim sua relevância. Karl é o exemplo perfeito de combinação professor-estudioso à qual aspiro, e continuo grato por minha sorte em haver tido esse exemplo.

Na época em que saí da Wesleyan, eu não conseguia imaginar seguir outra carreira que não a de psicólogo. Embora a natureza da University of Wisconsin, onde fiz minha pós-graduação, não pudesse ser mais diferente que a de Wesleyan, muito menor, a emoção e inspiração eram semelhantes. Mais uma vez, uma equipe de excelentes professores – liderados, especialmente, pelo falecido Vernon Allen – moldou meu pensamento e ensinou-me a apreciar a beleza e a ciência da psicologia.

Meus colegas e alunos na University of Massachusetts, Amherst, fornecem estímulo intelectual constante, e agradeço-lhes por fazer da universidade um bom lugar para se trabalhar. Muitas pessoas também ofereceram extraordinário auxílio investigativo e editorial. Sou grato sobretudo a alunos excelentes, do passado e do presente, incluindo Erik Coats, Sara Levine, Jim Tyler, Chris Poirier e Matt Zimbler. John Bickford, em especial, deu uma contribuição editorial que realçou o livro consideravelmente. Por fim, sou grato a John Graiff, cujo trabalho e dedicação ajudaram incalculavelmente tudo o que envolve este livro.

Também sou muito grato à equipe editorial da McGraw-Hill que participou desta edição do livro. O vice-presidente e gerente geral Mike Ryan e o diretor Mike Sugarman criaram um ambiente criativo, dinâmico e favorável, e admiro muito seu entusiasmo, seu comprometimento e suas constantes boas ideias. Também agradeço a Sue Ewing, editora de desenvolvimento desta edição. Sue, em especial, fez um excelente trabalho de gerenciamento de uma miríade de detalhes (e também de mim). Também estou contente porque a diretora Krista Bettino trabalhou nesta edição (e nas edições anteriores) de *Introdução à psicologia*. Ela contribuiu com motivação, inteligência e boas ideias para o projeto. Por fim, todo leitor deste livro deve gratidão a Rhona Robbin e Judith Kromm, editoras de desenvolvimento nas edições anteriores. Sua incessante busca de excelência ajudou a formar o núcleo deste livro, e elas me ensinaram muitas coisas sobre o ofício e a arte de escrever.

Fundamentais para o *design*, a produção e o processo de comercialização foram a diretora Krista Bettino, o gerente de projetos Erin Melloy, a gerente de compras Nicole Baumgartner, o *designer* Preston Thomas e a editora de fotografia LouAnn Wilson. Também gostaria de agradecer os gerentes de *marketing* AJ Laferrera e Ann Helerson por seu entusiasmo e dedicação a este livro. Tenho orgulho de fazer parte dessa equipe de qualidade internacional.

Finalmente, devo total gratidão à minha família. Meus pais, Leah Brochstein e o falecido Saul D. Feldman, me deram amor e apoio constantes, e continuo vendo sua influência em todos os aspectos de minha vida. Sou muito grato também ao falecido Harry Brochstein, que enriqueceu minha vida e meu pensar de muitas formas.

Minha família mais ampla também desempenhou um papel central em minha vida. Isso inclui, mais ou menos em ordem de idade, minhas sobrinhas e sobrinhos, meu fabuloso irmão, meus cunhados e cunhadas e a falecida Ethel Radler. Por fim, minha sogra, a falecida Mary Evans Vorwerk, teve uma influência importante neste livro, e serei sempre grato a ela.

No final de tudo, meus filhos, Jonathan, Joshua e Sarah; minhas noras, Leigh e Julie; meus netos, Alex e Miles; e minha esposa, Katherine, continuam sendo os pontos focais de minha vida. Agradeço a eles, com imenso amor, enorme gratidão, por fazerem parte de minha vida.

Robert S. Feldman
Amherst, Massachusetts

Sumário resumido

CAPÍTULO 1   Introdução à Psicologia 2
- MÓDULO 1   Os Psicólogos no Trabalho 5
- MÓDULO 2   Uma Ciência Desenvolve-se: o Passado, o Presente e o Futuro 14
- MÓDULO 3   Pesquisa em Psicologia 26
- MÓDULO 4   Questões Cruciais de Pesquisa 40

CAPÍTULO 2   Neurociência e Comportamento 48
- MÓDULO 5   Neurônios: os Elementos Básicos do Comportamento 51
- MÓDULO 6   O Sistema Nervoso e o Sistema Endócrino: Comunicando dentro do Corpo 60
- MÓDULO 7   O Cérebro 68

CAPÍTULO 3   Sensação e Percepção 86
- MÓDULO 8   Sensopercebendo o Mundo a Nosso Redor 89
- MÓDULO 9   Visão: Lançando Luz sobre o Olho 94
- MÓDULO 10   A Audição e os Outros Sentidos 104
- MÓDULO 11   Organização Perceptual: Construindo Nossa Visão de Mundo 116

CAPÍTULO 4   Estados de Consciência 130
- MÓDULO 12   Sono e Sonhos 133
- MÓDULO 13   Hipnose e Meditação 147
- MÓDULO 14   Uso de Drogas: os Altos e Baixos da Consciência 152

CAPÍTULO 5   Aprendizagem 166
- MÓDULO 15   Condicionamento Clássico 169
- MÓDULO 16   Condicionamento Operante 177
- MÓDULO 17   Abordagens Cognitivas da Aprendizagem 192

CAPÍTULO 6 — Memória 202

- **MÓDULO 18** Os Fundamentos da Memória 205
- **MÓDULO 19** Recordando Memórias de Longo Prazo 218
- **MÓDULO 20** Esquecendo: Quando a Memória Falha 228

CAPÍTULO 7 — Pensamento, Linguagem e Inteligência 238

- **MÓDULO 21** Pensamento e Raciocínio 241
- **MÓDULO 22** Linguagem 257
- **MÓDULO 23** Inteligência 266

CAPÍTULO 8 — Motivação e Emoção 286

- **MÓDULO 24** Explicando a Motivação 289
- **MÓDULO 25** Necessidades Humanas e Motivação: Comer, Beber e Ser Ousado 296
- **MÓDULO 26** Compreendendo as Experiências Emocionais 313

CAPÍTULO 9 — Desenvolvimento 326

- **MÓDULO 27** Natureza e Criação: a Questão Desenvolvimental Remanescente 329
- **MÓDULO 28** Primeira Infância e Infância 340
- **MÓDULO 29** Adolescência: Tornando-se Adulto 358
- **MÓDULO 30** Idade Adulta 368

CAPÍTULO 10 — Personalidade 382

- **MÓDULO 31** Abordagens Psicodinâmicas da Personalidade 385
- **MÓDULO 32** Abordagens do Traço, da Aprendizagem, Biológica e Evolucionista e Humanista da Personalidade 395
- **MÓDULO 33** Avaliando a Personalidade: Determinando o que nos Torna Diferentes 408

CAPÍTULO 11 — Psicologia da Saúde: Estresse, Enfrentamento e Bem-estar 418

- **MÓDULO 34** Estresse e Enfrentamento 421
- **MÓDULO 35** Aspectos Psicológicos da Doença e do Bem-estar 434
- **MÓDULO 36** Promovendo a Saúde e o Bem-estar 441

Sumário resumido xxi

CAPÍTULO 12 — Transtornos Psicológicos 450
- MÓDULO 37 — Normal *versus* Anormal: Fazendo a Distinção 453
- MÓDULO 38 — Os Principais Transtornos Psicológicos 463
- MÓDULO 39 — Transtornos Psicológicos em Perspectiva 483

CAPÍTULO 13 — Tratamento dos Transtornos Psicológicos 492
- MÓDULO 40 — Psicoterapia: Abordagens Psicodinâmicas, Comportamentais e Cognitivas 495
- MÓDULO 41 — Psicoterapia: Abordagens Humanista, Interpessoal e de Grupo 507
- MÓDULO 42 — Terapia Biomédica: Abordagens Biológicas 515

CAPÍTULO 14 — Psicologia Social 526
- MÓDULO 43 — Atitudes e Cognição Social 529
- MÓDULO 44 — Influência Social e Grupos 541
- MÓDULO 45 — Preconceito e Discriminação 549
- MÓDULO 46 — Comportamento Social Positivo e Negativo 555

Glossário 569

Referências 579

Créditos 629

Índice Onomástico 633

Índice 647

Sumário

CAPÍTULO 1

Introdução à Psicologia 2

MÓDULO 1

Os Psicólogos no Trabalho 5

As subáreas da psicologia: a árvore genealógica da psicologia 6
Trabalhando em psicologia 9
TRABALHOPSI Assistente social 10

MÓDULO 2

Uma Ciência Desenvolve-se: o Passado, o Presente e o Futuro 14

As raízes da psicologia 14
Perspectivas atuais 16
APLICANDO A PSICOLOGIA NO SÉCULO XXI A psicologia é importante 20
As principais questões e controvérsias da psicologia 21
O futuro da psicologia 23
A NEUROCIÊNCIA EM SUA VIDA: Lendo os filmes em sua mente 23

MÓDULO 3

Pesquisa em Psicologia 26

O método científico 26
Pesquisa psicológica 28
Pesquisa descritiva 29
Pesquisa experimental 32

MÓDULO 4

Questões Cruciais de Pesquisa 40

A ética da pesquisa 40
EXPLORANDO A DIVERSIDADE Escolhendo participantes que representem o escopo do comportamento humano 41
A NEUROCIÊNCIA EM SUA VIDA: A importância de usar participantes representativos 42
Animais devem ser usados em pesquisas? 42
Ameaças à validade experimental: evitando o viés experimental 43
TORNANDO-SE UM CONSUMIDOR INFORMADO DE PSICOLOGIA Pensando criticamente sobre a pesquisa 44

xxiv Sumário

CAPÍTULO 2
Neurociência e Comportamento 48

MÓDULO 5 — Neurônios: os Elementos Básicos do Comportamento 51
A estrutura do neurônio 51
Como os neurônios disparam 52
Onde os neurônios encontram-se: preenchendo a lacuna 55
Neurotransmissores: mensageiros químicos com múltiplos talentos 56

MÓDULO 6 — O Sistema Nervoso e o Sistema Endócrino: Comunicando dentro do Corpo 60
O sistema nervoso: ligando neurônios 60
As bases evolucionistas do sistema nervoso 63
O sistema endócrino: de substâncias e glândulas 64

MÓDULO 7 — O Cérebro 68
Estudando a estrutura e as funções cerebrais: espionando o cérebro 68
O núcleo central: nosso "cérebro antigo" 70
APLICANDO A PSICOLOGIA NO SÉCULO XXI Seu desejo é uma ordem: operando computadores com o cérebro 71
O sistema límbico: além do núcleo central 72
O córtex cerebral: nosso "cérebro novo" 73
TRABALHOPSI Terapeuta de reabilitação 75
A neuroplasticidade e o cérebro 77
A NEUROCIÊNCIA EM SUA VIDA: O cérebro plástico 78
A especialização dos hemisférios: dois cérebros ou um? 78
EXPLORANDO A DIVERSIDADE A diversidade humana e o cérebro 79
O cérebro dividido: explorando os dois hemisférios 80
TORNANDO-SE UM CONSUMIDOR INFORMADO DE PSICOLOGIA Aprendendo a controlar seu coração – e sua mente – por meio do *biofeedback* 81

CAPÍTULO 3
Sensação e Percepção 86

MÓDULO 8 — Sensopercebendo o Mundo a Nosso Redor 89
Limiares absolutos: detectando o que está lá fora 90
Limiares de diferença: percebendo distinções entre estímulos 91
Adaptação sensorial: reduzindo nossas respostas 92

Sumário xxv

MÓDULO 9

Visão: Lançando Luz sobre o Olho 94

Iluminando a estrutura do olho 95

A NEUROCIÊNCIA EM SUA VIDA: Vendo a visão no cérebro 100

Visão de cores e cegueira para cores: o espectro de 7 milhões de cores 100

MÓDULO 10

A Audição e os Outros Sentidos 104

Sentindo o som 104

Olfato e paladar 108

Os sentidos da pele: tato, pressão, temperatura e dor 110

TORNANDO-SE UM CONSUMIDOR INFORMADO DE PSICOLOGIA Manejando a dor 113

Como nossos sentidos interagem 113

MÓDULO 11

Organização Perceptual: Construindo Nossa Visão de Mundo 116

As leis de organização da Gestalt 116

Processamento descendente e ascendente 117

Percepção de profundidade: traduzindo 2-D para 3-D 119

Constância perceptual 120

Percepção do movimento: quando o mundo vira 121

APLICANDO A PSICOLOGIA NO SÉCULO XXI Será que as pessoas têm um senso interno de direção? 122

Ilusões perceptuais: os enganos das percepções 122

EXPLORANDO A DIVERSIDADE Cultura e percepção 124

CAPÍTULO 4

Estados de Consciência 130

MÓDULO 12

Sono e Sonhos 133

Os estágios do sono 134

Sono REM: o paradoxo do sono 135

Por que dormimos e quantas horas de sono são necessárias? 136

A NEUROCIÊNCIA EM SUA VIDA: Por que você está irritado? Seu cérebro está desperto demais 137

A função e o significado de sonhar 137

APLICANDO A PSICOLOGIA NO SÉCULO XXI Sonhos de fracasso 138

Transtornos do sono: problemas para dormir 141

TRABALHOPSI Tecnólogo do sono 142

Ritmos circadianos: os ciclos da vida 143

Devaneios: sonhos sem sono 144

TORNANDO-SE UM CONSUMIDOR INFORMADO DE PSICOLOGIA Dormindo melhor 145

MÓDULO 13

Hipnose e Meditação 147

Hipnose: uma experiência formadora de transe? 147

Meditação: regulando nosso próprio estado de consciência 149

EXPLORANDO A DIVERSIDADE Rotas transculturais para estados alterados de consciência 150

MÓDULO 14

Uso de Drogas: os Altos e Baixos da Consciência 152

Estimulantes: os altos das drogas 154

Depressores: os baixos das drogas 157

Narcóticos: aliviando a dor e a ansiedade 160

Alucinógenos: drogas psicodélicas 161

TORNANDO-SE UM CONSUMIDOR INFORMADO DE PSICOLOGIA Identificando problemas com álcool e drogas 162

CAPÍTULO 5

Aprendizagem 166

MÓDULO 15

Condicionamento Clássico 169

Os fundamentos do condicionamento clássico 170

Aplicando os princípios do condicionamento ao comportamento humano 172

Extinção 173

Generalização e discriminação 174

Além do condicionamento clássico tradicional: desafiando pressupostos básicos 175

MÓDULO 16

Condicionamento Operante 177

Lei de Efeito de Thorndike 177

Os fundamentos do condicionamento operante 178

APLICANDO A PSICOLOGIA NO SÉCULO XXI Usando os princípios do condicionamento operante para salvar vidas 185

TRABALHOPSI Treinadora de cães-guia 186

TORNANDO-SE UM CONSUMIDOR INFORMADO DE PSICOLOGIA Usando análise de comportamento e modificação de comportamento 188

MÓDULO 17

Abordagens Cognitivas da Aprendizagem 192

Aprendizagem latente 192

Aprendizagem observacional: aprendendo por imitação 194

A NEUROCIÊNCIA EM SUA VIDA: Aprendendo por imitação 195

EXPLORANDO A DIVERSIDADE A cultura influencia o modo como aprendemos? 197

Sumário   xxvii

CAPÍTULO 6
Memória   202

MÓDULO 18   Os Fundamentos da Memória   205

Memória sensorial   206
Memória de curto prazo   207
Memória de trabalho   209
Memória de longo prazo   211
A NEUROCIÊNCIA EM SUA VIDA: Experiência, memória e cérebro   215
APLICANDO A PSICOLOGIA NO SÉCULO XXI Memória de um frasco   216

MÓDULO 19   Recordando Memórias de Longo Prazo   218

Pistas de recuperação   218
Níveis de processamento   219
Memória explícita e implícita   220
Memórias instantâneas   221
Processos construtivos na memória: reconstruindo o passado   222
EXPLORANDO A DIVERSIDADE Existem diferenças interculturais na memória?   226

MÓDULO 20   Esquecendo: Quando a Memória Falha   228

Por que esquecemos   229
Interferência proativa e retroativa: o antes e o depois do esquecimento   230
Disfunções da memória: aflições do esquecimento   231
A NEUROCIÊNCIA EM SUA VIDA: Doença de Alzheimer e deterioração cerebral   233
TORNANDO-SE UM CONSUMIDOR INFORMADO DE PSICOLOGIA Melhorando sua memória   233

CAPÍTULO 7
Pensamento, Linguagem e Inteligência   238

MÓDULO 21   Pensamento e Raciocínio   241

Imagens mentais: examinando a imaginação   241
Conceitos: categorizando o mundo   242
Algoritmos e heurísticas   243
APLICANDO A PSICOLOGIA NO SÉCULO XXI Vou levar "inteligência artificial" por mil dólares, Alex   244
Resolvendo problemas   245
Criatividade e resolução de problemas   253
TORNANDO-SE UM CONSUMIDOR INFORMADO DE PSICOLOGIA Pensando de maneira crítica e criativa   255

xxviii Sumário

MÓDULO 22

Linguagem 257

Gramática: a linguagem da linguagem 257
O desenvolvimento da linguagem: desenvolvendo um jeito com as palavras 258
Entendendo a aquisição da linguagem: identificando as raízes da linguagem 259
A influência da linguagem sobre o pensamento: os esquimós têm mais palavras para neve do que os texanos? 261
Os animais usam a linguagem? 262
EXPLORANDO A DIVERSIDADE Ensinando com variedade linguística: educação bilíngue 263
A NEUROCIÊNCIA EM SUA VIDA: O bilinguismo e o cérebro 264

MÓDULO 23

Inteligência 266

Teorias da inteligência: existem diferentes tipos de inteligência? 267
Avaliando a inteligência 272
Variações na capacidade intelectual 277
TRABALHOPSI Diretor de educação especial 279
Diferenças de grupo em relação à inteligência: determinantes genéticos e ambientais 280
EXPLORANDO A DIVERSIDADE A relativa influência da genética e do ambiente: natureza, criação e QI 280

CAPÍTULO 8

Motivação e Emoção 286

MÓDULO 24

Explicando a Motivação 289

Abordagens dos instintos: nascido para ser motivado 289
Abordagens de redução do impulso: satisfazendo nossas necessidades 290
Abordagens de excitação: além da redução do impulso 291
Abordagens de incentivo: impulso da motivação 291
Abordagens cognitivas: os pensamentos por trás da motivação 291
Hierarquia de Maslow: ordenando as necessidades motivacionais 293
Aplicando as diferentes abordagens da motivação 294

MÓDULO 25

Necessidades Humanas e Motivação: Comer, Beber e Ser Ousado 296

A motivação por trás da fome e da alimentação 296
APLICANDO A PSICOLOGIA NO SÉCULO XXI O estigma crescente da obesidade 298
TRABALHOPSI Nutricionista 300
A NEUROCIÊNCIA EM SUA VIDA: Quando a regulação do comportamento alimentar dá errado – bulimia 302
TORNANDO-SE UM CONSUMIDOR INFORMADO DE PSICOLOGIA Fazendo dieta e perdendo peso com êxito 303
Motivação sexual 304
As necessidades de realização, afiliação e poder 309

MÓDULO 26 Compreendendo as Experiências Emocionais 313

As funções das emoções 314

Determinando a variação das emoções: nomeando nossos sentimentos 314

As raízes das emoções 315

EXPLORANDO A DIVERSIDADE As pessoas em todas as culturas expressam emoção de forma semelhante? 320

CAPÍTULO 9
Desenvolvimento 326

MÓDULO 27 Natureza e Criação: a Questão Desenvolvimental Remanescente 329

Determinando a influência relativa da natureza e da criação 331

Técnicas de pesquisa desenvolvimental 331

Desenvolvimento pré-natal: da concepção ao nascimento 332

APLICANDO A PSICOLOGIA NO SÉCULO XXI A terapia genética e a revolução médica iminente 334

MÓDULO 28 Primeira Infância e Infância 340

O extraordinário recém-nascido 340

A NEUROCIÊNCIA EM SUA VIDA: Reconhecimento da emoção na primeira infância 343

A criança em crescimento: da primeira infância até metade da infância 344

TRABALHOPSI Assistente social de proteção à criança 350

MÓDULO 29 Adolescência: Tornando-se Adulto 358

Desenvolvimento físico: o adolescente em mudança 358

Desenvolvimento moral e cognitivo: distinguindo o certo do errado 360

Desenvolvimento social: encontrando-se em um mundo social 362

Teoria de Erikson do desenvolvimento psicossocial: a busca pela identidade 362

EXPLORANDO A DIVERSIDADE Ritos de passagem: a chegada da maioridade ao redor do mundo 366

MÓDULO 30 Idade Adulta 368

Desenvolvimento físico: o auge da saúde 369

Desenvolvimento social: o trabalho na vida 370

Casamento, filhos e divórcio: vínculos familiares 371

Últimos anos da vida: envelhecendo 373

TORNANDO-SE UM CONSUMIDOR INFORMADO DE PSICOLOGIA Adaptando-se à morte 377

CAPÍTULO 10
Personalidade 382

MÓDULO 31 — Abordagens Psicodinâmicas da Personalidade 385

Teoria psicanalítica de Freud: mapeando a mente inconsciente 385
Os psicanalistas neofreudianos: baseando-se em Freud 391

MÓDULO 32 — Abordagens do Traço, da Aprendizagem, Biológica e Evolucionista e Humanista da Personalidade 395

Abordagens do traço: colocando rótulos na personalidade 395
APLICANDO A PSICOLOGIA NO SÉCULO XXI A geração auto-obcecada? 398
Abordagens da aprendizagem: somos o que aprendemos 398
Abordagens biológica e evolucionista: nascemos com personalidade? 401
A NEUROCIÊNCIA EM SUA VIDA: Ligado em correr riscos – os fundamentos biológicos da personalidade 404
Abordagens humanistas: sua singularidade 404
Comparando as abordagens da personalidade 406

MÓDULO 33 — Avaliando a Personalidade: Determinando o que nos Torna Diferentes 408

EXPLORANDO A DIVERSIDADE Raça e etnia deveriam ser usadas para estabelecer normas? 409
Medidas de autorrelato da personalidade 410
Métodos projetivos 412
Avaliação comportamental 413
TRABALHOPSI Gerente de recursos humanos 414
TORNANDO-SE UM CONSUMIDOR INFORMADO DE PSICOLOGIA Avaliando os testes de personalidade 414

CAPÍTULO 11
Psicologia da Saúde: Estresse, Enfrentamento e Bem-estar 418

MÓDULO 34 — Estresse e Enfrentamento 421

Estresse: reagindo a ameaças e desafios 421
O alto custo do estresse 424
Enfrentando o estresse 428
APLICANDO A PSICOLOGIA NO SÉCULO XXI O que não o mata o torna mais forte 429
A NEUROCIÊNCIA EM SUA VIDA: Estresse e apoio social 431
TORNANDO-SE UM CONSUMIDOR INFORMADO DE PSICOLOGIA Estratégias eficazes de enfrentamento 432

MÓDULO 35
Aspectos Psicológicos da Doença e do Bem-estar 434
Os As, Bs e Ds da doença arterial coronariana 434
Aspectos psicológicos do câncer 435
Tabagismo 436
A NEUROCIÊNCIA EM SUA VIDA: A atração aditiva do tabagismo 437
EXPLORANDO A DIVERSIDADE Mascates da morte: promovendo o tabagismo pelo mundo 439

MÓDULO 36
Promovendo a Saúde e o Bem-estar 441
Seguindo os conselhos médicos 441
Bem-estar e felicidade 444

CAPÍTULO 12
Transtornos Psicológicos 450

MÓDULO 37
Normal *versus* Anormal: Fazendo a Distinção 453
Definindo anormalidade 453
Perspectivas sobre a anormalidade: da superstição à ciência 455
Classificando o comportamento anormal: os ABCs do DSM 458

MÓDULO 38
Os Principais Transtornos Psicológicos 463
Transtornos de ansiedade 463
Transtorno obsessivo-compulsivo 465
A NEUROCIÊNCIA EM SUA VIDA: Um passo mais próximo da compreensão do TOC 467
Transtornos de sintomas somáticos 468
Transtornos dissociativos 468
Transtornos do humor 470
Esquizofrenia 474
A NEUROCIÊNCIA EM SUA VIDA: Alterações cerebrais decorrentes da esquizofrenia 477
Transtornos da personalidade 478
Transtornos da infância 480
Outros transtornos 480

MÓDULO 39
Transtornos Psicológicos em Perspectiva 483
O contexto social e cultural dos transtornos psicológicos 484
APLICANDO A PSICOLOGIA NO SÉCULO XXI Os transtornos psicológicos estão aumentando entre os universitários 486
EXPLORANDO A DIVERSIDADE DSM e cultura – e a cultura do DSM 487
TORNANDO-SE UM CONSUMIDOR INFORMADO DE PSICOLOGIA Decidindo quando você precisa de ajuda 488

CAPÍTULO 13
Tratamento dos Transtornos Psicológicos 492

MÓDULO 40 Psicoterapia: Abordagens Psicodinâmicas, Comportamentais e Cognitivas 495

Abordagens psicodinâmicas 496

Abordagens comportamentais 498

A NEUROCIÊNCIA EM SUA VIDA: Como a terapia comportamental modifica o cérebro 502

Abordagens cognitivas 502

A NEUROCIÊNCIA EM SUA VIDA: Como a terapia cognitivo-comportamental modifica o cérebro 505

MÓDULO 41 Psicoterapia: Abordagens Humanista, Interpessoal e de Grupo 507

Terapia humanista 507

TRABALHOPSI Assistente social e conselheira em abuso de substâncias 508

Terapia interpessoal 509

Terapias de grupo 509

Avaliando a psicoterapia: a terapia funciona? 510

EXPLORANDO A DIVERSIDADE Fatores raciais e étnicos no tratamento: os terapeutas devem ser daltônicos? 513

MÓDULO 42 Terapia Biomédica: Abordagens Biológicas 515

Terapia farmacológica 515

APLICANDO A PSICOLOGIA NO SÉCULO XXI Aliviando as lembranças traumáticas 518

Eletroconvulsoterapia (ECT) 519

Psicocirurgia 519

Terapias biomédicas em perspectiva 520

Psicologia comunitária: foco na prevenção 521

TORNANDO-SE UM CONSUMIDOR INFORMADO DE PSICOLOGIA Escolhendo o terapeuta certo 522

CAPÍTULO 14
Psicologia Social 526

MÓDULO 43 Atitudes e Cognição Social 529

Persuasão: modificando atitudes 529

APLICANDO A PSICOLOGIA NO SÉCULO XXI Anunciando na era da informação: mirando alvos em movimento 530

TRABALHOPSI Criador em agência de publicidade 532
Cognição social: compreendendo os outros 534
EXPLORANDO A DIVERSIDADE Vieses de atribuição em um contexto cultural: quão essencial é o erro de atribuição fundamental? 538

MÓDULO 44

Influência Social e Grupos 541

Conformidade: seguindo o que os outros fazem 541
Concordância: submetendo-se à pressão social direta 544
Obediência: seguindo ordens diretas 546

MÓDULO 45

Preconceito e Discriminação 549

Os fundamentos do preconceito 550
A NEUROCIÊNCIA EM SUA VIDA: O cérebro preconceituoso 551
Medindo o preconceito e a discriminação: o teste de associação implícita 552
Reduzindo as consequências do preconceito e da discriminação 552

MÓDULO 46

Comportamento Social Positivo e Negativo 555

Gostar e amar: atração interpessoal e desenvolvimento das relações 555
A NEUROCIÊNCIA EM SUA VIDA: O cérebro social 557
Agressão e comportamento pró-social: ferindo e ajudando os outros 558
Ajudando os outros: o lado positivo da natureza humana 561
A NEUROCIÊNCIA EM SUA VIDA: As decisões morais e o cérebro 563
TORNANDO-SE UM CONSUMIDOR INFORMADO DE PSICOLOGIA Lidando efetivamente com a raiva 564

Glossário 569

Referências 579

Créditos 629

Índice Onomástico 633

Índice 647

Organize-se: Um Guia Prático

Qualquer que seja a razão para você estar cursando introdução à psicologia, posso apostar que está interessado em maximizar sua compreensão do material e em obter uma boa nota. E quer atingir essas metas com rapidez e eficiência.

Boas novas: você está fazendo o curso certo e está aprendendo o conteúdo certo. Várias subáreas da psicologia identificaram diversas diretrizes e técnicas que o ajudarão a aprender e memorizar o material não somente relacionado à psicologia, mas também relevante para todas as outras disciplinas que irá cursar. Eis minha garantia a você: se aprender e seguir as diretrizes em cada uma dessas áreas, irá se tornar um estudante melhor e obter melhores notas. Nunca se esqueça de que bons estudantes são construídos, não nascem assim.

Adote uma estratégia geral de estudo

Vamos começar com uma breve consideração acerca de uma estratégia geral de estudo. Os psicólogos criaram várias técnicas excelentes (e comprovadas) para melhorar as habilidades de estudo, duas das quais descritas aqui: a estratégia POWER (Prepare-se, Organize, Trabalhe, Avalie e Repense)* e a estratégia SQ3R (Pesquise, Pergunte, Leia, Recite e Revise).** Empregando um desses dois procedimentos, você pode aumentar sua capacidade de aprender, reter informações e pensar criticamente.

POWER A estratégia de aprendizagem POWER sistematiza a aquisição de novo material proporcionando um arcabouço de aprendizagem. Ela salienta a importância de objetivos de aprendizagem e preparação adequada antes de começar a estudar, bem como da autoavaliação e da incorporação do pensamento crítico no processo de aprendizagem. Especificamente, a utilização do sistema de aprendizagem POWER inclui as seguintes etapas:

- **Prepare-se.** Antes de iniciar qualquer viagem, precisamos saber para onde estamos indo. Jornadas acadêmicas não são diferentes: precisamos saber quais são os nossos objetivos. A etapa Prepare-se consiste em pensar sobre o que esperamos ganhar com a leitura de uma determinada seção do texto, identificando metas específicas que procuramos alcançar. Na 10ª edição de *Introdução à psicologia*, esses objetivos são chamados de Resultados de Aprendizagem e são apresentados como amplas questões no início de cada capítulo e novamente no início de cada módulo.

- **Organize.** Depois de saber quais são nossos objetivos, podemos desenvolver uma rota para alcançá-los. A etapa de organização abrange o desenvolvimento de uma rota mental para onde estamos indo. *Introdução à psicologia* destaca a organização de cada capítulo.

* No original, *P*repare, *O*rganize, *W*ork, *E*valuate e *R*ethink (POWER).
**No original, *S*urvey, *Q*uestion, *R*ead, *R*ecite e *R*eview (SQ3R).

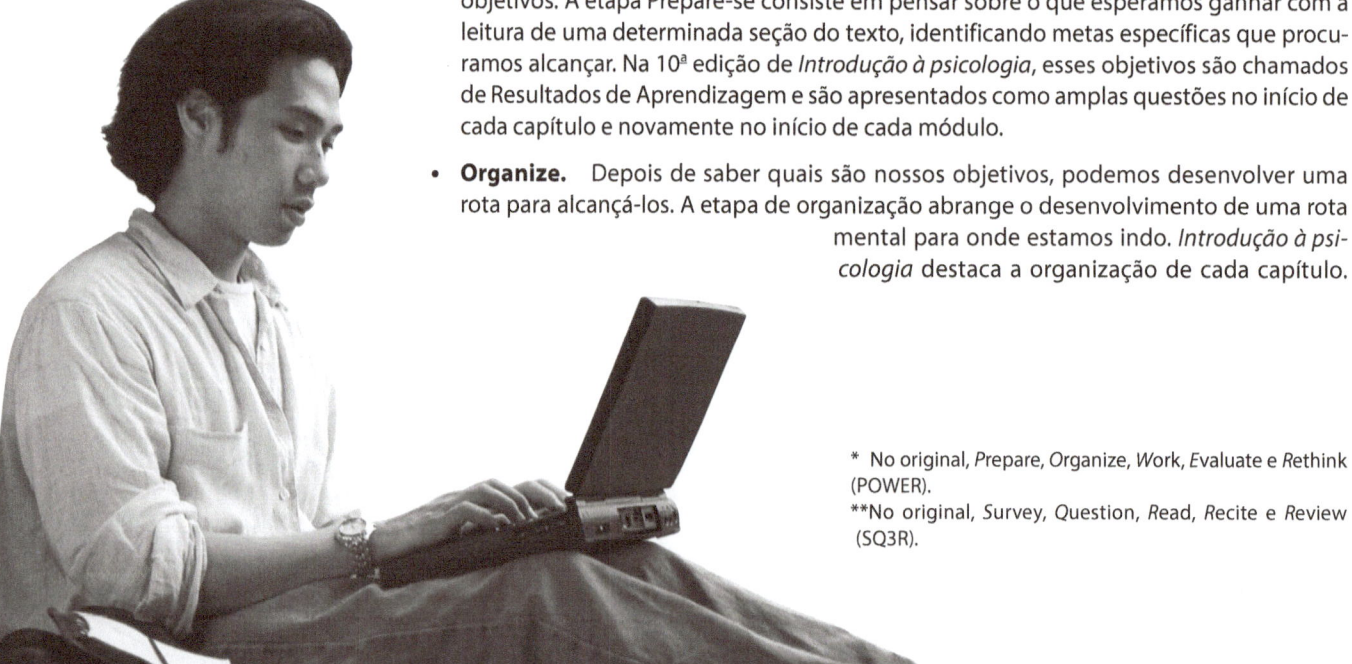

para um Estudo Eficaz

Leia o início de cada capítulo para ter uma ideia de quais tópicos são abordados e de como eles estão organizados.

- **Trabalhe.** A chave para o sistema de aprendizagem POWER está realmente em ler e estudar o material apresentado no livro. Em alguns aspectos, esta é a etapa mais fácil, pois, se você tiver realizado as etapas de preparação e organização, saberá para onde está indo e como chegar lá. Lembre-se de que o texto principal não é o único que você precisa ler. Também é importante ler os quadros e o material às margens para obter uma compreensão completa do conteúdo.

- **Avalie.** A quarta etapa, Avaliar, oferece a oportunidade de determinar seu grau de domínio do conteúdo. Em *Introdução à psicologia*, uma série de perguntas no final de cada módulo permite uma verificação rápida de sua compreensão do material. Testes (em inglês) no *site* do livro na internet (www.mhhe.com/feldmaness10e) fornecem mais oportunidades de testar a si mesmo. Avaliar seu progresso é essencial para verificar o seu grau de domínio do conteúdo.

- **Repense.** O passo final no sistema de aprendizagem POWER requer que você pense de forma crítica sobre o conteúdo. Pensar criticamente implica analisar de novo, revisar, questionar e desafiar suposições. Isso lhe dá a oportunidade de considerar como o material se encaixa com outras informações que você já aprendeu. Cada seção principal de *Introdução à psicologia* termina com uma seção Repense. Responder às perguntas irá ajudá-lo a compreender o material de forma mais completa e em um nível mais profundo.

SQ3R. O uso do sistema de aprendizagem SQ3R envolve os seguintes passos específicos:

- **Pesquise.** O primeiro passo do método SQ3R é fazer um levantamento do material por meio da leitura das linhas que abrem cada módulo, os títulos, as legendas de figuras, as recapitulações e as seções Olhando à Frente e Recordando, para obter um panorama dos principais pontos do capítulo.

- **Pergunte.** O próximo passo é perguntar. Formule perguntas sobre o material, seja de forma oral ou escrita, antes de realmente ler um trecho do texto. As questões colocadas no início de cada módulo e as questões nas seções Avalie e Repense são exemplos disso.

- **Leia.** Leia atentamente e, ainda mais importante, leia de forma ativa e crítica. Enquanto estiver lendo, responda às perguntas que você se fez. Avalie criticamente o material, considerando as implicações do que está lendo, pensando em possíveis exceções e contradições e examinando pressupostos subjacentes.

- **Recite.** Essa etapa envolve descrever e explicar para si mesmo (ou para um amigo) o conteúdo que você acabou de ler e responder às perguntas que você propôs anteriormente. Recitar em voz alta; o processo de recitação ajuda a identificar seu grau de compreensão do que acabou de ler.
- **Revise.** Nessa etapa final, releia o material, examinando-o, lendo os resumos contidos no Epílogo e os Resumos Visuais, bem como respondendo às perguntas de revisão.

Gerencie seu tempo

Sem tirar os olhos da página, responda à pergunta: Que horas são?

Em geral as pessoas são bastante precisas em suas respostas. E, se você não tem muita certeza, é provável que possa descobrir rapidamente.

Gerenciar seu tempo ao estudar é um aspecto central do êxito acadêmico. Mas lembre-se: o objetivo do gerenciamento de tempo não é programar cada momento e nos tornarmos peões de um calendário que rege cada instante do dia. Em vez disso, é permitir que façamos escolhas informadas sobre como usamos nosso tempo. Em vez de deixar o dia passar, os procedimentos de gerenciamento de tempo que discutiremos podem nos tornar mais capazes de aproveitar o tempo para nossos objetivos.

Defina suas prioridades. Para descobrir o melhor uso de seu tempo, você precisa determinar suas prioridades. Prioridades são as tarefas e atividades que você precisa e quer fazer, classificadas da mais para a menos importante. Não há prioridades certas ou erradas; talvez passar mais tempo em seus estudos seja mais importante para você, ou talvez sua prioridade seja ficar com sua família. Só você pode decidir. Além disso, o que é importante para você agora pode ser menos prioritário no mês ou no ano que vem ou em cinco anos.

O melhor é começar pela identificação de prioridades para um semestre inteiro. O que você precisa realizar? Não basta escolher objetivos gerais óbvios, como "passar em todas as disciplinas". Em vez disso, deve-se pensar em termos de atividades específicas, que podem ser medidas, como "estudar 10 horas antes de cada prova de química".

Identifique seu horário nobre. Você salta da cama com entusiasmo pela manhã, pronto para começar o dia e enfrentar o mundo? Ou será que o despertador é um som odiado e indesejável que lhe arranca do sono agradável? Você é como um zumbi às 22 horas, ou é uma pessoa que está apenas começando a embalar à meia-noite? Cada pessoa tem seu próprio estilo dependendo de um relógio biológico inato. Estar ciente da hora ou horas do dia em que você é capaz de trabalhar melhor irá ajudá-lo a planejar seu tempo de maneira mais eficaz.

Domine o momento. Eis o que você precisa para organizar seu tempo:

- *Um calendário mestre* que mostre todas as semanas do semestre em uma página. Ele deve incluir todas as semanas do semestre e os sete dias da semana. Usando o plano de conteúdos, marque no calendário as datas de entrega de todos os trabalhos e das provas que você vai ter. Indique com um lápis trabalhos prováveis na data apropriada. Inclua também atividades importantes de sua vida pessoal, extraídas de sua lista de prioridades. E não se esqueça de reservar algum tempo livre para si mesmo.

- *Uma tabela de horários semanais*, uma grade com os dias da semana na linha superior e as horas, das 6h às 24h, na lateral. Preencha os horários de todas as suas atividades fixas programadas – os horários de aula, de estar no trabalho, de pegar seu filho na creche e de outros compromissos recorrentes. Adicione as datas-limite de trabalhos, provas e outras atividades nos devidos dias da semana. Depois marque a lápis os blocos de tempo necessários para se preparar para esses eventos.

- *Um diário de coisas a fazer.* Crie uma lista de atividades diárias, um pequeno calendário portátil que inclua uma página separada para cada dia da semana, ou use seu telefone celular. Relacione todas as tarefas que pretende fazer durante o dia seguinte e sua prioridade. Inicie com aquelas que você sabe que deve fazer e que têm horários fixos, tais como aulas, horários de trabalho e compromissos. Depois acrescente outras atividades que você deve realizar, tais como uma hora de estudo para uma prova iminente, trabalho de pesquisa para um futuro artigo, ou terminar um relatório laboratorial. Por fim, liste atividades que são de baixa prioridade, mas prazerosas, como assistir a um filme.

Controle seu tempo. Se seguir o calendário que preparou, você deu os passos mais importantes no gerenciamento de tempo. Entretanto, nossas vidas são repletas de surpresas: as coisas sempre parecem levar mais tempo do que planejamos. Crises ocorrem, ônibus atrasam, computadores pifam, crianças adoecem.

A diferença entre gerenciamento de tempo eficaz e gerenciamento de tempo que não funciona está em como você lida com os eventos inesperados. Existem várias formas de controlar seus dias e seguir o calendário pretendido:

- **Apenas diga não.** Você não precisa aceitar cada pedido ou cada favor que os outros lhe pedem.

- **Fuja de tudo.** Vá à biblioteca. Tranque-se no quarto. Encontre uma sala de aula desocupada. Adote um lugar específico como seu, tal como uma escrivaninha em um canto escondido da biblioteca. Se usá-la o bastante, seu corpo e mente automaticamente entrarão no modo de estudo assim que você sentar ali.

- **Desfrute do som do silêncio.** Embora muitos estudantes insistam que trabalham melhor com a televisão ou o rádio ligado ou com um CD tocando, estudos científicos sugerem o contrário – somos mais capazes de nos concentrar quando o ambiente é silencioso. Experimente trabalhar em silêncio por alguns dias. Você pode descobrir que consegue produzir mais em menos tempo do que faria em um ambiente com mais distrações.

- **Faça um intervalo eletrônico.** Não podemos controlar quando as comunicações chegam, mas podemos fazer as mensagens esperar até estarmos prontos para recebê-las. Faça um intervalo eletrônico e desligue todas as fontes de comunicação por algum período de tempo. Telefonemas podem ser armazenados em sistemas de correio de voz; mensagens de texto, instantâneas e de correio eletrônico, podem ser salvas em um telefone ou computador. Elas podem esperar.

- **Espere o inesperado.** Nunca será possível fugir de interrupções inesperadas e surpresas que exigem sua atenção. Porém, tentando prevê-las e pensando sobre como vai reagir a elas, você estará se posicionando para atuar de maneira mais efetiva quando elas ocorrerem.

Leia seu livro-texto de maneira eficaz

Ler um livro didático é diferente de ler por prazer. Com livros-texto, você tem metas específicas: compreender, aprender e, por fim, recordar a informação. Você pode dar vários passos para atingir essas metas:

- **Leia as páginas pré-textuais.** Se você for usar um livro extensivamente durante todo o semestre, inicie pela leitura do prefácio e/ou da introdução e examine o sumário – o que os editores chamam de páginas pré-textuais. É ali que o autor tem a chance de explicar, muitas vezes de forma mais pessoal do que em outra parte do livro, o que considera importante. Esse conhecimento, lhe dará uma noção do que esperar da leitura. (Note que você está lendo essas páginas neste exato momento!)

- **Identifique seus objetivos pessoais.** Antes de iniciar uma tarefa, pense sobre quais são seus objetivos específicos. Você estará lendo um livro sobre o qual será detalhadamente testado? Ou sua leitura fornecerá informações de base para um futuro aprendizado que não será testado: o conteúdo lhe será útil pessoalmente? Seus objetivos de leitura ajudarão a determinar qual estratégia adotar e quanto tempo pode dedicar à tarefa de leitura. Não se espera que você leia tudo com o mesmo grau de intensidade. Você pode fazer uma leitura superficial de parte do material, pois estará despendendo o máximo esforço em outra parte.

- **Identifique e use os pré-organizadores.** O próximo passo na leitura de um livro-texto é familiarizar-se com os pré-organizadores – esboços, apanhados gerais, objetivos da seção ou outros sinalizadores para o significado e a organização de novo conteúdo – apresentados no material que você está lendo. Observe o início de cada capítulo deste livro, que inclui um esboço do capítulo, além de um conjunto de perguntas sobre os resultados de aprendizagem. Você também pode criar seus próprios pré-organizadores fazendo uma rápida avaliação do livro e desenvolvendo um esboço do que irá ler. Esses passos podem ajudá-lo a recordar melhor o conteúdo depois da leitura.

- **Mantenha o foco enquanto lê.** Existem inúmeras distrações que podem invadir seus pensamentos durante a leitura. Seu trabalho é manter os pensamentos que o distraem sob controle e concentrar-se no material que deveria estar lendo. Eis algumas medidas que você pode adotar para ajudar a manter sua concentração:
    - **Leia em partes pequenas.** Se você acha que vai levar quatro horas para ler um capítulo inteiro, divida essas quatro horas em períodos de tempo menos cansativos. Prometa a si mesmo que lerá uma hora à tarde, uma hora à noite e as outras duas horas com intervalos no dia seguinte.
    - **Faça um intervalo.** Planeje fazer vários intervalos para recompensar-se enquanto está lendo. Durante o intervalo, faça algo – coma um lanche, assista a um trecho de uma partida de algum esporte na televisão, jogue algum *videogame* ou algo do gênero. Mas tente não se absorver tanto em sua atividade de intervalo a ponto de ela tomar seu tempo de leitura.
- **Sublinhe e tome notas durante a leitura.** Sublinhar e tomar notas durante a leitura de seu livro são atividades essenciais. Boas anotações podem ajudá-lo a aprender e recapitular as informações antes de provas, bem como a manter-se focado enquanto lê. Você pode adotar várias medidas para maximizar a eficácia de suas notas:
    - **Reformule os pontos-chave.** Faça notas para si mesmo, com suas palavras, sobre o que o autor está tentando transmitir. Não copie simplesmente o que foi dito. Pense sobre o assunto e escreva-o com suas próprias palavras. O próprio ato de escrever requer um tipo adicional de percepção que envolve o senso físico de mover uma caneta ou pressionar um teclado.
    - **Destaque ou sublinhe os pontos-chave.** Muitas vezes, a primeira ou a última frase de um parágrafo, ou o primeiro ou o último parágrafo de uma seção, apresentará um ponto-chave. Porém, antes de sublinhar qualquer ideia, leia todo o parágrafo. Assim você terá certeza de que o que sublinha é realmente a informação mais importante. Você deve sublinhar apenas uma ou duas sentenças ou expressões por página. *Ao destacar e sublinhar, menos é mais.* Uma diretriz: não mais do que 10% do material deve ser destacado ou sublinhado.
    - **Use setas, diagramas, esboços, tabelas, linhas de tempo, quadros e outros elementos visuais que o ajudem a compreender e posteriormente recordar o que está lendo.** Se três exemplos são dados para um ponto específico, numero-os. Se uma sequência de passos é apresentada, numere

cada um. Se um parágrafo discute uma situação em que um ponto anterior não se aplica, ligue o ponto original à exceção com uma seta. Representar o material graficamente fará você pensar sobre ele de formas novas e diferentes. O ato de criar anotações visuais vai ajudá-lo não só a compreender melhor o conteúdo, mas também facilitará sua posterior recordação.

- **Consulte palavras desconhecidas.** Mesmo que você possa imaginar o significado de uma palavra desconhecida a partir de seu contexto, procure essa palavra em um dicionário ou na internet. Você também encontrará a pronúncia de palavras desconhecidas, o que será importante se seu professor utilizá-las em aula.

Faça boas anotações em aula

Talvez você conheça estudantes que conseguem anotar quase tudo o que seus professores dizem em aula. E talvez tenha pensando consigo mesmo: "Se eu tomasse essas notas meticulosas, sairia-me muito melhor em minhas aulas". No entanto, ao contrário do que muitos pensam, uma boa tomada de notas não significa escrever toda palavra que um professor profere. Ao tomar notas, menos geralmente é mais. Vamos considerar alguns dos princípios básicos da tomada de notas:

- **Identifique os objetivos do professor – e os seus – para a disciplina.** No primeiro dia de aula, a maioria dos professores fala sobre seus objetivos para a disciplina. A maioria examina as informações sobre o programa de estudo, o documento escrito que explica os trabalhos para o semestre. As informações que você recebe durante a primeira seção e por meio do programa de conteúdos são fundamentais. Além dos objetivos do professor, você deve ter os seus. O que pretende aprender com a disciplina? Como as informações irão ajudá-lo a aumentar seu conhecimento, aperfeiçoá-lo como pessoa e atingir seus objetivos?

- **Complete os trabalhos antes de ir para a aula.** Seu professor se entusiasma descrevendo a estrutura do neurônio, relatando emocionadamente como os elétrons fluem entre os neurônios, mudando sua carga elétrica. Um problema: você tem apenas uma vaga ideia do que é um neurônio. E a razão de não saber é porque não leu o material.

É provável que você tenha se encontrado nessa situação ao menos algumas vezes, então conhece por experiência própria aquela sensação de inquietude enquanto fica cada vez mais confuso. Moral da história: sempre vá para a aula preparado. Os professores presumem que seus alunos fizeram o que foi pedido, e suas aulas baseiam-se nessa suposição.

- **Escolha um caderno que ajude na tomada de notas.** Cadernos com folhas soltas são particularmente bons para fazer anotações porque permitem voltar depois e mudar a ordem das páginas ou acrescentar material adicional. Seja qual for seu tipo de caderno, use somente uma página para escrita; deixe um lado sem anotações. Você pode querer espalhar as notas a sua frente, e isso é muito mais fácil se no verso das páginas não tiver nada escrito.

    Walter Pauk criou o que, às vezes, é chamado de Método Cornell de Tomar Notas. Para usar esse método, desenhe uma linha vertical na lateral direita da página de seu caderno, a cerca de seis centímetros da margem esquerda. Registre as notas tomadas em aula à direita da linha. Em novos parágrafos, coloque os principais detalhes de apoio embaixo de cada ideia principal, tentando não usar mais do que uma linha para cada item, e deixe um espaço entre os tópicos para acrescentar informações. Depois, quando chegar a hora de reler suas notas, você poderá escrever uma palavra-chave, locução ou ideia principal no lado esquerdo da página (Pauk, 2007).

- **Atente para ideias-chave.** Nem toda sentença em uma aula tem igual importância. Uma das habilidades mais úteis que você pode desenvolver é separar as ideias-chave das informações de apoio. Boas aulas procuram explicar apenas alguns dos pontos mais importantes. O restante do que é dito consiste em explicações, exemplos e outros materiais de apoio que expandem as ideias centrais. Para distinguir as ideias-chave de seu apoio, você precisa estar atento e sempre em busca da metamensagem das palavras de seu professor – ou seja, as principais ideais subjacentes que um falante está procurando transmitir.

    Como você pode discernir a metamensagem? Um modo é ouvir as palavras-chave. Expressões como "Você precisa saber que...", "a coisa mais importante que deve ser considerada...", "existem três problemas com essa abordagem...", e – uma essencial – "isso vai cair na prova..." devem fazer você se aprumar e prestar atenção. Além disso, se um professor diz a mesma coisa de diversas formas, esse é um sinal claro de que o conteúdo que está sendo discutido é importante.

- **Use frases abreviadas curtas – não frases completas – ao tomar notas.** Esqueça tudo o que já ouviu sobre sempre escrever frases completas. Na verdade, muitas vezes é útil tomar notas na forma de esboço. Um esboço sintetiza ideias com frases curtas e indica a relação entre conceitos pelo uso de distanciamentos da margem.

- **Preste atenção no que está escrito no quadro ou projetado nas lâminas de PowerPoint®. Lembre-se das seguintes dicas:**

    - **Ouvir é mais importante do que ver.** A informação que seu professor projeta na tela, embora importante, é, em última análise, menos imprescindível do que o que ele está dizendo. Dê atenção primordial à palavra falada e atenção secundária à tela.

- **Não copie tudo o que está em cada lâmina.** Os professores podem apresentar muito mais informações em suas lâminas do que fariam se estivessem escrevendo no quadro. Muitas vezes, existe tanta informação que é impossível copiar tudo. Nem tente. Em vez disso, concentre-se em anotar os pontos-chave.

- **Lembre-se de que os pontos-chave nas lâminas são... Pontos-chave.** Os principais pontos (geralmente indicados por marcadores) muitas vezes se relacionam a conceitos centrais. Use esses pontos para ajudar a organizar seus estudos para provas e não se surpreenda quando questões de teste avaliarem diretamente os itens listados com marcadores nas lâminas.

- **Verifique se existem *slides* de apresentação *online*.** Alguns professores disponibilizam suas apresentações na internet, antes ou depois do horário de aula. Se fizerem isso antes da aula, imprima-as e leve-as para a aula. Você pode, então, fazer anotações em suas cópias, esclarecendo pontos importantes. Se elas só forem disponibilizadas depois que a aula acabou, mesmo assim você pode fazer bom proveito delas quando chegar a hora de estudar para prova.

- **Lembre-se de que lâminas de apresentação não são o mesmo que boas anotações feitas em aula.** Se você faltar a uma aula, não pense que obter uma cópia das lâminas é suficiente. Estudar as anotações feitas por um colega que é bom na tomada de notas será muito mais benéfico do que estudar apenas as lâminas.

Memorize com eficiência: use estratégias comprovadas para memorizar novos materiais

Eis um princípio fundamental de memorização eficaz: memorize o que você precisa memorizar. Esqueça o resto.

Um capítulo de um livro-texto tem, em média, 20 mil palavras. Contudo, dessas 20 mil palavras, pode haver apenas 30 a 40 conceitos específicos que você precisa aprender. E talvez apenas 25 palavras-chave. Essas são as informações nas quais você deve concentrar seus esforços de memorização. Separando o que é importante do que é menos crucial, você será capaz de limitar a quantidade de conteúdo que precisará recordar. Será capaz de se concentrar no que precisa aprender.

Você pode escolher entre dezenas de técnicas de memorização. Enquanto discutimos as opções, mantenha em mente que nenhuma estratégia funciona sozinha. Além disso, sinta-se livre para criar suas próprias estratégias ou acrescentar aquelas que funcionaram com você no passado.

Ensaio. Diga em voz alta: ensaio. Pense nessa palavra em termos de suas três sílabas: en-sai-o. Se você está coçando a cabeça para saber para que fazer isso, é para ilustrar a finalidade do ensaio: transferir material que você encontra na memória de longo prazo.

Para testar se você foi bem-sucedido na transferência da palavra "ensaio" para sua memória, largue este livro e saia por alguns minutos. Faça algo que não tenha nada a ver com este livro. Faça um lanche, atualize-se sobre os placares esportivos ou leia a primeira página de um jornal. Se a palavra "ensaio" brotar em sua cabeça quando pegar este livro novamente, você terá passado em seu primeiro teste de memória – a palavra "ensaio" foi transferida para sua memória.

Ensaiar é a estratégia fundamental para lembrar informações. Se você não ensaia o material, ele nunca entrará em sua memória. Repetir a informação, resumi-la, associá-la a outras lembranças e sobretudo pensar sobre ela quando a vê pela primeira vez garante que o ensaio será capaz de colocar o material em sua memória.

Mnemônica. Essa palavra estranha descreve técnicas usadas para facilitar a memorização. *Mnemônicas* são truques usados pelos profissionais especialistas em memória, e você também pode empregá-los para fixar as informações que precisará lembrar nas provas.

Entre as mnemônicas mais comuns estão as seguintes:

- **Acrônimos.** *Acrônimos* são palavras ou frases formadas pelas letras iniciais de uma série de palavras. A palavra "*laser*" é um acrônimo de "*light amplification by stimulated emissions of radiation*" e "radar" é o acrônimo de "*radio detection and ranging*".

    Os acrônimos podem ser de grande auxílio para lembrar conteúdos.

- **Acrósticos.** *Acrósticos* são sentenças em que as primeiras letras soletram algo que precisa ser recordado. Os benefícios – bem como as desvantagens – dos acrósticos são semelhantes aos dos acrônimos.

- **Rimas e músicas.** "*Thirty days hath September, April, June, and November.*" Se você lembra do resto da rima, você conhece uma das músicas mnemônicas mais usadas na língua inglesa.

Uso de múltiplos sentidos. Quanto mais sentidos você puder envolver ao tentar aprender um novo conteúdo, mais será capaz de recordar. Eis a razão: toda vez que recebemos uma nova informação, todos os nossos sentidos estão potencialmente em ação. Cada informação sensorial é armazenada em um lugar separado no cérebro, mas todas as informações estão ligadas entre si de maneira extraordinariamente intrincada.

Isso significa que, quando tentamos lembrar os detalhes de um evento específico, recuperar a lembrança de uma das experiências sensoriais pode desencadear a recordação de outros tipos de lembranças. Você pode aproveitar o fato de que as lembranças são armazenadas de múltiplos modos aplicando as seguintes técnicas:

- **Quando você aprende algo, use seu corpo.** Não fique passivamente sentado em sua escrivaninha. Em vez disso, movimente-se. Levante-se; sente-se. Toque a página. Desenhe figuras com os dedos. Fale consigo mesmo. Pense em voz alta. Envolvendo todas as partes de seu corpo, você aumentou o número de possíveis modos de disparar uma lembrança relevante quando posteriormente precisar recordá-la. E, quando uma lembrança é disparada, outras lembranças relacionadas podem fluir.

- **Desenhe e diagrame o material.** Estruturar material escrito agrupando graficamente e conectando as principais ideias e temas é uma técnica poderosa. Quando desenhamos e fazemos diagramas do material, expandimos as modalidades em que a informação pode ser armazenada em nossa mente. Outros tipos de desenhos podem ser úteis como auxílio à recordação posterior. Criar desenhos, esboços e até quadrinhos pode nos ajudar a lembrar melhor.

- **Visualize.** Você já sabe que a memória requer três passos básicos: o registro inicial da informação, o armazenamento dessa informação e, por fim, a recuperação da informação armazenada. *Visualização* é uma técnica pela qual imagens são formadas para garantir que o material seja recordado. Não se limite a visualizar imagens em sua imaginação. Desenhar o que você visualiza irá ajudá-lo a lembrar-se do material ainda mais. A visualização é efetiva porque serve a vários propósitos: ajuda a transformar ideias abstratas em concretas; envolve múltiplos sentidos; permite ligar diferentes partes da informação; fornece um contexto para armazenar a informação.

- **Superaprendizagem.** A aprendizagem duradoura não ocorre até que você tenha superaprendido o conteúdo. *Superaprender* consiste em estudar e ensaiar além do ponto de domínio inicial. Pela superaprendizagem, a recordação torna-se automática. Em vez de ir em busca do fato, passando por contorções mentais até que talvez a informação apareça, a superaprendizagem permite-nos recordar a informação sem sequer pensar sobre ela.

Estratégias para provas

Preparar-se para provas é uma proposta de longo prazo. Não é uma questão de "dar o máximo de si" nas noites que as antecedem. Em vez disso, é uma questão de dar o máximo de si em todos os aspectos da disciplina.

Eis algumas orientações que podem ajudá-lo a se sair melhor em provas:

Saiba para que você está se preparando. Informe-se sobre a prova o máximo possível antes de começar a estudar para ela. Quanto mais você souber de antemão, mais eficiente será seu estudo.

Para informar-se sobre uma prova, pergunte se ela será "uma prova", "um exame", um "teste" ou outra modalidade de avaliação. Esses nomes implicam características diferentes. Cada tipo de questão em uma prova requer um estilo um pouco diferente de preparação.

- **Questões discursivas.** Provas discursivas concentram-se no quadro geral – modos como as diversas informações que estão sendo testadas se encaixam. Você vai precisar saber não apenas uma série de fatos, mas também as conexões entre eles, e terá de ser capaz de discutir essas ideias de forma organizada e lógica. A melhor abordagem de estudo para uma prova discursiva envolve quatro passos:

    1. Releia cuidadosamente suas notas de aula e eventuais notas que tenha feito sobre leituras indicadas que serão abordadas na prova. Analise as próprias leituras, relendo o material sublinhado ou destacado e as notas de margem.

    2. Pense nas prováveis questões da prova. Por exemplo, use palavras-chave, expressões, conceitos e questões que aparecem em suas notas de aula ou em seu livro. Alguns professores distribuem listas de possíveis tópicos discursivos; se for esse o caso, concentre-se na lista, mas não ignore outras possibilidades.

    3. Sem olhar suas notas ou suas leituras, responda cada possível questão discursiva – em voz alta. Não se sinta constrangido em relação a isso. Responder em voz alta em geral é mais útil do que responder à pergunta mentalmente. Você também pode escrever os principais pontos que qualquer resposta deve cobrir. (Não escreva respostas *completas* para as perguntas a menos que seu professor diga de antemão exatamente o que vai cair na prova. Seu tempo provavelmente será mais bem-aproveitado estudando o conteúdo do que ensaiando respostas formuladas com precisão.)

    4. Depois de ter respondido às perguntas, confira olhando as notas e leituras novamente. Se se sentir seguro de ter respondido perguntas específicas adequadamente, desconsidere-as. Você pode retornar posteriormente para uma breve revisão, mas se existem perguntas com as quais teve problemas, releia o conteúdo de imediato. Depois repita o terceiro passo, respondendo às perguntas novamente.

- **Questões de múltipla escolha, de verdadeiro-falso e de correspondência.** Embora o foco de revisão para questões discursivas devam ser as principais questões e controvérsias, estudar para questões de múltipla escolha, de verdadeiro-falso e de correspondência exige maior atenção a detalhes. Quase tudo é alvo legítimo para questões de múltipla escolha, de verdadeiro-falso e de correspondência; portanto, você não pode se dar ao luxo de ignorar qualquer detalhe ao estudar. É uma boa ideia anotar fatos importantes em cartões indexados: eles são portáteis e estão disponíveis o tempo todo, e o ato de criá-los ajuda a gravar o conteúdo em sua memória. Além disso, você pode embaralhá-los e testar-se várias vezes até ter dominado o conteúdo.

- **Questões de resposta curta e de preenchimento.** Questões de resposta curta e de preenchimento são semelhantes a questões discursivas, porque exigem que você recorde informações-chave em vez de encontrá-las na página a sua frente, como no caso de questões de múltipla escolha, de verdadeiro-falso e de correspondência. Contudo, as questões de resposta curta e de preenchimento não exigem que você integre ou compare diferentes tipos de informação. Consequentemente, o foco de seu estudo deve recair na recordação de informações específicas detalhadas.

Teste-se. Quando sentir que dominou o material, teste-se sobre ele. Existem várias formas de fazer isso. Muitas vezes, os livros-texto são acompanhados por *sites* que oferecem testes e jogos de perguntas práticas com pontuação automática. (É o caso deste livro: visite www.mhhe.com/feldmaness10e para acessar testes em inglês. Experimente!). Você também pode criar um teste para si mesmo, escrito, fazendo com que seu formato seja o mais parecido possível com o que imagina que será a prova. Por exemplo, se seu professor falou que a prova será composta principalmente de questões de resposta curta, seu teste inventado deve refletir isso.

Você também pode construir um teste e aplicá-lo a um colega ou membro de seu grupo de estudos. Por sua vez, você poderia fazer um teste que outra pessoa construiu. Desenvolver e fazer testes práticos são excelentes formas de estudar o conteúdo e consolidá-lo na memória.

Lide com a ansiedade antes de provas. Como você se sente antes de uma prova? Fica inseguro? Com um nó no estômago? Range os dentes? *A ansiedade antes de provas* é uma condição temporária caracterizada por medos e preocupações em relação a avaliações. Quase todo mundo a sente em certa medida, embora para algumas pessoas isso seja mais problemático do que para outras. Você nunca vai eliminar a ansiedade antes de provas completamente, nem isso é desejável. Um pouco de nervosismo pode nos energizar, tornando-nos mais atentos e vigilantes. Como qualquer evento competitivo, um teste pode nos motivar a dar o melhor de nós.

Entretanto, para alguns estudantes, a ansiedade pode resultar no tipo de medo paralisante que faz sua mente ter "brancos". Existem diversas formas de impedir que isso aconteça:

1. *Prepare-se bem.* Quanto mais se preparar, menos ansiedade sentirá. Uma boa preparação pode lhe dar um senso de controle e domínio, evitando que a ansiedade o esmague.

2. *Encare a prova de forma realista.* Lembre-se de que seu futuro sucesso não depende de seu desempenho em uma única prova. Pense na situação como um todo. Coloque a tarefa à frente em contexto e lembre-se de todos os obstáculos que você já superou.

3. *Aprenda técnicas de relaxamento.* Tais técnicas são abordadas no capítulo sobre psicologia da saúde deste livro, mas o processo básico é simples e direto: respire regularmente,

inalando e exalando o ar com suavidade. Concentre sua mente em uma imagem agradável e relaxante, como uma floresta linda ou uma fazenda tranquila, ou em um som harmonioso, como o das ondas do mar quebrando na praia.

4. *Visualize o sucesso.* Imagine seu professor devolvendo a prova com um grande "A", ou elogiando seu ótimo desempenho um dia depois da prova. Visualizações positivas que destacam seu potencial sucesso podem ajudar a substituir imagens de fracasso que alimentam a ansiedade.

E se as estratégias não funcionarem? Se sua ansiedade antes das provas é tanta que está prejudicando seu sucesso, faça uso dos recursos de sua faculdade. A maioria das universidades conta com um centro de recursos de aprendizagem ou um centro de orientação que pode oferecer auxílio personalizado.

Crie um grupo de estudos. *Grupos de estudo* são pequenos grupos informais de alunos que estudam juntos para aprender o conteúdo de uma disciplina e se preparar para provas. Criar um grupo desse tipo pode ser uma excelente maneira de se preparar para qualquer tipo de prova. Alguns grupos de estudo são formados para provas específicas, ao passo que outros encontram-se regularmente durante todo o semestre. Um típico grupo de estudos encontra-se uma ou duas semanas antes de uma prova e planeja uma estratégia de estudo. Os participantes compartilham seu entendimento do que vai cair na prova, com base no que o professor disse em aula e em sua revisão de notas e material textual. Juntos, os integrantes desenvolvem uma lista de questões de revisão para orientar seu estudo individual. Depois o grupo se separa, e os membros estudam sozinhos.

Alguns dias antes da prova, os membros do grupo de estudos encontram-se novamente. Eles discutem respostas para as questões de revisão, repassam o material e compartilham novos *insights* sobre a prova. Também podem fazer perguntas uns aos outros sobre o material para identificar pontos fracos ou lacunas no conhecimento.

Grupos de estudos podem ser ferramentas extremamente poderosas porque ajudam a realizar várias atividades:

- Ajudam os membros a organizar e estruturar o material a fim de abordar seu estudo de maneira sistemática e lógica.

- Permitem que os estudantes compartilhem diferentes perspectivas sobre o conteúdo.

- Aumentam a probabilidade de que os estudantes não ignorem alguma informação potencialmente importante.

- Obrigam os membros a repensar o conteúdo do curso, explicando-o em palavras que os outros integrantes do grupo possam entender. Isso ajuda tanto na compreensão quanto na recordação das informações quando ela é necessária na prova.

- Auxiliam a motivar os membros a dar o melhor de si. Quando você faz parte de um grupo de estudos, não está mais trabalhando só para si; seu estudo também beneficia outros membros. Não querer decepcionar seus colegas em um grupo de estudos pode encorajá-lo a esforçar-se ao máximo.

Considerações finais

Discutimos várias técnicas para aumentar sua eficácia nos estudos, seja em sala de aula, seja em provas. Contudo, você não precisa sentir-se restrito a uma estratégia específica. Pode combinar outros elementos para criar seu sistema de estudo. Dicas de aprendizagem e estratégias adicionais para pensamento crítico são apresentadas ao longo deste livro.

Quaisquer que sejam as estratégias de aprendizagem utilizadas, você irá maximizar sua compreensão do material deste livro e dominar técnicas que o ajudarão a aprender e pensar criticamente em todos os seus esforços acadêmicos. Mais importante, irá otimizar sua compreensão do campo da psicologia. Vale a pena o esforço: a emoção, os desafios e a promessa que a psicologia guarda para você são gratificantes.

Introdução à
Psicologia

1
Introdução à Psicologia

Resultados de Aprendizagem para o Capítulo 1

MÓDULO 1

RA 1-1 O que é a ciência da psicologia?

RA 1-2 Quais são as principais especialidades no campo da psicologia?

RA 1-3 Onde os psicólogos trabalham?

Os Psicólogos no Trabalho

As subáreas da psicologia: a árvore genealógica da psicologia

Trabalhando em psicologia

TrabalhoPsi: Assistente social

MÓDULO 2

RA 2-1 Quais são as origens da psicologia?

RA 2-2 Quais são as principais abordagens da psicologia contemporânea?

RA 2-3 Quais são as principais questões e controvérsias da psicologia?

RA 2-4 Qual é o provável futuro da psicologia?

Uma Ciência Desenvolve-se: o Passado, o Presente e o Futuro

As raízes da psicologia

Perspectivas atuais

Aplicando a Psicologia no Século XXI: A psicologia é importante

As principais questões e controvérsias da psicologia

A Neurociência em sua Vida: Lendo os filmes em sua mente

O futuro da psicologia

MÓDULO 3

RA 3-1 O que é o método científico?

RA 3-2 Que papel as teorias e hipóteses desempenham na pesquisa psicológica?

RA 3-3 Que métodos de pesquisa os psicólogos utilizam?

RA 3-4 Como os psicólogos estabelecem relações de causa e efeito nos estudos de pesquisa?

Pesquisa em Psicologia

O método científico

Pesquisa psicológica

Pesquisa descritiva

Pesquisa experimental

MÓDULO 4

RA 4-1 Quais são as principais questões confrontadas pelos psicólogos que realizam pesquisa?

Questões Cruciais de Pesquisa

A ética da pesquisa

Explorando a Diversidade: Escolhendo participantes que representem o escopo do comportamento humano

A Neurociência em sua Vida: A importância de usar participantes representativos

Animais devem ser usados em pesquisas?

Ameaças à validade experimental: evitando o viés experimental

Tornando-se um Consumidor Informado de Psicologia: Pensando criticamente sobre a pesquisa

Prólogo *Uma noite escura*

Para os presentes na sessão de estreia do filme *Batman – O Cavaleiro das Trevas Ressurge*, o súbito aparecimento de um homem carregando diversas armas e vestindo um capacete à prova de balas, máscara de gás e luvas parecia inicialmente fazer parte das festividades da exibição à meia-noite. Contudo, sua diversão transformou-se em horror quando ele abriu fogo no cinema, matando uma dúzia de pessoas e ferindo outras 58 no maior massacre na história dos Estados Unidos.

Ao mesmo tempo em que o assassino estava mostrando o pior da humanidade, outras pessoas no cinema demonstraram os aspectos mais positivos do comportamento humano. Ao menos três pessoas em diferentes partes do cinema deram suas vidas para proteger as pessoas com as quais estavam, enquanto outras exibiram extrema bravura ajudando estranhos a escapar da violência do homicida.

Olhando à frente

O sangrento massacre no cinema gera uma série de questões psicológicas interessantes. Por exemplo, considere as seguintes perguntas feitas por psicólogos após a matança:

- O que motivou o atirador?
- Quais alterações biológicas ocorreram nos corpos das pessoas que estavam fugindo do cinema para salvar suas vidas?
- Que lembrança as pessoas tiveram do massacre posteriormente?
- Quais seriam os efeitos de longo prazo dos assassinatos na saúde física e psicológica dos sobreviventes e das testemunhas?
- Quais são as formas mais eficazes de ajudar as pessoas a lidar com a perda repentina e inesperada de entes queridos?
- Por que muitas pessoas dão sua própria vida para salvar a vida de outras?
- O que motivou a ação violenta do assassino? Ele era psicologicamente perturbado?
- Essa tragédia poderia ter sido evitada se o assassino tivesse recebido tratamento psicológico?

Como em breve veremos, a psicologia trata desse tipo de questões e muitas outras. Neste capítulo, começamos nosso exame da psicologia, dos diferentes tipos de psicólogos e das diversas funções que os psicólogos desempenham.

MÓDULO 1

Os Psicólogos no Trabalho

A **psicologia** é o estudo científico do comportamento e dos processos mentais. A simplicidade dessa definição é em alguns aspectos enganadora, escondendo os constantes debates sobre o quão amplo o escopo da psicologia deveria ser. Os psicólogos devem limitar-se ao estudo do comportamento externo observável? É possível estudar o comportamento cientificamente? O campo de psicologia deveria abranger o estudo de temas tão diversos quanto saúde física e mental, percepção, sonhos e motivação? É adequado abordar somente o comportamento humano, ou o comportamento de outras espécies deveria ser incluído?

A maioria dos psicólogos alegaria que o campo deve ser receptivo a diversas abordagens e pontos de vista. Consequentemente, a expressão *comportamento e processos mentais* na definição da psicologia deve ser compreendida como tendo muitos significados: ela abrange não apenas o que as pessoas fazem, mas também seus pensamentos, emoções, percepções, processos de raciocínio, lembranças e mesmo atividades biológicas que mantêm o funcionamento corporal.

Os psicólogos tentam descrever, prever e explicar o comportamento e os processos mentais humanos, além de ajudar a mudar e melhorar a vida das pessoas e do mundo em que elas vivem. Eles empregam métodos científicos para encontrar respostas que são mais válidas e legítimas do que as que resultam da intuição e especulação, que muitas vezes são imprecisas (ver Fig. 1).

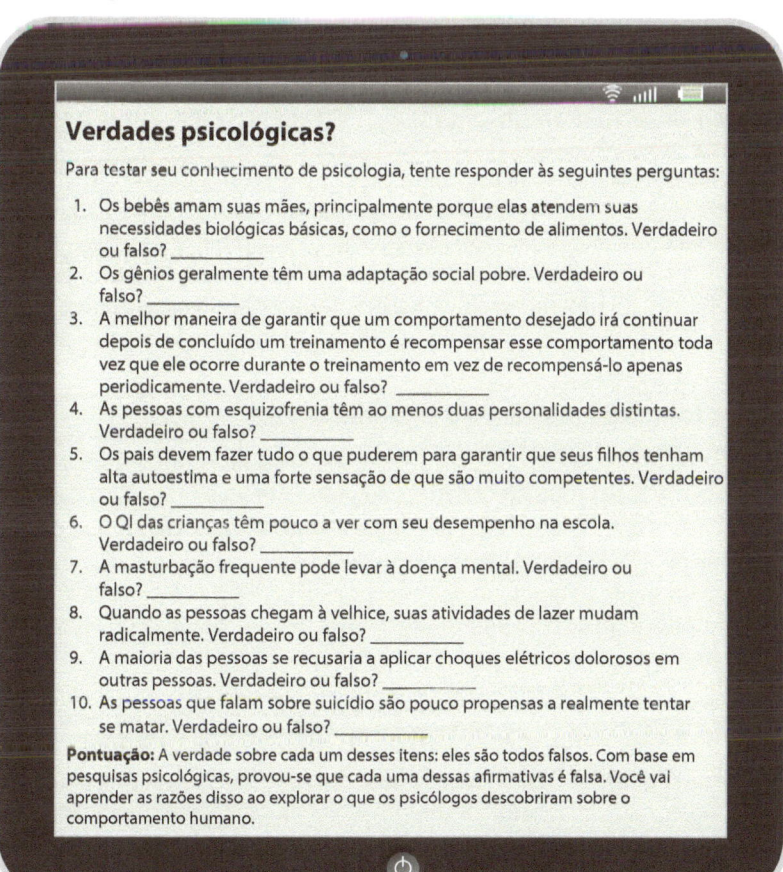

Resultados de Aprendizagem

RA 1-1 O que é a ciência da psicologia?

RA 1-2 Quais são as principais especialidades no campo da psicologia?

RA 1-3 Onde os psicólogos trabalham?

psicologia Estudo científico do comportamento e dos processos mentais.

FIGURA 1 O método científico é a base de toda pesquisa psicológica, sendo usado para encontrar respostas válidas. Teste seu conhecimento de psicologia respondendo às perguntas a seguir.
(Fonte: Adaptada de Lamal, 1979.)

Verdades psicológicas?

Para testar seu conhecimento de psicologia, tente responder às seguintes perguntas:

1. Os bebês amam suas mães, principalmente porque elas atendem suas necessidades biológicas básicas, como o fornecimento de alimentos. Verdadeiro ou falso? _____
2. Os gênios geralmente têm uma adaptação social pobre. Verdadeiro ou falso? _____
3. A melhor maneira de garantir que um comportamento desejado irá continuar depois de concluído um treinamento é recompensar esse comportamento toda vez que ele ocorre durante o treinamento em vez de recompensá-lo apenas periodicamente. Verdadeiro ou falso? _____
4. As pessoas com esquizofrenia têm ao menos duas personalidades distintas. Verdadeiro ou falso? _____
5. Os pais devem fazer tudo o que puderem para garantir que seus filhos tenham alta autoestima e uma forte sensação de que são muito competentes. Verdadeiro ou falso? _____
6. O QI das crianças têm pouco a ver com seu desempenho na escola. Verdadeiro ou falso? _____
7. A masturbação frequente pode levar à doença mental. Verdadeiro ou falso? _____
8. Quando as pessoas chegam à velhice, suas atividades de lazer mudam radicalmente. Verdadeiro ou falso? _____
9. A maioria das pessoas se recusaria a aplicar choques elétricos dolorosos em outras pessoas. Verdadeiro ou falso? _____
10. As pessoas que falam sobre suicídio são pouco propensas a realmente tentar se matar. Verdadeiro ou falso? _____

Pontuação: A verdade sobre cada um desses itens: eles são todos falsos. Com base em pesquisas psicológicas, provou-se que cada uma dessas afirmativas é falsa. Você vai aprender as razões disso ao explorar o que os psicólogos descobriram sobre o comportamento humano.

As subáreas da psicologia: a árvore genealógica da psicologia

À medida que o estudo da psicologia foi crescendo, ele foi gerando diversas subáreas (descritas na Fig. 2). As subáreas da psicologia equiparam-se a uma família extensa, com uma variedade de sobrinhos e sobrinhas, tios e tias e primos e primas que, embora possam não interagir diariamente, estão relacionados uns aos outros, pois têm um objetivo em comum: compreender o comportamento. Uma maneira de identificar as principais subáreas é considerar algumas das questões básicas sobre comportamento das quais elas tratam.

Quais são os fundamentos psicológicos do comportamento?

No sentido mais básico, as pessoas são organismos biológicos. A neurociência do comportamento é a subárea da psicologia que examina principalmente como o cérebro e o sistema nervoso – mas também outros processos biológicos – determinam o comportamento. Assim, os neurocientistas consideram como nossos corpos influenciam nosso comportamento. Por exemplo, eles podem examinar o vínculo entre sítios específicos no cérebro e os tremores musculares das pessoas afetadas pelo mal de Parkinson ou tentam determinar como nossas emoções estão relacionadas às sensações físicas. Os neurocientistas comportamentais poderiam querer saber que mudanças fisiológicas ocorreram quando as pessoas que estavam no cinema assistindo ao filme do Batman deram-se conta de que alguém estava atirando nelas.

Alerta de estudo
As diferentes subáreas da psicologia permitem que os psicólogos expliquem o mesmo comportamento de várias formas. Revise a Figura 2 para um resumo das subáreas.

Como as pessoas sentem, percebem, aprendem e pensam sobre o mundo?

Se você já se perguntou por que é suscetível a ilusões de ótica, como seu corpo registra a dor ou como aproveitar ao máximo seu tempo de estudo, um psicólogo experimental pode responder a suas perguntas. A *psicologia experimental* é o ramo da psicologia que estuda os processos de sentir, perceber, aprender e pensar sobre o mundo. (O termo *psicólogo experimental* é um pouco enganoso: psicólogos de todas as áreas especializadas usam técnicas experimentais.)

Diversas subespecialidades da psicologia experimental tornaram-se especialidades pelo próprio mérito. Uma é a *psicologia cognitiva*, que aborda os processos mentais superiores, incluindo pensamento, memória, raciocínio, resolução de problemas, julgamento, tomada de decisões e linguagem. Por exemplo, um psicólogo cognitivo poderia estar interessado no que os sobreviventes do tiroteio no cinema lembravam posteriormente sobre aquela experiência.

PsicoTec
Qual é a sua capacidade de dirigir e enviar mensagens de texto ao mesmo tempo? Os psicólogos cognitivos demonstraram que é impossível realizar as duas ações ao mesmo tempo sem uma diminuição potencialmente fatal na habilidade de dirigir.

Quais são as fontes de mudança e estabilidade no comportamento durante o ciclo de vida?

Um bebê produzindo seu primeiro sorriso... dando seu primeiro passo... dizendo sua primeira palavra. Esses marcos universais no desenvolvimento também são singularmente especiais e peculiares a cada pessoa. A *psicologia do desenvolvimento* estuda como as pessoas crescem e mudam desde o momento da concepção até a morte. A *psicologia da personalidade* analisa a uniformidade do comportamento das pessoas ao longo do tempo e os traços que diferenciam uma pessoa de outra.

Como os fatores psicológicos afetam a saúde física e mental?

Depressão, estresse e medos frequentes que impedem as pessoas de realizar suas atividades normais são tópicos que interessariam um psicólogo da saúde, um psicólogo clínico e um psicólogo de aconselhamento. O *psicólogo da saúde* explora a relação entre fatores psicoló-

Subárea	Descrição
Genética comportamental	A *genética comportamental* estuda a herança de traços relacionados ao comportamento.
Neurociência comportamental	A *neurociência comportamental* examina as bases biológicas do comportamento.
Psicologia clínica	A *psicologia clínica* trata do estudo, do diagnóstico e do tratamento de transtornos psicológicos.
Neuropsicologia clínica	A *neuropsicologia clínica* une as áreas da biopsicologia e da psicologia clínica, focando a relação entre fatores biológicos e transtornos psicológicos.
Psicologia cognitiva	A *psicologia cognitiva* centra-se no estudo dos processos mentais superiores.
Psicólogo de aconselhamento	O *aconselhamento psicológico* aborda principalmente problemas educacionais, sociais e de adaptação profissional.
Psicologia transcultural	A *psicologia intercultural* investiga as semelhanças e diferenças no funcionamento psicológico nas várias culturas e nos grupos étnicos.
Psicologia do desenvolvimento	A *psicologia do desenvolvimento* examina como as pessoas crescem e mudam a partir do momento da concepção até a morte.
Psicologia educacional	A *psicologia educacional* ocupa-se do ensino e dos processos aprendizagem, tais como a relação entre motivação e desempenho na escola.
Psicologia ambiental	A *psicologia ambiental* considera a relação entre as pessoas e o ambiente físico.
Psicologia evolucionista	A *psicologia evolucionista* considera como o comportamento é influenciado pela herança genética de nossos antepassados.
Psicologia experimental	A *psicologia experimental* estuda os processos de sentir, perceber, aprender e pensar sobre o mundo.
Psicologia forense	A *psicologia forense* aborda questões legais, tais como determinar a precisão das memórias de testemunhas.
Psicologia da saúde	A *psicologia da saúde* explora a relação entre fatores psicológicos e enfermidades físicas, ou doenças.
Psicologia industrial/organizacional	A *psicologia industrial/organizacional* preocupa-se com a psicologia do local de trabalho.
Psicologia da personalidade	A *psicologia da personalidade* analisa a consistência no comportamento das pessoas ao longo do tempo e as características que diferenciam uma pessoa da outra.
Avaliação de programas	A *avaliação de programas* centra-se na avaliação de programas de grande escala, como o programa pré-escolar Head Start, para determinar se eles são eficazes na concretização de seus objetivos.
Psicologia das mulheres	A *psicologia das mulheres* aborda questões como a discriminação contra mulheres e as causas da violência contra mulheres.
Psicologia escolar	A *psicologia escolar* é dedicada ao aconselhamento de crianças que têm problemas acadêmicos ou emocionais nas escolas primárias e secundárias.
Psicologia social	A *psicologia social* é o estudo de como os pensamentos, os sentimentos e as ações das pessoas são afetadas pelos outros.
Psicologia do esporte	A *psicologia do esporte* aplica a psicologia à atividade e ao exercício esportivo.

FIGURA 2 As principais subáreas da psicologia.

gicos e enfermidades físicas, ou doença. Por exemplo, os psicólogos da saúde estão interessados em avaliar como o estresse a longo prazo (um fator psicológico) pode afetar a saúde física e em identificar modos de promover um comportamento que traga boa saúde (Belar, 2008; Yardley & Moss-Morris, 2009).

A *psicologia clínica* lida com o estudo, o diagnóstico e o tratamento de transtornos psicológicos. Os psicólogos clínicos são treinados para diagnosticar e tratar problemas que variam desde crises da vida cotidiana, tais como descontentamento com o rompimento de uma relação, até condições mais extremas, tais como depressão profunda prolongada. Alguns psicólogos clínicos também pesquisam e investigam questões que variam desde identificar os sinais precoces de perturbação psicológica até estudar a relação entre padrões de comunicação familiar e transtornos psicológicos.

Assim como os psicólogos clínicos, os psicólogos de aconselhamento lidam com os problemas psicológicos das pessoas, mas os problemas dos quais eles tratam são mais específicos. O *aconselhamento psicológico* aborda basicamente os problemas educacionais, sociais e de adaptação profissional. Quase toda faculdade tem um centro com uma equipe de psicólogos de aconselhamento. É ali que os alunos podem aconselhar-se sobre os tipos de trabalho que lhes são mais adequados, sobre os métodos de estudar de maneira eficaz e sobre estratégias para resolver dificuldades cotidianas, tais como problemas com colegas de quarto e preocupações a respeito das práticas de avaliação de determinado professor. Grandes organizações comerciais também empregam psicólogos de aconselhamento para ajudar os funcionários com problemas relacionados ao trabalho.

Como as redes sociais afetam o comportamento?

Nossas complexas redes de inter-relacionamentos sociais são o foco de muitas subáreas da psicologia. Por exemplo, a *psicologia social* é o estudo de como os pensamentos, sentimentos e ações das pessoas são afetados pelas outras. Os psicólogos sociais abordam temas tão diversos quanto agressão humana, amor, persuasão e conformidade.

A *psicologia transcultural* investiga as semelhanças e diferenças no funcionamento psicológico em e entre diversas culturas e grupos étnicos. Por exemplo, psicólogos transculturais examinam como as culturas diferem no uso de castigos durante a criação dos filhos.

Expandindo as fronteiras da psicologia

As fronteiras da ciência da psicologia estão constantemente se expandindo. Três novos membros da árvore genealógica da psicologia – psicologia evolucionista, genética comportamental e neuropsicologia clínica – provocaram especial excitação e debate dentro da psicologia.

Psicologia evolucionista. A *psicologia evolucionista* considera como o comportamento é influenciado pela herança genética de nossos antepassados. A abordagem evolucionista sugere que a codificação química da informação em nossas células não somente determina traços como cor do cabelo e raça, mas também é a chave para compreender uma ampla variedade de comportamentos que ajudaram nossos antepassados a sobreviver e a se reproduzir.

A psicologia evolucionista é oriunda dos argumentos de Charles Darwin em seu pioneiro livro *Sobre a origem das espécies*, publicado em 1859. Darwin sugeriu que um processo de seleção natural leva à sobrevivência dos mais aptos e ao desenvolvimento de traços que permitem que uma espécie se adapte a seu ambiente.

Os psicólogos evolucionistas levam os argumentos de Darwin um passo adiante. Eles alegam que nossa herança genética determina não apenas traços físicos como cor da pele e dos olhos, mas também alguns traços de personalidade e comportamentos sociais. Por exemplo, eles afirmam que comportamentos como timidez, ciúme e semelhanças transculturais nas qualidades desejadas em possíveis pares para acasalamento são ao menos determinados de modo parcial pela genética, presumivelmente porque esses comportamentos ajudaram a aumentar a taxa de sobrevivência dos antigos parentes dos seres humanos (Buss, 2003; Sefcek, Brumbach, & Vasquez, 2007; Ward, Kogan, & Pankove, 2007).

Embora sejam cada vez mais populares, as explicações evolucionistas do comportamento geraram polêmicas. Ao pressupor que muitos comportamentos significativos desenvolvem-se automaticamente, pois são programados na espécie humana, as abordagens evolucionistas minimizam o papel das forças ambientais e sociais. Contudo, a abordagem evolucionista estimulou uma quantidade significativa de estudos sobre como a herança biológica influencia nossos traços e comportamentos (Buss, 2004; Neher, 2006; Mesoudi, 2011).

Genética comportamental. Outra área em rápida ascensão na psicologia concentra-se nos mecanismos biológicos, tais como genes e cromossomos, que permitem que o comportamento herdado se desdobre. A *genética comportamental* procura compreender como poderíamos herdar certos traços de comportamento e como o ambiente influencia se realmente apresentamos tais traços (Bjorklund & Ellis, 2005; Moffitt & Caspi, 2007; Rende, 2007).

Neuropsicologia clínica. A *neuropsicologia clínica* une as áreas de neurociências e psicologia clínica: ela aborda a origem dos transtornos psicológicos em fatores biológicos. Baseando-se nos avanços em nossa compreensão da estrutura e química do cérebro, essa especialidade já levou a novas terapêuticas promissoras para transtornos psicológicos, assim como a debates sobre o uso de medicamento para controlar o comportamento (Boake, 2008; Holtz, 2011).

Trabalhando em psicologia

Precisa-se: Professor assistente em pequena faculdade de ciências humanas. Para docência em cursos de graduação em psicologia introdutória e em cursos nas áreas especializadas da psicologia cognitiva, percepção e aprendizagem. Exige-se forte compromisso com ensino de qualidade, bem como comprovação de conhecimentos e produtividade.

Precisa-se: Psicólogo de consultoria organizacional/industrial. Empresa internacional busca psicólogos para cargos em tempo integral como consultores para administração. Os candidatos devem ter capacidade de estabelecer empatia com altos executivos e ajudá-los a encontrar soluções inovadoras e práticas para problemas relativos a pessoas e organizações.

Precisa-se: Psicólogo clínico. Exige-se nível de doutorado, experiência em estágio e título de especialista em psicologia clínica. Clínica busca psicólogo para trabalhar com crianças e adultos em terapia individual e em grupo, avaliações psicológicas, intervenção em crise e na elaboração de planos de terapia comportamental em equipe multidisciplinar.

Como sugerem esses anúncios, os psicólogos trabalham em uma diversidade de ambientes. Muitos psicólogos com doutorado são contratados por instituições de ensino superior (universidades e faculdades) ou são autônomos, geralmente em clínica particular (ver Fig. 3). Outros locais de trabalho incluem hospitais, clínicas, centros de saúde mental, centros de aconselhamento, organizações governamentais de assistência social, empresas, escolas e até prisões. Os psicólogos empregam-se nas forças armadas, trabalhando com soldados, veteranos e suas famílias, e também atuam no Departamento de Segurança Nacional do governo federal, combatendo o terrorismo (American Psychological Association, 2007; DeAngelis & Monahan, 2008).

A maioria dos psicólogos, contudo, trabalha em ambientes acadêmicos, o que lhes permite combinar as três principais funções desempenhadas pelos psicólogos na sociedade: professor, cientista e profissional clínico. Muitos professores de psicologia também estão ativamente envolvidos em pesquisa ou no atendimento de clientes. Porém, qualquer que seja seu local de trabalho, os psicólogos compartilham do compromisso de melhorar a vida das pessoas e da sociedade em geral.

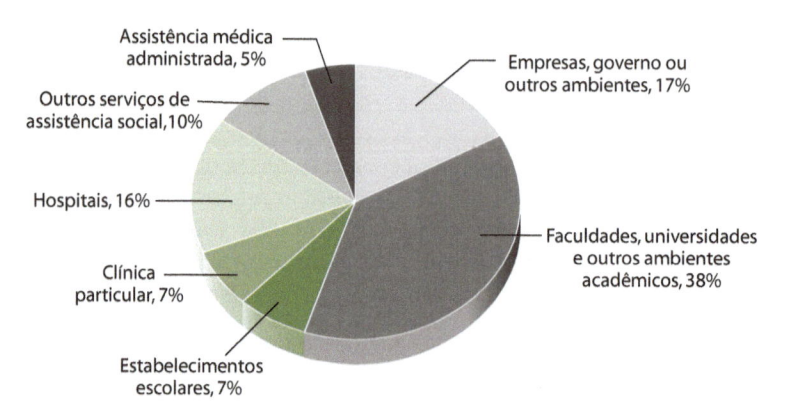

FIGURA 3 Análise percentual dos locais de trabalho dos psicólogos (com nível de doutorado) nos Estados Unidos. Por que você acredita que tantos psicólogos trabalham em faculdades e universidades?

(Fonte: American Psychological Association, 2007.)

- Assistência médica administrada, 5%
- Outros serviços de assistência social, 10%
- Hospitais, 16%
- Clínica particular, 7%
- Estabelecimentos escolares, 7%
- Empresas, governo ou outros ambientes, 17%
- Faculdades, universidades e outros ambientes acadêmicos, 38%

Não esqueça que muitos profissionais de diversas áreas usam as descobertas dos psicólogos. Como você pode ver no quadro TrabalhoPsi aqui e ao longo do texto, apresentamos como outros profissionais empregam a psicologia.

TrabalhoPsi
ASSISTENTE SOCIAL

Nome: Christin Poirier, assistente social
Formação: Bacharel em Psicologia, Stonehill College; Mestrado em Assistência Social, University of New Hampshire

Para Christin Poirier, a psicologia é fundamental para sua ocupação como assistente social, um campo dedicado a melhorar o bem-estar de indivíduos, famílias, grupos e comunidades. Como assistente social, Poirier trabalha em um centro comunitário de saúde mental onde ajuda crianças e adolescentes que estão passando por dificuldades emocionais, comportamentais ou ambas. Ela diz: "As estratégias que uso nas sessões de terapia são derivadas de conceitos e teorias psicológicos básicos. Além disso, para saber quais estratégias são apropriadas para a idade de determinado paciente, preciso levar em conta seu estágio de desenvolvimento psicológico. Por fim, é necessário considerar como a cultura e a etnicidade afetam os clientes, e, assim, incorporo esses aspectos nos planos de tratamento de meus clientes".

Psicólogos: um retrato

Embora não exista um psicólogo "padrão" em termos de características pessoais, podemos traçar um retrato estatístico do campo. Atualmente, existem cerca de 300 mil psicólogos trabalhando nos Estados Unidos, mas eles são superados em número pelos psicólogos em outros países. A Europa tem mais de 290 mil psicólogos, e só no Brasil existem mais de 140 mil psicólogos. Embora a maior parte da pesquisa seja realizada nos Estados Unidos, os psicólogos de outros países são cada vez mais influentes no aumento da base de conhecimentos e práticas da psicologia (Peiro & Lunt, 2002; Stevens & Gielen, 2007; Rees & Seaton, 2011).

Nos Estados Unidos, o número de mulheres na psicologia supera o dos homens, uma grande mudança dos anos anteriores, quando as mulheres enfrentavam tendenciosidade e eram ativamente desencorajadas de tornarem-se psicólogas. Atualmente, elas são detentoras de cerca de 75% dos novos títulos de doutorado em psicologia. Existe um debate corrente sobre se e como buscar um equilíbrio na porcentagem entre homens e mulheres no campo da psicologia (Frincke & Pate, 2004; Cynkar, 2007).

A maioria dos psicólogos nos Estados Unidos é branca, limitando a diversidade desse campo profissional. Somente 6% de todos os psicólogos pertencem a grupos raciais minoritários. Embora o número de indivíduos de minorias que ingressam na psicologia seja maior do que há uma década – em torno de 20% dos novos títulos de mestre e 16% dos novos títulos de doutor sejam concedidos a pessoas de outra raça que não branca –, os números não acompanharam o drástico aumento da população minoritária em geral (Hoffer et al., 2005; Maton et al., 2006; Chandler, 2011).

A falta de representação das minorias raciais e étnicas entre psicólogos é significativa por diversas razões. Em primeiro lugar, o campo da psicologia é diminuído pela ausência de perspectivas e talentos diversos que os membros de grupos minoritários podem oferecer. Além disso, psicólogos de grupos minoritários servem como exemplos para os membros de comunidades minoritárias, e sua baixa representação na profissão pode dissuadir outros membros de minorias de ingressar na profissão. Por fim, considerando que membros de grupos minoritários muitas vezes recebem tratamento psicológico de terapeutas de seu mesmo grupo étnico, a escassez de psicólogos de minorias pode desencorajar alguns membros de grupos minoritários a procurar tratamento (Bernal et al., 2002; Jenkins et al., 2003; Bryant et al., 2005).

A formação de um psicólogo

Como se formam os psicólogos? O caminho mais comum é longo. A maioria dos psicólogos tem um título de doutorado, que pode ser um *Ph.D.* (doutor em filosofia) ou, menos frequentemente, um *Psy.D.* (doutor em psicologia). O Ph.D. é um título acadêmico obtido mediante apresentação de uma tese baseada em uma investigação original. O Psy.D. é obtido por psicólogos que desejam dedicar-se ao tratamento de transtornos psicológicos. (Os psicólogos distinguem-se dos psiquiatras, os quais são formados em medicina e especializam-se no diagnóstico e tratamento de transtornos psicológicos, muitas vezes usando abordagens que envolvem a prescrição de medicamentos.)

Tanto o Ph.D. como o Psy.D. costumam levar de quatro a cinco anos de trabalho após a conclusão da graduação. Algumas áreas da psicologia envolvem estudos de pós-doutorado. Por exemplo, psicólogos clínicos de nível de doutorado, que lidam com pessoas com transtornos psicológicos, geralmente passam um ano adicional fazendo estágio.

Cerca de um terço das pessoas que trabalham na área da psicologia possui um título de mestrado como sua maior titulação, o qual é obtido depois de dois ou três anos de estudos de pós-graduação. Esses psicólogos ensinam, praticam terapia, realizam pesquisa ou trabalham em programas especializados tratando de abuso de drogas ou intervenção em crise. Alguns atuam em universidades, no governo e em empresas, coletando e analisando dados.

Carreiras para diplomados em psicologia

Embora alguns diplomados em psicologia prossigam para a pós-graduação em psicologia ou em alguma outra área, a maioria ingressa no mercado de trabalho logo após a formatura e relata que os cargos que eles assumem depois de formados estão relacionados com sua experiência em psicologia.

A graduação em psicologia oferece uma excelente preparação para diversas ocupações. Tendo em vista que os alunos que se especializam em psicologia desenvolvem boas habilidades analíticas, são treinados a pensar criticamente e capazes de sintetizar e avaliar bem as informações, os empregadores no comércio, na indústria e no governo apreciam sua preparação (Kuther, 2003).

As áreas mais comuns de emprego para formados em psicologia são em assistência social, incluindo trabalhar como administrador, servir como conselheiro e prestar atendimento direto. Cerca de 20% dos bacharéis em psicologia trabalham em assistência social ou em alguma outra modalidade de funcionalismo público. Além disso, graduados em psicologia com frequência ingressam nas áreas da educação ou dos negócios ou trabalham para os governos federal, estadual e municipal (ver Fig. 4; American Psychological Association, 2000; Murray, 2002; Rajecki & Borden, 2011).

> **Alerta de estudo**
> Certifique-se de saber diferenciar entre um Ph.D. (doutor de filosofia) e um Psy.D. (doutor de psicologia), bem como entre psicólogos e psiquiatras.

Cargos ocupados por bacharéis em psicologia		
Empresas/negócios	**Setor educacional/acadêmico**	**Setor social**
Assistente administrativo	Administração	Coordenador de atividades
Estagiário de publicidade	Prestador de cuidados infantis	Especialista comportamental
Oficial de ação afirmativa	Funcionário/supervisor de creche	Orientador de carreiras
Gerente de benefícios	Gerenciamento de dados	Assistente social
Especialista em reivindicações	Assistente de laboratório	Agente de proteção à criança
Diretor de relações comunitárias	Educação de pais/família	Coordenador clínico
Relações com clientes	Professor de pré-escola	Agente de integração comunitária
Gerenciamento de dados	Pesquisador de opinião pública	Agente penitenciário
Conselheiro de funcionários	Assistente de pesquisa	Assistente de conselheiro
Recrutamento de pessoal	Assistente de ensino	Consultor de intervenção em crises
Coordenador/gerente/especialista de recursos humanos		Orientador profissional
Gerente/especialista de relações de trabalho		Atendente de lar assistencial
Gerente de empréstimos		Assistente de saúde mental
Estagiário de administração		Terapeuta ocupacional
Marketing		Oficial de liberdade condicional
Gerente/diretor de pessoal		Gerente de programa
Pesquisa em produtos e serviços		Conselheiro de reabilitação
Coordenação de programas/eventos		Conselheiro de residência
Relações públicas		Assistente de serviço social
Gerente de vendas no varejo		Assistente social
Representante de vendas		Conselheiro de abuso de substâncias
Redação/relatório de características especiais		Orientador de jovens
Treinamento e desenvolvimento de pessoal		
Treinador/treinamento escriturário		

FIGURA 4 Embora muitos diplomados em psicologia busquem emprego em serviços sociais, tal formação pode preparar para muitas profissões fora do âmbito dos serviços sociais. O que há na ciência e na arte da psicologia que a torna um campo tão versátil?

(Fonte: De Tara L. Kuther, *The Psychology Major's Handbook*, 1st ed., p. 114. © 2003 Wadsworth, a part of Cengage Learning, Inc. Reproduzida com permissão. www.cengage.com/permissions.)

Recapitule/avalie/repense

Recapitule

RA 1-1 O que é a ciência da psicologia?

- Psicologia é o estudo científico do comportamento e dos processos mentais, abrangendo não apenas o que as pessoas fazem, mas também suas atividades biológicas, seus sentimentos, suas percepções, sua memória, seu raciocínio e seus pensamentos.

RA 1-2 Quais são as principais especialidades no campo da psicologia?

- Os neurocientistas comportamentais concentram-se na base biológica do comportamento, enquanto os psicólogos experimentais estudam os processos de sentir, perceber, aprender e pensar sobre o mundo.

- A psicologia cognitiva, um ramo da psicologia experimental, estuda os processos mentais superiores, incluindo memória, raciocínio, resolução de problemas, julgamento, tomada de decisão e linguagem.

- Os psicólogos do desenvolvimento estudam como as pessoas crescem e mudam ao longo do ciclo de vida.

- Os psicólogos da personalidade consideram a uniformidade e a mudança no comportamento de um indivíduo, bem como as diferenças individuais que distinguem o comportamento de uma pessoa do de outra.

- Os psicólogos da saúde estudam os fatores psicológicos que afetam a doença física, ao passo que os psicólogos

clínicos consideram o estudo, o diagnóstico e o tratamento de comportamento anormal. Os psicólogos de aconselhamento tratam dos problemas educacionais, sociais e de adaptação à carreira.
- A psicologia social é o estudo de como os pensamentos, sentimentos e ações das pessoas são afetados pelos outros.
- A psicologia transcultural examina as semelhanças e diferenças no funcionamento psicológico entre várias culturas.

- Outros campos cada vez mais importantes são a psicologia evolucionista, a genética comportamental e a neuropsicologia.

RA 1-3 Onde os psicólogos trabalham?
- Os psicólogos trabalham em uma variedade de ambientes. Embora os principais locais de emprego sejam a clínica particular e as instituições de nível superior, muitos psicólogos trabalham em hospitais, clínicas, centros comunitários de saúde mental e centros de aconselhamento.

Avalie

Relacione cada subárea da psicologia com as questões ou perguntas propostas abaixo.

a. neurociência comportamental
b. psicologia experimental
c. psicologia cognitiva
d. psicologia do desenvolvimento
e. psicologia da personalidade
f. psicologia da saúde
g. psicologia clínica
h. psicologia de aconselhamento
i. psicologia educacional
j. psicologia escolar
k. psicologia social
l. psicologia industrial

1. Joan, no primeiro ano da faculdade, está preocupada com suas notas. Ela precisa aprender melhores técnicas organizacionais e estudar hábitos para lidar com as demandas da faculdade.
2. Em que idade as crianças geralmente começam a desenvolver apego emocional a seus pais?
3. Acredita-se que filmes pornográficos que retratam violência contra mulheres podem estimular um comportamento agressivo em alguns homens.
4. Que substâncias químicas são liberadas no corpo humano em consequência de um evento estressante? Quais são seus efeitos no comportamento?
5. Luís é único em seu modo de reagir a situações de crise, com um temperamento calmo e uma visão positiva.
6. Os professores de Jack, de oito anos, estão preocupados porque ele recentemente começou a retrair-se no âmbito social e demonstrar pouco interesse pelas atividades escolares.
7. O emprego de Janetta é exigente e estressante. Ela se pergunta se seu estilo de vida está tornando-a mais propensa a certas doenças, tais como câncer e cardiopatia.
8. Um psicólogo está intrigado com o fato de que algumas pessoas são muito mais sensíveis a estímulos dolorosos do que outras.
9. Um medo intenso de multidões leva um jovem a buscar tratamento para seu problema.
10. Que estratégias mentais estão envolvidas na resolução de problemas complexos?
11. Quais métodos pedagógicos motivam mais os alunos do ensino fundamental a realizar tarefas acadêmicas com êxito?
12. Jéssica é convocada a desenvolver uma estratégia de gerenciamento que encorajará práticas de trabalho mais seguras em uma montadora.

Repense

1. Você acha que a intuição e o senso comum são suficientes para compreender por que as pessoas agem como agem? De que forma a abordagem científica é apropriada para estudar o comportamento humano?
2. *Da perspectiva de um educador:* Vamos supor que você seja um professor que tem em sua classe um aluno de sete anos que está apresentando muita dificuldade para aprender a ler. Imagine que você pudesse consultar psicólogos com especializações diferentes. Quais são os tipos de psicólogos que você gostaria de contatar para abordar o problema?

Respostas das questões de avaliação

1. a-4; b-8; c-10; d-2; e-5; f-7; g-9; h-1; i-11; j-6; k-3; l-12

Termo-chave

psicologia **p. 5**

MÓDULO 2
Uma Ciência Desenvolve-se: o Passado, o Presente e o Futuro

Resultados de Aprendizagem

RA 2-1 Quais são as origens da psicologia?

RA 2-2 Quais são as principais abordagens da psicologia contemporânea?

RA 2-3 Quais são as principais questões e controvérsias da psicologia?

RA 2-4 Qual é o provável futuro da psicologia?

Sete mil anos atrás, presumia-se que os problemas psicológicos eram causados por maus espíritos. Para permitir que esses espíritos saíssem do corpo de uma pessoa, os antigos curandeiros escavavam um buraco no crânio do paciente com instrumentos rudes – procedimento denominado *trepanação*.

Segundo o filósofo do século XVII Descartes, os nervos eram tubos ocos por meio dos quais "espíritos animais" conduziam impulsos da mesma forma que a água é fornecida por um cano. Quando uma pessoa colocava um dedo perto demais do fogo, o calor era transmitido para o cérebro por meio desses tubos.

Franz Josef Gall, médico do século XVIII, alegava que um observador treinado poderia discernir a inteligência, o caráter moral e outras características básicas da personalidade a partir da forma e do número de saliências no crânio de uma pessoa. Sua teoria deu origem ao campo da frenologia, empregada por centenas de praticantes no século XIX.

Embora essas explicações possam parecer absurdas, em sua época elas representavam o pensamento mais avançado sobre o que poderia ser chamado de psicologia. Nossa compreensão acerca do comportamento progrediu imensamente desde o século XVIII, mas a maior parte dos avanços foi recente. Em termos de ciência, a psicologia é uma recém-chegada. (Para os destaques no desenvolvimento da psicologia, ver Fig. 1, na p. 16.)

As raízes da psicologia

Podemos localizar as raízes da psicologia nos gregos antigos, que consideravam a mente um tema adequado para consideração intelectual. Posteriormente, os filósofos discutiram durante centenas de anos sobre as questões que os psicólogos confrontam na atualidade. Por exemplo, o filósofo britânico do século XVII John Locke acreditava que os bebês vinham ao mundo com mentes semelhantes a "lousas vazias" (*tabula rasa*, em latim) e que suas experiências determinavam que tipo de adulto eles se tornariam. Suas opiniões contrastavam com as de Platão e do filósofo francês do século XVII René Descartes, que afirmava que parte do conhecimento era inata aos seres humanos.

Contudo, considera-se que a psicologia como disciplina científica iniciou-se formalmente no final do século XIX, quando Wilhelm Wundt criou o primeiro laboratório experimental dedicado aos fenômenos psicológicos em Leipzig, Alemanha. Aproximadamente na mesma época, William James estava montando seu laboratório em Cambridge, Massachusetts.

Quando Wundt montou seu laboratório em 1879, seu objetivo era estudar os blocos de construção da mente. Ele considerava a psicologia como o estudo da experiência consciente. Sua perspectiva, que veio a ser conhecida como **estruturalismo**, concentrou-se na revelação dos componentes fundamentais da percepção, da consciência, do pensamento, das emoções e de outros tipos de estados e atividades mentais.

Para determinar como os processos sensórios básicos moldam nossa compreensão do mundo, Wundt e outros estruturalistas usaram um procedimento chamado **introspecção**, em que apresentavam às pessoas um estímulo – como um objeto verde brilhante ou uma frase escrita em um cartão – e pediam que elas descrevessem, com as próprias palavras e o mais detalhadamente possível, o que estavam sentindo. Wundt afirmava que, analisando

Wilhelm Wundt

estruturalismo Abordagem de Wundt, a qual trata da elucidação dos componentes mentais fundamentais da consciência, do pensamento e de outros tipos de estados mentais e atividades.

introspecção Procedimento usado para estudar a estrutura da mente, no qual se pede aos sujeitos que descrevam detalhadamente o que eles estão sentindo quando são expostos a um estímulo.

os relatos das pessoas, os psicólogos podiam chegar a uma compreensão mais acurada a respeito da estrutura da mente.

Com o tempo, os psicólogos questionaram a abordagem de Wundt. Eles foram ficando cada vez mais insatisfeitos com a suposição de que a introspecção podia revelar a estrutura da mente. A introspecção não era uma técnica verdadeiramente científica, pois não havia muitas formas pelas quais um observador externo pudesse confirmar a precisão das introspecções dos outros. Além disso, as pessoas tinham dificuldade para descrever alguns tipos de experiências íntimas, tais como respostas emocionais. Esses inconvenientes levaram ao desenvolvimento de novas abordagens, que, em grande parte, substituíram o estruturalismo.

A perspectiva que substituiu o estruturalismo é conhecida como **funcionalismo**. Em vez de tratar a estrutura de mente, o funcionalismo concentrou-se no que a mente *faz* e em como o comportamento *funciona*. Os funcionalistas, cuja perspectiva adquiriu notoriedade no início do século XX, indagaram que papel o comportamento desempenha para permitir que as pessoas adaptem-se ao ambiente. Por exemplo, um funcionalista poderia examinar a função do medo em nos preparar para lidar com situações de emergência.

Liderados pelo psicólogo americano William James, os funcionalistas examinaram como o comportamento permite que as pessoas satisfaçam suas necessidades e como o "fluxo de consciência" possibilita que elas se adaptem ao ambiente. O educador norte-americano John Dewey utilizou o funcionalismo para desenvolver a área de psicologia escolar, propondo modos de melhor atender às necessidades educacionais dos alunos.

Outro aspecto importante ao estruturalismo foi o desenvolvimento da psicologia da Gestalt no início do século XIX. A **psicologia da Gestalt** enfatiza a forma como a percepção se organiza. Em vez de considerar os elementos individuais que compõem o pensamento, os psicólogos da Gestalt tomaram o caminho inverso, estudando como as pessoas consideram elementos individuais em conjunto como uma unidade ou um todo. Liderados por cientistas alemães como Hermann Ebbinghaus e Max Wertheimer, os psicólogos da Gestalt propuseram que "O todo é diferente da soma de suas partes", ou seja, nossa percepção, ou compreensão, dos objetos é maior e mais significativa do que os elementos individuais que constituem nossas percepções. Os psicólogos da Gestalt fizeram contribuições substanciais para a compreensão da percepção.

funcionalismo Uma das primeiras abordagens da psicologia, que se concentrou no que a mente faz – as funções da atividade mental – e no papel do comportamento para permitir que as pessoas adaptem-se ao ambiente.

psicologia da Gestalt Abordagem da psicologia que enfatiza a organização da percepção e do pensamento em um sentido "total" mais do que os elementos individuais da percepção.

As mulheres na psicologia: as pioneiras

Como em muitas áreas científicas, os preconceitos sociais prejudicaram a participação das mulheres no desenvolvimento inicial da psicologia. Por exemplo, muitas universidades nem sequer aceitavam mulheres em seus programas de pós-graduação em psicologia no início do século XX.

Apesar dos obstáculos que enfrentavam, as mulheres fizeram notáveis contribuições à psicologia, embora seu impacto no campo tenha sido largamente ignorado até pouco tempo atrás. Por exemplo, Margaret Floy Washburn (1871-1939) foi a primeira mulher a receber um doutorado em psicologia, tendo realizado um importante trabalho sobre comportamento animal. Leta Stetter Hollingworth (1886-1939) foi uma das primeiras psicólogas a estudar o desenvolvimento da criança e as questões das mulheres. Ela coletou dados para refutar a visão popular, no início do século XX, de que as capacidades das mulheres diminuíam periodicamente durante partes do ciclo menstrual (Hollingworth, 1943/1990; Denmark & Fernandez, 1993; Furumoto & Scarborough, 2002).

Mary Calkins (1863-1930), que estudou a memória na primeira parte do século XX, tornou-se a primeira mulher a presidir a American Psychological Association. Karen Horney (1885-1952) estudou os fatores sociais e culturais por trás da personalidade, enquanto June Etta Downey (1875-1932) foi a pioneira no estudo dos traços da personalidade e tornou-se a primeira mulher a chefiar um departamento de psicologia em uma universidade estadual. Anna Freud (1895-1982), filha de Sigmund Freud, também contribuiu notavelmente para o tratamento do comportamento anormal, e Mamie Phipps Clark (1917-1983)

Linha do tempo

Precursores da psicologia

- **5.000 a.C.** Uso da trepanação para permitir a fuga de maus espíritos
- **430 a.C.** Hipócrates propõe os quatro temperamentos da personalidade
- **1637** Descartes descreve espíritos animais
- **1690** John Locke introduz a ideia da *tabula rasa*
- **1807** Franz Josef Gall propõe a frenologia
- **1879** Wilhelm Wundt inaugura o primeiro laboratório de psicologia em Leipzig, Alemanha
- **1890** Publicação de *Princípios de Psicologia* por William James
- **1895** Formulação do modelo funcionalista

Primeiros psicólogos

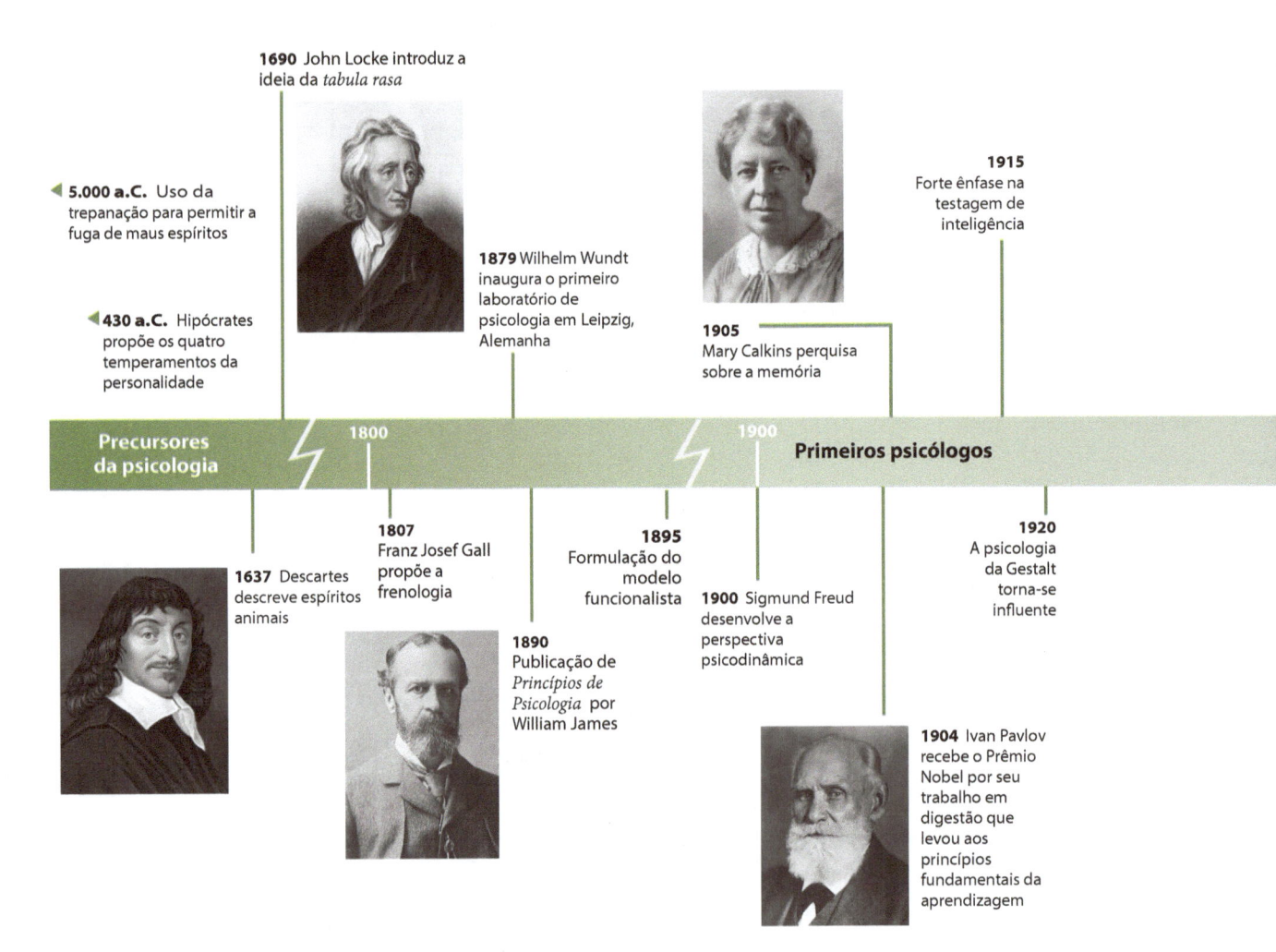

- **1900** Sigmund Freud desenvolve a perspectiva psicodinâmica
- **1904** Ivan Pavlov recebe o Prêmio Nobel por seu trabalho em digestão que levou aos princípios fundamentais da aprendizagem
- **1905** Mary Calkins pesquisa sobre a memória
- **1915** Forte ênfase na testagem de inteligência
- **1920** A psicologia da Gestalt torna-se influente

FIGURA 1 Linha de tempo ilustrando os principais pontos de referência no desenvolvimento da psicologia.

realizou um trabalho pioneiro sobre como as crianças negras passavam a reconhecer diferenças raciais (Horney, 1937; Stevens & Gardner, 1982; Lal, 2002).

Perspectivas atuais

Os homens e as mulheres que estabeleceram as bases da psicologia tinham um objetivo em comum: explicar e compreender o comportamento usando métodos científicos. Para alcançar a mesma meta, as dezenas de milhares de psicólogos que seguiram aqueles pioneiros acolheram – e muitas vezes rejeitaram – uma variedade de perspectivas.

As perspectivas da psicologia oferecem pontos de vista distintos e enfatizam fatores diferentes. Assim como podemos usar mais do que um mapa para encontrar o caminho para determinada região – por exemplo, um mapa que mostra estradas e rodovias e outro que mostra os principais pontos de referência –, os psicólogos desenvolveram uma diversidade de abordagens para compreender o comportamento. Quando consideradas em conjunto, as diferentes perspectivas fornecem um modo de explicar o comportamento em sua incrível variedade.

Na atualidade, o campo da psicologia inclui cinco grandes perspectivas (resumidas na Fig. 2, na p. 18). Essas perspectivas destacam diferentes aspectos do comportamento e dos

> **Alerta de estudo**
>
> Conhecer os fatos básicos da história da psicologia vai ajudá-lo a compreender como se desenvolveram as principais perspectivas da atualidade.

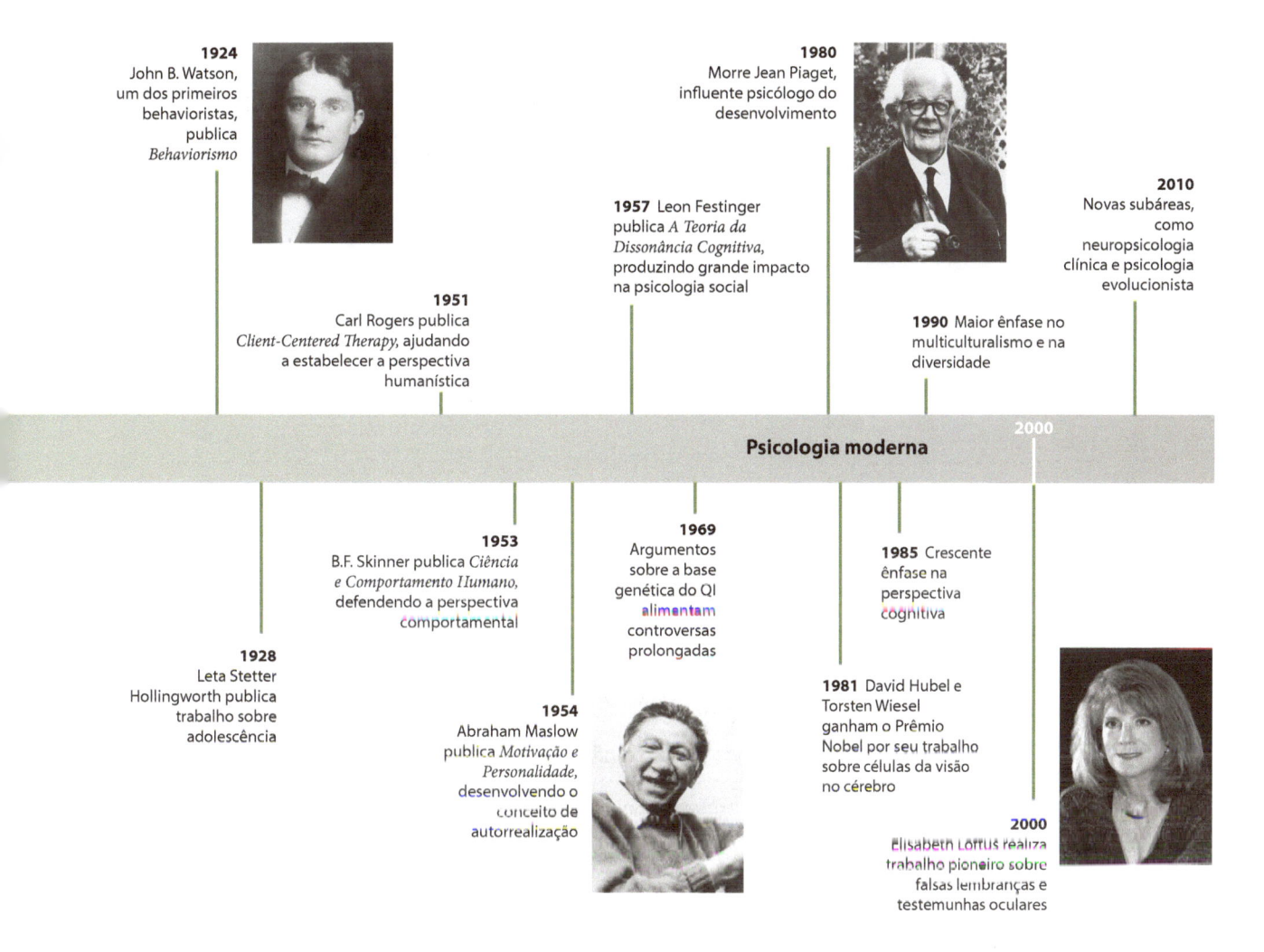

Módulo 2 Uma Ciência Desenvolve-se: o Passado, o Presente e o Futuro

1924 John B. Watson, um dos primeiros behavioristas, publica *Behaviorismo*

1951 Carl Rogers publica *Client-Centered Therapy*, ajudando a estabelecer a perspectiva humanística

1957 Leon Festinger publica *A Teoria da Dissonância Cognitiva*, produzindo grande impacto na psicologia social

1980 Morre Jean Piaget, influente psicólogo do desenvolvimento

1990 Maior ênfase no multiculturalismo e na diversidade

2010 Novas subáreas, como neuropsicologia clínica e psicologia evolucionista

Psicologia moderna

1928 Leta Stetter Hollingworth publica trabalho sobre adolescência

1953 B.F. Skinner publica *Ciência e Comportamento Humano*, defendendo a perspectiva comportamental

1954 Abraham Maslow publica *Motivação e Personalidade*, desenvolvendo o conceito de autorrealização

1969 Argumentos sobre a base genética do QI alimentam controvérsias prolongadas

1981 David Hubel e Torsten Wiesel ganham o Prêmio Nobel por seu trabalho sobre células da visão no cérebro

1985 Crescente ênfase na perspectiva cognitiva

2000 Elisabeth Loftus realiza trabalho pioneiro sobre falsas lembranças e testemunhas oculares

processos mentais, e cada uma leva a compreensão do comportamento em uma direção um pouco diferente.

A perspectiva da neurociência: sangue, suor e medos

Fundamentalmente, os seres humanos são feitos de pele e ossos. A **perspectiva da neurociência** considera como as pessoas e os animais funcionam biologicamente: como as células nervosas estão ligadas, como a herança de certas características dos pais e de outros ancestrais influencia o comportamento, como o funcionamento do corpo afeta esperanças e medos, quais comportamentos são instintivos, e assim por diante. Mesmo tipos mais complexos de comportamentos, tais como a reação de um bebê a estranhos, são vistos como possuidores de componentes biológicos essenciais pelos psicólogos que adotam a perspectiva da neurociência. Essa perspectiva inclui o estudo da hereditariedade e da evolução, a qual considera como a hereditariedade pode influenciar o comportamento, e a neurociência comportamental, que examina como o cérebro e o sistema nervoso afetam o comportamento.

Uma vez que todo comportamento pode ser subdividido em seus componentes biológicos, a perspectiva da neurociência é muito atraente. Os psicólogos que aderiram a essa perspectiva fizeram contribuições importantes para a compreensão e a melhoria da vida

perspectiva da neurociência Abordagem que considera o comportamento da perspectiva do cérebro, do sistema nervoso e de outras funções biológicas.

Neurociência
Considera o comportamento da perspectiva do funcionamento biológico

Comportamental
Concentra-se no comportamento observável

Psicodinâmica
Acredita que o comportamento é motivado por forças internas, inconscientes, sobre as quais uma pessoa tem pouco controle

Cognitiva
Examina como as pessoas compreendem o mundo e pensam sobre ele

Humanística
Afirma que as pessoas são capazes de controlar seu comportamento e que elas naturalmente tentam realizar seu pleno potencial

FIGURA 2 As cinco grandes perspectivas da psicologia.

> **Alerta de estudo**
>
> Use a Figura 2 para diferenciar as cinco perspectivas, que são importantes porque fornecem uma base para todos os temas abordados ao longo do texto.

humana, que variaram desde curas para certos tipos de surdez até tratamentos medicamentosos para pessoas com transtornos mentais graves. Além disso, avanços nas técnicas para examinar a anatomia e o funcionamento do cérebro permitiram que a perspectiva neurocientífica estendesse sua influência a uma ampla gama de subáreas da psicologia. (Veremos exemplos de tais técnicas ao longo deste capítulo em A Neurociência em sua Vida.)

A perspectiva psicodinâmica: compreendendo a pessoa interna

Para muitas pessoas que nunca fizeram um curso de psicologia, esta se inicia e termina com a perspectiva psicodinâmica. Os proponentes da **perspectiva psicodinâmica** alegam que o comportamento é motivado por forças e conflitos internos sobre os quais temos pouca consciência ou controle. Eles veem os sonhos e lapsos verbais como indicações do que uma pessoa realmente está sentindo dentro do caldeirão efervescente de atividade psíquica inconsciente.

As origens da visão psicodinâmica estão ligadas a uma pessoa: Sigmund Freud. Ele foi um médico austríaco do início do século XX cujas ideias sobre os determinantes inconscientes do comportamento tiveram um efeito revolucionário no pensamento daquela época, não apenas na psicologia, como também em campos relacionados. Ainda que alguns dos princípios freudianos originais tenham sido veementemente criticados, a perspectiva psicodinâmica contemporânea forneceu um meio tanto para compreender e tratar alguns tipos de transtornos psicológicos como para compreender fenômenos cotidianos como preconceito e agressão.

Sigmund Freud

perspectiva psicodinâmica
Abordagem baseada na visão de que o comportamento é motivado por forças internas inconscientes sobre as quais o indivíduo tem pouco controle.

perspectiva comportamental
Abordagem que defende que o comportamento que pode ser observado e medido deve ser o foco de estudo.

A perspectiva comportamental: observando a pessoa externa

Enquanto as abordagens neurocientífica e psicodinâmica olham para dentro do organismo a fim de determinar as causas de seu comportamento, a perspectiva comportamental emprega uma abordagem muito diferente. A **perspectiva comportamental** desenvolveu-se a partir de uma rejeição da ênfase inicial da psicologia aos mecanismos internos da mente. Em vez disso, os behavioristas sugeriram que o campo deveria priorizar o comportamento observável que pode ser medido objetivamente.

John B. Watson foi o primeiro psicólogo americano importante a defender a abordagem comportamental. Trabalhando na década de 1920, manteve-se irredutível em sua visão de que era possível alcançar uma compreensão do comportamento estudando e modificando o ambiente em que as pessoas operam.

Na verdade, Watson acreditava com certo otimismo que era possível obter qualquer tipo de comportamento que se queira controlando o ambiente de uma pessoa. Essa filosofia está clara em suas próprias palavras: "Deem-me uma dúzia de bebês saudáveis, bem-formados, e meu próprio mundo para criá-los, e garanto tomar qualquer deles ao acaso e treiná-lo para tornar-se qualquer tipo de especialista que eu escolha – médico, advogado, artista, comerciante, bem como pedinte e ladrão, independentemente de seus talentos, tendências, aptidões, vocações e raça de seus ancestrais" (Watson, 1924).

A perspectiva comportamental foi promovida por B. F. Skinner, um pioneiro nessa área. Grande parte de nossa compreensão de como as pessoas adquirem novos comportamentos é baseada na perspectiva comportamental. Como veremos, ela aparece em cada atalho da psicologia. Junto a sua influência na área de processos de aprendizagem, essa perspectiva fez contribuições em campos tão diversos quanto tratamento de transtornos mentais, redução da agressividade, resolução de problemas sexuais e tratamento de dependência química (Silverman, Roll, & Higgins, 2008; Schlinger, 2011).

A perspectiva cognitiva: identificando as raízes da compreensão

Os esforços para compreender o comportamento levam alguns psicólogos diretamente para a mente. Desenvolvendo-se em parte a partir do estruturalismo e em parte como reação ao behaviorismo, que se centrava tão fortemente no comportamento observável e no ambiente, a **perspectiva cognitiva** analisa como as pessoas pensam, compreendem e sabem sobre o mundo. A ênfase recai no aprendizado de como as pessoas compreendem e representam o mundo externo dentro de si mesmas e como nosso modo de pensar sobre o mundo influencia nosso comportamento.

Muitos psicólogos que aderem à perspectiva cognitiva comparam o pensamento humano às operações de um computador, o qual recebe a informação e a transforma, armazena e recupera. Em sua visão, pensar é *processar informações*.

Os psicólogos que aplicam a perspectiva cognitiva fazem perguntas sobre assuntos que variam desde como as pessoas tomam decisões até se uma pessoa pode assistir à televisão e estudar ao mesmo tempo. Os elementos comuns que ligam as abordagens cognitivas são a análise de como as pessoas compreendem e pensam sobre o mundo e o interesse em descrever os padrões e irregularidades na operação de nossa mente.

> **perspectiva cognitiva**
> Abordagem que analisa como as pessoas pensam, compreendem e sabem sobre o mundo.

A perspectiva humanística: analisando as qualidades exclusivas da espécie humana

Rejeitando a visão de que o comportamento é determinado sobretudo por forças biológicas que se desdobram automaticamente, por processos inconscientes ou pelo ambiente, a **perspectiva humanística** pressupõe que todos os indivíduos naturalmente se esforçam para crescer, desenvolver-se e ter controle sobre sua vida e seu comportamento. Os psicólogos humanísticos afirmam que cada um de nós tem capacidade de buscar e alcançar realização.

Segundo Carl Rogers e Abraham Maslow, que foram as figuras centrais no desenvolvimento da perspectiva humanística, as pessoas esforçam-se para realizar seu pleno potencial se tiverem oportunidade. A ênfase da perspectiva humanística é no *livre-arbítrio*, na capacidade de tomar decisões livremente sobre o próprio comportamento e a vida. A noção de livre-arbítrio coloca-se em contraste com o *determinismo*, o qual vê o comportamento como causado, ou determinado, por aspectos além do controle da pessoa.

A perspectiva humanística presume que as pessoas têm a capacidade de fazer suas próprias escolhas sobre seu comportamento em vez de depender dos padrões da sociedade. Mais do que qualquer outra abordagem, ela enfatiza o papel da psicologia em enriquecer a vida das pessoas e ajudá-las a alcançar a autorrealização. Ao lembrar os psicólogos de seu compromisso com o indivíduo na sociedade, a perspectiva humanística tem sido uma influência importante (Dillon, 2008; Robbins, 2008; Nichols, 2011).

> **perspectiva humanística**
> Abordagem segundo a qual todos os indivíduos naturalmente se esforçam para crescer, desenvolver-se e ter controle de sua vida e de seu comportamento.

Não permita que as qualidades abstratas das amplas abordagens que discutimos levem-no a pensar que elas são exclusivamente teóricas: essas perspectivas subjazem a um trabalho constante de natureza prática, como discutimos ao longo deste livro. Para começar a ver como a psicologia pode melhorar sua vida, leia Aplicando a Psicologia no Século XXI.

Aplicando a Psicologia no Século XXI

A psicologia é importante

"Investigadores buscam pistas no local do atentado suicida."

"A mais profunda recessão em décadas produz altíssimas taxas de desemprego."

"Testemunhas de assassinatos mostram-se incapazes de fornecer pistas confiáveis."

"Mídias sociais como o Facebook mudam o modo como os adolescentes interagem com seus amigos."

"Taxas de obesidade na infância explodem."

Uma rápida leitura das manchetes nos jornais de qualquer dia lembram-nos que o mundo é atormentado por uma diversidade de problemas persistentes para os quais não há soluções fáceis. Ao mesmo tempo, um número considerável de psicólogos está dedicando sua energia e seu conhecimento para resolver esses problemas e melhorar a condição humana. Vamos considerar algumas das formas pelas quais a psicologia abordou e ajudou o trabalho para soluções dos grandes problemas da sociedade:

- **Quais são as causas do terrorismo?** O que motiva os homens-bomba suicidas? Eles têm transtornos psicológicos ou seu comportamento pode ser visto como uma resposta racional a determinado sistema de crenças? Como veremos no Módulo 39 quando discutirmos os transtornos psicológicos, os psicólogos estão compreendendo os fatores que levam as pessoas a aceitar o suicídio e praticar o terrorismo em prol de uma causa na qual adotam profundamente (Stroink, 2007; Locicero & Sinclair, 2008; Mintz & Brule 2009; Post et al., 2009).

- **Como o futuro econômico incerto está afetando a força de trabalho dos Estados Unidos?** Estresse, ansiedade, depressão, tudo isso é consequência de tempos econômicos difíceis. Porém, o preço psicológico que os trabalhadores americanos estão pagando também os tem feito adoecer – e isso, por sua vez, apresenta um efeito prejudicial adicional na economia. Crescem as evidências colhidas por psicólogos de que, em tempos de incerteza econômica, as pessoas precisam de estabilidade e apoio para que se mantenham saudáveis e funcionem bem (Allen, Hyworon, & Colombi, 2010; Hoare & Machin, 2010).

As pessoas ao redor do mundo estão enfrentando recessões econômicas. Como os psicólogos podem contribuir para a compreensão do problema?

- **Por que as testemunhas de crimes muitas vezes lembram-se dos eventos com imprecisão, e como podemos aumentar a precisão dos relatos de testemunhas oculares?** Estudos psicológicos chegaram a uma conclusão importante: as declarações de testemunhas oculares em casos criminais podem ser imprecisas e tendenciosas. As lembranças de crimes muitas vezes podem ser obscurecidas pela emoção, e as perguntas feitas por investigadores policiais provocam respostas imprecisas. O trabalho de psicólogos tem sido usado para elaborar diretrizes nacionais para obter lembranças mais precisas durante investigações criminais (Loftus & Bernstein, 2005; Kassin, 2005; Busey & Loftus, 2007).

- **Como as mídias sociais estão mudando o modo como vivemos?** As redes sociais como Facebook e Twitter estão mudando rapidamente o modo como as pessoas comunicam-se e o modo como as notícias espalham-se ao redor do mundo. Como esse novo modo de se comunicar afeta a maneira como as pessoas se relacionam umas com as outras? Como ele afeta nossas percepções dos eventos mundiais? Os psicólogos estão examinando as motivações por trás das redes sociais, sua influência sobre as pessoas e instituições sociais e possíveis aplicações benéficas da tecnologia (Bergman et al., 2011; Powell, Richmond, & Williams, 2011; Rice, Milburn, & Monro, 2011).

- **Quais são as raízes da obesidade e como uma alimentação mais saudável e melhor aptidão física podem ser encorajadas?** Por que algumas pessoas estão mais predispostas à obesidade do que outras? Que fatores sociais poderiam estar em jogo no crescimento da obesidade infantil? Como discutimos no Módulo 25, a obesidade é um problema complexo, com bases biológicas, psicológicas e sociais. As abordagens de tratamento da obesidade devem, portanto, levar em consideração muitos fatores para que sejam bem-sucedidas. Não existe um remédio mágico que ofereça uma solução rápida, mas os psicólogos recomendam uma série de estratégias que ajudam a tornar os objetivos de perda de peso mais acessíveis (Puhl & Latner, 2007; MacLean et al., 2009; Neumark-Sztainer, 2009).

Esses temas representam apenas algumas das questões que os psicólogos confrontam diariamente. Para explorar adicionalmente as muitas formas de impacto da psicologia na vida cotidiana, confira o *site* da American Psychological Association (APA), o qual apresenta aplicações psicológicas na vida cotidiana, em www.apa.org.

> **REPENSE**
> - Em sua opinião, quais são os principais problemas que afetam a sociedade atual?
> - Quais são as questões psicológicas envolvidas nesses problemas e como os psicólogos poderiam ajudar a descobrir soluções para isso?

As principais questões e controvérsias da psicologia

Ao considerar os muitos tópicos e perspectivas que compõem a psicologia, variando desde um estreito foco nas diminutas influências bioquímicas sobre o comportamento até um amplo foco nos comportamentos sociais, você pode ser levado a pensar que a disciplina carece de coesão. Entretanto, o campo é mais unificado do que um primeiro olhar poderia sugerir. Em primeiro lugar, qualquer que seja a área em que se especializa um psicólogo, ele dependerá basicamente de uma das cinco grandes perspectivas. Por exemplo, um psicólogo do desenvolvimento que se especializa no estudo de crianças poderia fazer uso da perspectiva cognitiva ou da perspectiva psicodinâmica ou de qualquer uma das outras principais perspectivas.

Os psicólogos também concordam sobre quais são as questões-chave da psicologia (ver Fig. 3). Embora existam argumentos importantes sobre como melhor abordar e resolver as questões-chave, a psicologia é uma ciência unificada, porque os psicólogos de todas as perspectivas concordam que as questões devem ser resolvidas para que o campo possa avançar. Ao considerar essas questões-chave, tente não pensá-las como mutuamente excludentes (ou/ou). Em vez disso, considere os pontos de vista contrários em cada questão como os extremos de um *continuum*, com as posições de cada psicólogo situando-se em algum ponto entre os dois extremos.

Uma das principais questões abordadas pelos psicólogos é a da *natureza (hereditariedade)* versus *criação (ambiente)*. Quanto do comportamento das pessoas se deve a sua natureza geneticamente determinada (hereditariedade) e quanto se deve à criação, às influências do ambiente físico e social em que uma criança é criada? Além disso, como é a interação entre hereditariedade e ambiente? Essas questões apresentam raízes filosóficas e históricas profundas, estando envolvidas em muitos temas da psicologia.

A visão de um psicólogo sobre essa questão depende em parte da grande perspectiva à qual ele se subscreve. Por exemplo, psicólogos do desenvolvimento cujo foco é como as pessoas crescem e mudam ao longo de toda a vida, podem estar mais interessados em aprender sobre as influências da hereditariedade caso eles sigam uma perspectiva neurocientífica.

> **Alerta de estudo**
> Use a Figura 3 para aprender sobre as questões fundamentais que subjazem a todas as subáreas da psicologia.

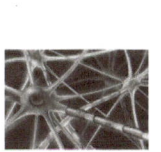

Questão	Neurociência	Cognitiva	Comportamental	Humanística	Psicodinâmica
Natureza (hereditariedade) versus *criação (ambiente)*	Natureza (hereditariedade)	Ambos	Criação (ambiente)	Criação (ambiente)	Natureza (hereditariedade)
Determinantes conscientes versus *inconscientes*	Inconsciente	Ambos	Consciente	Consciente	Inconsciente
Comportamento observável versus *processos mentais internos*	Ênfase interna	Ênfase interna	Ênfase no observável	Ênfase interna	Ênfase interna
Livre-arbítrio versus *determinismo*	Determinismo	Livre-arbítrio	Determinismo	Livre-arbítrio	Determinismo
Diferenças individuais versus *princípios universais*	Ênfase universal	Ênfase individual	Ambos	Ênfase individual	Ênfase universal

FIGURA 3 Questões-chave na psicologia e posições tomadas pelos psicólogos que se subscrevem às cinco grandes perspectivas da psicologia.

Em contraste, psicólogos do desenvolvimento que propõem perspectiva comportamental estariam mais propensos a focar no ambiente (Rutter, 2002, 2006; Barrett, 2011).

Contudo, todo psicólogo concordaria que nem a natureza nem a criação isoladamente é o único determinante do comportamento, e sim uma combinação das duas. Em certo sentido, então, a real controvérsia envolve quanto de nosso comportamento é causado pela hereditariedade e quanto é causado por influências ambientais.

Uma segunda questão importante abordada pelos psicólogos refere-se às *causas conscientes versus inconscientes do comportamento*. Quanto de nosso comportamento é produzido por forças das quais estamos plenamente conscientes e quanto se deve à atividade inconsciente – processos mentais que não são acessíveis à mente consciente? Essa questão representa uma das grandes controvérsias no campo da psicologia. Por exemplo, os psicólogos clínicos que adotam uma perspectiva psicodinâmica afirmam que os transtornos psicológicos são ocasionados por fatores inconscientes, ao passo que os psicólogos que empregam a perspectiva cognitiva sugerem que os transtornos psicológicos são em grande parte consequência de processos de pensamento defeituosos.

A questão seguinte é a do *comportamento observável* versus *processos mentais internos*. A psicologia deveria se concentrar somente no comportamento que pode ser visto por observadores externos, ou ela deveria se centrar em processos de pensamento invisíveis? Alguns psicólogos, principalmente os que se baseiam na perspectiva comportamental, alegam que a única fonte legítima de informação para eles é o comportamento que pode ser observado diretamente. Outros psicólogos, baseados na perspectiva cognitiva, alegam que o que vai na mente de uma pessoa é imprescindível para compreender o comportamento e, portanto, devemos preocupar-nos com os processos mentais.

Livre-arbítrio versus *determinismo* é outra questão-chave. Quanto do comportamento é uma questão de **livre-arbítrio** (escolhas feitas livremente por um indivíduo) e quanto está sujeito ao **determinismo**, a noção de que o comportamento é amplamente produzido por fatores além do controle deliberado das pessoas? Questão há muito debatida pelos filósofos, o argumento livre-arbítrio/determinismo também é central ao campo da psicologia (Dennett, 2003; Cary, 2007; Nichols, 2011).

Por exemplo, alguns psicólogos que se especializam em transtornos psicológicos afirmam que as pessoas fazem escolhas intencionais e que aquelas que apresentam o chamado comportamento anormal deve ser considerada responsável por suas ações. Outros psicólogos discordam e sustentam que tais indivíduos são vítimas de forças além de seu controle. A posição que os psicólogos tomam sobre esse assunto tem importantes implicações para o modo como eles tratam os transtornos psicológicos, especialmente ao decidir se o tratamento deve ser forçado em pessoas que não o desejam.

A última das questões-chave refere-se às *diferenças individuais* versus *princípios universais*. Quanto de nosso comportamento é uma consequência de nossas qualidades exclusivas e especiais e quanto reflete a cultura e a sociedade em que vivemos? Quanto de nosso comportamento é universalmente humano? Os psicólogos que aderem à perspectiva da neurociência tendem a procurar princípios universais de comportamento, tais como de que forma o sistema nervoso funciona ou o modo como certos hormônios automaticamente nos preparam para a atividade sexual. Esses psicólogos concentram-se nas semelhanças em nossos destinos comportamentais a despeito das imensas diferenças em nossa criação. Em contraste, os psicólogos que empregam a perspectiva humanística concentram-se mais na singularidade de cada indivíduo. Eles consideram o comportamento de toda pessoa como um reflexo de qualidades individuais distintas e especiais.

A questão do grau em que os psicólogos podem identificar princípios universais que se apliquem a todas as pessoas adquiriu novo significado à luz das enormes mudanças demográficas que estão em andamento nos Estados Unidos e ao redor do mundo. Como discutiremos a seguir, essas mudanças levantam questões novas e essenciais para a disciplina da psicologia no século XXI.

---

livre-arbítrio Ideia de que o comportamento é causado basicamente pelas escolhas que são feitas livremente pelo indivíduo.

determinismo Ideia de que o comportamento das pessoas é produzido basicamente por fatores fora de seu controle deliberado.

A Neurociência em sua Vida:
Lendo os filmes em sua mente

FIGURA 4 A tecnologia está mudando em um ritmo cada vez mais acelerado. Se, no passado, a ideia de ver os pensamentos só era encontrada no terreno da ficção científica, hoje ela está se tornando quase uma realidade. Embora os pesquisadores prevejam que ainda levará décadas para termos uma boa representação de nossos pensamentos, eles estão começando a identificar como isso poderia acontecer. Em um estudo recente, pesquisadores pediram a participantes que assistissem a filmes enquanto técnicos mediavam a atividade de cérebro deles usando fMRI (imagens de ressonância magnética funcional). Essa atividade foi usada para desenvolver modelos de como a atividade cerebral de cada pessoa relacionava-se com o que ela estava assistindo. Foi então possível criar uma imagem que se aproximava do que os participantes estavam assistindo com base na atividade cerebral. Ainda que as imagens sejam pouco nítidas, os resultados mostram as possibilidades de criar imagens em maior definição no futuro.

(Fonte: Nishimoto et al., 2011.)

O futuro da psicologia

Examinamos os alicerces da psicologia, mas o que o futuro reserva para essa disciplina? Embora o curso do desenvolvimento seja notoriamente difícil de prever, várias tendências parecem prováveis:

- Conforme a base de conhecimentos cresce, a psicologia se tornará cada vez mais especializada e novas perspectivas surgirão. Por exemplo, nossa compreensão do cérebro e do sistema nervoso, aliada aos avanços científicos na genética e na terapia genética, permitirão aos psicólogos focar a *prevenção* dos transtornos psicológicos, e não apenas seu tratamento (Cuijpers et al., 2008).
- A sofisticação gradual das abordagens neurocientíficas tende a ter uma influência crescente sobre outros ramos da psicologia. Por exemplo, os psicólogos sociais já estão aumentando sua compreensão de comportamentos sociais, tais como persuasão, usando varreduras cerebrais como parte de um campo em desenvolvimento conhecido como *neurociência social*. Além disso, à medida que as técnicas neurocientíficas tornarem-se mais sofisticadas, haverá novas formas de aplicar o conhecimento, como discutimos em A Neurociência em sua Vida na Fig. 4 (Bunge & Wallis, 2008; Cacioppo & Decety, 2009).
- A influência da psicologia em questões de interesse público também vai crescer. Os principais problemas de nosso tempo – como violência, terrorismo, preconceito racial e étnico, pobreza e desastres ambientais e tecnológicos – contêm importantes aspectos

psicológicos (Zimbardo, 2004; Hobfoll, Hall, & Canetti-Nisim, 2007; Marshall, Bryant, & Amsel, 2007).

- À medida que a população torna-se mais diversa, as questões de diversidade – consubstanciadas no estudo de fatores raciais, étnicos, linguísticos e culturais – se tornarão mais importantes para psicólogos que prestam serviços e realizam pesquisas. O resultado será um campo que pode fornecer uma compreensão do comportamento humano em seu sentido mais lato (Leong & Blustein, 2000; Chang & Sue, 2005; Quintana et al., 2006).

Recapitule/avalie/repense

Recapitule

RA 2-1 Quais são as origens da psicologia?
- Wilhelm Wundt estabeleceu as bases da psicologia em 1879, quando abriu seu laboratório na Alemanha.
- As primeiras perceptivas que guiaram o trabalho dos psicólogos foram o estruturalismo, o funcionalismo e a teoria da Gestalt.

RA 2-2 Quais são as principais abordagens da psicologia contemporânea?
- A abordagem da neurociência analisa os componentes biológicos do comportamento de pessoas e animais.
- A perspectiva psicodinâmica sugere que forças e conflitos internos inconscientes poderosos sobre os quais as pessoas têm pouco ou nenhuma consciência são os principais determinantes do comportamento.
- A perspectiva comportamental retira a ênfase aos processos internos e concentra-se no comportamento que pode ser observado e medido, sugerindo que a compreensão e o controle do ambiente de uma pessoa são suficientes para explicar e modificar o comportamento.
- As abordagens cognitivas do comportamento consideram como as pessoas sabem, compreendem e pensam sobre o mundo.
- A perspectiva humanística enfatiza que as pessoas são singularmente inclinadas ao crescimento psicológico e a níveis superiores de funcionamento e que elas se esforçarão para atingir seu pleno potencial.

RA 2-3 Quais são as principais questões e controvérsias da psicologia?
- As principais questões e controvérsias da psicologia referem-se a quanto do comportamento humano é um produto da natureza ou da criação, dos pensamentos conscientes e inconscientes, ações observáveis ou processos mentais internos, livre-arbítrio ou determinismo e diferenças individuais ou princípios universais.

RA 2-4 Qual é o provável futuro da psicologia?
- A psicologia irá se tornar cada vez mais especializada, dará maior atenção à prevenção em vez de apenas ao tratamento, irá se tornar cada vez mais preocupada com o interesse público e levará mais plenamente em conta a crescente diversidade da população do país.

Avalie

1. Wundt descreveu a psicologia como o estudo da experiência consciente, uma perspectiva que ele denominou de _____.
2. Os primeiros psicólogos estudaram a mente pedindo às pessoas que descrevessem o que sentiam quando expostas a diversos estímulos. Esse procedimento é conhecido como _____.
3. A afirmação "A fim de estudar o comportamento humano, devemos considerar a percepção como um todo e não suas partes constituintes" poderia ser feita por uma pessoa que se subscreve a qual perspectiva da psicologia?
4. O terapeuta de Jeanne pede a ela que relate um sonho violento que teve recentemente a fim de compreender as forças inconscientes que afetam seu comportamento. O terapeuta de Jeanne está trabalhando em uma perspectiva _____.
5. "É o comportamento que pode ser observado que deve ser estudado, não as supostas operações internas da mente". É mais provável que essa declaração tenha sido feita por alguém de qual perspectiva?
   a. perspectiva cognitiva
   b. perspectiva da neurociência
   c. perspectiva humanística
   d. perspectiva comportamental
6. "Meu terapeuta é maravilhoso. Ele sempre aponta meus traços positivos. Ele se detém em minha singularidade e força como indivíduo. Sinto-me muito mais confiante em relação a mim mesma – como se eu estivesse realmente crescendo e alcançando meu potencial". É mais provável que o terapeuta que está sendo descrito siga a perspectiva _____.
7. Na questão natureza-criação, natureza refere-se à hereditariedade e criação refere-se a _____.
8. Raça é um conceito biológico, não psicológico. Verdadeiro ou falso?

Repense

1. Concentrando-se em uma das cinco perspectivas em uso na atualidade (i.e., neurocientífica, psicodinâmica, comportamental, cognitiva e humanística), você é capaz de descrever os tipos de questões de pesquisa e estudos que os pesquisadores que usam tal perspectiva poderiam perseguir?

2. *Da perspectiva de um jornalista*: Escolha uma controvérsia política atual importante. Quais abordagens ou perspectivas psicológicas podem ser aplicadas a essa questão?

Respostas das questões de avaliação

1. estruturalismo; 2. introspecção; 3. Gestalt; 4. psicodinâmica; 5. d; 6. humanística; 7. ambiente; 8. verdadeiro

Termos-chave

estruturalismo p. 14
introspecção p. 14
funcionalismo p. 15
psicologia da Gestalt p. 15

perspectiva da neurociência p. 17
perspectiva psicodinâmica p. 18

perspectiva comportamental p. 18
perspectiva cognitiva p. 19

perspectiva humanística p. 19
livre-arbítrio p. 22
determinismo p. 22

MÓDULO 3

Pesquisa em Psicologia

Resultados de Aprendizagem

RA 3-1 O que é o método científico?

RA 3-2 Que papel as teorias e hipóteses desempenham na pesquisa psicológica?

RA 3-3 Que métodos de pesquisa os psicólogos utilizam?

RA 3-4 Como os psicólogos estabelecem relações de causa e efeito nos estudos de pesquisa?

método científico
Abordagem usada pelos psicólogos para adquirir sistematicamente conhecimento e compreensão sobre o comportamento e outros fenômenos de interesse

O método científico

"Diga-me com quem andas que te direi quem és"... ou "Os opostos se atraem", "Duas cabeças pensam melhor do que uma"... ou "Se você quer uma coisa bem-feita, faça você mesmo", "Quanto mais melhor "... ou "Dois é bom, três é demais"?

Se nos baseássemos no senso comum para compreender o comportamento, teríamos considerável dificuldade – especialmente porque as visões do senso comum com frequência são contraditórias. Na verdade, uma das principais missões para o campo da psicologia é desenvolver suposições sobre o comportamento e determinar quais dessas suposições são precisas.

Os psicólogos – assim como os cientistas em outras disciplinas – enfrentam o desafio de propor questões apropriadas e respondê-las adequadamente utilizando o método científico. O **método científico** é a abordagem usada pelos psicólogos para adquirir sistematicamente conhecimento e compreensão sobre o comportamento e outros fenômenos de interesse. Como ilustrado na Figura 1, ele consiste em quatro passos principais: (1) identificar questões de interesse; (2) formular uma explicação; (3) realizar pesquisa destinada a apoiar ou refutar a explicação; e (4) comunicar as descobertas.

Identificar questões de interesse provenientes de
- Comportamento e fenômeno que requerem explicação
- Descobertas científicas anteriores
- Curiosidade, criatividade, *insight*

Formular uma explicação
Especificar uma teoria
↓
Desenvolver uma hipótese

Realizar pesquisa
Formular uma definição operacional da hipótese
↓
Escolher um método de pesquisa
↓
Coletar os dados
↓
Analisar os dados

Comunicar as descobertas

Alerta de estudo

Use a Figura 1 para recordar as quatro etapas do método científico (identificar questões, formular uma explicação, realizar pesquisa e comunicar as descobertas).

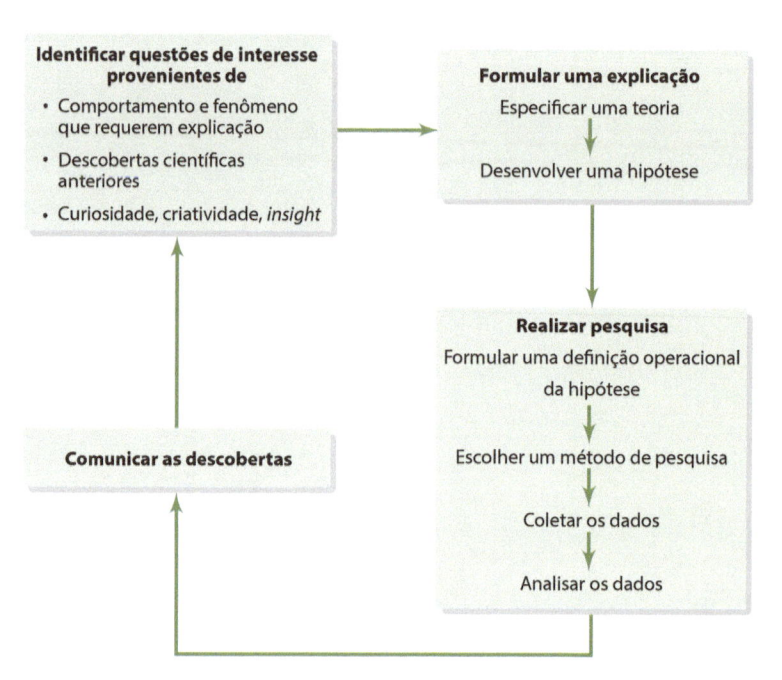

FIGURA 1 O método científico, que abrange o processo de identificar, formular e responder questões, é usado pelos psicólogos, e por pesquisadores de todas as outras disciplinas científicas, para chegar a uma compreensão sobre o mundo. Em sua opinião, quais são as vantagens desse método?

Teorias: especificando explicações gerais

Ao usar o método científico, os psicólogos iniciam pela identificação de questões de interesse. Todos nós já ficamos curiosos em algum momento a respeito de nossas observações sobre o comportamento cotidiano. Se você já se perguntou sobre por que determinado professor se irrita com tanta facilidade, por que um amigo sempre se atrasa para os compromissos, ou como seu cão compreende seus comandos, você esteve formulando questões sobre comportamento.

Os psicólogos também fazem perguntas sobre a natureza e as causas do comportamento. Eles podem desejar explorar as explicações para os comportamentos cotidianos ou para diversos fenômenos. Também podem propor questões com base em descobertas de estudos anteriores ou em pesquisa realizada por outros psicólogos. Ou podem ainda produzir novas questões baseadas na curiosidade, na criatividade ou no discernimento.

Uma vez identificada a questão, o passo seguinte no método científico é desenvolver uma teoria para explicar o fenômeno observado. **Teorias** são explicações e previsões gerais sobre fenômenos de interesse. Elas fornecem um arcabouço para compreender as relações entre um conjunto de fatos ou princípios desorganizados.

Todos nós desenvolvemos nossas teorias informais sobre o comportamento humano, tais como "As pessoas são basicamente boas" ou "O comportamento das pessoas geralmente é motivado por interesse próprio". Contudo, as teorias dos psicólogos são mais formais e focadas. Elas são estabelecidas com base em uma análise minuciosa da literatura psicológica para identificar estudos relevantes e teorias formuladas anteriormente, assim como no conhecimento geral do campo por parte dos psicólogos.

Originando-se das diversas abordagens empregadas pelos psicólogos, as teorias variam tanto em amplitude quanto em detalhamento. Por exemplo, uma teoria poderia buscar explicar e prever um fenômeno tão amplo quanto uma experiência emocional. Uma teoria mais estreita poderia tentar explicar por que as pessoas apresentam a emoção do medo não verbalmente depois de sofrer uma ameaça (Guerrero, La Valley, & Farinelli, 2008; Waller, Cray, & Burrows, 2008; Anker & Feeley, 2011).

Os psicólogos Bibb Latané e John Darley, respondendo ao fato de que espectadores não interviram quando Kitty Genovese foi assassinada em Nova York, desenvolveram o que eles chamaram de uma teoria da difusão de responsabilidade (Latané & Darley, 1970). Segundo

teorias Explicações e previsões gerais sobre fenômenos de interesse.

essa teoria, quanto maior o número de espectadores ou testemunhas de um evento que exija um comportamento de auxílio, mais a responsabilidade pela ajuda é percebida como compartilhada por todos os espectadores. Assim, quanto maior o número de espectadores em uma situação de emergência, menor a parcela de responsabilidade que cada pessoa sente – e menos provável que qualquer uma delas se apresente para ajudar.

Hipóteses: criando previsões testáveis

Embora a teoria da difusão de responsabilidade pareça fazer sentido, ela representou apenas a fase inicial do processo investigativo de Latané e Darley. O próximo passo foi criar um modo de testar sua teoria. Para isso, eles precisaram criar uma hipótese. Uma **hipótese** é uma previsão enunciada de modo que permita que ela seja testada. Hipóteses são oriundas de teorias; elas ajudam a testar a validade subjacente das teorias.

Assim como desenvolvemos nossas teorias gerais sobre o mundo, também construímos hipóteses sobre eventos e comportamento. Essas hipóteses podem variar de trivialidades (p. ex., por que nosso professor de inglês veste aquelas camisetas esquisitas) até questões mais significativas (p. ex., qual é a melhor forma de estudar para uma prova). Embora raras vezes testemos essas hipóteses sistematicamente, tentamos determinar se elas estão certas. Talvez tentemos comparar duas estratégias: estudar a noite inteira antes de uma prova *versus* distribuir nosso estudo por várias noites. Avaliando qual abordagem produz melhor desempenho nas provas, criamos um modo de comparar as duas estratégias.

Uma hipótese deve ser reafirmada de maneira que permita que ela seja testada, o que envolve criar uma definição operacional. Uma **definição operacional** é a tradução de uma hipótese em procedimentos testáveis específicos que podem ser medidos e observados.

Não há uma maneira única de proceder para criar uma definição operacional para uma hipótese; isso depende de lógica, do equipamento e das instalações disponíveis, da perspectiva psicológica que está sendo empregada e, em última análise, da criatividade do pesquisador. Por exemplo, um pesquisador pode desenvolver uma hipótese que usa uma definição operacional de "medo" como um aumento na frequência cardíaca. Em contraste, outro psicólogo poderia usar como definição operacional de "medo" uma resposta escrita à pergunta "Quanto medo você está sentindo neste momento?".

A hipótese de Latané e Darley era uma previsão direta de sua teoria mais geral da difusão de responsabilidade: quanto mais pessoas testemunham uma situação de emergência, menos provável que a vítima receba ajuda. Eles poderiam, é claro, ter escolhido outra hipótese (tente pensar em uma!), mas sua formulação inicial pareceu oferecer o teste mais direto da teoria.

Os psicólogos baseiam-se em teorias e hipóteses formais por muitos motivos. Em primeiro lugar, teorias e hipóteses permitem-lhes dar sentido a observações e informações separadas desorganizadas por possibilitar-lhes colocar as peças em uma estrutura coerente. Além disso, teorias e hipóteses oferecem aos psicólogos a oportunidade de ir além de fatos conhecidos, fazer deduções sobre fenômenos não explicados e desenvolver ideias para investigação futura (Howitt & Cramer, 2000; Cohen, 2003; Gurin, 2006).

Em síntese, o método científico, com sua ênfase nas teorias e hipóteses, ajuda os psicólogos a propor questões apropriadas. Com questões corretamente definidas em mãos, os psicólogos podem então escolher uma variedade de métodos de pesquisa para encontrar respostas.

hipótese Previsão, oriunda de uma teoria, enunciada de modo que permita que ela seja testada.

definição operacional Tradução de uma hipótese em procedimentos testáveis específicos que podem ser medidos e observados.

Alerta de estudo

Lembre-se de que uma teoria é uma explicação ampla, enquanto uma hipótese é uma previsão mais estreita.

Pesquisa psicológica

A *pesquisa* – uma investigação sistemática voltada para a descoberta de novos conhecimentos – é um ingrediente central do método científico em psicologia. Ela fornece a chave para compreender o grau em que as hipóteses (e as teorias por trás delas) são precisas.

Assim como podemos aplicar diferentes teorias e hipóteses para explicar o mesmo fenômeno, podemos usar diversos métodos alternativos para realizar pesquisa. Quando consideramos as principais ferramentas utilizadas pelos psicólogos para realizar pesquisa, devemos lembrar que a relevância delas vai além da testagem e da avaliação de hipóteses na psicologia. Todos nós empreendemos formas elementares de pesquisa sozinhos. Por exemplo, um supervisor pode avaliar o desempenho de um funcionário; um médico pode testar sistematicamente os efeitos de diferentes doses de um medicamento em um paciente; um vendedor pode comparar estratégias de persuasão distintas. Cada uma dessas situações utiliza as práticas de pesquisa que discutiremos a seguir.

Pesquisa descritiva

Vamos começar considerando vários tipos de *pesquisa descritiva* destinada a investigar sistematicamente uma pessoa, um grupo ou padrões de comportamento. Esses métodos incluem pesquisa de arquivo, observação naturalista, pesquisa de levantamento e estudo de caso.

Pesquisa de arquivo

Vamos supor que, tal como os psicólogos Latané e Darley (1970), você estivesse interessado em descobrir mais sobre situações de emergência em que espectadores não prestassem ajuda. Um dos primeiros lugares aos quais você poderia recorrer seriam as descrições históricas. Vasculhando registros em jornais, por exemplo, você poderia encontrar respaldo para a noção de que uma diminuição no comportamento de ajuda historicamente acompanhou um aumento no número de espectadores.

Usar matérias jornalísticas é um exemplo de pesquisa de arquivo. Na **pesquisa de arquivo**, dados existentes, tais como documentos censitários, registros universitários e recortes de jornal, são examinados para testar uma hipótese. Por exemplo, registros universitários podem ser usados para determinar se existem diferenças de gênero no desempenho acadêmico (Sullivan, Riccio, & Reynolds, 2008).

A pesquisa de arquivo é um meio relativamente econômico de testar uma hipótese porque alguém já coletou os dados básicos. Evidentemente, o uso de dados existentes apresenta diversas desvantagens. Por exemplo, os dados podem não estar dispostos em uma forma que permita que o pesquisador teste uma hipótese plenamente. A informação pode estar incompleta, ou pode ter sido coletada arbitrariamente (Simonton, 2000; Riniolo et al., 2003; Vega, 2006).

A maior parte das tentativas de pesquisa de arquivo esbarra no simples fato de que os registros com as informações necessárias muitas vezes não existem. Nesses casos, os pesquisadores recorrem a outro método de pesquisa: a observação naturalista.

Observação naturalista

Na **observação naturalista**, o investigador examina algum comportamento que ocorre naturalmente e não interfere na situação. Por exemplo, um pesquisador que esteja investigando o comportamento de ajuda poderia observar o tipo de ajuda prestada a vítimas em uma área urbana com alto índice de criminalidade. O ponto importante a lembrar sobre a observação naturalista é que o pesquisador simplesmente registra o que acontece, não fazendo modificações na situação que está sendo observada (Moore, 2002; Rustin, 2006; Kennison & Bowers, 2011).

Ainda que a vantagem da observação naturalista seja óbvia – obtemos uma amostra do que as pessoas fazem em seu *habitat* –, também existe um inconveniente importante: a impossibilidade de controlar qualquer um dos fatores de interesse. Por exemplo, podemos encontrar tão poucos casos de ocorrência natural de comportamento de ajuda que talvez seja impossível tirar qualquer conclusão. Uma vez que a observação naturalista impede que os pesquisadores façam mudanças em uma situação, eles precisam esperar até que as condições apropriadas aconteçam. Além disso, se as pessoas sabem que estão sendo vigiadas, elas podem alterar suas reações e produzir um comportamento que não é verdadeiramente representativo.

---

pesquisa de arquivo Pesquisa em que dados existentes, tais como documentos censitários, registros universitários e recortes de jornal, são examinados para testar uma hipótese.

observação naturalista Pesquisa em que um investigador apenas observa algum comportamento que ocorre naturalmente e não interfere na situação.

Dian Fossey, pioneira no estudo dos gorilas montanheses ameaçados de extinção em seu *habitat*, fez uso de observação naturalista para sua pesquisa. Quais são as vantagens dessa abordagem?

pesquisa de levantamento Pesquisa na qual pessoas selecionadas para representar uma população maior são solicitadas a responder a uma série de questões sobre seu comportamento, seus pensamentos ou suas atitudes.

PsicoTec
A maneira mais eficiente de realizar pesquisas é via internet. Porém, tais pesquisas muitas vezes apresentam problemas de amostragem, pois nem todo mundo tem acesso fácil à rede, como as pessoas que vivem na pobreza. Consequentemente, os levantamentos feitos na internet podem não ser representativos da população mais ampla.

estudo de caso Investigação intensiva em profundidade de um indivíduo ou de um pequeno grupo de pessoas.

Pesquisa de levantamento

Não existe um método mais simples e direto de descobrir o que as pessoas pensam, sente e fazem do que perguntando a elas diretamente. Por essa razão, os levantamentos são um método de pesquisa importante. Na **pesquisa de levantamento**, uma *amostra* de pessoas escolhida para representar um grupo de interesse mais amplo (uma *população*) responde a uma série de perguntas sobre seu comportamento, seus pensamentos ou suas atitudes. Os métodos de levantamento tornaram-se tão sofisticados que, mesmo com uma amostra muito pequena, os pesquisadores são capazes de deduzir com notável precisão como um grande grupo responderia. Por exemplo, uma amostra de apenas alguns milhares de eleitores é suficiente para prever com margem de 1 ou 2% quem vencerá uma eleição presidencial – se a amostra representativa for escolhida com cuidado (Sommer & Sommer, 2001; Groves et al., 2004; Igo, 2006).

Os pesquisadores que investigam o comportamento de ajuda podem realizar uma pesquisa pedindo às pessoas que completem um questionário no qual elas indiquem sua relutância em prestar auxílio a alguém. De modo semelhante, pesquisadores interessados em aprender sobre práticas sexuais realizaram levantamentos para verificar quais práticas são comuns e quais não são e assim mapear as mudanças nas noções de moralidade sexual durante as últimas décadas (Reece et al., 2009; Santelli et al., 2009).

Entretanto, a pesquisa por levantamento tem diversas armadilhas possíveis. Em primeiro lugar, se a amostra de pessoas consultadas não for representativa da população de interesse mais ampla, os resultados da pesquisa terão pouco significado. Por exemplo, se uma amostra de eleitores em uma cidade inclui apenas republicanos, ela dificilmente seria útil para prever os resultados de uma eleição em que tanto republicanos quanto democratas estão votando. Consequentemente, os pesquisadores que usam levantamentos esforçam-se para obter uma amostra aleatória da população em questão, na qual todo eleitor na cidade tenha a mesma chance de ser incluído na amostra submetida à pesquisa (Daley et al., 2003; Dale, 2006; Vitak et al., 2011).

Além disso, os entrevistados nesse tipo de pesquisa podem não querer admitir que têm atitudes socialmente indesejáveis. (A maioria dos racistas sabe que são racistas e pode não querer admitir isso.) Ademais, talvez as pessoas não queiram admitir que se comportam de determinadas maneiras que elas julgam de alguma forma anormais – um problema que atormenta as pesquisas de comportamento sexual, já que as pessoas muitas vezes relutam em admitir o que fazem na intimidade. Por fim, em alguns casos, as pessoas podem nem sequer estar plenamente conscientes de quais são suas verdadeiras atitudes ou por que elas as mantêm.

Estudo de caso

Quando leem sobre os homens-bomba no Oriente Médio, muitas pessoas perguntam quais elementos na personalidade ou nos antecedentes do terrorista acarretam esse tipo de comportamento. Para responder a tal pergunta, os psicólogos podem realizar um **estudo de caso**. Ao contrário de um levantamento, no qual muitas pessoas são estudadas, um estudo de caso é uma investigação intensiva em profundidade de um único indivíduo ou pequeno grupo. Os estudos de caso muitas vezes incluem *testagem psicológica*, um procedimento em que um conjunto cuidadosamente elaborado de instrumentos é usado para compreender algum aspecto da personalidade daquele indivíduo ou grupo (Gass et al., 2000; Addus, Chen, & Khan, 2007).

Quando estudos de caso são usados como técnica de pesquisa, o objetivo muitas vezes não é apenas aprender sobre os poucos indivíduos que estão sendo examinados, mas também usar os conhecimentos adquiridos a partir do estudo para aperfeiçoar nossa compreensão das pessoas em geral. Sigmund Freud desenvolveu suas teorias por meio de estudos de caso de alguns pacientes. Da mesma forma, estudos de caso de terroristas podem ajudar a identificar indivíduos que são propensos à violência.

O que é inconveniente nos estudos de caso? Se os indivíduos examinados são excepcionais em algum aspecto, é impossível fazer generalizações para uma população mais ampla. Mesmo assim, eles às vezes abrem o caminho para teorias e tratamentos novos para transtornos psicológicos.

Pesquisa correlacional

Ao usar os métodos de pesquisa descritiva que discutimos, os pesquisadores muitas vezes desejam determinar a relação entre duas variáveis. **Variáveis** são comportamentos, eventos ou outras características que podem mudar ou variar de alguma maneira. Por exemplo, em uma pesquisa para verificar se a quantidade de estudo faz diferença nas notas em provas, as variáveis seriam tempo de estudo e escores em provas.

Na **pesquisa correlacional**, dois conjuntos de variáveis são examinados para determinar se eles estão associados ou "correlacionados". A força e a direção da relação entre as duas variáveis são representadas por uma estatística matemática conhecida como correlação (ou, mais formalmente, como *coeficiente de correlação*), que pode variar de +1,0 a −1,0.

Uma *correlação positiva* indica que, à medida que uma variável aumenta, podemos prever que o valor da outra variável também aumentará. Por exemplo, se previrmos que, quanto mais tempo os alunos passam estudando para uma prova, maiores serão suas notas e que, quanto menos eles estudam, menor serão suas pontuações nas provas, estamos esperando encontrar uma correlação positiva. (Valores mais altos da variável "quantidade de tempo de estudo" estariam associados a valores mais altos da variável "pontuação na prova", enquanto menores valores da "quantidade de tempo de estudo" estariam associados a valores mais baixos da variável "pontuação na prova".) A correlação, então, seria indicada por um número positivo e, quanto mais forte for a associação entre estudar e pontuação nas provas, mais próximo de 1,0 será o número. Por exemplo, podemos encontrar uma relação de 1,85 entre escores em provas e quantidade de tempo de estudo, o que indica uma associação positiva forte.

Em contraste, uma *correlação negativa* demonstra que, à medida que o valor de uma variável aumenta, o valor de outra diminui. Por exemplo, podemos prever que, à medida que o número de horas passadas estudando aumenta, o número de horas passadas participando de festas diminui. Nesse caso, estamos esperando uma correlação negativa, que varia entre 0 e −1,0. Mais estudo está associado a menor participação em festas, enquanto menos estudo está associado a maior participação em festas. Quanto mais forte for a associação entre estudar e participar de festas, mais próxima será a correlação de −1,0. Por exemplo, uma correlação de −0,85 indicaria uma associação negativa forte entre participar de festas e estudar.

Evidentemente, é bem possível que exista pouca ou nenhuma relação entre duas variáveis. Por exemplo, provavelmente não esperaríamos encontrar uma relação entre o número de horas de estudo e altura. A ausência de uma relação seria indicada por uma correlação próxima de 0. Por exemplo, se encontrássemos uma correlação de −0,02 ou 0,03, isso indicaria que existe praticamente nenhuma associação entre duas variáveis: saber o quanto alguém estuda nos diz nada sobre sua altura.

Quando duas variáveis estão fortemente correlacionadas, somos tentados a presumir que uma variável causa a outra. Por exemplo, se descobrirmos que mais estudo está associado a notas mais altas, podemos supor que estudar mais *causa* notas mais altas. Embora esta não seja uma má suposição, ela continua sendo apenas uma suposição – porque descobrir que suas variáveis estão correlacionadas não significa que exista uma relação causal entre elas. A correlação forte sugere que saber o quanto uma pessoa estuda pode ajudar-nos a prever como aquela pessoa vai se sair em uma prova, mas isso não significa que estudar *causa* o desempenho na prova. Em vez disso, por exemplo, as pessoas que estão mais interessadas no assunto poderiam estudar mais do que aquelas que estão menos interessadas; assim, a quantidade de interesse, e não o número de horas passadas estudando, preveria o desempenho em provas. O simples fato de que duas variáveis ocorrem juntas não significa que uma cause a outra.

Da mesma forma, suponha que você descobriu que o número de lugares de prática religiosa em uma grande amostra de cidades estava positivamente relacionado ao número de

variáveis Comportamentos, eventos ou outras características que podem mudar ou variar de alguma maneira.

pesquisa correlacional Pesquisa em que a relação entre dois conjuntos de variáveis é examinado para determinar se elas estão associadas ou "correlacionadas".

Alerta de estudo

O conceito de que "correlação não implica causação" é um princípio fundamental.

FIGURA 2 Se descobrirmos que assistir frequentemente a programas de televisão com conteúdo agressivo está associado a altos níveis de comportamento agressivo, podemos citar várias causas possíveis, conforme sugerido nesta figura. Por exemplo, (a) escolher assistir a programas com conteúdo agressivo poderia produzir agressão; ou (b) ser altamente agressiva pode fazer uma pessoa optar por assistir a programas de televisão agressivos; ou (c) ter um alto nível de energia pode fazer uma pessoa optar tanto por assistir a programas agressivos como por agir agressivamente. Descobertas correlacionais, portanto, não permitem determinar causalidade. Você consegue imaginar um modo de estudar os efeitos da violência na televisão sobre o comportamento agressivo que não seja correlacional?

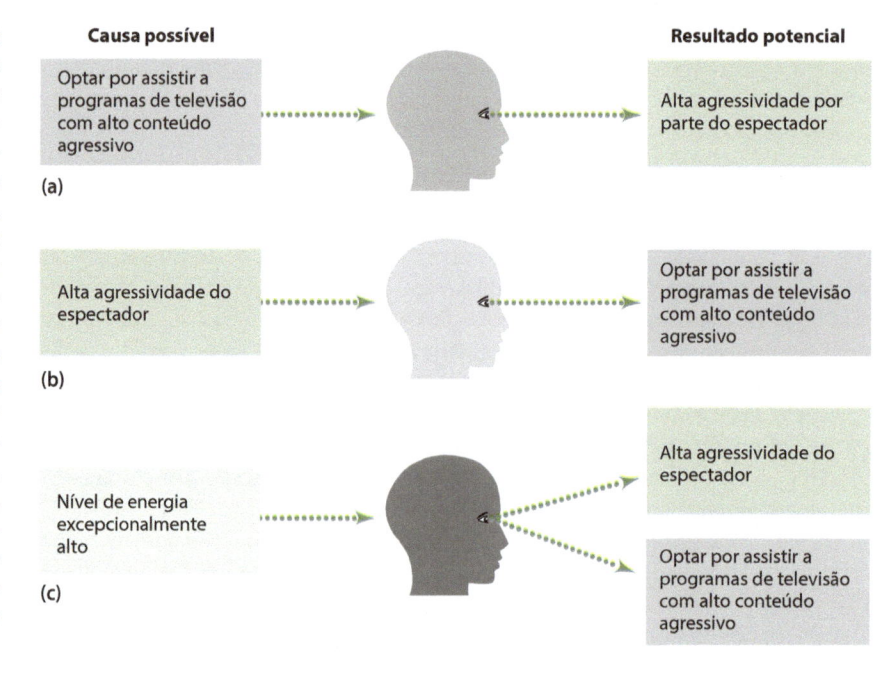

Causa possível — **Resultado potencial**

(a) Optar por assistir a programas de televisão com alto conteúdo agressivo → Alta agressividade por parte do espectador

(b) Alta agressividade do espectador → Optar por assistir a programas de televisão com alto conteúdo agressivo

(c) Nível de energia excepcionalmente alto → Alta agressividade do espectador / Optar por assistir a programas de televisão com alto conteúdo agressivo

Muitos estudos mostram que a observação de violência na mídia está associada à agressividade entre os espectadores. Podemos concluir que as observações de violência causam agressão?

pessoas detidas, significando que, quanto mais lugares de prática religiosa, mais detenções havia em uma cidade. Isso significa que a presença de mais espaços de prática religiosa causou o maior número de detenções? Quase certamente não, é claro. Nesse caso, a causa subjacente é o tamanho da cidade: em cidades maiores, existem mais espaços de prática religiosa tanto como de mais detenções.

Um exemplo adicional ilustra o ponto crucial de que as correlações nos dizem nada sobre causa e efeito, simplesmente fornecem uma medida da força da relação entre duas variáveis. Poderíamos descobrir que as crianças que assistem a muitos programas de televisão com alto nível de agressão são propensas a demonstrar um grau relativamente alto de comportamento agressivo e que aquelas que assistem menos a programas de televisão que retratam agressão são inclinadas a exibir um grau relativamente baixo desse comportamento (ver Fig. 2). Contudo, não podemos dizer que a agressão é causada por ver televisão, pois muitas outras explicações são possíveis.

Por exemplo, é possível que crianças que têm um nível excepcionalmente alto de energia procurem programas com conteúdo agressivo e sejam mais agressivas. O nível de energia das crianças, então, pode ser a verdadeira causa da maior incidência de agressão entre elas. Além disso, pessoas que já são altamente agressivas poderiam escolher ver programas com um alto conteúdo agressivo *porque* elas são agressivas. Não resta dúvida, então, de que qualquer número de sequências causais é possível – mas nenhuma delas pode ser descartada por pesquisa correlacional (Feshbach & Tangney, 2008; Grimes & Bergen, 2008).

A impossibilidade de a pesquisa correlacional demonstrar relações de causa e efeito é uma desvantagem crucial para seu uso. Contudo, existe uma técnica alternativa que estabelece causalidade: o experimento.

experimento Investigação da relação entre duas (ou mais) variáveis alterando-se deliberadamente uma situação e observando-se os efeitos dessa alteração em outros aspectos da situação.

Pesquisa experimental

O *único* modo de os psicólogos estabelecerem relações de causa e efeito por pesquisa é realizando um experimento. Em um **experimento** formal, o pesquisador investiga a relação entre duas (ou mais) variáveis alterando deliberadamente uma variável em uma situação controlada e observando os efeitos daquela mudança em outros aspectos da situação. Em um experimento, portanto, as condições são criadas e controladas pelo pesquisador, que deliberadamente faz uma alteração nessas condições a fim de observar os efeitos daquela mudança.

A alteração que o pesquisador deliberadamente faz em um experimento é denominada **manipulação experimental**. Manipulações experimentais são usadas para detectar relações entre diferentes variáveis (Staub, 2011).

A realização de um experimento envolve várias etapas, mas o processo geralmente se inicia com o desenvolvimento de uma ou mais hipóteses a serem testadas pelo experimento. Por exemplo, Latané e Darley, ao testar sua teoria acerca da difusão da responsabilidade no comportamento de espectadores, elaboraram a seguinte hipótese: quanto maior for o número de pessoas que testemunham uma situação de emergência, menor será a probabilidade de que alguma delas ajude a vítima. Eles então criaram um experimento para testar essa hipótese.

O primeiro passo foi formular uma definição operacional da hipótese, conceitualizando-a de um modo que ela pudesse ser testada. Latané e Darley tiveram de levar em conta o princípio fundamental da pesquisa experimental mencionado anteriormente: os experimentadores devem manipular ao menos uma variável a fim de observar os efeitos da manipulação em outra variável, enquanto outros fatores na situação são mantidos constantes. Entretanto, a manipulação não pode ser vista isoladamente; para que uma relação de causa e efeito seja estabelecida, os efeitos da manipulação devem ser comparados com os efeitos de nenhuma manipulação ou de outro tipo de manipulação.

manipulação experimental Alteração que um experimentador produz deliberadamente em uma situação.

Grupos experimentais e grupos-controle

A pesquisa experimental exige, portanto, que as respostas de ao menos dois grupos sejam comparadas. Um grupo receberá um **tratamento** especial – a manipulação implementada pelo experimentador – e outro grupo receberá um tratamento diferente ou nenhum tratamento. Qualquer grupo que recebe um tratamento é denominado **grupo experimental**; um grupo que não recebe tratamento é denominado **grupo-controle**. (Em alguns experimentos, existem vários grupos experimentais e de controle, cada um dos quais comparado com outro grupo.)

Empregando grupos experimentais e de controle em um experimento, os pesquisadores são capazes de descartar a possibilidade de que alguma outra variável que não a manipulação experimental tenha produzido os resultados observados no experimento. Sem um grupo-controle, não poderíamos ter certeza de que alguma outra variável, como, por exemplo, a temperatura no momento da execução do experimento, a cor de cabelo do experimentador ou mesmo a mera passagem do tempo, não estava causando as mudanças observadas.

Por exemplo, considere um pesquisador de medicina que acredita que inventou um medicamento que cura o resfriado. Para testar sua alegação, ele administra o remédio um dia a um grupo de 20 pessoas que estão resfriadas e descobre que 10 dias depois todas elas estão curadas.

Eureca? Mais devagar. Um observador que considere esse estudo falho poderia argumentar sensatamente que as pessoas teriam melhorado mesmo sem o medicamento. O que o pesquisador evidentemente precisava era de um grupo-controle formado por pessoas resfriadas que *não* recebem o remédio e cuja saúde também é verificada 10 dias depois. Somente quando existe uma diferença significativa entre grupos experimental e de controle é que a eficácia do remédio pode ser avaliada. Ao usar grupos-controle, então, os pesquisadores podem isolar causas específicas para seus achados – e extrair inferências de causa e efeito.

Voltando ao experimento de Latané e Darley, vemos que os pesquisadores precisavam traduzir sua hipótese para algo que pudesse ser testado. Para fazer isso, decidiram criar uma falsa situação de emergência que pareceria requerer a ajuda de um espectador. Como manipulação experimental, optaram por variar o número de espectadores presentes. Eles poderiam ter usado apenas um grupo experimental, por exemplo, de duas pessoas presentes, e um grupo-controle com apenas uma pessoa presente para fins de comparação. Em vez disso, optaram por um procedimento mais complexo envolvendo a criação de grupos de três tamanhos – compostos por duas, três e seis pessoas – que poderiam ser comparados um com o outro.

tratamento Manipulação implementada pelo experimentador.

grupo experimental Qualquer grupo que participe de um experimento que recebe um tratamento.

grupo-controle Grupo que participa de um experimento, mas não recebe tratamento.

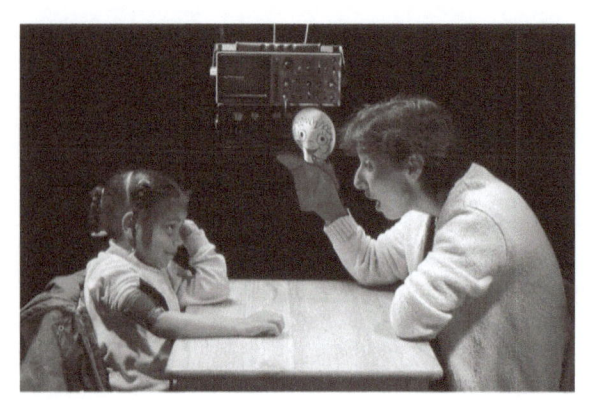

Neste experimento, as reações de crianças pré-escolares ao fantoche são monitoradas. Você é capaz de formular uma hipótese que poderia ser testada dessa forma?

Variáveis independentes e dependentes

O projeto experimental de Latané e Darley agora incluía uma definição experimental do que é chamado de **variável independente**. A variável independente é a condição que é manipulada por um experimentador. (Você pode pensar a variável independente como sendo independente das ações daqueles que participam de um experimento; ela é controlada pelo experimentador.) No caso do experimento de Latané e Darley, a variável independente era o número de pessoas presentes, que foi manipulado pelos experimentadores.

O próximo passo era decidir como eles determinariam o efeito que o número variável de espectadores tinha no comportamento das pessoas no experimento. Fundamental em todo experimento é a **variável dependente**, aquela que é medida e que se espera que mude em função das alterações provocadas pelo experimentador manipulando a variável independente. A variável dependente é dependente das ações dos *participantes* ou *sujeitos* – as pessoas que participam de um experimento.

Latané e Darley tinham várias escolhas possíveis para sua medida dependente. Uma poderia ter sido uma simples verificação (sim/não) do comportamento de ajuda dos participantes. Contudo, os investigadores também queriam uma análise mais precisa do comportamento de ajuda. Consequentemente, também mediram a quantidade de tempo que levava para um participante prestar ajuda.

Latané e Darley agora tinham todos os componentes necessários de um experimento. A variável independente, manipulada por eles, era o número de espectadores presentes em uma situação de emergência. A variável dependente era verificar se os espectadores em cada um dos grupos prestavam ajuda e a quantidade de tempo que eles levavam para isso. Consequentemente, como todos os experimentos, esse teve tanto uma variável independente como uma variável dependente. Todos os verdadeiros experimentos em psicologia encaixam-se nesse modelo simples.

variável independente
Variável que é manipulada por um experimentador.

variável dependente
Variável que é mensurada e que se espera que se modifique como resultado de mudanças causadas pela manipulação da variável independente realizada pelo experimentador.

> **Alerta de estudo**
>
> Para lembrar a diferença entre variáveis dependentes e independentes, considere que uma hipótese prevê como uma variável dependente depende da manipulação da variável independente.

Distribuição aleatória dos participantes

Para tornar o experimento um teste válido da hipótese, Latané e Darley precisavam adicionar um passo final ao projeto experimental: designar corretamente os participantes a determinado grupo experimental.

O significado desse passo torna-se claro quando examinamos vários procedimentos alternativos. Por exemplo, os experimentadores poderiam ter designado somente homens para o grupo com dois espectadores, apenas mulheres para o grupo com três espectadores e ambos (homens e mulheres) para o grupo com seis espectadores. Contudo, caso tivessem feito isso, as eventuais diferenças que encontraram no comportamento de ajuda não poderiam ser atribuídas com certeza unicamente ao tamanho do grupo, pois elas poderiam igualmente ter resultado da composição do grupo. Um procedimento mais sensato seria assegurar que cada grupo tivesse a mesma composição em termos de gênero; assim, os pesquisadores teriam podido fazer comparações entre os grupos com mais precisão.

Os participantes em cada um dos grupos experimentais devem ser comparáveis, e é muito fácil criar grupos que sejam semelhantes em termos de gênero. No entanto, o problema torna-se um pouco mais traiçoeiro quando consideramos outras características dos participantes. Como podemos garantir que os participantes em cada grupo experimental serão igualmente inteligentes, extrovertidos, cooperativos, e assim por diante, quando a lista de características – qualquer uma poderia ser importante – é potencialmente infinita?

A solução é um procedimento simples, mas elegante, chamado de **designação aleatória à condição**. Os participantes são designados para diferentes grupos experimentais, ou "condições", com base no acaso e somente no acaso. O experimentador poderia, por exemplo,

designação aleatória à condição Procedimento em que os participantes são designados para diferentes grupos experimentais ou "condições" com base no acaso e somente no acaso.

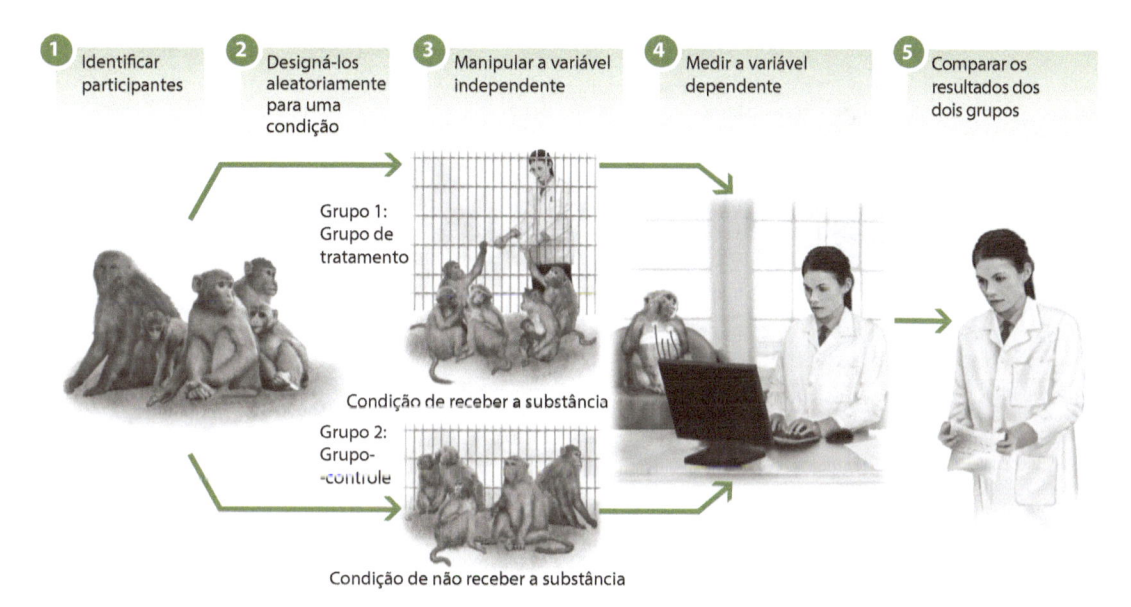

FIGURA 3 Nesta representação de um estudo que investiga os efeitos da substância propranolol em doença cardíaca, podemos ver os elementos básicos de todos os verdadeiros experimentos. Os participantes no experimento eram macacos que foram designados aleatoriamente para um de dois grupos. Os macacos designados para o grupo de tratamento receberam propranolol, que hipoteticamente previne doença cardíaca, enquanto os macacos no grupo-controle não receberam a substância. A administração da substância, então, era a variável independente.

Todos os macacos receberam uma dieta rica em gorduras, cujo equivalente humano seria o de dois ovos com *bacon* todos os dias, e de vez em quando eles eram transferidos para jaulas diferentes para aumentar seu estresse. Para determinar os efeitos da substância, as taxas cardíacas dos macacos e outras medidas de doença cardíaca foram avaliadas depois de 26 meses. Essas medidas constituíram a variável dependente. Os resultados? Conforme a hipótese a ser testada, os macacos que receberam a substância apresentaram frequências cardíacas mais baixas e menos sintomas de doença cardíaca do que os que não a receberam.
(Fonte: Baseada em um estudo de Kaplan & Manuck, 1989.)

fazer um sorteio com moeda para cada participante e designar um participante para um grupo quando desse "cara" e para outro grupo quando desse "coroa". A vantagem dessa técnica é que existe uma chance idêntica de que as características dos participantes se distribuirão entre os diversos grupos. Quando um pesquisador emprega distribuição aleatória – o que na prática geralmente é realizado usando números aleatórios gerados por computador –, é provável que cada um dos grupos terá aproximadamente a mesma proporção de pessoas inteligentes, cooperativas, extrovertidas, do sexo masculino e feminino, e assim por diante.

A Figura 3 apresenta outro exemplo de um experimento. Como todos os experimentos, esse inclui um conjunto de elementos-chave, que você deve lembrar ao considerar se um estudo científico é realmente um experimento.

- Uma variável independente, a variável que é manipulada pelo experimentador.
- Uma variável dependente, a variável que é medida pelo experimentador e que se espera que mude como resultado da manipulação da variável independente.
- Um procedimento que distribui aleatoriamente os participantes em diferentes grupos experimentais, ou "condições", da variável dependente.
- Uma hipótese que prevê o efeito que a variável independente terá na variável dependente.

Somente se todos esses elementos estiverem presentes é que um estudo científico pode ser considerado um experimento verdadeiro em que relações de causa e efeito podem ser determinadas. (Para um resumo dos diferentes tipos de pesquisa que discutimos, ver Fig. 4.)

Latané e Darley estavam certos?

Para testar sua hipótese de que o aumento do número de espectadores em uma situação de emergência diminuiria o grau de comportamento de ajuda, Latané e Darley colocaram os

Método de pesquisa	Descrição	Vantagens	Falhas
Pesquisa descritiva e correlacional	O pesquisador observa uma situação previamente existente, mas não altera a situação.	Oferece discernimento sobre as relações entre variáveis.	Não pode determinar causalidade.
Pesquisa de arquivo	O pesquisador examina dados existentes para confirmar uma hipótese.	A coleta de dados é fácil porque os dados já existem.	Dependente da disponibilidade de dados.
Observação naturalista	O pesquisador observa um comportamento que ocorre naturalmente, sem alterar a situação.	Fornece uma amostra de pessoas em seu ambiente natural.	Não pode controlar o *habitat* que está sendo observado.
Pesquisa de levantamento	O pesquisador escolhe uma amostra para representar uma população mais ampla e formula uma série de perguntas.	Uma amostra pequena pode ser usada para inferir atitudes e comportamento de uma população mais ampla.	A amostra pode não ser representativa da população mais ampla; os participantes podem não fornecer respostas precisas para as perguntas do levantamento.
Estudo de caso	O pesquisador procede à investigação intensiva de uma pessoa ou de um grupo pequeno.	Fornece uma compreensão minuciosa e em profundidade dos participantes.	Os resultados podem não ser generalizáveis além da amostra.
Pesquisa experimental	O pesquisador produz uma mudança em uma variável para observar os efeitos daquela mudança em outras variáveis.	Experimentos oferecem o único modo de determinar relações de causa e efeito.	Para ser válida, os experimentos requerem designação dos participantes às condições, variáveis dependentes e independentes bem-conceitualizadas e outros controles cuidadosos.

FIGURA 4 Estratégias de pesquisa.

participantes em uma sala e disseram-lhes que o propósito do experimento era conversar sobre problemas ligados à faculdade. A discussão deveria ocorrer por meio de um interfone, supostamente para evitar o possível constrangimento do contato face a face. Conversar sobre problemas pessoais não era, evidentemente, o verdadeiro propósito do experimento, mas dizer aos participantes que era foi uma forma de evitar que suas expectativas influenciassem seu comportamento. (Considere como elas teriam sido afetadas caso lhes fosse dito que seu comportamento de ajuda em emergências estava sendo testado. Os experimentadores jamais teriam obtido uma avaliação precisa do que os participantes realmente fariam em uma emergência. Por definição, emergências raramente são anunciadas com antecedência.)

Os tamanhos dos grupos de discussão eram de duas, três e seis pessoas, o que constituiu a manipulação da variável independente de tamanho do grupo. Os participantes eram aleatoriamente designados para esses grupos ao chegar ao laboratório. Cada grupo incluía um *cúmplice treinado*, ou empregado, dos experimentadores. Em cada grupo de duas pessoas, então, havia apenas um "espectador" real.

Enquanto os participantes em cada grupo estavam conversando, eles subitamente ouviam pelo interfone um dos outros participantes – o cúmplice – tendo o que parecia uma convulsão epiléptica e depois pedindo ajuda.

O comportamento dos participantes era agora o que contava. A variável dependente era o tempo que transcorreu desde o início da "convulsão" até o momento em que o participante começou a tentar a ajudar a "vítima". Caso seis minutos se passassem sem que o participante oferecesse ajuda, o experimento era concluído.

Como previsto pela hipótese, o tamanho do grupo teve um efeito significativo sobre a prestação de ajuda pelo participante. Quanto mais pessoas estivessem presentes, menor era a probabilidade de que alguém prestasse auxílio, como você pode ver na Figura 5 (Latané & Darley, 1970).

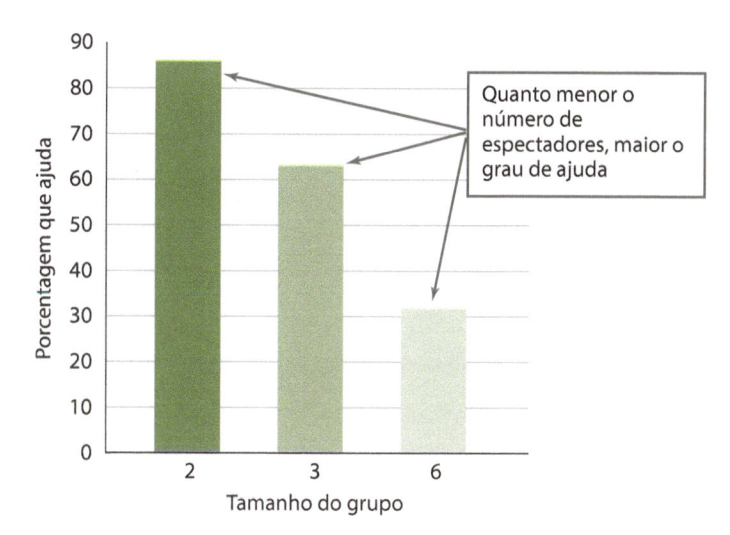

FIGURA 5 O experimento de Latané e Darley mostrou que, à medida que o tamanho do grupo que testemunha uma emergência aumentava, o comportamento de ajuda diminuía.
(Fonte: Darley & Latané, 1968.)

Uma vez que esses resultados são diretos, parece claro que o experimento confirmou a hipótese original. Entretanto, Latané e Darley não podiam ter certeza de que os resultados eram verdadeiramente significativos antes de verificar se os resultados representavam um **resultado significativo**. Por meio de análise estatística, os pesquisadores podem verificar se uma diferença numérica é uma diferença real ou se ela é apenas fruto do acaso. Somente quando as diferenças entre os grupos são grandes o suficiente como demonstrado por testes estatísticos é possível que os pesquisadores confirmem uma hipótese (Cwikel, Behar, & Rabson-Hare, 2000; Cohen, 2002).

resultado significativo
Resultados significativos que tornam possível que os pesquisadores sintam-se confiantes de que confirmaram suas hipóteses.

Indo além do estudo

O estudo de Latané e Darley contém todos os elementos de um experimento: uma variável independente, uma variável dependente, designação aleatória a condições e vários grupos experimentais. Consequentemente, podemos dizer com alguma confiança que o tamanho do grupo causou mudanças no grau de comportamento de ajuda.

Evidentemente, um experimento sozinho nem sempre resolve a questão de intervenção do espectador em emergências. Os psicólogos – como outros cientistas – exigem que as descobertas sejam **replicadas**, ou repetidas, às vezes usando outros procedimentos, em outros ambientes, com outros grupos de participantes, para que possam atribuir plena confiança aos resultados de um único experimento. Um procedimento chamado *metanálise* permite que os psicólogos combinem os resultados de muitos estudos separados para formar uma conclusão geral (Tenenbaum & Ruck, 2007; Cooper & Patall, 2009; Liu et al., 2011).

Além de replicar resultados experimentais, os psicólogos precisam testar as limitações de suas teorias e hipóteses para determinar em quais circunstâncias específicas elas se aplicam ou não. Parece improvável, por exemplo, que aumentar o número de espectadores *sempre* resulte em menos ajuda. Na verdade, estudos posteriores mostraram que é mais provável que haja intervenção do espectador em situações identificadas como inequívocas e perigosas, porque os espectadores são mais propensos a perceber que a presença dos outros fornecerá recursos para ajudar. Em resumo, é essencial continuar realizando experimentos para compreender as condições em que ocorrem exceções a essa regra geral e outras circunstâncias nas quais a regra se aplica (Garcia-Palacios, Hoffman, & Carlin, 2002; Fischer et al., 2011).

Antes de deixarmos o estudo de Latané e Darley, observe que ele representa uma boa ilustração dos princípios básicos do método científico que consideramos anteriormente (conforme delineados na Figura 1 do Módulo 3, p. 26). Os dois psicólogos começaram com

pesquisa replicada
Pesquisa que é repetida, às vezes usando-se outros procedimentos, ambientes e grupos de participantes, para aumentar a confiança em resultados anteriores.

uma *questão de interesse*, nesse caso oriunda de um fato da vida real em que espectadores em uma emergência não ofereceram ajuda. Eles então *formularam uma explicação* especificando uma teoria de difusão da responsabilidade e, a partir disso, formularam a hipótese específica de que aumentar o número de espectadores em uma situação de emergência diminuiria o grau de comportamento de ajuda. Por fim, *realizaram pesquisa* para confirmar sua hipótese e, posteriormente, *comunicaram suas descobertas* publicando seus resultados. Esse processo em quatro etapas encarnado no método científico subjaz a toda investigação científica, permitindo-nos desenvolver uma compreensão válida do comportamento dos outros – e também do nosso.

Recapitule/avalie/repense

Recapitule

RA 3-1 O que é o método científico?

- O método científico é a abordagem que os psicólogos utilizam para entender o comportamento. Ele é dividido em quatro etapas: identificar questões de interesse, formular uma explicação, realizar estudos que apoiem ou refutem a explicação e comunicar os resultados.
- Para testar uma hipótese, os pesquisadores devem formular uma definição operacional, que traduz os conceitos abstratos da hipótese nos procedimentos reais usados no estudo.

RA 3-2 Que papel as teorias e hipóteses desempenham na pesquisa psicológica?

- A pesquisa em psicologia é orientada por teorias (amplas explicações e previsões sobre fenômenos de interesse) e hipóteses (previsões baseadas em teorias enunciadas de modo que lhes permita serem testadas).

RA 3-3 Que métodos de pesquisa os psicólogos utilizam?

- A pesquisa de arquivo usa registros existentes, tais como jornais antigos ou outros documentos, para testar uma hipótese. Na observação naturalista, o investigador atua principalmente como observador, não fazendo qualquer alteração em uma situação que ocorre de forma natural. Na pesquisa de levantamento, as pessoas respondem a uma série de perguntas sobre seu comportamento, seus pensamentos ou suas atitudes. O estudo de caso é uma entrevista em profundidade e análise de uma pessoa ou grupo.
- Os métodos de pesquisa descritiva utilizam técnicas de correlação, que descrevem a associação entre variáveis, mas não podem determinar relações de causa e efeito.

RA 3-4 Como os psicólogos estabelecem relações de causa e efeito nos estudos de pesquisa?

- Em um experimento formal, a relação entre variáveis é investigada produzindo-se deliberadamente uma mudança – chamada de manipulação experimental – em uma variável e observando-se alterações na outra variável.
- Em um experimento, ao menos dois grupos devem ser comparados para avaliar as relações de causa e efeito. O grupo que recebeu o tratamento (o procedimento especial concebido pelo experimentador) é o grupo experimental; o segundo grupo (o qual não recebe qualquer tratamento) é o grupo-controle. Também podem existir vários grupos experimentais, cada um dos quais submetido a um processo diferente e depois comparado com os outros.
- A variável que experimentadores manipulam é a variável independente. A variável que eles medem e esperam que mude como resultado da manipulação da variável independente é chamada de variável dependente.
- Em um experimento formal, os participantes devem ser designados aleatoriamente para as condições de tratamento, de modo que as características dos participantes sejam distribuídas uniformemente entre as diferentes condições.
- Os psicólogos usam testes estatísticos para determinar se os resultados da investigação são significativos.

Avalie

1. Uma explicação para um fenômeno de interesse é conhecida como _____.
2. Para testar essa explicação, o pesquisador deve especificá-la em termos de uma questão testável, conhecida como _____.
3. Um pesquisador está interessado em estudar a relação entre fome e agressão. Ele decide que vai medir a agressão contando o número de vezes que um participante bate em um saco de pancadas. Nesse caso, sua definição _____ de agressão é o número de vezes que o participante golpeia o saco.

4. Combine as seguintes formas de pesquisa para suas definições:
   1. pesquisa de arquivo
   2. observação naturalística
   3. pesquisa de levantamento
   4. estudo de caso

   a. fazer diretamente a uma amostra de pessoas perguntas sobre seu comportamento
   b. examinar registros existentes para testar uma hipótese
   c. observar o comportamento em seu verdadeiro ambiente sem interferir nele
   d. fazer uma investigação em profundidade de uma pessoa ou um pequeno grupo

5. Combine cada um dos seguintes métodos de pesquisa com sua principal desvantagem:
   1. pesquisa de arquivo
   2. observação naturalística
   3. pesquisa de levantamento
   4. estudo de caso

   a. O pesquisador pode não ser capaz de generalizar para a população em geral.
   b. O comportamento das pessoas pode mudar se elas sabem que estão sendo observadas.
   c. Pode não haver dados ou ser impossível usar os dados disponíveis.
   d. As pessoas podem mentir para mostrar uma boa imagem.

6. Um psicólogo quer estudar o efeito de atratividade física sobre a disposição em ajudar uma pessoa com um problema de matemática. A atratividade seria a variável _____ e a quantidade de ajuda seria a variável _____.

7. Em um experimento, o grupo que não recebe tratamento é chamado de grupo _____.

Repense

1. Partindo da teoria de que a difusão da responsabilidade faz a responsabilidade de ajudar ser compartilhada entre os espectadores, Latané e Darley formularam a hipótese de que, quanto mais pessoas testemunham uma situação de emergência, menor a probabilidade de que ajuda será dada a uma vítima. Quantas outras hipóteses você pode imaginar baseadas na mesma teoria de difusão da responsabilidade?

2. *Da perspectiva de um advogado*: Imagine que você receba um caso semelhante ao de Kitty Genovese. Seu supervisor, que não está familiarizado com a pesquisa psicológica, pede-lhe para fornecer informações sobre as testemunhas para explicar por que elas não a ajudaram. O que você incluiria em seu relatório?

Respostas das questões de avaliação

1. teoria; 2. hipótese; 3. operacional; 4. 1-b, 2-c, 3-a, 4-d; 5. 1-c, 2-b, 3-d, 4-a; 6. independente, dependente; 7. de controle

Termos-chave

método científico p. 26
teorias p. 27
hipótese p. 28
definição operacional p. 28
pesquisa de arquivo p. 29
observação naturalista p. 29

pesquisa de levantamento p. 30
estudo de caso p. 30
variáveis p. 31
pesquisa correlacional p. 31
experimento p. 32

manipulação experimental p. 33
tratamento p. 33
grupo experimental p. 33
grupo-controle p. 33
variável independente p. 34

variável dependente p. 34
designação aleatória à condição p. 34
resultado significativo p. 37
pesquisa replicada p. 37

MÓDULO 4

Questões Cruciais de Pesquisa

Resultado de Aprendizagem

RA 4-1 Quais são as principais questões confrontadas pelos psicólogos que realizam pesquisa?

Alerta de estudo

Tendo em vista que a proteção dos participantes do experimento é essencial, lembre-se da diretriz ética fundamental do consentimento informado.

Você agora provavelmente já entendeu que existem poucas fórmulas simples para a pesquisa psicológica. Os psicólogos devem fazer escolhas sobre o tipo de estudo a realizar, que medidas coletar e qual a forma mais eficaz de analisar os resultados. Mesmo depois de terem tomado essas decisões essenciais, eles ainda precisam considerar várias questões cruciais. Abordaremos primeiro a mais fundamental dessas questões: a ética.

A ética da pesquisa

Coloque-se no lugar de um dos participantes do experimento realizado por Latané e Darley para estudar o comportamento de ajuda dos espectadores, no qual outro "espectador" que simulou uma convulsão epiléptica revela-se depois um cúmplice dos pesquisadores (Latané & Darley, 1970). Como você se sentiria quando soubesse que a suposta vítima era, na realidade, um cúmplice pago?

Embora a princípio você possa sentir alívio por saber que não havia uma emergência real, você também pode sentir algum ressentimento por ter sido enganado pelo experimentador. Talvez também se sinta incomodado por ter sido colocado em uma situação constrangedora ou comprometedora – a qual pode ter desferido um golpe em sua autoestima, dependendo de como você se comportou.

A maioria dos psicólogos alega que enganar é às vezes necessário para impedir que os participantes sejam influenciados pelo que julgam ser o real propósito de um estudo. (Se você soubesse que Latané e Darley estavam realmente estudando seu comportamento de ajuda, você automaticamente não teria se sentido inclinado a intervir na emergência?) Para evitar esses desfechos, uma pequena proporção da pesquisa envolve engano.

Não obstante, como a pesquisa tem o potencial de violar os direitos dos participantes, espera-se que os psicólogos sigam um conjunto rígido de diretrizes éticas destinadas a proteger os participantes (American Psychological Association, 2002). Essas diretrizes envolvem as seguintes salvaguardas:

- Proteção dos participantes contra danos físicos e mentais
- Direito dos participantes à privacidade em relação a seu comportamento
- Garantia de que a participação na pesquisa é totalmente voluntária
- Necessidade de informar os participantes sobre a natureza dos procedimentos antes de sua participação no experimento
- Análise de todos os experimentos por uma equipe independente antes de serem realizados (Fisher et al., 2002; Fisher, 2003; Smith, 2003).

consentimento informado
Documento assinado pelos participantes declarando que eles foram informados sobre as características básicas do estudo e estão cientes do que sua participação envolverá.

Um dos princípios éticos fundamentais dos psicólogos é o **consentimento informado**. Antes de participar de um experimento, os participantes devem assinar um documento declarando que eles foram informados sobre as características básicas do estudo e estão cientes do que sua participação envolverá, que riscos o experimento pode englobar e o fato de que sua participação é totalmente voluntária e eles podem cancelá-la a qualquer momento. Além disso, após participação em um estudo, eles devem receber uma devolução (*debriefing*) contendo uma explicação do estudo e dos procedimentos realizados. O único caso em que se pode eliminar o consentimento informado e a devolução é nos experimentos em que

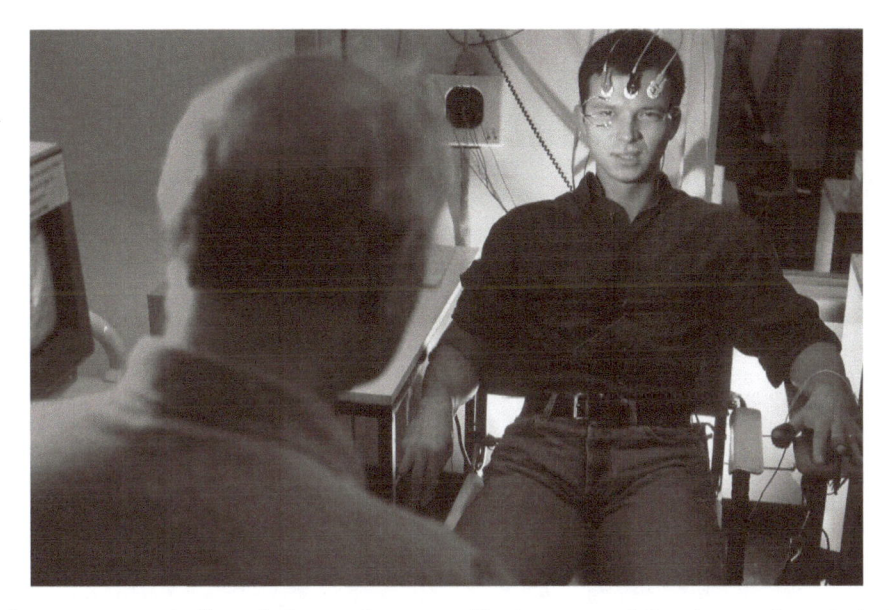

Embora prontamente disponíveis e amplamente utilizados como sujeitos de pesquisa, estudantes universitários podem não representar a população geral. Quais são algumas vantagens e desvantagens de usar universitários como sujeitos?

os riscos são mínimos, como em um estudo puramente observacional em um lugar público (Koocher, Norcross, & Hill, 2005; Fallon, 2006; Barnett, Wise, & Johnson-Greene, 2007; Nagy, 2011).

Explorando a DIVERSIDADE
Escolhendo participantes que representem o escopo do comportamento humano

Quando Latané e Darley, ambos professores universitários, decidiram quem participaria de seu experimento, eles se voltaram para as pessoas à mão: estudantes universitários. Usar estudantes universitários como participantes tem vantagens e desvantagens. O maior benefício é que, uma vez que a maior parte da pesquisa ocorre em ambientes universitários, os alunos estão prontamente disponíveis. Em geral, eles custam muito pouco para o pesquisador: participam em troca de algum crédito acadêmico extra ou de um pagamento relativamente pequeno.

O problema é que os alunos universitários podem não representar a população geral adequadamente. Na verdade, participantes de pesquisa da graduação são comumente um grupo especial de pessoas: em relação à população geral, os universitários tendem a ser de culturas ocidentais, instruídas, industrializadas, ricas e democráticas. Essa descrição forma, em inglês, a sigla WEIRD, o que levou um pesquisador a aplicar o apelido aos participantes de pesquisa (Jones, 2010).

Não é que haja algo particularmente errado com participantes WEIRD. O que acontece é que eles podem ser diferentes da maioria das outras pessoas – aquelas que não frequentam faculdade ou que não cresceram em uma cultura ocidental democrática, que são menos afluentes, e assim por diante. Todas essas características poderiam ser psicologicamente relevantes. Contudo, uma revisão constatou que a maioria dos participantes de pesquisa realmente é dos Estados Unidos e aproximadamente a mesma proporção são estudantes de psicologia (Arnett, 2008; Henrich, Heine, & Norenzayan, 2010).

Como a psicologia é uma ciência cujo objetivo é explicar *todo* comportamento humano de maneira geral, seus estudos devem usar participantes que sejam plenamente representativos da população geral em termos de gênero, idade, raça, etnicidade, condição socioeconômica e nível de instrução (ver Fig. 1, A Neurociência em sua Vida). Para encorajar uma faixa mais ampla de participantes, o Instituto Nacional de Saúde Mental e a Fundação Nacional de Ciência – as principais fontes de financiamento para pesquisa psicológica nos Estados Unidos – agora exigem que os experimentos abordem questões das populações diversas (Carpenter, 2002; Lindley, 2006).

A Neurociência em sua Vida:
A importância de usar participantes representativos

FIGURA 1 Muitas vezes pensamos que o cérebro funciona da mesma maneira para todo mundo. Contudo, nossa cultura, nossas experiências e nossas circunstâncias individuais moldam a forma de reagirmos ao mundo. Essas imagens cerebrais mostram distinções na ativação cerebral entre aqueles que se percebem de diferente condição socioeconômica ao responderem à dor dos outros (p. ex., empatia) e em sua disponibilidade em doar dinheiro posteriormente para uma causa digna. Os resultados apontam a importância de usar uma ampla gama de participantes em estudos de pesquisa.

(Fonte: Ma, Wang, & Han, 2011.)

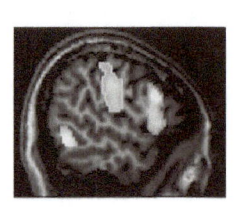

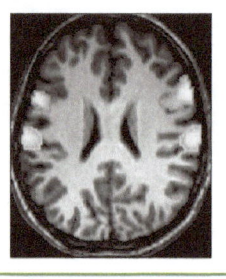

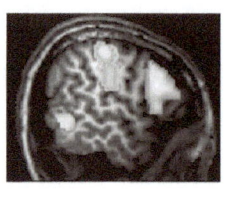

Animais devem ser usados em pesquisas?

Assim como aqueles que trabalham com seres humanos, os pesquisadores que usam cobaias não humanas em experimentos têm seu próprio conjunto de diretrizes para garantir que os animais não sofram. Especificamente, os pesquisadores devem fazer todo esforço para minimizar o desconforto, a doença e a dor. Procedimentos que submetem os animais a sofrimento são permitidos somente quando um método alternativo não está disponível e quando a pesquisa é justificada por seu valor prospectivo. Além disso, os pesquisadores esforçam-se para evitar causar desconforto físico, mas também devem promover o *bem-estar psicológico* de algumas espécies de animais de pesquisa, tais como os primatas (Rusche, 2003; Lutz & Novak, 2005; Miller & Williams, 2011).

A pesquisa que envolve animais é polêmica; porém, quando realizada dentro de diretrizes éticas, produz benefícios significativos para os seres humanos.

Antes de mais nada, por que usar animais em pesquisa? É realmente possível aprender sobre comportamento humano a partir de resultados de pesquisa empregando ratos, outros roedores e pombos?

A resposta é que a pesquisa psicológica que realmente emprega animais tem por objetivo responder a perguntas diferentes daquelas propostas na pesquisa com seres humanos. Por exemplo, o ciclo de vida mais curto dos animais (ratos vivem em média dois anos) permite que os pesquisadores aprendam sobre os efeitos do envelhecimento em um período de tempo relativamente curto. Também é possível exercer maior controle experimental sobre animais e realizar procedimentos que talvez não fossem possíveis com pessoas. Por exemplo, alguns estudos requerem grande número de participantes que compartilhem antecedentes semelhantes ou tenham sido expostos a determinados ambientes – condições que não poderiam ser atendidas de forma prática com seres humanos.

A pesquisa com animais forneceu aos psicólogos informações que beneficiaram profundamente os seres humanos. Por exemplo, ela forneceu a chave para detectar distúrbios oculares em crianças com precocidade suficiente para impedir danos permanentes, comunicar-se com crianças portadoras de retardos graves e reduzir a dor crônica nas pessoas. Contudo, o uso de pesquisa com animais é controverso, pois envolve preocupações morais e filosóficas complexas. Por isso, toda pesquisa que envolva animais deve ser cuidadosamente avaliada de antemão para assegurar que seja realizada de forma ética (Saucier & Cain, 2006; Hackam, 2007; Shankar & Simmons, 2009).

Ameaças à validade experimental: evitando o viés experimental

Mesmo os projetos experimentais mais bem-pensados são suscetíveis a **viés experimental** – fatores que distorcem o modo como a variável independente afeta a variável dependente em um experimento. Uma das formas mais comuns de viés experimental refere-se às expectativas do experimentador: um experimentador inadvertidamente transmite sinais aos participantes sobre como se espera que eles se comportem em dada condição experimental. O perigo é que tais expectativas ocasionarão um comportamento "apropriado" – que de outra maneira poderia não ter ocorrido (Rosenthal, 2002, 2003).

Um problema relacionado é o das *expectativas dos participantes* sobre o comportamento apropriado. Quem já foi participante de um experimento sabe que se desenvolve rapidamente palpites sobre o que se espera do participante. Na verdade, as pessoas costumam desenvolver suas próprias hipóteses sobre o que o experimentador espera aprender a partir do estudo. Se os participantes formam suas próprias hipóteses, podem ser as expectativas dos participantes, e não a manipulação experimental, que produz um efeito (Rutherford et al., 2009).

Para evitar que as expectativas dos participantes influenciem os resultados de um experimento, o experimentador pode tentar disfarçar o verdadeiro propósito do experimento. Participantes que não sabem que o comportamento de ajuda está sendo estudado, por exemplo, são mais aptos a atuar de modo "natural" do que agiriam se soubessem.

Às vezes, é impossível esconder o real propósito da pesquisa; quando este é o caso, existem outras técnicas para prevenir viés. Vamos supor que você esteja interessado em testar a capacidade de um novo medicamento de aliviar os sintomas de depressão grave. Se você simplesmente ministrasse a substância à metade de seus participantes e não à outra metade, aqueles que a receberam poderiam relatar que se sentiram menos deprimidos simplesmente porque sabiam que estavam recebendo o medicamento. Da mesma forma, os participantes que receberam nada poderiam relatar que não se sentiram melhor porque sabiam que estavam no grupo-controle sem tratamento.

viés experimental Fatores que distorcem como a variável independente afeta a variável dependente em um experimento.

Alerta de estudo

Aprenda os principais tipos de possíveis vieses em experimentos: expectativas do experimentador, expectativa do participante e efeito placebo.

placebo Falso tratamento, como uma pílula, uma "droga" ou outra substância, que não tem propriedades químicas significativas ou ingrediente ativo.

Para resolver esse problema, os psicólogos costumam usar um procedimento em que todos os participantes recebem um tratamento, mas os que estão no grupo-controle recebem apenas um **placebo** – um falso tratamento, como um comprimido, uma "droga" ou outra substância que não tem propriedades químicas significativas ou ingrediente ativo. Visto que nenhum dos participantes sabe se está recebendo um tratamento real ou falso, as eventuais diferenças no resultado pode ser atribuída à qualidade da substância, e não aos possíveis efeitos psicológicos de receber um comprimido ou outro agente químico (Rajagopal, 2006; Crum & Langer, 2007; Justman, 2011).

Contudo, existe mais uma salvaguarda que um pesquisador cuidadoso deve aplicar em um experimento como esse. Para eliminar a possibilidade de que as expectativas do experimentador afetem o participante, a pessoa que administra a substância também não deve saber se ela é realmente a droga ou o placebo. Ao manter o participante e o experimentador que interage com o participante "cegos" para a natureza da substância que está sendo administrada, os pesquisadores podem avaliar com mais precisão os efeitos dela. Esse método é conhecido como *procedimento duplo-cego*.

TORNANDO-SE UM CONSUMIDOR INFORMADO de Psicologia
Pensando criticamente sobre a pesquisa

Se você estivesse prestes a comprar um automóvel, você provavelmente não pararia na concessionária mais próxima e sairia dirigindo o primeiro carro recomendado pelo vendedor. Em vez disso, você ponderaria sobre a compra, leria sobre automóveis, consideraria as alternativas, conversaria com outras pessoas sobre suas experiências e, por fim, refletiria bastante antes de fazer uma compra tão importante.

Em contrapartida, muitos de nós somos consideravelmente menos conscienciosos quando despendemos nossos recursos intelectuais em vez de financeiros. As pessoas muitas vezes tiram conclusões precipitadas com base em informações incompletas e imprecisas, raramente dedicando tempo para avaliar de modo crítico a pesquisa e os dados aos quais elas são expostas.

Uma vez que o campo da psicologia baseia-se em um corpo de pesquisa acumulada, devemos examinar minuciosamente os métodos, resultados e alegações dos pesquisadores. Várias questões básicas podem ajudar-nos a separar o que é válido e o que não é. Entre as perguntas mais importantes a fazer, estão as seguintes:

- *Qual foi a finalidade da pesquisa?* Estudos científicos devem originar-se de uma teoria claramente especificada. Além disso, devemos levar em conta a hipótese específica que está sendo testada. A menos que saibamos qual hipótese está sendo investigada, não podemos julgar o quanto um estudo foi bem-sucedido.
- *Em que medida o estudo foi bem conduzido?* Considere quem eram os participantes, quantos estavam envolvidos, que métodos foram empregados e quais problemas o pesquisador encontrou para coletar os dados. Existem diferenças importantes, por exemplo, entre um estudo de caso que relata verbalização de alguns entrevistados e um levantamento que coleta dados de milhares de pessoas.
- *Os resultados foram apresentados corretamente?* As afirmações devem ser avaliadas com base em dados reais que elas refletem e em sua lógica. Por exemplo, quando o fabricante do carro X gaba-se de que "outro carro tem um histórico de segurança melhor do que o carro X", isso não significa que o carro X é mais seguro que todos os outros carros. Significa apenas que não se provou que outro carro é mais seguro, embora muitos outros carros possam ser tão seguros quanto o carro X. Expressa dessa forma, a descoberta não parece digna de vanglória.

Essas três questões básicas podem ajudá-lo a avaliar a validade das descobertas da pesquisa que você encontra – tanto dentro como fora do campo da psicologia. Quanto mais você for capaz de avaliar a pesquisa em geral, mais você será capaz de avaliar o que o campo da psicologia tem a oferecer.

Recapitule/avalie/repense

Recapitule

RA 4-1 Quais são as principais questões confrontadas pelos psicólogos que realizam pesquisa?

- Um dos princípios éticos fundamentais seguidos pelos psicólogos é o do consentimento informado. Os participantes devem ser informados, antes da participação, sobre o esquema básico do experimento e os riscos e benefícios potenciais de sua participação.

- Embora o uso de estudantes universitários como participantes tenha a vantagem da fácil disponibilidade, também existem inconvenientes. Por exemplo, os alunos não representam necessariamente a população como um todo. O uso de animais não humanos como participantes também pode ter custos em termos de possibilidade de generalização para seres humanos, ainda que os benefícios do uso de animais na pesquisa tenham sido profundos.

- Experimentos estão sujeitos a uma série de vieses ou ameaças. As expectativas do experimentador podem produzir viés quando ele involuntariamente transmite sinais para os participantes sobre suas expectativas em relação ao comportamento deles em determinada condição experimental. As expectativas dos participantes também podem influenciar um experimento. As ferramentas utilizadas por experimentadores para ajudar a eliminar o viés incluem placebo e procedimento duplo-cego.

Avalie

1. Uma pesquisa ética começa com o conceito de consentimento informado. Antes de se inscrever para participar de um experimento, os participantes devem ser informados sobre:
   a. o procedimento do estudo, enunciado de forma geral
   b. os riscos que podem estar envolvidos
   c. seu direito de se retirar a qualquer momento
   d. todos os itens mencionados

2. Liste três benefícios do uso de animais na pesquisa psicológica.

3. O engano é um recurso que pode ser usado por pesquisadores para tentar eliminar as expectativas dos participantes. Verdadeiro ou falso?

4. Um tratamento falso, tal como um comprimido que não tem propriedades químicas significativas ou ingrediente ativo, é conhecido como _____.

5. Um estudo mostrou que os homens diferem das mulheres em sua preferência por sabores de sorvete. Esse estudo foi fundamentado em uma amostra de dois homens e três mulheres. O que pode haver de errado com ele?

Repense

1. Um pesquisador acredita firmemente que os professores universitários tendem a demonstrar menos atenção e respeito às alunas em sala de aula do que aos estudantes do sexo masculino. Ele elabora um estudo experimental envolvendo observações de salas de aula em diferentes condições. Ao explicar o estudo para os professores e alunos que irão participar, quais os passos que ele deve seguir para eliminar o viés experimental fundamentado nas expectativas do experimentador e dos participantes?

2. *Da perspectiva de um avaliador de pesquisa*: Você é contratado para estudar as atitudes das pessoas em relação a programas de assistência social por meio do desenvolvimento e da difusão de um questionário via internet. Será que esse estudo reflete com precisão os pontos de vista da população em geral? Justifique sua resposta.

Respostas das questões de avaliação

1. d. 2. (1) Alguns fenômenos podem ser estudados com mais facilidade em animais do que em pessoas, porque com sujeitos animais há mais controle sobre fatores ambientais e genéticos. (2) Grandes números de participantes semelhantes podem ser facilmente obtidos. (3) Efeitos geracionais podem ser considerados com muito mais facilidade em animais, por causa de seu ciclo de vida mais curto, do que em pessoas. 3. verdadeiro; 4. placebo; 5. O número de participantes é muito pequeno. Sem uma amostra maior, nenhuma conclusão válida pode ser extraída sobre preferência por sabor de sorvete com base no gênero.

Termos-chave

consentimento informado **p. 40**
viés experimental **p. 43**
placebo **p. 44**

Recordando

Epílogo

À luz do que você já aprendeu sobre o campo da psicologia, reconsidere o massacre na sala de cinema descrito no início do capítulo e responda às seguintes perguntas:

1. Se estivessem usando a perspectiva neurocientífica, como os psicólogos poderiam explicar as respostas de medo das pessoas ao atirador?
2. Como um psicólogo que usa a perspectiva psicodinâmica explicaria o comportamento do homicida de maneira diferente de um psicólogo que adota a perspectiva cognitiva?
3. Que aspectos do tiroteio mais interessariam um psicólogo clínico? Um psicólogo social? Um psicólogo forense?
4. Em que aspectos tanto a natureza quanto a criação poderiam ter contribuído para o comportamento do homicida?

RESUMO VISUAL 1 Introdução à Psicologia

MÓDULO 1 Os Psicólogos no Trabalho

Subáreas da psicologia
- Bases biológicas
  - Neurociência comportamental
- Sentir, perceber, aprender e pensar
  - Psicologia cognitiva experimental
- Fontes de mudança e estabilidade
  - Psicologia do desenvolvimento e da personalidade
- Saúde física e mental
  - Psicologia da saúde, clínica e de aconselhamento
- Redes sociais
  - Psicologia social e transcultural
- Expandindo fronteiras
  - Psicologia evolucionista
  - Genética comportamental
  - Neuropsicologia clínica

Trabalhando em psicologia
- Onde os psicólogos norte-americanos trabalham

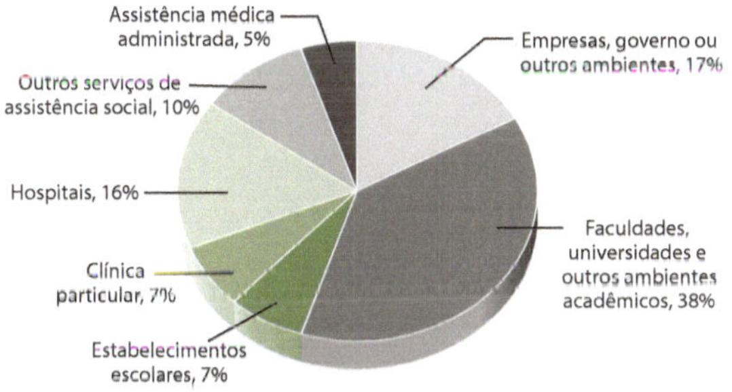

- Assistência médica administrada, 5%
- Empresas, governo ou outros ambientes, 17%
- Outros serviços de assistência social, 10%
- Hospitais, 16%
- Clínica particular, 7%
- Estabelecimentos escolares, 7%
- Faculdades, universidades e outros ambientes acadêmicos, 38%

MÓDULO 2 Uma Ciência Desenvolve-se: o Passado, o Presente e o Futuro

Raízes
- Estruturalismo
- Funcionalismo

Perspectivas atuais: cinco grandes perspectivas

Neurociência
Considera o comportamento da perspectiva do funcionamento biológico

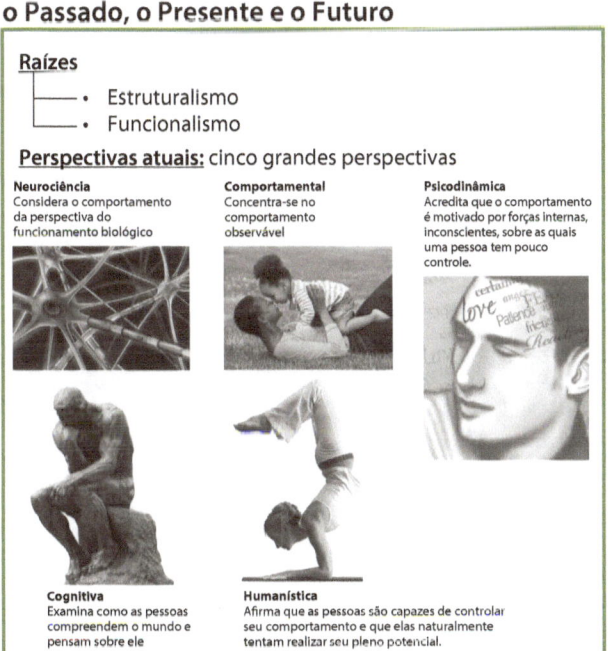

Comportamental
Concentra-se no comportamento observável

Psicodinâmica
Acredita que o comportamento é motivado por forças internas, inconscientes, sobre as quais uma pessoa tem pouco controle.

Cognitiva
Examina como as pessoas compreendem o mundo e pensam sobre ele

Humanística
Afirma que as pessoas são capazes de controlar seu comportamento e que elas naturalmente tentam realizar seu pleno potencial.

MÓDULO 3 Pesquisa em Psicologia

Método científico
- Teorias: explicações amplas
- Hipóteses: previsões testáveis

Pesquisa descritiva: descreve variáveis e não explica causalidade

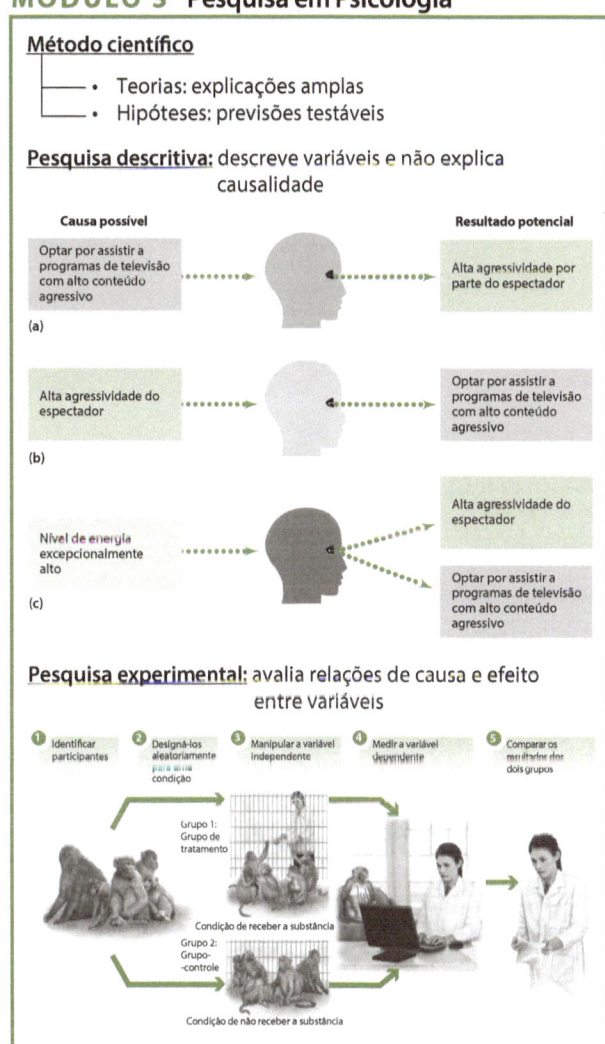

Causa possível → *Resultado potencial*

(a) Optar por assistir a programas de televisão com alto conteúdo agressivo → Alta agressividade por parte do espectador

(b) Alta agressividade do espectador → Optar por assistir a programas de televisão com alto conteúdo agressivo

(c) Nível de energia excepcionalmente alto → Alta agressividade do espectador / Optar por assistir a programas de televisão com alto conteúdo agressivo

Pesquisa experimental: avalia relações de causa e efeito entre variáveis

1. Identificar participantes
2. Designá-los aleatoriamente para uma condição
3. Manipular a variável independente
4. Medir a variável dependente
5. Comparar os resultados dos dois grupos

- Grupo 1: Grupo de tratamento — Condição de receber a substância
- Grupo 2: Grupo-controle — Condição de não receber a substância

MÓDULO 4 Questões Cruciais de Pesquisa

A ética da pesquisa
Consentimento informado

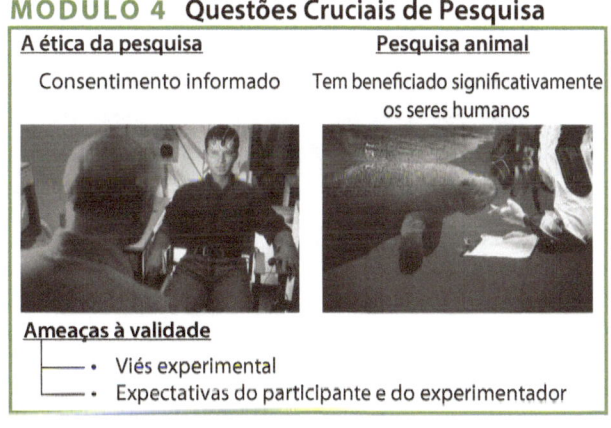

Pesquisa animal
Tem beneficiado significativamente os seres humanos

Ameaças à validade
- Viés experimental
- Expectativas do participante e do experimentador

2
Neurociência e Comportamento

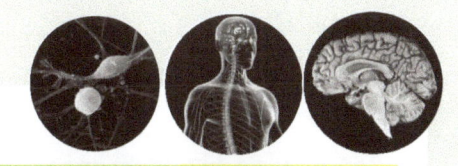

Resultados de Aprendizagem para o Capítulo 2

MÓDULO 5

RA 5-1 Por que os psicólogos estudam o cérebro e o sistema nervoso?

RA 5-2 Quais são os elementos básicos do sistema nervoso?

RA 5-3 Como o sistema nervoso transmite mensagens elétricas e químicas de uma parte para outra?

Neurônios: os Elementos Básicos do Comportamento

A estrutura do neurônio

Como os neurônios disparam

Onde os neurônios encontram-se: preenchendo a lacuna

Neurotransmissores: mensageiros químicos com múltiplos talentos

MÓDULO 6

RA 6-1 Como estão ligadas as estruturas do sistema nervoso?

RA 6-2 Como o sistema endócrino afeta o comportamento?

O Sistema Nervoso e o Sistema Endócrino: Comunicando dentro do Corpo

O sistema nervoso: ligando neurônios

As bases evolucionistas do sistema nervoso

O sistema endócrino: de substâncias e glândulas

MÓDULO 7

RA 7-1 Como os pesquisadores identificam as principais partes e funções do cérebro?

RA 7-2 Quais são as principais partes do cérebro e por quais comportamentos cada parte é responsável?

RA 7-3 Como as duas metades do cérebro operam de forma interdependente?

RA 7-4 Como a compreensão do sistema nervoso pode nos ajudar a encontrar modos de aliviar a doença e a dor?

O Cérebro

Estudando a estrutura e as funções cerebrais: espionando o cérebro

O núcleo central: nosso "cérebro antigo"

Aplicando a Psicologia no Século XXI: Seu desejo é uma ordem: operando computadores com o cérebro

O sistema límbico: além do núcleo central

O córtex cerebral: nosso "cérebro novo"

TrabalhoPsi: Terapeuta de reabilitação

A neuroplasticidade e o cérebro

A Neurociência em sua Vida: O cérebro plástico

A especialização dos hemisférios: dois cérebros ou um?

Explorando a Diversidade: A diversidade humana e o cérebro

O cérebro dividido: explorando os dois hemisférios

Tornando-se um Consumidor Informado de Psicologia: Aprendendo a controlar seu coração – e sua mente – por meio do *Biofeedback*

Prólogo   *Voltando da beira do abismo*

O repórter da ABC News Bob Woodruff quase perdeu a vida quando uma bomba explodiu na beira da estrada no Iraque, causando-lhe um grave traumatismo craniano. Depois de ficar em coma por 36 dias, ele despertou com gravíssima perda de memória, incapaz de recordar até mesmo os nomes de seus filhos menores e dificuldade para identificar objetos do cotidiano, como tesouras.

Contudo, muitos anos depois do acidente, ele viaja pelo mundo inteiro de avião, não apenas trabalhando como jornalista, mas também chamando atenção para o drama de centenas de outras pessoas que sofreram lesões cerebrais traumáticas na longa guerra do Iraque.

Em muitos aspectos, a recuperação de Woodruff é praticamente um milagre. Quando os estilhaços da bomba atingiram sua cabeça, poucos acharam que ele poderia retomar uma vida normal, muito menos sua carreira. Apesar de não saber se vai recuperar seu antigo posto de apresentador de televisão, de uma coisa ele tem certeza: "Vou continuar trabalhando como jornalista" (Dugas, 2010, p. 10D; Pesce, 2011).

Olhando à frente

É difícil acreditar que alguém possa recuperar-se de um trauma como o de Bob Woodruff, muito menos retomar uma carreira exigente em apenas alguns anos. Contudo, esta é apenas uma das notáveis capacidades do cérebro milagroso. Mais ou menos do tamanho de meio pão de forma, o cérebro é um órgão que controla nosso comportamento durante cada momento de sono ou desperto. Nossos movimentos, pensamentos, esperanças, aspirações, sonhos – a própria consciência de que somos humanos – dependem do cérebro e dos nervos que se estendem por todo o corpo, formando o sistema nervoso.

Por causa da importância do sistema nervoso para o controle do comportamento, e porque os humanos em seu nível mais básico são seres biológicos, muitos pesquisadores em psicologia e em outros campos tão diversos quanto ciência da computação, zoologia e medicina fizeram das bases biológicas do comportamento sua especialidade. Esses especialistas são coletivamente chamados de *neurocientistas* (Beatty, 2000; Posner & DiGiorlamo, 2000; Gazzaniga, Ivry & Mangun, 2002; Cartwright, 2006).

Os psicólogos que se especializam no estudo de como as estruturas e funções biológicas do corpo afetam o comportamento são conhecidos como **neurocientistas comportamentais** (ou *biopsicólogos*). Eles procuram responder a várias questões: como o cérebro controla o funcionamento voluntário e involuntário do corpo? Como o cérebro se comunica com as outras partes do corpo? Qual é a estrutura física do cérebro? Como essa estrutura afeta o comportamento? Os transtornos psicológicos são causados por fatores biológicos? Como esses transtornos podem ser tratados?

Ao considerar os processos biológicos que discutimos neste capítulo, tenha em mente a razão pela qual a neurociência comportamental é uma parte essencial da psicologia: nossa compreensão do comportamento humano requer conhecimento do cérebro e de outras partes do sistema nervoso. Fatores biológicos são centrais para experiências sensórias, estados de consciência, motivação e emoção, desenvolvimento ao longo de todo o ciclo de vida e saúde física e psicológica. Além disso, avanços na neurociência comportamental levaram à criação de medicamentos e outros tratamentos para transtornos psicológicos e físicos. Em síntese, não podemos compreender o comportamento sem compreender nossa constituição biológica (Kosslyn et al., 2002; Plomin, 2003; Compagni & Manderscheid, 2006).

neurocientistas comportamentais (ou biopsicólogos) Psicólogos que se especializam no estudo de como as estruturas e funções biológicas do corpo afetam o comportamento.

MÓDULO 5
Neurônios: os Elementos Básicos do Comportamento

Observando Serena Williams dar um *backhand* cortante, Dario Vaccaro dançar uma complexa rotina de balé, ou Derek Jeter dar uma tacada no beisebol, você pode ter ficado impressionado com a complexidade – e com as fantásticas habilidades – do corpo humano. Porém, mesmo as tarefas mais corriqueiras, tais como servir uma xícara de café ou cantarolar, dependem de uma sofisticada sequência de eventos no corpo que, por si só, já é realmente impressionante.

O sistema nervoso é a rota para as instruções que permitem que nossos corpos executem essas atividades tão precisas. Aqui, consideramos a estrutura e a função dos neurônios, as células que formam o sistema nervoso, incluindo o cérebro.

A estrutura do neurônio

Tocar piano, dirigir um carro, ou golpear uma bola de tênis dependem, em certo nível, da coordenação muscular exata. No entanto, se considerarmos *como* os músculos podem ser ativados com tanta precisão, veremos que processos mais fundamentais estão envolvidos. Para que os músculos produzam os movimentos complexos que constituem qualquer atividade física significativa, o cérebro deve enviar-lhes as mensagens corretas e coordenar essas mensagens.

Essas mensagens – assim como aquelas que nos permitem pensar, lembrar e sentir emoção – são transmitidas por células especializadas chamadas de neurônios. Os **neurônios**, ou células nervosas, são os elementos básicos do sistema nervoso. Sua quantidade é incrível – talvez até um *trilhão* de neurônios em todo o corpo estão envolvidos no controle do comportamento (Boahen, 2005).

Embora existam vários tipos de neurônios, todos eles têm uma estrutura semelhante, como ilustrado na Figura 1, na página 52. Como a maioria das células no corpo, os neurônios têm um corpo celular que contém um núcleo. O núcleo incorpora o material hereditário que determina como uma célula irá funcionar. Os neurônios são fisicamente mantidos no lugar pelas *células gliais*. As células gliais fornecem nutrição aos neurônios, isolam-nos, ajudam a reparar danos e apoiam o funcionamento neural (Kettenmann & Ransom, 2005; Bassotti et al., 2007; Bassotti & Villanacci, 2011).

Contudo, em contraste com a maioria das outras células, os neurônios têm uma característica distintiva: a capacidade de se comunicar com outras células e transmitir informações por meio de distâncias relativamente longas. Muitos dos neurônios do corpo recebem sinais do ambiente ou retransmitem as mensagens do sistema nervoso para os músculos e outras células-alvo, mas a imensa maioria dos neurônios comunica-se apenas com outros neurônios no intricado sistema de informações que regula o comportamento.

Como mostra a Figura 1, um neurônio possui um corpo celular com um grupo de fibras chamadas **dendritos** em uma extremidade. Essas fibras, que se assemelham aos galhos contorcidos de uma árvore, recebem mensagem de outros neurônios. No lado oposto do corpo celular, há uma longa extensão delgada, semelhante a um tubo, chamada de **axônio**. O axônio leva as mensagens recebidas pelos dendritos para outros neurônios. O axônio é consideravelmente maior do que o resto do neurônio. Embora a maioria dos axônios tenha vários milímetros de comprimento, alguns chegam a ter até 90 centímetros. Os axônios terminam em pequenas saliências denominadas **botões terminais**, os quais enviam mensagens para outros neurônios.

Resultados de Aprendizagem

RA 5-1 Por que os psicólogos estudam o cérebro e o sistema nervoso?

RA 5-2 Quais são os elementos básicos do sistema nervoso?

RA 5-3 Como o sistema nervoso transmite mensagens elétricas e químicas de uma parte para outra?

neurônios Células nervosas, os elementos básicos do sistema nervoso.

dendritos Grupo de fibras na extremidade de um neurônio que recebe mensagens de outros neurônios.

axônio Parte do neurônio que leva mensagens destinadas a outros neurônios.

botões terminais Pequenas saliências na extremidade do axônios que enviam mensagens para outros neurônios.

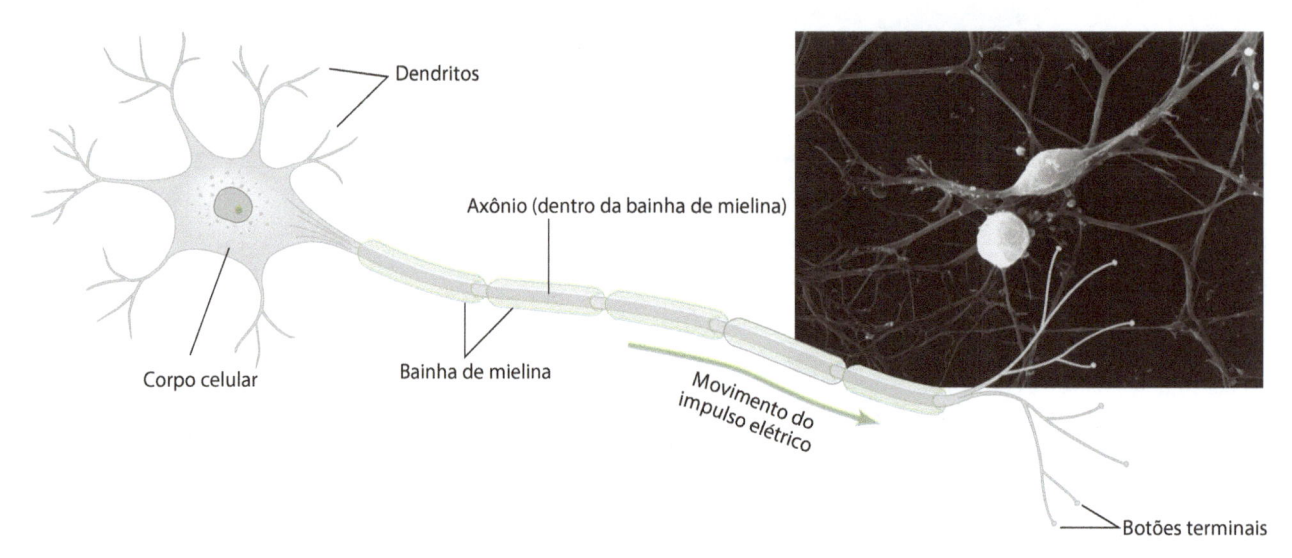

FIGURA 1 Os principais componentes do neurônio, o elemento básico do sistema nervoso. Um neurônio tem um corpo celular e estruturas que conduzem mensagens: os dendritos, que recebem mensagens de outros neurônios, e o axônio, que transmite mensagens para outros neurônios ou corpos celulares. Como no caso da maioria dos neurônios, o axônio é protegido por uma bainha de mielina, como salsichões. Que vantagens a estrutura arbórea como a do neurônio proporciona?

Alerta de estudo

Lembre-se de que os dendritos detectam mensagens de outros neurônios; os axônios enviam os sinais para longe do corpo celular.

bainha de mielina Capa protetora de gordura e proteína que envolve o axônio.

As mensagens que percorrem o neurônio são de natureza elétrica. Embora existam exceções, essas mensagens elétricas, ou *impulsos*, geralmente se movem entre os neurônios apenas em uma direção, como se estivessem em uma rua de mão única. Os impulsos seguem um percurso que começa nos dendritos, continua no corpo celular e por fim conduz, pela extensão filamentosa, o axônio, aos neurônios adjacentes.

Para impedir que as mensagens entrem em curto-circuito, os axônios devem ter algum tipo de isolamento (assim como os fios elétricos precisam ser isolados). Os axônios são, em sua maioria, isolados por uma **bainha de mielina**, uma capa protetora de gordura e proteína que envolve o axônio, semelhante ao invólucro de tiras de salsichão.

A bainha de mielina também serve para aumentar a velocidade com que os impulsos elétricos percorrem os axônios. Os axônios que levam as informações mais importantes e de mais urgência apresentam as maiores concentrações de mielina. Por exemplo, se sua mão toca em um forno em alta temperatura, a informação sobre a dor é transmitida pelos axônios na mão e no braço, que apresentam uma capa de mielina relativamente grossa, levando a mensagem com rapidez para o cérebro para que você possa reagir de modo instantâneo.

Como os neurônios disparam

Como uma arma, os neurônios disparam – isto é, transmitem um impulso elétrico ao longo do axônio – ou não disparam. Não existe meio-termo, assim como puxar o gatilho de uma arma com mais força não faz a bala mover-se com mais velocidade. Da mesma forma, os neurônios seguem uma **lei de tudo ou nada**: eles são ativados ou não, sem nada entre o estado ativado e o estado desativado. Assim que há força suficiente para puxar o gatilho, o neurônio dispara.

lei de tudo ou nada Regra de que os neurônio são ativados ou desativados.

estado de repouso Estado em que existe uma carga elétrica negativa de cerca de −70 milivolts em um neurônio.

Antes de ser disparado – ou seja, quando está em **estado de repouso** –, um neurônio tem uma carga elétrica negativa de cerca de −70 milivolts (um milivolt é um milésimo de volt). Essa carga é causada pela presença de íons com maior carga negativa dentro do que fora do neurônio. (Um íon é um átomo eletricamente carregado.) Você pode imaginar o neurônio como uma minúscula pilha, na qual o lado de dentro do neurônio representa o polo negativo; e o lado de fora, o polo positivo.

Módulo 5 Neurônios: os Elementos Básicos do Comportamento

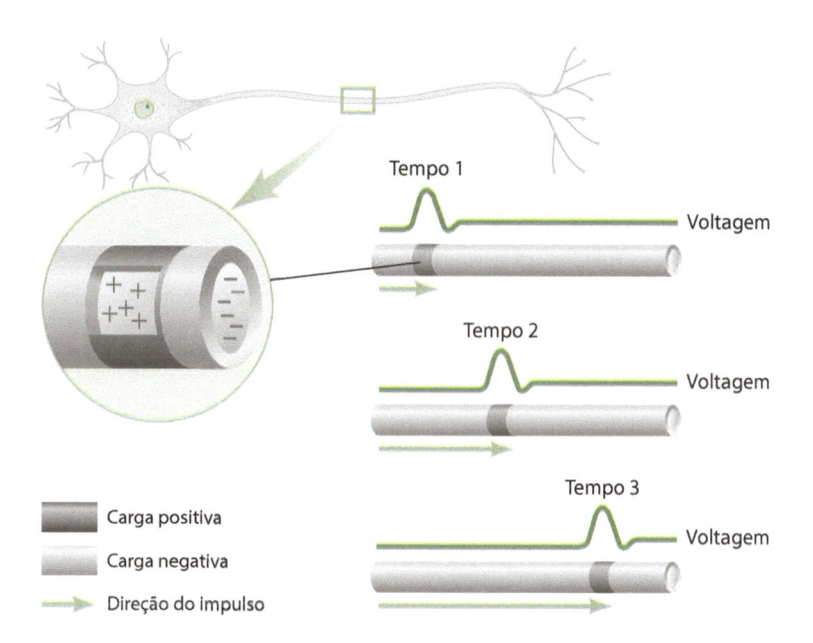

FIGURA 2 Movimento de um potencial de ação ao longo de um axônio. Pouco antes do tempo 1, íons de carga positiva entram na membrana celular, mudando a carga na parte próxima do axônio de negativa para positiva e disparando um potencial de ação. O potencial de ação percorre o axônio, conforme ilustrado nas mudanças que ocorrem do tempo 1 ao 3 (de cima para baixo neste desenho). Imediatamente depois que um potencial de ação passou por uma seção do axônio, os íons positivos são bombeados para fora, restaurando a carga negativa naquela seção. A mudança na voltagem ilustrada pela linha acima do axônio pode ser vista em maior detalhe na Figura 3, na página 54.
(Fonte: Stevens, 1979.)

Quando uma mensagem chega em um neurônio, passagens ao longo da membrana celular abrem-se brevemente para permitir que íons com carga positiva entrem rapidamente em taxas de até cem milhões de íons por segundo. A súbita chegada desses íons positivos faz com que a carga dentro da parte próxima da célula mude momentaneamente de negativa para positiva. Quando a carga positiva atinge um nível crítico, o "gatilho" é puxado e um impulso elétrico, conhecido como *potencial de ação*, percorre o axônio do neurônio (ver Fig. 2).

O **potencial de ação** desloca-se de uma extremidade do axônio para o outro como uma chama que queima um pavio. À medida que o impulso percorre o axônio, o movimento de íons causa uma mudança na carga de negativa para positiva em segmentos sucessivos do axônio (ver Fig. 3, p. 54). Depois que o impulso passou por determinado segmento do axônio, íons positivos são bombeados para fora daquele segmento, e sua carga volta a ser negativa enquanto o potencial de ação continua deslocando-se ao longo do axônio.

Logo depois que um potencial de ação passou por uma seção do axônio, a membrana celular naquela região não pode admitir íons novamente por alguns milissegundos, e assim o neurônio não pode disparar de modo imediato outra vez, por mais que receba estimulação. É como se a arma tivesse de ser recarregada após cada tiro. Segue-se, então, um período em que, embora seja possível que o neurônio dispare, um estímulo mais forte é necessário do que seria se o neurônio tivesse atingido seu estado de repouso normal. Posteriormente, contudo, o neurônio está pronto para disparar outra vez.

potencial de ação Impulso nervoso elétrico que percorre o axônio de um neurônio quando ele é disparado por um "gatilho", mudando sua carga de negativa para positiva.

Velocidade de transmissão

Esses complexos eventos podem ocorrer em velocidades surpreendentes, embora haja grande variação entre neurônios diferentes. A velocidade específica em que um potencial de ação percorre um axônio é determinada pelo tamanho do axônio e pela espessura de sua bainha de mielina. Axônios com diâmetros pequenos carregam impulsos a pouco mais do que três quilômetros por hora; axônios mais longos e grossos podem atingir velocidades de mais de 360 quilômetros por hora.

Os neurônios diferem não apenas na rapidez com que um impulso percorre o axônio, mas também quanto a sua potencial taxa de disparo. Alguns deles são capazes de disparar até mil vezes por segundo; outros disparam em velocidades muito mais lentas. A intensidade de um estímulo determina quanto da potencial taxa de disparo de um neurônio é atingida. Um estímulo forte, como uma luz brilhante ou um som alto, acarreta uma taxa de

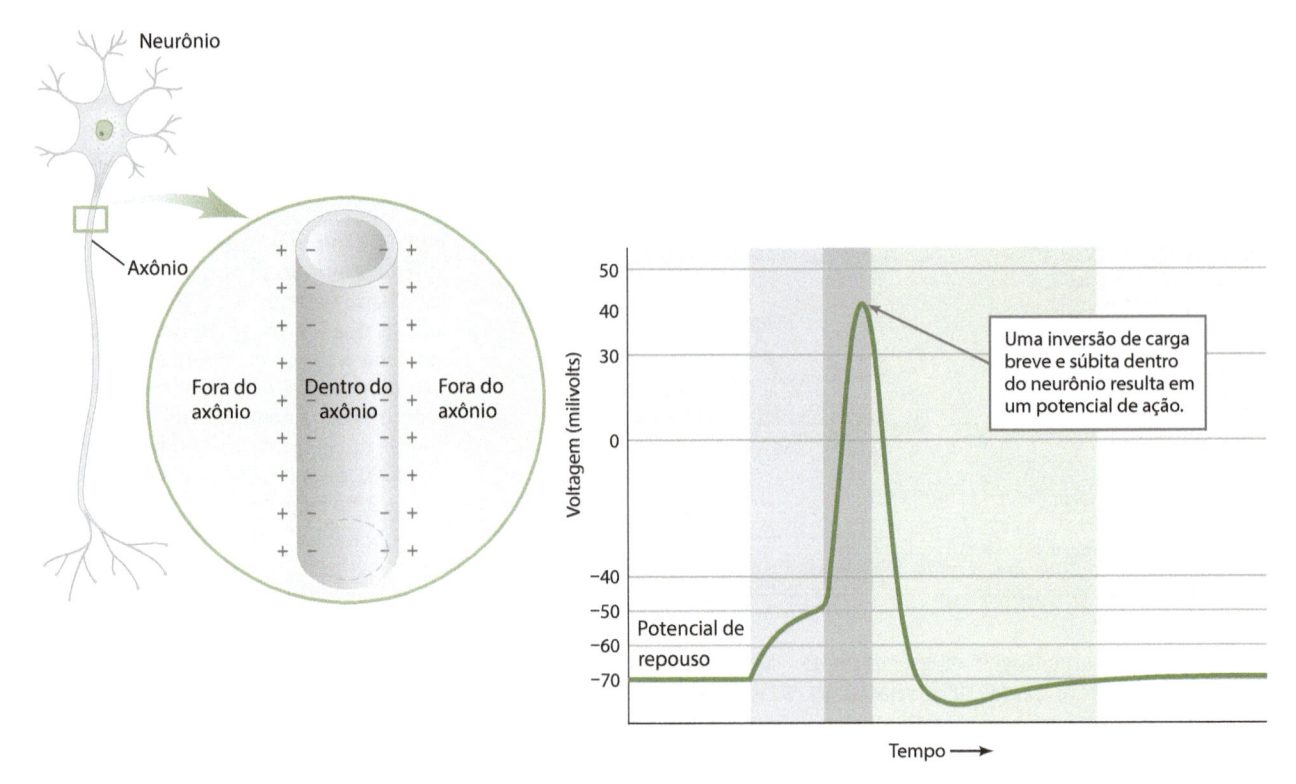

FIGURA 3 Alterações na voltagem em um neurônio durante a passagem de um potencial de ação. Em seu estado de repouso normal, um neurônio tem uma carga negativa de cerca de −70 milivolts. Contudo, quando um potencial de ação é disparado, a carga torna-se positiva, aumentando de cerca de −70 milivolts para cerca de +40 milivolts. Imediatamente após a passagem do potencial de ação, a carga torna-se ainda mais negativa do que em seu estado de repouso típico. Depois que a carga retorna a seu estado normal de repouso, o neurônio está totalmente pronto para ser disparado outra vez.

disparo mais alta do que um estímulo menos intenso. Consequentemente, ainda que todos os impulsos se desloquem na mesma intensidade ou velocidade por meio de determinado axônio – por causa da lei de tudo ou nada –, existe uma variação na frequência dos impulsos, fornecendo um mecanismo pelo qual podemos distinguir o roçar de uma pena do peso de alguém pisando nos dedos de nossos pés.

Neurônios-espelho

Embora todos os neurônios operem por meio de potenciais de ação, existe uma significativa especialização entre diferentes tipos de neurônios. Por exemplo, nos últimos 15 anos, os neurocientistas descobriram a existência de **neurônios-espelho**, neurônios que disparam não apenas quando uma pessoa apresenta determinado comportamento, mas também quando uma pessoa simplesmente observa *outra pessoa* expressando o mesmo comportamento (Lepage & Theoret, 2007; Schulte-Ruther et al., 2007; Khalil, 2011).

Os neurônios-espelho podem ajudar a explicar como (e por que) os seres humanos têm a capacidade de compreender as intenções dos outros. Especificamente, os neurônios-espelho podem disparar quando vemos alguém fazendo alguma coisa, ajudando-nos a prever quais são seus objetivos e o que podem fazer a seguir.

A descoberta de neurônios-espelho sugere que a capacidade de imitar os outros, presente até em crianças pequenas, pode ser um comportamento inato. Além disso, neurônios-espelho podem estar na origem da empatia – aqueles sentimentos de interesse, compaixão e compreensão pelos outros – e até mesmo do desenvolvimento da linguagem nos seres humanos (Triesch, Jasso, & Deák, 2007; Iacoboni, 2009; Ramachandra, 2009; Rogalsky et al., 2011).

neurônios-espelho
Neurônios especializados que disparam não apenas quando uma pessoa apresenta determinado comportamento, mas também quando uma pessoa simplesmente observa *outra pessoa* expressando o mesmo comportamento.

Alguns pesquisadores sugerem um papel ainda mais amplo para os neurônios-espelho. Por exemplo, neurônios-espelho que respondem ao som parecem relacionados à percepção da fala e à compreensão da linguagem. Além disso, estimular o sistema de neurônios-espelho também pode ajudar vítimas de acidente vascular cerebral (AVC) e mostrar-se útil para quem sofre de transtornos emocionais os auxiliando a desenvolver grande empatia (Ehrenfeld, 2011; Gallese et al., 2011).

Onde os neurônios encontram-se: preenchendo a lacuna

Quem já olhou dentro de um computador sabe que cada parte está fisicamente ligada a outra. Em contraste, a evolução produziu um sistema de transmissão neural que em alguns pontos não têm necessidade de uma conexão estrutural entre seus componentes. Em vez disso, uma conexão química preenche a lacuna, conhecida como sinapse, entre dois neurônios (ver Fig. 4). A **sinapse** é o espaço entre dois neurônios em que o axônio de um

sinapse Espaço entre dois neurônios em que o axônio de um neurônio emissor comunica-se com os dendritos de um neurônio receptor por meio de mensagens químicas.

Primeira etapa: neurotransmissores são produzidos e armazenados no axônio.

Terceira etapa: neurotransmissores atravessam a sinapse até sítios receptores ou dendrito de outro neurônio.

Segunda etapa: se um potencial de ação chega, o axônio libera neurotransmissores.

Quarta etapa: quando um neurotransmissor combina com um sítio receptor, ele entrega uma mensagem excitatória ou inibitória. Se mensagens excitatórias suficientes são entregues, o neurônio dispara.

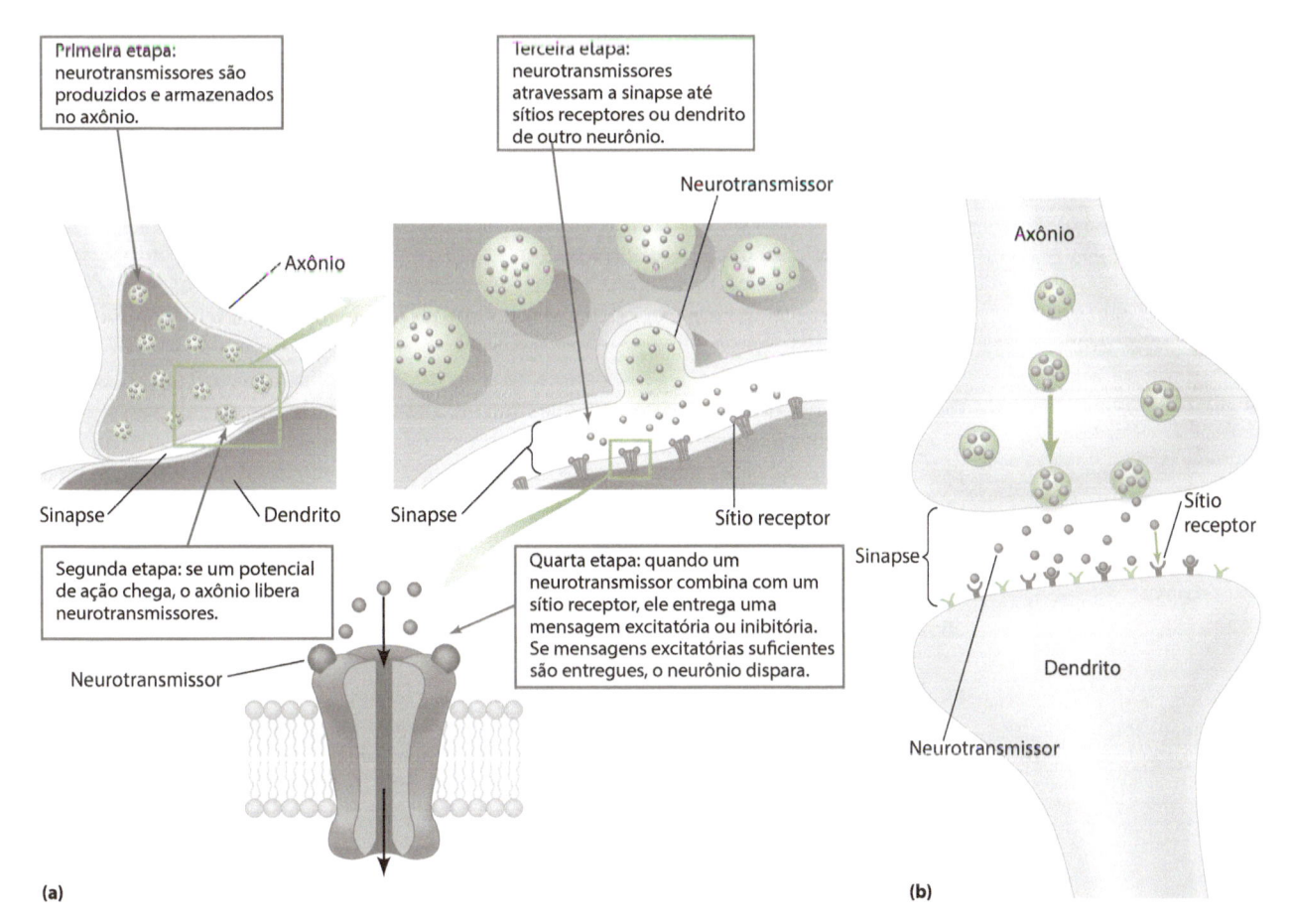

(a)   (b)

FIGURA 4 Sinapse é a junção entre um axônio e um dendrito. Neurotransmissores químicos preenchem a lacuna sináptica entre o axônio e o dendrito (Mader, 2000). (a) Leia da primeira a quarta etapa para acompanhar esse processo químico. (b) Assim como as peças de um quebra-cabeça só cabem em um lugar específico, cada tipo de neurotransmissor tem uma configuração diferente que lhe permite encaixar-se com um tipo específico de célula receptora (Johnson, 2000). Por que é vantajoso que axônios e dendritos sejam ligados por pontes químicas temporárias, e não pelos circuitos permanentes típicos de uma conexão de rádio ou linha telefônica?

neurotransmissores
Substâncias químicas que transmitem mensagens através da sinapse para o dendrito (e às vezes para o corpo celular) de um neurônio receptor.

Alerta de estudo
Lembre-se deste aspecto fundamental: dentro dos neurônios, as mensagens são transmitidas em forma elétrica; entre os neurônios, elas são transmitidas por meios químicos.

mensagem excitatória
Mensagem química que aumenta a probabilidade de um neurônio receptor disparar e um potencial de ação percorrer seu axônio.

mensagem inibitória
Mensagem química que impede ou diminui a probabilidade de um neurônio receptor disparar.

recaptação Reabsorção dos neurotransmissores por um botão terminal.

neurônio emissor comunica-se com os dendritos de um neurônio receptor por meio de mensagens químicas (Fanselow & Poulos, 2005; Dean & Dresbach, 2006).

Quando um impulso nervoso chega à extremidade do axônio e alcança um botão terminal, este libera um mensageiro químico denominado neurotransmissor. **Neurotransmissores** são substâncias químicas que transmitem mensagem através da sinapse para um dendrito (e às vezes para o corpo celular) de um neurônio receptor. Como uma balsa que transporta passageiros para o outro lado de um rio, esses mensageiros químicos movem-se até as margens de outros neurônios. O modo químico da transmissão de mensagem que ocorre entre neurônios é muito diferente do modo pelo qual a comunicação ocorre no interior dos neurônios: enquanto *dentro* de um neurônio as mensagens deslocam-se em forma elétrica, *entre* os neurônios elas se deslocam por meio de um sistema químico de transmissão.

Existem vários tipos de neurotransmissores, e nem todos os neurônios são capazes de receber a mensagem química transmitida por determinado neurotransmissor. Assim como uma peça de um jogo de quebra-cabeças só se encaixa em um lugar específico, cada tipo de neurotransmissor tem uma configuração distinta que lhe permite encaixar-se em um tipo específico de sítio receptor no neurônio receptor (ver Fig. 4b). Somente quando um neurotransmissor encaixa-se com perfeição em um sítio receptor uma comunicação química é possível.

Se um neurotransmissor realmente combina com um sítio no neurônio receptor, a mensagem química que ele transmite é basicamente de um de dois tipos: excitatória ou inibitória. **Mensagens excitatórias** aumentam a probabilidade de que um neurônio receptor dispare e um potencial de ação percorra seu axônio. **Mensagens inibitórias**, em contraste, fazem exatamente o oposto: elas fornecem informações químicas que impedem ou diminuem a probabilidade de que um neurônio receptor dispare.

Visto que os dendritos de um neurônio recebem tanto mensagens excitatórias como inibitórias simultaneamente, o neurônio deve integrar as mensagens usando uma espécie de calculadora química. Colocado de maneira simples, se as mensagens excitatórias ("Dispare!") superam o número de mensagens inibitórias ("Não dispare!"), o neurônio dispara. Em contrapartida, se as mensagens inibitórias superam o número de mensagens excitatórias, nada acontece e o neurônio permanece em seu estado de repouso (Mel, 2002; Rapport, 2005; Flavell et al., 2006).

Se os neurotransmissores permanecessem no local da sinapse, os neurônios receptores seriam inundados por um constante banho químico, produzindo estimulação ou inibição permanentes dos neurônios receptores – e a comunicação pela sinapse não seria mais possível. Para resolver esse problema, os neurotransmissores são desativados por enzimas ou – mais comumente – reabsorvidos pelo botão terminal em um exemplo de reciclagem química denominada **recaptação**. Como um aspirador de pó, os neurônios reabsorvem os neurotransmissores que estão obstruindo a sinapse. Toda essa atividade ocorre muito rapidamente: todo o processo leva apenas alguns milissegundos (Helmuth, 2000; Holt & Jahn, 2004).

Nossa compreensão do processo de recaptação permitiu o desenvolvimento de diversos medicamentos usados no tratamento de transtornos psicológicos. Como discutiremos posteriormente neste livro, alguns antidepressivos, denominados inibidores seletivos da recaptação de serotonina (ISRSs) permitem que certos neurotransmissores permaneçam ativos por um período mais longo em certas sinapses cerebrais, reduzindo assim os sintomas da depressão (Montgomery, 2006; Ramos, 2006; Guiard et al., 2011).

Neurotransmissores: mensageiros químicos com múltiplos talentos

Os neurotransmissores são uma ligação importante entre o sistema nervoso e o comportamento. Além de sua importância para a manutenção de funções cerebrais e corporais vitais, deficiência ou o excesso de um neurotransmissor pode produzir vários transtornos do com-

Módulo 5 Neurônios: os Elementos Básicos do Comportamento

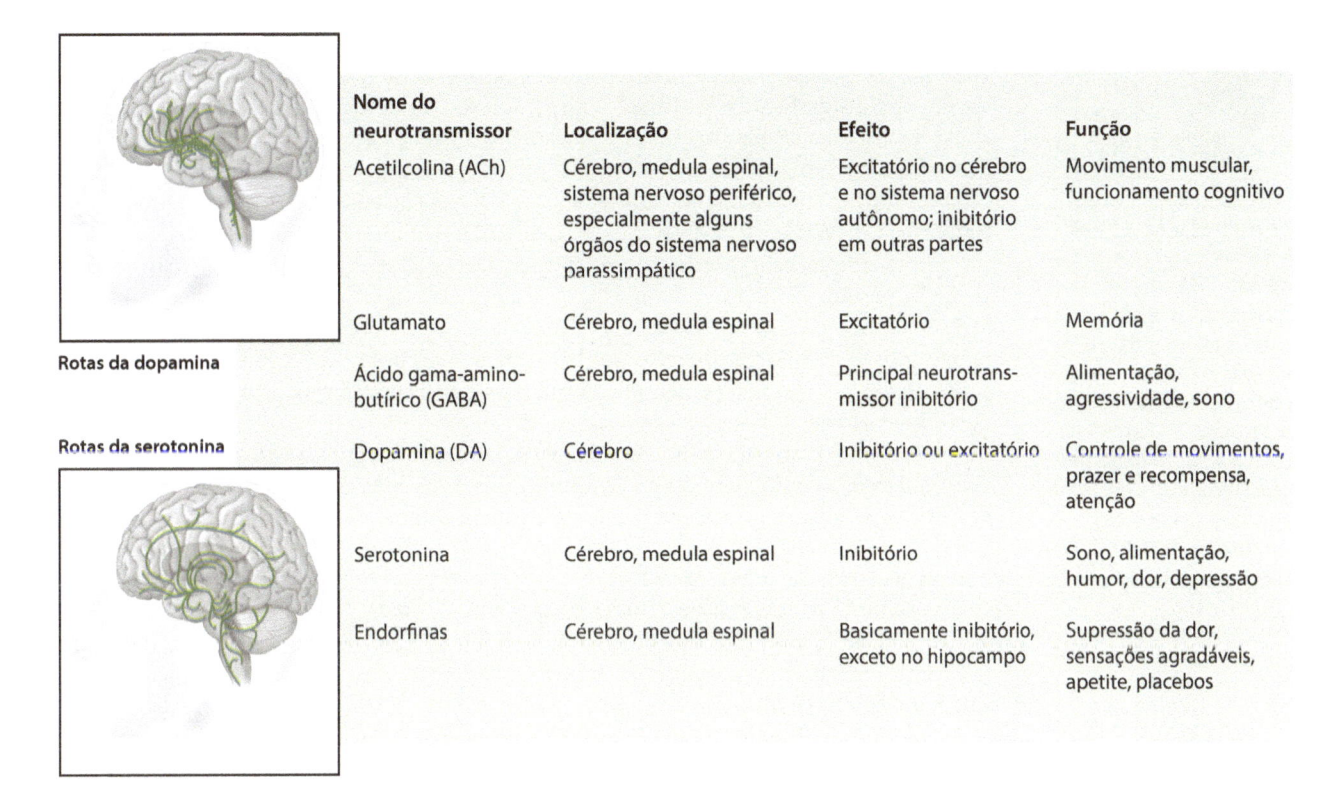

Rotas da dopamina

Rotas da serotonina

Nome do neurotransmissor	Localização	Efeito	Função
Acetilcolina (ACh)	Cérebro, medula espinal, sistema nervoso periférico, especialmente alguns órgãos do sistema nervoso parassimpático	Excitatório no cérebro e no sistema nervoso autônomo; inibitório em outras partes	Movimento muscular, funcionamento cognitivo
Glutamato	Cérebro, medula espinal	Excitatório	Memória
Ácido gama-aminobutírico (GABA)	Cérebro, medula espinal	Principal neurotransmissor inibitório	Alimentação, agressividade, sono
Dopamina (DA)	Cérebro	Inibitório ou excitatório	Controle de movimentos, prazer e recompensa, atenção
Serotonina	Cérebro, medula espinal	Inibitório	Sono, alimentação, humor, dor, depressão
Endorfinas	Cérebro, medula espinal	Basicamente inibitório, exceto no hipocampo	Supressão da dor, sensações agradáveis, apetite, placebos

FIGURA 5 Principais neurotransmissores.

portamento. Mais de uma centena de substâncias químicas atuam como neurotransmissores, e os neurocientistas acreditam que futuramente outras podem vir a ser identificadas (Penney, 2000; Schmidt, 2006).

Os neurotransmissores variam significativamente em termos do quão forte precisa ser sua concentração para fazer com que um neurônio dispare. Além disso, os efeitos de determinado neurotransmissor variam, dependendo da área do sistema nervoso em que ele é produzido. O mesmo neurotransmissor, portanto, pode atuar como uma mensagem excitatória para um neurônio localizado em uma parte do cérebro e pode inibir o disparo em neurônios situados em outra parte. (Os principais neurotransmissores e seus efeitos são descritos na Fig. 5.)

Um dos neurotransmissores mais comuns é a *acetilcolina* (ou ACh, seu símbolo químico), que se encontra em todo o sistema nervoso. A ACh está envolvida em todos os nossos movimentos, pois – entre outras tarefas – ela transmite mensagens relacionadas aos músculos esqueléticos. Também envolvida na capacidade de memória, e a produção diminuída de ACh pode estar relacionada à doença de Alzheimer (Mohapel et al., 2005; Bazalakova et al., 2007; Van der Zee, Platt, & Riedel, 2011).

Outro neurotransmissor excitatório comum, o *glutamato*, relaciona-se com a memória. As memórias parecem ser produzidas por alterações bioquímicas específicas em determinadas sinapses, e o glutamato, com outros neurotransmissores, desempenha um papel importante nesse processo (Riedel, Platt, & Micheau, 2003; Winters & Bussey, 2005; Micheau & Marighetto, 2011).

O *ácido gama-aminobutírico* (GABA), que se encontra no cérebro e na medula espinal, parece ser o neurotransmissor inibitório primordial do sistema nervoso. Ele modera diversos comportamentos, da alimentação à agressividade. Várias substâncias comuns, tais como o tranquilizante Valium e o álcool, são eficazes porque permitem que o GABA opere com mais eficiência (Ball, 2004; Criswell et al., 2008; Lobo & Harris, 2008).

Michael J. Fox sofre da doença de Parkinson e tornou-se um grande defensor da pesquisa sobre essa condição.

PsicoTec

Uma equipe de pesquisadores suecos descobriu uma forma de estimular neurônios específicos por meio de neurotransmissores químicos, em vez de usar as tecnologias mais antigas envolvendo sinais elétricos. Essa descoberta abre um novo caminho no tratamento daqueles que sofrem de transtornos psicológicos graves produzidos por disfunção cerebral.

Outro neurotransmissor importante é a *dopamina* (DA), que está envolvida no movimento, na atenção e na aprendizagem. A descoberta de que certas substâncias podem ter um efeito significativo na liberação de DA levou ao desenvolvimento de tratamentos eficazes para uma ampla variedade de condições físicas e mentais. Por exemplo, a doença de Parkinson, da qual sofre o ator Michael J. Fox, é causada por uma deficiência de DA no cérebro. Técnicas para aumentar a produção de DA nos pacientes de Parkinson têm-se mostrado eficazes (Willis, 2005; Iversen & Iversen, 2007; Antonini & Barone, 2008).

Em outros casos, a produção *excessiva* de DA produz consequências negativas. Por exemplo, pesquisadores aventaram a hipótese de que a esquizofrenia e alguns outros transtornos mentais graves são afetados ou talvez causados pela presença de níveis excepcionalmente altos de DA. Medicamentos que bloqueiam a recepção de DA reduzem os sintomas apresentados por algumas pessoas diagnosticadas com esquizofrenia (Murray, Lappin, & Di Forti, 2008; Howes & Kapur, 2009; Seeman, 2011).

Outro neurotransmissor, a *serotonina*, está associada à regulação do sono, da alimentação, do humor e da dor. Um grupo crescente de estudos aponta para um papel mais amplo da serotonina, sugerindo seu envolvimento em comportamentos tão diversos quanto alcoolismo, depressão, suicídio, impulsividade, agressividade e manejo do estresse (Murray et al., Popa et al., 2008; Carrillo et al., 2009).

As *endorfinas*, outra classe de neurotransmissores, são uma família de substâncias químicas produzidas pelo cérebro que são estruturalmente semelhantes a agentes analgésicos, tais como a morfina. A produção de endorfinas reflete o esforço do cérebro para lidar com a dor, assim como para elevar o humor.

As endorfinas também podem produzir sentimentos de euforia que os corredores às vezes experimentam depois de longas corridas. O esforço e talvez a dor envolvida em uma longa corrida podem estimular a produção de endorfinas, por fim resultando no que tem sido chamado de "barato do corredor" (Kolata, 2002; Pert, 2002; Stanojevic, Mitic, & Vujic, 2007).

A liberação de endorfinas também poderia explicar outros fenômenos que há muito intrigam os psicólogos. Por exemplo, o ato de tomar placebos (comprimidos ou outras substâncias que na realidade não contêm qualquer substância ativa, mas que os pacientes *acreditam* que irá fazê-los melhorar) podem induzir a liberação de endorfinas, levando à redução da dor (Wager, 2005; Rajagopal, 2006; Crum & Langer, 2007).

Recapitule/avalie/repense

Recapitule

RA 5-1 Por que os psicólogos estudam o cérebro e o sistema nervoso?

- A plena compreensão do comportamento humano exige o conhecimento das influências biológicas subjacentes àquele comportamento, especialmente os originários do sistema nervoso. Os psicólogos que se especializam no estudo dos efeitos das estruturas e funções biológicas sobre o comportamento são conhecidos como neurocientistas comportamentais.

RA 5-2 Quais são os elementos básicos do sistema nervoso?

- Os neurônios, os elementos mais básicos do sistema nervoso, levam impulsos nervosos de uma parte do corpo para outra. A informação em um neurônio geralmente segue uma rota que se inicia nos dendritos, continua no corpo celular e, por fim, chega a um prolongamento denominado axônio.

RA 5-3 Como o sistema nervoso transmite mensagens elétricas e químicas de uma parte para outra?

- A maior parte dos axônios é isolada por uma capa denominada bainha de mielina. Quando um neurônio recebe uma mensagem para disparar, ele libera um potencial de ação, uma corrente elétrica que atravessa o axônio. Os neurônios operam de acordo com lei de tudo ou nada: ou estão em repouso, ou são percorridos por um potencial de ação. Não existe estado intermediário.

- Quando um neurônio dispara, os impulsos nervosos são levados a outros neurônios pela produção de substâncias químicas, os neurotransmissores, que, na verdade, preenchem as lacunas – conhecidas como sinapses – entre os neurônios. Os neurotransmissores podem ser excitatórios, quando mandam o outro neurônio disparar, ou inibitórios, quando impedem ou diminuem a probabilidade de outro neurônio disparar.

- As endorfinas, outro tipo de neurotransmissor, estão relacionadas à redução da dor. Elas auxiliam na produção de um analgésico natural e provavelmente são responsáveis por criar o tipo de euforia que os corredores às vezes sentem depois de correr.

Avalie

1. O _____ é o elemento fundamental do sistema nervoso.
2. Os neurônios recebem informações por meio de seus _____ e enviam mensagens por meio de seus _____.
3. Assim como fios elétricos têm uma capa externa, os axônios são isolados por um revestimento que se chama _____.
4. A lacuna entre dois neurônios é preenchida por uma conexão química chamada _____.
5. As endorfinas são um tipo de _____, os mensageiros químicos entre os neurônios.

Repense

1. Como os psicólogos poderiam usar substâncias que imitem os efeitos dos neurotransmissores para tratar transtornos psicológicos?
2. *Da perspectiva de um profissional da saúde*: Como você explicaria o efeito placebo e o papel das endorfinas em pacientes que desejam experimentar métodos de tratamento sem comprovação que eles veem na internet?

Repostas das questões de avaliação

1. neurônio; 2. dendritos, axônios; 3. bainha de mielina; 4. sinapse; 5. neurotransmissor.

Termos-chave

neurocientistas comportamentais (ou biopsicólogos) p. 50
neurônios p. 51
dendritos p. 51
axônio p. 51
botões terminais p. 51
bainha de mielina p. 52
lei de tudo ou nada p. 52
estado de repouso p. 52
potencial de ação p. 53
neurônios-espelho p. 54
sinapse p. 55
neurotransmissores p. 56
mensagem excitatória p. 56
mensagem inibitória p. 56
recaptação p. 56

MÓDULO 6

O Sistema Nervoso e o Sistema Endócrino: Comunicando dentro do Corpo

Resultados de Aprendizagem

RA 6-1 Como estão ligadas as estruturas do sistema nervoso?

RA 6-2 Como o sistema endócrino afeta o comportamento?

Considerando a complexidade de cada neurônio e o processo de neurotransmissão, não é de surpreender que as conexões e estruturas formadas pelos neurônios são complicadas. Tendo em vista que cada neurônio pode estar conectado a 80 mil outros neurônios, o número total de possíveis conexões é impressionante. Por exemplo, as estimativas do número de conexões neurais dentro do cérebro chegam perto de 10 quadrilhões – o número 1 seguido de 16 zeros – e alguns especialistas colocam o número ainda mais acima. Contudo, as conexões entre neurônios não são o único meio de comunicação dentro do corpo; como veremos, o sistema endócrino, que segrega mensagens químicas que circulam pelo sangue, também comunica mensagens que influenciam o comportamento e muitos aspectos do funcionamento biológico (Kandel, Schwartz, & Jessell, 2000; Forlenza & Baum, 2004; Boahen, 2005).

O sistema nervoso: ligando neurônios

Seja qual for o real número de conexões neurais, o sistema nervoso humano tem lógica e sofisticação. Voltemo-nos agora para uma discussão de suas estruturas básicas.

Sistema nervoso central e periférico

Como você pode ver na representação esquemática da Figura 1, o sistema nervoso é dividido em duas partes principais: o sistema nervoso central e o sistema nervoso periférico. O **sistema nervoso central (SNC)** é composto pelo cérebro e pela medula espinal. A **medula espinal**, que tem a espessura aproximada de um lápis, contém um feixe de neurônios que parte do cérebro e se estende ao longo do dorso (ver Fig. 2). Como ilustrado na Figura 2, a medula espinal é o principal meio de transmissão de mensagens entre o cérebro e o resto do corpo.

Entretanto, a medula espinal não é apenas um canal de comunicação. Ela também controla alguns comportamentos simples, sem auxílio do cérebro. Um exemplo é o modo como a perna movimenta-se para frente quando o joelho é golpeado com um martelo de borracha. Esse comportamento é um tipo de **reflexo**, uma resposta involuntária automática a um estímulo recebido. Um reflexo também está presente quando você toca um fogão quente e imediatamente retira a mão. Embora posteriormente o cérebro analise e reaja à situação ("Ai – fogão quente – retirar mão!"), a retirada inicial é comandada apenas por neurônios na medula espinal.

sistema nervoso central (SNC) Parte do sistema nervoso que inclui o cérebro e a medula espinal.

medula espinal Feixe de neurônios que parte do cérebro e percorre o comprimento do dorso, sendo o principal meio de transmissão de mensagens entre o cérebro e o corpo.

reflexo Resposta involuntária automática a um estímulo recebido.

Módulo 6 O Sistema Nervoso e o Sistema Endócrino: Comunicando dentro do Corpo

Sistema nervoso
Formado pelo cérebro e pelos neurônios distribuídos por todo o corpo

Sistema nervoso periférico
Formado por longos axônios e dendritos, ele contém todas as partes do sistema nervoso exceto o cérebro e a medula espinal

Sistema nervoso central
Formado pelo cérebro e pela medula espinal

Divisão somática (voluntária)
Especializada no controle dos movimentos voluntários e na comunicação de informações de e para os órgãos dos sentidos

Divisão autônoma (involuntária)
Responsável pelas partes do corpo que funcionam de modo involuntário sem a intervenção da consciência

Cérebro
Órgão do tamanho aproximado de meio pão de forma que controla constantemente o comportamento

Medula espinal
Feixe de nervos que parte do cérebro e percorre o comprimento do dorso; transmite mensagens entre o cérebro e o corpo

Divisão simpática
Atua para preparar o corpo em situações de emergência estressantes, engajando recursos para responder a uma ameaça

Divisão parassimpática
Atua para acalmar o corpo depois que uma situação de emergência engajou a divisão simpática

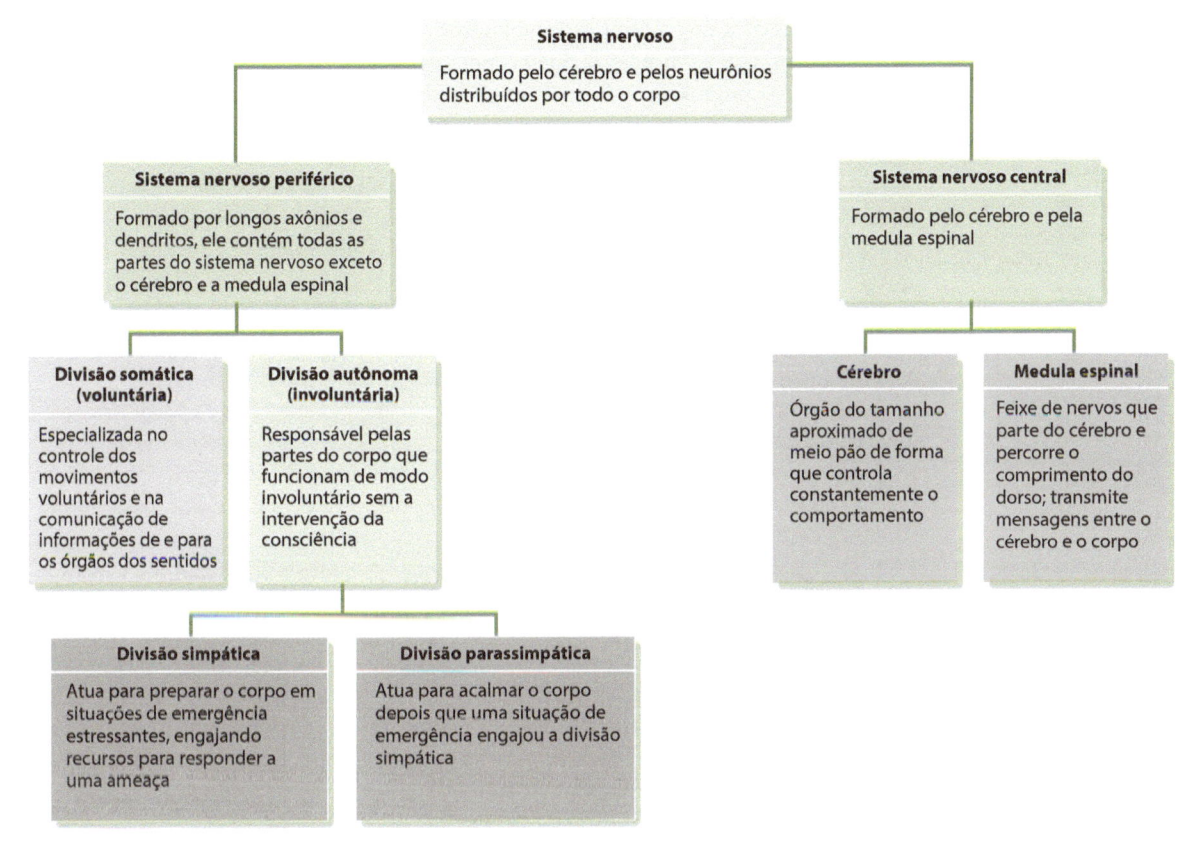

FIGURA 1 Diagrama esquemático da relação entre as partes do sistema nervoso.

Sistema nervoso central
- Cérebro
- Medula espinal

Sistema nervoso periférico
- Nervos espinais

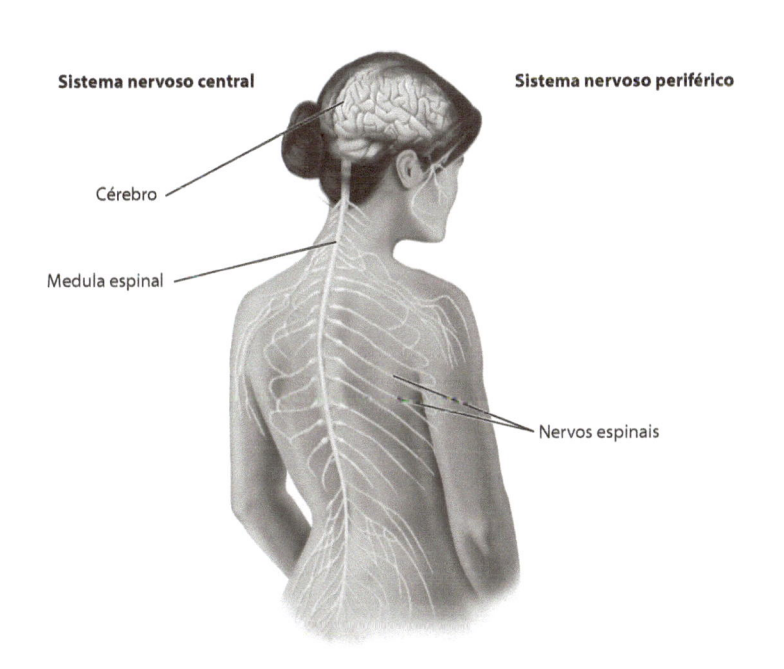

FIGURA 2 O sistema nervoso central é formado pelo cérebro e pela medula espinal, enquanto o sistema nervoso periférico engloba a rede de nervos que ligam o cérebro e a medula espinal às outras partes do corpo.

Alerta de estudo

Use as Figuras 1 e 2 para aprender sobre os componentes dos sistemas nervosos central e periférico.

neurônios sensoriais (aferentes) Neurônios que transmitem informações do perímetro do corpo para o ISNC.

neurônios motores (eferentes) Neurônios que comunicam informações do sistema nervoso para os músculos e as glândulas.

interneurônios Neurônios que conectam neurônios sensoriais e motores, levando mensagens entre os dois.

sistema nervoso periférico Parte do sistema nervoso que inclui as subdivisões autônoma e somática; composto por neurônios com longos axônios e dendritos, ele se ramifica a partir da medula espinal e do cérebro e alcança as extremidades do corpo.

divisão somática Parte do sistema nervoso periférico especializada no controle dos movimentos voluntários e na comunicação da informação para e dos órgãos dos sentidos.

divisão autônoma Parte do sistema nervoso periférico que controla o movimento involuntário do coração, das glândulas, dos pulmões e de outros órgãos.

divisão simpática Parte da divisão autônoma do sistema nervoso que prepara o corpo para agir em situações estressantes, engajando todos os recursos do organismo para responder à ameaça.

divisão parassimpática Parte da divisão autônoma do sistema nervoso que age para acalmar o corpo quando termina uma emergência.

Três tipos de neurônios estão envolvidos nos reflexos. Os **neurônios sensoriais (aferentes)** transmitem informações do perímetro do corpo para o SNC. Os **neurônios motores (eferentes)** comunicam informações do sistema nervoso para os músculos e as glândulas. Os **interneurônios** conectam neurônios sensoriais e motores, levando mensagens entre os dois. Por exemplo, os interneurônios nos ajudam a reconhecer uma música ligando o que estamos ouvindo pelos sentidos auditivos ao local no cérebro onde a música está sendo armazenada.

A importância da medula espinal e dos reflexos é ilustrada pelo resultado de acidentes em que ela é lesionada ou decepada. Em alguns casos, o ferimento resulta em *tetraplegia*, uma condição em que as pessoas perdem o movimento muscular voluntário abaixo do pescoço. Em uma condição menos grave, mas mesmo assim debilitante, a *paraplegia*, as pessoas são incapazes de movimentar os músculos da metade inferior do corpo.

Como sugere seu nome, o **sistema nervoso periférico** ramifica-se a partir da medula espinal e do cérebro e alcança as extremidades do corpo. Composto de neurônios com axônios e dendritos compridos, o sistema nervoso periférico abrange todas as partes do SNC exceto o cérebro e a medula espinal. Existem duas divisões principais – a divisão somática e a divisão autônoma –, as quais conectam o SNC aos órgãos dos sentidos, aos músculos, às glândulas e a outros órgãos. A **divisão somática** é especializada no controle dos movimentos voluntários – tais como o movimento dos olhos para ler esta frase ou os das mãos para virar esta página – e a comunicação de informações de e para os órgãos. A **divisão autônoma** controla as partes do corpo que nos mantêm vivos – o coração, os vasos sanguíneos, as glândulas, os pulmões e outros órgãos que funcionam de forma involuntária sem a intervenção da consciência. Enquanto você está lendo neste momento, a divisão autônoma do sistema nervoso periférico está bombeando sangue ao longo de seu corpo, dilatando e comprimindo seus pulmões e supervisionando a digestão de sua última refeição.

Ativando as divisões do sistema nervoso autônomo

A divisão autônoma desempenha um papel particularmente crucial durante emergências. Vamos supor que você esteja lendo e, de repente, sente que um estranho está observando-o pela janela. Ao levantar os olhos, você vê o brilho de algo que poderia ser uma faca. Enquanto a confusão ofusca sua mente e o medo sobrepuja suas tentativas de pensar racionalmente, o que acontece com seu corpo? Como a maioria das pessoas, você reage imediatamente em um nível fisiológico. Seu coração bate mais rápido, você começa a suar e sente arrepios por todo o corpo.

As mudanças fisiológicas que ocorrem durante uma crise resultam da ativação de uma de duas partes do sistema nervoso autônomo: a **divisão simpática**. A divisão simpática atua para preparar o corpo para ação em situações estressantes, empenhando todos os recursos do organismo para fugir ou confrontar a ameaça. Isso muitas vezes é denominado resposta de "luta ou fuga".

Em contraste, a **divisão parassimpática** atua para acalmar o corpo depois que a emergência terminou. Quando você descobre, por exemplo, que o estranho na janela é seu colega de quarto, que perdeu as chaves e está entrando pela janela para não interromper seu sono, sua divisão parassimpática começa a assumir o controle, diminuindo a frequência cardíaca, parando o suor e retornando seu corpo ao estado em que ele estava antes de você ficar assustado. A divisão parassimpática também dirige o corpo para armazenar energia para uso em emergências.

As divisões simpática e parassimpática operam juntas para regular muitas funções corporais (ver Fig. 3). Por exemplo, a excitação sexual é controlada pela divisão parassimpática, mas o orgasmo sexual é uma função da divisão simpática. As divisões simpática e parassimpática também estão envolvidas em alguns distúrbios. Por exemplo, uma explicação dos exemplos documentados de "morte vodu" – em que uma pessoa fica literalmente morta de medo por causa de uma praga vodu – pode ser produzida pela excessiva estimulação da divisão simpática devido ao medo extremo (Sternberg, 2002).

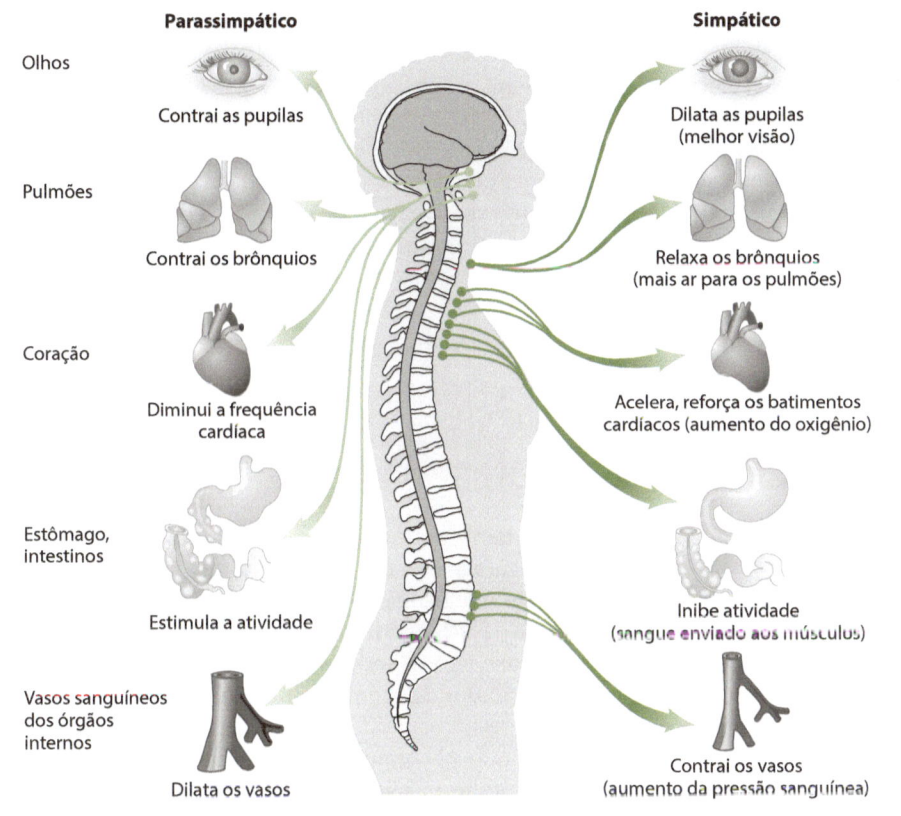

FIGURA 3 As principais funções do sistema nervoso autônomo. A divisão simpática atua para preparar certos órgãos do corpo para situações estressantes, enquanto a divisão parassimpática age para acalmar o corpo depois que uma emergência terminou. Você sabe explicar por que cada resposta da divisão simpática poderia ser útil em uma emergência?

Parassimpático
- Olhos: Contrai as pupilas
- Pulmões: Contrai os brônquios
- Coração: Diminui a frequência cardíaca
- Estômago, intestinos: Estimula a atividade
- Vasos sanguíneos dos órgãos internos: Dilata os vasos

Simpático
- Dilata as pupilas (melhor visão)
- Relaxa os brônquios (mais ar para os pulmões)
- Acelera, reforça os batimentos cardíacos (aumento do oxigênio)
- Inibe atividade (sangue enviado aos músculos)
- Contrai os vasos (aumento da pressão sanguínea)

PsicoTec

Rob Summers, que ficou paralítico ao ser atropelado por um carro aos 20 anos, deu os primeiros passos depois de fazer um tratamento experimental em que eletrodos foram implantados em suas costas para estimular a coluna dorsal.

As bases evolucionistas do sistema nervoso

As complexidades do sistema nervoso podem ser mais bem compreendidas se levarmos em consideração o curso da evolução. O precursor do sistema nervoso humano encontra-se nos primeiros organismos simples a ter uma medula espinal. Basicamente, esses organismos eram dispositivos de entrada e saída: quando a extremidade superior da medula espinal era estimulada, por exemplo, sendo tocada, o organismo reagia com uma resposta simples, tal como afastar-se rapidamente. Tais respostas eram uma consequência da constituição genética do organismo.

Ao longo de milhões de anos, a medula espinal tornou-se mais especializada, e os organismos tornaram-se capazes de distinguir diferentes tipos de estímulos e responder apropriadamente a eles. Por fim, uma parte da medula espinal evoluiu para o que poderíamos considerar um cérebro primitivo.

Hoje, o sistema nervoso está *hierarquicamente organizado*, ou seja, regiões relativamente mais recentes (do ponto de vista evolucionista) e mais sofisticadas do cérebro regulam as partes mais antigas, e mais primitivas, do sistema nervoso. Portanto, à medida que vamos subindo ao longo da medula espinal e continuamos até o cérebro, as funções controladas pelas diversas regiões tornam-se progressivamente mais avançadas.

Por que deveríamos nos preocupar com os antecedentes evolucionistas do sistema nervoso humano? A resposta vem dos pesquisadores que trabalham na área da **psicologia evolucionista**, o ramo da psicologia que procura identificar como o comportamento é influenciado e produzido pela herança genética de nossos antepassados.

Os psicólogos evolucionistas alegam que o curso da evolução reflete-se na estrutura e no funcionamento do sistema nervoso e que fatores evolucionistas consequentemente têm uma influência significativa em nosso comportamento cotidiano. Seu trabalho, em conjunção com a pesquisa de cientistas que estudam genética, bioquímica e medicina, levou a uma

psicologia evolucionista Ramo da psicologia que procura identificar padrões de comportamento que resultam de nossa herança genética de nossos antepassados.

genética comportamental Estudo dos efeitos da hereditariedade sobre o comportamento.

compreensão de como nosso comportamento é afetado pela hereditariedade, nossa herança geneticamente determinada.

Os psicólogos evolucionistas geraram um campo novo e cada vez mais influente: a genética comportamental. Como discutiremos posteriormente no capítulo sobre desenvolvimento, a genética comportamental é o estudo dos efeitos da hereditariedade sobre o comportamento. De modo compatível com a perspectiva evolucionista, os pesquisadores da genética comportamental estão encontrando cada vez mais evidências de que as capacidades cognitivas, os traços da personalidade, a orientação sexual e os transtornos psicológicos são, em certa medida, determinados por fatores genéticos (Livesley & Jang, 2008; Vernon et al., 2008; Schermer et al., 2011).

O sistema endócrino: de substâncias e glândulas

sistema endócrino Rede de comunicação química que envia mensagens para todo o corpo pela corrente sanguínea.

hormônios Substâncias químicas que circulam no sangue e regulam o funcionamento ou o crescimento do corpo.

O sistema endócrino é uma rede química também de comunicação que envia mensagens por todo o corpo por meio da corrente sanguínea. Sua função é segregar hormônios, substâncias que circulam pelo sangue e regulam o funcionamento ou o crescimento do corpo. Ele também influencia e é influenciado pelo funcionamento do sistema nervoso. Embora o sistema endócrino não faça parte do cérebro, ele está intimamente ligado ao hipotálamo.

Como mensageiros químicos, os hormônios são como neurotransmissores, embora sua velocidade e seu modo de transmissão sejam bem diferentes. Enquanto as mensagens neurais são medidas em milésimos de segundo, as comunicações hormonais podem levar minutos para chegar a seu destino. Além disso, as mensagens deslocam-se pelos neurônios em linhas específicas (como um sinal transmitido por fios esticados entre postes de telefone), ao passo que os hormônios disseminam-se por todo o corpo, semelhante ao modo como ondas de rádio são transmitidas sobre toda a paisagem. Assim como ondas de rádio produzem uma resposta somente quando o rádio está sintonizado na estação correta, os hormônios que fluem pela corrente sanguínea ativam somente as células que são receptivas e "sintonizadas" com a mensagem hormonal.

hipófise Principal componente do sistema endócrino, ou "glândula mestra", que segrega hormônios que controlam o crescimento e outras partes do sistema endócrino.

Um componente-chave do sistema endócrino é a hipófise, que se encontra perto e é regulada pelo hipotálamo no cérebro. A hipófise às vezes é denominada "glândula mestra", porque controla o funcionamento do resto do sistema endócrino. Contudo, ela é mais do que o mestre de tarefas das outras glândulas: por si só, a hipófise tem funções importantes. Por exemplo, os hormônios secretados por ela controlam o crescimento. Pessoas extremamente baixas e pessoas excepcionalmente altas geralmente têm anormalidades na hipófise. Outras glândulas, mostradas na Figura 4, afetam reações emocionais, impulsos sexuais e níveis de energia.

A despeito de sua designação como "glândula mestra", a hipófise, na verdade, é uma "empregada" do cérebro, pois ele é, em última análise, responsável pelo funcionamento do sistema endócrino. O cérebro mantém o equilíbrio interno do corpo por meio do hipotálamo.

> **Alerta de estudo**
>
> O sistema endócrino produz hormônios, substâncias químicas que circulam pelo corpo por meio da corrente sanguínea.

Os hormônios individuais podem servir para muitas funções, dependendo das circunstâncias. Por exemplo, o hormônio oxitocina está na origem de muitas satisfações e prazeres da vida. Em mães recentes, a oxitocina produz o impulso de amamentar o recém-nascido. O mesmo hormônio também parece estimular os afagos entre membros da espécie. E – ao menos em ratos – ele encoraja os machos sexualmente ativos a irem com mais vigor em busca de fêmeas, e as fêmeas a serem mais receptivas às iniciativas sexuais dos machos. Existem inclusive evidências de que a oxitocina está relacionada ao desenvolvimento da confiança nos outros, ajudando a "lubrificar as roldanas" da interação social (Meinlschmidt & Heim, 2007; Guastella, Mitchell, & Dadds, 2008; De Dreu et al., 2011).

Módulo 6 O Sistema Nervoso e o Sistema Endócrino: Comunicando dentro do Corpo

Hipófise anterior: produz seis hormônios com ações diversas.

Hipotálamo: secreta vários neuro-hormônios que estimulam ou inibem a função da hipófise anterior.

Hipófise posterior: secreta oxitocina, que estimula as contrações uterinas durante o nascimento; também secreta o hormônio antidiurético, que aumenta a retenção de água no rim.

Coração: fabrica peptídeo natriurético atrial, que reduz o sódio no sangue.

Pineal: fabrica melatonina, que regula os ritmos circadianos.

Glândulas adrenais

Medula: fabrica epinefrina e norepinefrina, as quais medeiam a resposta de luta ou fuga.

Córtex: fabrica aldosterona, que regula o equilíbrio de sódio e potássio no sangue; também fabrica glicocorticoides (p. ex., cortisol), que regulam o crescimento, o metabolismo, o desenvolvimento, a função imunológica e a resposta do corpo ao estresse.

Paratireoides (atrás da tireoide): fabricam o hormônio paratireóideo, que aumenta o cálcio no sangue.

Tireoide: regula a taxa metabólica e o crescimento.

Fígado e rins: Secretam a eritropoetina, que regula a produção de glóbulos vermelhos.

Estômago e intestino delgado: Secretam os hormônios que facilitam a digestão e regulam a atividade pancreática.

Pâncreas: fabrica insulina.

Ovários: produzem estrógenos como a progesterona, que controla a reprodução nas mulheres.

Tecido adiposo: produz adipocinas (p. ex., leptina), que regulam o apetite e a taxa metabólica.

Testículos: produzem andrógenos como a testosterona, que controla a reprodução nos homens.

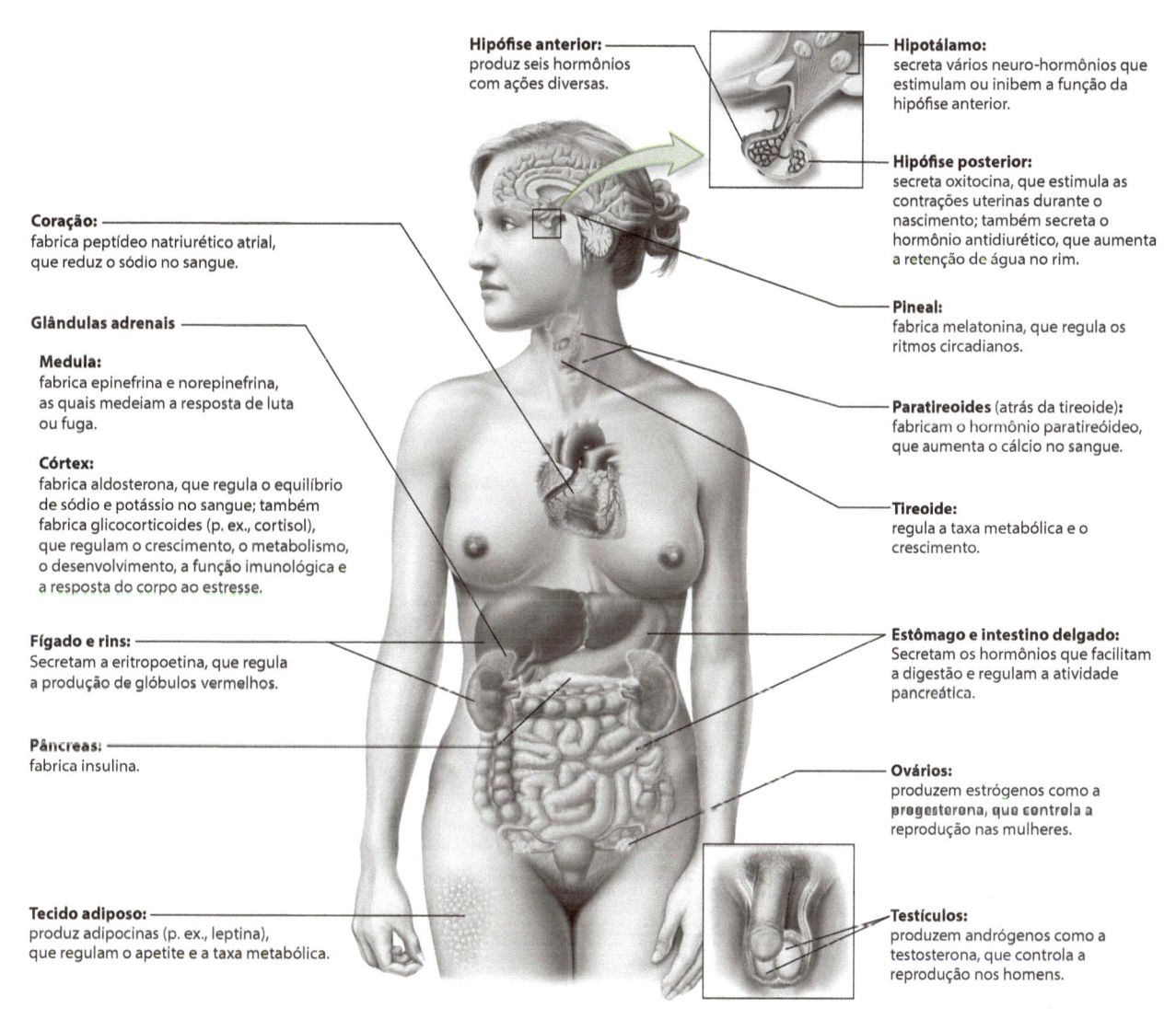

FIGURA 4 Localização e função das principais glândulas endócrinas. A hipófise, regulada pelo hipotálamo, controla o funcionamento das outras glândulas.

Embora os hormônios sejam produzidos naturalmente pelo sistema endócrino, a ingestão de hormônios artificiais provou-se benéfica e, ao mesmo tempo, potencialmente perigosa. Por exemplo, antes do início da década de 2000, os médicos costumavam prescrever a terapia de reposição hormonal (TRH) para tratar os sintomas da menopausa em mulheres mais velhas. Contudo, uma vez que pesquisas recentes sugerem que o tratamento pode ter efeitos colaterais perigosos, os especialistas em saúde alertam que, em muitos casos, os riscos superam os benefícios (Herrington & Howard, 2003; Alexandersen, Karsdal, & Christiansen, 2009).

O uso de testosterona, um hormônio masculino, e de substâncias conhecidas como *esteroides*, que agem como a testosterona, é cada vez mais comum. Para atletas e outras pessoas que querem "turbinar" sua aparência, os esteroides são um modo de aumentar a massa muscular e a força. Entretanto, esses agentes podem causar atrofia do crescimento, encolhimento dos testículos, infartos, AVCs e câncer, o que os torna extremamente perigosos. Além disso, podem até produzir comportamento violento. Por exemplo, em um caso

Capítulo 2 Neurociência e Comportamento

Esteroides podem aumentar os músculos e a força, mas apresentam efeitos colaterais perigosos. Alguns atletas conhecidos em vários esportes foram acusados de usar essas substâncias ilegalmente. De fato, alguns deles admitiram publicamente terem usado esteroides.

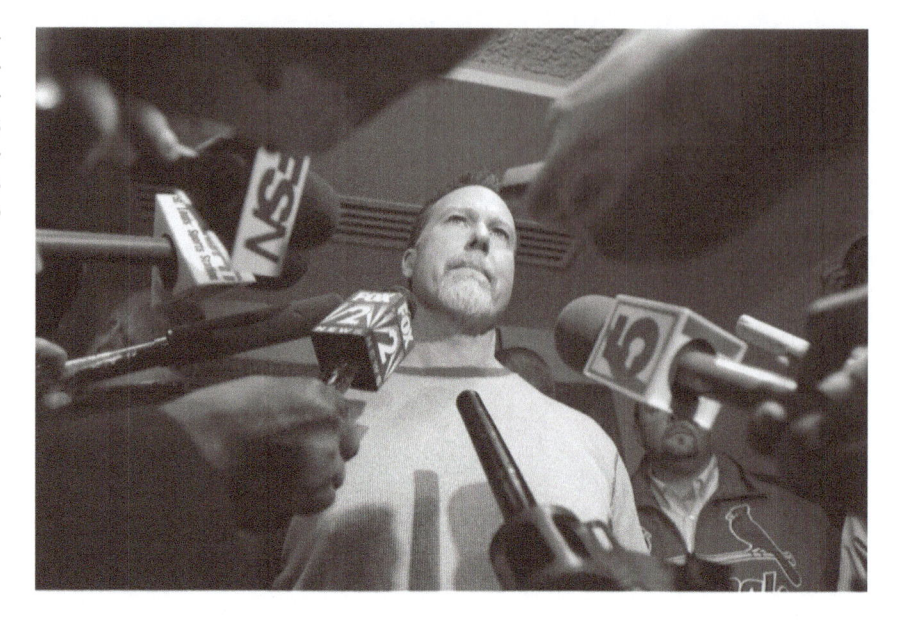

trágico, o lutador profissional Chris Benoit estrangulou sua esposa, sufocou seu filho e depois se enforcou – atos que foram atribuídos ao uso de esteroides (Klötz, Garle, & Granath, 2006; Pagonis, Angelopoulos, & Koukoulis, 2006; Sandomir, 2007).

Recapitule/avalie/repense

Recapitule

RA 6-1 Como estão ligadas as estruturas do sistema nervoso?

- O sistema nervoso é formado pelo SNC (o cérebro e a medula espinal) e pelo sistema nervoso periférico. O sistema nervoso periférico é composto pela divisão somática, que controla os movimentos voluntários e a comunicação da informação para e dos órgãos dos sentidos, e pela divisão autonômica, que controla as funções involuntárias, tais como as do coração, dos vasos sanguíneos e dos pulmões.
- A divisão autônoma do sistema nervoso periférico é subdividida em divisões simpática e parassimpática. A divisão simpática prepara o corpo em situações de emergência, enquanto a divisão parassimpática ajuda o corpo a retornar a seu estado de repouso típico.
- A psicologia evolucionista, ramo da psicologia que procura identificar padrões de comportamento que são resultado de nossa herança genética, levou à crescente compreensão da base evolucionista da estrutura e organização do sistema nervoso humano.

RA 6-2 Como o sistema endócrino afeta o comportamento?

- O sistema endócrino secreta hormônios, substâncias químicas que regulam o funcionamento do corpo, pela corrente sanguínea. A hipófise secreta os hormônios do crescimento e influencia a liberação de hormônios por outras glândulas endócrinas, sendo regulada pelo hipotálamo.

Avalie

1. Se você encosta sua mão em uma placa de metal quente, a resposta imediata de retirar a mão seria um exemplo de um(a)_____.
2. O sistema nervoso central é formado pelo _____ e pela _____.
3. No sistema nervoso periférico, a divisão _____ controla os movimentos voluntários, ao passo que a divisão _____ controla os órgãos que nos mantêm vivos e funcionam com ou sem nossa consciência.
4. Maria viu um menino correr na rua e ser derrubado por um carro. Quando chegou na criança caída, ela estava em estado de pânico. Ela estava suando, e seu coração estava acelerado. Seu estado biológico resultou da ativação de qual divisão do sistema nervoso?
   a. parassimpático
   b. central
   c. simpático
5. O campo emergente da _____ estuda as formas pelas quais nossa herança genética nos predispõe a nos comportarmos de determinadas maneiras.

Repense

1. Em que aspectos a resposta de "luta ou fuga" é útil para os seres humanos em situações de emergência?
2. *Da perspectiva de um profissional da saúde*: Como você explicaria os riscos do uso de esteroides a um adolescente que deseja ganhar peso e músculos para ser mais forte para jogar futebol?

Respostas das questões de avaliação

1. reflexo; 2. cérebro, medula espinal; 3. somático, autônoma; 4. c: simpático; 5. psicologia evolucionista

Termos-chave

sistema nervoso central (SNC) **p. 60**
medula espinal **p. 60**
reflexo **p. 60**
neurônios sensoriais (aferentes) **p. 62**
neurônios motores (eferentes) **p. 62**
interneurônios **p. 62**
sistema nervoso periférico **p. 62**
divisão somática **p. 62**
divisão autônoma **p. 62**
divisão simpática **p. 62**
divisão parassimpática **p. 62**
psicologia evolucionista **p. 63**
genética comportamental **p. 64**
sistema endócrino **p. 64**
hormônios **p. 64**
hipófise **p. 64**

MÓDULO 7

O Cérebro

Resultados de Aprendizagem

RA 7-1 Como os pesquisadores identificam as principais partes e funções do cérebro?

RA 7-2 Quais são as principais partes do cérebro e por quais comportamentos cada parte é responsável?

RA 7-3 Como as duas metades do cérebro operam de forma interdependente?

RA 7-4 Como a compreensão do sistema nervoso pode nos ajudar a encontrar modos de aliviar a doença e a dor?

Não há muito para ver. Macio, esponjoso, mosqueado e de cor cinza-rosado, dificilmente poderia se dizer que tem beleza física. Porém, apesar de sua aparência, ele se classifica como a maior maravilha natural que conhecemos e tem uma beleza e sofisticação próprias.

O objeto ao qual se aplica essa descrição: o cérebro. Ele é responsável por nossos pensamentos mais elevados – e por nossos impulsos mais primitivos. Ele é o supervisor das intricadas operações do corpo humano. Se tivéssemos de tentar projetar um computador que imitasse o leque das capacidades do cérebro, a tarefa seria quase impossível; na verdade, revelou-se difícil chegar apenas perto disso. A simples quantidade de células nervosas no cérebro é suficiente para intimidar até mesmo o engenheiro de computação mais ambicioso. Muitos bilhões de neurônios compõem uma estrutura que pesa apenas 1.300 gramas no adulto mediano. Entretanto, não é o número de células o aspecto mais impressionante em relação ao cérebro, mas sua capacidade de permitir que o intelecto humano floresça orientando nosso comportamento e nossos pensamentos.

Passemos agora a uma consideração das estruturas específicas do cérebro e das funções primárias às quais elas estão relacionadas. Contudo, é preciso ter cautela. Apesar de discutirmos áreas específicas do cérebro em relação a comportamentos específicos, essa abordagem é uma simplificação. Não existe uma correspondência simples de um para um entre uma parte distinta do cérebro e determinado comportamento. Em vez disso, o comportamento é produzido por interconexões complexas entre conjuntos de neurônios em muitas áreas cerebrais: comportamentos, emoções, pensamentos, esperanças e sonhos são produzidos por uma diversidade de neurônios em todo o sistema nervoso trabalhando em conjunto.

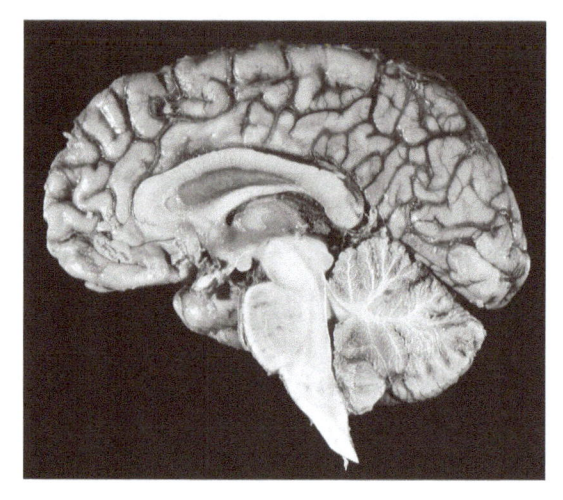

O cérebro (que aparece aqui em seção transversal) pode não ser muito vistoso, mas ele representa uma das grandes maravilhas do desenvolvimento humano. Por que a maioria dos cientistas acredita que será difícil, se não impossível, copiar as capacidades cerebrais?

Estudando a estrutura e as funções cerebrais: espionando o cérebro

O cérebro tem representado um desafio constante para aqueles que o estudam. Na maior parte da história, seu exame era possível apenas depois que um indivíduo tivesse morrido. Somente então o crânio podia ser aberto e o cérebro cortado sem danos graves. Embora informativo, esse procedimento não nos esclarecia muito sobre o funcionamento de um cérebro saudável.

Hoje, contudo, as técnicas de escaneamento cerebral fornecem uma janela para o cérebro vivo. Por meio dessas técnicas, os investigadores podem tirar um "retrato" das operações internas do cérebro sem ter de abrir o crânio de uma pessoa. As técnicas mais importantes, ilustradas na Figura 1, são o eletrencefalograma (EEG), a tomografia de emissão de pósitrons (PET), as imagens de ressonância magnética funcional (IRMf) e as imagens de estimulação magnética transcraniana (TMS).

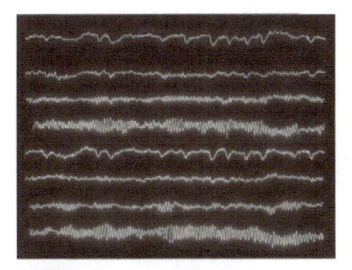

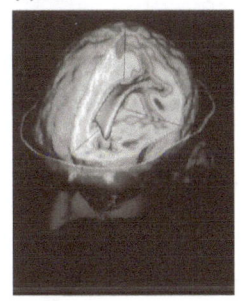

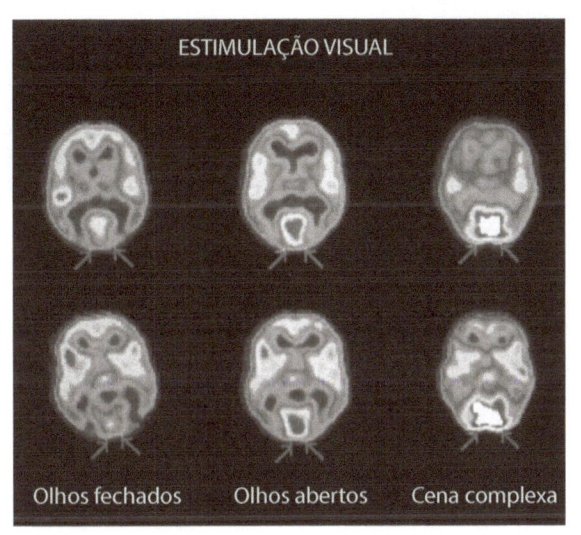

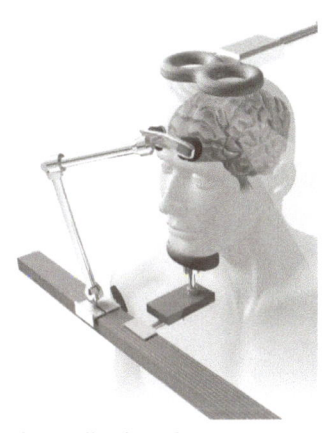

Módulo 7 O Cérebro 69

(a) EEG
(b) IRMf
(c) Exame de PET scan
(d) Aparelho de TMS

FIGURA 1 Varreduras do cérebro produzidas por diferentes técnicas. (a) Uma imagem EEG produzida por computador. (b) A IRMf usa um campo magnético para fornecer uma visão detalhada da atividade cerebral a cada momento. (c) A PET scan apresenta o funcionamento do cérebro em determinado momento. (d) A estimulação magnética transcraniana (TMS), o mais novo tipo de exame, produz uma perturbação momentânea em uma área do cérebro, permitindo ver quais atividades são controladas por essa área. A TMS também tem potencial para tratar alguns transtornos psicológicos.

O *eletrencefalograma* (EEG) registra a atividade elétrica no cérebro por meio de eletrodos colocados sobre o lado de fora do crânio. Embora tradicionalmente o EEG só pudesse produzir um gráfico dos padrões de ondas elétricas, hoje novas técnicas são utilizadas para transformar a atividade elétrica do cérebro em uma representação pictórica que permite um diagnóstico mais preciso de transtornos como epilepsia e déficits de aprendizagem.

As varreduras de *ressonância magnética funcional* (IRMf) fornecem uma imagem tridimensional detalhada gerada por computador das estruturas e da atividade cerebral dirigindo um poderoso campo magnético ao corpo. Com tais exames, é possível produzir imagens vívidas detalhadas do funcionamento do cérebro.

Usando IRMf, os pesquisadores são capazes de visualizar características de menos de um milímetro de tamanho e mudanças que ocorrem em intervalos de um décimo de segundo. Por exemplo, varreduras de IRMf podem mostrar a operação de feixes de nervos pela identificação do fluxo de sangue, abrindo caminho para um diagnóstico aperfeiçoado de enfermidades que vão desde dor crônica nas costas até distúrbios do sistema nervoso, tais como AVCs, esclerose múltipla e doença de Alzheimer. Exames usando IRMf são empregados rotineiramente no planejamento de cirurgia cerebral, pois ajudam os cirurgiões a distinguir áreas do cérebro envolvidas no funcionamento normal e alterado (Quenot et al., 2005; D'Arcy, Bolster, & Ryner, 2007; Loitfelder et al., 2011).

A *tomografia de emissão de pósitrons* (PET) mostra a atividade bioquímica dentro do cérebro em dado momento. Os exames de PET começam com a injeção de um líquido radioativo (porém seguro) na corrente sanguínea, o qual chega ao cérebro. Localizando a radiação dentro do cérebro, o computador pode determinar quais são as regiões mais ativas, fornecendo um quadro notável do cérebro em ação. Por exemplo, varreduras de PET podem ser usadas em caso de alterações de memória, procurando identificar a presença de tumores cerebrais (Gronholm et al., 2005; McMurtray et al., 2007).

A *estimulação magnética transcraniana* (TMS) é um dos tipos de varredura mais recentes. Expondo uma região cerebral diminuta a um campo magnético forte, a TMS produz uma interrupção momentânea da atividade elétrica. Os pesquisadores são, então,

> **Alerta de estudo**
>
> Lembre-se de que EEG, IRMf, PET e TMS diferem quanto a examinar as estruturas cerebrais ou o funcionamento cerebral.

Córtex cerebral
(o "cérebro novo")

Núcleo central
(o "cérebro antigo")

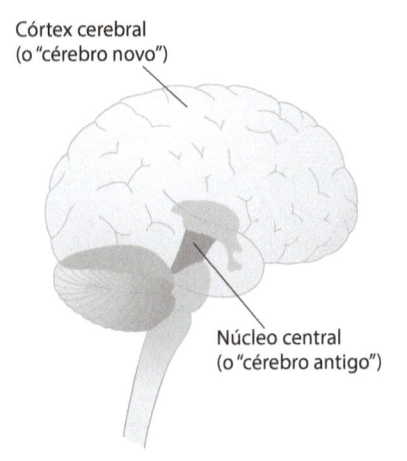

FIGURA 2 As principais divisões do cérebro: o córtex cerebral e o núcleo central.
(Fonte: Seeley, Stephens, & Tate, 2000.)

núcleo central O "cérebro antigo"; controla funções básicas, como comer e dormir, e é comum a todos os vertebrados.

cerebelo Parte do cérebro que controla o equilíbrio do corpo.

formação reticular Parte do cérebro que se estende do bulbo raquidiano até a ponte, sendo formada por grupos de células nervosas que podem ativar imediatamente outras partes do cérebro para produzir excitação corporal geral.

capazes de observar os efeitos dessa interrupção no funcionamento cerebral normal. O procedimento às vezes é chamado de "lesão virtual", porque produz efeitos análogos ao que ocorreria se áreas do cérebro fossem fisicamente cortadas. A imensa vantagem da TMS, evidentemente, é que o corte virtual é apenas temporário. Além de identificar áreas cerebrais que são responsáveis por determinadas funções, ela tem o potencial de tratar certos tipos de transtornos psicológicos, tais como depressão e esquizofrenia, emitindo pulsos magnéticos breves ao cérebro (Fitzgerald & Daskalakis, 2008; Rado, Dowd, & Janicak, 2008; Pallanti & Bernardi, 2009).

Futuras descobertas poderão gerar métodos ainda mais sofisticados de examinar o cérebro. Por exemplo, o campo emergente da *optogenética* envolve engenharia genética e o uso de tipos especiais de luz para visualizar determinados circuitos de neurônios (Miesenbock, 2008; Gradinaru et al., 2009; Iwai et al., 2011).

Avanços em nossa compreensão do cérebro também estão preparando o caminho para o desenvolvimento de novos métodos de explorar os sinais neurais. Consideramos algumas dessas intrigantes descobertas em Aplicando a Psicologia no Século XXI.

O núcleo central: nosso "cérebro antigo"

Embora as capacidades do cérebro humano sejam muito superiores às do cérebro de qualquer outra espécie, os seres humanos compartilham algumas funções básicas, tais como respirar, comer e dormir, com os animais mais primitivos. Como era de se esperar, essas atividades são dirigidas por uma parte relativamente primitiva do cérebro. Uma porção do cérebro conhecida como **núcleo central** (ver Fig. 2) é muito semelhante em todos os vertebrados (espécies com espinha dorsal). O núcleo central é referido às vezes como "cérebro antigo", porque sua evolução pode remontar a cerca de 500 milhões de anos atrás em estruturas primitivas encontradas em espécies não humanas.

Se fôssemos subindo pela medula espinal desde a base do crânio para localizar as estruturas do núcleo central do cérebro, a primeira parte que encontraríamos seria o *metencéfalo*, o qual contém o bulbo raquidiano, a ponte e o cerebelo (ver Fig. 3 na p. 72). O bulbo raquidiano controla uma série de funções corporais específicas, das quais as mais importantes são a respiração e os batimentos cardíacos. A *ponte* é uma conexão no metencéfalo. Contendo grandes feixes de nervos, ela atua como um neurotransmissor da informação motora, coordenando músculos e integrando o movimento entre as metades direita e esquerda do corpo. Também está envolvida na regulação do sono.

O **cerebelo** estende-se a partir da parte posterior do metencéfalo. Sem o auxílio do cerebelo, seríamos incapazes de andar sobre uma linha reta sem cambalear e vacilar, pois a função do cerebelo é controlar o equilíbrio do corpo. Ele monitora constantemente o *feedback* dos músculos para coordenar sua colocação, seu movimento e sua tensão. De fato, a ingestão excessiva de bebida alcoólica parece deprimir a atividade do cerebelo, levando à instabilidade do andar e aos movimentos característicos da embriaguez. O cerebelo também está envolvido em diversas funções intelectuais, desde a análise e coordenação da informação sensorial até a resolução de problemas (Paquier & Mariën, 2005; Vandervert, Schimpf, & Liu, 2007; Swain, Kerr, & Thompson, 2011).

A **formação reticular** estende-se do bulbo raquidiano até a ponte, passando pela seção intermediária do cérebro – ou *mesencéfalo* – e chegando à parte frontal do cérebro, denominada *prosencéfalo*. Como um guarda sempre vigilante, a formação reticular é feita de grupos de células nervosas que podem ativar outras partes do cérebro imediatamente para produzir excitação corporal geral. Se, por exemplo, somos surpreendidos por um barulho alto, a formação reticular produz um estado de atenção aumentada para verificar se uma

Aplicando a Psicologia no Século XXI

Seu desejo é uma ordem: operando computadores com o cérebro

Jogue fora o teclado de seu computador. Aniquile seu *mouse*. Livre-se de sua tela de toque. Em vez disso, apenas pense em um comando que você quer que o computador execute, e ele acatará seu pedido.

Ao menos este é o cenário que várias equipes de pesquisa esperam ver em um futuro não muito distante. Em sua opinião, os computadores do futuro serão capazes de responder aos pensamentos das pessoas. Na verdade, essas previsões estão rapidamente se transformando em realidade.

Considere, por exemplo, o caso de um jovem com 20 anos que sofre de uma forma grave de epilepsia, uma doença que causa convulsões. Como parte de seu tratamento, cirurgiões inseriram um grupo de eletrodos, chamado de implante eletrocortigográfico (ECoG), em cima do córtex cerebral para ajudar a controlar as convulsões. No entanto, o implante ECoG fez mais do que aliviar as convulsões: os cientistas foram capazes de ensinar o paciente a controlar atividades em um computador com o implante em seu cérebro. O interessante é que o paciente foi capaz de jogar o *videogame* "Galaga" usando apenas seus pensamentos, movendo uma espaçonave de um lado para o outro e atirando contra seres ameaçadores (Kennedy, 2011; Leuthardt et al., 2011).

Embora a capacidade de jogar *videogames* mentalmente possa parecer um avanço relativamente trivial, o feito tem várias implicações para avanços futuros. Ele pode por fim permitir que as pessoas "falem" usando seus neurônios. Por exemplo, poderemos pensar em um cachorro e imediatamente ver a palavra "cachorro" aparecer em uma tela (Kennedy, 2011).

Em outro caso, um advogado paralisado pela doença de Lou Gehrig era incapaz de comer, falar ou mesmo respirar por conta própria. Ainda que sua mente funcionasse normalmente, ele era incapaz de se comunicar com o mundo externo. Tudo isso mudou depois que ele foi equipado com dispositivo experimental que permite que ondas cerebrais sejam traduzidas em comunicação escrita. Usando técnicas de escaneamento EEG que reagem ao padrão de ondas cerebrais que se originam no cérebro, o jovem aprendeu a aumentar ou restringir certos tipos de ondas cerebrais. Após centenas de horas de prática, ele era capaz de selecionar letras que aparecem em uma tela de vídeo. Sequenciando as letras, conseguia soletrar mensagens. O processo, que faz uso de ondas cerebrais denominadas *potenciais corticais lentos*, permitiu que o paciente se comunicasse de modo efetivo. Embora o método seja lento e tedioso, é uma grande promessa para pessoas com lesões e doenças na medula espinal que as deixaram paralisadas (Neumann & Birbaumer, 2004; Pollack, 2006; Hatsopoulos & Donoghue, 2009).

Pesquisadores de neurociências estão fazendo progresso notável no desenvolvimento da tecnologia de interfaces baseadas no pensamento. Com o tempo, esses avanços parecem destinados a viabilizar uma possibilidade mais impressionante: a comunicação entre pessoas usando apenas a atividade neuronal e cerebral, isto é, telepatia mental. Ainda estamos longe dessa possibilidade neste momento, mas ela está a caminho.

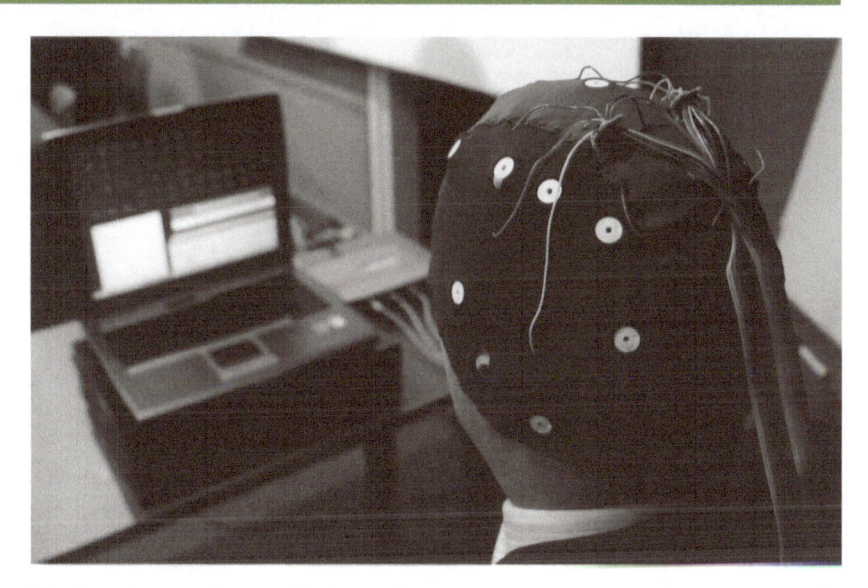

Técnicas de varredura cerebral permitem que as pessoas comuniquem-se usando apenas ondas cerebrais.

> **REPENSE**
> - O que seria necessário para tornar a comunicação por ondas cerebrais bidirecional em vez de unidirecional?
> - Que implicações haveria se as pessoas adquirissem a capacidade de se comunicar umas com as outras dessa forma?

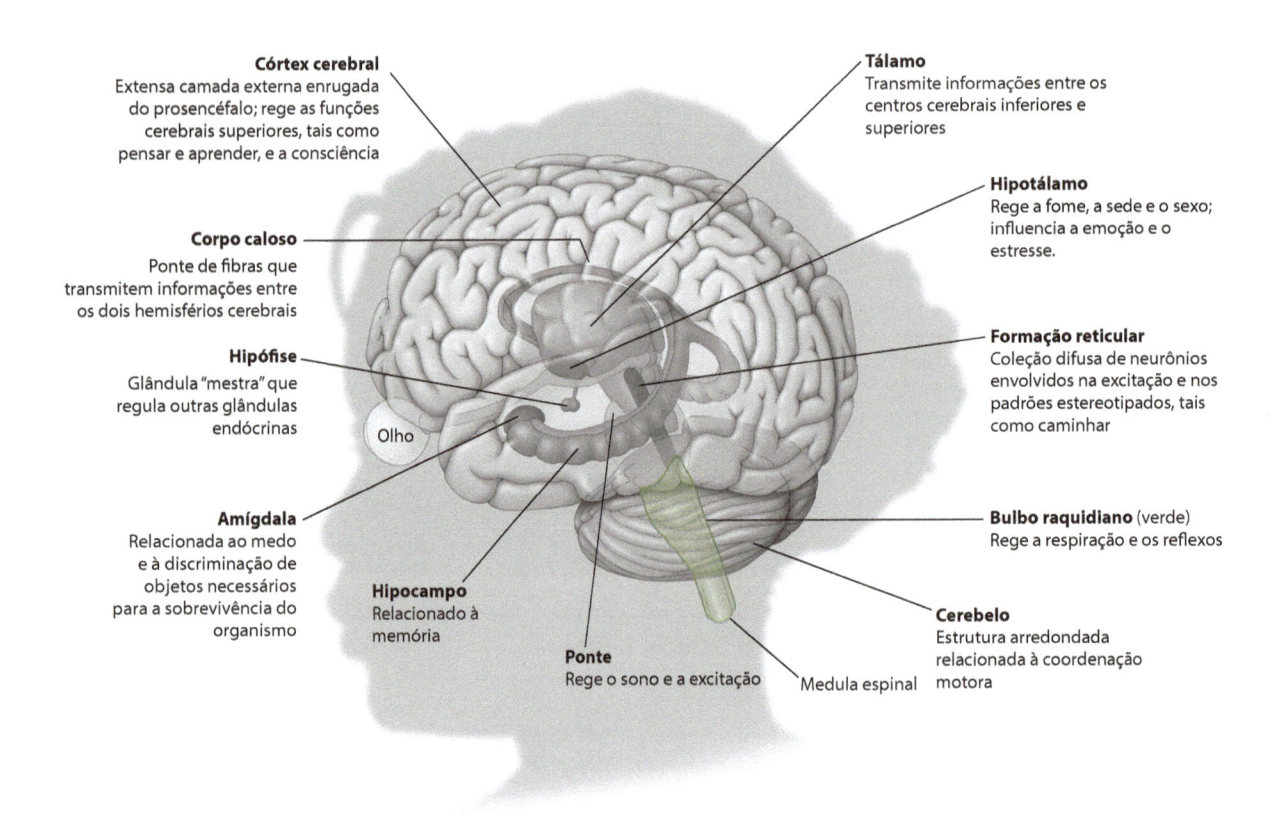

FIGURA 3 As principais estruturas do cérebro.
(Fonte: *Brain, Mind, and Behavior* by F. Bloom, C. A. Nelson, A. Lazerson. © 2001 by Educational Broadcasting Corporation. Usada com permissão de Worth Publishers.)

Córtex cerebral Extensa camada externa enrugada do prosencéfalo; rege as funções cerebrais superiores, tais como pensar e aprender, e a consciência

Corpo caloso Ponte de fibras que transmitem informações entre os dois hemisférios cerebrais

Hipófise Glândula "mestra" que regula outras glândulas endócrinas

Amígdala Relacionada ao medo e à discriminação de objetos necessários para a sobrevivência do organismo

Hipocampo Relacionado à memória

Ponte Rege o sono e a excitação

Tálamo Transmite informações entre os centros cerebrais inferiores e superiores

Hipotálamo Rege a fome, a sede e o sexo; influencia a emoção e o estresse.

Formação reticular Coleção difusa de neurônios envolvidos na excitação e nos padrões estereotipados, tais como caminhar

Bulbo raquidiano (verde) Rege a respiração e os reflexos

Cerebelo Estrutura arredondada relacionada à coordenação motora

---

tálamo Parte do cérebro localizada no meio do núcleo central, responsável principalmente pela transmissão de informações sobre os sentidos.

hipotálamo Parte do cérebro diminuta, localizada abaixo do tálamo, que mantém a homeostase e regula comportamentos vitais, como comer e beber, e o comportamento sexual.

resposta é necessária. A formação reticular desempenha uma função diferente quando estamos dormindo, descartando os ruídos do ambiente para que possamos dormir sossegados.

Escondido no interior do prosencéfalo, o **tálamo** atua sobretudo como uma estação de retransmissão para informações sobre os sentidos. Mensagens dos olhos, das orelhas e da pele chegam ao tálamo para serem comunicadas a partes superiores do cérebro. O tálamo também integra informações de partes superiores do cérebro, classificando-as para que possam ser enviadas ao cerebelo e ao bulbo raquidiano.

O **hipotálamo** situa-se logo abaixo do tálamo. Embora diminuto – aproximadamente do tamanho da ponta de um dedo –, o hipotálamo desempenha um papel de extrema importância. Uma de suas principais funções é manter a *homeostase*, ou seja, um ambiente interno estável para o corpo. O hipotálamo ajuda a manter estável a temperatura do corpo e monitora a quantidade de nutrientes armazenados nas células. Uma segunda função é igualmente importante: o hipotálamo produz e regula comportamentos que são essenciais para a sobrevivência básica da espécie, tais como alimentação, autoproteção e reprodução.

O sistema límbico: além do núcleo central

Em uma visão assustadora do futuro, os autores de ficção científica sugeriram que um dia será comum as pessoas terem eletrodos implantados em seus cérebros. Esses eletrodos permitirão que elas recebam minúsculos choques que produzirão a sensação de prazer ao estimular determinados centros cerebrais. Quando se sentirem incomodadas, elas simplesmente ativarão seus eletrodos para obter uma sensação agradável imediata.

Embora absurda – e, em última análise, pouco provável –, essa fantasia futurista baseia-se em fatos. O cérebro realmente possui centros em várias áreas, incluindo algumas no sistema límbico. Constituído por uma série de estruturas em forma de anel que incluem a *amígdala* e o *hipocampo*, o sistema límbico margeia o alto do núcleo central e tem conexões com o córtex (ver Fig. 4).

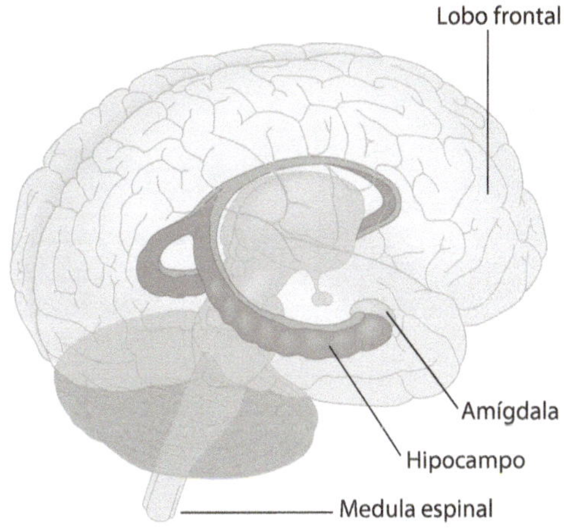

As estruturas do sistema límbico controlam conjuntamente uma variedade de funções básicas relacionadas às emoções e à autopreservação, tais como alimentação, agressividade e reprodução. Danos ao sistema límbico podem produzir mudanças notáveis no comportamento. Por exemplo, uma lesão na amígdala, que se relaciona ao medo e à agressividade, pode transformar animais geralmente dóceis e mansos em selvagens beligerantes. Inversamente, animais que geralmente são selvagens e incontroláveis podem tornar-se mansos e obedientes após lesão na amígdala (Bedard & Persinger, 1995; Gontkovsky, 2005).

Pesquisas que examinaram os efeitos de choques elétricos suaves em partes do sistema límbico e em outras partes do cérebro produziram algumas descobertas instigantes. Em um experimento, ratos que pressionaram uma barra receberam estimulação elétrica leve por meio de um eletrodo implantado em seu cérebro, o qual produzia sensações agradáveis. Até mesmo ratos famintos a caminho do alimento pararam para pressionar a barra o máximo que pudessem. Alguns ratos estimularam a si próprios literalmente milhares de vezes por hora – até caírem de cansaço (Routtenberg & Lindy, 1965; Olds & Fobes, 1981; Fountas & Smith, 2007).

Alguns seres humanos também sentiram a qualidade extraordinariamente agradável de certos tipos de estimulação: como parte do tratamento para alguns tipos de distúrbios cerebrais, algumas pessoas receberam estimulação elétrica em certas áreas do sistema límbico. Embora confusas para descrever a sensação, elas disseram que a experiência é intensamente agradável, em muitos aspectos semelhantes ao orgasmo sexual.

O sistema límbico e em especial o hipocampo desempenham um papel importante na aprendizagem e na memória, uma descoberta demonstrada em pacientes com epilepsia. Em uma tentativa de deter suas convulsões, alguns pacientes tiveram extraídas partes de seu sistema límbico. Uma consequência acidental da cirurgia é que os indivíduos às vezes têm dificuldade para aprender e recordar novas informações. Em certo caso, um paciente que havia sido submetido à cirurgia era incapaz de lembrar onde morava, ainda que residisse no mesmo endereço há oito anos. Além disso, embora o paciente fosse capaz de produzir conversas animadas, ele era incapaz, minutos depois, de recordar-se do que tinha sido falado (Milner, 1966; Rich & Shapiro, 2007; Grimm, 2011).

O sistema límbico, portanto, está envolvido em várias funções importantes, incluindo autopreservação, aprendizagem, memória e experiência de prazer. Essas funções não são exclusivas aos seres humanos; na verdade, o sistema límbico às vezes é referido como o "cérebro animal", porque suas estruturas e funções são muito semelhantes às dos outros mamíferos. Para identificar a parte do cérebro que possibilita as capacidades complexas e sutis que são exclusivamente humanas, precisamos reportar-nos para outra estrutura: o córtex cerebral.

FIGURA 4 O sistema límbico está envolvido na autopreservação, aprendizagem, memória e experiência de prazer.

sistema límbico Parte do cérebro que controla alimentação, agressividade e reprodução.

O córtex cerebral: nosso "cérebro novo"

Enquanto prosseguimos subindo pela medula espinal para dentro do cérebro, nossa discussão centrou-se em áreas que controlam funções semelhantes àquelas encontradas em organismos menos sofisticados. Mas onde, você pode estar perguntando, estão as partes do cérebro que permitem que os seres humanos façam o que eles fazem melhor e que os

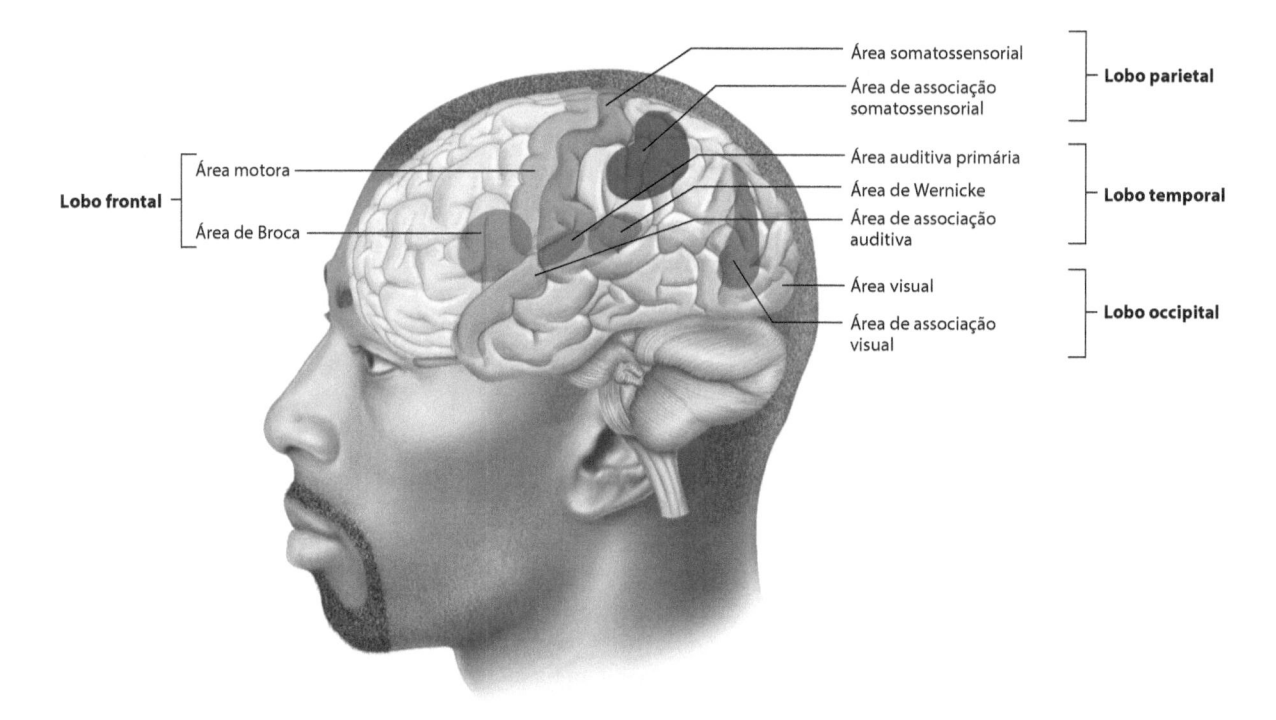

FIGURA 5 O córtex cerebral. As principais estruturas do córtex cerebral são chamadas de lobos. Esta figura também ilustra as funções associadas a áreas específicas. Alguma área do córtex cerebral humano está presente em animais?

córtex cerebral O "cérebro novo", responsável pelo processamento mais sofisticado de informações no cérebro; contém quatro lobos.

lobos As quatro principais seções do córtex cerebral: frontal, parietal, temporal e occipital.

distinguem de outros animais? Aquelas características únicas do cérebro humano – sem dúvida, as próprias capacidades que lhe permitem formular uma questão como esta – estão concretizadas na capacidade de pensar, avaliar e fazer julgamentos complexos. A principal localização dessas habilidades, junto a muitas outras, é o córtex cerebral.

O córtex cerebral é referido como o "cérebro novo" devido à sua evolução relativamente recente. Ele consiste em uma massa de tecido torcido, com dobras e ondulações. Embora tenha apenas cerca de 2,1 mm de espessura, se estendido, cobriria uma área de 61 cm². Essa configuração permite que a área de superfície do córtex seja consideravelmente maior do que seria se ela fosse mais lisa e mais uniformemente comprimida no crânio. A forma irregular também permite um alto nível de integração dos neurônios, viabilizando um sofisticado processamento de informações.

O córtex tem quatro seções principais chamadas de lobos. Em uma vista lateral do cérebro, os *lobos frontais* situam-se no centro frontal do córtex, estando os *lobos parietais* atrás deles. Os *lobos temporais* situam-se na porção central inferior do córtex, estando os *lobos occipitais* atrás deles. Esses quatro conjuntos de lobos são fisicamente separados por ranhuras profundas denominadas *sulcos*. A Figura 5 mostra as quatro áreas.

Outra forma de descrever o cérebro é em termos das funções associadas a determinada área. A Figura 5 mostra as regiões especializadas dentro dos lobos relacionadas às funções e áreas específicas do corpo. Três áreas principais são conhecidas: as áreas motoras, as áreas sensoriais e as áreas de associação. Vamos analisá-las como se elas fossem separadas e independentes, mas isso é apenas uma simplificação. Na maioria dos casos, o comportamento é influenciado simultaneamente por várias estruturas e áreas dentro do cérebro, operando de modo interdependente. Para dar um exemplo, as pessoas usam diferentes áreas do cérebro quando criam frases (uma tarefa verbal) em comparação a quando elas improvisam melodias musicais. Além disso, quando as pessoas sofrem lesão cerebral, porções intactas do cérebro às vezes podem assumir as funções que antes eram gerenciadas pela área lesionada (ver também TrabalhoPsi.) Em resumo, o cérebro é extraordinariamente adaptável (Sacks, 2003; Boller, 2004; Brown, Martinez, & Parsons, 2006).

A terapeuta de reabilitação Monique Tremaine ajuda pessoas que sofreram lesão cerebral grave a recuperar o funcionamento normal o máximo possível. Ela faz isso avaliando os problemas dos pacientes de maneira sistemática, provendo tratamento psicológico e comportamental e garantindo que o tratamento seja moderno e esteja baseado em evidências colhidas da literatura.

Segundo ela, seu trabalho requer compreensão da estrutura do cérebro e do sistema nervoso, bem como conhecimento em psicologia clínica para entender como lesões cerebrais afetam a emoção, a função e o comportamento.

"Lesões cerebrais adquiridas repentinamente ou traumáticas têm impacto em muitos aspectos da vida de uma pessoa, incluindo sua personalidade, sua cognição, seu senso de bem-estar físico, seus papéis familiares e seu funcionamento ocupacional", observou a terapeuta. "É minha função comunicar essas mudanças a uma equipe multidisciplinar, ao paciente e à família para elaborar um plano de tratamento abrangente."

TrabalhoPsi
TERAPEUTA DE REABILITAÇÃO

Nome: Monique J. Tremaine

Formação: Bacharel em Psicologia e Ciências Naturais, Ball State University; Mestrado em Psicologia Clínica, California School of Professional Psychology; Doutorado em Neuropsicologia Clínica, California School of Professional Psychology

A área motora do córtex

Se você olhar o lobo frontal na Figura 5, verá uma parte sombreada denominada **área motora**. Essa parte do córtex é responsável principalmente pelo movimento voluntário. Cada parte da área motora corresponde a um local específico no corpo. Se inseríssemos um eletrodo em determinada parte da área motora do córtex e aplicássemos estimulação elétrica suave, haveria movimento involuntário na parte correspondente. Se mudássemos para outra parte da área motora e a estimulássemos, uma parte diferente do corpo se moveria.

A área motora está tão bem mapeada que os pesquisadores identificaram a quantidade e a localização relativa de tecido cortical usado para produzir movimento em partes específicas do corpo humano. Por exemplo, o controle de movimentos que são de larga escala e requerem pouca precisão, tais como o de um joelho ou do quadril, está centrado em um espaço muito pequeno na área motora. Em contraste, movimentos que devem ser precisos e delicados, tais como expressões faciais e movimentos dos dedos, são controlados por uma parte consideravelmente maior da área motora (Schwenkreis et al., 2007).

Em resumo, a área motora do córtex fornece um guia para o grau de complexidade e importância das capacidades motoras de partes específicas do corpo. Na verdade, ela pode fazer ainda mais: evidências crescentes indicam que o córtex motor não apenas controla diferentes partes do corpo, como também dirige partes corporais para posturas complexas, tais como a postura de um centroavante pouco antes da bola ser passada para o zagueiro ou de um nadador de pé na beira de um trampolim (Graziano, Taylor, & Moore 2002; Dessing et al., 2005).

Em última análise, o movimento, como qualquer outro comportamento, é produzido pelo acionamento coordenado de uma complexa variedade de neurônios no sistema nervoso. Os neurônios que produzem movimento estão ligados de modos complexos e operam em conjunto.

área motora Parte do córtex que é responsável principalmente pelo movimento voluntário do corpo.

A área sensorial do córtex

Dada a correspondência de um para um entre a área motora e a localização corporal, não é de surpreender que haja uma relação semelhante entre porções específicas do córtex e os sentidos. A **área sensorial** do córtex inclui três regiões: uma que corresponde principalmente às sensações corporais (incluindo tato e pressão), uma relativa à visão e uma terceira relativa ao som. Por exemplo, a *área somatossensorial* no lobo parietal compreende localizações específicas associadas à capacidade de perceber o tato e a pressão em determinada área do corpo. Como no caso da área motora, a quantidade de tecido cerebral relacionada a determinada localização no corpo estabelece o grau de sensibilidade daquele local: quanto

área sensorial Local no cérebro do tecido que corresponde a cada um dos sentidos, com o grau de sensibilidade relacionado à quantidade de tecido.

FIGURA 6 Quanto maior a quantidade de tecido na área somatossensorial do cérebro relacionada a uma parte específica do corpo, mais sensível é aquela parte. Se o tamanho de nossas partes corporais refletisse a correspondente quantidade de tecido cerebral, seríamos parecidos com este ser estranho.

maior a área dedicada a uma região específica do corpo dentro do córtex, mais sensível ela é. Como podemos ver no estranho indivíduo na Figura 6, partes como os dedos estão relacionados a uma maior porção da área somatossensorial são as mais sensíveis.

As sensações de som e visão também são representadas em áreas específicas do córtex cerebral. Uma *área auditiva* localizada no lobo temporal é responsável pelo sentido da audição. Se a área auditiva for estimulada eletricamente, a pessoa ouvirá sons como cliques ou zunidos. Além disso, parece que determinados locais dentro da área auditiva respondem a alturas de som específicas (Hudspeth, 2000; Brown & Martinez, 2007; Hyde, Peretz, & Zatorre, 2008; Bizley et al., 2009).

A área visual no córtex, localizada no lobo occipital, responde da mesma forma à estimulação elétrica. A estimulação por eletrodos produz a experiência de clarões de luz ou cores, sugerindo que a informação sensorial bruta das imagens dos olhos é recebida nessa área do cérebro e transformada em estímulos significativos. A área visual fornece outro exemplo de como as partes do cérebro estão intimamente relacionadas a áreas específicas do corpo: estruturas específicas no olho estão relacionadas a determinada parte do córtex – sendo que, como você poderia imaginar, maior área do cérebro é dada às porções mais sensíveis da retina (Wurtz & Kandel, 2000; Stenbacka & Vanni, 2007; Libedinsky & Livingstone, 2011).

As áreas de associação do córtex

Em um acidente estranho em 1848, uma explosão fez com que uma barra de ferro de quase um metro de comprimento fosse cravada no crânio do ferroviário Phineas Gage, lá permanecendo após o acidente. Surpreendentemente, Gage sobreviveu e, apesar da vara alojada em sua cabeça, alguns minutos depois ele parecia bem.

Mas não estava. Antes do acidente, Gage era trabalhador e cauteloso. Depois, tornou-se irresponsável, bebia muito e envolvia-se em uma confusão atrás da outra. Nas palavras de um de seus médicos: "ele não 'era mais a mesma pessoa'" (Harlow, 1869, p. 14).

O que aconteceu com o velho Cage? Embora não tenhamos como saber ao certo, podemos especular que o acidente danificou a região do córtex cerebral conhecida como **áreas de associação**, que geralmente são consideradas o local onde ocorrem os processos mentais superiores, tais como pensamento, linguagem, memória e fala (Rowe et al., 2000).

As áreas de associação constituem uma grande porção do córtex cerebral e são formadas pelas seções que não estão diretamente envolvidas no processamento sensorial ou no direcionamento do movimento. As áreas de associação controlam as *funções executivas*, que são habilidades relacionadas a planejamento, estabelecimento de metas, julgamento e controle dos impulsos.

Grande parte de nossa compreensão das áreas de associação é proveniente de pacientes que, como Phineas Gage, sofreram algum tipo de lesão cerebral. Por exemplo, quando partes das áreas de associação são lesadas, as pessoas sofrem mudanças de personalidade que afetam sua capacidade de fazer juízos morais e processar emoções. Ao mesmo tempo, pessoas com lesão nessas áreas ainda podem ser capazes de raciocinar logicamente, realizando cálculos e recordando informações (Bechara et al., 1994).

Lesões nas áreas de associação do cérebro podem produzir *afasia*, ou seja, problemas de linguagem. Na *afasia de Broca*, a fala torna-se hesitante, penosa e muitas vezes incorreta, e o falante é incapaz de encontrar as palavras certas. Em contraste, a *afasia de Wernicke* produz dificuldades tanto na compreensão da fala dos outros quanto na produção da linguagem. O transtorno é caracterizado por uma fala que parece fluente, mas não faz sentido, como

áreas de associação Uma das principais regiões do córtex cerebral; local dos processos mentais superiores, tais como pensamento, linguagem, memória e fala.

neste exemplo de um paciente de Wernicke: "Cara, estou suando, estou muito nervoso, sabe, de vez em quando eu sou pego, não posso mencionar o tarripoi, um mês atrás, muito pouco..." (Gardner, 1975; Kearns, 2005; Caplan, Waters, & Dede, 2007).

A neuroplasticidade e o cérebro

Pouco depois que Jacob Stark nasceu, seus braços e suas pernas começaram a ter espasmos de 20 em 20 minutos. Algumas semanas depois, ele não conseguia focar os olhos no rosto de sua mãe. O diagnóstico: convulsões epilépticas incontroláveis envolvendo o cérebro inteiro. Sua mãe, Sally Stark, recorda-se: "Quando Jacob tinha dois meses e meio de idade, os médicos disseram que ele jamais aprenderia a sentar-se, jamais seria capaz de se alimentar... Eles nos disseram para levá-lo para casa, amá-lo e encontrar uma instituição." (Blakeslee, 1992: C3)

Em vez disso, Jacob foi submetido a uma cirurgia no cérebro aos cinco meses de idade, na qual 20% de seu cérebro foi retirado. A operação foi um sucesso total. Três anos depois, Jacob parecia normal em todos os aspectos, sem sinal de convulsões.

A cirurgia que ajudou Jacob baseou-se na premissa de que a parte doente de seu cérebro estava produzindo as convulsões em todo o órgão. Os cirurgiões calcularam que, se a parte com mau funcionamento fosse removida, as partes restantes do cérebro, que pareciam intactas nos exames de tomografia, assumiriam o controle. Eles apostaram corretamente que Jacob ainda levaria uma vida normal depois da cirurgia, sobretudo porque ela estava sendo feita em idade bastante precoce.

O sucesso da cirurgia de Jacob demonstra que o cérebro tem a capacidade de transferir funções para locais diferentes após lesão em uma área específica ou em casos de cirurgia. Igualmente encorajadoras são algumas novas descobertas sobre os poderes *regenerativos* do cérebro e do sistema nervoso.

Os cientistas aprenderam em anos recentes que o cérebro reorganiza-se constantemente em um processo denominado **neuroplasticidade**. Embora durante muito tempo fosse comum pensar que nenhuma célula cerebral nova é criada depois da infância, novas pesquisas descobriram o contrário. Não apenas as interconexões entre neurônios tornam-se mais complexas durante toda a vida, como parece que novos neurônios também são criados em certas áreas do cérebro durante a idade adulta: um processo chamado **neurogênese**. A cada dia, milhares de novos neurônios são criados, especialmente em áreas cerebrais associadas ao aprendizado e à memória (Poo & Isaacson, 2007; Shors, 2009; Kempermann, 2011).

A capacidade dos neurônios de se renovarem durante a idade adulta tem implicações significativas para o potencial tratamento de distúrbios do sistema nervoso (ver Fig. 7, em A Neurociência em sua Vida). Por exemplo, medicamentos que desencadeiem o desenvolvimento de novos neurônios poderiam ser usados para combater doenças como a de Alzheimer que são produzidas quando os neurônios morrem (Tsai, Tsai, & Shen, 2007; Eisch et al., 2008; Waddell & Shors, 2008).

Além disso, experiências específicas podem modificar o modo como a informação é processada. Por exemplo, se você aprende a ler Braile, a quantidade de tecido em seu córtex relacionada à sensação nas pontas dos dedos irá expandir-se. De modo semelhante, se você estuda violino, a área cerebral que recebe mensagens de seus dedos aumentará – mas apenas em relação aos dedos que realmente se movem entre as cordas do instrumento (Schwartz & Begley, 2002; Kolb, Gibb, & Robinson, 2003).

O futuro também é promissor para pessoas que sofrem de tremores e perda de controle motor produzidos pela doença de Parkinson, ainda que a pesquisa esteja envolta em controvérsias. Como a doença de Parkinson é causada pela perda gradual de células que estimulam a produção de dopamina no cérebro, muitos investigadores acreditam que um procedimento que aumente o fornecimento de dopamina pode ser eficaz. Eles parecem estar no caminho certo. Quando células-tronco – células imaturas de fetos humanos que têm o potencial de originar uma variedade de tipos de células especializadas, dependendo

neuroplasticidade Mudanças no cérebro que ocorrem durante todo o ciclo de vida relacionadas ao acréscimo de novos neurônios, novas interconexões entre neurônios e reorganização das áreas de processamento de informações.

neurogênese Criação de novos neurônios.

Alerta de estudo

Lembre-se de que *neuroplasticidade* é a reorganização de conexões neurais existentes, enquanto *neurogênese* é a criação de novos neurônios.

A Neurociência em sua Vida:
O cérebro plástico

FIGURA 7 A capacidade do cérebro de reorganizar e utilizar áreas cerebrais saudáveis para desempenhar funções perdidas é um exemplo de sua plasticidade. Por exemplo, quando as pessoas sobrevivem a um AVC – que produz lesões em determinada parte do cérebro –, pode haver alterações significativas no uso do cérebro nas áreas saudáveis restantes. A imagem esquerda em A mostra como a mão direita de um paciente foi afetada por um AVC no hemisfério esquerdo, no qual posteriormente o hemisfério esquerdo utiliza áreas do hemisfério direito para compensar os danos e permitir a recuperação da função da mão direita. A imagem à direita em A, que é um exame de alguém que não sofreu AVC, mostra que o hemisfério esquerdo é usado primordialmente. Os exames em B são de mãos que não foram afetadas por AVC. Observe que o hemisfério direito é utilizado primordialmente tanto nos indivíduos que sofreram um AVC quanto naqueles saudáveis.

(Fonte: Grefkes & Fink, 2011.)

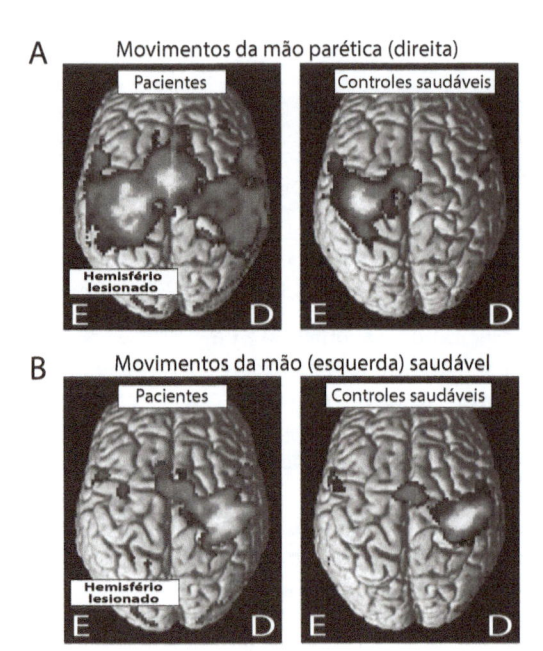

---

de onde são implantadas – são injetadas diretamente no cérebro dos portadores de Parkinson, elas se enraízam e estimulam a produção de dopamina. Resultados preliminares foram promissores, sendo que alguns pacientes apresentaram grande melhora (Parish & Arenas, 2007; Newman & Bakay, 2008; Wang et al., 2011).

As células-tronco, portanto, são uma grande promessa. Quando uma célula-tronco se divide, cada nova célula criada tem o potencial de ser transformada em células mais especializadas, que têm o potencial de reparar células danificadas. Visto que muitas das doenças mais debilitantes, do câncer ao AVC, resultam de lesão celular, a possibilidade de as células-tronco revolucionarem a medicina é significativa.

Entretanto, pelo fato de que a fonte de células-tronco implantadas costumam ser fetos abortados, seu uso é controverso. Alguns críticos alegam que o uso de células-tronco na pesquisa e no tratamento deveria ser proibido, ao passo que os defensores alegam que os possíveis benefícios são tão grandes que a pesquisa em células-tronco deve ser liberada. O tema foi politizado, e a questão de se e como a pesquisa em células-tronco deve ser regulada não está clara (Rosen, 2005; Giacomini, Baylis, & Robert, 2007; Holden, 2007).

A especialização dos hemisférios: dois cérebros ou um?

O acontecimento mais importante, ao menos em termos evolucionistas, na organização e na operação do cérebro humano provavelmente ocorreu nos últimos milhões de anos: uma especialização das funções controladas pelos lados esquerdo e direito do cérebro (Hopkins & Cantalupo, 2008; MacNeilage, Rogers, & Vallortigara, 2009; Tommasi, 2009).

O cérebro é dividido em duas metades quase espelhadas. Assim como temos dois braços, duas pernas e dois pulmões, temos um cérebro esquerdo e um cérebro direito. Devido ao modo como os nervos no cérebro estão ligados ao restante do corpo, essas metades esquerda e direita simétricas, denominadas **hemisférios**, controlam o movimento e recebem sensações do lado contrário ao de sua localização. O hemisfério esquerdo do cérebro, então, geralmente controla o lado direito do corpo, enquanto o hemisfério direito controla o lado esquerdo do corpo. Consequentemente, danos no lado direito do cérebro costumam ser indicados por dificuldades funcionais no lado esquerdo do corpo.

Apesar da aparente semelhança entre os dois hemisférios cerebrais, eles são ligeiramente diferentes nas funções que controlam e no modo como as controlam. Alguns comportamentos são mais propensos a refletir atividade em um hemisfério do que em outro, ou seja, são **lateralizados**.

Por exemplo, na maioria das pessoas, o processamento da linguagem ocorre mais no lado esquerdo do cérebro. Em geral, o hemisfério esquerdo concentra-se mais em tarefas que requerem competência verbal, tais como falar, ler, pensar e raciocinar. Além disso, o hemisfério esquerdo tende a processar as informações sequencialmente, uma de cada vez (Turkewitz, 1993; Banich & Heller, 1998; Hines, 2004).

O lado direito tem suas próprias virtudes, sobretudo em áreas não verbais, como a compreensão de relações espaciais, o reconhecimento de padrões e desenhos, música e expressão emocional. O hemisfério direito tende a processar as informações globalmente, considerando-as como um todo (Ansaldo, Arguin, & Roch-Locours, 2002; Holowka & Petitto, 2002).

As diferenças de especialização entre os hemisférios não são grandes, sendo que o grau e a natureza da lateralização varia conforme a pessoa. Se, como a maioria das pessoas, você é destro, o controle da linguagem provavelmente está mais concentrado em seu hemisfério esquerdo. Ao contrário, se você está entre os 10% de pessoas que são canhotas ou ambidestras (você usa as duas mãos alternadamente), é bem mais provável que os centros de linguagem de seu cérebro estejam localizados mais no hemisfério direito ou estejam igualmente divididos entre os hemisférios esquerdo e direito.

Além disso, os dois hemisférios cerebrais funcionam em conjunto. É um erro pensar que determinados tipos de informação são processados somente no hemisfério direito ou esquerdo. Os hemisférios operam de maneira interdependente decifrando, interpretando e reagindo ao mundo.

Pessoas que sofrem lesão no lado esquerdo do cérebro e perdem capacidades linguísticas com frequência recuperam a capacidade de falar: o lado direito do cérebro assume algumas das funções do lado esquerdo, especialmente em crianças pequenas; quanto mais precoce o dano, maior o grau de recuperação (Gould et al., 1999; Kempermann & Gage, 1999; Johnston, 2004).

Os pesquisadores também encontraram evidências de que pode haver diferenças sutis nos padrões de lateralização entre homens e mulheres e em membros de culturas diferentes, como veremos a seguir.

hemisférios Metades esquerda e direita simétricas do cérebro que controlam o lado do corpo oposto ao de sua localização.

lateralização Predomínio de um hemisfério do cérebro em funções específicas, tais como a linguagem.

Alerta de estudo

Embora os hemisférios do cérebro especializem-se em determinados tipos de funções, o grau de especialização não é grande, e os dois hemisférios operam de modo interdependente.

PsicoTec

Usando um procedimento chamado *hemisferectomia*, em que um hemisfério inteiro do cérebro é removido, cirurgiões fizeram cessar as convulsões de Christina Santhouse, que ocorriam às centenas por dia. Apesar da remoção do lado direito de seu cérebro, Christina recentemente recebeu o título de mestre em fonoaudiologia.

Explorando a DIVERSIDADE
A diversidade humana e o cérebro

A interação entre biologia e ambiente no comportamento é especialmente clara quando consideramos evidências que sugerem que mesmo em termos de estrutura e função cerebral existem diferenças sexuais e culturais. Primeiramente, vamos considerar as diferenças entre os sexos. Acumulam-se evidências de diferenças intrigantes na lateralização e no peso cerebral entre homens e mulheres (Kosslyn et al., 2002; Boles, 2005; Clements, Rimrodt, & Abel, 2006).

Por exemplo, os dois sexos apresentam diferenças na velocidade em que se desenvolve o cérebro. As meninas mostram desenvolvimento mais precoce nos lobos frontais, que controlam a agressividade e o desenvolvimento da linguagem. Todavia, os cérebros dos meninos desenvolvem-se mais rapidamente na região visual que facilita tarefas visuais e espaciais como geometria (Giedd et al., 2010; Raznahan et al., 2010).

Além disso, a maioria dos homens tende a mostrar maior lateralização da linguagem no hemisfério esquerdo. Para eles, a linguagem está claramente relegada em grande parte ao lado esquerdo do cérebro. Ao contrário, as mulheres apresentam menos lateralização, com as habilidades de linguagem inclinadas a ser mais uniformemente distribuídas entre os dois hemisférios. Essas diferenças na lateralização cerebral podem em parte explicar a superioridade muitas vezes exibida pelas mulheres em certas medidas de habilidades verbais, tais como o início e a fluência da fala (Frings et al., 2006; Petersson et al., 2007; Mercadillo et al., 2011).

Outra pesquisa sugere que os cérebros dos homens são um pouco maiores do que os cérebros das mulheres mesmo depois de se levar em conta diferenças no tamanho do corpo. Em contraste, parte do *corpo caloso*, um feixe de fibras que conecta os hemisférios do cérebro, é proporcionalmente maior nas mulheres do que nos homens (Cahill, 2005; Luders et al., 2006; Smith et al., 2007).

O significado dessas diferenças sexuais não está claro. Considere uma possibilidade relacionada às diferenças no tamanho proporcional do corpo caloso. Seu tamanho maior nas mulheres pode permitir que conexões mais fortes desenvolvam-se entre as partes do cérebro que controlam a fala. Isso, por sua vez, explicaria por que a fala tende a surgir um pouco mais cedo nas meninas do que nos meninos.

Antes de nos precipitarmos a essa conclusão, contudo, precisamos considerar uma hipótese alternativa: a razão pela qual as habilidades verbais surgem mais precocemente nas meninas pode ser a de que elas são mais incentivadas a falar do que os meninos. Essa maior experiência precoce pode, por sua vez, promover o crescimento de certas partes do cérebro. Consequentemente, diferenças cerebrais físicas podem ser *reflexo* de influências sociais e ambientais, e não a *causa* das diferenças no comportamento de homens e mulheres. Neste momento, é impossível saber qual dessas hipóteses alternativas é correta.

A cultura também gera diferenças na lateralização cerebral. Falantes nativos do japonês parecem processar as informações sobre sons de vogais basicamente no hemisfério cerebral esquerdo. Em contraste, norte-americanos e sul-americanos, europeus e indivíduos de descendência japonesa que aprendem japonês posteriormente na vida manejam os sons de vogais em especial no hemisfério direito. Uma explicação para essa diferença é que certas características da língua japonesa, tais como a capacidade de expressar ideias complexas usando apenas sons de vogais, resultam no desenvolvimento de um tipo específico de lateralização cerebral em falantes nativos (Tsunoda, 1985; Kess & Miyamoto, 1994; Lin et al., 2005).

O cérebro dividido: explorando os dois hemisférios

A paciente V. J. havia sofrido várias convulsões. Cortando seu corpo caloso, a porção fibrosa do cérebro que transmite mensagens entre os hemisférios, os cirurgiões esperavam criar um corta-fogo para impedir que as convulsões se espalhassem. A operação diminuiu a frequência e a gravidade dos ataques de V.J. Porém, a paciente desenvolveu um efeito colateral inesperado: ela perdeu a capacidade de escrever, ainda que fosse capaz de ler e soletrar palavras em voz alta. (Strauss, 1998, p. 287)

Pessoas como V. J., cujo corpo caloso foi cirurgicamente cortado para parar convulsões e que são chamadas de *pacientes com cérebro dividido*, oferecem uma rara oportunidade para investigar o funcionamento independente dos dois hemisférios cerebrais. Por exemplo, o psicólogo Roger Sperry – que venceu o Prêmio Nobel por seu trabalho – desenvolveu diversas técnicas engenhosas para estudar como cada hemisfério opera (Sperry, 1982; Gazzaniga, 1998; Savazzi et al., 2007).

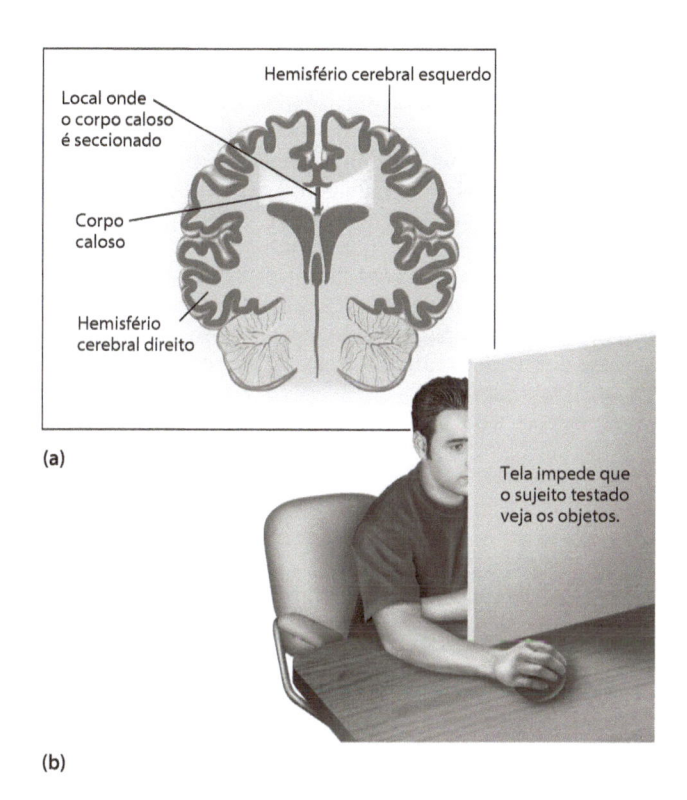

FIGURA 8 Hemisférios cerebrais. (a) O corpo caloso conecta os hemisférios cerebrais, conforme mostra o corte transversal. (b) Um paciente com cérebro dividido é testado tocando objetos atrás de uma tela. Os pacientes eram capazes de nomear os objetos quando os tocavam com a mão direita, mas não conseguiam quando os tocavam com a mão esquerda. Se um paciente com cérebro dividido e de olhos fechados recebeu um lápis para segurar e o nomeou de lápis, em que mão o lápis estava?
(Fonte: Brooker et al., 2008, p. 943.)

Em um procedimento experimental, pacientes que foram impedidos de ver um objeto por uma tela tocaram o objeto com a mão direita e foram solicitados a nomeá-lo (ver Fig. 8). Uma vez que o lado direito do corpo corresponde ao lado esquerdo do cérebro, orientado à linguagem, pacientes com cérebro dividido foram capazes de dizer o nome do objeto. Entretanto, se os pacientes tocassem o objeto com sua mão esquerda, eles eram incapazes de nomeá-lo em voz alta, ainda que a informação estivesse registrada em seus cérebros: quando a tela foi removida, os pacientes conseguiam identificar o objeto que tinham tocado. As informações podem ser aprendidas e lembradas, então, usando-se apenas o lado direito do cérebro. (A propósito, a menos que você tenha feito uma cirurgia para dividir o cérebro, esse experimento não funcionará com você, pois o feixe de fibras que ligam os dois hemisférios de um cérebro normal imediatamente transfere a informação de um hemisfério para o outro.)

A partir de experimentos como esse, fica claro que os hemisférios cerebrais direito e esquerdo são especializados no manejo de diferentes tipos de informação. Ao mesmo tempo, é importante entender que ambos são capazes de compreender, conhecer e ter consciência do mundo de modos ligeiramente diferentes. Os dois hemisférios devem, portanto, ser considerados diferentes em termos da eficiência com que processam certos tipos de informação, e não como dois cérebros inteiramente separados. Os hemisférios trabalham de maneira interdependente para permitir a plena gama e riqueza de pensamento do qual os seres humanos são capazes.

TORNANDO-SE UM CONSUMIDOR INFORMADO de Psicologia
Aprendendo a controlar seu coração – e sua mente – por meio do *biofeedback*

Quando Tammy DeMichael envolveu-se em um acidente de automóvel horrível que quebrou seu pescoço e esmagou sua medula espinal, os especialistas disseram-lhe que ela estava fadada a ficar tetraplégica para o resto da vida, incapaz de mover o corpo abaixo do pescoço. Mas eles estavam errados. Além de recuperar o uso dos braços, ela foi capaz de caminhar 18 metros com uma bengala (Morrow & Wolff, 1991; Hess, Houg, & Tammaro, 2007).

82 Capítulo 2 Neurociência e Comportamento

biofeedback Procedimento em que uma pessoa aprende a controlar pelo pensamento consciente processos fisiológicos como pressão arterial, frequências cardíaca e respiratória, temperatura da pele, transpiração e constrição de determinados músculos.

A chave para a incrível recuperação de DeMichael: *biofeedback*. **Biofeedback** é um procedimento em que uma pessoa aprende a controlar pelo pensamento consciente processos fisiológicos como pressão arterial, frequências cardíaca e respiratória, temperatura da pele, transpiração e constrição de determinados músculos. Embora tradicionalmente se considerasse que a frequência cardíaca e respiratória, a pressão arterial e outras funções corporais estavam sob o controle de partes do cérebro sobre as quais não temos influência, descobriu-se que essas respostas, na verdade, são suscetíveis de controle voluntário (Nagai et al., 2004; Cho, Holyoak, & Cannon, 2007; Badke et al., 2011).

No *biofeedback*, uma pessoa é acoplada a dispositivos eletrônicos que fornecem *feedback* constante sobre a resposta fisiológica em questão. Por exemplo, alguém que esteja tentando controlar dores de cabeça por meio de *biofeedback* poderia ter sensores eletrônicos colocados em certos músculos da cabeça e aprender a controlar a constrição e o relaxamento daqueles músculos. Posteriormente, quando sentisse uma dor de cabeça começando, essa pessoa poderia relaxar os músculos relacionados e anular a dor (Andrasik, 2007; Nestoriuc et al., 2008; Magis & Schoenen, 2011).

O tratamento de Tammy DeMichael estava relacionado a uma forma de *biofeedback* denominada *neurofeedback*, na qual a atividade cerebral é exibida para o paciente. Tendo em vista que nem todas as conexões do sistema nervoso dela entre o cérebro e suas pernas foram interrompidas, ela era capaz de aprender a enviar mensagens para músculos específicos, "ordenando-lhes" para se moverem. Embora tenha levado mais de um ano, DeMichael foi bem-sucedida na recuperação de grande parte de sua mobilidade.

Embora o controle de processos fisiológicos pelo uso de *biofeedback* não seja fácil de aprender, ele tem sido empregado com sucesso em diversas condições, incluindo transtornos psiquiátricos (p. ex., ansiedade, depressão, fobias, dores de cabeça por tensão, insônia e hiperatividade), doenças físicas com componente psicológico (p. ex., asma, hipertensão, úlceras, espasmos musculares e enxaquecas) e problemas físicos (p. ex., as lesões de Tammy DeMichael, AVCs, paralisia cerebral e curvatura da espinha dorsal) (Morone & Greco, 2007; Reiner, 2008; Dias & van Deusen, 2011).

Recapitule/avalie/repense

Recapitule

RA 7-1 Como os pesquisadores identificam as principais partes e funções do cérebro?

- Varreduras cerebrais tiram um "retrato" das operações internas do cérebro sem ser preciso cortar cirurgicamente o crânio de uma pessoa. As técnicas de exame cerebral mais importantes incluem o eletrencefalograma (EEG), a tomografia de emissão de pósitrons (PET), as imagens de ressonância magnética funcional (IRMf) e as imagens de estimulação magnética transcraniana (TMS).

RA 7-2 Quais são as principais partes do cérebro e por quais comportamentos cada parte é responsável?

- O núcleo central do cérebro é formado por bulbo raquidiano (que controla funções como respiração e batimentos cardíacos), ponte (que coordena os músculos e os dois lados do corpo), cerebelo (que controla o equilíbrio), formação reticular (que atua para aumentar a consciência em emergências), tálamo (que comunica mensagens do e para o cérebro) e hipotálamo (que mantém a homeostase, ou equilíbrio corporal, e regula o comportamento relacionado à sobrevivência básica). As funções das estruturas do núcleo central são semelhantes àquelas encontradas em outros vertebrados. Esse núcleo central às vezes é referido como o "cérebro antigo".

- O córtex cerebral – o "cérebro novo" – tem áreas que controlam o movimento voluntário (a área motora); os sentidos (a área sensorial); e o pensamento, o raciocínio, a fala e a memória (as áreas de associação). O sistema límbico, que se encontra no limite dos cérebros "antigo" e "novo", está associado à alimentação, à agressividade, à reprodução e às experiências de prazer e dor.

RA 7-3 Como as duas metades do cérebro operam de forma interdependente?

- O cérebro está dividido em metades esquerda e direita, ou hemisférios, cada um dos quais controla o lado oposto do corpo. Cada hemisfério pode ser considerado como especializado nas funções que realiza: o esquerdo especializa-se em tarefas verbais, tais como raciocínio lógico, fala e leitura; o direito especializa-se em tarefas não verbais, tais como percepção espacial, reconhecimento de padrões e expressão emocional.

RA7-4 Como a compreensão do sistema nervoso pode nos ajudar a encontrar modos de aliviar a doença e a dor?

- *Biofeedback* é um procedimento pelo qual uma pessoa aprende a controlar processos fisiológicos internos. Controlando as respostas involuntárias, as pessoas são capazes de aliviar quadros como ansiedade, tensão, enxaquecas e um amplo leque de outras condições físicas e psicológicas.

Avalie

1. Combine o nome de cada exame cerebral com a descrição adequada:

   a. EEG
   b. IRMf
   c. PET

   1. Localizando a radiação dentro do cérebro, o computador pode fornecer um quadro notável da atividade cerebral.
   2. Eletrodos afixados ao redor do crânio registram sinais elétricos transmitidos pelo cérebro.
   3. Técnica que fornece uma visão tridimensional do cérebro dirigindo um campo magnético ao corpo.

2. Combine a parte do cérebro com sua função:

   a. bulbo raquidiano
   b. ponte
   c. cerebelo
   d. formação reticular

   1. Mantém a respiração e os batimentos cardíacos.
   2. Controla o equilíbrio corporal.
   3. Coordena e integra os movimentos musculares.
   4. Ativa outras partes do cérebro para produzir excitação corporal geral.

3. Um cirurgião coloca um eletrodo sobre uma parte de seu cérebro e então a estimula. Imediatamente, seu pulso direito tem um espasmo involuntário. O médico provavelmente estimulou uma parte da área _____ de seu cérebro.
4. Cada hemisfério controla o lado _____ do corpo.
5. Domínios não verbais, tais como emoções e música, são basicamente controlados pelo hemisfério _____, ao passo que o hemisfério _____ é mais responsável pela fala e pela leitura.

Repense

1. Antes que técnicas de escaneamento cerebral sofisticadas fossem desenvolvidas, a compreensão do cérebro pelos neurocientistas comportamentais baseava-se em grande parte no cérebro de pessoas que haviam morrido. Que limitações isso implicaria e em que áreas você esperaria avanços mais significativos quando as técnicas de escaneamento cerebral tornaram-se possíveis?
2. Diferenças pessoais na especialização dos hemisférios direito e esquerdo das pessoas poderiam estar relacionadas ao sucesso profissional? Por exemplo, um arquiteto que se vale de suas habilidades espaciais poderia ter um padrão de especialização hemisférica diferente do de um escritor?
3. *Da perspectiva de um educador*: Como você poderia usar diferentes técnicas para ensinar meninos e meninas a ler com base em evidências cerebrais?

Respostas das questões de avaliação

1. a-2, b-3, c-1; 2. a-1, b-3, c-2, d-4; 3. motora; 4. oposto; 5. direito, esquerdo.

Termos-chave

núcleo central **p. 70**	hipotálamo **p. 72**	área motora **p. 75**	neurogênese **p. 77**
cerebelo **p. 70**	sistema límbico **p. 73**	área sensorial **p. 75**	hemisférios **p. 79**
formação reticular **p. 70**	córtex cerebral **p. 74**	áreas de associação **p. 76**	lateralização **p. 79**
tálamo **p. 72**	lobos **p. 74**	neuroplasticidade **p. 77**	*biofeedback* **p. 82**

Recordando

Epílogo

Em nosso exame da neurociência, descrevemos os modos como as estruturas e funções biológicas do corpo afetam o comportamento. Partindo dos neurônios, consideramos cada um dos componentes do sistema nervoso, culminando em um exame de como o cérebro permite-nos pensar, raciocinar, falar, recordar e sentir emoções – as ações que distinguem o ser humano.

1. Antes de prosseguir, volte por um momento ao prólogo do capítulo sobre a notável recuperação de Bob Woodruff de um grave traumatismo craniano. Considere a seguinte questão: Que região do cérebro você esperaria ser a que menos provavelmente sofreu lesão em um caso como o de Bob Woodruff, em que a pessoa ferida sobrevive e se recupera?
2. Se você fosse o médico de Bob Woodruff, como explicaria à família dele as chances de recuperação de um ferimento como o que ele sofreu?
3. Por que você acha que Bob Woodruff foi capaz de retomar sua carreira como jornalista, mas ainda não está pronto para ser apresentador de notícias novamente?
4. Quais desafios especiais Bob Woodruff enfrentaria se os estilhaços de metal tivessem danificado seu hipocampo? Sua área motora? Sua amígdala? Sua área de Broca?

RESUMO VISUAL 2 Neurociência e Comportamento

MÓDULO 5 Neurônios: os Elementos Básicos do Comportamento

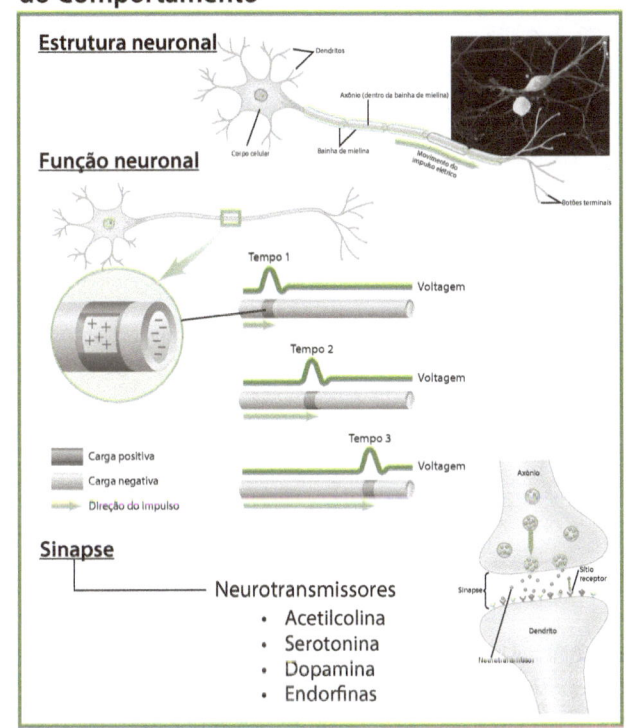

Estrutura neuronal

Função neuronal

Sinapse
Neurotransmissores
- Acetilcolina
- Serotonina
- Dopamina
- Endorfinas

MÓDULO 6 O Sistema Nervoso e o Sistema Endócrino: Comunicando dentro do Corpo

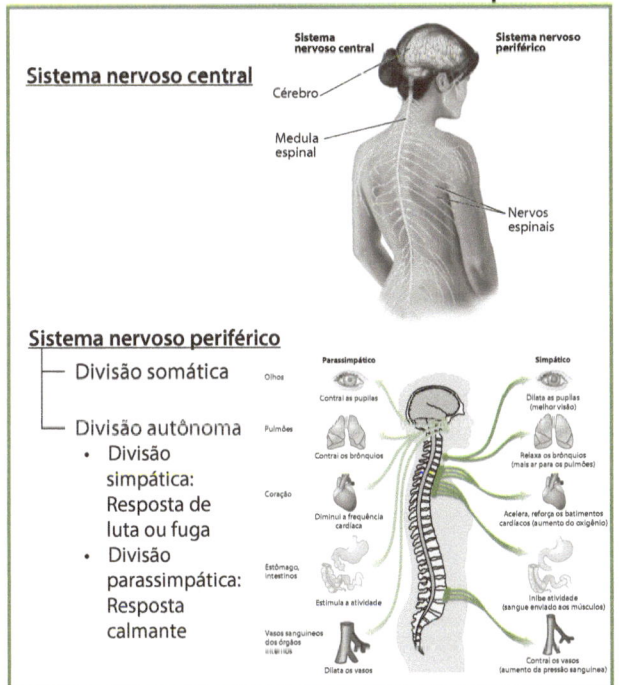

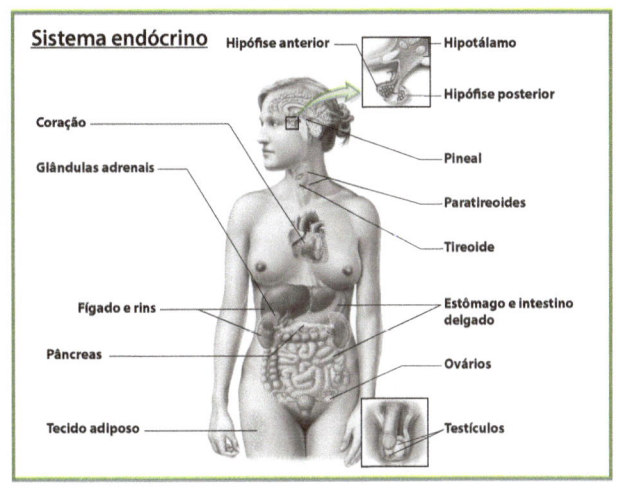

Sistema nervoso central

Sistema nervoso periférico
- Divisão somática
- Divisão autônoma
  - Divisão simpática: Resposta de luta ou fuga
  - Divisão parassimpática: Resposta calmante

Sistema endócrino

MÓDULO 7 O Cérebro

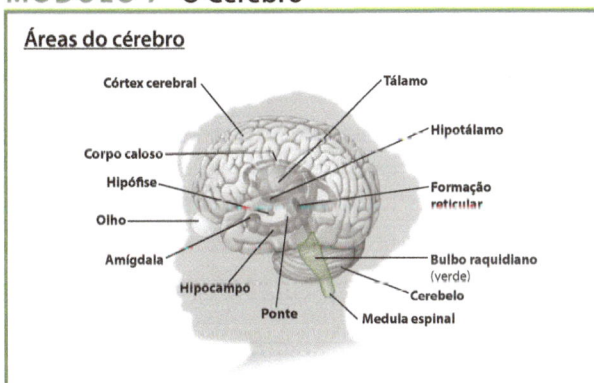

Áreas do cérebro

O núcleo central: "Cérebro Antigo"
- Cerebelo
- Formação reticular
- Tálamo
- Hipotálamo

O Sistema límbico
- Emoção
- Autopreservação
- Amígdala
- Hipocampo

O córtex cerebral: "Cérebro Novo"
- Área motora: movimento voluntário
- Área Sensorial
  - Área somatossensorial
  - Área auditiva
  - Área visual
- Áreas de associação
  - Funções executivas
  - Personalidade

Características do cérebro
- Neuroplasticidade
- Lateralização: dois hemisférios com funções especializadas
- O cérebro dividido: corpo caloso com funções hemisféricas independentes

3
Sensação e Percepção

Resultados de Aprendizagem para o Capítulo 3

MÓDULO 8

RA 8-1 O que é sensação e como os psicólogos a estudam?

RA 8-2 Qual é a relação entre um estímulo físico e os tipos de respostas sensoriais que dele resultam?

Sensopercebendo o Mundo a Nosso Redor

Limiares absolutos: detectando o que está lá fora

Limiares de diferença: percebendo distinções entre estímulos

Adaptação sensorial: reduzindo nossas respostas

MÓDULO 9

RA 9-1 Quais processos básicos subjazem ao sentido da visão?

RA 9-2 Como vemos as cores?

Visão: Lançando Luz sobre o Olho

Iluminando a estrutura do olho

A Neurociência em sua Vida: Vendo a visão no cérebro

Visão de cores e cegueira para cores: o espectro de 7 milhões de cores

MÓDULO 10

RA 10-1 Que papel a orelha desempenha nos sentidos de som, movimento e equilíbrio?

RA 10-2 Como funcionam o olfato e o paladar?

RA 10-3 Quais são os sentidos da pele e como eles se relacionam à experiência de dor?

A Audição e os Outros Sentidos

Sentindo o som

Olfato e paladar

Os sentidos da pele: tato, pressão, temperatura e dor

Tornando-se um Consumidor Informado de Psicologia: Manejando a dor

Como nossos sentidos interagem

MÓDULO 11

RA 11-1 Quais princípios subjazem à nossa organização do mundo visual e nos permitem entender o ambiente?

RA 11-2 Como somos capazes de perceber o mundo em três dimensões quando nossas retinas são capazes de captar apenas imagens bidimensionais?

RA 11-3 Quais pistas as ilusões visuais oferecem sobre nossa compreensão acerca dos mecanismos perceptuais gerais?

Organização Perceptual: Construindo Nossa Visão de Mundo

As leis de organização da Gestalt

Processamento descendente e ascendente

Percepção de profundidade: traduzindo 2-D para 3-D

Constância perceptual

Percepção do movimento: quando o mundo vira

Aplicando a Psicologia no Século XXI: Será que as pessoas têm um senso interno de direção?

Ilusões perceptuais: os enganos das percepções

Explorando a Diversidade: Cultura e percepção

Prólogo *O mistério da visão cega*

Um homem cego está andando por um longo corredor cheio de caixas, cadeiras e outros objetos de escritório. O homem, conhecido no meio médico como TN, não faz ideia de que os obstáculos estão ali. Mesmo assim, ele se desvia de todos, primeiro esgueirando-se entre um cesto de lixo e a parede, depois contornando um tripé de câmera, tudo sem saber que fez manobras especiais (de Gelder, 2010, p. 61).

Olhando à frente

Apesar de ser cego – e ele realmente era incapaz de ver no sentido tradicional –, TN é capaz de se orientar muito bem. Ele tem o que se chama *visão cega*, a capacidade de responder a imagens que seus olhos estão detectando sem perceber que é capaz de ver.

Como pessoas como TN são capazes de detectar visualmente características de seu ambiente sem estarem conscientes de que estão vendo qualquer coisa? No caso de TN, um acidente vascular cerebral (AVC) danificou o córtex visual em seu cérebro, roubando-lhe a visão. Apesar de seus olhos ainda funcionarem com perfeição, seu cérebro perdeu a capacidade de processar as informações visuais que chegam – pelo menos conscientemente. Algumas rotas neurais que partem dos olhos vão para outras áreas cerebrais que não o córtex visual e, embora essas áreas não produzam visão consciente, elas parecem conferir às pessoas com visão cega a inacreditável capacidade de responder a informações visuais de uma maneira não consciente.

Condições como a cegueira ilustram o quanto dependemos de nossos sentidos para funcionar normalmente. Nossos sentidos oferecem uma janela para o mundo, proporcionando-nos não somente consciência, compreensão e apreciação da beleza do mundo, mas nos alertando para seus perigos. Nossos sentidos nos permitem sentir a brisa mais suave, ver luzes tremeluzentes a quilômetros de distância e ouvir o agradável canto de pássaros distantes.

Nos quatro módulos a seguir, analisaremos o campo da psicologia que se ocupa dos modos como nossos corpos captam informações por meio dos sentidos e como interpretamos essas informações. Exploraremos tanto a sensação quanto a percepção. A *sensação* compreende os processos pelos quais nossos órgãos dos sentidos recebem informações do ambiente. A *percepção* é a separação, interpretação, análise e integração dos estímulos realizada pelo cérebro e pelos órgãos dos sentidos.

Embora a percepção represente claramente um passo além da sensação, na prática é às vezes difícil encontrar o limite preciso entre as duas. Na verdade, os psicólogos – e também os filósofos – discutiram por muito tempo sobre a distinção. A diferença básica é que a sensação pode ser considerada como o primeiro contato do organismo com um estímulo sensório bruto, ao passo que a percepção é o processo pelo qual ele interpreta, analisa e integra aquele estímulo a outras informações sensoriais.

Por exemplo, se estivéssemos considerando a sensação, poderíamos perguntar sobre a intensidade de um alarme de incêndio que está tocando. Se estivéssemos considerando a percepção, poderíamos perguntar se alguém reconhece o som como um alarme e identifica seu significado.

Para um psicólogo interessado em compreender as causas do comportamento, sensação e percepção são tópicos fundamentais, porque grande parte de nosso comportamento é reflexo de como reagimos e interpretamos os estímulos do mundo a nosso redor. As áreas de sensação e percepção tratam de um amplo leque de questões, a saber: como respondemos às características dos estímulos físicos; que processos nos permitem ver, ouvir e sentir dor; por que ilusões visuais nos enganam e como distinguimos uma pessoa de outra. Enquanto exploramos essas questões, veremos como os sentidos operam juntos para nos proporcionar uma visão e uma compreensão integrada do mundo.

MÓDULO 8
Sensopercebendo o Mundo a Nosso Redor

Enquanto Isabel estava sentada para o jantar de Ação de Graças, seu pai trouxe o peru sobre uma bandeja e colocou-o perfeitamente no centro da mesa. O nível de ruído, já alto por conta das conversas e risadas dos membros da família, aumentou ainda mais. Quando Isabel pegou seu garfo, o aroma do peru chegou até ela, que sentiu sua barriga roncar de fome. A visão e o som de sua família ao redor da mesa, junto aos aromas e sabores da refeição festiva, fizeram Isabel sentir-se mais tranquila do que desde seu ingresso na escola no outono.

Imagine-se nesse ambiente e pense como seria diferente se algum de seus sentidos não estivesse funcionando. E se você fosse cego e incapaz de ver os rostos de seus familiares ou o formato convidativo do peru assado? E como seria se você não tivesse o sentido da audição e não pudesse ouvir as conversas dos familiares, ou fosse incapaz de sentir sua barriga roncar, o aroma ou o sabor da comida? Sem dúvida, sua experiência do jantar seria muito diferente da de alguém cujo aparelho sensorial estivesse intacto.

As sensações mencionadas apenas tocam na superfície da experiência sensorial. Embora possivelmente você tenha aprendido, como eu, que existem apenas cinco sentidos – visão, audição, paladar, olfato e tato –, essa enumeração é muito modesta. As capacidades sensoriais humanas vão muito além dos cinco sentidos básicos. Por exemplo, somos sensíveis não apenas ao toque, mas a um conjunto consideravelmente mais amplo de estímulos – dor, pressão, temperatura e vibração, para mencionar apenas alguns. Além disso, a visão tem dois subsistemas – relacionados à visão diurna e noturna –, e a orelha responde a informações que nos permitem não apenas ouvir, mas também manter o equilíbrio.

Para considerar como os psicólogos compreendem os sentidos e, de modo mais amplo, a sensação e a percepção, precisamos primeiramente de um vocabulário adequado. Em termos formais, **sensação** é a ativação dos órgãos dos sentidos por uma fonte de energia física. **Percepção** é a classificação, interpretação, análise e integração de estímulos realizada pelos órgãos dos sentidos e pelo cérebro. Um **estímulo** é qualquer fonte passageira de energia física que produz uma resposta em um órgão dos sentidos.

Os estímulos variam em tipo e intensidade. Diferentes tipos de estímulos ativam diferentes órgãos dos sentidos. Por exemplo, podemos diferenciar estímulos luminosos (que ativam o sentido da visão e nos permitem ver as cores de uma árvore no outono) de estímulos sonoros (os quais, por meio da audição, permitem-nos ouvir os sons de uma orquestra). Além disso, os estímulos diferem de intensidade, relacionando-se com o quão forte precisa ser um estímulo para que ele seja detectado.

As questões de tipo e intensidade do estímulo são consideradas em um ramo da psicologia denominado psicofísica. **Psicofísica** é o estudo da relação entre os aspectos físicos dos estímulos e nossa experiência psicológica a respeito deles. A psicofísica desempenhou um papel central no desenvolvimento do campo da psicologia. Muitos dos primeiros psicólogos estudaram questões relacionadas à psicofísica, e ainda existe um grupo ativo de pesquisadores em psicofísica (Gardner, 2005; Hock & Ploeger, 2006; Bonezzi, Brendl, & De Angelis, 2011).

Resultados de Aprendizagem

RA 8-1 O que é sensação e como os psicólogos a estudam?

RA 8-2 Qual é a relação entre um estímulo físico e os tipos de respostas sensoriais que dele resultam?

Alerta de estudo

Lembre-se de que *sensação* refere-se à ativação dos órgãos dos sentidos (uma resposta física), ao passo que *percepção* refere-se a como os estímulos são interpretados (uma resposta psicológica).

sensação Ativação dos órgãos dos sentidos por uma fonte de energia física.

percepção Classificação, interpretação, análise e integração de estímulos pelos órgãos dos sentidos e pelo cérebro.

estímulo Energia que produz uma resposta em um órgão sensorial.

psicofísica Estudo da relação entre os aspectos físicos dos estímulos e nossa experiência psicológica a respeito deles.

Limiares absolutos: detectando o que está lá fora

Exatamente quando um estímulo se torna forte o suficiente para ser detectado por nossos órgão dos sentidos? A resposta para essa pergunta exige a compreensão do conceito de limiar absoluto. Um **limiar absoluto** é a menor intensidade de um estímulo que precisa estar presente para que ele seja detectado (Aazh & Moore, 2007).

A despeito do "absoluto" em limiar absoluto, as coisas não são tão definidas. À medida que a força de um estímulo aumenta, a probabilidade de que ele seja detectado aumenta gradualmente. Tecnicamente, portanto, um limiar absoluto é a intensidade de estímulo que é detectada em 50% das vezes.

Geralmente é necessário um estímulo muito pequeno para produzir uma resposta em nossos sentidos. Por exemplo, o sentido do tato é tão sensível que podemos sentir a asa de uma abelha caindo em nosso rosto quando ela é derrubada de uma distância de um centímetro. Teste seu conhecimento a respeito dos limiares absolutos de outros sentidos completando o questionário na Figura 1.

Na verdade, nossos sentidos são tão finamente ajustados que poderíamos ter problemas se eles fossem ainda mais sensíveis. Por exemplo, se nossas orelhas fossem ligeiramente mais aguçadas, seríamos capazes de ouvir o som das moléculas do ar atingindo o tímpano – um fenômeno que certamente nos distrairia e até mesmo impediria de ouvir sons externos a nossos corpos.

De fato, os limiares absolutos sobre os quais estivemos conversando são medidos em condições ideais. Normalmente nossos sentidos não são capazes de detectar os estímulos tão bem devido à presença de ruído. *Ruído*, conforme definido pelos psicofísicos, é a estimulação do ambiente que interfere na percepção de outros estímulos. Consequentemente, o ruído não se refere apenas aos estímulos auditivos, como sugere a palavra, mas também a estímulos indesejáveis que interferem em outros sentidos.

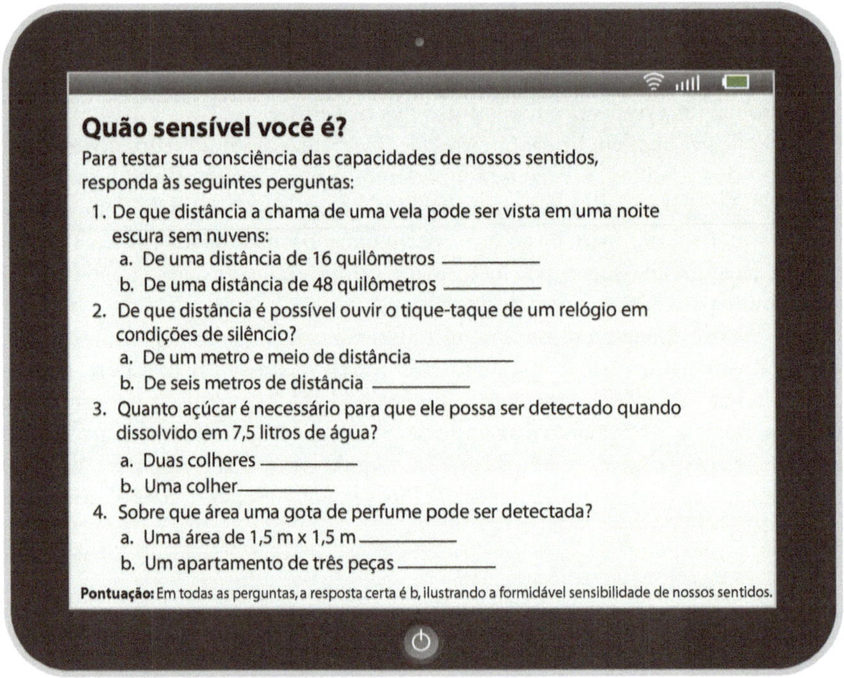

limiar absoluto Menor intensidade de um estímulo que precisa estar presente para que ele seja detectado.

FIGURA 1 Este teste pode lançar alguma luz sobre o grau de sensibilidade dos sentidos humanos.
(Fonte: Galanter, 1962.)

Quão sensível você é?
Para testar sua consciência das capacidades de nossos sentidos, responda às seguintes perguntas:

1. De que distância a chama de uma vela pode ser vista em uma noite escura sem nuvens:
    a. De uma distância de 16 quilômetros _____
    b. De uma distância de 48 quilômetros _____
2. De que distância é possível ouvir o tique-taque de um relógio em condições de silêncio?
    a. De um metro e meio de distância _____
    b. De seis metros de distância _____
3. Quanto açúcar é necessário para que ele possa ser detectado quando dissolvido em 7,5 litros de água?
    a. Duas colheres _____
    b. Uma colher _____
4. Sobre que área uma gota de perfume pode ser detectada?
    a. Uma área de 1,5 m x 1,5 m _____
    b. Um apartamento de três peças _____

Pontuação: Em todas as perguntas, a resposta certa é b, ilustrando a formidável sensibilidade de nossos sentidos.

Condições de superlotação, sons e imagens podem ser considerados ruído que interfere na sensação. Que outros exemplos de ruído que não seja de natureza auditiva você é capaz de citar?

Por exemplo, imagine um grupo de pessoas aglomeradas em uma sala pequena lotada conversando em uma festa. O barulho da multidão torna difícil ouvir as vozes individuais. Nesse caso, as condições de aglomeração seriam consideradas "ruído", porque estão impedindo a sensação em níveis de maior discriminação. Da mesma forma, temos capacidade limitada de nos concentrarmos em vários estímulos simultaneamente.

Limiares de diferença: percebendo distinções entre estímulos

Vamos supor que você queira escolher as seis melhores maçãs exibidas em um supermercado – as maiores, mais vermelhas e mais doces. Uma maneira seria comparar sistematicamente uma maçã com outra até que restassem apenas algumas tão semelhantes que você não seria capaz de perceber a diferença entre elas. Depois disso, não importaria quais você escolhesse.

Os psicólogos discutiram esse problema de comparação em termos de **limiar de diferença**, o menor nível necessário de estimulação a mais (ou a menos) para sentir que ocorreu uma *mudança* na estimulação. Portanto, o limiar de diferença é a mínima mudança na estimulação necessária para detectar a diferença entre dois estímulos, sendo por isso também chamado de **menor diferença perceptível** (Nittrouer & Lowenstein, 2007).

O tamanho de um estímulo que constitui a menor diferença perceptível depende da intensidade inicial do estímulo. A relação entre mudanças no tamanho original de um estímulo e o grau em que uma mudança será percebida forma uma das leis básicas de psicofísica: a lei de Weber. A **lei de Weber** afirma que a menor diferença perceptível é uma *proporção constante* da intensidade de um estímulo inicial (em vez de uma quantidade constante).

Por exemplo, Weber constatou que a menor diferença perceptível para peso é 1:50. Consequentemente, é preciso um aumento de uma grama em um peso de 50 gramas para produzir uma diferença perceptível, sendo necessário um aumento de 10 gramas para produzir uma diferença perceptível se o peso inicial fosse de 500 gramas. Em ambos os casos, o mesmo aumento proporcional é necessário para produzir a menor diferença perceptível – 1:5 = 10:500. Da mesma forma, a menor diferença perceptível que distingue alterações de intensidade entre sons é maior para sons que são inicialmente altos do que o é para sons que são inicialmente suaves, mas o aumento *proporcional* continua sendo o mesmo.

PsicoTec
Nossa incapacidade de nos concentrarmos em vários estímulos simultaneamente é a razão pela qual trocar mensagens pelo celular ao volante é tão perigoso. Um estudo instalou câmeras de vídeo dentro de caminhões e constatou que os motoristas tinham 23 vezes mais chances de se envolver em uma colisão enquanto estavam trocando mensagens do que quando não estavam fazendo isso.

limiar de diferença (menor diferença perceptível) Menor nível necessário de estimulação acrescentada ou reduzida para sentir que ocorreu uma mudança na estimulação.

lei de Weber Lei básica da psicofísica que afirma que a menor diferença perceptível é uma proporção constante à intensidade de um estímulo inicial (em vez de uma quantidade constante).

> **Alerta de estudo**
> Lembre-se de que a lei de Weber vale para todo tipo de estímulo sensorial: visual, auditivo, gustativo, etc.

A lei de Weber explica porque uma pessoa em um ambiente silencioso se assusta mais com o toque de um telefone do que uma pessoa em um ambiente já barulhento. Para produzir a mesma quantidade de reação em um ambiente barulhento, um toque telefônico teria de se aproximar da intensidade de sinos de catedrais. De modo similar, quando a lua é visível durante o final da tarde, ela parece relativamente escura – porém, contra um céu noturno escuro, ela parece muito brilhante.

Adaptação sensorial: reduzindo nossas respostas

Você entra em uma sala de cinema, e o cheiro de pipoca está em toda parte. Alguns minutos depois, contudo, você mal sente o cheiro. A razão pela qual você se acostuma com o odor é a adaptação sensorial. **Adaptação** é um ajuste na capacidade sensorial após exposição prolongada a estímulos invariáveis. A adaptação ocorre quando as pessoas acostumam-se com um estímulo e mudam seu referencial. Em certo sentido, nosso cérebro reduz mentalmente o volume da estimulação que ele está sentindo (Calin-Jageman & Fischer, 2007; Carbon & Ditye, 2011).

adaptação Ajuste na capacidade sensorial após exposição prolongada a estímulos invariáveis.

Um exemplo de adaptação é a diminuição da sensibilidade que ocorre após exposição repetida a um estímulo forte. Se você ouvisse um som alto repetidas vezes, com o tempo ele começaria a parecer mais suave. Da mesma forma, embora pular para dentro de um lago frio possa ser temporariamente desagradável, com o tempo você provavelmente se acostumará com a temperatura.

Esse declínio evidente da sensibilidade a estímulos sensoriais deve-se à incapacidade dos receptores dos nervos sensoriais de disparar mensagens para o cérebro indefinidamente. Uma vez que essas células receptoras são mais responsivas a *mudanças* na estimulação, a estimulação constante não é eficaz na produção de uma reação sustentada (Wark, Lundstrom, & Fairhall, 2007).

Os julgamentos dos estímulos sensoriais também são afetados pelo contexto em que os julgamentos são feitos. Esse é o caso pelo qual os julgamentos não são feitos isoladamente de outros estímulos, mas em termos da experiência sensorial precedente. Você pode demonstrar isso para si mesmo fazendo a seguinte experiência simples.

Pegue dois envelopes, um grande e outro pequeno, e coloque 15 moedas em cada um deles. Agora levante o envelope grande, solte-o e levante o envelope pequeno. Qual deles parece pesar mais? A maioria das pessoas relata que o menor é mais pesado, embora, como você sabe, os pesos são praticamente idênticos. A razão para esse erro é que o contexto visual do envelope interfere na experiência sensorial do peso. A adaptação ao contexto de um estímulo (o tamanho do envelope) altera as respostas a outro estímulo (o peso do envelope) (Coren, 2004).

Recapitule/avalie/repense

Recapitule

RA 8-1 O que é sensação e como os psicólogos a estudam?

- Sensação é a ativação dos órgãos dos sentidos por qualquer fonte de energia física. Em contraste, percepção é o processo pelo qual classificamos, interpretamos, analisamos e integramos estímulos aos quais nossos sentidos são expostos.

RA 8-2 Qual é a relação entre um estímulo físico e os tipos de respostas sensoriais que dele resultam?

- A psicofísica estuda as relações entre a natureza física dos estímulos e as respostas sensoriais que eles evocam.
- O limiar absoluto é a menor quantidade de intensidade física na qual um estímulo pode ser detectado. Sob condições ideais, os limiares absolutos são extraordinariamente sensíveis, mas a presença de ruído (estímulos do ambiente que interferem em outros estímulos) reduz a capacidade de detecção.
- O limiar de diferença, ou menor diferença perceptível, é a menor alteração necessária no nível de estimulação para sentir que uma mudança ocorreu. Segundo a lei de Weber, a menor diferença perceptível é uma proporção constante da intensidade de um estímulo inicial.
- A adaptação sensorial ocorre quando nos acostumamos a um estímulo constante e mudamos nossa avaliação dele. A exposição repetida a um estímulo resulta em um declínio visível na sensibilidade a ele.

Avalie

1. _____ é a estimulação dos órgãos dos sentidos; _____ é a classificação, interpretação, análise e integração dos estímulos pelos órgãos dos sentidos e pelo cérebro.
2. O termo *limiar absoluto* refere-se à _____ intensidade de um estímulo que precisa estar presente para que ele seja detectado.
3. Weber descobriu que, para que uma diferença entre dois estímulos seja perceptível, os estímulos devem diferir em pelo menos uma proporção _____.
4. Depois de completar a escalada de uma rocha muito difícil pela manhã, Carmella achou a escalada da tarde surpreendentemente fácil. Esse exemplo ilustra o fenômeno de _____.

Repense

1. Você acha que é possível haver sensação sem percepção? É possível haver percepção sem sensação?
2. *Da perspectiva de um fabricante*: Como você levaria a psicofísica em consideração ao desenvolver novos produtos ou modificar produtos antigos?

Respostas das questões de avaliação

1. Sensação, percepção; 2. menor; 3. constante; 4. adaptação.

Termos-chave

sensação **p. 89**
percepção **p. 89**
estímulo **p. 89**
psicofísica **p. 89**
limiar absoluto **p. 90**
limiar de diferença (menor diferença perceptível) **p. 91**
lei de Weber **p. 91**
adaptação **p. 92**

MÓDULO 9

Visão: Lançando Luz sobre o Olho

Resultados de Aprendizagem

RA 9-1 Quais processos básicos subjazem ao sentido da visão?

RA 9-2 Como vemos as cores?

Se, como dizem os poetas, os olhos oferecem uma janela para a alma, eles também nos oferecem uma janela para o mundo. Nossas capacidades visuais permitem-nos admirar e reagir a cenas que variam desde a beleza de um pôr do sol, para a configuração do rosto de um amante, até as palavras escritas nas páginas de um livro.

A visão começa com a luz, a energia física que estimula o olho. A luz é uma forma de ondas de radiação eletromagnética, as quais, como mostra a Figura 1, são medidas em comprimentos de onda. Os tamanhos dos comprimentos de onda correspondem a diferentes tipos de energia. O espectro de comprimentos de onda ao qual os seres humanos são sensíveis – denominado *espectro visual* – é relativamente pequeno. Por exemplo, alguns répteis e peixes sentem energias de comprimentos de onda maiores do que as que somos capazes de sentir, e certos insetos sentem energias de comprimentos de onda menores do que as que os seres humanos sentem. Por exemplo, as abelhas são atraídas a flores que refletem raios ultravioletas que os seres humanos não são capazes de detectar.

As ondas de luz provenientes de algum objeto fora do corpo (tais como a da árvore na Fig. 2) são sentidas pelo único órgão capaz de responder ao espectro visível: o olho. Nossos olhos convertem a luz para uma forma que pode ser usada pelos neurônios para servirem de mensagens para o cérebro. Os próprios neurônios assimilam uma porcentagem relativamente pequena do olho total. A maior parte do olho é um dispositivo mecânico em muitos aspectos semelhante a uma câmera manual que usa filme, como demonstrado na Figura 2.

Apesar das semelhanças entre o olho e a câmera, a visão envolve processos que são muito mais complexos e sofisticados do que os de qualquer câmera. Além disso, depois que a imagem alcança os receptores neuronais do olho, a analogia olho/câmera termina, pois o processamento da imagem visual no cérebro mais se assemelha a um computador do que a uma câmera.

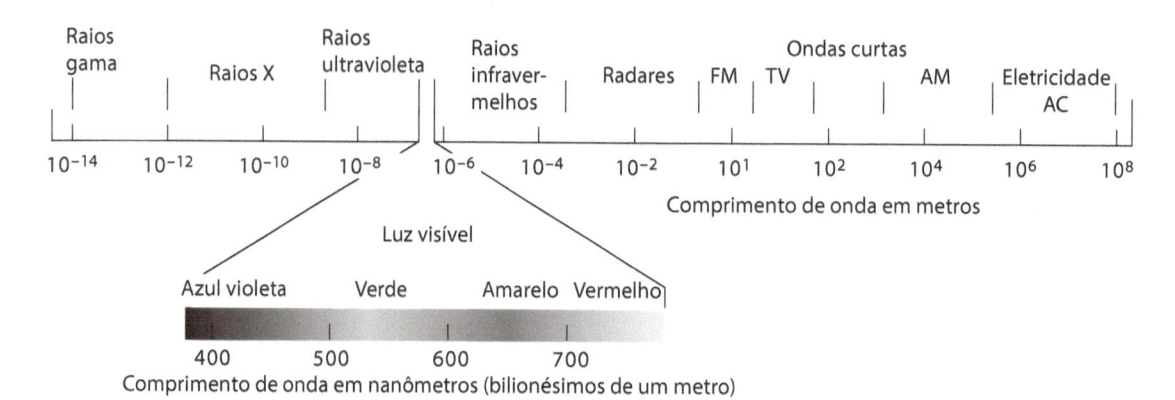

FIGURA 1 O espectro visível – a faixa de comprimentos de onda aos quais as pessoas são sensíveis – é somente uma pequena parte dos tipos de comprimentos de onda presentes em nosso ambiente. Você considera que é uma vantagem ou uma desvantagem para nossas vidas cotidianas não sermos sensíveis a uma faixa de estímulos visuais mais ampla? Justifique sua resposta.

Módulo 9 Visão: Lançando Luz sobre o Olho 95

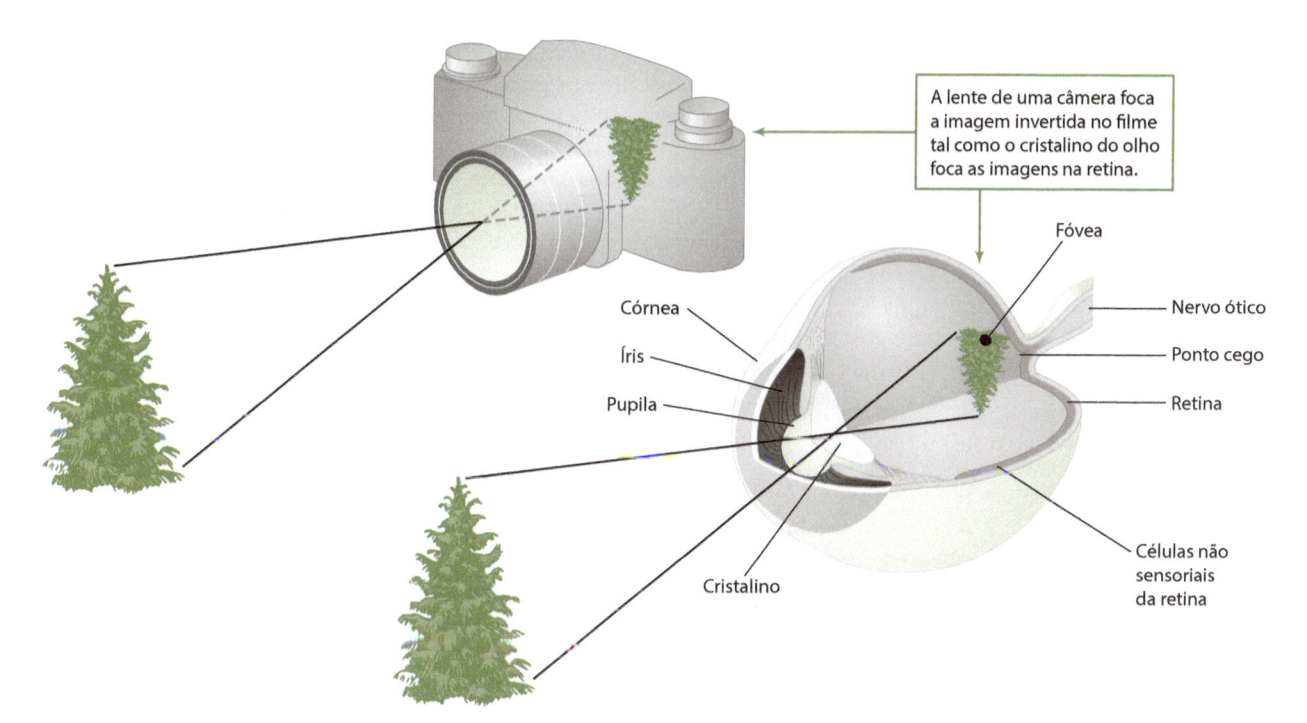

> A lente de uma câmera foca a imagem invertida no filme tal como o cristalino do olho foca as imagens na retina.

Córnea
Íris
Pupila
Cristalino
Fóvea
Nervo ótico
Ponto cego
Retina
Células não sensoriais da retina

FIGURA 2 Embora a visão humana seja muito mais complicada do que a mais sofisticada câmera, em alguns aspectos os processos visuais básicos são análogos aos usados em fotografia. Como no sistema de iluminação automático de uma câmera tradicional não digital, o olho humano dilata-se para permitir a entrada de mais luz e contrai-se para bloquear a luz.

Iluminando a estrutura do olho

O raio de luz refletido pela árvore na Figura 2 primeiro atravessa a *córnea*, uma janela protetora transparente. A córnea, devido à sua curvatura, desvia (ou *refrata*) a luz quando esta a atravessa, desempenhando o papel fundamental de focar melhor a luz. Depois de passar pela córnea, a luz atravessa a *pupila*. Esta é um orifício escuro no centro da *íris*, a parte colorida do olho, que nos seres humanos varia do azul-claro ao castanho-escuro. O tamanho da abertura da pupila depende da quantidade de luz no ambiente. Quanto mais escuro o ambiente, mais a pupila se abre para permitir a entrada de mais luz.

Por que a pupila não estaria totalmente aberta o tempo todo, permitindo que a maior quantidade de luz entre no olho? A resposta está relacionada à física básica da luz. Uma pe-

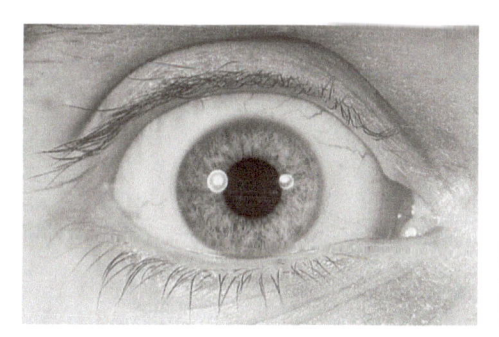

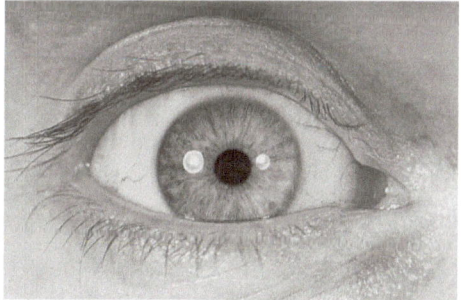

Como o sistema automático em uma câmera, a pupila no olho humano expande-se para permitir que entre mais luz (esquerda) e contrai-se para impedir a entrada de luz (direita). Os seres humanos podem ajustar suas orelhas para permitir mais ou menos som de maneira semelhante?

quena pupila aumenta grandemente a gama de distâncias na qual os objetos estão em foco. Com uma pupila aberta de modo pleno, a gama é relativamente pequena, sendo mais difícil distinguir os detalhes. O olho aproveita a luz clara diminuindo o tamanho da pupila e, assim, tornando-se mais discriminante. Na luz fraca, a pupila expande-se para nos permitir ver melhor a situação – porém, em detrimento do detalhes visuais. (Talvez um dos motivos pelos quais os jantares à luz de velas sejam considerados românticos seja que a pouca luz impede que vejamos os defeitos físicos do parceiro.)

Depois que a luz atravessa a pupila, ela entra no *cristalino*, que fica diretamente atrás da pupila. O cristalino desvia os raios de luz para que eles sejam focalizados corretamente na parte posterior do olho. O cristalino focaliza a luz mudando sua própria espessura, um processo denominado *acomodação*: ele se torna mais achatado ao vermos objetos mais distantes e mais arredondado quando olhamos objetos mais próximos.

Chegando à retina

Tendo atravessado a pupila e o cristalino, a imagem da árvore finalmente chega a seu derradeiro destino no olho – a **retina**. É dentro da retina que a energia eletromagnética da luz é convertida em impulsos elétricos para transmissão ao cérebro. Observe que, devido às propriedades físicas da luz, a imagem inverteu-se ao atravessar o cristalino, e ela chega à retina de cabeça para baixo (em relação à sua posição original). Embora possa parecer que essa inversão traria dificuldades para compreender e deslocar-se no mundo, esse não é o caso. O cérebro interpreta a imagem em termos de sua posição original.

A retina consiste em uma fina camada de células nervosas na parte posterior do globo ocular (ver Fig. 3). Existem dois tipos de células receptoras sensíveis à luz na retina. Os nomes que receberam descrevem suas formas: bastonetes e cones. Os **bastonetes** são células receptoras cilíndricas finas altamente sensíveis à luz. Os **cones** são células receptoras sensíveis à luz geralmente em forma de cone, responsáveis pelo foco nítido e pela percepção de cores, sobretudo em luz clara. Os cones e bastonetes têm distribuição irregular em toda a retina. Os cones estão concentrados na parte da retina chamada fóvea. A fóvea é a região particularmente sensível da retina. Se você quer focar em algo de especial interesse, você automaticamente tentará centrar a imagem na fóvea para vê-la com mais nitidez.

Além de serem estruturalmente diferentes, os cones e bastonetes também desempenham papéis claramente distintos na visão. Os cones são responsáveis pela percepção focada da cor, sobretudo em situações de iluminação plena; os bastonetes estão relacionados à visão em situações de pouca iluminação, sendo altamente insensíveis à cor e a detalhes tão nítidos como aqueles que os cones são capazes de reconhecer. Os bastonetes desempenham um papel fundamental na *visão periférica* – ver objetos que estão fora do principal centro de foco – e na visão noturna.

Os cones e bastonetes também estão envolvidos na *adaptação ao escuro*, o fenômeno de se adaptar à luz fraca depois de estar em luz clara. (Pense na experiência de entrar em um cinema escuro e ter dificuldade para encontrar um assento, mas alguns minutos depois poder ver os assentos com clareza.) A rapidez com que a adaptação ocorre depende da taxa de alteração da composição química de bastonetes e cones. Embora os cones atinjam seu maior nível de adaptação em apenas poucos minutos, os bastonetes levam de 20 a 30 minutos para atingir seu nível máximo. O fenômeno oposto – *adaptação à luz*, ou o processo de se adaptar à luz clara depois da exposição à luz fraca – ocorre com muito mais rapidez, levando apenas em torno de um minuto.

Enviando a mensagem do olho para o cérebro

Quando a luz atinge os bastonetes e cones, ela inicia uma cadeia de eventos que transforma a luz em impulsos neurais que podem ser comunicados ao cérebro. Porém, mesmo antes de a mensagem neural chegar ao cérebro, ocorre uma codificação inicial da informação visual.

---

retina Parte do olho que converte a energia eletromagnética da luz em impulsos elétricos para transmissão ao cérebro.

bastonetes Células receptoras cilíndricas finas na retina altamente sensíveis à luz.

cones Células receptoras cônicas na retina sensíveis à luz, responsáveis pelo foco nítido e pela percepção da cor, sobretudo em luz clara.

Alerta de estudo

Lembre-se de que os cones estão relacionados à visão em cores.

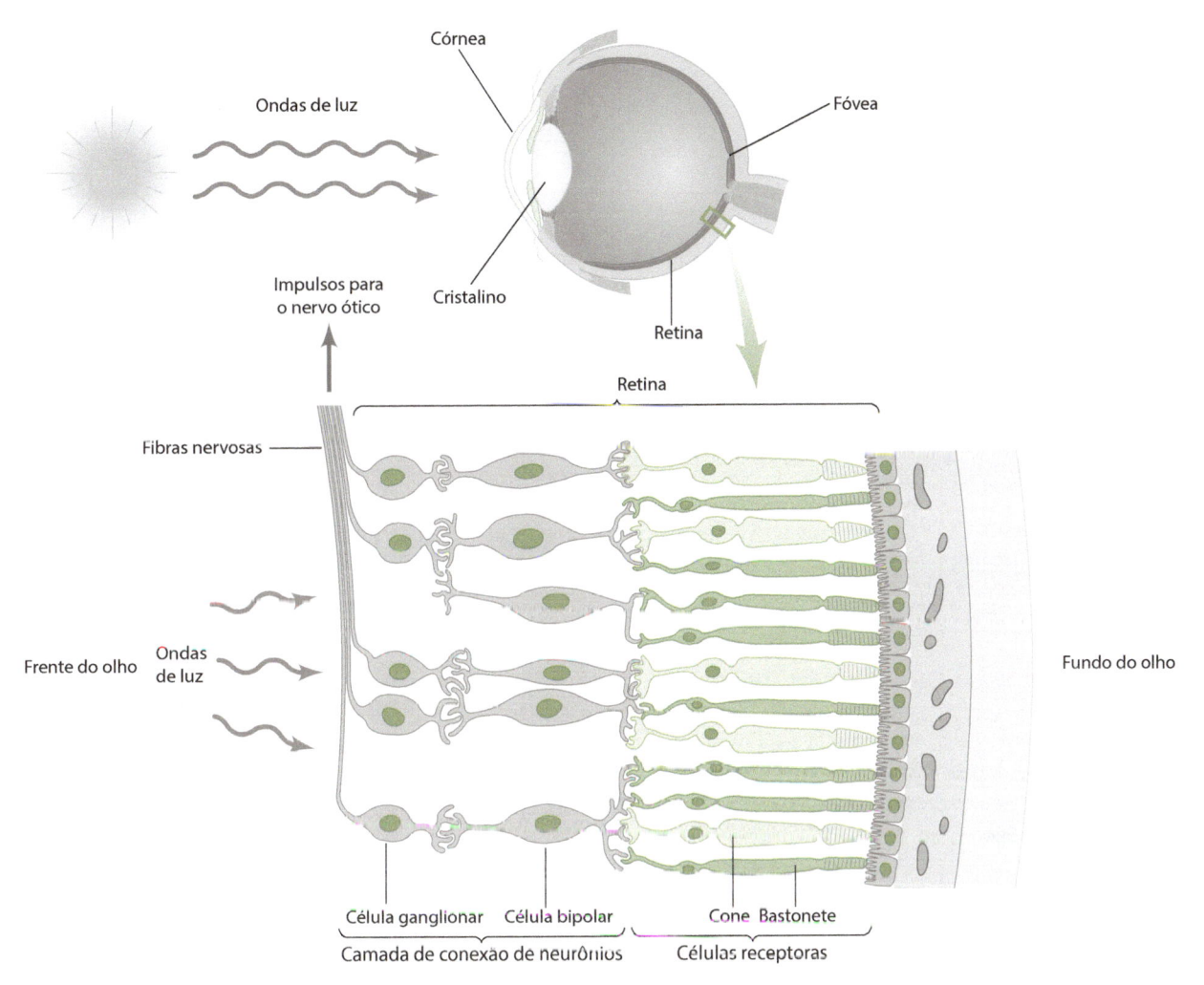

FIGURA 3 As células básicas do olho. A luz que entra no olho desloca-se até as células ganglionares e bipolares e atinge os bastonetes e cones sensíveis à luz localizados no fundo do olho. Os bastonetes e cones, então, transmitem os impulsos nervosos para o cérebro por meio das células ganglionares e bipolares.
(Fonte: Shier, Butler, & Lewis, 2000.)

O que acontece quando a energia luminosa atinge a retina depende em parte de se ela encontra um bastonete ou um cone. Os bastonetes contêm *rodopsina*, uma substância vermelho-púrpura cuja composição altera-se quimicamente quando energizada pela luz. A substância nos receptores dos cones é diferente, mas os princípios são semelhantes. A estimulação das células nervosas no olho dispara uma resposta neural que é transmitida para outras células nervosas na retina denominadas *células bipolares* e *células ganglionares*.

As células bipolares recebem informações diretamente dos cones e bastonetes e comunicam essas informações para as células ganglionares. As células ganglionares coletam e resumem as informações visuais, as quais são, então, retiradas do fundo do globo ocular e mandadas para o cérebro por meio de um feixe de axônios ganglionares denominado **nervo ótico**.

Quando a abertura para o nervo ótico atravessa a retina, não existem bastonetes ou cones na área, o que cria um ponto cego. Contudo, normalmente, essa ausência de células nervosas não interfere na visão porque você compensa de modo automático a parte ausente de seu campo de visão. (Para encontrar seu ponto cego, ver Fig. 4.)

nervo ótico Feixe de axônios ganglionares que levam informações visuais ao cérebro.

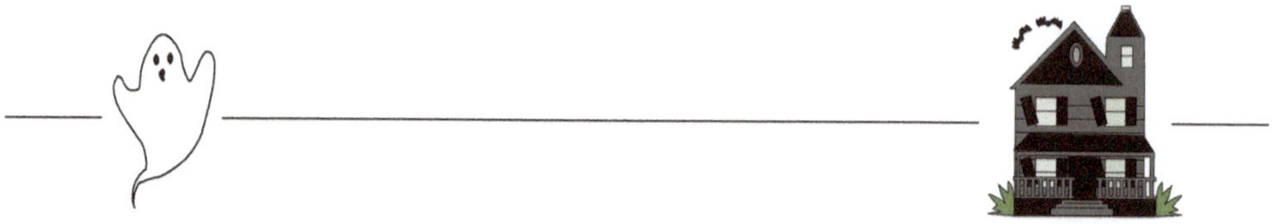

FIGURA 4 Para encontrar seu ponto cego, feche o olho direito e olhe para a casa mal-assombrada com o seu olho esquerdo. Você verá o fantasma na periferia de sua visão. Agora, com o olhar fixo na casa, aproxime a página em sua direção. Quando o livro estiver a cerca de trinta centímetros de seu olho, o fantasma irá desaparecer. Nesse momento, a imagem do fantasma está incidindo em seu ponto cego.

Mas observe também, quando a página estiver àquela distância, que, além de o fantasma "desaparecer", a linha parece correr continuamente pela área onde o fantasma estava antes. Esse simples experimento demonstra como automaticamente compensamos informações que estão faltando usando material próximo para completar o que não vemos. É por isso que você nunca percebe o ponto cego. O que está faltando é substituído pelo que é visto ao lado do ponto cego. Que vantagens essa tendência de fornecer informações ausentes dá aos seres humanos como espécie?

PsicoTec
Novas tecnologias estão ajudando os cegos a ver. Por exemplo, implantando eletrodos cirurgicamente nos olhos e usando uma câmera acoplada ao nariz e um processador afivelado à cintura, pessoas totalmente cegas são capazes de diferenciar pratos de xícaras e identificar letras grandes.

Uma vez além do olho em si, os impulsos neurais relacionados à imagem percorrem o nervo ótico. Quando o nervo ótico deixa o globo ocular, seu caminho não toma a via mais direta até a parte do cérebro logo posterior ao olho. Em vez disso, os nervos óticos de cada olho encontram-se em um ponto aproximadamente entre os dois olhos – denominado *quiasma ótico* – onde cada nervo ótico, então, bifurca-se.

Quando o nervo ótico se bifurca, os impulsos nervosos provenientes da metade direita de cada retina são enviados para o lado direito do cérebro, e os impulsos que chegam da metade esquerda de cada retina são enviados para o lado esquerdo do cérebro. Contudo, uma vez que a imagem nas retinas é invertida e de cabeça para baixo, essas imagens oriundas da metade direita de cada retina, na verdade, originaram-se no campo de visão à esquerda da pessoa, e as imagens que chegam da metade esquerda de cada retina originaram-se no campo de visão à direita da pessoa (ver Fig. 5).

Processando a mensagem visual

Quando a mensagem visual chega ao cérebro, ela já passou por vários estágios de processamento. Um dos locais iniciais são as células ganglionares. Cada célula ganglionar reúne informações de um grupo de cones e bastonetes em determinada área do olho e compara a quantidade de luz que entra no centro daquela área com a quantidade de luz na área ao redor dele. Algumas células ganglionares são ativadas pela luz no centro (e escuridão na área circundante). Outras células ganglionares são ativadas onde existe escuridão no centro e luz nas áreas circundantes. O resultado desse processo é maximizar a detecção de variações na luz e na escuridão. A imagem que é repassada para o cérebro, então, é uma versão realçada do estímulo visual real fora do corpo (Kubovy, Epstein, & Gepshtein, 2003; Pearson & Clifford, 2005; Lascaratos, Ji, & Wood, 2007; Grünert et al., 2011).

O processamento final de imagens visuais ocorre no córtex visual do cérebro, e é ali que se dão os tipos de processamento mais complexos. Os psicólogos David Hubel e Torsten Wiesel ganharam o Prêmio Nobel em 1981 por sua descoberta de que muitos neurônios no córtex são extraordinariamente especializados, sendo ativados apenas por estímulos visuais de determinada forma ou padrão – processo conhecido como **detecção de características**.

detecção de características Ativação de neurônios no córtex por estímulos visuais de formas ou padrões específicos.

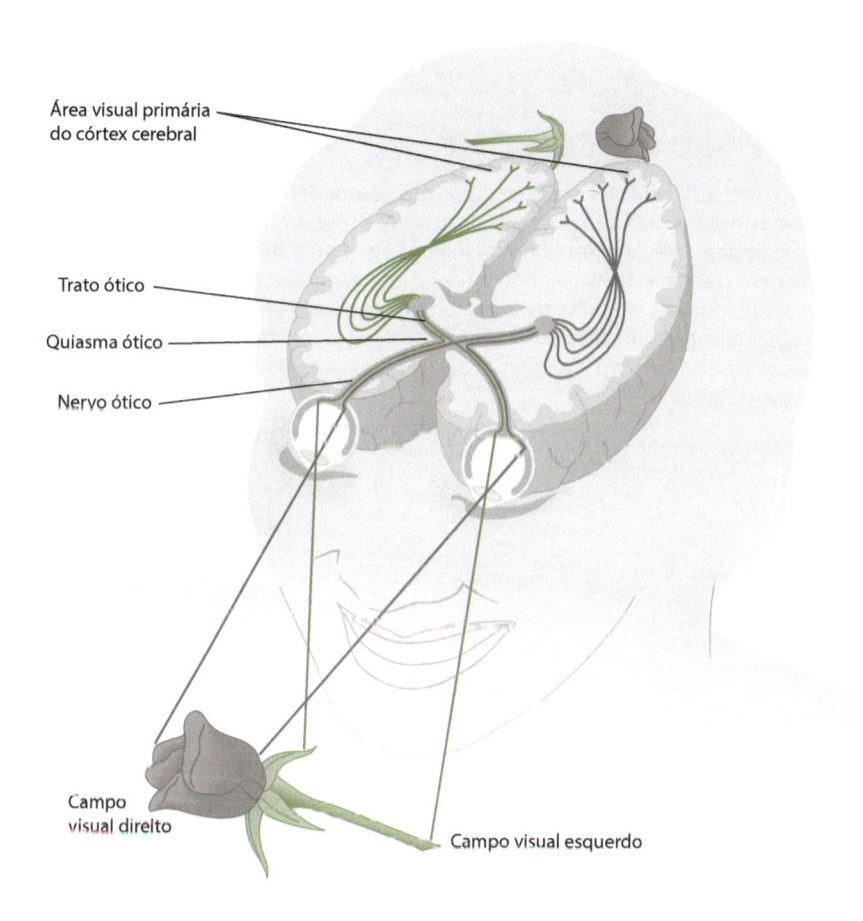

FIGURA 5 Uma vez que o nervo ótico que vem do olho divide-se no quiasma ótico, a imagem no olho direito de uma pessoa é enviada para o lado esquerdo do cérebro e a imagem à esquerda dessa pessoa é transmitida para o lado direito do cérebro.
(Fonte: Mader, 2000.)

- Área visual primária do córtex cerebral
- Trato ótico
- Quiasma ótico
- Nervo ótico
- Campo visual direito
- Campo visual esquerdo

Eles constataram que algumas células são ativadas somente por linhas de determinada largura, forma ou orientação. Outras células são ativadas somente por estímulos em movimento, em oposição a estímulos estáticos (Hubel & Wiesel, 2004; Pelli, Burns, & Farell, 2006; Sebastiani, Castellani, & D'Alessandro, 2011).

Trabalhos mais recentes aumentaram o conhecimento acerca dos modos complexos como informações visuais oriundas de neurônios individuais são combinadas e processadas. Diferentes partes do cérebro processam os impulsos nervosos em diversos sistemas individuais simultaneamente. Por exemplo, um sistema relaciona-se a formas; outro, a cores; e outros, a movimento, localização e profundidade. Além disso, diferentes partes do cérebro estão envolvidas na percepção de *tipos* específicos de estímulos, mostrando distinções, por exemplo, entre a percepção de rostos humanos, animais e estímulos inanimados (Winston, O'Doherty, & Kilner, 2006; Werblin & Rooka, 2007; Bindemann et al., 2008; Platek & Kemp, 2009).

Se existem sistemas neurais separados para processar informações sobre aspectos específicos do mundo visual, como todos esses dados são integrados pelo cérebro? O cérebro faz uso de informações referentes a frequência, ritmo e tempo de disparo de determinados conjuntos de células neurais. Além disso, a integração de informações visuais não ocorre em uma única etapa ou local no cérebro, sendo antes um processo que se dá em vários níveis simultaneamente. O resultado final, contudo, é indiscutível: uma visão do mundo à nossa volta (de Gelder, 2000; Macaluso, Frith, & Driver, 2000; Werner, Pinna, & Spillmann, 2007; ver também Fig. 6, A Neurociência em sua Vida).

A Neurociência em sua Vida:
Vendo a visão no cérebro

FIGURA 6 Além de ter neurônios especializados que respondem com mais intensidade a determinadas formas, orientações e larguras, nosso cérebro processa as informações provenientes de cada olho separadamente, criando o que chamamos de colunas de dominância. Com as novas técnicas de imagens de ressonância magnética (IRMs), os pesquisadores podem observar a atividade de cada olho com mais precisão. Nessas imagens, podemos ver a variação nas colunas de dominância ocular de três indivíduos. As áreas em cinza claro mostram a resposta de um olho; enquanto as áreas em cinza escuro, a resposta do outro.
(Fonte: Shmuel et al., 2010.)

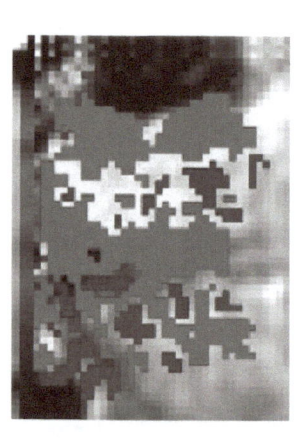

Participante 1   Participante 2   Participante 3

Visão de cores e cegueira para cores: o espectro de 7 milhões de cores

Embora a gama de comprimentos de onda aos quais os seres humanos são sensíveis seja relativamente estreita, ao menos em comparação com o espectro eletromagnético inteiro, a porção à qual somos capazes de responder permite-nos grande flexibilidade ao perceber o mundo. Em nenhuma parte isso fica mais claro do que em termos do número de cores que somos capazes de discernir. Uma pessoa com visão de cores normal é capaz de distinguir nada menos do que 7 milhões de cores diferentes (Bruce, Green, & Georgeson, 1997; Rabin, 2004).

Embora a variedade de cores que as pessoas são em geral capazes de distinguir seja vasta, existem alguns indivíduos cuja capacidade de perceber cor é bastante limitada – os cegos para cores. É interessante que a condição desses indivíduos tenha fornecido algumas das mais importantes pistas para compreender como a visão de cores opera (Neitz, Neitz, & Kainz, 1996; Bonnardel, 2006; Nijboer, te Pas, & van der Smagt, 2011).

FIGURA 7 Para alguém com visão normal, o balão de ar quente em primeiro plano aparece com zonas em vermelho, laranja, amarelo, verde, azul e violeta bem nítidas, assim como em branco desbotado; o balão em segundo plano é de uma tonalidade brilhante de laranja-vermelho. (b) Uma pessoa com cegueira para verde-vermelho veria a cena em parte (a) como esta, em tons de azul e amarelo. (c) Uma pessoa que é cega para azul-amarelo veria a cena (a), inversamente, em tons de verde e vermelho. (Veja esta imagem colorida nas orelhas deste livro.)

Aproximadamente 7% dos homens e 0,4% das mulheres são cegos para cores. Para a maioria das pessoas com tal condição, o mundo parece bastante desbotado (ver Fig. 7). Os carros vermelhos de bombeiros parecem amarelos, a grama verde parece amarela e as três cores dos semáforos parecem todas amarelas. Na verdade, na forma mais comum de cegueira para cores, todos os objetos vermelhos e verdes são vistos como amarelos. Em outros tipos de cegueira para cores, as pessoas são incapazes de detectar a diferença entre amarelo e azul. Nos casos mais extremos, que são bastante raros, as pessoas não percebem absolutamente qualquer cor. Para esses indivíduos, o mundo se parece um pouco como a imagem de um televisor preto e branco antigo.

Explicando a visão de cores

Para compreender por que algumas pessoas são cegas para cores, precisamos considerar os fundamentos da visão de cores. Dois processos estão envolvidos. O primeiro é explicado pela **teoria tricromática da visão de cores**, primeiramente proposta por Thomas Young e ampliada por Hermann von Helmholtz na primeira metade do século XIX. Essa teoria propõe que existem três tipos de cones na retina, cada um dos quais responde principalmente a uma faixa específica de comprimentos de onda. Um é mais sensível a cores azul-violeta; outro, a verde; e o terceiro, a amarelo-vermelho (Brown & Wald, 1964). Segundo a teoria tricromática, a percepção de cor é influenciada pela relativa força com que cada um dos três tipos de cones é ativado. Se vemos um céu azul, os cones azul-violeta são predominantemente acionados, enquanto os outros apresentam menos atividade.

Entretanto, existem aspectos da visão de cores que a teoria tricromática não explica tão bem. Por exemplo, a teoria não explica o que acontece depois que você olha fixamente para algo como a bandeira mostrada na Figura 8 por cerca de um minuto. Experimente você mesmo e depois olhe para uma página branca vazia: você verá a imagem tradicional da bandeira dos Estados Unidos em vermelho, branco e azul. Onde havia amarelo, você verá azul e, onde havia verde e preto, verá vermelho e branco.

teoria tricromática da visão de cores Teoria de que existem três tipos de cones na retina e de que cada um deles responde principalmente a uma faixa específica de comprimentos de onda.

FIGURA 8 Olhe fixamente para o ponto nessa bandeira por cerca de um minuto e depois para uma folha branca de papel. O que você vê? A maioria das pessoas vê uma pós-imagem que converte as cores na figura nas tradicionais vermelho, branco e azul da bandeira dos Estados Unidos. Se você tiver dificuldade para vê-la na primeira tentativa, pisque uma vez e tente novamente. (Veja esta imagem colorida nas orelhas deste livro.)

teoria do processo oponente da visão de cores Teoria de que células receptoras para cor estão ligadas em pares, operando de forma oposta uma à outra.

Alerta de estudo

Lembre-se de que existem duas explicações para a visão de cores: as teorias tricromática e do processo oponente.

O fenômeno que você acaba de experimentar é chamado de *pós-imagem*. Ele ocorre porque a atividade na retina continua mesmo quando você não está mais olhando a imagem original. Contudo, ele também demonstra que a teoria tricromática não explica completamente a visão de cores. Por que as cores na pós-imagem deveriam ser diferentes daquelas no original?

Como os processos tricromáticos não fornecem uma explicação completa da visão de cores, explicações alternativas foram propostas. De acordo com a **teoria do processo oponente da visão de cores**, primeiramente proposta pelo fisiologista Ewald Hering no século XIX, as células receptoras são unidas em pares, operando em oposição uma à outra. Especificamente, existe um pareamento azul-amarelo, um pareamento vermelho-verde e um pareamento preto-branco. Se um objeto reflete luz que contém mais azul do que amarelo, ele estimulará o acionamento das células sensíveis ao azul, simultaneamente desencorajando ou inibindo o acionamento de células receptoras sensíveis ao amarelo – e o objeto parecerá azul. Se, em contraste, uma luz contém mais amarelo do que azul, as células que respondem ao amarelo serão estimuladas a disparar enquanto as azuis são inibidas, e o objeto parecerá amarelo (D. N. Robinson, 2007).

A teoria do processo oponente fornece uma boa explicação para as pós-imagens. Quando olhamos fixamente o amarelo na figura, por exemplo, nossas células receptoras para o componente amarelo do pareamento amarelo-azul tornam-se fatigadas e menos capazes de responder a estímulos amarelos. Em contraste, as células receptoras para a parte azul do par não estão cansadas, porque elas não estão sendo estimuladas. Quando olhamos uma superfície branca, a luz que ela reflete normalmente estimularia os receptores amarelos e azuis de forma idêntica. Porém, a fadiga dos receptores amarelos impede que isso aconteça. Eles não respondem temporariamente ao amarelo, o que faz a luz branca parecer azul. Uma vez que as outras cores na figura fazem o mesmo em relação a seus oponentes específicos, a pós-imagem produz as cores opostas – por algum tempo. A pós-imagem dura apenas um curto período tempo, pois a fadiga dos receptores amarelos logo é superada, e a luz branca começa a ser percebida com mais precisão.

Hoje sabemos que tanto os processos oponentes quanto os mecanismos tricromáticos atuam para produzir a visão de cores, mas em diferentes partes do sistema de sensação visual. Os processos tricromáticos operam dentro da própria retina, ao passo que os mecanismos oponentes funcionam tanto na retina quando em estágios posteriores do processamento neuronal (Gegenfurtner, 2003; Chen, Zhou, & Gong, 2004; Baraas, Foster, & Amano, 2006).

Recapitule/avalie/repense

Recapitule

RA 9-1 Quais processos básicos subjazem ao sentido da visão?

- A visão depende da sensibilidade à luz, ondas eletromagnéticas na parte visível do espectro que são refletidas pelos objetos ou produzidas por uma fonte de energia. O olho molda a luz para formar uma imagem que é transformada em impulsos nervosos e interpretada pelo cérebro.

- Quando a luz entra no olho, ela passa pela córnea, pela pupila e pelo cristalino, chegando finalmente à retina, onde a energia eletromagnética da luz é convertida em impulsos nervosos para transmissão ao cérebro. Esses impulsos deixam o olho via nervo ótico.

- A informação visual reunida por cones e bastonetes é transferida por meio de células bipolares e ganglionares pelo nervo ótico, o qual leva ao quiasma ótico – o ponto onde o nervo ótico se bifurca.

RA 9-2 Como vemos as cores?

- A visão de cores parece estar baseada em dois processos descritos pela teoria tricromática e pela teoria do processo oponente.

- A teoria tricromática propõe que existem três tipos de cones na retina, cada um dos quais sensível a uma faixa de cores. A teoria do processo oponente presume pares de diferentes tipos de células no olho que operam em oposição uma à outra.

Avalie

1. A luz que entra no olho primeiro atravessa a _____, uma janela de proteção.

2. A estrutura que converte a luz em mensagens neurais usáveis é chamada de _____.

3. Uma mulher com olhos azuis poderia ser descrita como tendo pigmento azul em seu/sua _____.

4. Qual é o processo pelo qual a espessura do cristalino se altera a fim de focar a luz corretamente?

5. A sequência correta de estruturas pelas quais a luz passa no olho é _____, _____, _____ e _____.

6. Combine cada tipo de receptor visual com sua função.
   a. bastonetes
   b. cones
   1. usados para luz fraca, basicamente insensíveis a cor
   2. detectam cor, bons à luz clara

7. A teoria _____ afirma que existem três tipos de cones na retina, cada um dos quais respondendo principalmente a uma cor diferente.

Repense

1. Se o olho tivesse um segundo cristalino que "desinvertesse" a imagem que chega à retina, haveria mudanças no modo como as pessoas percebem o mundo?

2. *Da perspectiva de um especialista em publicidade:* Como você poderia comercializar seus produtos de modo semelhante ou diferente para pessoas que são cegas para cores em comparação a indivíduos que têm visão normal?

Respostas das questões de avaliação

1. córnea; 2. retina; 3. íris; 4. acomodação; 5. córnea, pupila, cristalino, retina; 6. a-1, b-2; 7. tricromática

Termos-chave

retina p. 96
bastonetes p. 96
cones p. 96
nervo ótico p. 97
detecção de características p. 98
teoria tricromática da visão de cores p. 101
teoria do processo oponente da visão de cores p. 102

MÓDULO 10

A Audição e os Outros Sentidos

Resultados de Aprendizagem

RA 10-1 Que papel a orelha desempenha nos sentidos de som, movimento e equilíbrio?

RA 10-2 Como funcionam o olfato e o paladar?

RA 10-3 Quais são os sentidos da pele e como eles se relacionam à experiência de dor?

A decolagem foi fácil comparada àquilo que o astronauta estava sentindo agora: o mal do espaço. A náusea e os vômitos constantes foram o suficiente para fazê-lo questionar por que ele tinha se esforçado tanto para tornar-se astronauta. Ainda que tivesse sido avisado de que havia dois terços de chances de que sua primeira experiência no espaço causaria esses sintomas, ele não estava preparado para sentir-se tão doente como estava.

Quer o astronauta deseje ou não voltar imediatamente para a Terra, sua experiência, um grande problema para viajantes no espaço, está relacionada a um processo sensorial básico: o sentido de movimento e equilíbrio. Esse sentido permite que as pessoas conduzam seus corpos pelo mundo e mantenham-se eretas sem cair. Com a audição – o processo pelo qual as ondas sonoras são traduzidas em formas compreensíveis e significativas –, o sentido de movimento e equilíbrio reside na orelha.

Sentindo o som

Embora muitos de nós pensem sobretudo na orelha externa quando falamos da orelha, essa estrutura é somente uma parte simples do todo. A orelha externa atua como um megafone reverso, destinado a captar e levar os sons às estruturas internas da orelha (ver Fig. 1). A localização das orelhas em lados diferentes da cabeça ajuda na *localização do som*, o processo pelo qual identificamos a direção da qual um som está vindo. Padrões de ondas no ar entram em cada orelha em tempos ligeiramente diferentes, e o cérebro usa a discrepância como um sinal do ponto de origem do som. Além disso, as duas orelhas externas retardam ou amplificam os sons de determinadas frequências em graus diferentes (Schnupp, Nelken, & King, 2011).

som Movimento de moléculas de ar produzido por uma fonte de vibração.

tímpano Parte da orelha que vibra quando atingida por ondas sonoras.

O **som** é o movimento de moléculas de ar produzido por uma fonte de vibração. Os sons deslocam-se pelo ar em padrões de onda de formato semelhante àqueles que se formam na água quando uma pedra é jogada em uma lagoa. Os sons, que chegam à orelha externa na forma de vibrações semelhantes a ondas, são canalizados para dentro do *canal auditivo*, uma passagem tubular que leva ao tímpano. O **tímpano** opera como um tambor em miniatura, vibrando quando os sons o atingem. Quanto mais intenso o som, mais o tímpano vibra. Essas vibrações são, então, transferidas para a orelha média, uma câmara diminuta que contém três ossos (o *martelo*, a *bigorna* e o *estribo*) que transmitem vibrações à janela oval, uma membrana delgada que chega à orelha interna. Tendo em vista que martelo, bigorna e estribo operam como um conjunto de alavancas, eles não apenas transmitem vibrações, como também aumentam sua força. Além disso, como a abertura para dentro da orelha média (o tímpano) é consideravelmente maior do que a abertura para fora dela (a janela oval), a força das ondas sonoras sobre a janela oval torna-se amplificada. A orelha média, portanto, atua como um minúsculo amplificador mecânico.

cóclea Tubo espiralado, semelhante a um caracol, que é preenchido por um líquido que vibra em resposta ao som.

membrana basilar Estrutura que atravessa o centro da cóclea, dividindo-a em uma câmara superior e uma câmara inferior.

A *orelha interna* é a porção que altera as vibrações do som para uma forma em que elas possam ser transmitidas para o cérebro. (Como veremos, também contém os órgãos que nos permitem localizar nossa posição e determinar como estamos nos movendo no espaço.) Quando o som entra na orelha interna pela janela oval, ele vai para a **cóclea**, um tubo espiralado, semelhante a um caracol, que é preenchido por um líquido que vibra em resposta ao som. No interior da cóclea está a **membrana basilar**, uma estrutura que atravessa o centro

Módulo 10 A Audição e os Outros Sentidos **105**

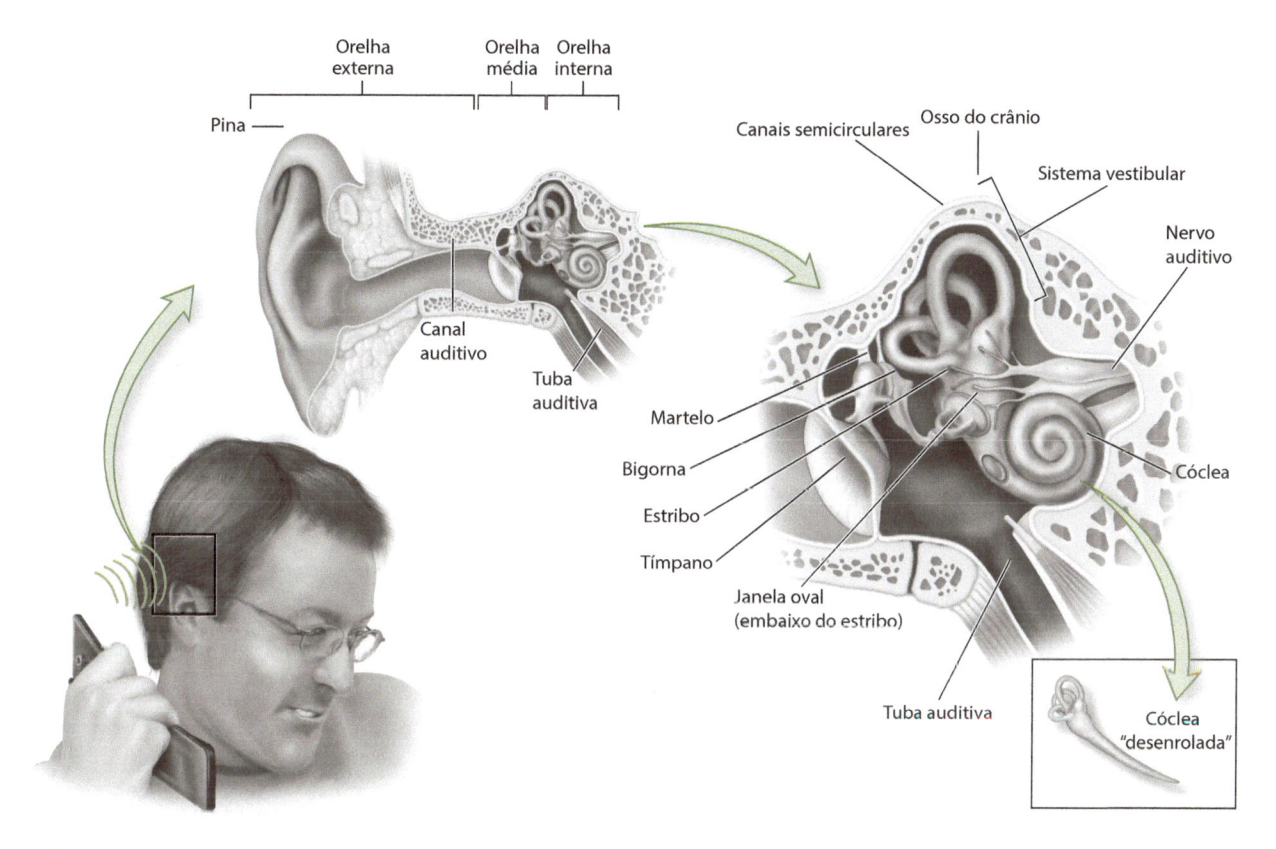

FIGURA 1 As principais partes da orelha.
(Fonte: Brooker et al., 2008, Fig. 45.6.)

da cóclea, dividindo-a em uma câmara superior e uma câmara inferior. A membrana basilar é revestida de **células ciliadas**. Quando as células ciliadas são inclinadas pelas vibrações que entram na cóclea, elas enviam uma mensagem neural para o cérebro (Cho, 2000; Zhou, Liu, & Davis, 2005; Møller, 2011).

Os aspectos físicos do som

Como mencionamos anteriormente, o que chamamos de som é, na verdade, o movimento físico das moléculas de ar em padrões de onda regulares causados por uma fonte vibrante. Às vezes, é até possível ver essas vibrações: se você já viu um autofalante sem a tela de proteção, você sabe que, ao menos quando as notas mais baixas estão tocando, é possível ver o autofalante mover-se para dentro e para fora. Menos óbvio é o que acontece depois: o autofalante empurra as moléculas do ar formando ondas com o mesmo padrão de seu movimento. Esses padrões de onda logo chegam à orelha, ainda que sua força tenha sido consideravelmente enfraquecida durante sua propagação. Todas as outras fontes que produzem som funcionam essencialmente da mesma forma, desencadeando padrões de ondas que se deslocam pelo ar até a orelha. O ar – ou alguns outros meios, tais como a água – é necessário para fazer as vibrações dos objetos chegarem até nós. Isso explica por que não há som no vácuo.

Podemos ver o autofalante mover-se quando ele está tocando notas baixas por causa de uma característica básica do som denominada frequência. *Frequência* é o número de ciclos de onda que ocorre em um segundo. Em frequências muito baixas, existem relativamente poucos ciclos por segundo (ver Fig. 2, p. 106). Esses ciclos são visíveis a olho nu como vibrações no autofalante. Frequências baixas são traduzidas em um som de altura bem baixa. (*Altura* é a característica que faz os sons parecerem "altos" ou "baixos".) Por exemplo, a

células ciliadas Células minúsculas que cobrem a membrana basilar e que, quando inclinadas pelas vibrações que chegam à cóclea, transmitem mensagens neurais ao cérebro.

FIGURA 2 As ondas sonoras produzidas pelos diferentes estímulos são transmitidas – geralmente pelo ar – em padrões distintos, com frequências mais baixas indicadas por menos cristas e vales por segundo.
(Fonte: Seeley, Stephens, & Tate, 2000.)

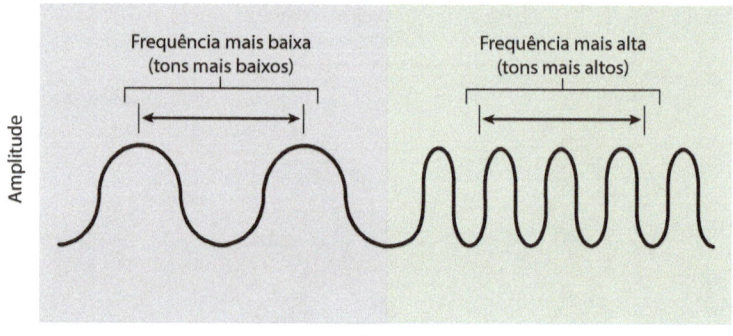

frequência mais baixa que os seres humanos são capazes de ouvir é 20 ciclos por segundo. Frequências mais altas são ouvidas como sons de maior altura. No extremo superior do espectro sonoro, as pessoas podem detectar sons com frequências de até 20 mil ciclos por segundo.

Amplitude é uma característica de padrões sonoros que nos permite distinguir sons fortes de suaves. A amplitude é a diferencial entre os picos e vales da pressão do ar em uma onda sonora à medida que ela se desloca pelo ar. Ondas com picos e vales pequenos produzem sons suaves; aquelas com picos e vales relativamente grandes produzem sons intensos.

Somos sensíveis a amplas variações nas amplitudes sonoras. Os sons mais fortes que somos capazes de ouvir são mais de 1 trilhão mais intensos que o som mais fraco que podemos ouvir. Essa faixa é medida em *decibéis*. Quando os sons superam 120 decibéis, eles se tornam dolorosos à orelha humana.

Nossa sensibilidade a frequências diferentes muda com a idade. Por exemplo, à medida que envelhecemos, a faixa de frequências que podemos detectar diminui, particularmente para sons agudos. É por isso que os estudantes às vezes escolhem toques telefônicos muito agudos para seus telefones celulares em ambientes onde o uso de telefone é proibido: o som do toque passa despercebido por seus professores de idade mais avançada (Vitello, 2006) (ver Fig. 3).

Separando as teorias do som. Como nosso cérebro é capaz de separar comprimentos de onda de diferentes frequências e intensidades? Uma pista vem dos estudos da membrana basilar, a área na cóclea que traduz as vibrações físicas em impulsos neurais. Descobriu-se que os sons afetam diferentes áreas da membrana basilar, dependendo da frequência da

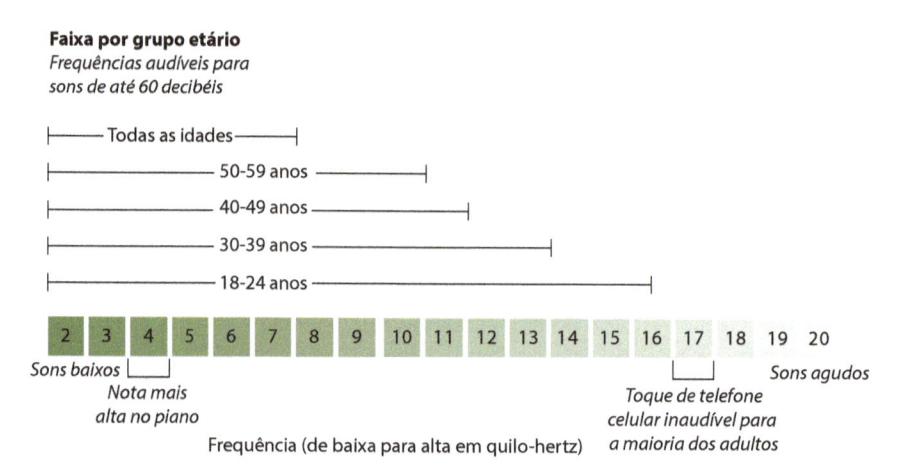

FIGURA 3 Alguns adolescentes selecionam toques de recebimento de mensagem que são inaudíveis para a maioria dos adultos, permitindo o uso de telefones celulares onde é proibido.
(Fonte: Vitello, 2006.)

onda sonora. A parte da membrana basilar mais próxima à janela oval é mais sensível a sons de alta frequência, e a parte mais próxima à extremidade interior da cóclea é mais sensível a sons de baixa frequência. Essa descoberta levou à **teoria do lugar da audição**, segundo a qual áreas distintas da membrana basilar respondem a frequências diferentes.

Entretanto, a teoria do lugar não explica todos os fatos da audição, pois sons de frequência muito baixa ativam neurônios em uma área tão grande da membrana basilar que nenhum local único está envolvido. Consequentemente, foi proposta uma explicação adicional para a audição: a teoria da frequência. A **teoria da frequência da audição** pressupõe que toda a membrana basilar atua como um microfone, vibrando como um todo em resposta a um som. Segundo essa explicação, os receptores nervosos emitem sinais vinculados diretamente à frequência (o número de cristas de onda por segundo) dos sons aos quais somos expostos, com o número de impulsos nervosos em proporção direta à frequência de um som. Assim, quanto maior a altura de um som (e, portanto, maior a frequência de suas cristas de onda), maior o número de impulsos nervosos que são transmitidos ao cérebro pelo nervo auditivo.

Nem a teoria do lugar nem a teoria da frequência fornecem uma explicação completa para a audição. A teoria do lugar fornece uma explicação melhor para a captação de sons de alta frequência, ao passo que a teoria da frequência explica o que acontece quando sons de baixa frequência são encontrados. Os sons de média frequência incorporam ambos os processos (Hirsh & Watson, 1996; Hudspeth, 2000).

Depois que a mensagem auditiva deixa a orelha, ela é transmitida para o córtex auditivo do cérebro por meio de uma complexa série de interconexões neurais. Quando a mensagem é transmitida, ela é comunicada pelos neurônios que respondem a tipos específicos de sons. Dentro do córtex auditivo, existem neurônios que respondem seletivamente a tipos muito específicos de características sonoras, tais como cliques e assobios. Alguns neurônios respondem somente a um padrão específico de sons, tais como um tom contínuo, mas não a um tom intermitente. Além disso, neurônios específicos transferem a informação sobre a localização de um som por meio de seu padrão particular de disparo (Middlebrooks et al., 2005; Wang et al., 2005; Alho et al., 2006).

Se analisássemos a configuração das células no córtex auditivo, descobriríamos que células vizinhas são sensíveis a frequências semelhantes. O córtex auditivo, portanto, fornece um "mapa" das frequências sonoras, assim como o córtex visual apresenta uma representação do campo visual. Além disso, devido à assimetria nos dois hemisférios cerebrais (que discutimos no capítulo anterior), as orelhas esquerda e direita processam os sons de maneira diferente. A direita reage mais à fala, ao passo que a esquerda responde mais à música (Sininger & Cone-Wesson, 2004, 2006).

A percepção da fala exige que façamos discriminações sutis entre sons que são muito semelhantes em termos de suas propriedades físicas. Além de sermos capazes de compreender *o que* está sendo dito, podemos usar sinais vocais para determinar quem está falando, se a pessoa tem sotaque e qual pode ser sua origem, inclusive seu estado emocional. Essas capacidades ilustram a sofisticação de nosso sentido de audição (Fowler & Galantucci, 2008; Massaro & Chen, 2008; Pell et al., 2009; Ross et al., 2011).

Equilíbrio: os altos e baixos da vida. Diversas estruturas da orelha estão mais relacionadas ao sentido de equilíbrio do que à audição. Coletivamente, tais estruturas são conhecidas como *sistema vestibular*, o qual responde à força gravitacional e nos permite manter o equilíbrio, mesmo quando estamos de pé em um ônibus em tráfego intenso.

A principal estrutura do sistema vestibular é formada pelos **canais semicirculares** da orelha interna (ver Fig. 1, p. 105), as quais consistem em três tubos preenchidos por um líquido que escorre por elas quando a cabeça se mexe, sinalizando movimento rotacional ou angular ao cérebro. A tração sobre o nosso corpo causada pela aceleração do movimento para frente, para trás ou vertical, assim como a constante força da gravidade, é detectada pelos *otólitos*, cristais minúsculos sensíveis a movimento nos canais semicirculares. Quando nos movimentamos, esses cristais mudam como fazem os grãos de areia em uma praia ventosa, contatando as *células ciliadas* receptoras especializadas nos canais semicirculares.

---

teoria do lugar da audição Teoria de que distintas áreas da membrana basilar respondem a frequências diferentes.

teoria da frequência da audição Teoria de que toda a membrana basilar atua como um microfone, vibrando como um todo em resposta a um som.

Alerta de estudo
Certifique-se de ter compreendido as diferenças entre as teorias do lugar e da frequência da audição.

canais semicirculares Três estruturas tubulares da orelha interna que contêm um líquido que escorre por elas quando a cabeça se mexe, sinalizando movimento rotacional ou angular ao cérebro.

A ausência de peso dos otólitos da orelha produz o mal do espaço na maioria dos astronautas.

A inexperiência do cérebro na interpretação de mensagens dos otólitos sem peso é a causa do mal do espaço, comumente experimentado por dois terços de todos os astronautas, mencionado no início deste módulo (Flam, 1991; Stern & Koch, 1996).

Olfato e paladar

Até dar uma mordida em um naco de repolho cru naquela noite de fevereiro..., Raymond Fowler nunca tinha pensando muito sobre o sentido do paladar. O repolho, que fazia parte da massa que ele estava preparando para o jantar da família, tinha um gosto ardente estranho, mas ele não prestou muita atenção. Então, alguns minutos depois, sua filha passou-lhe um copo de refrigerante, e ele tomou um gole. "Foi como ácido sulfúrico", ele disse. "Era como a coisa mais quente que você possa imaginar perfurando sua boca."

Era evidente que algo estava errado com o sentido gustativo de Fowler. Depois de muitos exames, ficou claro que ele havia danificado os nervos envolvidos em seu sentido gustativo, provavelmente devido a uma infecção viral ou um remédio que estava tomando. (Por sorte, alguns meses depois, seu sentido do paladar havia voltado ao normal.)

Olfato

Embora muitos animais tenham maior capacidade de detectar odores do que nós, o sentido do olfato humano permite-nos detectar mais de 10 mil odores diferentes. Também temos boa memória para odores, sendo que fatos e lembranças – boas e más – há muito esquecidos podem ser rememorados com uma simples lufada de um odor associado a eles (Stevenson & Case, 2005; Willander & Larsson, 2006; Schroers, Prigot, & Fagen, 2007).

Resultados de "testes olfativos" indicam que as mulheres costumam ter um melhor sentido do olfato do que os homens (Engen, 1987). As pessoas também têm a capacidade de distinguir homens de mulheres com base apenas no olfato. Em um experimento, estudantes com os olhos vendados que foram solicitados a farejar o hálito de um voluntário masculino ou feminino que não podia ser visto foram capazes de distinguir seu sexo com mais sucesso do que ao acaso. As pessoas também podem distinguir emoções de alegria e tristeza sentindo o odor das axilas, e as mulheres são capazes de identificar seus bebês com base no cheiro

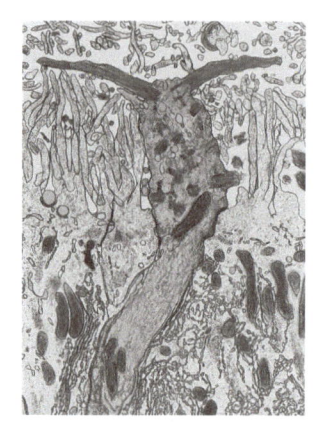

Mais de mil células receptoras, conhecidas como células olfativas, estão espalhadas pela cavidade nasal. As células são especializadas para reagir a determinados odores. Você acha possível "treinar" o nariz para captar um maior número de odores?

apenas algumas horas depois do nascimento (Doty et al., 1982; Haviland-Jones & Chen, 1999; Fusari & Ballesteros, 2008; Silva, 2011).

O sentido do olfato é despertado quando as moléculas de uma substância entram nas passagens nasais e atingem as *células olfativas*, os neurônios receptores do nariz, que estão espalhadas pela cavidade nasal. Mais de mil tipos separados de receptores foram identificados nas células olfativas até hoje. Cada um desses receptores é tão especializado que responde somente a uma pequena faixa de odores diferentes. As respostas das células olfativas separadas são, então, transmitidas ao cérebro, onde elas são combinadas para o reconhecimento de determinado cheiro (Murphy et al., 2004; Marshall, Laing, & Jinks, 2006; Zhou & Buck, 2006).

O olfato também pode atuar como um meio de comunicação oculto para os seres humanos. Há muito se sabe que os animais liberam *feromônios*, substâncias que eles segregam no ambiente que produzem uma reação em outros membros da mesma espécie, permitindo a transmissão de mensagens, tais como disponibilidade sexual. Por exemplo, as secreções vaginais de macacas contêm feromônios que estimulam o interesse sexual dos machos da espécie (Touhara, 2007; Hawkes & Doty, 2009; Brennan, 2011).

O grau em que os feromônios fazem parte da experiência humana continua sendo uma questão aberta. Alguns psicólogos acreditam que os feromônios humanos afetam as respostas emocionais, ainda que as evidências sejam inconclusivas. Em primeiro lugar, não está claro qual órgão específico é receptivo aos feromônios. Nos animais, é o *órgão vomeronasal* no nariz, mas nos seres humanos o órgão parece ser suprimido durante o desenvolvimento fetal (Haviland-Jones & Wilson, 2008; Hummer & McClintock, 2009; Gelstein et al., 2011).

Paladar

O sentido do paladar (*gustação*) envolve células receptoras que respondem a quatro qualidades básicas do estímulo: doce, azedo, salgado e amargo. Também existe uma quinta categoria, um sabor chamado *umami*, embora haja controvérsia sobre ele se qualificar como um sabor fundamental. *Umami* é uma palavra japonesa de difícil tradução, ainda que as inglesas "meaty" ou "savory" aproximem-se dela. Quimicamente, o *umami* envolve estímulos alimentícios que contêm aminoácidos (as substâncias que formam as proteínas) (McCabe & Rolls, 2007; Erickson, 2008; Nakamura et al., 2011).

Embora a especialização das células receptoras as leve a responder com mais intensidade a determinado tipo de sabor, elas também são capazes de responder a outros estímulos. Em última análise, todo sabor é simplesmente uma combinação das qualidades do sabor básico, do mesmo modo que as cores primárias mesclam-se formando uma ampla variedade de matizes e tonalidades (Dilorenzo & Youngentob, 2003; Yeomans, Tepper, & Ritezschel, 2007).

As células receptoras para sabor estão localizadas em aproximadamente 10 mil *papilas gustativas*, que se distribuem pela língua e por outras partes da boca e da garganta. As papilas gustativas desgastam-se e são substituídas mais ou menos de 10 em 10 dias. Isso é bom, pois se nossas papilas gustativas não se reproduzissem constantemente, perderíamos nossa capacidade de sentir o gosto depois de acidentalmente queimarmos a língua.

O sentido do paladar difere significativamente de uma pessoa para outra, em grande parte como resultado de fatores genéticos. Algumas pessoas, apelidadas de "superdegustadores", são altamente sensíveis ao gosto: elas têm duas vezes mais receptores gustativos do que os "não degustadores", que são relativamente insensíveis ao sabor. Os superdegustadores (os quais, por razões desconhecidas, são mais propensos a serem do sexo feminino do que do sexo masculino) acham os doces mais doces, os cremes mais cremosos e os pratos picantes mais picantes, e concentrações mais fracas de sabor são suficientes para satisfazer seus desejos eventuais. Em contrapartida, por não serem tão sensíveis ao sabor, os não degustadores podem procurar alimentos relativamente mais doces e mais gordurosos para maximizar o sabor. Em consequência disso, eles podem ser propensos à obesidade (Bartoshuk, 2000; Snyder, Fast, & Bartoshuk, 2004; Pickering & Gordon, 2006).

Você é um superdegustador? Para descobrir, complete o questionário na Figura 4.

PsicoTec

Quando participantes do sexo masculino em um estudo sentiram o odor das lágrimas de mulheres, exames de IRM funcional (IRMf) apontaram atividade reduzida nas regiões cerebrais associadas à excitação sexual. Ao que parece, as lágrimas contêm um sinal químico.

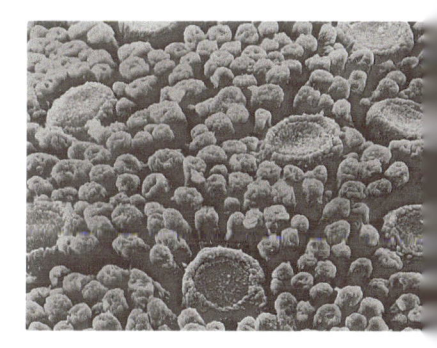

Existem 10 mil papilas gustativas na língua e em outras partes da boca. As papilas desgastam-se e são substituídas a cada 10 dias. O que aconteceria se as papilas não se regenerassem?

FIGURA 4 As línguas não são criadas todas iguais, segundo as pesquisadoras da gustação Linda Bartoshuk e Laurie Lucchina. Elas propõem que, em vez disso, a intensidade de um sabor experimentado por certa pessoa é determinada pela genética. Esse teste pode ajudar a determinar se você tem pouco paladar, tem paladar mediano ou é um superdegustador.

(Fonte: Bartoshuk & Lucchina, 1997.)

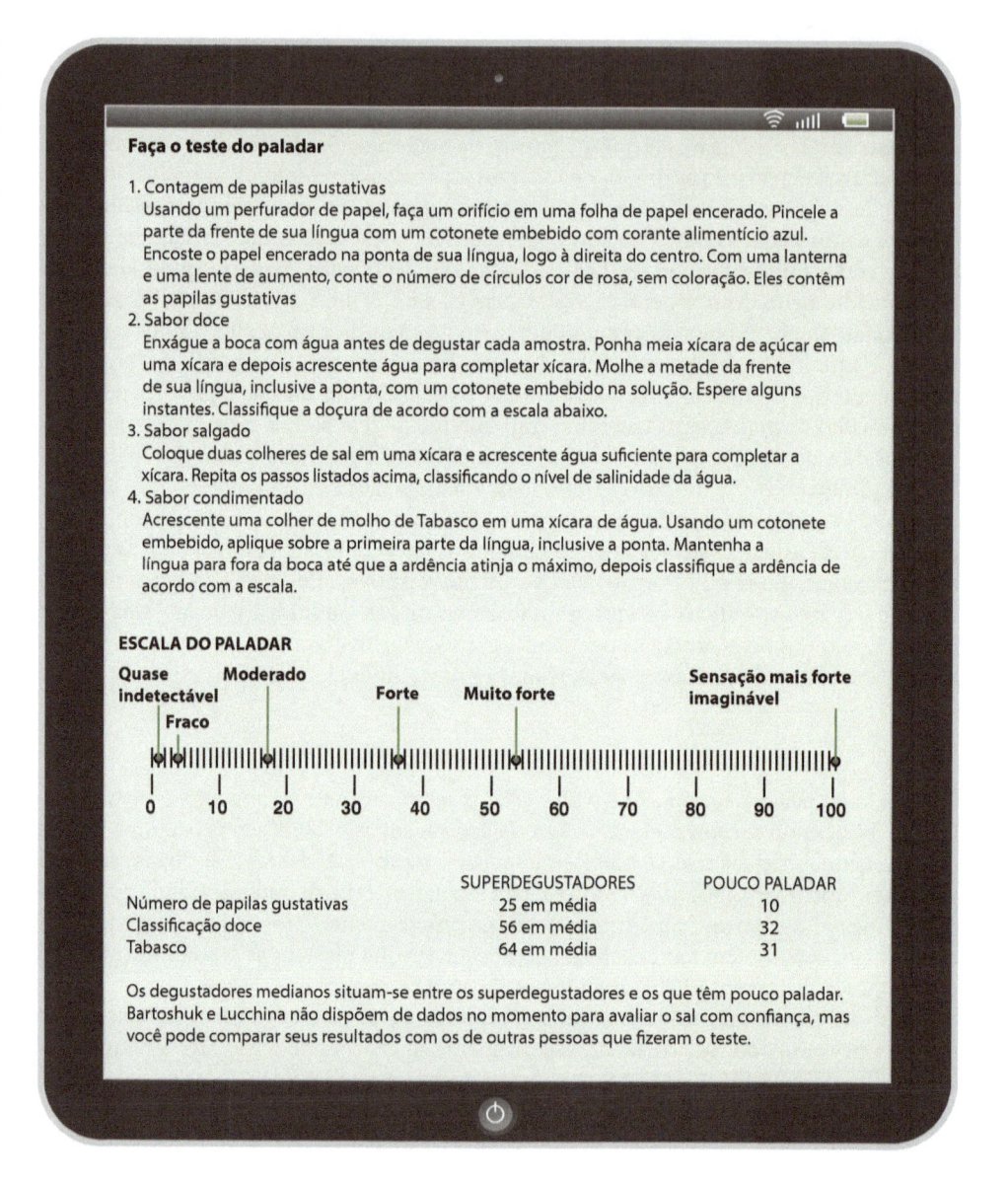

Faça o teste do paladar

1. Contagem de papilas gustativas
   Usando um perfurador de papel, faça um orifício em uma folha de papel encerado. Pincele a parte da frente de sua língua com um cotonete embebido com corante alimentício azul. Encoste o papel encerado na ponta de sua língua, logo à direita do centro. Com uma lanterna e uma lente de aumento, conte o número de círculos cor de rosa, sem coloração. Eles contêm as papilas gustativas
2. Sabor doce
   Enxágue a boca com água antes de degustar cada amostra. Ponha meia xícara de açúcar em uma xícara e depois acrescente água para completar xícara. Molhe a metade da frente de sua língua, inclusive a ponta, com um cotonete embebido na solução. Espere alguns instantes. Classifique a doçura de acordo com a escala abaixo.
3. Sabor salgado
   Coloque duas colheres de sal em uma xícara e acrescente água suficiente para completar a xícara. Repita os passos listados acima, classificando o nível de salinidade da água.
4. Sabor condimentado
   Acrescente uma colher de molho de Tabasco em uma xícara de água. Usando um cotonete embebido, aplique sobre a primeira parte da língua, inclusive a ponta. Mantenha a língua para fora da boca até que a ardência atinja o máximo, depois classifique a ardência de acordo com a escala.

ESCALA DO PALADAR

Quase indetectável — Fraco — Moderado — Forte — Muito forte — Sensação mais forte imaginável

0 10 20 30 40 50 60 70 80 90 100

	SUPERDEGUSTADORES	POUCO PALADAR
Número de papilas gustativas	25 em média	10
Classificação doce	56 em média	32
Tabasco	64 em média	31

Os degustadores medianos situam-se entre os superdegustadores e os que têm pouco paladar. Bartoshuk e Lucchina não dispõem de dados no momento para avaliar o sal com confiança, mas você pode comparar seus resultados com os de outras pessoas que fizeram o teste.

Os sentidos da pele: tato, pressão, temperatura e dor

Começou de forma inocente quando Jennifer Darling machucou seu punho direito durante uma aula de ginástica. Inicialmente parecia uma simples torção. Porém, apesar de o ferimento inicial ter-se curado, a dor ardente torturante não desapareceu. Em vez disso, ela se espalhou para o outro braço e depois para as pernas. A dor, que Jennifer descreveu como semelhante a "um ferro quente sobre o braço", era insuportável – e nunca passou.

A origem da dor de Darling revelou-se uma condição rara conhecida como *síndrome da distrofia simpática reflexa* ou SDSR. Para uma vítima de SDSR, um estímulo tão suave quanto uma leve brisa ou o toque de uma pena podem produzir dor. Até mesmo a luz do sol ou um ruído alto podem desencadear dor intensa (Coderre, 2011).

Uma dor como a de Darling pode ser arrasadora, mas a ausência de dor pode ser igualmente ruim. Se você jamais sentisse dor, por exemplo, poderia não perceber que seu braço havia roçado em uma panela quente e sofreria uma queimadura grave. Da mesma forma, sem o sinal de dor abdominal que geralmente acompanha uma apendicite, seu apêndice poderia posteriormente se romper, espalhando uma infecção fatal por todo o corpo.

Na verdade, todos os nossos **sentidos da pele** – tato, pressão, temperatura e dor – desempenham um papel crucial na sobrevivência, tornando-nos conscientes de possíveis perigos para nosso corpo. A maioria dos sentidos opera por meio de células receptoras nervosas localizadas em diversas profundidades em toda a pele, distribuídas irregularmente por todo o corpo. Por exemplo, algumas áreas, tais como as pontas dos dedos, possuem muito mais células receptoras sensíveis ao tato e, como consequência, são notavelmente mais sensíveis do que outras áreas do corpo (Gardner & Kandel, 2000) (ver Fig. 5).

É provável que o sentido da pele mais amplamente pesquisado seja a dor – e isso por uma boa razão: as pessoas consultam médicos e tomam remédios para dor muito mais do que para outro sintoma ou condição. A dor custa 100 bilhões de dólares por ano só nos Estados Unidos (Kalb, 2003; Pesmen, 2006).

A dor é uma resposta a uma grande variedade de diferentes tipos de estímulos. Uma luz muito brilhante pode produzir dor, assim como um som muito alto também pode ser doloroso. Uma explicação é que a dor é resultado de lesão celular; assim, quando uma célula é danificada, qualquer que seja a origem da lesão, ela libera uma substância denominada *substância P* que transmite mensagens ao cérebro.

Algumas pessoas são mais suscetíveis a dor do que outras. Por exemplo, as mulheres experimentam estímulos dolorosos com mais intensidade do que os homens. Essas diferenças de gênero estão associadas à produção de hormônios relacionados a ciclos menstruais. Além disso, alguns genes estão ligados à experiência de dor, de modo que podemos herdar a sensibilidade à dor (Nielsen et al., 2008; Kim, Clark, & Dionne, 2009; Nielsen, Staud, & Price, 2009).

No entanto, a experiência de dor não é determinada apenas por fatores biológicos. Por exemplo, as mulheres relatam que a dor experimentada no parto é, em certa medida, moderada pela alegria da situação. Em contraste, mesmo um estímulo de baixa intensidade pode

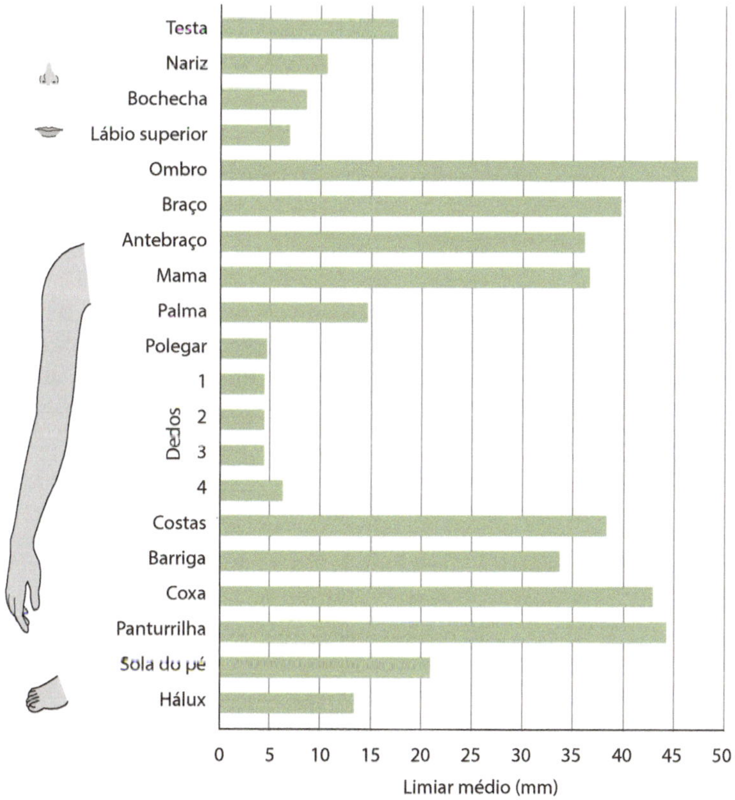

sentidos da pele Sentidos de tato, pressão, temperatura e dor.

Alerta de estudo

Lembre-se de que existem múltiplos sentidos da pele, incluindo tato, pressão, temperatura e dor.

FIGURA 5 Sensibilidade da pele em diversas áreas do corpo. Quanto menor o limiar médio, mais sensível é a parte do corpo. Os dedos e o polegar, os lábios, o nariz, as bochechas e o hálux são os mais sensíveis. Por que algumas áreas são mais sensíveis do que outras?

112 Capítulo 3 Sensação e Percepção

produzir a percepção de dor forte caso esteja acompanhado de ansiedade (p. ex., durante uma visita ao dentista). Evidentemente, então, a dor é uma resposta perceptual que depende muito de nossas emoções e de nossos pensamentos (Rollman, 2004; Lang, Sorrell, & Rodgers, 2006; Kennedy et al., 2011).

teoria da comporta para controle da dor Teoria de que determinados receptores nervosos na medula espinal levam a áreas específicas do cérebro relacionadas à dor.

Segundo a **teoria da comporta para controle da dor**, determinados receptores nervosos na medula espinal levam a áreas específicas do cérebro relacionadas à dor. Quando esses receptores são ativados por causa de uma lesão ou um problema com uma parte do corpo, uma "comporta" para o cérebro é aberta, permitindo-nos experimentar a sensação de dor (Melzack & Katz, 2004).

Entretanto, outro conjunto de receptores neurais pode, quando estimulados, fechar a "comporta" para o cérebro, reduzindo assim a experiência de dor. A comporta pode ser fechada de duas maneiras diferentes. Primeiro, outros impulsos podem sobrepujar as rotas nervosas relacionadas à dor, as quais estão espalhadas por todo o cérebro. Nesse caso, estímulos não dolorosos competem e às vezes tomam o lugar da mensagem neural de dor, desligando o estímulo doloroso. Isso explica por que esfregar a pele em torno de um ferimento (ou mesmo ouvir alguma música) ajuda a reduzir a dor. Os estímulos concorrentes podem sobrepujar os dolorosos (Villemure, Slotnick, & Bushnell, 2003; Somers et al., 2011).

PsicoTec

O pesquisador Sean Mackey expôs os participantes de um estudo a um estímulo doloroso enquanto monitorava seus cérebros com IRMf. Mackey descobriu que os participantes podiam ser treinados para exercer controle sobre a região do cérebro ativada pela dor, reduzindo, assim, experiência de dor.

Fatores psicológicos explicam o segundo modo pelo qual uma comporta pode ser fechada. Dependendo das emoções em curso, interpretação dos fatos e experiência prévia de um indivíduo, o cérebro pode fechar uma comporta enviando uma mensagem pela medula espinal para a área ferida, o que produz uma redução ou um alívio da dor. Por exemplo, soldados feridos em confrontos podem não sentir dor – a situação surpreendente em mais da metade de todos os ferimentos em combate. A ausência de dor provavelmente ocorre porque o soldado sente tamanho alívio por ainda estar vivo que o cérebro envia um sinal para o local do ferimento para que se feche a comporta da dor (Turk, 1994; Gatchel & Weisberg, 2000; Pincus & Morley, 2001).

A teoria da comporta para controle da dor também pode explicar diferenças culturais para a experiência da dor. Algumas dessas variações são impressionantes. Por exemplo, na Índia, os participantes do ritual de "balanço em ganchos" para celebrar o poder dos deuses introduzem ganchos sob a pele e os músculos das costas. Durante o ritual, eles se balançam de um poste, suspensos pelos ganchos. O que provavelmente produziria uma dor insuportável, em vez disso, produz um estado de celebração e quase euforia. Na verdade, quando os ganchos são posteriormente removidos, as feridas cicatrizam de modo rápido e, depois de duas semanas, quase não há mais marcas visíveis (Kosambi, 1967; Melzack & Katz, 2001).

A teoria da comporta para controle da dor pressupõe que a ausência de dor deve-se a uma mensagem do cérebro do participante, a qual bloqueia as rotas de dor. Essa teoria também pode explicar a eficácia da *acupuntura*, uma antiga técnica chinesa em que agulhas finas são introduzidas em diversas partes do corpo. A sensação das agulhas pode interromper a comunicação com o cérebro, reduzindo a experiência de dor. Também é possível que os próprios analgésicos do organismo – chamados endorfinas –, assim como emoções positivas e negativas, desempenhem um papel na abertura e no fechamento da comporta (Fee et al., 2002; Witt, Jena, & Brinkhaus, 2006; Cabioglu, Ergene, & Tan, 2007).

Embora as ideias básicas subjacentes à teoria da comporta para controle da dor tenham sido confirmadas por pesquisas, outros processos estão envolvidos na percepção de dor. Por exemplo, parece haver diversas rotas neurais envolvidas na experiência de dor. Além disso, está claro que a supressão da dor pode ocorrer pela liberação natural de endorfinas e outros compostos que produzem redução do desconforto e sensação de bem-estar (Grahek, 2007).

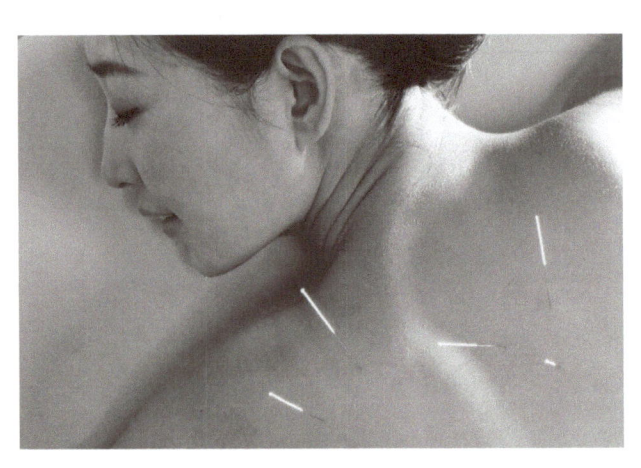

A antiga prática da acupuntura ainda é usada no século XXI. Como a teoria da comporta para controle da dor explica o funcionamento da acupuntura?

TORNANDO-SE UM CONSUMIDOR INFORMADO de Psicologia
Manejando a dor

Você é uma das 76 milhões de pessoas nos Estados Unidos que sofrem de dor crônica? Psicólogos e especialistas em medicina criaram diversas estratégias para combater a dor. As mais importantes incluem as seguintes:

- *Medicamentos.* Os analgésicos são a forma de tratamento mais popular no combate à dor. Eles variam desde aqueles que tratam diretamente a fonte de dor – tais como reduzir o inchaço de articulações doloridas – até aqueles que atuam sobre os sintomas. O medicamento pode ser administrada na forma de comprimidos, emplastros, injeções ou líquidos. Em recente inovação, agentes são administrados diretamente na medula espinal (Kalb, 2003; Pesmen, 2006; Bagnall, 2010).
- *Estimulação nervosa e cerebral.* A dor às vezes pode ser aliviada quando uma corrente elétrica de baixa voltagem passa pela parte específica do corpo que está dolorida. Por exemplo, na *estimulação nervosa periférica*, um gerador diminuto movido à bateria é implantado na região lombar. Em casos ainda mais graves, eletrodos podem ser implantados por cirurgia no cérebro, ou pilhas portáteis podem estimular as células nervosas para obter alívio direto (Tugay et al., 2007; Landro, 2010; Tan et al., 2011).
- *Fototerapia.* Uma das mais novas formas de redução da dor envolve exposição a comprimentos de onda específicos de luz vermelha ou infravermelha. Certos tipos de luz aumentam a produção de enzimas que podem promover a cura (Underwood, 2005; Evcik et al., 2007).
- *Hipnose.* Para pessoas que podem ser hipnotizadas, a hipnose alivia consideravelmente a dor (Neron & Stephenson, 2007; Walker, 2008; Accardi & Milling, 2009; Lee & Raja, 2011).
- Biofeedback *e técnicas de relaxamento.* Por meio do *biofeedback*, as pessoas aprendem a controlar funções "involuntárias", como os batimentos cardíacos e a respiração. Se a dor envolve os músculos, como nas cefaleias por tensão ou lombalgias, os acometidos podem ser treinados a relaxar o corpo sistematicamente (Nestoriuc & Martin, 2007; Vitiello, Bonello, & Pollard, 2007).
- *Cirurgia.* Em um dos métodos mais radicais, fibras nervosas específicas que transmitem mensagens de dor para o cérebro podem ser cortadas cirurgicamente. Contudo, devido ao risco de que outras funções corporais possam ser afetadas, a cirurgia é um tratamento de último recurso, usado com mais frequência em pacientes terminais (Cullinane, Chu, & Mamelak, 2002; Amid & Chen, 2011).
- *Reestruturação cognitiva.* Terapias cognitivas são eficazes para pessoas que constantemente dizem a si mesmas: "Esta dor nunca vai acabar", "A dor está arruinando a minha vida" ou "Não aguento mais" e, assim, tendem a piorar ainda mais a dor. Adotando maneiras de pensar mais positivas, as pessoas podem aumentar seu senso de controle – e realmente reduzir a dor que sentem (Spanos, Barber, & Lang, 2005; Bogart et al., 2007; Liedl et al., 2011).

Como nossos sentidos interagem

> Quando Matthew Blakeslee molda bifes de hambúrguer com as mãos, ele sente um vívido gosto amargo em sua boca. Esmerelda Jones (um pseudônimo) vê azul quando ouve um dó sustenido tocado no piano; outras notas evocam cores diferentes – tanto que as teclas do piano são de fato coloridas, tornando mais fácil para ela lembrar e executar as escalas musicais. (Ramachandran & Hubbard, 2001, p. 53)

A explicação? Essas duas pessoas têm uma condição incomum chamada de *sinestesia*, na qual a exposição a uma sensação (como o som) evoca outra (como a visão).

As origens da sinestesia são um mistério. É possível que as pessoas com sinestesia tenham ligações neurais extraordinariamente densas entre diferentes áreas sensoriais do cérebro. Outra hipótese é que elas carecem de controles neurais que geralmente inibem conexões entre as áreas sensoriais (Pearce, 2007; Kadosh, Henik, & Walsh, 2009).

Seja qual for a razão para a sinestesia, ela é uma condição rara. (Para conferir esse fenômeno, ver Fig. 6.) Mesmo assim, os sentidos de todos nós realmente interagem e integram-se de diversas maneiras. Por exemplo, o sabor dos alimentos é influenciado por sua textura e

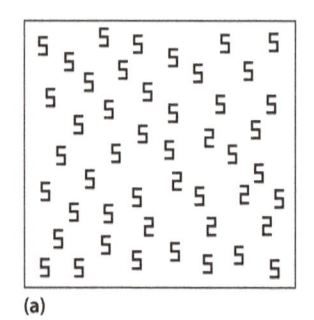

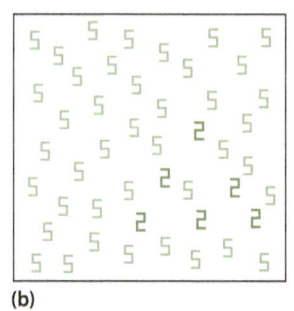

FIGURA 6 (a) Tente identificar os algarismos 2 no quadro. A maioria das pessoas leva alguns segundos para encontrá-los escondidos entre os algarismos 5 e ver que os dois formam um triângulo. Porém, para pessoas com algumas formas de sinestesia, é fácil, porque elas percebem os números diferentes em cores contrastantes, como em (b).

(Fonte: Vilayanur S. Ramachandran e Edward M. Hubbard, "Hearing Colors, Tasting Shapes," *Scientific American* (May 2003). Reproduzida com permissão. Copyright © 2003 Scientific American, Inc. Todos os direitos reservados.)

temperatura. Percebemos uma comida mais quente como mais doce (pense na doçura de um chocolate quente fumegante comparado a de um achocolatado frio). Comidas condimentadas estimulam alguns dos mesmos receptores de dor que também são estimulados por calor – o que torna o uso de "quente" como sinônimo de "picante" muito preciso (Green & George, 2004; Balaban, McBurney, & Affeltranger, 2005; Brang et al., 2011).

É, pois, importante pensar nossos sentidos como interagindo entre si. Por exemplo, estudos de imagem cerebral mostram que os sentidos trabalham em conjunto para construir nossa compreensão do mundo ao redor. Nossa percepção é *multimodal*, ou seja, o cérebro coleta as informações dos sistemas sensoriais individuais e, então, integra-as e as coordena (Macaluso & Driver, 2005; Paulmann, Jessen, & Kotz, 2009).

Apesar do fato de que tipos bem diferentes de estímulos ativam nossos sentidos individuais, eles todos reagem de acordo com os mesmos princípios básicos que discutimos no início deste capítulo. Por exemplo, nossas respostas a estímulos visuais, auditivos e gustativos seguem a lei de Weber, que envolve nossa sensibilidade a mudanças na força dos estímulos.

Resumindo, em alguns aspectos, nossos sentidos são mais semelhantes do que diferentes entre si. Cada um deles visa a captar dados do ambiente e traduzi-los em informações úteis. Além disso, individual e coletivamente, nossos sentidos nos ajudam a compreender as complexidades do mundo ao nosso redor, permitindo-nos "navegar" pelo mundo de modo eficaz e inteligente.

Recapitule/avalie/repense

Recapitule

RA 10-1 Que papel a orelha desempenha nos sentidos de som, movimento e equilíbrio?

- O som, o movimento e o equilíbrio são centrados na orelha. Os sons, por meio da vibração das ondas do ar, entram na orelha externa e deslocam-se pelo canal auditivo até chegarem ao tímpano.
- As vibrações do tímpano são transmitidas para a orelha média, que é composta por três ossículos: o martelo, a bigorna e o estribo. Esses ossículos transmitem as vibrações para a janela oval.
- Na orelha interna, as vibrações vão para dentro da cóclea, a qual envolve a membrana basilar. As células ciliadas da membrana basilar transformam a energia mecânica das ondas sonoras em impulsos nervosos que são transmitidos para o cérebro. A orelha também está envolvida no sentido de equilíbrio e movimento.
- O som tem diversas características, incluindo frequência e amplitude. A teoria do lugar da audição e a teoria da frequência da audição explicam os processos pelos quais distinguimos sons de frequência e intensidade variáveis.

RA 10-2 Como funcionam o olfato e o paladar?
- O olfato depende das células olfativas (as células receptoras do nariz), e o sabor concentra-se nas papilas gustativas da língua.

RA 10-3 Quais são os sentidos da pele e como eles se relacionam à experiência de dor?
- Os sentidos da pele são responsáveis pelas experiências de tato, pressão, temperatura e dor. A teoria da comporta para controle da dor pressupõe que determinados receptores nervosos, quando ativados, abrem um "portão" para áreas específicas do cérebro relacionadas à dor e que outro conjunto de receptores fecha o "portão" quando estimulados.
- Entre as técnicas usadas com frequência para aliviar a dor incluem-se medicamento, hipnose, *biofeedback*, técnicas de relaxamento, cirurgia, estimulação nervosa e cerebral e terapia cognitiva.

Avalie

1. A passagem tubular que leva da orelha externa ao tímpano é conhecida como _____.
2. A finalidade do tímpano é proteger os nervos sensíveis abaixo dele. Ele não tem finalidade na audição propriamente dita. Verdadeiro ou falso?
3. Os três ossos da orelha média transmitem seu som para _____ _____.
4. A teoria _____ da audição afirma que toda a membrana basilar responde a um som, vibrando mais ou menos conforme a natureza do som.
5. Os três tubos preechidos de líquido na orelha interna que são responsáveis por nosso senso de equilíbrio são conhecidos como _____.
6. A teoria _____ afirma que, quando certos receptores da pele são ativados como resultado de uma lesão, uma "rota" para o cérebro então se abre, permitindo que a dor seja sentida.

Repense

1. Muitas pesquisas estão sendo realizadas para reparar órgãos sensoriais defeituosos por meio de dispositivos como sistemas de orientação pessoal e óculos, entre outros. Você acha que os pesquisadores deveriam tentar aperfeiçoar as capacidades sensoriais além de sua faixa "natural" (p. ex., tornar as capacidades visuais ou auditivas humanas mais sensíveis do que o normal)? Que benefícios isso poderia trazer? Que problemas isso poderia causar?
2. *Da perspectiva de um assistente social:* Como você lidaria com o caso de uma criança surda cuja audição poderia ser restaurada com um implante coclear — mas cujos familiares discordam sobre se o procedimento deve ser realizado?

Respostas das questões de avaliação

1. canal auditivo; 2. falso – ele vibra quando as ondas sonoras o atingem e transmite o som; 3. a janela oval; 4. da frequência; 5. canais semicirculares; 6. da comporta para controle da dor

Termos-chave

som p. 104
tímpano p. 104
cóclea p. 104
membrana basilar p. 104
células ciliadas p. 105
teoria do lugar da audição p. 107
teoria da frequência da audição p. 107
canais semicirculares p. 107
sentidos da pele p. 111
teoria da comporta para controle da dor p. 112

MÓDULO 11
Organização Perceptual: Construindo Nossa Visão de Mundo

Resultados de Aprendizagem

RA 11-1 Quais princípios subjazem à nossa organização do mundo visual e nos permitem entender o ambiente?

RA 11-2 Como somos capazes de perceber o mundo em três dimensões quando nossas retinas são capazes de captar apenas imagens bidimensionais?

RA 11-3 Quais pistas as ilusões visuais oferecem sobre nossa compreensão acerca dos mecanismos perceptuais gerais?

Considere o vaso exibido na Figura 1a por um instante. Mas é realmente um vaso? Olhe de novo e talvez você veja o perfil de duas pessoas.

Agora que a interpretação alternativa foi apontada, você provavelmente ficará oscilando entre as duas interpretações. Do mesmo modo, se você examinar as formas na Figura 1b por tempo suficiente, é provável que você experimente uma mudança no que está vendo. A razão para tais inversões é a seguinte: uma vez que cada figura é bidimensional, os meios que costumamos empregar para distinguir a figura (o objeto percebido) do *fundo* (o segundo plano ou os espaços dentro do objeto) não funcionam.

O fato de que podemos olhar a mesma figura de mais de uma maneira ilustra um ponto importante. Não respondemos apenas de modo passivo aos estímulos visuais que casualmente chegam em nossa retina. Em vez disso, tentamos organizar e entender o que vemos.

Passemos agora do foco na resposta inicial a um estímulo (sensação) ao que nossa mente faz daquele estímulo – percepção. Percepção é um processo construtivo pelo qual vamos além dos estímulos que nos são apresentados e tentamos construir uma situação com sentido.

As leis de organização da Gestalt

leis de organização da Gestalt Uma série de princípios que descrevem o modo como organizamos fragmentos de informação para compor totalidades significativas.

Alguns dos processos perceptuais mais básicos podem ser apresentados por uma série de princípios que descrevem o modo como organizamos fragmentos de informação para compor totalidades significativas. Conhecidos como **leis de organização da Gestalt**, esses princípios foram estabelecidos no início do século XX por um grupo de psicólogos alemães que estudaram padrões ou *Gestalts* (Wertheimer, 1923). Eles descobriram uma série de importantes princípios que são válidos para estímulos visuais (assim como auditivos) ilustrados na Figura 2: fechamento, proximidade, semelhança e simplicidade.

A Figura 2a ilustra o princípio do *fechamento*: geralmente agrupamos os elementos para formar figuras fechadas ou completas em vez de abertas. Tendemos a ignorar os intervalos na Figura 2a e, então, concentrar-nos na forma global. A Figura 2b demonstra o princípio da *proximidade*: percebemos elementos que estão mais próximos como agrupados. Conse-

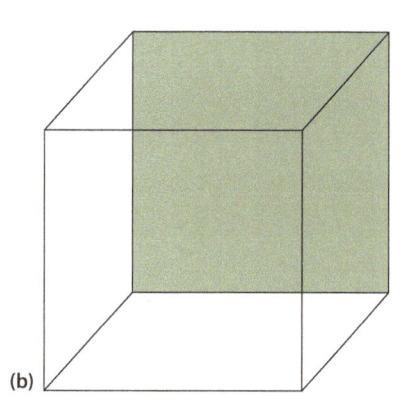

FIGURA 1 Quando os indicadores usuais que utilizamos para distinguir figura de fundo estão ausentes, podemos oscilar entre diferentes visões da mesma figura. Em (a), podemos ver um vaso ou o perfil de duas pessoas. Em (b), a porção sombreada da figura, chamada de cubo Necker, pode parecer ou a frente ou a parte de trás do cubo.

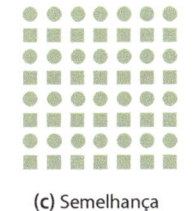

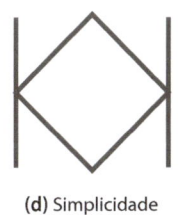

Módulo 11 Organização Perceptual: Construindo Nossa Visão de Mundo 117

(a) Fechamento   (b) Proximidade   (c) Semelhança   (d) Simplicidade

FIGURA 2 Organizar esses diversos fragmentos de informação em todos significativos constitui alguns dos processos mais básicos da percepção, os quais são sintetizados nas leis de organização da Gestalt. Como poderíamos verificar se outras espécies compartilham essa tendência organizacional?

quentemente, tendemos a ver pares de pontos em vez de uma linha de pontos individuais na Figura 2b.

Percebemos elementos de aparência *semelhante* como agrupados. Vemos, portanto, linhas horizontais de círculos e quadrados na Figura 2c, em vez de colunas verticais mistas. Por fim, em um sentido geral, o princípio dominante da Gestalt é o da *simplicidade*: quando observamos um padrão, nós o percebemos da maneira mais básica e direta possível. Por exemplo, a maioria de nós vê a Figura 2d como um quadrado com linhas em ambos os lados, e não como uma letra *W* sobre uma letra *M*. Se tivermos uma escolha de interpretações, geralmente optamos pela mais simples.

Embora a psicologia da Gestalt não desempenhe mais um papel proeminente na psicologia contemporânea, seu legado ainda perdura. Um princípio fundamental da Gestalt que continua influente é que dois objetos considerados juntos formam um todo que é diferente da simples combinação dos objetos. Segundo os psicólogos da Gestalt, a percepção dos estímulos em nosso ambiente vai bem além dos elementos individuais que sentimos. Em vez disso, ela representa um processo construtivo ativo realizado no cérebro (Humphreys & Müller, 2000; Lehar, 2003; van der Helm, 2006; Klapp & Jagacinski, 2011) (ver Fig. 3).

"Estou me transformando em minha mãe."

A compreensão desse desenho envolve a separação de figura e fundo. Se você está tendo dificuldade para entender a graça, olhe fixamente para a mulher à direita, que com o tempo se transformará.

Alerta de estudo

As leis de organização da Gestalt são princípios clássicos no campo da psicologia. A Figura 2 pode ajudá-lo a lembrá-las.

Processamento descendente e ascendente

Vo-ê é -ap-z d- le- es-a f-as-, na -ua- to-a t-rc-ei-a -et-a c-ta -al-an-o? É provável que você não leve muito tempo para entender que ela diz "Você é capaz de ler esta frase, na qual toda terceira letra está faltando?".

Se a percepção se baseasse principalmente em decompor um estímulo em seus elementos mais básicos, a ação de compreender a frase, assim como outros estímulos mais ambíguos, não seria possível. O fato de que você provavelmente foi capaz de reconhecer um estímulo tão impreciso ilustra que a percepção prossegue ao longo de duas vias distintas, chamadas de processamento descendente e processamento ascendente.

No **processamento descendente**, a percepção é guiada por conhecimentos, experiências, expectativas e motivações de nível superior. Você conseguiu entender o significado da frase com as letras que faltavam graças à sua experiência prévia de leitura e ao fato de que o idioma contém redundâncias. Nem toda letra de cada palavra é necessária para decodificar

processamento descendente Percepção que é guiada por conhecimentos, experiências, expectativas e motivações de nível superior.

FIGURA 3 Embora a princípio seja difícil identificar qualquer coisa neste desenho, continue olhando e finalmente você verá a figura de um cão. O cão representa uma Gestalt, ou todo perceptual, que é algo maior do que a soma ou do que os elementos individuais.

seu significado. Além disso, suas expectativas influenciam sua capacidade de ler a frase. Você provavelmente esperava uma afirmativa que tivesse *algo* a ver com psicologia, não as letras de uma música da Lady Gaga.

O processamento descendente é ilustrado pela importância do contexto na determinação de como percebemos os objetos. Olhe, por exemplo, a Figura 4. A maioria de nós percebe que a primeira fila é composta pelas letras *A* a *F*, enquanto a segunda contém números de 9 a 14. Contudo, olhe com mais atenção e você verá que o "B" e o "13" são idênticos. Sem dúvida, nossa percepção é influenciada por nossas expectativas sobre as duas sequências – muito embora os dois estímulos sejam exatamente os mesmos.

Contudo, o processamento descendente não pode ocorrer sozinho. Ainda que o processamento descendente permita-nos preencher lacunas em estímulos ambíguos e fora de contexto, seríamos incapazes de perceber o significado de tais estímulos sem o processamento ascendente. O **processamento ascendente** consiste na progressão de reconhecer e processar informações de componentes individuais de um estímulo e passar para a percepção do todo. Não faríamos progresso em nosso reconhecimento da frase sem sermos capazes de perceber as formas individuais que compõem as letras. Alguma percepção, portanto, ocorre no nível de padrões e características de cada uma das letras separadas.

Os processamentos descendente e ascendente ocorrem simultaneamente e interagem entre si em nossa percepção do mundo ao redor. O processamento ascendente permite-nos processar as características fundamentais dos estímulos, ao passo que o processamento descendente permite-nos aplicar nossa experiência na percepção. À medida que aprendemos sobre os processos complexos envolvidos na percepção, estamos desenvolvendo uma melhor compreensão de como o cérebro interpreta informações dos sentido de forma contínua

processamento ascendente Percepção que consiste na progressão de reconhecer e processar informações de componentes individuais de um estímulo e passar para a percepção do todo.

FIGURA 4 O poder do contexto é mostrado na figura. Observe como o B e o 13 são idênticos. (Adaptada de Coren & Ward, 1989.)

e permitindo darmos respostas mais apropriadas ao ambiente (Sobel et al., 2007; Folk & Remington, 2008; Westerhausen et al., 2009).

Percepção de profundidade: traduzindo 2-D para 3-D

Sofisticada como é a retina, as imagens projetadas sobre ela são planas e bidimensionais. Contudo, o mundo à nossa volta é tridimensional, e o percebemos assim. Como fazemos a transformação de bidimensional para tridimensional?

A capacidade de ver o mundo em três dimensões e perceber distância – habilidade conhecida como **percepção de profundidade** – deve-se em grande parte ao fato de termos dois olhos. Como existe certa distância entre os olhos, uma imagem ligeiramente diferente chega à retina. O cérebro integra as duas imagens em uma visão, mas ele também reconhece a diferença nas imagens e utiliza essa diferença para calcular a distância que estamos do objeto. A diferença nas imagens vistas pelo olho esquerdo e pelo olho direito é conhecida como *disparidade binocular* (Hibbard 2007; Kara & Boyd, 2009; Gillam, Palmisano, & Govan, 2011).

Para ter uma noção da disparidade binocular, segure um lápis com o braço esticado e olhe-o primeiro com um olho e depois com o outro. Existe uma pequena diferença entre as duas visões em relação ao fundo. Agora segure o lápis a apenas 15 centímetros de seu rosto e tente fazer o mesmo. Dessa vez, você vai perceber uma diferença maior entre as duas visões.

O fato de que a discrepância entre as imagens nos dois olhos varia de acordo com a distância dos objetos que vemos nos proporciona um modo de determinar a distância. Se vemos dois objetos e um está consideravelmente mais perto de nós do que o outro, a disparidade na retina será relativamente grande e teremos maior noção de profundidade entre os dois. Entretanto, se os dois objetos estiverem a uma distância semelhante de nós, a disparidade na retina será menor, e os perceberemos como estando a uma distância semelhante de nós.

percepção de profundidade Capacidade de ver o mundo em três dimensões e perceber distância.

Estradas de ferro que parecem se encontrar a distância são um exemplo de percepção linear.

Quando a lua está perto do horizonte, não a vemos sozinha, e a constância perceptual nos faz levar em conta um sentido enganoso de distância.

Em certos casos, alguns sinais nos permitem ter uma noção de profundidade e distância com apenas um olho. Esses sinais são conhecidos como *pistas monoculares*. Uma pista monocular – a *paralaxe do movimento* – é a mudança na posição de um objeto na retina causada pelo movimento do corpo em relação ao objeto. Por exemplo, suponha que você é um passageiro em um carro em movimento e foca seu olho em um objeto estável, tal como uma árvore. Os objetos que estão mais próximos do que a árvore parecerão mover-se para trás e, quanto mais perto está o objeto, mais rápido ele parecerá se mover. Ao contrário, objetos além da árvore parecerão mover-se em uma velocidade mais baixa, porém na mesma direção que você. Seu cérebro é capaz de usar esses sinais para calcular as distâncias relativas da árvore e dos outros objetos.

A experiência também ensina que, se dois objetos são do mesmo tamanho, aquele que forma uma imagem menor na retina está mais distante do que aquele que produz uma imagem maior – em exemplo da pista monocular do *tamanho relativo*. Contudo, não é apenas o tamanho de um objeto que fornece informações sobre a distância; a qualidade da imagem na retina ajuda a julgar a distância. A pista monocular do *gradiente de textura* fornece informações sobre a distância, porque os detalhes dos objetos que estão distantes são menos nítidos (Proffitt, 2006).

Por fim, qualquer pessoa que já viu trilhos de trem que parecem unir-se ao longe sabe que objetos distantes parecem estar mais juntos do que objetos mais próximos, fenômeno chamado de perspectiva linear. As pessoas usam a *perspectiva linear* como uma pista monocular para calcular a distância, isso permite que a imagem bidimensional na retina registre o mundo tridimensional (Dobbins et al., 1998; Shimono & Wade, 2002; Bruggeman, Yonas, & Konczak, 2007).

Constância perceptual

Considere o que acontece quando você termina uma conversa com um amigo e ele começa a se afastar caminhando. Enquanto você o observa caminhar pela rua, a imagem dele em sua retina torna-se cada vez menor. Você então se pergunta: "Será que ele está encolhendo?".

É claro que não. Apesar da mudança muito real no tamanho da imagem na retina, devido à constância perceptual você inclui em seu pensamento o conhecimento de que seu amigo está distanciando-se de você. **Constância perceptual** é um fenômeno no qual os objetos físicos são percebidos como invariáveis e consistentes, apesar das mudanças em sua

constância perceptual
Fenômeno em que objetos físicos são percebidos como invariáveis e consistentes apesar das mudanças em sua aparência ou no ambiente físico.

aparência ou no ambiente físico. A constância perceptual leva-nos a ver os objetos como possuidores de tamanho, forma, cor e brilho invariáveis, mesmo que a imagem em nossa retina varie. Por exemplo, apesar das imagens variáveis na retina à medida que um avião se aproxima, voa no alto e desaparece, não o percebemos como se ele estivesse mudando de forma (Redding, 2002; Wickelgren, 2004; Garrigan & Kellman, 2008).

Em alguns casos, contudo, a aplicação constância perceptual pode nos iludir. Um exemplo disso envolve a lua nascente. Quando a lua começa a despontar à noite, perto do horizonte, ela parece ser enorme – muito maior do que quando está no alto do céu mais tarde. Você pode ter pensado que a mudança evidente no tamanho da lua foi causada pelo fato de ela estar fisicamente mais próxima da Terra quando ela começa a aparecer. Mas, na verdade, esse não é absolutamente o caso: a imagem real da lua em nossa retina é a mesma, quer ela esteja no horizonte ou no alto do céu.

Existem diversas explicações para a ilusão da lua. Uma delas sugere que a lua parece maior quando ela está baixa no horizonte principalmente por causa da constância perceptual. Quando a lua está perto do horizonte, os sinais perceptuais do terreno e dos objetos intervenientes, como as árvores no horizonte, produzem uma impressão enganosa de distância, levando-nos a percebê-la de modo errôneo como relativamente grande.

Todavia, quando a lua está alta no céu, nós a vemos sozinha e não tentamos compensar sua distância. Nesse caso, então, a constância perceptual nos leva a percebê-la como relativamente pequena. Para sentir a constância perceptual, experimente olhar para a lua quando ela está relativamente baixa no horizonte por um tubo estreito de papelão: a lua vai parecer "encolher" de volta ao tamanho normal (Coren, 1992; Ross & Plug, 2002; Imamura & Nakamizo, 2006; Kaufman, Johnson, & Liu, 2008).

A constância perceptual não é a única explicação para a ilusão da lua, e isso continua sendo um mistério para os psicólogos. É possível que vários processos diferentes estejam envolvidos na ilusão (Gregory, 2008; Kim, 2008).

Percepção do movimento: quando o mundo vira

Quando um jogador de beisebol tenta rebater uma bola arremessada, o fator mais importante é o movimento da bola. Como um rebatedor é capaz de julgar a velocidade e a localização de um alvo que está se movendo a cerca de 140 km/h?

A resposta repousa, em parte, em diversas pistas que nos fornecem informações sobre a percepção do movimento. Em primeiro lugar, o movimento de um objeto por meio da retina é comumente percebido em relação a algum fundo estável e imóvel. Além disso, se o estímulo está vindo em nossa direção, a imagem na retina aumenta de tamanho, preenchendo cada vez mais o campo visual. Nesses casos, presumimos que o estímulo está aproximando-se – não que ele é um estímulo em expansão visualizado a uma distância constante.

Contudo, não é apenas o movimento das imagens por meio da retina que produz a percepção do movimento. Se fosse, perceberíamos o mundo em movimento toda vez que movêssemos nossa cabeça. Em vez disso, uma das questões fundamentais que aprendemos sobre a percepção é levar em conta as informações sobre os movimentos de nossa própria cabeça e de nossos olhos com dados sobre mudanças na imagem retiniana.

Às vezes, percebemos movimento quando ele não acontece. Você já esteve em um trem imóvel que parece estar se movendo porque um trem na pista ao lado começa a se mover lentamente? Ou você já esteve em um cinema com tecnologia IMAX, na qual você tem a impressão de estar caindo quando a imensa imagem de um avião atravessa a tela? Em ambos os casos, a experiência de movimento é convincente. *Movimento aparente* é a percepção de que um objeto imóvel está movendo-se. Ele ocorre quando diferentes áreas da retina são

Aplicando a Psicologia no Século XXI

Será que as pessoas têm um senso interno de direção?

Você tem um bom sentido de direção? Quando se perde em uma zona desconhecida da cidade, você é capaz de encontrar o caminho de volta de onde partiu? Se você sai de um prédio no *campus* universitário por uma porta desconhecida, você tem um senso de qual caminho deve fazer para chegar a seu destino? Você é capaz de apontar em que direção fica o norte?

Em caso afirmativo, você não é o único – muitas pessoas têm essa capacidade de reconstituir seus passos, imaginar onde estão em relação a pontos de referência, ou mesmo saber intuitivamente onde fica o norte. Pesquisadores estão descobrindo que tal sentido pode não ser apenas uma questão de aprendizagem – ele pode, na verdade, ser inato.

Os cientistas estão aprendendo que certas regiões do cérebro no e em torno do hipocampo auxiliam o senso de direção. Células no hipocampo, denominadas *células de lugar*, tornam-se ativas somente quando visitamos uma parte específica do ambiente. Outras células, denominadas *células de grade*, ajudam a definir uma grade que nos permite saber onde estamos em relação ao ambiente. Trabalhando em conjunto com outras células, denominadas *células de direção da cabeça*, essas regiões cerebrais nos dão um senso interno de como estamos nos movendo pelo espaço – uma espécie de mapa interno de onde estamos e de onde estivemos (O'Keefe & Dostrovsky, 1971; Fyhn et al., 2007; Langston et al., 2010).

Essas células garantem o senso de direção que nos ajuda a nos orientarmos? Não necessariamente. A capacidade de compreender direção e a capacidade de encontrar o que queremos estão relacionadas, mas não são idênticas. Pessoas com um bom senso de direção são capazes de visualizar sua localização no espaço e apontar onde as coisas estão, tais como cidades vizinhas ou pontos cardeais. Porém, mesmo pessoas que não possuem tão bom senso de direção ainda podem achar seu caminho, mesmo que com menos eficiência (Hager, 2010).

Esse senso de direção, portanto, funciona um pouco como um GPS, dizendo onde estamos em relação a outros pontos para que possamos descobrir o caminho mais direto entre dois pontos. Todavia, se seu "GPS interno" não é o mais preciso, não se desespere – embora algumas pessoas tenham um melhor senso de para onde devem ir do que outras, em regra todos conseguimos finalmente chegar. Só que alguns apenas levam um pouco mais de tempo do que os outros.

Os seres humanos possuem um senso inato de direção, em alguns aspectos mais sofisticado do que a tecnologia GPS.

> **REPENSE**
> - Quais são alguns dos benefício de se ter um senso interno de direção?
> - Em sua opinião, porque algumas pessoas têm um senso de direção melhor do que outras?

rapidamente estimuladas, levando-nos a interpretar movimento (Ekroll & Scherzer, 2009; Lindemann & Bekkering, 2009; Brandon & Saffran, 2011). (Ver também Aplicando a Psicologia no Século XXI.)

Ilusões perceptuais: os enganos das percepções

Se você olhar atentamente para o Partenon, um dos mais célebres edifícios da Grécia antiga, ainda de pé no alto de uma colina em Atenas, verá que ele foi construído com uma curvatura em um lado. Se ele não tivesse aquela curvatura – e diversos outros "truques" arquitetônicos como este, tais como colunas inclinadas para dentro –, ele pareceria torto e prestes a cair. Em vez disso, ele parece totalmente reto, em ângulos retos com o solo.

O fato de que o Partenon parece totalmente ereto é o resultado de uma série de ilusões visuais. **Ilusões visuais** são estímulos físicos que sistematicamente produzem erros na per-

ilusões visuais Estímulos visuais que sistematicamente produzem erros na percepção.

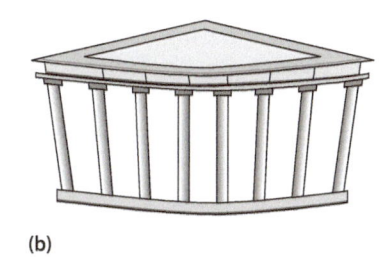

FIGURA 5 (a) Ao construírem o Partenon, os gregos desenvolveram uma maravilha da arquitetura que parece perfeitamente reta, com ângulos retos em todas as extremidades. (b) Contudo, se eles estivessem feito a construção com ângulos perfeitamente retos, ele teria esta aparência. (c) Para compensar tal ilusão, o Partenon foi projetado para ter uma ligeira curvatura para cima, como vemos aqui.
(Fonte: (b) e (c) de Lukiesh, 1921, p. 500.)

cepção. No caso do Partenon, o edifício parece ser completamente quadrado, conforme ilustrado na Figura 5a. Contudo, se tivesse sido construído dessa forma, ele teria a aparência mostrada na Figura 5b. A razão disso é uma ilusão que faz ângulos retos colocados acima de uma linha parecerem inclinados. Para compensar a ilusão, o Partenon foi construído como na Figura 5c, como uma ligeira curva para cima.

A *ilusão de Müller-Lyer* (ilustrada na Fig. 6, p. 124) fascina os psicólogos há décadas. Ainda que as duas linhas sejam do mesmo comprimento, aquela em que as pontas das setas apontam para fora, para longe da linha vertical (Fig. 6a, à esquerda), parece menor do que aquela em que as pontas da seta apontam para dentro (Fig. 6a, à direita).

Embora vários tipos de explicações para as ilusões visuais tenham sido sugeridas, a maior parte se concentra ou na operação física do olho ou em nossos erros de interpretação do estímulo físico. Por exemplo, uma explicação para a ilusão de Müller-Lyer é que os movimentos oculares são maiores quando as pontas das setas apontam para dentro, fazendo-nos perceber a linha como mais comprida do que ela é quando as pontas das setas apontam para fora. Uma explicação diferente para a ilusão sugere que inconscientemente atribuímos determinado significado para cada uma das linhas (Gregory, 1978; Redding & Hawley, 1993). Quando vemos a linha à esquerda na Figura 6a, tendemos a percebê-la como se ela fosse a aresta externa relativamente próxima de um objeto retangular, tal como o canto externo da sala ilustrado na Figura 6b. Ao contrário, quando vemos a linha à direita na Figura 6a, nós a percebemos como a aresta relativamente mais distante de um objeto retangular, tal como o canto interno na Figura 6c. Uma vez que a experiência prévia leva-nos a presumir que o canto externo está mais próximo do que o canto interno, fazemos a suposição adicional de que o canto interno deve, por conseguinte, ser mais comprido.

Apesar da complexidade da última explicação, existem várias evidências para apoiá-la. Por exemplo, estudos interculturais indicam que as pessoas criadas em locais onde existem poucos ângulos retos – tais como os zulu na África, – são muito menos suscetíveis à ilusão do que as pessoas que crescem onde a maior parte das estruturas é construída usando-se ângulos retos e retângulos (Segall, Campbell, & Herskovits, 1966).

Alerta de estudo

A explicação para a ilusão de Müller-Lyer é complicada. A Figura 6 ajuda a entendê-la.

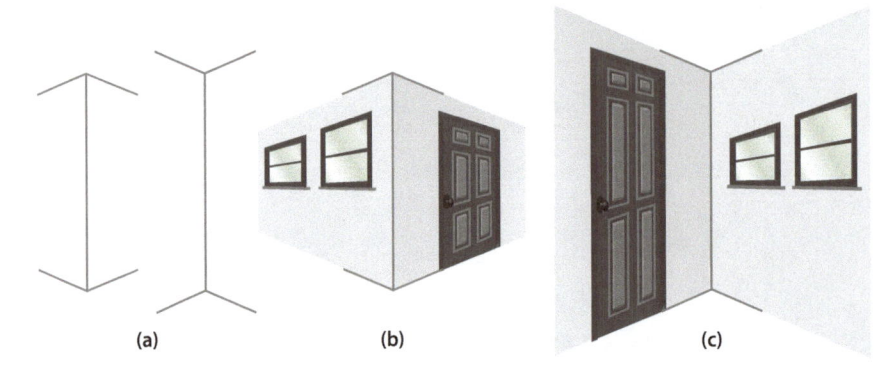

FIGURA 6 Na ilusão de Müller-Lyer (a), a linha vertical à esquerda parece mais curta do que à direita, mesmo tendo comprimento idêntico. Uma explicação para isso sugere que a linha à esquerda (com as pontas das setas apontando para fora) é percebida como a aresta relativamente próxima de um objeto retangular, tais como o canto da edificação em (b), enquanto a linha à direita (com as pontas das setas apontando para dentro) é interpretada como a aresta interna de um objeto retangular, tais como uma sala que se distancia de nós (c). A experiência prévia com distâncias leva-nos a presumir que a aresta externa está mais próxima do que a aresta interna e, consequentemente, que a aresta interna deve ser mais comprida.

Explorando a DIVERSIDADE
Cultura e percepção

Como indica o exemplo dos zulu, a cultura em que somos criados tem clara influência sobre como percebemos o mundo. Considere o desenho na Figura 7. Às vezes chamado de "garfo oscilante do diabo", pode produzir um efeito estonteante, pois o dente central alternadamente aparece e desaparece.

Agora tente reproduzir o desenho em uma folha de papel. É provável que a tarefa lhe seja quase impossível – a menos que você pertença a uma tribo africana com pouca exposição às culturas ocidentais. Para tais indivíduos, a tarefa é simples: eles não têm dificuldade para reproduzir a figura. A razão disso é que os ocidentais automaticamente interpretam o desenho como algo que não pode existir em três dimensões, sendo então inibidos de reproduzi-la. Os membros de tribos africanas, em contrapartida, não fazem a suposição de que a figura é "impossível" e, em vez disso, eles a veem em duas dimensões, uma percepção que lhes permite copiar a figura com facilidade (Deregowski, 1973).

Diferenças culturais também se refletem na percepção de profundidade. Um observador ocidental da Figura 8 interpretaria que o caçador no desenho está mirando no antílope no primeiro plano, enquanto um elefante está de pé sob uma árvore no plano de fundo. Contudo, o membro de uma tribo africana isolada interpreta a cena de uma maneira muito diferente, presumindo que o caçador está mirando no elefante. Os ocidentais usam a diferença de tamanho entre os dois animais como um indicador de que o elefante está mais distante do que o antílope (Hudson, 1960).

Isso significa que os processos perceptuais básicos diferem entre pessoas de diferentes culturas? Não. Variações na aprendizagem e na experiência produzem diferenças interculturais na percepção, mas os processos psicológicos subjacentes envolvidos na percepção são semelhantes (McCauley & Henrich, 2006).

Embora as ilusões visuais possam parecer meras curiosidades psicológicas, elas, na verdade, ilustram uma questão fundamental quanto à percepção. Existe uma relação básica entre nossos conhecimentos prévios, necessidades, motivações e expectativas sobre como o mundo se agrega e o modo como o percebemos. Nossa visão de mundo é, em grande parte, resultado, portanto, de fatores psicológicos fundamentais. Além disso, cada pessoa percebe o ambiente de uma forma única e especial (Knoblich & Sebanz, 2006; Repp & Knoblich, 2007).

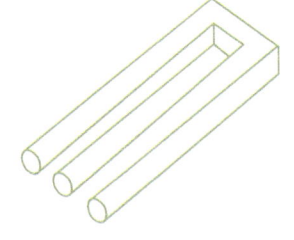

FIGURA 7 O "garfo oscilante do diabo" possui três dentes... ou são dois?

FIGURA 8 O homem está mirando no elefante ou no antílope? Os ocidentais presumem que a diferença de tamanho entre os dois animais indica que o elefante está mais longe e, portanto, o homem está mirando no antílope. Ao contrário, membros de algumas tribos africanas, não acostumados com as sugestões de profundidade em desenhos bidimensionais, presumem que o homem está mirando no elefante. (O desenho baseia-se em Hudson, 1960.) Você acha que as pessoas que veem a figura em três dimensões conseguiriam explicar o que enxergam para alguém que vê a cena em duas dimensões e, por fim, conseguir fazer com que aquela pessoa a veja em três dimensões?

Percepção subliminar

Será que estímulos dos quais não estamos conscientes podem mudar nosso comportamento? Em alguns aspectos, sim.

A *percepção subliminar* refere-se à percepção de mensagens sobre as quais não temos consciência. O estímulo pode ser uma palavra escrita, um som, ou mesmo um odor que ativa o sistema sensorial, mas não é intenso o suficiente para que uma pessoa relate tê-lo sentido. Por exemplo, em alguns estudos, as pessoas são expostas a um rótulo descritivo – chamado de *prime* – sobre um indivíduo (tais como a palavra *inteligente* ou *alegre*) de uma maneira tão rápida que elas não podem dizer que viram o rótulo. Posteriormente, contudo, elas formam impressões que são influenciadas pelo conteúdo do *prime*. De alguma forma, elas foram influenciadas pelo conteúdo do *prime* que elas dizem que não puderam ver, o que oferece alguma evidência de percepção subliminar (Greenwald, Draine, & Abrams, 1996; Key, 2003).

Embora mensagens subliminares (que os psicólogos sociais chamam de *priming*) possam influenciar o comportamento de modo sutil, existem poucas evidências de que possam acarretar mudanças *importantes* nas atitudes ou no comportamento. A maioria dos estudos sugere que não. Por exemplo, pessoas que são expostas de maneira subliminar a imagens de uma lata de refrigerante e à palavra "sede" posteriormente classificam a si próprias como mais sedentas e realmente bebem mais quando têm oportunidade de fazê-lo. Entretanto, elas não se importam particularmente se bebem refrigerante ou outra bebida para matar sua sede (Dijksterhuis, Chartrand, & Aarts, 2007).

Em síntese, embora sejamos capazes de perceber ao menos alguns tipos de informação das quais não temos consciência, existem poucas evidências de que as mensagens subliminares podem mudar nossas atitudes ou nosso comportamento de maneira substancial. Ao mesmo tempo, a percepção subliminar realmente tem ao menos algumas consequências. Se nossa motivação para realizar determinado comportamento já é alta e os estímulos apropriados são apresentados de maneira subliminar, a percepção subliminar pode ter algum efeito em nosso comportamento (Abrams, Klinger, & Greenwald, 2002; Pratkanis, Epley, & Savitsky, 2007; Randolph-Seng & Nielsen, 2009).

Percepção extrassensorial

Diante da falta de evidências de que a percepção subliminar pode alterar nosso comportamento de maneira substancial, os psicólogos são particularmente céticos em relação aos relatos de *percepção extrassensorial* ou PES – percepção que não envolve nossos sentidos conhecidos. Ainda que a metade da população em geral dos Estados Unidos acredite que ela existe, a maioria dos psicólogos rejeita a existência da PES, afirmando que não há documentação sólida a respeito do fenômeno (Gallup Poll, 2001).

Contudo, um debate em uma das revistas de psicologia de maior prestígio, a *Psychological Bulletin*, aumentou o interesse pela PES. Segundo os defensores da PES, existem evidências confiáveis de um "processo anômalo de transferência de informações" ou *psi*. Esses pesquisadores, que meticulosamente analisaram evidências consideráveis, afirmam que um corpo cumulativo de estudos mostra um respaldo confiável para a existência da psi (Bem & Honorton, 1994; Storm & Ertel, 2001; Parra & Argibay, 2007).

A conclusão deles foi questionada em diversos aspectos. Por exemplo, os críticos argumentam que a metodologia de pesquisa foi inadequada e que as experiências que respaldam a psi têm falhas (Milton & Wiseman, 1999; Kennedy, 2004).

Por conta das questões sobre a qualidade dos estudos, assim como pela falta de qualquer explicação teórica crível sobre como a PES poderia ocorrer, a maioria dos psicólogos continua acreditando que não há base científica confiável para esse fenômeno (Rose & Blackmore, 2002; Wiseman & Greening, 2002). Entretanto, as discussões na *Psychological Bulletin* tendem a intensificar o debate. Mais importante ainda, o interesse renovado pela PES entre os psicólogos tende a inspirar mais pesquisas, que é a única forma de a questão ser resolvida.

Recapitule/avalie/repense

Recapitule

RA 11-1 Quais princípios subjazem à nossa organização do mundo visual e nos permitem entender o ambiente?

- A percepção é um processo construtivo em que as pessoas vão além dos estímulos que estão fisicamente presentes e tentam construir uma interpretação significativa.

- As leis de organização da Gestalt são usadas para descrever o modo como organizamos fragmentos de informação em todos significativos, conhecidos como Gestalts, por meio de fechamento, proximidade, semelhança e simplicidade.

- No processamento descendente, a percepção é guiada por conhecimentos, experiência, expectativas e motivações de ordem superior. No processamento ascendente, a percepção consiste na progressão de reconhecer e processar informações dos componentes individuais de um estímulo e prosseguir para a percepção do todo.

RA 11-2 Como somos capazes de perceber o mundo em três dimensões quando nossas retinas são capazes de captar apenas imagens bidimensionais?

- Percepção de profundidade é a capacidade de perceber distância e ver o mundo em três dimensões, muito embora as imagens projetadas em nossas retinas sejam bidimensionais. Somos capazes de julgar profundidade e distância como resultado de disparidade binocular e pistas monoculares, tais como paralaxe do movimento, tamanho relativo das imagens sobre a retina e perspectiva linear.

- A constância perceptual permite-nos perceber os estímulos como de tamanho, forma e cor invariáveis, a despeito das mudanças no ambiente ou na aparência dos objetos que estão sendo percebidos.

- O movimento depende de pistas, tais como o movimento percebido de um objeto pela retina e informações sobre como a cabeça e os olhos estão se movendo.

RA 11-3 Quais pistas as ilusões visuais oferecem sobre nossa compreensão acerca dos mecanismos perceptuais gerais?

- Ilusões visuais são estímulos físicos que constantemente produzem erros na percepção, causando julgamentos que não refletem a realidade física de um estímulo com precisão. Uma das mais conhecidas é a ilusão de Müller-Lyer.

- As ilusões visuais geralmente são resultado de erros na interpretação de estímulos visuais. Além disso, a cultura influencia nosso modo de perceber o mundo.

- A percepção subliminar refere-se à percepção de mensagens sobre as quais não temos consciência. A realidade do fenômeno, assim como da percepção extrassensorial (PES), está aberta a questionamento e debate.

Avalie

1. Combine cada uma das leis de organização com seu significado:

   a. fechamento
   b. proximidade
   c. similaridade
   d. simplicidade

   1. Os elementos mais próximos são agrupados.
   2. Padrões são percebidos da maneira mais básica e direta possível.
   3. Os agrupamentos são feitos em termos de figuras completas.
   4. Elementos de aparência semelhante são agrupados.

2. A análise de _____ lida com o modo como decompomos um objeto em suas partes a fim de compreendê-lo.

3. O processamento que envolve funções superiores, tais como expectativas e motivações, é conhecido como _____, ao passo que o processamento que reconhece os componentes individuais de um estímulo é conhecido como _____.

4. Quando um carro passa por você na estrada e parece encolher à medida que se distancia, o fenômeno de _____ permite que você entenda que o carro não está ficando menor de fato.

5. _____ é a capacidade de ver o mundo em três dimensões em vez de duas.

6. O cérebro faz uso de um fenômeno conhecido como _____, ou a diferença entre as imagens que os dois olhos veem, para dar três dimensões à visão.

Repense

1. Como os pintores representam cenas tridimensionais em duas dimensões sobre uma tela? Você pensa que artistas em culturas não ocidentais usam os mesmos princípios ou outros para representar a tridimensionalidade? Justifique sua resposta.

2. *Da perspectiva de um executivo:* Que argumentos você poderia apresentar se um membro de sua equipe propusesse uma campanha de propaganda subliminar? Sua explicação seria suficiente para convencê-los? Justifique sua resposta.

Respostas das questões de avaliação

1. a-3, b-1, c-4, d-2; 2. características; 3. descendente, ascendente; 4. constância perceptual; 5. Percepção de profundidade; 6. disparidade binocular

Termos-chave

leis de organização da Gestalt p. 116
processamento descendente p. 117
processamento ascendente p. 118
percepção de profundidade p. 119
constância perceptual p. 120
ilusões visuais p. 122

Recordando

Epílogo

Assinalamos a distinção importante entre sensação e percepção, examinando os processos que subjazem a ambas. Vimos como estímulos externos evocam respostas sensoriais e como nossos diferentes sentidos processam as informações contidas nessas respostas. Abordamos a estrutura física e as operações internas de cada um dos sentidos, incluindo visão, audição, equilíbrio, olfato, paladar e os sentidos da pele. Exploramos como o nosso cérebro organiza e processa informações sensoriais para construir um quadro integrado consistente do mundo a nossa volta.

Para completar análise da sensação e da percepção, vamos reconsiderar o caso de TN, que é capaz de "ver" mesmo sendo cego. Usando seu conhecimento a respeito de sensação e percepção, responda às seguintes perguntas:

1. A cegueira de TN é causada mais por um problema de sensação ou por um problema de percepção? Por que você pensa assim?
2. Mesmo pessoas com visão normal se beneficiam das rotas visuais que conferem aos indivíduos cegos a capacidade de responder às informações visuais? Por exemplo, você já reagiu a algo que "viu" sem estar consciente de que o viu?
3. O fenômeno de visão cega poderia ser um exemplo de PES? Justifique sua resposta.
4. Como a visão cega assemelha-se à percepção subliminar?

RESUMO VISUAL 3 Sensação e Percepção

MÓDULO 8 Sensopercebendo o Mundo a Nosso Redor

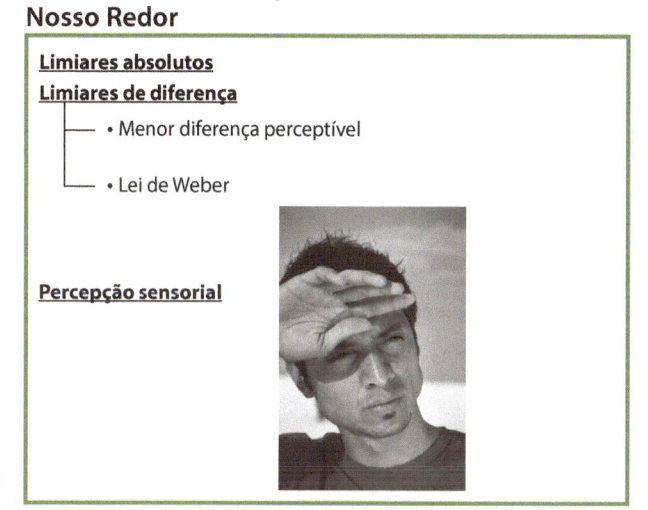

Limiares absolutos

Limiares de diferença
- Menor diferença perceptível
- Lei de Weber

Percepção sensorial

MÓDULO 9 Visão: Lançando Luz sobre o Olho

Estrutura do olho
- Córnea
- Íris
- Pupila
- Cristalino
- Fóvea
- Nervo ótico
- Ponto cego
- Retina
- Células não sensoriais da retina

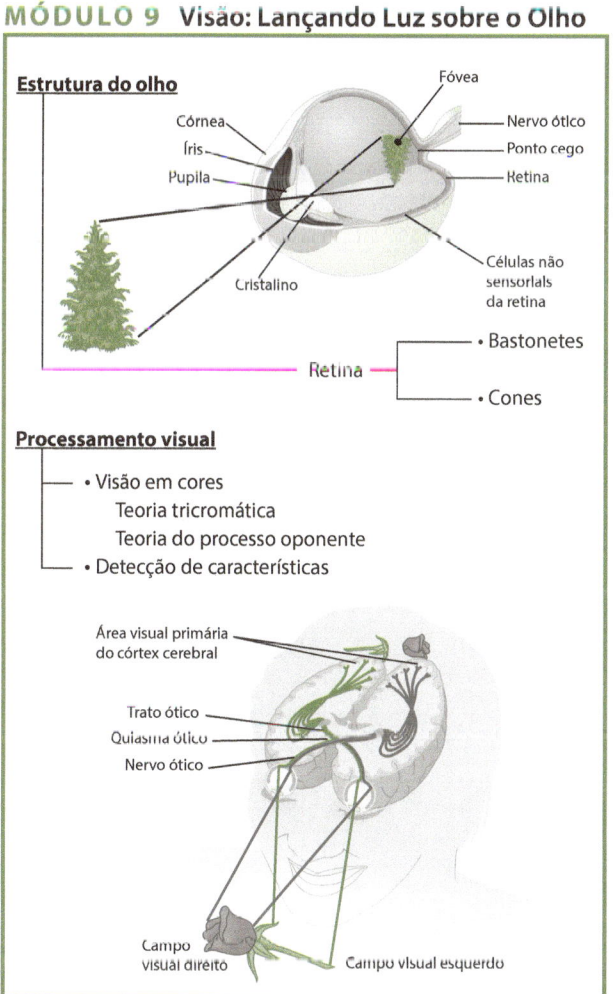

Retina
- Bastonetes
- Cones

Processamento visual
- Visão em cores
  - Teoria tricromática
  - Teoria do processo oponente
- Detecção de características

- Área visual primária do córtex cerebral
- Trato ótico
- Quiasma ótico
- Nervo ótico
- Campo visual direito
- Campo visual esquerdo

MÓDULO 10 A Audição e os Outros Sentidos

Estrutura da orelha

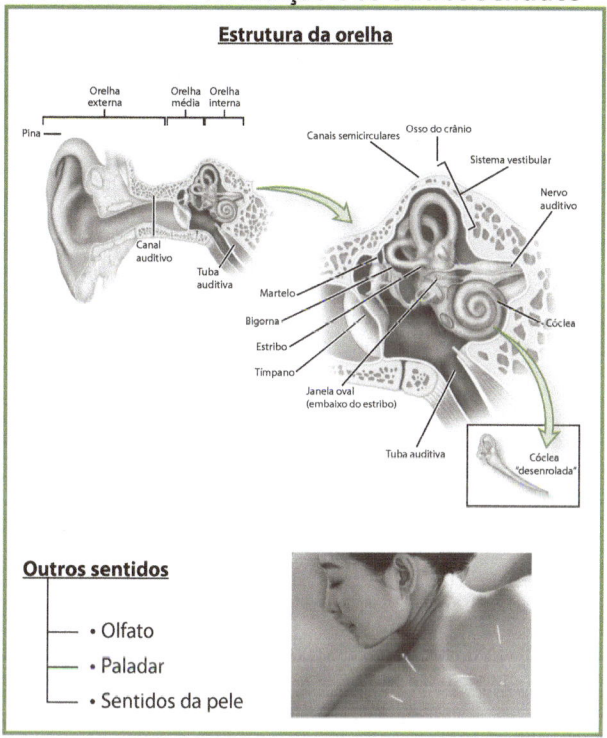

Orelha externa — Orelha média — Orelha interna
- Pina
- Canal auditivo
- Tuba auditiva
- Martelo
- Bigorna
- Estribo
- Tímpano
- Canais semicirculares
- Osso do crânio
- Sistema vestibular
- Nervo auditivo
- Cóclea
- Janela oval (embaixo do estribo)
- Tuba auditiva
- Cóclea "desenrolada"

Outros sentidos
- Olfato
- Paladar
- Sentidos da pele

MÓDULO 11 Organização Perceptual: Construindo Nossa Visão de Mundo

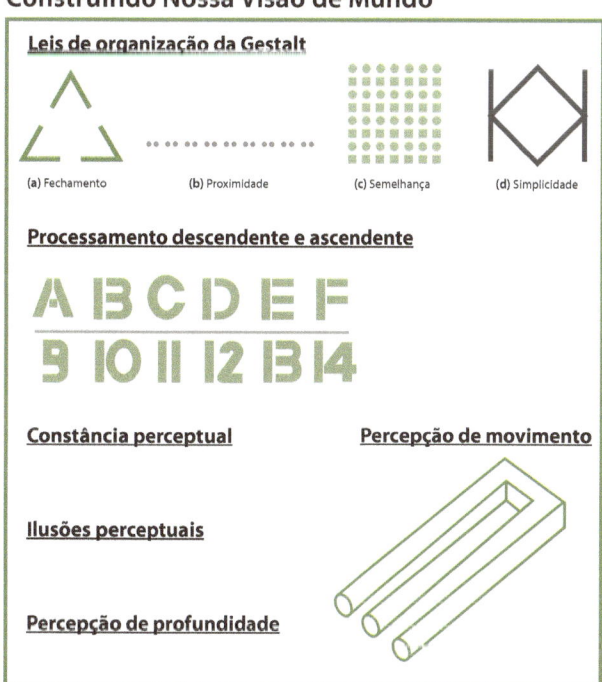

Leis de organização da Gestalt

(a) Fechamento   (b) Proximidade   (c) Semelhança   (d) Simplicidade

Processamento descendente e ascendente

A B C D E F
9 10 11 12 13 14

Constância perceptual

Percepção de movimento

Ilusões perceptuais

Percepção de profundidade

4
Estados de Consciência

Resultados de Aprendizagem para o Capítulo 4

MÓDULO 12

RA 12-1 Quais são os diferentes estados de consciência?

RA 12-2 O que acontece quando dormimos e quais são o significado e a função dos sonhos?

RA 12-3 Quais são os principais transtornos do sono e como eles podem ser tratados?

RA 12-4 Quanto nós devaneamos?

Sono e Sonhos
Os estágios do sono
Sono REM: o paradoxo do sono
Por que dormimos e quantas horas de sono são necessárias?
A Neurociência em sua Vida: Por que você está irritado? Seu cérebro está desperto demais
A função e o significado de sonhar
Aplicando a Psicologia no Século XXI: Sonhos de fracasso
Transtornos do sono: problemas para dormir
TrabalhoPsi: Tecnólogo do sono
Ritmos circadianos: os ciclos da vida
Devaneios: sonhos sem sono
Tornando-se um Consumidor Informado de Psicologia: Dormindo melhor

MÓDULO 13

RA 13-1 O que é hipnose? As pessoas hipnotizadas estão em estado alterado de consciência?

RA 13-2 Quais são os efeitos da meditação?

Hipnose e Meditação
Hipnose: uma experiência formadora de transe?
Meditação: regulando nosso próprio estado de consciência
Explorando a Diversidade: Rotas transculturais para estados alterados de consciência

MÓDULO 14

RA 14-1 Quais são as principais classificações das drogas e quais são seus efeitos?

Uso de Drogas: os Altos e Baixos da Consciência
Estimulantes: os altos das drogas
Depressores: os baixos das drogas
Narcóticos: aliviando a dor e a ansiedade
Alucinógenos: drogas psicodélicas
Tornando-se um Consumidor Informado de Psicologia: Identificando problemas com álcool e drogas

Prólogo *O poder da meditação*

Lynn Blakes, uma desenvolvedora de testes de linguagem de 39 anos, já teve três episódios de depressão e diz que a meditação ajuda a prevenir uma recaída.

"Sofri de depressão pela primeira vez há 13 anos, depois da morte de minha mãe, e novamente há sete anos, na época em que trabalhava como professora. Era um trabalho estressante, e eu não estava me cuidando. Nas duas ocasiões, prescreveram-me antidepressivos, que foram eficazes, mas não quero depender de remédios.

Sempre me interessei pela meditação e a usei como auxílio para relaxar, por isso me matriculei em um curso de meditação *mindfulness*. Aprendi a me concentrar em minha respiração e a dedicar algum tempo do dia pensando sobre aspectos do cotidiano, tais como o som dos pássaros. Você pode até se concentrar na escovação dos dentes para ajudar a desligar. Em pouco tempo, isso se torna muito natural" (Lee, 2010, p. 33).

Olhando à frente

Lynn Blakes descobriu que a meditação, uma técnica para concentrar a atenção, ajudava a aliviar seu estresse diário o suficiente para prevenir uma recaída da depressão. A meditação é um entre os diversos métodos que as pessoas podem usar para alterar seu estado de consciência. Ela é uma experiência que muitas pessoas consideram relaxante e agradável. Por que ela é assim, o que é a experiência consciente, como e por que podemos alterá-la são algumas das questões que abordamos ao voltarmos nossa atenção ao estudo da consciência.

Consciência é o conhecimento das sensações, dos pensamentos e dos sentimentos que experimentamos em dado momento. A consciência é nossa compreensão subjetiva tanto do ambiente a nosso redor quanto de nosso mundo interno particular, inobservável às pessoas de fora.

Na *consciência desperta*, estamos despertos e conscientes de nossos pensamentos, emoções e percepções. Todos os outros estados de consciência são considerados *estados alterados de consciência*. Entre eles, dormir e sonhar ocorrem de forma natural; o uso de drogas e a hipnose, em contrapartida, são métodos de alterar deliberadamente o estado de consciência.

No passado, os psicólogos por vezes relutaram em estudar a consciência por ela ser um fenômeno muito pessoal. Afinal de contas, quem pode dizer que sua consciência é semelhante ou, nesse caso, diferente da de qualquer outra pessoa? Embora os primeiros psicólogos, inclusive William James (1890), considerassem o estudo da consciência como central para o campo, psicólogos posteriores defenderam que ela estava fora dos limites da disciplina. Eles argumentaram que a consciência só poderia ser compreendida baseando-se "não cientificamente" no que os participantes experimentais diziam que estavam sentindo. Nessa visão, cabia aos filósofos – não aos psicólogos – especular sobre questões complicadas, como a de se a consciência é separada do corpo físico, como as pessoas sabem que elas existem e como o corpo e a mente estão relacionados um com o outro (Gennaro, 2004; Barresi, 2007).

Os psicólogos contemporâneos rejeitam a visão de que o estudo da consciência é inadequado para o campo da psicologia. Em vez disso, eles alegam que várias abordagem permitem o estudo científico da consciência. Por exemplo, os neurocientistas do comportamento podem medir os padrões de ondas cerebrais em condições de consciência que variam desde o sono até a vigília e a estados hipnóticos. E o novo conhecimento da química de drogas como maconha e álcool trouxe a compreensão sobre o modo como elas produzem seus efeitos tanto agradáveis quanto adversos (Mosher & Akins, 2007; Baars & Seth, 2009; Wells, Phillips, & McCarthy, 2011).

Contudo, a questão referente a como os seres humanos experimentam a consciência continua aberta. Alguns psicólogos acreditam que a experiência da consciência é produzida por um aumento quantitativo da atividade neuronal que ocorre em todo o cérebro. Por exemplo, um despertador leva-nos do sono à consciência desperta por seu som intenso, o qual estimula os neurônios no cérebro como um todo (Greenfield, 2002; Koch & Greenfield, 2007; Ward, 2011).

Todavia, outros acreditam que os estados de consciência são produzidos por determinados conjuntos de neurônios e rotas neuronais que são ativadas de maneiras específicas. Nessa perspectiva, um despertador leva-nos do sono à consciência porque neurônios específicos relacionados ao nervo auditivo são ativados; o nervo auditivo, então, envia uma mensagem para outros neurônios para que liberem determinados neurotransmissores que produzem consciência do toque de despertar (Tononi & Koch, 2008).

Embora ainda não saibamos qual dessas visões é correta, está claro que em qualquer estado de consciência em que nos encontramos – seja acordados, dormindo, em hipnose ou sob o efeito de drogas – as complexidades da consciência são profundas.

consciência Conhecimento das sensações, dos pensamentos e dos sentimentos que experimentamos em dado momento.

MÓDULO 12

Sono e Sonhos

Mike Trevino, de 29 anos, dormiu nove horas em nove dias em sua disputa para vencer uma corrida de bicicletas em um trajeto de 5 mil quilômetros. Nas primeiras 38 horas e mil quilômetros, ele dormiu absolutamente nada. Posteriormente, ele tirou sonecas – sem sonhos dos quais pudesse lembrar – de no máximo uma hora e meia por noite. Não demorou para que ele começasse a imaginar que sua equipe de apoio estava planejando um atentado. "Era quase como estar em um filme. Parecia um sonho complexo, ainda que eu estivesse consciente", diz Trevino, que terminou em segundo lugar (Springen, 2004, p. 47).

O caso de Trevino é pouco comum – em parte porque ele foi capaz de funcionar com tão pouco sono por tanto tempo – e levanta uma infinidade de questões sobre o sono e os sonhos. Podemos viver sem dormir? Qual é o significado dos sonhos? De modo mais geral, o que é o sono?

Embora dormir seja um estado que todos vivenciamos, ainda restam muitas perguntas sem respostas, além de um considerável número de mitos sobre o sono. Teste seu conhecimento acerca do sono e dos sonhos respondendo ao questionário na Figura 1.

Resultados de Aprendizagem

RA 12-1 Quais são os diferentes estados de consciência?

RA 12-2 O que acontece quando dormimos e quais são o significado e a função dos sonhos?

RA 12-3 Quais são os principais transtornos do sono e como eles podem ser tratados?

RA 12-4 Quanto nós devaneamos?

Questionário do sono

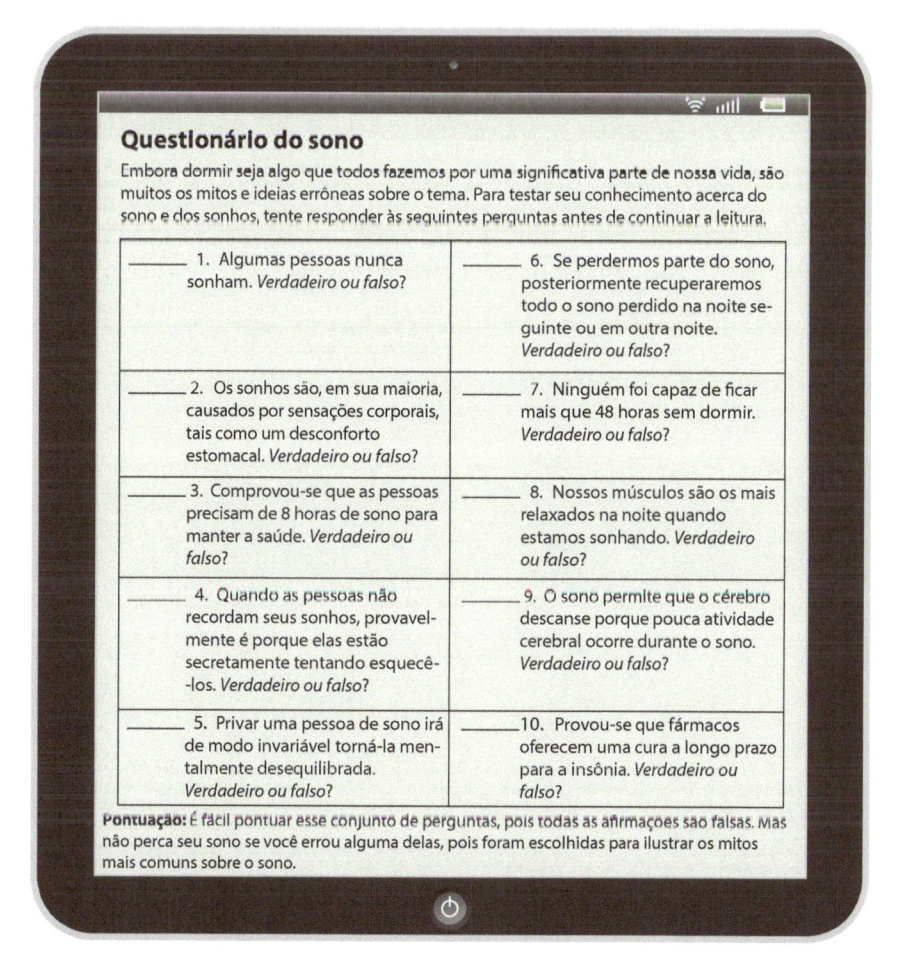

Embora dormir seja algo que todos fazemos por uma significativa parte de nossa vida, são muitos os mitos e ideias errôneas sobre o tema. Para testar seu conhecimento acerca do sono e dos sonhos, tente responder às seguintes perguntas antes de continuar a leitura.

____ 1. Algumas pessoas nunca sonham. *Verdadeiro ou falso?*

____ 2. Os sonhos são, em sua maioria, causados por sensações corporais, tais como um desconforto estomacal. *Verdadeiro ou falso?*

____ 3. Comprovou-se que as pessoas precisam de 8 horas de sono para manter a saúde. *Verdadeiro ou falso?*

____ 4. Quando as pessoas não recordam seus sonhos, provavelmente é porque elas estão secretamente tentando esquecê-los. *Verdadeiro ou falso?*

____ 5. Privar uma pessoa de sono irá de modo invariável torná-la mentalmente desequilibrada. *Verdadeiro ou falso?*

____ 6. Se perdermos parte do sono, posteriormente recuperaremos todo o sono perdido na noite seguinte ou em outra noite. *Verdadeiro ou falso?*

____ 7. Ninguém foi capaz de ficar mais que 48 horas sem dormir. *Verdadeiro ou falso?*

____ 8. Nossos músculos são os mais relaxados na noite quando estamos sonhando. *Verdadeiro ou falso?*

____ 9. O sono permite que o cérebro descanse porque pouca atividade cerebral ocorre durante o sono. *Verdadeiro ou falso?*

____ 10. Provou-se que fármacos oferecem uma cura a longo prazo para a insônia. *Verdadeiro ou falso?*

Pontuação: É fácil pontuar esse conjunto de perguntas, pois todas as afirmações são falsas. Mas não perca seu sono se você errou alguma delas, pois foram escolhidas para ilustrar os mitos mais comuns sobre o sono.

FIGURA 1 Existem muitas perguntas sem respostas sobre o sono. Fazer esse teste pode ajudar a desfazer alguns dos mitos. (Fonte: Palladino & Carducci, 1984.)

Os estágios do sono

A maioria de nós considera o sono um momento de tranquilidade, quando deixamos de lado as tensões do dia e passamos a noite dormindo sem ocorrências especiais. Entretanto, um exame mais atento do sono mostra que muita atividade ocorre durante a noite inteira.

Medições da atividade elétrica demonstram que o cérebro está muito ativo durante a noite. Ele produz descargas elétricas com padrões de onda sistemáticos que mudam de altura (ou amplitude) e velocidade (ou frequência) em sequências regulares. Também existe atividade física significativa em movimentos musculares e oculares.

As pessoas progridem ao longo de uma série de estágios distintos de sono durante o repouso da noite – conhecidos como primeiro ao quarto estágios do sono e sono *REM* –, percorrendo os estágios em ciclos que duram cerca de 90 minutos. Cada um desses estágios está associado a um padrão único de ondas cerebrais, como se pode ver na Figura 2.

Quando as pessoas se deitam para dormir, elas passam de um estado de vigília em que ficam relaxadas de olhos fechados e entram no **primeiro estágio do sono**, que é caracterizado por ondas cerebrais relativamente rápidas de baixa amplitude. Na verdade, essa é uma etapa de transição entre a vigília e o sono e dura apenas alguns minutos. Durante o primeiro estágio, às vezes aparecem imagens, como se estivéssemos vendo fotografias, embora isso não seja realmente sonhar, o que ocorre posteriormente durante a noite.

À medida que o sono torna-se mais profundo, as pessoas entram no **segundo estágio do sono**, o qual constitui cerca de metade do sono total daqueles que estão com 20 e poucos anos, sendo caracterizado por um padrão de ondas mais lento e mais regular. Contudo, também existem interrupções passageiras de ondas pontiagudas que, devido à sua configuração, são chamadas de *fusos do sono*. Torna-se cada vez mais difícil despertar uma pessoa do sono conforme a segunda etapa avança.

À medida que as pessoas entram no **terceiro estágio do sono**, as ondas cerebrais tornam-se mais lentas, com cristas mais altas e vales mais baixos no padrão de ondas. Quando chegamos ao **quarto estágio do sono**, o padrão é ainda mais lento e regular, e as pessoas são menos responsivas à estimulação externa.

Como ilustrado na Figura 3, o quarto estágio do sono tende a ocorrer mais na parte inicial da noite. Na primeira metade da noite, o sono é dominado pelo segundo e terceiro estágios. A segunda metade é caracterizada pelo primeiro e segundo estágios – bem como pelo quinto estágio do sono, durante o qual ocorrem os sonhos.

primeiro estágio do sono Estado de transição entre a vigília e o sono, caracterizado por ondas cerebrais relativamente rápidas de baixa amplitude.

segundo estágio do sono Sono mais profundo do que o da primeira etapa, caracterizado por um padrão de ondas mais lentas e regulares, com interrupções passageiras de "fusos do sono".

terceiro estágio do sono Sono caracterizado por ondas cerebrais lentas, com cristas e vales maiores no padrão de ondas do que no segundo estágio.

quarto estágio do sono Estágio mais profundo do sono, durante o qual somos menos responsivos à estimulação externa.

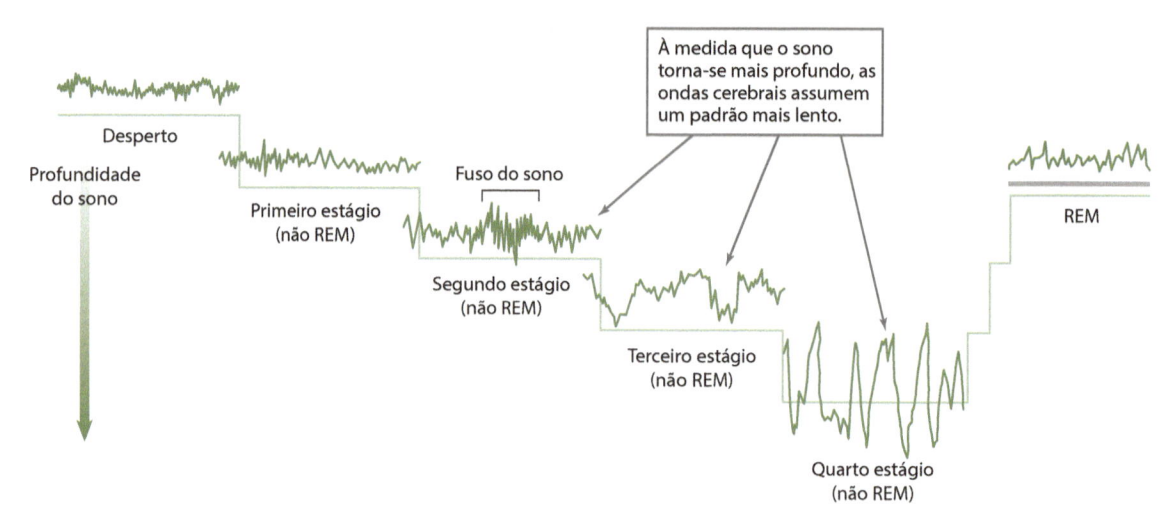

FIGURA 2 Os padrões das ondas cerebrais (medidas por um aparelho de eletrencefalograma) variam significativamente durante os diferentes estágios do sono (Hobson, 1989). À medida que o sono avança do primeiro ao quarto estágio, as ondas cerebrais tornam-se mais lentas. Durante o sono REM, contudo, os padrões das ondas rápidas são semelhantes aos do estado de vigília tranquila.

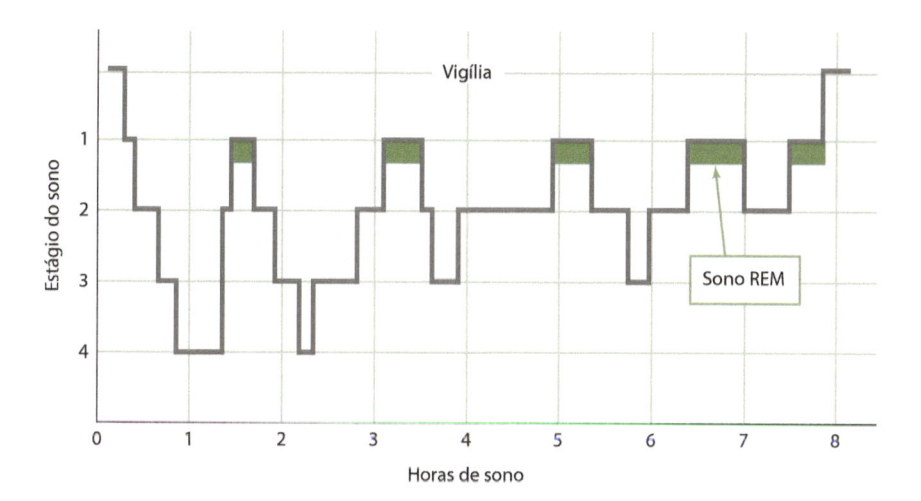

FIGURA 3 Ao longo da noite, o dormidor típico passa por todos os quatro estágios do sono e vários períodos REM.
(Fonte: Hartmann, 1967.)

Sono REM: o paradoxo do sono

Várias vezes por noite, quando aqueles que dormem retornaram a um estado de sono menos profundo, acontece algo curioso. Sua frequência cardíaca aumenta e torna-se irregular, sua pressão arterial sobe e sua frequência respiratória aumenta. O mais característico desse período é o movimento dos olhos de um lado para o outro, como se eles estivessem assistindo a um filme repleto de ação. Esse período do sono é chamado de **sono de movimento rápido dos olhos**, ou **sono REM**, e contrasta com os estágios um a quatro, que são coletivamente chamados de sono não REM (ou NREM). O sono REM ocupa pouco mais do que 20% do tempo total de sono dos adultos.

Paradoxalmente, enquanto toda essa atividade está ocorrendo, os principais músculos do corpo parecem estar paralisados. Além disso, e mais importante, o sono REM geralmente é acompanhado de sonhos, os quais – quer as pessoas lembrem-se deles ou não – são experimentados por *todas as pessoas* durante alguma parte de sua noite de sono. Embora alguns sonhos ocorram em estágios de sono não REM, eles são mais propensos a se manifestarem no período REM, quando são mais vívidos e facilmente lembrados (Titone, 2002; Conduit, Crewther, & Coleman, 2004; Lu et al., 2006; Leclair-Visonneau et al., 2011).

Existem boas razões para acreditar que o sono REM desempenha um papel crucial no funcionamento humano cotidiano. Pessoas privadas do sono REM – por serem acordadas

sono de movimento rápido dos olhos (REM) Sono que ocupa 20% do tempo de sono total de um adulto, caracterizado por aumento da frequência cardíaca, da pressão arterial e da frequência respiratória, além de ereções, movimentos dos olhos e experiência de sonhar.

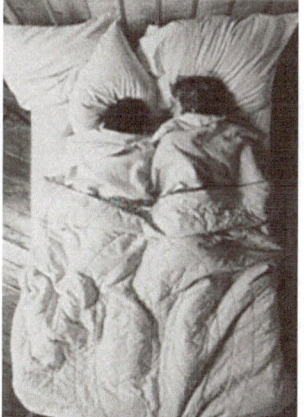

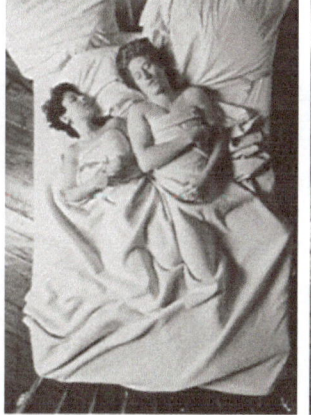

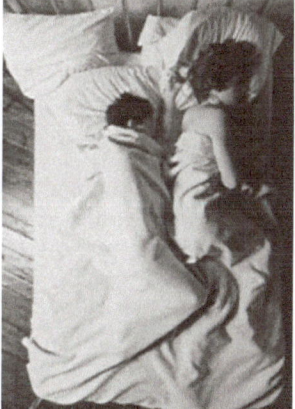

As pessoas passam pelos quatro estágios distintos do sono durante uma noite de descanso, distribuídos em ciclos que duram cerca de 90 minutos. O sono REM, que ocupa apenas 20% do tempo de sono dos adultos, ocorre no primeiro estágio. Essas fotos, tiradas em diferentes momentos da noite, mostram padrões sincronizados de um casal acostumado a dormir na mesma cama.

Alerta de estudo

Diferencie os cinco estágios do sono (primeiro, segundo, terceiro e quarto estágios e sono REM), os quais produzem padrões de onda diferentes.

toda vez que começam a exibir os sinais fisiológicos desse estágio – apresentam um *efeito de rebote* quando podem repousar sem perturbação. Com esse efeito de rebote, as pessoas privadas de sono REM passam muito mais tempo no sono REM do que o fariam normalmente. Além disso, o sono REM pode influenciar a aprendizagem e a memória, permitindo-nos repensar e recuperar informações e experiências emocionais que tivemos durante o dia (Nishida et al., 2009; Walker & van der Helm, 2009).

Por que dormimos e quantas horas de sono são necessárias?

O sono é necessário para um funcionamento humano normal, embora, surpreendentemente, não saibamos de modo exato por quê. É sensato esperar que nosso corpo necessitaria de um período tranquilo de "descanso e relaxamento" para se revitalizar, e experimentos com ratos mostram que a privação total de sono leva à morte. Mas por quê?

Uma explicação, baseada em uma perspectiva evolucionista, afirma que o sono permitiu que nossos ancestrais conservassem energia à noite, hora em que era relativamente difícil obter alimentos. Consequentemente, eles eram mais capazes de ir em busca de alimentos durante o dia.

Uma segunda explicação é que o sono recupera e revigora o cérebro e o corpo. Por exemplo, a atividade reduzida do cérebro durante o sono não REM pode dar aos neurônios uma chance de reparar-se. Além disso, o início do sono REM interrompe a liberação de neurotransmissores chamados *monoaminas* e, assim, permitem que as células receptoras obtenham algum repouso necessário e aumentem sua sensibilidade durante os períodos de vigília (McNamara, 2004; Steiger, 2007; Bub, Buckhalt, & El-Sheikh, 2011).

Por fim, o sono pode ser essencial por auxiliar o crescimento físico e o desenvolvimento cerebral nas crianças. Por exemplo, a liberação de hormônios do crescimento está associada ao sono profundo (Peterfi et al., 2010).

Contudo, essas explicações continuam sendo especulativas, e não há uma resposta definitiva sobre por que o sono é essencial. Os cientistas não foram capazes de estabelecer quanto dormir é absolutamente necessário. A maioria das pessoas dorme entre sete e oito horas por noite, o que equivale a três horas por noite *menos* do que as pessoas dormiam cem anos atrás. Também existe grande variabilidade entre os indivíduos, sendo que algumas pessoas precisam de apenas três horas de sono (ver Fig. 4).

Homens e mulheres dormem de maneira diferente. As mulheres em geral adormecem mais rápido, dormem períodos mais longos e mais profundamente do que os homens, e se

FIGURA 4 A maioria das pessoas relata dormir entre oito e nove horas por noite, mas a quantidade necessária de sono para cada indivíduo varia bastante (Borbely, 1986). Onde você se situaria neste gráfico? Por que você precisa de mais ou de menos sono do que os outros?

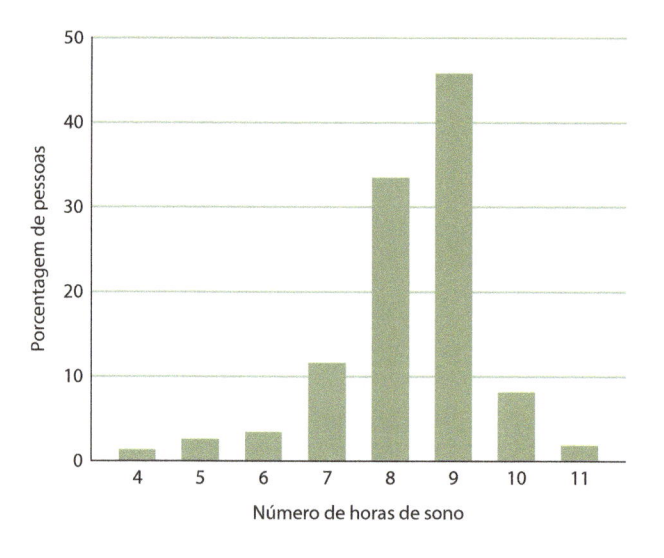

A Neurociência em sua Vida:
Por que você está irritado? Seu cérebro está desperto demais

FIGURA 5 Uma explicação sobre nossa necessidade de dormir é que precisamos restaurar e reparar diversos sistemas em nosso cérebro. Um desses sistemas é aquele que regula nossas emoções. Na imagem de ressonância magnética (RM), a amígdala, que ajuda a processar as emoções, apresenta menos ativação (vista nos pontos vermelhos e cor de laranja) ao ver imagens emotivas quando os participantes dormiram o suficiente em comparação a quando tiveram privação de sono. Isso indica que os participantes responderam com mais emotividade quando tiveram menos sono.

(Fonte: Walker & van der Helm, 2009.) (Veja esta imagem colorida nas orelhas deste livro.)

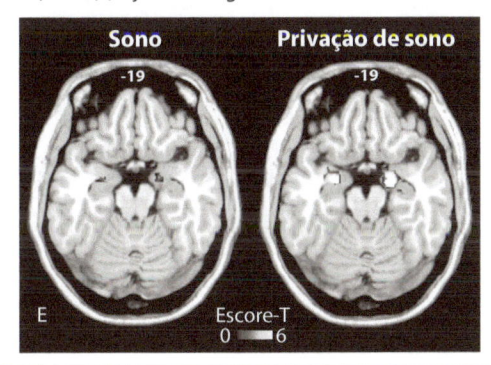

levantam menos vezes por noite. Entretanto, os homens preocupam-se menos com a quantidade de sono que dormem do que as mulheres, embora durmam menos. Além disso, as necessidades de sono variam durante o curso da vida: à medida que envelhecem, as pessoas normalmente precisam dormir cada vez menos (Monk et al., 2011; Petersen, 2011).

As pessoas que participam de experimentos de privação de sono, nos quais elas são mantidas acordadas por períodos de até 200 horas, não indicam efeitos duradouros. Não é divertido – elas sentem-se cansadas e irritáveis, não conseguem se concentrar e apresentam perda de criatividade, mesmo após pouca privação. Elas também manifestam um declínio na capacidade de raciocínio lógico. Entretanto, depois de poderem dormir normalmente, elas se recuperam de modo rápido e são capazes de se desempenhar nos níveis pré-privação em apenas alguns dias (Babson et al., 2009; Mograss et al., 2009).

Então, tanto quanto sabemos, a maioria das pessoas não sofre consequências permanentes de uma privação temporária de sono desse tipo. Contudo – e esta é uma ressalva importante –, a carência de sono pode deixar-nos tensos, retardar nosso tempo de reação e diminuir nosso desempenho em tarefas acadêmicas e físicas. Além disso, colocamos a nós e aos outros em risco quando realizamos tarefas rotineiras, tais como dirigir, quando estamos muito sonolentos (Philip et al., 2005; Anderson & Home, 2006; Morad et al., 2009). (Ver também Fig. 5, em A Neurociência em sua Vida.)

A função e o significado de sonhar

> Eu estava sendo perseguido e não podia escapar. Meu agressor, que usava uma máscara, estava carregando uma faca comprida. Ele estava ganhando terreno. Senti que não adiantava; eu estava prestes a ser morto.

Se você já teve um sonho parecido, sabe o quão convincentes são o pânico e o medo que os eventos no sonho podem causar. *Pesadelos*, sonhos extraordinariamente assustadores, ocorrem com bastante frequência. Em uma pesquisa, quase a metade de um grupo de

Aplicando a Psicologia no Século XXI

Sonhos de fracasso

É o último dia dos exames finais. Você está arrumando seu quarto e aprontando-se para ir para casa de férias quando, de repente, lembra-se daquela última aula a que você não assistiu o semestre inteiro – a prova final é hoje! Você corre freneticamente pelos corredores de sua faculdade procurando a sala da prova e, quando finalmente a encontra, afunda na cadeira e recebe uma prova que parece ter sido escrita em uma língua estrangeira. Você sabe nada daquele negócio! Uma sensação de pavor sobe da boca de seu estômago quando você se dá conta de que não vai passar.

Então você acorda. Seu coração ainda está batendo mais rápido quando você percebe com alegria que era apenas um sonho – um sonho muito comum, na verdade. Muitos de seus colegas vão contar que já tiveram sonhos parecidos recorrentes sobre ser reprovado em uma prova. Mesmo pessoas que não pegam um lápis há décadas descobrem que de vez em quando retornam a uma sala de aula em um estado de pânico durante o sono. Por que esse sonho é tão prevalente e o que ele nos diz sobre a função dos sonhos em geral (Hoover, 2011)?

De acordo com alguns especialistas, muitos de nós compartilham esse tipo de sono porque fazer provas é um evento causador de ansiedade em nossa vida que se inicia em tenra idade e ocorre regularmente durante todos os primeiros anos de vida. Cada ocorrência desafia nossa confiança: mesmo os academicamente talentosos guardam uma insegurança secreta de que o sucesso até agora teve mais a ver com sorte do que com habilidade e que um dia essa sorte pode simplesmente acabar. Com cada exame nos perguntamos, talvez subconscientemente, se este será aquele dia. Essas poderosas experiências de incerteza e medo ficam gravadas em nossa memória durante um tempo sensível e podem perdurar muitos anos depois (Barrett, 2007; Hoover, 2011).

Sonhos com provas podem, portanto, representar uma ansiedade básica que tem a ver com avaliação. Esse medo da avaliação torna-se simbolicamente representado com base em nossas experiências mais precoces com provas. Por que sonharíamos com eventos causadores de ansiedade? Uma explicação é que tais sonhos ajudam-nos a lidar com medos que não podemos expressar conscientemente. Na verdade, algumas evidências sugerem que sonhar com um evento traumático pode ajudar-nos a superar o trauma. Nos sonhos com provas, o medo real geralmente não é tanto a prova em si quanto a possibilidade de que nos autossabotemos deixando de nos preparar. Assim, em última análise, somos lembrados de uma importante lição: não negligencie suas responsabilidades. Muito melhor que aprendamos essa lição em um sonho do que na vida real (Barrett & Behbehani, 2003; Barrett, 2002, 2007)!

A sensação de pavor de estar fazendo uma prova e não saber as respostas é um dos sonhos mais comuns relacionados à ansiedade.

> **REPENSE**
> - As pessoas que não valorizam particularmente o desempenho acadêmico seriam propensas a ter o sonho da prova? Justifique sua resposta.
> - As pessoas que seguem a carreira acadêmica – como seus professores – seriam mais ou menos propensas do que outras a ter o sonho da prova?

estudantes universitários que mantiveram registros de seis sonhos por um período de duas semanas disseram ter tido ao menos um pesadelo. Isso soma cerca de 24 pesadelos por pessoa por ano em média (Levin & Nielsen, 2009; Schredl et al., 2009; Schredl & Reinhard, 2011). (Ver também Aplicando a Psicologia no Século XXI.)

Contudo, a maior parte dos 150 mil sonhos que uma pessoa experimenta em média até os 70 anos de idade são muito menos dramáticos. Eles costumam envolver eventos cotidianos, tais como ir ao supermercado, trabalhar no escritório e preparar uma refeição. Alunos sonham que estão indo para a aula; professores sonham que estão dando aula. Pacientes odontológicos sonham que estão tendo seus dentes perfurados; dentistas sonham que estão perfurando o dente errado. Os ingleses bebem chá com a rainha em seus sonhos; nos Estados Unidos, as pessoas vão a um bar com o presidente (Domhoff, 1996; Schredl & Piel, 2005; Taylor & Bryant, 2007). A Figura 6 mostra os temas mais comuns citados nos sonhos das pessoas.

Evento temático	Porcentagem de sonhos Relatar ao menos um evento	
	Mulheres (%)	Homens (%)
Agressão	47	44
Cordialidade	38	42
Sexualidade	12	04
Má sorte	36	33
Sucesso	15	08
Fracasso	15	10

FIGURA 6 Embora os sonhos tendam a ser subjetivos para a pessoa que os está tendo, elementos comuns ocorrem nos sonhos de todo mundo. Por que tantos sonhos comuns são desagradáveis e tão poucos são agradáveis? Isso nos revela algo sobre a função dos sonhos?
(Fonte: Domhoff & Schneider, 1998.)

Mas o que todos esses sonhos realmente significam? O fato de os sonhos terem ou não um significado e uma função específicos tem sido analisado pelos cientistas durante muitos anos, e eles desenvolveram três teorias alternativas que discutiremos a seguir (resumidas na Fig. 7).

Explicações psicanalíticas dos sonhos: os sonhos representam a realização de desejos inconscientes?

Usando a teoria psicanalítica, Sigmund Freud considerava os sonhos como um guia para o inconsciente (Freud, 1900). Em sua **teoria da realização de desejos inconscientes**, ele propunha que os sonhos representam desejos inconscientes que aqueles que sonham querem que se realizem. Contudo, uma vez que tais desejos são ameaçadores à atenção consciente de quem sonha, os reais desejos – chamados de **conteúdo latente dos sonhos** – são disfarçados. O conteúdo verdadeiro e o significado de um sonho, então, podem ter pouco a ver com seu enredo visível, o qual Freud chamava de **conteúdo manifesto dos sonhos**.

Para Freud, era importante perfurar a blindagem do conteúdo manifesto de um sonho para compreender seu verdadeiro significado. Para conseguir isso, Freud tentava fazer as pessoas falarem sobre seus sonhos, associando os símbolos presentes nos sonhos a eventos no passado. Ele também propôs que alguns símbolos comuns com significados universais apareceriam nos sonhos. Por exemplo, para Freud, sonhos em que uma pessoa está voando simbolizam um desejo de relação sexual. (Ver Fig. 8, p. 140, para outros símbolos comuns.)

Muitos psicólogos rejeitam a visão de Freud de que os sonhos representam desejos inconscientes e de que determinados objetos e eventos em um sonho são simbólicos. Eles acreditam que a ação explícita direta de um sonho é o ponto focal de seu significado. Por exemplo, um sonho em que estamos andando por um longo corredor para fazer uma prova

Alerta de estudo

Use a Figura 7 para aprender as diferenças entre as três principais explicações do sonhar.

teoria da realização de desejos inconscientes Teoria de Sigmund Freud segundo a qual os sonhos representam desejos inconscientes que os sonhadores querem que se realizem.

conteúdo latente dos sonhos Segundo Freud, os significados "disfarçados" dos sonhos, ocultos por temas mais óbvios.

conteúdo manifesto dos sonhos Segundo Freud, o enredo aparente dos sonhos.

Teoria	Explicação básica	Significado dos sonhos	O significado do sonho está disfarçado?
Teoria da realização de desejos inconscientes (Freud)	Explicação psicanalítica segundo a qual os sonhos representam desejos inconscientes que aquele que sonha deseja realizar.	O conteúdo latente revela desejos inconscientes.	Sim, pelo conteúdo manifesto dos sonhos.
Teoria dos sonhos para sobrevivência	Explicação evolucionista segundo a qual informações relevantes à sobrevivência diária são reconsideradas e reprocessadas.	Pistas para os interesses cotidianos sobre a sobrevivência.	Não necessariamente.
Teoria da síntese de ativação	Explicação neurocientífica segundo a qual os sonhos são o resultado da ativação aleatória de diversas memórias, que são interligadas em um enredo lógico.	O cenário onírico que é construído está relacionado aos interesses daquele que sonha.	Não necessariamente.

FIGURA 7 Três teorias dos sonhos. Embora os pesquisadores ainda precisem concordar sobre o significado fundamental dos sonhos, várias teorias foram criadas.

Símbolo (conteúdo manifesto do sonho)	Interpretação (conteúdo latente)
Subir escadas, atravessar uma ponte, andar de elevador, pilotar um avião, andar por um corredor comprido, entrar em uma sala, passar de trem por um túnel	Relação sexual
Maçãs, peras, toranjas	Seios
Balas, fogo, cobras, varas, guarda-chuvas, armas, mangueiras, facas	Órgãos sexuais masculinos
Fornos, caixas, túneis, armários, cavernas, garrafas, navio	Órgãos sexuais femininos

FIGURA 8 Segundo Freud, os sonhos contêm símbolos comuns com significados universais.

para a qual não estudamos não está relacionado a desejos inconscientes inaceitáveis. Em vez disso, ele pode simplesmente significar que estamos preocupados com uma prova iminente. Mesmo sonhos mais complexos podem com frequência ser interpretados em termos de preocupações e estresse cotidianos (Picchioni et al., 2002; Cartwright, Agargum, & Kirkby, 2006).

Além disso, alguns sonhos refletem eventos que ocorrem no ambiente daquele que sonha enquanto ele está dormindo. Por exemplo, em um experimento, espargiu-se água sobre participantes enquanto eles estavam sonhando. Os voluntários relataram mais sonhos envolvendo água do que um grupo de comparação de participantes que puderam dormir sem serem perturbados (Dement & Wolpert, 1958). Também não é incomum despertar e constatar que a campainha que soava em um sonho era, na verdade, o despertador que estava tocando.

Entretanto, a pesquisa por tomografia de emissão de pósitrons (PET) do cérebro confirma, em certa medida, a visão da satisfação de desejos. Por exemplo, as regiões límbicas e paralímbicas do cérebro, associadas à emoção e à motivação, estão particularmente ativas durante o sono REM. Ao mesmo tempo, as áreas de associação do córtex pré-frontal, que controlam a análise e a atenção lógica, encontram-se inativas durante o sono REM. A alta ativação dos centros emocionais e motivacionais do cérebro durante o sonhar torna mais plausível que os sonhos possam refletir desejos inconscientes e necessidades instintivas, como Freud sugeriu (Braun et al., 1998; Occhionero, 2004; Wehrle et al., 2007).

Explicações evolucionistas dos sonhos: teoria dos sonhos para sobrevivência

teoria dos sonhos para sobrevivência Teoria segundo a qual os sonhos permitem que informações cruciais para nossa sobrevivência diária sejam reconsideradas e reprocessadas durante o sono.

De acordo com a **teoria dos sonhos para sobrevivência**, baseada na perspectiva evolucionista, os sonhos permitem-nos reconsiderar e reprocessar durante o sono informações que são cruciais para nossa sobrevivência diária. Sonhar é considerado uma herança de nossos ancestrais animais, cujos cérebros pequenos eram incapazes de filtrar informações suficientes durante as horas de vigília. Consequentemente, sonhar fornecia um mecanismo que permitia o processamento de informações 24 horas por dia.

Na teoria dos sonhos para sobrevivência, os sonhos representam preocupações sobre nossa vida diária, ilustrando incertezas, indecisões, ideias e desejos. Os sonhos são vistos, então, como compatíveis com a vida cotidiana. Em vez de serem desejos disfarçados, como Freud propôs, eles representam preocupações fundamentais originadas de nossas experiências diárias (Winson, 1990; Ross, 2006; Horton, 2011).

A pesquisa respalda a teoria dos sonhos para sobrevivência, indicando que alguns sonhos permitem que as pessoas concentrem-se e consolidem memórias, principalmente os sonhos que tratam de lembranças de "como fazer" relacionadas a habilidades motoras. Por exemplo, ratos parecem sonhar com labirintos que eles aprenderam a percorrer durante o dia, ao menos de acordo com os padrões de atividade cerebral que aparecem enquanto eles estão dormindo (Stickgold et al., 2001; Kuriyama, Stickgold, & Walker, 2004; Smith, 2006).

Um fenômeno semelhante parece funcionar em seres humanos. Por exemplo, em um experimento, os participantes aprenderam uma tarefa de memória visual em uma hora adiantada do dia. Eles, então, foram mandados dormir, mas foram despertados em determinados momentos durante a noite. Quando foram despertados em momentos que não interrompiam o sonhar, seu desempenho na tarefa de memória em geral melhorou no dia seguinte. Porém, quando eles foram despertados durante o sono REM – o estágio do sono em que as pessoas sonham –, seu desempenho diminuiu. A implicação é que o sonhar, ao menos quando não é interrompido, pode auxiliar-nos a recordar material ao qual fomos expostos (Karni et al., 1994; Marshall & Born, 2007; Nishida et al., 2009).

Explicações neurocientíficas dos sonhos: teoria da síntese de ativação

Adotando a perspectiva da neurociência, o psiquiatra J. Allan Hobson propôs a teoria da síntese de ativação dos sonhos. A **teoria da síntese de ativação** concentra-se na energia elétrica aleatória que o cérebro produz durante o sono REM, possivelmente como resultado de alterações na produção de determinados neurotransmissores. Essa energia elétrica estimula aleatoriamente memórias armazenadas no cérebro. Uma vez de temos que entender nosso mundo mesmo quando estamos dormindo, o cérebro toma essas memórias caóticas e, então, entrelaça-as para formar um enredo lógico, preenchendo as lacunas para produzir um cenário racional (Porte & Hobson, 1996; Hobson, 2005; Hangya et al., 2011).

A teoria da síntese de ativação foi refinada pela teoria da *modulação da informação de ativação (AIM)*. De acordo com a AIM, os sonhos são iniciados na ponte do cérebro, a qual envia sinais aleatórios para o córtex. Áreas do córtex envolvidas em determinados comportamentos de vigília estão relacionadas ao conteúdo dos sonhos. Por exemplo, áreas cerebrais relacionadas à visão estão envolvidas em aspectos visuais do sonho, ao passo que áreas cerebrais relacionadas ao movimento estão envolvidas em aspectos do sonho relacionados ao movimento (Hobson, 2007).

As teorias da síntese de ativação e da AIM não rejeitam totalmente a visão de que os sonhos refletem desejos inconscientes. Elas pressupõem que o cenário particular que aquele que sonha produz não é aleatório, e sim uma pista para seus medos, emoções e preocupações. Consequentemente, o que se inicia como um processo aleatório, culmina em algo significativo.

> **teoria da síntese de ativação** Teoria de Hobson segundo a qual o cérebro produz energia elétrica aleatória durante o sono REM que estimula memórias armazenadas no cérebro.

Transtornos do sono: problemas para dormir

De vez em quando, quase todos nós temos dificuldade para dormir – condição conhecida como insônia. Ela pode ser resultado de determinada situação, tal como rompimento de um relacionamento, preocupação com a nota em uma prova ou perda de um emprego. Alguns casos de insônia, contudo, não apresentam causa óbvia. Algumas pessoas simplesmente são incapazes de adormecer, ou elas adormecem prontamente, mas acordam com frequência durante a noite. A insônia é um problema que acomete até um terço de todas as pessoas. Mulheres e idosos são mais propensos a sofrer de insônia, assim como pessoas excepcionalmente magras ou deprimidas (Bains, 2006; Cooke & Ancoli-Israel, 2006; Henry et al., 2008).

Algumas pessoas que *pensam* que têm problemas de sono, na verdade, estão enganadas. Por exemplo, pesquisadores em laboratórios de sono descobriram que algumas pessoas que dizem ficar acordadas a noite inteira, na verdade, adormecem em 30 minutos e dormem a noite inteira. Além disso, algumas pessoas com insônia lembram-se de sons que ouviram enquanto estavam dormindo, o que lhes dá a impressão de que estavam despertas durante a noite (Semler & Harvey, 2005; Yapko, 2006). (Ver também TrabalhoPsi.)

> **PsicoTec**
> Pesquisas mostram que o uso de *laptops*, *tablets*, telefones celulares ou outras tecnologias na hora que antecede o dormir noturno está associado a transtornos do sono.

TrabalhoPsi
TECNÓLOGO DO SONO

Nome: Brandon Liebig

Cargo: Tecnólogo do sono, Central Sleep Diagnostics, Northbrook, IL

Formação: Bacharelado, Studio Art, Universidade de Nebraska em Omaha; diplomado no Programa de Educação em Tecnologia do Sono do Memorial Hospital Sleep Center da Universidade de Massachusetts, Worcester, MA; licenciado pelo Board of Registered Polysomnographic Technologists

Embora cada um de nós passe a maior parte do tempo dormindo, o sono – ou melhor, a falta dele – é um estado problemático para muitas pessoas. Para os que buscam tratamento para transtornos do sono, o tecnólogo do sono Brandon Liebig está na vanguarda, auxiliando nas avaliações clínicas, ajudando a monitorar e testar pacientes, bem como participando do desenvolvimento de procedimentos terapêuticos.

Segundo Liebig, "Os pacientes observados no laboratório do sono muitas vezes têm antecedentes médicos complicados e necessidades de saúde, e alguns podem ter limitações/déficits cognitivos ou condições psicológicas coexistentes além de seus sintomas no sono".

"Os especialistas na área precisam reconhecer as necessidades particulares de um paciente e ajustar sua forma de prover o tratamento para que ele melhor se adapte ao paciente e promova os melhores resultados possíveis, tanto para a experiência do paciente no laboratório do sono quanto para os dados coletados em estudos científicos."

Liebig acrescenta: "Muitas vezes, os pacientes podem achar estressante, estranho e desconfortável dormir no laboratório com os sensores e outros aparelhos ligados ao corpo. Os tecnólogos do sono usam seu conhecimento em psicologia para estimular compreensão, renovação da confiança, respeito e paciência ao paciente".

Outros transtornos do sono são menos comuns do que a insônia, ainda que sejam disseminados. Por exemplo, cerca de 20 milhões de pessoas sofrem de *apneia do sono*, uma condição na qual a pessoa tem dificuldade para respirar durante o sono. O resultado é um sono perturbado, interrompido e uma perda significativa do sono REM, pois a pessoa é constantemente acordada quando a falta de oxigênio torna-se grande o suficiente para disparar uma resposta de despertar. Algumas pessoas com apneia acordam-se até 500 vezes durante uma noite, embora elas possam nem ter consciência de que se acordaram. Como seria de esperar, esse sono conturbado resulta em fadiga extrema no dia seguinte. A apneia do sono também pode desencadear a *síndrome da morte súbita do lactente*, que produz a morte misteriosa de bebês aparentemente normais durante o sono (Gami et al., 2005; Aloia, Smith, & Arnedt, 2007; Tippin, Sparks, & Rizzo, 2009; Arimoto et al., 2011).

Terrores noturnos são despertares repentinos de sono não REM acompanhados de extremo medo, pânico e forte excitação fisiológica. Ocorrendo geralmente no quarto estágio do sono, os terrores noturnos podem ser tão assustadores que a pessoa desperta gritando. Embora eles inicialmente produzam grande agitação, as vítimas conseguem voltar a dormir com relativa rapidez. São muito menos frequentes do que os pesadelos e, diferentemente dos pesadelos, costumam ocorrer durante o sono não REM de ondas lentas. Os terrores noturnos ocorrem com mais frequência em crianças entre as idades de 3 e 8 anos (Lowe, Humphreys, & Williams, 2007).

Narcolepsia é o sono incontrolável que ocorre por períodos curtos enquanto a pessoa está acordada. Qualquer que seja a atividade – travando uma conversa animada, exercitando-se ou dirigindo –, o narcoléptico repentinamente adormece. Pessoas com narcolepsia passam diretamente da vigília para o sono REM, pulando outros estágios do sono. As causas da narcolepsia são desconhecidas, embora possa haver um componente genético, já que tal condição ocorre em famílias (Mahmood & Black, 2005; Ervik, Abdelnoor, & Heier, 2006; Nishino, 2007; Billiard, 2008).

Sabemos relativamente pouco sobre soniloquismo e sonambulismo, duas patologias do sono comumente inofensivas. Ambas ocorrem durante o quarto estágio do sono e são mais comuns em crianças do que em adultos. Os sonâmbulos e sonílocos têm uma vaga consciência do ambiente à sua volta, e um sonâmbulo pode ser capaz de caminhar com agilidade em torno de obstáculos em uma sala lotada. A menos que um sonâmbulo perambule em um ambiente perigoso, o sonambulismo oferece pouco risco. E a ideia comum de que é perigoso acordar um sonâmbulo? É apenas superstição (Baruss, 2003; Guilleminault et al., 2005; Lee-Chiong, 2006; Licis et al., 2011).

O soniloquismo e o sonambulismo são mais comuns em crianças do que em adultos, e ambos ocorrem durante o quarto estágio do sono.

Ritmos circadianos: os ciclos da vida

O fato de que oscilamos entre a vigília e o sono é um exemplo dos ritmos circadianos do corpo. **Ritmos circadianos** (do latim *circa diem* ou "aproximadamente um dia") são processos biológicos que ocorrem regularmente em um ciclo aproximado de 24 horas. Dormir e caminhar, por exemplo, ocorrem naturalmente ao ritmo de um marca-passo interno que funciona em um ciclo de cerca de 24 horas. Várias outras funções corporais, como temperatura corporal, produção de hormônios e pressão arterial, também seguem ritmos circadianos (Saper et al., 2005; Beersma & Gordijn, 2007; Blatter & Cajochen, 2007).

Os ciclos circadianos são complexos e envolvem uma variedade de comportamentos. Por exemplo, a sonolência ocorre não apenas à noite, mas também durante o dia em padrões regulares: a maioria de nós sente sonolência no meio da tarde – independentemente de termos ingerido um almoço pesado. Fazendo da sesta vespertina um hábito cotidiano, as pessoas em muitas culturas aproveitam a inclinação natural do corpo para dormir nessa hora (Wright, 2002; Takahashi et al., 2004; Reilly & Waterhouse, 2007).

O *núcleo supraquiasmático* controla os ritmos circadianos. Entretanto, a quantidade relativa de luz e sombra, que varia com as estações do ano, também influencia a regulação dos ritmos circadianos. Na verdade, algumas pessoas experimentam *transtorno afetivo sazonal*, uma forma de depressão grave em que sentimentos de desespero e desesperança aumentam durante o inverno e desaparecem durante o resto do ano. O transtorno parece ser resultado da brevidade e obscuridade dos dias de inverno. A exposição diária a luzes brilhantes por vezes é suficiente para melhorar o humor dos que sofrem desse transtorno (Golden et al., 2005; Rohan, Roecklein, & Tierney Lindsey, 2007; Kasof, 2009; Monteleone, Martiadis, & Maj, 2011).

O humor das pessoas também parece seguir padrões regulares. Analisando mais de 500 milhões de *tweets* que utilizam registros públicos do Twitter, uma equipe de psicólogos descobriu que palavras com associações positivas (fantástico, super) e associações negativas (com medo, furioso) seguiam padrões regulares. Em todo o planeta e em diferentes culturas, as pessoas estavam mais contentes pela manhã, menos durante o dia, com um rebote à noite. Os humores também eram mais felizes em certos dias da semana: somos mais felizes nos fins de semana e nos feriados. Além disso, emoções positivas aumentam do fim de dezembro ao fim de junho, à medida que os dias tornam-se mais longos, e emoções negativas aumentam conforme os dias encurtam (Golder & Macy, 2011; ver Fig. 9).

Luzes brilhantes podem compensar alguns dos sintomas de transtorno afetivo sazonal, o qual ocorre durante o inverno.

ritmos circadianos Processos biológicos que ocorrem regularmente em um ciclo de 24 horas.

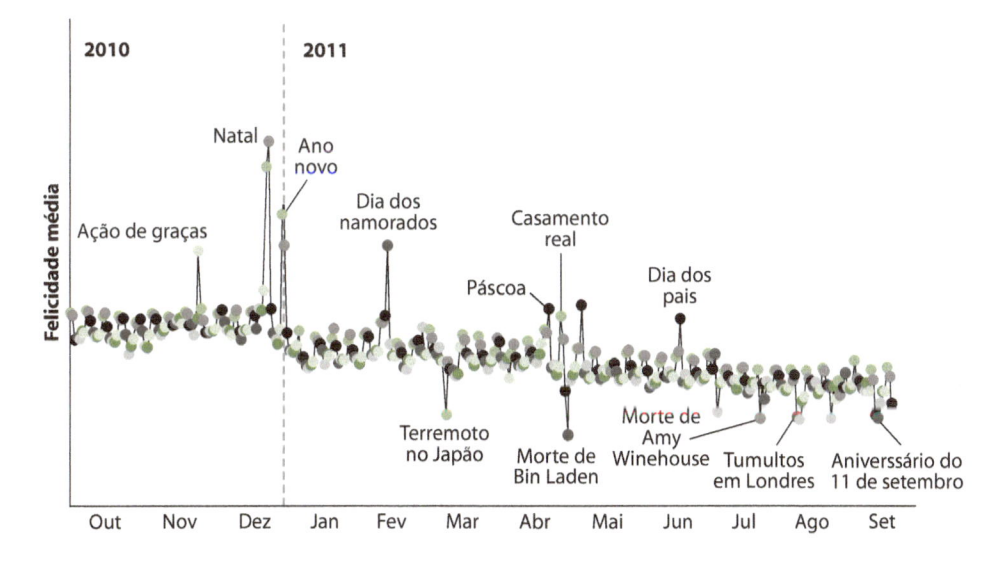

FIGURA 9 Um ano de *tweets* mostra que as sextas-feiras (pontos verde-claros), os sábados (pontos cinza) e os domingos (pontos pretos) são dias mais felizes do que os dias da semana. Os dias mais felizes são os feriados, enquanto os mais infelizes estão associados a más notícias.

(Fonte: Adaptada de Peter Sheridan Dodds e Christopher M. Danforth/Universidade de Vermont, do artigo: Miller, G. (2011, September 30). Social Scientists Wade into the Tweet Stream, *Science, 333*, 1814–1815.)

Devaneios: sonhos sem sono

É o material da magia: nossos erros anteriores podem ser apagados e o futuro preenchido com realizações notáveis. Fama, felicidade e riqueza podem ser nossas. Porém, no momento seguinte, as tragédias mais horríveis podem acontecer, deixando-nos arrasados, sozinhos e sem um centavo.

A fonte desses cenários são os **devaneios**, fantasias que as pessoas constroem enquanto estão acordadas. Diferentemente dos sonhos que ocorrem durante o sono, os devaneios estão mais sob o controle das pessoas. Portanto, seu conteúdo com frequência está mais relacionado a eventos imediatos no ambiente do que o conteúdo dos sonhos. Embora possam incluir conteúdo sexual, os devaneios também se relacionam a outras atividades ou eventos que são relevantes para a vida de uma pessoa.

Os devaneios são uma parte típica da consciência vígil, ainda que nossa consciência do ambiente ao redor diminua enquanto devaneamos. As pessoas variam consideravelmente em relação a quanto devaneiam. Por exemplo, por volta de 2 a 4% da população passa ao menos metade de seu tempo livre fantasiando. Embora a maioria das pessoas devaneie com muito menos frequência, quase todo mundo fantasia em alguma medida. Estudos que pediram às pessoas que identificassem o que estavam fazendo em momentos aleatórios durante o dia mostraram que elas estavam devaneando cerca de 10% do tempo (Lynn et al., 1996; Holler, 2006; Singer, 2006).

O cérebro está surpreendentemente ativo durante o devanear. Por exemplo, diversas áreas do cérebro associadas à resolução de problemas complexos são ativadas durante os devaneios. Na verdade, devanear pode ser a única hora em que essas áreas são ativadas simultaneamente, o que sugere que devanear pode levar a *insights* sobre problemas com os quais estamos nos debatendo (Fleck et al., 2008; Kounios et al., 2008).

Alguns cientistas veem uma ligação entre devaneios e sonhos. O conteúdo de ambos mostra muitos paralelos, assim como as áreas e os processos cerebrais envolvidos estão relacionados (Domhoff, 2011).

devaneios Fantasias que as pessoas constroem enquanto estão acordadas.

Devaneios são fantasias que as pessoas constroem enquanto estão acordadas. Quais são as semelhanças e diferenças entre devaneios e sonhos noturnos?

TORNANDO-SE UM CONSUMIDOR INFORMADO de Psicologia
Dormindo melhor

Você tem problemas para dormir? Você não é o único – 70 milhões de pessoas nos Estados Unidos têm problemas de sono. Para aqueles que passam horas virando-se na cama, os psicólogos que estudam os transtornos do sono têm algumas sugestões para superar a insônia. Eis algumas ideias (Benca, 2005; Finley & Cowley, 2005; Buysse et al., 2011):

- *Exercite-se durante o dia (ao menos seis horas antes da hora de dormir) e evite sonecas.* Como seria de se esperar, ajuda estar cansado antes de ir deitar! Além disso, aprender técnicas de relaxamento sistemático e *biofeedback* pode ajudá-lo a livrar-se do estresse e das tensões do dia.
- *Escolha um horário regular para dormir e siga-o à risca.* Aderir a uma programação habitual ajuda seus mecanismos de tempo internos a regular melhor seu corpo.
- *Evite bebidas com cafeína após o almoço.* Os efeitos de bebidas como café, chá e alguns refrigerantes podem durar de 8 a 12 horas depois de consumidos.
- *Beba um copo de leite morno na hora de dormir.* Nossos avós estavam certos quando nos davam esse conselho: o leite contém triptofano, o qual ajuda as pessoas a dormir.
- *Evite remédios para dormir.* Muito embora 25% dos adultos norte-americanos digam que tomaram remédios para dormir nos 12 meses anteriores, a longo prazo esses medicamentos podem fazer mais mal do que bem, pois eles perturbam o ciclo normal do sono.
- *Tente não dormir.* Essa abordagem funciona porque as pessoas costumam ter dificuldade para adormecer por que estão esforçando-se muito. Uma estratégia mais eficaz é ir para a cama somente quando você se sentir cansado. Caso não consiga dormir em 10 minutos, saia do quarto e faça outra coisa, voltando para a cama somente quando sentir sono. Continue esse processo a noite inteira, se necessário. Porém, levante-se na hora de costume pela manhã e não durma durante o dia. Depois de três ou quatro semanas, a maioria das pessoas fica condicionada a associar sua cama ao sono e adormece rapidamente à noite (Sloan et al., 1993; Ubell, 1993; Smith, 2001).

Em caso de problemas crônicos, você pode pensar em visitar um centro de transtornos do sono.

Recapitule/avalie/repense

Recapitule

RA 12-1 Quais são os diferentes estados de consciência?

- Consciência é o conhecimento que uma pessoa tem das sensações, dos pensamentos e sentimentos em dado momento. A consciência desperta pode variar de estados mais ativos para mais passivos.
- Estados alterados de consciência incluem dormir e sonhar, que ocorrem naturalmente, assim como estados hipnóticos e induzidos por drogas.

RA 12-2 O que acontece quando dormimos e quais são o significado e a função dos sonhos?

- O cérebro está ativo durante a noite toda, e o sono progride por uma série de estágios identificados por padrões próprios de ondas cerebrais.
- O sono REM (ou movimento rápido dos olhos) é caracterizado por um aumento na frequência cardíaca, na pressão arterial e na taxa respiratória – e, nos homens, por ereções. Os sonhos costumam ocorrer nesse estágio.
- De acordo com a abordagem psicanalítica de Freud, os sonhos contêm tanto um conteúdo manifesto (um enredo visível) quanto um conteúdo latente (o verdadeiro significado). Segundo Freud, o conteúdo latente fornece uma guia para o inconsciente daquele que sonha, revelando desejos não realizados.
- A teoria dos sonhos para sobrevivência, fundamentada em uma perspectiva evolucionista, afirma que informações relevantes à sobrevivência diária são reconsideradas e reprocessadas nos sonhos. Assumindo uma abordagem neurocientífica, a teoria da síntese de ativação propõe que os sonhos são o resultado de energia elétrica aleatória que estimula diferentes memórias, as quais são, então, entretecidas para formar um enredo coerente.

Capítulo 4 Estados de Consciência

RA 12-3 Quais são os principais transtornos do sono e como eles podem ser tratados?

- A insônia é um transtorno do sono caracterizado por dificuldade para dormir. A apneia do sono é uma condição em que as pessoas têm dificuldade para dormir e respirar ao mesmo tempo. Pessoas com narcolepsia têm um desejo incontrolável de dormir. O sonambulismo e o soniloquismo são relativamente inofensivos.

RA 12-4 Quanto nós devaneamos?

- Existem grandes diferenças entre as pessoas quanto à quantidade de tempo dedicada aos devaneios. Quase todas as pessoas devaneiam ou fantasiam em alguma medida.

Avalie

1. _____ é o termo usado para descrever nossa compreensão do mundo externo a nós, assim como nosso próprio mundo interior.
2. Uma grande quantidade de atividade neural continua durante o sono. Verdeiro ou falso?
3. Os sonhos ocorrem com mais frequência no sono _____.
4. _____ são processos corporais internos que ocorrem em um ciclo diário.
5. A teoria freudiana de _____ inconscientes afirma que os reais desejos que um indivíduo expressa em sonhos estão disfarçados, porque eles ameaçam a atenção consciente da pessoa.

6. Combine a teoria dos sonhos com sua definição.
   1. teoria da síntese de ativação
   2. teoria dos sonhos para sobrevivência
   3. sonhos como realização de desejos
   a. Os sonhos permitem que as informações sejam reprocessadas durante o sono.
   b. O conteúdo manifesto dos sonhos disfarça o conteúdo latente dos sonhos.
   c. A energia elétrica estimula memórias aleatórias, as quais são entretecidas para produzir sonhos.

Repense

1. Vamos supor que uma nova "pílula milagrosa" permita que uma pessoa funcione com apenas uma hora de sono por noite. Entretanto, uma vez que a noite de sono é tão curta, a pessoa que toma o remédio jamais irá sonhar novamente. Sabendo o que você sabe sobre as funções do sono e do sonhar, quais seriam algumas das vantagens e desvantagens desse remédio de um ponto de vista pessoal? Você tomaria o remédio?
2. *Da perspectiva de um educador:* Como você poderia usar as descobertas na pesquisa do sono para maximizar a aprendizagem dos alunos?

Respostas das questões de avaliação

1. Consciência; 2. verdadeiro; 3. REM; 4. Ritmos circadianos; 5. realização de desejos; 6. 1-c, 2-a, 3-b

Termos-chave

consciência **p. 132**
primeiro estágio do sono **p. 134**
segundo estágio do sono **p. 134**
terceiro estágio do sono **p. 134**
quarto estágio do sono **p. 134**
sono de movimento rápido dos olhos (REM) **p. 135**
teoria da realização de desejos inconscientes **p. 139**
conteúdo latente dos sonhos **p. 139**
conteúdo manifesto dos sonhos **p. 139**
teoria dos sonhos para sobrevivência **p. 140**
teoria da síntese de ativação **p. 141**
ritmos circadianos **p. 143**
devaneios **p. 144**

MÓDULO 13

Hipnose e Meditação

Você está se sentindo relaxado e sonolento. Você está ficando com mais sono. Seu corpo está ficando mole. Suas pálpebras estão mais pesadas. Seus olhos estão se fechando; você não consegue mais mantê-los abertos. Você está totalmente relaxado. Agora, coloque suas mãos sobre a cabeça. Você vai descobrir que elas estão cada vez mais pesadas – tão pesadas que você mal consegue mantê-las erguidas. Na verdade, apesar de estar se esforçando ao máximo, você não vai mais conseguir segurá-las.

Um observador assistindo a esta cena notaria um fenômeno curioso. Muitas das pessoas que estão ouvindo a voz estão soltando os braços para os lados. A razão para esse estranho comportamento? Elas foram hipnotizadas.

Resultados de Aprendizagem

RA 13-1 O que é hipnose? As pessoas hipnotizadas estão em estado alterado de consciência?

RA 13-2 Quais são os efeitos da meditação?

Hipnose: uma experiência formadora de transe?

Pessoas sob **hipnose** estão em um estado de transe de suscetibilidade elevada às sugestões dos outros. Em alguns aspectos, elas parecem estar dormindo. Porém, outros aspectos de seu comportamento contradizem essa noção, pois as pessoas atentam para as sugestões do hipnotizador e podem pôr em prática sugestões bizarras ou tolas.

Como se hipnotiza alguém? Em geral, o processo segue quatro etapas. Primeiro, a pessoa é colocada em uma posição confortável sob um ambiente silencioso. Segundo, o hipnotizador explica o que vai acontecer, dizendo, por exemplo, que a pessoa vai entrar em um estado de relaxamento agradável. Terceiro, o hipnotizador pede à pessoa que se concentre em um objeto ou uma imagem específica, tal como o dedo do hipnotizador em movimento ou a imagem de um lago tranquilo. O hipnotizador pode fazer a pessoa concentrar-se no relaxamento de diferentes partes do corpo, tais como as pernas, os braços e o peito. Quarto, depois que o sujeito está em um estado de relaxamento profundo, o hipnotizador pode dar sugestões que a pessoa interpreta como sendo produzidas por hipnose, tais como "Seus braços estão ficando pesados" e "Suas pálpebras estão mais difíceis de abrir". Uma vez que a pessoa começa a experimentar tais sensações, ela acredita que são causadas pelo hipnotizador e torna-se suscetível às sugestões dele.

Apesar de sua obediência quando hipnotizadas, as pessoas não perdem toda a sua vontade própria. Elas não realizarão atos antissociais, nem perpetrarão atos autodestrutivos. As pessoas não revelarão verdades ocultas sobre si mesmas, sendo capazes de mentir. Além disso, não podem ser hipnotizadas contra sua vontade – a despeito das ideias populares errôneas (Gwynn & Spanos, 1996; Raz, 2007).

Existem grandes variações na suscetibilidade das pessoas à hipnose. Cerca de 5 a 20% da população não pode ser hipnotizada de forma alguma, enquanto cerca de 15% são facilmente hipnotizadas. A maioria das pessoas situa-se entre esses dois extremos. Ademais, a facilidade com que uma pessoa é hipnotizada está relacionada a uma série de outras características. Pessoas que são facilmente hipnotizadas também são facilmente absorvidas enquanto leem livros ou ouvem música, perdendo a noção do que está acontecendo à sua volta, e com frequência elas passam uma quantidade extraordinária de tempo devaneando. Em suma, elas apresentam uma alta capacidade de se concentrar e ficar totalmente absortas no que estão fazendo (Kirsch & Braffman, 2001; Rubichi et al., 2005; Benham, Woody, & Wilson, 2006).

hipnose Estado de transe de suscetibilidade elevada às sugestões de outros.

A despeito de ideias errôneas comuns, as pessoas não podem ser hipnotizadas contra a sua vontade, nem perdem completamente sua vontade própria quando estão hipnotizadas. Então, por que as pessoas às vezes se comportam de uma maneira tão estranha quando assim lhes pede um hipnotizador?

> **Alerta de estudo**
>
> Uma questão fundamental é se a hipnose representa um estado de consciência diferente ou é semelhante à consciência desperta.

Um estado de consciência diferente?

É controversa a questão referente a se a hipnose é um estado de consciência qualitativamente diferente da consciência desperta normal. Alguns psicólogos acreditam que a hipnose representa um estado de consciência que difere significativamente dos outros estados. Nessa visão, sugestionabilidade alta, habilidade aumentada para recordar e construir imagens e aceitação de sugestões que claramente contradizem a realidade supõem que ela é um estado diferente. Alterações na atividade elétrica no cérebro também estão associadas à hipnose, reforçando a ideia de que se trata de um estado de consciência diferente da vigília normal (Hilgard, 1992; Fingelkurts, Fingelkurts, & Kallio, 2007; Hinterberger, Schöner, & Halsband, 2011).

Nessa perspectiva, a hipnose representa um estado de *consciência dividida*. Segundo o conhecido pesquisador da hipnose Ernest Hilgard, a hipnose produz uma *dissociação* ou divisão da consciência em dois componentes simultâneos. Em uma corrente da consciência, as pessoas hipnotizadas estão seguindo os comandos do hipnotizador; porém, em outro nível da consciência, elas estão agindo como "observadores ocultos", conscientes do que está acontecendo. Por exemplo, sujeitos hipnóticos podem parecer estar seguindo a sugestão do hipnotizador de não sentir dor, mas, em outra corrente da consciência, eles podem estar realmente conscientes da dor.

No outro lado da controvérsia, estão os psicólogos que rejeitam a noção de que a hipnose é um estado significativamente diferente da consciência desperta normal. Eles argumentam que padrões de ondas cerebrais alterados não são suficientes para demonstrar uma diferença qualitativa, porque nenhuma outra mudança fisiológica específica ocorre quando as pessoas estão em transe. Além disso, existe pouco respaldo para a afirmação de que os adultos são capazes de recordar memórias de fatos da infância com precisão quando estão hipnotizados. A falta de evidências sugere que não existe qualquer aspecto qualitativamente especial no transe hipnótico (Hongchun & Ming, 2006; Wagstaff, 2009; Wagstaff, Wheatcroft, & Jones, 2011).

Existe um consenso cada vez maior de que a controvérsia sobre a natureza da hipnose levou a posições extremas em ambos os lados da questão. Abordagens mais recentes defendem que o estado hipnótico pode ser visto como posicionado sobre um *continuum* em que a hipnose não é um estado de consciência totalmente diferente nem totalmente semelhante à consciência desperta normal (Lynn et al., 2000; Kihlstrom, 2005b; Jamieson, 2007).

Contudo, enquanto as discussões sobre a verdadeira natureza da hipnose continuam, uma coisa está clara: a hipnose tem sido usada com sucesso para resolver problemas humanos práticos. Na verdade, psicólogos que trabalham em muitas áreas diferentes constataram que a hipnose é uma ferramenta eficaz e confiável. Ela tem sido aplicada em diversas áreas, a saber:

- *Controle da dor.* Pacientes que sofrem de dores crônicas podem ser sugestionados, enquanto estão hipnotizados, de que sua dor parou ou diminuiu. Eles também podem aprender a se hipnotizar para aliviar a dor ou adquirir um senso de controle sobre seus sintomas. A hipnose mostrou-se particularmente útil durante partos e procedimentos odontológicos (Mehl-Madrona, 2004; Hammond, 2007; Accardi & Milling, 2009).
- *Redução do tabagismo.* Embora ela não tenha apresentado êxito para deter o abuso de drogas e álcool, a hipnose às vezes ajuda as pessoas a parar de fumar por meio de sugestões de que o sabor e o odor do cigarro são desagradáveis (Elkins et al., 2006; Fuller, 2006; Green, Lynn, & Montgomery, 2008).
- *Tratamento de transtornos psicológicos.* A hipnose às vezes é usada durante o tratamento de transtornos psicológicos. Por exemplo, ela pode ser empregada para aumentar o relaxamento, reduzir a ansiedade, aumentar as expectativas de sucesso ou modificar pensamentos autoderrotistas (Zarren & Eimer, 2002; Iglesias, 2005; Golden, 2006).
- *Auxílio no cumprimento de leis.* Testemunhas e vítimas às vezes são mais capazes de lembrar-se dos detalhes de um crime quando hipnotizadas. Em um caso citado amiúde, uma testemunha do sequestro de um grupo de crianças californianas foi colocado sob hipnose e conseguiu recordar-se de quase todos os dígitos do número da placa do veículo do sequestrador. Entretanto, recordações hipnóticas também podem ser imprecisas, assim como outras lembranças muitas vezes são imprecisas. Consequentemente, o *status* legal da hipnose não está decidido (Whitehouse et al., 2005; Kazar, 2006; Knight & Meyer, 2007).
- *Melhora do desempenho atlético.* Os atletas às vezes recorrem à hipnose para melhorar seu desempenho. Por exemplo, alguns jogadores de beisebol usaram o hipnotismo para aumentar sua concentração ao rebater, demonstrando considerável sucesso (Grindstaff & Fisher, 2006; Lindsay, Maynard, & Thomas, 2005; Barker & Jones, 2008; Tramontana, 2011).

Meditação: regulando nosso próprio estado de consciência

Quando praticantes tradicionais da antiga religião oriental do zen budismo querem alcançar maior consciência espiritual, eles se voltam para uma técnica que tem sido usada há séculos para alterar seu estado de consciência. Essa técnica é chamada de meditação.

Meditação é uma técnica adquirida para reajustar a atenção que ocasiona um estado alterado de consciência. A meditação consiste na repetição de um *mantra* – um som, uma palavra ou sílaba – muitas vezes. Em algumas modalidades de meditação, o foco está em uma imagem, chama ou parte específica do corpo. Qualquer que seja a natureza do estímulo inicial, o segredo para o procedimento é concentrar-se nele de forma tão completa que aquele que medita torna-se inconsciente de qualquer estimulação externa e alcança um estado diferente de consciência.

Depois da meditação, as pessoas dizem que se sentem totalmente relaxadas. Elas às vezes relatam que adquiriram novos discernimentos sobre si mesmas e os problemas que estão enfrentando. A longo prazo, a prática da meditação pode melhorar a saúde por causa das alterações biológicas que ela produz. Por exemplo, durante a meditação, o consumo de oxigênio diminui, a frequência cardíaca e a pressão arterial diminuem, e os padrões das ondas cerebrais alteram-se (Barnes et al., 2004; Lee, Kleinman, & Kleinman, 2007; Travis et al., 2009).

Qualquer pessoa pode meditar seguindo alguns procedimentos simples. Os fundamentos incluem sentar-se em uma sala tranquila com os olhos fechados, respirar de maneira profunda e

> **meditação** Técnica para reajustar a atenção que ocasiona um estado alterado de consciência.

rítmica e repetir uma palavra ou som – tais como a palavra *um* – repetidamente. Praticada duas vezes ao dia por 20 minutos, a técnica é eficaz para produzir relaxamento (Benson et al., 1994; Aftanas & Golosheykin, 2005; Mohan, Sharma, & Bijlani, 2011).

A meditação é um modo de alterar a consciência que é praticada em muitas culturas diferentes, embora possa assumir formas distintas e servir a diferentes propósitos em cada cultura. Na verdade, uma motivação para o estudo da consciência é o fato de que as pessoas em muitas culturas diferentes rotineiramente procuram formas de alterar seu estado de consciência (Walsh & Shapiro, 2006).

Explorando a DIVERSIDADE
Rotas transculturais para estados alterados de consciência

Um grupo de indígenas norte-americanos Sioux sentavam-se nus em uma tenda fumegante de suor enquanto um curandeiro jogava água sobre pedras quentes para lançar ondas de vapor escaldante no ar.

Sacerdotes astecas esfregavam sobre seus corpos uma mistura de ervas venenosas, minhocas escuras cabeludas, escorpiões e lagartos triturados. Às vezes, eles bebiam a poção.

Durante o século XVI, um devoto do judaísmo hassídico deitava-se sobre o túmulo de um renomado estudioso. Enquanto murmurava o nome de Deus repetidamente, ele procurava ser possuído pela alma do espírito do sábio morto. Caso fosse bem-sucedido, ele alcançaria um estado místico, e as palavras do falecido fluiram de sua boca.

Cada um desses rituais tinham um objetivo comum: suspensão dos grilhões da consciência cotidiana e acesso a um estado alterado de consciência. Embora eles possam parecer exóticos do ponto de vista de muitas culturas ocidentais, esses rituais representam um esforço aparentemente universal de alterar a consciência (Bartocci, 2004; Irwin, 2006).

Alguns estudiosos sugerem que o objetivo de alterar a consciência representa um desejo humano básico (Siegel, 1989). Quer aceitemos ou não essa visão radical, as variações nos estados de consciência sem dúvida compartilham algumas características básicas entre diversas culturas. Uma delas é uma alteração no pensamento, o qual pode tornar-se superficial, ilógico ou diferente do normal. Além disso, a noção de tempo das pessoas pode ficar perturbada, e sua percepção do mundo físico e de si mesmas pode mudar. Elas podem perder o autocontrole, fazendo coisas que não fariam. Finalmente, podem ter um senso de *inefabilidade* – a impossibilidade de compreender a experiência racionalmente ou descrevê-la em palavras (Finkler, 2004; Travis, 2006).

Evidentemente, a compreensão de que os esforços para produzir estados alterados de consciência estão presentes em todas as sociedades do mundo não responde uma pergunta fundamental: a experiência de estados alterados de consciência é semelhante entre as diferentes culturas?

Sabendo que os seres humanos compartilham aspectos biológicos básicos no modo como seus cérebros e corpos são estruturados, podemos presumir que a experiência fundamental da consciência é semelhante entre as culturas. Consequentemente, poderíamos supor que a consciência apresenta algumas semelhanças básicas entre as culturas. Contudo, os modos como alguns aspectos da consciência são interpretados e vistos apresentam diferenças substanciais de uma cultura para outra. Por exemplo, os membros de culturas distintas encaram a experiência da passagem do tempo de modos variáveis. Por exemplo, os árabes parecem perceber a passagem do tempo mais lentamente do que os norte-americanos (Alon & Brett, 2007; Haynes, Nixon, & West, 2007).

> **Alerta de estudo**
>
> Lembre-se de que, embora existam técnicas alternativas usadas na meditação, todas elas visam a produz um estado alterado de consciência no qual a atenção volta-se para outro foco.

Recapitule/avalie/repense

Recapitule

RA 13-1 O que é hipnose? As pessoas hipnotizadas estão em estado alterado de consciência?

- A hipnose produz um estado de maior suscetibilidade às sugestões do hipnotizador. Sob hipnose, ocorrem mudanças significativas no comportamento, incluindo concentração aumentada e sugestionabilidade, maior capacidade de recordar e construir imagens, falta de iniciativa e aceitação de sugestões que claramente contradizem a realidade.

RA 13-2 Quais são os efeitos da meditação?

- Meditação é uma técnica aprendida para reajustar a atenção que produz um estado alterado de consciência.
- As diferentes culturas desenvolveram seus próprios modos de alterar os estados da consciência.

Avalie

1. _____ é um estado de maior suscetibilidade às sugestões dos outros.

2. Um amigo lhe diz: "Uma vez me contaram que uma pessoa foi assassinada depois de ser hipnotizada. Lhe disseram para pular de uma ponte!" É possível que isso tenha acontecido? Justifique sua resposta.

3. _____ é uma técnica aprendida para reajustar a atenção e ocasionar um estado alterado de consciência.

4. Leslie repete um som especial, chamado de _____, quando pratica meditação.

Repense

1. Por que em quase todas as culturas as pessoas buscam formas de alterar os estados da consciência?
2. *Da perspectiva de um especialista em recursos humanos:* Você permitiria (ou encorajaria) os funcionários a praticar meditação durante o expediente? Justifique sua resposta

Respostas das questões de avaliação

1. Hipnose; 2. não; pessoas hipnotizadas não podem ser induzidas a cometer atos autodestrutivos; 3. Meditação; 4. mantra

Termos-chave

hipnose **p. 147**
meditação **p. 149**

MÓDULO 14
Uso de Drogas: os Altos e Baixos da Consciência

Resultado de Aprendizagem

RA 14-1 Quais são as principais classificações das drogas e quais são seus efeitos?

John Brodhead começou a beber quando estava no 7º ano.

drogas psicoativas Drogas que influenciam as emoções, as percepções e o comportamento de uma pessoa.

drogas aditivas Drogas que produzem dependência fisiológica ou psicológica no usuário, de modo que sua retirada acarreta intenso desejo pela droga, o qual, em alguns casos, pode ser quase irresistível.

A biografia de John Brodhead é como um roteiro de um episódio de *Behind the Music* da rede VH1. Um jovem rebelde dos subúrbios de New Jersey cai nas mãos de uma turma de imorais, torna-se viciado em festas e bebidas e, com muita terapia e um pouco de dureza, consegue recuperar sua vida. O que torna essa história diferente? Apenas um detalhe: a idade dele. John tem 13 anos (Rogers, 2002).

John Brodhead teve sorte. Agora em recuperação, havia começado a beber quando estava no 7º ano. Ele não é o único: o número de adolescentes que começam a beber antes do 9º ano aumentou em quase um terço desde a década de 1970, ainda que o consumo de álcool tenha se mantido estável na população em geral.

Drogas de um tipo ou outro fazem parte da vida de quase todas as pessoas. Desde o primeiro ano de vida, a maioria das pessoas toma vitaminas, aspirina, remédios para alívio de resfriados, etc., e pesquisas mostram que 80% dos adultos nos Estados Unidos tomaram algum analgésico nos últimos seis meses. Contudo, esses fármacos raramente produzem uma estado alterado de consciência (Dortch, 1996).

Todavia, algumas substâncias, conhecidas como drogas psicoativas, levam a um estado alterado de consciência. As **drogas psicoativas** influenciam as emoções, as percepções e o comportamento de uma pessoa. Contudo, até mesmo essa categoria de drogas é comum entre a maioria de nós. Se você já bebeu uma xícara de café ou uma cerveja, já tomou uma droga psicoativa. Um grande número de pessoas usou drogas psicoativas mais potentes – e mais perigosas – do que café e cerveja (ver Fig. 1); por exemplo, levantamentos mostram que 41% dos estudantes no último ano do ensino médio usaram alguma droga ilícita nos últimos 12 meses. Além disso, 30% dizem ter se embebedado. Os números para a população adulta são ainda maiores (Johnston et al., 2010).

É evidente que as drogas variam amplamente em relação aos efeitos que produzem nos usuários, em parte porque elas afetam o sistema nervoso de formas muito diferentes. Algumas drogas alteram o sistema límbico, enquanto outras afetam a operação de neurotransmissores específicos entre as sinapses dos neurônios. Por exemplo, algumas drogas bloqueiam ou aumentam a liberação de neurotransmissores, outras bloqueiam a recepção ou a remoção de um neurotransmissor, e outras ainda imitam os efeitos de determinado neurotransmissor (ver Fig. 2).

As **drogas aditivas** produzem dependência fisiológica ou psicológica (ou ambas) no usuário, e a retirada delas acarreta um intenso desejo (uma "fissura") que, em alguns casos, pode ser quase irresistível. Na *dependência fisiológica*, o corpo torna-se tão acostumado a funcionar na presença da droga que ele não consegue funcionar sem ela. Na *dependência psicológica*, as pessoas acreditam que precisam da droga para responder aos estresses da vida diária. Embora geralmente associemos a adição a drogas como a heroína, os tipos de droga cotidianas, tais como cafeína (presente no café) e nicotina (presente nos cigarros), também têm aspectos aditivos (Li, Volkow, & Baler, 2007).

Sabemos surpreendentemente pouco sobre as causas subjacentes da adição. Um dos problemas na identificação dessas causas é que diferentes drogas (como álcool e cocaína) afetam o cérebro de maneiras muito distintas – podendo, contudo, ser igualmente aditivas. Ademais, leva mais tempo para tornar-se dependente de algumas drogas do que de outras, ainda que as consequências finais da adição possam ser igualmente graves (Crombag & Robinson, 2004; Nestler & Malenka, 2004; Smart, 2007).

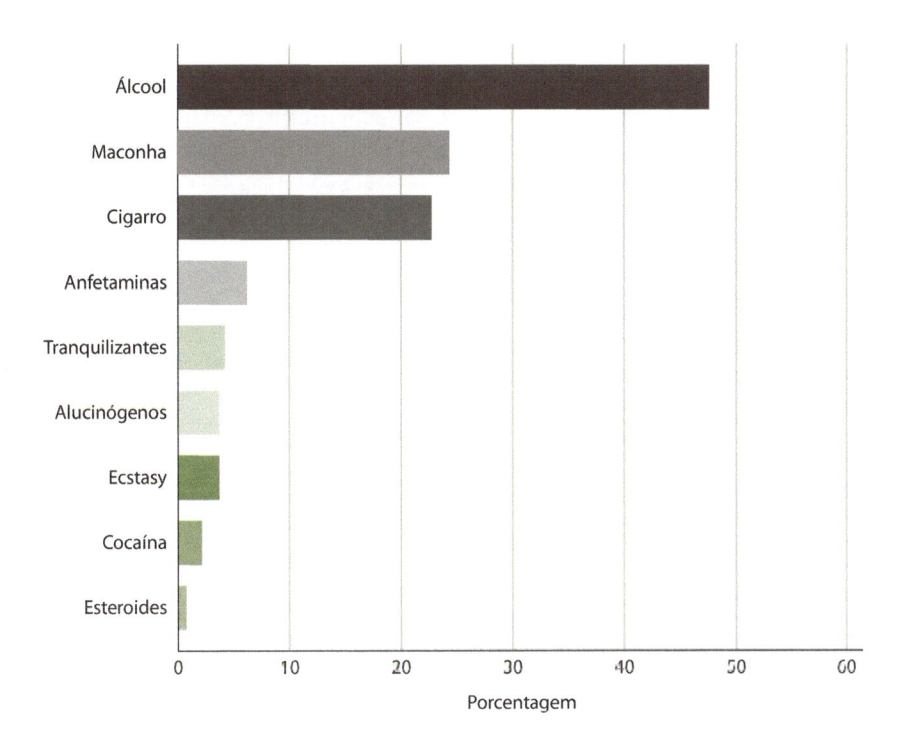

FIGURA 1 Quantos adolescentes usam drogas? Os resultados do levantamento abrangente mais recente junto a 14 mil estudantes do último ano do ensino médio nos Estados Unidos mostra a porcentagem de entrevistados que usaram diversas substâncias para fins não médicos ao menos uma vez. Por que razão, em sua opinião, os jovens – em contraste com pessoas mais velhas – seriam mais propensos ao uso de drogas?
(Fonte: Johnston et al., 2011.)

Para começar, por que as pessoas usam drogas? Existem muitas razões, as quais vão desde a percepção de prazer da experiência em si, a fuga das pressões cotidianas que o efeito induzido por drogas proporciona, até uma tentativa de alcançar um estado religioso ou espiritual. Contudo, outros fatores que têm pouco a ver com a natureza da experiência em si também levam as pessoas a experimentar drogas (McDowell & Spitz, 1999; Korcha et al., 2011).

Por exemplo, o altamente difundido uso de drogas por parte de celebridades, como estrelas de cinema e atletas profissionais, o fácil acesso a algumas drogas ilegais e a pressão social influenciam a decisão de usar drogas. Em alguns casos, a motivação é simplesmente a emoção de experimentar algo novo. Por fim, fatores genéticos podem predispor algumas pessoas a serem mais suscetíveis a drogas e tornarem-se dependentes delas. Sejam quais forem as forças que levam uma pessoa a começar a usar drogas, a adição está entre os com-

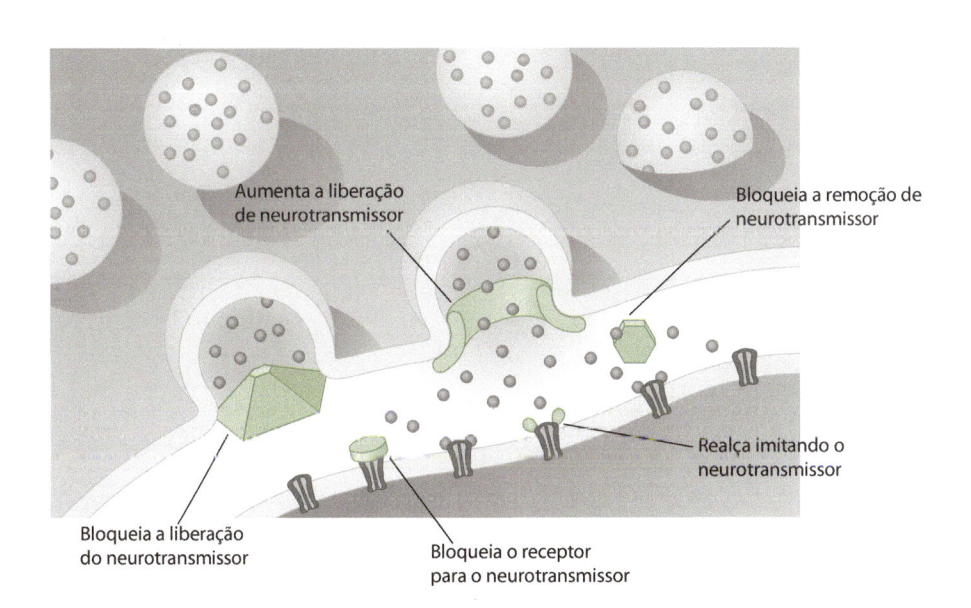

PsicoTec

As drogas não são a única fonte de adição. Evidências crescentes demonstram que as pessoas podem desenvolver dependência psicológica do uso de tecnologias, tais como redes sociais (p. ex., o Facebook) ou correio eletrônico.

FIGURA 2 As diferentes drogas afetam partes distintas do sistema nervoso e do cérebro, sendo que cada droga funciona de uma dessas formas específicas.

Alerta de estudo

Analise a Figura 2 para aprender os diferentes modos pelos quais as drogas produzem seus efeitos neurológicos.

portamentos mais difíceis de modificar, mesmo com tratamento amplo (Lemonick, 2000; Mosher & Akins, 2007; Ray & Hutchison, 2007).

Por causa da dificuldade em tratar problemas com drogas, há pouca discordância de que a melhor forma de lidar com o problema geral de abuso de substâncias na sociedade é, em primeiro lugar, prevenir que as pessoas se envolvam com isso. Contudo, há pouca concordância quanto a como atingir esse objetivo.

Mesmo programas de redução de drogas amplamente divulgados por sua efetividade – tais como o D.A.R.E. (Educação para Resistência ao Abuso de Drogas) – são de eficácia questionável. Usados em mais de 80% dos distritos escolares nos Estados Unidos, o D.A.R.E. consiste de uma série de 17 lições sobre os riscos das drogas, do álcool e das gangues ensinadas a estudantes de 6º e 7º ano por um policial. O programa é bastante popular entre autoridades escolares, pais e políticos. O problema? Várias avaliações criteriosas não foram capazes de comprovar que o programa D.A.R.E. funciona para reduzir o uso de drogas a longo prazo. Na verdade, um estudo mostrou que alunos formados no D.A.R.E. eram mais propensos a usar maconha do que um grupo de comparação não submetido ao programa (West & O'Neal, 2004; Des Jarlais et al., 2006; Lucas, 2008; Vincus et al., 2010).

Estimulantes: os altos das drogas

É uma da madrugada, e você ainda não terminou de ler o último capítulo do texto sobre o qual será testado logo mais pela manhã. Sentindo-se exausto, você recorre àquilo que pode ajudá-lo a ficar acordado durante as próximas horas: uma xícara de café preto forte.

Se já se viu nessa situação, você recorreu a um importante *estimulante*, a cafeína, para manter-se acordado. A *cafeína* é um de uma série de **estimulantes**, substâncias cujo efeito no sistema nervoso central produz um aumento na frequência cardíaca, na pressão arterial e na tensão muscular. A cafeína está presente não apenas no café; ela é um ingrediente potente no chá, nos refrigerantes e também no chocolate (ver Fig. 3).

estimulantes Substâncias que têm um efeito de excitação no sistema nervoso central, causando um aumento na frequência cardíaca, na pressão arterial e na tensão muscular.

FIGURA 3 Quanta cafeína você consome? Este gráfico mostra a quantidade de cafeína encontrada em alimentos comuns, bebidas e alguns fármacos.
(Fonte: Center for Science in the Public Interest, 2007.)

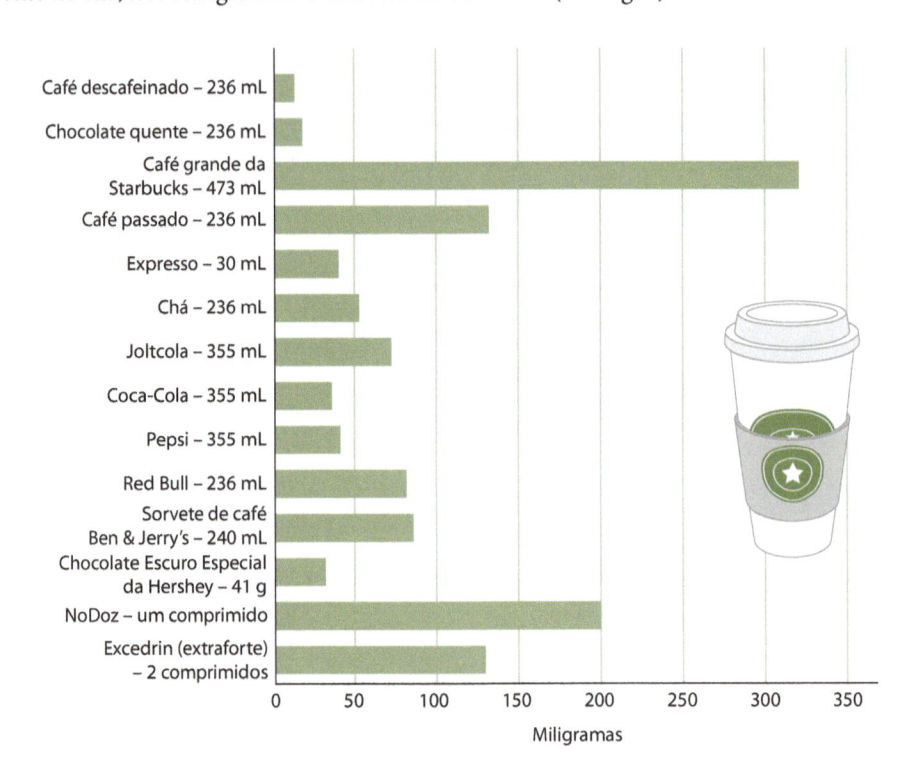

A cafeína produz diversas reações. Os principais efeitos comportamentais são aumento na atenção e diminuição no tempo de reação. Ela também pode produzir melhora no humor, mais provavelmente por imitar os efeitos de uma substância cerebral natural, a adenosina. Contudo, cafeína em excesso pode resultar em nervosismo e insônia. As pessoas podem desenvolver uma dependência biológica da substância. Usuários regulares que param subitamente de beber café podem sentir dores de cabeça ou depressão. Muitas pessoas que bebem grandes quantidades de café durante a semana sentem dores de cabeça nos fins de semana por causa da queda repentina na quantidade de cafeína que estão consumindo (Kendler, Myers, & Gardner, 2006; Hammond & Gold, 2008; Clayton & Lundberg-Love, 2009; Kennedy & Haskell, 2011).

A *nicotina*, presente no cigarro, é outro estimulante comum. Os efeitos calmantes da nicotina ajudam a explicar por que o tabagismo é viciante. Os fumantes desenvolvem dependência da nicotina, e aqueles que param repentinamente de fumar desenvolvem um forte desejo pela substância. Isso não surpreende: a nicotina ativa mecanismos neurais semelhantes àqueles ativados pela cocaína, a qual, como veremos a seguir, também é altamente viciante (Haberstick et al., 2007; Ray et al., 2008).

Anfetaminas

As *anfetaminas*, como a dextroanfetamina e a benzedrina, conhecidas popularmente como *speed*, são estimulantes fortes. Em pequenas quantidades, as anfetaminas – que estimulam o sistema nervoso central – trazem uma sensação de energia e prontidão, tagarelice, aumento da confiança e uma "alta" no humor. Elas aumentam a concentração e reduzem a fadiga. Também causam perda de apetite, aumento da ansiedade e irritabilidade. Quando consumidas durante longos períodos de tempo, podem causar delírios persecutórios, além de uma sensação geral de suspeita. As pessoas que tomam anfetaminas podem perder o interesse pelo sexo. Se ingeridas em grandes quantidades, podem estimular excessivamente o sistema nervoso central a ponto de produzir convulsões e morte (Carhart-Harris, 2007).

A *metanfetamina* é uma substância branca cristalina que, segundo a polícia dos Estados Unidos, é hoje a droga ilegal mais perigosa. Altamente aditiva e relativamente barata, ela produz um efeito forte e duradouro, tendo criado dependentes em todo o espectro social, desde donas de casa de classe média e profissionais urbanos até residentes de zonas urbanas centrais atingidas pela pobreza. Depois de se tornarem aditos, os usuários as consomem cada vez com maior frequência e em doses crescentes. O uso da substância a longo prazo causa lesão cerebral (Sharma, Sjoquist, & Ali, 2007; Halkitis, 2009; Kish et al., 2009).

Mais de 1,5 milhão de pessoas nos Estados Unidos é usuário regular de metanfetamina. Como podem ser produzidas a partir de remédios para resfriado de venda livre, redes como Walmart e Target retiraram esses medicamentos de suas prateleiras. Laboratórios ilegais voltados à fabricação de metanfetamina surgiram em muitos lugares dos Estados Unidos (Jefferson, 2005). A Figura 4, na página 156, apresenta um resumo dos efeitos das anfetaminas e de outras drogas ilegais.

Cocaína

Embora seu uso tenha diminuído durante a última década, a cocaína e seu derivado, o *crack*, ainda representam uma séria preocupação. A cocaína é inalada ou "cheirada" pelo nariz, fumada ou injetada diretamente na corrente sanguínea. Ela é rapidamente absorvida pelo corpo e faz efeito quase que imediatamente.

Quando usada em quantidades relativamente pequenas, a cocaína produz sentimentos de profundo bem-estar psicológico, aumento da confiança e prontidão. Ela produz esse "barato" por meio do neurotransmissor dopamina. A dopamina é uma das substâncias que

Drogas	Nome popular	Efeitos	Sintomas de abstinência	Reações adversas/*overdose*
Estimulantes Anfetaminas Benzedrina Dexedrina Cocaína	*Speed* *Speed* Coca, branca, pó, *crack*	Aumento da autoconfiança, elevação do humor, sensação de energia e prontidão, diminuição do apetite, ansiedade, irritabilidade, insônia, sonolência temporária, orgasmo retardado	Apatia, fadiga geral, sono prolongado, depressão, desorientação, pensamentos suicidas, atividade motora agitada, irritabilidade, sonhos bizarros	Pressão arterial elevada, aumento na temperatura do corpo, dermatilomania, desconfiança, comportamento bizarro e repetitivo, alucinações vívidas, possível morte
Depressores Álcool Barbitúricos Nembutal Seconal Gardenal	Birita, trago *Yellowjackets* *Reds*	Redução da ansiedade, impulsividade, oscilações drásticas de humor, pensamentos bizarros, comportamento suicida, fala arrastada, desorientação, funcionamento mental e físico retardado, intervalo de atenção limitado	Fraqueza, inquietação, náusea e vômitos, dor de cabeça, pesadelos, irritabilidade, depressão, ansiedade aguda, alucinações, convulsões, possível morte	Confusão, diminuição da resposta à dor, respiração superficial, pupilas dilatadas, pulso fraco e rápido, coma, possível morte
Flunitrazepam	"Droga do estupro"	Relaxamento muscular, amnésia, sono	Convulsões	Convulsões, coma, incapacitação, incapacidade de resistir à ataque sexual
Narcóticos Heroína Morfina	Rainha, H, cavalo, poeira, merda, açúcar Morfa	Redução da ansiedade, apatia, dificuldade de concentração, fala mais lenta, atividade física diminuída, babar, coceira, euforia, náusea	Ansiedade, vômitos, espirros, diarreia, dor lombar, olhos lacrimejantes, coriza, bocejos, irritabilidade, tremores, pânico, calafrios e suores, cãibras	Níveis reduzidos de consciência, diminuição da pressão arterial, aumento da frequência cardíaca, respiração superficial, convulsões, coma, possível morte

FIGURA 4 Uma análise abrangente dos efeitos das drogas mais usadas.

transmitem mensagens entre os neurônios relacionadas a sensações comuns de prazer. Normalmente, quando a dopamina é liberada, as quantidades excessivas do neurotransmissor são reabsorvidas pelo neurônio que as liberou. Porém, quando a cocaína entra no cérebro, ela bloqueia a reabsorção da dopamina remanescente. Como resultado, o cérebro é inundado com sensações de prazer produzidas pela dopamina (Redish, 2004; Jarlais, Arasteh, & Perlis, 2007).

Entretanto, existe um alto preço a pagar pelos efeitos prazerosos da cocaína. O cérebro pode tornar-se permanentemente ligado, desencadeando uma dependência física e psicológica em que os usuários ficam obcecados pela obtenção da droga. Com o tempo, os usuários deterioram-se mental e fisicamente. Em casos extremos, a cocaína pode causar alucinações – uma delas inclui a de insetos rastejando sobre o corpo. Por fim, uma *overdose* de cocaína pode levar à morte (George & Moselhy, 2005; Paulozzi, 2006; Little et al., 2009).

Quase 2,5 milhões de pessoas nos Estados Unidos fazem uso ocasional de cocaína, e até 1,8 milhão de pessoas consome a droga regularmente. Devido à força da cocaína, a retirada da droga é difícil. Ainda que seu uso entre alunos do ensino médio tenha diminuído em anos recentes, a droga representa um sério problema (Johnston et al., 2009).

> **Alerta de estudo**
> A Figura 4, que resume as diferentes categorias de drogas (estimulantes, depressores, narcóticos e alucinógenos), vai ajudá-lo a conhecer os efeitos de cada droga.

Drogas	Nome popular	Efeitos	Sintomas de abstinência	Reações adversas/*overdose*
Oxicodona	Oxy, OC, Percs	Redução da dor, respiração superficial, batimentos cardíacos lentos, convulsões, pele fria e úmida, confusão	Sudorese, calafrios, cólicas abdominais, insônia, vômitos, diarreia	Sonolência extrema, fraqueza muscular, confusão, pele fria e úmida, pupilas contraídas, respiração superficial, diminuição da frequência cardíaca, desmaios ou coma
Alucinógenos *Cannabis* Maconha Haxixe Óleo de *cannabis*	Baseado, erva, fuminho	Euforia, relaxamento de inibições, aumento do apetite, comportamento desorientado	Hiperatividade, insônia, falta de apetite, ansiedade	Reações graves são raras, mas incluem pânico, paranoia, fadiga, comportamento bizarro e perigoso, diminuição da testosterona a longo prazo, efeitos no sistema imune
MDMA	*Ecstasy*	Elevado senso de si mesmo e discernimento, sentimentos de paz, empatia, energia	Depressão, ansiedade, insônia	Aumento da temperatura corporal, déficits de memória
LSD	Ácido	Respostas estéticas aguçadas, distorção da visão e de profundidade, maior sensibilidade a rostos e gestos, sentimentos exacerbados, paranoia, pânico, euforia	Não relatados	Náuseas e calafrios, aumento do pulso, da temperatura e da pressão arterial, respiração lenta e profunda, perda de apetite, insônia, comportamento bizarro e perigoso
Esteroides	Suco	Agressão, depressão, acne, oscilações de humor, traços masculinos em mulheres e traços femininos em homens	Os sintomas podem imitar outros problemas médicos e incluem fraqueza, fadiga, diminuição do apetite, perda de peso; mulheres podem apresentar alterações menstruais	A longo prazo, os efeitos do uso de altas doses de esteroides são, em grande parte, desconhecidos, mas podem levar a inchaço e ganho de peso

Depressores: os baixos das drogas

Em contraste com o efeito inicial dos estimulantes, que é um aumento na excitação do sistema nervoso central (SNC), a ação dos **depressores** é impedir o SNC, fazendo os neurônios dispararem mais lentamente. Pequenas doses resultam em sensações ao menos temporárias de *intoxicação* – embriaguez – junto à sensação de euforia e alegria. Contudo, quando grandes quantidades são ingeridas, a fala torna-se pastosa e o controle muscular desarticulado, dificultando o movimento. Por fim, consumidores abusivos podem perder totalmente a consciência.

depressores Fármacos que retardam o sistema nervoso.

Álcool

O depressor mais comum é o álcool, que é usado por mais pessoas do que qualquer outra droga. Com base na venda de bebidas, a pessoa mediana com mais de 14 anos bebe 9,5 litros de puro álcool durante o curso de um ano. Isso significa mais de 200 drinques por pessoa. Ainda que o consumo de álcool tenha diminuído sem parar durante a última década, levantamentos mostram que mais que três quartos dos estudantes universitários afirmam ter

FIGURA 5 Hábitos de beber de estudantes universitários (Wechsler et al., 2003). Para os homens, tomar bebedeiras foi definido como consumir cinco ou mais drinques em uma ocasião; para as mulheres, o total foi quatro ou mais.

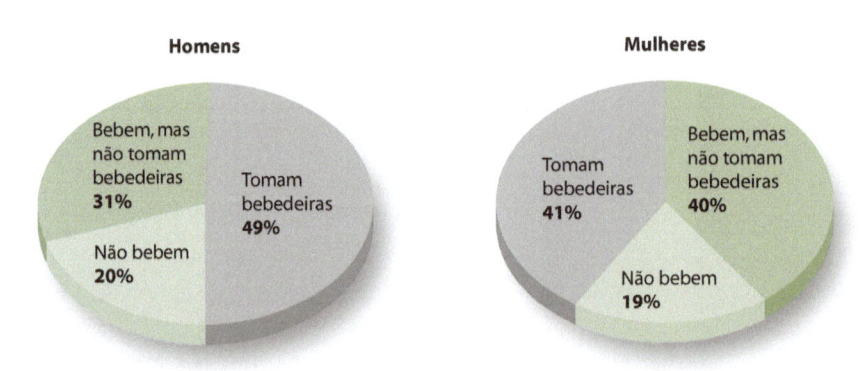

Homens
- Bebem, mas não tomam bebedeiras: 31%
- Tomam bebedeiras: 49%
- Não bebem: 20%

Mulheres
- Tomam bebedeiras: 41%
- Bebem, mas não tomam bebedeiras: 40%
- Não bebem: 19%

bebido ao menos um drinque nos últimos 30 dias (Jung, 2002; Midanik, Tam, & Weisner, 2007).

Uma das tendências mais perturbadoras é a alta frequência de bebedeiras entre estudantes universitários. Para os homens, define-se *bebedeira* como tomar cinco ou mais drinques em uma ocasião; para as mulheres, que geralmente pesam menos do que os homens e cujos corpos absorvem o álcool com menos eficiência, uma bebedeira é definida como tomar quatro ou mais drinques em uma ocasião (Mokdad, Brewer, & Naimi, 2007; Rooke & Hine, 2011).

Em torno de 50% dos estudantes universitários do sexo masculino e 40% das estudantes do sexo feminino afirmam ter tomado uma bebedeira ao menos uma vez nas duas semanas anteriores (ver Fig. 5). Cerca de 17% dos estudantes do sexo feminino e 31% dos estudantes do sexo masculino admitiram que beberam em 10 ou mais ocasiões durante os 30 dias anteriores. Além disso, mesmo os que bebem pouco foram afetados pela alta taxa de uso do álcool: dois terços deles disseram que tiveram seus estudos ou sono perturbado por alunos bêbados, e um quarto das mulheres disse que tinha sido alvo de uma proposta sexual indesejável por um colega embriagado (Wechsler et al., 2000, 2002; Read et al., 2008; Grucza, Norberg, & Bierut, 2009).

As mulheres geralmente bebem um pouco menos do que os homens – ainda que a diferença entre os sexos esteja diminuindo entre mulheres mais velhas e tenha desaparecido totalmente entre adolescentes. As mulheres são mais suscetíveis aos efeitos do álcool, e o abuso de álcool pode causar lesão cerebral em mulheres mais do que em homens (Wuethrich, 2001; Mann et al., 2005; Mancinelli, Binetti, & Ceccanti, 2007; Chavez et al., 2011).

Também existem diferenças culturais e étnicas no consumo de álcool. Por exemplo, os adolescentes na Europa bebem mais do que os adolescentes nos Estados Unidos. Além disso, pessoas provenientes do Leste Asiático que moram nos Estados Unidos tendem a beber consideravelmente menos do que brancos e afro-americanos, e sua incidência de problemas

Os efeitos do álcool variam significativamente, dependendo de quem está bebendo e do contexto em que as pessoas bebem. Se o álcool fosse uma droga recém-descoberta, você consideraria sua venda legal?

relacionados ao álcool é mais baixa. É possível que reações físicas à bebida, que podem incluir sudorese, aceleração dos batimentos cardíacos e rubor, sejam mais desagradáveis para os asiáticos do que para outros grupos (Garcia-Andrade, Wall, & Ehlers, 1997; Garlow, Purselle, & Heninger, 2007; Kantrowitz & Underwood, 2007).

Embora o álcool seja um depressor, a maioria das pessoas afirma que ele aumenta sua sociabilidade e seu bem-estar. A discrepância entre os efeitos reais e percebidos do álcool reside nas ações iniciais que ele produz nas pessoas que o usam: alívio da tensão e do estresse, sentimentos de satisfação e perda de inibições.

À medida que a dose do álcool aumenta, porém, os efeitos depressivos começam a ficar mais acentuados (ver Fig. 6). As pessoas podem sentir-se emocional e fisicamente instáveis. Elas também demonstram pouco discernimento e podem agir agressivamente. Ademais, a memória é enfraquecida, o processamento cerebral de informações espaciais está diminuído e a fala torna-se pastosa e incoerente. Por fim, elas podem cair em um torpor e desmaiar. Caso bebam álcool em excesso em um curto espaço de tempo, elas podem morrer de intoxicação alcoólica (Zeigler et al., 2005; Thatcher & Clark, 2006).

Embora a maioria das pessoas enquadre-se na categoria dos usuários casuais, 14 milhões de estadunidenses – um em cada 13 adultos – têm problemas com bebida. Os *alcoolistas*, pessoas com problemas de abuso de álcool, desenvolvem dependência de álcool e continuam

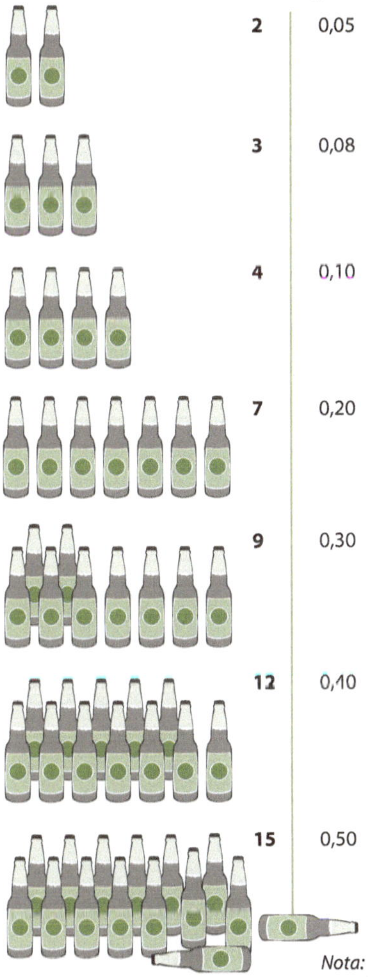

Número de drinques consumidos em duas horas	Álcool no sangue (porcentagem)	Efeitos típicos
2	0,05	Discernimento, pensamento e moderação enfraquecidos; alívio da tensão, produzindo sensação de despreocupação
3	0,08	Tensões e inibições da vida cotidiana abrandadas; alegria
4	0,10	Ação motora voluntária afetada, atingindo o movimento das mãos e dos braços, o caminhar e a fala
7	0,20	Enfraquecimento grave – cambaleios, barulhento, incoerente, emocionalmente instável, risco cem vezes maior de acidentes de trânsito; exuberância e inclinações agressivas exacerbadas
9	0,30	Áreas mais profundas do cérebro afetadas, com estímulo-resposta e compreensão confusas; torpores; visão embaçada
12	0,40	Incapaz de ação voluntária; sonolência, dificuldade para despertar; equivalente à anestesia cirúrgica
15	0,50	Comatose; centros que controlam respiração e batimentos cardíacos anestesiados; morte cada vez mais provável

Nota: Um drinque equivale a uma garrafa típica de 360 ml de cerveja, uma dose de 30 ml de bebida forte ou uma taça de 150 ml de vinho.

FIGURA 6 Os efeitos do álcool. As quantidades representam apenas pontos de referência aproximados; os efeitos variam significativamente dependendo do peso, da altura, da recente ingestão de alimentos, dos fatores genéticos e também do estado psicológico.

Mesmo drogas lícitas, quando usadas inadequadamente, levam à adição.

bebendo a despeito das dificuldades graves que ele causa. Além disso, elas se tornam cada vez mais imunes aos efeitos do álcool. Consequentemente, os alcoolistas precisam beber progressivamente mais para experimentar as sensações positivas que o álcool produz.

Em alguns casos de alcoolismo, as pessoas precisam beber de modo constante a fim de se sentirem suficientemente bem para funcionar em sua vida diária. Em outros casos, contudo, as pessoas bebem irregularmente, mas de vez em quando fazem farras em que consomem grandes quantidades de álcool.

Não se sabe por que algumas pessoas tornam-se alcoolistas e desenvolvem tolerância ao álcool, ao passo que outras não. Pode haver uma causa genética, embora seja controversa a questão de se existe um gene herdado específico que desencadeia o alcoolismo. O que está claro é que as chances de se tornar um alcoolista são consideravelmente maiores se há alcoolistas nas gerações anteriores na família de uma pessoa. Contudo, nem todos os alcoolistas têm parentes próximos alcoolistas. Nesses casos, suspeita-se que estressores ambientais desempenham um papel mais importante (Nurnberger & Bierut, 2007; Zimmermann, Blomeyer, & Laucht, 2007; Gizer et al., 2011).

Barbitúricos

Os barbitúricos, que incluem drogas como Nembutal, Seconal e Gardenal, são outro tipo de depressor. Frequentemente prescritos pelos médicos para induzir sono ou reduzir o estresse, os barbitúricos produzem uma sensação de relaxamento. Contudo, eles também são psicológica e fisicamente aditivos e, quando combinados com álcool, podem ser letais, já que essa interação relaxa os músculos do diafragma de tal forma que o usuário para de respirar.

Flunitrazepam

O flunitrazepam é também chamado de "droga do estupro", pois, quando misturado com álcool, impede as vítimas de resistir a um ataque sexual. Às vezes, as pessoas que ingerem a droga involuntariamente ficam tão incapacitadas que não se lembram do ataque.

Narcóticos: aliviando a dor e a ansiedade

narcóticos Drogas que aumentam o relaxamento e aliviam a dor e a ansiedade.

Narcóticos são drogas que aumentam o relaxamento e aliviam a dor e a ansiedade. Dois dos narcóticos mais fortes, a *morfina* e a *heroína*, são derivados do pericarpo da papoula. Ainda que a morfina seja usada medicamente para controlar dores graves, a heroína é ilegal. Contudo, isso não tem impedido seu uso disseminado.

Os usuários de heroína injetam a droga diretamente em suas veias com uma seringa hipodérmica. O efeito imediato tem sido descrito como um surto de sensações positivas, em alguns aspectos semelhantes a um orgasmo sexual – e igualmente difícil de descrever. Depois do surto, o usuário de heroína experimenta uma sensação de bem-estar e tranquilidade que dura de 3 a 5 horas. Contudo, quando os efeitos da droga passam, o usuário sente extrema ansiedade e um desejo desesperado de repetir a experiência. Além disso, maiores quantidades de heroína são necessárias a cada vez para produzir o mesmo efeito agradável. Essas duas últimas propriedades são os ingredientes necessários para a dependência fisiológica e psicológica: o usuário está constantemente se injetando ou tentando obter quantidades cada vez maiores da droga. Com o tempo, a vida do adito gira em torno da heroína.

Por causa dos poderosos sentimentos positivos que a droga produz, a adição em heroína é especialmente difícil de curar. Um tratamento que tem obtido algum sucesso é o uso de metadona. A *metadona* é um produto químico sintético que satisfaz os desejos fisiológicos do usuário por heroína sem oferecer o "barato" que acompanha a heroína. Quando os usuários de heroína recebem doses regulares de metadona, eles podem ser capazes de funcionar com relativa normalidade. Contudo, o uso de metadona tem uma desvantagem importante: embora remova a dependência psicológica de heroína, ele substitui a dependência fisiológica de heroína por uma dependência fisiológica de metadona. Pesquisadores estão tentando identificar substitutos químicos não aditivos para a heroína, além de substitutos para outras drogas viciantes que não troquem uma adição por outra (Amato et al., 2005; Verdejo, Toribio, & Orozco, 2005; Joe, Flynn, & Broome, 2007; Oviedo-Joekes et al., 2009).

A *oxicodona* (vendida com o nome comercial de *OxyContin*) é um tipo de analgésico que tem gerado uma quantidade significativa de abuso. Muitas pessoas conhecidas (incluindo Courtney Love e Rush Limbaugh) tornaram-se dependentes desse fármaco.

Alucinógenos: drogas psicodélicas

O que cogumelos, erva-do-diabo e ipomeia têm em comum? Além de serem plantas muitos comuns, elas podem ser fonte de um poderoso alucinógeno, uma droga que é capaz de produzir **alucinações** ou alterações no processo perceptual.

alucinógeno Droga que é capaz de produzir alucinações ou alterações no processo perceptual.

Maconha

O alucinógeno mais comum em disseminado uso atualmente é a *maconha*, cujo ingrediente ativo – o tetraidrocanabinol (THC) – encontra-se em uma erva comum, a *Cannabis*. A maconha costuma ser fumada em cigarros ou cachimbos, embora possa ser cozida e ingerida. Pouco mais que 32% dos estudantes do último ano do ensino médio e 11% dos estudantes de 9º ano dizem ter usado maconha no último ano (Johnston et al., 2011; ver Fig. 7).

Os efeitos da maconha variam de pessoa para pessoa, mas normalmente abrangem sentimentos de euforia e bem-estar geral. As experiências sensoriais parecem mais vívidas e intensas, e a noção de autoimportância de uma pessoa parece aumentar. A memória pode ser prejudicada, fazendo os usuários sentirem-se agradavelmente "em outra". Entretanto, os efeitos não são universalmente positivos. Os indivíduos que usam maconha, quando se sentem deprimidos, podem acabar mais deprimidos, pois a droga tende a ampliar tanto bons como maus sentimentos.

Existem riscos claros associados ao uso pesado de maconha a longo prazo. Embora ela não pareça produzir adição por si só, algumas evidências demonstram que existem semelhanças no modo como a maconha e drogas como cocaína e heroína afetam o cérebro. Além disso, existem algumas evidências de que o uso pesado – ao menos de modo temporário – diminui a produção do hormônio masculino testosterona, potencialmente afetando a atividade sexual e a quantidade de espermatozoides (Lane, Cherek, & Tcheremissine, 2007; Rossato, Pagano, & Vettor, 2008).

A maconha fumada durante a gravidez pode ter efeitos duradouros em crianças expostas no período pré-natal, embora os resultados não sejam consistentes. O uso pesado também afeta a capacidade do sistema imune de combater germes e aumenta o estresse sobre o coração, embora não se saiba a intensidade desses efeitos. Há uma consequência inquestionavelmente negativa do consumo de maconha: a fumaça danifica os pulmões de forma muito semelhante ao que faz o cigarro, produzindo uma maior probabilidade de desenvolver câncer e outras doenças pulmonares (Cornelius et al., 1995; Julien, 2001; Reid, Macleod, & Robertson, 2010).

Apesar dos possíveis perigos do uso de maconha, existe pouca evidência científica para a crença popular de que ela sirva de droga de entrada para outras substâncias mais perigosas. Além disso, o uso de maconha é rotineiro em algumas culturas. Por exemplo, algumas pessoas na Jamaica bebem habitualmente um chá à base de maconha relacionado a práticas religiosas. A maconha também tem várias aplicações medicinais: ela pode ser usada para prevenir náusea da quimioterapia, tratar alguns sintomas da síndrome da imunodeficiência adquirida (aids) e aliviar espasmos musculares em pessoas com lesões na medula

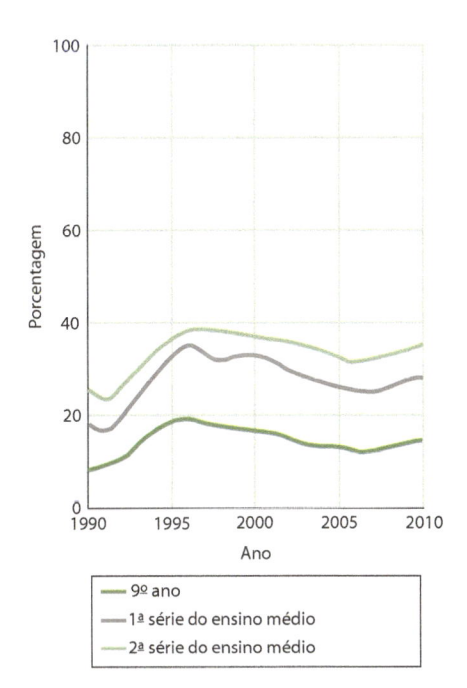

FIGURA 7 Embora o nível de uso de maconha tenha diminuído ligeiramente em anos recentes, o número absoluto de jovens que usaram a droga no último ano continua relativamente alto.

(Fonte: Johnston et al., 2011.)

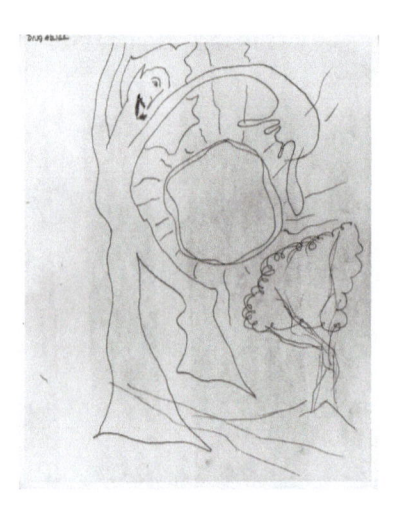

Este desenho, feito por uma pessoa que tomou LSD, sugere os efeitos do alucinógenos no pensamento.

espinal, além de ser útil no tratamento da doença de Alzheimer. Em uma ação polêmica, 13 estados legalizaram o uso da maconha se prescrito por um médico – embora ela continue sendo ilegal sob a lei federal dos Estados Unidos (Chapkis & Webb, 2008; Cohen, 2009; Krishman, Cairns, & Howard, 2009; Baumrucker et al., 2011).

MDMA (*ecstasy*) e LSD

A metilenodioximetanfetamina (MDMA) *("ecstasy")* e a *dietilamida do ácido lisérgico* (LSD ou "*ácido*") enquadram-se na categoria dos alucinógenos. Ambas as drogas afetam a operação do neurotransmissor serotonina no cérebro, causando uma alteração na atividade das células cerebrais e na percepção (Cloud, 2000; Buchert et al., 2004).

Os usuários de *ecstasy* descrevem uma sensação de tranquilidade e calma. Pessoas sob o efeito da droga dizem experimentar maior empatia e conexão com os outros, além de se sentirem mais relaxadas, porém cheias de energia. Embora os dados não sejam conclusivos, alguns pesquisadores constatam declínios na memória e no desempenho em tarefas intelectuais, e essas descobertas indicam que pode haver mudanças de longo prazo nos receptores de serotonina no cérebro (Montgomery et al., 2005; El-Mallakh & Abraham, 2007; Jones et al., 2008).

A LSD, que é estruturalmente semelhante à serotonina, produz alucinações vívidas. A percepção de cores, sons e formas altera-se a tal ponto que mesmo a experiência mais banal – como observar os nós em uma mesa de madeira – podem parecer tocantes e excitantes. A percepção do tempo é distorcida, enquanto os objetos e as pessoas podem ser vistos de uma nova forma, sendo que alguns usuários relatam que a LSD aumenta sua compreensão do mundo. Para outros, contudo, a experiência trazida pela LSD pode ser apavorante, principalmente se os usuários tiveram dificuldades emocionais no passado. Além disso, as pessoas às vezes experimentam *flashbacks,* nos quais alucinam muito tempo depois de terem inicialmente usado a droga (Baruss, 2003; Wu, Schlenger, & Galvin, 2006).

TORNANDO-SE UM CONSUMIDOR INFORMADO de Psicologia
Identificando problemas com álcool e drogas

Em uma sociedade bombardeada por comerciais de medicamentos que podem fazer tudo, desde curar a síndrome das pernas inquietas até a disfunção erétil, não é de surpreender que os problemas relacionados a drogas sejam uma questão social importante. Contudo, muitas pessoas com problemas de álcool e drogas negam que os têm, e inclusive os amigos próximos e os familiares podem não perceber quando o uso ocasional de álcool e outras substâncias transformou-se em abuso.

Alguns sinais, no entanto, indicam quando o uso tornou-se abuso (National Institute on Drug Abuse, 2000). Entre eles estão os seguintes:

- Sempre beber ou drogar-se para se divertir.
- Ficar alto ou drogado a maior parte do tempo.
- Ficar alto ou drogado para começar a fazer as coisas.
- Trabalhar ou estudar sob o efeito de bebida ou drogas.
- Perder a aula ou estar despreparado para o trabalho porque bebeu ou drogou-se.
- Sentir-se mal posteriormente por causa de algo que fez ou disse enquanto estava sob o efeito de álcool ou drogas.
- Dirigir sob a influência de drogas ou álcool.
- Entrar em conflito com as leis por causa de drogas.
- Ter alguma atitude sob o efeito de drogas ou álcool que normalmente não teria.
- Drogar-se ou beber sozinho em situações não sociais.
- Não conseguir parar de consumir álcool ou drogas.
- Sentir necessidade de beber ou drogar-se para enfrentar o dia.
- Adoecer fisicamente.
- Fracassar na escola ou no trabalho.
- Pensar sobre bebida ou drogas o tempo todo.
- Evitar a família ou os amigos quando está usando álcool ou drogas.

Qualquer combinação desses sintomas deve ser suficiente para alertá-lo em relação a um possível problema grave de dependência química. Tendo em vista que é quase impossível curar-se sozinho da dependência de álcool e drogas, as pessoas que suspeitam que têm um problema devem imediatamente procurar ajuda de um psicólogo, médico ou terapeuta.

Recapitule/avalie/repense

Recapitule

RA 14-1 Quais são as principais classificações das drogas e quais são seus efeitos?

- As drogas podem produzir um estado alterado de consciência. Contudo, elas variam quanto ao grau de periculosidade e quanto ao fato de serem aditivas.
- Os estimulantes causam excitação no SNC. Dois estimulantes comuns são a cafeína e a nicotina. Mais perigosos são a cocaína e as anfetaminas, que, em grandes quantidades, podem ocasionar convulsões e morte.
- Os depressores diminuem a excitação no SNC. Eles podem causar intoxicação e sentimentos de euforia. Os depressores mais comuns são o álcool e os barbitúricos.
- O álcool é o depressor usado com maior frequência. Seus efeitos iniciais de alívio da tensão e sentimentos positivos dão lugar a efeitos depressivos à medida que a dose de álcool aumenta. Tanto a hereditariedade quanto os estressores ambientais podem levar ao alcoolismo.
- A morfina e a heroína são narcóticos, drogas que produzem relaxamento e aliviam a dor e a ansiedade. Devido às suas qualidades aditivas, a morfina e a heroína são particularmente perigosas.
- Os alucinógenos são drogas que produzem alucinações ou alterações na percepção. O alucinógeno usado com maior frequência é a maconha, que oferece vários riscos a longo prazo. Dois outros alucinógenos são LSD e o *ecstasy*.
- Diversos sinais indicam quando o uso torna-se abuso de drogas. Uma pessoa que suspeita ter um problema com drogas deve procurar ajuda profissional. As pessoas quase nunca são capazes de resolver problemas com drogas sozinhas.

Avalie

1. Drogas que afetam a consciência de uma pessoa são chamadas de _____.
2. Combine o tipo de droga com seu respectivo exemplo.
   1. narcótico – um analgésico
   2. anfetamina – um estimulante forte
   3. alucinógeno – capaz de produzir alucinações
   a. LSD
   b. heroína
   c. dexedrina ou *speed*
3. Classifique cada droga listada como estimulante (E), depressor (D), alucinógeno (A) ou narcótico (N).
   1. nicotina
   2. cocaína
   3. álcool
   4. morfina
   5. maconha
4. Os efeitos da LSD podem retornar muito tempo depois de ingerir a droga. Verdadeiro ou falso?
5. A _____ é uma droga que tem sido usada para tratar pessoas com dependência de heroína.

Repense

1. Por que as campanhas de educação para drogas têm sido em geral ineficazes para deter o uso de drogas ilegais? O uso de drogas atualmente ilícitas deveria ser legalizado? Seria mais eficaz enfatizar a redução do uso de drogas em vez de uma proibição completa de seu uso?
2. *Da perspectiva de um conselheiro sobre abuso de drogas:* Como você explicaria as razões pelas quais os indivíduos começam a usar drogas aos familiares de uma pessoa que está dependente? Que tipos de programas de prevenção contra drogas você defenderia?

Respostas das questões de avaliação

1. psicoativas 2. 1-b, 2-c, 3-a; 3. 1-E, 2-E, 3-D, 4-N, 5-A; 4. verdadeiro 5. metadona

Termos-chave

drogas psicoativas **p. 152**
drogas aditivas **p. 152**
estimulantes **p. 154**
depressores **p. 157**
narcóticos **p. 160**
alucinógenos **p. 161**

Recordando

Epílogo

Nosso exame dos estados de consciência foi bastante abrangente. Ele se concentrou tanto nos fatores naturais, como o sono, o sonhar e o devanear, quanto nos modos mais intencionais de alterar a consciência, incluindo hipnose, meditação e uso de drogas. Ao considerarmos por que as pessoas procuram alterar sua consciência, precisamos refletir sobre os usos e abusos das diversas estratégias de alteração da consciência que elas empregam.

Retorne brevemente ao caso de Lynn Blakes. Considere as seguintes perguntas à luz de sua compreensão a respeito de drogas aditivas:

1. Lynn Blakes usou meditação para tratar sua depressão em vez de medicamento antidepressivo. Por que as duas abordagens podem produzir resultados semelhantes?
2. Por que Lynn Blakes conseguiu prevenir uma recaída da depressão meditando regularmente?
3. Em que aspectos a meditação e a hipnose são semelhantes? Em que aspectos elas são diferentes?
4. Se a meditação é simples de praticar e produz benefícios psicológicos, por que, em sua opinião, mais pessoas não a praticam? Como você explicaria os benefícios da meditação para um amigo?

RESUMO VISUAL 4 Estados de Consciência

MÓDULO 12 Sono e Sonhos

Estágios do sono: quatro estágios do sono, mais o sono REM

À medida que o sono torna-se mais profundo, as ondas cerebrais assumem um padrão mais lento.

- Primeiro estágio
  - Transição da vigília para o primeiro estágio
  - Ondas cerebrais rápidas
- Segundo estágio
  - Ondas cerebrais mais lentas e regulares
  - Fusos do sono
- Terceiro e quarto estágios
  - Ondas lentas com cristas altas
  - Menos responsivo à estimulação
- Sono REM
  - Efeito de rebote
  - Sonhos

Função e significado de sonhar: os sonhos geralmente abrangem eventos cotidianos

- Teoria da realização de desejos inconscientes
- Teoria dos sonhos para sobrevivência
- Teoria da síntese de ativação

Transtornos do sono

- Insônia
- Apneia do sono
- Síndrome da morte súbita do lactante
- Terrores noturnos
- Narcolepsia

Ritmos circadianos: ciclo de 24 horas

MÓDULO 13 Hipnose e Meditação

Hipnose: estado de transe de sugestionabilidade elevada

Meditação: técnica desenvolvida para reajustar a atenção

MÓDULO 14 Uso de Drogas: os Altos e Baixos da Consciência

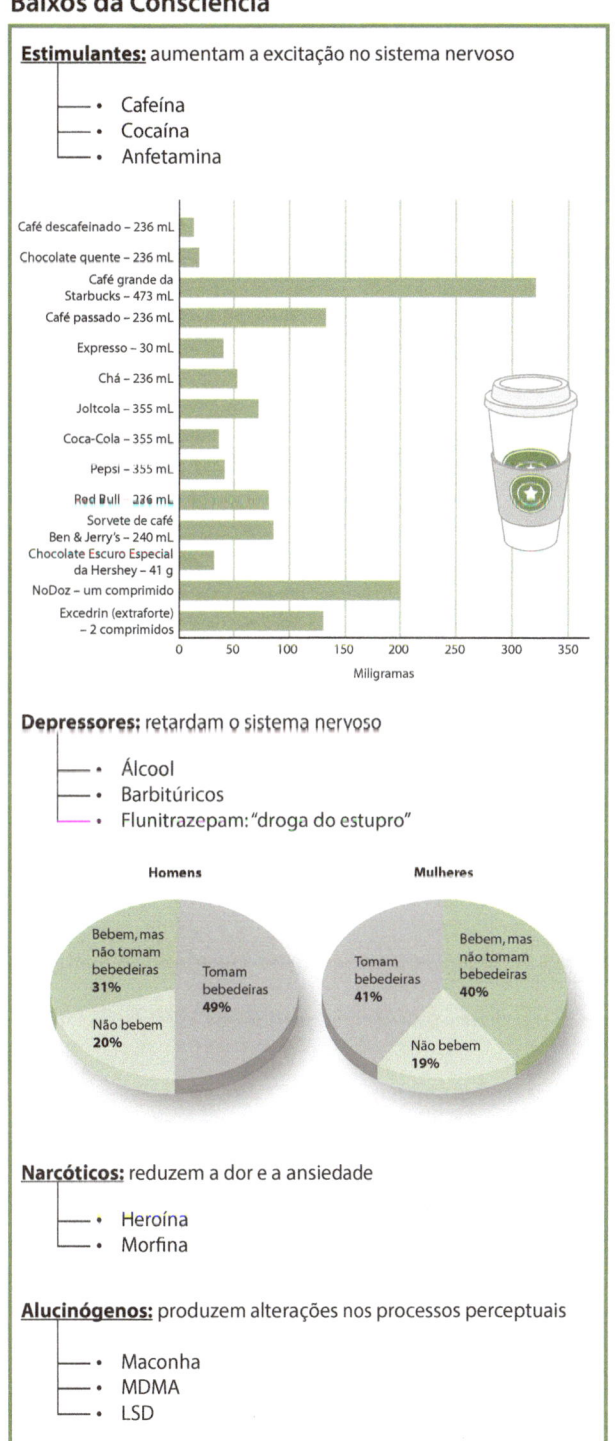

Estimulantes: aumentam a excitação no sistema nervoso

- Cafeína
- Cocaína
- Anfetamina

Café descafeinado – 236 mL
Chocolate quente – 236 mL
Café grande da Starbucks – 473 mL
Café passado – 236 mL
Expresso – 30 mL
Chá – 236 mL
Joltcola – 355 mL
Coca-Cola – 355 mL
Pepsi – 355 mL
Red Bull – 236 mL
Sorvete de café Ben & Jerry's – 240 mL
Chocolate Escuro Especial da Hershey – 41 g
NoDoz – um comprimido
Excedrin (extraforte) – 2 comprimidos

Miligramas

Depressores: retardam o sistema nervoso

- Álcool
- Barbitúricos
- Flunitrazepam: "droga do estupro"

Homens:
- Bebem, mas não tomam bebedeiras 31%
- Tomam bebedeiras 49%
- Não bebem 20%

Mulheres:
- Bebem, mas não tomam bebedeiras 40%
- Tomam bebedeiras 41%
- Não bebem 19%

Narcóticos: reduzem a dor e a ansiedade

- Heroína
- Morfina

Alucinógenos: produzem alterações nos processos perceptuais

- Maconha
- MDMA
- LSD

5
Aprendizagem

Resultados de Aprendizagem para o Capítulo 5

MÓDULO 15

RA 15-1 O que é aprendizagem?

RA 15-2 Como aprendemos a formar associações entre estímulos e respostas?

Condicionamento Clássico

Os fundamentos do condicionamento clássico

Aplicando os princípios do condicionamento ao comportamento humano

Extinção

Generalização e discriminação

Além do condicionamento clássico tradicional: desafiando pressupostos básicos

MÓDULO 16

RA 16-1 Qual é o papel da recompensa e da punição na aprendizagem?

RA 16-2 Quais são alguns dos métodos práticos para ocasionar mudança no comportamento, tanto em nós mesmos como nos outros?

Condicionamento Operante

Lei de Efeito de Thorndike

Os fundamentos do condicionamento operante

Aplicando a Psicologia no Século XXI: Usando os princípios do condicionamento operante para salvar Vidas

TrabalhoPsi: Treinadora de cães-guia

Tornando-se um Consumidor Informado de Psicologia: Usando análise de comportamento e modificação de comportamento

MÓDULO 17

RA 17-1 Qual é o papel da cognição e do pensamento na aprendizagem?

Abordagens Cognitivas da Aprendizagem

Aprendizagem latente

Aprendizagem observacional: aprendendo por imitação

A Neurociência em sua Vida: Aprendendo por imitação

Explorando a Diversidade: A cultura influencia o modo como aprendemos?

Prólogo *Tornando-se um motorista melhor*

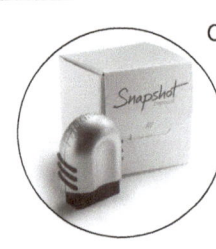

O seguro progressivo tem uma oferta para lhe oferecer: se você dirigir melhor, você será recompensado. Mas os corretores não se basearão em sua palavra para saber o quão cuidadoso você é na direção. Em vez disso, será instalado um pequeno dispositivo chamado Snapshot debaixo do painel de seu carro, que irá monitorar a velocidade em que você anda, quantos quilômetros você percorre e se você faz paradas repentinas. Os dados são transmitidos para a companhia de seguros e quanto melhor você dirige, mais economiza em seu seguro (Schultz, 2011).

Olhando à frente

A estratégia que essa companhia de seguros está usando para incentivar seus clientes a tornarem-se motoristas mais seguros não é exclusiva desse ramo de negócios. Algumas companhias de energia usam um tipo semelhante de aparelho para fornecer a seus clientes informações em tempo real sobre o consumo de energia a cada momento, permitindo-lhes avaliar o quanto alguns comportamentos, como ligar o ar-condicionado ou desligar luzes desnecessárias, afetam diretamente a conta de luz.

O oferecimento de recompensas por comportamento desejado aproveita alguns princípios fundamentais da aprendizagem – os mesmos processos que nos permitem aprender a ler um livro, dirigir um carro, jogar cartas, estudar para uma prova, ou realizar algumas das diversas atividades que fazem parte de nossa rotina diária. Todos nós precisamos adquirir e depois refinar nossas habilidades por meio da aprendizagem.

A aprendizagem é um tópico fundamental para os psicólogos e desempenha um papel central em quase todas as áreas de especialização da psicologia. Por exemplo, um psicólogo que esteja estudando a percepção poderia perguntar: "Como é que aprendemos que pessoas parecendo pequenas de certa distância estão longe e não são simplesmente diminutas?". Um psicólogo do desenvolvimento poderia indagar: "Como os bebês aprendem a distinguir suas mães de outras pessoas?". Um psicólogo clínico poderia questionar: "Por que algumas pessoas aprendem a ter medo quando veem uma aranha?". Um psicólogo social poderia perguntar: "Como aprendemos a acreditar que estamos apaixonados?".

Cada uma dessas questões, embora extraídas de ramos muito distintos da psicologia, podem ser respondidas somente com uma compreensão básica dos processos de aprendizagem. Em todos esses casos, uma habilidade ou um comportamento é adquirido, alterado ou refinado pela experiência.

Os psicólogos abordam o estudo da aprendizagem de diversos ângulos. Os mais fundamentais incluem estudos do tipo de aprendizagem ilustrada em respostas que variam desde um cão salivando quando ouve seu dono abrindo uma lata de ração até as emoções que sentimos quando o hino nacional é executado. Outras teorias consideram como a aprendizagem é uma consequência de circunstâncias compensadoras. Por fim, várias outras abordagens concentram-se nos aspectos cognitivos da aprendizagem ou nos processos que subjazem à aprendizagem.

MÓDULO 15

Condicionamento Clássico

A simples visão dos arcos dourados em frente ao McDonald's faz sua barriga doer de fome e pensar em hambúrguer? Nesse caso, você está exibindo uma forma elementar de aprendizagem denominada condicionamento clássico. O *condicionamento clássico* ajuda a explicar fenômenos tão diversos quanto chorar ao ver uma noiva casando, temer o escuro e apaixonar-se.

O condicionamento clássico é um de uma série de diferentes tipos de aprendizagem identificados pelos psicólogos, mas uma definição geral abrange todas elas: a **aprendizagem** é uma mudança relativamente permanente no comportamento produzida pela experiência.

Como sabemos quando um comportamento foi influenciado por aprendizagem – ou que é resultado de aprendizagem? Parte da resposta está relacionada à questão natureza-criação, um dos temas fundamentais que subjazem ao campo da psicologia. Na aquisição de comportamentos, a experiência – que é essencial para a definição de aprendizagem – é a parte da "criação" na questão natureza-criação.

Entretanto, nem sempre é fácil identificar se uma mudança no comportamento deve-se à natureza ou à criação, pois algumas mudanças no comportamento ou no desempenho ocorrem apenas pela maturação e não envolvem a experiência. Por exemplo, as crianças tornam-se melhores jogadoras de tênis com a idade em parte porque sua força aumenta com seu tamanho – um fenômeno maturacional. Para compreender quando ocorreu aprendizagem, precisamos diferenciar mudanças a partir de melhoras que resultam da prática.

De modo semelhante, mudanças de curto prazo no comportamento que se devem a outros fatores que não aprendizagem, tais como declínios no desempenho provenientes de fadiga ou falta de esforço, são diferentes das alterações de comportamento que se devem à aprendizagem real. Se Serena Williams tem um mau dia na quadra de tênis por causa de tensão ou fadiga, isso não significa que ela não aprendeu a jogar corretamente ou que "desaprendeu" a jogar bem. Como não existe uma correspondência de um para um entre aprendizagem e desempenho, é difícil compreender quando uma aprendizagem verdadeira ocorreu.

Não há dúvida de que estamos preparados para a aprendizagem desde que nascemos. Os bebês exibem um tipo de aprendizagem simples chamado habituação. *Habituação* é a diminuição na resposta a um estímulo que ocorre após apresentações repetidas do mesmo estímulo. Por exemplo, bebês pequenos podem inicialmente demonstrar interesse por um estímulo novo, tal como um brinquedo de cores brilhantes, mas ele logo perderá o interesse caso veja o mesmo brinquedo várias vezes. (Adultos também exibem habituação: recém-casados em breve deixam de notar que estão usando uma aliança de casamento.) A habituação permite-nos ignorar coisas que deixaram de prover novas informações.

A maior parte da aprendizagem é considerada mais complexa do que a habituação, e o estudo da aprendizagem tem ocupado o centro do campo da psicologia. Ainda que filósofos desde o tempo de Aristóteles tenham especulado sobre as bases da aprendizagem, a primeira pesquisa sistemática sobre ela foi realizada no início do século XX, quando Ivan Pavlov (este nome lhe soa familiar?) desenvolveu o arcabouço para a aprendizagem denominado condicionamento clássico.

Resultados de Aprendizagem

RA 15-1 O que é aprendizagem?

RA 15-2 Como aprendemos a formar associações entre estímulos e respostas?

apredizagem Mudança relativamente permanente no comportamento produzida pela experiência.

Ivan Pavlov (centro) desenvolveu os princípios do condicionamento clássico.

Os fundamentos do condicionamento clássico

Ivan Pavlov, um fisiologista russo, nunca pretendeu fazer pesquisa psicológica. Em 1904, ele ganhou o Prêmio Nobel por seu trabalho sobre digestão, testemunho de sua contribuição para aquele campo. Contudo, Pavlov é lembrado não por sua pesquisa em fisiologia, mas por suas experiências sobre os processos básicos de aprendizagem – trabalho que iniciou de forma acidental (Marks, 2004; Samoilov & Zayas, 2007; Grant & Wingate, 2011).

Pavlov vinha estudando a secreção dos ácidos estomacais e a salivação em cães em resposta à ingestão de diversas quantidades e tipos de alimento. Enquanto fazia isso, ele observou um fenômeno curioso: às vezes, as secreções estomacais e a salivação iniciavam-se nos animais quando eles ainda não tinham comido. A simples visão do experimentador que normalmente trazia o alimento ou até o som dos passos dele eram suficientes para produzir salivação nos cães. A genialidade de Pavlov está em sua capacidade de reconhecer as implicações de sua descoberta. Ele percebeu que os cães estavam respondendo não apenas com base em uma necessidade biológica (fome), mas também como resultado de aprendizagem – ou, como ela passou a ser chamada: condicionamento clássico. **Condicionamento clássico** é um tipo de aprendizagem no qual um estímulo neutro (tal como os passos do experimentador) passa a produzir uma resposta depois de ser emparelhado com um estímulo (tal como a comida) que naturalmente produz aquela resposta.

Para demonstrar o condicionamento clássico, Pavlov (1927) afixou um tubo à glândula salivar de um cão, o que lhe permitia medir precisamente a salivação. Ele, então, soava uma sineta e, apenas alguns segundos depois, dava carne para o cachorro. Esse emparelhamento ocorria repetidamente e foi planejado de modo cuidadoso para que sempre transcorresse a mesma quantidade de tempo entre a apresentação do sinal e da carne. De início, o cão salivava somente quando a carne era apresentada, mas, em breve, ele começou a salivar ao som da sineta. Na verdade, mesmo quando Pavlov parou de apresentar a carne, o cão salivava depois de ouvir o som. O cão havia sido classicamente condicionado a salivar à sineta.

Como se pode ver na Figura 1, os processos básicos do condicionamento clássico que subjazem à descoberta de Pavlov não são complicados, porém a terminologia que ele usou não é simples. Primeiramente, considere o diagrama na Figura 1a. Antes do condicionamento, existem dois estímulos não relacionados: o soar de uma sineta e a carne. Sabemos que normalmente o soar de uma sineta não leva à salivação, mas a alguma resposta irrelevante, como levantar as orelhas ou talvez uma reação de sobressalto. A sineta é assim chamada de **estímulo neutro**, pois ela é um estímulo que, antes do condicionamento, não produz naturalmente a resposta em que estamos interessados. Também temos a carne, que naturalmente faz o cão salivar – a resposta que estamos interessados em condicionar. A carne é considerada um **estímulo incondicionado (EIC)**, porque a comida colocada na boca de um cão automaticamente faz com que ocorra salivação. A resposta que a carne produz (salivação) é denominada **resposta incondicionada (RIC)** – uma resposta natural, inata, reflexiva que não está associada a uma aprendizagem prévia. As RICs são sempre causadas pela presença de EICs.

A Figura 1b ilustra o que acontece durante o condicionamento. A sineta soa imediatamente antes de cada apresentação da carne. O objetivo do condicionamento é que o cão associe a sineta ao EIC (carne) e, assim, seja produzido o mesmo tipo de resposta que o EIC.

---

condicionamento clássico Tipo de aprendizagem no qual um estímulo neutro passa a produzir uma resposta depois de ser emparelhado com um estímulo que naturalmente produz aquela resposta.

estímulo neutro Estímulo que, antes do condicionamento, não produz naturalmente a resposta de interesse.

estímulo incondicionado (EIC) Estímulo que produz naturalmente uma resposta sem ela ter sido aprendida.

resposta incondicionada (RIC) Resposta que é natural e não necessita de treinamento (p. ex., salivação com o cheiro de comida).

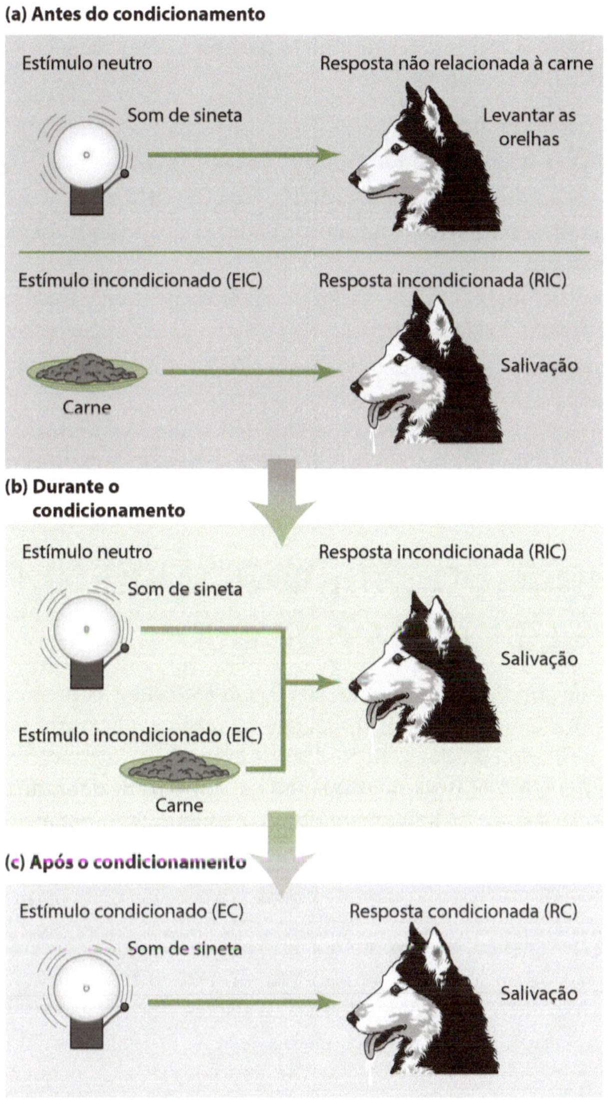

FIGURA 1 O processo básico do condicionamento clássico. (a) Antes do condicionamento, o soar da sineta não produz salivação – representando a sineta um estímulo neutro. Em contraste, a carne naturalmente causa salivação, representando a carne um estímulo incondicionado (EIC) e a salivação uma resposta incondicionada (RIC). (b) Durante o condicionamento, a sineta soa imediatamente antes da apresentação da carne. (c) Com o tempo, o soar da sineta por si só causa salivação. Agora podemos dizer que o condicionamento foi consumado: o estímulo anteriormente neutro da campainha agora é considerado um estímulo condicionado (EC) que produz uma resposta condicionada (RC) de salivação.

Alerta de estudo

A Figura 1 pode ajudá-lo a compreender o processo (e a terminologia) do condicionamento clássico, que pode causar confusão.

Após alguns emparelhamentos da sineta e da carne, a sineta por si só faz o cão salivar (como na Fig. 1c). Quando o condicionamento está completo, a sineta evoluiu de um estímulo neutro para um **estímulo condicionado (EC)**. Nesse ponto, a salivação que ocorre como uma resposta ao EC (sineta) é considerada uma **resposta condicionada (RC)**. Depois do condicionamento, então, o EC produz uma RC.

A sequência e o tempo de apresentação do EIC e o EC são especialmente importantes. Como um aviso luminoso defeituoso em um cruzamento ferroviário que é ativado depois que o trem passou, um estímulo neutro que *segue* um EIC tem pouca chance de tornar-se um EC. No entanto, assim como um aviso luminoso funciona melhor se é ativado imediatamente antes de um trem passar, um estímulo neutro que é apresentado *imediatamente antes* do EIC está mais inclinado a resultar em condicionamento bem-sucedido. A pesquisa demonstrou que o condicionamento é mais eficaz se o estímulo neutro (que se tornará um EC) antecede o EIC por um intervalo que pode variar de 0,5 a vários segundos, dependendo do tipo de resposta que está sendo condicionada (Wasserman & Miller, 1997; Bitterman, 2006).

estímulo condicionado (EC) Estímulo antes neutro que foi emparelhado com um estímulo incondicionado para produzir uma resposta anteriormente causada somente pelo estímulo incondicionado.

resposta condicionada (RC) Resposta que, após condicionamento, segue um estímulo anteriormente neutro (p. ex., salivação ao soar de uma sineta).

Embora a terminologia que Pavlov usou para descrever o condicionamento clássico possa parecer confusa, o seguinte resumo pode facilitar a compreensão e a recordação das relações entre estímulos e respostas:

- Condicionado = aprendido.
- Incondicionado = não aprendido.
- Um estímulo *in*condicionado (EIC) acarreta uma resposta *in*condicionada (RIC).
- Emparelhamentos de EIC-RIC *não* são aprendidos e *não* são treinados. Eles ocorrem de maneira natural.
- Durante o condicionamento, um estímulo anteriormente neutro é transformado em estímulo condicionado (EC).
- Um EC acarreta uma resposta condicionada (RC), e um emparelhamento de EC-RC é uma consequência de aprendizagem e treinamento.
- Uma RIC e uma RC são semelhantes (como a salivação no experimento de Pavlov), mas a RIC ocorre naturalmente, ao passo que a RC é aprendida.

Aplicando os princípios do condicionamento ao comportamento humano

Os experimentos de condicionamento iniciais foram realizados com animais, mas logo se constatou que os princípios do condicionamento clássico explicavam muitos aspectos do comportamento humano cotidiano. Recorde, por exemplo, a ilustração anterior de como as pessoas podem sentir a barriga doer quando veem os arcos dourados do McDonald's. A causa dessa reação é o condicionamento clássico: os arcos anteriormente neutros tornaram-se associados à comida dentro do restaurante (o EIC), fazendo os arcos se tornarem um EC que produz a RC de fome.

Respostas emocionais são especialmente propensas a serem aprendidas por processos de condicionamento clássico. Por exemplo, como algumas pessoas desenvolvem medos de ratos, aranhas e outros animais que geralmente são inofensivos? Em um estudo de caso hoje considerado não ético, o psicólogo John B. Watson e sua colega Rosalie Rayner (1920) demonstraram que o condicionamento clássico estava na raiz desses medos condicionando um bebê de 11 meses, chamado Alberto, a sentir medo de ratos. O "pequeno Alberto", como a maioria dos bebês, inicialmente tinha medo de barulhos altos, mas não de ratos.

No estudo, os experimentadores faziam soar um barulho alto sempre que o pequeno Alberto tocava um ratinho de pelúcia branco. O barulho (o EIC) produzia medo (a RIC). Depois de apenas alguns emparelhamentos do barulho e do rato, Alberto começou a demonstrar medo do rato em si, explodindo em lágrimas quando o via. O rato, então, havia se tornado um EC que produzia a RC, o medo. Além disso, os efeitos do condicionamento perduraram: cinco dias depois, Alberto reagiu com algum grau de medo não apenas quando via o rato, mas quando via objetos com aparência semelhante ao rato de pelúcia branco, incluindo um coelho branco, um casaco de pele de foca branco e até uma máscara de Papai Noel. (A propósito, embora não saibamos ao certo o que aconteceu ao pobre Alberto, parece que ele era uma criança doente que morreu aos cinco anos de idade. De qualquer forma, Watson, o experimentador, foi condenado por usar procedimentos eticamente questionáveis que jamais seriam realizados hoje; Beck, Levinson, & Irons, 2009; Powell, 2011.)

A aprendizagem por meio de condicionamento clássico também ocorre durante a idade adulta. Por exemplo, você pode não ir ao dentista com a frequência devida por causa de associações prévias de dentistas à dor. Em casos mais extremos, o condicionamento clássico pode acarretar o desenvolvimento de *fobias*, que são medos irracionais intensos que abordaremos posteriormente neste livro. Por exemplo, uma fobia a insetos pode desenvolver-se em alguém picado por uma abelha. A fobia de insetos poderia ser tão grave que a pessoa acaba privando-se de sair de casa.

O *transtorno de estresse pós-traumático* (TEPT), que acomete alguns veteranos de guerra e pessoas que tiveram experiências traumáticas, também pode ser produzido por condicionamento clássico. Mesmo anos depois de suas experiências no campo de batalha, os veteranos sentem um ataque de medo e ansiedade ante um estímulo, tal como um barulho intenso (Kaštelan et al., 2007; Roberts, Moore, & Beckham, 2007; Schreurs, Smith-Bell, & Burhans, 2011).

Todavia, o condicionamento clássico também está relacionado a experiências agradáveis. Por exemplo, você pode gostar especialmente do aroma de certo perfume ou loção pós-barba porque lembranças de um amor do passado lhe vêm à cabeça sempre que você sente tal aroma. Ou ouvir determinada música pode trazer-lhe emoções de alegria ou amargura devido a associações que você desenvolveu no passado.

O condicionamento clássico também explica por que as drogadições são tão difíceis de tratar. Os aditos aprendem a associar certos estímulos – tais como a parafernália usada para consumir drogas, como uma seringa ou uma sala onde eles usam a droga – às sensações agradáveis produzidas pela substância. Assim, o simples ato de ver uma seringa ou entrar em uma sala pode produzir reações associadas à droga e um intenso desejo por ela (James et al., 2011).

Por conta de uma experiência anterior desagradável, uma pessoa pode esperar uma ocorrência semelhante quando estiver diante de uma situação comparável no futuro, processo conhecido como generalização de estímulo. De que modos você pensa que esse processo ocorre na vida cotidiana?

Extinção

O que aconteceria se um cão que tivesse sido condicionado a salivar ao soar de uma sineta nunca mais recebesse comida quando a sineta tocasse? A resposta está em um dos fenômenos básicos da aprendizagem: extinção. Ocorre **extinção** quando uma resposta previamente condicionada diminui de frequência e por fim desaparece.

Para produzir extinção, é preciso cessar a associação entre ECs e EICs. Por exemplo, se tivéssemos treinado um cão para salivar (a RC) ao soar de uma sineta (o EC), poderíamos produzir extinção soando repetidamente a sineta, mas *não* fornecendo a carne (o EIC). A princípio, o cão continuaria salivando quando ouvisse a sineta; porém, depois de algumas dessas ocorrências, a quantidade de salivação provavelmente diminuiria, e o cão de modo eventual pararia de responder totalmente à sineta. Nesse ponto, poderíamos dizer que a resposta foi extinta. Em síntese, ocorre extinção quando o EC é apresentado repetidamente sem o EIC (ver Fig. 2).

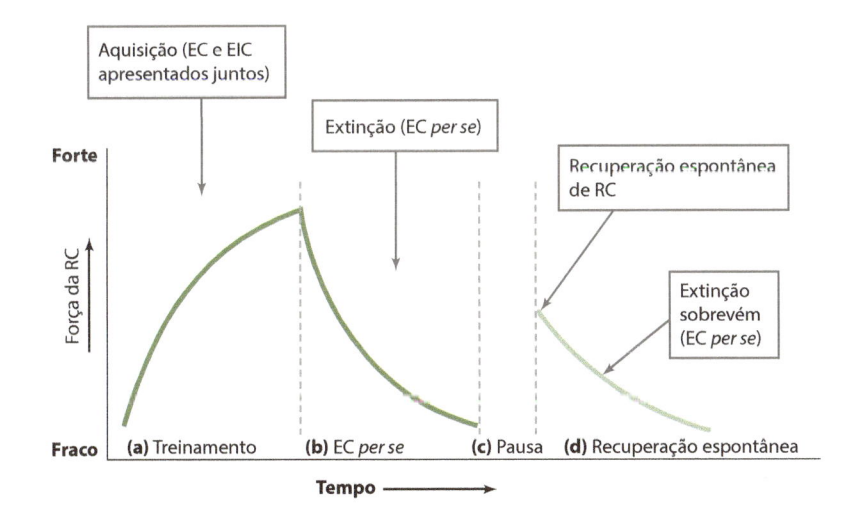

extinção Fenômeno básico de aprendizagem que ocorre quando uma resposta anteriormente condicionada diminui de frequência e por fim desaparece.

FIGURA 2 Aquisição, extinção e recuperação espontânea de uma resposta condicionada (RC) classicamente. (a) Uma RC aumenta gradualmente de força durante o treinamento. (b) Contudo, se o estímulo condicionado (EC) é apresentado *per se* em vezes suficientes, a RC gradualmente desaparece e ocorre extinção. (c) Depois de uma pausa (d) em que o EC não é apresentado, pode ocorrer recuperação espontânea. Entretanto, a extinção costuma ocorrer novamente logo depois.

recuperação espontânea
Ressurgimento de uma RC extinta após um período de repouso e sem condicionamento adicional.

Alerta de estudo

Lembre-se de que generalização de estímulos refere-se a estímulos que são semelhantes um ao outro, ao passo que discriminação de estímulos refere-se a estímulos que são diferentes um do outro.

generalização de estímulos
Processo no qual, depois que um estímulo foi condicionado para produzir determinada resposta, estímulos semelhantes ao estímulo original produzem a mesma resposta.

discriminação de estímulos
Processo que ocorre quando dois estímulos são suficientemente distintos um do outro a ponto de que um produz uma RC, mas o outro não; a capacidade de diferenciar entre estímulos.

Não devemos esquecer que a extinção pode ser um fenômeno útil. Considere, por exemplo, como seria se o medo que você sentiu ao assistir à cena do assassinato no chuveiro no clássico do cinema *Psicose* nunca se extinguisse. Você poderia tremer de medo toda vez que tomasse banho.

Depois que uma RC foi extinta, ela desapareceu para sempre? Não necessariamente. Pavlov descobriu esse fenômeno quando voltou a seu cão alguns dias depois de o comportamento condicionado ter aparentemente sido extinto. Se a sineta soasse, o cão voltava a salivar – efeito conhecido como **recuperação espontânea**, ou o ressurgimento de uma RC extinta depois de um período de tempo e sem condicionamento adicional.

A recuperação espontânea também ajuda a explicar por que é tão difícil superar as drogadições. Por exemplo, cocainômanos considerados "curados" podem sentir um impulso irresistível a usar a droga outra vez se forem posteriormente confrontados por um estímulo com fortes associações com à cocaína, tal como um pó branco (Rodd et al., 2004; Plowright, Simonds, & Butler, 2006; Díaz & De la Casa, 2011).

Generalização e discriminação

Apesar das diferenças de cor e forma, para a maioria das pessoas uma rosa é uma rosa. O prazer que sentimos diante da beleza, do aroma e da graça da flor é semelhante para diferentes tipos de rosas. Pavlov percebeu um fenômeno semelhante. Seus cães com frequência salivavam não apenas ao soar da sineta que foi usada durante o condicionamento original, mas também ao som de uma campainha.

Esse comportamento é consequência da generalização do estímulo. **Generalização de estímulos** é um processo no qual, depois que um estímulo foi condicionado para produzir determinada resposta, estímulos semelhantes ao estímulo original produzem a mesma resposta. Quanto maior a semelhança entre dois estímulos, maior a probabilidade de generalização do estímulo. O pequeno Alberto, que, como mencionado anteriormente, foi condicionado a ter medo de ratos brancos, passou a ter medo também de outros objetos brancos peludos. Contudo, de acordo com o princípio da generalização de estímulos, é improvável que ele fosse ter medo de um cão preto, pois sua cor o teria diferenciado suficientemente do estímulo causador do medo original.

A RC produzida por um novo estímulo geralmente não é tão intensa quanto a resposta original; contudo quanto mais semelhante é o novo estímulo ao antigo, mais semelhante será a nova resposta. É, portanto, improvável que o medo sentido pelo pequeno Alberto em relação à máscara de Papai Noel fosse tão grande quanto seu medo aprendido de um rato. Todavia, a generalização de estímulos permite-nos saber, por exemplo, que devemos frear em todos os sinais vermelhos, mesmo que haja pequenas variações de tamanho, forma e tonalidade.

A **discriminação de estímulos**, em contraste, ocorre quando dois estímulos são suficientemente distintos um do outro a ponto de que um produz uma RC, mas o outro não. A discriminação de estímulos confere a capacidade de diferenciar entre estímulos. Por exemplo, minha cadela Cleo vem correndo até a cozinha quando ouve o som do abridor de latas elétrico, que ela aprendeu que é usado para abrir sua lata de ração quando o jantar está prestes a ser servido. Ela não pula na cozinha com o som do processador de alimentos, embora o som seja parecido. Em outras palavras, ela distingue o som do abridor de latas do som do processador. Da mesma forma, nossa capacidade de diferenciar o comportamento de um cão rosnando do de outro que está balançando o rabo pode levar a um comportamento adaptativo – evitando o cão que rosna e acariciando o cão amistoso.

Além do condicionamento clássico tradicional: desafiando pressupostos básicos

Embora Pavlov tenha teorizado que toda aprendizagem não é mais do que sequências longas de RCs, essa noção não foi confirmada por pesquisas subsequentes. Revela-se que o condicionamento clássico oferece uma explicação apenas parcial de como as pessoas e os animais aprendem; na verdade, Pavlov estava errado em alguns de seus pressupostos básicos (Hollis, 1997).

Por exemplo, segundo Pavlov, o processo de ligar estímulos e respostas ocorre de maneira mecanicista irrefletida. Em contraste com essa perspectiva, os teóricos da aprendizagem influenciados pela psicologia cognitiva alegam que os aprendizes desenvolvem ativamente compreensão e expectativa sobre quais EICs em particular combinam com ECs específicos. O som de uma sineta, por exemplo, dá ao cão algo sobre o que pensar: a chegada iminente de comida (Rescorla, 1988; Kirsch et al., 2004).

As explicações tradicionais a respeito de como o condicionamento clássico opera também foram questionadas por John Garcia, um psicólogo da aprendizagem. Ele constatou que alguns organismos – incluindo humanos – são *biologicamente preparados* para aprender de modo rápido a evitar alimentos que tenham o mesmo cheiro ou gosto que algo que os fez ficarem doentes. Por exemplo, um cão aprende de modo rápido a evitar comida deteriorada que anteriormente o fez passar mal. Da mesma forma, se toda vez que come amendoins você fica com desconforto estomacal durante várias horas, com o tempo aprende a evitar amendoins. Na verdade, você pode desenvolver uma *aversão gustativa* adquirida, quando o paladar de determinado alimento está associado a sintomas desagradáveis, como náusea ou vômito. Se você desenvolvesse uma aversão gustativa a amendoins, o simples gosto (ou mesmo o cheiro ou, em casos mais extremos, a visão de um amendoim) poderia produzir esses sintomas desagradáveis (Garcia, 1990, 2003).

A parte surpreendente da descoberta de Garcia foi sua demonstração de que poderia acontecer condicionamento mesmo quando o intervalo entre a exposição ao EC da comida estragada e a resposta de mal-estar fosse de até oito horas. Além disso, o condicionamento persistia por períodos muito prolongados e, às vezes, ocorria após uma única exposição.

Essas descobertas tiveram implicações práticas importantes. Por exemplo, para evitar que corvos roubem ovos, os avicultores podem adicionar um produto químico a um ovo e deixá-lo em um lugar onde os corvos o encontrem. A substância faz os corvos adoecerem temporariamente, mas não causa danos permanentes. Após a exposição a um ovo quimicamente carregado, os corvos já não os acham tão apetitosos (Cox et al., 2004; Baker, Johnson, & Slater, 2007; Bouton et al., 2011).

Recapitule/avalie/repense

Recapitule

RA15-1 O que é aprendizagem?
- Aprendizagem é uma mudança relativamente permanente no comportamento produzida pela experiência.

Ra15-2 Como aprendemos a formar associações entre estímulos e respostas?
- Uma forma importante de aprendizagem é o condicionamento clássico, que ocorre quando um estímulo neutro – um estímulo que normalmente não produz resposta relevante – é repetidamente emparelhado com um estímulo (chamado de EIC) que produz uma resposta natural não treinada.
- Ocorre condicionamento quando um estímulo neutro é repetidamente apresentado de imediato antes do EIC. Depois de repetidos emparelhamentos, o estímulo neutro produz a mesma resposta produzida pelo EIC. Quan-

do isso ocorre, o estímulo neutro tornou-se um EC, e a resposta passa a ser uma RC.
- A aprendizagem não é sempre permanente. Ocorre extinção quando uma resposta previamente aprendida diminui de frequência e por fim desaparece.
- Generalização de estímulos é a tendência de uma RC sobrevir de um estímulo que é parecido, mas não igual, ao estímulo original. O fenômeno inverso, discriminação de estímulos, ocorre quando um organismo aprende a diferenciar os estímulos.

Avalie

1. _____ envolve mudanças ocasionadas por uma experiência, ao passo que maturação descreve mudanças resultantes do desenvolvimento biológico.
2. _____ é o nome do cientista responsável pela descoberta do fenômeno da aprendizagem conhecido como condicionamento _____, em que um organismo aprende uma resposta a um estímulo ao qual normalmente ele não responderia.

Baseie-se no texto a seguir para responder as perguntas de 3 a 5:

Nas últimas três vezes que a pequena Teresa visitou o doutor Lopez para fazer exames gerais de saúde, ele aplicou-lhe uma injeção de imunização preventiva dolorosa que a fez derramar lágrimas. Hoje, quando sua mãe a leva para uma consulta, Teresa começa a soluçar assim que fica frente a frente com o doutor Lopez, mesmo antes de ele ter a chance de cumprimentá-la.

3. A injeção dolorosa que Teresa recebeu durante cada visita foi um(a) _____ que produzia _____, suas lágrimas.
4. O doutor Lopez está chateado porque sua presença tornou-se um _____ para o choro de Teresa.
5. Felizmente, o doutor Lopez não aplicou mais vacinas em Teresa por um bom tempo. Durante esse período, ela pouco a pouco parou de chorar e passou até a gostar dele. Ocorreu _____.

Repense

1. Qual a probabilidade de o pequeno Alberto, o sujeito experimental de Watson, desenvolver medo de Papai Noel? Descreva o que poderia ter acontecido para impedir que ele continuasse tendo tal comportamento.
2. *Da perspectiva de um executivo de publicidade:* Como o conhecimento de condicionamento clássico poderia ser útil para criar uma campanha publicitária? Quais as eventuais questões éticas envolvidas nesse uso?

Respostas das questões de avaliação

1. Aprendizagem; 2. Pavlov, clássico; 3. estímulo incondicionado, resposta incondicionada; 4. estímulo condicionado; 5. extinção

Termos-chave

aprendizagem **p. 169**
condicionamento clássico **p. 170**
estímulo neutro **p. 170**
estímulo incondicionado (EIC) **p. 170**
resposta incondicionada (RIC) **p. 170**
estímulo condicionado (EC) **p. 171**
resposta condicionada (RC) **p. 171**
extinção **p. 173**
recuperação espontânea **p. 174**
generalização de estímulos **p. 174**
discriminação de estímulos **p. 174**

MÓDULO 16

Condicionamento Operante

Muito bom... Que ideia inteligente... Fantástico... Concordo... Obrigado... Excelente... Súper... Ótimo... Este é o melhor trabalho que você já escreveu; vai receber um A... Você está realmente pegando o quê da coisa... Estou impressionado... Você vai ganhar um aumento... Pegue um biscoito... Você está ótimo... Eu te amo...

Poucas pessoas importam-se de receber qualquer um desses comentários. Mas o que é especialmente digno de nota a respeito deles é que cada uma dessas declarações simples pode ser usada, por meio de um processo conhecido como condicionamento operante, para causar mudanças poderosas no comportamento e ensinar as tarefas mais complexas. O condicionamento operante é a base para muitos dos mais importantes tipos de aprendizagem humana e animal.

Condicionamento operante é a aprendizagem na qual uma resposta voluntária é reforçada ou enfraquecida, dependendo de suas consequências favoráveis ou desfavoráveis. Quando dizemos que uma resposta foi reforçada ou enfraquecida, queremos dizer que ela se tornou mais ou menos provável de voltar a ocorrer regularmente.

Diferentemente do condicionamento clássico, em que os comportamentos originais são as respostas biológicas naturais à presença de um estímulo como comida, água ou dor, o condicionamento operante aplica-se a respostas voluntárias, que um organismo realiza deliberadamente para produzir um resultado desejável. O termo *operante* enfatiza este ponto: o organismo *opera* em seu ambiente para produzir um resultado desejável. O condicionamento operante está atuando quando aprendemos que o trabalho diligente pode trazer um aumento ou que estudar com afinco resulta em boas notas.

Como no caso do condicionamento clássico, a base para compreender o condicionamento operante foi estabelecida pela pesquisa com animais. Voltamo-nos agora a alguns daqueles primeiros estudos, que se iniciaram com uma simples investigação sobre o comportamento dos gatos.

Resultados de Aprendizagem

RA 16-1 Qual é o papel da recompensa e da punição na aprendizagem?

RA 16-2 Quais são alguns dos métodos práticos para ocasionar mudança no comportamento, tanto em nós mesmos como nos outros?

condicionamento operante Aprendizagem em que uma resposta voluntária é reforçada ou enfraquecida, dependendo de suas consequências favoráveis ou desfavoráveis.

Lei de Efeito de Thorndike

Se você colocasse um gato faminto em uma gaiola e depois oferecesse um pouco de comida fora da gaiola, quase dentro de sua área de alcance, é provável que ele procuraria avidamente um modo de sair da gaiola. Ele poderia primeiro arranhar as grades ou forçar alguma abertura. Vamos supor, contudo, que você tivesse manipulado a situação para que o gato pudesse escapar pisando em um pequeno pedal que liberava a tranca da porta da gaiola (ver Fig. 1, p. 178). Depois de algum tempo movimentando-se dentro da gaiola, o gato pisaria por acaso no pedal, a porta se abriria e ele sairia e comeria a comida.

O que aconteceria se você colocasse o gato de volta na gaiola? Na vez seguinte, ele provavelmente levaria menos tempo para pisar no pedal e escapar. Após algumas tentativas, o gato deliberadamente pisaria no pedal assim que fosse colocado na gaiola. O que teria ocorrido, de acordo com Edward L. Thorndike (1932), que estudou amplamente a situação, é que o gato teria aprendido que pressionar o pedal estava associado à consequência desejável de obter alimento. Thorndike sintetizou tal relação formulando a *lei de efeito*: respostas que trazem consequências gratificantes são mais suscetíveis de serem repetidas.

Thorndike acreditava que a lei de efeito opera automaticamente como as folhas que caem de uma árvore no outono. Não é necessário que um organismo compreenda que existe

FIGURA 1 Edward L. Thorndike inventou esta caixa para estudar o processo pelo qual um gato aprende a pressionar um pedal para sair da gaiola e receber a comida. O trabalho de Thorndike tem alguma relação com a questão de por que as pessoas voluntariamente tentam resolver enigmas e quebra-cabeças como sudoku, Angry Birds, etc.? Elas recebem alguma recompensa?

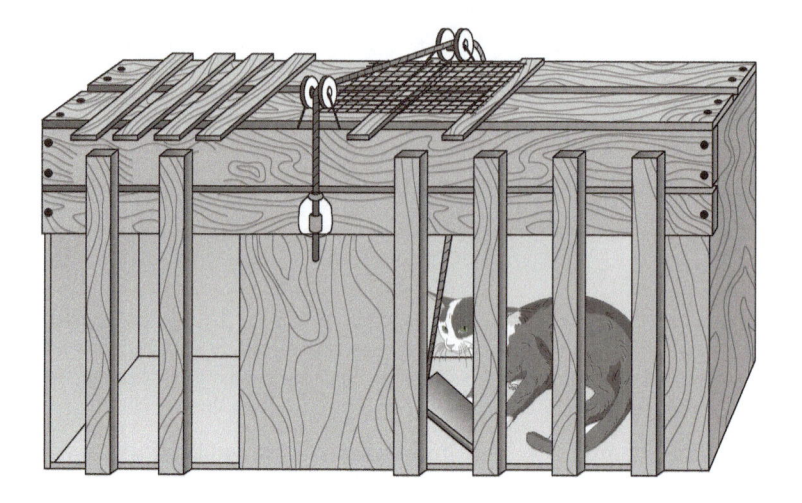

um vínculo entre uma resposta e uma recompensa. Em vez disso, acreditava Thorndike, com o passar do tempo e com a experiência, o organismo faria uma conexão direta entre o estímulo e a resposta sem qualquer consciência de que a conexão existia.

Os fundamentos do condicionamento operante

A pesquisa inicial de Thorndike serviu de base para o trabalho de um dos mais influentes psicólogos do século XX, B. F. Skinner (1904-1990). Você pode já ter ouvido falar sobre a caixa de Skinner (exibida na Fig. 2), uma câmara com um ambiente altamente controlado que foi usada para estudar processos de condicionamento operante com animais de laboratório. Enquanto o objetivo de Thorndike era fazer seus gatos aprenderem a obter alimento saindo de uma caixa, os animais de Skinner aprendiam a obter alimento operando em seu ambiente dentro da caixa. Skinner interessou-se em especificar como o comportamento varia como resultado de alterações no ambiente.

Skinner, cujo trabalho foi muito além da aperfeiçoar o aparelho anterior de Thorndike, é considerado a inspiração para toda uma geração de psicólogos que estudam o condicionamento operante. Para ilustrar sua contribuição, vamos considerar o que acontece com um rato na típica caixa de Skinner (Pascual & Rodríguez, 2006; Soorya, Carpenter, & Romanczyk, 2011).

Vamos supor que você queira ensinar um rato faminto a pressionar uma alavanca que está em sua caixa. A princípio, o rato perambula pela caixa, explorando o ambiente de uma forma relativamente aleatória. Em algum momento, contudo, ele provavelmente pressionará a alavanca por acaso e, quando isso acontecer, receberá uma bolinha de comida. Na primeira vez em que isso acontece, o rato não aprende a ligação entre pressionar a alavanca e receber a comida, continuando a explorar a caixa. Mais cedo ou mais tarde, o rato pressionará a alavanca e receberá a comida novamente, e com o tempo a frequência da resposta de pressionar aumentará. Por fim, o rato pressionará a alavanca constantemente até satisfazer sua fome, demonstrando que ele aprendeu que o recebimento de comida depende da ação de pressionar a alavanca.

Reforço: o conceito central do condicionamento operante

Skinner chamou de reforço o processo que leva o rato a continuar pressionando a alavanca. **Reforço** é o processo pelo qual um estímulo aumenta a probabilidade de que se repita um comportamento anterior. Em outras palavras, o ato de pressionar a alavanca é mais suscetível de ocorrer novamente por causa do estímulo da comida.

reforço Processo pelo qual um estímulo aumenta a probabilidade de que se repita um comportamento anterior.

FIGURA 2 B. F. Skinner com uma caixa usada para estudar o condicionamento operante. Ratos de laboratório aprendem a pressionar a alavanca para obter comida, a qual é entregue na bandeja.

Em uma situação como essa, a comida é chamada de reforçador. Um **reforçador** é qualquer estímulo que aumenta a probabilidade de um comportamento anterior ocorrer novamente. Consequentemente, a comida é um reforçador porque aumenta a probabilidade de que o comportamento de pressionar (formalmente referido como a *resposta* de pressionar) ocorra.

Que tipo de estímulos podem atuar como reforçadores? Bônus, brinquedos e boas notas podem servir como reforçadores – se aumentarem a probabilidade da resposta que ocorreu antes de sua introdução. O que torna algo um reforçador depende de preferências individuais. Embora uma barra de chocolate possa atuar como um reforçador para uma pessoa, outra que não gosta de chocolate pode achar um dólar mais desejável. O único modo de saber se um estímulo é um reforçador para determinado organismo é observar se a frequência de um comportamento que ocorria anteriormente aumenta depois da apresentação do estímulo.

Evidentemente, não nascemos sabendo que com um dólar podemos comprar uma barra de chocolate. Em vez disso, por meio da experiência aprendemos que o dinheiro é um objeto valioso por conta de sua associação a estímulos, como comida e bebida, que são naturalmente reforçadores. Esse fato pressupõe uma distinção entre reforçadores primários e secundários. Um *reforçador primário* satisfaz alguma necessidade biológica e funciona naturalmente, de modo independente da experiência prévia de uma pessoa. Comida para uma pessoa faminta, calor para uma pessoa com frio e alívio para uma pessoa com dor seriam todos classificados como reforçadores primários.

Contudo, um estímulo torna-se um *reforçador secundário* devido à sua associação a um reforço primário. Por exemplo, sabemos que dinheiro é valioso porque aprendemos que ele nos permite obter outros objetos desejáveis, incluindo reforçadores primários como comida e abrigo. O dinheiro torna-se, assim, um reforçador secundário (Moher et al., 2008).

Reforçadores secundários formam a essência da *economia de fichas* às vezes usada no tratamento de alguns transtornos psicológicos para pacientes internados. Na economia de fichas, um paciente é recompensado por demonstrar um comportamento desejado com um objeto simbólico, como uma ficha. Esta – um exemplo de reforçador secundário – pode, então, o ser trocada por algo desejável, como lanches, jogos ou dinheiro em espécie.

Os neurocientistas estão começando a explorar as bases biológicas dos reforçadores. Por exemplo, hoje sabemos que o neurotransmissor *dopamina* (discutido no Cap. "Neurociência e Comportamento") desempenha um papel fundamental no reforço do comportamento. Quando somos expostos a certos tipos de estímulo, ocorre uma inundação de dopamina em partes do cérebro, levando a sentimentos de prazer que são reforçadores (Nargeot & Simmers, 2011; Trujillo-Pisanty et al., 2011).

reforçador Qualquer estímulo que aumenta a probabilidade de um comportamento anterior ocorrer novamente.

Alerta de estudo

Lembre-se de que reforçadores primários satisfazem uma necessidade biológica; reforçadores secundários são eficazes devido à associação prévia a um reforçador primário.

Reforçadores positivos, reforçadores negativos e punição

Em muitos aspectos, os reforçadores podem ser considerados em termos de recompensas: tanto um reforçador quanto uma recompensa aumentam a probabilidade de uma resposta anterior ocorrer novamente. Contudo, o termo *recompensa* é limitado a ocorrências *positivas* e, nesse aspecto, ela difere de um reforçador, pois sabe-se que reforçadores podem ser positivos ou negativos.

Um **reforçador positivo** é um estímulo *acrescentado* ao ambiente que produz aumento em uma resposta anterior. Se comida, água, dinheiro ou elogio é provido após uma resposta, é mais provável que a resposta ocorra novamente no futuro. Os salários que os trabalhadores recebem no fim da semana, por exemplo, aumentam a probabilidade de que eles retornem ao emprego na semana seguinte.

Ao contrário, um **reforçador negativo** refere-se a um estímulo desagradável cuja remoção aumenta a probabilidade de uma resposta anterior se repetir no futuro. Por exemplo, se você está com uma coceira na pele (um estímulo desagradável) que é aliviada quando você aplica determinada marca de loção, você estará mais propenso a usar aquela loção da próxima vez que sentir coceira. Usar a loção, então, está reforçando negativamente, pois isso elimina a coceira desagradável. Da mesma forma, se o volume de seu iPod está tão alto que ele fere suas orelhas quando o liga primeiro, você tende a antes reduzir o nível de volume. Diminuir o volume está reforçando negativamente, e você estará mais inclinado a repetir a ação no futuro quando ligá-lo primeiro. O reforço negativo, então, ensina a pessoa que agir de determinada maneira elimina uma condição negativa que existe no ambiente. Como os reforçadores positivos, os reforçadores negativos aumentam a probabilidade de comportamentos anteriores se repetirem (Magoon & Critchfield, 2008).

Observe que reforço negativo não é o mesmo que punição. **Punição** refere-se a um estímulo que *diminui* a probabilidade de um comportamento ocorrer novamente. Diferentemente do reforço negativo, que produz um *aumento* no comportamento, a punição reduz a probabilidade de uma resposta anterior. Se levamos um choque que visa a diminuir determinado comportamento, estamos recebendo punição; porém, se já estamos levando um choque e fazemos algo para impedir isso, o comportamento que impede o choque é considerado negativamente reforçado. No primeiro caso, o comportamento específico é propenso a diminuir por causa da punição; no segundo, ele é propenso a aumentar por causa do reforço negativo.

Existem dois tipos de punição: punição positiva e punição negativa, assim como há reforço positivo e reforço negativo. (Em ambos os casos, "positivo" significa acrescentar algo, enquanto "negativo" significa remover algo.) Uma *punição positiva* enfraquece uma resposta com a aplicação de um estímulo desagradável. Por exemplo, bater em uma criança por se comportar mal ou passar 10 anos na cadeia por ter cometido um crime é punição positiva. Ao contrário, a *punição negativa* consiste na remoção de algo agradável. Por exemplo, quando um adolescente é informado de que está "de castigo" e não pode mais usar o carro da família por causa de suas notas baixas, ou quando um funcionário é informado de que foi rebaixado com um corte de salário por causa de uma má avaliação no emprego, está sendo administrada punição negativa. Tanto a punição negativa quanto a positiva resultam em uma diminuição na probabilidade de que se repita um comportamento.

As seguintes diretrizes (e o resumo na Fig. 3) podem ajudá-lo a distinguir esses conceitos uns dos outros:

- O reforço *aumenta* a frequência do comportamento que o antecede; a punição *diminui* a frequência do comportamento que o antecede.
- A *aplicação* de um estímulo *positivo* aumenta a frequência do comportamento e é referida como um reforço positivo; a *aplicação* de um estímulo *negativo* diminui ou reduz a frequência do comportamento e é chamada de punição.
- A *remoção* de um *estímulo negativo* que resulta em aumento na frequência do comportamento é reforço negativo; a *remoção* de um estímulo *positivo* que diminui a frequência do comportamento é punição negativa.

---

reforçador positivo Estímulo acrescentado ao ambiente que produz aumento em uma resposta anterior.

reforçador negativo Estímulo desagradável cuja remoção aumenta a probabilidade de uma resposta anterior se repetir no futuro.

punição Estímulo que diminui a probabilidade de um comportamento anterior ocorrer novamente.

Alerta de estudo

As diferenças entre reforço positivo, reforço negativo, punição positiva e punição negativa são enganadoras; por isso, preste especial atenção à Figura 3 e às definições no texto.

Resultado pretendido	Quando um estímulo é acrescido, o resultado é...	Quando um estímulo é removido, o resultado é...
Aumento do comportamento (reforço)	**Reforço positivo** Exemplo: dar um aumento por bom desempenho Resultado: aumento na resposta de bom desempenho positiva 	**Reforço negativo** Exemplo: aplicar loção para aliviar uma coceira na pele leva a uma maior probabilidade de aplicar a loção no futuro. Resultado: aumento na resposta de uso da loção 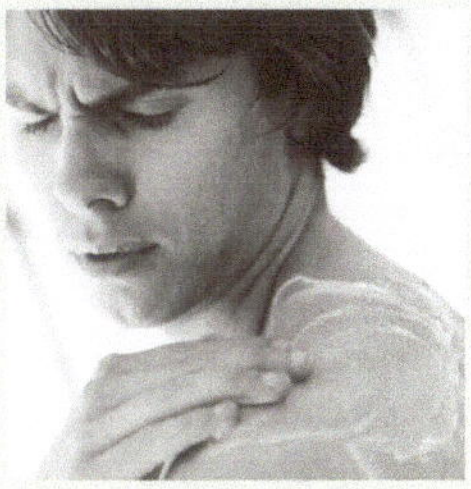
Diminuição do comportamento (punição)	**Punição positiva** Exemplo: gritar com uma adolescente quando ela rouba uma pulseira Resultado: diminuição na frequência da resposta de roubar 	**Punição negativa** Exemplo: restringir o acesso de uma adolescente ao carro por desrespeito ao horário de recolher Resultado: diminuição na resposta de desrespeito ao horário de recolher 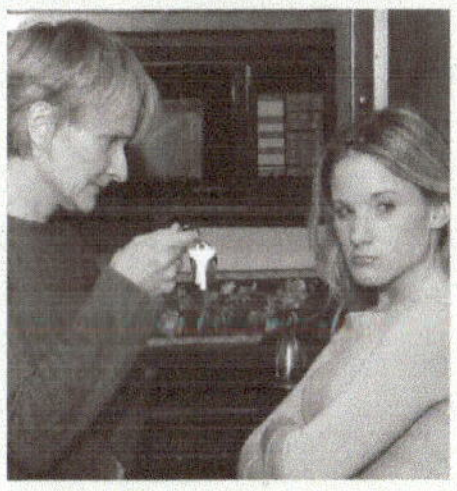

FIGURA 3 Tipos de reforço e punição.

Os prós e contras da punição: por que o reforço derrota a punição

A punição é um meio eficaz de modificar o comportamento? A punição, com frequência, apresenta o caminho mais rápido para mudar o comportamento que, se permitido que continue, poderia ser perigoso para um indivíduo. Por exemplo, um pai pode não ter uma segunda chance de advertir uma criança a não correr em uma rua movimentada e, assim, punir a primeira ocorrência desse comportamento pode revelar-se sábio. Além disso, o uso de punição para suprimir um comportamento, mesmo que temporariamente, oferece uma oportunidade para reforçar uma pessoa por se comportar posteriormente de maneira mais desejável.

Existem alguns casos raros em que a punição pode ser a abordagem mais humana para tratar determinados transtornos graves. Por exemplo, algumas crianças sofrem de *autismo*, um transtorno psicológico que pode levá-las a agredirem a si mesmas rasgando sua pele ou batendo a cabeça contra uma parede, ferindo-se gravemente. Nesses casos – e quando todos os outros tratamentos falharam –, uma punição na forma de choque elétrico rápido, mas intenso, tem sido usada para evitar esse comportamento autodestrutivo. Contudo, esse tipo de punição é usado somente para manter a segurança da criança e ganhar tempo até que procedimentos de reforço positivo possam ser iniciados (Ducharme, Sanjuan, & Drain, 2007; Matson & LoVullo, 2008; Humphreys & Lee, 2011).

A punição tem diversas desvantagens que tornam sua rotina questionável. Para citar um exemplo, a punição costuma ser ineficaz, principalmente se não for aplicada logo após o comportamento indesejável, ou se o indivíduo pode sair do ambiente em que a punição está sendo aplicada. Um empregado que é reprimido pelo chefe pode sair do emprego; um adolescente que perde o direito de usar o carro da família pode pedir emprestado o carro de um amigo. Nesses casos, o comportamento inicial que está sendo punido pode ser substituído por outro ainda menos desejável.

Pior do que isso, a punição física pode transmitir ao receptor a ideia de que agressão física é permissível e até mesmo desejável. Um pai que grita com o filho e bate nele por mau comportamento ensina que a agressão é uma resposta adulta apropriada. Logo, o filho pode copiar o comportamento de pai agindo agressivamente com os outros. Além disso, a punição física com frequência é aplicada por pessoas que estão zangadas ou furiosas. É improvável que pessoas nesse estado emocional sejam capazes de pensar sobre o que estão fazendo ou controlar cuidadosamente o grau de punição que estão aplicando. Em última análise, aqueles que recorrem à punição física correm o risco de passarem a ser temidos. A punição também pode reduzir a autoestima do indivíduo que a recebe se ele não puder compreender as razões para isso (Leary et al., 2008; Zolotor et al., 2008; Miller-Perrin, Perrin, & Kocur, 2009; Smith, Springer, & Barrett, 2011).

Por fim, a punição não fornece informação sobre qual seria um comportamento alternativo mais apropriado. Para contribuir para um comportamento mais desejável no futuro, a punição deve ser acompanhada por informações específicas sobre o comportamento que está sendo punido, junto a sugestões específicas sobre um comportamento mais desejável. Punir uma criança por olhar pela janela na escola poderia simplesmente levá-la a, em vez disso, olhar para o chão. Se não ensinarmos modos apropriados de responder, teremos simplesmente conseguido substituir um comportamento indesejável por outro. Se a punição não for seguida por reforço a um comportamento subsequente mais apropriado, pouco teremos realizado.

Em síntese, reforçar um comportamento desejado é uma técnica mais apropriada para modificar comportamento do que usar a punição. Assim, tanto dentro como fora da arena científica, o reforço geralmente derrota a punição (Pogarsky & Piquero, 2003; Hiby, Rooney, & Bradshaw, 2004; Sidman, 2006; Hall et al., 2011).

Esquemas de reforço: programando as recompensas da vida

O mundo seria um lugar diferente se os jogadores de pôquer nunca mais jogassem cartas depois de perder sua primeira mão, se os pescadores retornassem à praia assim que perdessem uma boa presa, ou se os operadores de *telemarketing* nunca mais dessem um telefonema depois do primeiro telefone desligado. O fato de que esses comportamentos não reforçados continuam, muitas vezes com maior frequência e persistência, ilustra que o reforço não precisa ser recebido constantemente para que o comportamento seja aprendido e mantido. Na verdade, um comportamento que é reforçado apenas ocasionalmente pode, no fim, ser mais bem-aprendido do que um comportamento que é sempre reforçado.

Quando nos referimos à frequência e aos tempos de reforço que segue um comportamento desejado, estamos falando sobre **esquemas de reforço**. Um comportamento que é reforçado toda vez que ocorre está em um **esquema de reforço contínuo**; se ele é reforçado em parte, mas não todo o tempo, ele está em um **esquema de reforço parcial (ou intermitente)**. Ainda que a aprendizagem ocorra mais rapidamente com um esquema de reforço contínuo, o comportamento perdura depois que o reforço termina quando ele é aprendido com um esquema de reforço parcial (Staddon & Cerutti, 2003; Gottlieb, 2004; Casey, Cooper-Brown, & Wacher, 2006; Reed, 2007).

Por que o reforço intermitente resultaria em aprendizagem mais consistente e duradoura do que o reforço contínuo? Podemos responder a essa pergunta examinando como nos comportaríamos usando uma máquina de venda de caramelos comparada com uma máquina caça-níqueis de Las Vegas. Quando usamos uma máquina de caramelos, a experiência prévia nos ensina que, toda vez que colocamos a quantidade apropriada de dinheiro, o reforço, uma barra de caramelo, deve ser entregue. Em outras palavras, o esquema de reforço é contínuo. Em comparação, uma máquina caça-níqueis oferece reforço intermitente. Aprendemos que, depois de colocar nosso dinheiro, na maior parte do tempo receberemos nada em troca. Contudo, ao mesmo tempo, sabemos que de vez em quando ganharemos algo.

Agora imagine que, sem que saibamos, tanto a máquina de caramelos como a máquina caça-níqueis estejam quebradas, de modo que nenhuma delas pode dar o que queremos. Não levaria muito tempo para pararmos de depositar moedas na máquina de caramelos

---

esquemas de reforço Diferentes padrões de frequência e dos tempos de reforço após um comportamento desejado.

esquema de reforço contínuo Reforço de um comportamento toda vez que ele ocorre.

esquema de reforço parcial (ou intermitente) Reforço de um comportamento em parte, mas não todo o tempo.

quebrada. É provável que, no máximo, tentaríamos apenas duas ou três vezes antes de abandonar a máquina irritados. Porém, a história seria muito diferente com a máquina caça-níqueis quebrada. Nesse caso, depositaríamos dinheiro por um tempo consideravelmente maior, mesmo na ausência de recompensa.

Em termos formais, podemos ver a diferença entre os dois esquemas de reforço: esquemas de reforço parcial ou intermitente (como os oferecidos por máquinas caça-níqueis) mantêm o desempenho por mais tempo do que esquemas de reforço contínuo (tais como os usados em máquinas de venda de doces) antes que a *extinção* – o desaparecimento da resposta condicionada – ocorra.

Alguns tipos de esquemas de reforço parcial ou intermitente produzem respostas mais consistentes e mais prolongadas antes da extinção do que outros. Embora muitos esquemas de reforço parcial diferentes tenham sido examinados, eles podem ser prontamente divididos em duas categorias: aqueles que consideram o *número de respostas* dadas antes de fornecer o reforço, chamados de esquemas de razão fixa e variável, e aqueles que consideram a *quantidade de tempo* que passa antes do reforço ser provido, chamados de esquemas de intervalo fixo e variável (Svartdal, 2003; Pellegrini et al., 2004; Gottlieb, 2006; Reed & Morgan, 2008; Miguez, Witnauer, & Miller, 2011).

Esquemas de razão fixa e variável. Em um **esquema de razão fixa**, o reforço é dado somente após um número específico de respostas. Por exemplo, um rato poderia receber uma porção de comida toda 10ª vez em que pressionasse uma alavanca; nesse caso, a razão seria de 1:10. De modo semelhante, os operários da indústria de vestuário geralmente são remunerados com esquemas de razão fixa: eles recebem um número específico de dólares para cada blusa que costuram. Visto que uma maior taxa de produção significa mais reforço, pessoas em esquemas de razão fixa são inclinadas a trabalhar o mais rápido possível (ver Fig. 4).

Em um **esquema de razão variável**, o reforço ocorre após um número variável, e não após um número fixo, de respostas. Embora o número específico de respostas necessárias para re-

esquema de razão fixa
Esquema pelo qual é dado reforço somente após um número específico de respostas.

esquema de razão variável
Esquema pelo qual ocorre reforço após um número variável – e não fixo – de respostas.

(a) Esquema de razão fixa

Frequência cumulativa de respostas / Tempo

Existem pausas relativamente curtas nas respostas depois de se oferecer o reforço

(b) Esquema de razão variável

Frequência cumulativa de respostas / Tempo

Respostas ocorrem em uma taxa alta constante

(c) Esquema de intervalo fixo

Frequência cumulativa de respostas / Tempo

Existem pausas relativamente longas nas respostas depois de se oferecer o reforço

(d) Esquema de intervalo variável

Frequência cumulativa de respostas / Tempo

Respostas ocorrem em uma taxa constante

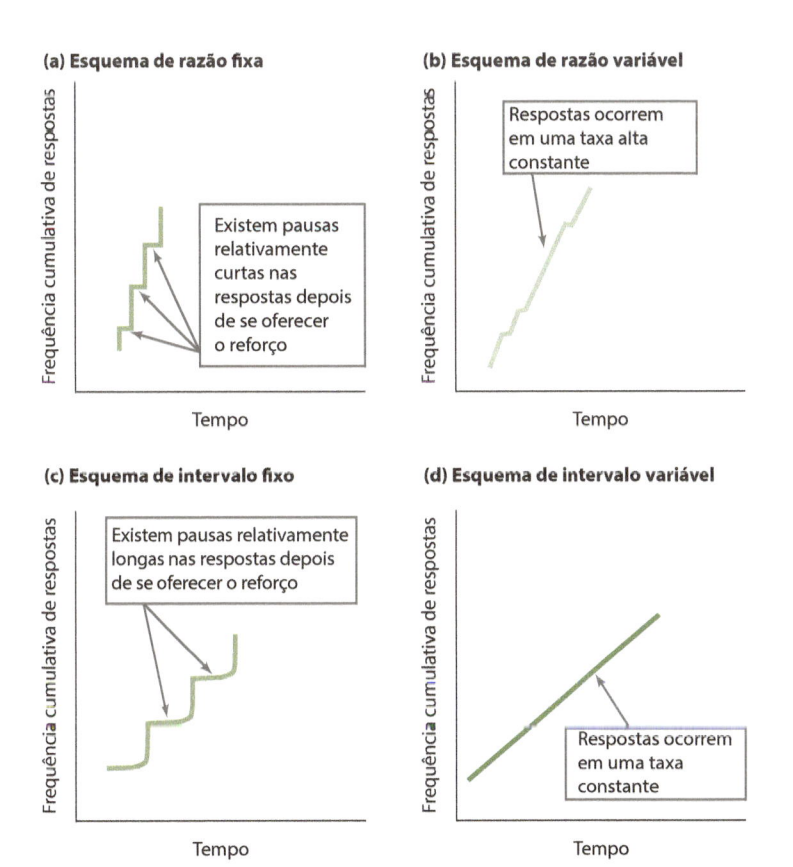

FIGURA 4 Resultados típicos de diferentes esquemas de reforço. (a) Em um esquema de razão fixa, o reforço é dado depois de um número específico de respostas. Uma vez que, quanto mais respostas, mais reforço, os esquemas de razão fixa produzem uma alta taxa de respostas. (b) Em um esquema de razão variável, as respostas também ocorrem em uma taxa elevada. (c) Um esquema de intervalo fixo produz taxas inferiores de resposta, especialmente logo após o reforço ter sido oferecido, pois o organismo aprende que um tempo específico deve passar entre os reforços. (d) Um esquema de intervalo variável produz um fluxo razoavelmente constante de respostas.

> **Alerta de estudo**
>
> Lembre-se de que os diferentes esquemas de reforço afetam a rapidez com a qual uma resposta é aprendida e quanto tempo ela dura depois que o reforço não é mais oferecido.

ceber reforço varie, o número de respostas varia em torno de uma média específica. Um bom exemplo de um esquema de razão variável é um emprego de *telemarketing*. Ele poderia fazer uma venda durante as terceira, oitava, nona e 10ª chamadas sem ter êxito durante qualquer chamada entre elas. Embora o número de respostas que ele deve dar antes de fazer uma venda varie, a taxa de sucesso é em média de 20%. Nessas circunstâncias, você poderia esperar que um vendedor tentasse fazer o maior número possível de chamadas. Este é o caso com esquemas de razão variável, que levam a uma alta taxa de resposta e resistência à extinção.

Esquemas de intervalo fixo e variável. Em contraste com esquemas de razão fixa e variável, em que o fator crucial é o número de respostas, esquemas de *intervalo fixo* e de *intervalo variável* dizem respeito à quantidade de tempo que passou desde que uma pessoa ou um animal foi recompensado. Um exemplo de esquema de intervalo fixo é o salário semanal. Para pessoas que recebem salário semanal regular, faz relativamente pouca diferença o quanto elas produzem em determinada semana.

Tendo em vista que um **esquema de intervalo fixo** só reforça uma resposta se um período de tempo fixo transcorreu, as taxas gerais de resposta são relativamente baixas. Isso é especialmente verdade no período imediato ao reforço, quando o tempo antes do próximo reforço é relativamente grande. Os hábitos de estudo dos alunos com frequência exemplificam essa realidade. Se os períodos entre exames são relativamente longos (significando que a oportunidade para reforçar pelo desempenho é relativamente pouco frequente), os alunos muitas vezes estudam o mínimo ou nada antes que se aproxime o dia da prova. Contudo, pouco antes do exame, os alunos começam a estudar sofregamente, sinalizando um rápido aumento na taxa de resposta de estudo. Como seria de esperar, imediatamente após o exame, ocorre um rápido declínio na taxa de resposta, com poucos alunos abrindo um livro no dia seguinte aos testes. Esquemas de intervalo fixo produzem o tipo de padrão apresentado na Figura 4, na página 183 (Saville, 2009).

Um modo de diminuir o atraso na resposta que ocorre logo após o reforço e manter o comportamento desejado de maneira mais consistente durante todo o intervalo é usar um esquema de intervalo variável. Em um **esquema de intervalo variável**, o tempo entre os reforços varia em torno de alguma média em vez de ser fixo. Por exemplo, um professor que aplica testes-surpresa que variam de um a cada três dias a um a cada três semanas, com média de um a cada duas semanas, está usando um esquema de intervalo variável. Comparado aos hábitos de estudo que observamos com um esquema de intervalo fixo, os hábitos de estudo dos alunos sob o esquema de intervalo variável provavelmente seriam muito diferentes. Eles estariam inclinados a estudar com mais regularidade porque nunca saberiam quando seria o próximo teste-surpresa. Esquemas de intervalo variável são mais propensos a produzir taxas relativamente constantes de resposta do que esquemas de intervalo fixo, com respostas que levam mais tempo para se extinguir depois que o reforço termina. (Ver também Aplicando a Psicologia no Século XXI.)

Discriminação e generalização no condicionamento operante

Uma criança não leva muito tempo para aprender que a luz vermelha em um cruzamento significa parar e a luz verde indica que é permitido continuar, assim como um pombo é capaz de aprender a bicar uma tecla quando uma luz verde se acende, mas não quando uma luz vermelha aparece. Exatamente como no condicionamento clássico, a aprendizagem operante envolve o fenômeno de discriminação e generalização.

O processo pelo qual as pessoas aprendem a discriminar os estímulos é conhecido como treinamento para controle de estímulo. No *treinamento para controle de estímulo*, um comportamento é reforçado na presença de um estímulo específico, mas não em sua ausência. Por exemplo, uma das discriminações mais difíceis com a qual se defrontam as pessoas é determinar quando a cordialidade de alguém não é simples cordialidade, e sim um sinal de interesse amoroso. Elas aprendem a fazer a discriminação observando a presença de certos sinais não verbais – como aumento no contato dos olhos e no toque – que indicam interesse amoroso. Quando esses sinais estão ausentes, as pessoas aprendem que nenhum

---

esquema de intervalo fixo Esquema que oferece reforço para uma resposta somente se um período de tempo fixo transcorreu, tornando as taxas de resposta gerais relativamente baixas.

esquema de intervalo variável Esquema pelo qual o tempo entre os reforços varia em torno de alguma média em vez de ser fixo.

Aplicando a Psicologia no Século XXI

Usando os princípios do condicionamento operante para salvar vidas

"Há 279 dias que não acontece um acidente neste local de trabalho."

Placas como estas, exibidas em ambientes de trabalho, visam a lembrar os funcionários sobre as questões de segurança e motivá-los a adotar bons hábitos de segurança. No entanto, a mensagem implícita é que a segurança não é medida em termos de comportamentos positivos, tais como usar listas de verificação, relatar quase acidentes, ou identificar ameaças prontamente, e sim em termos de falhas – a ocorrência de acidentes reais e talvez evitáveis.

O problema de se deter nos acidentes é que esta é uma estratégia reativa – o acidente que você quer prevenir deve de fato ocorrer, e somente então alguém investiga sua causa e possivelmente sua intervenção. O próprio ato de investigar e determinar a causa significa que alguém está procurando atribuir culpa. Esse ato presume que existe uma causa identificável, tendendo a criar uma atmosfera punitiva que instila medo, sufoca as conversas sobre práticas de segurança e desencoraja o relato de problemas (Geller, 2001, 2011).

Uma abordagem mais eficaz é a implantação de um procedimento chamado de *segurança baseada no comportamento*. Primeiro, os funcionários reúnem-se em grupos de discussão para arrolar as diversas tarefas de seu trabalho. Eles definem os comportamentos seguros e inseguros que dizem respeito a cada tarefa. Essas discussões, por sua vez, resultam em uma lista de verificação de comportamentos de segurança desejáveis e indesejáveis. Por exemplo, se uma tarefa no trabalho envolve erguer um objeto pesado, comportamentos seguros incluem vestir um colete ortopédico e erguer com as pernas; comportamentos inseguros envolveriam erguer com as costas e não usar um colete ortopédico. Os funcionários podem usar essas listas de verificação para monitorar o comportamento uns dos outros e fornecer um retorno sobre a segurança de seus hábitos de trabalho. Os gerentes identificam tarefas em que o comportamento de risco é mais problemático e tomam medidas corretivas, uma das quais pode ser aumentar o uso de listas de verificação entre os empregados (Geller, 2001, 2011).

Essas listas de verificação, portanto, identificam e ajudam a corrigir riscos *antes* de um acidente acontecer. Não há culpa ou punição individual – em vez disso, os funcionários trabalham juntos para tornar o ambiente de trabalho mais seguro para todos. Em vez de reagir ao fracasso, os funcionários se esforçam preventivamente para fazer melhor. E, muito importante, os funcionários têm uma sensação de controle pessoal sobre a própria segurança. Eles têm um senso de responsabilidade individual, assim como poder para realizar mudanças positivas. Em um ambiente desse tipo, segurança não é apenas um valor vago – é uma preocupação cotidiana compartilhada por todos os funcionários que trabalham juntos não só para prevenir acidentes, mas para trabalhar de maneira mais inteligente (Deci & Ryan, 1995; Geller, 2011).

Em vez de se concentrar nas falhas em um local de trabalho para promover segurança, novos estudos constatam que uma abordagem de segurança baseada no comportamento, enfatizando a prevenção, funciona melhor.

> **REPENSE**
> - Em sua opinião, por que é importante usar listas de verificação que identifiquem comportamentos de segurança positivos além de comportamentos arriscados?
> - Por que é importante que os empregados tenham um senso de controle pessoal sobre a segurança de seu local de trabalho?

---

interesse romântico está indicado. Nesse caso, o sinal não verbal atua como um estímulo discriminativo, para o qual um organismo aprende a responder durante o treinamento para controle de estímulo. Um *estímulo discriminativo* sinaliza a probabilidade de um reforço seguir uma resposta. Por exemplo, se você espera até que seu colega de quarto esteja de bom humor antes de lhe pedir emprestado o CD favorito dele, pode-se dizer que seu comportamento está sob controle de estímulo porque você é capaz de discriminar entre os estados de humor desse amigo.

Como no condicionamento clássico, o fenômeno da generalização de estímulo, em que um organismo aprende uma resposta a um estímulo e depois exibe a mesma resposta a estímulos ligeiramente diferentes, ocorre no condicionamento operante. Se você aprendeu que ser educado ajuda-o a conseguir o que quer em determinada situação (reforçando sua educação), é propenso a generalizar sua resposta a outras situações. Contudo, a generalização pode ter consequências lastimáveis, como, por exemplo, quando as pessoas comportam-se negativamente perante todos os membros de um grupo racial porque elas tiveram uma experiência desagradável com um membro daquele grupo.

Modelagem: reforçando o que não acontece naturalmente

modelagem Processo de ensinar um comportamento complexo recompensando aproximações cada vez maiores ao comportamento desejado.

PsicoTec

As técnicas de aprendizagem adaptativa por meio do computador – baseadas nos princípios de modelagem – apresentam novo material aos alunos e depois os testam sobre ele *on-line*. A apresentação do material subsequente baseia-se no desempenho prévio dos alunos no teste, para que o nível e a dificuldade do novo material sejam personalizados, promovendo um grande êxito estudantil.

Considere a dificuldade de usar condicionamento operante para ensinar as pessoas a consertar a transmissão em automóveis. Se você tivesse de esperar até que eles corrigissem uma transmissão perfeitamente para, então, prover o reforço, o Modelo T da Ford poderia voltar a estar em moda muito antes de os mecânicos dominarem o processo de conserto.

Existem muitos comportamentos complexos, desde o conserto de automóveis até a administração de zoológicos, o que não esperaríamos ocorrer naturalmente como parte do comportamento espontâneo de alguém. Para esses comportamentos, para os quais pode não haver oportunidade de fornecer reforço (porque, em primeiro lugar, o comportamento jamais ocorreria), utiliza-se um procedimento conhecido como modelagem. **Modelagem** é o processo de ensinar um comportamento complexo recompensando aproximações cada vez maiores ao comportamento desejado. Na modelagem, inicia-se reforçando qualquer comportamento em nada semelhante ao comportamento que você quer que a pessoa aprenda. Posteriormente, reforça-se apenas as respostas que sejam mais semelhantes ao comportamento que você fundamentalmente deseja ensinar. Por fim, reforça-se apenas a resposta desejada. Cada passo usado na modelagem, portanto, avança apenas ligeiramente além do comportamento aprendido anteriormente, permitindo que a pessoa relacione o novo passo ao comportamento aprendido anteriormente (Krueger & Dayan, 2009).

A modelagem permite que até mesmo animais não humanos aprendam respostas complexas que jamais ocorreriam naturalmente, desde leões saltarem por argolas, golfinhos resgatarem mergulhadores perdidos no mar, ou roedores encontrarem minas terrestres escondidas. A modelagem também subjaz à aprendizagem de muitas habilidades humanas complexas. Por exemplo, a organização da maioria dos livros didáticos baseia-se nos princípios da modelagem. Em geral, a informação é apresentada de forma que um novo material se baseie em conceitos ou habilidades anteriormente aprendidos. Assim, o conceito de modelagem não poderia ser apresentado antes de termos discutido os princípios mais básicos da aprendizagem operante (Meyer & Ladewig, 2008). (Ver também TrabalhoPsi.)

TrabalhoPsi
TREINADORA DE CÃES-GUIA

Nome: Lea Johnson
Cargo: Treinadora de cães-guia
Formação: Bacharel em Geografia, Dartmouth College, Hanover, NH

Durante décadas, os cães-guia forneceram um par de olhos para os deficientes visuais, expandindo as oportunidades abertas a eles e aumentando sua independência. Porém, é preciso muito treinamento para fazer de um cão um eficaz cão-guia, de acordo com Lea Johnson, que trabalha com a filial da The Seeing Eye em Morristown, New Jersey. Johnson ensina aprendizes a executar o processo exigente, mas compensador, de treinar cães.

"Contratamos universitários diplomados e, embora não exijamos especialização específica, uma formação em psicologia ou zoologia permite que os empregados vinculem-se mais facilmente com os diferentes aspectos do trabalho", diz ela.

Um aprendiz de instrutor precisa ter automotivação para completar todos os aspectos do treinamento do cão. Além disso, ele precisa ser capaz de trabalhar em um ambiente de equipe, segundo Johnson. Mas isso não é tudo.

"O processo de treinar cães é complexo", diz Johnson. "Por exemplo, o cão deve ser obediente e responder a seu dono deficiente visual. Mas eles também são elogiados porque às vezes recusam comandos, caso estes coloquem o dono em perigo."

Depois que um cão aprende as habilidades necessárias, o treinador deve ensinar uma pessoa com deficiência visual a trabalhar com o animal.

Depois de trabalhar com cães por quatro meses, os treinadores devem ser capazes de ensinar os cegos as habilidades para cuidar e passear com seu cão-guia com segurança", explica Johnson. Os treinadores precisam não só se relacionar bem com cães, como também interagir bem com cegos. Ela acrescenta: "O treinamento de pessoas é intenso e emocionalmente desafiador de uma forma muito diferente da parte de treinamento de cães. Se não começarem com bom coração, os treinadores jamais serão bem-sucedidos."

Limitações biológicas à aprendizagem: não se ensina qualquer truque a um cão velho

Nem todos os comportamentos podem ser treinados em todas as espécies igualmente bem. Em vez disso, existem *limitações biológicas*, restrições inerentes à capacidade dos animais de aprender determinados comportamentos. Em alguns casos, um organismo tem predisposição especial que auxiliará no aprendizado de um comportamento (tais como os comportamentos de bicar nos pombos). Em outros casos, limitações biológicas atuam para prevenir ou inibir um organismo de aprender certo comportamento. Por exemplo, é impossível treinar porcos a escolher um disco, porque eles são biologicamente programados para empurrar objetos sobre o chão. Da mesma forma, embora um guaxinim possa ser condicionado a largar uma moeda em um cofre de porquinho, ele somente o fará depois de esfregar a moeda na parte de fora do cofre. Por quê? Depois de pegar um peixe, os guaxinins instintivamente os esfregam contra o chão para remover seu revestimento externo (Breland & Breland, 1966; Stevens & Pashler, 2002).

Limitações biológicas tornam quase impossível que os animais aprendam certos comportamentos. Aqui, a psicóloga Marian Breland tenta superar as limitações naturais que inibem o sucesso de condicionar este galo.

A existência de limitações biológicas é compatível com as explicações evolucionistas do comportamento. Sem dúvida, existem benefícios adaptativos que promovem a sobrevivência para organismos que aprendem rapidamente – ou evitam – certos comportamentos. Por exemplo, nossa capacidade de aprender rapidamente a evitar tocar superfícies quentes aumenta nossas chances de sobrevivência. Encontramos apoio adicional para a interpretação evolucionista das limitações biológicas no fato de que as associações que os animais aprendem com mais prontidão envolvem estímulos que são mais relevantes ao ambiente específico em que eles vivem (Cosmides & Tooby, 2004; Davis, 2007; Behrendt, 2011).

Além disso, os psicólogos que adotam uma perspectiva evolucionista afirmam que podemos ser geneticamente predispostos a temer certos estímulos, tais como serpentes ou mesmo rostos ameaçadores. Por exemplo, pessoas em experimentos aprendem associações rapidamente entre fotos de rostos com expressões ameaçadoras e estímulos neutros (tais como um guarda-chuva). Entretanto, elas são mais lentas para aprender associações entre rostos que mostram expressões agradáveis e estímulos neutros. Estímulos que representam possíveis ameaças, como serpentes ou pessoas com expressões faciais hostis, representavam um possível perigo para os primeiros humanos, podendo existir um "módulo de medo" evoluído no cérebro que é sensibilizado a tais ameaças (Endres & Fendt, 2007; DeLoache & LoBue, 2009; Gerdes, Uhl, & Alpers, 2009).

Comparando os condicionamentos clássico e operante

Consideramos o condicionamento clássico e o condicionamento operante como dois processos completamente diferentes. E, como resumido na Figura 5, na página 188, existem diversas distinções fundamentais entre as duas formas de aprendizagem. Por exemplo, o conceito fundamental no condicionamento clássico é a associação entre estímulos, ao passo que no condicionamento operante é o reforço. Além disso, o condicionamento clássico envolve um comportamento inato, natural e involuntário, mas o condicionamento operante baseia-se nas respostas voluntárias dadas por um organismo.

Alguns pesquisadores estão questionando se, na verdade, os dois tipos de aprendizagem são afinal tão diferentes. Alguns psicólogos da aprendizagem defendem que os condicionamentos clássico e operante podem ter alguns processos subjacentes em comum. Argumentando de um ponto de vista evolucionista, eles sustentam que é improvável que dois processos básicos completamente separados se desenvolveriam. Em vez disso, um processo – embora com considerável complexidade em seu modo de operar – poderia explicar melhor o comportamento. Ainda que seja cedo demais para saber se esse ponto de vista terá respaldo, não há dúvida de que existe uma série de processos que operam tanto no condicionamento clássi-

Conceito	Condicionamento clássico	Condicionamento operante
Princípio básico	Formar associações entre um EC e uma RC.	O reforço aumenta a frequência do comportamento que o antecede; a punição *diminui* a frequência do comportamento que o antecede.
Natureza do comportamento	Baseado no comportamento inato natural involuntário. O comportamento é produzido pelo EIC ou EC.	O organismo opera voluntariamente em seu ambiente para produzir um resultado desejável. Depois que o comportamento ocorre, a probabilidade de o comportamento ocorrer novamente é aumentada ou diminuída em função de suas consequências.
Ordem dos eventos	Antes do condicionamento, um EIC leva a uma RIC. Depois do condicionamento, um EC leva a uma RC.	O reforço acarreta um aumento no comportamento; a punição, uma diminuição no comportamento.
Exemplo	Depois que um médico aplica em uma criança uma série de injeções dolorosas (um EIC) que produzem uma reação emocional (uma RIC), a criança desenvolve uma reação emocional (uma RC nada) sempre que vê o médico (um EC).	Um estudante que, depois de estudar com afinco para uma prova, ganha um A (reforço positivo), torna-se mais inclinado a estudar no futuro. Um estudante que, depois de sair para beber na noite anterior à prova, é reprovado no teste (punição) estará menos inclinado a sair para beber na noite que antecederá a próxima prova.

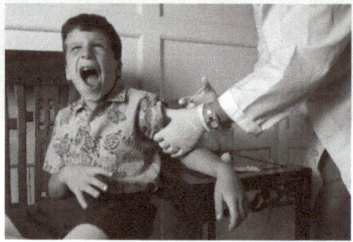

FIGURA 5 Comparação dos conceitos-chave no condicionamento clássico e no condicionamento operante.

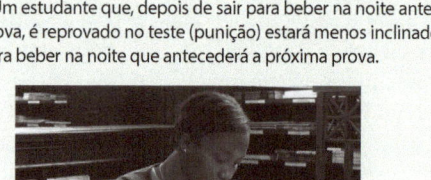

co quanto no operante, incluindo extinção, generalização de estímulos e discriminação de estímulos (Donahoe, 2003; Donahoe & Vegas, 2004; Silva, Gonçalves, & Garcia-Mijares, 2007).

TORNANDO-SE UM CONSUMIDOR INFORMADO de Psicologia
Usando análise de comportamento e modificação de comportamento

Um casal que vivia junto há três anos começou a ter brigas frequentes. As questões de discórdia variavam desde quem iria lavar a louça até a qualidade da vida amorosa.

Perturbado, o casal consultou um analista de comportamento, um psicólogo especializado em técnicas de modificação de comportamento. O psicólogo pediu que eles mantivessem um registro escrito detalhado de suas interações durante as duas semanas seguintes.

Quando retornaram com os dados, o terapeuta analisou cuidadosamente os registros com eles. Ao fazer isso, percebeu um padrão: todas as discussões tinham ocorrido logo depois que um ou outro não havia feito uma tarefa doméstica, tal como deixar a louça suja na pia ou deixar a roupa pendurada na única cadeira no quarto.

Utilizando os dados que o casal havia coletado, o analista de comportamento pediu que eles listassem todos os afazeres domésticos que poderiam surgir e atribuir um valor numérico a cada afazer dependendo de quanto tempo levava para ser feito. Depois, ele os fez dividirem as tarefas igualitariamente e comprometerem-se, em um contrato escrito, a realizar as tarefas que foram designadas. Se um deles deixasse de executar uma das tarefas que lhe foram atribuídas, ele (ou ela) teria de depositar um dólar por ponto em um fundo a ser gasto pelo outro. Eles também concordaram em manter um programa de elogio verbal, prometendo recompensarem-se mutuamente de forma verbal por terem completado uma tarefa.

O casal concordou em tentar por um mês e manter registros cuidadosos do número de discussões que tiveram durante aquele período. Para a surpresa do casal, o número diminuiu rapidamente.

O caso recém-apresentado fornece uma ilustração da **modificação de comportamento**, uma técnica formalizada para promover a frequência de comportamentos desejáveis e diminuir a incidência de comportamentos indesejáveis. Por meio dos princípios básicos da teoria da aprendizagem, as técnicas de modificação de comportamento provaram-se úteis em diversas situações. Pessoas com retardo mental grave começaram, pela primeira vez na vida, a se vestir e a se alimentar sem ajuda. A modificação de comportamento também tem ajudado as pessoas a perder peso, abandonar o fumo e comportar-se com mais segurança (Delinsky, Latner, & Wilson, 2006; Ntinas, 2007; Carels et al., 2011).

As técnicas usadas pelos analistas de comportamento são tão variadas quanto a lista de processos que modificam o comportamento. Elas incluem esquemas de reforço, modelagem, treinamento de generalização, treinamento de discriminação e extinção. Contudo, os participantes em um programa de mudança de comportamento costumam seguir uma série de passos básicos semelhantes que incluem os seguintes:

- *Identificar metas e comportamentos visados*. O primeiro passo é definir *comportamento desejado*. É um aumento no tempo dedicado ao estudo? Uma diminuição de peso? Um aumento no uso da linguagem? Uma redução na quantidade de agressão exibida por uma criança? As metas devem ser enunciadas em termos observáveis e devem levar a alvos específicos. Por exemplo, uma meta poderia ser "aumentar o tempo de estudo", ao passo que o comportamento-alvo seria "estudar ao menos duas horas por dia nos dias da semana e uma hora nos sábados".
- *Criar um sistema de registro de dados e registrar dados preliminares*. Para determinar se o comportamento mudou, é necessário coletar dados antes de fazer alterações na situação. Essa informação fornece uma base mediante a qual futuras alterações podem ser medidas.
- *Escolher uma estratégia de mudança de comportamento*. O passo crucial é selecionar uma estratégia apropriada. Visto que todos os princípios de aprendizagem podem ser empregados para ocasionar mudança de comportamento, um "pacote" de tratamento normalmente é utilizado. Isso pode incluir o uso sistemático de reforço positivo para comportamento desejado (elogio verbal ou algo mais concreto, como, p. ex., comida), assim como um programa de extinção por comportamento indesejável (ignorar uma criança que tem um ataque de raiva). Escolher os reforçadores certos é crucial, talvez sendo necessário experimentar um pouco para descobrir o que é importante para determinada pessoa.
- *Implementar o programa*. Provavelmente o aspecto mais importante da implantação do programa seja a consistência. Também é crucial reforçar o comportamento pretendido. Por exemplo, vamos supor que uma mãe queira que seu filho passe mais tempo fazendo os deveres de casa, mas, assim que ele se senta para estudar, pede um lanche. Caso a mãe lhe dê um lanche, ela provavelmente estará reforçando a tática de atraso do filho, não seu estudo.
- *Manter registros minuciosos após a implantação do programa*. Outra tarefa essencial é a manutenção de registros. Se os comportamentos visados não forem monitorados, não há como saber se o programa foi de fato bem-sucedido.
- *Avaliar e alterar o programa corrente*. Por fim, os resultados do programa devem ser comparados com os dados de base de antes da implementação para determinar sua efetividade. Se o programa foi bem-sucedido, os procedimentos empregados podem ser desativados gradativamente. Por exemplo, se o programa exigia reforçar toda ocorrência de recolher roupas do chão do quarto, o esquema de reforço poderia ser modificado para um esquema de razão fixa em que toda terceira ocorrência era reforçada. Entretanto, se o programa não foi bem-sucedido em ocasionar a mudança de comportamento desejado, pode ser aconselhável considerar outras abordagens.

Técnicas de mudança de comportamento baseadas nesses princípios gerais tiveram amplo sucesso e provaram-se um dos métodos mais poderosos para modificar o comportamento. Não resta dúvida de que é possível empregar as noções básicas da teoria da aprendizagem para melhora a vida das pessoas.

> **modificação de comportamento** Técnica formalizada para promover a frequência de comportamentos desejáveis e diminuir a incidência de comportamentos indesejáveis.

Recapitule/avalie/repense

Recapitule

RA 16-1 Qual é o papel da recompensa e da punição na aprendizagem?

- Condicionamento operante é uma forma de aprendizagem em que um comportamento voluntário é reforçado ou enfraquecido. Segundo B. F. Skinner, o principal mecanismo subjacente à aprendizagem é o reforço, o processo pelo qual um estímulo aumenta a probabilidade de que se repita um comportamento anterior.
- Reforçadores primários são recompensas naturalmente efetivas sem experiência prévia, pois elas satisfazem uma necessidade biológica. Reforçadores secundários começam a agir como se fossem reforçadores primários por meio de associação com um reforçador primário.
- Reforçadores positivos são estímulos adicionados ao ambiente que acarretam aumento em uma resposta anterior. Reforçadores negativos são estímulos que removem algo desagradável do ambiente, também acarretando aumento na resposta anterior.
- A punição diminui a probabilidade de que um comportamento prévio ocorra. A punição positiva enfraquece uma resposta com a aplicação de um estímulo desagradável, ao passo que a punição negativa enfraquece uma resposta pela remoção de algo positivo. Em contraste com o reforço, em que o objetivo é aumentar a incidência do comportamento, a punição visa a diminuir ou suprimir um comportamento.
- Esquemas e padrões de reforço afetam a força e a duração da aprendizagem. Geralmente, esquemas de reforço parcial ou intermitente – em que reforçadores não são aplicados em toda instância – produzem aprendizagem mais consistente e mais duradoura do que esquemas de reforço contínuo.
- As principais categorias de esquemas de reforço incluem esquemas de razão fixa e variável, que se baseiam no número de respostas dadas, e esquemas de intervalo fixo e variável, que se baseiam no intervalo de tempo que transcorre antes de o reforço ser fornecido.
- O treinamento de controle de estímulo (semelhante à discriminação de estímulos no condicionamento clássico) consiste no reforço de um comportamento na presença de um estímulo específico, mas não em sua ausência. Na generalização de estímulos, um organismo aprende uma resposta a um estímulo e depois exibe a mesma resposta a estímulos ligeiramente diferentes.
- Modelagem é um processo para ensinar comportamentos complexos recompensando aproximações cada vez maiores do comportamento final desejado.
- Existem limitações biológicas, ou limitações inerentes, na capacidade de um organismo aprender: alguns comportamentos serão relativamente fáceis de serem aprendidos pelos indivíduos de uma espécie, ao passo que outros são difíceis ou impossíveis de aprender.

RA 16-2 Quais são alguns dos métodos práticos para ocasionar mudança no comportamento, tanto em nós mesmos como nos outros?

- Modificação de comportamento é um método para formalmente usar os princípios da teoria da aprendizagem para promover a frequência de comportamentos desejados e diminuir ou eliminar comportamentos indesejados.

Avalie

1. O condicionamento _____ descreve aprendizagem que ocorre como resultado de reforço.

2. Combine o tipo de aprendizagem operante com sua definição:
   1. Um estímulo desagradável é apresentado para diminuir um comportamento.
   2. Um estímulo desagradável é removido para aumentar um comportamento.
   3. Um estímulo agradável é apresentado para aumentar um comportamento.
   4. Um estímulo agradável é removido para diminuir um comportamento.

   a. reforço positivo
   b. reforço negativo
   c. punição positiva
   d. punição negativa

3. Sandy teve um dia difícil, e o barulho feito por seu filho não estava ajudando-o a relaxar. Não querendo recorrer a repreensão, Sandy disse ao filho que estava cansado e que gostaria que ele brincasse em silêncio por uma hora. Essa abordagem funcionou. Para Sandy, a mudança no comportamento de seu filho foi
   a. positivamente reforçada
   b. negativamente reforçada

4. Em um esquema de reforço _____, o comportamento é reforçado parte do tempo, ao passo que, em um esquema de reforço _____, o comportamento é reforçado o tempo todo.

5. Combine o tipo de esquema de reforço com a sua definição.
   1. O reforço ocorre depois de um período fixo de tempo.
   2. O reforço ocorre depois de um número fixo de respostas.
   3. O reforço ocorre depois de um período de tempo variável
   4. O reforço ocorre depois de um número variável de respostas.

   a. razão fixa
   b. intervalo variável
   c. intervalo fixo
   d. razão variável

Repense

1. Utilizando a literatura científica como guia, o que você diria a pais que desejam saber se o uso rotineiro de punição física é uma forma necessária e aceitável de educar os filhos?
2. *Da perspectiva de um educador:* Como você usaria seu conhecimento acerca do condicionamento operante na sala de aula para montar um programa para aumentar a probabilidade de as crianças fazerem seu dever de casa com mais frequência?

Respostas das questões de avaliação

1. operante 2. 1-c, 2-b, 3-a, 4-d; 3. b; 4. parcial (ou intermitente), contínuo; 5. 1-c, 2-a, 3-b, 4-d

Termos-chave

condicionamento operante p. 177
reforço p. 178
reforçador p. 179
reforçador positivo p. 180
reforçador negativo p. 180
punição p. 180
esquemas de reforço p. 182
esquema de reforço contínuo p. 182
esquema de reforço parcial (ou intermitente) p. 182
esquema de razão fixa p. 183
esquema de razão variável p. 183
esquema de intervalo fixo p. 184
esquema de intervalo variável p. 184
modelagem p. 186
modificação de comportamento p. 189

MÓDULO 17
Abordagens Cognitivas da Aprendizagem

Resultado de Aprendizagem

RA 17-1 Qual é o papel da cognição e do pensamento na aprendizagem?

teoria cognitiva da aprendizagem Abordagem para estudar a aprendizagem que se concentra nos processos de pensamento subjacentes à aprendizagem.

> **Alerta de estudo**
>
> Lembre-se de que a abordagem cognitiva da aprendizagem concentra-se nos pensamentos internos e nas expectativas dos aprendizes, ao passo que as abordagens de condicionamento clássico e operante detêm-se nos estímulos externos, nas respostas e no reforço.

aprendizagem latente Aprendizagem em que um novo comportamento é adquirido, mas não demonstrado até que algum incentivo seja provido para exibi-lo.

Considere o que acontece quando as pessoas aprendem a dirigir um automóvel. Elas não se sentam simplesmente atrás da direção e vão experimentando até colocar aleatoriamente a chave na ignição e, então, depois de muitas tentativas fracassadas, conseguem de modo acidental fazer o carro andar para frente, com isso recebendo reforço positivo. Em vez disso, elas já conhecem os elementos básicos da condução a partir de sua experiência prévia como passageiros, quando elas muito provavelmente observaram como a chave é inserida na ignição, a marcha é engatada e o acelerador é pressionado para fazer o carro ir para frente.

Não há dúvida de que nem toda aprendizagem ocorre por condicionamento operante e clássico. Na verdade, tais atividades, como aprender a dirigir um automóvel, implicam que alguns tipos de aprendizagem devem envolver processos de ordem superior, nos quais os pensamentos e as lembranças das pessoas e o modo como elas processam as informações explicam suas respostas. Essas situações argumentam contra a aprendizagem como uma aquisição impensada, mecânica e automática de associações entre estímulos e respostas, como no condicionamento clássico, ou a apresentação de reforço, como no condicionamento operante.

Alguns psicólogos encaram a aprendizagem em termos de processos de pensamento ou cognições que a ela subjazem – uma abordagem conhecida como **teoria cognitiva da aprendizagem**. Ainda que os psicólogos que trabalham sob a perspectiva da aprendizagem cognitiva não neguem a importância do condicionamento clássico e operante, eles desenvolveram abordagens focalizadas nos processos mentais invisíveis que ocorrem durante a aprendizagem, em vez de se concentrarem exclusivamente nos estímulos externos, respostas e reforços.

Em sua formulação mais básica, a teoria cognitiva da aprendizagem pressupõe que não é suficiente dizer que as pessoas dão respostas porque existe uma ligação presumida entre um estímulo e uma resposta – uma ligação que é o resultado de uma história anterior de reforço para uma resposta. Em vez disso, de acordo com esse ponto de vista, as pessoas, e até mesmo os animais não humanos, desenvolvem uma *expectativa* de que eles receberão um reforçador depois de darem uma resposta. Dois tipos de aprendizagem em que nenhum reforço prévio óbvio está presente são a aprendizagem latente e a aprendizagem observacional.

Aprendizagem latente

As evidências para a importância dos processos cognitivos são provenientes de uma série de experimentos com animais que revelaram um tipo de aprendizagem cognitiva denominada aprendizagem latente. Na **aprendizagem latente**, um novo comportamento é aprendido, mas não demonstrado até que algum incentivo seja provido para exibi-lo (Tolman & Honzik, 1930). Em resumo, a aprendizagem latente ocorre sem reforço.

Nos estudos que demonstram aprendizagem latente, os psicólogos examinaram o comportamento de ratos em um labirinto como aquele exibido na Figura 1a. Em um experimento, um grupo de ratos andou livremente por um labirinto uma vez por dia durante 17 dias sem receber uma recompensa (chamado de grupo não recompensado). Compreensivelmente, esses ratos cometeram muitos erros e passaram um tempo relativamente longo procurando o fim do labirinto. Contudo, um segundo grupo sempre recebeu comida no fim do labirinto (o grupo recompensado). Como era de se esperar, esses ratos aprenderam a correr rápida e diretamente para a caixa de comida, cometendo poucos erros.

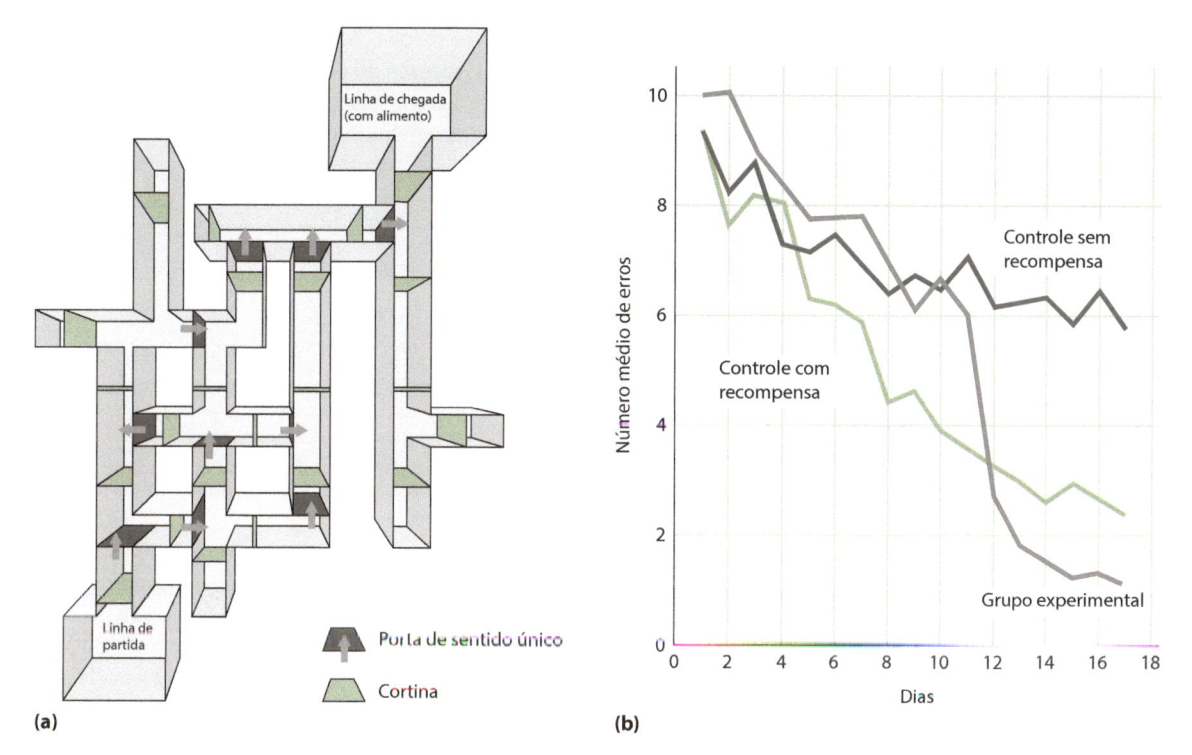

FIGURA 1 Aprendizagem latente. (a) Ratos podiam andar livremente por um labirinto desse tipo uma vez por dia durante 17 dias. (b) Os ratos que nunca foram recompensados consistentemente (a condição controle sem recompensa) cometeram mais erros, ao passo que os que receberam consistentemente comida ao final todos os dias (a condição controle com recompensa) cometeram muito menos erros. Porém, os resultados também indicaram aprendizagem latente: os ratos que foram recompensados somente depois do 10º dia (o grupo experimental) apresentaram uma redução imediata nos erros e logo atingiram uma taxa de erro semelhante à dos ratos que foram consistentemente recompensados. De acordo com os teóricos da aprendizagem cognitiva, a redução nos erros indica que os ratos tinham desenvolvido um mapa cognitivo – uma representação mental – do labirinto. Que outros exemplos de aprendizagem latente você pode citar?

Um terceiro grupo de ratos (o grupo experimental) iniciou na mesma situação que os ratos sem recompensa, mas somente durante os primeiros 10 dias. No 11º dia, uma manipulação experimental crucial foi introduzida: daquele ponto em diante, os ratos nesse grupo receberam comida ao completarem o labirinto. Os resultados dessa manipulação foram notáveis, como se pode ver no gráfico da Figura 1b. Os ratos anteriormente não recompensados, que antes pareciam perambular sem rumo, apresentaram reduções consideráveis no tempo de corrida e nas taxas de erro que seu desempenho quase imediatamente equiparou-se ao do grupo que tinha recebido recompensas desde o princípio.

Para os teóricos cognitivos, pareceu claro que os ratos não recompensados tinham aprendido a organização do labirinto no início de suas explorações; eles apenas nunca exibiram sua aprendizagem latente até que o reforço fosse oferecido. Aqueles ratos pareceram desenvolver um *mapa cognitivo* do labirinto – uma representação mental das localizações e direções espaciais.

As pessoas também desenvolvem mapas cognitivos de seu ambiente. Por exemplo, a aprendizagem latente pode permitir que você saiba a localização de uma loja de utensílio de cozinha no centro de compras que você costuma frequentar, apesar de nunca ter entrado na loja e nem sequer gostar de cozinhar.

Albert Bandura examinou os princípios da aprendizagem observacional.

A possibilidade de que desenvolvemos nossos mapas cognitivos por aprendizagem latente apresenta algo problemático para teóricos rigorosos do condicionamento operante. Se considerarmos os resultados do experimento de aprendizagem do labirinto, por exemplo, não está claro qual reforço permitiu aos ratos que inicialmente não receberam recompensa aprenderem a organização do labirinto, porque não havia reforçador óbvio presente. Em vez disso, os resultados respaldam uma visão cognitiva da aprendizagem, na qual mudanças ocorreram em processos mentais inobserváveis (Frensch & Rünger, 2003; Stouffer & White, 2006; Iaria et al., 2009; Lin et al., 2011).

Aprendizagem observacional: aprendendo por imitação

Retornemos por um instante ao exemplo de uma pessoa que está aprendendo a dirigir. Como podemos explicar os casos em que uma pessoa sem experiência direta na execução de determinado comportamento aprende o comportamento e depois o realiza? Para responder a essa pergunta, os psicólogos concentraram-se em outro aspecto da aprendizagem cognitiva: a aprendizagem observacional.

De acordo com o psicólogo Albert Bandura e seus colaboradores, uma importante parte da aprendizagem humana consiste em **aprendizagem observacional**, que é aquela que ocorre assistindo ao comportamento de outra pessoa ou *modelo*. Por sua dependência da observação dos outros – um fenômeno social –, a perspectiva de Bandura é com frequência referida como abordagem *sociocognitiva* da aprendizagem (Bandura, 2004, 2009).

Em um experimento, Bandura demonstrou de maneira contundente o quanto os modelos são capazes de estimular a aprendizagem. No estudo, crianças pequenas viram um filme de um adulto golpeando duramente com pancadas um boneco inflável de um metro e meio de altura, chamado de joão-bobo (Bandura, Ross, & Ross, 1963a, 1963b). Posteriormente, foi oferecida às crianças a oportunidade de brincar com o joão-bobo e, como previsto, a maioria delas apresentou o mesmo tipo de comportamento, em alguns casos imitando o comportamento agressivo quase de maneira idêntica.

Não apenas comportamentos negativos são adquiridos por aprendizagem observacional. Em um experimento, por exemplo, crianças que tinham medo de cães foram expostas a um modelo – apelidado de Amigo Destemido –, brincando com um cachorro (Bandura, Grusec, & Menlove, 1967). Após a exposição, os observadores foram consideravelmente mais propensos a se aproximar do cão estranho do que as crianças que não viram o Amigo Destemido.

A aprendizagem observacional é especialmente importante na aquisição de habilidades em que a técnica de condicionamento operante é inadequada. Pilotar um avião e realizar uma cirurgia cerebral, por exemplo, são comportamentos que dificilmente poderiam ser aprendidos utilizando-se métodos de tentativa e erro sem custos graves – literalmente – aos envolvidos no processo de aprendizagem.

A aprendizagem observacional pode ter uma base genética. Por exemplo, observamos aprendizagem genética em ação quando animais ensinam atividades como caçar à sua prole. Além disso, a descoberta de *neurônios-espelho*, que disparam quando observamos outra pessoa executando um comportamento (discutidos no Cap. "Neurociência e Comportamento"), indica que a capacidade de imitar os outros pode ser inata (Lepage & Theoret, 2007; Schulte-Ruther et al., 2007; Huesmann, Dubow, & Boxer, 2011) (ver Fig. 2, A Neurociência em sua Vida).

Obviamente, nem todo comportamento que testemunhamos é aprendido ou realizado. Um fator crucial que determina se posteriormente imitamos um modelo é se o modelo é recompensado por seu comportamento. Se observamos um amigo sendo recompensado por dedicar mais tempo a seus estudos recebendo notas mais altas, estamos mais propensos a imitar o comportamento dele do que seríamos se seu comportamento resultasse apenas

aprendizagem observacional
Aprendizagem pela observação do comportamento de outra pessoa ou modelo.

Este menino está exibindo aprendizagem observacional baseada na observação anterior de seu pai. Como a aprendizagem observacional contribui para aprender os papéis de gênero?

A Neurociência em sua Vida:
Aprendendo por imitação

FIGURA 2 Tanto crianças como adultos aprendem, em parte, imitando os outros. No entanto, estamos apenas começando a compreender como esse aprendizado ocorre no cérebro. Enquanto muitos estudos recentes têm-se concentrado no papel dos neurônios-espelho, os pesquisadores começaram a analisar a forma como esse processo também pode ocorrer por meio de um método chamado de *mentalização*, que envolve a compreensão do estado mental de alguém. Nessas varreduras, as áreas do córtex pré-frontal parecem estar associadas à mentalização. Essas áreas estão envolvidas quando os participantes são convidados a olhar fotos de alguém completando uma ação e depois solicitados a imaginar respostas às perguntas a respeito de como a pessoa está realizando a ação, qual ação está sendo executada e por que a pessoa está fazendo isso. Com cada nível de pergunta ("como" sendo o mais baixo, "por que" sendo o mais alto), há uma crescente ativação nas áreas de mentalização do cérebro, conforme destacado na varredura.

(Fonte: Spunt, Satpute, & Lieberman, 2011.)

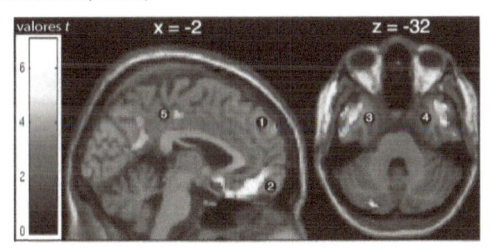

---

em ficar estressado e cansado. Modelos que são recompensados por comportarem-se de determinada forma estão mais inclinados a serem imitados do que os modelos que recebem punição. Contudo, observar a punição de um modelo não necessariamente detém os observadores de aprender o comportamento. Observadores podem ainda descrever o comportamento do modelo – eles estarão apenas menos propensos a realizá-lo (Bandura, 1977, 1986, 1994).

A aprendizagem observacional é central para uma série de questões importantes sobre como as pessoas aprendem simplesmente observando o comportamento dos outros. Por exemplo, o grau em que a observação de agressão na mídia produz subsequente agressão por parte dos espectadores é uma questão crucial – e controversa –, conforme discutiremos a seguir.

Violência na televisão e nos jogos eletrônicos: a mensagem da mídia importa?

Em um episódio de *Os Sopranos,* uma antiga série de televisão, o delinquente ficcional Tony Soprano assassinou um de seus sócios. Para dificultar a identificação do corpo da vítima, Soprano e um de seus capangas desmembraram o corpo e jogaram fora suas partes.

Alguns meses depois, na vida real, dois meios-irmãos em Riverside, na Califórnia, estrangularam sua mãe e depois separaram a cabeça e as mãos de seu corpo. Victor Bautista, de 20 anos, e Matthew Montejo, de 15, foram apanhados pela polícia depois que um segurança percebeu que o pacote que eles estavam tentando jogar em um contêiner de lixo tinha um pé saltando para fora. Os rapazes contaram para a polícia que o plano de cortar a mãe em partes havia sido inspirado pelo episódio de *Os Sopranos* (Martelle, Hanley, & Yoshino, 2003).

Como outros assassinatos de "imitação da mídia", a brutalidade a sangue-frio dos irmãos levanta uma questão: assistir a atos antissociais violentos nos meios de comunicação leva os espectadores a se comportarem de maneira semelhante? Uma vez que a pesquisa sobre imitação mostra que as pessoas com frequência aprendem e imitam a agressão que observam, tal questão está entre as mais importantes abordadas pelos psicólogos.

> **Alerta de estudo**
> Um ponto fundamental nas abordagens de aprendizagem observacional: o comportamento de modelos que são recompensados por determinado comportamento está mais propenso a ser imitado do que o de modelos que são punidos pelo comportamento.

Sem dúvida, a quantidade de violência nos meios de comunicação de massa é imensa. Na época em que conclui o ensino fundamental, uma criança mediana nos Estados Unidos terá visto mais de 8 mil assassinatos e mais de 800 mil atos violentos nas redes de televisão (Huston et al., 1992; Mifflin, 1998).

A maioria dos psicólogos concorda que assistir a altos níveis de violência na mídia torna os espectadores mais suscetíveis a agir agressivamente. Por exemplo, uma pesquisa mostrou que um quarto dos infratores do sexo masculino violentos, encarcerados na Flórida, havia tentado cometer um crime inspirado na mídia. Uma proporção significativa desses adolescentes infratores observou que eles prestavam muita atenção na mídia (Surette, 2002; Savage & Yancey, 2008; Boxer et al., 2009).

Jogos eletrônicos violentos também foram relacionados à agressão real. Em uma série de estudos do psicólogo Craig Anderson e colaboradores, estudantes universitários que jogavam *videogames* violentos com frequência, tais como *Postal* ou *Doom*, estavam mais propensos a se envolver em comportamento delinquente e agressão. Jogadores contumazes também tinham apresentado desempenho acadêmico inferior. Alguns pesquisadores acreditam que jogos eletrônicos violentos podem produzir alguns resultados positivos – tais como um aumento nas redes de relacionamento (Ferguson, 2010, 2011). No entanto, a maioria concorda que a predominância das evidências sugere que eles produzem resultados negativos (Anderson & Carnagey, 2009; Anderson et al., 2010; Bailey, West, & Anderson, 2011).

Vários aspectos da violência na mídia podem contribuir para um comportamento agressivo na vida real. Em primeiro lugar, assistir a um conteúdo violento na mídia parece diminuir inibições contra levar a cabo a agressão – assistir às representações de violência na televisão ou usar violência para vencer um *videogame* faz a agressão parecer uma resposta legítima a determinadas situações. A exposição à violência na mídia também parece distorcer nossa compreensão acerca do significado do comportamento dos outros, predispondo-nos a ver mesmo atos não agressivos dos outros como agressivos. Por fim, uma dieta contínua de agressão pode então nos dessensibilizar para a violência, e o que anteriormente teria nos repelido agora produz pouca resposta emocional. Nosso senso de dor e sofrimento produzido pela agressão pode ser diminuído (Bartholow, Bushman, & Sestir, 2006; Weber, Ritterfeld, & Kostygina, 2006; Carnagey, Anderson, & Bushman, 2007).

E quanto à exposição à violência na vida real? Ela também acarreta aumentos na agressão? A resposta é sim. A exposição à violência de armas de fogo reais (ser alvejado ou ver alvejarem) duplica a probabilidade de que um adolescente cometa violência grave durante os dois anos seguintes. Portanto, seja a violência real ou ficcional, observar comportamento violento acarreta aumentos no comportamento agressivo (Bingenheimer, Brennan, & Earls, 2005; Allwood, 2007).

PsicoTec

Os jogos eletrônicos também podem ter consequências positivas. Jogar *videogames* com temas pró-sociais positivos aumenta a empatia e as ideias sobre ajudar os outros.

Ilustrando a aprendizagem observacional, este bebê observa um adulto na televisão e depois é capaz de imitar o comportamento. A aprendizagem obviamente ocorreu por mera observação do modelo na televisão.

Explorando a DIVERSIDADE
A cultura influencia o modo como aprendemos?

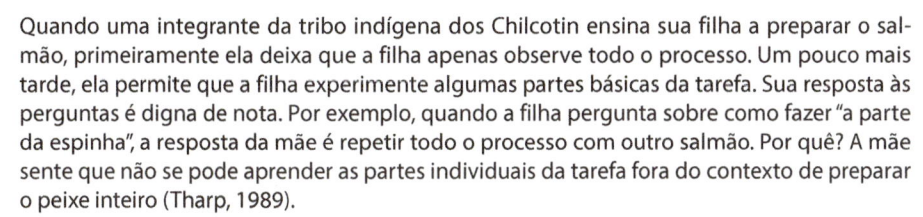

Quando uma integrante da tribo indígena dos Chilcotin ensina sua filha a preparar o salmão, primeiramente ela deixa que a filha apenas observe todo o processo. Um pouco mais tarde, ela permite que a filha experimente algumas partes básicas da tarefa. Sua resposta às perguntas é digna de nota. Por exemplo, quando a filha pergunta sobre como fazer "a parte da espinha", a resposta da mãe é repetir todo o processo com outro salmão. Por quê? A mãe sente que não se pode aprender as partes individuais da tarefa fora do contexto de preparar o peixe inteiro (Tharp, 1989).

Não é de surpreender que crianças criadas na tradição Chilcotin, que enfatiza um ensino que se inicia pela comunicação da tarefa inteira, podem ter dificuldade com o ensino escolar ocidental tradicional. Na abordagem de ensino mais característica da cultura ocidental, as tarefas são decompostas em partes. Somente depois que cada pequeno passo é aprendido, é possível dominar a tarefa completa.

As diferenças nas abordagens de ensino entre as culturas afetam o modo como as pessoas aprendem? Alguns psicólogos, ao adotar a perspectiva cognitiva da aprendizagem, afirmam que as pessoas desenvolvem determinados *estilos de aprendizagem*, modos característicos de abordar o material com base em sua experiência cultural e em seu padrão único de habilidades (Barmeyer, 2004; Wilkinson & Olliver-Gray, 2006; Sternberg, 2011).

Os estilos de aprendizagem diferem segundo diversas dimensões. Por exemplo, uma dimensão central é a da abordagem relacional *versus* analítica da aprendizagem. Conforme ilustrado na Figura 3, pessoas com um *estilo de aprendizagem relacional* aprendem melhor o material por exposição a uma unidade ou um fenômeno inteiro. As partes da unidade só são compreendidas quando sua relação com o todo é entendida. Todavia, aquelas que apresentam um *estilo de aprendizagem analítico* saem-se melhor quando empreendem uma análise inicial dos princípios e componentes que subjazem a um fenômeno ou uma situação. Desenvolvendo uma compreensão dos princípios e componentes fundamentais, elas são mais capazes de compreender o quadro completo.

Estilo relacional	Estilo analítico
• Percebe a informação como parte do quadro total	• Detém-se nos detalhes
• Apresenta pensamento intuitivo	• Apresenta pensamento sequencial e estruturado
• Aprende com mais facilidade materiais com conteúdo social humano	• Aprende com mais facilidade materiais impessoais
• Tem boa memória para ideias e informações apresentadas verbalmente	• Tem boa memória para ideias abstratas
• É influenciado pela opinião dos outros	• Não é muito afetado pelas opiniões dos outros
• Estilo gera dificuldades com o ambiente escolar tradicional	• Estilo combina com ambientes escolares tradicionais

FIGURA 3 Uma comparação da abordagem relacional *versus* analítica da aprendizagem oferece um exemplo a respeito de como os estilos de aprendizagem diferem em várias dimensões.

Segundo James Anderson e Maurianne Adams, determinados grupos minoritários nas sociedades ocidentais apresentam estilos de aprendizagem característicos. Por exemplo, eles explicam que mulheres brancas e homens e mulheres afro-americanos, americanos nativos e hispano-americanos são mais propensos a usar o estilo relacional de aprendizagem do que homens brancos e americanos asiáticos, que são mais propensos a empregar um estilo analítico (Anderson & Adams, 1992; Adams et al., 2000; Adams, Bell, & Griffin, 2007).

A conclusão de que membros de determinados gêneros e grupos étnicos adotam estilos de aprendizagem semelhantes é controversa. Uma vez que existe tanta diversidade em cada grupo racial e étnico, os críticos alegam que generalizações sobre estilos de aprendizagem não podem ser usadas para prever o estilo individual de qualquer pessoa, seja qual for o grupo ao qual pertence.

Contudo, está claro que os valores sobre aprendizagem, que são comunicados pela família e pela experiência cultural de uma pessoa, têm um impacto no desempenho dos alunos na escola. Uma teoria propõe que os membros de grupos minoritários que eram imigrantes voluntários estão mais propensos a serem bem-sucedidos na escola do que aqueles que foram levados para uma cultura majoritária contra sua vontade. Por exemplo, crianças coreanas nos Estados Unidos – os filhos e filhas de imigrantes voluntários – saem-se muito bem, como grupo, na escola. Ao contrário, crianças coreanas no Japão, cujos pais com frequência foram obrigados a imigrar durante a Segunda Guerra Mundial, essencialmente como trabalhadores forçados, não se saem tão bem na escola. A teoria sugere que a motivação para ser bem-sucedido é menor para crianças em grupos de imigração forçada (Ogbu, 1992, 2003; Foster, 2005).

Recapitule/avalie/repense

Recapitule

RA 17-1 Qual é o papel da cognição e do pensamento na aprendizagem?

- As abordagens cognitivas da aprendizagem consideram a aprendizagem em termos de processos de pensamento ou cognição. Fenômenos como aprendizagem latente – em que um novo comportamento é aprendido, mas não realizado até que algum incentivo seja provido para sua realização – e o visível desenvolvimento de mapas cognitivos respaldam as abordagens cognitivas.
- A aprendizagem também ocorre a partir da observação do comportamento dos outros. O principal fator que determina se um comportamento observado será realmente realizado é a natureza do reforço ou da punição que um modelo recebe.
- A observação de violência está ligada a uma maior probabilidade de agir agressivamente.
- Estilos de aprendizagem são modos característicos de abordar a aprendizagem, com base na experiência cultural e no padrão único de habilidades de uma pessoa. O fato de um indivíduo ter um estilo analítico ou relacional de aprendizagem, por exemplo, pode refletir a experiência ou a cultura familiar.

Avalie

1. Os teóricos da aprendizagem cognitiva estão interessados apenas no comportamento explícito, não em suas causas internas. Verdadeiro ou falso?
2. Na teoria cognitiva da aprendizagem, presume-se que as pessoas desenvolvem um(a) _____ de receber um reforçador quando elas se comportam de determinada maneira.
3. Na aprendizagem _____, um novo comportamento é aprendido, mas não exibido até que um reforço apropriado seja apresentado.
4. A teoria _____ de Bandura acerca da aprendizagem afirma que as pessoas aprendem observando um(a) _____ (outra pessoa exibindo o comportamento de interesse).

Repense

1. O estilo relacional de aprendizagem às vezes conflita com o ambiente escolar tradicional. Uma escola poderia ser criada para tirar proveito das características do estilo relacional? Como? Existem tipos de aprendizagem para os quais o estilo analítico é claramente superior?
2. *Da perspectiva de um assistente social:* Como você aconselharia as famílias a respeito da exposição das crianças à mídia e aos jogos eletrônicos violentos?

Respostas das questões de avaliação

1. Falso; os teóricos da aprendizagem cognitiva estão primordialmente interessados nos processos mentais; 2. expectativa; 3. latente; 4. observacional, modelo

Termos-chave

teoria cognitiva da aprendizagem **p. 192**

aprendizagem latente **p. 192**

aprendizagem observacional **p. 194**

Recordando

Epílogo

Neste capítulo, discutimos vários tipos de aprendizagem, desde o condicionamento clássico, que depende da existência de emparelhamentos estímulo natural-resposta, até o condicionamento operante, no qual reforço é usado para aumentar o comportamento desejado. Essas abordagens da aprendizagem concentram-se nos processos de aprendizagem comportamentais externos. As abordagens cognitivas da aprendizagem concentram-se nos processos mentais que permitem a aprendizagem.

Destacamos também que a aprendizagem é afetada pela cultura e por diferenças individuais, sendo que estilos de aprendizagem individuais potencialmente afetam os modos como as pessoas aprendem de maneira mais eficaz. E vimos alguns modos em que nosso aprendizado sobre a aprendizagem pode ter uma utilidade prática, mediante meios como programas de modificação de comportamento destinados a diminuir comportamentos negativos e aumentar comportamentos positivos.

Volte ao prólogo deste conjunto de módulos e considere as seguintes questões sobre o uso da modificação de comportamento para mudar hábitos de direção:

1. O dispositivo Snapshot faz uso dos princípios do condicionamento clássico ou do condicionamento operante? Quais são as razões para sua resposta?
2. Para usuários do dispositivo Snapshot, o que é o reforço?
3. Por que um aparelho que fornece um retorno em tempo real sobre uso (e custo) de energia seria uma ferramenta de condicionamento mais eficaz do que a conta de luz que os clientes normalmente recebem todo mês?
4. Se você fosse o responsável pela implementação do programa do dispositivo Snapshot, que características adicionais do programa você poderia promover para tirar proveito dos princípios da aprendizagem cognitiva?

RESUMO VISUAL 5 Aprendizagem

MÓDULO 15 Condicionamento Clássico

Ivan Pavlov: Princípios básicos do condicionamento clássico

(a) Antes do condicionamento
- Estímulo neutro — Som de sineta → Resposta não relacionada à carne — Levantar as orelhas
- Estímulo Incondicionado (EIC) — Carne → Resposta incondicionada (RIC) — Salivação

(b) Durante o condicionamento
- Estímulo neutro — Som de sineta → Resposta incondicionada (RIC) — Salivação
- Estímulo Incondicionado (EIC) — Carne

(c) Após o condicionamento
- Estímulo condicionado (EC) — Som de sineta → Resposta condicionada (RC) — Salivação

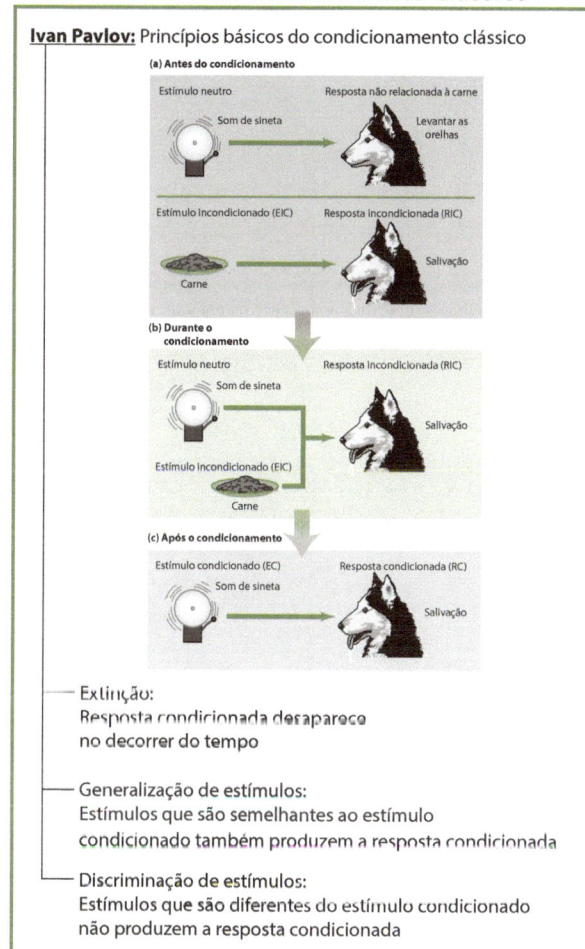

- Extinção: Resposta condicionada desaparece no decorrer do tempo
- Generalização de estímulos: Estímulos que são semelhantes ao estímulo condicionado também produzem a resposta condicionada
- Discriminação de estímulos: Estímulos que são diferentes do estímulo condicionado não produzem a resposta condicionada

MÓDULO 16 Condicionamento Operante

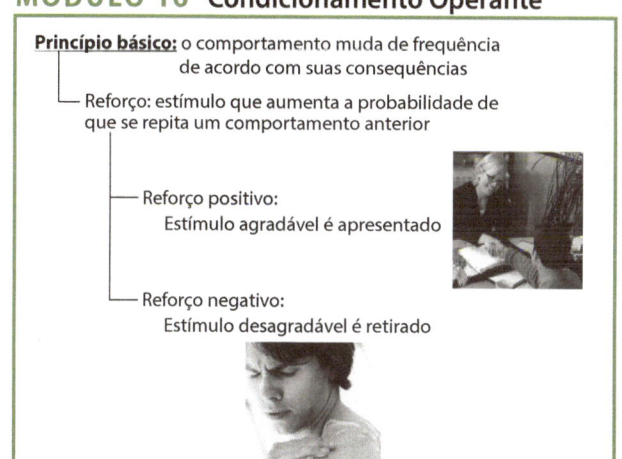

Princípio básico: o comportamento muda de frequência de acordo com suas consequências
- Reforço: estímulo que aumenta a probabilidade de que se repita um comportamento anterior
  - Reforço positivo: Estímulo agradável é apresentado
  - Reforço negativo: Estímulo desagradável é retirado

Princípio básico: o comportamento muda de frequência de acordo com suas consequências *(continuação)*
- Punição: estímulo que diminui a probabilidade que se repita um comportamento anterior
  - Punição positiva: Um estímulo desagradável é apresentado
  - Punição negativa: Um estímulo agradável é retirado
- Frequência cumulativa de respostas

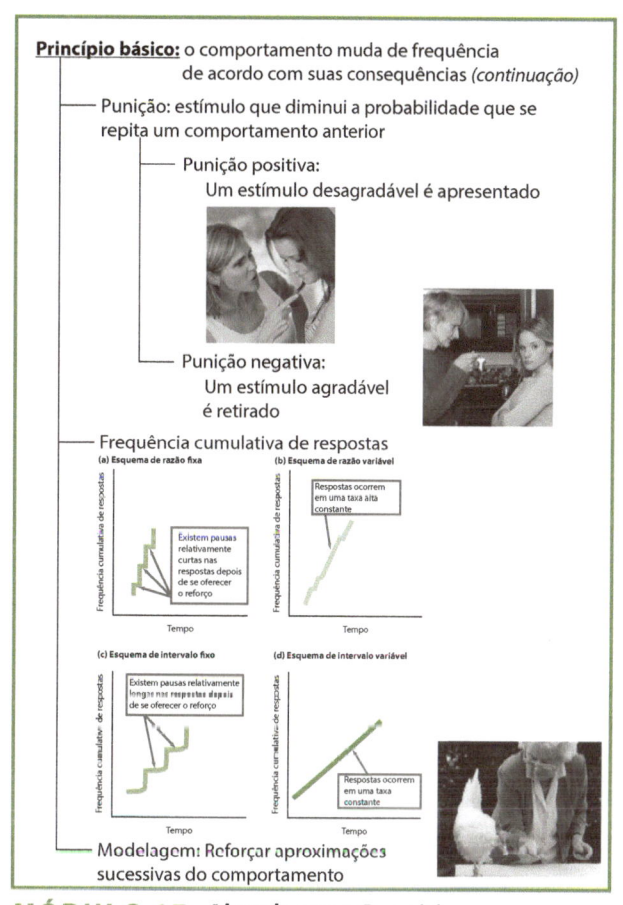

(a) Esquema de razão fixa — Existem pausas relativamente curtas nas respostas depois de se oferecer o reforço
(b) Esquema de razão variável — Respostas ocorrem em uma taxa alta constante
(c) Esquema de intervalo fixo — Existem pausas relativamente longas nas respostas depois de se oferecer o reforço
(d) Esquema de intervalo variável — Respostas ocorrem em uma taxa constante

- Modelagem: Reforçar aproximações sucessivas do comportamento

MÓDULO 17 Abordagens Cognitivas da Aprendizagem

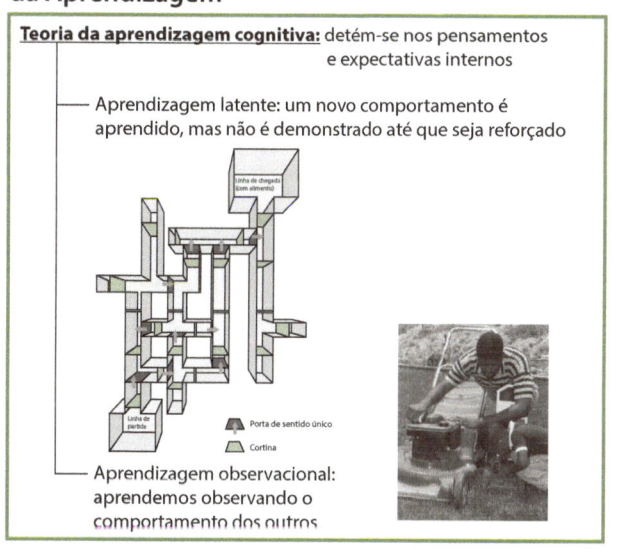

Teoria da aprendizagem cognitiva: detém-se nos pensamentos e expectativas internos
- Aprendizagem latente: um novo comportamento é aprendido, mas não é demonstrado até que seja reforçado
- Aprendizagem observacional: aprendemos observando o comportamento dos outros

6
Memória

Resultados de Aprendizagem para o Capítulo 6

MÓDULO 18

RA 18-1 O que é memória?

RA 18-2 Existem diferentes tipos de memória?

RA 18-3 Quais são as bases biológicas da memória?

Os Fundamentos da Memória
Memória sensorial
Memória de curto prazo
Memória de trabalho
Memória de longo prazo
A Neurociência em sua Vida: Experiência, memória e cérebro
Aplicando a Psicologia no Século XXI: Memória de um frasco

MÓDULO 19

RA 19-1 O que causa dificuldades e déficits de memória?

Recordando Memórias de Longo Prazo
Pistas de recuperação
Níveis de processamento
Memória explícita e implícita
Memórias instantâneas
Processos construtivos na memória: reconstruindo o passado
Explorando a Diversidade: Existem diferenças interculturais na memória?

MÓDULO 20

RA 20-1 Por que esquecemos as informações?

RA 20-2 Quais são os principais comprometimentos de memória?

Esquecendo: Quando a Memória Falha
Por que esquecemos
Interferência proativa e retroativa: o antes e o depois do esquecimento
Disfunções da memória: aflições do esquecimento
A Neurociência em sua Vida: Doença de Alzheimer e deterioração cerebral
Tornando-se um Consumidor Informado de Psicologia: Melhorando sua memória

Prólogo *Lembrando-se de tudo*

Louise Owen tem a aparência típica de uma pessoa de 37 anos. Violinista profissional, ela mora na cidade de Nova York.

Mas Louise está longe de ser típica. Ela é capaz de se lembrar de cada dia de sua vida desde a idade de 11 anos.

Pergunte a ela o que estava fazendo cinco, 10, mesmo 20 anos atrás, e ela saberá *exatamente* o que estava fazendo em determinado dia.

Por exemplo, questionada sobre o que estava fazendo em 2 de janeiro de 1990, ela responde: "Neste exato momento, estou me lembrando das aulas de *jogging* que comecei naquela manhã... Lembro-me do treinador dizendo 'continue!'".

Como Louise faz isso? É um pouco misterioso até mesmo para ela. Quando indagada sobre outra data, escolhida totalmente a esmo – 21 de abril de 1991 –, ela diz: "1991, certo. 21 de abril. Então, no momento entre '21 de abril' e '1991', repassei todos os 21 de abril, pensando 'Qual deles vai ser? Qual deles vai ser?' Certo. 1991, que era um domingo. E eu estava em Los Angeles, pois tinha um concerto com a American Youth Symphony" (Stahl, 2010).

Olhando à frente

Louise Owen deve sua notável memória a uma rara condição chamada de *síndrome hipertimésica*, a qual afeta a parte de sua memória que armazena experiências relacionadas a eventos de vida. Ela tem lembranças vívidas perfeitas de praticamente todos os dias de sua vida. A propósito, se você está pensando se pessoas como Owen estão recordando com precisão, parece que sim: toda vez que elas dizem algo que pode ser corroborado por provas (como o clima em determinada data, usando registros climáticos), comprovou-se a sua exatidão.

A condição de Owen ilustra a complexidade e o mistério do fenômeno que chamamos de memória. A memória permite-nos recuperar uma grande quantidade de informações. Somos capazes de lembrar o nome de um amigo que não vemos há anos e recordar os detalhes de um quadro que ficava pendurado em nosso quarto quando crianças. Ao mesmo tempo, contudo, déficits de memória são comuns. Esquecemos onde deixamos as chaves do carro e não conseguimos responder a uma pergunta em uma prova sobre um conteúdo que estudamos apenas algumas horas antes. Por quê?

Passemos agora para a natureza da memória, considerando o modo como a informação é armazenada e recuperada. Examinaremos os problemas de recuperar informações da memória, a precisão das lembranças e as razões pelas quais às vezes a informação é esquecida. Também consideraremos os fundamentos biológicos da memória e discutiremos alguns meios práticos de aumentar sua capacidade.

MÓDULO 18

Os Fundamentos da Memória

Você está disputando uma partida de Trivial Pursuit, e vencer o jogo resume-se a uma pergunta: Em que corpo de água Mumbai está localizado? Enquanto você quebra a cabeça em busca da resposta, vários processos fundamentais relacionados à memória entram em jogo. Por exemplo, você pode não ter sido exposto à informação sobre a localização de Mumbai. Ou, se foi, pode simplesmente não tê-la registrado de maneira significativa. Em outras palavras, a informação pode não ter sido registrada corretamente em sua memória. O processo inicial de registrar informações de um modo que possa ser usado pela memória, processo conhecido como *codificação*, é a primeira etapa na recordação de algo.

Mesmo que você tivesse sido exposto à informação e originalmente soubesse o nome do corpo de água, é possível que seja incapaz de recordá-la durante a partida por causa de uma falha na retenção. Os especialistas em memória falam de *armazenamento*, a manutenção do material salvo na memória. Se o material não é armazenado de modo adequado, não pode ser recordado posteriormente.

A memória também depende de um último processo – a *recuperação*: o material armazenado tem de ser localizado e levado à consciência para ser usado. Sua incapacidade de recordar a localização de Mumbai, então, pode residir em sua incapacidade de recuperar informação que você recebeu anteriormente.

Em suma, os psicólogos consideram como **memória** o processo pelo qual codificamos, armazenamos e recuperamos informações (ver Fig. 1). Cada uma das três ações dessa definição – codificar, armazenar e recuperar – representa um processo diferente. Você pode pensar esses processos como análogos ao teclado de um computador (codificação), ao disco rígido (armazenamento) e ao programa que acessa a informação para exibição na tela (recuperação). Somente se todos os três processos operaram você terá êxito e será capaz de recordar o corpo de água onde se localiza Mumbai: o Mar Árabe.

Reconhecer que a memória envolve codificação, armazenamento e recuperação fornece-nos um ponto de partida para compreender o conceito. Mas como a memória realmente funciona? Como explicamos qual informação é inicialmente codificada, qual é armazenada e como ela é recuperada?

Segundo a *abordagem dos três sistemas da memória*, que dominou a pesquisa nesse campo durante várias décadas, existem diferentes sistemas ou etapas de armazenamento da memória por meio dos quais a informação deve passar para que possa ser lembrada (Atkinson & Shiffrin, 1968, 1971). Ao longo da história, essa abordagem tem sido extremamente influente na compreensão da memória e – embora novas teorias a tenham expandido – ela ainda fornece um arcabouço útil para compreender como a informação é recordada.

Resultados de Aprendizagem

RA 18-1 O que é memória?

RA 18-2 Existem diferentes tipos de memória?

RA 18-3 Quais são as bases biológicas da memória?

memória Processo pelo qual codificamos, armazenamos e recuperamos informações.

Codificação
(Registro inicial da informação)

Armazenamento
(Informação salva para uso futuro)

Recuperação
(Recuperação da informação armazenada)

FIGURA 1 A memória baseia-se em três processos básicos – codificação, armazenamento e recuperação – que são análogos ao teclado, ao disco rígido e ao programa de um computador para acessar a informação a ser exibida na tela. Contudo, a analogia não é perfeita, pois a memória humana é menos precisa do que um computador. Como podemos modificar a analogia para torná-la mais precisa?

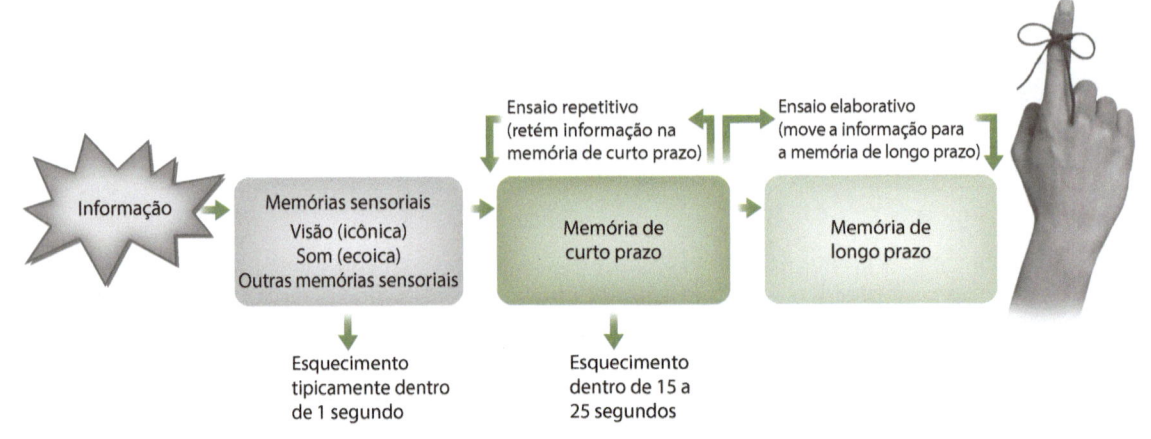

FIGURA 2 No modelo de três estágios da memória, a informação inicialmente registrada pelo sistema sensorial da pessoa entra na memória sensorial, que armazena a informação temporariamente. A informação então passa para a memória de curto prazo, que a armazena por 15 a 25 segundos. Enfim, a informação pode passar para a memória de longo prazo, que é relativamente permanente. Dependendo do tipo e da quantidade de ensaio do material que é realizado, a informação é transferida para a memória de curto ou de longo prazo.
(Fonte: Atkinson & Shifrin, 1968.)

memória sensorial
Armazenamento momentâneo inicial da informação, que dura apenas um instante.

memória de curto prazo
Memória que retém a informação por 15 a 25 segundos.

memória de longo prazo
Memória que armazena a informação de maneira relativamente permanente, embora possa ser difícil recuperá-la.

A teoria dos três sistemas propõe a existência de três armazenamentos de memória separados, conforme mostrado na Figura 2. A **memória sensorial** refere-se ao armazenamento momentâneo inicial da informação, que dura apenas um instante. Aqui, uma réplica exata do estímulo registrado pelo sistema sensorial de uma pessoa é armazenada por um tempo muito curto. Em uma segunda etapa, a **memória de curto prazo** retém a informação por 15 a 25 segundos e a armazena de acordo com seu significado, e não como mera estimulação sensorial. O terceiro tipo de sistema de armazenamento é a memória de longo prazo. A informação é armazenada na **memória de longo prazo** de uma forma relativamente permanente, embora possa ser difícil recuperá-la.

Memória sensorial

O clarão momentâneo de um raio, o som de um graveto quebrando-se e a ardência de uma picada representam estímulos de duração extremamente breve; não obstante, fornecem uma informação importante que pode exigir uma resposta. Esses estímulos são inicialmente – e fugazmente – armazenados na memória sensorial, o primeiro repositório das informações que o mundo apresenta. Na verdade, existem vários tipos de memórias sensoriais, cada um deles relacionado a uma fonte de informação sensorial diferente. Por exemplo, *a memória icônica* reflete informações do sistema visual. *A memória ecoica* armazena as informações auditivas provenientes das orelhas. Além disso, existem memórias correspondentes para cada um dos outros sentidos.

A memória sensorial pode armazenar informações somente por um tempo muito curto. Se a informação não passa para a memória de curto prazo, ela se perde para sempre. Por exemplo, apesar da breve duração da memória sensorial, sua precisão é alta: ela pode armazenar uma réplica quase exata de cada estímulo ao qual é exposta (Darwin, Turvey, & Crowder, 1972; Long & Beaton, 1982; Sams et al., 1993; Deouell, Parnes, & Pickard, 2006; Saneyoshi et al., 2011).

Alerta de estudo

Embora os três tipos de memória sejam discutidos como armazéns de memória separados, eles não são minidepósitos localizados em áreas específicas do cérebro. Em vez disso, representam três tipos diferentes de sistemas de memória com características distintas.

O psicólogo George Sperling (1960) demonstrou a existência da memória sensorial em uma série de estudos inteligentes clássicos. Ele expôs pessoas brevemente a uma série de 12 letras ordenadas no seguinte padrão:

F T Y C
K D N L
Y W B M

Quando exposta a esse padrão de letras por apenas um vigésimo de segundo, a maioria das pessoas só foi capaz de recordar quatro ou cinco das letras com precisão. Embora elas soubessem que tinham visto mais, a memória daquelas letras tinha desaparecido no momento em que elas relataram as primeiras letras. Era possível, então, que a informação tivesse inicialmente sido armazenada com precisão na memória sensorial. Contudo, durante o tempo que levou para verbalizar as primeiras quatro ou cinco letras, a memória das outras letras desapareceu.

Para testar essa possibilidade, Sperling realizou um experimento em que um som alto, médio ou baixo tocava logo depois que uma pessoa era exposta ao conjunto completo das letras. Pediu-se às pessoas que nomeassem as letras na linha superior caso ouvissem um som alto, na linha intermediária caso ouvissem o som médio, ou na linha inferior se ouvissem o som baixo. Uma vez que o som tocava depois da exposição, as pessoas tinham de se basear em suas memórias para descrever a fila correta.

Os resultados do estudo mostraram claramente que as pessoas estavam armazenando o conjunto completo na memória. Elas recordavam com precisão das letras na linha que havia sido indicada pelo som independentemente de ser a linha superior, intermediária ou inferior. Obviamente, *todas* as linhas que elas haviam visto tinham sido armazenadas na memória sensorial. Apesar da perda rápida, a informação na memória sensorial era uma representação precisa do que as pessoas tinham visto.

Prolongando gradualmente o tempo entre a apresentação do padrão visual e o som, Sperling pôde determinar com alguma precisão a quantidade de tempo que a informação ficava armazenada na memória sensorial. A capacidade de recordar determinada linha do conjunto quando o som era tocado diminuiu progressivamente à medida que o período entre a exposição visual e o som aumentou. Esse declínio continuou até que o período chegasse a um segundo de duração, ponto em que a linha não podia absolutamente ser recordada com precisão. Sperling concluiu que a imagem visual inteira ficava armazenada na memória sensorial por menos de um segundo.

Em suma, a memória sensorial funciona como uma espécie de retrato que armazena informações – as quais podem ser de natureza visual, auditiva ou de outra natureza sensorial – por um breve instante no tempo. Porém, é como se cada retrato, imediatamente depois de ser tirado, fosse destruído e substituído por um novo. A menos que a informação no retrato seja transferida a algum tipo de memória, ela se perde.

O clarão momentâneo de um raio deixa uma memória visual sensorial, uma réplica fugaz, mas exata, do estímulo que desaparece.

Memória de curto prazo

Dado que a informação que é armazenada brevemente na memória sensorial consiste em representações de estímulos sensoriais brutos, ela não tem significado para nós. Para dar-lhe sentido e possivelmente retê-la, a informação precisa ser transferida para a próxima etapa da memória: a memória de curto prazo. A memória de curto prazo é o local onde a informação adquire seu primeiro significado, embora a duração máxima da retenção ali seja relativamente curta (Hamilton & Martin, 2007).

O processo específico pelo qual as memórias sensoriais são transformadas em memórias de curto prazo não está claro. Alguns teóricos sugerem que a informação é primeiro traduzida em representações gráficas ou imagens, enquanto outros conjecturam que a transferência ocorre quando os estímulos sensoriais são convertidos em palavras (Baddeley & Wilson, 1985). O que está claro, porém, é que, diferentemente da memória sensorial, que contém uma representação relativamente completa e detalhada – mesmo que efêmera – do mundo, a memória de curto prazo tem capacidades representacionais incompletas.

FIGURA 3 Examine o tabuleiro de xadrez por cerca de cinco segundos. Depois, cubra o tabuleiro e indique a posição das peças no tabuleiro vazio. (Você também pode usar seu próprio tabuleiro e colocar as peças nas mesmas posições.) Se você não for um enxadrista experiente, provavelmente terá grande dificuldade para realizar tal tarefa. Contudo, os mestres de xadrez – aqueles que vencem torneios – fazem isso muito bem (deGroot, 1966). Eles são capazes de reproduzir corretamente 90% das peças no tabuleiro. Em comparação, enxadristas inexperientes são capazes de reproduzir apenas 40% do tabuleiro corretamente. Os mestres do xadrez não têm memória superior em outros aspectos; eles geralmente obtêm resultados normais em outras medidas de memória. O que eles sabem fazer melhor do que os outros é ver o tabuleiro em termos de agrupamentos de unidades significativas e reproduzir a posição das peças usando essas unidades.

agrupamento Porção de informações que podem ser armazenadas na memória de curto prazo.

Na verdade, a quantidade específica de informações que podem ser mantidas na memória de curto prazo foi identificada com sendo de sete itens ou "agrupamento" de informação, com variações de duas porções a mais ou a menos. Um **agrupamento** são porções de informações que podem ser armazenadas na memória de curto prazo. Por exemplo, um agrupamento pode ser uma porção de sete letras ou números, permitindo-nos guardar um número de telefone de sete dígitos (como 226-4610) na memória de curto prazo.

No entanto, um agrupamento também pode consistir de categorias maiores, tais como palavras ou outras unidades significativas. Por exemplo, considere a seguinte lista de 21 letras:

P B S F O X C N N A B C C B S M T V N B C

Uma vez que a lista de letras excede sete itens, é difícil recordar as letras após uma exposição. Mas vamos supor que elas fossem apresentadas da seguinte forma:

PBS FOX CNN ABC CBS MTV NBC

Nesse caso, embora ainda sejam 21 letras, você seria capaz de armazená-las na memória de curto prazo porque elas representam apenas sete agrupamentos.

Os agrupamentos podem variar de tamanho, indo desde letras ou algarismos até categorias muito mais complexas. A natureza específica do que constitui um agrupamento varia de acordo com nossa experiência passada. Você pode confirmar isso fazendo uma experiência que foi primeiramente realizada para comparar enxadristas experientes e inexperientes, ilustrada na Figura 3 (deGroot, 1978; Oberauer, 2007; Gilchrist, Cowan, & Naveh-Benjamin, 2009).

Embora seja possível recordar até cerca de sete conjuntos relativamente complicados de informações que entram na memória de curto prazo, a informação não pode ser mantida nela por muito tempo. Mas exatamente quanto tempo? Se você já consultou uma lista telefônica, repetiu o número para si mesmo, guardou a lista e então se esqueceu do número depois de digitar os primeiros três no telefone, você sabe que a informação não permanece na memória de curto prazo por muito tempo. A maioria dos psicólogos acredita que a informação na memória de curto prazo perde-se após 15 a 25 segundos – a menos que seja transferida para a memória de longo prazo.

Ensaio

A transferência de material da memória de curto prazo para a memória de longo prazo ocorre basicamente por **ensaio**, a repetição das informações que entraram na memória de curto prazo. O ensaio realiza duas tarefas. Primeiro, enquanto é repetida, a informação é mantida na memória de curto prazo. Mais importante, contudo, o ensaio permite-nos transferir a informação para a memória de longo prazo (Kvavilashvili & Fisher, 2007; Jarrold & Tam, 2011).

O tipo de ensaio realizado parece em grande parte determinar se vai ocorrer a transferência da memória de curto prazo para a memória de longo prazo. Se a informação é simplesmente repetida diversas vezes – como faríamos com um número de telefone enquanto corremos da lista telefônica para o telefone –, ela é mantida corrente na memória de curto prazo, mas não será necessariamente transferida para a memória de longo prazo. Em vez disso, assim que pararmos de digitar os números do telefone, o número provavelmente será substituído por outras informações e será esquecido por completo.

Ao contrário, se a informação na memória de curto prazo é ensaiada usando-se um processo chamado de ensaio elaborativo, ela tem muito mais chance de ser transferida para a memória de longo prazo. *Ensaio elaborativo* ocorre quando a informação é considerada e organizada de alguma maneira. A organização pode incluir expandir a informação para fazê-la caber em uma estrutura lógica, ligá-la a outra lembrança, transformá-la em uma imagem, ou transformá-la de alguma outra forma. Por exemplo, uma lista de legumes a serem comprados em um mercado poderia ser guardada na memória como os itens usados para preparar uma salada elaborada, poderia ser relacionada aos itens comprados em uma ida anterior ao supermercado, ou poderia ser pensada em termos de uma imagem de uma horta com filas de cada item.

Usando estratégias organizacionais como essas – denominadas *mnemônicas* –, podemos aumentar consideravelmente nossa retenção de informações. Mnemônicas são técnicas formais para organizar a informação de um modo que aumente sua probabilidade de ser lembrada. (Carney & Levin, 2003; Sprenger, 2007; Worthen & Hunt, 2011).

Memória de trabalho

Em vez de considerar a memória de curto prazo como uma estação intermediária independente na qual as memórias chegam, ou para desaparecer ou para serem repassadas para a memória de longo prazo, a maioria dos teóricos contemporâneos concebe a memória de curto prazo como muito mais ativa. Nessa visão, a memória de curto prazo é como um sistema de processamento de informações que gerencia tanto o novo material reunido da me-

ensaio Repetição de informações que entraram na memória de curto prazo.

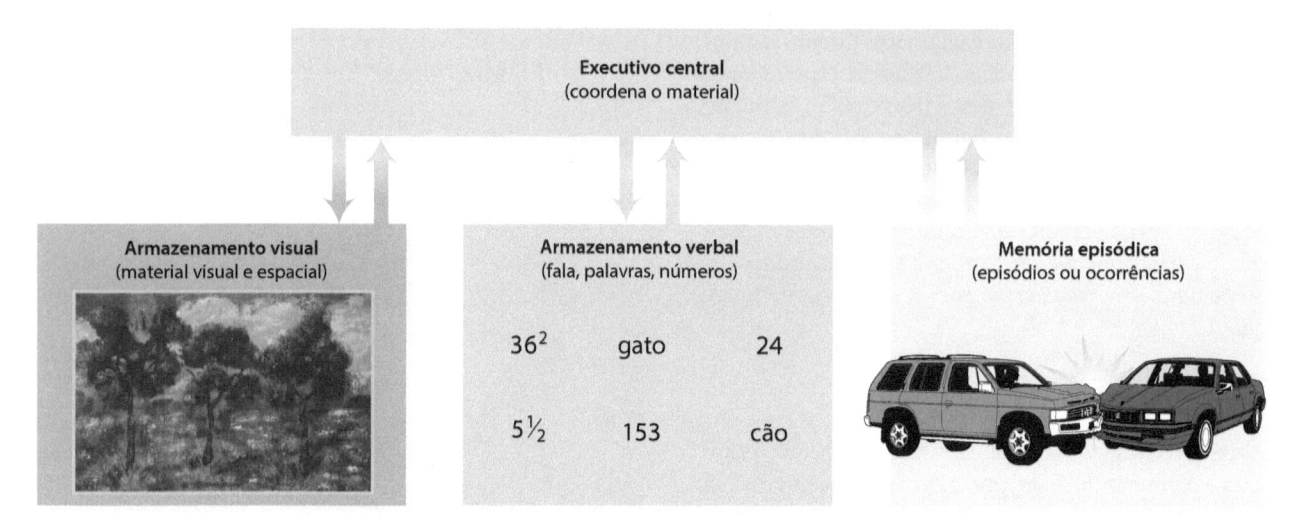

FIGURA 4 A memória de trabalho é um "espaço de trabalho" onde as informações são recuperadas e manipuladas, e mantidas por ensaio.
(Fonte: Adaptada de Baddeley, Chincotta, & Adlam, 2001.)

memória de trabalho
Conjunto de armazenamentos temporários ativos que manipulam e ensaiam informações.

mória sensorial como o material antigo puxado do armazenamento de longo prazo. Sob tal perspectiva cada vez mais influente, a memória de curto prazo é chamada de **memória de trabalho** e definida como um conjunto de armazenamentos temporários que manipulam e ensaiam as informações de maneira ativa (Bayliss et al., 2005a, 2005b; Unsworth & Engle, 2005; Vandierendonck & Szmalec, 2011).

Considera-se que a memória de trabalho contém um processador *executivo central* que está envolvido no raciocínio e na tomada de decisão. O executivo central coordena três sistemas de armazenamento e ensaio distintos: o armazenamento *visual*, o armazenamento *verbal* e a *memória episódica*. O armazenamento visual é especializado em informações visuais e espaciais, ao passo que o armazenamento verbal contém e manipula material relativo a fala, palavras e números. A memória episódica contém informações que representam episódios ou eventos (Rudner & Rönnberg, 2008; Baddeley, Allen, & Hitch, 2011; ver Fig. 4).

A memória de trabalho permite-nos manter as informações em um estado ativo brevemente para que possamos fazer algo com a informação. Por exemplo, usamos a memória de trabalho quando estamos resolvendo mentalmente um problema aritmético de múltiplas etapas, armazenando o resultado de um cálculo enquanto nos preparamos para passar para a próxima etapa. (Faço uso de minha memória de trabalho quando calculo uma gorjeta de 20% em um restaurante primeiro calculando 10% da conta total e depois duplicando esse valor.)

Embora a memória de trabalho auxilie na recordação de informações, ela consome uma quantidade significativa de recursos cognitivos durante sua operação. Logo, isso pode nos tornar menos conscientes do ambiente – algo que tem implicações como por que é inseguro usar telefones celulares enquanto estamos dirigindo. Se uma conversa telefônica exige pensar, ela sobrecarregará a memória de trabalho e deixará os condutores menos conscientes de seu ambiente, uma circunstância obviamente perigosa (Sifrit, 2006; Strayer & Drews, 2007).

Além disso, o estresse pode reduzir a eficácia da memória de trabalho por diminuir sua capacidade. Na verdade, um estudo constatou que os alunos com maior capacidade de memória de trabalho e maior habilidade matemática eram os mais vulneráveis à pressão para se desempenharem bem. Aqueles que deveriam desempenhar-se melhor, eram os mais propensos a perturbar-se na prova porque suas capacidades de memória de trabalho foram reduzidas pelo estresse (Carey, 2004; Beilock & Carr, 2005; Schweizer & Dalgleish, 2011).

Memória de longo prazo

O material que vai da memória de curto prazo para a memória de longo prazo entra em um depósito de capacidade quase ilimitada. Como um novo arquivo que salvamos em um disco rígido, a informação na memória de longo prazo é arquivada e codificada para que possamos acessá-la quando necessitarmos dela.

As evidências da existência da memória de longo prazo, como distinta da memória de curto prazo, provêm de diversas fontes. Por exemplo, pessoas com certos tipos de lesões cerebrais não têm lembrança duradoura de novas informações recebidas depois que a lesão ocorreu, embora pessoas e eventos armazenados na memória antes da lesão permaneçam intactas (Milner, 1966). Uma vez que as informações que foram codificadas e armazenadas antes da lesão podem ser recordadas e a memória de curto prazo após a lesão parece ser operacional – novo material pode ser recordado por um período muito breve –, podemos inferir que existem dois tipos distintos de memória: uma para armazenamento de curto prazo e outro para armazenamento de longo prazo.

Resultados de experimentos laboratoriais também são compatíveis com a noção de memória de curto e de longo prazo. Por exemplo, em um conjunto de estudos, pediu-se às pessoas que recordassem uma quantidade relativamente pequena de informações (tais como um conjunto de três letras). Depois, para impedir a prática da informação inicial, os participantes recitaram algum material irrelevante em voz alta, tal como contar de trás para a frente de três em três (Brown, 1958; Peterson & Peterson, 1959). Variando a quantidade de tempo entre a apresentação do material inicial e a necessidade de sua recordação, os investigadores constataram que a recordação era muito boa quando o intervalo era muito curto, mas diminuía rapidamente depois disso. Decorridos 15 segundos, a recordação flutuou em torno de 10% do material apresentado inicialmente.

Ao que parece, a distração de contar de trás para a frente impediu que quase todo o material inicial atingisse a memória de longo prazo. A recordação inicial foi boa porque ela estava vindo da memória de curto prazo, mas aquelas lembranças rapidamente se perderam. Por fim, tudo o que podia ser recordado era a pequena quantidade de material que tinha chegado ao armazenamento de longo prazo a despeito da distração de contar de trás para a frente.

A distinção entre memória de curto prazo e de longo prazo também tem o respaldo do efeito de posição serial, em que a capacidade de recordar informações em uma lista depende de onde um item aparece na lista. Por exemplo, muitas vezes ocorre um *efeito de primazia*, em que itens apresentados anteriormente em uma lista são lembrados de modo mais fácil. Também existe um *efeito de recentidade*, em que os itens apresentados por último em uma lista são mais facilmente lembrados (Bonanni et al., 2007; Tan & Ward, 2008; Tydgat & Grainger, 2009).

Módulos da memória de longo prazo

Assim como a memória de curto prazo é com frequência conceitualizada em termos de memória de trabalho, muitos pesquisadores contemporâneos agora consideram a memória de longo prazo como formada por diversos componentes ou *módulos de memória*. Cada um desses módulos representa um sistema de memória separada no cérebro.

A principal distinção referente à memória de longo prazo ocorre entre a memória declarativa e a memória processual. **Memória declarativa** é aquela para informações factuais: nomes, rostos, datas e fatos como "uma bicicleta tem duas rodas". **Memória processual** (ou *memória não declarativa*) refere-se à memória para habilidades e hábitos, como andar de bicicleta ou rebater uma bola. Informações sobre *coisas* são armazenadas na memória declarativa; informações sobre *como fazer as coisas* são armazenadas na memória processual (Brown & Robertson, 2007; Bauer, 2008; Freedberg, 2011).

A memória declarativa pode ser subdividida em memória semântica e memória episódica. **Memória semântica** é aquela para conhecimentos e fatos gerais sobre o mundo, bem como para as regras de lógica que são usadas para deduzir outros fatos. Graças à memória semântica, lembramos que o código postal de Berverly Hills é 90210, que Mumbai fica no

PsicoTec

Estudos mostram que, quando nos defrontamos com questões e materiais complicados, somos propensos a pensar em computadores e mecanismos de busca como o Google. De acordo com o *efeito Google*, somos menos propensos a armazenar as informações na memória de curto prazo e a recordá-las, mas temos uma memória melhor para onde podemos encontrá-las na internet.

(Fonte: Sparrow, Liu, & Wegner, 2011).

---

memória declarativa
Memória para informações factuais: nomes, rostos, datas e fatos.

memória processual
Memória para habilidades e hábitos, como andar de bicicleta ou rebater uma bola; às vezes, é chamada de *memória não declarativa*.

memória semântica
Memória para conhecimento geral e fatos sobre o mundo, bem como para as regras de lógica que são usadas para deduzir outros fatos.

FIGURA 5 A memória de longo prazo pode ser subdividida em vários tipos diferentes. Que tipo de memória de longo prazo está envolvido em sua recordação do momento em que pisou pela primeira vez no *campus* quando entrou na faculdade? Que tipo de memória de longo prazo está envolvida em lembrar a letra de uma música, comparada com a melodia de uma música?

```
                    Memória de longo prazo
                    /                    \
        Memória declarativa        Memória processual
        (informação factual)       (habilidades e hábitos)
        Exemplo: George Washington Exemplo: Andar de bicicleta.
        foi o primeiro presidente
        dos Estados Unidos.
           /            \
   Memória semântica    Memória episódica
   (memória geral)      (conhecimento pessoal)
   Exemplo: George      Exemplo: Lembrar-se de sua
   Washington usava     visita à casa de Washington
   peruca.              em Mount Vernon.
```

memória episódica
Memória para eventos que ocorrem em determinado tempo, lugar ou contexto.

PsicoTec
Use a Figura 5 para ajudar a esclarecer as distinções entre os diferentes tipos de memória de longo prazo.

Mar Árabe e que *enchergar* é a ortografia incorreta de *enxergar*. Assim, a memória semântica assemelha-se a um almanaque mental dos fatos (Nyberg & Tulving, 1996; Tulving, 2002).

Memória episódica é aquela para eventos que ocorrem em determinado tempo, lugar ou contexto. Por exemplo, recordar de aprender a rebater uma bola, nosso primeiro beijo, ou organizar uma festa-surpresa no aniversário de 21 anos de nosso irmão baseia-se em nossas memórias episódicas. Memórias episódicas estão relacionadas a contextos particulares. Por exemplo, lembrar-se *quando* e *como* aprendemos que 2 × 2 = 4 seria uma memória episódica; o fato em si (que 2 × 2 = 4) é uma memória semântica. (Ver também Fig. 5.)

As memórias episódicas podem ser surpreendentemente detalhadas. Considere, por exemplo, como você responderia se lhe pedissem para identificar o que estava fazendo em um dia específico dois anos atrás. Impossível? Talvez você pense de outra forma depois de ler o seguinte diálogo entre um pesquisador e um participante em um estudo a quem se perguntou, em um experimento sobre memória, o que ele estava fazendo "na tarde de segunda-feira na terceira semana de setembro de dois anos atrás".

PARTICIPANTE: Por favor. Como é que eu vou saber?

EXPERIMENTADOR: Apenas tente se lembrar.

PARTICIPANTE: Certo. Vamos ver: dois anos atrás... Eu estaria no ensino médio em Pittsburgh.... Seria o meu ano de conclusão. Terceira semana de setembro – isso é logo depois do verão – seria o semestre do outono... Deixe-me ver. Acho que eu tinha aula de química nas segundas-feiras. Não sei. Eu provavelmente estava no laboratório de química. Espere um pouco – essa seria a segunda semana de aulas. Lembro-me que o professor começou com a tabela periódica – um quadro grande sofisticado. Pensei que ele estava louco tentando nos fazer memorizar aquilo. Sabe, lembro-me de estar sentado... (Lindsay & Norman, 1977).

A memória episódica, então, pode prover informações sobre eventos que aconteceram há muito tempo. Contudo, a memória semântica não é menos impressionante, permitindo-nos desencavar milhares de fatos, desde a data de nosso aniversário até o conhecimento de que um dólar é menos que cinco dólares.

Redes semânticas

Tente, por um instante, recordar todas as coisas de cor vermelha que puder. Agora, puxe de sua memória os nomes de todas as frutas que você conseguir lembrar.

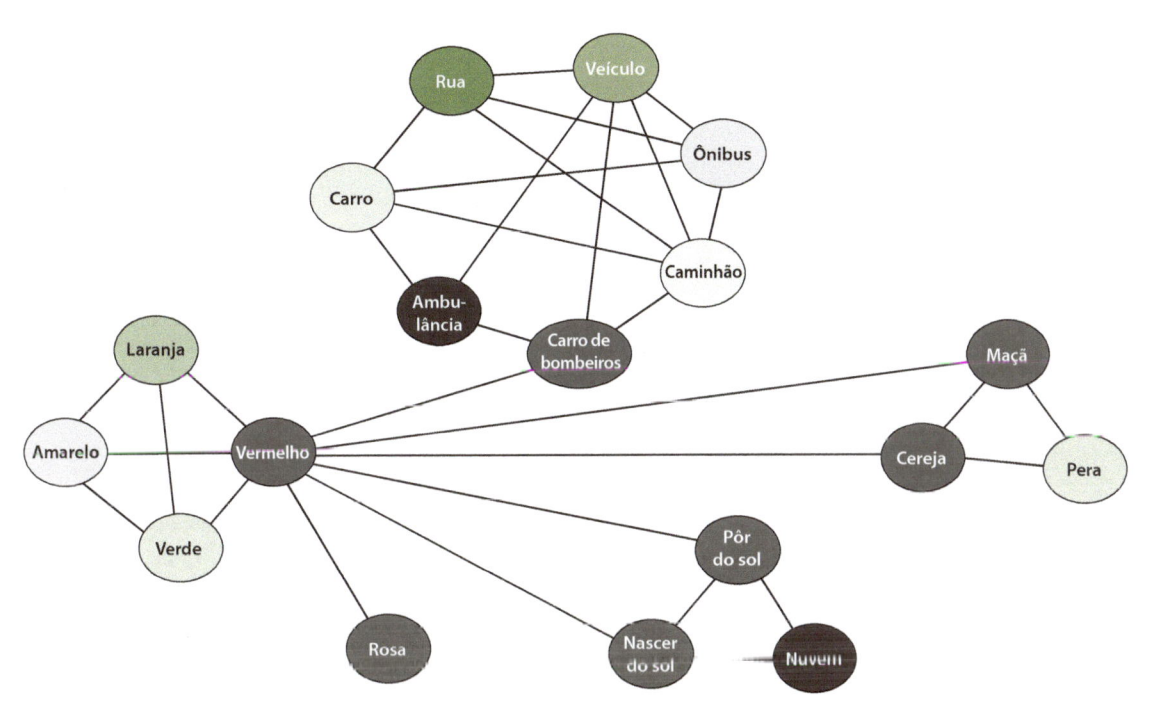

FIGURA 6 As redes semânticas consistem em relações entre informações, tais como aquelas relacionadas ao conceito de um carro de bombeiros. As linhas sugerem as conexões que indicam como a informação é organizada na memória. Quanto mais próximos os itens, maior a força da associação.
(Fonte: Collins & Loftus, 1975.)

O mesmo item aparece quando você fez as duas tarefas? Para muitas pessoas, uma maçã vêm à mente em ambos os casos porque ela se encaixa perfeitamente nas duas categorias. E o fato de que você possa ter pensado em uma maçã ao fazer a primeira tarefa torna ainda mais provável que você pensará nela ao fazer a segunda tarefa.

É realmente incrível que somos capazes de recuperar material específico da vasta reserva de informações em nossas memórias de longo prazo. De acordo com alguns pesquisadores da memória, uma ferramenta organizacional fundamental que nos permite recordar informações detalhadas da memória de longo prazo são as associações que construímos entre diferentes informações. Nessa visão, o conhecimento é armazenado em **redes semânticas**, representações mentais de aglomerados de informações interconectadas (Collins & Quillian, 1969; Collins & Loftus, 1975; Cummings, Ceponiene, & Koyama, 2006).

Considere, por exemplo, a Figura 6, que mostra algumas das relações na memória relacionadas a carro de bombeiros, à cor vermelha e a diversos outros conceitos semânticos. Pensar a respeito de determinado conceito leva à recordação de conceitos relacionados. Por exemplo, ver um carro de bombeiros pode ativar nossas recordações de outros tipos de veículos de emergência, tais como uma ambulância, o que por sua vez pode ativar a recordação do conceito relacionado de veículo. E pensar em um veículo pode levar-nos a pensar sobre um ônibus que vimos no passado. A ativação de uma memória desencadeia a ativação de memórias relacionadas em um processo conhecido como *ativação por propagação* (Foster et al., 2008; Kreher et al., 2008).

redes semânticas
Representações mentais de aglomerados de informações interconectadas.

A neurociência da memória

Podemos determinar a localização exata no cérebro onde residem as memórias de longo prazo? Existe um único local que corresponde a uma memória particular, ou a memória se distribui em diferentes regiões do cérebro? As memórias deixam um traço físico que os cientistas podem ver?

FIGURA 7 O hipocampo e a amígdala, componentes do sistema límbico do cérebro, desempenham um papel central na consolidação das memórias.
(Fonte: Van De Graaff, 2000.)

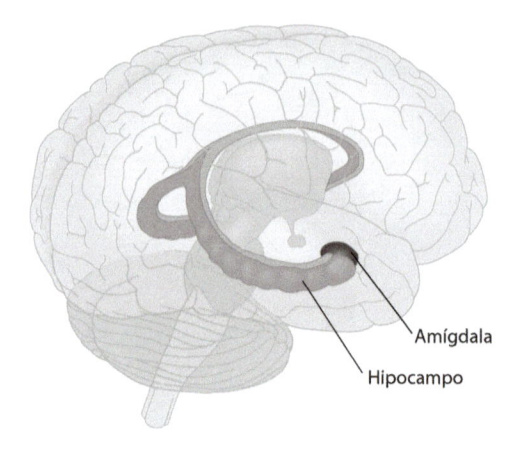

Amígdala
Hipocampo

A busca pelo *engrama*, termo que designa o traço físico da memória no cérebro que corresponde a uma lembrança, provou ser um grande enigma para os psicólogos e outros neurocientistas interessados pela memória. Usando técnicas de varredura cerebral avançadas em seus esforços para determinar a base neurocientífica da formação da memória, os investigadores aprenderam que certas áreas e estruturas do cérebro especializam-se em diferentes tipos de atividades relacionadas à memória. O *hipocampo*, que faz parte do sistema límbico do cérebro (ver Fig. 7), desempenha um papel central na consolidação das memórias. Localizado nos *lobos temporais mediais* do cérebro, logo atrás dos olhos, o hipocampo auxilia na codificação inicial da informação, atuando como um tipo de sistema de correio eletrônico neurológico. Essa informação é subsequentemente repassada ao córtex cerebral, onde ela é, de fato, armazenada (J. Peters et al., 2007; Lavenex & Lavenex, 2009; Dudai, 2011).

A importância do hipocampo é exemplificada por estudos de indivíduos que têm tipos particularmente bons, ainda que especializados, de memória. Por exemplo, os motoristas de táxi em Londres, na Inglaterra, precisam ter uma memória completa e precisa da localização do labirinto de ruas e vielas em um raio de nove quilômetros a partir do centro da cidade. São necessários anos de estudo para memorizar o material. Imagens de ressonância magnética dos motoristas de táxi mostram que, em relação a não motoristas com menos habilidades de orientação, a parte posterior do hipocampo é maior, enquanto a anterior é menor. As descobertas coadunam-se com a ideia de que determinadas áreas do hipocampo estão envolvidas na consolidação de memórias espaciais (ver Fig. 8 em A Neurociência em sua Vida; Maguire, Woollett, & Spiers, 2006; Spiers & Maguire, 2007; Woollett & Maguire, 2009).

A *amígdala*, outro componente do sistema límbico, também desempenha um papel importante na memória. A amígdala atua especialmente em memórias que envolvem emoção. Por exemplo, se você se assustou com um grande *dobermann*, é provável que você se lembre do evento de maneira nítida – um resultado relacionado ao funcionamento da amígdala. Encontrar um *dobermann* ou qualquer cachorro grande no futuro tende a reativar a amígdala e trazer à tona lembrança desagradável (Hamann, 2001; Buchanan & Adolphs, 2004; Talmi et al., 2008).

Memória no nível dos neurônios. Embora esteja claro que o hipocampo e a amígdala desempenham um papel central na formação de memórias, como a transformação das informações em uma lembrança se reflete no nível neuronal?

Uma resposta é a *potencialização de longo prazo*, que mostra que certas rotas neurais tornam-se facilmente excitadas enquanto uma nova resposta está sendo aprendida. Ao mesmo tempo, o número de sinapses entre neurônios aumenta à medida que os dendritos ramificam-se para receber mensagens. Essas alterações refletem um processo chamado de *consolidação*, em que as mensagens tornam-se fixas e estáveis na memória de longo prazo.

A Neurociência em sua Vida:
Experiência, memória e cérebro

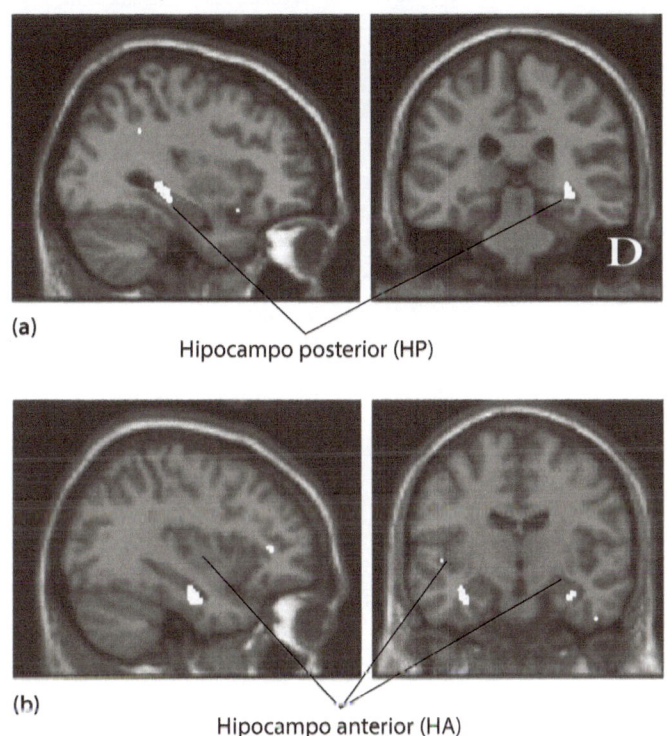

FIGURA 8 Ilustrando como a experiência pode moldar o modo como nosso cérebro processa as memórias, essas imagens de ressonância magnética funcional (IRMf) mostram como o número de anos dirigindo um táxi está relacionado ao tamanho de áreas particulares do hipocampo, tornando os participantes *experts* em memória espacial e orientação. Em (a), vemos áreas do hipocampo posterior (atrás) que aumentam de atividade (em branco) com o número de anos dirigindo um táxi. Em (b), vemos áreas do hipocampo anterior (frente) que apresentam atividade reduzida (também em branco) depois de muitos anos dirigindo um táxi e a relação retratada graficamente. As alterações nas áreas ativadas durante tarefas de memória mostram como a prática pode moldar o cérebro e como isso nos permite desenvolver habilidades especializadas, tais como memória para localizações espaciais.
(Fonte: Maguire et al., 2006.)

As memórias de longo prazo levam algum tempo para se estabilizar; isso explica por que eventos e outros estímulos não se fixam subitamente na memória. Em vez disso, a consolidação pode continuar durante dias e até mesmo anos (McGaugh, 2003; Meeter & Murre, 2004; Kawashima, Izaki, & Grace, 2006).

Visto que um estímulo contém aspectos sensoriais diferentes, as áreas visuais, auditivas e outras zonas cerebrais podem estar simultaneamente processando as informações sobre aquele estímulo. O armazenamento de informações parece ligado aos locais onde esse processamento ocorre, estando, portanto, situado nas áreas particulares que inicialmente processaram a informação em termos de seus estímulos sensoriais visuais, auditivos ou de outro tipo. Por isso, os traços de memória encontram-se distribuídos por todo o cérebro. Por exemplo, quando você se lembra de um lindo pôr do sol, sua recordação utiliza armazéns de memória localizados nas áreas visuais do cérebro (a visão do pôr do sol), nas áreas auditivas (os sons do oceano) e nas áreas táteis (a sensação do vento) (Brewer et al., 1998; Squire, Clark, & Bayley, 2004).

Em suma, o material físico da memória – o engrama – é produzido por um complexo de processos bioquímicos e neurais. Os cientistas estão começando a compreender como o cérebro compila os componentes neurais para formar uma lembrança única coerente. Pode ser que os mesmos neurônios que disparam quando somos inicialmente expostos ao material sejam reativados durante esforços para recordar aquela informação. Contudo, embora os pesquisadores da memória tenham feito consideráveis avanços na compreensão da neurociência por trás da memória, há mais a aprender – e lembrar (Gelbard-Sagiv et al., 2008). (Para saber mais sobre a base biológica da memória, ver Aplicando a Psicologia no Século XXI.)

Aplicando a Psicologia no Século XXI

Memória de um frasco

Se você pudesse tomar uma pílula que melhorasse seu funcionamento mental, você a tomaria? Talvez se você tivesse de virar a noite estudando para uma prova difícil no dia seguinte e só precisasse de um pouco de ajuda para manter a concentração? Todavia, isso seria justo com os outros estudantes que não usaram estimulação artificial para se preparar? E quais seriam os efeitos colaterais e consequências a longo prazo de usar uma substância desse tipo? Essas são perguntas polêmicas, que os especialistas em ética médica também confrontam.

A ideia de receber um incentivo cognitivo de uma "droga da inteligência" é certamente muito popular, e existem medicamentos para tratar o enfraquecimento mental associado a certos distúrbios neurológicos. Por exemplo, o *metilfenidato* (também conhecido como Ritalina) ajuda a crianças com transtorno de déficit de atenção/hiperatividade (TDAH) a recuperar sua concentração, o *modafinil* melhora a prontidão de pessoas com sonolência excessiva e o *donepezil* é usado para ajudar pessoas com doença de Alzheimer a aprimorar sua memória (Stix, 2009; Sahakian & Morein-Zamir, 2011).

Contudo, existem muitas preocupações em relação ao uso desses medicamentos. Nem todas as pessoas reagem da mesma forma, e em algumas pessoas esses medicamentos podem produzir o efeito oposto ao pretendido. O que é pior, elas têm efeitos colaterais, que podem incluir desenvolvimento de dependência, complicações cardiovasculares, convulsões e erupções cutâneas (Greely et al., 2008).

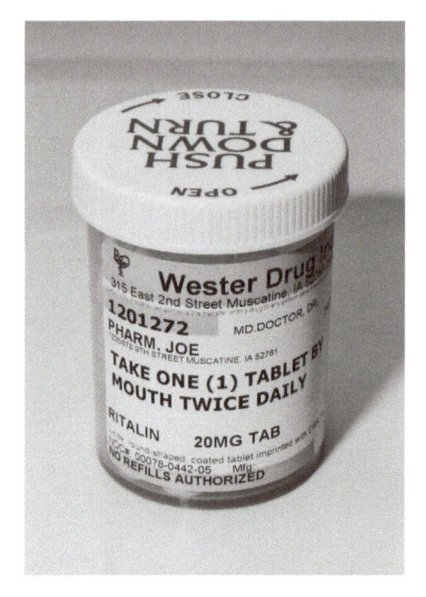

Alguns estudantes estão usando certos medicamentos para melhorar sua capacidade mental, mas tal uso pode custar-lhes caro devido às complicações dos efeitos colaterais e ao potencial para dependência.

Também existe a questão de se essas substâncias realmente fazem o que as pessoas pensam que elas fazem. Uma coisa é restituir alguma prontidão a uma pessoa cronicamente fatigada que deve realizar tarefas repetitivas maçantes no trabalho; outra é ajudar uma pessoa a aprender cálculo avançado. Os medicamentos visam a corrigir enfraquecimentos, não prover aumento da capacidade a pessoas com pleno funcionamento. E, mesmo entre pessoas com enfraquecimentos, os efeitos desses agentes podem ser menos significativos do que se costuma pensar; por exemplo, anfetaminas usadas para melhorar o foco fazem os pacientes acharem que estão tendo melhor desempenho, mas isso pode dever-se mais aos efeitos de melhora no humor do que a incrementos reais na *performance* (Rasmussen, 2008; Stix, 2009).

Por fim, existe a importante questão referente ao que essas substâncias estão fazendo no cérebro. Em alguns casos, os cientistas não sabem ao certo. Por exemplo, metilfenidato e modafinil agem no neurotransmissor dopamina, mas não está claro qual é o mecanismo exato que produz seus efeitos. Alterar a neuroquímica cerebral, então, especialmente quando os efeitos de curto e longo prazo das "drogas da inteligência" não são compreendidos por completo, não parece uma atitude particularmente inteligente. Por enquanto, as melhores maneiras de aumentar nossa acuidade mental continuam sendo as tradicionais: estudo, prática e repouso suficiente.

REPENSE
- Como você explicaria os inconvenientes de usar substâncias que alteram a química cerebral para melhorar o desempenho a um amigo que deseja experimentá-las?
- Você concorda que os riscos de usar medicamentos neurológicos para melhora do desempenho em pessoas saudáveis não valem os potenciais benefícios? Justifique sua resposta.

Módulo 18 Os Fundamentos da Memória

Recapitule/avalie/repense

Recapitule

RA 18-1 O que é memória?

- Memória é o processo pelo qual codificamos, armazenamos e recuperamos informações.

RA 18-2 Existem diferentes tipos de memória?

- A memória sensorial, que corresponde a cada um dos sistemas sensoriais, é o primeiro local onde a informação é salva. As memórias sensoriais são muito breves, mas elas são precisas, armazenando uma réplica quase perfeita de um estímulo.

- Aproximadamente sete (com dois a mais ou menos) agrupamentos de informação podem ser transferidos e mantidos na memória de curto prazo. A informação na memória de curto prazo é mantida durante 15 a 25 segundos e, se não transferida para a memória de longo prazo, perde-se.

- As memórias são transferidas para o armazenamento de longo prazo por ensaio. Se as memórias são transferidas para a memória de longo prazo, elas se tornam relativamente permanentes.

- Alguns teóricos veem a memória de curto prazo como uma memória de trabalho em que a informação é recuperada e manipulada e mantida por meio de ensaio. Nessa visão, ela é um processador executivo central envolvido no raciocínio e na tomada de decisão; ela coordena a memória visual, a memória verbal e a memória esporádica.

- A memória de longo prazo pode ser vista em termos de módulos de memória, cada um dos quais relacionado a sistemas de memória separados no cérebro. Por exemplo, podemos distinguir entre memória declarativa e memória processual. A memória declarativa é subdividida em memória episódica e memória semântica.

- Redes semânticas sugerem que o conhecimento é armazenado na memória de longo prazo como representações mentais de aglomerados de informações interconectadas.

RA 18-3 Quais são as bases biológicas da memória?

- O hipocampo e a amígdala são especialmente importantes no estabelecimento da memória.

- As memórias encontram-se distribuídas por todo o cérebro, relacionadas aos diferentes sistemas de processamento de informações sensoriais envolvidos durante a exposição inicial a um estímulo.

Avalie

1. Combine o tipo de memória com sua definição:
   1. memória de longo prazo
   2. memória de curto prazo
   3. memória sensorial

   a. mantém a informação durante 15 a 25 segundos
   b. armazena informações de uma forma relativamente permanente
   c. dirige a representação de um estímulo

2. Um _____ é um grupo significativo de estímulos que podem ser armazenados juntos na memória de curto prazo.

3. Parecem existir dois tipos de memória declarativa: memória _____ para conhecimentos e fatos e memória _____ para experiências pessoais.

4. Alguns pesquisadores da memória acreditam que a memória de longo prazo é armazenada como associações entre informações em redes _____.

Repense

1. É uma obviedade que "a gente nunca esquece como andar de bicicleta". Qual seria a razão para isso? Em que tipo de memória fica armazenada a informação sobre andar de bicicleta?

2. *Da perspectiva de um especialista em* marketing: Como os publicitários e outros profissionais usam modos de aumentar a memória para promover seus produtos? Quais princípios éticos estão envolvidos? Como se proteger da publicidade antiética?

Respostas das questões de avaliação

1. 1-b, 2-a, 3-c; 2. agrupamento; 3. semântica, episódica; 4. semânticas.

Termos-chave

memória **p. 205**
memória sensorial **p. 206**
memória de curto prazo **p. 206**
memória de longo prazo **p. 206**
agrupamento **p. 208**
ensaio **p. 209**
memória de trabalho **p. 210**
memória declarativa **p. 211**
memória processual **p. 211**
memória semântica **p. 211**
memória episódica **p. 212**
redes semânticas **p. 213**

MÓDULO 19
Recordando Memórias de Longo Prazo

Resultado de Aprendizagem

RA 19-1 O que causa dificuldades e déficits de memória?

fenômeno da ponta da língua Incapacidade de recordar informação que percebemos que sabemos – uma consequência da dificuldade de recuperar informações da memória de longo prazo.

recordação Tarefa da memória pela qual informação específica deve ser recuperada.

reconhecimento Tarefa da memória pela qual indivíduos são apresentados a um estímulo e são perguntados se foram expostos ao mesmo no passado ou devem identificá-lo em uma lista de alternativas.

Uma hora depois de sua entrevista, Ricardo estava em um café contando a sua amiga Laura sobre como havia se saído bem, quando a mulher que o tinha entrevistado entrou. "Olá, Ricardo? Como vai?". Tentando causar uma boa impressão, Ricardo começou a fazer as apresentações, mas de repente ele se deu conta de que se esquecera do nome da entrevistadora. Gaguejando, ele vasculhou sua memória, mas foi em vão. "Sei o nome dela", pensou consigo mesmo, "mas aqui estou, parecendo um idiota. Posso dar adeus a esse emprego."

Você já tentou lembrar o nome de alguém, convencido de que o sabia, mas era incapaz de recordá-lo por mais que tentasse? Essa ocorrência comum – conhecida como **fenômeno da ponta da língua** – é um exemplo de como pode ser difícil recuperar informações armazenadas na memória de longo prazo (Brennen, Vikan, & Dybdahl, 2007; Schwartz, 2002, 2008; Schwartz & Metcalfe, 2011).

Pistas de recuperação

Talvez a recordação de nomes e outras memórias não seja perfeita porque existem muitas informações armazenadas na memória de longo prazo. Uma vez que o material que vai para a memória de longo prazo é relativamente permanente, a capacidade da memória de longo prazo é imensa. Por exemplo, se você é um estudante universitário mediano, seu vocabulário inclui cerca de 50 mil palavras, você conhece centenas de "fatos" matemáticos e é capaz de evocar imagens – tais como a aparência de sua casa de infância – sem qualquer dificuldade. Na verdade, a simples catalogação de suas memórias provavelmente levaria anos de trabalho.

Como examinamos essa ampla variedade de materiais e recuperamos informações específicas no momento adequado? Uma forma é por meio de pistas de recuperação. Uma *pista de recuperação* é um estímulo que nos permite recordar mais facilmente informações que se encontram na memória de longo prazo. Pode ser uma palavra, uma emoção ou um som: seja qual for a sugestão específica, uma memória subitamente virá à mente quando a pista de recuperação estiver presente. Por exemplo, o odor de peru assado pode evocar memórias do Ano-Novo ou de reuniões familiares.

As pistas de recuperação orientam as pessoas por meio de informações armazenadas na memória de longo prazo de uma forma muito parecida com que uma ferramenta de busca como o Google orienta as pessoas na internet. Elas são especialmente importantes quando estamos fazendo um esforço para *recordar* uma informação, em lugar de ser solicitado a *reconhecer* material armazenado na memória. Na **recordação**, uma informação específica precisa ser recuperada – tal como aquela necessária para responder a uma questão de preenchimento de lacunas ou para escrever a uma redação em uma prova. Em contrapartida, ocorre **reconhecimento** quando apresentamos um estímulo às pessoas e então perguntamos se elas foram expostas a ele anteriormente ou pedimos que o identifiquem em uma lista de alternativas.

Como você poderia imaginar, o reconhecimento geralmente é uma tarefa muito mais fácil do que a recordação (ver Figs. 1

FIGURA 1 Tente recordar os nomes destes personagens. Por ser uma tarefa de recordação, ela é relativamente difícil.

Responda a esta pergunta de reconhecimento: Quais dos seguintes são os nomes dos sete anões na história da *Branca de Neve*?	
Pateta	Dengoso
Soneca	Mesquinho
Esperto	Mestre
Medroso	Feliz
Dunga	Raivoso
Zangado	Atchim
Ruidoso	Biruta

(As respostas corretas são Dengoso, Mestre, Dunga, Zangado, Feliz, Soneca e Atchim.)

FIGURA 2 Nomear os personagens na Figura 1 (uma tarefa de recordação) é mais difícil do que resolver o problema de reconhecimento proposto nesta lista.

PsicoTec
Lembre-se da distinção entre recordação (em que uma informação específica deve ser recuperada) e reconhecimento (em que a informação é apresentada e deve ser identificada ou distinguida de outro material).

e 2). Recordar é mais difícil porque consiste em uma série de processos: busca na memória, recuperação de informação potencialmente relevante e depois uma decisão relativa à precisão da informação encontrada. Se a informação parece estar correta, a busca acaba; porém, se não estiver, a busca deve continuar. O reconhecimento, por sua vez, é mais simples porque envolve menos etapas (Miserando, 1991; Leigh, Zinkhan, & Swaminathan, 2006).

Níveis de processamento

Um determinante do quão favoravelmente as memórias são recordadas é o modo como o material é percebido, processado e compreendido pela primeira vez. A **teoria dos níveis de processamento** enfatiza o grau em que o novo material é mentalmente analisado. Ela propõe que a quantidade de processamento de informação que ocorre quando o material é inicialmente encontrado é essencial para determinar quanto da informação é por fim recordada. De acordo com essa abordagem, a profundidade do processamento da informação durante a exposição ao material – ou seja, o grau em que ela é analisada e considerada – é crucial: quanto maior a intensidade de seu processamento inicial, maior a probabilidade de nos lembrarmos dela (Craik & Lockhart, 2008; Mungan, Peynircioğlu, & Halpern, 2011).

Por não prestarmos atenção à grande parte das informações às quais somos expostos, ocorre muito pouco processamento mental, e esquecemos o novo material quase imediatamente. Contudo, a informação à qual prestamos mais atenção é processada de forma mais detalhada. Portanto, ela entra na memória em um nível mais profundo – sendo menos propensa a ser esquecida do que a informação processada em níveis mais superficiais.

A teoria prossegue para afirmar que existem diferenças consideráveis nos modos como a informação é processada em diversos níveis da memória. Em níveis superficiais, a informação é processada apenas em termos de seus aspectos físicos e sensoriais. Por exemplo, prestamos atenção somente às formas que compõem as letras na palavra *cão*. Em um nível intermediário de processamento, as formas são traduzidas em unidades significativas – nesse caso, letras do alfabeto. Essas letras são consideradas no contexto de palavras, e sons fonéticos específicos podem ser atribuídos às letras.

No nível mais profundo de processamento, a informação é analisada em termos de seu significado. Podemos vê-la em seu contexto mais amplo e fazer associações entre o significado da informação e as redes de conhecimento mais amplas. Por exemplo, podemos pensar em cães não apenas como animais com quatro pernas e um rabo, mas também em termos de sua relação com cães e outros mamíferos. Podemos formar uma imagem de nosso cão, relacionando, assim, o conceito a nossa vida. De acordo com a abordagem de níveis de processamento, quanto mais profundo for o nível inicial de processamento de informação específica, por mais tempo a informação será retida.

Existem diversas implicações práticas da noção de que recordar depende do grau em que a informação é inicialmente processada. Por exemplo, a profundidade do processamento de informação é crucial ao aprender e estudar algum material didático. Decorar uma lista de palavras-chave para uma prova tem pouca chance de produzir recordação de infor-

teoria dos níveis de processamento Teoria da memória que enfatiza o grau em que um novo material é mentalmente analisado.

mações a longo prazo porque o processamento ocorre em um nível superficial. Contudo, o pensamento sobre o significado dos termos e a reflexão sobre como eles se relacionam com a informação que já sabemos resulta em uma retenção mais efetiva a longo prazo (Conway, 2002; Wenzel, Zetocha, & Ferraro, 2007).

Memória explícita e implícita

Se você já fez uma cirurgia, provavelmente esperava que os cirurgiões estivessem concentrados nela por completo e dessem atenção total a você enquanto cortavam seu corpo. Porém, a realidade da maioria das salas de cirurgia é muito diferente. Os cirurgiões podem ficar conversando com as enfermeiras sobre um novo restaurante enquanto costuram o paciente.

Se você é como a maioria dos pacientes, não guarda qualquer lembrança da conversa que ocorreu enquanto estava sob o efeito da anestesia. Contudo, é bem possível que, apesar de não ter lembranças conscientes das conversas sobre os méritos do restaurante, em algum nível você provavelmente se recorde ao menos de alguma informação. Na verdade, estudos meticulosos constataram que pessoas que ficam anestesiadas durante uma cirurgia às vezes são capazes de se lembrar de fragmentos das conversas que ouviram durante a operação – muito embora não tenham lembrança consciente da informação (Kihlstrom et al., 1990; Sebel, Bonke, & Winograd, 1993).

A descoberta de que as pessoas têm memórias das quais não têm consciência foi importante. Ela levou à especulação de que duas formas de memória, explícita e implícita, podem existir lado a lado. A **memória explícita** refere-se à recordação intencional ou consciente da informação. Quando tentamos lembrar o nome ou a data de algo que encontramos ou soubemos anteriormente, estamos pesquisando nossa memória explícita.

Por sua vez, a **memória implícita** refere-se às memórias das quais as pessoas não têm consciência, mas que podem afetar o desempenho e o comportamento posterior. Habilidades que operam automaticamente e sem pensar, tais como saltar fora da rota de um automóvel que vem em nossa direção enquanto estamos caminhando na lateral de uma rua, ficam armazenadas na memória implícita. Da mesma forma, um sentimento de vaga antipatia por um conhecido, sem saber por que temos aquele sentimento, pode ser reflexo de memórias implícitas. Talvez a pessoa faça-nos lembrar de outra pessoa no passado de que não gostávamos, ainda que não estejamos conscientes da lembrança daquela outra pessoa (Coates, Butler, & Berry, 2006; Voss & Paller, 2008; Gopie, Craik, & Hasher, 2011).

A memória implícita está intimamente relacionada com o preconceito e a discriminação que as pessoas exibem frente a membros de grupos minoritários. Como inicialmente discutimos no módulo sobre realização de pesquisa psicológica, embora as pessoas digam e até acreditem que não têm preconceito, uma avaliação de suas memórias implícitas pode revelar que elas apresentam associações negativas sobre os membros de grupos minoritários. Essas associações podem influenciar o comportamento das pessoas sem que elas tenham consciência de suas crenças subjacentes (Greenwald, Nosek, & Banaji, 2003; Greenwald, Nosek, & Sriram, 2006; Hofmann et al., 2008).

Uma maneira de os especialistas em memória estudarem a memória implícita é por meio de experimentos que usam *priming*. *Priming* (preparação) é um fenômeno em que a exposição a uma palavra ou a um conceito (chamado de *prime*) posteriormente facilita a recordação de informação relacionada. Efeitos do *priming* ocorrem mesmo quando as pessoas não têm memória consciente da palavra ou do conceito original (Toth & Daniels, 2002; Schacter, Dobbins, & Schnyer, 2004; Geyer, Gokce, & Müller, 2011).

O experimento típico destinado a ilustrar o *priming* ajuda a esclarecer o fenômeno. Nos experimentos de *priming*, os participantes são rapidamente expostos a um estímulo, como, por exemplo, uma palavra, um objeto ou o desenho de um rosto. A segunda fase do experimento é feita após um intervalo que varia de alguns segundos a vários meses. Nessa fase, os participantes são expostos a uma informação perceptual incompleta relacionada ao primeiro estímulo, sendo indagados se o reconhecem. Por exemplo, o novo material pode

---

memória explícita Recordação intencional ou consciente da informação.

memória implícita Lembranças das quais as pessoas não têm consciência, mas que podem afetar o desempenho e o comportamento posterior.

priming Fenômeno em que a exposição a uma palavra ou a um conceito (chamado de *prime*) posteriormente facilita a recordação de informação relacionada, mesmo não havendo memória consciente da palavra ou do conceito.

ser a primeira letra de uma palavra que tinha sido anteriormente apresentada ou uma parte de um rosto que havia sido exibido antes. Se os participantes são capazes de identificar o estímulo mais rapidamente do que reconhecem estímulos que não foram apresentados anteriormente, o *priming* ocorreu. É evidente que o estímulo anterior foi lembrado – ainda que o material resida na memória implícita, e não na memória explícita.

O mesmo acontece conosco na vida cotidiana. Vamos supor que vários meses atrás você assistiu a um documentário sobre os planetas, e o narrador descreveu as luas de Marte, concentrando-se em sua lua chamada Fobos. Você logo se esquece do nome da Lua, ao menos conscientemente. Então, alguns meses depois, você está completando palavras cruzadas semipreenchidas, e há as letras *obos*. Assim que vê o conjunto de letras, você pensa em Fobos e subitamente se recorda pela primeira vez desde sua exposição inicial à informação de que ela é uma das luas de Marte. A súbita recordação ocorreu porque sua memória foi "preparada" pelas letras *obos*.

Em síntese, quando uma informação que somos incapazes de recordar conscientemente influencia nosso comportamento, a memória implícita está em ação. Nosso comportamento pode ser influenciado por experiências das quais não estamos conscientes – um exemplo do que foi chamado de "retenção sem lembrança" (Horton et al., 2005).

Memórias instantâneas

Você se lembra de onde estava no dia 11 de setembro de 2001?

Talvez você se recorde de sua localização e de diversos outros detalhes que ocorreram quando soube dos ataques terroristas nos Estados Unidos, ainda que o incidente tenha ocorrido há mais de treze anos. Sua capacidade de se lembrar de detalhes sobre esse evento fatal ilustra um fenômeno conhecido como memória instantânea. **Memórias instantâneas** são aquelas relacionadas a um evento específico importante ou surpreendente que são recordadas com facilidade e imagens vívidas.

Diversos tipos de memórias instantâneas são comuns entre estudantes universitários. Por exemplo, o envolvimento em um acidente de automóvel, o encontro com seu colega de quarto pela primeira vez e a noite da formatura no ensino médio são memórias instantâneas típicas (Romeu, 2006; Bohn & Berntsen, 2007; Talarico, 2009; ver Fig. 3, p. 222).

Evidentemente, as memórias instantâneas não contêm todos os detalhes de uma cena original. Lembro-me claramente de que há mais de quatro décadas eu estava assistindo à aula de geometria do professor Sharp, na sexta série, quando soube que o presidente John Kennedy havia sido baleado. Contudo, embora me recorde de onde estava sentado e de como meus colegas reagiram à notícia, não me lembro do que estava vestindo ou do que tinha almoçado naquele dia.

Além disso, os detalhes recordados em memórias instantâneas são com frequência imprecisos, sobretudo quando envolvem eventos altamente emotivos. Por exemplo, quem tem idade suficiente para lembrar-se do dia em que o World Trade Center em Nova York foi atacado por terroristas geralmente se recorda de assistir à televisão naquela manhã e ver as imagens do primeiro avião, e depois do segundo avião, batendo nas torres. Porém, tal recordação está errada: na verdade, as transmissões pela televisão mostraram imagens somente do segundo avião em 11 de setembro. Nenhum vídeo do primeiro avião estava disponível até o início da manhã seguinte, 12 de setembro, quando então isso foi exibido na televisão (Begley, 2002; Schaefer, Halldorson, & Dizon-Reynante, 2011).

Memórias instantâneas ilustram um fenômeno mais geral sobre a memória: memórias excepcionais são mais facilmente recuperadas (embora não necessariamente com precisão) do que aquelas relacionadas a eventos mais comuns. Quanto mais distintivo um estímulo e quanto mais relevância pessoal o evento tem, maior a probabilidade de recordá-lo posteriormente (Shapiro, 2006; Talarico & Rubin, 2007; Schaefer et al., 2011).

Todavia, mesmo com um estímulo distintivo, podemos não nos lembrar de onde veio a informação. A *amnésia de fonte* ocorre quando um indivíduo tem uma lembrança para

memórias instantâneas
Memórias relacionadas a um evento específico importante ou surpreendente que são recordadas com facilidade e imagens vívidas.

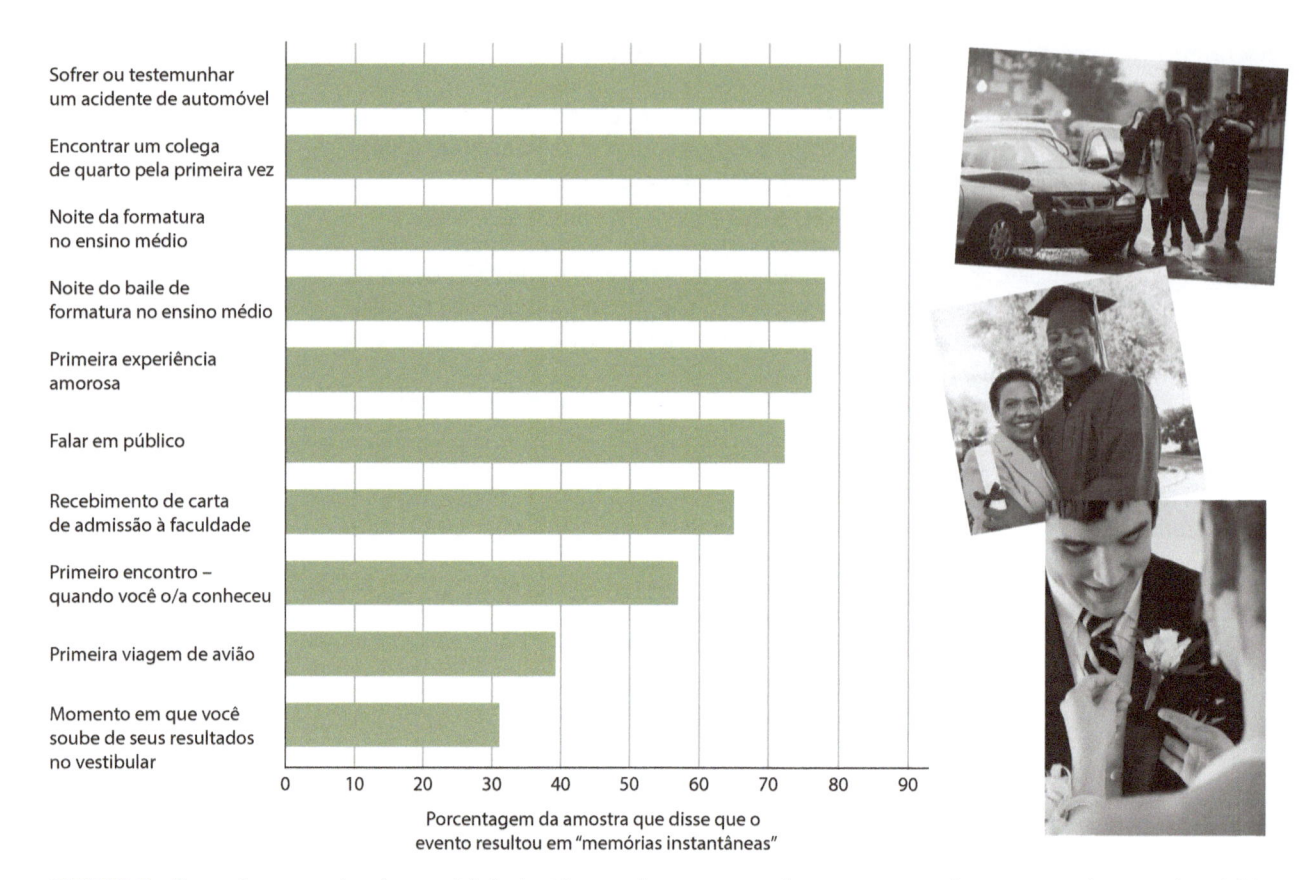

FIGURA 3 Esses são os eventos de memória instantânea mais comuns, conforme uma pesquisa entre estudantes universitários. Quais são algumas de suas memórias instantâneas?

(Fonte: David C. Rubin, "The Subtle Deceiver: Recalling Our Past," *Psychology Today*, September 1985, p. 39-46. Reproduzida, com permissão, da revista *Psychology Today*. Copyright © 1985 Sussex Publishers, LLC.)

algum material, mas não consegue recordar de onde. Por exemplo, a amnésia de fonte pode explicar situações em que você encontra alguém que conhece, mas não consegue lembrar onde conheceu aquela pessoa.

Da mesma forma, nossa motivação para lembrar algum material quando somos inicialmente expostos a ele afeta nossa capacidade de recordá-lo. Se soubermos que vamos precisar recordar desse material posteriormente, ficaremos mais atentos a ele. Entretanto, se não esperarmos precisar recordar desse material posteriormente, estaremos menos propensos a recordá-lo (Naveh-Benjamin et al., 2000; Kassam et al., 2009).

Processos construtivos na memória: reconstruindo o passado

processos construtivos Processos em que memórias são influenciadas pelo significado que atribuímos aos eventos.

esquemas Corpos organizados de informações armazenadas na memória que influenciam o modo como novas informações são interpretadas, armazenadas e recordadas.

Como vimos, embora esteja claro que podemos ter lembranças detalhadas de eventos significativos e distintivos, é difícil avaliar a precisão dessas memórias. Na verdade, é visível que nossas memórias refletem, ao menos em parte, **processos construtivos**, processos em que as memórias são influenciadas pelo significado que atribuímos aos eventos. Quando recuperamos informações, a memória que é produzida é afetada não apenas pela experiência prévia direta que tivemos do estímulo, mas também por nossas suposições e inferências sobre seu significado.

A noção de que a memória baseia-se em processos construtivos foi primeiramente proposta por Frederic Bartlett, um psicólogo francês. Ele sugeriu que as pessoas tendem a recordar informações em termos de **esquemas**, corpos organizados de informações armazenadas na memória que influenciam o modo como novas informações são interpretadas, armazenadas e recordadas (Bartlett, 1932). Visto que usamos esquemas para organizar as informações, nossas memórias muitas vezes consistem em uma reconstrução de experiência prévia. Consequentemente, os esquemas baseiam-se não apenas no material real ao qual as pessoas são expostas, mas também em sua compreensão da situação, suas expectativas sobre a situação e sua consciência das motivações que subjazem ao comportamento dos outros.

Uma das primeiras demonstrações dos esquemas vieram de um estudo clássico que envolveu um procedimento semelhante ao jogo infantil do "telefone sem fio", no qual informações de memória são passadas sequencialmente de uma pessoa para outra. No estudo, um participante viu um desenho no qual havia diversas pessoas de diferentes origens raciais e étnicas em um vagão de metrô, uma das quais – uma pessoa branca – aparecia com uma navalha na mão (Allport & Postman, 1958). Pediu-se ao primeiro participante que descrevesse o desenho para outra pessoa sem olhá-lo de novo. Depois essa pessoa devia descrevê-lo para outra pessoa (sem olhar para o desenho), e depois o processo era repetido com mais um participante.

O relato da última pessoa diferiu em aspectos significativos, ainda que sistemáticos, do desenho inicial. Especificamente, muitas pessoas descreveram o desenho como representando um afro-americano com uma faca – uma recordação incorreta, já que o desenho mostrava uma navalha na mão de uma pessoa branca. A transformação da navalha da pessoa branca em uma faca de um afro-americano indica claramente que os participantes tinham um esquema que incluía um preconceito injustificado de que os afro-americanos são mais violentos do que os brancos, e por conseguinte, mais propensos a estar segurando uma faca. Em resumo, as expectativas e o conhecimento – assim como os preconceitos – afetam a confiabilidade de nossas memórias (McDonald & Hirt, 1997; Newby-Clark & Ross, 2003).

Embora a natureza construtiva da memória possa resultar em memórias que são parcial ou totalmente falsas, elas também podem ser benéficas em alguns aspectos. Por exemplo, memórias falsas podem ajudar-nos a manter autoimagens positivas. Além disso, elas podem ajudar-nos a manter relações positivas com os outros conforme construímos visões demasiado positivas dos outros (Howe, 2011).

A memória também é afetada pelo significado emocional das experiências. Por exemplo, em um experimento, os pesquisadores perguntaram a fiéis torcedores do Yankee ou do Red Sox sobre detalhes de duas partidas decisivas entre as equipes em um campeonato de beisebol, uma delas vencida pelo Yankee e a outra pelo Red Sox. Os torcedores recordavam-se de detalhes da partida que seu time tinha vencido de maneira significativamente mais precisa do que da partida que seu time tinha perdido (ver Fig. 4; Breslin & Safer, 2011).

Alerta de estudo

Um fato-chave sobre a memória é que ela é um processo construtivo em que memórias são influenciadas pelo significado atribuído ao que está sendo recordado.

Memória no tribunal: testemunhas em julgamentos

Para Calvin Willis, as memórias inadequadas de duas pessoas custaram-lhe mais de duas décadas de sua vida. Willis foi vítima de erro de identificação quando uma jovem vítima de estupro escolheu sua foto como o praticante da agressão. Com base nisso, ele foi julgado, condenado e sentenciado à prisão perpétua. Vinte anos depois, testes de DNA mostraram que Willis era inocente e que a identificação da vítima estava errada (Corsello, 2005).

Infelizmente, Willis não é única vítima a quem desculpas tiveram de ser pedidas; muitos casos de erro de identificação levaram a ações legais injustificadas. Estudos sobre identificação de suspeitos por testemunhas, assim como sobre memória para outros detalhes de crimes, mostram que testemunhas oculares são propensas a cometer erros substanciais quando tentam recordar detalhes de atividades criminosas – mesmo que estejam altamente convictas a respeito de suas recordações (Thompson, 2000; Zaragoza, Belli, & Payment, 2007; Paterson, Kemp, & Ng, 2011).

Uma das razões é o impacto das armas usadas nos crimes. Quando o praticante de um crime mostra um revólver ou uma faca, ela age como um imã perceptual, atraindo os olhos das testemunhas. Em consequência disso, elas prestam

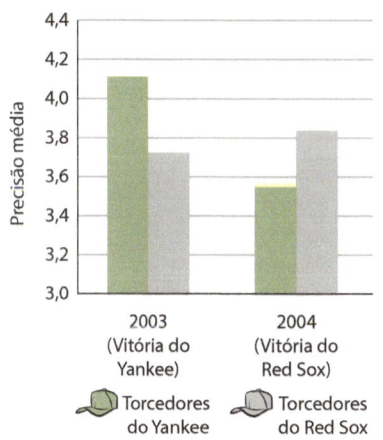

FIGURA 4 Torcedores do Yankee ou do Red Sox eram mais precisos quando recordavam detalhes de uma partida que seu time havia vencido do que de uma partida que seu time havia perdido.
(Fonte: Breslin & Safer, 2011.)

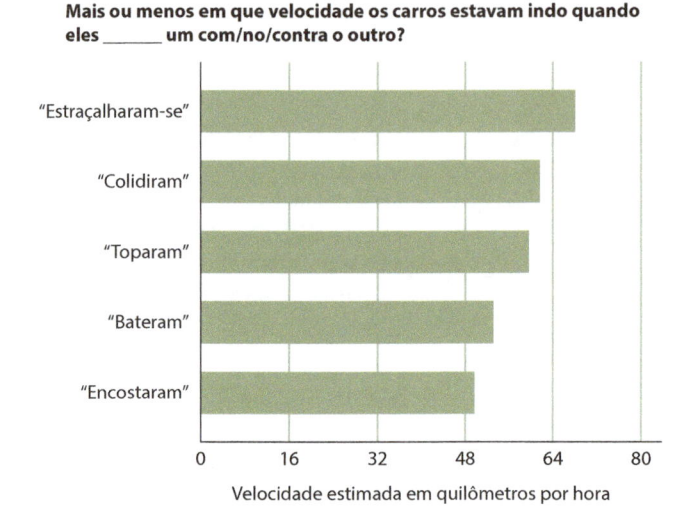

FIGURA 5 Depois de ver um acidente envolvendo dois carros, os participantes de um estudo foram solicitados a estimar a velocidade dos automóveis envolvidos na colisão. As estimativas variaram substancialmente, dependendo das palavras usadas na pergunta.

(Fonte: Loftus & Palmer, 1974.)

Mais ou menos em que velocidade os carros estavam indo quando eles _____ um com/no/contra o outro?

- "Estraçalharam-se"
- "Colidiram"
- "Toparam"
- "Bateram"
- "Encostaram"

Velocidade estimada em quilômetros por hora

Seis anos depois de ser condenado por assassinato com base na chamada memória reprimida de sua filha, a condenação de George Franklin Sr. foi derrubada.

menos atenção a outros detalhes do crime e são menos capazes de recordar o que realmente aconteceu (Steblay et al., 2003; Zaitsu, 2007; Pickel, 2009).

Uma das razões pelas quais as testemunhas oculares são propensas a erros relacionados à memória é que as palavras usadas nas perguntas feitas a elas por policiais ou advogados afetam o modo como se recordam das informações, conforme ilustram vários experimentos. Por exemplo, em um experimento, os participantes assistiram a um filme de dois carros chocando-se um contra o outro. Para alguns deles, perguntou-se depois: "Mais ou menos em que velocidade os carros estavam indo quando eles *estraçalharam-se* um contra o outro?". Em média, os participantes estimaram que a velocidade era de 66 quilômetros por hora. No entanto, quando se perguntou a outro grupo de participantes: "Mais ou menos em que velocidade os carros estavam indo quando eles *encostaram* um no outro?", a velocidade média estimada foi de apenas 51 quilômetros por hora (Loftus & Palmer, 1974; ver Fig. 5).

Confiabilidade das crianças. O problema da confiabilidade da memória torna-se ainda mais sério quando as crianças são testemunhas devido às evidências crescentes de que as memórias das crianças são altamente vulneráveis à influência dos outros (Loftus, 1993; Douglas, Goldstein, & Bjorklund, 2000). Por exemplo, em um experimento, mostrou-se a meninas de 5 a 7 anos de idade que recém tinham feito um exame físico de rotina um boneco anatomicamente explícito. Mostrou-se às meninas a área genital e perguntou-se a elas: "O doutor tocou em você aqui?". Três das meninas que não fizeram um exame vaginal ou anal disseram que o doutor tinha realmente tocado em sua área genital, e uma delas ainda inventou um detalhe: "O doutor tocou com uma vareta" (Saywitz & Goodman, 1990).

As lembranças das crianças são em especial suscetíveis à influência quando a situação é altamente emocional ou estressante. Por exemplo, nos julgamentos que são antecedidos por publicidade significativa ou em que as supostas vítimas são questionadas repetidamente, muitas vezes por entrevistadores não treinados, as memórias das supostas vítimas podem ser influenciadas pelo tipo de perguntas feitas (Scullin, Kanaya, & Ceci, 2002; Lamb & Garretson, 2003; Quas, Malloy, & Melinder, 2007; Goodman & Quas, 2008).

Memórias reprimidas e falsas: separando a verdade da ficção. Considere o caso de George Franklin Sr., um homem acusado de ter assassinado uma colega de escola de sua filha. Todo o caso baseou-se nas memórias da filha de Franklin, que afirmou que as havia reprimido até começar a ter *flashbacks* do evento duas décadas depois. Pouco a pouco, as memórias foram ficando mais claras até ela recordar-se de seu pai levantando uma pedra sobre a cabeça e depois ver sua amiga coberta de sangue. Com base nas lembranças dela, seu pai foi condenado – mas posteriormente foi inocentado do crime após recorrer.

Existem bons motivos para questionar a validade das *memórias reprimidas*, recordações de eventos que inicialmente foram tão chocantes que a mente responde relegando-

-as ao inconsciente. Os partidários da noção de memória reprimida (baseada na teoria psicanalítica de Freud) afirmam que tais memórias podem permanecer ocultas, possivelmente durante toda a vida de uma pessoa, a menos que sejam desencadeadas por alguma circunstância, tal como a sondagem que ocorre durante um tratamento psicológico.

Contudo, a pesquisadora da memória Elizabeth Loftus assegura que as chamadas memórias reprimidas podem ser imprecisas ou totalmente fictícias – representando uma *falsa memória*. Por exemplo, formam-se falsas memórias quando as pessoas são incapazes de recordar a fonte da lembrança de determinado evento sobre o qual elas têm apenas vagas recordações. Quando a fonte da memória torna-se incerta ou ambígua, as pessoas podem ficar confusas sobre terem realmente experimentado o evento ou se ele foi imaginado. Por fim, elas passam a acreditar que o evento realmente ocorreu (Loftus, 2004; Wade, Sharman, & Garry, 2007; Bernstein & Loftus, 2009a).

Existe uma grande controvérsia em torno da legitimidade das memórias reprimidas. Muitos terapeutas atribuem grande peso à autenticidade das memórias reprimidas, e suas visões são respaldadas por estudos que demonstram haver regiões específicas do cérebro que mantêm as memórias indesejáveis fora da consciência. No outro lado da questão, estão os pesquisadores que afirmam não haver dados científicos suficientes para comprovar a existência dessas memórias. Também existe um meio-termo: pesquisadores da memória que sugerem que falsas memórias são uma consequência do processamento de informações normal. O desafio para os defensores de ambos os lados é distinguir verdade de ficção (Brown & Pope, 1996; Strange, Clifasefi, & Garry, 2007; Bernstein & Loftus, 2009b).

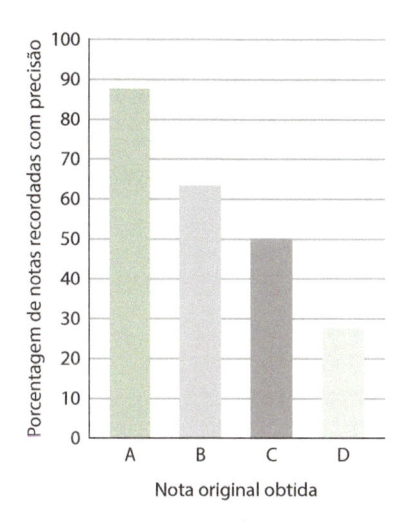

FIGURA 6 Tendemos a distorcer memórias de fatos desagradáveis. Por exemplo, estudantes universitários são muito mais propensos a recordar-se bem de suas notas boas e mal de suas notas ruins (Bahrick, Hall, & Berger, 1996). Agora que você sabe disso, que lembranças você tem de suas notas no ensino médio?

Memória autobiográfica: onde o passado encontra o presente

Sua memória de experiências do próprio passado podem ser uma ficção – ou ao menos uma distorção do que realmente aconteceu. Os mesmos processos construtivos que nos fazem recordar com imprecisão o comportamento dos outros também reduzem a exatidão das memórias autobiográficas. **Memórias autobiográficas** são nossas lembranças de circunstâncias e episódios de nossa vida. As memórias autobiográficas abrangem as memórias episódicas que temos de nós mesmos (Rubin, 1999; Sutin & Robins, 2007; Nalbantian, 2011).

memórias autobiográficas Nossas lembranças de circunstâncias e episódios de nossa própria vida.

Por exemplo, tendemos a esquecer informações sobre nosso passado que são incompatíveis com o modo como nos vemos atualmente. Um estudo constatou que adultos com boa adaptação que haviam sido tratados por problemas emocionais durante os primeiros anos de vida tendiam a esquecer eventos da infância importantes, mas perturbadores, tais como ter vivido em um orfanato. Estudantes universitários mal se lembravam de suas notas ruins, mas lembravam muito bem de suas notas boas (ver Fig. 6; Walker, Skowronski, & Thompson, 2003; Kemps & Tiggemann, 2007).

De modo semelhante, quando se pediu a um grupo de pessoas de 48 anos que se recordassem de como responderam a um questionário que tinham completado quando estavam na primeira série do ensino médio, sua precisão não foi melhor do que a do acaso. Por exemplo, embora 61% dos respondentes tenham dito que praticar esportes e outras atividades físicas era seu passatempo favorito, somente 23% dos adultos recordaram-se disso com precisão (Offer et al., 2000).

Não são apenas certos tipos de eventos que acabam sendo distorcidos; determinados períodos da vida são lembrados mais facilmente do que outros. Por exemplo, quando as pessoas chegam à terceira idade, elas se lembram melhor dos períodos de vida em que passaram por grandes transições, tais como cursar a faculdade e trabalhar em seu primeiro emprego, do que dos anos da meia-idade. Da mesma forma, embora a maioria das lembranças mais antigas que os adultos têm da própria vida seja de eventos que ocorreram quando eles tinham em torno de 2 anos, crianças de 2 anos apresentam evidências de recordar eventos que ocorreram quando elas tinham apenas 6 meses de idade (Simcock & Hayne, 2002; Wang, 2003; Cordnoldi, De Beni, & Helstrup, 2007).

Explorando a DIVERSIDADE
Existem diferenças interculturais na memória?

Viajantes que visitaram áreas do mundo em que não existe linguagem escrita muitas vezes retornaram com histórias de pessoas com memórias fenomenais. Por exemplo, contadores de história em culturas pré-letradas são capazes de recontar narrativas cronológicas que recordam os nomes e as atividades de pessoas durante muitas gerações. Essas façanhas levaram os especialistas a argumentar inicialmente que os membros de sociedades pré-letradas desenvolvem um tipo de memória diferente – e talvez melhor – do que os de culturas que fazem uso da escrita. Eles propuseram que, em uma sociedade que carece de escrita, as pessoas são motivadas a recordar informações com precisão, especialmente dados relacionados a histórias e tradições tribais que se perderiam se não fossem transmitidos oralmente de uma geração para outra (Daftary & Meri, 2002; Berntsen & Rubin, 2004).

Na atualidade, os pesquisadores da memória descartam essa visão. Em primeiro lugar, os povos pré-letrados não são os únicos capazes de incríveis façanhas de memória. Alguns eruditos hebreus memorizam centenas de páginas de texto e são capazes de se recordar da localização de determinadas palavras na página. Da mesma forma, declamadores de poesia nos Bálcãs são capazes de se recordar de milhares de estrofes de poesias. Portanto, mesmo nas culturas em que a linguagem escrita está presente, proezas de memória impressionantes são possíveis (Strathern & Stewart, 2003; Rubin et al., 2007).

Os pesquisadores da memória hoje alegam que existem tanto semelhanças quanto diferenças na memória entre as culturas. Processos de memória básicos, tais como capacidade da memória de curto prazo e estrutura da memória de longo prazo – o "*hardware*" da memória – são universais e operam de maneira semelhante nas pessoas de todas as culturas. Contudo, diferenças culturais podem ser vistas no modo como as informações são adquiridas e ensaiadas – o "*software*" da memória. A cultura determina como as pessoas enquadram a informação inicialmente, em que medida praticam sua aprendizagem e recordação e quais estratégias utilizam para tentar recordá-la (Mack, 2003; Wang & Conway, 2006; Rubin et al., 2007).

Contadores de história em muitas culturas são capazes de recontar centenas de anos de história com detalhamento vívido. Estudos apontam que essa capacidade incrível deve-se menos a processos básicos de memória do que aos modos como eles adquirem e retêm as informações.

Recapitule/avalie/repense

Recapitule

RA 19-1 O que causa dificuldades e déficits de memória?

- O fenômeno da ponta da língua é a incapacidade temporária de lembrar uma informação que temos certeza de que sabemos. Pistas de recuperação são uma estratégia importante para recordar informações com êxito.
- A abordagem dos níveis de processamento da memória sugere que o modo como a informação é inicialmente percebida e analisada determina o êxito com que ela é recordada. Quanto mais profundo o processamento inicial, maior será a recordação.
- A memória explícita refere-se à recordação intencional ou consciente da informação. Por sua vez, a memória implícita refere-se a memórias das quais as pessoas não estão conscientes, mas que podem afetar seu desempenho posterior e comportamento.
- Memórias instantâneas são aquelas centradas em um evento específico importante. Quanto mais marcante a memória, mais facilmente ela poderá ser recuperada.
- A memória é um processo construtivo: relacionamos a memória ao significado, às suposições e às expectativas que atribuímos aos eventos. A informação específica é recordada em temos de esquemas, corpos organizados de informações armazenados na memória que influenciam o modo como novas informações são interpretadas, armazenadas e recordadas.
- Testemunhas oculares são propensas a erros substanciais quando tentam recordar se de detalhes dos crimes. O problema da confiabilidade da memória torna-se ainda mais sério quando as testemunhas são crianças.
- A memória autobiográfica é influenciada por processos construtivos.

Avalie

1. Enquanto dançava com um grupo de amigos em um baile, Eva esbarra em um homem que conheceu no mês anterior. Porém, quando ela tenta apresentá-lo a seus amigos, não consegue lembrar o nome dele. Como se chama esse fato?
2. _____ é o processo de recuperar um material específico da memória.
3. Um amigo diz: "Sei exatamente onde estava e o que estava fazendo quando soube que Michael Jackson tinha morrido". Como se chama esse tipo de fenômeno.
4. A teoria _____ afirma que, quanto mais uma pessoa analisa uma afirmativa, maior sua chance de recordá-la posteriormente.

Repense

1. Estudos demonstram que a memória de uma testemunha ocular para detalhes de crimes pode conter erros significativos. Como um advogado poderia usar essa informação ao avaliar o depoimento de uma testemunha? Você acredita que relatos de testemunhas oculares devem ser permitidos em um tribunal?
2. *Da perspectiva de um assistente social:* Uma criança vítima de abuso sexual deveria prestar depoimento em tribunais, considerando o que você aprendeu sobre as memórias das crianças sob estresse?

Respostas das questões de avaliação

1. Fenômeno da ponta da língua; 2. Recordação; 3. Memória instantânea. 4. dos níveis de processamento

Termos-chave

fenômeno da ponta da língua **p. 218**

recordação **p. 218**

reconhecimento **p. 218**

teoria dos níveis de processamento **p. 219**

memória explícita **p. 220**

memória implícita **p. 220**

priming **p. 220**

memórias instantâneas **p. 221**

processos construtivos **p. 222**

esquemas **p. 222**

memórias autobiográficas **p. 225**

MÓDULO 20
Esquecendo: Quando a Memória Falha

Resultados de Aprendizagem

RA 20-1 Por que esquecemos as informações?

RA 20-2 Quais são os principais comprometimentos de memória?

Conhecido na literatura científica pelas iniciais H.M., ele não conseguia lembrar-se de qualquer coisa – ou seja, nada que tinha acontecido desde a perda de seus lobos temporais e do hipocampo durante uma cirurgia experimental para reduzir convulsões epilépticas. Até então, a memória de H.M. tinha sido normal. Contudo, depois da operação, ele era incapaz de se recordar de coisa alguma por mais do que alguns minutos, e depois disso a memória parecia perder-se para sempre. Ele não se lembrava de seu endereço, ou do nome da pessoa com quem ele estava falando. H.M. lia a mesma revista várias vezes. De acordo com sua própria descrição, sua vida era como acordar de um sonho e ser incapaz de saber onde estava e como chegara ali (Milner, 1966, 2005).

Como ilustra o caso de H.M., uma pessoa sem memória normal enfrenta sérias dificuldades. Todos aqueles que experimentam mesmo casos rotineiros de esquecimento – tais como não recordar o nome de um conhecido ou um fato em uma prova – compreendem as consequências bastante reais das falhas de memória.

Evidentemente, as falhas de memória são também essenciais para lembrar informações importantes. A capacidade de esquecer detalhes inconsequentes sobre experiências, pessoas e objetos ajuda a evitar que sejamos sobrecarregados e distraídos por armazenamentos triviais de dados insignificantes. Esquecer ajuda a impedir que informações indesejáveis e desnecessárias interfiram na recuperação de informações necessárias e desejáveis (Schooler & Hertwig, 2011).

O esquecimento também nos permite formar impressões e recordações gerais. Por exemplo, a razão pela qual nossos amigos nos parecem familiares é porque somos capazes de esquecer suas roupas, imperfeições faciais e outras características transitórias que mudam de uma ocasião para outra. Em vez disso, nossas memórias baseiam-se em uma síntese de diversas características – um uso muito mais econômico de nossa capacidade de memória.

As primeiras tentativas de estudar o esquecimento foram feitas pelo psicólogo alemão Hermann Ebbinghaus há cerca de cem anos. Usando a si mesmo como o único participante em seu estudo, Ebbinghaus memorizou listas de sílabas tolas de três letras – conjuntos de duas consoantes com uma vogal no meio sem sentido, tais como FIW e BOZ. Medindo a facilidade de reaprender determinada lista de palavras depois de que variáveis períodos de tempo haviam passado desde a aprendizagem inicial, ele constatou que esquecer ocorria sistematicamente, como mostra a Figura 1. Conforme indica a figura, o esquecimento mais rápido ocorre nas primeiras nove horas, especialmente na primeira hora. Depois de nove horas, a taxa de esquecimento desacelera e diminui um pouco, mesmo após a passagem de muitos dias.

Apesar de seus métodos primitivos, o estudo de Ebbinghaus teve uma influência importante na pesquisa posterior, e suas conclusões básicas foram sustentadas. Existe quase sempre um declínio inicial forte na memória, seguido por uma queda mais gradual no decorrer do tempo. Além disso, o reaprendizado de material anteriormente dominado é quase sempre mais rápido do que partir do zero, quer o material seja uma informação acadêmica ou uma habilidade motora, tal como sacar uma bola de tênis (Wixted & Carpenter, 2007).

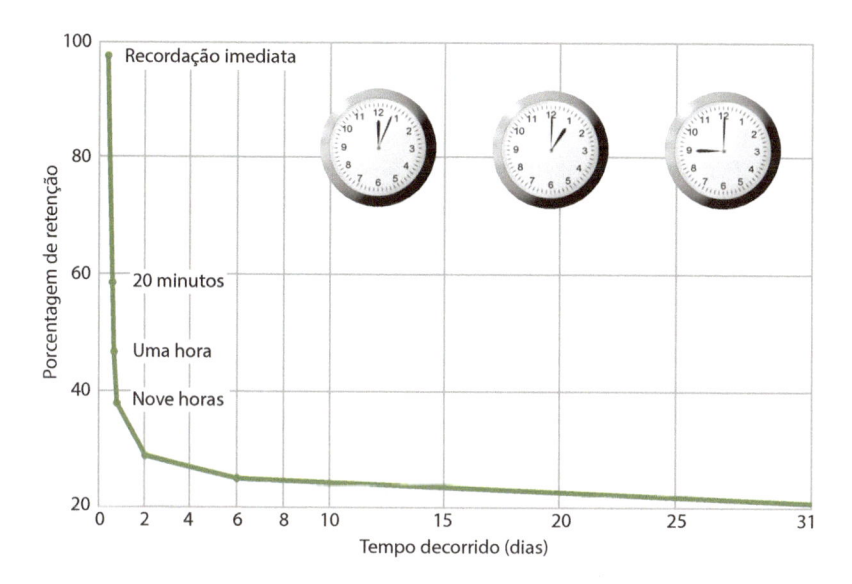

FIGURA 1 Em seu trabalho clássico, Ebbinghaus constatou que o esquecimento mais rápido ocorre nas primeiras nove horas após a exposição a novo material. Entretanto, a taxa de esquecimento depois se desacelera e diminui muito pouco, mesmo decorridos vários dias (Ebbinghaus, 1885, 1913). Verifique sua própria memória: o que você estava fazendo exatamente a duas horas atrás? O que você estava fazendo na última terça-feira às 17 horas? Qual informação é mais fácil de recuperar?

Por que esquecemos

Por que esquecemos? Uma das razões é que, em primeiro lugar, não prestamos atenção ao material – uma falha na *codificação*. Por exemplo, se você vive nos Estados Unidos, provavelmente foi exposto a milhares de moedas de um *cent* durante sua vida. Apesar dessa experiência, você provavelmente não tem uma noção clara dos detalhes da moeda. Consequentemente, a razão para sua falha de memória é que é provável que inicialmente você não armazenou a informação na memória de longo prazo. Evidentemente, se a informação nem sequer foi armazenada na memória, não há como ser recuperada.

E quanto ao material que foi codificado na memória e que posteriormente não pode ser lembrado? Diversos processos explicam as falhas de memória, incluindo declínio, interferência e esquecimento dependente de pistas.

Declínio é a perda de informação na memória por falta de utilização. Essa explicação para o esquecimento presume que *traços de memória*, as mudanças físicas que ocorrem no cérebro quando novo material é aprendido, simplesmente desaparecem ou se desintegram com o passar do tempo (Grann, 2007).

Embora existam evidências de que o declínio realmente ocorre, esta não parece ser a explicação completa para o esquecimento. Muitas vezes, não existe relação entre há quanto tempo uma pessoa foi exposta a uma informação e quão bem essa informação é recordada. Se o declínio explicasse todo esquecimento, esperaríamos que, quanto mais tempo houvesse decorrido entre a aprendizagem inicial da informação e nossa tentativa de recordá-la, mais difícil seria lembrá-la porque haveria mais tempo para que o traço de memória declinasse. Porém, pessoas que fizeram diversos testes consecutivos sobre o mesmo material com frequência recordam-se mais da informação inicial quando fazem testes posteriores do que quando fizeram testes mais precocemente. Se o declínio estivesse operando, esperaríamos que acontecesse o contrário (Payne, 1986).

Uma vez que o declínio não explica totalmente o esquecimento, os especialistas em memória propuseram um mecanismo adicional: a interferência. Na **interferência**, a informação perturba a recordação de outra informação armazenada na memória. Por exemplo, se estou tentando recordar o nome de meu colega de aula Jake e tudo o que consigo

declínio Perda de informação na memória por falta de utilização.

interferência Fenômeno pelo qual a informação na memória perturba a recordação de outra informação.

lembrar é do nome de outro colega, James, é possível que esteja havendo interferência (Naveh-Benjamin, Guez, & Sorek, 2007; Pilotti, Chodorow, & Shono, 2009; Solesio-Jofre et al., 2011).

Para distinguir declínio de interferência, pense nos dois processos em termos de uma fila de livros em uma prateleira da biblioteca. No declínio, os livros antigos estão constantemente se desintegrando e apodrecendo, deixando espaço para novas aquisições. Os processos de interferência sugerem que novos livros empurram os velhos para fora da prateleira, tornando-os mais difíceis de encontrar ou totalmente inacessíveis.

Por fim, podemos esquecer em função do **esquecimento dependente de pistas**, o qual ocorre quando não há pistas de recuperação para reavivar uma informação que está na memória (Tulving & Thompson, 1983). Por exemplo, você pode não ser capaz de se lembrar onde deixou um molho de chaves até refazer mentalmente seu percurso durante o dia, pensando em cada lugar em que você foi. Quando você pensa no lugar onde perdeu as chaves – vamos dizer, a biblioteca –, a pista de recuperação da biblioteca pode ser suficiente para ajudá-lo a lembrar-se de que você deixou-as na mesa da biblioteca. Sem a pista de recuperação, talvez você não recordasse a localização das chaves.

A maior parte dos estudos sugere que interferência e esquecimento dependente de pistas são processos-chave no esquecimento (Mel'nikov, 1993; Bower, Thompson, & Tulving, 1994). Esquecemos coisas simplesmente porque novas memórias interferem na recuperação de antigas ou porque pistas de recuperação adequadas estão indisponíveis, não porque o traço de memória se desintegrou.

esquecimento dependente de pistas Esquecimento que ocorre quando não há pistas de recuperação para reavivar uma informação que está na memória.

Alerta de estudo
A perda de memória por declínio provém da não utilização da memória; a perda de memória por interferência deve-se à presença de outra informação na memória.

Interferência proativa e retroativa: o antes e o depois do esquecimento

Na verdade, existem dois tipos de interferência que influenciam o esquecimento. Uma é interferência proativa; e a outra, a interferência retroativa (Bunting, 2006; Jacoby et al., 2007).

Na **interferência proativa**, a informação aprendida anteriormente atrapalha a recuperação de um material mais recente. Vamos supor que, como estudante de línguas estrangeiras, você primeiro aprendeu francês na 10ª série* e depois estudou espanhol na 11ª série. Quando você faz uma prova de desempenho na disciplina de espanhol na 12ª série, pode sentir dificuldade para recordar a tradução espanhola de uma palavra porque você só consegue lembrar de sua equivalente francesa.

Entretanto, ocorre **interferência retroativa** quando material que foi aprendido posteriormente atrapalha a recuperação de uma informação que foi aprendida anteriormente. Se, por exemplo, você tem dificuldade em uma prova de francês por causa de sua exposição mais recente ao espanhol, a interferência retroativa é a culpada disso (ver Fig. 2). Da mesma forma, a interferência retroativa pode explicar a falta de precisão das memórias de testemunhas oculares, quando informações mais recentes sobre um crime obtidas de notícias de jornal podem perturbar a memória inicial da observação do crime.

interferência proativa Interferência em que uma informação aprendida anteriormente impede a recordação de um material aprendido posteriormente.

interferência retroativa Interferência em que uma informação aprendida posteriormente impede a recuperação de uma informação aprendida anteriormente.

---

*N. de T.: Séries finais da High School, etapa equivalente ao ensino médio no sistema de educação brasileiro.

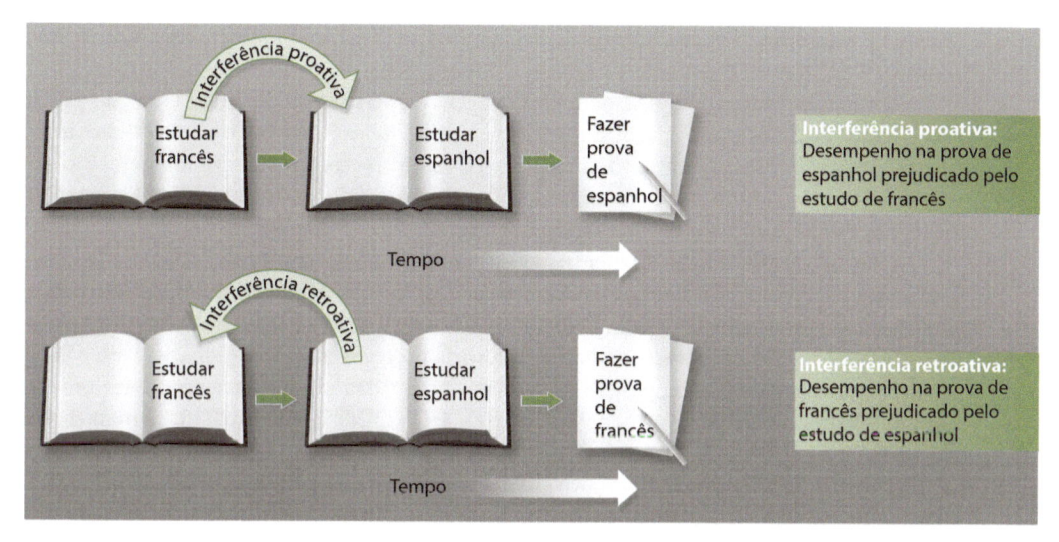

FIGURA 2 A interferência proativa ocorre quando um material aprendido anteriormente interfere na recordação de um material mais recente. Nesse exemplo, estudar francês antes de estudar espanhol interfere no desempenho em uma prova de espanhol. Ao contrário, existe interferência retroativa quando um material aprendido depois de exposição a outro material interfere na recordação do primeiro material. Neste caso, ocorre interferência retroativa quando a recordação do francês é prejudicada por causa da exposição posterior ao espanhol.

Um modo de lembrar a diferença entre interferência proativa e retroativa é considerar que a interferência *proativa* progride no tempo – o passado interfere no presente. Ao contrário, a interferência *retroativa* retrocede no tempo, trabalhando para trás enquanto o presente interfere no passado.

Embora os conceitos de interferência proativa e retroativa ilustrem como um material pode ser esquecido, elas ainda não explicam se o esquecimento é causado pela perda real ou modificação da informação ou por problemas na recuperação da informação. A maior parte dos estudos sugere que material aparentemente perdido por causa de interferência pode em um momento posterior ser recuperado se estímulos apropriados foram apresentados (Tulving & Psotka, 1971; Anderson, 1981), mas tal questão ainda não foi respondida de modo pleno.

Disfunções da memória: aflições do esquecimento

Primeiro você nota que está sempre colocando as coisas no lugar errado, ou que nomes comuns lhe escapam com a mesma obstinação dos nomes de novas pessoas. Não demora, você está esquecendo compromissos e ficando aturdido quando está dirigindo no trânsito. Em dias ruins, você descobre que não consegue manter números na cabeça o tempo suficiente para digitar no telefone. Apesar de tentar corajosamente esconder seus lapsos, eles se tornam cada vez mais flagrantes. Você bate o carro. Passa manhãs inteiras lutando para se vestir adequadamente. E, mesmo enquanto perde a capacidade de ler ou de tocar piano, você está dolorosamente consciente do que está lhe acontecendo (Cowley, 2000, p. 46).

Essas falhas de memória são sintomáticas da **doença de Alzheimer**, distúrbio cerebral que produz um declínio gradual e irreversível nas habilidades cognitivas. A doença de Al-

PsicoTec
Está tendo problemas para memorizar algo em sua tela de computador? Segundo o pesquisador Connor Diemand-Yauman e colaboradores, mudar para uma fonte *mais difícil* de ler facilita a recordação. A explicação é que uma fonte pouco comum obriga-nos a focarmos mais atentamente na informação, tornando-a mais memorável.

doença de Alzheimer
Distúrbio cerebral progressivo que leva a um declínio gradual e irreversível nas habilidades cognitivas.

zheimer é a quarta maior causa de morte em adultos nos Estados Unidos, estimando-se que acometa 5 milhões de pessoas.

No início, os sintomas de Alzheimer aparecem como simples esquecimentos de dados como compromissos e aniversários. À medida que a doença progride, a perda de memória torna-se mais profunda, e mesmo as tarefas mais simples, como usar um telefone, são esquecidas. Por fim, as vítimas podem perder a capacidade de falar ou entender a linguagem, e a deterioração física instala-se, levando à morte.

As causas da doença de Alzheimer não são plenamente compreendidas. Evidências crescentes sugerem que a doença de Alzheimer resulta de uma suscetibilidade herdada a um defeito na produção da proteína beta-amiloide, que é necessária para a manutenção das conexões das células nervosas. Quando a síntese da proteína beta-amiloide entra em colapso, formam-se grandes aglomerados de células, desencadeando inflamação e deterioração dos neurônios no cérebro (Horínek, Varjassyová, & Hort, 2007; Selkoe, 2008; Hyman, 2011; ver também a Fig. 3 em A Neurociência em sua Vida).

A doença de Alzheimer é um dos diversos transtornos da memória. Outra é a **amnésia**, a perda de memória que ocorre sem outros déficits mentais. O tipo de amnésia imortalizada em incontáveis filmes de Hollywood envolve uma vítima que sofre um golpe na cabeça e não consegue mais lembrar nada de seu passado. Na realidade, a amnésia desse tipo, conhecida como amnésia retrógrada, é bastante rara. Na **amnésia retrógrada**, perde-se a memória para ocorrências antes de certo evento, mas não para novos eventos. Geralmente, as memórias perdidas pouco a pouco reaparecem, embora a restauração plena possa levar vários anos. Em alguns casos, algumas lembranças perdem-se para sempre. Contudo, mesmo nos quadros mais graves, a perda de memória costuma ser seletiva. Por exemplo, embora pessoas que sofram de amnésia retrógrada sejam incapazes de se lembrar de amigos e familiares, elas ainda podem ser capazes de jogar cartas ou tricotar um suéter (Verfaellie & Keane, 2002; Bright, Buckman, & Fradera, 2006).

Um segundo tipo de amnésia é exemplificado por pessoas que não se lembram de nada de suas atividades cotidianas. Na **amnésia anterógrada**, ocorre perda de memória para eventos que ocorrem após uma lesão. A informação não pode ser transferida da memória de curto prazo para a memória de longo prazo, resultando na incapacidade de recordar qualquer dado que já não estivesse na memória de longo prazo antes do acidente (Gilboa, Winocur, & Rosenbaum, 2006).

A amnésia também é uma consequência da **síndrome de Korsakoff**, uma doença que aflige alcoolistas de longo prazo. Embora muitas de suas habilidades possam estar intactas, os acometidos pela síndrome de Korsakoff apresentam uma diversidade estranha de sintomas, incluindo alucinações e tendência a repetir a mesma história diversas vezes (van Oort & Kessels, 2009).

Felizmente, a maioria de nós possui memória intacta, e as falhas eventuais que sofremos podem ser preferíveis a ter uma memória perfeita. Considere, por exemplo, o caso de um homem que tinha memória total. Depois de ler passagens de *A Divina Comédia* de Dante em italiano – idioma que ele não falava – ele era capaz de repeti-la de memória cerca de 15 anos depois. Ele era capaz de memorizar listas de 50 palavras sem relação e recordá-las à vontade mais de uma década depois, bem como repetir a mesma lista de palavras de trás para a frente, se solicitado (Luria, 1968).

Uma habilidade assim pode inicialmente parecer invejável, mas, na verdade, é um grande problema. A memória do homem tornou-se uma mistura de listas de palavras, números e nomes; quando ele tentava relaxar, sua mente ficava repleta de imagens. Até ler era difícil, pois toda palavra evocava uma inundação de pensamentos do passado que interferiam em sua capacidade de compreender o significado do que ele estava lendo. Em parte como uma consequência da memória extraordinária do homem, o psicólogo A. R. Luria, que estudou o caso dele, constatou que se tratava de uma "pessoa desorga-

---

amnésia Perda da memória que ocorre sem outros déficits mentais.

amnésia retrógrada Amnésia em que se perde a memória para acontecimentos anteriores a certo evento, mas não para novos eventos.

amnésia anterógrada Amnésia em que se perde a memória para eventos que ocorrem após uma lesão.

síndrome de Korsakoff Doença que aflige alcoolistas de longo prazo, deixando algumas habilidades intactas, mas incluindo alucinações e tendência a repetir a mesma história.

Alerta de estudo

Exceto pela doença de Alzheimer, os distúrbios de memória são relativamente raros.

A Neurociência em sua Vida:
Doença de Alzheimer e deterioração cerebral

FIGURA 3 A doença de Alzheimer, a quarta maior causa de morte em adultos nos Estados Unidos, é caracterizada por declínios significativos na memória. Enquanto a maior parte da pesquisa neurocientífica anterior foi dirigida à perda de função e de tecido cerebral, os estudos mais recentes começaram a considerar as mudanças na forma como o cérebro comunica-se internamente. Em especial, pesquisas usando imagens de tensores de difusão, uma técnica que revela as conexões entre os neurônios no cérebro, mostram que as conexões entre as áreas cerebrais envolvidas na memória ficam alteradas à medida que o Alzheimer avança. Essas imagens ilustram as diferenças nas rotas de comunicação em adultos mais velhos saudáveis (AS) em relação àqueles com a doença de Alzheimer (DA). A rota examinada aqui aparece destacada em verde.

(Fonte: Salat et al., 2010.)

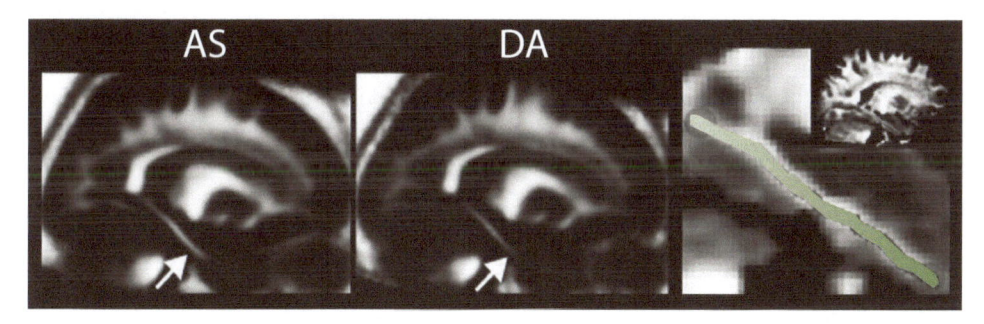

nizada e meio estúpida" (Luria, 1968, p. 65). Podemos ficar gratos, portanto, de que o esquecimento desempenhe um papel em nossa vida.

TORNANDO-SE UM CONSUMIDOR INFORMADO de Psicologia
Melhorando sua memória

Com exceção das vantagens de esquecer, por exemplo, de um encontro ruim, a maioria de nós gostaria de achar modos de melhorar nossa memória. Entre as estratégias eficazes para estudar e recordar materiais didáticos:

- *Usar a técnica da palavra-chave.* Se você está estudando uma língua estrangeira, experimente a *técnica da palavra-chave* de emparelhar uma palavra estrangeira com uma palavra comum que tenha um som parecido em seu idioma. Essa palavra é conhecida como *palavra-chave*. Por exemplo, para aprender a palavra espanhola para duck (*pato*), você poderia escolher a palavra-chave *pot*; para a palavra espanhola para horse (*caballo*), a palavra poderia ser *eye*. Depois de pensar em uma palavra-chave, imagine a palavra espanhola "interagindo" com a palavra-chave inglesa. Você poderia imaginar um pato tomando um banho em uma *poça* (pot) para lembrar-se da palavra *pato*, ou um *cavalo* com um olho (eye) grande e protuberante no centro de sua cabeça para recordar-se de *caballo* (Carney & Levin, 1998; Wyra, Lawson, & Hungi, 2007).
- *Utilizar pistas de organização.* Recorde-se do material que você lê em livros didáticos organizando-o na memória a primeira vez que você o lê. Organize sua leitura com base em qualquer informação prévia que você tem sobre o conteúdo e sua disposição. Você, então, será capaz de estabelecer conexões e ver relações entre diversos fatos e processar o material em um nível mais profundo, o que, por sua vez, irá auxiliar na recordação futura dele.

- *Fazer apontamentos eficazes.* "Menos é mais" talvez seja o melhor conselho para tomar notas de aula que facilitem a recordação. Em vez de tentar anotar todos os detalhes de uma aula, é melhor ouvir e pensar sobre o material, anotando os principais pontos. Para tomar notas eficazes, pensar sobre o material no primeiro contato é mais importante do que registrá-lo por escrito. Esse é o motivo pelo qual usar as notas de outra pessoa não é uma boa ideia; você não terá arcabouço na memória que possa usar para compreendê-las (Feldman, 2010).
- *Adotar a técnica de prática e ensaio.* Embora a prática não leve necessariamente à perfeição, ela ajuda. Estudando e ensaiando o material após um domínio inicial – processo denominado *sobreaprendizagem* –, as pessoas podem apresentar melhor recordação do que exibem se param de praticar depois da aprendizagem inicial do material.
- *Conversar consigo mesmo.* Se você tem dificuldade para se lembrar dos nomes das pessoas que conheceu recentemente, uma maneira de se ajudar é dizer os nomes delas em voz alta ao conhecê-las. Será mais fácil recuperar a informação posteriormente porque ela está armazenada de maneira adicional em seu cérebro.
- *Não acreditar nas alegações sobre medicamentos que melhoram a memória.* Comerciais de multivitamínicos com ginkgo ou de outros produtos querem fazê-lo acreditar que tomar um fármaco ou um suplemento pode aprimorar sua memória. Não é assim, de acordo com os resultados de diversos estudos, nenhum deles indicou que os estimulantes da memória comerciais são eficazes (Gold, Cahill, & Wenk, 2002; McDaniel, Maier, & Einstein, 2002; Burns, Bryan, & Nettelbeck, 2006).

Recapitule/avalie/repense

Recapitule

RA 20-1 Por que esquecemos as informações?

- Vários processos explicam as falhas na memória, incluindo declínio, interferência (proativa e retroativa) e esquecimento dependente de pistas.

RA 20-2 Quais são os principais comprometimentos de memória?

- As alterações da memória incluem a doença de Alzheimer, que produz um declínio progressivo da memória, e a amnésia, uma perda da memória que ocorre sem outros déficits mentais e pode tomar a forma de amnésia anterógrada e retrógrada. A síndrome de Korsakoff é uma doença que acomete alcoolistas de longo prazo, resultando em enfraquecimento da memória.
- Os métodos para melhorar a memória incluem a técnica da palavra-chave para memorizar palavras em uma língua estrangeira; utilizar o fenômeno da especificidade da codificação; organizar material de texto e notas de aula; falar consigo mesmo; e adotar a técnica de prática e ensaio, o que gera uma sobreaprendizagem.

Avalie

1. Se depois de aprender a história do Oriente Médio para uma aula dois anos atrás, agora você está tendo dificuldade para lembrar o que aprendeu, é pelo fato de estar sofrendo _____ na memória, causado por falta de uso.
2. A dificuldade para acessar uma lembrança devido à presença de outra informação é conhecida como _____.
3. Ocorre interferência _____ quando é difícil recuperar um material devido à posterior exposição a outro material; já a interferência _____ refere-se à dificuldade em recuperar um material como resultado da interferência de outro material aprendido anteriormente.
4. Combine os seguintes déficits de memória com as informações corretas:
    1. Afeta alcoolistas; pode resultar em alucinações.
    2. Perda de memória que ocorre sem outros déficits mentais.
    3. Defeito na beta-amiloide; esquecimento progressivo e deterioração física.

    a. Doença de Alzheimer
    b. Síndrome de Korsakoff
    c. Amnésia

Repense

1. Quais são as implicações da interferência proativa e retroativa no aprendizado de várias línguas estrangeiras? O treinamento prévio em um idioma diferente ajudaria ou dificultaria o aprendizado de uma nova língua?
2. *Da perspectiva de um profissional da saúde*: A doença de Alzheimer e a amnésia são os dois transtornos da memória mais prevalentes que ameaçam muitos indivíduos. Que tipos de atividades os profissionais da saúde poderiam oferecer a seus pacientes para ajudá-los a combater a perda de memória?

Respostas das questões de avaliação

1. declínio; 2. interferência; 3. retroativa, proativa; 4. 1-b, 2-c, 3-a

Termos-chave

declínio **p. 229**
interferência **p. 229**
esquecimento dependente de pistas **p. 230**
interferência proativa **p. 230**
interferência retroativa **p. 230**
doença de Alzheimer **p. 231**
amnésia **p. 232**
amnésia retrógrada **p. 232**
amnésia anterógrada **p. 232**
síndrome de Korsakoff **p. 232**

Recordando

Epílogo

Nosso exame da memória destacou os processos de codificação, armazenamento e recuperação, além de teorias sobre como esses processos ocorrem. Também encontramos vários fenômenos relacionados à memória, incluindo o fenômeno da ponta da língua e as memórias instantâneas. Acima de tudo, observamos que a memória é um processo construtivo pelo qual as interpretações, expectativas e suposições contribuem para a natureza de nossas memórias.

Antes de passar para o próximo capítulo, retorne ao prólogo sobre a memória perfeita de Louise Owen para eventos em sua vida. Considere as seguintes perguntas à luz do que você sabe sobre o assunto.

1. Qual parte da memória de Louise Owen é afetada por sua condição?
2. A capacidade de memória de Louise Owen é mais uma benção ou um grande incômodo? Justifique sua resposta.
3. Você esperaria que Louise Owen tivesse memória perfeita para *todos* os fatos e as informações que ela encontrou em sua vida, tais como os livros didáticos que ela leu? Justifique sua resposta.
4. Da perspectiva de um pesquisador, como você poderia verificar se a memória de Louise Owen é realmente precisa?

RESUMO VISUAL 6 Memória

MÓDULO 18 Os Fundamentos da Memória

Memória: Codificando, armazenando e recuperando informações

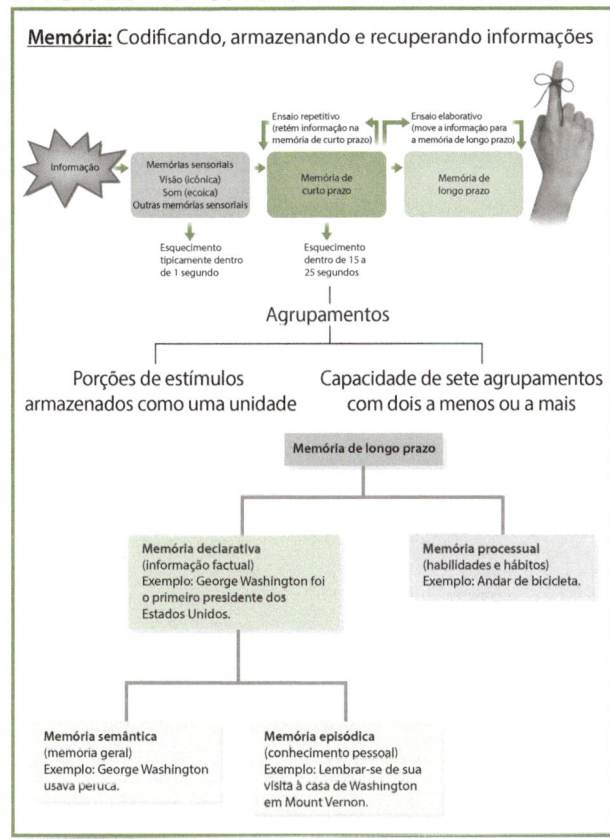

[Diagrama: Informação → Memórias sensoriais (Visão icônica, Som ecoica, Outras memórias sensoriais) → Memória de curto prazo (Ensaio repetitivo: retém informação na memória de curto prazo) → Memória de longo prazo (Ensaio elaborativo: move a informação para a memória de longo prazo). Esquecimento tipicamente dentro de 1 segundo / Esquecimento dentro de 15 a 25 segundos]

Agrupamentos
- Porções de estímulos armazenados como uma unidade
- Capacidade de sete agrupamentos com dois a menos ou a mais

Memória de longo prazo
- **Memória declarativa** (informação factual) — Exemplo: George Washington foi o primeiro presidente dos Estados Unidos.
  - **Memória semântica** (memória geral) — Exemplo: George Washington usava peruca.
  - **Memória episódica** (conhecimento pessoal) — Exemplo: Lembrar-se de sua visita à casa de Washington em Mount Vernon.
- **Memória processual** (habilidades e hábitos) — Exemplo: Andar de bicicleta.

MÓDULO 19 Recordando Memórias de Longo Prazo

Pistas de recuperação: estímulo que permite a recordação de informações armazenadas na memória de longo prazo
- Recordação: lembrar-se de informações específicas
- Reconhecimento: saber se fomos expostos anteriormente a determinada informação

Teoria dos níveis de processamento: recordação depende de quanta informação foi processada no primeiro contato

Memórias explícitas: recordação consciente da informação

Memórias implícitas: memórias das quais as pessoas não têm consciência

Memórias instantâneas: memórias relacionadas a eventos específicos importantes

Processos construtivos: processos em que as memórias são influenciadas pelo significado que damos aos eventos

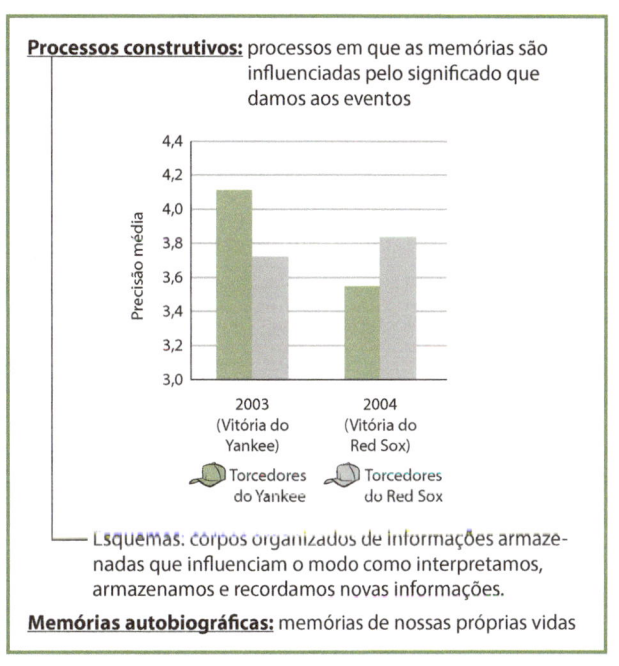

[Gráfico de barras: Precisão média vs 2003 (Vitória do Yankee) e 2004 (Vitória do Red Sox). Torcedores do Yankee e Torcedores do Red Sox]

Esquemas: corpos organizados de informações armazenadas que influenciam o modo como interpretamos, armazenamos e recordamos novas informações.

Memórias autobiográficas: memórias de nossas próprias vidas

MÓDULO 20 Esquecendo: Quando a Memória Falha

Declínio: perda de informações por falta de utilização

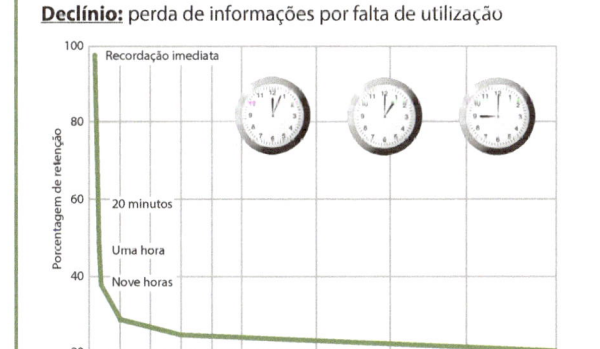

[Gráfico: Porcentagem de retenção vs Tempo decorrido (dias). Recordação imediata, 20 minutos, Uma hora, Nove horas]

Esquecimento dependente de pistas: esquecimento que ocorre quando não há sugestões de recuperação suficientes disponíveis

Interferência: informação na memória atrapalha a recordação de outras informações

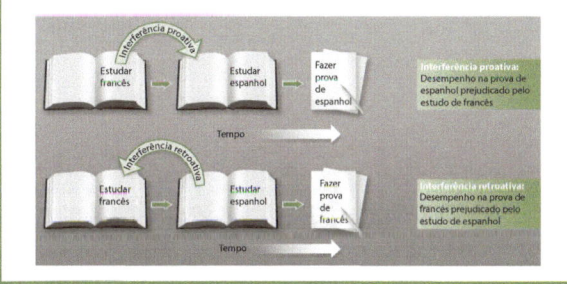

[Diagrama: Interferência proativa — Estudar francês → Estudar espanhol → Fazer prova de espanhol. Desempenho na prova de espanhol prejudicado pelo estudo de francês. Interferência retroativa — Estudar francês → Estudar espanhol → Fazer prova de francês. Desempenho na prova de francês prejudicado pelo estudo de espanhol]

7
Pensamento, Linguagem e Inteligência

Resultados de Aprendizagem para o Capítulo 7

MÓDULO 21

RA 21-1 O que é pensamento?

RA 21-2 Quais processos subjazem ao raciocínio e à tomada de decisões?

RA 21-3 Como as pessoas abordam e resolvem problemas?

RA 21-4 Quais são os principais obstáculos para a resolução de problemas?

Pensamento e Raciocínio
Imagens mentais: examinando a imaginação
Conceitos: categorizando o mundo
Algoritmos e heurísticas
Aplicando a Psicologia no Século XXI: Vou levar "inteligência artificial" por mil dólares, Alex
Resolvendo problemas
Criatividade e resolução de problemas
Tornando-se um Consumidor Informado de Psicologia: Pensando de maneira crítica e criativa

MÓDULO 22

RA 22-1 Como as pessoas usam a linguagem?

RA 22-2 Como se desenvolve a linguagem?

Linguagem
Gramática: a linguagem da linguagem
O desenvolvimento da linguagem: desenvolvendo um jeito com as palavras
Entendendo a aquisição da linguagem: identificando as raízes da linguagem
A influência da linguagem sobre o pensamento: os esquimós têm mais palavras para neve do que os texanos?
Os animais usam a linguagem?
Explorando a Diversidade: Ensinando com variedade linguística: educação bilíngue
A Neurociência em sua Vida: O bilinguismo e o cérebro

MÓDULO 23

RA 23-1 Quais são as diferentes definições e concepções de inteligência?

RA 23-2 Quais são as principais abordagens para medir a inteligência e o que os testes de inteligência medem?

RA 23-3 Como os extremos de inteligência podem ser caracterizados?

RA 23-4 Os testes de QI tradicionais são culturalmente tendenciosos?

RA 23-5 Em que medida a inteligência é influenciada pelo ambiente e pela hereditariedade?

Inteligência
Teorias da inteligência: existem diferentes tipos de inteligência?
Avaliando a inteligência
Variações na capacidade intelectual
TrabalhoPsi: Diretor de educação especial
Diferenças de Grupo em Relação à inteligência: determinantes genéticos e ambientais
Explorando a Diversidade: A relativa influência da genética e do ambiente: natureza, criação e QI

Prólogo *Eureca!*

Um dia no outono do segundo ano no ensino médio, Matthew Fernandez e Akash Krishnan estavam na casa de Akash em Portland, Oregon, tentando ter uma ideia para a feira de ciências de sua escola. Temporariamente derrotados, eles se puseram a assistir a um DVD do filme *Eu, Robô*.

Há uma cena no filme em que Will Smith, que faz o papel do policial que detesta robôs, visita Bridget Moynahan, a cientista extraordinariamente atraente, e eles começam a discutir. Ela fica zangada. Seu robô pessoal imediatamente entra na sala e pergunta: "Está tudo bem, senhora? Detectei padrões elevados de tensão em sua voz." É uma conversa sem importância – um computador reconhecendo emoção em uma voz humana – em um filme repleto de robôs futuristas fazendo estragos, mas foi um momento de súbito entendimento (Eureca!) para uma equipe de pesquisa desesperada. Sua reação, como Matt a descreve, foi a seguinte: "Puxa, isso foi muito legal. Fico pensando se existe alguma ciência nisso" (Lichtenstein, 2011, p. 44).

Olhando à frente

Matt e Akash passaram a trabalhar no problema de desenvolver um programa de computador que reconhecesse inflexões emocionais na fala. Eles tinham uma tarefa difícil pela frente: uma coisa é programar um computador para reconhecer a fala; outra é programá-lo para reconhecer sutilezas emocionais. Embora possamos prontamente identificar emoções como alegria ou ansiedade na voz de outra pessoa, Matt e Akash descobriram que é muito difícil especificar exatamente o que estamos captando para chegar a tais conclusões. Apesar disso, eles se saíram muito bem: suas habilidades de resolução de problemas e criatividade por fim os fizeram vencer o Concurso da Siemens, uma das maiores competições de ciências nos Estados Unidos, além de ganhar bolsas de estudos no valor de 100 mil dólares.

O reconhecimento emocional é apenas uma das muitas tarefas que nosso incrível computador humano – o cérebro – é capaz de realizar no curso de nossa vida, muito embora possamos ter pouca ou nenhuma ideia de como ele faz isso. O mistério a respeito de como o cérebro processa a linguagem e todas as suas nuances – e de como ele usa as informações para resolver problemas e tomar decisões – é o tema ao qual nos voltamos agora.

Respostas para tais perguntas vêm da **psicologia cognitiva**, o ramo da psicologia que se concentra no estudo dos processos mentais superiores, incluindo pensamento, linguagem, memória, resolução de problemas, conhecimento, raciocínio, julgamento e tomada de decisão. Com certeza, o domínio da psicologia cognitiva é amplo.

Iniciaremos pela consideração dos conceitos, os blocos de construção do pensamento. Examinamos estratégias diferentes para abordar problemas, modos de gerar soluções e maneiras de fazer juízos sobre a utilidade e a precisão das soluções.

Depois nos voltaremos para o modo como nos comunicamos com os outros: a linguagem. Consideraremos como a linguagem se desenvolve e é adquirida, suas características básicas e a relação entre linguagem e pensamento.

Finalmente, examinaremos a inteligência. Consideraremos os desafios envolvidos na definição e medição da inteligência e depois analisaremos os dois grupos que exibem os extremos da inteligência: pessoas com retardo mental e superdotados. Exploraremos aquelas que provavelmente são as duas questões mais polêmicas em relação à inteligência: o grau em que a inteligência é influenciada pela hereditariedade e pelo ambiente e se os testes de inteligência tradicionais são inclinados em favor dos grupos culturais dominantes na sociedade – uma questão difícil que tem significado tanto psicológico quanto social.

psicologia cognitiva Ramo da psicologia que se concentra no estudo dos processos mentais superiores, incluindo pensamento, linguagem, memória, resolução de problemas, conhecimento, raciocínio e julgamento.

MÓDULO 21

Pensamento e Raciocínio

Sobre o que você está pensando neste momento?

A simples capacidade de fazer uma pergunta como essa ressalta a natureza inconfundível da capacidade humana de pensar. Nenhuma outra espécie contempla, analisa, recorda ou planeja como os seres humanos. Contudo, compreender o que é o pensamento vai além de saber o que pensamos. Os filósofos, por exemplo, discutiram durante gerações sobre o significado do pensar, alguns deles colocando-o no cerne da compreensão dos seres humanos acerca de sua própria existência.

Os psicólogos definem **pensamento** como a manipulação das representações mentais da informação. Uma representação pode assumir a forma de uma palavra, de uma imagem visual, de um som ou de dados em qualquer outra modalidade sensorial que estejam armazenados na memória. O pensar transforma determinada representação da informação em formas novas e diferentes, permitindo-nos responder perguntas, resolver problemas ou alcançar objetivos.

Embora um entendimento claro do que ocorre especificamente quando pensamos continue difícil de encontrar, nossa compreensão a respeito da natureza dos elementos fundamentais envolvidos no pensamento está aumentando. Iniciamos considerando o uso de imagens e conceitos mentais, os elementos que formam o pensamento.

Imagens mentais: examinando a imaginação

Pense em seu melhor amigo.

É provável que você "veja" algum tipo de imagem visual quando lhe pedem para pensar nele ou nela, ou em qualquer outra pessoa ou objeto. Para alguns psicólogos cognitivos, essas imagens mentais constituem uma parte importante do pensamento.

Imagens mentais são representações de um objeto ou evento na mente. Elas não são apenas representações mentais; nossa capacidade de "ouvir" uma melodia em nossa cabeça também depende de uma imagem mental. Na verdade, toda modalidade sensorial pode produzir imagens mentais correspondentes (De Beni, Pazzaglia, & Gardini, 2007; Gardini et al., 2009; Koçak et al., 2011).

A pesquisa constatou que as imagens mentais contêm muitas das propriedades dos estímulos reais que elas representam. Por exemplo, a mente leva mais tempo examinando imagens mentais de objetos grandes do que de objetos pequenos, exatamente como o olho leva mais tempo para examinar um objeto real grande do que um objeto real pequeno. Da mesma forma, somos capazes de manipular e girar imagens mentais de objetos, assim como somos capazes de manipular e girá-los no mundo real (Mast & Kosslyn, 2002; Iachini & Giusberti, 2004; Zacks, 2008; ver Fig. 1).

Alguns especialistas veem a produção de imagens mentais como um modo de aperfeiçoar várias habilidades. Por exemplo, muitos atletas usam imagens mentais em seu treinamento. Jogadores de basquete podem tentar produzir imagens vívidas e detalhadas da quadra, da cesta, da bola e da torcida ruidosa. Eles são capazes de se imaginar fazendo um arremesso, observando a bola e ouvindo o apito quando ela atravessa a rede. E funciona: o uso de imagens mentais pode melhorar o desempenho nos esportes (Fournier, Deremaux, & Bernier, 2008; Moran, 2009; Velentzas, Heinen, & Schack, 2011).

Resultados de Aprendizagem

RA 21-1 O que é pensamento?

RA 21-2 Quais processos subjazem ao raciocínio e à tomada de decisões?

RA 21-3 Como as pessoas abordam e resolvem problemas?

RA 21-4 Quais são os principais obstáculos para a resolução de problemas?

pensamento Manipulação das representações mentais da informação.

imagens mentais Representações de um objeto ou evento na mente.

PsicoTec

O pesquisador Adam Wilson desenvolveu um método de *tuitar* por pensamento. O processo envolve equipar-se com eletrodos que reagem a alterações na atividade cerebral. Porém, o processo é lento: os *tuiteiros* mais rápidos são capazes de criar mensagens a uma taxa de apenas oito caracteres por minuto.

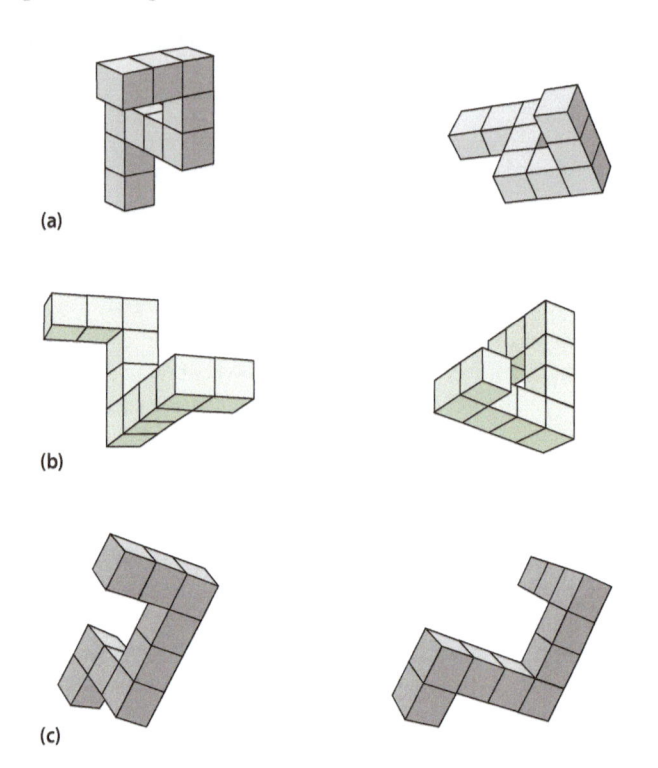

FIGURA 1 Tente girar mentalmente um de cada par dos padrões para ver se ele é igual ao outro membro daquele par. É provável que, quanto mais tempo você tiver para girar mentalmente um padrão, mais tempo levará para decidir se os padrões correspondem um ao outro. Isso significa que você levará mais tempo para visualizar um mapa-múndi do que um mapa dos Estados Unidos? Por que sim e por que não?

Fonte: Shepard, R. N., & Metzler, J. (1971). Mental rotation of three-dimensional objects. *Science*, 171, no. 3972, 701–703 [Figure 1, p. 702]. Reproduzida com permissão de AAAS. http://www.sciencemag.org/content/171/3972/701.full

Atletas usam imagens mentais para focar uma tarefa, um processo que eles chamam de "entrar na zona". Que outras ocupações poderiam requerer o uso de mentalização forte?

conceitos Agrupamento mental de objetos, eventos ou pessoas similares.

Conceitos: categorizando o mundo

Se alguém pergunta o que tem no armário de sua cozinha, você poderia responder com uma lista detalhada de itens (um pote de manteiga de amendoim, três pacotes de macarrão, seis pratos de jantar sem par, e assim por diante). Contudo, é mais provável que você responda nomeando algumas categorias mais amplas, tais como "comida" e "louça".

O uso de tais características reflete a operação de conceitos. **Conceitos** são agrupamentos mentais de objetos, eventos ou pessoas similares. Os conceitos permitem-nos organizar fenômenos complexos em categorias cognitivas mais fáceis de usar (Murphy, 2005; Connolly, 2007; Kreppner et al., 2011).

Os conceitos nos ajudam a classificar os objetos que encontramos com base em nossa experiência anterior. Por exemplo, podemos supor que alguém que está tocando na tela de um aparelho de mão provavelmente está usando algum tipo de computador ou agenda eletrônica, mesmo que nunca tenhamos visto aquele modelo específico antes. Fundamentalmente, os conceitos influenciam o comportamento. Presumiríamos, por exemplo, que seria adequado acariciar um animal depois de determinar que se trata de um cão, mas nos comportaríamos de outra forma caso classificássemos o animal como um lobo.

Quando os psicólogos cognitivos começaram a estudar conceitos, eles se concentraram naqueles que eram claramente definidos por um conjunto exclusivo de propriedades ou características. Por exemplo, um triângulo equilátero é uma figura fechada que possui três lados com o mesmo comprimento. Se um objeto tem essas características, ele é um triângulo equilátero; se ele não tem, ele não é um triângulo equilátero.

Outros conceitos – com frequência os mais relevantes para a vida cotidiana – são mais ambíguos e difíceis de definir. Por exemplo, conceitos mais amplos como "mesa" e "ave" têm um conjunto de propriedades características relativamente vagas, em vez de propriedades exclusivas claramente definidas que distingam algo que exemplifica o conceito de alguma coisa que não é um exemplo dele. Quando consideramos esses conceitos mais ambíguos, geralmente pensamos em termos de exemplos denominados **protótipos**. Protótipos são exemplos típicos altamente representativos de um conceito que correspondem a nossa imagem mental ou melhor exemplo do conceito. Por exemplo, embora um sabiá e um avestruz sejam ambos exemplos de aves, o sabiá é um exemplo que vem à cabeça das pessoas com mais facilidade. Consequentemente, sabiá é um protótipo do conceito "ave". Da mesma forma, quando pensamos no conceito de mesa, tendemos a pensar em uma mesa de refeições antes de pensarmos em uma mesa de desenho, o que torna uma mesa de refeições mais próxima de nosso protótipo de mesa.

Existe uma concordância relativamente alta entre os membros de determinada cultura sobre quais exemplos de um conceitos são protótipos, bem como quais exemplos não são. Por exemplo, a maioria das pessoas nas culturas ocidentais considera carros e caminhões bons exemplos de veículos, ao passo que elevadores e carrinhos de mão não são considerados bons exemplos. Consequentemente, carros e caminhões são protótipos do conceito de veículo.

Os conceitos nos permitem pensar e compreender com mais rapidez o complexo mundo em que vivemos. Por exemplo, as suposições que fazemos sobre as razões do comportamento de outras pessoas baseiam-se nos modos como classificamos o comportamento. Portanto, nossa conclusão sobre uma pessoa que lava as mãos 20 vezes por dia pode variar, dependendo se colocamos seu comportamento no arcabouço conceitual de um profissional da saúde ou de um doente mental. Similarmente, os médicos fazem diagnósticos baseando-se em conceitos e protótipos de sintomas sobre os quais aprenderam na faculdade. Por fim, conceitos e protótipos facilitam nossos esforços para tirar conclusões adequadas por meio do processo cognitivo ao qual nos voltamos a seguir: o raciocínio.

protótipos Exemplos típicos altamente representativos de um conceito.

Algoritmos e heurísticas

Quando temos de tomar uma decisão, muitas vezes recorremos a vários tipos de atalhos cognitivos, conhecidos como algoritmos e heurísticas, em busca de ajuda. Um **algoritmo** é uma regra que, se aplicada adequadamente, garante uma solução para um problema. Podemos usar um algoritmo mesmo sem compreender por que ele funciona. Por exemplo, você pode saber que é possível descobrir o comprimento do terceiro lado de um triângulo retângulo usando a fórmula $a^2 + b^2 = c^2$, embora você possa não ter a menor noção dos princípios matemáticos por trás da fórmula.

Para muitos problemas e decisões, entretanto, não há algoritmo disponível. Nesses casos, talvez possamos usar heurísticas que nos ajudem. Uma **heurística** é uma estratégia de pensamento que pode levar-nos a uma solução para um problema ou decisão, mas que – diferentemente dos algoritmos – pode, às vezes, resultar em erros. Heurísticas aumentam a probabilidade de sucesso para chegar a uma solução, mas, diferentemente dos algoritmos, elas não podem garanti-la. Por exemplo, quando jogo o jogo da velha, sigo a heurística de colocar um X no quadrado central ao iniciar a partida. Essa tática não garante que eu vença, mas a experiência já me ensinou que ela aumenta as minhas chances de vitória. Da mesma forma, alguns estudantes seguem a heurística de se preparar para uma prova ignorando a leitura do texto proposto e estudando apenas suas anotações de aula – estratégia que pode compensar ou não.

Embora heurísticas com frequência ajudem as pessoas a resolver problemas e tomar decisões, certos tipos de heurística podem levar a conclusões imprecisas. Por exemplo, às vezes usamos a *heurística da representatividade*, uma regra que aplicamos quando julgamos as pessoas pelo grau em que elas representam determinada categoria ou grupo. Vamos supor, por exemplo, que você é o proprietário de um restaurante de *fast-food* que foi roubado muitas vezes por adolescentes. A heurística da representatividade o levaria a levantar

algoritmo Uma regra que, se aplicada adequadamente, garante uma solução para um problema.

heurística Uma estratégia de pensamento que pode levar-nos a uma solução para um problema ou a uma decisão, mas que – diferentemente dos algoritmos – pode, às vezes, resultar em erros.

Alerta de estudo

Lembre-se de que algoritmos são regras que sempre oferecem uma solução, ao passo que heurísticas são atalhos que podem fornecer uma solução.

Aplicando a Psicologia no Século XXI

Vou levar "inteligência artificial" por mil dólares, Alex

"Este item de uso facial fez com que o israelita Moshe Dayan fosse reconhecido instantaneamente no mundo inteiro."

Esta era a dica de 1.600 dólares na categoria "Os olhos têm" de uma rodada simulada de um programa de televisão popular, chamado *Jeopardy*.

Os competidores tinham apenas alguns segundos para pensar sobre a pergunta que aparecia escrita à sua frente – o tempo que levava para o apresentador ler as palavras em voz alta. Assim que ele terminasse, era hora de os concorrentes competirem para ser o primeiro a apertar a campainha e dar a resposta.

Os três competidores rapidamente realizavam essa ginástica mental para encontrar a resposta correta, mas somente um deles apertava a campainha primeiro. "O que é um tapa-olho?" ele respondeu corretamente, agregando 1.600 dólares pra sua caixinha e facilmente derrotando seus adversários – adversários que, por sinal, já tinham sido campeões no programa. No entanto, esse competidor era especial por seu próprio mérito: ele nem sequer era humano. Era um computador chamado Watson e estava vencendo (Baker, 2011).

Esta não era a primeira vez que a inteligência humana competiu com a inteligência artificial e perdeu. Mais de 10 anos antes, outro computador, chamado Deep Blue, havia derrotado o então campeão mundial em um *match* de xadrez. Contudo, ainda que o feito do Deep Blue tenha sido impressionante, ele era limitado em aspectos fundamentais – ele não precisava compreender a linguagem, reconhecer dicas sutis, ou vasculhar bases de dados gigantescas para encontrar fatos relevantes e reuni-los para criar uma solução. Mas Watson o fez.

Não obstante, embora Watson tenha sido capaz de derrotar campeões do *Jeopardy* com facilidade, seu "poder cerebral" ainda não é páreo para o cérebro humano. En-

Embora Watson tenha facilmente derrotado seus adversários humanos, a inteligência artificial ainda tem um longo caminho a percorrer para igualar-se à complexidade do cérebro humano.

quanto um competidor humano que conhecesse Moshe Dayan faria imediatamente as conexões apropriadas, evocaria o rosto de Dayan e compreenderia que o tapa-olho era o objeto de interesse, Watson trabalhou de forma bem diferente. Ele vasculhou sua massiva base de dados em busca de todos os detalhes triviais possíveis relacionados a Dayan. Ele tinha de verificar repetidamente fatos que um competidor humano simplesmente saberia – tais como se Dayan era realmente uma pessoa – para determinar a probabilidade de que cada detalhe era relevante para a questão (Detterman, 2011).

O êxito de Watson mostra que a resolução de problemas e a tomada de decisão são processos lógicos – processos complicados, com certeza, mas que podem ser decompostos em passos e regras individuais. Porém, enquanto Watson precisava de uma sala cheia de processadores de computador, ventiladores para resfriá-los e engenheiros para operá-los, nossos cérebros resolvem problemas o dia inteiro, todos os dias – enquanto ainda fazem planos a longo prazo, controlam nossos corpos, mantendo-nos vivos e fazendo todas as outras coisas que nos tornam seres singularmente humanos (Baker, 2011).

> **REPENSE**
> - Em que aspectos Watson está "pensando" como um ser humano e em que aspectos não está?
> - Algumas pessoas temem que as máquinas com inteligência artificial como Watson um dia possam tirar o emprego de pessoas ou mesmo sejam encarregadas com decisões delicadas, tais como diagnosticar doenças em centros hospitalares. Esses medos lhe parecem realistas? Pode haver benefícios ao utilizar máquinas dessa forma?

a guarda toda vez que alguém dessa faixa etária entrasse em seu restaurante (ainda que, estatisticamente, seja improvável que todo adolescente vá roubar a loja) (Nilsson, Juslin, & Olsson, 2008; Read & Grushka-Cockayne, 2011).

A *heurística da disponibilidade* envolve julgar a probabilidade de um evento com base no quão fácil o evento pode ser recuperado da memória. De acordo com essa heurística, presumimos que os eventos que lembramos facilmente devem ter ocorrido com mais frequência no passado – e são mais propensos a ocorrer no futuro – do que os eventos que são mais difíceis de lembrar.

Por exemplo, a heurística da disponibilidade nos faz ter mais medo de morrer em um acidente de avião do que em um acidente de automóvel, apesar de as estatísticas mostrarem claramente que viajar de avião é muito mais seguro do que de carro. Da mesma forma, embora o número de pessoas que morrem por cair da cama seja 10 vezes maior do que o de pessoas que morrem atingidas por um raio, temos mais medo de sermos atingidos por um raio. Isso ocorre porque os acidentes de avião e as mortes por raios são muito mais divulgados, sendo, portanto, mais facilmente lembrados (Oppenheimer, 2004; Fox, 2006; Kluger, 2006; Caruso, 2008).

Também fazemos uso de uma *heurística da familiaridade*, em que coisas familiares são vistas como superiores às não familiares. Por exemplo, vamos supor que toda vez que fosse ao supermercado você tivesse que ponderar sobre todos os tipos de iogurte para decidir qual você quer – assim como todos os outros itens em sua lista de compras. Em vez disso, você vê a marca de iogurte que geralmente compra e decide-se por ela. Esta costuma ser uma boa regra geral porque ela economiza muito tempo.

Todavia, ela não é tão boa se você é um médico em um plantão de emergência suscetível à heurística da familiaridade. Se você simplesmente se decide pelo primeiro diagnóstico mais óbvio para um paciente que apresenta determinados sintomas (aqueles que lhe são mais familiares), você pode deixar de fazer um diagnóstico mais preciso (Herbert, 2011).

Algoritmos e heurísticas podem ser característicos do pensamento humano, mas os cientistas agora estão programando computadores para que imitem o pensamento humano e sua maneira de resolver problemas. Na verdade, eles estão fazendo progressos substanciais com computadores em termos de capacidade de resolver problemas e realizar alguns tipos de atividades intelectuais. De acordo com especialistas que estudam *inteligência artificial*, o campo que examina como usar a tecnologia para imitar o resultado do pensamento, resolução de problemas e atividades criativas do ser humano, os computadores podem apresentar rudimentos de pensamento semelhante ao humano por causa de seu conhecimento de onde olhar – e onde não olhar – para responder a um problema. Eles sugerem que a capacidade dos programas de computador (tais como aqueles que jogam xadrez) de avaliar possíveis movimentos e ignorar possibilidades sem importância garante-lhes a capacidade de pensar – o que consideramos em Aplicando a Psicologia no Século XXI (Sabater & Sierra, 2005; Prasad, 2006; Copeland & Proudfoot, 2007).

Resolvendo problemas

Segundo uma lenda antiga, um grupo de monges vietnamitas guardam três torres sobre as quais haviam 64 anéis de ouro. Os monges acreditavam que, se conseguissem transferir os anéis da primeira para a terceira de acordo com uma série de regras rígidas, o mundo como o conhecemos chegaria ao fim. (Caso você prefira que o mundo continue sendo como está, não há motivo para preocupação imediata: o quebra-cabeça é tão complexo que os monges vão levar 1 trilhão de anos para resolvê-lo.)

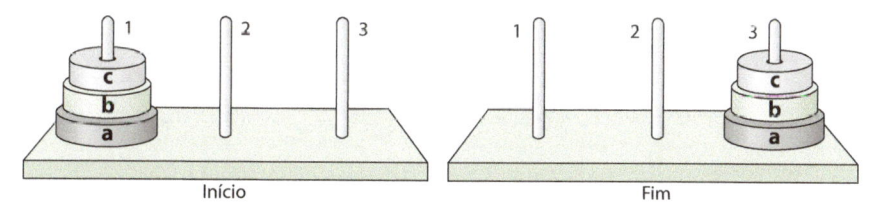

FIGURA 2 O objetivo do quebra-cabeça de Hanói é mover os três discos do primeiro para o terceiro poste e preservar a ordem original dos discos, usando o menor número possível de movimentos e seguindo as regras de só mover um disco de cada vez e jamais colocar um disco sobre um menor durante a transferência. Tente resolver antes de olhar a solução, que está listada de acordo com a sequência de movimentos.

(Solução: Mova C para 3, B para 2, C para 2, A para 3, C para 1, B para 3 e C para 3.)

> **Alerta de estudo**
>
> Use os três passos da resolução de problemas para organizar seus estudos: preparação, produção e julgamento (PPJ).

No quebra-cabeça da Torre de Hanói, uma versão mais simples da tarefa enfrentada pelos monges, três discos são colocados nos três postes na ordem mostrada na Figura 2. O objetivo do quebra-cabeças é transferir os três discos para o terceiro poste, colocando-os na mesma ordem, usando o mínimo de movimentos possível. Existem duas restrições: somente um disco pode ser movido por vez, e um disco jamais pode cobrir um menor durante a transferência.

Por que os psicólogos cognitivos estão interessados no problema da Torre de Hanói? Porque o modo como as pessoas resolvem este tipo de quebra-cabeças ajuda a elucidar como elas resolvem problemas complexos da vida real. Os psicólogos descobriram que a resolução de problemas comumente envolve os três passos ilustrados na Figura 3: preparar para criar soluções, produzir soluções e avaliar as soluções que foram geradas.

Preparação: compreendendo e diagnosticando problemas

Ao abordar um problema como a Torre de Hanói, a maioria das pessoas começa tentando entender o problema minuciosamente. Se o problema é novo, elas provavelmente prestarão especial atenção às eventuais restrições para a apresentação de uma solução – tais como a regra de mover apenas um disco de cada vez na Torre de Hanói. Se, em vez disso, o problema é familiar, elas tendem a passar muito menos tempo na etapa de preparação.

Os problemas variam de bem a mal definidos. Em um problema *bem-definido* – tais como equações matemáticas ou a solução para um quebra-cabeças – tanto a natureza do problema em si como a informação necessária para resolvê-lo estão disponíveis e claras. Assim, podemos fazer juízos diretos sobre se uma possível solução é apropriada. Com um problema *mal definido*, tais como de que forma aumentar o moral em uma linha de montagem ou levar a paz ao Oriente Médio, além de a natureza específica do problema talvez não estar clara, a informação necessária para resolvê-lo pode ser ainda menos óbvia (Vartanian, 2009; Newman, Willoughby, & Pruce, 2011).

Tipos de problemas. Em geral, um problema enquadra-se em uma das três categorias mostradas na Figura 4: organização, estrutura indutora e transformação. Resolver cada categoria requer tipos um pouco diferentes de habilidades e conhecimento psicológicos.

Problemas de organização exigem que se reorganizem ou recombinem os elementos de uma forma que satisfaça um certo critério. Em regra, diversas organizações diferentes podem ser feitas, mas apenas uma ou algumas organizações produzirão uma solução. Anagramas e quebra-cabeças são exemplos de problemas de organização (Coventry et al., 2003).

Em *problemas de estrutura indutora*, a pessoa precisa identificar as relações existentes entre os elementos apresentados e, então, construir uma nova relação entre eles. Em um problema assim, é preciso determinar não apenas as relações entre os elementos, mas também a estrutura e o tamanho dos elementos envolvidos. No exemplo exibido na Figura 4b, a pessoa primeiro deve determinar que a solução requer que os números sejam considerados em pares (14-24-34-44-54-64). Somente depois de identificar aquela parte do problema é que a pessoa pode determinar a regra da solução (o primeiro número de cada par aumenta em um, ao passo que o segundo permanece o mesmo).

O quebra-cabeças da Torre de Hanói representa o terceiro tipo de problema – *problemas de transformação* –, que consistem em um estado inicial, um estado final e um método para converter o estado inicial no estado final. No problema da Torre de Hanói, o estado inicial é a configuração original, o estado final é obter os três discos na terceira estaca e o método são as regras para mover os discos (Emick & Welsh, 2005; Majeres, 2007; Van Belle et al., 2011).

Quer o problema seja de organização, estrutura indutora ou transformação, a etapa de preparação de compreensão e diagnóstico é essencial na resolução, porque ela nos permite desenvolver a própria representação cognitiva do problema e colocá-lo em um arcabouço pessoal. Podemos dividir o problema em subpartes ou ignorar alguma transformação enquanto tentamos simplificar a tarefa. Eliminar informações não essenciais é com frequência uma etapa crucial na fase de preparação da resolução de problemas. Nossa capacidade de

FIGURA 3 Passos na resolução de problemas.

- **Preparação** — Compreender e diagnosticar problemas
- **Produção** — Gerar soluções
- **Julgamento** — Avaliar soluções

a. Problemas de organização

1. Anagramas: reorganize as letras em cada conjunto para formar uma palavra:

   OARFA   TONCO   NOCAB   NOHOS   PVASE

2. Duas cordas estão penduradas no teto, mas estão longe demais para que a pessoa possa segurar uma e caminhar até a outra. No piso existe uma caixa de fósforos, uma chave de fenda e alguns pedaços de algodão. Como as cordas poderiam ser amaradas uma na outra?

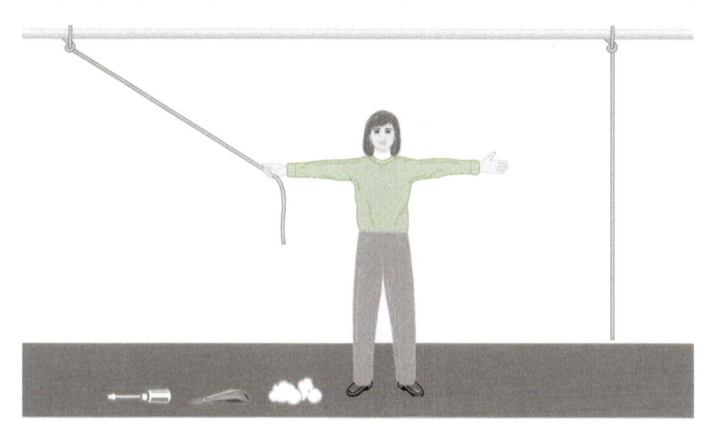

b. Problemas de estrutura indutora

1. Qual é o próximo número nesta série?

   1 4 2 4 3 4 4 4 5 4 6 4

2. Complete estas analogias:

   Beisebol está para taco assim como tênis está para _____

   Comerciante está para vender assim como freguês está para _____

c. Problemas de transformação

1. Frascos de água: uma pessoa tem três frascos com as seguintes capacidades:

   Frasco A: 28 litros
   Frasco B: 7 litros
   Frasco C: 5 litros

   Como uma pessoa poderia medir exatamente 11 litros de água?

2. Dez moedas são organizadas tal como abaixo. Movendo apenas *duas* moedas, faça duas filas contendo cada uma seis moedas.

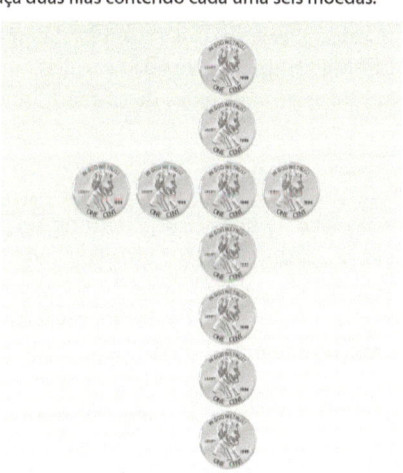

FIGURA 4 As três grandes categorias de problemas: (a) organização, (b) estrutura indutora e (c) transformação. As soluções aparecem na Figura 5, na página 248.

(Fonte: Bourne, L. E., & Dominowski, R. L., Cognitive Processes, 2nd ed., p. 233, © 1986. Impresso e reproduzido eletronicamente com permissão de Pearson Education, Inc., Upper Saddle River, New Jersey.)

FIGURA 5 Soluções dos problemas da Figura 4, na página 247.

(Fonte: Bourne, L. E., & Dominowski, R. L., Cognitive Processes, 2nd ed., p. 268, © 1986. Impresso e reproduzido eletronicamente com permissão de Pearson Education, Inc., Upper Saddle River, New Jersey).

a. **Problemas de organização**

1. Afora, conto, banco, sonho, vespa

2. A chave de fenda é amarrada em uma das cordas. Isso forma um pêndulo que pode ser balançado para alcançar a outra corda.

b. **Problemas de estrutura indutora**

1. 7

2. raquete; comprar

c. **Problemas de transformação**

1. Encha o frasco A; esvazie-o no frasco B uma vez e no frasco C duas vezes. O que sobrar no frasco A é 11 litros.

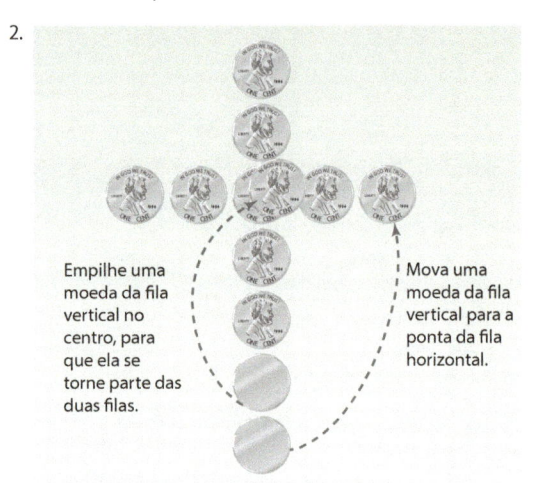

2.

Empilhe uma moeda da fila vertical no centro, para que ela se torne parte das duas filas.

Mova uma moeda da fila vertical para a ponta da fila horizontal.

representar um problema – e o tipo de solução ao qual eventualmente chegamos – depende do modo como o problema é formulado ou enquadrado. Considere, por exemplo, se você fosse um paciente com câncer tendo de escolher entre cirurgia e radioterapia e recebesse os dois conjuntos de opções de tratamento mostrados na Figura 6 (Tversky & Kahneman, 1987; Chandran & Menon, 2004). Quando as opções são enquadradas em termos da probabilidade de sobrevivência, apenas 18% dos participantes em um estudo optaram pela radioterapia em vez da cirurgia. Contudo, quando a escolha foi enquadrada em termos da probabilidade de morrer, 44% escolheram a radioterapia em vez da cirurgia – ainda que os resultados sejam idênticos em ambos os conjuntos de condições de enquadramento.

Produção: gerando soluções

Depois da preparação, a próxima etapa na resolução de problemas é a produção de possíveis soluções. Se o problema é relativamente simples, já podemos ter uma solução direta armazenada na memória de longo prazo, e tudo o que precisamos fazer é acessar a informação apropriada. Se não pudermos recuperar ou não soubermos a solução, precisaremos gerar possíveis soluções e compará-las com informações na memória de longo e curto prazos.

No nível mais básico, podemos resolver problemas por tentativa e erro. Thomas Edison inventou a lâmpada somente porque experimentou milhares de diferentes tipos de materiais para um filamento antes de encontrar aquele que funcionou (carbono). A dificuldade com a tentativa e erro, evidentemente, é que alguns problemas são tão complicados que levaria uma vida inteira para experimentar todas as possibilidades. Por exemplo, de acordo com algumas estimativas, existem cerca de 10^{120} sequências possíveis de jogadas no xadrez (Fine & Fine, 2003).

Em vez de tentativa e erro, a resolução complexa de problemas muitas vezes envolve o uso de heurísticas, atalhos cognitivos que podem gerar soluções. Provavelmente, a heurís-

Problema: cirurgia ou radioterapia

Enquadramento de sobrevivência

Cirurgia: De cada cem pessoas que fazem cirurgia, 90 sobrevivem no pós-operatório, 68 estão vivas no primeiro ano e 34 estão vivas ao fim de cinco anos.
Radioterapia: De cem pessoas que fazem radioterapia, todas sobrevivem durante o tratamento, 77 estão vivas no primeiro ano e 22 estão vivas ao fim de cinco anos.

Muito mais pacientes escolhem cirurgia.

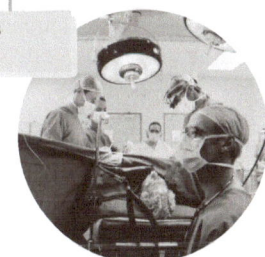

Enquadramento de mortalidade

Cirurgia: De cada cem pessoas que fazem cirurgia, 10 morrem durante a cirurgia, 32 morrem no primeiro ano e 66 morrem ao fim de cinco anos.
Radioterapia: De cem pessoas que fazem radioterapia, nenhuma morre durante o tratamento, 23 morrem no primeiro ano e 78 morrem ao fim de cinco anos.

Muito mais pacientes escolhem radioterapia.

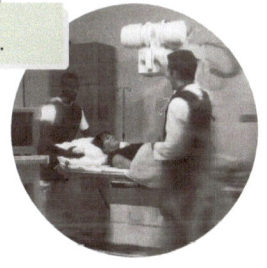

FIGURA 6 Uma decisão muitas vezes é influenciada pelo modo como um problema é enquadrado. Nesse caso, a maioria dos pacientes escolheria radioterapia em vez de cirurgia, a despeito de resultados semelhantes.

---

tica aplicada com mais frequência na resolução de problemas seja uma **análise de meios e fins**, que envolve testes repetidos em busca de diferenças entre o resultado desejado e o que existe atualmente. Considere esse simples exemplo (Huber, Beckmann, & Herrmann, 2004; Chrysikou, 2006; Bosse, Gerritsen, & Treur, 2011):

> Quero levar meu filho para a pré-escola. Qual é a diferença entre o que tenho e o que quero? Questão de distância. O que muda a distância? Meu carro. Meu carro não funciona. O que é preciso para fazê-lo funcionar? Uma bateria nova. Onde há baterias novas? Em uma loja de autopeças...

Em uma análise de meios e fins, cada passo aproxima-nos de uma resolução. Embora essa abordagem em geral seja eficaz, se o problema requer passos indiretos que temporariamente *aumentem* a discrepância entre o estado atual e a solução, a análise de meios e fins pode ser contraproducente. Por exemplo, às vezes o caminho mais rápido para o topo de uma montanha exige que o alpinista retroceda temporariamente; uma abordagem de meios e fins – que implica que o alpinista deve sempre ir em frente e para cima – será ineficaz nesses casos.

Para outros problemas, a melhor abordagem é trabalhar para trás focando o objetivo, em vez de o ponto de partida, do problema. Considere, por exemplo, o problema da ninfeia:

> Ninfeias estão crescendo no Lago Azul. As ninfeias crescem rapidamente, de modo que a quantidade da superfície da água coberta por elas duplica-se a cada 24 horas. No primeiro dia de verão, havia apenas uma ninfeia. No 90º dia do verão, o lago estava totalmente coberto. Em que dia o lago estava coberto pela metade? (Reisberg, 1997)

Se você partir em busca de uma solução para o problema pensando sobre o estado inicial no primeiro dia (uma ninfeia) e for avançando a partir daí, você tem diante de si a intimidante tarefa de estimativa por tentativa e erro. Mas experimente uma abordagem diferente: comece pelo dia 90, quando o lago inteiro estava coberto de ninfeias. Considerando que as ninfeias duplicam sua cobertura diariamente, no dia anterior somente a metade do lago estava coberta. A resposta, então, é o dia 89, uma solução encontrada de trás para frente (Bourne et al., 1986; Hunt, 1994).

análise de meios e fins
Envolve testes repetidos para diferenças entre o resultado desejado e o que existe atualmente.

Formando submetas: dividindo os problemas em suas partes.
Outra heurística comumente utilizada para gerar soluções é dividir o problema em etapas intermediárias, ou submetas, tais como mover o disco maior para a terceira haste.

Se alcançar uma submeta é um passo para a solução final de um problema, identificar submetas é uma estratégia apropriada. Contudo, em alguns casos, formar submetas não ajuda e pode inclusive aumentar o tempo necessário para encontrar uma solução. Por exemplo, alguns problemas não podem ser subdivididos. Outros – como alguns problemas matemáticos complicados – são tão complexos que leva mais tempo para identificar as subdivisões apropriadas do que resolver o problema por outros meios (Reed, 1996; Kaller et al., 2004; Fishbach, Dhar, & Zhang, 2006).

Insight: compreensão súbita.
Algumas abordagens da geração de possíveis soluções centram-se menos nas heurísticas graduais do que nas irrupções de compreensão que podemos experimentar durante os esforços para resolver um problema. Em um estudo clássico, o psicólogo alemão Wolfgang Köhler examinou os processos de aprendizagem e resolução de problemas em chimpanzés (Köhler, 1927). Em seus estudos, Köhler expôs os chimpanzés a situações desafiadoras em que os elementos da solução estavam todos presentes; tudo o que os chimpanzés precisavam fazer era reuni-los.

Em um dos estudos de Köhler, os chimpanzés eram mantidos em uma jaula com caixas e varas espalhadas pelo chão, havendo um cacho de bananas atrativas pendurado no teto, fora de alcance. Inicialmente, os chimpanzés faziam tentativas aleatórias para obter as bananas: eles atiravam as varas nas bananas, saltavam de uma das caixas, ou pulavam loucamente do chão. Com frequência, eles pareciam desistir, frustrados, deixando as bananas tentadoramente penduradas no alto. Mas então, no que parecia uma súbita revelação, eles paravam o que estavam fazendo e punham-se de pé sobre uma caixa para pegar as bananas com uma vara (Fig. 7). Köhler chamou de *insight* o processo cognitivo subjacente ao novo comportamento do chimpanzé, uma consciência súbita das relações entre os vários elementos que anteriormente pareciam não ter relação.

Embora Köhler enfatizasse a aparente subitaneidade das soluções reveladoras, estudos posteriores mostraram que experiência prévia e prática de tentativa e erro na resolução de problemas precisam preceder o *insight*. Logo, o comportamento dos chimpanzés pode apenas representar a concatenação de respostas aprendidas anteriormente, não diferindo do modo como um pombo aprende, por tentativa e erro, a bicar uma tecla (Windholz & Lamal, 2002; Fields, 2011).

Julgamento: avaliando soluções

A etapa final na resolução de problemas é julgar a adequação de uma solução. Muitas vezes, essa é uma questão simples: se a solução está clara – como no problema da Torre de Hanói – saberemos imediatamente se tivemos êxito (Varma, 2007).

Se a solução é menos concreta ou se não existe uma única solução correta, avaliar soluções torna-se mais difícil. Nesses casos, precisamos decidir qual solução alternativa é melhor. Infelizmente, com frequência estimamos de modo impreciso a qualidade de nossas ideias. Por exemplo, uma equipe de pesquisadores farmacêuticos que trabalha para deter-

---

PsicoTec

Estudos que comparam pessoas trabalhando juntas para resolver problemas face a face com pessoas comunicando-se por correio eletrônico constataram que aquelas que utilizam o correio eletrônico ficam mais satisfeitas com o processo e acreditam que encontraram melhores soluções.

insight Consciência súbita das relações entre vários elementos que antes pareciam independentes uns dos outros.

FIGURA 7 (a) Em uma exibição impressionante de *insight*, Sultan, um dos chimpanzés nos experimentos de Köhler sobre resolução de problemas, vê um cacho de bananas fora de seu alcance. (b) Ele carrega várias caixas, então as empilha e (c) sobe em cima delas para alcançar as bananas.

minada empresa pode considerar seu remédio para uma doença superior a todos os outros, superestimando a probabilidade de seu sucesso e subestimando as abordagens de empresas concorrentes (Eizenberg & Zaslavsky, 2004).

Teoricamente, se dependemos de heurísticas apropriadas e informações válidas para tomar decisões, podemos fazer escolhas precisas entre soluções alternativas. No entanto, como veremos a seguir, diversos tipos de obstáculos e inclinações na resolução de problemas afetam a qualidade das decisões e dos julgamentos que fazemos.

Impedimentos às soluções: por que a resolução de problemas é tão problemática?

Considere o seguinte teste de resolução de problemas ilustrado na Figura 8 (Duncker, 1945):

> Você recebe um conjunto de tachas, velas e fósforos, cada um deles em pequenas caixas, e seu objetivo é colocar as três velas no nível dos olhos em uma porta próxima de modo que a cera não pingue no chão quando as velas queimarem. Como você abordaria esse desafio?

Se você tem dificuldade para resolver o problema, você não é o único. A maioria das pessoas não consegue resolvê-lo quando ele é apresentado da maneira ilustrada na figura, em que os objetos estão *dentro* das caixas. Entretanto, se os objetos são apresentados *ao lado* das caixas, apenas sobre a mesa, é provável que você resolva o problema com muito mais facilidade – o que, caso você esteja se perguntando, consiste em fixar as caixas na porta usando as tachas e depois colocar as velas dentro delas (ver Fig. 10, p. 253).

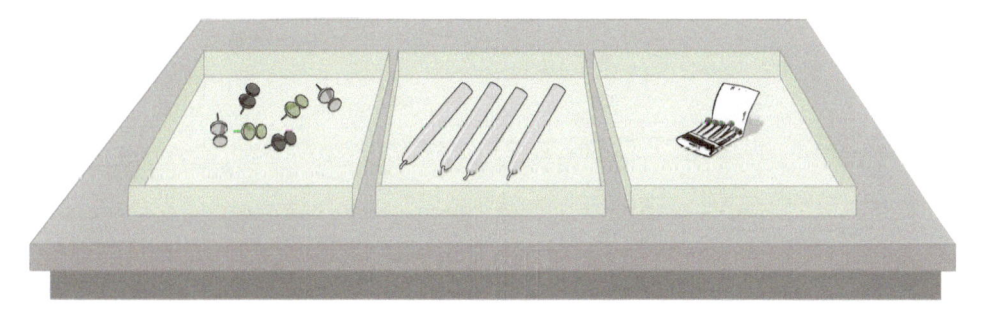

FIGURA 8 O problema aqui é colocar as três velas no nível dos olhos em uma porta próxima de modo que a cera não pingue no chão quando as velas queimarem – usando apenas o material na figura. Para a solução, ver a Figura 10 na p. 253.

A dificuldade que você provavelmente sentiu para resolver esse problema provém de sua apresentação, que o induziu ao erro na etapa inicial da preparação. Na verdade, obstáculos significativos para a resolução de problemas podem existir em cada uma das três etapas. Embora as abordagens cognitivas da resolução de problemas sugiram que o pensamento segue linhas lógicas bastante racionais quando uma pessoa confronta um problema e considera suas várias soluções, diversos fatores podem atrasar o desenvolvimento de soluções criativas, apropriadas e precisas.

Fixidez funcional e disposição. A dificuldade enfrentada pela maioria das pessoas com o problema da vela é causada pela **fixidez funcional**, ou seja, a tendência de pensar em um objeto apenas em termos de seu uso habitual. Por exemplo, a fixidez funcional provavelmente leva você a pensar neste livro como algo para ler em vez de seu possível uso como calço de porta ou como material para fazer fogo. No problema da vela, uma vez que os objetos primeiro são apresentados dentro das caixas, a fixidez funcional leva a maioria das pessoas a ver as caixas apenas como recipientes para os objetos que elas contêm, e não como possível parte da solução. Elas não conseguem imaginar outra função para as caixas.

A fixidez funcional é exemplo de um fenômeno mais amplo conhecido como **disposição**, a tendência dos velhos padrões de resolução de problemas em persistir. Um experimento clássico (Luchins, 1946) demonstrou esse fenômeno. Como se pode ver na Figura 9, o objetivo da tarefa é usar os frascos em cada fila para medir uma quantidade de líquido designada. (Experimente você mesmo para ter uma noção da força da disposição antes de continuar.)

Se você tentou resolver o problema, você sabe que as primeiras cinco filas são resolvidas da mesma maneira: primeiro encher o frasco maior (B) e depois com sua água preencher o frasco de tamanho médio (A) uma vez e o frasco menor (c) duas vezes. O que sobra em B é a quantidade designada. (Enunciado como uma fórmula, a quantidade designada é B – A – 2C.) A demonstração da disposição chega na sexta fila do problema, ponto em que você provavelmente sentiu alguma dificuldade. Se você é como a maioria das pessoas, tentou a fórmula e ficou perplexo quando ela não funcionou. Na verdade, é provável que você tenha ignorado a solução simples (mas diferente) do problema, que envolve simplesmente subtrair C de A. É interessante que as pessoas que receberam *primeiro* o problema da sexta fila tiveram nenhuma dificuldade com ele.

Avaliação imprecisa das soluções. Os Estados Unidos invadiram o Iraque em 2003 porque as autoridades governamentais acreditavam que Saddam Hussein possuía armas de destruição em massa que representavam uma ameaça à segurança do Oriente Médio. A crença mostrou-se falsa, e uma comissão bipartidária do Senado dos Estados Unidos posteriormente constatou que a crença baseou-se em um erro de interpretação das informações da inteligência. De acordo com a comissão do Senado, as autoridades governamentais já tinham chegado a uma decisão sobre a presença de armas de destruição em massa, igno-

fixidez funcional Tendência de pensar em um objeto apenas em termos de seu uso habitual.

disposição Tendência dos velhos padrões de resolução de problemas em persistir.

FIGURA 9 Experimente esta clássica demonstração, que ilustra a importância da disposição na resolução de problemas. O objetivo é usar os frascos de cada fila para obter a quantidade de líquido designada.

Frascos com estas capacidades (em litros):

	A	B	C	Obter:
1.	21	127	3	100
2.	14	163	25	99
3.	18	43	10	5
4.	9	42	6	21
5.	20	59	4	31
6.	28	76	3	25

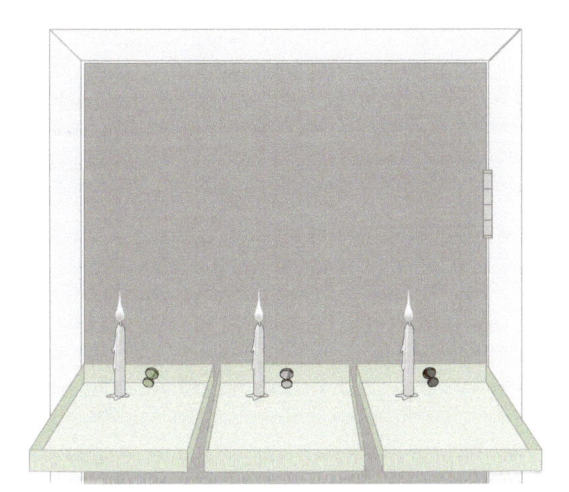

FIGURA 10 Uma solução para o problema da Figura 8 envolve fixar as caixas na parede usando as tachas e colocar as velas nas caixas.

rando evidências contraditórias e concentrando-se mais nas informações que confirmavam sua visão (U.S. Senate Select Committee on Intelligence, 2004).

O erro cometido pelas autoridades governamentais exemplifica o **viés de confirmação**, em que as pessoas preferem sua primeira hipótese e ignoram informações contrárias que apoiem hipóteses ou soluções alternativas. Mesmo quando encontramos evidências que contradigam uma solução que escolhemos, somos inclinados a continuar com nossa hipótese original.

O viés de confirmação ocorre por diversos motivos. Primeiro, visto que repensar um problema que parece já estar resolvido demanda um esforço cognitivo extra, tendemos a continuar com nossa primeira solução. Segundo, damos maior peso às informações subsequentes que apoiem nossa posição inicial do que às informações que não a respaldem (Parmley, 2007; Rassin, 2008; Allen, 2011).

viés de confirmação Tendência de priorizar as informações que apoiam uma hipótese inicial e ignorar informações contraditórias que apoiam hipóteses ou soluções alternativas.

Criatividade e resolução de problemas

Apesar dos obstáculos à resolução de problemas, muitas pessoas descobrem eximiamente soluções criativas para os problemas. Uma questão duradoura à qual os psicólogos cognitivos têm procurado responder é a de quais fatores subjazem à **criatividade**, a capacidade de gerar ideias originais ou resolver problemas de novas maneiras.

Embora a identificação das etapas da resolução de problemas ajudem a compreender como as pessoas abordam e resolvem problemas, ela faz pouco para explicar por que algumas pessoas encontram soluções melhores do que outras. Por exemplo, mesmo as soluções possíveis para um problema simples costumam apresentar grandes discrepâncias. Considere, por exemplo, como você poderia responder à pergunta: "Quantos usos você consegue imaginar para um jornal?"

criatividade Capacidade de gerar ideias originais ou resolver problemas de novas maneiras.

Agora compare sua solução com essa proposta de um menino de 10 anos:

Você pode ler, escrever nele, estender e fazer uma pintura sobre ele... Você pode pendurar na porta como enfeite, na lata do lixo, colocar sobre uma cadeira se ela estiver suja. Se você tem um cachorrinho, você põe o jornal na caixa dele ou no pátio para ele brincar. Quando você está construindo alguma coisa e não quer que alguém veja, coloque o jornal em volta. Coloque o jornal no chão se você não tem colchão, use para pegar alguma coisa quente, use para parar um sangramento, ou para apanhar os pingos de roupas que estão secando. Você pode usar o jornal como cortina, colocar dentro do sapato para proteger contra algo que esteja machucando seu pé, fazer uma pipa, tapar uma luz que esteja muito forte. Você pode enrolar peixe com ele, limpar vidros, ou enrolar dinheiro com ele... Você coloca sapatos lavados em jornal, limpa óculos com ele, coloca em uma pia que está pingando, coloca uma planta nele, faz uma tigela de papel com ele, usa como chapéu se estiver chovendo, amarra nos pés como chinelos. Você pode usar sobre a areia caso não tenha uma toalha, usar para bases no beisebol, fazer aviões de papel com ele, usar como pá de lixo ao varrer, fazer uma bola para o gato brincar, enrolar suas mãos nele se estiver frio. (Ward, Kogan, & Pankove, 1972)

Essa proposta demonstra extraordinária criatividade. Infelizmente, é muito mais fácil identificar *exemplos* de criatividade do que determinar suas causas. Também não está claro se o tipo de criatividade apresentado por pessoas altamente criativas nas artes, tais como Pablo Picasso, seja o mesmo tipo de criatividade exibido por pessoas altamente criativas nas ciências, tais como Albert Einstein (Simonton, 2009).

Contudo, sabemos que várias características estão associadas à criatividade. Por exemplo, indivíduos altamente criativos apresentam **pensamento divergente**, pensamento que gera respostas incomuns, mas apropriadas, para problemas ou questões. Esse tipo de pensamento contrasta com o **pensamento convergente**, que é aquele em que um problema é visto como possuidor de uma única resposta e que produz respostas que se baseiam fundamentalmente no conhecimento e na lógica. Por exemplo, alguém que emprega o pensamento convergente responderia: "Você o lê" à pergunta: "O que se pode fazer com um jornal?". Entretanto, "Você o usa como pá de lixo" é uma resposta mais divergente – e criativa (Cropley, 2006; Schepers & van den Berg, 2007; Zeng, Proctor, & Salvendy, 2011).

Outro aspecto da criatividade é sua *complexidade cognitiva*, ou preferência por estímulos e padrões de pensamento elaborados, intrincados e complexos. Por exemplo, pessoas criativas costumam ter uma gama mais ampla de interesses e são mais independentes e mais interessadas em problemas filosóficos ou abstratos do que pessoas menos criativas (Barron, 1990; Richards, 2006; Kaufman & Plucker, 2011).

Um fator que *não* está intimamente relacionado é a inteligência. Os testes de inteligência tradicionais, que fazem perguntas focadas que apresentam apenas uma resposta aceitável, exploram habilidades de pensamento convergente. Pessoas altamente criativas podem, portanto, descobrir que esses testes penalizam seu pensamento divergente. Isso pode explicar por que os pesquisadores com frequência constatam que a criatividade está apenas levemente relacionada às notas escolares e à inteligência quando esta é medida por testes de inteligência tradicionais (Sternberg & O'Hara, 2000; Heilman, 2005).

pensamento divergente
Pensamento que gera respostas incomuns, mas apropriadas, para problemas ou questões.

pensamento convergente
Pensamento em que um problema é visto como possuidor de uma única resposta e que produz respostas que se baseiam fundamentalmente no conhecimento e na lógica.

> **Alerta de estudo**
> Lembre-se de que o pensamento divergente produz tipos diferentes e diversos de respostas, ao passo que o pensamento convergente produz tipos de respostas mais comuns.

Pablo Picasso é considerado um dos maiores artistas do século XX. Você acha que ele recorria mais ao pensamento convergente ou divergente em sua arte?

TORNANDO-SE UM CONSUMIDOR INFORMADO de Psicologia
Pensando de maneira crítica e criativa

Podemos aprender a ser pensadores melhores e mais criativos?

Pesquisadores cognitivos descobriram que as pessoas podem aprender as regras abstratas da lógica e do raciocínio e que tal conhecimento pode melhorar nosso raciocínio sobre as causas subjacentes dos eventos cotidianos em nossa vida. A pesquisa sugere que pensadores críticos e criativos se constroem, não nascem assim. Considere, por exemplo, as seguintes sugestões para aumentar o pensamento crítico e a criatividade (Burbach, Matkin, & Fritz, 2004; Kaufman & Baer, 2006).

- *Redefina os problemas.* Podemos modificar limites e suposições reformulando um problema em nível mais abstrato ou mais concreto.
- *Use submetas.* Estipulando submetas, podemos dividir um problema em etapas intermediárias. Esse processo, conhecido como *fracionamento*, permite-nos examinar cada parte para novas possibilidades e abordagens, levando a uma nova solução para o problema como um todo.
- *Adote uma perspectiva crítica.* Em vez de aceitar passivamente suposições ou argumentos, podemos avaliar um material de modo crítico, considerar suas implicações e pensar sobre possíveis exceções e contradições.
- *Considere o oposto.* Considerando o oposto de um conceito que estamos procurando compreender, podemos às vezes fazer progresso. Por exemplo, para definir "boa saúde mental", pode ser útil considerar o que significa "má saúde mental".
- *Use analogias.* Analogias fornecem arcabouços alternativos para a interpretação de fatos e ajudam a desvelar um novo entendimento. Uma forma particularmente eficaz de produzir analogias é procurar exemplos no mundo animal. Por exemplo, arquitetos descobriram como construir os primeiros arranha-céus ao observarem como folhas de ninfeias em um lago eram capazes de suportar o peso de uma pessoa (Getner & Holyoak, 1997; Bearman, Ball, & Ormerod, 2007; Cho, Holyoak, & Cannon, 2007).
- *Pense de forma divergente.* Em vez do uso mais lógico ou comum para um objeto, considere como você poderia empregá-lo se fosse proibido de utilizá-lo da maneira habitual.
- *Pense de maneira convergente.* Ainda que pareça contraintuitivo, pesquisadores descobriram que uma combinação de pensamento divergente *e* convergente pode levar a maior criatividade. Programas que procuram ensinar crianças a serem mais criativas treinam participantes a alternar períodos de pensamento divergente e pensamento convergente (Beghetto & Kaufman, 2010).
- *Use heurísticas.* Heurísticas são atalhos cognitivos que podem ajudar a encontrar uma solução para um problema. Se o problema tem uma única resposta correta e é possível usar ou construir uma heurística, você pode muitas vezes encontrar a solução com mais rapidez e eficiência.
- *Experimente várias soluções.* Não tenha medo de usar caminhos diferentes para encontrar soluções para problemas (verbais, matemáticos, gráficos e mesmo dramáticos). Por exemplo, tente apresentar todas as ideias concebíveis que puder, por mais absurdas ou bizarras que possam inicialmente parecer. Depois de ter produzido uma lista de soluções, examine cada uma e tente pensar em maneiras de fazer o que, a princípio, parecia impraticável parecer mais viável.

"Terei muito prazer em oferecer pensamento inovador. Quais são as diretrizes?"

Recapitule/avalie/repense

Recapitule

RA 21-1 O que é pensamento?

- A psicologia cognitiva engloba os processos mentais superiores, inclusive o modo como as pessoas conhecem e entendem o mundo, processam informações, tomam decisões, fazem julgamentos e descrevem seu conhecimento e seu entendimento aos outros.
- Pensamento é a manipulação das representações mentais da informação. O pensamento transforma essas representações em formas novas e diferentes, permitindo que as pessoas respondam questões, resolvam problemas e alcancem objetivos.
- Imagens mentais são representações de um objeto ou evento na mente.
- Conceitos são categorizações de objetos, eventos ou pessoas que apresentam características em comum.

RA 21-2 Quais processos subjazem ao raciocínio e à tomada de decisões?

- As decisões às vezes podem ser aperfeiçoadas pelo uso de algoritmos e heurísticas. Um algoritmo é uma regra que, se aplicada apropriadamente, garante uma solução; uma heurística é um atalho cognitivo que pode levar a uma solução, mas não há garantia disso.

RA 21-3 Como as pessoas abordam e resolvem problemas?

- A resolução de problemas geralmente envolve três grandes etapas: preparação, produção de soluções e avaliação das soluções que foram geradas.
- A preparação envolve o problema em uma de três categorias. Nos problemas de organização, um grupo de elementos deve ser reorganizado ou recombinado de modo que satisfaça determinado critério. Em problemas de estrutura indutora, primeiro é preciso identificar as relações existentes entre os elementos apresentados e depois construir uma nova relação entre eles. Por fim, os problemas de transformação consistem em um estado inicial, um estado final e um método para transformar o estado inicial no estado final.
- Na etapa de produção, as pessoas tentam gerar soluções. Elas podem encontrar soluções para alguns problemas na memória de longo prazo. Alternativamente, elas podem resolver alguns problemas por simples tentativa e erro, bem como usar algoritmos e heurísticas para resolver problemas mais complexos.
- Usando a heurística da análise de meios e fins, uma pessoa testará de modo repetitivo as diferenças entre o resultado desejado e o que existe atualmente, tentando chegar de forma gradual mais perto do objetivo.
- A pesquisa de Köhler com chimpanzés ilustra o *insight*, uma consciência súbita das relações entre elementos que antes pareciam não relacionados.

RA 21-4 Quais são os principais obstáculos para a resolução de problemas?

- Vários fatores atrapalham a resolução de problemas. A disposição, da qual a fixidez funcional é um exemplo, é a tendência de persistir com velhos padrões de resolução de problemas. O uso inadequado de algoritmos e heurísticas também pode atuar como um obstáculo para a produção de problemas. O viés de confirmação, em que hipóteses iniciais são favorecidas, pode impedir uma avaliação precisa das soluções de problemas.
- Criatividade é a capacidade de combinar respostas ou ideais de novas maneiras. A criatividade está relacionada ao pensamento divergente (a capacidade de gerar respostas incomuns, mas apropriadas, para problemas ou questões) e à complexidade cognitiva.

Avalie

1. _____ são representações de um objeto ou evento na mente.
2. _____ são categorizações de objetos que apresentam características em comum.
3. Resolver um problema tentando reduzir a diferença entre o estado atual e o estado final é conhecido como um(a) _____.
4. _____ é o termo usado para descrever um "*flash*" repentino de revelação que muitas vezes acompanha a solução para um problema.
5. Pensar um objeto apenas em termos de seu uso típico é conhecido como _____. A tendência relacionada mais ampla de persistência de velhos padrões de resolução de problemas é conhecida como uma _____.
6. Gerar respostas incomuns, mas apropriadas, para uma questão é conhecido como _____.

Repense

1. Como a heurística da disponibilidade poderia contribuir para preconceitos fundamentados em raça, idade e gênero? A consciência dessa heurística poderia impedir isso de acontecer?
2. *Da perspectiva de um fabricante*: Como você poderia incentivar seus empregados a desenvolver modos criativos para melhorar os produtos que você produz?

Respostas das questões de avaliação

1. Imagens mentais; 2. Conceitos; 3. análise de meios e fins; 4. *Insight*; 5. fixidez funcional, disposição; 6. pensamento divergente

Termos-chave

psicologia cognitiva **p. 240**
pensamento **p. 241**
imagens mentais **p. 241**
conceitos **p. 242**
protótipos **p. 243**
algoritmo **p. 243**
heurística **p. 243**
análise de meios e fins **p. 249**
insight **p. 250**
fixidez funcional **p. 252**
disposição **p. 252**
viés de confirmação **p. 253**
criatividade **p. 253**
pensamento divergente **p. 254**
pensamento convergente **p. 254**

MÓDULO 22

Linguagem

Era briluz.
As lesmolisas touvas roldavam e reviam nos gramilvos.
Estavam mimsicais as pintalouvas,
E os momirratos davam grilvos.*

Embora poucas pessoas já tenham estado cara a cara com uma lesmolisa, temos pouca dificuldade para entender que no poema "Jabberwocky" (1872), de Lewis Carroll, a expressão *lesmolisas touvas* contém um adjetivo, *touvas*, e o substantivo que ele qualifica, *lesmolisa*.

Nossa capacidade de dar sentido ao absurdo, se este seguir as regras típicas da linguagem, ilustra a complexidade tanto da linguagem humana quanto dos processos cognitivos que subjazem a seu desenvolvimento e uso. O uso da **linguagem** – a comunicação de informações por meio de símbolos organizados de acordo com regras sistemáticas – é uma capacidade cognitiva central, que é indispensável para nos comunicarmos uns com os outros. Além de ser crucial para a comunicação, ela também está intimamente vinculada ao modo como pensamos sobre o mundo e o compreendemos. Sem a linguagem, nossa capacidade de transmitir informações, adquirir conhecimento e cooperar com os outros seria extremamente prejudicada. Não é de surpreender que os psicólogos tenham dedicado considerável atenção ao estudo da linguagem (Stapel & Semin, 2007; Hoff, 2008; Reisberg, 2009).

Gramática: a linguagem da linguagem

Para compreender como a linguagem se desenvolve e se relaciona com o pensamento, precisamos primeiro analisar alguns dos elementos formais da linguagem. A estrutura básica da linguagem repousa na **gramática**, o sistema de regras que determina como nossos pensamentos podem ser expressos.

A gramática lida com os três componentes principais da linguagem: fonologia, sintaxe e semântica. A **fonologia** é o estudo dos **fonemas**, as menores unidades básicas da fala que afetam o significado, e do modo como usamos esses sons para formar palavras e produzir significado. Por exemplo, o som do *a* em *fat* e o som do *a* em *fate* representam dois fonemas diferentes em inglês (Hardison, 2006; Creel & Bregman, 2011).

Os linguistas identificaram mais de 800 fonemas diferentes entre todos os idiomas do mundo. Embora os falantes de inglês usem 52 fonemas para produzir palavras, outros idiomas usam apenas 15 ou até 141. As diferenças em termos de fonemas são um motivo pelo qual as pessoas têm dificuldade para aprender outras línguas. Por exemplo, para um falante de japonês, cuja língua nativa não tem um fonema *r*, pronunciar palavras inglesas como *roar* produz alguma dificuldade (Gibbs, 2002; Iverson et al., 2003).

A **sintaxe** refere-se às regras que indicam como palavras e frases podem ser combinadas para formar sentenças. Toda língua tem regras intrincadas que orientam a ordem em que as palavras podem ser agrupadas para comunicar significado. Falantes do inglês não têm dificuldade para reconhecer que "*TV down the turn*" não é uma sequência com sentido, ao passo que "*Turn down the TV*" sim. Para compreender o efeito da sintaxe em inglês, considere as mudanças de significado causadas pelas diferentes ordens de palavras nas seguintes frases "*John kidnapped the boy*" (João sequestrou o menino), "*John, the kidnapped boy*" (João, o menino sequestrado) e "*The boy kidnapped John*" (O menino sequestrou João) (Eberhard, Cutting, & Bock, 2005; Robert, 2006).

---

* N. de T: Tradução de Augusto de Campos do poema original *Jabberwocky*, de Lewis Carrol.

Resultados de Aprendizagem

RA 22-1 Como as pessoas usam a linguagem?
RA 22-2 Como se desenvolve a linguagem?

linguagem Comunicação da informação por meio de símbolos organizados de acordo com regras sistemáticas.

gramática Sistema de regras que determina como nossos pensamentos podem ser expressos.

fonologia Estudo das menores unidades da fala, chamadas de fonemas.

fonemas Menores unidades da fala.

sintaxe Modo como palavras e frases podem ser combinadas para formar sentenças.

semântica Regras que orientam o significado das palavras e sentenças.

O terceiro maior componente da linguagem é a **semântica**, os significados de palavras e frases. As regras semânticas permitem-nos usar as palavras para comunicar *nuances* sutis de significado. Por exemplo, somos capazes de fazer distinção entre "O caminhão atropelou Laura" (que poderíamos dizer se recém tivéssemos visto um caminhão atropelar Laura), e "Laura foi atropelada por um caminhão" (o que poderíamos dizer para explicar por que Laura não apareceu em uma festa) (Richgels, 2004; Pietarinen, 2006).

Apesar das complexidades da linguagem, a maioria de nós adquire os fundamentos da gramática sem sequer estar ciente de que aprendemos suas regras. Além disso, ainda que tenhamos dificuldades para enunciar explicitamente as regras da gramática, nossas habilidades linguísticas são tão sofisticadas que podemos emitir um número infinito de declarações diferentes. Como adquirimos essas habilidades?

O desenvolvimento da linguagem: desenvolvendo um jeito com as palavras

Para os pais, os sons de seu bebê balbuciando e arrulhando são música para suas orelhas (exceto, talvez, às 3 horas da madrugada). Esses sons também cumprem uma função importante. Eles marcam o primeiro passo no caminho para o desenvolvimento da linguagem.

Balbucios

balbucio Sons da fala sem sentido feitos pelas crianças por volta dos 3 meses a 1 ano de idade.

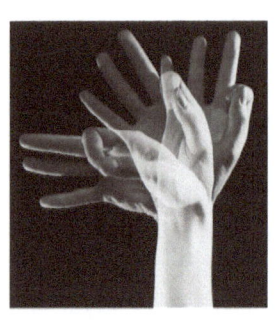

Os bebês **balbuciam** – produzem sons semelhantes à fala, mas sem significado – mais ou menos dos 3 meses a 1 ano de idade. Enquanto balbuciam, eles podem produzir, em algum momento, qualquer um dos sons presentes em todas as línguas, não apenas daquela ao qual eles estão expostos. Mesmo crianças surdas apresentam sua forma particular de balbucio, pois bebês que são incapazes de ouvir, mas que são expostos a língua dos sinais desde o nascimento, "balbuciam" com suas mãos (Petitto, 1993; Locke, 2006; Majorano & D'Odorico, 2011).

O balbucio de um bebê reflete cada vez mais a linguagem específica que está sendo falada em seu ambiente, inicialmente em termos de altura e tom e posteriormente em termos de sons específicos. Bebês pequenos podem distinguir entre todos os 869 fonemas que foram identificados em todos os idiomas do mundo. Entretanto, depois da idade de 6 a 8 meses, essa habilidade começa a diminuir. Os bebês começam a se "especializar" na língua à qual são expostos à medida que os neurônios em seu cérebro se reorganizam para responder a determinados fonemas que os bebês ouvem rotineiramente.

Alguns teóricos alegam que existe um *período crítico* para o desenvolvimento da linguagem nos primeiros anos de vida em que a criança é especialmente sensível aos sinais da língua e a adquire, então, com mais facilidade. Na verdade, se não são expostas à linguagem durante esse período crítico, as crianças posteriormente terão grande dificuldade para superar tal déficit (Bates, 2005; Shafer & Garrido-Nag, 2007).

Os casos de crianças que foram vítimas de abuso e isoladas do contato com outras pessoas respaldam a teoria desses períodos críticos. Em um caso, por exemplo, uma menina chamada Genie foi exposta a praticamente nenhuma linguagem desde os 20 meses de idade até ser resgatada aos 13 anos. Ela era absolutamente incapaz de falar. Apesar de instrução intensiva, ela aprendeu apenas algumas palavras e nunca foi capaz de dominar as complexidades da linguagem (Rymer, 1994; Veltman & Browne, 2001).

Produção da linguagem

Quando estão com aproximadamente 1 ano de idade, as crianças param de produzir sons que não fazem parte da língua à qual foram expostas. A partir de então é um pequeno passo para a produção de palavras reais. Em inglês, geralmente são palavras curtas que iniciam com o som de uma consoante, tais como *b*, *d*, *m*, *p* e *t* – o que ajuda a explicar por que *mama* e *papa* são com tanta frequência as primeiras palavras dos bebês. Evidentemente, mesmo

Uma sílaba na linguagem dos sinais, semelhante àquelas que vemos no balbucio manual de bebês surdos e no balbucio oral de bebês com audição normal. As semelhanças na estrutura sugerem que a linguagem tem raízes biológicas.

antes de produzirem suas primeiras palavras, as crianças são capazes de entender uma boa parte da linguagem que escutam. A compreensão da linguagem precede a produção dela.

Depois de 1 ano de idade, as crianças começam a aprender formas mais complexas de linguagem. Elas produzem combinações de duas palavras, as unidades de construção de sentenças, e aumentam acentuadamente o número de palavras diferentes que são capazes de usar. Aos 2 anos, uma criança em média tem um vocabulário de mais de 50 palavras. Apenas seis meses depois, esse vocabulário aumentou para centenas de palavras. Nesse período, as crianças são capazes de produzir palavras curtas, embora elas usem **fala telegráfica** – sentenças que soam como se fizessem parte de um telegrama, em que as palavras que não são essenciais à mensagem são omitidas. Em vez de dizer "Eu te mostrei o livro", uma criança usando linguagem telegráfica poderia dizer "Eu mostro livro", e " Eu estou desenhando um cachorro" pode tornar-se "Desenhando cachorro". Evidentemente, à medida que crescem, as crianças usam menos fala telegráfica e produzem sentenças cada vez mais complexas (Volterra et al., 2003; Pérez-Leroux, Pirvulescu, & Roberge, 2011).

Aos 3 anos, as crianças aprendem a formar plurais acrescentando um *s* a nomes e a formar o tempo pretérito acrescentando *-ou* aos verbos. Essa habilidade também acarreta erros, pois as crianças tendem a aplicar regras inflexivelmente. Nessa **supergeneralização**, elas empregam regras mesmo quando isso resulta em erro. Assim, embora seja correto dizer "*ele caminhou*" para formar o passado de *caminhar*, a regra não funciona tão bem quando as crianças dizem "ele escrivinhou" para o passado de *escrever* (Howe, 2002; Rice et al., 2004; Gershkoff-Stowe, Connell, & Smith, 2006; Kidd & Lum, 2008).

Em torno dos 5 anos, as crianças adquiriram as regras básicas da linguagem. Contudo, elas só alcançam um vocabulário completo e a capacidade de compreender e usar regras gramaticais sutis mais tarde. Por exemplo, um menino de 5 anos que vê um boneco de olhos vendados e a quem se pergunta: "É fácil ou difícil de ver o boneco?" teria grande dificuldade para responder. Na verdade, se pedíssemos para tornar o boneco mais fácil de ver, ele provavelmente tentaria retirar a venda dos olhos do boneco. Porém, quando chegam aos 8 anos, as crianças têm pouca dificuldade para compreender essa questão porque elas entendem que a venda nos olhos do boneco não tem nada a ver com a capacidade de vermos o boneco (Chomsky, 1968; Hoff, 2003).

fala telegráfica Sentenças nas quais as palavras que não são essenciais à mensagem são omitidas.

supergeneralização Fenômeno pelo qual as crianças aplicam regras de linguagem mesmo quando a aplicação resulta em erro.

Entendendo a aquisição da linguagem: identificando as raízes da linguagem

Qualquer pessoa que passe mesmo pouco tempo com crianças observará os enormes passos que elas dão no desenvolvimento da linguagem durante toda a infância. Entretanto, as razões para esse rápido crescimento estão longe de ser óbvias. Os psicólogos ofereceram três explicações principais para isso: uma baseada na teoria da aprendizagem, outra baseada em processos inatos e uma terceira que envolve uma certa combinação das duas.

Abordagem da teoria da aprendizagem: a linguagem como uma habilidade adquirida. A **abordagem da teoria da aprendizagem** propõe que a aquisição da linguagem segue os princípios de reforço e condicionamento descobertos por psicólogos que estudam a aprendizagem. Por exemplo, uma criança que diz "mama" ganha abraços e elogios de sua mãe, o que reforça o comportamento de dizer "mama" e aumenta a probabilidade dessa repetição. Esse enfoque sugere que as crianças primeiro aprendem a falar sendo recompensadas por fazerem sons que se aproximam da fala. Em última análise, por meio de um processo de modelagem, a linguagem torna-se cada vez mais semelhante à fala adulta (Skinner, 1957; Ornat & Gallo, 2004).

Em apoio à abordagem da teoria da aprendizagem da aquisição de linguagem, quanto mais os pais falam com seus filhos pequenos, mais proficiência as crianças adquirem no uso da linguagem. Além disso, quando chegam aos 3 anos de idade, as crianças que ouvem altos níveis de sofisticação linguística na fala de seus pais apresentam uma taxa mais elevada de

abordagem da teoria da aprendizagem (do desenvolvimento da linguagem) Teoria de que a aquisição da linguagem segue os princípios de reforço e condicionamento.

crescimento do vocabulário, uso do vocabulário e inclusive realização intelectual geral do que crianças cuja fala dos pais é mais simples (Hart & Risley, 1997).

A abordagem da teoria da aprendizagem não é tão bem-sucedida para explicar como as crianças aprendem as regras da linguagem. As crianças são reforçadas não apenas quando usam a linguagem corretamente, mas também quando a empregam de modo incorreto. Por exemplo, os pais respondem à pergunta: "Por que não come o cachorro?" feita por uma criança com a mesma prontidão com que respondem à pergunta corretamente formulada: "Por que o cachorro não come?". Os ouvintes compreendem ambas as sentenças igualmente bem. Assim, a teoria da aprendizagem tem dificuldade para explicar a aquisição da linguagem.

Abordagem nativista: a linguagem como uma habilidade inata

Apontando para esses problemas com as abordagens da teoria da aprendizagem da aquisição da linguagem, o linguista Noam Chomsky (1968, 1978, 1991) ofereceu uma alternativa revolucionária. Chomsky argumentou que os seres humanos nascem com uma capacidade linguística inata que emerge principalmente em função da maturação. De acordo com sua **abordagem nativista** da linguagem, todos os idiomas do mundo apresentam uma estrutura subjacente comum que é pré-programada, biologicamente determinada e universal. Chomsky propôs que o cérebro humano tem um sistema neural herdado que nos permite compreender a estrutura que a linguagem fornece – uma espécie de *gramática universal*. Essas capacidades inatas oferecem-nos estratégias e técnicas para compreender as características únicas de nossa língua nativa (McGilvray, 2004; Lidz & Gleitman, 2004; White, 2007).

Em apoio à visão de Chomsky, há evidências coletadas por neurocientistas que demonstram que a capacidade de usar a linguagem, que foi um avanço evolucionário significativo nos seres humanos, está vinculada a desenvolvimentos neurológicos específicos. Por exemplo, cientistas descobriram um gene relacionado ao desenvolvimento das capacidades de linguagem que podem ter surgido há apenas 100 mil anos – o que, em termos evolucionistas, é recente. Além disso, está claro que existem áreas específicas dentro do cérebro que estão intimamente ligadas à linguagem e que a forma da boca e da garganta humanas foram concebidas para a produção da fala. E existem evidências de que características de tipos específicos de linguagens são vinculadas a genes específicos, tais como nas línguas tonais em que a altura é usada para comunicar significado (Sahin, Pinker, & Halgren, 2006; Gontier, 2008; Grigorenko, 2009; Perovic & Radenovic, 2011).

Contudo, a visão de Chomsky tem seus críticos. Por exemplo, teóricos da aprendizagem afirmam que a aparente capacidade de certos animais, tais como os chimpanzés, de aprender os fundamentos da linguagem humana (como discutiremos posteriormente neste módulo) contradiz a visão da capacidade linguística inata.

abordagem nativista (do desenvolvimento da linguagem) Teoria de que um mecanismo inato geneticamente determinado rege o desenvolvimento da linguagem.

Noam Chomsky afirma que todas as línguas compartilham de uma gramática universal.

Abordagens interacionistas

Para conciliar as diferentes visões, muitos teóricos adotam uma **abordagem interacionista** do desenvolvimento da linguagem. A abordagem interacionista pressupõe que o desenvolvimento da linguagem é produzido por uma combinação de predisposições geneticamente determinadas e circunstâncias ambientais que ajudam a ensinar a linguagem.

De modo específico, os proponentes da abordagem interacionista defendem que o cérebro é fisicamente conectado para aquisição da linguagem, fornecendo em essência o *"hardware"* que permite o desenvolvimento da linguagem. Entretanto, é a exposição à linguagem em nosso ambiente que nos permite desenvolver o *"software"* apropriado para compreendê-la e produzi-la.

A abordagem interacionista tem muitos defensores. Contudo, a questão de como a linguagem é adquirida continua sendo altamente contestada (Pinker & Jackendoff, 2005; Hoff, 2008; Waxman, 2009).

abordagem interacionista (do desenvolvimento da linguagem) Teoria de que o desenvolvimento da linguagem é produzido por uma combinação de predisposições geneticamente determinadas e circunstâncias ambientais que ajudam a ensinar a linguagem.

A influência da linguagem sobre o pensamento: os esquimós têm mais palavras para neve do que os texanos?

Os esquimós que vivem no Ártico gelado apresentam um vocabulário mais extenso para falar sobre a neve do que as pessoas que vivem em climas mais quentes?

Essa pergunta faz sentido, e argumentos de que a língua dos esquimós tem muito mais palavras do que o inglês para neve tem sido apresentados desde o início do século XX. Naquela época, o linguista Benjamin Lee Whorf afirmou que, uma vez que a neve é tão relevante para a vida dos esquimós, seu idioma fornece um vocabulário particularmente rico para descrevê-la – muito maior do que o que encontramos em outros idiomas, como o inglês (Martin & Pullum, 1991; Pinker, 1994).

A alegação de que a língua dos esquimós é especialmente rica em palavras relacionadas à neve levou à **hipótese da relatividade linguística**, a noção de que a linguagem molda e, na verdade, pode determinar o modo como as pessoas em uma cultura específica percebem e compreendem o mundo. De acordo com essa visão, a linguagem fornece categorias que usamos para construir nossa visão das pessoas e dos eventos no mundo a nossa volta. Consequentemente, a linguagem molda e produz o pensamento (Whorf, 1956; Casasanto, 2008; Tan et al., 2008).

Porém, vamos considerar outra possibilidade. Vamos supor que, em vez de a linguagem ser a *causa* de certos modos de pensar, o pensamento *produza* a linguagem. A única razão para esperar que o idioma esquimó possa ter mais palavras para neve do que o inglês é que a neve é consideravelmente mais relevante para os esquimós do que para as pessoas de outras culturas.

Qual visão é correta? A maior parte da pesquisa recente refuta a hipótese da relatividade linguística e sugere, em seu lugar, que o pensamento produz a linguagem. Na verdade, novas análises da língua esquimó sugerem que os esquimós não possuem mais palavras para neve do que os falantes de inglês. Se examinarmos a língua inglesa de perto, veremos que ela não é pobre quando se trata de descrever a neve (considere, p. ex., *sleet, slush, blizzard, dusting* e *avalanche*).

Contudo, a hipótese da relatividade linguística não foi totalmente descartada. Uma versão mais recente propõe que padrões da fala podem influenciar certos aspectos do pensamento. Por exemplo, em algumas línguas, tais como o inglês, os falantes fazem distinção entre substantivos que podem ser contados (p. ex., "cinco cadeiras") e substantivos que requerem uma unidade de medição pare serem quantificados (p. ex., "um litro de água"). Entretanto, em outras línguas, tais como a língua maia Iucateque, todos os substantivos requerem uma unidade de medição. Nessas culturas, as pessoas parecem pensar mais profundamente a respeito do que as coisas

Alerta de estudo

É importante ser capaz de comparar e contrastar as principais abordagens do desenvolvimento da linguagem: as abordagens da teoria da aprendizagem, nativista e interacionista.

hipótese da relatividade linguística Noção de que a linguagem molda a maneira como as pessoas em determinada cultura percebem e compreendem o mundo.

Alerta de estudo

A hipótese da relatividade linguística sugere que a linguagem leva ao pensamento.

são feitas do que os indivíduos de culturas em que línguas como o inglês são faladas (Gentner, Goldin, & Goldin-Meadow, 2003; Tsukasaki & Ishii, 2004).

Da mesma forma, falantes do russo têm mais palavras para azul-claro e azul-escuro e são mais capazes de discriminar tonalidades de azul visualmente. Ademais, algumas tribos dizem norte, sul, leste e oeste em vez de esquerda e direita, e elas têm melhor orientação espacial. Por fim, a língua Piraha usa termos como poucos e muitos em vez de números específicos, e os falantes são incapazes de controlar quantidades exatas (Boroditsky, 2010; Fuhrman et al., 2011).

Em suma, embora a pesquisa não apoie a hipótese da relatividade linguística de que a linguagem *causa* o pensamento, está claro que a linguagem influencia o modo como pensamos. E, evidentemente, este é o caso de que o pensamento influencia a linguagem, sugerindo que linguagem e pensamento interagem de maneira complexa (Ross, 2004; Thorkildsen, 2006; Proudfoot, 2009).

Os animais usam a linguagem?

Uma questão que há muito tempo intriga os psicólogos é se a linguagem é exclusivamente humana ou se outros animais são capazes de adquiri-la também. Muitos animais comunicam-se uns com os outros de formas rudimentares. Por exemplo, os caranguejos-violinistas abanam suas garras para sinalizar, as abelhas dançam para indicar a direção em que está a comida e algumas aves emitem certos sons durante a corte ("zick zick") e quando estão prestes a fugir voando ("kia"). Porém, os pesquisadores ainda precisam demonstrar conclusivamente que esses animais usam linguagem verdadeira, a qual se caracteriza em parte pela capacidade de produzir e comunicar significados novos e exclusivos seguindo uma gramática formal.

Os psicólogos são capazes de ensinar chimpanzés a se comunicar em níveis surpreendentemente altos. Por exemplo, depois de quatro anos de treinamento, um chimpanzé chamado Washoe aprendeu a fazer sinais para 132 palavras e combinar esses sinais para formar sentenças simples. Ainda mais impressionante, Kanzi, um chimpanzé pigmeu, tem habilidades linguísticas que alguns psicólogos dizem ser semelhantes às de um ser humano de 2 anos de idade. Os treinadores de Kanzi sugerem que ele pode criar sentenças gramaticalmente sofisticadas e até inventar novas regras sintáticas (Savage-Rumbaugh, Toth, & Schick, 2007; Slocombe, Waller, & Liebal, 2011).

Sue Savage-Rumbaugh com um amigo primata, Panbanisha. O uso da língua dos sinais por primatas indica domínio verdadeiro da linguagem?

Apesar das habilidades exibidas por primatas como Kanzi, críticos afirmam que a linguagem que esses animais usam ainda carece tanto de gramática como de construções complexas e novas da linguagem humana. Eles sustentam que, em vez disso, os chimpanzés estão apresentando uma habilidade que não difere daquela de um cão que aprende a deitar a um comando para ganhar uma recompensa. Além disso, não há evidências consistentes de que os animais são capazes de reconhecer e responder aos estados mentais de outros membros de sua espécie, um aspecto importante da comunicação humana. Consequentemente, a questão referente a se os animais podem usar a linguagem de um modo semelhante ao dos humanos continua controversa (Aboitiz, Garcia, & Brunetti, 2006; Hillix, 2007; Liszkowski et al., 2009).

Explorando a DIVERSIDADE
Ensinando com variedade linguística: educação bilíngue

Na cidade de Nova York, 1 em 6 de 1,1 milhão de estudantes está inscrito em algum tipo de ensino bilíngue ou de inglês como segunda língua. E Nova York está longe de ser o único distrito escolar com uma população significativa de falantes de inglês não nativos. Das maiores cidades às áreas mais rurais, o rosto – e a voz – da educação nos Estados Unidos está mudando. Cada vez mais as crianças de hoje têm sobrenomes como Kim, Valdez e Karachnicoff. Em sete estados, incluindo o Texas e o Colorado, mais de um quarto dos estudantes não são falantes nativos de inglês. Para cerca de 47 milhões de estadunidenses, o inglês não é sua segunda língua (Holloway, 2000; ver Fig. 1).

Mas nem sempre está claro como ensinar de maneira adequada e eficaz o número crescente de crianças que não falam inglês. Muitos educadores afirmam que a *educação bilíngue* é melhor. Na abordagem bilíngue, os alunos aprendem algumas matérias em sua língua nativa enquanto aprendem simultaneamente inglês. Os proponentes do bilinguismo acreditam que os alunos devem desenvolver uma base consistente em áreas disciplinares básicas e que, ao menos inicialmente, ensinar essas disciplinas em sua língua nativa é a única forma de lhes prover tal base. Durante o mesmo período, eles aprendem inglês, com a meta final de mudar toda a instrução para inglês.

Outros educadores insistem no fato de que toda a instrução deve ser em inglês desde o momento em que os alunos, inclusive os que não falam inglês, matriculam-se na escola. Nos *programas de imersão*, os alunos são imediatamente mergulhados no ensino de inglês em todas as dis-

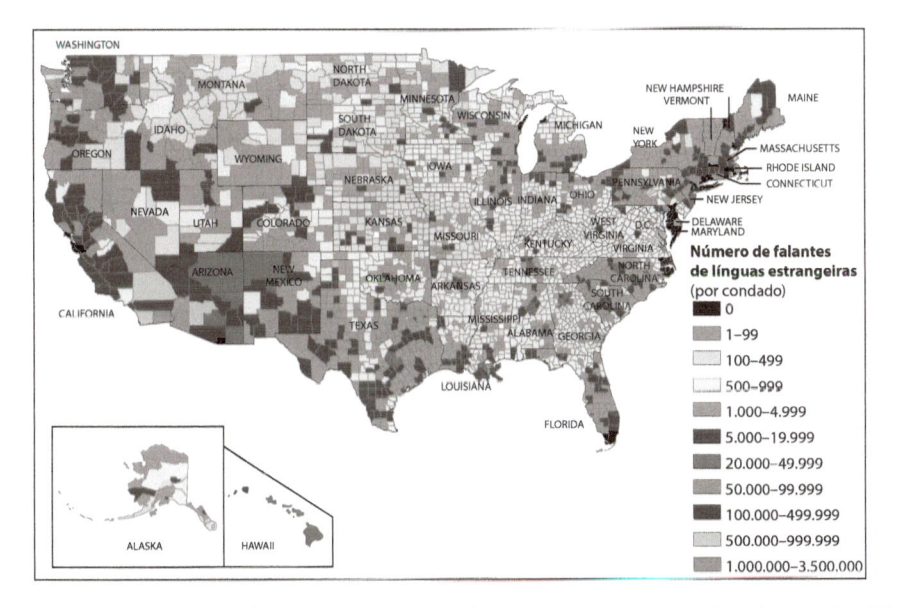

FIGURA 1 A linguagem da diversidade. Cerca de 22% das pessoas nos Estados Unidos falam um idioma que não o inglês em casa. A maioria delas fala espanhol; o restante fala uma surpreendente variedade de idiomas diferentes. Onde estão as maiores aglomerações de falantes de línguas estrangeiras nos Estados Unidos? Em sua opinião, o que explica tais concentrações?

(Fonte: MLA Language Map, 2005, fundamentada no Censo de 2000.)

ciplinas. O raciocínio – endossado por votantes na Califórnia em um referendo visando à extinção da educação bilíngue – é que ensinar alunos em uma língua que não o inglês simplesmente atrapalha a integração de falantes de inglês não nativos na sociedade e, em última análise, presta um desserviço a eles. Os defensores dos programas de imersão apontam como evidência as melhoras nos resultados em testes padronizados realizados ao final dos programas de educação bilíngue (Wildavsky, 2000).

Ainda que a questão controversa da educação bilíngue *versus* imersão tenha subcorrentes políticas fortes, evidências mostram que a capacidade de falar duas línguas fornece benefícios cognitivos significativos se comparada com a de falar apenas uma língua. Por exemplo, falantes bilíngues mostram mais flexibilidade cognitiva e podem compreender conceitos com mais facilidade do que os que falam apenas uma língua. Eles dispõem de mais ferramentas linguísticas para pensar graças a suas habilidades multilinguísticas. Isso, por sua vez, torna os bilíngues mais criativos e flexíveis na resolução de problemas (Heyman & Diesendruck, 2002; Bialystok & Martin, 2004; Kuo, 2007).

Além disso, as vantagens do bilinguismo começam cedo: na época em que as crianças bilíngues estão com 3 ou 4 anos, seu desenvolvimento cognitivo é superior ao de crianças que falam apenas um idioma. Essa vantagem perdura até a velhice. Na verdade, o bilinguismo protege dos declínios cognitivos que são típicos na idade adulta avançada (Bialystok & Craik, 2010; Bialystok et al., 2010; Bialystok, 2011).

Além disso, falar várias línguas muda a organização do cérebro. Por exemplo, falantes bilíngues que aprendem sua segunda língua na idade adulta mostram diferentes áreas de ativação cerebral comparados com aqueles que aprendem sua segunda língua na infância. Além disso, varreduras cerebrais mostram que pessoas que falam várias línguas têm padrões de atividade cerebral distintos conforme o idioma que estão usando, e o bilinguismo afeta o processamento cerebral em diversos aspectos (ver Fig. 2 em A Neurociência em sua Vida) (Kovelman, Baker, & Petitto, 2008; Kovacs & Mehler, 2009; Luk et al., 2010).

Relacionada à educação bilíngue está a questão do *biculturalismo* – isto é, ser membro de duas culturas – e o impacto psicológico disso. Alguns psicólogos alegam que a sociedade deve promover um *modelo de alternação* de competência bicultural. Esse modelo apoia os membros de uma cultura em seus esforços para manter sua identidade cultural original bem como sua integração na cultura adotada. Sob tal visão, uma pessoa pode pertencer a duas culturas e possuir duas identidades culturais sem ter que escolher entre elas. Ainda resta ver se a sociedade adotará o modelo de alternação (Carter, 2003; Benet-Martínez, Lee, & Leu, 2006; Tadmor, 2007).

A Neurociência em sua Vida:
O bilinguismo e o cérebro

FIGURA 2 O bilinguismo afeta o processamento cerebral de diversas formas, incluindo – como mostram essas varreduras – a inibição (a capacidade de ignorar informações irrelevantes). Quando solicitadas a fazer uma tarefa que envolve ignorar imagens que sejam congruentes (semelhantes) ou incongruentes (contraditórias) com uma imagem inicial, monolíngues e bilíngues usam áreas diferentes do cérebro para suprimir a informação irrelevante, como indicado em azul e vermelho (Luk et al., 2010). (Veja esta imagem colorida nas orelhas deste livro)

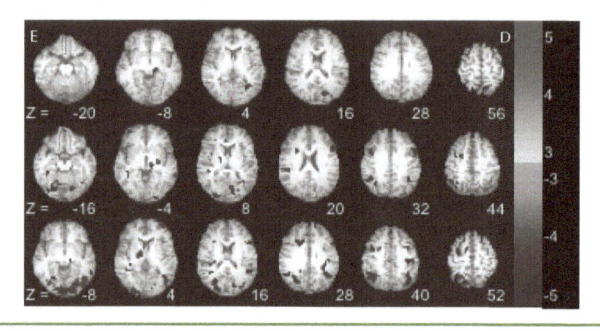

Recapitule/avalie/repense

Recapitule

RA 22-1 Como as pessoas usam a linguagem?

- Linguagem é a comunicação de informações por meio de símbolos organizados de acordo com regras sistemáticas. Todas as línguas têm uma gramática – um sistema de regras que determina como os pensamentos podem ser expressos – que abrange os três principais componentes da linguagem: fonologia, sintaxe e semântica.

RA 22-2 Como a linguagem se desenvolve?

- A produção de linguagem, que segue a compreensão dela, desenvolve-se a partir dos balbucios, o que depois leva à produção de palavras reais. Depois de 1 ano de idade, as crianças empregam combinações de duas palavras, aumentam seu vocabulário e empregam fala telegráfica, a qual omite palavras que não sejam essenciais à mensagem. Aos 5 anos, a aquisição de regras de linguagem está relativamente completa.

- Teóricos da aprendizagem propõem que a linguagem é adquirida por meio de reforço e condicionamento. Já a abordagem nativista sugere que um dispositivo de aquisição de linguagem orienta seu desenvolvimento. A abordagem interacionista defende que o desenvolvimento da linguagem é produzido por uma combinação de predisposições geneticamente determinadas e circunstâncias ambientais que ajudam a ensinar a linguagem.

- A hipótese da relatividade linguística afirma que a linguagem molda e pode determinar o modo como as pessoas pensam sobre o mundo. A maior parte das evidências sugere que, embora a linguagem não determine o pensamento, ela afeta o modo como as pessoas armazenam informações na memória e o quanto elas conseguem recuperá-la.

- O grau em que a linguagem é uma habilidade exclusivamente humana continua sendo uma questão aberta. Alguns psicólogos afirmam que, embora certos primatas se comuniquem em um alto nível, esses animais não usam linguagem. Outros psicólogos alegam que esses primatas realmente compreendem e produzem linguagem de forma muito semelhante aos seres humanos.

- Pessoas que falam mais de uma língua podem ter uma vantagem cognitiva em relação àquelas que falam apenas uma.

Avalie

1. Combine o componente da gramática com sua definição:
   1. Sintaxe
   2. Fonologia
   3. Semântica

   a. Regras que mostram como as palavras podem ser combinadas para formar sentenças.
   b. Regras que orientam o significado das palavras e sentenças.
   c. O estudo das unidades de som que afetam a fala.

2. A produção e a compreensão da linguagem se desenvolvem nos bebês mais ou menos na mesma época. Verdadeiro ou falso?

3. _____ refere-se ao fenômeno em que crianças pequenas omitem porções não essenciais das sentenças.

4. Uma criança sabe que, acrescentando -*ou* em certas palavras, ela as coloca no tempo passado. Consequentemente, em vez de dizer "Ele escreveu", a criança diz "Ele escrivinhou". Este é um exemplo de _____.

5. A teoria da _____ presume que a aquisição de linguagem baseia-se nos princípios do condicionamento operante e da modelagem.

6. Em sua teoria, Chomsky alega que a aquisição da linguagem é uma capacidade inata vinculada à estrutura do cérebro. Verdadeiro ou falso?

Repense

1. As pessoas que usam dois idiomas, um em casa e outro na escola, têm automaticamente duas culturas? Por que as pessoas que falam duas línguas têm vantagens cognitivas em relação àquelas que falam apenas uma?

2. *Da perspectiva de um profissional de saúde*: Como você estimularia as capacidades linguísticas de crianças em diferentes etapas de desenvolvimento?

Respostas das questões de avaliação

1. 1-a, 2-c, 3-b; 2. falso; a compreensão da linguagem precede a produção da linguagem; 3. fala telegráfica; 4. supergeneralização; 5. aprendizagem; 6. verdadeiro

Termos-chave

linguagem p. 257
gramática p. 257
fonologia p. 257
fonemas p. 257
sintaxe p. 257
semântica p. 258
balbucio p. 258
fala telegráfica p. 259
supergeneralização p. 259
abordagem da teoria da aprendizagem (do desenvolvimento da linguagem) p. 259
abordagem nativista (do desenvolvimento da linguagem) p. 260
abordagem interacionista (do desenvolvimento da linguagem) p. 261
hipótese da relatividade linguística p. 261

MÓDULO 23

Inteligência

Resultados de Aprendizagem

RA 23-1 Quais são as diferentes definições e concepções de inteligência?

RA 23-2 Quais são as principais abordagens para medir a inteligência e o que os testes de inteligência medem?

RA 23-3 Como os extremos de inteligência podem ser caracterizados?

RA 23-4 Os testes de QI tradicionais são culturalmente tendenciosos?

RA 23-5 Em que medida a inteligência é influenciada pelo ambiente e pela hereditariedade?

Membros da tribo Trukese no pacífico sul costumam navegar 160 quilômetros em águas marinhas abertas. Embora seu destino seja apenas um diminuto ponto de terra de menos de 1,6 quilômetro de diâmetro, os Trukese são capazes de navegar com precisão até ele sem o auxílio de uma bússola, cronômetro, sextante ou qualquer outro instrumento de navegação utilizado pelos navegadores ocidentais. Eles são capazes de navegar com precisão mesmo quando os ventos não permitem uma aproximação direta à ilha, sendo preciso fazer um percurso em ziguezague (Gladwin, 1964; Mytinger, 2001).

Como os Trukese são capazes de navegar de forma tão eficaz? Se você perguntasse, eles não saberiam explicar. Talvez dissessem que usam um processo que leva em conta a subida e a descida das estrelas e a aparência, o som e o toque das ondas contra a lateral do barco. Todavia, em qualquer momento enquanto estivessem navegando, eles não seriam capazes de identificar sua posição ou explicar o que estão fazendo. Tampouco poderiam explanar a respeito da teoria navegacional subjacente à sua técnica de navegação.

Algumas pessoas diriam que a incapacidade dos Trukese de explicar em termos ocidentais como funciona sua técnica de navegação é um sinal de comportamento primitivo ou mesmo não inteligente. Na verdade, se submetêssemos marinheiros Trukese a um teste ocidental padronizado de conhecimento e teoria navegacional ou, igualmente, a um teste tradicional de inteligência, é possível que se saíssem mal. Contudo, por ser uma questão prática, não é possível acusar os Trukese de não serem inteligentes: apesar de sua incapacidade de explicar como fazem, eles são capazes de navegar com êxito em águas marinhas abertas.

A navegação dos Trukese assinala a dificuldade em lidar com o que se quer dizer com inteligência. Para um ocidental, viajar em linha reta pela rota mais direta e rápida, usando um sextante e outros instrumentos de navegação, provavelmente representa o tipo mais "inteligente" de comportamento; ao contrário, um percurso em ziguezague, com base no "toque" das ondas, não pareceria muito sensato. No entanto, para os Trukese, que estão acostumados com o próprio sistema de navegação, o uso de instrumentos navegacionais complicados poderia parecer tão excessivamente complexo e desnecessário que talvez eles pensassem que os navegadores ocidentais carecem de inteligência.

Esse exemplo deixa claro que o termo *inteligência* pode assumir muitos significados diferentes. Se, por exemplo, você vivesse em uma área remota no interior australiano, o modo como diferenciaria pessoas mais inteligentes e menos inteligentes talvez tivesse a ver com o domínio das habilidades de caça, ao passo que, para alguém que vive no coração da urbana Miami, inteligência seria exemplificada como saber "as manhas das ruas" ou ser bem-sucedido nos negócios.

Cada uma dessas concepções de inteligência é sensata. Cada uma representa um caso em que pessoas mais inteligentes são mais capazes de usar os recursos de seu ambiente do que as pessoas menos inteligentes, uma distinção que é presumivelmente básica para qualquer definição de inteligência. Contudo, também está claro que elas representam visões muito diferentes de inteligência. O fato de dois conjuntos tão diferentes de comportamen-

O que o método de navegação dos Trukese – que não envolve mapas ou instrumentos – revela sobre a natureza da inteligência?

to exemplificar o mesmo conceito psicológico há muito tem representado um desafio aos psicólogos. Durante muito tempo, eles se debateram com a questão de formular uma definição geral de inteligência. Ironicamente, os leigos têm ideias bastante claras do que é inteligência, ainda que a natureza de suas ideias esteja relacionada à sua cultura. Os ocidentais veem a inteligência como a capacidade de estabelecer categorias e debater racionalmente. Todavia, as pessoas de culturas orientais e algumas comunidades africanas encaram a inteligência mais em termos de compreender e relacionar-se umas com as outras (Nisbett, 2003; Brislin, Worthley, & MacNab, 2006; Sternberg, 2005, 2007; Niu & Brass, 2011).

A definição de inteligência que os psicólogos empregam contém alguns dos mesmos elementos presentes na concepção leiga. Para os psicólogos, **inteligência** é a capacidade de compreender o mundo, pensar racionalmente e usar os recursos de maneira eficaz diante das dificuldades.

Essa definição não encerra uma questão-chave formulada pelos psicólogos: A inteligência é um atributo unitário ou existem diferentes tipos de inteligência? Passemos agora às diversas teorias da inteligência que abordam a questão.

inteligência Capacidade de compreender o mundo, pensar racionalmente e usar os recursos de maneira eficaz diante das dificuldades.

Teorias da inteligência: existem diferentes tipos de inteligência?

Talvez você se veja como um bom escritor ou alguém que carece de habilidade em matemática. Ou talvez você se veja como uma pessoa de "ciências", que domina a física com facilidade, mas tem poucas virtudes na interpretação de textos literários. Talvez você se veja como bastante sabido de modo geral, com uma inteligência que lhe permite se sobressair em todos os domínios.

As diferentes formas de as pessoas verem os próprios talentos espelha uma questão com a qual os psicólogos lutam: A inteligência é uma única habilidade geral ou é multifacetada e relacionada a habilidades específicas? Os primeiros psicólogos interessados em inteligência supuseram que havia um único fator geral para a capacidade mental, que chamaram de *g* ou *fator-g*. Essa suposição baseou-se no fato de que diferentes tipos de medidas de inteligência, quer elas se detivessem em, digamos, perícia matemática, competência verbal ou habilidades de visualização espacial, classificavam os submetidos aos testes aproximadamente na mesma ordem. As pessoas que eram boas em um teste eram boas nos outros; aquelas que se saíam mal em um teste tendiam a se sair mal nos outros.

Tendo em vista que havia uma correlação entre o desempenho nos diversos tipos de testes, a suposição era de que uma capacidade intelectual geral global encontrava-se subjacente ao desempenho nas diversas medidas – o fator-*g*. Considerava-se que esse fator geral subjazia ao desempenho em todo aspecto da inteligência, e era o *fator-g* que presumivelmente estava sendo medido nos testes de inteligência (Spearman, 1927; Colom, Jung, & Haier, 2006; Haier et al., 2009; Major, Johnson, & Bouchard, 2011).

Teorias mais recentes explicam a inteligência sob uma ótica diferente. Em vez de considerar a inteligência como uma entidade unitária, alguns psicólogos a veem como um conceito multidimensional que inclui diferentes tipos de inteligência (Tenopyr, 2002; Stankov, 2003; Sternberg & Pretz, 2005).

g ou fator-g Único fator geral para a capacidade mental que presumivelmente subjaz à inteligência em algumas das primeiras teorias da inteligência.

Inteligência fluida e cristalizada

Alguns psicólogos afirmam que existem dois tipos diferentes de inteligência: inteligência fluida e inteligência cristalizada. A **inteligência fluida** é a capacidade de raciocinar de maneira abstrata. Ela reflete capacidades de processamento de informação e raciocínio. Se nos pedissem para resolver uma analogia ou agrupar uma série de letras de acordo com algum princípio, estaríamos usando a inteligência fluida. Nós a utilizamos quando estamos tentando resolver rapidamente um quebra-cabeças (Kane & Engle, 2002; Saggino, Perfetti, & Spitoni, 2006; Di Fabio & Palazzeschi, 2009).

inteligência fluida Inteligência que reflete a capacidade de raciocinar de maneira abstrata.

Pilotar um helicóptero requer o uso tanto de inteligência fluida quanto cristalizada. Qual dos dois tipos de inteligência é mais importante para tal tarefa?

Por sua vez, a **inteligência cristalizada** é o acúmulo de informações, habilidades e estratégias que as pessoas adquiriram por meio da experiência. Ela reflete nossa capacidade de evocar informações da memória de longo prazo. É provável que dependeríamos da inteligência cristalizada, por exemplo, se fôssemos convidados a participar de uma discussão sobre a solução para as causas da pobreza, uma tarefa que nos permite utilizar as próprias experiências pessoais e nosso conhecimento do mundo. Em contraste com a inteligência fluida, que reflete um tipo mais geral de inteligência, a inteligência cristalizada é mais um reflexo da cultura em que uma pessoa é criada. As diferenças entre inteligência fluida e inteligência cristalizada torna-se especialmente evidente ao final da idade adulta, quando as pessoas apresentam declínios na inteligência fluida, mas não na inteligência cristalizada (Buehner, Krumm, & Ziegler, 2006; Tranter & Koutstaal, 2008; Ackerman, 2011).

inteligência cristalizada Inteligência que abrange o acúmulo de informações, habilidades e estratégias que são aprendidas por meio da experiência e que podem ser aplicadas em situações de resolução de problemas.

teoria das inteligências múltiplas Teoria da inteligência de Gardner, que propõe a existência de oito tipos distintos de esferas da inteligência.

As inteligências múltiplas de Gardner: os diversos modos de mostrar inteligência

O psicólogo Howard Gardner adotou uma abordagem muito diferente do pensamento tradicional sobre inteligência. Ele argumenta que, em vez de perguntar: "Quanto você é inteligente?", deveríamos perguntar: "Como você é inteligente?". Respondendo à segunda pergunta, Gardner desenvolveu uma **teoria das inteligências múltiplas** que se tornou bastante influente (Gardner, 2000).

Gardner afirma que existem pelo menos oito formas diferentes de inteligência, cada uma delas relativamente independente das outras: musical, corporal-cinestésica, lógico-matemática, linguística, espacial, interpessoal, intrapessoal e naturalista. (A Fig. 1 descreve os oito tipos de inteligência, com alguns dos exemplos de pessoas que, segundo Gardner, destacam-se em cada tipo.) Na visão de Gardner, cada uma das múltiplas inteligências está ligada a um sistema independente no cérebro. Além disso, ele propõe que pode haver ainda mais tipos de inteligência, tais como *inteligência existencial*, que envolve identificar e pensar sobre as questões fundamentais da existência humana. O Dalai-Lama poderia ser um exemplo desse tipo de inteligência (Gardner, 1999, 2000).

Embora Gardner ilustre sua concepção dos tipos específicos de inteligência com descrições de pessoas conhecidas, toda pessoa tem oito tipos de inteligência – em graus diferentes. Além disso, embora os oito tipos básicos de inteligência estejam presentes individualmente, Gardner afirma que essas inteligências separadas não operam de modo isolado. Em geral, qualquer atividade abrange diversos tipos de inteligência trabalhando em conjunto.

O conceito de inteligências múltiplas levou ao desenvolvimento de testes de inteligência que incluem questões em que mais de uma resposta pode ser correta; eles fornecem uma oportunidade para que as pessoas demonstrem pensamento criativo. Além disso, muitos educadores, adotando o conceito de inteligências múltiplas, projetaram programas de ensino que visam a aproveitar os diferentes aspectos da inteligência (Douglas, Burton, & Reese-Durham, 2008; Tirri & Nokelainen, 2008; Davis et al., 2011).

> **Alerta de estudo**
> Lembre-se de que a teoria de Gardner propõe que todo indivíduo tem todo tipo de inteligência, mas em graus diferentes.

Processamento de informações é inteligência?

Uma das novas contribuições para compreender a inteligência é proveniente do trabalho de psicólogos cognitivos que adotam uma *abordagem de processamento de informações*. Eles afirmam que o modo como as pessoas armazenam informações na memória e as usam para resolver tarefas intelectuais fornece a medida mais precisa da inteligência. Consequentemente, em vez de se concentrar na estrutura da inteligência ou em seus conteúdos

1. Inteligência musical (habilidades em tarefas que envolvem música). Exemplo de caso:

Quando tinha 3 anos, Yehudi Menuhin foi introduzido clandestinamente nos concertos da Orquestra de San Francisco por seus pais. Aos 10 anos, Menuhin já fazia apresentações internacionais.

2. Inteligência corporal-cinestésica (habilidade no uso de todo o corpo ou de várias partes dele na solução de problemas ou na construção de produtos ou apresentações, exemplificada por dançarinos, atletas, atores e cirurgiões). Exemplo de caso:

Aos 15 anos, Babe Ruth jogava na terceira base. Durante uma partida, o lançador de sua equipe estava se saindo muito mal e Babe criticou-o ruidosamente da terceira base. Brother Mathias, o treinador, gritou: "Ruth, já que você sabe tanto sobre isso, você é que lança!". Ruth disse mais tarde que, no momento em que tomou o posto de lançador, ele *entendeu* que deveria sê-lo.

3. Inteligência lógico-matemática (habilidades na resolução de problemas e pensamento científico). Exemplo de caso:

Barbara McClintock, ganhadora do Prêmio Nobel de Medicina, descreve uma de suas descobertas, que ocorreu depois de pensar sobre um problema durante meia hora...: "De repente, eu pulei e corri de volta para o milharal. No alto dele (os outros ainda estavam embaixo), gritei, "Eureca, entendi!".

4. Inteligência linguística (habilidades envolvidas na produção e utilização da língua). Exemplo de caso:

Aos 10 anos de idade, T. S. Eliot criou uma revista chamada *Fireside*, na qual era o único colaborador.

5. Inteligência espacial (habilidades que envolvam configurações espaciais, como aquelas usadas por artistas e arquitetos). Exemplo de caso:

Os nativos das ilhas Trukese navegam no mar sem instrumentos. Durante a viagem, o navegador deve imaginar mentalmente uma ilha de referência enquanto passa por baixo de determinada estrela e, a partir disso, ele calcula o número de segmentos percorridos, a proporção da viagem que resta e as eventuais correções no rumo.

6. Inteligência interpessoal (habilidades de interação com os outros, como sensibilidade a seus estados de humor, temperamento, motivações e intenções). Exemplo de caso:

Quando Anne Sullivan começou a ensinar a cega e surda Helen Keller, essa tarefa já tinha frustrado os esforços de outros por muito tempo. Entretanto, apenas duas semanas depois de iniciar seu trabalho com Keller, Sullivan obteve grande sucesso.

7. Inteligência intrapessoal (conhecimento dos aspectos internos de si mesmo; acesso aos próprios sentimentos e emoções. Exemplo de caso:

Em seu ensaio *Um Esboço do Passado*, Virginia Woolf demonstra profunda compreensão de sua vida interior ao longo dessas linhas, descrevendo sua reação a diversas memórias específicas de sua infância que na idade adulta ainda a chocam: "Apesar de eu ainda ter a excentricidade de receber estes choques repentinos, agora eles são sempre bem-vindos; após a primeira surpresa, eu sempre sinto, instantaneamente, que eles são particularmente valiosos. E assim eu prossigo, supondo que a capacidade de receber esses choques é o que me torna uma escritora".

8. Inteligência naturalista (capacidade de identificar e classificar padrões na natureza). Exemplo de caso:

Durante os tempos pré-históricos, os caçadores/coletores dependiam da inteligência naturalista para identificar quais animais e plantas eram comestíveis. Pessoas exímias na distinção de *nuances* entre um grande número de objetos semelhantes podem expressar habilidades de inteligência naturalista.

FIGURA 1 Howard Gardner acredita que há oito principais tipos de inteligência, correspondendo às capacidades em diferentes domínios. Em que área reside sua maior inteligência e por que você considera que tem pontos fortes nessa área?
(Fonte: Adaptada de Gardner, 2000.)

ou dimensões subjacentes, as abordagens de processamento de informações examinam os *processos* envolvidos na produção de comportamento inteligente (Hunt, 2005; Neubauer & Fink, 2005; Pressley & Harris, 2006).

Por exemplo, estudos mostram que pessoas com escores altos em testes de inteligência dedicam mais tempo às etapas de codificação inicial dos problemas, identificando suas partes e recuperando informações da memória de longo prazo, do que as pessoas com escores mais baixos. Essa ênfase inicial na recordação de informações relevantes compensa no final: aqueles que usam tal abordagem são mais bem-sucedidos na descoberta de soluções do que aqueles que passam tempo relativamente menor nas etapas iniciais (Sternberg, 1990; Deary & Der, 2005; Hunt, 2005).

Outras abordagens de processamento de informações examinam a pura velocidade do processamento. Por exemplo, estudos demonstram que a velocidade com a qual as pessoas são capazes de receber informações da memória está relacionada à inteligência verbal. Em geral, pessoas com altos escores em medidas de inteligência reagem mais rapidamente em uma variedade de tarefas de processamento de informações, desde reações a luzes que piscam até a distinção de letras. A velocidade do processamento de informações, então, pode subjazer a diferenças de inteligência (Jensen, 2005; Gontkovsky & Beatty, 2006; Helmbold, Troche, & Rammsayer, 2007; Sheppard & Vernon, 2008).

Inteligência prática e emocional: para uma visão mais inteligente da inteligência

Considere a seguinte situação:

> Uma funcionária que trabalha com um subordinado pediu para conversar com você sobre desperdício, práticas inadequadas de gerenciamento e possíveis violações tanto da política da empresa como da lei por parte do subordinado. Você ocupa seu cargo atual há apenas um ano, mas nesse período não viu indícios de problemas por parte do subordinado em questão. Nem você nem sua empresa têm uma política de "portas abertas", e espera-se que os funcionários levem suas preocupações a seus supervisores imediatos antes de levar a questão a outra pessoa. A funcionária que deseja se encontrar com você não discutiu essa questão com o supervisor dela devido à natureza delicada. (Sternberg, 1998, p. 17)

Sua resposta a essa situação tem muito a ver com seu sucesso futuro em uma carreira empresarial, de acordo com o psicólogo Robert Sternberg. A questão é uma de uma série destinada a ajudá-lo a dar uma indicação de sua inteligência. Entretanto, não é a inteligência tradicional que a questão visa a explorar, e sim a inteligência de um tipo muito especial: a inteligência prática. **Inteligência prática** é aquela relacionada ao sucesso geral no viver (Sternberg, 2000, 2002; Muammar, 2007; Wagner, 2002, 2011).

inteligência prática
Segundo Sternberg, trata-se da inteligência relacionada ao sucesso geral no viver.

Observando que os testes tradicionais visam a relacionar-se ao sucesso acadêmico, Sternberg aponta para evidências de que a maior parte das medidas tradicionais de inteligência não se relaciona especialmente bem ao *sucesso profissional* (McClelland, 1993). De modo específico, embora gerentes executivos bem-sucedidos costumem pontuar ao menos moderadamente bem em testes de inteligência, a taxa em que progridem e suas realizações profissionais fundamentais estão apenas minimamente associadas às medidas tradicionais de sua inteligência.

Sternberg argumenta que o sucesso profissional requer um tipo muito diferente de inteligência daquele necessário para o sucesso acadêmico. Enquanto o sucesso acadêmico baseia-se no conhecimento de uma base de informações específica obtida da leitura e escuta, a inteligência prática é aprendida principalmente por meio da observação do comportamento dos outros. Pessoas com alto nível de inteligência prática são capazes de gerar normas e princípios e aplicá-los de maneira apropriada. Consequentemente, testes de inteligência prática, como aquele que aparece na Figura 2, medem a capacidade de empregar princípios amplos na resolução de problemas cotidianos (Sternberg & Pretz, 2005; Stemler & Sternberg, 2006; Stemler et al., 2009).

Além da inteligência prática, Sternberg argumenta que existem dois outros tipos inter-relacionados de inteligência associados ao sucesso na vida: analítica e criativa. A inte-

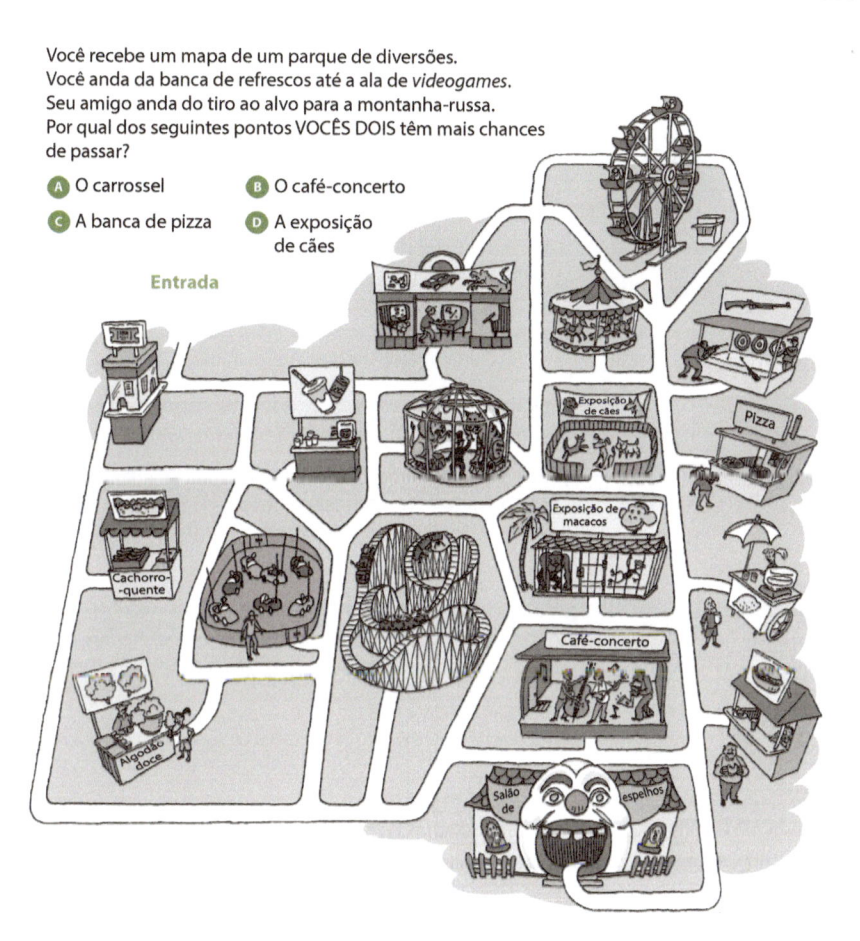

FIGURA 2 A maior parte dos testes de inteligência medem habilidades analíticas; testes mais abrangentes mensuram também as habilidades criativas e práticas.

(Fonte: Adaptada de Sternberg, R. J., 2000. The Holy Grail of general intelligence. *Science, 289*, n. 5478, 399–401.)

Você recebe um mapa de um parque de diversões. Você anda da banca de refrescos até a ala de *videogames*. Seu amigo anda do tiro ao alvo para a montanha-russa. Por qual dos seguintes pontos VOCÊS DOIS têm mais chances de passar?

- **A** O carrossel
- **B** O café-concerto
- **C** A banca de pizza
- **D** A exposição de cães

ligência analítica concentra-se nos tipos abstratos, mas tradicionais, de problemas medidos em testes de QI, ao passo que a inteligência criativa envolve a geração de novos produtos e ideias (Benderly, 2004; Sternberg, Kaufman, & Pretz, 2004; Sternberg, Grigorenko, & Kidd, 2005).

Alguns psicólogos ampliam o conceito de inteligência ainda mais além do domínio intelectual para incluir as emoções. **Inteligência emocional** é um conjunto de habilidades subjacentes a precisas estimativa, avaliação, expressão e regulação das emoções (Mayer, Salovey, & Caruso, 2004; Humphrey, Curran, & Morris, 2007; Mayer, Salovey, & Caruso, 2008).

Inteligência emocional é a base da empatia pelos outros, da autoconsciência e das habilidades sociais. Ela abrange a capacidade de se relacionar bem com os demais. Ela nos fornece uma compreensão do que outras pessoas estão sentindo e experimentando, o que nos possibilita responder adequadamente às necessidades dos outros. Essas habilidades podem ajudar a explicar por que as pessoas com pontuações apenas modestas em testes de inteligência tradicionais são bem-sucedidas: a base de seu sucesso pode ser uma inteligência emocional elevada, o que lhes garante responder apropriada e rapidamente aos sentimentos dos outros.

Embora a noção de inteligência emocional faça sentido, ela ainda precisa ser quantificada de forma rigorosa. Além disso, a visão de que a inteligência emocional é tão importante que as habilidades relacionadas a ela devem ser ensinadas na escola causou preocupação a alguns educadores. Eles alegam que é melhor deixar o cultivo da inteligência emocional para as famílias dos estudantes, especialmente porque não existe um conjunto bem-especificado de critérios para o que constitui inteligência emocional (Sleek, 1997; Becker, 2003).

inteligência emocional Conjunto de habilidades subjacentes a precisas estimativa, avaliação, expressão e regulação das emoções.

Alerta de estudo

A inteligência tradicional relaciona-se com o desempenho acadêmico; a inteligência prática relaciona-se com o êxito na vida; e a inteligência emocional relaciona-se com as habilidades emocionais.

FIGURA 3 Assim como existem muitas visões da natureza da inteligência, também há várias formas de demonstrar comportamento inteligente. Este resumo fornece um panorama das diversas abordagens usadas pelos psicólogos.

Principais abordagens da inteligência	
Abordagem	**Características**
Inteligência fluida e cristalizada	A inteligência fluida relaciona-se com o raciocínio, a memória e as capacidades de processamento de informações; a inteligência cristalizada relaciona-se a informações, habilidades e estratégias aprendidas por meio da experiência.
Inteligências múltiplas de Gardner	Oito tipos independentes de inteligência.
Abordagens de processamento de informações	A inteligência reflete-se nos modos como as pessoas armazenam e usam material para resolver tarefas intelectuais.
Inteligência prática	A inteligência é vista em termos de sucesso não acadêmico, profissional e pessoal.
Inteligência emocional	A inteligência que fornece uma compreensão do que as outras pessoas estão sentindo e experimentando, permitindo-nos responder adequadamente às necessidades dos outros.

Contudo, a noção de inteligência emocional lembra-nos de que existem muitas formas de demonstrar comportamento inteligente – assim como existem várias visões da natureza da inteligência (Fox & Spector, 2000; Barrett & Salovey, 2002). A Figura 3 apresenta um resumo das diferentes abordagens usadas pelos psicólogos.

Avaliando a inteligência

Dada a variedade de abordagens dos componentes da inteligência, não é de surpreender que medir a inteligência tenha sido um desafio. Os psicólogos que estudam essa questão concentraram grande parte de sua atenção no desenvolvimento de **testes de inteligência** e usaram tais testes para quantificar o nível de inteligência de uma pessoa. Esses testes revelaram-se muito benéficos para identificar alunos que necessitam de atenção especial na escola, diagnosticar dificuldades cognitivas e ajudar as pessoas a fazer escolhas educacionais e vocacionais melhores. Ao mesmo tempo, seu uso mostrou-se controverso, levantando importantes questões sociais e educacionais.

Historicamente, o primeiro esforço para testar a inteligência baseou-se em uma suposição simples, porém totalmente errônea: a de que o tamanho e a forma da cabeça de uma pessoa poderiam ser usados como uma medida objetiva da inteligência. A ideia foi proposta por Sir Francis Galton (1822–1911), um eminente cientista inglês cujas ideias em outros domínios provaram ser consideravelmente melhores do que suas noções sobre inteligência.

A motivação de Galton de identificar pessoas com alta inteligência eram oriundas de preconceitos pessoais. Ele procurava demonstrar a natural superioridade das pessoas da alta classe social (inclusive ele mesmo), mostrando que a inteligência é herdada. Ele levantou a hipótese de que a configuração da cabeça, que é geneticamente determinada, está relacionada ao tamanho do cérebro e, portanto, à inteligência.

As teorias de Galton mostraram-se equivocadas em praticamente todos os aspectos. O tamanho e o formato da cabeça não estão relacionados ao desempenho intelectual, e estudos subsequentes observaram pouca relação entre o tamanho do cérebro e inteligência. Entretanto, o trabalho de Galton teve ao menos um resultado desejável: ele foi a primeira pessoa a sugerir que a inteligência deveria ser quantificada e medida de maneira objetiva (Jensen, 2002).

Binet e o desenvolvimento dos testes de QI

Os primeiros testes de inteligência reais foram desenvolvidos pelo psicólogo francês Alfred Binet (1857–1911). Seus testes decorriam de uma premissa simples: se o desempenho em determinadas tarefas ou itens de teste melhoravam com a idade *cronológica* ou física, o

testes de inteligência Testes que visam a quantificar o nível de inteligência de uma pessoa.

Alfred Binet

desempenho podia ser usado para distinguir pessoas mais inteligentes de pessoas menos inteligentes dentro de uma faixa etária específica. Com base nesse princípio, Binet criou o primeiro teste de inteligência formal, que visava a identificar os estudantes "mais lentos" no sistema escolar de Paris a fim de prover-lhes auxílio corretivo.

Binet iniciou pela apresentação de tarefas a estudantes de mesma idade que tivessem sido considerados "brilhantes" ou "lentos" por seus professores. Se uma tarefa pudesse ser completada pelos estudantes brilhantes, mas não pelos lentos, era mantida como um item de teste adequado; senão ela era descartada. No final, ele produziu um teste que diferenciava grupos brilhantes e lentos, e – com trabalho adicional – um teste que distinguia crianças em grupos etários diferentes (Binet & Simon, 1916; Sternberg & Jarvin, 2003).

Com base no teste de Binet, as crianças recebiam um escore relacionado à sua **idade mental**, a idade para a qual dado nível de desempenho é médio ou típico. Por exemplo, se uma criança média de 8 anos respondia 45 itens corretamente em um teste, seria atribuída uma idade mental de 8 anos a qualquer pessoa que respondesse 45 itens de modo correto. Consequentemente, se a pessoa que fazia o teste tivesse 20 anos ou 5 anos de idade, ela teria a mesma idade mental de 8 anos (Cornell, 2006).

Atribuir uma idade mental aos estudantes fornecia uma indicação de seu nível geral de desempenho. Entretanto, isso não permitia comparações adequadas entre pessoas de diferentes idades cronológicas. Usando-se a idade mental isoladamente, por exemplo, poderíamos presumir que um jovem de 18 anos que responde em um nível de 20 anos estaria demonstrando o mesmo grau de inteligência que uma criança de 5 anos respondendo no nível de 7 anos, quando, na verdade, a criança de 5 anos estaria exibindo um grau *relativo* de inteligência maior.

Uma solução para o problema veio na forma do **quociente de inteligência (QI)**, uma medida de inteligência que leva em conta a idade mental e cronológica (física) de um indivíduo. Historicamente, os primeiros escores de QI empregaram a seguinte fórmula, na qual IM corresponde à idade mental e IC à idade cronológica:

$$\text{escore de QI} = \frac{\text{IM}}{\text{IC}} \times 100$$

Usando essa fórmula, podemos agora voltar ao exemplo anterior de um jovem de 18 anos desempenhando-se em uma idade de 20 anos e calcular um escore de QI de (20/18) × 100 = 111. Entretanto, a criança de 5 anos desempenhando-se em uma idade mental de 7 anos resulta em um escore de QI consideravelmente mais alto: (7/5) × 100 = 140.

Como um pouco de experimentação com a fórmula irá revelar, qualquer pessoa que tem uma idade mental igual à sua idade cronológica terá um QI igual a cem. Além disso, pessoas com uma idade mental que seja inferior à sua idade cronológica terão QI acima de cem.

Embora os princípios básicos subjacentes ao cálculo de um escore de QI ainda sejam válidos, hoje os escores de QI são determinados de uma forma diferente e são conhecidos como *escores de desvio de QI*. Primeiramente, determina-se o escore de teste médio para todas as pessoas da mesma idade que fazem o teste, e a esse escore médio atribui-se um QI de cem. Então, com o auxílio de técnicas estatísticas que calculam as diferenças (ou "desvios") entre cada escore e a média, são atribuídos os escores de QI.

Como se pode ver na Figura 4, quando os escores de QI de grandes quantidades de pessoas são lançados em um gráfico, eles apresentam uma *distribuição em forma de sino* (assim denominada porque se assemelha a um sino quando representada em gráfico). Aproximadamente dois terços de todas as pessoas ficam dentro de uma faixa de 15 pontos de QI do escore médio de cem. À medida que os escores aumentam ou saem fora dessa faixa, a porcentagem de pessoas em uma categoria diminui consideravelmente.

Testes contemporâneos de QI: medindo a inteligência

Remanescentes do teste de inteligência original de Binet perduram conosco, embora o teste tenha sido revisado de maneira significativa. Hoje em sua quinta edição e chamado de *Escala de Inteligência Stanford-Binet*, o teste consiste em uma série de itens que variam de

---

idade mental Idade para a qual dado nível de desempenho é médio ou típico.

quociente de inteligência (QI) Medida de inteligência que leva em conta a idade mental e cronológica de um indivíduo.

Alerta de estudo

É importante saber a fórmula tradicional para escores de QI em que QI é a razão da idade mental dividida pela idade cronológica, multiplicada por cem. Lembre-se, contudo, de que hoje o cálculo real dos escores de QI é feito de uma maneira mais sofisticada.

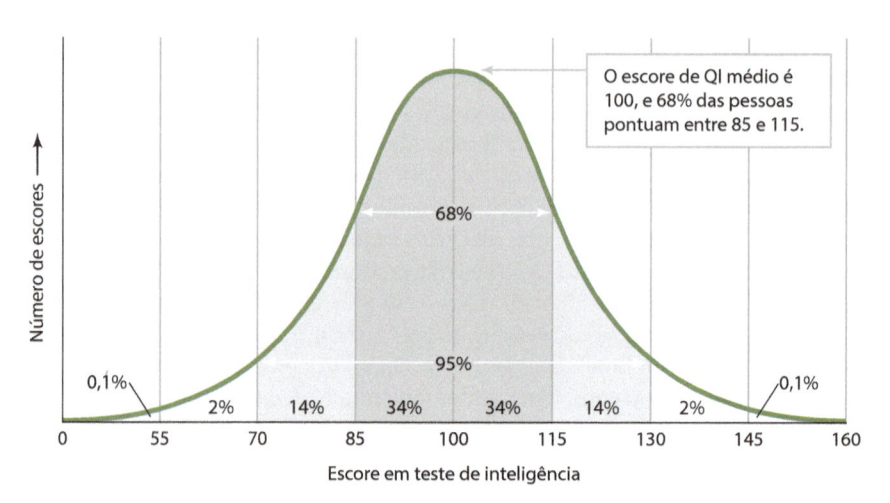

FIGURA 4 O escore médio e mais comum de QI é cem, e 68% de todas as pessoas estão dentro de uma faixa de 30 pontos centrada em cem. Cerca de 95% da população têm escores que estão dentro da faixa de 30 pontos acima ou abaixo de cem, enquanto 99,8% apresentam escores entre 55 e 145.

acordo com a idade da pessoa que está sendo testada (Roid, Nellis, & McClellan, 2003). Por exemplo, pede-se a crianças pequenas que copiem figuras ou respondam a perguntas sobre atividades diárias. Pessoas mais velhas são solicitadas a resolver analogias, explicar provérbios e descrever semelhanças que subjazem a conjuntos de palavras.

O teste é administrado oralmente e inclui tanto avaliação verbal quanto não verbal. Um examinador começa encontrando uma idade mental em que a pessoa é capaz de responder a todas as perguntas de modo correto e depois passa para problemas sucessivamente mais difíceis. Quando se alcança um nível de idade mental em que nenhum item pode ser respondido, o teste acabou. Estudando o padrão de respostas corretas e incorretas, o exa-

Agora em sua quinta edição, o teste de Stanford-Binet consiste em uma série de itens que variam de natureza de acordo com a idade da pessoa que está sendo testada. O que podemos aprender sobre uma pessoa a partir de um teste desse tipo?

Tipos de itens na WAIS-IV		
Nome	**Objetivo do item**	**Exemplo**
Informação	Avaliar informações gerais.	Quem escreveu *Tom Sawyer*?
Compreensão	Avaliar compreensão e avaliação de normas sociais e experiência anterior.	Por que o cobre costuma ser usado para fios elétricos?
Aritmética	Avaliar raciocínio matemático por meio de problemas verbais.	Três mulheres dividiram 18 bolas de golfe igualmente entre si. Quantas bolas cada uma delas recebeu?
Semelhanças	Testar compreensão de como objetos ou conceitos são semelhantes, explorando o raciocínio abstrato.	Em que aspecto um círculo e um triângulo se assemelham?
Pesos das figuras	Testar raciocínio perceptual.	Problemas requerem que o indivíduo testado determine qual possibilidade equilibra os pratos na última balança.
Raciocínio matricial	Testar raciocínio espacial.	O indivíduo testado deve decidir qual das cinco possibilidades substitui o ponto de interrogação e então completar a sequência.
Item de *design* de blocos	Testar compreensão da relação das partes com o todo.	Problemas requerem que os indivíduos reproduzam um desenho em uma quantidade restrita de tempo.

FIGURA 5 Tipos de itens típicos presentes na Wechsler Adult Intelligence Scale (WAIS-IV).
(Itens simulados aos da *Wechsler Adult Intelligence Scale, Fourth Edition (WAIS-IV)*. Copyright © 2008 NCS Pearson, Inc. Reproduzida com permissão. Todos os direitos reservados. "Wechsler Adult Intelligence Scale,""WAIS," e "Wechsler" são marcas registradas, nos Estados Unidos e/ou em outros países, de Pearson Education, Inc. or its affiliates.)

minador é capaz de calcular um escore de QI para a pessoa que está sendo testada. Além disso, o teste Stanford-Binet gera subescores separados que fornecem pistas dos pontos fortes e fracos que são particulares do indivíduo testado.

Os testes de QI mais frequentemente usados nos Estados Unidos foram criados pelo psicólogo David Wechsler e são conhecidos como *Wechsler Adult Intelligence Scale–IV* ou, mais comumente, WAIS-IV (para adultos) e uma versão para crianças, a *Wechsler Intelligence Scale for Children–IV* ou *WISC-IV*. Tanto a WAIS-IV como a WISC-IV medem a compreensão verbal, o raciocínio perceptual, a memória de trabalho e a velocidade de processamento (ver amostra de itens da WAIS-IV na Fig. 5).

Uma vez que os testes Stanford-Binet e as escalas WAIS-IV e WISC-IV exigem administração individualizada e pessoal, eles são relativamente difíceis de aplicar e pontuar em ampla escala. Consequentemente, hoje existem alguns testes de QI que permitem administração em grupo. Em vez de fazer um examinador pedir para uma pessoa de cada vez responder a itens individuais, os testes de QI são feitos unicamente com lápis e papel. A principal vantagem dos testes em grupo é sua facilidade de administração (Anastasi & Urbina, 1997; Danner et al., 2011).

Entretanto, os sacrifícios feitos na testagem em grupo podem, às vezes, superar os benefícios. Por exemplo, testes em grupo geralmente oferecem menos tipos de questões do que testes aplicados individualmente. Além disso, as pessoas podem ser mais motivadas a desempenhar em seu máximo nível de habilidade quando trabalham diretamente com o administrador do teste do que quando estão em um grupo. Por fim, em alguns casos, é simplesmente impossível empregar testes em grupo, sobretudo com crianças pequenas ou pessoas com QI excepcionalmente baixo (Aiken, 1996).

Confiabilidade e validade: tomando a medida dos testes

Quando usamos uma régua, esperamos que ela meça um centímetro da mesma maneira que mediu na última vez que a usamos. Quando nos pesamos na balança do banheiro, esperamos que as variações que vemos nela devam-se a mudanças em nosso peso e não a erros por parte da balança (a menos que a mudança de peso seja em um sentido indesejável!).

Da mesma forma, esperamos que os testes de psicologia tenham **confiabilidade** – que eles meçam consistentemente o que estão tentando medir. Precisamos ter certeza de que, cada vez que administramos o teste, o indivíduo testado alcance os mesmos resultados – pressupondo que nada tenha mudado na pessoa que seja relevante para o que está sendo medido.

Vamos supor, por exemplo, que na primeira vez que você fez seus exames de vestibular, sua pontuação foi de 400 na seção verbal. Então, ao fazer o teste novamente alguns meses depois, você obteve uma pontuação de 700. Ao receber sua nova pontuação, você pode por um instante parar de comemorar para questionar se o teste é confiável, pois é improvável que suas habilidades possam ter mudado o suficiente para aumentar seu escore em 300 pontos (T. R. Coyle, 2006).

Porém, suponha que seu escore quase não tenha mudado, que nas duas vezes ele tenha ficado em torno de 400. Você não poderia reclamar de falta de confiabilidade. Entretanto, se você soubesse que suas habilidades verbais estavam acima da média, poderia temer que o teste não tivesse medido adequadamente o que deveria medir. Em suma, trata-se agora mais de uma questão de validade do que de confiabilidade. Um teste tem **validade** quando ele realmente mede o que deve medir.

Saber que um teste é confiável não é garantia de que ele também é válido. Por exemplo, Sir Francis Galton pressupôs que o tamanho do crânio está relacionado à inteligência, e ele era capaz de medir o tamanho do crânio com grande confiabilidade. Contudo, a medida do tamanho do crânio não era válida – ela tinha nada a ver com inteligência. Nesse caso, então, temos confiabilidade sem validade.

Se um teste não é confiável, ele não pode ser válido. Presumindo que todos os outros fatores – motivação para pontuar bem, conhecimento do material, saúde, e assim por diante – sejam semelhantes, se uma pessoa obtém pontuação alta na primeira vez que faz um teste e baixa na segunda, o teste não pode estar medindo o que deve medir. Portanto, o teste não é confiável nem válido.

A validade e a confiabilidade são pré-requisitos para uma medição precisa da inteligência – assim como para qualquer outra tarefa de mensuração realizada por psicólogos. Consequentemente, as medições de personalidade realizadas por psicólogos da personalidade, as avaliações de psicólogos clínicos dos transtornos psicológicos e as medições de comportamento por psicólogos sociais devem satisfazer os testes de validade e confiabilidade para que os resultados tenham significado (Feldt, 2005; Phelps, 2005; Yao, Zhour, & Jiang, 2006).

Presumindo que um teste seja tanto válido como confiável, um passo adicional é necessário a fim de interpretar o significado de determinado escore de um indivíduo testado: o estabeleci-

---

confiabilidade Propriedade pela qual os testes medem consistentemente o que estão tentando medir.

validade Propriedade pela qual os testes realmente medem o que devem medir.

mento de normas. **Normas** são padrões de desempenho em teste que permitem a comparação do escore de uma pessoa em um teste com os escores de outras que fizeram o mesmo teste. Por exemplo, uma norma permite que os submetidos aos testes saibam que eles obtiveram escores que estão, digamos, entre os 15% superiores dos que fizeram o teste anteriormente. Testes para os quais foram desenvolvidas normas são conhecidos como *testes padronizados*.

Os criadores de testes desenvolvem normas calculando o escore médio alcançado por um grupo específico de pessoas para as quais o teste foi projetado. Eles podem, então, determinar o grau em que o escore de cada indivíduo difere dos escores de outras pessoas que fizeram o texto no passado e fornecer aos futuros testados uma noção qualitativa de seu desempenho.

Obviamente, as amostras dos indivíduos testados empregadas no estabelecimento de normas são fundamentais para o processos de normatização. As pessoas usadas para determinar normas devem ser representativas dos indivíduos aos quais o teste é dirigido.

> **normas** Padrões de desempenho em teste que permitem a comparação do escore de uma pessoa em um teste com os escores de outras que fizeram o mesmo teste.

Testagem adaptativa: usando computadores para avaliar o desempenho

Garantir que os testes sejam confiáveis, válidos e fundamentados em normas apropriadas tornou-se mais importante com a testagem administrada por computador. Nas versões computadorizadas, tais como o Graduate Record Exam, um teste usado para determinar a admissão em programas de pós-graduação, além de as questões do teste serem vistas e respondidas em um computador, o próprio teste é individualizado. Com *testes adaptativos*, cada pessoa submetida à avaliação não recebe conjuntos idênticos de questões. Em vez disso, o computador primeiro apresenta um conjunto de questões de dificuldade moderada selecionadas aleatoriamente. Se o indivíduo testado responde corretamente, o computador então apresenta um item ligeiramente mais difícil escolhido de modo aleatório. Se o indivíduo responde de modo incorreto, o computador apresenta um item ligeiramente mais fácil. Cada pergunta torna-se um pouco mais difícil ou mais fácil do que a questão anterior, dependendo de a resposta anterior ter sido correta. Enfim, quanto maior o número de perguntas difíceis respondidas corretamente, maior o escore (Marszalek, 2007; Belov & Armstrong, 2009; Barrada, Abad, & Olca, 2011).

Variações na capacidade intelectual

Mais de 7 milhões de pessoas nos Estados Unidos, inclusive em torno de 11 a cada mil crianças, foram identificadas como estando abaixo da média em inteligência e, portanto, podem ser consideradas como portadores de uma deficiência grave. Indivíduos com QI baixos (pessoas com retardo mental ou deficiência intelectual), bem como aquelas com QI excepcionalmente alto (as superdotadas), requerem atenção especial para que possam alcançar seu potencial pleno.

Deficiência intelectual (retardo mental)

Embora às vezes seja considerada um fenômeno raro, a deficiência intelectual (ou retardo mental, como era mais costumeiro chamar) ocorre em 1 a 3% da população. Existe ampla variação entre os que são chamados de intelectualmente deficientes, em grande medida por causa da abrangência da definição desenvolvida pela American Association on Intellectual and Developmental Disabilities. A associação sugere que a **deficiência intelectual (ou retardo mental)** é uma condição caracterizada por limitações significativas tanto no funcionamento intelectual como em habilidades conceituais, sociais e adaptativas práticas (American Association of Mental Retardation, 2002).

Ainda que um funcionamento intelectual abaixo da média possa ser medido de forma relativamente direta – usando-se testes comuns de QI –, determinar como mensurar limitações no comportamento adaptativo é mais difícil. Consequentemente, existe uma falta de

> **deficiência intelectual (ou retardo mental)** Condição caracterizada por limitações significativas tanto no funcionamento intelectual quanto em habilidades adaptativas conceituais, sociais e práticas.

uniformidade no modo como os especialistas aplicam os rótulos de *deficiência intelectual* e *retardo mental*. As pessoas rotuladas como intelectualmente deficientes variam desde aquelas que podem aprender a trabalhar e funcionar com pouca atenção especial até aquelas que não podem ser treinadas e permanecem internadas durante toda a vida (Detterman, Gabriel, & Ruthsatz, 2000; Greenspan, 2006).

A maioria das pessoas com deficiência intelectual apresenta déficits relativamente menores e é classificada como *portadora de retardo leve*. Esses indivíduos, que têm pontuações de QI entre 55 e 69, constituem 90% das pessoas com deficiência intelectual. Embora seu desenvolvimento seja mais lento do que o de seus pares, elas podem funcionar de maneira bastante independente na idade adulta, além de ter um emprego e constituir família (Bates et al., 2001; Smith, 2006; van Nieuwenhuijzen et al., 2011).

Com graus maiores de deficiência intelectual – *retardo moderado* (QI de 40 a 54), *retardo grave* (QI de 25 a 39) e *retardo profundo* (QI abaixo de 25) – as dificuldades são mais acentuadas. Para pessoas com retardo moderado, os déficits são evidentes precocemente, com habilidades linguísticas e motoras atrasadas em relação às dos pares. Embora esses indivíduos possam ter empregos simples, eles precisam de um grau moderado de supervisão durante toda a vida. Indivíduos com retardo mental grave ou profundo geralmente não são capazes de funcionar de maneira independente e requerem cuidado durante a vida inteira (Garwick, 2007).

Identificando as raízes da deficiência intelectual.

O que produz a deficiência intelectual? Em quase um terço dos casos, há uma causa identificável relacionada a fatores biológicos ou ambientais. A causa mais evitável de deficiência intelectual é a **síndrome alcoólica fetal**, produzida pelo uso de álcool durante a gravidez. Evidências crescentes indicam que mesmo pequenas quantidades de ingestão de álcool podem produzir déficits intelectuais. Um de cada 750 bebês nasce com síndrome alcoólica fetal nos Estados Unidos (Manning & Hoyme, 2007; Murthy et al., 2009; Jacobson et al., 2011).

A *síndrome de Down* representa outra causa importante de deficiência intelectual. Ela ocorre quando uma pessoa nasce com 47 cromossomos em vez dos usuais 46. Na maioria dos casos, existe uma cópia extra do cromossomo 21, o que acarreta problemas no modo como se desenvolvem o cérebro e o corpo (Sherman et al., 2007).

Em outros casos de deficiência intelectual, ocorre uma anormalidade na estrutura de determinados cromossomos. Complicações durante o nascimento, tais como falta temporária de oxigênio, podem resultar em retardo. Em alguns casos, a deficiência intelectual inicia após o nascimento, depois um trauma na cabeça, um AVC ou infecções como a meningite (Plomin, 2005; Bittles, Bower, & Hussain, 2007).

Entretanto, os casos de deficiência intelectual são, em sua maioria, classificados como **retardo familiar**, em que não existe um defeito biológico visível, mas há histórico de retardo na família. Geralmente, é impossível determinar se o histórico familiar de deficiência intelectual é causada por fatores ambientes, tais como pobreza extrema contínua que leva à subnutrição, ou por algum fator genético subjacente (Zigler et al., 2002; Franklin & Mansuy, 2011).

Integrando indivíduos com deficiência intelectual.

Avanços importantes no cuidado e no tratamento dos portadores de deficiência intelectual foram obtidos desde que o Education for All Handicapped Children Act (Public Law 94-142) foi aprovado pelo Congresso em meados da década de 1970. Nessa lei federal, o Congresso estipulou que os portadores de deficiência intelectual têm direito à educação completa e devem ser educados e treinados no ambiente menos restritivo possível. A lei aumentou as oportunidades educacionais para portadores de deficiência intelectual, facilitando sua integração em escolas normais o máximo possível – processo conhecido como *inclusão* (Katsiyannis, Zhang, & Woodruff, 2005; Aussilloux & Bagdadli, 2006; Gibb et al., 2007).

A filosofia subjacente à inclusão sugere que a interação de estudantes com e sem deficiência intelectual na salas de aula normais vai aumentar as oportunidades educacionais para os portadores de deficiência intelectual, promover maior aceitação social e facilitar a

---

síndrome alcoólica fetal Causa mais comum de deficiência intelectual em neonatos, que ocorre quando a mãe usa álcool durante a gravidez.

retardo familiar Deficiência intelectual em que não existe um defeito biológico visível, mas há histórico de retardo na família.

integração na sociedade em geral. Evidentemente, classes de educação especial ainda existem; alguns portadores de deficiência intelectual funcionam em um nível muito baixo para se beneficiar da colocação em salas de aula normais. Além disso, crianças com deficiência intelectual que são incluídas em classes normais costumam receber aulas especiais pelo menos durante parte do dia (Hastings & Oakford, 2003; Williamson, McLeskey, & Hoppey, 2006; ver também TrabalhoPsi).

Para Shannon Lynch, diretora de educação especial na Escola Willow Creek em Prescott, Arizona, ser professor de educação especial significa prover maneiras de todos os alunos serem bem-sucedidos. Cada criança tem necessidades diferentes, e Lynch encara seu ensino de acordo com isso.

"Para crianças com déficits de aprendizagem específicos, constatei que é útil fazer uso de repetição, atividades práticas, música, movimentos com informação e rimas para gravar a informação", ela explica.

"Crianças autistas têm desafios com habilidades sociais. Existem programas ótimos que fornecem modelos e roteiros de interação social apropriada", afirma Lynch. Deficiências emocionais requerem uma abordagem muito diferente e envolvem a provisão de aconselhamento para lidar com as emoções difíceis que os estudantes enfrentam.

"O principal fator para estudantes com necessidades especiais é prover meios para que tenham êxito. Eles passaram grande parte de sua história acadêmica sentindo-se incapazes e inadequados; e por isso, proporcionar-lhes pequenas oportunidades de sucesso pode fazer uma imensa diferença em sua confiança", observa Lynch.

TrabalhoPsi
DIRETOR DE EDUCAÇÃO ESPECIAL

Nome: Shannon Lynch

Formação: Bacharel, Liberal Studies, Northern Arizona University, Flagstaff, Arizona; Mestrado, Educação Especial, Northern Arizona University, Flagstaff, Arizona; State of Arizona Teaching Certificate in Elementary and Special Education

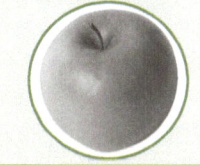

Os intelectualmente superdotados

Outro grupo de pessoas – os intelectualmente superdotados – difere dos que apresentam inteligência média tanto como os indivíduos com retardo mental, embora de uma maneira distinta. Contabilizando de 2 a 4% da população, os **superdotados** têm escores de QI acima de 130.

Embora o estereótipo associado aos superdotados sugira que eles são desajustados sociais, desajeitados e tímidos, incapazes de se relacionar bem com seus pares, a maior parte dos estudos indica que o oposto é verdadeiro. Os superdotados são com mais frequência pessoas populares, extrovertidas, bem-adaptadas e saudáveis, capazes de fazer melhor a maioria das atividades do que a um indivíduo médio (Guldemond et al., 2007; Mueller, 2009; Sternberg, Jarvin, & Grigorenko, 2011).

Por exemplo, em um famoso estudo do psicólogo Lewis Terman realizado no início da década de 1920, 1.500 crianças que tinham escores de QI acima de 140 foram acompanhadas pelo resto de suas vidas. Desde o início, os membros desse grupo eram física, acadêmica e socialmente mais capazes do que seus pares não superdotados. Além de saírem-se melhor na escola, eles também apresentavam melhor adaptação social do que a média. Todas essas vantagens compensavam em termos de sucesso profissional: como grupo, os superdotados receberam mais prêmios e distinções, ganharam salários mais altos e fizeram mais contribuições na arte e na literatura do que indivíduos típicos. Talvez mais importante, eles relataram maior satisfação na vida do que os não superdotados (Hegarty, 2007).

Evidentemente, nem todo membro do grupo de Terman foi bem-sucedido. Além disso, a alta inteligência não é uma qualidade homogênea; uma pessoa com um QI geral alto não é necessariamente talentosa em todas as disciplinas acadêmicas, mas pode destacar-se em apenas uma ou duas. Um QI alto não é garantia universal de sucesso (Shurkin, 1992; Winner, 2003; Clemons, 2006).

> **Alerta de estudo**
>
> Lembre-se de que, na maioria dos casos de deficiência intelectual, não existe um defeito biológico aparente, mas há um histórico de retardo mental na família.

superdotados Segmento de 2 a 4% da população que têm escores de QI acima de 130.

Diferenças de grupo em relação à inteligência: determinantes genéticos e ambientais

Um cangue é geralmente lavado com um ploco amarrado a um:
(a) rondil
(b) flico
(c) polo
(d) mastco

Se você encontrasse este tipo de item em um teste de inteligência, você provavelmente reclamaria que o teste era totalmente absurdo e tinha nada a ver com sua inteligência nem com a inteligência de ninguém – e com razão. Como se poderia esperar que alguém respondesse a itens apresentados em uma linguagem tão estranha?

Contudo, para algumas pessoas, mesmo perguntas mais sensatas podem parecer igualmente absurdas. Considere o exemplo de uma criança criada em uma cidade a quem se pergunta sobre procedimentos para tirar leite de vacas, ou alguém criado na zona rural a quem se pergunta sobre procedimentos para obter bilhetes de metrô. Obviamente, a experiência prévia dos indivíduos testados afetaria sua capacidade de responder corretamente. E, se tais tipos de perguntas fossem incluídas em um teste de QI, um crítico poderia alegar com razão que o teste tinha mais a ver com experiência prévia do que com inteligência.

Embora os testes de QI não incluam questões que sejam tão claramente dependentes de conhecimento prévio quanto questões sobre vacas e metrôs, as circunstâncias sociais e as experiências dos indivíduos testados de fato têm o potencial de influenciar os resultados. Na verdade, a questão de desenvolver testes de inteligência justos que meçam conhecimento não relacionado à cultura e a história e experiência familiar é central para explicar uma descoberta importante e persistente: membros de alguns grupos raciais e culturais obtêm escores consistentemente mais baixos em testes de inteligência tradicionais do que membros de outros grupos. Por exemplo, como grupos, os negros tendem a obter em média de 10 a 15 pontos de QI a menos do que os brancos. Essa variação reflete uma diferença verdadeira de inteligência, ou as questões são tendenciosas em relação aos tipos de conhecimentos que elas testam? Sem dúvida, se os brancos se desempenham melhor por causa de sua maior familiaridade com o tipo de informação que está sendo testada, seus escores de QI mais altos não são uma indicação de que eles são mais inteligentes do que os membros de outros grupos (Fagan & Holland, 2007; Morgan, Marsiske, & Whitfield, 2008; Suzuki, Short, & Lee, 2011).

Existem bons motivos para acreditar que alguns testes padronizados de QI contêm elementos que discriminam membros de grupos minoritários cujas experiências diferem daquelas da maioria branca. Considere a pergunta, "O que você deveria fazer se outra criança pegasse seu chapéu e saísse correndo com ele?". A maioria das crianças de classe média brancas responderia que contariam para um adulto, e essa resposta é marcada como correta. No entanto, uma resposta sensata poderia ser ir atrás da pessoa e lutar para pegar o chapéu de volta, a resposta que é escolhida por muitas crianças negras urbanas – mas que é considerada incorreta (Miller-Jones, 1991; Aiken, 1997; Reynolds & Ramsay, 2003).

Explorando a DIVERSIDADE
A relativa influência da genética e do ambiente: natureza, criação e QI

teste de QI culturalmente justo Teste que não discrimina os membros de grupos minoritários.

Em uma tentativa de produzir um **teste de QI culturalmente justo**, que não discrimine os membros de grupos minoritários, os psicólogos tentaram elaborar itens que avaliem experiências comuns a todas as culturas ou enfatizem questões que não requeiram uso da linguagem. Porém, os criadores de testes sentiram dificuldade para fazer isso porque experiências anteriores, atitudes e valores quase sempre têm um impacto nas respostas dos respondentes (Fagan & Holland, 2009).

Por exemplo, crianças criadas em culturas ocidentais agrupam as coisas com base no que são (como colocar *cão* e *peixe* na categoria de *animal*). Ao contrário, os membros da tribo Kpelle na África veem inteligência demonstrada relacionando as coisas de acordo com o que elas *fazem* (agrupando *peixe* com *nadar*). Da mesma forma, crianças americanas solicitadas a memorizar a posição de objetos em um tabuleiro de xadrez saem-se melhor do que crianças africanas que vivem em aldeias remotas se forem usados objetos domésticos familiares às crianças americanas. Todavia, se forem usadas pedras em vez de objetos domésticos, as crianças africanas saem-se melhor. Em resumo, é difícil produzir um teste culturalmente justo (Sandoval et al., 1998; Serpell, 2000; Valencia & Suzuki, 2003; Barnett et al., 2011).

Os esforços dos psicólogos para produzir medidas culturalmente justas da inteligência relacionam-se a uma controvérsia sobre as diferenças de inteligência entre membros de grupos raciais e étnicos distintos. Tentando identificar se existem diferenças entre tais grupos, os psicólogos tiveram de confrontar a questão mais ampla de determinar a contribuição relativa para a inteligência por parte dos fatores genéticos (hereditariedade) e da experiência (ambiente) – o binômio natureza-criação que é uma das questões básicas da psicologia.

Richard Herrnstein, um psicólogo, e Charles Murray, um sociólogo, atiçaram as chamas do debate com a publicação de seu livro *The Bell Curve* em meados da década de 1990 (Herrnstein & Murray, 1994). Eles argumentam que uma análise das diferenças de QI entre brancos e negros demonstrou que, embora os fatores ambientais desempenhem um papel, havia também distinções genéticas básicas entre as duas raças. Eles fundamentaram seus argumentos em diversas descobertas. Por exemplo, em média, os brancos obtêm 15 pontos a mais do que os negros em testes de QI tradicionais, mesmo quando a condição socioeconômica (CSE) é levada em consideração. De acordo com Herrnstein e Murray, negros de CSE média e superior obtêm escores mais baixos do que brancos de CSE média e superior, assim como negros de CSE mais baixa demonstram, em média, escores mais baixos do que brancos de CSE mais baixa. As diferenças entre negros e brancos, concluíram os autores, não poderiam ser atribuídas somente a distinções ambientais. Entretanto, essa conclusão, como veremos, logo foi refutada.

QI e herdabilidade

Não resta dúvida de que a inteligência em geral mostra um alto grau de **herdabilidade**, o grau em que uma característica pode ser atribuída a fatores genéticos herdados (p. ex., Miller & Penke, 2007; Plomin, 2009; van Soelen et al., 2011). Como se pode ver na Figura 6, quanto maior o vínculo genético entre duas pessoas relacionadas, maior a correspondência de QI. Usando dados como esses, Herrnstein e Murray alegaram que as diferenças entre as raças nos escores de QI eram, em grande medida, causadas por distinções de inteligência de base genética.

herdabilidade Grau em que uma característica pode ser atribuída a fatores genéticos herdados.

Vínculo	Sobreposição genética	Criação	Correlação
Gêmeos monozigóticos (idênticos)	100%	Juntos	0,86
Gêmeos dizigóticos (fraternos)	50%	Juntos	0,62
Irmãos	50%	Juntos	0,41
Irmãos	50%	Separados	0,24
Genitor-filho	50%	Juntos	0,35
Genitor-filho	50%	Separados	0,31
Pai adotivo-criança	0%	Juntos	0,16
Crianças sem parentesco	0%	Juntos	0,25
Cônjuges	0%	Separados	0,29

A diferença entre essas duas correlações (0,41 e 0,24) mostra o impacto do ambiente.

A correlação relativamente baixa para crianças sem parentesco criadas juntas mostra a importância de fatores genéticos.

FIGURA 6 Relação entre QI e proximidade do vínculo genético. Em geral, quanto mais semelhante a base genética e ambiental de duas pessoas, maior é a correlação. Note, por exemplo, que a correlação para cônjuges, que não têm vínculo genético e foram criados separadamente, é relativamente baixa, ao passo que a correlação para gêmeos idênticos criados juntos é substancial.

(Fonte: Adaptada de Henderson, 1982.)

Contudo, muitos psicólogos reagiram com veemência aos argumentos expostos em *The Bell Curve*, refutando várias das conclusões básicas. Uma crítica é que, mesmo quando são feitas tentativas para manter as CSEs constantes, continuam existindo amplas variações entre domicílios. Além disso, ninguém pode afirmar convincentemente que as condições de vida de negros e brancos são idênticas mesmo quando sua CSE é semelhante. Ademais, como discutimos anteriormente, existem motivos para acreditar que os testes de QI tradicionais podem discriminar negros urbanos de CSE mais baixa por perguntarem sobre informações atinentes a experiências que é improvável que eles tenham tido (American Psychological Association Task Force on Intelligence, 1996; Nisbett, 2007; Levine, 2011).

Negros que são criados em ambientes economicamente enriquecidos têm escores de QI semelhantes a brancos em ambientes comparáveis. Por exemplo, em um estudo de crianças negras que foram adotadas em idade precoce por famílias de classe média brancas de inteligência acima da média, os escores de QI dessas crianças foi em média 106 – cerca de 15 pontos acima dos escores médios de crianças negras que não foram adotadas e que participaram do estudo. Outro estudo mostra que a diferença racial no QI estreita-se consideravelmente após educação de nível superior, e dados interculturais demonstram que, quando existem diferenças raciais em outras culturas, os grupos economicamente desfavorecidos têm escores inferiores. Em suma, as evidências de que fatores genéticos desempenham um papel importante na determinação de diferenças raciais de QI não são inegáveis (Scarr & Weinberg, 1976; Sternberg, Grigorenko, & Kidd, 2005; Fagan & Holland, 2007; Nisbett, 2009).

Fazer comparações entre raças diferentes em qualquer dimensão, incluindo escores de QI, é uma empresa imprecisa, potencialmente enganosa e muitas vezes infrutífera. De longe, as maiores discrepâncias nos escores de QI ocorrem ao comparar *indivíduos*, não ao comparar escores de QI médios de *grupos* diferentes. Existem negros que pontuam alto em testes de QI, assim como há brancos que pontuam baixo. Para que o conceito de inteligência auxilie no aperfeiçoamento da sociedade, devemos examinar como os *indivíduos* se desempenham, e não os grupos aos quais eles pertencem (Fagan & Holland, 2002, 2007).

A pergunta mais crucial a fazer, então, não é se a inteligência está basicamente subordinada a fatores hereditários ou ambientais, e sim se existe algo que possamos fazer para maximizar o desenvolvimento intelectual de cada indivíduo. Se pudermos encontrar modos de fazer isso, seremos capazes de promover mudanças no ambiente – as quais podem tomar a forma de ambientes domésticos e escolares enriquecidos – que possam levar cada pessoa a realizar seu potencial pleno.

> **Alerta de estudo**
> Lembre-se de que as diferenças de QI são muito maiores quando comparamos indivíduos do que quando comparamos grupos.

Recapitule/avalie/repense

Recapitule

RA 23-1 Quais são as diferentes definições e concepções de inteligência?

- Uma vez que a inteligência pode assumir muitas formas, defini-la é um desafio. Uma visão comumente aceita é a de que a inteligência é a capacidade de compreender o mundo, pensar racionalmente e usar recursos com eficácia diante de desafios.
- Os primeiros psicólogos presumiram que existe um fator geral para a capacidade mental chamado *g*. Contudo, psicólogos posteriores questionaram a visão de que a inteligência é unidimensional.
- Alguns pesquisadores afirmam que a inteligência pode ser decomposta em inteligência fluida e inteligência cristalizada. A teoria das inteligências múltiplas de Gardner propõe que existem oito esferas da inteligência.
- As abordagens do processamento de informações examinam os processos subjacentes ao comportamento inteligente em vez de se deter na estrutura da inteligência.
- Inteligência prática é aquela relativa ao sucesso geral no viver; inteligência emocional é o conjunto de habilidades que subjazem a precisas estimativa, avaliação, expressão e regulação das emoções.

RA 23-2 Quais são as principais abordagens para medir a inteligência e o que os testes de inteligência medem?
- Os testes de inteligência têm tradicionalmente comparado a idade mental e a idade cronológica de uma pessoa para gerar um escore de QI ou quociente de inteligência.
- Testes de inteligência específicos incluem o teste Stanford-Binet, a Wechsler Adult Intelligence Scale–IV (WAIS-IV) e a Wechsler Intelligence Scale for Children–IV (WISC-IV).
- Os testes devem ser tanto confiáveis como válidos. A confiabilidade refere-se à consistência com que um teste mede o que ele está tentando medir. Um teste tem validade quando ele realmente mede o que deve medir.

RA 23-3 Como os extremos de inteligência podem ser caracterizados?
- Os níveis de deficiência intelectual (ou retardo mental) incluem retardo leve, moderado, severo e profundo.
- Cerca de um terço dos casos de retardo apresenta uma causa biológica conhecida; a síndrome alcoólica fetal é a mais comum. Porém, a maioria dos casos é classificada como retardo familiar, para o qual não há uma causa biológica conhecida.
- Os intelectualmente superdotados são indivíduos com QI acima de 130. Eles tendem a ser mais saudáveis e mais bem-sucedidos do que os não superdotados.

RA 23-4 Os testes de QI tradicionais são culturalmente tendenciosos?
- Os testes de inteligência tradicionais foram muitas vezes criticados por serem em favor da população de classe média branca. Essa controvérsia levou a tentativas de elaborar testes culturalmente justos, medições de QI que evitem questões que dependam de determinada base cultural.

RA 23-5 Em que medida a inteligência é influenciada pelo ambiente e pela hereditariedade?
- Tentar distinguir fatores ambientais de hereditários com relação à inteligência é provavelmente inútil e certamente errôneo. Uma vez que escores de QI individuais variam muito mais do que escores de QI de grupos, é mais importante perguntar o que pode ser feito para maximizar o desenvolvimento intelectual de cada indivíduo.

Avalie

1. _____ é uma medida de inteligência que leva em conta a idade mental e cronológica de uma pessoa.
2. Alguns psicólogos fazem distinção entre inteligência _____, que reflete o raciocínio, a memória e as capacidades de processamento de informações, e inteligência _____, que é a informação, as habilidades e as estratégias que as pessoas adquiriram por meio da experiência.
3. _____ é a causa biológica mais comum de retardo mental.
4. Pessoas com inteligência elevada em geral são tímidas e socialmente retraídas. Verdadeiro ou falso?
5. Testes _____ tentam usar somente questões apropriadas a todas as pessoas que estão sendo avaliadas.

Repense

1. Qual é o papel da inteligência emocional na sala de aula? Como a inteligência emocional poderia ser testada? A inteligência emocional deveria ser um fator na determinação da promoção acadêmica para a próxima série?
2. *Da perspectiva de um especialista em recursos humanos*: Entrevistas de emprego são realmente um tipo de teste, mas elas dependem do julgamento dos entrevistadores e não têm validade ou confiabilidade formal. Você pensa que é possível fazer as entrevistas de emprego apresentarem maior validade e confiabilidade?

Respostas das questões de avaliação

1. QI; 2. fluida, cristalizada; 3. síndrome alcoólica fetal; 4. falso; os superdotados em geral são socialmente mais aptos do que os que têm QI mais baixo; 5. culturalmente justos

Termos-chave

inteligência p. 267
g ou fator-g p. 267
inteligência fluida p. 267
inteligência cristalizada p. 268
teoria das inteligências múltiplas p. 268

inteligência prática p. 270
inteligência emocional p. 271
testes de inteligência p. 272
idade mental p. 273
quociente de inteligência (QI) p. 273

confiabilidade p. 276
validade p. 276
normas p. 277
deficiência intelectual (ou retardo mental) p. 277
síndrome alcoólica fetal p. 278

retardo familiar p. 278
superdotados p. 279
teste de QI culturalmente justo p. 280
herdabilidade p. 281

Recordando

Epílogo

Os tópicos neste capítulo ocupam um lugar central no campo da psicologia, abrangendo uma variedade de áreas – incluindo pensamento, resolução de problemas, tomada de decisão, criatividade, linguagem, memória e inteligência. Primeiro, analisamos o pensamento e a resolução de problemas, abordando a importância das imagens mentais e dos conceitos, bem como identificando os passos comumente envolvidos na resolução de problemas. Discutimos a linguagem, descrevendo os componentes da gramática e o desenvolvimento da linguagem nas crianças. Finalmente, consideramos a inteligência. Algumas das discussões mais acaloradas em toda a psicologia concentram-se nesse tema, envolvendo igualmente educadores, legisladores, políticos e psicólogos. As questões incluem o próprio sentido da inteligência, sua medição, os extremos individuais de inteligência e, por fim, a questão da hereditariedade/meio ambiente.

Antes de prosseguir, volte para o prólogo sobre o projeto de ciências de Matthew Fernandez e Akash Krishnan. Responda às seguintes perguntas à luz do que você aprendeu sobre raciocínio, resolução de problemas e criatividade:

1. Por que é difícil programar um computador para reconhecer inflexões emocionais na voz de um falante?
2. Descreva o processo que Matt e Akash tendem a usar para resolver o problema de desenvolver um programa de computador para a feira de ciências de sua escola.
3. Há envolvimento de *insight* no momento de entendimento súbito ("Eureca!") de Matt e Akash?
4. De que maneira o pensamento divergente e convergente estão envolvidos nos processos de invenção? Será que eles desempenham papéis diferentes durante as diversas fases do ato de invenção, incluindo identificar a necessidade de uma invenção, elaborar possíveis soluções e criar uma invenção prática?

RESUMO VISUAL 7 Pensamento, Linguagem e Inteligência

MÓDULO 21 Pensamento e Raciocínio

Imagens mentais: representações de um objeto ou evento na mente

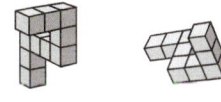

Conceitos:
- Categorização de objetos, eventos ou pessoa que apresentem propriedades em comum
- Protótipos: exemplos típicos de um conceito

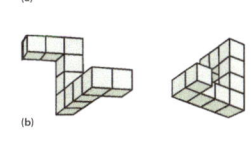

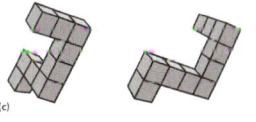

Algoritmos: regras que podem garantir uma solução correta

Heurísticas: atalhos cognitivos que podem levar a uma solução

Resolvendo problemas: problemas bem-definidos e mal-definidos

- Preparação: Compreender e diagnosticar problemas
- Produção: Gerar soluções
- Julgamento: Avaliar soluções

- Obstáculos para a resolução de problemas
  - Fixidez funcional
  - Disposição

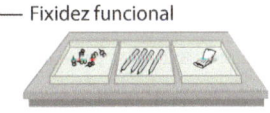

MÓDULO 22 Linguagem

Desenvolvimento da linguagem
- Balbucio: emitir sons semelhantes à fala que não têm sentido
- Fala telegráfica: omitir palavras que não são essenciais para a mensagem
- Supergeneralização: usar regras de linguagem mesmo quando isso resulta em erro

Abordagens de aprendizagem da linguagem
- Abordagem da teoria da aprendizagem
- Abordagem nativista
- Abordagem interacionista

Hipótese da relatividade linguística: linguagem molda a maneira como as pessoas de uma cultura específica percebe e compreende o mundo.

MÓDULO 23 Inteligência

Teorias da inteligência
- Fator-*g*: um único fator subjacente à capacidade mental
- Inteligência fluida: capacidade de processamento de informações, raciocínio e memória
- Inteligência cristalizada: acúmulo de informações, habilidades e estratégias por meio da experiência
- Inteligências múltiplas de Gardner
- Abordagem do processamento de informações: as pessoas armazenam material na memória e usam esse material para resolver tarefas intelectuais
- Inteligência prática: inteligência relacionada ao sucesso geral no viver
- Inteligência emocional: habilidades que subjazem a precisas estimativa, avaliação, expressão e regulação das emoções

Avaliando a inteligência: testes de inteligência
- Binet desenvolveu os testes de QI
  - Idade mental: idade média dos indivíduos que alcançam determinado nível de desempenho em um teste
  - QI: escore fundamentado na idade mental e cronológica de um indivíduo

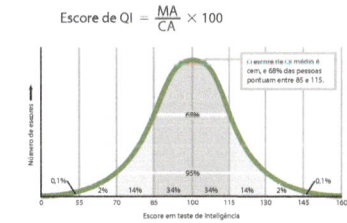

$$\text{Escore de QI} = \frac{MA}{CA} \times 100$$

- Testes de QI contemporâneos
  - Wechsler Adult Intelligence Scale–IV
  - Wechsler Intelligence Scale for Children–IV

Variações na habilidade intelectual
- Deficiência intelectual
  - Deficiência caracterizada por limitações significativas tanto no funcionamento intelectual quanto nas habilidades conceituais, sociais e adaptativas práticas
  - Síndrome alcoólica fetal e retardo mental
- Intelectualmente superdotados
  - Escores de QI superiores a 130
  - Na maioria das vezes extrovertidos, bem-ajustados, saudáveis e populares

8
Motivação e Emoção

Resultados de Aprendizagem para o Capítulo 8

MÓDULO 24

RA 24-1 Como a motivação direciona e energiza o comportamento?

Explicando a Motivação

Abordagens dos instintos: nascido para ser motivado

Abordagens de redução do impulso: satisfazendo nossas necessidades

Abordagens da excitação: além da redução do impulso

Abordagens de incentivo: impulso da motivação

Abordagens cognitivas: os pensamentos por trás da motivação

Hierarquia de Maslow: ordenando as necessidades motivacionais

Aplicando as diferentes abordagens da motivação

MÓDULO 25

RA 25-1 Quais são os fatores biológicos e sociais subjacentes à fome?

RA 25-2 Quais são as variedades do comportamento sexual?

RA 25-3 Como as necessidades relacionadas a realização, afiliação e motivação para o poder são exibidas?

Necessidades Humanas e Motivação: Comer, Beber e Ser Ousado

A motivação por trás da fome e da alimentação

Aplicando a Psicologia no Século XXI: O estigma crescente da obesidade

TrabalhoPsi: Nutricionista

A Neurociência em sua Vida: Quando a regulação do comportamento alimentar dá errado – bulimia

Tornando-se um Consumidor Informado de Psicologia: Fazendo dieta e perder peso com êxito

Motivação sexual

As necessidades de realização, afiliação e poder

MÓDULO 26

RA 26-1 O que são as emoções e como as experimentamos?

RA 26-2 Quais são as funções das emoções?

RA 26-3 Quais são as explicações para as emoções?

RA 26-4 Como o comportamento não verbal se relaciona com a expressão das emoções?

Compreendendo as Experiências Emocionais

As funções das emoções

Determinando a variação das emoções: nomeando nossos sentimentos

As raízes das emoções

Explorando a Diversidade: As pessoas em todas as culturas expressam emoção de forma semelhante?

Prólogo *Empenhando-se para agradar*

Quando um treinador assistente pediu que a nova estrela do basquete, John Wall, fizesse um favor, Wall ficou feliz em consentir. Não importava que o pedido fosse para Wall fazer o *Dougie*, uma dança popular, na frente de uma grande multidão de espectadores em um jogo entre as novas estrelas. De fato, Wall – que ganhou o prêmio de melhor jogador naquele jogo – fez o *Dougie* não uma vez, mas três vezes.

Em alguns aspectos, a disposição de Wall em consentir foi o exemplo perfeito do que o definiu durante seu primeiro ano como jogador profissional de basquete: a disposição para entreter e ajudar os outros, empenhando-se para fazê-los felizes.

Na verdade, o treinador de Wall descreveu-o como um "gratificador". Nas palavras de seu treinador: "Ele quer ser grande e quer agradar a todos" (Lee, 2011, p. D-1).

Olhando à frente

O que explica o sucesso inicial de John Wall como jogador de basquete profissional? Ele é movido pelo impulso de competir e vencer? Ou o sentimento de realização pessoal o mantém em movimento? Será o incentivo de uma carreira potencialmente lucrativa ou de ganhar prêmios e elogios? E o que motiva Wall a ser um "gratificador", como diz seu treinador – suas razões para se empenhar em agradar às pessoas são as mesmas para jogar basquete ou são diferentes?

Essas e muitas outras perguntas recebem a atenção de psicólogos que estudam os temas referentes à motivação e à emoção. Os psicólogos que investigam a motivação buscam descobrir os objetivos particulares desejados – os motivos – subjacentes ao comportamento. Comportamentos tão básicos quanto beber para satisfazer a sede e tão inconsequentes como dar uma volta para fazer exercício exemplificam os motivos. Os psicólogos que se especializam no estudo da motivação partem do princípio de que tais motivos subjacentes guiam as escolhas de atividades.

Enquanto motivação refere-se às forças que direcionam o comportamento futuro, emoção diz respeito aos sentimentos que experimentamos durante nossa vida. O estudo das emoções centra-se em nossas experiências internas em dado momento. Todos sentimos uma variedade de emoções: felicidade pelo sucesso em uma tarefa difícil, tristeza pela morte de uma pessoa amada, raiva por ser tratado injustamente. Como as emoções não só desempenham um papel na motivação do nosso comportamento como também atuam como um reflexo de nossa motivação subjacente, elas desempenham um papel importante em nossa vida.

Iniciamos esta série de módulos abordando as principais concepções de motivação, discutindo como os diferentes motivos e necessidades afetam de forma conjunta o comportamento. Examinamos os motivos que têm base biológica e que são universais no reino animal, como a fome, além dos motivos que são peculiares aos seres humanos, como a necessidade de realização.

Depois disso, voltamos para as emoções. Consideramos os papéis e as funções que as emoções desempenham na vida das pessoas e discutimos diversas abordagens que explicam como os indivíduos entendem suas emoções. Por fim, examinamos como o comportamento não verbal comunica as emoções.

MÓDULO 24

Explicando a Motivação

Em apenas um momento, a vida de Aron Ralston, 27 anos, mudou. Uma pedra de cerca de 360 kg soltou-se em um estreito cânion isolado em Utah onde Ralston estava caminhando, prendendo seu antebraço ao chão.

Durante os cinco dias seguintes, ele permaneceu no deserto cânion, incapaz de escapar. Como alpinista experiente com treinamento em busca e salvamento, teve muito tempo para considerar suas opções. Tentou sem sucesso afastar a rocha e colocar cordas e roldanas em torno da pedra em um vão esforço de movê-la.

Finalmente, sem água e quase desidratado, Ralston concluiu que restava apenas uma opção para não morrer. Em atos de incrível bravura, quebrou dois ossos do pulso, aplicou um torniquete e usou um canivete cego para amputar seu braço abaixo do cotovelo.

Libertado do seu aprisionamento, desceu de onde havia ficado preso e, então, caminhou 8 km até estar em segurança (Cox, 2003; Lofholm, 2003).

Que motivação havia por trás da resolução de Ralston?

Para responder a essa pergunta, os psicólogos empregam o conceito de **motivação**, os fatores que direcionam e energizam o comportamento dos seres humanos e de outros organismos. A motivação apresenta aspectos biológicos, cognitivos e sociais, e a complexidade do conceito levou os psicólogos a desenvolver uma variedade de abordagens. Todas elas procuram explicar a energia que guia o comportamento das pessoas em direções específicas.

Resultado de Aprendizagem

RA 24-1 Como a motivação direciona e energiza o comportamento?

Aron Ralston hoje.

motivação Fatores que direcionam e energizam o comportamento dos seres humanos e de outros organismos.

instintos Padrões inatos de comportamento que são determinados biologicamente em vez de aprendidos.

Abordagens dos instintos: nascido para ser motivado

Quando os psicólogos tentaram explicar a motivação, no início eles se voltaram para os **instintos**, padrões inatos de comportamento que são determinados biologicamente em vez de aprendidos. De acordo com as abordagens do instinto para a motivação, as pessoas e os animais nascem pré-programados com conjuntos de comportamentos essenciais para sua sobrevivência. Esses instintos fornecem a energia que canaliza o comportamento nas direções apropriadas. Portanto, o comportamento sexual pode ser uma resposta a um instinto de se reproduzir e o comportamento exploratório pode ser motivado por um instinto de examinar o próprio território.

No entanto, essa concepção apresenta várias ponderações. Em primeiro lugar, os psicólogos não concordam quanto a quais, ou mesmo quantos, instintos primários existem. Um dos primeiros psicólogos, William McDougall (1908), sugeriu que existiam 18 instintos. Outros teóricos encontraram ainda mais – com um sociólogo (Bernard, 1924) alegando que havia exatamente 5.759 instintos diferentes!

Além disso, as explicações baseadas no conceito dos instintos não vão muito longe na explicação de por que um padrão específico de comportamento, e não outros, apareceu em determinada espécie. Embora esteja claro que boa parte do comportamento animal está baseada nos instintos, grande parte da variedade e da complexidade do comportamento humano é aprendida e, portanto, ele não pode ser visto como instintual.

Como consequência dessas questões, novas explicações substituíram as concepções da motivação baseadas nos instintos. No entanto, as abordagens dos instintos ainda desempenham um papel em certas teorias, especialmente naquelas baseadas nas abordagens evolucionistas que analisam a herança genética. O trabalho de Freud sugere que os impulsos instintuais de sexo e agressão motivam o comportamento (Katz, 2001).

Abordagens de redução do impulso: satisfazendo nossas necessidades

Após rejeitar a teoria do instinto, os psicólogos propuseram inicialmente teorias da motivação de simples redução do impulso para ocupar seu lugar (Hull, 1943). As **abordagens de redução do impulso da motivação** sugerem que a ausência de alguma necessidade biológica básica (como a falta de água) produz um impulso que impele certo organismo a satisfazer aquela necessidade (nesse caso, procurar água). Um **impulso** é uma tensão motivacional, ou excitação, que energiza o comportamento para atender a uma necessidade. Muitos impulsos básicos, como fome, sede, sono e sexo, estão relacionados a necessidades biológicas do corpo ou da espécie com um todo. Eles são chamados de *impulsos primários*. Os impulsos primários contrastam com os impulsos secundários, nos quais o comportamento não atende a uma necessidade biológica óbvia. Por exemplo, algumas pessoas têm forte necessidade de realização acadêmica e profissional. Podemos dizer que sua necessidade de realização está refletida em um impulso secundário que motiva seu comportamento (McKinley et al., 2004; Seli, 2007).

Tentamos satisfazer um impulso primário reduzindo a necessidade subjacente a ele. Por exemplo, ficamos com fome depois de não comermos por algumas horas e podemos atacar a geladeira, especialmente se o horário da próxima refeição não for iminente. Se o tempo fica frio, vestimos mais roupas ou ligamos o ar condicionado para nos mantermos aquecidos. Se nossos corpos precisam de líquido para funcionar adequadamente, sentimos sede e procuramos por água.

Homeostase

A **homeostase**, tendência do corpo a manter um estado interno constante, está subjacente aos impulsos primários. Usando a retroalimentação, a homeostase regula os desequilíbrios no funcionamento do corpo a um estado ideal, semelhante a um termostato que funciona em uma casa para manter a temperatura constante. As células receptoras por todo o corpo monitoram constantemente fatores como a temperatura e os níveis de nutrientes. Quando ocorrem desequilíbrios, o corpo adapta-se em um esforço para retornar a um estado ideal. Muitas necessidades fundamentais, incluindo as por comida, água, temperatura corporal estável e sono, operam por meio da homeostase (Shin, Zheng, & Berthoud, 2009; Vassalli & Dijk, 2009; Porkka-Heiskanen & Kalinchuck, 2011).

Embora as teorias de redução do impulso ofereçam uma boa explicação sobre como os impulsos primários motivam o comportamento, elas não podem explicar completamente um comportamento em que o objetivo não é reduzir um impulso, mas manter ou até mesmo aumentar o nível de excitação. Por exemplo, alguns comportamentos parecem motivados por nada mais do que a curiosidade, como correr para verificar as mensagens de *e-mail*. Igualmente, muitas pessoas procuram atividades emocionantes como andar de montanha-russa ou descer de barco as corredeiras de um rio. Tais comportamentos certamente não sugerem que as pessoas buscam reduzir todos os impulsos, como as abordagens de redução dos impulsos indicariam (Begg & Langley, 2001; Rosenbloom & Wolf, 2002).

Assim sendo, tanto a curiosidade quanto o comportamento de busca de emoções lançam dúvida sobre as abordagens de redução dos impulsos como uma explicação completa para a motivação. Em ambos os casos, em vez de procurar reduzir um impulso subjacente, as pessoas e os animais parecem motivados a aumentar seu nível geral de estimulação e atividade. Para explicar esse fenômeno, os psicólogos encontraram uma alternativa: as abordagens de excitação da motivação.

---

abordagens de redução do impulso da motivação Teorias que sugerem que a ausência de alguma necessidade biológica básica produz um impulso que impele um organismo a satisfazer aquela necessidade.

impulso Tensão motivacional, ou excitação, que energiza o comportamento para atender a uma necessidade.

homeostase Tendência do corpo a manter um estado interno constante.

Alerta de estudo
Para lembrar-se do conceito de homeostase, tenha em mente a analogia de um termostato que regula a temperatura de uma casa.

Abordagens de excitação: além da redução do impulso

As abordagens de excitação tentam explicar o comportamento em que o objetivo é manter ou aumentar a excitação. De acordo com as **abordagens de excitação da motivação**, cada pessoa tenta manter certo nível de estimulação e atividade. Assim como com o modelo de redução do impulso, essa abordagem sugere que, quando nossos níveis de estimulação e atividade tornam-se muito elevados, tentamos reduzi-los. Porém, em contraste com a perspectiva da redução do impulso, a abordagem da excitação também sugere que, quando os níveis de estimulação e atividade são muito baixos, tentamos aumentá-los buscando estimulação.

As pessoas variam de modo amplo quanto ao nível ideal de excitação que procuram, sendo que algumas perseguem níveis especialmente altos de excitação. Por exemplo, pessoas que participam de esportes radicais, jogadores de apostas elevadas e criminosos que realizam roubos de alto risco podem estar exibindo uma necessidade particularmente alta de excitação (ver Fig. 1, p. 292; Zuckerman, 2002; Cavenett & Nixon, 2006; Roets & Van Hiel, 2011).

abordagens de excitação da motivação Crença de que tentamos manter certos níveis de estimulação e atividade.

Abordagens de incentivo: impulso da motivação

Quando uma sobremesa deliciosa é servida após uma refeição satisfatória, seu apelo tem pouco ou nada a ver com impulsos internos ou manutenção da excitação. Ao contrário, se optamos por comer a sobremesa, tal comportamento é motivado pelo estímulo externo da própria sobremesa, a qual atua como uma recompensa antecipada. Essa recompensa, em termos motivacionais, é um *incentivo*.

As **abordagens de incentivo da motivação** sugerem que a motivação provém do desejo de obter objetivos externos valorizados ou incentivos. Segundo essa visão, as propriedades desejáveis do estímulo externo – sejam notas, dinheiro, afeição, comida ou sexo – são responsáveis pela motivação de uma pessoa (Festinger et al., 2009).

Embora a teoria explique por que podemos sucumbir a um incentivo (como a sobremesa que dá água na boca) mesmo que não tenhamos sinais internos (como fome), ela não oferece uma explicação completa da motivação pela qual os organismos por vezes procuram atender às necessidades mesmo quando os incentivos não são aparentes. Consequentemente, muitos psicólogos acreditam que os impulsos internos propostos pela teoria da redução do impulso funcionam em combinação com os incentivos externos da teoria do incentivo para "atração" e "impulso" do comportamento, respectivamente. Assim, ao mesmo tempo em que procuramos satisfazer nossas necessidades subjacentes de fome (a atração da teoria da redução do impulso), somos atraídos para a comida que parece muito apetitosa (o impulso da teoria do incentivo). Então, em vez de se contradizer, os impulsos e incentivos podem atuar juntos na motivação do comportamento (Pinel, Assanand, & Lehman, 2000; Lowery, Fillingim, & Wright, 2003; Berrige, 2004).

abordagens de incentivo da motivação Teorias que sugerem que a motivação provém do desejo de obter objetivos externos valorizados ou incentivos.

Abordagens cognitivas: os pensamentos por trás da motivação

As **abordagens cognitivas da motivação** sugerem que a motivação é um produto dos pensamentos, das expectativas e dos objetivos das pessoas – suas cognições. Por exemplo, o grau em que as pessoas são motivadas a estudar para um teste está baseado em sua expectativa acerca do quanto estudar valerá a pena em termos de uma boa nota.

abordagens cognitivas da motivação Teorias que sugerem que a motivação é um produto dos pensamentos, das expectativas e dos objetivos das pessoas – suas cognições.

FIGURA 1 Algumas pessoas procuram altos níveis de excitação, enquanto outras são mais despreocupadas. Você pode ter uma ideia de seu nível preferido de estimulação respondendo a este questionário.

(Fonte: Questionário "Você Procura Sensação?" de Marvin Zuckerman, "The Search for High Sensation", *Psychology Today*, Fevereiro 1978, p. 30-46. Reimpresso com permissão da revista *Psychology Today*, Copyright © 1978 Sussex *Publishers*, LLC.)

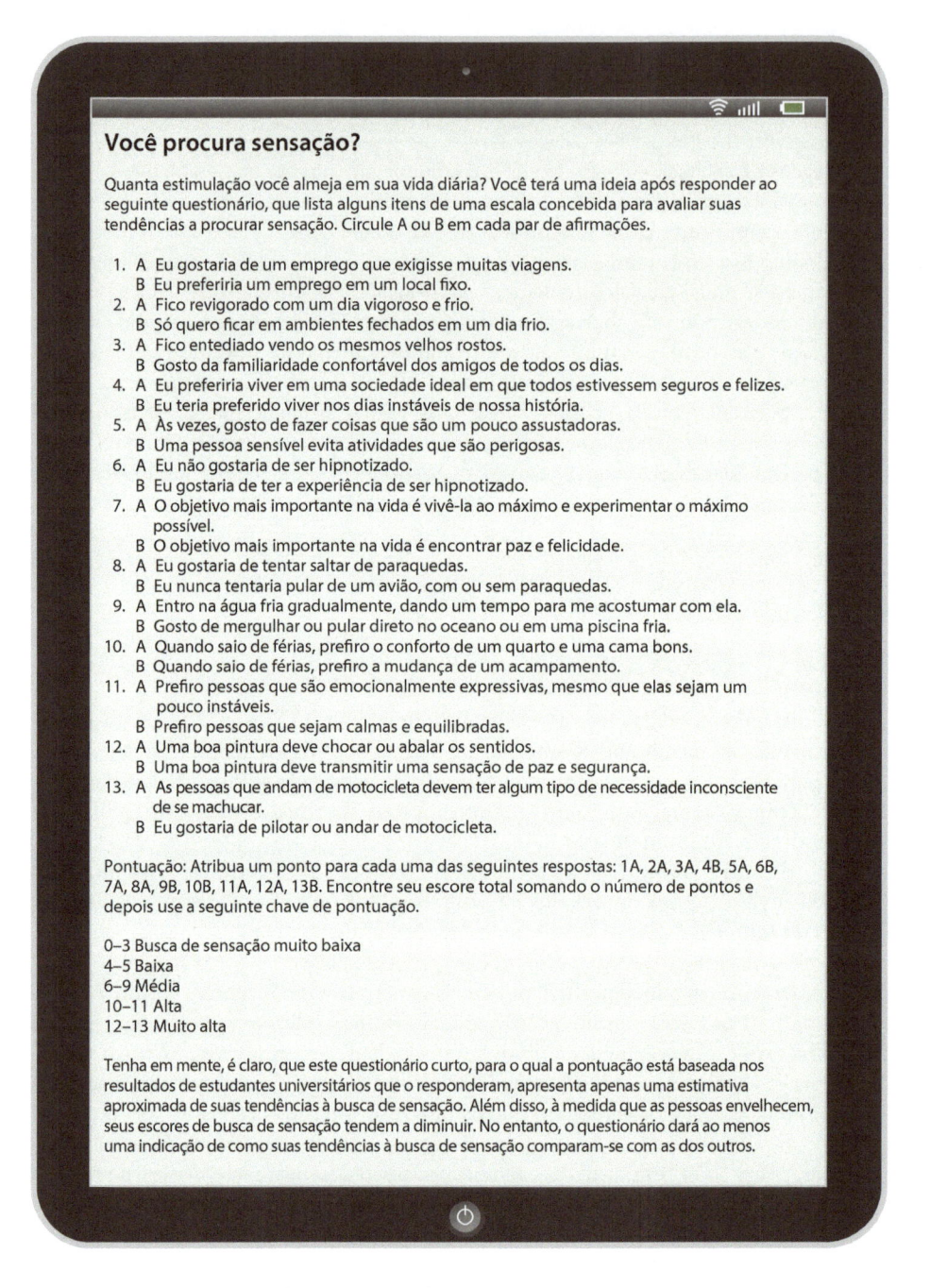

Você procura sensação?

Quanta estimulação você almeja em sua vida diária? Você terá uma ideia após responder ao seguinte questionário, que lista alguns itens de uma escala concebida para avaliar suas tendências a procurar sensação. Circule A ou B em cada par de afirmações.

1. A Eu gostaria de um emprego que exigisse muitas viagens.
   B Eu preferiria um emprego em um local fixo.
2. A Fico revigorado com um dia vigoroso e frio.
   B Só quero ficar em ambientes fechados em um dia frio.
3. A Fico entediado vendo os mesmos velhos rostos.
   B Gosto da familiaridade confortável dos amigos de todos os dias.
4. A Eu preferiria viver em uma sociedade ideal em que todos estivessem seguros e felizes.
   B Eu teria preferido viver nos dias instáveis de nossa história.
5. A Às vezes, gosto de fazer coisas que são um pouco assustadoras.
   B Uma pessoa sensível evita atividades que são perigosas.
6. A Eu não gostaria de ser hipnotizado.
   B Eu gostaria de ter a experiência de ser hipnotizado.
7. A O objetivo mais importante na vida é vivê-la ao máximo e experimentar o máximo possível.
   B O objetivo mais importante na vida é encontrar paz e felicidade.
8. A Eu gostaria de tentar saltar de paraquedas.
   B Eu nunca tentaria pular de um avião, com ou sem paraquedas.
9. A Entro na água fria gradualmente, dando um tempo para me acostumar com ela.
   B Gosto de mergulhar ou pular direto no oceano ou em uma piscina fria.
10. A Quando saio de férias, prefiro o conforto de um quarto e uma cama bons.
    B Quando saio de férias, prefiro a mudança de um acampamento.
11. A Prefiro pessoas que são emocionalmente expressivas, mesmo que elas sejam um pouco instáveis.
    B Prefiro pessoas que sejam calmas e equilibradas.
12. A Uma boa pintura deve chocar ou abalar os sentidos.
    B Uma boa pintura deve transmitir uma sensação de paz e segurança.
13. A As pessoas que andam de motocicleta devem ter algum tipo de necessidade inconsciente de se machucar.
    B Eu gostaria de pilotar ou andar de motocicleta.

Pontuação: Atribua um ponto para cada uma das seguintes respostas: 1A, 2A, 3A, 4B, 5A, 6B, 7A, 8A, 9B, 10B, 11A, 12A, 13B. Encontre seu escore total somando o número de pontos e depois use a seguinte chave de pontuação.

0–3 Busca de sensação muito baixa
4–5 Baixa
6–9 Média
10–11 Alta
12–13 Muito alta

Tenha em mente, é claro, que este questionário curto, para o qual a pontuação está baseada nos resultados de estudantes universitários que o responderam, apresenta apenas uma estimativa aproximada de suas tendências à busca de sensação. Além disso, à medida que as pessoas envelhecem, seus escores de busca de sensação tendem a diminuir. No entanto, o questionário dará ao menos uma indicação de como suas tendências à busca de sensação comparam-se com as dos outros.

As teorias cognitivas da motivação fazem uma distinção importante entre motivação intrínseca e extrínseca. A *motivação intrínseca* leva-nos a participar de uma atividade para nosso prazer em vez de por alguma recompensa concreta tangível que ela nos trará. Em contraste, a *motivação extrínseca* leva-nos a agir por dinheiro, uma nota ou alguma outra recompensa concreta tangível. Por exemplo, quando uma médica trabalha durante muitas horas porque ama a medicina, a motivação intrínseca está estimulando-a; se ela trabalhar para ganhar muito dinheiro, a motivação extrínseca está subjacente a seus esforços (Lepper, Corpus, & Iyengar, 2005; Shaikholeslami & Khayyer, 2006; Finkelstein, 2009).

Somos mais capazes de perseverar, trabalhar mais arduamente e produzir um trabalho de qualidade mais alta quando a motivação para uma tarefa é intrínseca em vez de extrínseca. De fato, em alguns casos, a oferta de recompensas por um comportamento desejável (aumentando assim a motivação extrínseca) pode diminuir a motivação intrínseca (James, 2005; Grant, 2008; Nishimura, Kawamura, & Sakurai, 2011).

Hierarquia de Maslow: ordenando as necessidades motivacionais

O que Eleanor Roosevelt, Abraham Lincoln e Albert Einstein têm em comum? O aspecto comum, de acordo com um modelo de motivação concebido pelo psicólogo Abraham Maslow, é que cada um deles satisfez os níveis mais altos de necessidades motivacionais subjacentes ao comportamento humano.

O modelo de Maslow situa as necessidades motivacionais em uma hierarquia e sugere que, antes que necessidades mais sofisticadas de ordem superior possam ser atendidas, certas necessidades primárias devem ser satisfeitas (Maslow, 1970, 1987). Uma pirâmide representa o modelo com as necessidades mais básicas na base e as necessidades de nível superior no topo (ver Fig. 2). Para ativar uma necessidade específica de ordem superior, guiando assim o comportamento, uma pessoa primeiro precisa atender às necessidades mais básicas na hierarquia.

As necessidades básicas são impulsos primários: água, alimento, sono, sexo e afins. Para avançar hierarquicamente, a pessoa primeiro deve atender a essas necessidades fisiológicas básicas. As necessidades de segurança vêm a seguir; Maslow sugere que as pessoas precisam de um ambiente seguro e protegido para funcionar efetivamente. As necessidades fisiológicas e de segurança compõem as necessidades de ordem inferior.

Somente depois de atender às necessidades básicas de ordem inferior é que uma pessoa pode considerar a satisfação das necessidades de ordem superior, tais como amor e um sentimento de pertencimento, estima e autorrealização. As necessidades de amor e de pertencimento incluem as necessidades de receber e dar afeição e de ser um membro contribuinte de algum grupo ou sociedade. Depois de atender a essas necessidades, uma pessoa empenha-se pela estima. No pensamento de Maslow, a estima relaciona-se com a necessidade de desenvolver um senso de autovalorização, reconhecendo que os outros conhecem e valorizam sua competência.

autorrealização Estado de satisfação em que as pessoas realizam seu mais alto potencial da maneira que lhes é peculiar.

Depois que esses quatro conjuntos de necessidades estão satisfeitos – o que não é uma tarefa fácil –, uma pessoa é capaz de se empenhar quanto à necessidade de nível mais alto, a autorrealização. **Autorrealização** é um estado de satisfação em que as pessoas realizam seu mais alto potencial da maneira que lhes é peculiar. Embora Maslow tenha no início sugerido que a autorrealização ocorria apenas em alguns indivíduos famosos, ele posteriormente ampliou o conceito para abranger as pessoas comuns. Por exemplo, um pai com excelentes habilidades para a educação que cria uma família, um professor que depois de um ano cria um ambiente que maximiza as oportunidades de sucesso para os alunos e um artista que realiza seu potencial criativo podem ser autorrealizados. O importante é que as pessoas sintam-se à vontade consigo mesmas e satisfeitas por estarem usando seus talentos ao máximo. De certo modo, alcançar a autorrealização reduz o esforço e a ânsia para maior realização que marcam a vida da maioria das pessoas e, em vez disso, proporciona um sentimento de satisfação com o estado atual das coisas (Reiss & Havercamp, 2005; Laas, 2006; Bauer, Schwab, & McAdams, 2011).

Embora as pesquisas não tenham conseguido validar o ordenamento específico dos estágios de Maslow e seja difícil medir a autorrealização objetivamente, essa hierarquia das necessidades é importante por

FIGURA 2 A hierarquia de Maslow mostra como nossa motivação progride até o alto da pirâmide desde as necessidades biológicas mais amplas e mais fundamentais até as de ordem superior. Você concorda que as necessidades de ordem inferior precisam ser satisfeitas antes das necessidades de ordem superior? Os ermitões e monges que tentam atender às necessidades espirituais enquanto negam as necessidades físicas básicas contradizem a hierarquia de Maslow?
(Fonte: Maslow, 1970.)

duas razões: ela destaca a complexidade das necessidades humanas e enfatiza a ideia de que, até que as necessidades biológicas mais básicas sejam satisfeitas, as pessoas estarão relativamente despreocupadas com as necessidades de ordem superior. Por exemplo, se a pessoa está com fome, seu primeiro interesse será a obtenção de comida; ela não estará preocupada com necessidades como amor e autoestima (Hanley & Abell, 2002; Samantaray, Srivastava, & Mishra, 2002; Ojha & Pramanick, 2009).

A hierarquia das necessidades de Maslow também gerou outras abordagens da motivação. Por exemplo, Edward Deci e Richard Ryan (2008) consideraram as necessidades humanas em termos de bem-estar psicológico. Eles sugerem em sua *teoria da autodeterminação* que as pessoas têm três necessidades básicas de competência, autonomia e vínculo. Competência é a necessidade de produzir os resultados desejados, enquanto autonomia é a percepção de que temos controle sobre nossa vida. Finalmente, vínculo é a necessidade de estar envolvido em relacionamentos íntimos e afetivos com os outros. Na visão da teoria da autodeterminação, essas três necessidades psicológicas são inatas e universais entre as culturas e são essenciais como as necessidades biológicas básicas (Jang et al., 2009; Ryan & Deci, 2011).

> **Alerta de estudo**
> Revisar as distinções entre as diferentes explicações para a motivação (instinto, redução do impulso, excitação, incentivo, abordagem cognitiva e hierarquia das necessidades de Maslow).

Aplicando as diferentes abordagens da motivação

As várias teorias da motivação (resumidas na Fig. 3) oferecem diversas perspectivas sobre ela. Qual delas oferece a explicação mais completa a respeito da motivação? Na verdade, muitas das abordagens são complementares em vez de contraditórias. De fato, o emprego de mais de uma abordagem ajudar a entender a motivação em um caso particular.

Instinto
As pessoas e os animais nascem com conjuntos de comportamentos pré-programados essenciais para sua sobrevivência.

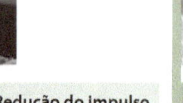

Redução do impulso
Quando alguma exigência básica está ausente, é produzido um impulso.

Excitação
As pessoas procuram um nível ideal de estimulação. Quando o nível de estimulação é muito alto, elas agem para reduzi-lo; quando é muito baixo, elas agem para aumentá-lo.

Incentivo
Estímulos externos direcionam e energizam o comportamento.

Cognitiva
Os pensamentos, as expectativas e a compreensão do mundo direcionam a motivação.

Hierarquia das necessidades
As necessidades formam uma hierarquia; antes que as necessidades de ordem superior sejam atendidas, as necessidades de ordem inferior precisam ser satisfeitas.

FIGURA 3 As principais abordagens da motivação.

Considere, por exemplo, o acidente de Aron Ralston durante a caminhada (descrito anteriormente). Seu interesse por escalar em uma área isolada e potencialmente perigosa pode ser explicado pelas abordagens da excitação da motivação. A partir da perspectiva das abordagens do instinto, percebemos que Aron tinha um instinto impressionante de preservar sua vida a qualquer custo. Segundo uma perspectiva cognitiva, vemos sua cuidadosa consideração a respeito das várias estratégias para se libertar da rocha.

Em resumo, a aplicação de diversas abordagens da motivação em determinada situação proporciona uma compreensão mais abrangente do que poderíamos obter empregando apenas uma única abordagem. Veremos isso novamente quando considerarmos motivos específicos – como as necessidades de alimento, realização, afiliação e poder – e aproveitarmos várias teorias para uma explicação mais completa do que motiva nosso comportamento.

Recapitule/avalie/repense

Recapitule

RA 24-1 Como a motivação direciona e energiza o comportamento?

- Motivação relaciona-se com fatores que direcionam e energizam o comportamento.
- Impulso é a tensão motivacional que energiza o comportamento para satisfazer uma necessidade.
- A homeostase, que é a manutenção de um estado interno constante, frequentemente está subjacente aos impulsos motivacionais.
- As abordagens de excitação sugerem que tentamos manter um nível particular de estimulação e atividade.
- As abordagens de incentivo consideram os aspectos positivos do ambiente que direcionam e energizam o comportamento.
- As abordagens cognitivas consideram o papel dos pensamentos, das expectativas e da compreensão do mundo na produção da motivação.
- A hierarquia de Maslow sugere que existem cinco necessidades básicas: fisiológicas, segurança, amor e pertencimento, estima e autorrealização. Somente depois que as necessidades mais básicas são atendidas é que uma pessoa pode avançar para satisfazer as necessidades de ordem superior.

Avalie

1. _____ são forças que guiam o comportamento de uma pessoa em certa direção.
2. Os padrões inatos biologicamente determinados de comportamento são conhecidos como _____.
3. Seu professor de psicologia diz: "Explicar o comportamento é fácil! Quando nos falta algo, somos motivados a obtê-lo." A qual abordagem da motivação ele se refere?
4. Ao beber água depois de correr uma maratona, um corredor tenta manter seu corpo em certo nível ideal de funcionamento. Esse processo é chamado de _____.
5. Ajudo um idoso a atravessar a rua porque fazer uma boa ação permite que me sinta bem. Que tipo de motivação está em ação aqui? Que tipo de motivação estaria em ação se eu ajudasse um idoso a atravessar a rua porque ele me pagou 20 reais?
6. De acordo com Maslow, uma pessoa sem emprego, sem casa e sem amigos pode tornar-se autorrealizada. Verdadeiro ou falso?

Repense

1. Quais abordagens da motivação são mais comumente usadas no ambiente de trabalho? Como cada abordagem poderia ser usada para formular políticas de trabalho que possam manter ou aumentar a motivação?
2. *Da perspectiva de um educador:* Você acredita que dar notas aos alunos serve como uma recompensa externa que reduziria a motivação intrínseca pelo assunto em questão? Por que sim ou por que não?

Respostas das questões de avaliação

1. Motivações; 2. instintos; 3. redução do impulso; 4. homeostase; 5. intrínseca, extrínseca; 6. falso; as necessidades de ordem inferior devem ser satisfeitas antes que a autorrealização possa ocorrer.

Termos-chave

motivação **p. 289**
instintos **p. 289**
abordagens de redução do impulso da motivação **p. 290**
impulso **p. 290**
homeostase **p. 290**
abordagens de excitação da motivação **p. 291**
abordagens de incentivo da motivação **p. 291**
abordagens cognitivas da motivação **p. 291**
autorrealização **p. 293**

MÓDULO 25
Necessidades Humanas e Motivação: Comer, Beber e Ser Ousado

Resultados de Aprendizagem

RA 25-1 Quais são os fatores biológicos e sociais subjacentes à fome?

RA 25-2 Quais são as variedades do comportamento sexual?

RA 25-3 Como as necessidades relacionadas a realização, afiliação e motivação para o poder são exibidas?

Como segundanista na Universidade da Califórnia, Santa Cruz, Lisa Arndt seguia um cardápio feito por ela mesma: no café da manhã, ela comia cereal ou frutas com 10 comprimidos de dieta e 50 laxativos com sabor de chocolate. O almoço era uma salada ou um sanduíche; jantar: frango e arroz. Mas era o banquete que se seguia que Arndt mais saboreava. Quase todas as noites, em torno das 21 horas, ela se refugiava em seu quarto e comia uma pizza pequena inteira e uma fornada de biscoitos. Então ela esperava que os laxativos do dia fizessem efeito. "Era extremamente doloroso", conta Arndt sobre aqueles tempos... . "Mas eu ficava desesperada para compensar a minha compulsão. Eu ficava aterrorizada com a gordura assim como outras pessoas têm medo de leões ou armas." (Hubbard, O'Neill, & Cheakalos, 1999, p. 55).

Lisa era uma das 10 milhões de mulheres (e 1 milhão de homens) que, segundo estimativas, sofrem de um transtorno alimentar. Esses transtornos, que geralmente surgem durante a adolescência, podem causar uma extraordinária perda de peso e outras formas de deterioração física. Extremamente perigosos, eles por vezes resultam em morte.

Por que Lisa e outros indivíduos como ela estão sujeitos a transtornos alimentares, que tem como objetivo evitar o ganho de peso a qualquer custo? E por que tantas outras pessoas se engajam no comer excessivo, que leva à obesidade?

Para responder a essas questões, precisamos considerar algumas das necessidades específicas que estão subjacentes ao comportamento. Neste módulo, examinamos várias das necessidades humanas mais importantes. Começamos pela fome, o impulso primário que recebeu a maior parte da atenção dos pesquisadores, e depois nos voltamos para os impulsos secundários – aqueles esforços unicamente humanos fundamentados em necessidades aprendidas e experiência passada que ajudam a explicar por que as pessoas empenham-se em obter realizações, em se afiliar aos outros e em ter poder em relação aos outros.

A motivação por trás da fome e da alimentação

obesidade Peso corporal superior a 20% do peso médio para uma pessoa de determinada altura.

Nos Estados Unidos, 200 milhões de pessoas – dois terços da população – estão acima do peso. Quase um quarto é tão pesada que têm **obesidade**, um peso corporal superior a 20% ao peso médio para uma pessoa de determinada altura. E o resto do mundo não fica atrás: 1 bilhão de pessoas por todo o globo estão acima do peso ou são obesas. A Organização Mundial da Saúde declarou que a obesidade mundial já alcançou proporções epidêmicas, resultando no aumento de doenças cardíacas, diabetes, câncer e mortes prematuras. As projeções são de que, até 2018, 40% dos habitantes dos Estados Unidos podem ser obesos (Stephenson & Banet-Weiser, 2007; Thorpe, 2009; Shugart, 2011).

A medida mais amplamente usada para a obesidade é o *índice de massa corporal (IMC)*, que está fundamentado em uma proporção entre o peso e a altura. As pessoas com um IMC superior a 30 são consideradas obesas, enquanto aquelas com um IMC entre 25 e 30 estão com sobrepeso. (Use as fórmulas da Fig. 1 para determinar seu IMC.)

Embora a definição de obesidade seja clara sob o ponto de vista científico, as percepções das pessoas acerca do que é um corpo ideal variam significativamente nas diferen-

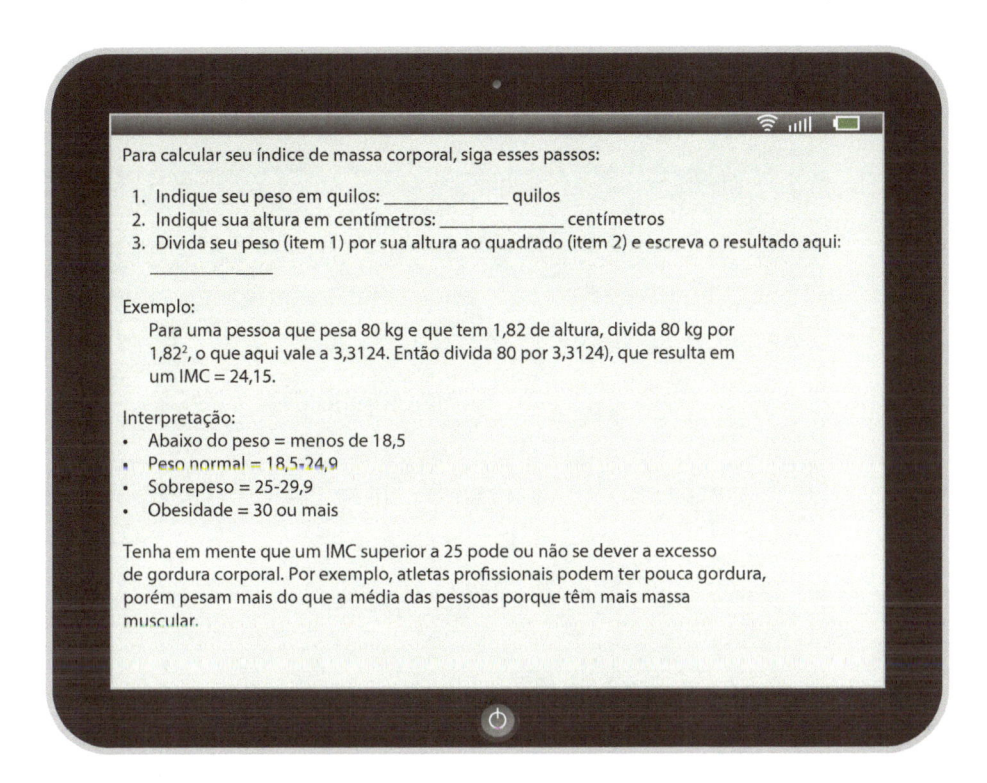

FIGURA 1 Use essa fórmula para calcular seu índice de massa corporal (IMC).

Para calcular seu índice de massa corporal, siga esses passos:

1. Indique seu peso em quilos: _____ quilos
2. Indique sua altura em centímetros: _____ centímetros
3. Divida seu peso (item 1) por sua altura ao quadrado (item 2) e escreva o resultado aqui: _____

Exemplo:
Para uma pessoa que pesa 80 kg e que tem 1,82 de altura, divida 80 kg por $1,82^2$, o que aqui vale a 3,3124. Então divida 80 por 3,3124), que resulta em um IMC = 24,15.

Interpretação:
- Abaixo do peso = menos de 18,5
- Peso normal = 18,5-24,9
- Sobrepeso = 25-29,9
- Obesidade = 30 ou mais

Tenha em mente que um IMC superior a 25 pode ou não se dever a excesso de gordura corporal. Por exemplo, atletas profissionais podem ter pouca gordura, porém pesam mais do que a média das pessoas porque têm mais massa muscular.

tes culturas e, nas culturas ocidentais, de um período de tempo para outro. Por exemplo, muitas culturas ocidentais contemporâneas enfatizam a importância da magreza entre as mulheres – uma visão relativamente recente. No Havaí do século XIX, as mulheres mais atraentes eram aquelas mais pesadas. Além disso, na maior parte do século XX – exceto nos períodos da década de 1920 e nas décadas mais recentes –, a figura feminina ideal era relativamente cheia. Mesmo hoje, os padrões de peso diferem entre os diferentes grupos culturais. Por exemplo, em algumas culturas árabes tradicionais, as mulheres obesas são tão valorizadas que os pais alimentam as filhas à força para torná-las mais desejáveis (Blixen, Singh, & Xu, 2006; Marsh, Hau, & Sung, 2007; Franko & Roerig, 2011).

Independentemente dos padrões culturais para a aparência e o peso, ninguém duvida que estar com sobrepeso representa um importante risco à saúde. No entanto, o controle do peso é complicado porque o comportamento alimentar envolve uma variedade de mecanismos (ver também Aplicando a Psicologia no Século XXI). Em nossa discussão a respeito do que motiva as pessoas a comerem, começaremos pelos aspectos biológicos da alimentação.

Fatores biológicos na regulação da fome

Em contraste com os seres humanos, é improvável que outras espécies tornem-se obesas. Mecanismos internos regulam não somente a quantidade de comida que elas ingerem, mas também o tipo de alimento que desejam. Por exemplo, os ratos que foram privados de certos alimentos procuram alternativas que contenham os nutrientes específicos que estão faltando em sua dieta e muitas espécies, dada a opção de uma ampla variedade de alimentos, escolhem uma dieta bem-equilibrada (Woods et al., 2000; Jones & Corp, 2003).

Mecanismos biológicos complexos indicam aos organismos se eles precisam de alimento ou se devem parar de comer. Não é simplesmente uma questão de

"Nossa, eu não tinha ideia de que você tinha se casado com uma top model."

Aplicando a Psicologia no Século XXI

O estigma crescente da obesidade

Com grande publicidade, o governo norte-americano lançou uma campanha nacional contra a crescente obesidade na infância, incluindo recomendações específicas para tratar o problema e uma meta ambiciosa de reduzir a taxa de obesidade infantil em 75% dentro de 20 anos. A preocupação com a obesidade atingiu um ponto alto, com livros como *Fast Food Nation* e filmes como *Supersize Me* criticando a indústria do *fast-food*, escolas proibindo a venda de refrigerantes e salgadinhos e grupos de vigilância monitorando como a comida para as crianças é comercializada. Embora todas sejam providências que ajudam a aumentar a consciência dos perigos da obesidade, especialmente entre as crianças, também ocorreu uma consequência involuntária: o estigma em relação aos obesos (Benac, 2010).

A pesquisadora Alexandra Brewis e colaboradores da Universidade Estadual do Arizona pesquisaram pessoas em 10 diferentes locais no mundo, perguntando se elas concordavam com uma série de afirmações que expressavam uma variedade de crenças positivas e negativas sobre indivíduos acima do peso, tais como "as pessoas têm excesso de peso porque são preguiçosas" ou "uma mulher grande é uma mulher bonita". As culturas nas quais as pessoas foram pesquisadas incluíam aquelas conscientes do corpo, como Estados Unidos, Inglaterra, Nova Zelândia e Argentina, além daquelas que historicamente têm as pessoas mais pesadas em alto conceito, como Porto Rico e Samoa Americana (Brewis et al., 2011).

Brewis confirmou fortes atitudes negativas em relação a pessoas com excesso de peso nas nações onde esperava encontrá-las. Contudo, ela também encontrou altos níveis de estigma pela gordura em outros locais, incluindo as nações que anteriormente preferiam corpos grandes. Parece que as pessoas não apenas se tornaram menos tolerantes com a obesidade, como também se tornaram mais inclinadas a ver os obesos como não apenas culpados por sua condição. Parece que as mensagens da saúde pública com a intenção de encorajar as pessoas a assumirem o controle de seu peso podem implicar inadvertidamente que a obesidade é causada pela falta de autocontrole do indivíduo, minimizando a importância dos fatores sociais e ambientais que contribuem para o problema.

Não há evidências de que culpar as pessoas por sua obesidade e expô-las à vergonha e ao estigma seja útil na redução do peso. De fato, isso provavelmente complica a questão, contribuindo para resultados sociais e ocupacionais negativos, como discriminação no ambiente de trabalho ou dificuldade em criar vínculos sociais significativos. Embora sejam necessárias mais pesquisas para confirmar que o estigma crescente em relação à obesidade está sendo expresso de maneira prejudicial, este é claramente um problema que precisa ser abordado (Parker-Pope, 2011).

Mesmo em culturas nas quais tradicionalmente a obesidade era vista como desejável, tais como em Samoa, no sul do Pacífico, atitudes em relação a pessoas com excesso de peso recentemente se tornaram mais negativas, o que é consistente com a visão dos ocidentais.

> **REPENSE**
> - O que você acha que está impulsionando as mudanças na aceitação cultural das pessoas com excesso de peso?
> - Você acha que é possível combater a obesidade sem estigmatizar as pessoas obesas? Justifique?

---

um estômago vazio causando pontadas de fome e de um cheio aliviando essas pontadas. (Mesmo indivíduos que tiveram seu estômago removido ainda experimentam a sensação de fome.) Um fator importante são as alterações na composição química do sangue. Por exemplo, alterações no nível de glicose, um tipo de açúcar, regulam as sensações de fome. Além disso, o hormônio *insulina* leva o corpo a armazenar o excesso de açúcar no sangue como gorduras e carboidratos. Finalmente, o hormônio *grelina* comunica ao cérebro as sensações de fome. A produção de grelina aumenta de acordo com os horários das refeições, além da visão ou do cheiro da comida, produzindo a sensação que nos indica que estamos com fome e devemos comer (Wren & Bloom, 2007; Kojima & Kangawa, 2008; Langlois et al., 2011).

O *hipotálamo* no cérebro monitora os níveis de glicose. Evidências crescentes sugerem que ele tem a responsabilidade primária de monitoramento da ingestão alimentar. Uma lesão no hipotálamo acarreta consequências cruciais para o comportamento alimentar, dependendo do local da lesão. Por exemplo, ratos cujo *hipotálamo lateral* é danificado podem literalmente morrer de fome. Eles recusam comida quando lhes é oferecida; a menos que sejam forçados a se alimentar, eles acabam morrendo. Ratos com uma lesão no *hipotálamo ventromedial* apresentam o problema oposto: comem excessivamente. Os ratos com essa lesão podem aumentar de peso em até 400%. Fenômenos similares ocorrem em humanos que têm um tumor no hipotálamo (Seymour, 2006; Fedeli et al., 2009; Barson, Morganstern, & Leibowitz, 2011).

Embora o importante papel que o hipotálamo desempenha na regulação da ingestão alimentar esteja claro, a forma exata como esse órgão opera ainda é incerta. Uma hipótese sugere que uma lesão no hipotálamo afeta o **ponto de referência do peso** ou o nível particular de peso que o corpo se esforça para manter, o qual, por sua vez, regula a ingestão de alimentos. Atuando como um tipo de termostato interno para o peso, o hipotálamo exige maior ou menor ingestão de alimento (Woods et al., 2000; Berthoud, 2002; Cornier, 2011).

Na maioria dos casos, o hipotálamo faz um bom trabalho. Mesmo as pessoas que não estão controlando o peso deliberadamente demonstram apenas pequenas flutuações de peso apesar das substanciais variações diárias de quanto comem ou se exercitam. Entretanto, uma lesão no hipotálamo pode alterar o peso de referência, e uma pessoa então luta para atender o objetivo interno aumentando ou reduzindo o consumo de alimentos. Até mesmo a exposição temporária a certos fármacos pode alterar o ponto de referência do peso (Cabanac & Frankham, 2002; Hallschmid et al., 2004; Khazaal et al., 2008).

Fatores genéticos determinam o ponto de referência do peso, ao menos em parte. As pessoas parecem destinadas, por meio da hereditariedade, a ter um **metabolismo** particular, o ritmo no qual o alimento é convertido em energia e consumido pelo corpo. As pessoas com uma taxa metabólica alta podem comer praticamente tanto quanto desejam sem ganhar peso, enquanto aquelas com metabolismo baixo podem comer literalmente a metade e ainda assim ganhar peso de modo rápido (Jequier, 2002; Westerterp, 2006).

Fatores sociais na alimentação

Você recém terminou uma refeição completa e sente-se plenamente satisfeito. Então, seu anfitrião anuncia com grande alarde que vai servir uma sobremesa que é "especialidade da casa", bananas flambadas, a qual ele passou a maior parte da tarde preparando. Mesmo que você esteja satisfeito e nem mesmo goste de bananas, você aceita uma porção dessa sobremesa e come tudo.

Obviamente, os fatores biológicos internos não explicam por completo nosso comportamento alimentar. Os fatores sociais externos, fundamentados nas regras sociais e no que aprendemos sobre comportamento alimentar apropriado, também desempenham um papel importante. Considere, por exemplo, o simples fato de que as pessoas tomam o café da manhã, almoçam e jantam aproximadamente na mesma hora todos os dias. Como tendemos a comer em determinados horários todos os dias, sentimos fome quando se aproxima a hora habitual, muitas vezes independentemente do que nossos sinais internos estão nos indicando.

Da mesma forma, colocamos aproximadamente a mesma quantidade de comida em nossos pratos todos os dias, mesmo que a quantidade de exercício que tenhamos feito (e, consequentemente, nossa necessidade de reposição de energia) varie de um dia para o outro. Também tendemos a preferir determinados alimentos em detrimento de outros. Ratos e cães podem ser uma iguaria em algumas culturas asiáticas, porém poucas pessoas nas culturas ocidentais os consideram atraentes apesar de seu valor nutricional potencialmente alto. Até mesmo a quantidade de comida que ingerimos varia de acordo com as normas culturais. Por exemplo, as pessoas nos Estados Unidos comem porções maiores do que as pessoas na França. Em resumo, as influências culturais e nossos hábitos individuais desempenham papéis importantes na determinação de quando, o quê e o quanto comemos (Miller & Pumariega, 2001; Rozin et al., 2003; Leeman, Fischler, & Rozin, 2011).

---

ponto de referência do peso Nível particular de peso que o corpo se esforça para manter.

metabolismo Ritmo no qual o alimento é convertido em energia e consumido pelo corpo.

Alerta de estudo

Um ponto-chave: o comer e a fome são influenciados por fatores biológicos e sociais.

Outros fatores sociais também se relacionam com nosso comportamento alimentar. Algumas pessoas vão direto para a geladeira depois de um dia difícil, buscando consolo em uma porção de sorvete. Por quê? Talvez, quando crianças, os pais dessem comida quando esses indivíduos estavam incomodados. Por fim, alguns de nós podem ter aprendido por meio de mecanismos básicos de condicionamento clássico e operante a associar comida a conforto e consolo. Além disso, podemos aprender que comer, o que focaliza nossa atenção em prazeres imediatos, proporciona um escape de pensamentos desagradáveis. Consequentemente, podemos comer quando nos sentimos angustiados (O'Connor & O'Connor, 2004; Elfhag, Tynelius, & Rasmussen, 2007; ver também TrabalhoPsi).

TrabalhoPsi
NUTRICIONISTA

Nome: Gail K. Rupert
Formação: Universidade da Pensilvânia, West Chester, Pensilvânia; Bacharel em Nutrição e Dietética

A obesidade se tornou uma séria questão de saúde para muitos norte-americanos, que lutam para manter uma dieta e um peso saudáveis. Para Gail Rupert, nutricionista da The Weight Loss Clinic em Harrisburg, PA, a motivação é um ingrediente-chave para a perda de peso.

Em sua abordagem para motivar as pessoas, Rupert diz: "É importante empatizar com os pacientes para que eles não sintam como se estivessem por conta própria sem qualquer apoio. Eu lhes digo que entendo que o processo de perda de peso pode ser frustrante e mobilizador e que poderão ser necessárias muita persistência e consistência antes que vejam qualquer redução no peso".

"Cada paciente é diferente. Alguns têm absolutamente nenhum conhecimento de nutrição, enquanto outros têm pelo menos alguma familiaridade", explica ela. "Para aqueles com pouco conhecimento, preciso derrubar conceitos mais difíceis e ajudá-los a compreender melhor o procedimento."

"Para todos os pacientes, asseguro-me de dar uma razão sobre por que estou sugerindo uma mudança. A maioria dos pacientes não mudaria os hábitos alimentares ou de exercícios se eu não explicasse as consequências positivas de suas ações. Por exemplo, exercitar-se três vezes por semana irá melhorar seu metabolismo e aumentar a perda de peso", acrescenta.

As raízes da obesidade

Considerando que tanto os fatores biológicos como sociais influenciam o comportamento alimentar, a determinação das causas da obesidade revelou-se uma tarefa desafiadora. Os pesquisadores seguiram diversos caminhos.

Alguns psicólogos sugerem que a hipersensibilidade a sinais externos alimentares com base em fatores sociais, associada à insensibilidade a sinais internos de fome, produz obesidade. Outros argumentam que as pessoas com sobrepeso apresentam pontos de referência do peso mais altos do que os outros. Como os pontos de referência são incomumente altos, sua tentativa de perder peso comendo menos pode torná-las especialmente sensíveis a sinais externos relativos à comida e, portanto, mais aptas a comer em demasia e perpetuar a obesidade (West, Harvey-Berino, & Raczynski, 2004; Tremblay, 2004; Kanoski et al., 2011).

Mas por que os pontos de referência do peso de algumas pessoas podem ser mais altos do que os de outras? Uma explicação biológica é que os indivíduos obesos possuem um nível mais elevado do hormônio *leptina*, o qual parece concebido, sob um ponto de vista evolucionista, para "proteger" o corpo contra a perda de peso. Assim sendo, o sistema de regulação do peso corporal parece concebido mais para proteger contra a perda de peso do que para proteger contra o ganho. Portanto, é mais fácil ganhar peso do que perder (Ahiima & Osei, 2004; Zhang et al., 2005; Levin, 2006).

Outra explicação de base biológica para a obesidade relaciona-se às células de gordura no corpo. Começando no nascimento, o corpo armazena gordura aumentando o número de células adiposas ou aumentando o tamanho dessas células. Além disso, qualquer perda de peso depois da primeira infância não reduz o número de células de gordura; somente

Embora a obesidade esteja alcançando proporções epidêmicas nos Estados Unidos, suas causas exatas permanecem incertas.

afeta seu tamanho. Consequentemente, as pessoas estão presas ao número de células de gordura que elas herdam em uma idade precoce e a taxa de ganho de peso durante os primeiros 4 meses de vida está relacionada a ter sobrepeso no final da infância (Stettler et al., 2005).

De acordo com a hipótese do ponto de referência do peso, a presença de muitas células de gordura de um ganho de peso anterior pode resultar em situar o ponto de referência em um nível mais alto do que o desejável. Em tais circunstâncias, perder peso torna-se uma proposição difícil, porque a pessoa está constantemente em conflito com o próprio ponto de referência interno quando faz dieta (Freedman, 1995; Leibel, Rosenbaum, & Hirsch, 1995).

Nem todos concordam com a explicação do ponto de referência para a obesidade. Apontando para o crescimento rápido da obesidade durante as últimas décadas nos Estados Unidos, alguns pesquisadores sugerem que o corpo não tenta manter um ponto de referência de peso fixo. Em vez disso, segundo eles, o corpo tem um *ponto de adaptação*, determinado por uma combinação entre nossa herança genética e a natureza do ambiente em que vivemos. Se os alimentos ricos em gordura são prevalentes em nosso ambiente e então somos predispostos no âmbito genético à obesidade, então nos adaptamos a um equilíbrio que mantém o peso relativamente alto. Em contraste, se nosso ambiente é nutricionalmente mais saudável, uma predisposição genética à obesidade não será desencadeada e, assim, iremos nos adaptar a um equilíbrio em que nosso peso é mais baixo (Comuzzie & Allison, 1998; Pi-Sunyer, 2003).

Transtornos alimentares

Os transtornos alimentares estão entre as 10 causas mais frequentes de incapacidade em mulheres jovens. Um transtorno grave relacionado ao peso é a **anorexia nervosa**. Nesse transtorno, as pessoas podem recusar-se a comer, ao mesmo tempo negando que seu comportamento e sua aparência – que pode assemelhar-se a um esqueleto – sejam incomuns. Cerca de 10% das pessoas com anorexia literalmente passam fome até a morte (Striegel-Moore & Bulik, 2007; Arcelus et al., 2011).

A anorexia nervosa afeta principalmente mulheres entre os 12 e 40 anos, embora homens e mulheres de qualquer idade possam desenvolvê-la. Em geral, as pessoas com esse transtorno são bem-sucedidas, atraentes e relativamente abastadas. Esse transtorno costuma começar após uma dieta rigorosa, a qual, de alguma forma, fica fora de controle. A vida começa a girar em torno da comida: embora as pessoas com o transtorno comam pouco,

anorexia nervosa
Transtorno alimentar grave em que as pessoas podem recusar-se a comer, ao mesmo tempo negando que seu comportamento e sua aparência – que pode assemelhar-se a um esqueleto – sejam incomuns.

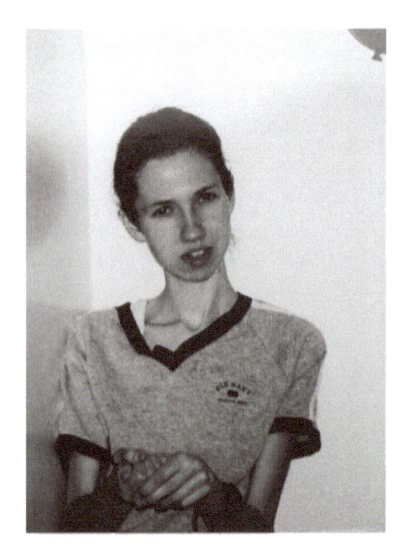

Apesar de parecer um esqueleto para os outros, as pessoas com anorexia nervosa, um transtorno alimentar, enxergam-se como estando acima do peso.

bulimia Transtorno alimentar em que uma pessoa tem compulsão por grandes quantidades de comida, seguida por esforços de purgar o alimento causando vômito e/ou utilizando outros meios.

elas podem cozinhar para os outros, comprar comida com frequência ou colecionar livros de culinária (Polivy, Herman, & Boivin, 2005; Myers, 2007; Jacobs et al., 2009).

Um problema relacionado, a **bulimia**, da qual Lisa Arndt sofria (descrito anteriormente), é um transtorno alimentar em que as pessoas têm compulsão por grandes quantidades de comida. Por exemplo, elas podem consumir todo um pote de sorvete e uma torta inteira de uma só vez. Depois desse ataque, sentem culpa e depressão e com frequência induzem o vômito e/ou tomam laxativos para se livrar da comida – comportamento conhecido como purga. Os ciclos constantes de compulsão e purga e o uso de medicamentos para induzir vômito ou diarreia podem levar à insuficiência cardíaca. No entanto, frequentemente o peso de uma pessoa com bulimia permanece normal (Mora-Giral et al., 2004; Couturier & Lock, 2006; Lampard et al., 2011).

Os transtornos alimentares representam um problema crescente: as estimativas demonstram que entre 1% e 4% das mulheres em idade escolar e universitária têm anorexia nervosa ou bulimia. Cerca de 10% das mulheres sofrem de bulimia em algum momento da vida. Além disso, uma quantidade crescente de pesquisas indica que quase tantos homens como mulheres sofrem de compulsão alimentar (Swain, 2006; Park, 2007; Striegel et al., 2011).

Quais são as causas da anorexia nervosa e da bulimia? Alguns pesquisadores suspeitam de uma causa biológica como um desequilíbrio químico no hipotálamo ou na hipófise, talvez produzido por fatores genéticos. Exames cerebrais de pessoas com transtornos alimentares mostram que elas processam a informação sobre a comida de modo diferente dos indivíduos saudáveis (ver Fig. 2 em A Neurociência em sua Vida; Polivy & Herman, 2002; Santel et al., 2006; Klump & Culbert, 2007).

Outros acreditam que a causa tem suas raízes na valorização que a sociedade atribui à magreza e na noção paralela de que a obesidade é indesejável. Esses pesquisadores defendem que as pessoas com anorexia nervosa e bulimia tornam-se preocupadas com seu peso e levam muito a sério o clichê de que nunca se está magro demais. Isso pode explicar por que os transtornos alimentares aumentam à medida que os países tornam-se mais desenvolvidos e ocidentalizados e fazer dieta torna-se mais popular. Finalmente, alguns psicólogos sugerem que os transtornos resultam de pais excessivamente exigentes ou de outros conflitos familiares (Grilo et al., 2003; Couturier & Lock, 2006; Kluck, 2008).

As explicações completas para a anorexia nervosa e a bulimia permanecem indefinidas. Esses transtornos mais provavelmente provêm de causas biológicas e sociais e o tratamento bem-sucedido em geral abrange diversas estratégias, incluindo terapia e alterações dietéticas (O'Brien & LeBow, 2007; Wilson, Grilo, & Vitousek, 2007; Cooper & Shafran, 2008).

A Neurociência em sua Vida:
Quando a regulação do comportamento alimentar dá errado – bulimia

FIGURA 2 Pesquisas recentes sugerem que a autorregulação em pessoas com bulimia pode estar prejudicada. Conforme ilustrado nessas imagens de ressonância magnética funcional (IRMfs), quando solicitados a inibir uma resposta de determinada tarefa em um experimento, os participantes sem bulimia, rotulados como "controles saudáveis", ativaram mais intensamente áreas do cérebro associadas à autorregulação (indicado em vermelho) do que aqueles participantes com bulimia, o que indica déficits na autorregulação em pessoas com o transtorno.
(Fonte: Marsh et al., 2009.) (Veja esta imagem colorida nas orelhas deste livro.)

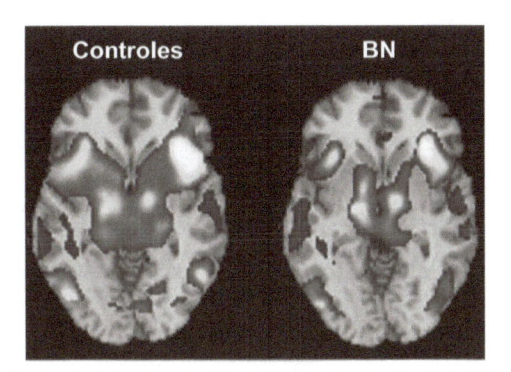

TORNANDO-SE UM CONSUMIDOR INFORMADO de Psicologia
Fazendo dieta e perdendo peso com êxito

Embora 60% das pessoas nos Estados Unidos digam que querem perder peso, esta é uma batalha perdida para a maioria delas. A maioria das pessoas que faz dieta acaba recuperando o peso que perdeu; então, elas tentam novamente e ficam presas em um ciclo aparentemente interminável de perda e ganho de peso (Newport & Carroll, 2002; Parker-Pope, 2003; Cachelin & Regan, 2006).

Para perder peso, deve ter as seguintes ideias em mente (Gatchel & Oordt, 2003; Heshka et al., 2003; Freedman, 2011):

- *Não existe um caminho fácil para o controle do peso.* Você deverá fazer mudanças permanentes em sua vida para perder peso sem ganhá-lo de volta. A estratégia mais óbvia – reduzir a quantidade de comida ingerida – é apenas o primeiro passo em direção a um comprometimento por toda a vida com a mudança dos hábitos alimentares.
- *Controle o que você come e quanto pesa.* A menos que você mantenha registros cuidadosos, não saberá realmente o quanto está comendo e se alguma dieta está funcionando.
- *Coma alimentos "grandes".* Coma fibras e comidas que sejam volumosas e pesadas, mas com baixas calorias, como uvas e sopa. Tais comidas enganam seu corpo, fazendo-o pensar que você comeu mais e, assim, diminuindo a fome.
- *Elimine a televisão.* Uma razão para a epidemia de obesidade é o número de horas que nos Estados Unidos as pessoas passam assistindo à televisão. Assistir à televisão não só impede outras atividades que queimam calorias (até mesmo caminhar em volta da casa é útil), mas também induz as pessoas a ingerir "porcarias" (Hu et al., 2003).
- *Exercite-se.* Exercite-se pelo menos 30 minutos consecutivos três vezes por semana. Quando você se exercita, está utilizando a gordura armazenada no corpo como combustível para os músculos, o que é medido em calorias. Ao usar essa gordura, provavelmente você perderá peso. Quase todas as atividades ajudam a queimar calorias.
- *Reduza a influência dos estímulos sociais externos sobre seu comportamento alimentar.* Sirva-se porções menores de comida e saia da mesa antes de ver o que está sendo servido como sobremesa. Nem mesmo compre salgadinhos como nachos ou batatas *chips*; se eles não estiverem disponíveis no armário da cozinha, você não poderá comê-los. Envolva os alimentos refrigerados em papel alumínio para que você não possa ver seu conteúdo e fique tentado cada vez que abrir a geladeira.
- *Evite dietas da moda.* Não importa o quanto elas sejam populares em dado momento, as dietas extremas, incluindo as de líquidos, geralmente não funcionam a longo prazo e podem ser perigosas para a saúde.
- *Evite tomar pílulas de dieta anunciadas na televisão que prometem resultados rápidos e fáceis.* Elas não funcionam.
- *Perca peso com outras pessoas, juntando-se a um grupo de apoio.* Fazer parte de um grupo que esteja trabalhando para perder peso irá encorajá-lo a manter a dieta.
- *Mantenha bons hábitos alimentares.* Quando você tiver alcançado o peso desejado, mantenha os novos hábitos que aprendeu enquanto fazia dieta para evitar recuperar o peso que perdeu.
- *Defina metas razoáveis.* Saiba o quanto de peso você quer perder antes de começar a dieta. Não tente perder muito peso rápido demais, ou então se condenará ao fracasso. Mesmo pequenas mudanças no comportamento – como caminhar 15 minutos por dia ou comer menos garfadas em cada refeição – podem evitar o ganho de peso (Kirk et al., 2003; Freedman, 2011).

PsicoTec
Sistemas de monitoramento sem fio que controlam o que a pessoa come e quanto exercício ela faz; auxiliam no automonitoramento, uma das chaves para a perda de peso eficaz.

Motivação sexual

Qualquer pessoa que viu dois cachorros acasalando sabe que o comportamento sexual tem uma base biológica. O comportamento sexual desses animais parece ocorrer naturalmente sem muita estimulação por parte de outros. Inúmeros fatores geneticamente controlados influenciam o comportamento sexual dos animais não humanos. Por exemplo, o comportamento animal é afetado pela presença de certos hormônios no sangue. Além disso, as fêmeas são receptivas às investidas sexuais apenas durante certos períodos do ano relativamente limitados.

O comportamento sexual humano, em comparação, é mais complicado, embora a biologia subjacente não seja tão diferente da de espécies relacionadas. Nos machos, por exemplo, os *testículos* começam a secretar **androgênios**, os hormônios sexuais masculinos, na puberdade. (Ver Fig. 3 para a anatomia básica dos **genitais** masculino e feminino ou órgãos sexuais.) Os androgênios não só produzem as características sexuais secundárias, como o crescimento dos pelos corporais e o engrossamento da voz, mas também aumentam o impulso sexual. Como o nível de produção de androgênio pelos testículos é relativamente constante, os homens são capazes de (e interessados nas) atividades sexuais sem qualquer relação com os ciclos biológicos. Com o estímulo apropriado levando à excitação, o comportamento sexual masculino pode ocorrer em qualquer momento (Goldstein, 2000).

androgênios Hormônios sexuais masculinos secretados pelos testículos.

genitais Órgãos sexuais masculinos e femininos.

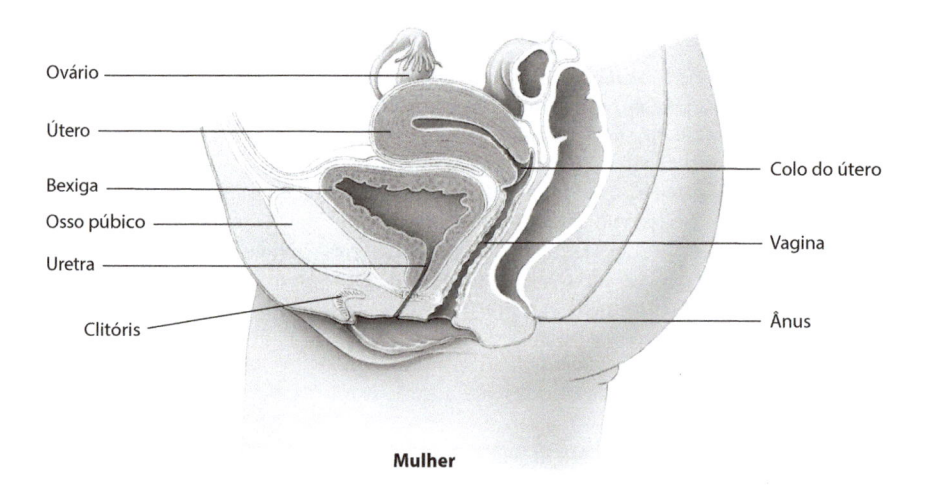

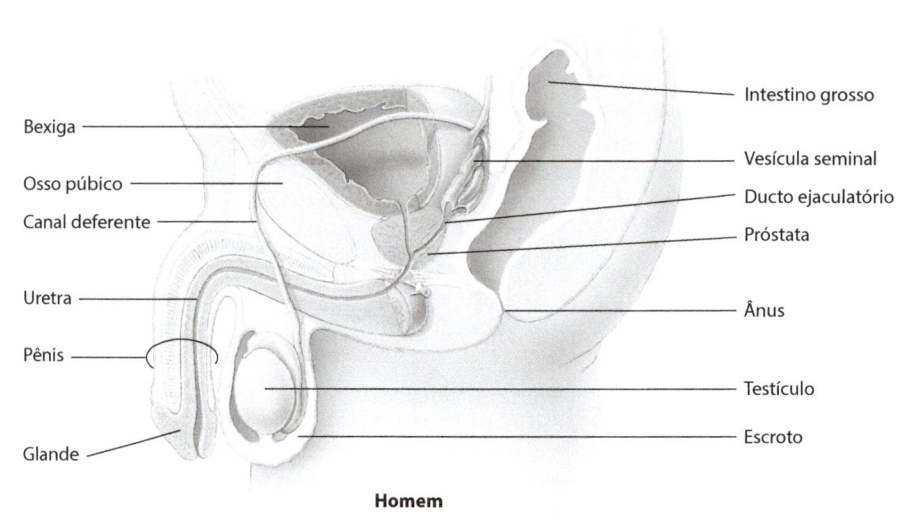

FIGURA 3 Vistas laterais verticais dos órgãos sexuais feminino e masculino.

As mulheres apresentam um padrão diferente. Quando atingem a maturidade na puberdade, os dois *ovários* começam a produzir **estrogênios** e **progesterona**, os hormônios sexuais femininos. Entretanto, esses hormônios não são produzidos consistentemente; em vez disso, sua produção segue um padrão cíclico. A maior produção ocorre durante a **ovulação**, quando um óvulo é liberado dos ovários, criando a possibilidade de fertilização por um espermatozoide. Enquanto em não humanos o período em torno da ovulação é o único momento em que a fêmea está receptiva para o sexo, as pessoas são diferentes. Embora existam variações no impulso sexual relatado, as mulheres são receptivas ao sexo ao longo de todo o seu ciclo (Leiblum & Chivers, 2007).

Além disso, algumas evidências sugerem que os homens têm um impulso sexual mais forte do que as mulheres, ainda que a diferença possa ser o resultado do desestímulo da sexualidade feminina em vez de distinções inatas entre homens e mulheres. Está claro que os homens pensam em sexo mais do que as mulheres: enquanto 54% dos homens relatam pensar em sexo todos os dias, apenas 19% das mulheres relatam pensar nisso diariamente (Mendelsohn, 2003; Gangestad et al., 2004; Baumeister & Stillman, 2006; Carvalho & Nobre, 2011).

Embora os fatores biológicos "preparem" as pessoas para o sexo, é preciso mais do que hormônios para motivar e produzir o comportamento sexual. Nos animais, a presença de um parceiro que fornece estímulos excitatórios leva à atividade sexual. Os humanos são consideravelmente mais versáteis; não só outras pessoas, como quase todos os objetos, visão, cheiro, som ou outro estímulo podem levar à excitação sexual. Então, devido a associações anteriores, as pessoas podem direcionar-se para a sexualidade pelo aroma de um perfume ou pelo som de uma canção favorita cantarolada suavemente em sua orelha. A reação a um estímulo específico potencialmente excitante, como veremos, é altamente individual – o que leva uma pessoa a se excitar pode causar exatamente o oposto para outra (Benson, 2003).

estrogênios Classe de hormônios sexuais femininos.

progesterona Hormônio sexual femininos secretado pelos ovários.

ovulação Ponto no qual um óvulo é liberado dos ovários.

Masturbação: sexo solitário

Se você ouvisse os médicos 75 anos atrás, eles teriam dito que a **masturbação**, a autoestimulação sexual usando frequentemente a mão para estimular os genitais, levaria a uma ampla variedade de doenças físicas e mentais, variando desde pelos na palma das mãos até insanidade. No entanto, se esses médicos estivessem corretos, a maioria de nós estaria usando luvas para esconder as mãos cheias de pelos porque a masturbação é uma das atividades sexuais mais comumente praticadas. Cerca de 94% de todos os homens e 63% de todas as mulheres já se masturbaram ao menos uma vez; entre os estudantes universitários, a frequência varia de "nunca" até "várias vezes por dia" (Hunt, 1974; Michael et al., 1994; Polonsky, 2006; Buerkle, 2011).

Homens e mulheres começam a se masturbar pela primeira vez em idades diferentes. Além disso, os homens masturbam-se consideravelmente mais do que as mulheres, embora haja diferenças na frequência de acordo com a idade. A masturbação masculina é mais comum no início da adolescência e depois declina; as mulheres iniciam e atingem uma frequência máxima mais tarde. Existem algumas diferenças raciais: homens e mulheres afro-americanos masturbam-se menos do que os brancos (Oliver & Hyde, 1993; Pinkerton et al., 2002; Das, Parish, & Laumann, 2009).

Embora a masturbação seja muitas vezes considerada uma atividade realizada somente se não houver outras saídas sexuais disponíveis, essa visão tem pouca relação com a realidade. Quase três quartos dos homens casados (entre 20 e 40 anos) relatam que se masturbam em média 24 vezes por ano e 68% das mulheres casadas na mesma faixa etária também se masturbam em média 10 vezes por ano (Hunt, 1974; Michael et al., 1994; Das, 2007).

Apesar da alta incidência de masturbação, as atitudes em relação a tal prática ainda refletem algumas das visões negativas de outrora. Por exemplo, uma pesquisa constatou que em torno de 10% das pessoas que se masturbavam experimentavam sentimentos de culpa; 5% dos homens e 1% das mulheres consideravam seu comportamento pervertido (Arafat & Cotton, 1974). Apesar dessas atitudes negativas, a maioria dos especialistas em sexo encara a masturbação como uma atividade sexual saudável, legítima e inofensiva. A masturbação é vista como um meio de aprender sobre a própria sexualidade e uma

masturbação Autoestimulação sexual.

forma de descobrir mudanças no próprio corpo, como o surgimento de nódulos pré-cancerosos (Coleman, 2002; Levin, 2007; Herbenick et al., 2009).

Heterossexualidade

As pessoas costumam acreditar que a primeira vez em que têm uma relação sexual elas atingiram um dos principais marcos da vida. No entanto, a **heterossexualidade**, atração sexual e comportamento direcionados para o outro sexo, consiste em muito mais do que a relação homem-mulher. Beijar, mimar, acariciar, massagear e praticar outras formas de jogo sexual são todos componentes do comportamento heterossexual. Contudo, o foco dos pesquisadores tem sido o ato sexual, especialmente em termos de sua primeira ocorrência e sua frequência.

> **heterossexualidade** Atração sexual e comportamento direcionados para o outro sexo.

Sexo pré-conjugal

Até muito recentemente, a relação sexual pré-conjugal, ao menos para as mulheres, era considerada um dos principais tabus em nossa sociedade. Tradicionalmente, as mulheres eram alertadas pela sociedade de que "as boas meninas não fazem isso"; era dito aos homens que eles podiam fazer sexo antes do casamento, mas que deveriam casar-se com virgens. Essa visão de que o sexo pré-conjugal é permitido para os homens, mas não para as mulheres, é chamada de **padrão duplo** (Liang, 2007; Lyons et al., 2011).

Recentemente, na década de 1960, a maioria dos norte-americanos adultos acreditava que o sexo pré-conjugal era sempre errado. Porém, houve uma mudança drástica na opinião pública desde então. Por exemplo, a porcentagem de pessoas de meia-idade que dizem que sexo antes do casamento "não é absolutamente errado" aumentou de modo considerável e 60% dos norte-americanos dizem que o sexo pré-conjugal está certo. Mais da metade considera que morar junto antes do casamento é moralmente aceitável (Thornton & Young-DeMarco, 2001; Harding & Jencks, 2003).

As alterações nas atitudes em relação ao sexo pré-conjugal foram acompanhadas por mudanças nas taxas reais de atividade sexual pré-conjugal. Por exemplo, mais da metade das mulheres entre 15 e 19 anos teve relação sexual pré-conjugal. Essas cifras representam quase o dobro do número de mulheres da mesma faixa etária que relataram ter relação sexual em 1970. Sem dúvida, a tendência durante as últimas décadas foi de que mais mulheres mantivessem atividade sexual pré-conjugal (Jones, Darroch, & Singh, 2005).

Os homens também apresentaram um aumento na incidência de relação sexual pré-conjugal, embora o aumento não tenha sido tão notável quanto foi para as mulheres – provavelmente porque as taxas para os homens eram mais altas desde o começo. Por exemplo, as primeiras pesquisas da relação sexual pré-conjugal realizada na década de 1940 mostraram uma incidência de 84% entre os homens de todas as idades; os números recentes estão mais próximos de 95%. A idade média da primeira experiência sexual dos homens tem declinado constantemente. Quase metade deles teve relação sexual aos 18 anos; quando chegam aos 20 anos, 88% já tiveram relação sexual. Para homens e mulheres, 70% dos adolescentes tiveram relação sexual antes dos 19 anos de idade (Arena, 1984; Hyde, Mezulis, & Abramson, 2008; Allen Guttmacher Institute, 2011).

> **padrão duplo** Visão de que o sexo pré-conjugal é permitido para os homens, mas não para as mulheres.

Sexo conjugal

Julgando pelo número de artigos sobre sexo em casamentos heterossexuais, poderíamos pensar que o comportamento sexual é o padrão número um por meio do qual a felicidade conjugal é medida. Os casais casados estão frequentemente preocupados se estão tendo pouco sexo, muito sexo ou o tipo errado de sexo (Harvey, Wenzel, & Sprecher, 2005).

Embora haja muitas dimensões diferentes ao longo das quais o sexo no casamento é medido, uma delas é certamente a frequência das relações sexuais. O que é típico? Como ocorre com a maior parte dos outros tipos de atividades sexuais, não existe uma resposta fácil para essa pergunta porque há variações muito amplas nos padrões entre os indivíduos.

O que sabemos é que 43% dos casais casados mantêm relações sexuais poucas vezes por mês e 36% dos casais mantêm duas ou três vezes por semana. Com o aumento da idade e a duração do casamento, a frequência declina. Contudo, o sexo continua durante o final da idade adulta com quase metade das pessoas relatando que têm atividade sexual de alta qualidade pelo menos uma vez por mês (Michael et al., 1994; Powell, 2006).

Embora pesquisas iniciais tenham verificado que o **sexo extraconjugal** está difundido, a realidade atual parece ser outra. De acordo com um levantamento, 85% das mulheres casadas e mais de 75% dos homens casados são fieis aos cônjuges. Além disso, o número médio de parceiros sexuais dentro e fora do casamento desde a idade de 18 anos foi seis para os homens e dois para as mulheres. Acompanhando esses números, existe um alto e consistente grau de desaprovação do sexo extraconjugal, com 9 de 10 pessoas dizendo que ele é "sempre" ou "quase sempre" errado (Michael et al., 1994; Daines, 2006; Whisman & Snyder, 2007).

sexo extraconjugal Atividade sexual entre uma pessoa casada e alguém que não é o cônjuge.

Homossexualidade e bissexualidade

Os **homossexuais** sentem-se sexualmente atraídos por indivíduos do mesmo sexo, enquanto os **bissexuais** sentem-se sexualmente atraídos por pessoas do mesmo sexo e do outro sexo. Muitos homens homossexuais preferem o termo *gay*, enquanto as mulheres homossexuais preferem o termo *lésbica* porque se refere a um leque mais amplo de atitudes e estilos de vida do que o termo *homossexual*, que se centra no ato sexual.

O número de pessoas que escolhem parceiros sexuais do mesmo sexo ocasionalmente é considerável. Estimativas sugerem que cerca de 20 a 25% dos homens e aproximadamente 15% das mulheres tiveram pelo menos uma experiência homossexual durante a idade adulta. O número exato de pessoas que se identificam como exclusivamente homossexuais é difícil de medir; algumas estimativas são de 1,1% e outras de até 10%. A maioria dos especialistas sugere que 5 a 10% dos homens e mulheres são exclusivamente *gays* ou lésbicas durante períodos longos de sua vida (Hunt, 1974; Sells, 1994; Firestein, 1996).

homossexuais Pessoas que se sentem sexualmente atraídas por indivíduos do próprio sexo.

bissexuais Pessoas que se sentem sexualmente atraídas por pessoas do mesmo sexo e do outro sexo.

Embora as pessoas com frequência encarem a homossexualidade e a heterossexualidade como duas orientações sexuais completamente distintas, a questão não é tão simples. O pioneiro pesquisador sexual Alfred Kinsey reconheceu isso quando considerou a orientação sexual ao longo de uma escala ou *continuum* com "exclusivamente homossexual" em um extremo e "exclusivamente heterossexual" no outro. No meio desse *continuum*, encontravam-se as pessoas que apresentavam tanto comportamento homossexual quanto heterossexual. A abordagem de Kinsey sugere que a orientação sexual depende dos sentimentos e comportamentos sexuais e dos sentimentos românticos de uma pessoa (Weinberg, Williams, & Pryor, 1991).

O que determina se a pessoa se torna homossexual ou heterossexual? Embora existam inúmeras teorias, nenhuma delas se mostrou completamente satisfatória.

Algumas explicações para a orientação sexual são biológicas, apontando que existem causas genéticas. As evidências de uma origem genética da orientação sexual provêm de estudos de gêmeos idênticos. Os estudos constataram que, quando um gêmeo identificava-se como homossexual, a ocorrência de homossexualidade no outro gêmeo era mais alta do que na população geral. Tais resultados ocorrem mesmo para gêmeos que foram separados no início da vida e que, portanto, não são necessariamente criados em ambientes sociais similares (Kirk, Bailey, & Martin, 2000; Gooren, 2006; LeVay, 2011).

Os hormônios também desempenham um papel na determinação da orientação sexual. Por exemplo, pesquisas mostram que as mulheres expostas antes do nascimento a dietilestilbestrol (DES – um fármaco que as mães tomavam para evitar aborto) tinham maior probabilidade de ser homossexuais ou bissexuais (Meyer-Bahlburg, 1997).

Algumas evidências indicam que diferenças nas estruturas cerebrais podem estar relacionadas à orientação sexual. Por exemplo, a estrutura do hipotálamo anterior, uma área do cérebro que governa o comportamento sexual, difere em homens homossexuais e heterossexuais. Igualmente, outras pesquisas mostram que, comparados com homens ou mulheres heterossexuais, os homens *gays* têm uma comissura anterior maior, que é um feixe de neurônios que conectam os hemisférios direito e esquerdo do cérebro (LeVay, 1993; Byne, 1996; Witelson et al., 2008).

Entretanto, pesquisas que apontam que causas biológicas estão na raiz da homossexualidade não são conclusivas porque a maioria dos achados baseia-se apenas em pequenas amostras de indivíduos. No entanto, é real a possibilidade de que existam alguns fatores herdados ou biológicos que predisponham as pessoas à homossexualidade quando há certas condições ambientais (Veniegas, 2000; Teodorov et al., 2002; Rahman, Kumari, & Wilson, 2003).

Poucas evidências propõem que a orientação sexual seja causada por práticas de criação dos filhos ou pela dinâmica familiar. Embora os proponentes das teorias psicanalíticas já tenham argumentado que a natureza da relação pais-filhos pode produzir homossexualidade (p. ex., Freud, 1922/1959), evidências de pesquisa não apoiam essas explicações (Isay, 1994; Roughton, 2002).

Outra explicação para a orientação sexual reside na teoria da aprendizagem (Masters & Johnson, 1979). De acordo com essa visão, a orientação sexual é aprendida por meio de recompensas e punições, muito parecido com a maneira como aprendemos a escolher natação em vez de tênis. Por exemplo, um jovem adolescente que teve uma experiência heterossexual desagradável pode desenvolver associações desagradáveis com o outro sexo. Se a mesma pessoa teve uma experiência *gay* ou lésbica agradável e recompensadora, a homossexualidade pode ser incorporada às suas fantasias sexuais. Se tais fantasias são usadas durante atividades sexuais posteriores – como masturbação –, elas podem ser reforçadas positivamente por meio do orgasmo, e a associação do comportamento homossexual com o prazer sexual pode por fim eleger a homossexualidade como forma preferida de comportamento sexual.

Embora a explicação da teoria da aprendizagem seja plausível, várias dificuldades a excluem como uma explicação definitiva. Como nossa sociedade tradicionalmente manteve a homossexualidade em baixa consideração, seria de esperar que o tratamento negativo do comportamento homossexual compensasse as recompensas ligadas a ele. Além disso, é estatisticamente impossível que crianças que crescem com um genitor *gay* ou lésbica tornem-se homossexuais, o que contradiz a noção de que o comportamento homossexual pode ser aprendido dos outros (Golombok et al., 1995; Victor & Fish, 1995; Tasker, 2005).

Devido à dificuldade de encontrar uma explicação consistente para a orientação sexual, não podemos responder definitivamente à pergunta do que a determina. Parece improvável que um único fator oriente uma pessoa para a homossexualidade ou para a heterossexualidade. Em vez disso, parece razoável pressupor que uma combinação de fatores biológicos e ambientais esteja envolvida (Bem, 1996; Hyde, Mezulis, & Abramson, 2008).

Embora não saibamos exatamente por que as pessoas desenvolvem determinada orientação sexual, um aspecto está claro: não existe relação entre orientação sexual e adaptação psicológica. *Gays*, lésbicas e bissexuais costumam ter a mesma qualidade de saúde mental

Pesquisas extensas constataram que bissexuais e homossexuais apresentam o mesmo grau geral de saúde mental e física que os heterossexuais.

e física que os heterossexuais, embora a discriminação que vivenciam possa produzir taxas mais elevadas de alguns transtornos, como depressão (Poteat & Espelage, 2007).

Bissexuais e homossexuais também apresentam variações e tipos de atitudes equivalentes sobre si mesmos que são independentes da orientação sexual. Por tais razões, a Associação Americana de Psicologia e outras organizações de saúde mental importantes endossaram os esforços para cessar a discriminação contra *gays* e *lésbicas* (Cochran, 2000; Perez, DeBord, & Bieschke, 2000; Morris, Waldo, & Rothblum, 2001).

As atitudes em relação à homossexualidade também mudaram drásticamente nas duas ultimas décadas, com as gerações mais jovens em particular tornando-se mais positivas. Por exemplo, 64% daqueles que têm 30 anos apoiam o casamento entre pessoas do mesmo sexo. De modo geral, a tolerância a *gays* e *lésbicas* cresceu substancialmente nos Estados Unidos (NORC/University of Chicago, 2011).

> **Alerta de estudo**
>
> As determinantes da orientação sexual são difíceis de identificar. É importante conhecer a variedade de explicações que foram apresentadas.

Transexualismo

Transexuais são pessoas que acreditam que nasceram com o corpo do outro gênero. Em alguns aspectos fundamentais, o transexualismo representa menos uma dificuldade sexual e mais uma questão de gênero envolvendo a identidade sexual do indivíduo (Meyerowitz, 2004; Heath, 2006).

Os transexuais por vezes procuram operação de mudança de sexo nas quais seus genitais existentes são cirurgicamente removidos e os genitais do sexo desejado são modelados. Vários passos, incluindo aconselhamento intensivo, injeções de hormônios e viver como um indivíduo do sexo desejado por muitos anos, precedem a cirurgia, a qual, sem dúvida, é altamente complicada. O resultado, no entanto, pode ser bastante positivo (O'Keefe & Fox, 2003; Stegerwald & Janson, 2003; Lobato, Koff, & Manenti, 2006; Richards, 2011).

O transexualismo faz parte de uma categoria mais ampla conhecida como transgenerismo. O termo *transgenerismo* abrange não só os transexuais, mas também as pessoas que se veem como um terceiro gênero, os travestis (que se vestem com as roupas do outro gênero), ou outros que acreditam que as classificações tradicionais de gênero masculino-feminino os caracterizam inadequadamente (Prince, 2005; Hyde, Mezulis, & Abramson, 2008).

Os transexuais são diferentes dos indivíduos que são conhecidos como *intersexo* ou pelo termo mais antigo *hermafroditas*. Uma pessoa intersexo nasce com uma combinação atípica dos órgãos sexuais ou padrões cromossômicos ou genéticos. Em alguns casos, nascem com ambos os órgãos sexuais, masculinos e femininos, ou os órgãos são ambíguos. Essa é uma condição extremamente rara encontrada em um em cada 4.500 nascimentos. O intersexismo envolve uma mistura complexa de questões fisiológicas e psicológicas (Lehrman, 2007; Diamond, 2009).

transexuais Pessoas que acreditam que nasceram com o corpo do outro gênero.

As necessidades de realização, afiliação e poder

Embora a fome possa ser um dos impulsos primários mais potentes em nossa vida diária, impulsos secundários potentes que não apresentam base biológica clara também nos motivam. Entre os mais proeminentes deles, estão as necessidades de realização, afiliação e poder.

A necessidade de realização: empenhando-se em obter excelência

A **necessidade de realização** é uma característica estável aprendida em que uma pessoa obtém satisfação empenhando-se e atingindo metas desafiadoras (McClelland et al., 1953). As pessoas com uma alta necessidade de realização procuram situações em que possam competir contra algum padrão objetivo – como notas, dinheiro ou vencer um jogo – e são bem-sucedidas.

necessidade de realização Característica estável aprendida em que uma pessoa obtém satisfação empenhando-se e atingindo metas desafiadoras.

> **Alerta de estudo**
>
> Uma característica-chave das pessoas com uma alta necessidade de realização é que elas preferem tarefas de dificuldade *moderada*.

Porém, as pessoas que têm uma alta necessidade de realização são seletivas quando se trata de escolher seus desafios: elas tendem a evitar situações em que o sucesso virá de modo muito fácil (o que não seria desafiador) ou situações em que o sucesso é altamente improvável. Em vez disso, as pessoas com alta motivação para a realização geralmente escolhem tarefas que são de dificuldade intermediária (Speirs-Neumeister, & Finch, 2006; Mills, 2011).

Em contraste, as pessoas com baixa motivação para a realização tendem a ser incentivadas principalmente por um desejo de evitar o fracasso. Em consequência, elas procuram tarefas fáceis para que tenham a certeza de evitar o fracasso, ou buscam tarefas muito difíceis para as quais o fracasso não tem implicações negativas porque quase todos falhariam nelas. As pessoas com um temor intenso de fracasso se mantêm afastadas de tarefas de dificuldade intermediária porque elas podem falhar em situações nas quais outros tiveram sucesso (Martin & Marsh, 2002; Puca, 2005; Morrone & Pintrich, 2006).

Uma alta necessidade de realização geralmente produz resultados positivos, ao menos em uma cultura orientada para o sucesso como a sociedade ocidental. Por exemplo, as pessoas motivadas por uma alta necessidade de realização têm mais probabilidade de ir para a faculdade do que suas contrapartes de baixa realização; depois que estão na faculdade, elas tendem a receber notas mais altas em classes que estão relacionadas à sua futura carreira. Além disso, a alta motivação para a realização indica sucesso econômico e ocupacional futuro (McClelland, 1985; Thrash & Elliot, 2002).

Como podemos medir a necessidade de realização de uma pessoa? O instrumento de medida mais comumente usado é o *Teste de Apercepção Temática (TAT)*. Usando o TAT, o examinador mostra uma série de figuras ambíguas, como a da Figura 4. O examinador pede aos participantes que criem uma história que descreva o que está acontecendo, quem são as pessoas, o que levou a tal situação, o que as pessoas estão pensando ou querendo e o que acontecerá a seguir. Os pesquisadores usam, então, um sistema padronizado de pontuação para determinar a quantidade de imaginário relativo à realização nas histórias das pessoas. Por exemplo, alguém que escreve uma história em que o personagem principal esforça-se para derrotar o oponente, estuda para se sair bem em alguma tarefa ou trabalha duro para conseguir uma promoção demonstra sinais claros de uma orientação para a realização. Presume-se que a inclusão de tal imaginário relativo à realização nas histórias dos participantes indica um grau incomumente alto de preocupação com – e, portanto, uma necessidade relativamente forte de – realização (Tuerlinckx, DeBoeck, & Lens, 2002; Verdon, 2011).

FIGURA 4 Esta figura ambígua é semelhante àquelas usadas no Teste de Apercepção Temática (TAT) para determinar a motivação subjacente das pessoas. O que você vê? Você acha que sua resposta está relacionada com sua motivação?

(Fonte: © 1943 pelo President and Fellows of Harvard College; 1971 por Henry A. Murray.)

A necessidade de afiliação: empenhando-se em desenvolver amizades

Poucos de nós escolhemos viver como ermitões. Por quê?

Uma razão principal é que a maioria das pessoas tem uma **necessidade de afiliação**, um interesse em estabelecer e manter relações com outras pessoas; os indivíduos com alta necessidade de afiliação escrevem histórias no TAT que enfatizam o desejo de manter ou recuperar amizades e demonstram preocupação em ser rejeitados pelos amigos.

As pessoas que têm necessidades mais altas de afiliação são particularmente sensíveis aos relacionamentos com os outros. Elas desejam estar com seus amigos a maior parte do tempo e sozinhas com menos frequência quando comparadas com as pessoas que têm necessidade menor de afiliação. Entretanto, o gênero é um determinante maior de quanto tempo na realidade se passa com os amigos: independentemente de sua orientação afiliativa, estudantes do sexo feminino passam significativamente mais tempo com seus amigos e menos tempo sozinhas do que os do sexo masculino (Cantwell & Andrews, 2002; Johnson, 2004; Semykina & Linz, 2007).

necessidade de afiliação
Interesse em estabelecer e manter relacionamentos com outras pessoas.

A necessidade de poder: empenhando-se em exercer impacto sobre os outros

Se suas fantasias incluem tornar-se presidente dos Estados Unidos ou dirigir a Microsoft, seus sonhos podem refletir uma alta necessidade de poder. A **necessidade de poder**, uma tendência a procurar impacto, controle ou influência sobre os outros e a ser visto como um indivíduo poderoso, é um tipo adicional de motivação (Winter, 2007; Zians, 2007; Pratto et al., 2011).

Como seria de se esperar, as pessoas com fortes necessidades de poder estão mais aptas a pertencer a organizações e a procurar altos cargos do que aquelas com baixa necessidade de poder. Elas também tendem a trabalhar em profissões em que seu poder pode ser exercido, como em gerenciamento de negócios e – você pode ou não se surpreender – no ensino (Jenkins, 1994). Além disso, elas procuram exibir as armadilhas do poder. Mesmo na faculdade, elas têm maior probabilidade de colecionar posses prestigiosas, como equipamento eletrônico e carros esportivos.

Existem algumas diferenças significativas de gênero na exibição da necessidade de poder. Os homens com altas necessidades de poder tendem a demonstrar níveis incomumente altos de agressividade, bebem em demasia, agem de uma maneira sexualmente exploradora e participam com mais frequência de esportes competitivos – comportamentos que coletivamente representam um comportamento um tanto extravagante e exibicionista. Em contraste, as mulheres exibem suas necessidades de poder com mais restrição, o que é coerente com as restrições tradicionais da sociedade quanto ao comportamento feminino. As mulheres com alta necessidade de poder são mais aptas do que os homens a canalizar essas necessidades de uma maneira socialmente responsável, como, por exemplo, demonstrando preocupação pelos outros ou exibindo comportamento altamente cuidador (Winter, 1995, 2007; Schubert & Koole, 2009).

> **necessidade de poder**
> Tendência a procurar impacto, controle ou influência sobre os outros e a ser visto como um indivíduo poderoso.

Recapitule/avalie/repense

Recapitule

RA 25-1 Quais são os fatores biológicos e sociais subjacentes à fome?

- O comportamento alimentar está sujeito à homeostase, conforme o peso da maioria das pessoas permanece dentro de uma variação estável. O hipotálamo, no cérebro, é central para a regulação da ingestão de comida.
- Fatores sociais, como os horários das refeições, as preferências culturais por alimentos e outros hábitos aprendidos, também desempenham um papel na regulação da alimentação, determinando quando, o quê e o quanto o indivíduo come. Uma hipersensibilidade aos sinais sociais e uma insensibilidade aos sinais internos também podem estar relacionadas à obesidade. Além disso, a obesidade pode ser causada por um ponto de referência do peso – o peso que o corpo tenta manter – incomumente alto e por fatores genéticos.

RA 25-2 Quais são as variedades do comportamento sexual?

- Embora fatores biológicos, como a presença de androgênios (hormônios sexuais masculinos) e estrogênios e progesterona (hormônios sexuais femininos), preparem as pessoas para o sexo, praticamente qualquer tipo de estímulo pode produzir excitação sexual dependendo da experiência sexual anterior de uma pessoa.
- A frequência da masturbação é alta, particularmente entre os homens. Embora as atitudes em relação à masturbação sejam cada vez mais liberais, elas têm sido tradicionalmente negativas, ainda que não haja evidência de consequências negativas.
- A heterossexualidade, ou atração sexual por indivíduos do outro sexo, é a orientação sexual mais comum.
- O padrão duplo por meio do qual o sexo pré-conjugal é considerado mais permitido para os homens do que para as mulheres declinou, particularmente entre os jovens. Para muitas pessoas, o padrão duplo foi substituído pelo endossamento de "permissividade com afeição", ou seja, a visão de que a relação sexual pré-conjugal é permitida se ocorrer no contexto de um relacionamento amoroso e comprometido.
- Os homossexuais sentem-se sexualmente atraídos por indivíduos do próprio sexo; os bissexuais sentem-se atraídos por pessoas do mesmo sexo e do outro sexo. Não foi confirmada explicação sobre por que as pessoas tornam-se homossexuais; entre as possibilida-

des, estão fatores genéticos ou biológicos, infância e influências familiares e experiências de aprendizagem anterior e condicionamento. No entanto, não existe relação entre orientação sexual e adaptação psicológica.

RA 25-3 Como as necessidades relacionadas a realização, afiliação e motivação para o poder são exibidas?

- A necessidade de realização refere-se à característica estável e aprendida em que uma pessoa se empenha para atingir um nível de excelência. A necessidade de realização é comumente medida pelo Teste de Apercepção Temática (TAT), uma série de figuras sobre as quais uma pessoa cria uma história.
- A necessidade de afiliação indica uma preocupação com o estabelecimento e a manutenção de relações com os outros, enquanto a necessidade de poder é uma tendência a procurar exercer impacto sobre os outros.

Avalie

1. Combine os seguintes termos com suas definições:

    1. Hipotálamo
    2. Lesão hipotalâmica lateral
    3. Lesão hipotalâmica ventromedial

    a. Leva à recusa de comida e inanição
    b. É responsável pelo monitoramento da ingestão alimentar
    c. Causa excesso alimentar extremo

2. O _____ _____ _____ é o nível específico de peso que o corpo se esforça para manter.
3. _____ é o ritmo no qual o corpo produz e gasta energia.
4. Embora a incidência de masturbação entre os jovens adultos seja alta, depois que homens e mulheres envolvem-se em relações íntimas, eles geralmente cessam a masturbação. Verdadeiro ou falso?
5. O aumento do sexo pré-conjugal em anos recentes foi maior para as mulheres do que para os homens. Verdadeiro ou falso?
6. Júlio é o tipo de pessoa que se empenha constantemente em obter excelência. Ele sente intensa satisfação quando consegue ter domínio sobre uma nova tarefa. Júlio provavelmente tem uma alta necessidade de _____.
7. A história do Teste de Apercepção Temática (TAT) de Debbie descreve uma jovem que é rejeitada por um de seus pares e procura recuperar sua amizade. Que tipo principal de motivação Debbie está exibindo em sua história?
    a. Necessidade de realização
    b. Necessidade de motivação
    c. Necessidade de afiliação
    d. Necessidade de poder

Repense

1. De que formas as expectativas da sociedade, expressas pelos programas e comerciais da televisão, contribuem para a obesidade e a preocupação excessiva com a perda de peso? Como a televisão poderia contribuir para melhorar os hábitos alimentares e as atitudes em relação ao peso? Ela deveria fazer isso?
2. *Da perspectiva de um especialista em recursos humanos:* Como você poderia usar características como a necessidade de realização, necessidade de poder e necessidade de afiliação para selecionar candidatos a empregos? Que critérios adicionais você deveria considerar?

Respostas das questões de avaliação

1. 1-b, 2-a, 3-c; 2. ponto de referência do peso; 3. Metabolismo; 4. falso; 5. verdadeiro; 6. realização; 7. c.

Termos-chave

obesidade p. 296
ponto de referência do peso p. 299
metabolismo p. 299
anorexia nervosa p. 301
bulimia p. 302
andrógenios p. 304
genitais p. 304
estrógenios p. 305
progesterona p. 305
ovulação p. 305
masturbação p. 305
heterossexualidade p. 306
padrão duplo p. 306
sexo extraconjugal p. 307
homossexuais p. 307
bissexuais p. 307
transexuais p. 309
necessidade de realização p. 309
necessidade de afiliação p. 310
necessidade de poder p. 311

MÓDULO 26

Compreendendo as Experiências Emocionais

Karl Andrews tinha em suas mãos o envelope pelo qual estava esperando. Este poderia ser o passaporte para seu futuro: uma oferta de admissão na faculdade de sua primeira escolha. Mas o que ele diria? Karl sabia que havia duas possibilidades. Suas notas eram muito boas e ele havia desenvolvido algumas atividades extracurriculares, porém seus escores no Vestibular não tinham sido fantásticos. Ele se sentia tão nervoso que suas mãos tremiam enquanto abria o fino envelope (não era um bom sinal, pensou). Aí está. "Caro Sr. Andrews", dizia. "Os conselheiros da universidade têm o prazer de admiti-lo..." Aquilo era tudo o que ele precisava ver. Com um grito de entusiasmo, Karl dava pulos alegremente. Uma onda de emoção inundou-o quando percebeu que ele havia sido aceito. Ele estava em seu caminho.

Uma vez ou outra, todos nós experimentamos fortes sentimentos que acompanham tanto as experiências muito agradáveis quanto as muito negativas. Talvez tenhamos sentido a emoção de conseguir um emprego desejado, a alegria de estar apaixonado, o lamento pela morte de alguém ou a angústia de inadvertidamente magoar alguém. Além disso, experimentamos essas reações em um nível menos intenso durante nossa vida diária com questões como o prazer de uma amizade, a apreciação de um filme e o embaraço de quebrar um objeto que tomamos emprestado.

Apesar da natureza variada desses sentimentos, todos eles representam emoções. Embora todos tenhamos uma ideia do que é uma emoção, definir formalmente o conceito revelou-se uma tarefa difícil. Usaremos aqui uma definição geral: **emoções** são sentimentos que comumente têm elementos fisiológicos e cognitivos e que influenciam o comportamento.

Pense, por exemplo, em como é estar feliz. Primeiro, obviamente experimentamos um sentimento que podemos diferenciar de outras emoções. É provável que também experimentemos algumas alterações físicas identificáveis em nosso corpo: talvez o ritmo cardíaco aumente ou – como no exemplo de Karl Andrews – acabemos "dando pulos de alegria". Por fim, a emoção provavelmente abranja elementos cognitivos: nosso entendimento e nossa avaliação do significado do que está acontecendo despertam sentimentos de felicidade.

Também é possível, no entanto, experimentar uma emoção sem a presença de elementos cognitivos. Por exemplo, podemos reagir com medo a uma situação incomum ou nova (como entrar em contato com um indivíduo errático e imprevisível), ou experimentar o prazer da excitação sexual sem termos consciência cognitiva ou compreensão do que torna a situação excitante.

Alguns psicólogos argumentam que sistemas inteiramente separados governam as respostas cognitivas e as emocionais. Uma controvérsia atual implica se a resposta emocional predomina sobre a resposta cognitiva ou vice-versa. Alguns teóricos defendem que primeiro respondemos a uma situação com uma reação emocional e posteriormente tentamos entendê-la. Por exemplo, podemos apreciar uma sinfonia moderna complexa sem inicialmente compreendê-la ou saber por que gostamos dela. Outros teóricos propõem que as pessoas primeiro desenvolvem cognições acerca de uma situação e depois reagem emocionalmente. Essa escola de pensamento afirma que precisamos cogitar a respeito e compreender um estímulo ou uma situação, relacionando-o com o que já conhecemos, antes que possamos reagir em nível emocional (Murphy & Zajonc, 1993; Lazarus, 1995; Oatley, Keltner, & Jenkins, 2006; Marin & Kerns, 2011).

Como os proponentes de ambos os lados desse debate podem citar pesquisas que apoiam seus pontos de vista, a questão está longe de ser resolvida. Talvez a sequência varie

---

Resultados de Aprendizagem

RA 26-1 O que são as emoções e como as experimentamos?

RA 26-2 Quais são as funções das emoções?

RA 26-3 Quais são as explicações para as emoções?

RA 26-4 Como o comportamento não verbal se relaciona com a expressão das emoções?

emoções Sentimentos que comumente têm elementos fisiológicos e cognitivos e que influenciam o comportamento.

de situação para situação, com as emoções predominando em alguns casos e os processos cognitivos ocorrendo primeiro em outros. Ambos os grupos concordam que podemos experimentar emoções que envolvem pouco ou nenhum pensamento consciente. Podemos não saber o motivo pelo qual temos medo de ratos porque entendemos objetivamente que eles não representam perigo, mas, mesmo assim, ainda ficamos amedrontados quando os vemos. Estudos de neuroimagem do cérebro podem ajudar a resolver esse e outros debates acerca da natureza das emoções (Barrett & Wager, 2006; Niedenthal, 2007; Karaszewski, 2008).

As funções das emoções

Imagine como seria se não experimentássemos emoção. Não teríamos desespero profundo, depressão e nenhum remorso, mas também não sentiríamos felicidade, alegria ou amor. Sem dúvida, a vida seria consideravelmente menos satisfatória e até mesmo embotada se não tivéssemos a capacidade de sentir e expressar emoção.

Mas as emoções servem a algum propósito além de tornar a vida interessante? Na verdade, sim. Psicólogos identificaram várias funções importantes que as emoções desempenham na vida diária (Frederickson & Branigan, 2005; Frijda, 2005; Gross, 2006; Siemer, Mauss, & Gross, 2007; Rolls, 2011). Entre as mais importantes dessas funções, encontram-se as seguintes:

- *Preparam-nos para a ação.* As emoções atuam como uma ligação entre os eventos em nosso ambiente e nossas respostas. Por exemplo, se você visse um cão raivoso vindo em sua direção, sua reação emocional (medo) estaria associada à excitação fisiológica da divisão simpática do sistema nervoso autônomo, a ativação da resposta de "luta e fuga".
- *Moldam nosso comportamento futuro.* As emoções promovem o aprendizado que nos ajudará a ter respostas apropriadas no futuro. Por exemplo, a resposta emocional a eventos desagradáveis nos ensina a evitar circunstâncias similares no futuro.
- *Ajudam-nos a interagir mais efetivamente com os outros.* Frequentemente, comunicamos as emoções que experimentamos por meio de nossos comportamentos verbais e não verbais, tornando nossas emoções óbvias para os observadores. Esses comportamentos podem atuar como um sinal para os observadores, possibilitando que entendam melhor o que estamos experimentando e os ajude a prever nosso comportamento futuro.

Determinando a variação das emoções: nomeando nossos sentimentos

Se tivéssemos de listar as palavras na língua inglesa que foram usadas para descrever as emoções, terminaríamos com pelo menos 500 verbetes (Averill, 1975). A lista poderia variar desde emoções óbvias, como *felicidade* e *medo*, até as menos comuns, como *aventureiro* e *pensativo*.

Um desafio para os psicólogos foi ordenar essa lista para identificar as emoções fundamentais mais importantes. Os teóricos debateram acaloradamente a questão de catalogar as emoções e montaram diferentes listas, dependendo de como eles definem o conceito de emoção. De fato, alguns rejeitam a questão inteiramente, dizendo que *nenhum* conjunto de emoções deve ser escolhido como mais básico e que as emoções são mais bem-entendidas decompondo-as em suas partes integrantes. Outros pesquisadores argumentam que as emoções devem ser examinadas em termos de uma hierarquia, dividindo-as em categorias positivas e negativas e depois as classificando em subcategorias cada vez mais delimitadas (ver Fig. 1; Manstead, Frijda, & Fischer, 2003; Dillard & Shen, 2007; Livingstone et al., 2011).

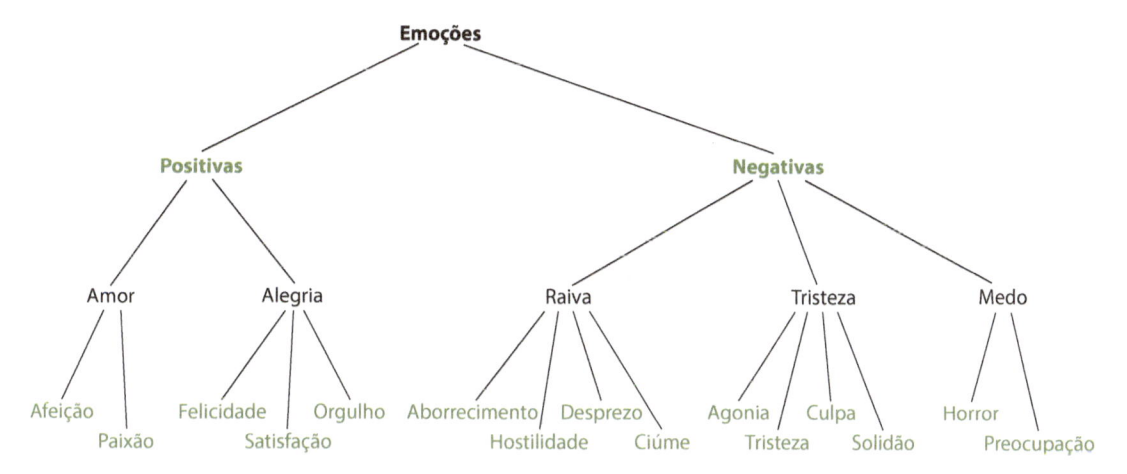

```
                           Emoções
                 ┌────────────┴────────────┐
              Positivas                 Negativas
            ┌─────┴─────┐         ┌────────┼────────┐
           Amor       Alegria    Raiva  Tristeza   Medo
          ┌─┴─┐      ┌──┴──┐    ┌──┴──┐  ┌─┴─┐    ┌─┴─┐
       Afeição   Felicidade Orgulho Aborrecimento Desprezo  Agonia Culpa Horror
           Paixão      Satisfação        Hostilidade Ciúme  Tristeza Solidão  Preocupação
```

FIGURA 1 Uma abordagem para a organização das emoções é usar uma hierarquia que divide as emoções em subcategorias cada vez mais delimitadas.
(Fonte: Adaptada de Fischer, Shaver, & Carnochan, 1990.)

Contudo, a maioria dos pesquisadores defende que uma lista de emoções básicas incluiria, no mínimo, felicidade, raiva, medo, tristeza e descontentamento. Outras listas são mais amplas, incluindo emoções como surpresa, desprezo, culpa e alegria (Ekman, 1994a; Shweder, 1994; Tracy & Robins, 2004).

Uma dificuldade na definição de um conjunto básico de emoções é que existem diferenças substanciais nas descrições das emoções entre as várias culturas. Por exemplo, os alemães relatam que experimentam *Fchandenfreude*, um sentimento de prazer em relação às dificuldades de outra pessoa, e os japoneses experimentam *hagaii*, um humor de sofrimento vulnerável colorido por frustração. No Taiti, as pessoas experimentam *musu*, um sentimento de relutância em ceder a demandas irracionais feitas por seus pais.

Encontrar *Fchandenfreude*, *hagaii* ou *musu* em uma cultura particular não significa obviamente que os membros de outras culturas sejam incapazes de experimentar tais emoções. Isso indica, no entanto, que enquadrar determinada emoção em uma categoria linguística para descrevê-la pode tornar mais fácil discutir, considerar e talvez experimentar (Russel & Sato, 1995; Li, Kuppens et al., 2006; van Dijk et al., 2011).

As raízes das emoções

Nunca fiquei com tanta raiva antes; sinto meu coração acelerado e o corpo inteiro está tremendo... Não sei como vou me sair. Sinto um frio na boca do estômago... Cometi um erro! Meu rosto deve estar incrivelmente vermelho... Quando ouvi as pisadas no meio da noite, fiquei tão amedrontado que não conseguia recuperar o fôlego.

Se examinar a linguagem, você verá que existem literalmente dezenas de formas para descrever como nos sentimos quando experimentamos uma emoção e que a linguagem que usamos para descrever as emoções está, em sua maior parte, baseada nos sintomas físicos que estão associados a uma experiência emocional particular (Kobayashi, Schallert, & Ogren, 2003; Manstead & Wagner, 2004; Spackman, Fujiki, & Brinton, 2006).

Considere, por exemplo, a experiência do medo. Imagine que já é noite, Ano-Novo. Você está andando por uma rua escura e ouve um estranho aproximando-se por trás. Está claro que ele não está tentando se apressar, mas está vindo diretamente em sua direção. Você pensa no que fará se o estranho tentar roubá-lo ou, pior, machucá-lo de alguma maneira.

Enquanto esses pensamentos estão passando por sua cabeça, algo dramático está acontecendo a seu corpo. As reações mais prováveis, as quais estão associadas à ativação do sistema nervoso autônomo, incluem um aumento no ritmo da respiração, uma aceleração do batimento cardíaco, uma dilatação das pupilas (para aumentar a sensibilidade visual) e uma secura na boca, pois o funcionamento das glândulas salivares e de todo o sistema digestório cessam. Ao mesmo tempo, porém, as glândulas sudoríparas provavelmente aumentarão a atividade, porque o aumento no suor ajudará o corpo a se livrar do excesso de calor desenvolvido por uma possível atividade de emergência.

Obviamente, todas essas alterações fisiológicas ocorrerão sem sua consciência. Todavia, a experiência emocional que as acompanha será evidente para você: você muito provavelmente reportaria estar com medo.

Embora seja fácil descrever as reações físicas gerais que acompanham as emoções, definir o papel específico que essas respostas fisiológicas desempenham na experiência das emoções provou ser um grande enigma para os psicólogos. Conforme veremos, alguns teóricos argumentam que reações corporais específicas *promovem* a experimentação uma emoção particular – experimentamos medo, por exemplo, *porque* o coração está acelerado e estamos respirando ofegantemente. Outros teóricos afirmam que a reação fisiológica resulta da experiência de uma emoção. Nessa perspectiva, experimentamos medo e, em consequência, o coração acelera e nossa respiração fica mais ofegante.

A teoria de James-Lange: as reações viscerais equivalem a emoções?

Para William James e Carl Lange, que estão entre os primeiros pesquisadores a explorar a natureza das emoções, a experiência emocional é, muito simplesmente, uma reação a eventos corporais instintivos que ocorrem como resposta a alguma situação ou evento no ambiente. Essa perspectiva está resumida na afirmação de James: "Sentimos tristeza porque choramos, raiva porque atacamos, medo porque trememos" (James, 1890).

James e Lange supunham que a resposta instintiva de chorar por uma perda leva-nos a sentir tristeza, que atacar alguém que nos frustra resulta em nosso sentimento de raiva, que tremer diante de uma ameaça faz com que sintamos medo. Segundo eles, cada emoção importante acompanha uma reação fisiológica ou "visceral" dos órgãos internos – chamada de *experiência visceral*. É esse padrão específico de resposta visceral que nos leva a nomear a experiência emocional.

Em síntese, James e Lange propuseram que experimentamos emoções como resultado de mudanças fisiológicas que produzem sensações específicas. O cérebro interpreta essas sensações como tipos específicos de experiências emocionais (ver a primeira parte da Fig. 2). Essa hipótese veio a ser denominada como **teoria da emoção de James-Lange** (Laird & Bresler, 1990; Cobos et al., 2002).

Contudo, a teoria de James-Lange tem algumas limitações. Para que a teoria seja válida, as mudanças viscerais teriam de ocorrer relativamente rápido porque experimentamos algumas emoções – como o medo ao ouvir um estranho aproximando-se de modo rápido em uma noite escura – quase que de imediato. No entanto, as experiências emocionais frequentemente ocorrem mesmo antes que haja tempo de certas mudanças fisiológicas serem postas em movimento. Devido à lentidão com que ocorrem algumas mudanças viscerais, é difícil considerá-las como a origem da experiência emocional imediata.

A teoria de James-Lange apresenta outra dificuldade: a excitação fisiológica não produz invariavelmente experiência emocional. Por exemplo, uma pessoa que está fazendo uma corrida apresenta um batimento cardíaco e uma respiração acelerados, assim como muitas outras mudanças fisiológicas associadas a certas emoções. Apesar disso, os corredores não pensam nessas mudanças em termos de emoção. Assim, pode não haver uma correspondência 1:1 entre as mudanças viscerais e a experiência emocional. As mudanças viscerais por si só podem não ser suficientes para produzir emoção.

Por fim, nossos órgãos internos produzem uma variedade relativamente limitada de sensações. Embora alguns tipos de mudanças fisiológicas estejam associados a experiências

teoria da emoção de James-Lange Crença de que a experiência emocional é uma reação a eventos corporais que ocorrem como resultado de uma situação externa ("Sinto-me triste porque estou chorando").

Figura 2

Teoria de James-Lange → Ativação de mudanças corporais viscerais → O cérebro interpreta as mudanças viscerais como uma experiência emocional

Teoria de Cannon-Bard → Ativação do tálamo → Ativação de mudanças corporais em resposta ao cérebro / Mensagem para o córtex referente à experiência emocional

Teoria de Schachter-Singer → Ativação da excitação fisiológica geral / Observação de sinais do ambiente → Determinação do rótulo a ser colocado na excitação, identificando a experiência emocional

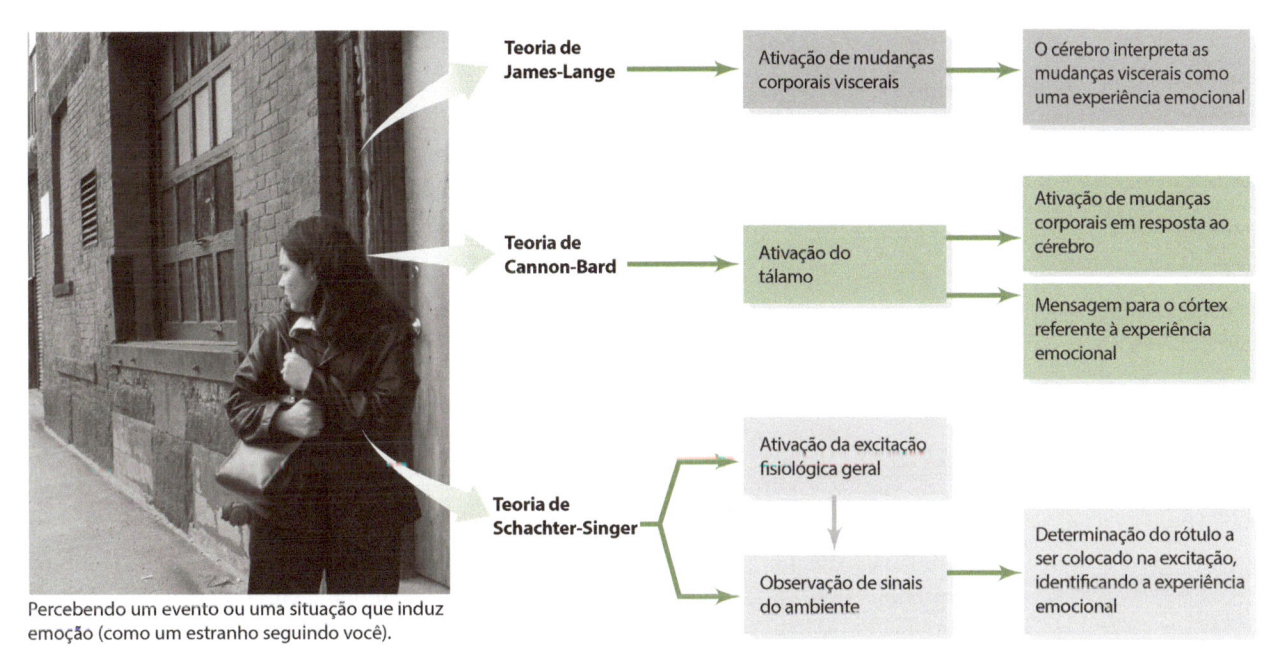

Percebendo um evento ou uma situação que induz emoção (como um estranho seguindo você).

FIGURA 2 Uma comparação de três modelos da emoção.

---

emocionais específicas, é difícil imaginar como cada uma da miríade de emoções que as pessoas são capazes de experimentar pode ser o resultado de uma alteração visceral única. Muitas emoções, na verdade, estão associadas a tipos relativamente semelhantes de mudanças viscerais, um fato que contradiz a teoria de James-Lange (Davidson et al., 1994; Cameron, 2002; Rinaman, Banihashemi, & Koehnle, 2011).

A teoria de Cannon-Bard: reações fisiológicas como resultado de emoções

Em resposta às dificuldades inerentes na teoria de James-Lange, Walter Cannon e posteriormente Philip Bard sugeriram uma visão alternativa. Com o que veio a ser conhecido como a **teoria da emoção de Cannon-Bard**, eles propuseram o modelo ilustrado na segunda parte da Figura 2 (Cannon, 1929). Essa teoria rejeita a ideia de que a excitação fisiológica isolada leva à percepção da emoção. Em vez disso, a teoria presume que *tanto* a excitação fisiológica *como* a experiência emocional são produzidas simultaneamente pelo mesmo estímulo nervoso, o qual Cannon e Bard afirmam que emana do tálamo no cérebro.

Segundo tal teoria, depois que percebemos um estímulo que produz emoção, o tálamo é o ponto inicial da resposta emocional. A seguir, ele envia um sinal para o sistema nervoso autônomo, produzindo, assim, uma resposta visceral. Ao mesmo tempo, o tálamo também transmite uma mensagem para o córtex cerebral referente à natureza da emoção que está sendo experimentada. Portanto, não é necessário que diferentes emoções tenham padrões fisiológicos únicos associados a elas – desde que a mensagem enviada para o córtex cerebral difira de acordo com a emoção específica.

A teoria de Cannon-Bard parece precisa em rejeitar a ideia de que a excitação fisiológica isolada explica as emoções. Contudo, pesquisas mais recentes levaram a algumas modificações importantes na teoria. Agora entendemos que o hipotálamo e o sistema límbico, e não o tálamo, desempenham um papel importante na experiência emocional. Além disso, a ocorrência simultânea das respostas fisiológicas e emocionais, que é um pressuposto fundamental da teoria de Cannon-Bard, ainda precisa ser demonstrada conclusivamente. Essa ambiguidade possibilitou o surgimento de outra teoria das emoções: a teoria de Schachter-Singer.

teoria da emoção de Cannon-Bard Crença de que a excitação fisiológica e a experiência emocional são produzidas simultaneamente pelo mesmo estímulo nervoso.

Alerta de estudo

Use a Figura 2 para distinguir as três teorias classicas da emoção (James-Lange, Cannon-Bard e Schachter-Singer).

A teoria de Schachter-Singer: emoções como rótulos

Suponha que, enquanto está sendo seguido naquela rua escura no Ano Novo, você observa um homem sendo seguido por outra figura sombria no outro lado da rua. Agora suponha que, em vez de reagir com medo, o homem começa a rir e a agir com alegria. As reações desse outro indivíduo seriam suficientes para acabar com seus medos? Você poderia realmente concluir que há nada a temer e entrar no espírito da comemoração, começando a sentir felicidade e alegria?

De acordo com uma explicação centrada no papel da cognição, a **teoria da emoção de Schachter-Singer**, isso poderia muito bem acontecer. Essa abordagem para explicar as emoções enfatiza que identificamos a emoção que estamos experimentando quando observamos nosso ambiente e também nos comparamos com os outros (Schachter & Singer, 1962).

O experimento clássico de Schachter e Singer encontrou evidências para essa hipótese. No estudo, foi dito aos participantes que eles receberiam uma injeção de vitamina. Na realidade, eles receberam epinefrina, uma substância que causa respostas que comumente ocorrem durante fortes reações emocionais, como um aumento na excitação fisiológica, incluindo ritmo cardíaco e respiratório mais alto e rubor facial. Os membros de ambos os grupos foram então colocados individualmente em uma situação na qual um aliado do experimentador agia de uma das duas formas. Em uma condição, ele se mostrava irritado e hostil; na outra condição, ele se comportou como se estivesse exuberantemente feliz.

O propósito do experimento era determinar como os participantes reagiriam emocionalmente ao comportamento daquele indivíduo. Quando lhes era pedido que descrevessem seu estado emocional no final do experimento, os participantes expostos ao indivíduo irritado relataram que se sentiam irritados, enquanto os expostos ao indivíduo feliz relataram que se sentiam felizes. Em resumo, os resultados indicam que os participantes voltavam-se para o ambiente e o comportamento dos outros para explicar a excitação fisiológica que eles estavam experimentando.

Os resultados do experimento de Schachter-Singer, então, apoiaram uma visão cognitiva das emoções em que elas são determinadas em conjunto por um tipo relativamente não específico de excitação fisiológica *e* pela rotulação daquela excitação com base nos sinais do ambiente (ver a terceira parte da Fig. 2). Embora pesquisas posteriores tenham descoberto que a excitação é mais específica do que Schachter e Singer acreditavam, eles estavam certos em presumir que, quando a fonte da excitação fisiológica não está clara, podemos olhar para nosso entorno a fim de determinar o que estamos experimentando.

Perspectivas contemporâneas sobre a neurociência das emoções

Quando Schachter e Singer realizaram seu experimento pioneiro no início da década de 1960, as formas pelas quais eles podiam avaliar a fisiologia que acompanha a emoção eram relativamente limitadas. Entretanto, os avanços na medição do sistema nervoso e de outras partes do corpo permitiram que os pesquisadores examinassem mais detalhadamente as respostas biológicas envolvidas na emoção. Em consequência, as pesquisas contemporâneas sobre a emoção apontam para uma revisão das visões anteriores de que as respostas fisiológicas associadas às emoções são indiferenciadas. Em vez disso, são crescentes as evidências de que padrões específicos de excitação biológica estão associados a emoções individuais (Vaitl, Schienle, & Stark, 2005; Woodson, 2006; Stiffer, Dollar, & Cipriano, 2011).

Por exemplo, pesquisadores constataram que emoções específicas produzem a ativação de porções muito diferentes do cérebro. Em um estudo, os participantes que se submeteram à tomografia por emissão de pósitrons (PET) foram solicitados a relembrar eventos que os

---

teoria da emoção de Schachter-Singer Crença de que as emoções são determinadas conjuntamente por um tipo não específico de excitação fisiológica e sua interpretação, com base nos sinais ambientais.

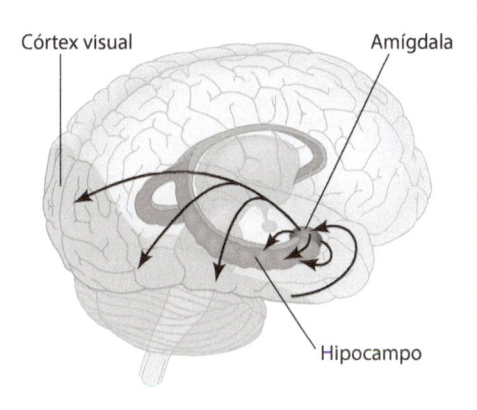

FIGURA 3 As conexões da amígdala, permitem que ela medeie muitas das expressões autônomas de estados emocionais por meio do hipocampo e do córtex visual.

(Fonte: De Dolan, R. J. (2002). Emoção, cognição e comportamento. *Science, 298*, nº 5596, 1191-1194 (Figura 1, p. 1192). Desenho do cérebro reimpresso com permissão de AAAS. http://www.sciencemag.org/content/298/5596/1191.full).

deixaram tristes, como mortes e funerais, ou eventos que os deixaram felizes, como casamentos e nascimentos. Eles também olharam para fotos de rostos que pareciam felizes ou tristes. Os resultados das PETs foram claros: a felicidade estava relacionada a um decréscimo na atividade em certas áreas do córtex cerebral, enquanto a tristeza estava associada a aumentos na atividade em porções particulares do córtex (George et al., 1995; Hamann et al., 2002; Prohovnik et al., 2004).

Além disso, a *amígdala*, situada no lobo temporal do cérebro, é importante para a experiência das emoções, pois ela possibilita uma ligação entre a percepção de um estímulo que produz emoção e a lembrança daquele estímulo posteriormente. Por exemplo, se alguma vez fomos atacados por um perigoso *pit bull*, a amígdala processa essa informação e leva-nos a reagir com medo quando vemos um *pit bull* posteriormente – exemplo de uma resposta de medo classicamente condicionada (Miller et al., 2005; Berntson et al., 2007; Kensinger, 2007; LaBar, 2007; Pessoa, 2011).

Como os caminhos neurais conectam a amígdala, o córtex visual e o *hipocampo* (que desempenha um importante papel na consolidação das lembranças), alguns cientistas especulam que os estímulos relacionados às emoções podem ser processados e respondidos quase instantaneamente (ver Fig. 3). Essa resposta imediata ocorre tão rapidamente que o pensamento mais racional de ordem superior, que leva mais tempo, parece não estar envolvido no início. Em uma resposta mais lenta, porém mais pensativa ao estímulo que desencadeia a emoção, as informações sensoriais relacionadas à emoção são avaliadas inicialmente e depois enviadas para a amígdala. Parece que o sistema mais rápido oferece uma resposta imediata ao estímulo que evoca emoção, enquanto o sistema mais lento ajuda a confirmar uma ameaça e prepara uma resposta mais ponderada (Dolan, 2002).

> **Alerta de estudo**
>
> É importante conhecer a neurociência básica da experiência emocional.

Entendendo as diversas perspectivas sobre a emoção

À medida que novas abordagens da emoção continuam a se desenvolver, é razoável perguntar por que existem tantas teorias da emoção e, talvez mais importante, qual delas fornece a explicação mais completa. Na verdade, apenas arranhamos a superfície. Existem quase tantas teorias explanatórias da emoção quanto há emoções individuais (p. ex., Manstead, Frijda, & Fischer, 2003; Frijda, 2005; Prinz, 2007; Herzberg, 2009).

Por que as teorias da emoção são tão abundantes? Em primeiro lugar, as emoções não são um fenômeno simples, mas estão intimamente interligadas a aspectos como motivação, cognição, neurociência e inúmeros ramos relacionados da psicologia. Por exemplo, evidências de estudos de imagem cerebral mostram que, mesmo quando as pessoas chegam a decisões supostamente racionais e não emocionais – como ao fazerem julgamentos morais e filosóficos –, as emoções entram em jogo (Greene et al., 2001).

Em resumo, as emoções são fenômenos tão complexos, abrangendo aspectos biológicos e cognitivos, que nenhuma teoria isolada foi capaz de explicar completamente todas as facetas da experiência emocional. Além disso, evidências contraditórias de um tipo ou outro desafiam cada abordagem e, portanto, nenhuma teoria mostrou-se invariavelmente precisa em suas predições.

Essa abundância de perspectivas sobre a emoção não é motivo para desespero – ou infelicidade, medo ou outra emoção negativa. Ela simplesmente reflete o fato de que a psicologia é uma ciência em evolução e desenvolvimento. À medida que reunirmos mais evidências, as respostas específicas às perguntas acerca da natureza das emoções também se esclarecerão.

Explorando a DIVERSIDADE
As pessoas em todas as culturas expressam emoção de forma semelhante?

Considere por um momento as seis fotos apresentadas na Figura 4. Você consegue identificar as emoções que estão sendo expressas pela pessoa em cada uma das fotos?

Se você for um bom juiz de expressões faciais, concluirá que essas expressões exibem seis emoções básicas: alegria, raiva, tristeza, surpresa, repugnância e medo. Centenas de estudos do comportamento não verbal demonstram que essas emoções são consistentemente distintas e identificáveis mesmo em observadores não treinados (Ekman, 2007).

É interessante observar que essas seis emoções não são peculiares apenas aos indivíduos das culturas ocidentais; ao contrário, elas constituem as emoções básicas expressas universalmente pelos membros da raça humana, independentemente de onde os indivíduos foram criados e de

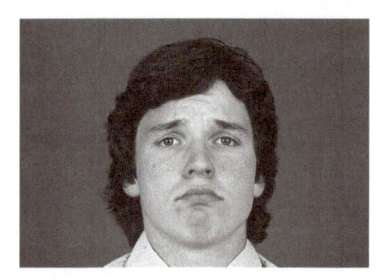

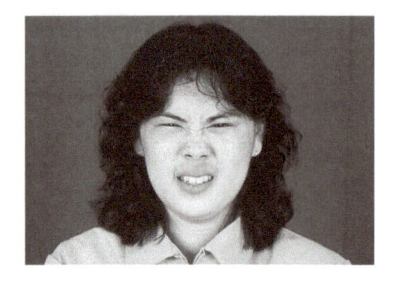

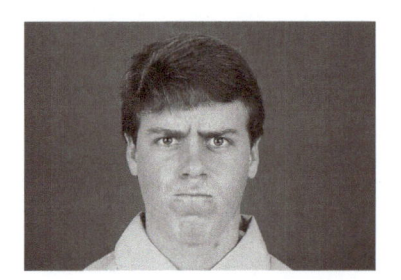

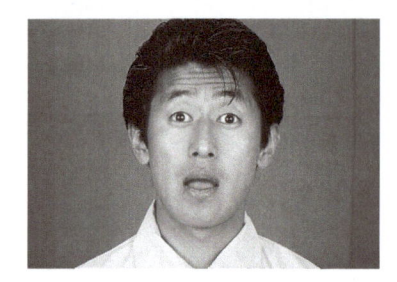

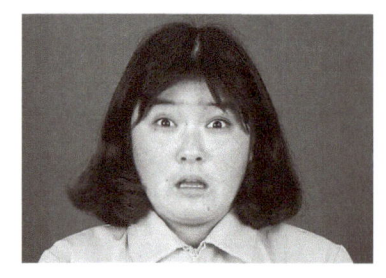

FIGURA 4 Essas fotos demonstram seis das emoções primárias: felicidade, raiva, tristeza, surpresa, repugnância e medo.

Módulo 26 Compreendendo as Experiências Emocionais **321**

quais experiências de aprendizado eles tiveram. O psicólogo Paul Ekman demonstrou de forma convincente esse ponto quando estudou os membros de uma tribo na selva da Nova Guiné que quase não tinha contato com os ocidentais (Ekman, 1972). As pessoas da tribo não falavam ou entendiam inglês, nunca haviam assistido a um filme e tinham experiência muito limitada com indivíduos brancos antes da chegada de Ekman. No entanto, suas respostas não verbais a histórias que evocavam emoções, bem como sua capacidade de identificar emoções básicas, eram muito semelhantes às dos ocidentais.

Estando tão isolados, os habitantes da Nova Guiné não poderiam ter aprendido com os ocidentais a reconhecer ou produzir expressões faciais similares. Em vez disso, suas habilidades similares e a maneira de responder emocionalmente parecem presentes de forma inata. Embora pudéssemos argumentar que experiências similares em ambas as culturas levaram os membros de cada uma a aprender tipos semelhantes de comportamento não verbal, isso parece improvável porque as duas culturas são muito diferentes. A expressão das emoções básicas, portanto, parece universal (Ekman, 1994b; Izard, 1994; Matsumoto, 2002).

Por que as pessoas entre as culturas expressam emoções de forma semelhante? Uma hipótese conhecida como **programa de influência facial** oferece uma explicação para isso. O programa de influência facial – o qual se presume estar universalmente presente ao nascimento – é análogo a um programa de computador que é acionado quando uma emoção particular é experimentada. Quando posto em movimento, o "programa" ativa um conjunto de impulsos nervosos que faz o rosto exibir uma expressão apropriada. Cada emoção primária produz um conjunto único de movimentos musculares, formando os tipos de expressões apresentadas na Figura 4. Por exemplo, a emoção de felicidade é universalmente exibida pelo movimento do zigomático maior, um músculo que eleva os cantos da boca e forma o que poderíamos chamar de sorriso (Ekman, 2003; Kendler et al., 2008; Krumhuber, & Scherer, 2011).

A importância das expressões faciais é ilustrada por uma noção intrigante conhecida como a **hipótese do *feedback* facial**. De acordo com essa hipótese, as expressões faciais não só *refletem* a experiência emocional, como também ajudam a *determinar* como as pessoas experimentam e rotulam as emoções. Basicamente falando, "vestir" uma expressão emocional fornece um *feedback* muscular para o cérebro que ajuda a produzir uma emoção congruente com aquela expressão (Izard, 1990; Davis, Senghas, & Ochsner, 2009).

Por exemplo, os músculos ativados quando sorrimos podem enviar uma mensagem ao cérebro indicando a experiência de felicidade – mesmo que exista nada no ambiente que produziria essa emoção particular. Alguns teóricos foram mais além, sugerindo que as expressões faciais são *necessárias* para que uma emoção seja experimentada (Rinn, 1984, 1991). Segundo essa hipótese, se não estiver presente uma expressão facial, a emoção não poderá ser sentida.

O apoio para essa hipótese do *feedback* facial provém de um experimento clássico realizado pelo psicólogo Paul Ekman e colaboradores (Ekman, Levenson, & Friesen, 1983). No estudo, atores

programa de influência facial Ativação de um conjunto de impulsos nervosos que faz o rosto exibir a expressão apropriada.

hipótese do *feedback* facial Hipótese de que as expressões faciais não só refletem a experiência emocional, como também ajudam a determinar como as pessoas experimentam e rotulam as emoções.

"E esta expressão pretende dizer exatamente o quê?"

PsicoTec

Como as expressões faciais humanas das emoções envolvem o uso de dezenas de músculos, foi apenas recentemente que os pesquisadores, como Rana el-Kaliouby no M.I.T. Media Lab, foram capazes de desenvolver um *software* para fazer a leitura dessas expressões de uma forma razoavelmente precisa.

profissionais foram solicitados a seguir instruções bastante explícitas referentes aos movimentos dos músculos de seus rostos. Você mesmo pode experimentar esse exemplo:

- Eleve as sobrancelhas e as aproxime.
- Eleve suas pálpebras superiores.
- Agora estique os lábios horizontalmente para trás na direção das orelhas.

Após seguir essas orientações – as quais, como você pode ter imaginado, pretendem produzir uma expressão de medo –, o ritmo cardíaco dos atores subiu e sua temperatura corporal declinou, reações fisiológicas que caracterizam o medo. De modo geral, as expressões faciais que representam as emoções primárias produziram efeitos fisiológicos similares aos que acompanham as emoções genuínas em outras circunstâncias (Keillor et al., 2002; Soussignan, 2002).

Recapitule/avalie/repense

Recapitule

RA 26-1 O que são as emoções e como as experimentamos?

- As emoções são amplamente definidas como sentimentos que podem afetar o comportamento e costumam apresentar um componente fisiológico e um componente cognitivo. Continua o debate sobre se sistemas separados governam as respostas cognitivas e emocionais e se uma tem primazia sobre a outra.

RA 26-2 Quais são as funções das emoções?

- As emoções preparam-nos para a ação, moldam o comportamento futuro pela aprendizagem e ajudam-nos a interagir de forma mais efetiva com os outros.

RA 26-3 Quais são as explicações para as emoções?

- Várias teorias explicam as emoções. A teoria de James-Lange propõe que a experiência emocional é uma reação a alterações corporais, ou viscerais, que ocorrem como uma resposta a um evento ambiental e são interpretadas como uma resposta emocional.
- A teoria de Cannon-Bard argumenta que tanto a excitação fisiológica como uma experiência emocional são produzidas de modo simultâneo pelo mesmo estímulo nervoso e que a experiência visceral não difere necessariamente entre as diferentes emoções.
- A teoria de Schachter-Singer pressupõe que as emoções são determinadas em conjunto por uma excitação fisiológica relativamente não específica e uma subsequente rotulação daquela excitação, usando sinais do ambiente para determinar como os outros estão comportando-se na mesma situação.
- As abordagens mais recentes das emoções consideram suas origens biológicas. Por exemplo, parece que padrões específicos de excitação biológica estão associados a emoções individuais. Novas técnicas de exame identificaram as áreas específicas do cérebro que são ativadas durante a experiência de certas emoções.

RA 26-4 Como o comportamento não verbal se relaciona com a expressão das emoções?

- As expressões faciais de uma pessoa podem revelar emoções. De fato, membros de diferentes culturas entendem as expressões emocionais dos outros de forma semelhante. Uma explicação para tal semelhança é que um programa de influência facial ativa um conjunto de movimentos musculares que representam a emoção que está sendo experimentada.
- A hipótese do *feedback* facial propõe que as expressões faciais não só refletem, mas também produzem experiências emocionais.

Avalie

1. As emoções são sempre acompanhadas por uma resposta cognitiva. Verdadeiro ou falso?
2. A teoria da emoção de _____-_____ afirma que as emoções são uma resposta a eventos corporais instintivos.
3. De acordo com a teoria da emoção de _____-_____, tanto a resposta emocional como a excitação fisiológica são produzidas simultaneamente pelo mesmo estímulo nervoso.
4. Seu amigo – um especialista em psicologia – diz a você: "Fui a uma festa na noite passada. Durante a noite, meu nível geral de excitação aumentou. Como eu estava em uma festa onde as pessoas estavam se divertindo, presumo que devo ter me sentido feliz." A qual teoria da emoção seu amigo está se referindo?
5. Quais são as seis emoções primárias que podem ser identificadas pelas expressões faciais?

Repense

1. Se os pesquisadores aprendessem como controlar as respostas emocionais de modo que as emoções visadas pudessem ser causadas ou evitadas, que preocupações éticas poderiam surgir? Em que circunstâncias, se houver, tais técnicas deveriam ser usadas?
2. *Da perspectiva de um publicitário:* Como você poderia aplicar os achados de Schachter e Singer na rotulação da excitação para criar interesse em um produto? Você consegue pensar em outros exemplos em que a excitação das pessoas poderia ser manipulada, o que levaria a diferentes respostas emocionais?

Respostas das questões de avaliação

1. falso: as emoções podem ocorrer sem resposta cognitiva; 2. James-Lange; 3. Schachter-Singer; 4. Cannon-Bard; 5. surpresa, tristeza, felicidade, raiva, repugnância e medo.

Termos-chave

emoções **p. 313**

teoria da emoção de James-Lange **p.316**

teoria da emoção de Cannon-Bard **p. 317**

teoria da emoção de Schachter-Singer **p. 318**

programa de influência facial **p. 321**

hipótese do *feedback* facial **p. 321**

Recordando

Epílogo

A motivação e as emoções são dois aspectos inter-relacionados da psicologia. Nestes módulos, consideramos inicialmente o tópico da motivação, o que gerou muitas teorias e pesquisas que examinam os impulsos primários e secundários. Voltamo-nos depois para uma discussão das emoções, começando por suas funções e prosseguindo até uma revisão das três principais teorias que procuram explicar o que são as emoções e como elas, assim como seus sintomas fisiológicos associados, emergem no indivíduo. Por fim, examinamos as diferenças culturais na expressão e exibição das emoções e discutimos o programa de influência facial, que parece inato e regula a expressão não verbal das emoções básicas.

Volte para a vinheta de abertura deste grupo de módulos, que descreve o jogador de basquete John Wall e seu desejo de obter sucesso. Usando seu conhecimento sobre motivação e emoção, considere as seguintes perguntas:

1. Como a determinação de Wall em obter sucesso no basquete poderia ser explicada por cada uma das diferentes abordagens da motivação?
2. Que indicações existem de que Wall tinha uma alta necessidade de realização? E quanto a uma alta necessidade de afiliação?
3. Como a emoção poderia desempenhar um papel determinando se Wall faz um bom jogo ou não?
4. Como você explicaria os desejos aparentemente contraditórios de Wall de agradar aos outros e competir contra os outros?

RESUMO VISUAL 8 Motivação e Emoção

MÓDULO 24 Explicando a Motivação

Motivação: os fatores que direcionam e energizam o comportamento dos seres humanos e de outros organismos

- As principais abordagens da motivação

Instinto
As pessoas e os animais nascem com conjuntos de comportamentos pré-programados essenciais para sua sobrevivência.

Redução do impulso
Quando alguma exigência básica está ausente, é produzido um impulso.

Excitação
As pessoas procuram um nível ideal de estimulação. Quando o nível de estimulação é muito alto, elas agem para reduzi-lo; quando é muito baixo, elas agem para aumentá-lo.

Incentivo
Estímulos externos direcionam e energizam o comportamento.

Cognitiva
Os pensamentos, as expectativas e a compreensão do mundo direcionam a motivação.

Hierarquia das necessidades
As necessidades formam uma hierarquia; antes que as necessidades de ordem superior sejam atendidas, as necessidades de ordem inferior precisam ser satisfeitas.

MÓDULO 25 Necessidades Humanas e Motivação: Comer, Beber e Ser Ousado

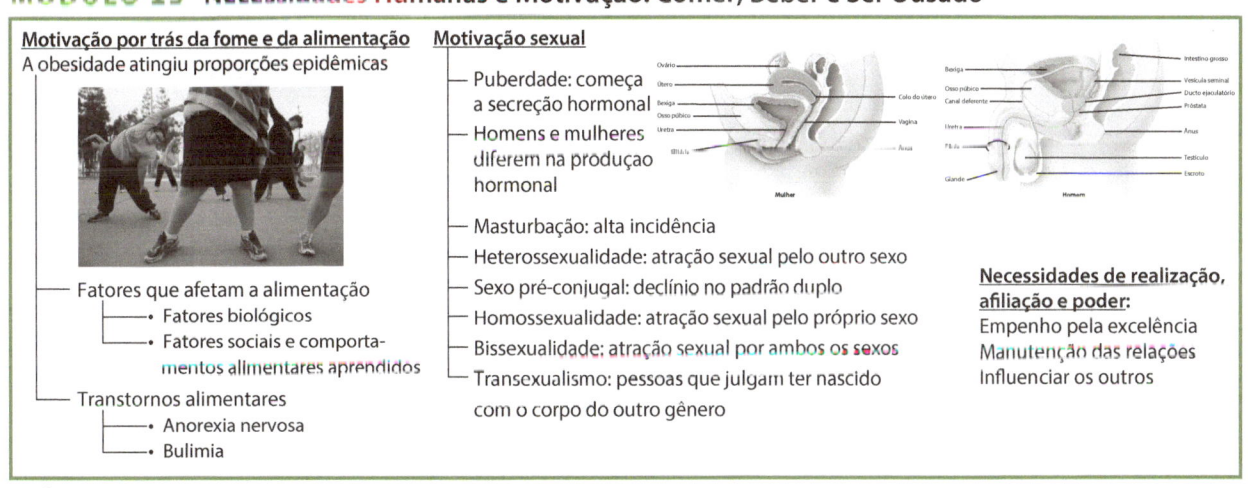

Motivação por trás da fome e da alimentação
A obesidade atingiu proporções epidêmicas

- Fatores que afetam a alimentação
  - Fatores biológicos
  - Fatores sociais e comportamentos alimentares aprendidos
- Transtornos alimentares
  - Anorexia nervosa
  - Bulimia

Motivação sexual

- Puberdade: começa a secreção hormonal
- Homens e mulheres diferem na produção hormonal
- Masturbação: alta incidência
- Heterossexualidade: atração sexual pelo outro sexo
- Sexo pré-conjugal: declínio no padrão duplo
- Homossexualidade: atração sexual pelo próprio sexo
- Bissexualidade: atração sexual por ambos os sexos
- Transexualismo: pessoas que julgam ter nascido com o corpo do outro gênero

Necessidades de realização, afiliação e poder:
Empenho pela excelência
Manutenção das relações
Influenciar os outros

MÓDULO 26 Compreendendo as Experiências Emocionais

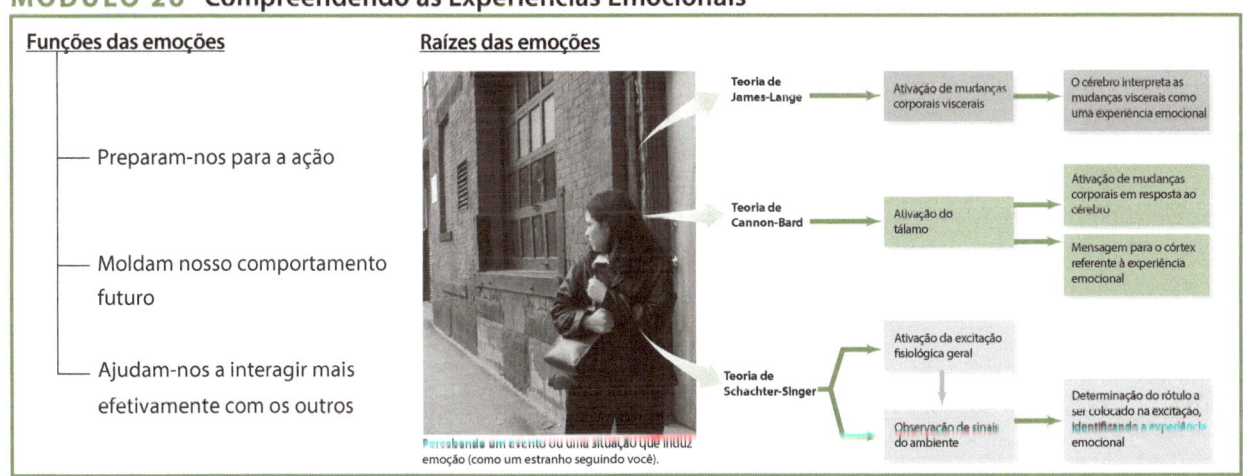

Funções das emoções

- Preparam-nos para a ação
- Moldam nosso comportamento futuro
- Ajudam-nos a interagir mais efetivamente com os outros

Raízes das emoções

Percebendo um evento ou uma situação que induz emoção (como um estranho seguindo você).

Teoria de James-Lange → Ativação de mudanças corporais viscerais → O cérebro interpreta as mudanças viscerais como uma experiência emocional

Teoria de Cannon-Bard → Ativação do tálamo → Ativação de mudanças corporais em resposta ao cérebro / Mensagem para o córtex referente à experiência emocional

Teoria de Schachter-Singer → Ativação da excitação fisiológica geral / Observação de sinais do ambiente → Determinação do rótulo a ser colocado na excitação, identificando a experiência emocional

9
Desenvolvimento

Resultados de Aprendizagem para o Capítulo 9

MÓDULO 27

Natureza e Criação: a Questão Desenvolvimental Remanescente

RA 27-1 Como os psicólogos estudam o grau em que o desenvolvimento é uma interação de fatores hereditários e ambientais?

Determinando a influência relativa da natureza e da criação

Técnicas de pesquisa desenvolvimental

RA 27-2 Qual é a natureza do desenvolvimento antes do nascimento?

Desenvolvimento pré-natal: da concepção ao nascimento

Aplicando a Psicologia no Século XXI: A terapia genética e a revolução médica iminente

RA 27-3 Que fatores afetam uma criança durante a gravidez da mãe?

MÓDULO 28

Primeira Infância e Infância

RA 28-1 Quais são as principais competências dos recém-nascidos?

O extraordinário recém-nascido

A Neurociência em sua Vida: Reconhecimento da emoção na primeira infância

RA 28-2 Quais são os marcos do desenvolvimento físico e social durante a infância?

A criança em crescimento: da primeira infância até metade da infância

RA 28-3 Como o desenvolvimento cognitivo avança durante a infância?

TrabalhoPsi: Assistente social de proteção à criança

MÓDULO 29

Adolescência: Tornando-se Adulto

RA 29-1 Quais são as transições físicas, sociais e cognitivas principais que caracterizam a adolescência?

Desenvolvimento físico: o adolescente em mudança

Desenvolvimento moral e cognitivo: distinguindo o certo do errado

Desenvolvimento social: encontrando-se em um mundo social

Teoria de Erikson do desenvolvimento psicossocial: a busca pela identidade

Explorando a Diversidade: Ritos de passagem: a chegada da maioridade ao redor do mundo

MÓDULO 30

Idade Adulta

RA 30-1 Quais são os principais tipos de mudanças físicas, sociais e intelectuais que ocorrem no início da idade adulta inicial e da idade adulta média e quais são suas causas?

Desenvolvimento físico: o auge da saúde

Desenvolvimento social: o trabalho na vida

Casamento, filhos e divórcio: vínculos familiares

RA 30-2 Como a realidade da idade adulta avançada difere dos estereótipos acerca desse período?

Últimos anos da vida: envelhecendo

Tornando-se um Consumidor Informado de Psicologia: Adaptando-se à morte

RA 30-3 Como podemos nos adaptar à morte?

Prólogo *Atingindo um Marco*

"Nunca temi um aniversário antes. Fazer 30, 40 e depois 50 não chegou exatamente a me abalar – mas encarei essas idades como marcos de realização, acompanhados por uma sensação de excitação pelo que se encontrava do outro lado do zero", disse Rosie Boycott, uma jornalista britânica e ex-editora da revista *Esquire*.

"Porém, à medida que se aproximava o dia do meu 60º aniversário, uma semana atrás, eu queria enterrar a minha cabeça na areia. Sessenta parecia aterrorizante, um término, não um início. Ou pelo menos poderia ser um começo – mas não de algo em que eu quisesse estar na linha de partida. Sessenta era como se apenas representasse a minha invisibilidade em um mundo em ritmo acelerado que gradualmente me afastava como uma irrelevância." (Boycott, 2011, p. 19)

Olhando à frente

Muitas pessoas temem envelhecer, assim como Rosie Boycott. Elas se imaginam desacelerando, afastando-se da carreira e do mundo social, tornando-se menos produtivas e menos úteis, talvez por fim perdendo a saúde e a memória conforme os anos avançam. Porém, Rosie logo descobriu que a idade adulta mais avançada pode ser preenchida com novas atividades e desafios – e a idade traz consigo os benefícios de toda uma vida de memórias acumuladas e sabedoria.

As reflexões de Rose sobre como se desenrolou sua vida e para onde estava indo vão até o âmago de uma das áreas mais amplas e importantes da psicologia: a psicologia do desenvolvimento.

A psicologia do desenvolvimento é o ramo da psicologia que estuda os padrões de crescimento e mudança que ocorrem ao longo da vida. Ela lida com questões que variam desde novas formas de concepção dos filhos, passando pelo aprendizado de como criar os filhos com mais sensibilidade até a compreensão dos marcos da vida que todos enfrentamos.

Os psicólogos do desenvolvimento estudam a interação entre o desenrolar de padrões de comportamento biologicamente predeterminados e um ambiente dinâmico em constante mutação. Eles indagam como nosso *background* genético afeta nosso comportamento durante a vida e se a hereditariedade limita nosso potencial. Igualmente, eles procuram entender a forma como o ambiente trabalha com – ou contra – nossas capacidades genéticas, como o mundo em que vivemos afeta nosso desenvolvimento e como podemos ser encorajados a atingir nosso potencial pleno.

Iniciamos examinando as abordagens que os psicólogos usam para estudar as mudanças no desenvolvimento ao longo da vida. A seguir, consideramos o início do desenvolvimento, começando pela concepção e pelos nove meses de vida antes do nascimento. Examinamos as influências genéticas e ambientais no indivíduo ainda por nascer e a forma como elas podem afetar o comportamento durante o restante do ciclo de vida.

Em seguida, examinamos o desenvolvimento que ocorre após o nascimento: o enorme e rápido crescimento que se dá durante os primeiros estágios da vida e as mudanças físicas, sociais e cognitivas durante a primeira infância até os 2 anos de idade (*toddlerhood*) e metade da infância. Então nos voltamos para o desenvolvimento desde a adolescência até a idade adulta. Encerramos com uma discussão sobre como as pessoas preparam-se para a morte.

MÓDULO 27
Natureza e Criação: a Questão Desenvolvimental Remanescente

Quantos bombeiros voluntários calvos, pesando 113 quilos, em New Jersey, usam bigodes caídos, óculos no estilo aviador e um chaveiro no lado direito do cinto? A resposta é dois: Gerald Levey e Mark Newman. Eles são gêmeos que foram separados no nascimento; cada gêmeo nem mesmo sabia que o outro existia até que foram reunidos – em uma estação dos bombeiros – por um colega que conhecia Newman e ficou surpreendido de ver o seu duplo, Levey, em uma convenção dos bombeiros.

As vidas dos gêmeos, embora separados, tomaram caminhos extraordinariamente semelhantes. Levey foi para a universidade e estudou silvicultura; Newman planejava estudar silvicultura na universidade, mas em vez disso assumiu um emprego podando árvores. Ambos trabalharam em supermercados: um instalando sistemas anti-incêndio; e o outro, alarmes de incêndio.

Os dois homens não eram casados e achavam atraente o mesmo tipo de mulher: "alta, esbelta, cabelos longos". Eles compartilham *hobbies* similares e gostam de caçar, pescar, ir à praia e de assistir a filmes antigos de John Wayne e luta profissional. Ambos gostam de comida chinesa e bebem a mesma marca de cerveja. Seus maneirismos também são parecidos – por exemplo, cada um joga a cabeça para trás quando ri. E, é claro, há mais um detalhe: eles compartilham a paixão por lutar contra incêndios.

As semelhanças que vemos nos gêmeos Gerald Levey e Mark Newman levantam vividamente uma das perguntas fundamentais feitas pela **psicologia do desenvolvimento**, o estudo dos padrões de crescimento e as mudanças que ocorrem durante a vida. A pergunta é a seguinte: como podemos distinguir entre as causas *ambientais* do comportamento (a influência de pais, irmãos, família, amigos, escolaridade, nutrição e todas as outras experiências às quais uma criança é exposta) e as causas *hereditárias* (aquelas baseadas na constituição genética de um indivíduo que influenciam o crescimento e o desenvolvimento ao longo da vida)? Essa pergunta engloba a **questão da natureza-criação**. Nesse contexto, natureza refere-se aos fatores hereditários e criação refere-se às influências ambientais.

Embora a questão tenha sido colocada inicialmente como um tópico da natureza *versus* criação, os psicólogos do desenvolvimento concordam hoje que *ambas*, natureza e criação, interagem para produzir padrões e resultados desenvolvimentais específicos. Consequentemente, a pergunta evoluiu para a seguinte: *como e em que grau* o ambiente e a hereditariedade produzem seus efeitos? Ninguém se desenvolve livre das influências ambientais ou sem ser afetado por sua *constituição genética*. No entanto, o debate quanto à influência comparativa dos dois fatores permanece ativo; diferentes abordagens e teorias do desenvolvimento enfatizam o ambiente e a hereditariedade em maior ou menor grau (Rutter, 2006; Belsky & Pluess, 2009; Perovic & Radenovic, 2011).

Por exemplo, algumas teorias do desenvolvimento apoiam-se nos princípios psicológicos básicos do aprendizado e enfatizam o papel que o aprendizado desempenha na produção de mudanças no comportamento de uma criança em desenvolvimento. Tais teorias enfatizam o papel do ambiente no desenvolvimento. Outras teorias desenvolvimentais enfatizam a influência da constituição e do funcionamento fisiológico no desenvolvimento. Essas teorias

Resultados de Aprendizagem

RA 27-1 Como os psicólogos estudam o grau em que o desenvolvimento é uma interação de fatores hereditários e ambientais?

RA 27-2 Qual é a natureza do desenvolvimento antes do nascimento?

RA 27-3 Que fatores afetam uma criança durante a gravidez da mãe?

psicologia do desenvolvimento Ramo da psicologia que estuda os padrões de crescimento e as mudanças que ocorrem ao longo da vida.

questão da natureza-criação Questão do grau em que o ambiente e a hereditariedade influenciam o comportamento.

Gerald Levey e Mark Newman

destacam o papel da hereditariedade e da *maturação* – o desdobramento de padrões de comportamento biologicamente predeterminados – na produção da mudança desenvolvimental. A maturação pode ser vista, por exemplo, no desenvolvimento das características sexuais (como as mamas e o pelo corporal) que ocorre no início da adolescência.

Além disso, o trabalho dos *geneticistas comportamentais*, que estudam os efeitos da hereditariedade no comportamento, e as teorias dos psicólogos evolucionistas, que identificam os padrões de comportamento que resultam de nossa herança genética, influenciaram os psicólogos do desenvolvimento. Os geneticistas comportamentais têm encontrado evidências crescentes de que as capacidades cognitivas, os traços de personalidade, a orientação sexual e os transtornos psicológicos são, até certo ponto, determinados por fatores genéticos (Livesley & Jang, 2008; Vernon et al., 2008; Schermer et al., 2011).

A genética comportamental reside na essência da questão da natureza-criação. Embora ninguém argumente que nosso comportamento é determinado *unicamente* por fatores herdados, evidências colhidas por geneticistas comportamentais indicam que nossa herança genética nos predispõe a responder de formas particulares ao ambiente e até mesmo a procurar tipos particulares de ambientes (Ball et al., 2008; Davis, Haworth, & Plomin, 2009; Lakhan & Vieira, 2009; Bienvenu, Davydow, & Kendler, 2011).

Apesar de suas diferenças quanto à teoria, os psicólogos desenvolvimentais coincidem em alguns pontos. Eles concordam que os fatores genéticos não só fornecem o potencial para a emergência de comportamentos e traços específicos, como também impõem limitações à emergência de tais comportamentos ou traços. Por exemplo, a hereditariedade define o nível geral de inteligência das pessoas e estabelece um limite superior que – independentemente da qualidade do ambiente – elas não conseguem ultrapassar. A hereditariedade também impõe limites às capacidades físicas: os seres humanos simplesmente não conseguem correr a uma velocidade de 90 km/h ou crescer até 3 metros de altura, independentemente da qualidade do ambiente (Dodge, 2004; Pinker, 2004).

A Figura 1 lista algumas das características mais afetadas pela hereditariedade. Quando você considerar esses itens, é importante ter em mente que tais características não são *inteiramente* determinadas pela hereditariedade, pois os fatores ambientais também as influenciam.

Os psicólogos desenvolvimentais também concordam que, na maioria dos casos, os fatores ambientais são cruciais na capacitação das pessoas para atingirem as capacidades potenciais que sua base genética torna possível. Se Albert Einstein não tivesse recebido estimulação intelectual quando criança e não tivesse sido mandado para a escola, é improvável que ele tivesse alcançado seu potencial genético. Igualmente, um grande atleta como a estrela do beisebol Derek Jeter muito provavelmente não exibiria boa parte da habilidade física se não tivesse sido criado em um ambiente que nutriu seu talento inato e deu-lhe a oportunidade de treinar e aperfeiçoar suas habilidades naturais.

> **Alerta de estudo**
> A questão da natureza-criação é um tópico-chave que perpassa todo o campo da psicologia. Ela explora como e em que grau o ambiente e a hereditariedade produzem seus efeitos conjuntos.

FIGURA 1 Características influenciadas significativamente por fatores genéticos. Embora essas características tenham fortes componentes genéticos, elas também são afetadas pelos fatores ambientais.

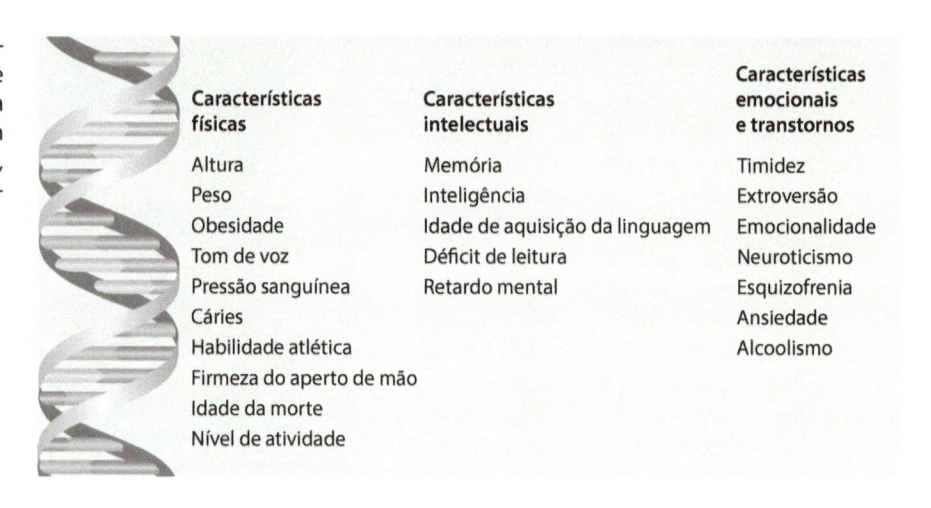

Características físicas	Características intelectuais	Características emocionais e transtornos
Altura	Memória	Timidez
Peso	Inteligência	Extroversão
Obesidade	Idade de aquisição da linguagem	Emocionalidade
Tom de voz	Déficit de leitura	Neuroticismo
Pressão sanguínea	Retardo mental	Esquizofrenia
Cáries		Ansiedade
Habilidade atlética		Alcoolismo
Firmeza do aperto de mão		
Idade da morte		
Nível de atividade		

Obviamente, a relação entre hereditariedade e ambiente é complexa. Portanto, os psicólogos desenvolvimentais costumam assumir uma posição *interacionista* sobre a questão da natureza-criação, sugerindo que uma combinação de fatores hereditários e ambientais influencia o desenvolvimento. Esses profissionais enfrentam o desafio de identificar a força relativa de cada uma dessas influências sobre o indivíduo, além da identificação das mudanças específicas que ocorrem no curso do desenvolvimento (McGregor & Capone, 2004; Moffitt, Caspi, & Rutter, 2006).

Determinando a influência relativa da natureza e da criação

Os psicólogos desenvolvimentais usam várias abordagens para determinar a influência relativa dos fatores genéticos e ambientais no comportamento. Em uma abordagem, os pesquisadores podem controlar experimentalmente o material genético de animais de laboratório, reproduzindo-os para traços específicos. Por exemplo, observando animais com *backgrounds* genéticos idênticos colocados em ambientes variados, os pesquisadores podem conhecer os efeitos de tipos específicos de estimulação ambiental. Embora eles devam ser cuidadosos quando generalizam os achados de pesquisas com animais para uma população humana, tais descobertas fornecem informações importantes que não podem ser obtidas por razões éticas com a utilização de participantes humanos.

Gêmeos humanos servem como outra fonte importante de informação quanto aos efeitos relativos dos fatores genéticos e ambientais. Se **gêmeos idênticos** (aqueles que são geneticamente iguais) exibem padrões diferentes de desenvolvimento, essas diferenças devem ser atribuídas a variações no ambiente em que eles são criados. Os dados mais úteis provêm de gêmeos idênticos (como Gerald Levey e Mark Newman) que são adotados no nascimento por pais diferentes e são criados separadamente em ambientes distintos. Estudos de irmãos não gêmeos que são criados em ambientes totalmente diferentes também lançaram luz sobre essa questão. Como eles têm *backgrounds* relativamente similares, os irmãos que apresentam semelhanças quando adultos fornecem evidências fortes para a importância da hereditariedade (Vitaro, Brendgen, & Arsenault, 2009; Sternberg, 2002, 2011).

Os pesquisadores também podem adotar a tática oposta. Em vez de se concentrarem nas pessoas com *backgrounds* genéticos similares que são criadas em ambientes diferentes, eles podem considerar as pessoas criadas em ambientes semelhantes que apresentam *backgrounds* genéticos totalmente distintos. Por exemplo, se eles encontram cursos de desenvolvimento similares em duas crianças adotadas que apresentam *backgrounds* genéticos diferentes e foram criadas na mesma família, eles têm evidências da importância das influências ambientais no desenvolvimento. Além disso, os psicólogos podem realizar pesquisas envolvendo animais com *backgrounds* genéticos diferentes; variando experimentalmente o ambiente em que eles são criados, podem determinar a influência dos fatores ambientais (independentes da hereditariedade) no desenvolvimento (Petrill & Deater-Deckard, 2004).

gêmeos idênticos Gêmeos que são geneticamente iguais.

Técnicas de pesquisa desenvolvimental

Devido às demandas de medida das mudanças comportamentais nas diferentes idades, os pesquisadores desenvolvimentais usam diversos métodos únicos. O mais frequentemente usado, a **pesquisa transversal**, compara pessoas de diferentes idades no mesmo ponto no tempo. Os estudos transversais fornecem informações sobre diferenças no desenvolvimento entre faixas etárias distintas (Creasey, 2005; Huijie, 2006).

pesquisa transversal Método de pesquisa que compara pessoas de diferentes idades no mesmo ponto no tempo.

Suponha, por exemplo, que estivéssemos interessados no desenvolvimento da capacidade intelectual na idade adulta. Para realizar um estudo transversal, poderíamos comparar uma amostra de 25, 45 e 65 anos de idade, todos realizando o mesmo teste de QI. Podemos, então, determinar se os escores médios no teste de QI diferem em cada faixa etária.

No entanto, a pesquisa transversal apresenta limitações. Por exemplo, não podemos ter certeza de que as diferenças nos escores do QI que encontramos em nosso exemplo são devidas apenas às diferenças de idade. Em vez disso, os escores podem refletir diferenças nas realizações educacionais das *coortes* representadas. Uma *coorte* é um grupo de pessoas que crescem em momentos similares, em lugares similares e em condições similares. No caso de distinções no QI, as diferenças de idade que encontramos em um estudo transversal podem refletir diferenças educacionais entre as *coortes* estudadas: as pessoas na faixa etária mais velha podem pertencer a uma *coorte* que tinha menos probabilidade de estar frequentando a universidade do que as pessoas nos grupos mais jovens.

O estudo longitudinal, a segunda principal estratégia de pesquisa que os psicólogos desenvolvimentais utilizam, fornece um meio de abordar esse problema. A **pesquisa longitudinal** rastreia o comportamento de um ou mais participantes à medida que eles envelhecem. Os estudos longitudinais avaliam a *mudança* no comportamento ao longo do tempo, enquanto os estudos transversais avaliam as *diferenças* entre os grupos de pessoas.

Por exemplo, considere como poderíamos investigar o desenvolvimento intelectual durante a idade adulta usando uma estratégia de pesquisa longitudinal. Primeiramente, poderíamos aplicar um teste de QI a um grupo de 25 anos de idade. Então retornaríamos às mesmas pessoas 20 anos depois, retestando-as com 45 anos. Finalmente, voltaríamos a elas mais uma vez quando estivessem com 65 anos e, então, as testaríamos novamente.

Examinando as mudanças em vários pontos no tempo, podemos ver claramente como os indivíduos desenvolvem-se. Infelizmente, a pesquisa longitudinal requer um enorme gasto de tempo, já que o pesquisador precisa esperar que os participantes fiquem mais velhos. Os participantes que começam um estudo em idade precoce podem abandonar, mudar-se ou mesmo morrer enquanto a pesquisa continua. Além disso, os participantes que fazem o mesmo teste em vários pontos no tempo podem tornar-se "conhecedores do teste" e ter um melhor desempenho cada vez que se submetem a ele porque se familiarizaram mais com o teste.

Para compensar as limitações na pesquisa transversal e longitudinal, os investigadores criaram uma estratégia alternativa. Na **pesquisa sequencial**, os pesquisadores combinam abordagens transversais e longitudinais examinando inúmeras faixas etárias em vários pontos no tempo. Por exemplo, os investigadores podem examinar um grupo de 3, 5 e 7 anos de idade a cada seis meses por um período de cinco anos. Essa técnica permite que os psicólogos desenvolvimentais separem os efeitos específicos das mudanças de idade de outros possíveis fatores influentes.

Desenvolvimento pré-natal: da concepção ao nascimento

Quando os Morrisons estavam esperando o segundo filho, o jovem casal defrontou-se com um dilema angustiante.

O primeiro bebê tinha uma condição conhecida como hiperplasia suprarrenal congênita, o que, por vezes, resulta em genitais semelhantes ao masculino em recém-nascidos do sexo feminino. Assim, quando a senhora Morrison ficou grávida novamente, o casal estava ciente de que o segundo bebê tinha uma chance de 1:8 de nascer com a mesma condição.

Havia opções. Eles poderiam tratar o feto com um esteroide potente que mais provavelmente preveniria a possibilidade de os genitais serem malformados. Porém, o casal preocupava-se em

---

pesquisa longitudinal
Método de pesquisa que investiga o comportamento à medida que os participantes envelhecem.

Alerta de estudo
Certifique-se de ser capaz de distinguir os três diferentes tipos de pesquisa desenvolvimental – transversal (que compara pessoas de diferentes idades ao mesmo tempo), longitudinal (que estuda os participantes à medida que envelhecem) e sequencial (que combina as modalidades transversal e longitudinal).

pesquisa sequencial
Método de pesquisa que combina pesquisa transversal e longitudinal, considerando inúmeras faixas etárias diferentes e examinando-as em vários pontos no tempo.

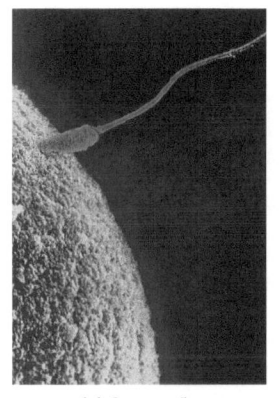

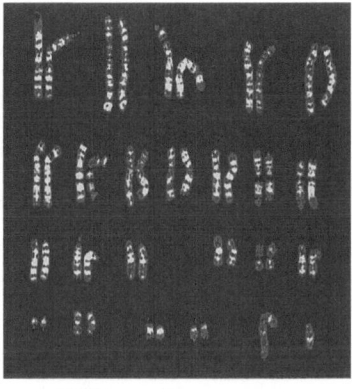

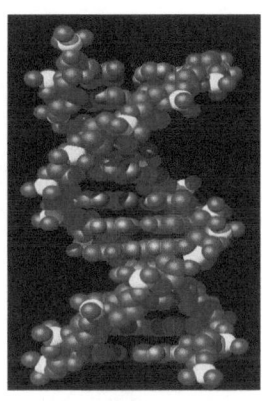

FIGURA 2 As características de cada indivíduo são determinadas por suas informações genéticas específicas. (a) No momento da concepção, (b) os seres humanos recebem 23 pares de cromossomos, metade da mãe e metade do pai. (c) Esses cromossomos são compostos de espirais de DNA. (d) Cada cromossomo contém milhares de genes que "programam" o futuro desenvolvimento do corpo.

fazer isso. Existiam poucas pesquisas sobre os efeitos a longo prazo do tratamento de um feto com esteroides e estatisticamente havia uma chance muito maior de que o bebê não tivesse malformação genital...

O casal decidiu não fazer o tratamento. "Eu estava em dúvida, mas, no final, não poderia expor o bebê aos medicamentos", diz a senhora Morrison. Quando o bebê nasceu, era uma menina e, como sua irmã mais velha, apresentava a genitália inchada (Naik, 2009, p. D1).

Os Morrisons nunca saberão se fizeram a escolha certa. Contudo, seu caso mostra as escolhas difíceis que os pais podem ter de fazer devido ao conhecimento crescente da vida no interior do ventre da mãe.

No entanto, nosso conhecimento da biologia da *concepção* – quando um espermatozoide penetra em um óvulo – e suas consequências faz do início da vida nada menos que um milagre. Consideremos como um indivíduo é criado examinando primeiro os dotes genéticos que uma criança recebe no momento da concepção.

Aspectos básicos da genética

A entidade unicelular estabelecida na concepção contém 23 pares de cromossomos, estruturas em forma de haste que possuem todas as informações hereditárias básicas. Um membro de cada par é da mãe e o outro é do pai.

Cada cromossomo contém milhares de genes – unidades menores por meio das quais a informação genética é transmitida. Seja individualmente ou em combinação, os genes produzem as características particulares de cada pessoa. Compostos de sequências de moléculas de ácido desoxirribonucleico (DNA), os genes são o equivalente biológico do "*software*" que programa o futuro desenvolvimento de todas as partes do "*hardware*" corporal. Os humanos apresentam 25 mil genes diferentes (ver Fig. 2).

Alguns genes controlam o desenvolvimento de sistemas comuns a todos os membros da espécie humana – o coração, o sistema circulatório, o cérebro, os pulmões, e assim por diante; outros moldam as características que tornam cada ser humano único, como a configuração facial, a altura e a cor dos olhos. O sexo da criança também é determinado por uma combinação particular de genes. Especificamente, uma criança herda um cromossomo X da mãe e um cromossomo X ou Y do pai. Quando recebe uma combinação XX, ela é uma mulher; com uma combinação XY, ela se desenvolve como um homem. O desenvolvimento masculino é desencadeado por um único gene

cromossomos Estruturas em forma de haste que possuem todas as informações hereditárias básicas.

genes Partes dos cromossomos por meio das quais as informações genéticas são transmitidas.

Alerta de estudo

É importante conhecer os elementos fundamentais da genética: os cromossomos, que por sua vez são compostos de sequências de DNA.

Aplicando a Psicologia no Século XXI

A terapia genética e a revolução médica iminente

Um pediatra esfrega um cotonete na parte interna da bochecha de Meghan Johannsen para obter uma amostra de DNA da menina de 1 mês de idade e o entrega a um técnico. Em algumas horas, ele tem impressa uma análise completa do DNA sobre sua mesa. Ele chama os pais de Meghan e lhes dá a boa notícia: de modo geral, Meghan é sadia. No entanto, existem alguns problemas potenciais – uma leve alergia a amendoim e, mais seriamente, a probabilidade de que desenvolva hipertensão na meia-idade. O pediatra aconselha os pais a considerarem a inserção de um gene que impede que a pressão sanguínea eleve-se até níveis perigosos e torne-se um problema grave.

Essa visão futurística de uma visita ao consultório de um pediatra já não é mais ficção científica. Em um futuro não tão distante, os avanços de nosso conhecimento da genética provavelmente nos levarão não somente à identificação de fatores de risco em crianças, como também ao desenvolvimento de novos tratamentos para transtornos psicológicos e distúrbios físicos.

Por exemplo, em *terapia genética*, os prestadores de cuidados à saúde injetam genes diretamente na corrente sanguínea de um paciente para corrigir doenças particulares. Os genes levam o corpo do paciente a produzir substâncias químicas que podem amenizar o perigo. Em outros casos, são inseridos genes adicionais que substituem células ausentes ou defeituosas. Com o tempo, poderá até mesmo ser possível "colher" células defeituosas de um feto em um processo denominado *terapia germinal*. As células defeituosas poderão ser tratadas pela terapia genética e reintroduzidas na criança por nascer para reparar o defeito (Sato, Shi-mamura, & Takeuchi, 2007; Naldini, 2009; Tani, Faustine, & Sufian, 2011).

Embora a promessa da terapia genética seja real, o número de doenças que podem ser tratadas hoje é bastante limitado. Além disso, seu sucesso a longo prazo permanece desconhecido. De fato, depois de inicialmente parecerem curados, alguns receptores de terapia genética tiveram recaída e alguns sofreram efeitos colaterais desagradáveis (Rossi, June, & Kohn, 2007; Miller et al., 2008; Kumar et al., 2011).

No entanto, os usos potenciais da terapia genética são consideráveis. De fato, ela poderá conduzir à clonagem. Por exemplo, se o marido e a esposa forem ambos inférteis, eles poderão considerar a clonagem de um deles para ter pelo menos um filho que seja geneticamente idêntico a eles. É evidente que as questões éticas e morais de tal procedimento são profundas. A maioria dos norte-americanos opõe-se à clonagem de embriões humanos, e leis que limitam a clonagem humana já foram promulgadas (Levick, 2004; Greene et al., 2005; Aschheim, 2011).

Na terapia genética, os genes defeituosos são substituídos para corrigir problemas de saúde.

> **REPENSE**
> - Você optaria por ser testado geneticamente para que pudesse conhecer sua suscetibilidade a doenças genéticas?
> - Você desejaria ser testado se pudesse saber que tem um defeito genético que provavelmente encurtaria sua vida? Justifique?

no cromossomo Y; sem a presença desse gene específico, o indivíduo se desenvolverá como mulher.

Conforme os geneticistas já descobriram, os genes também são ao menos parcialmente responsáveis por uma variedade de características pessoais, incluindo habilidades cognitivas, traços de personalidade e transtornos psicológicos. É claro que poucas dessas características são determinadas por um único gene. Em vez disso, a maior parte dos traços resulta de uma combinação de diversos genes que operam em conjunto com influências ambientais (Haberstick et al., 2005; Ramus, 2006; Armbruster et al., 2011).

O Projeto Genoma Humano

Nosso conhecimento da genética deu um salto gigantesco em 2001, quando os cientistas conseguiram mapear a localização específica e a sequência de cada gene humano como parte do enorme *Projeto Genoma Humano*. Esse feito foi um dos mais importantes da história da biologia (International Human Genome Sequencing Consortium, 2003).

O sucesso do Projeto Genoma Humano deu início a uma revolução na atenção à saúde porque os cientistas podem identificar os genes articulares responsáveis por condições causadas geneticamente. Já se está caminhando não somente para a identificação de fatores de risco em crianças, como também para o desenvolvimento de novos tratamentos para doenças físicas e psicológicas, como as que consideramos em Aplicando a Psicologia no Século XXI.

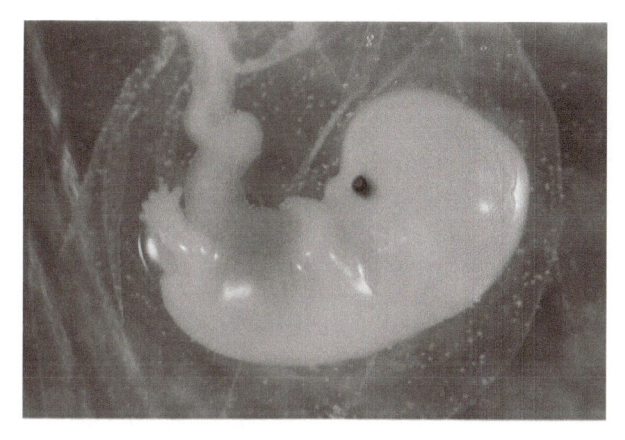

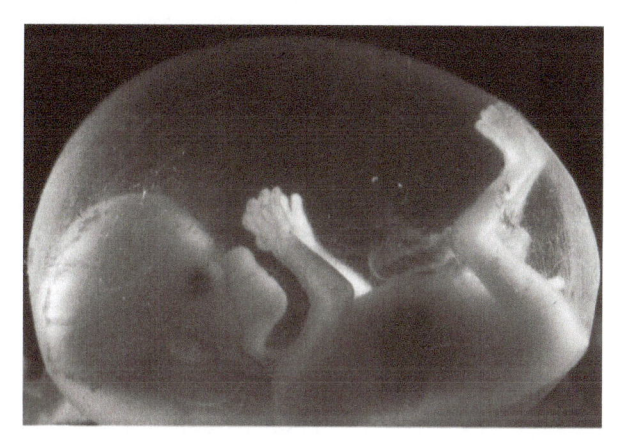

Estas fotos incríveis de fetos vivos exibem o grau do desenvolvimento físico nas idades pré-natais de 4 e 15 semanas.

O desenvolvimento inicial

Quando um óvulo é fertilizado pelo espermatozoide, a entidade unicelular resultante, chamada de **zigoto**, imediatamente começa a se desenvolver. O zigoto começa como uma mancha microscópica. Três dias após a fertilização, porém, ele aumenta para cerca de 32 células; dentro de uma semana, ele já cresceu para 100 a 150 células. Essas duas primeiras semanas são conhecidas como o *período germinal*.

Duas semanas após a concepção, o indivíduo em desenvolvimento entra no *período embrionário*, o qual dura da 2ª semana até a 8ª semana; ele agora é chamado de **embrião**. À medida que um embrião se desenvolve por meio de um complexo processo pré-programado de divisão celular, ele cresce 10 mil vezes na largura até a 4ª semana e atinge um comprimento de cerca de 0,50 cm. Nesse ponto, ele desenvolveu um coração pulsante, um cérebro, um trato intestinal e inúmeros outros órgãos rudimentares. Embora todos esses órgãos estejam em um estágio primitivo do desenvolvimento, eles são claramente reconhecíveis. Na 8ª semana, o embrião tem aproximadamente 2,5 cm e já apresenta braços, pernas e face discerníveis.

Desde a 8ª semana até o nascimento, o indivíduo em desenvolvimento entra no *período fetal* e é chamado de **feto**. No início desse período, ele começa a responder ao toque, curvando os dedos quando tocado na mão. Da 16ª a 18ª semana, seus movimentos tornam-se suficientemente fortes para que a mãe os sinta. Ao mesmo tempo, começa a crescer cabelo e as características faciais tornam-se similares àquelas que a criança exibirá no nascimento. Os principais órgãos começam a funcionar, embora o feto não possa ser mantido vivo fora da mãe. Além disso, são produzidos os neurônios cerebrais de uma vida inteira – embora não esteja claro se o cérebro é capaz de pensar nesse estágio precoce.

Dentro do ventre, o feto continua a se desenvolver antes do nascimento. Ele começa a criar depósitos de gordura sob a pele e ganha peso. O feto atinge a **idade da viabilidade**, o ponto em que poderá sobreviver se nascer prematuramente, em torno da 22ª semana pré-natal. Na 24ª semana, um feto tem muitas características que apresentará quando recém-nascido. De fato, quando um bebê nasce prematuramente nessa idade, ele consegue abrir e fechar os olhos; sugar; chorar; olhar para cima, para baixo e ao redor; e até mesmo agarrar objetos colocados em suas mãos.

Na 28ª semana, o feto pesa menos de 1 kg e mede cerca de 40 cm. Ele pode ser capaz de aprender: um estudo constatou que os bebês de mães que leram em voz alta repetidamente *The Cat in the Hat*, do Dr. Seuss, antes do nascimento dos bebês preferiam o som dessa his-

zigoto Nova célula formada pela união do óvulo e do espermatozoide.

embrião Zigoto desenvolvido que tem coração, cérebro e outros órgãos.

feto Indivíduo em desenvolvimento a partir de oito semanas após a concepção até o nascimento.

idade da viabilidade Ponto no qual um feto pode sobreviver se nascer prematuramente.

tória particular a outras histórias depois de nascerem (Spence & DeCasper, 1982; Schenone et al., 2010; Del Giudice, 2011).

Antes do nascimento, um feto passa por vários *períodos sensíveis*. Um período sensível é o momento em que os organismos estão particularmente suscetíveis a certos tipos de estímulos. Por exemplo, o feto é especialmente afetado pelo uso de drogas por sua mãe durante certos períodos sensíveis antes do nascimento. Se ele é exposto a determinada substância antes ou depois do período sensível, ela pode ter um impacto relativamente pequeno; se a exposição ocorrer durante um período sensível, o impacto será significativo (Konig, 2005; Werker & Tees, 2005; Uylings, 2006).

Os períodos sensíveis também podem ocorrer após o nascimento. Alguns especialistas em linguagem afirmam, por exemplo, que existe um período no qual as crianças são particularmente receptivas ao desenvolvimento linguístico. Se as crianças não são expostas a estímulos linguísticos apropriados, o desenvolvimento linguístico pode ser prejudicado (Sohr-Preston & Scaramella, 2006; Innocenti, 2007).

Nas semanas finais da gravidez, o feto continua a ganhar peso e a crescer. Ao cabo das 38 semanas normais de gravidez, o feto costuma pesar cerca de 3 kg e mede aproximadamente 50 cm. No entanto, a história é diferente para os *bebês prematuros*, que nasceram antes de 38 semanas. Como eles não conseguiram se desenvolver de modo integral, estão em maior risco para doenças, problemas futuros e inclusive morte. Para os bebês que ficaram no ventre da mãe por mais de 30 semanas, as perspectivas são relativamente boas. Contudo, para aqueles que nasceram antes de 30 semanas, a história é com frequência menos positiva. Esses recém-nascidos, que podem pesar menos de 1 kg ao nascimento, estão em grave perigo porque têm órgãos imaturos; eles apresentam menos de 50% de chance de sobrevivência. Caso sobrevivam – e é necessária uma intervenção médica extraordinariamente heroica (e cara) para assegurar isso –, eles podem posteriormente apresentar atrasos significativos no desenvolvimento.

Influências genéticas sobre o feto

O processo de crescimento fetal que acabamos de descrever reflete o desenvolvimento normal, que ocorre em 95 a 98% de todas as gestações. Alguns indivíduos têm menos sorte: nos 2 a 5% dos casos restantes, as crianças nascem com defeitos congênitos graves. Uma causa importante de tais quadros são genes ou cromossomos defeituosos. Apresentamos a seguir algumas das condições genéticas e cromossômicas mais comuns.

- *Fenilcetonúria (PKU)*. Uma criança nascida com a doença herdada de PKU não consegue produzir uma enzima que é necessária para o desenvolvimento normal. Essa deficiência resulta em acúmulo de toxinas que acabam causando déficit intelectual profundo. A maioria dos bebês hoje é rotineiramente testada para PKU, e as crianças com a dança podem ser encaminhadas a uma dieta especial que permite o desenvolvimento normal (Ievers-Landis et al., 2005; Christ, Steiner & Grange, 2006; Widaman, 2009).
- *Anemia falciforme*. Cerca de 10% da população afro-americana apresentam a possibilidade de transmitir anemia falciforme, uma doença que recebe esse nome devido às células sanguíneas vermelhas de forma anormal que ela causa. As crianças com a doença podem ter episódios de dor, olhos amarelados, atraso no crescimento e problemas de visão (Taras & Potts-Datema, 2005; Selove, 2007).
- *Doença de Tay-Sachs*. As crianças que nascem com a doença de Tay-Sachs, uma condição mais comumente encontrada em judeus descendentes de europeus orientais, morrem aos 3 ou 4 anos de idade devido à incapacidade do corpo de quebrar a gordura. Se ambos os pais são portadores do defeito genético que produz a doença fatal, o filho tem uma chance em quatro de nascer com Tay-Sachs (Leib et al., 2005; Weinstein, 2007).
- *Síndrome de Down*. A síndrome de Down, uma das causas de déficit intelectual, ocorre quando o zigoto recebe um cromossomo extra no momento da concepção. Essa síndrome costuma estar relacionada à idade materna – mães com mais de 35 anos e com

---

Alerta de estudo

Os períodos sensíveis (ou críticos), que podem ocorrer antes ou após o nascimento, são importantes porque indicam o momento em que os organismos estão particularmente suscetíveis a danos que podem afetá-los para o resto de sua vida.

menos de 18 anos apresentam maior risco do que outras mulheres de ter um filho com a síndrome (Roizen & Patterson, 2003; Sherman et al., 2007).

Influências ambientais pré-natais

Os fatores genéticos não são as únicas causas de problemas no desenvolvimento fetal. As influências ambientais – a parte da educação na equação natureza-criação – também afetam o feto. Algumas das consequências mais profundas são produzidas pelos **teratógenos**, agentes ambientais como substâncias químicas, vírus ou outros fatores que produzem um defeito congênito. Entre as principais influências ambientais pré-natais no feto, encontram-se as seguintes:

teratógenos Agentes ambientais como drogas, substâncias químicas, vírus ou outros fatores que produzam um defeito congênito.

- *Nutrição da mãe.* O que a mãe come durante a gravidez pode ter implicações importantes na saúde do bebê. Mães subnutridas de modo grave não conseguem fornecer a nutrição adequada a um feto em crescimento e provavelmente darão à luz a bebês abaixo do peso. Os bebês malnutridos também são mais suscetíveis a doenças, e a falta de nutrição pode ter um impacto adverso em seu desenvolvimento mental (Zigler, Finn-Stevenson, & Hall, 2002; Najman et al., 2004; Everette, 2008).
- *Doença da mãe.* Diversas doenças que têm um efeito relativamente menor na saúde da mãe podem ter consequências devastadoras em um feto em desenvolvimento se elas forem contraídas durante o período inicial da gravidez. Por exemplo, rubéola (sarampo alemão), sífilis, diabetes e hipertensão podem produzir um efeito permanente sobre o feto. O vírus que causa a síndrome da imunodeficiência adquirida (aids) também pode ser passado da mãe para o filho antes do nascimento e por meio da amamentação após o nascimento (Nesheim et al., 2004; Magoni et al., 2005).
- *Estado emocional da mãe.* O estado emocional da mãe afeta o bebê. As mães que são ansiosas e tensas durante os últimos meses da gravidez estão mais sujeitas a ter bebês irritáveis que dormem e comem pouco. A razão para isso? O sistema nervoso autônomo do feto torna-se especialmente sensível em consequência das alterações químicas produzidas pelo estado emocional da mãe (Relier, 2001; Hollins, 2007).
- *Uso de drogas pela mãe.* As mães que usam drogas ilegais fisicamente aditivas, como cocaína, correm o risco de dar à luz a bebês que são igualmente aditos. Esses recém-nascidos sofrem de sintomas dolorosos de abstinência e, por vezes, apresentam prejuízo físico e mental permanente. Mesmo substâncias legais tomadas por uma gestante (que pode não saber que está grávida) podem ter um efeito trágico (Ikonomidou et al., 2000; Schechter, Finkelstein, & Koren, 2005; Singer & Richardson, 2011).
- *Álcool.* O álcool é extremamente perigoso para o desenvolvimento fetal. Por exemplo, um em cada 750 bebês nasce com *síndrome alcoólica fetal* (SAF), uma condição que resulta em inteligência abaixo da média, atrasos no desenvolvimento e deformidades faciais. A SAF é hoje a causa evitável primária de déficit intelectual. Mesmo as mães que usam pequenas quantidades de álcool durante a gravidez colocam seu filho em risco. O *efeito alcoólico fetal* (EAF) é uma condição em que as crianças exibem alguns sintomas da SAF devido ao consumo de álcool pela mãe durante a gravidez (Henderson, Kesmodel, & Gray, 2007; Niccols, 2007; Murthy et al., 2009).
- *Uso de nicotina.* As gestantes que fumam colocam seus filhos em risco considerável. Fumar durante a gravidez pode ocasionar aborto espontâneo e morte do bebê. Para as crianças que sobrevivem, as consequências negativas do uso de tabaco pela mãe podem durar por toda a vida (Haslam & Lawrence, 2004; Shea & Steiner, 2008; Rogers, 2009).

Vários outros fatores ambientais têm impacto sobre a criança antes e durante o nascimento (ver Fig. 3). Contudo, embora tenhamos discutido as influências da genética e do ambiente separadamente, nenhum fator atua de modo isolado. Além disso, apesar da ênfase dada aqui a algumas das formas pelas quais o desenvolvimento pode dar errado, a maioria dos nascimentos ocorre sem dificuldades. E, na maioria dos casos, o desenvolvimento posterior também prossegue normalmente.

Fator ambiental	Possível efeito no desenvolvimento pré-natal
Rubéola (sarampo alemão)	Cegueira, surdez, anormalidades cardíacas, natimorto
Sífilis	Retardo mental, deformidades físicas, aborto materno
Drogas aditivas	Baixo peso ao nascer, adicção do bebê à droga, com possível morte após o nascimento por abstinência
Nicotina	Nascimento prematuro, peso e tamanho abaixo da média ao nascer
Álcool	Retardo mental, peso e tamanho abaixo da média ao nascer, cabeça pequena, deformidades nos membros
Radiação por raios X	Deformidades físicas, retardo mental
Dieta inadequada	Redução no crescimento do cérebro, peso e tamanho abaixo da média ao nascer
Idade da mãe – menos de 18 anos ao nascimento do filho	Nascimento prematuro, incidência aumentada de síndrome de Down
Idade da mãe – mais de 35 anos ao nascimento do filho	Incidência aumentada de síndrome de Down
Dietiletilbestrol (DES)	Dificuldades reprodutivas e incidência aumentada de câncer genital em filhos de mães que receberam DES durante a gravidez para prevenir aborto espontâneo
Aids	Possível transmissão do vírus da aids para o bebê; deformidades faciais; falha no crescimento
Accutane	Retardo mental e deformidades físicas

FIGURA 3 Fatores ambientais que influenciam o desenvolvimento pré-natal.

Recapitule/avalie/repense

Recapitule

RA 27-1 Como os psicólogos estudam o grau em que o desenvolvimento é uma interação de fatores hereditários e ambientais?

- A psicologia desenvolvimental estuda o crescimento e as mudanças ao longo da vida. Uma questão fundamental é quanto da mudança desenvolvimental deve-se à hereditariedade e quanto deve-se ao ambiente – a questão da natureza-criação. A hereditariedade parece definir os limites superiores do crescimento e das mudanças, enquanto o ambiente afeta o grau em que os limites superiores são alcançados.

- A pesquisa transversal compara pessoas de diferentes idades no mesmo ponto no tempo. A pesquisa longitudinal rastreia o comportamento de um ou mais participantes à medida que eles envelhecem. A pesquisa sequencial combina os dois métodos examinando várias faixas etárias em vários pontos no tempo.

RA 27-2 Qual é a natureza do desenvolvimento antes do nascimento?

- No momento da concepção, o espermatozoide e o óvulo unem-se; cada um contribui para a carga genética do novo indivíduo. A união do espermatozoide e do óvulo produz um zigoto, que contém 23 pares de cromossomos; um membro de cada par provém do pai e o outro provém da mãe.

- Cada cromossomo contém genes por meio dos quais as informações genéticas são transmitidas. Os genes, que são compostos de sequências de DNA, são o "*software*" que programa o futuro desenvolvimento do "*hardware*" corporal.

- Os genes afetam não só os atributos físicos, mas também uma ampla gama de características pessoais, como as habilidades cognitivas, os traços de personalidade e os transtornos psicológicos.

- Depois de duas semanas, o zigoto torna-se um embrião. Na 8ª semana, o embrião é chamado de feto e responde ao toque e a outros estímulos. Aproximadamente na 22ª semana, ele atinge a idade da viabilidade, sendo capaz de sobreviver se nascer prematuramente. Um feto normalmente nasce após 38 semanas de gestação; ele pesa em torno de 3 kg e mede cerca de 50 cm.

RA 27-3 Que fatores afetam uma criança durante a gravidez da mãe?

- Anormalidades genéticas produzem defeitos congênitos como a fenilcetonúria (PKU), a anemia falciforme, a doença de Tay-Sachs e a síndrome de Down.
- Entre as influências ambientais no crescimento fetal, encontram-se a nutrição, e as doenças maternas e o uso de drogas pela mãe.

Avalie

1. Os psicólogos desenvolvimentais interessam-se pelos efeitos da _____ e _____ no desenvolvimento.
2. Ambiente e hereditariedade influenciam o desenvolvimento, sendo que os potenciais genéticos geralmente estabelem os limites para as influências ambientais. Verdadeiro ou falso?
3. Observando animais geneticamente semelhantes em ambientes diferentes, podemos aumentar o conhecimento a respeito das influências de fatores hereditários e ambientais nos seres humanos. Verdadeiro ou falso?
4. A pesquisa _____ estuda os mesmos indivíduos durante determinado período de tempo, enquanto a pesquisa _____ estuda pessoas de diferentes idades ao mesmo tempo.
5. Combine cada um dos seguintes termos com sua definição:
   1. Zigoto
   2. Gene
   3. Cromossomo

   a. Menor unidade por meio da qual as informações genéticas são transmitidas
   b. Óvulo fertilizado
   c. Estrutura em forma de haste que contém as informações genéticas
6. Tipos específicos de crescimento devem ocorrer durante um período _____ para que o embrião desenvolva-se normalmente.

Repense

1. Quando os pesquisadores encontram semelhanças no desenvolvimento entre culturas muito diferentes, que implicações esses achados podem ter para a questão da natureza-criação?
2. *Da perspectiva de um prestador de cuidados à criança:* Considere que fatores podem determinar por que uma criança não está aprendendo a caminhar no mesmo ritmo que seus pares. Que tipos de influências ambientais podem estar envolvidos? Que tipos de influências genéticas podem estar envolvidos? Que recomendações você poderia fazer aos pais da criança acerca da situação?

Respostas das questões de avaliação

1. hereditariedade (ou natureza), ambiente (ou criação); 2. verdadeiro; 3. verdadeiro; 4. longitudinal, transversal; 5. 1-b, 2-a, 3-c; 6. sensível (ou crítico)

Termos-chave

psicologia do desenvolvimento p. 329
questão da natureza-criação p. 329
gêmeos idênticos p. 331
pesquisa transversal p. 331
pesquisa longitudinal p. 332
pesquisa sequencial p. 332
cromossomos p. 333
genes p. 333
zigoto p. 335
embrião p. 335
feto p. 335
idade da viabilidade p. 335
teratógenos p. 337

MÓDULO 28

Primeira Infância e Infância

Resultados de Aprendizagem

RA 28-1 Quais são as principais competências dos recém-nascidos?

RA 28-2 Quais são os marcos do desenvolvimento físico e social durante a infância?

RA 28-3 Como o desenvolvimento cognitivo avança durante a infância?

neonato Criança recém-nascida.

Sua cabeça era moldada na forma de um melão longo e chegava até um ponto nas costas... Ele estava coberto com um material branco, espesso e gorduroso conhecido como "vérnix", o que o deixava escorregadio de pegar e também permitia que deslizasse facilmente pelo canal de parto. Além do pelo preto na cabeça, seu corpo era coberto por um pelo escuro e fino conhecido como "lanugem". Suas orelhas, suas costas, seus ombros e até mesmo suas bochechas eram peludos... Sua pele estava enrugada e solta, pronta para escamar em lugares amarrotados, como seus pés e mãos... Suas orelhas estavam pressionadas na cabeça em posições incomuns – uma orelha estava virada firmemente na direção da bochecha. Seu nariz estava achatado e empurrado para um lado devido ao aperto à medida que ele passava pela pelve. (Brazelton, 1969, p. 3)

Que tipo de criatura é essa? Embora a descrição dificilmente se enquadre na dos adoráveis bebês vistos em comerciais para alimentos infantis, estamos de fato falando a respeito de uma criança normal, completamente desenvolvida, logo após o nascimento. Chamado de **neonato**, o recém-nascido chega ao mundo em uma forma que dificilmente corresponde aos padrões de beleza pelos quais costumamos avaliar os bebês. No entanto, pergunte aos pais: nada é mais lindo ou excitante do que a primeira visão de seu recém-nascido.

O extraordinário recém-nascido

Vários fatores causam a estranha aparência do neonato. A viagem pelo canal de parto materno pode ter apertado os ossos incompletamente formados do crânio e amassado o nariz para dentro do rosto. A pele secreta *vérnix*, uma cobertura branca e gordurosa, serve para proteção antes do nascimento, e o bebê pode ter *lanugem*, uma penugem macia, pelo corpo inteiro para um propósito similar. As pálpebras do bebê podem ser inchadas, decorrente do acúmulo de líquidos devido à posição invertida durante o nascimento.

reflexos Respostas involuntárias não aprendidas que ocorrem automaticamente na presença de certos estímulos.

Todas essas características mudam durante as duas primeiras semanas de vida, quando o neonato assume uma aparência mais familiar. Ainda mais impressionantes são as capacidades que um neonato começa a apresentar desde o momento do nascimento – capacidades que crescem em ritmo excepcional ao longo dos meses seguintes.

Reflexos

Um neonato nasce com inúmeros **reflexos** – respostas involuntárias não aprendidas que ocorrem automaticamente na presença de certos estímulos. Essenciais para a sobrevivência, muitos desses reflexos revelam-se naturalmente como parte da maturação contínua do bebê. O *reflexo perioral*, por exemplo, faz com que os neonatos voltem sua cabeça na direção de coisas que toquem suas bochechas – como o mamilo da mãe ou a mamadeira. Igualmente, um *reflexo de sucção* impele os bebês a sugarem as coisas que tocam seus lábios. Entre outros reflexos, estão o *reflexo da mordaça* (limpar a

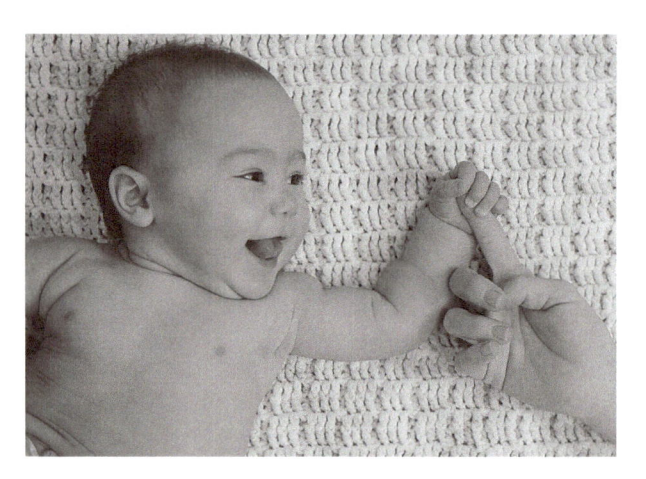

Muitos dos reflexos com que um neonato nasce são essenciais para a sobrevivência e revelam-se naturalmente como parte da maturação contínua do bebê. Você acha que os humanos têm mais ou menos reflexos do que outros animais?

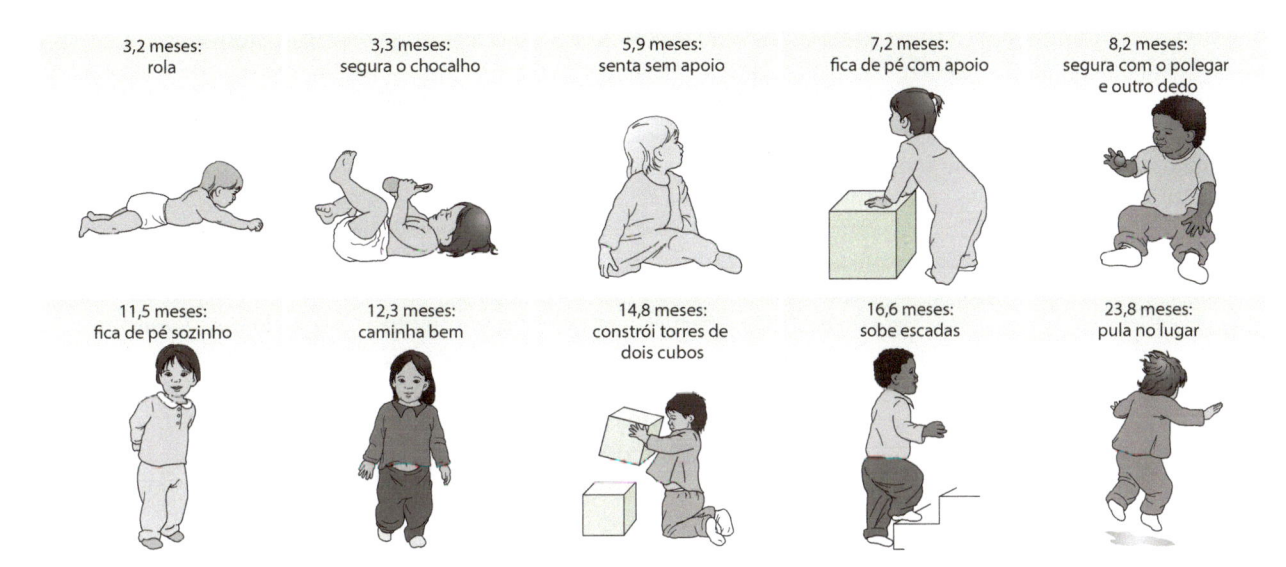

FIGURA 1 Embora ao nascimento um neonato seja capaz de fazer apenas movimentos voluntários irregulares limitados, durante o primeiro ano de vida a capacidade de se movimentar independentemente cresce de modo notável. As idades indicam a época em que 50% das crianças são capazes de realizar cada habilidade. Contudo, o momento em que se desenvolve cada habilidade pode variar consideravelmente. Por exemplo, 25% das crianças são capazes de caminhar bem aos 11 meses; até os 15 meses, 90% das crianças estão caminhando bem.
(Fonte: Frankenburg et al., 1992.)

garganta), o *reflexo de alarme* (uma série de movimentos em que o bebê estende os braços, estende os dedos e arqueia as costas em resposta a um ruído repentino) e o *reflexo de Babinski* (os dedos dos pés do bebê estendem-se quando a borda externa da sola do pé é pressionada).

Os bebês perdem esses reflexos primitivos após os primeiros meses de vida substituindo-os por comportamentos mais complexos e organizados. Embora ao nascimento um neonato seja capaz de movimentos voluntários irregulares limitados, a capacidade de se mover independentemente cresce de modo notável durante o primeiro ano de vida. Em geral, o bebê consegue rolar por volta dos 3 meses, senta sem apoio com cerca de 6 meses, fica de pé sozinho com aproximadamente 11 meses e caminha com 1 ano. Não só a habilidade de fazer movimentos em larga escala melhora durante esse tempo, mas os movimentos musculares finos também se tornam cada vez mais sofisticados (ver Fig. 1).

Desenvolvimento dos sentidos: assimilando o mundo

Quando os pais orgulhosos olham nos olhos de seu neonato, a criança é capaz de retribuir o olhar? Embora se tenha considerado por algum tempo que os recém-nascidos podem ver apenas um borrão, a maioria dos achados atuais indica que as capacidades dos neonatos são muito mais impressionantes. Ainda que seus olhos tenham uma capacidade limitada de focar os objetos que não estão a uma distância de 17 a 20 cm do rosto, eles podem acompanhar objetos em movimento em seu campo de visão. Também apresentam o início da percepção em profundidade, reagindo pelo levantamento das mãos quando um objeto parece mover-se rapidamente na direção de seu rosto (Maurer et al., 1999; Craighero et al., 2011).

Você poderia pensar que seria difícil avaliar o quanto os neonatos podem ver porque sua falta de habilidade de linguagem e leitura claramente impede que digam para que direção o E em uma tabela visual está voltado. Entretanto, os pesquisadores criaram inúmeros métodos engenhosos que se baseiam nas respostas biológicas do recém-nascido e nos reflexos inatos para testar suas habilidades perceptivas.

> **Alerta de estudo**
>
> Os reflexos básicos – respostas involuntárias não aprendidas – incluem o reflexo perioral, o reflexo de sucção, o reflexo da mordaça, o reflexo de alarme e o reflexo de Babinski.

habituação Decréscimo na resposta a um estímulo que ocorre depois de apresentações repetidas do mesmo estímulo.

Por exemplo, os bebês que veem um novo estímulo costumam prestar mais atenção a ele; em consequência, seu batimento cardíaco aumenta. Porém, se veem repetidamente o mesmo estímulo, sua atenção por ele diminui, conforme indicado pelo retorno a um batimento cardíaco mais lento. Esse fenômeno é conhecido como habituação, ou seja, o decréscimo na resposta a um estímulo que ocorre depois de apresentações repetidas do mesmo estímulo. Estudando a habituação, os psicólogos desenvolvimentais podem distinguir quando uma criança que é muito jovem para falar consegue detectar e discriminar um estímulo (Grunwald et al., 2003; Hannon & Johnson, 2005; del Rosal, Alonso, & Moreno, 2006).

Os pesquisadores desenvolveram vários outros métodos para medir a percepção do neonato e do bebê. Uma técnica, por exemplo, envolve bebês sugando um mamilo ligado a um computador. Uma alteração no ritmo e no vigor com que o bebê suga ajuda os pesquisadores a inferir que os bebês podem perceber variações nos estímulos. Outras abordagens incluem examinar os movimentos dos olhos dos bebês e observar como eles movem a cabeça em resposta a um estímulo visual (Franklin, Pilling, & Davies, 2005; Bulf, Johnson, & Valenza, 2011).

Devido ao uso dessas técnicas, sabemos agora que a percepção visual dos bebês é notavelmente sofisticada desde o início da vida. Ao nascimento, eles preferem padrões com contornos e bordas em comparação a padrões menos distintos, indicando que podem responder à configuração dos estímulos. Além disso, mesmo os recém-nascidos têm consciência da constância do tamanho porque são aparentemente sensíveis ao fenômeno pelo qual os objetos permanecem do mesmo tamanho, ainda que a imagem na retina possa mudar de tamanho à medida que varia a distância entre o objeto e ela (Norcia et al., 2005; Moore, Goodwin, & George, 2007).

Na verdade, os neonatos conseguem discriminar expressões faciais – e até mesmo imitá-las. Como se pode ver na Figura 2, os recém-nascidos podem produzir uma boa imitação das expressões de um adulto. Mesmo bebês muito jovens podem responder a emoções e humores que as expressões faciais de seus cuidadores revelam. Essa capacidade fornece os fundamentos para as habilidades de interação social nas crianças (Meltzoff, 1996; Lavelli & Fogel, 2005; Grossmann, Striano, & Friederici, 2007).

FIGURA 2 O bebê recém-nascido está claramente imitando as expressões do adulto nessas fotos incríveis. Como tal habilidade contribui para o desenvolvimento social?

(Fonte: Cortesia Dr. Tiffany Field.)

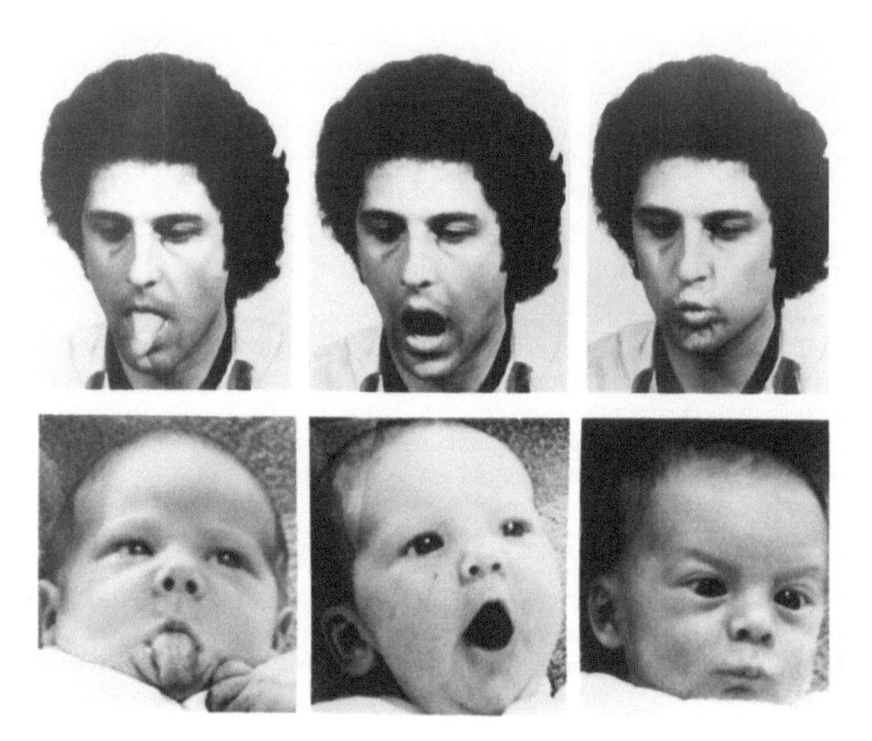

A Neurociência em sua Vida:
Reconhecimento da emoção na primeira infância

FIGURA 3 Para considerar como os bebês processam informações relacionadas às expressões faciais, os pesquisadores mediram o fluxo sanguíneo cerebral enquanto os bebês olhavam para rostos felizes e tristes. Quando os bebês de 6 a 7 meses viam rostos felizes, eles mostravam maior atividade, a qual tendia a persistir depois que os rostos desapareciam (a diferença entre as linhas superiores e inferiores em cada gráfico). Ao contrário, quando viam rostos zangados, eles apresentavam maior atividade quando o rosto era mostrado, mas essa atividade desaparecia rapidamente. Os resultados indicam que os bebês processam emoções positivas e negativas diferentemente.
(Fonte: Nakato et al., 2011.)

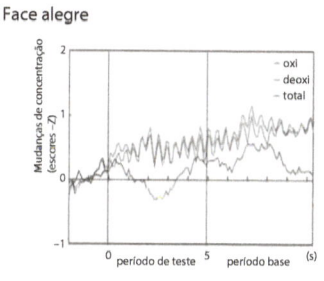

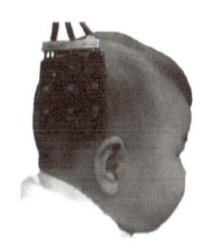

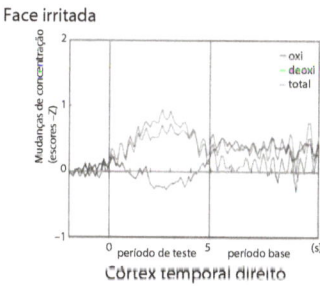

Outras habilidades visuais crescem rapidamente após o nascimento. No final do 1º mês, os bebês conseguem distinguir algumas cores de outras; após os 4 meses, eles conseguem focar objetos próximos ou distantes. Com a idade de 4 ou 5 meses, são capazes de reconhecer objetos bidimensionais e tridimensionais, conseguindo perceber os princípios organizadores da Gestalt descobertos pelos psicólogos que estudam a percepção. Por volta dos 7 meses, os sistemas neurais relacionados ao processamento das informações sobre as expressões faciais são altamente sofisticados e fazem com que os bebês respondam de modo diferente a expressões faciais específicas (ver Fig. 3, em A Neurociência em sua Vida). De modo geral, suas habilidades perceptivas melhoram rapidamente. A sensibilidade a estímulos visuais, por exemplo, torna-se 3 a 4 vezes maior com 1 ano de idade do que era ao nascimento (Johnson, 2004; Striano & Vaish, 2006; Leppanen et al., 2007).

Além da visão, os bebês exibem outras capacidades sensoriais impressionantes. Os recém-nascidos podem distinguir diferentes sons até o ponto de serem capazes de reconhecer a voz da própria mãe aos 3 dias de vida. Eles também podem fazer as distinções perceptivas sutis subjacentes às habilidades da linguagem. Por exemplo, aos 2 dias de vida, os bebês podem distinguir entre sua língua nativa e línguas estrangeiras conseguindo discriminar entre sons tão intimamente relacionados como *ba* e *pa* aos 4 dias de vida. Aos 6 meses de idade, eles conseguem discriminar praticamente qualquer diferença de som relevante para a produção da linguagem. Também conseguem reconhecer diferentes gostos e cheiros em uma idade muito precoce. Parece até mesmo existir um gosto por doces incorporado: os neonatos preferem líquidos adoçados em comparação às suas contrapartes não adoçadas (Cohen & Cashon, 2003; Rivera-Gaxiola et al., 2005).

A criança em crescimento: da primeira infância até metade da infância

Foi durante os dias ventosos de março que o problema surgiu pela primeira vez na creche. Sua origem: Russell Ruud, de 10 meses. Em outros aspectos um modelo de decoro, Russell, de alguma maneira, tinha aprendido a abrir o fecho de velcro da tira para o queixo do seu gorro de inverno. Ele removia o gorro sempre que tinha vontade, aparentemente ignorando os potenciais problemas de saúde que ocorreriam.

Contudo, isso foi apenas o início da real dificuldade. Para desgosto dos professores da creche, e os demais pais, em seguida outras crianças estavam seguindo o exemplo de Russell, tirando os próprios gorros quando queriam. A mãe de Russell, quando tomou conhecimento da anarquia na creche – e do incômodo dos outros pais com o comportamento de Russell –, declarou-se inocente. "Nunca mostrei a Russell como abrir o velcro", alegou, Judith Ruud, uma economista no Congressional Budget Office em Washington, DC. "Ele aprendeu por ensaio e erro, e os outros garotos o viram fazer isso um dia quando estavam se vestindo para uma saída." (Goleman, 1993, C10)

Aos 10 meses de idade, Russell afirmava sua personalidade, ilustrando o tremendo crescimento que ocorre em uma variedade de domínios durante o primeiro ano de vida. Ao longo da infância, evoluindo da primeira infância para a metade da infância e o início da adolescência, em torno de 11 ou 12 anos, as crianças desenvolvem-se física, social e cognitivamente de forma extraordinária. No restante deste módulo, vamos tecer considerações sobre tal desenvolvimento.

Desenvolvimento físico

O crescimento físico das crianças fornece o sinal mais óbvio de desenvolvimento. Durante o primeiro ano de vida, as crianças em geral triplicam seu peso ao nascimento e sua altura aumenta aproximadamente a metade. Esse rápido crescimento desacelera à medida que a criança fica mais velha – pense no quanto os adultos seriam gigantes se esse ritmo de crescimento fosse constante. Dos 3 anos até a adolescência, em torno dos 13 anos, o crescimento tem uma média de ganho de cerca de 2 kg e 7 cm por ano (Fig. 4).

As mudanças físicas que ocorrem conforme as crianças desenvolvem-se não são apenas uma questão de aumento no crescimento; a relação do tamanho das várias partes do corpo umas com as outras altera-se drasticamente à medida que a criança cresce. Como ilustrado na Figura 5, a cabeça de um feto (e de um recém-nascido) é desproporcionalmente grande. No entanto, a cabeça logo se torna mais proporcional em tamanho ao resto do corpo à medida que ocorre o crescimento, principalmente do tronco e das pernas (Berger, 2011).

Desenvolvimento do comportamento social: assimilando o mundo

Como pode imaginar qualquer pessoa que já viu bebês sorrindo diante da visão de sua mãe, ao mesmo tempo em que os bebês crescem fisicamente e aprimoram suas habilidades perceptivas, eles também se desenvolvem no âmbito social. A natureza do desenvolvimento inicial de uma criança fornece as bases para as relações sociais que perdurarão por toda a vida.

O **apego**, vínculo emocional positivo que se desenvolve entre uma criança e determinado indivíduo, é a forma mais importante de desenvolvimento social que ocorre durante a primeira infância. Os primeiros estudos do apego foram realizados pelo etólogo animal

apego Ligação emocional positiva que se desenvolve entre uma criança e determinado indivíduo.

Konrad Lorenz (1966). Lorenz observou gansos recém-nascidos, os quais em circunstâncias normais instintivamente seguem a mãe, o primeiro objeto em movimento que eles percebem após o nascimento. Lorenz descobriu que os pequenos gansos cujos ovos eram criados em uma incubadora e que, imediatamente depois da eclosão, viam o etólogo, seguiam o movimento dele como se ele fosse a mãe. Ele chamou esse processo de *imprinting*, comportamento que ocorre durante um período crucial e que envolve apego ao primeiro objeto em movimento que é observado.

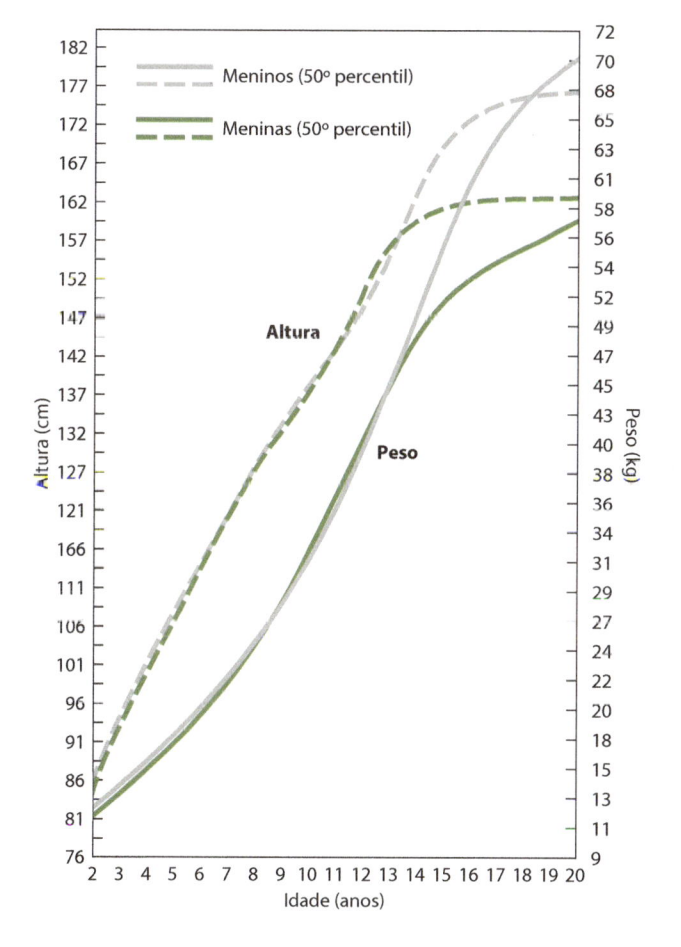

FIGURA 4 Alturas e pesos médios de homens e mulheres nos Estados Unidos desde o nascimento até os 20 anos. Em que idades as garotas costumam ser mais pesadas e mais altas do que os meninos?

(Fonte: National Center for Health Statistics, 2000.)

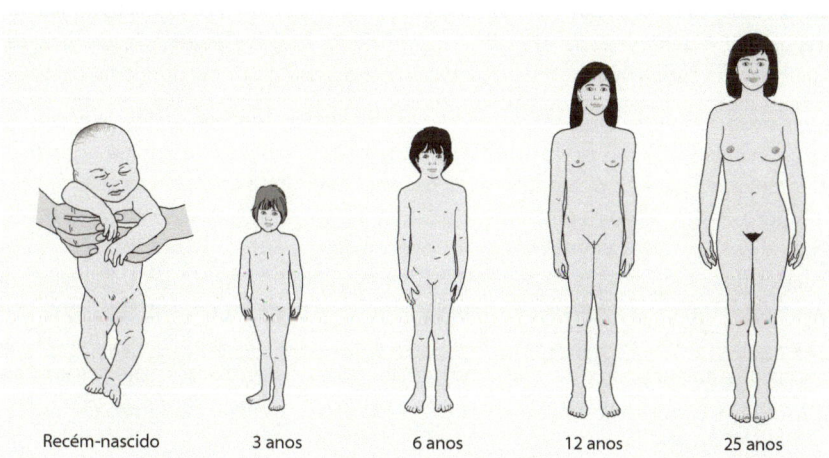

FIGURA 5 À medida que o desenvolvimento progride, o tamanho da cabeça em relação ao resto do corpo diminui até o indivíduo atingir a idade adulta. Por que você acha que a cabeça começa tão grande?

(Fonte: Adaptada da Figura 5 de W. J. Robbins, *Growth*. New Haven, CT: Yale University Press, 1928.)

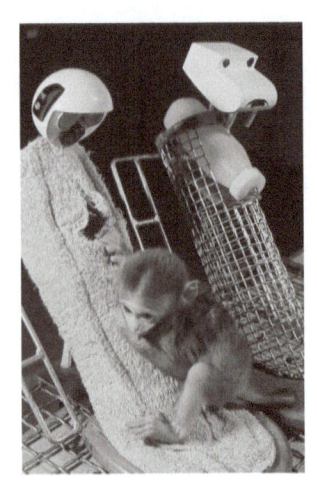

FIGURA 6 Embora a "mãe" de arame fornecesse leite para o bebê macaco faminto, ele preferia a "mãe" macia de tecido felpudo. Você acha que os bebês humanos reagiriam da mesma forma? O que esse experimento nos diz a respeito do apego?

(Fonte: Harry Harlow Primate Laboratory/University of Wisconsin.)

> **Alerta de estudo**
> O apego – vínculo emocional positivo que se desenvolve entre uma criança e determinado indivíduo – é um conceito-chave na compreensão do desenvolvimento social das crianças.

O conhecimento a respeito do apego progrediu quando o psicólogo Harry Harlow, em um estudo clássico, deu a bebês macacos a opção de abraçar uma "macaca" de arame que fornecia leite ou uma "macaca" macia de tecido felpudo que era quente, mas não fornecia leite. A escolha foi clara: eles passavam a maior parte do tempo agarrados à "macaca" de tecido quente, embora fizessem incursões ocasionais até a macaca de arame para mamar. Obviamente, a macaca de tecido proporcionava maior conforto aos bebês; o leite isoladamente era insuficiente para criar apego (Harlow & Zimmerman, 1959; Blum, 2002; Levine, 2011; ver Fig. 6).

Com base nesse trabalho pioneiro com animais não humanos, os psicólogos desenvolvimentais sugeriram que o apego humano cresce graças à responsividade dos cuidadores dos bebês aos sinais dados por estes, como chorar, sorrir, alcançar e agarrar-se. Quanto maior a responsividade do cuidador aos sinais da criança, mais provável será que ela torne-se seguramente apegada. O apego completo acaba por se desenvolver em consequência da série complexa de interações entre cuidador e criança. No curso dessas interações, o bebê desempenha um papel tão crucial e ativo quanto o cuidador na formação do vínculo. Os bebês que respondem positivamente a um cuidador produzem comportamento mais positivo por parte do cuidador, o qual, por sua vez, produz um grau ainda mais forte de apego na criança.

Avaliando o apego. Os psicólogos desenvolvimentais criaram uma maneira rápida e direta de medir o apego. Desenvolvida por Mary Ainsworth, a *situação estranha de Ainsworth* consiste em uma sequência de eventos envolvendo uma criança e (em geral) sua mãe. Inicialmente, a mãe e o bebê entram em uma sala desconhecida e a mãe permite que o bebê explore enquanto ela fica sentada. Então um adulto estranho entra na sala; depois disso a mãe sai. A mãe retorna, e o estranho sai. A mãe mais uma vez deixa o bebê sozinho, e o estranho retorna. Finalmente, o estranho sai, e a mãe retorna (Ainsworth et al., 1978; Combrink-Graham & McKenna, 2006; Behrens, Parker, & Haltigan, 2011).

As reações dos bebês à situação experimental variam drasticamente, dependendo, de acordo com Ainsworth, de seu grau de apego à mãe:

- Crianças com apego seguro. As crianças com *apego seguro* empregam a mãe como um tipo de base sólida; elas exploram de forma independente, mas voltam até ela ocasionalmente. Quando ela sai, exibem angústia e vão até ela quando retorna.
- Crianças evitativas. As crianças *evitativas* não choram quando a mãe se retira e parecem evitá-la quando ela retorna, como se fossem indiferentes.
- Crianças ambivalentes. As crianças *ambivalentes* exibem ansiedade antes de serem separadas e ficam perturbadas quando a mãe se retira, mas podem mostrar-se ambivalentes quando ela retorna, como que buscando um contato próximo, mas simultaneamente batendo nela e chutando-a.
- Crianças desorganizadas-desorientadas. Uma quarta reação é *desorganizada-desorientada*; essas crianças demonstram comportamento inconsistente e frequentemente contraditório.

A natureza do apego entre as crianças e suas mães tem consequências de grande alcance para o desenvolvimento posterior. Por exemplo, as crianças com apego seguro às suas mães tendem a ser mais competentes social e emocionalmente do que seus pares com apego menos seguro, assim como os outros as consideram mais cooperativas, capazes e brincalhonas. Além disso, as crianças que têm apego seguro com 1 ano de idade apresentam menos dificuldades psicológicas quando ficam mais velhas comparadas com os jovens evitativos e ambivalentes. Quando adultas, as crianças com apego seguro tendem a manter relações amorosas mais bem-sucedidas. Contudo, ter um apego seguro em idade precoce não garante uma boa adaptação posterior; e as crianças que não demonstram apego seguro, por sua vez, nem sempre têm dificuldades posteriores na vida (Mikulincer & Shaver, 2005; Roisman et al., 2005; Hardy, 2007).

O papel do pai. Embora as pesquisas sobre o desenvolvimento inicial tenham abordado a relação mãe-filho, pesquisas mais recentes destacaram o papel do pai na parentalidade – e com boas razões: o número de pais que são cuidadores primários dos filhos cresceu significativamente e os pais desempenham um papel cada vez mais importante na vida dos filhos. Por exemplo, em quase 13% das famílias, o pai é o genitor que fica em casa para cuidar dos filhos (Parke, 2004; Day & Lamb, 2004; Halford, 2006).

Quando os pais interagem com os filhos, suas brincadeiras com frequência diferem das brincadeiras das mães. Os pais engajam-se em atividades mais físicas do tipo vale-tudo, enquanto as mães fazem jogos mais verbais e tradicionais, como *peekaboo*.* Apesar dessas diferenças comportamentais, a natureza do vínculo entre pais e filhos em comparação ao de mães e filhos pode ser similar. De fato, as crianças podem formar diversos vínculos simultaneamente (Borisenko, 2007; Pellis & Pellis, 2007; Diener et al., 2008).

Relações sociais com os pares. Por volta dos 2 anos, as crianças tornam-se menos dependentes dos pais, mais autoconfiantes e cada vez mais preferem brincar com os amigos. De início, o jogo é relativamente independente: mesmo que possam estar sentadas lado a lado, as crianças de 2 anos prestam mais atenção aos brinquedos do que umas às outras enquanto brincam. Posteriormente, porém, elas interagem de modo ativo, modificam o comportamento umas das outras e trocam de papéis durante o jogo (Lindsey & Colwell, 2003; Colwell & Lindsey, 2005; Whitney & Green, 2011).

Fatores culturais também afetam os estilos de jogo das crianças. Por exemplo, as crianças coreanas-americanas engajam-se em menos jogos de faz de conta do que suas contrapartes anglo-americanas (Bai, 2005; Drewes, 2005; Suizzo & Bornstein, 2006).

À medida que as crianças atingem a idade escolar, suas interações sociais começam a seguir padrões determinados e tornam-se mais frequentes. Elas podem engajar-se em jogos elaborados envolvendo equipes e regras rígidas. Esse jogo serve a outros propósitos além do mero divertimento. Ele permite que as crianças tornem-se cada vez mais competentes em suas interações sociais. Por meio do jogo, elas aprendem a assumir a perspectiva das outras pessoas e a inferir os pensamentos e sentimentos dos outros, mesmo quando esses pensamentos e sentimentos não são expressos diretamente (Royzman, Cassidy, & Baron, 2003).

Em resumo, a interação social ajuda as crianças a interpretarem o significado do comportamento dos outros e a desenvolverem a capacidade de responder apropriadamente. Além disso, as crianças aprendem o autocontrole físico e emocional: elas aprendem a evitar a agredir um companheiro que bate nelas durante o jogo. Elas aprendem a ser educadas e a controlar suas exibições emocionais e expressões faciais (p. ex., sorrir mesmo quando recebem um presente que as decepciona). Desse modo, as situações que oferecem às crianças oportunidades para interação social podem melhorar seu desenvolvimento social (Feldman, 1993; Talukdar & Shastri, 2006; Whitebread et al., 2009).

As consequências do atendimento à criança fora de casa. Pesquisas sobre a importância da interação social são corroboradas pelo trabalho que examina os benefícios do atendimento à criança fora de casa, o que é parte importante na vida de um número crescente de crianças. Por exemplo, quase 30% das crianças pré-escolares cujas mães trabalham fora de casa passam seus dias em creches. Até os 6 meses de idade, quase dois terços dos bebês são cuidados por outras pessoas, que não suas mães, em parte do dia. A maioria desses bebês começa na creche antes dos 4 meses e é cuidada por outras pessoas que não sua mãe por quase 30 horas por semana (National Research Council, 2001; NICHD Early Child Care Research Network, 2006; ver Fig. 7).

Os arranjos de cuidados infantis fora de casa beneficiam o desenvolvimento das crianças? Se os programas são de alta qualidade, isso é possível. De acordo com os resultados de um grande estudo apoiado pelo U. S. National Institute of Child Health and Development, as crianças que frequentam centros de cuidados infantis de alta qualidade podem não só se

---

* N. de T.: Jogo realizado principalmente com bebês, em que o adulto esconde o rosto e depois se mostra, exclamando "*Peekaboo!*".

FIGURA 7 De acordo com um estudo do National Institute of Child Health and Human Development, as crianças tinham maior probabilidade de frequentar algum tipo de instituição de cuidados infantis fora de casa ou da família à medida que ficavam mais velhas.
(Fonte: NICHD, 2006.)

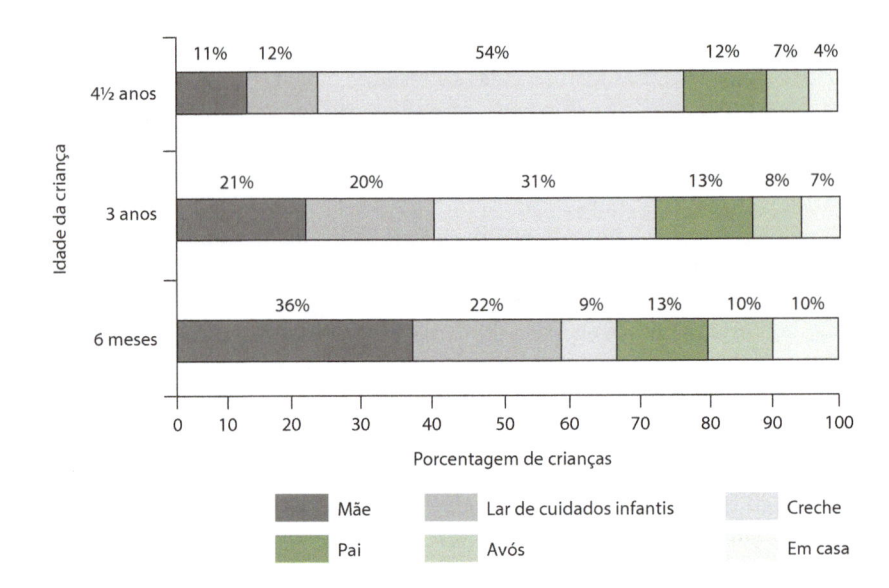

Idade da criança	Mãe	Lar de cuidados infantis	Creche	Pai	Avós	Em casa
4½ anos	11%	12%	54%	12%	7%	4%
3 anos	21%	20%	31%	13%	8%	7%
6 meses	36%	22%	9%	13%	10%	10%

sair tão bem quanto as crianças que ficam em casa com seus pais, como em alguns aspectos elas podem até se sair melhor. As crianças em creche são geralmente mais atenciosas e sociáveis do que as outras e interagem de modo mais positivo com os professores. Elas também podem ser mais obedientes e regulam o próprio comportamento mais efetivamente (NICHD Early Child Care Research Network, 1999, 2001).

Além disso, sobretudo para as crianças de lares pobres e desfavorecidos, as creches em ambientes especialmente enriquecidos – aqueles com muitos brinquedos, livros, uma variedade de crianças e cuidadores de alta qualidade – podem ser mais estimulantes intelectualmente do que o lar. Essas instituições pode levar a maiores aquisições intelectuais, demonstradas em escores mais altos de QI e melhor desenvolvimento da linguagem. De fato, as crianças em creches às vezes têm escores mais altos nos testes de habilidades cognitivas do que as que são cuidadas por suas mães ou babás, cuidadores e lares de cuidados infantis – efeitos que duram até a idade adulta (Wilgoren, 1999; Burchinal, Roberts, & Riggins, 2000; Dearing, McCartney, & Taylor, 2009).

No entanto, os cuidados infantis fora de casa não têm resultados universalmente positivos. As crianças podem sentir-se inseguras depois de serem colocadas em creches de baixa qualidade ou em diversos ambientes de cuidados infantis. Algumas pesquisas indicam que os bebês que estão envolvidos em cuidados externos por mais de 20 horas por semana no primeiro ano apresentam menos apego seguro às mães do que aqueles que não foram envolvidos em cuidados infantis fora de casa. Por fim, as crianças que passam longas horas em creches quando bebês e pré-escolares podem ter uma capacidade reduzida de trabalhar independentemente e de administrar seu tempo de modo efetivo quando ingressam na escola fundamental (NICHD Early Child Care Research Network, 2001; Vandell et al., 2005; Pluess & Belsky, 2009).

A chave para o sucesso do cuidado infantil não parental é sua qualidade. Cuidados infantis de alta qualidade produzem benefícios; o cuidado infantil de baixa qualidade oferece pouco ou nenhum ganho e pode até dificultar o desenvolvimento das crianças. Em resumo, benefícios significativos resultam da interação social e da estimulação intelectual proporcionadas por centros de cuidados infantis de alta qualidade – especialmente para crianças de ambientes empobrecidos (NICHD Early Child Care Research Network, 2000, 2002; National Association for the Education of Young Children, 2005; Zaslow, Halle, & Martin, 2006).

Estilos parentais e desenvolvimento social. As práticas parentais de criação dos filhos são essenciais para modelar a competência social das crianças. De acordo com a pesquisa clássica da psicóloga desenvolvimental Diana Baumrind, quatro principais categorias descrevem os diferentes estilos parentais (Fig. 8). Os **pais autoritários**, rígidos e punitivos, valorizam a obediência inquestionável dos filhos. Eles têm padrões rígidos e desestimulam expressões de discordância. Os **pais permissivos** dão orientação descuidada e inconsistente

pais autoritários Pais que são rígidos e punitivos, valorizando a obediência inquestionável dos filhos.

pais permissivos Pais que dão orientação descuidada e inconsistente aos filhos e, embora sejam afetivos, exigem pouco deles.

Estilo parental	Comportamento dos pais	Tipo de comportamento produzido na criança
Autoritário	Padrões rígidos, punitivos, estritos (p. ex., "Se você não limpar seu quarto, vou tirar seu iPod para sempre.")	Insociável, hostil, retraído
Permissivo	Descuidado, inconsistente, pouco exigente (p. ex., "Seria bom limpar seu quarto, mas acho que posso esperar.")	Imaturo, mal-humorado, dependente, baixo autocontrole
Autoritativo	Firme, define limites e objetivos; usa o bom senso e incentiva a independência (p. ex., "Você terá de limpar seu quarto antes de irmos ao restaurante. Assim que você terminar, sairemos.")	Boas habilidades sociais, agradável, autossuficiente, independente
Rejeitador-negligente	Desligado emocionalmente, encara o papel apenas como provedor de alimento, vestuário e abrigo (p. ex., "Não estou nem aí se seu quarto é um chiqueiro.")	Comportamento indiferente, de rejeição

FIGURA 8 De acordo com a psicóloga desenvolvimental Diana Baumrind (1971), quatro principais estilos parentais caracterizam a criação dos filhos.

aos filhos e, embora sejam afetivos, exigem pouco deles. Os **pais autoritativos** são firmes e estabelecem limites para os filhos. Quando as crianças ficam mais velhas, esses pais tentam ponderar e explicar as coisas para elas. Eles também definem objetivos claros e incentivam a independência dos filhos. Os **pais rejeitadores-negligentes** demonstram pouco interesse pelos filhos. Emocionalmente desligados, eles encaram a paternidade como nada mais do que prover alimento, vestuário e abrigo para as crianças. Em seu extremo, os pais rejeitadores-negligentes são culpados de negligência, uma forma de abuso infantil (Baumrind, 2005; Lagacé-Séguin & d'Entremont, 2006; Lewis & Lamb, 2011).

Como seria de se esperar, os quatro tipos de estilos de criação dos filhos parecem produzir tipos muito diferentes de comportamento nas crianças (com exceções, é claro). Os filhos de pais autoritários tendem a ser insociáveis, hostis e relativamente retraídos. Em contraste, os filhos de pais permissivos demonstram imaturidade, mau humor, dependência e baixo autocontrole. Os filhos de pais autoritativos evoluem melhor: com altas habilidades sociais, eles são agradáveis, autossuficientes, independentes e cooperativos. Os mais prejudicados são os filhos de pais rejeitadores-negligentes: eles se sentem não amados e emocionalmente desligados. Seu desenvolvimento físico e cognitivo é impedido (Saarni, 1999; Berk, 2005; Snyder, Cramer, & Afrank, 2005).

Antes de nos apressarmos em felicitar os pais autoritativos e condenar os autoritários, permissivos e rejeitadores-negligentes, é importante observar que, em muitos casos, pais não autoritativos também produzem filhos perfeitamente bem-adaptados. Além disso, as crianças nascem com um **temperamento** particular – forma característica básica inata de responder e estilo comportamental. Algumas crianças são naturalmente agradáveis e alegres, enquanto outras são irritáveis e exigentes ou pensativas e quietas. O tipo de temperamento com que um bebê nasce pode, em parte, produzir tipos específicos de estilos de criação parental (Miner & Clarke-Stewart, 2008; Coplan, Reichel, & Rowan, 2009; Costa & Figueiredo, 2011).

As crianças também variam consideravelmente em seu grau de *resiliência*, ou seja, a capacidade de superar circunstâncias que as colocam em alto risco de prejuízo psicológico ou até mesmo físico. As crianças altamente resilientes apresentam temperamento que evoca respostas positivas dos cuidadores. Tais crianças exibem habilidades sociais incomuns: extroversão, inteligência e um sentimento de que têm controle sobre sua vida. De certa maneira, as crianças resilientes tentam moldar seu ambiente em vez de serem vitimizadas por ele (Luthar, Cicchetti, & Becker, 2000; Deater-Deckard, Ivy, & Smith, 2005; Vellacott, 2007). (Ver também TrabalhoPsi.)

pais autoritativos Pais que são firmes, definem limites claros; ponderam com seus filhos e explicam as coisas.

pais rejeitadores-negligentes Pais que demonstram pouco interesse pelos filhos e são emocionalmente desligados.

Alerta de estudo

Conheça os quatro principais tipos de estilos de criação dos filhos – autoritário, permissivo, autoritativo e rejeitador-negligente – e seus efeitos.

temperamento Forma característica básica inata de responder e estilo comportamental.

TrabalhoPsi
ASSISTENTE SOCIAL DE PROTEÇÃO À CRIANÇA

Nome: Jason Larson
Formação: Bacharel em Serviço Social, Universidade Estadual de Montana

As crianças estão entre os membros mais vulneráveis da sociedade. Quando elas enfrentam abuso ou negligência, uma agência de serviço de proteção à criança intervém e um assistente social é designado para defender a criança.

Jason Larson, assistente social de proteção à criança na Child and Family Services Division do Montana Department of Public Health and Human Services, observa que cada caso é único. "A idade das crianças, a condição física dos pais ou cuidadores, a condição física do lar, se o suposto perpetrador está morando na casa ou se tem acesso à criança são todos fatores a serem considerados", diz ele. "Além disso, corroborar ou não a informação rapidamente o suficiente para avaliar se uma criança pode ou não permanecer em casa ou precisa ser removida também é importante", acrescenta.

Larson, que tem atuado como assistente social nos últimos 15 anos, trabalha em uma área remota de Montana, o que impõe desafios peculiares. "Vivendo e trabalhando na parte rural de Montana, preciso ser muito criativo com os serviços que presto, pois somos muito limitados em diversas cidades pequenas de Montana", observa Larson. "Por isso, usamos muitas abordagens diferentes para proteger as crianças."

Uma dessas abordagens, segundo ele, é um processo chamado de Tomada de Decisão no Grupo Familiar, reuniões nas quais os pais e todos os prestadores de serviço discutem a situação das crianças e da família.

"Todos andam pela sala e explicam suas preocupações. Depois disso, é elaborado um plano para que eles sigam", explica. "Essas reuniões são muito eficazes no auxílio à família como um todo, de modo que podemos aplicar todos os recursos disponíveis."

Também precisamos ter em mente que esses achados referentes aos estilos de criação dos filhos aplicam-se principalmente à sociedade norte-americana, a qual valoriza sobremaneira a independência crescente das crianças e a diminuição de sua dependência dos pais. Em contrapartida, os pais japoneses encorajam a dependência e promovem os valores da cooperação e da vida comunitária. Essas diferenças nos valores culturais resultam em filosofias muito diferentes de criação dos filhos. Por exemplo, as mães japonesas consideram que é uma punição deixar uma criança pequena dormir sozinha; por isso, muitas crianças dormem ao lado de suas mães durante toda a primeira infância e até cerca dos 3 anos de idade (Kawasaki et al., 1994; Dennis et al., 2002; Jones, 2007).

Em síntese, a formação de uma criança resulta da filosofia dos pais sobre a criação dos filhos, as práticas específicas que eles usam e a natureza de suas personalidades e das dos filhos. Assim, como é o caso em outros aspectos do desenvolvimento, o comportamento é função de uma interação complexa de fatores ambientais e genéticos.

Teoria de Erikson do desenvolvimento psicossocial.

Ao acompanhar o curso do desenvolvimento social, alguns teóricos consideraram como os desafios da sociedade e a cultura mudam à medida que um indivíduo amadurece. Seguindo esse caminho, o psicanalista Erik Erikson desenvolveu uma das teorias mais abrangentes do desenvolvimento social. Erikson (1963) via as mudanças desenvolvimentais que ocorrem durante a vida como uma série de oito estágios do desenvolvimento psicossocial; destes, quatro ocorrem durante a infância. O **desenvolvimento psicossocial** envolve mudanças nas interações e na compreensão uns dos outros, bem como no conhecimento e na compreensão de nós mesmos como membros da sociedade.

Erikson sugere que a passagem ao longo de cada estágio precisa da resolução de uma crise ou conflito. Dessa forma, ele representa cada estágio como um pareamento dos aspectos mais positivos e mais negativos da crise daquele período. Embora cada crise nunca seja resolvida inteiramente – a vida torna-se cada vez mais complicada à medida que ficamos mais velhos –, ela deve ser suficientemente resolvida a fim de nos equiparmos para lidar com as demandas feitas durante o estágio seguinte do desenvolvimento.

No primeiro estágio do desenvolvimento psicossocial, o **estágio da confiança versus desconfiança** (do nascimento até 1 ½ ano), os bebês desenvolvem sentimentos de confiança se suas exigências físicas e necessidades psicológicas de apego são atendidas consistente-

---

desenvolvimento psicossocial
Desenvolvimento das interações dos indivíduos e da compreensão uns dos outros e de seu conhecimento e compreensão de si mesmos como membros da sociedade.

estágio da confiança versus desconfiança De acordo com Erikson, este é o primeiro estágio do desenvolvimento psicossocial, ocorrendo desde o nascimento até 1 ½ ano, período durante o qual o bebê desenvolve sentimentos de confiança ou de falta de confiança.

mente e suas interações com o mundo são em geral positivas. Ao contrário, cuidados inconsistentes e interações desagradáveis com os outros podem levar à desconfiança e deixar um bebê incapaz de responder aos desafios apresentados no estágio seguinte do desenvolvimento.

No segundo estágio, o **estágio da autonomia *versus* vergonha e dúvida** (de 1 ½ a 3 anos), os bebês desenvolvem independência e autonomia se a exploração e a liberdade forem encorajadas, ou experimentam vergonha, dúvida e infelicidade se são excessivamente restringidos e protegidos. De acordo com Erikson, a chave para o desenvolvimento da autonomia durante esse período é que os cuidadores da criança proporcionem a quantidade apropriada de controle. Se os pais proporcionam muito controle, as crianças não conseguem afirmar-se e desenvolver seu senso de controle sobre o ambiente; se os pais proporcionam pouco controle, as crianças tornam-se excessivamente exigentes e controladoras.

A seguir, as crianças enfrentam as crises do **estágio da iniciativa *versus* culpa** (de 3 a 6 anos). Nesse estágio, o desejo de agir independentemente entra em conflito com a culpa que provém das consequências não pretendidas e inesperadas de tal comportamento. As crianças nesse período passam a entender que são pessoas autônomas e começam a tomar decisões sobre seu comportamento. Se os pais reagem positivamente às tentativas de independência dos filhos, eles ajudarão a resolver também de modo positivo a crise da iniciativa *versus* culpa.

O quarto e último estágio da infância é o **estágio da diligência e construtividade *versus* inferioridade** (de 6 a 12 anos). Durante esse período, o aumento na competência em todas as áreas, tanto nas interações sociais quanto nas habilidades acadêmicas, caracteriza o desenvolvimento psicossocial bem-sucedido. Dificuldades nesse estágio levam a sentimentos de fracasso e inadequação.

A teoria de Erikson pressupõe que o desenvolvimento psicossocial continue durante toda a vida e propõe mais quatro crises que são enfrentadas após a infância (descritas no próximo módulo). Embora sua teoria tenha sido criticada em vários aspectos – tais como a imprecisão dos conceitos que ele emprega e sua maior ênfase no desenvolvimento masculino do que no desenvolvimento feminino –, ela continua sendo influente e é uma das poucas teorias que abrange todo o tempo de vida.

Desenvolvimento cognitivo: o pensamento das crianças sobre o mundo

Suponha que você tivesse dois copos de diferentes formatos – um baixo e largo e um alto e fino. Agora imagine que você encheu o baixo e largo com refrigerante mais ou menos pela metade e depois derramou o líquido desse copo no mais alto. O refrigerante encheria cerca de três quartos do segundo copo. Se alguém lhe perguntasse se havia mais refrigerante no segundo copo do que no primeiro, o que você diria?

Você pode pensar que uma pergunta simples como esta nem merece resposta; é claro que não há diferença na quantidade de refrigerante nos dois copos. Contudo, a maioria das crianças de 4 anos de idade provavelmente diria que existe mais refrigerante no segundo copo. Se então você despejasse o refrigerante de volta no copo curto, elas diriam que agora existe menos refrigerante do que havia no copo mais alto.

Por que as crianças mais novas ficam confusas com esse problema? A razão não é imediatamente óbvia. Todo aquele que observou crianças em idade pré-escolar deve ficar impressionado com o quanto elas progrediram desde os estágios iniciais do desenvolvimento. Falam com facilidade, conhecem o alfabeto, contam, jogam jogos complexos, usam computadores, contam histórias e comunicam-se habilmente. No entanto, apesar dessa aparente sofisticação, existem lacunas profundas na compreensão que as crianças têm do mundo. Alguns teóricos sugeriram que elas não conseguem entender certas ideias e conceitos até atingirem um estágio particular do **desenvolvimento cognitivo** – o processo pelo qual a compreensão que uma criança tem do mundo modifica-se como uma função da idade e da experiência. Em contraste com as teorias do desenvolvimento físico e social discutidas anteriormente (como as de Erikson), as teorias do desenvolvimento cognitivo procuram explicar os avanços intelectuais quantitativos e qualitativos que ocorrem durante o desenvolvimento.

estágio da autonomia *versus* vergonha e dúvida De acordo com Erikson, este é o período durante o qual os bebês (1 ½ a 3 anos) desenvolvem independência e autonomia se a exploração e a liberdade forem encorajadas, ou vergonha e dúvida se eles forem restringidos e superprotegidos.

estágio da iniciativa *versus* culpa De acordo com Erikson, este é o período durante o qual as crianças entre 3 e 6 anos experimentam conflito entre independência de ação e os resultados por vezes negativos dessa ação.

estágio da diligência e construtividade *versus* inferioridade De acordo com Erikson, este é o último estágio da infância, durante o qual as crianças entre 6 e 12 anos podem desenvolver interações sociais positivas com os outros ou sentir-se inadequadas, tornando-se menos sociáveis.

> **Alerta de estudo**
>
> Quatro dos **estágios** do desenvolvimento psicossocial de Erikson ocorrem durante a infância: confiança *versus* desconfiança, autonomia *versus* vergonha e dúvida, iniciativa *versus* culpa e diligência e construtividade *versus* inferioridade.

desenvolvimento cognitivo Processo pelo qual a compreensão que uma criança tem do mundo modifica-se como uma função da idade e da experiência.

352 Capítulo 9 Desenvolvimento

Estágio cognitivo	Faixa de idade aproximada	Características principais
Sensório-motor	Nascimento-2 anos	Desenvolvimento da constância objetal, desenvolvimento de habilidades motoras, pouca ou nenhuma capacidade de representação simbólica
Pré-operatório	2-7 anos	Desenvolvimento da linguagem e do pensamento simbólico, pensamento egocêntrico
Operatório concreto	7-12 anos	Desenvolvimento da conservação, domínio do conceito de reversibilidade
Operatório formal	12 anos-idade adulta	Desenvolvimento do pensamento lógico e abstrato

FIGURA 9 De acordo com Piaget, todas as crianças passam por quatro estágios do desenvolvimento cognitivo.

> **Alerta de estudo**
> Use a Figura 9 para recordar os estágios do desenvolvimento cognitivo de Piaget.

Teoria de Piaget do desenvolvimento cognitivo. Nenhuma teoria do desenvolvimento cognitivo teve maior impacto do que a do psicólogo suíço Jean Piaget. Piaget (1970) sugeriu que as crianças em todo o mundo avançam por meio de uma série de quatro estágios em uma ordem fixa. Segundo ele, esses estágios diferem não somente na *quantidade* de informações adquiridas, mas também na *qualidade* do conhecimento e da compreensão. Assumindo um ponto de vista interacionista, Piaget propôs que o movimento de um estágio para o seguinte ocorre quando uma criança atinge um nível apropriado de maturação *e* é exposta a tipos relevantes de experiências. Piaget presumia que, sem ter tais experiências, as crianças não conseguem atingir seu nível mais alto de crescimento cognitivo.

Piaget propôs quatro estágios: sensório-motor, pré-operatório, operatório concreto e operatório formal (ver Fig. 9). Examinemos cada um deles e as idades aproximadas que abrangem.

Estágio sensório-motor: do nascimento aos 2 anos. Durante o **estágio sensório-motor**, as crianças baseiam sua compreensão do mundo primeiramente tocando, sugando, mascando, sacudindo e manipulando os objetos. Na parte inicial do estágio, elas têm relativamente pouca competência na representação do ambiente pelo uso de imagens, linguagem ou outros tipos de símbolos. Consequentemente, os bebês não possuem o que Piaget chama de **constância objetal**, isto é, a consciência de que os objetos – e as pessoas – continuam a existir mesmo quando estão fora da visão.

Como podemos saber que as crianças não possuem constância objetal? Embora não possamos perguntar aos bebês, podemos observar suas reações quando um brinquedo com o qual estão brincando é escondido sob um cobertor. Até a idade de aproximadamente 9 meses, as crianças não fazem qualquer tentativa de localizar o brinquedo escondido. No entanto, logo após essa idade, elas começam a ativar a busca pelo objeto perdido, indicando que desenvolveram uma representação mental do brinquedo. A constância objetal, portanto, é um desenvolvimento essencial durante o estágio sensório-motor.

Estágio pré-operatório: 2 a 7 anos. O desenvolvimento mais importante durante o **estágio pré-operatório** é o uso da linguagem. As crianças desenvolvem sistemas de representações internas que lhes permitem descrever pessoas, eventos e sentimentos. Elas usam até mesmo símbolos no jogo, representando, por exemplo, que um livro empurrado pelo chão é um carro.

Embora as crianças usem um pensamento mais avançado nesse estágio do que no estágio anterior, seu pensamento ainda é qualitativamente inferior ao dos adultos. Vemos isso quando observamos uma criança pré-operatória usando o **pensamento egocêntrico**, uma forma de pensar na qual a criança encara o mundo inteiramente a partir da própria perspectiva. As crianças pré-operatórias pensam que todos compartilham sua perspectiva e seu conhecimento. Assim, as histórias e as explicações das crianças para os adultos podem ser enlouquecedoramente não informativas porque são dadas sem qualquer contexto. Por exemplo, uma criança pré-operatória pode iniciar uma história com: "Ele não queria me deixar ir", deixando de mencionar quem é "ele" ou onde o contador da história queria ir. Também vemos o pensamento

estágio sensório-motor De acordo com Piaget, o estágio desde o nascimento até os 2 anos, durante o qual uma criança tem pouca competência na representação do ambiente pelo uso de imagens, linguagem ou outros símbolos.

constância objetal Consciência de que os objetos – e as pessoas – continuam a existir mesmo quando estão fora da visão.

estágio pré-operatório De acordo com Piaget, o período de 2 a 7 anos de idade que é caracterizado pelo desenvolvimento da linguagem.

pensamento egocêntrico Forma de pensar em que uma criança encara o mundo inteiramente a partir da própria perspectiva.

egocêntrico quando crianças no estágio pré-operatório brincam de esconder. Por exemplo, as crianças de 3 anos costumam esconder o rosto contra uma parede e cobrir os olhos – embora ainda estejam completamente visíveis. Para elas, parece que se *elas* não podem enxergar, então ninguém mais será capaz de vê-las porque presumem que os outros compartilham sua visão.

Além disso, as crianças pré-operatórias ainda não desenvolveram a capacidade de compreender o **princípio da conservação**, que é o conhecimento de que a quantidade não está relacionada ao arranjo ou à aparência física dos objetos. As crianças que compreendem o princípio da conservação têm a consciência de que atributos importantes dos objetos (como a quantidade ou o volume) não se alteram apesar das mudanças superficiais. As crianças que ainda não dominam esse conceito não sabem que a quantidade ou o volume total de um objeto não se alteram quando sua forma ou configuração modifica-se.

A questão acerca dos dois copos – um baixo e largo e o outro alto e fino – com a qual iniciamos nossa discussão do desenvolvimento cognitivo ilustra esse ponto claramente. As crianças que não compreendem o princípio da conservação invariavelmente afirmam que a quantidade de líquido altera-se quando ele é derramado repetidas vezes entre os copos de diferentes tamanhos. Elas não conseguem compreender que uma transformação na aparência não implica uma transformação na quantidade. Em vez disso, parece tão razoável para a criança que existe uma alteração na quantidade quanto é razoável para o adulto que não existe alteração.

Em vários outros aspectos, alguns surpreendentes, a falha em entender o princípio da conservação afeta as respostas das crianças. Pesquisas demonstram que, durante o período pré-operatório, elas podem interpretar mal os princípios que são óbvios e inquestionáveis para os adultos e que não entendem o conceito de conservação até o estágio seguinte do desenvolvimento cognitivo (ver Fig. 10).

Estágio das operações concretas: 7 a 12 anos. O domínio do princípio da conservação marca o começo do **estágio das operações concretas**. No entanto, as crianças não compreendem totalmente alguns aspectos da conservação – como a conservação de peso e volume – durante muitos anos.

Durante o estágio das operações concretas, as crianças desenvolvem a capacidade de pensar de uma maneira mais lógica e começam a superar parte do egocentrismo característico do período pré-operatório. Um dos principais princípios que elas aprendem durante esse estágio é a reversibilidade, a ideia de que algumas mudanças podem ser desfeitas pela reversão de uma ação anterior. Por exemplo, elas podem entender que, quando alguém enrola uma bola de argila em forma de salsicha, é possível recriar a bola original invertendo-se a ação. As crianças podem até mesmo conceitualizar esse princípio mentalmente sem ter de ver a ação realizada diante delas.

Embora façam avanços importantes em sua capacidade lógica durante o estágio das operações concretas, o pensamento das crianças ainda apresenta uma limitação importante: elas estão em grande parte ligadas à realidade concreta e física do mundo. A maioria das crianças nesse estágio tem dificuldade de compreender perguntas de uma natureza abstrata ou hipotética.

Estágio das operações formais: 12 anos até a idade adulta. O **estágio das operações formais** produz um novo tipo de pensamento que é abstrato, formal e lógico. O pensamento não está mais vinculado a eventos que os indivíduos observam no ambiente, mas faz uso de técnicas lógicas para resolver problemas.

A forma como as crianças abordam o "problema do pêndulo" criado por Piaget (Piaget & Inhelder, 1958) ilustra a emergência do pensamento operatório formal. O solucionador do problema é solicitado a imaginar o que determina a velocidade com que um pêndulo oscila. É o comprimento da corda, o peso do pêndulo ou a força com a qual o pêndulo é impulsionado? (Para registro, a resposta é o comprimento da corda.)

As crianças no estágio das operações concretas abordam o problema ao acaso, sem um plano de ação lógico ou racional. Por exemplo, elas podem simultaneamente mudar o comprimento da corda, o peso na corda e a força com a qual impulsionam o pêndulo. Como estão variando todos os fatores de uma vez, elas não conseguem diferenciar qual é o fator crítico. Ao contrário, as pessoas no estágio das operações formais abordam o problema sis-

As crianças que ainda não dominaram o princípio da conservação pressupõem que o volume de líquido aumenta quanto ele é derramado de um recipiente baixo e largo para um alto e fino. Que outras tarefas uma criança com menos de 7 anos pode ter dificuldade de compreender?

princípio da conservação Conhecimento de que a quantidade não está relacionada ao arranjo e à aparência física dos objetos.

estágio das operações concretas De acordo com Piaget, o período de 7 a 12 anos de idade que é caracterizado pelo pensamento lógico e pela perda do egocentrismo.

estágio das operações formais De acordo com Piaget, o período dos 12 anos até a idade adulta que é caracterizado pelo pensamento abstrato.

tematicamente. Agindo como se fossem cientistas conduzindo um experimento, examinam os efeitos das mudanças em uma variável por vez. Essa capacidade de excluir possibilidades concorrentes caracteriza o pensamento operatório formal.

Embora a emergência do pensamento operatório formal ocorra durante a adolescência, alguns indivíduos usam esse tipo de pensamento apenas ocasionalmente. Além disso, parece que muitos indivíduos nunca chegam a atingir esse estágio; a maioria dos estudos mostra que somente 40 a 60% dos estudantes universitários e adultos o atingem de modo pleno, com algumas estimativas na faixa dos 25% da população geral. Em certas culturas – sobretudo naquelas que são menos orientadas tecnicamente do que as sociedades ocidentais –, quase ninguém atinge o estágio das operações formais (Keating & Clark, 1980; Super, 1980; Genovese, 2006).

Desenvolvimento em estágios versus contínuo: Piaget está certo? Nenhum outro teórico ofereceu uma teoria tão abrangente do desenvolvimento cognitivo como Piaget. No entanto, muitos teóricos contemporâneos sugerem que uma melhor explicação de como as crianças desenvolvem-se cognitivamente pode ser fornecida por teorias que não envolvam uma abordagem em estágios. Por exemplo, as crianças nem sempre são consistentes em seu desempenho das tarefas que – se a teoria de Piaget for precisa – deveria ser realizado igualmente bem em um estágio particular (Feldman, 2003, 2004).

Alguns psicólogos desenvolvimentais sugerem que o desenvolvimento cognitivo avança de uma forma mais contínua do que pressupõe a teoria dos estágios de Piaget. Eles propõem que o desenvolvimento cognitivo é principalmente quantitativo em vez de qualitativo. Também argumentam que, embora haja diferenças em quando, como e até que ponto uma criança pode usar habilidades cognitivas específicas – refletindo mudanças quantitati-

Conservação de ...	Modalidade	Mudança na aparência física	Idade média de domínio total
Número	Número de elementos em uma coleção	Reorganização ou deslocamento dos elementos	6–7 anos
Substância (massa)	Quantidade de uma substância maleável (p. ex., argila ou líquido)	Alteração da forma	7–8 anos
Comprimento	Comprimento de uma linha ou de um objeto	Alteração da forma ou configuração	7–8 anos
Área	Quantidade da superfície coberta por um grupo de figuras planas	Reorganização das figuras	8–9 anos
Peso	Peso de um objeto	Alteração da forma	9–10 anos
Volume	Volume de um objeto (em termos de deslocamento da água)	Alteração da forma	14–15 anos

FIGURA 10 Esses testes são usados com frequência para avaliar se as crianças aprenderam o princípio da conservação em uma variedade de dimensões. Você acredita que as crianças no estágio pré-operatório podem ser ensinadas a evitar erros de conservação antes da idade comum do domínio?

(Fonte: Schickedanz, Judith A., Schickedanz, David I., Forsyth, Peggy D. e Forsyth, G. Alfred, *Understanding Children and Adolescents* (4tth Ed.), p. 440, Figura 13.1, © 2001. Reimpressa com permissão de Pearson Education, Inc., Upper Saddle River, NJ.)

vas –, os processos cognitivos subjacentes modificam-se relativamente pouco com a idade (Gelman & Baillargeon, 1983; Case & Okamoto, 1996).

Piaget também subestimou a idade em que os bebês e as crianças podem entender conceitos e princípios específicos; de fato, eles parecem mais sofisticados em suas habilidades cognitivas do que Piaget acreditava. Por exemplo, algumas evidências indicam que bebês com apenas 5 meses já têm habilidades matemáticas rudimentares (Wynn, Bloom, & Chiang, 2002; McCrink & Wynn, 2007; van Marle & Wynn, 2009).

Apesar dessas críticas, a maioria dos psicólogos desenvolvimentais concorda que, embora os processos subjacentes às mudanças nas habilidades cognitivas possam não se revelar conforme a teoria de Piaget, de maneira geral ela nos proporcionou um relato preciso das modificações relacionadas à idade no desenvolvimento cognitivo. Além disso, sua teoria teve uma enorme influência na educação. Por exemplo, Piaget afirma que os indivíduos não podem aumentar seu desempenho cognitivo a menos que tanto a prontidão cognitiva causada pela maturação como a estimulação ambiental apropriada estejam presentes. Essa visão inspirou a natureza e a estrutura dos currículos educacionais e dos métodos de ensino. Os pesquisadores também usaram a teoria e os métodos de Piaget para investigar questões relativas à cognição animal, tais como se os primatas demonstram constância objetal (parece que sim; Hauser, 2000; Egan, 2005; Cunningham, 2006).

Abordagens de processamento da informação: mapeando programas mentais das crianças. Se o desenvolvimento cognitivo não avança como uma série de estágios conforme proposto por Piaget, o que está subjacente ao enorme crescimento nas habilidades cognitivas das crianças que mesmo o olhar mais despreparado pode observar? Para muitos psicólogos desenvolvimentais, as mudanças no **processamento da informação**, a maneira como as pessoas assimilam, usam e armazenam a informação, explicam o desenvolvimento cognitivo (Cashon & Cohen, 2004; Munakata, 2006; Casasola, 2011).

processamento da informação Maneira pela qual as pessoas assimilam, usam e armazenam a informação.

De acordo com essa abordagem, ocorrem mudanças quantitativas na habilidade das crianças de organizar e manipular a informação. Segundo essa perspectiva, elas se tornam cada vez mais aptas no processamento da informação, assim como um programa de computador pode tornar-se mais sofisticado quando o programador o modifica com base na experiência. As abordagens de processamento da informação consideram os tipos de "programas mentais" que as crianças invocam quando abordam os problemas.

Várias mudanças significativas ocorrem na capacidade de processamento da informação entre as crianças. A velocidade do processamento aumenta com a idade, à medida que algumas habilidades tornam-se mais automáticas. A velocidade com que as crianças podem examinar, reconhecer e comparar estímulos aumenta com a idade. À medida que ficam mais velhas, elas podem prestar atenção a estímulos mais demorados e discriminar entre diferentes estímulos mais prontamente, além de se distraírem com menos facilidade (Van der Wildenberg & Van der Molen, 2004; Diaz & Bell, 2011).

metacognição Consciência e compreensão dos próprios processos cognitivos.

A memória também melhora notavelmente com a idade. As crianças em idade pré-escolar conseguem reter apenas duas ou três informações na memória de curto prazo; aquelas de 5 anos podem reter quatro e as de 7 anos podem reter cinco. (Os adultos são capazes de reter sete, mais ou menos duas, informações na memória de curto prazo.) O tamanho das informações também cresce com a idade, assim como a sofisticação e a organização do conhecimento armazenado na memória (ver a Fig. 11). No entanto, as capacidades de memória são impressionantes em idade muito precoce: mesmo antes de conseguirem falar, os bebês podem lembrar-se durante meses de eventos dos quais participaram ativamente (Cowan et al., 2003; Bayliss et al., 2005a).

Por fim, a melhora no processamento da informação está relacionada a avanços na **metacognição**, uma consciência e compreensão dos próprios processos cognitivos. A metacognição envolve o

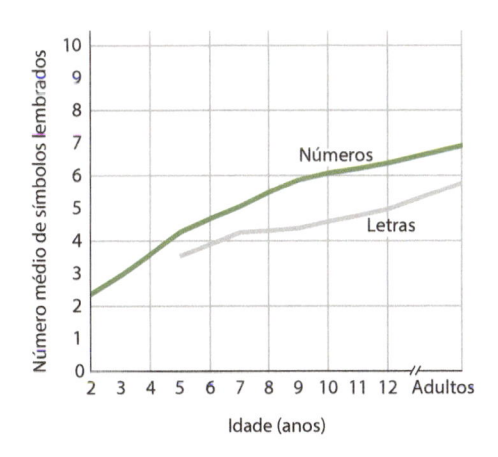

FIGURA 11 A abrangência da memória aumenta com a idade tanto para números como para letras. (Fonte: adaptado de Depster, 1981.)

planejamento, o monitoramento e a revisão das estratégias cognitivas. As crianças mais novas, que não têm consciência dos próprios processos cognitivos, costumam não perceber suas incapacidades. Assim, quando elas entendem erroneamente os outros, podem falhar em reconhecer os próprios erros. Apenas posteriormente, quando as habilidades cognitivas tornam-se mais sofisticadas, é que as crianças são capazes de saber quando elas *não* entendem. Essa sofisticação crescente reflete uma mudança na *teoria da mente* das crianças, seu conhecimento e suas crenças sobre a forma como a mente opera (Matthews & Funke, 2006; Lockl & Schneider, 2007; Sodian, 2011).

PsicoTec
Um quarto dos pais relata que seus filhos, entre 0 e 5 anos, usam a internet.

Visão de Vygotsky sobre o desenvolvimento cognitivo: considerando a cultura.

De acordo com o psicólogo desenvolvimental russo Lev Vygotsky, a cultura na qual somos criados afeta significativamente o desenvolvimento cognitivo. Em uma visão cada vez mais influente, Vygotsky sugere que o foco no desempenho do indivíduo, característica das abordagens de Piaget e do processamento da informação, está deslocado. Em vez disso, ele defende que não podemos entender o desenvolvimento cognitivo sem levarmos em conta os aspectos sociais do aprendizado (Vygotsky, 1926/1997; Maynard & Martini, 2005; Rieber & Robinson, 2006).

Vygotsky argumenta que o desenvolvimento cognitivo ocorre como uma consequência das interações sociais em que as crianças trabalham com os outros para resolver problemas conjuntamente. Por meio de tais interações, suas habilidades cognitivas aumentam e elas adquirem a capacidade de funcionar intelectualmente sozinhas. Mais especificamente, ele afirma que as habilidades cognitivas das crianças aumentam quando elas encontram informações que se enquadram em sua zona de desenvolvimento proximal. A **zona de desenvolvimento proximal (ZDP)** é a lacuna entre o que as crianças já são capazes de realizar sozinhas e o que elas ainda não estão prontas para fazer por si só. Quando recebem uma informação que se enquadra na ZDP, elas podem aumentar sua compreensão ou dominar uma nova tarefa. Em vez disso, se a informação fica fora da ZDP das crianças, elas não são capazes de dominá-la.

zona de desenvolvimento proximal (ZDP) De acordo com Vygotsky, é a lacuna entre o que as crianças já são capazes de realizar sozinhas e o que elas ainda não estão prontas para fazer por si só.

Em resumo, o desenvolvimento cognitivo ocorre quando pais, professores ou pares habilidosos auxiliam uma criança apresentando informação nova e dentro da ZDP. Esse tipo de assistência, chamado de *andaime*, fornece apoio para a aprendizagem e a solução de problemas que encorajam a independência e o crescimento. Vygotsky argumenta que o andaime não só promove a solução de problemas específicos, mas também auxilia no desenvolvimento de habilidades cognitivas gerais (Schaller & Crandall, 2004).

Mais do que outras abordagens do desenvolvimento cognitivo, a teoria de Vygotsky considera como o contexto cultural e social específico de um indivíduo afeta o crescimento intelectual. A forma como as crianças entendem o mundo desenvolve-se a partir de interações com os pais, pares e outros membros de uma cultura específica (John-Steiner & Mahn, 2003; Kozulin et al., 2003).

Recapitule/avalie/repense

Recapitule

RA 28-1 Quais são as principais competências dos recém-nascidos?

- Os recém-nascidos, ou neonatos, apresentam reflexos – respostas involuntárias e não aprendidas que ocorrem automaticamente na presença de certos estímulos.
- As habilidades sensoriais também se desenvolvem de modo rápido; os bebês conseguem distinguir cor, profundidade, som, gosto e cheiro relativamente logo após o nascimento.
- Após o nascimento, o desenvolvimento físico é rápido; as crianças geralmente triplicam seu peso neonatal em um ano.

RA 28-2 Quais são os marcos do desenvolvimento físico e social durante a infância?

- O apego – vínculo emocional positivo entre uma criança e determinado indivíduo – marca o desenvolvimento social na infância. Medido no laboratório por meio da situação estranha de Ainsworth, o apego relaciona-se à adaptação social e emocional posterior.
- À medida que as crianças ficam mais velhas, a natureza de suas interações sociais com os pares modifica-se. De início, o jogo ocorre de modo relativamente independente, mas torna-se cada vez mais cooperativo.
- Os diferentes estilos de criação dos filhos incluem os tipos autoritário, permissivo, autoritativo e rejeitador-negligente.

- De acordo com Erikson, os oito estágios do desenvolvimento psicossocial envolvem mudanças nas interações pessoais e na compreensão de si mesmos e dos outros. Durante a infância, os quatro estágios são confiança *versus* desconfiança (do nascimento até 1 ½ ano), autonomia *versus* vergonha e dúvida (1 ½ ano a 3 anos), iniciativa *versus* culpa (3 a 6 anos) e diligência e construtividade *versus* inferioridade (6 a 12 anos).

RA 28-3 Como o desenvolvimento cognitivo avança durante a infância?

- A teoria de Piaget propõe que o desenvolvimento cognitivo prossegue por meio de quatro estágios nos quais ocorrem mudanças qualitativas no pensamento: o estágio sensório-motor (do nascimento até 2 anos), o estágio pré-operatório (2 a 7 anos), o estágio das operações concretas (7 a 12 anos) e o estágio das operações formais (12 anos até a idade adulta).
- As abordagens do processamento da informação sugerem que ocorrem mudanças quantitativas na habilidade das crianças de organizar e manipular as informações sobre o mundo, tais como aumentos significativos na velocidade do processamento, extensão da atenção e memória. Além disso, as crianças avançam na metacognição, na consciência e no entendimento dos próprios processos cognitivos.
- Vygotsky argumenta que o desenvolvimento cognitivo das crianças ocorre como uma consequência das interações sociais nas quais as crianças e os outros trabalham juntos para resolver problemas.

Avalie

1. Os pesquisadores que estudam recém-nascidos usam _____, ou o decréscimo na resposta a um estímulo que ocorre depois de apresentações repetidas do mesmo estímulo, como um indicador do interesse do bebê.
2. O vínculo emocional que se desenvolve entre uma criança e seu cuidador é conhecido como _____.
3. Combine o estilo parental com sua definição:
   1. Permissivo
   2. Autoritativo
   3. Autoritário
   4. Rejeitador-negligente

   a. Rígido; altamente punitivo; exige obediência
   b. Fornece pouca orientação; descuidado com a obediência
   c. Firme, mas justo; tenta explicar as decisões parentais
   d. Emocionalmente desligado e não amoroso

4. A teoria de Erikson do desenvolvimento _____ envolve uma série de oito estágios, cada um dos quais deve ser resolvido para que uma pessoa desenvolva-se idealmente.
5. Combine o estágio do desenvolvimento com o estilo de pensamento característico daquele estágio:
   1. Pensamento egocêntrico
   2. Constância objetal
   3. Raciocínio abstrato
   4. Conservação

   a. Sensório-motor
   b. Operações formais
   c. Pré-operatório
   d. Reversibilidade das operações concretas

6. As teorias do desenvolvimento do _____ _____ _____ consideram que a forma pela qual uma criança maneja a informação é essencial para seu desenvolvimento.
7. De acordo com Vygotsky, a informação que está na _____ _____ _____ _____ de uma criança é mais provável de resultar em desenvolvimento cognitivo.

Repense

1. Você acredita que o uso disseminado do teste de QI nos Estados Unidos contribui para as visões dos pais de que o sucesso acadêmico dos filhos se deve em grande parte à inteligência inata das crianças? Por quê? Seria possível (ou desejável) mudar essa visão?
2. *Da perspectiva de um prestador de cuidados à criança:* Se um pai não estivesse seguro em engajar ou não o filho em seu programa, que conselho você daria sobre as possíveis consequências positivas e negativas a respeito de uma creche?

Respostas das questões de avaliação

1. habituação; 2. apego; 3. 1-b, 2-c, 3-a, 4-d; 4. psicossocial; 5. 1-c, 2-a, 3-b, 4-d; 6. processamento da informação; 7. zona de desenvolvimento proximal

Termos-chave

neonato p. 340
reflexos p. 340
habituação p. 342
apego p. 344
pais autoritários p. 348
pais permissivos p. 348
pais autoritativos p. 349
pais rejeitadores-negligentes p. 349
temperamento p. 349
desenvolvimento psicossocial p. 350
estágio da confiança *versus* desconfiança p. 350
estágio da autonomia *versus* vergonha e dúvida p. 351
estágio da iniciativa *versus* culpa p. 351
estágio da diligência e construtividade *versus* inferioridade p. 351
desenvolvimento cognitivo p. 351
estágio sensório-motor p. 352
constância objetal p. 352
estágio pré-operatório p. 352
pensamento egocêntrico p. 352
princípio da conservação p. 353
estágio das operações concretas p. 353
estágio das operações formais p. 353
processamento da informação p. 355
metacognição p. 355
zona de desenvolvimento proximal (ZDP) p. 356

MÓDULO 29
Adolescência: Tornando-se Adulto

Resultado de Aprendizagem

RA 29-1 Quais são as transições físicas, sociais e cognitivas principais que caracterizam a adolescência?

Joseph Charles, 13 anos: "Ter 13 anos é muito difícil na escola. Tenho de ser mau para ser considerado legal. Às vezes, faço coisas que não são boas. Respondi para meus professores e já fui desrespeitoso com eles. Realmente quero ser bom, mas é tão difícil." (Gibbs, 2005, p. 51)

Trevor Kelson, 15 anos: "Deixe o Inferno Longe do Meu Quarto!", diz um cartaz na parede do quarto de Trevor, logo acima de uma cama desarrumada, uma escrivaninha abarrotada de camisetas sujas e embalagens de doces e um piso coberto de roupas. Existe um tapete? "Em algum lugar", diz com um sorriso forçado. "Acho que ele é amarelo." (Fields-Meyer, 1995, p. 53)

Lauren Barry, 18 anos: "Fui a uma cerimônia de posse na National Honor Society. Os pais estavam olhando fixamente para mim. Acho que eles não conseguiam acreditar que alguém com um cabelo cor-de-rosa possa ser inteligente. Quero ser professora do ensino médio, mas tenho medo de que, com base em minha aparência, eles não queiram me contratar." (Gordon et al., 1999, p. 47)

Embora Joseph, Trevor e Lauren nunca tenham se encontrado, eles compartilham ansiedades que são comuns à adolescência – preocupações acerca dos amigos, dos pais, da aparência, da independência e do futuro.

adolescência Estágio do desenvolvimento entre a infância e a idade adulta.

A **adolescência**, o estágio do desenvolvimento entre a infância e a idade adulta, é um período crucial. É uma época de mudanças profundas e, por vezes, de turbulência. Ocorrem mudanças biológicas consideráveis quando os adolescentes atingem a maturidade sexual e física. Ao mesmo tempo, e rivalizando com essas alterações fisiológicas, ocorrem mudanças sociais, emocionais e cognitivas significativas à medida que os adolescentes lutam por independência e encaminham-se para a idade adulta.

Como muitos anos de instrução precedem o ingresso da maioria das pessoas no mundo do trabalho nas sociedades ocidentais, o estágio da adolescência é relativamente longo: ele começa um pouco antes dos 13 anos e termina após os 19 anos. Os adolescentes já não são mais crianças, embora a sociedade ainda não os considere adultos. Eles enfrentam um período de rápidas mudanças físicas, cognitivas e sociais que os afetam pelo resto da vida.

Mudanças drásticas na sociedade também afetam o desenvolvimento dos adolescentes. Mais da metade de todas as crianças nos Estados Unidos passa toda ou parte de sua infância e adolescência em famílias com apenas um dos pais. Além disso, os adolescentes passam consideravelmente menos tempo com os pais e mais com seus pares do que ocorria várias décadas atrás. Por fim, a diversidade étnica e cultural dos adolescentes como grupo está aumentando de maneira considerável. Um terço de todos os adolescentes hoje é de descendência não europeia; até o ano 2050, o número de adolescentes de origem hispânica, afro-americana, nativa americana e asiática ultrapassará coletivamente o número de brancos (National Adolescent Health Information Center, 2003).

Desenvolvimento físico: o adolescente em mudança

Se você pensar no início da própria adolescência, as mudanças mais drásticas de que provavelmente se lembrará são as físicas. O estirão da altura, o crescimento de mamas nas meninas, o engrossamento da voz nos meninos, o desenvolvimento de pelos no corpo e sentimentos sexuais intensos causam curiosidade, interesse e, por vezes, embaraço para os indivíduos que estão ingressando na adolescência.

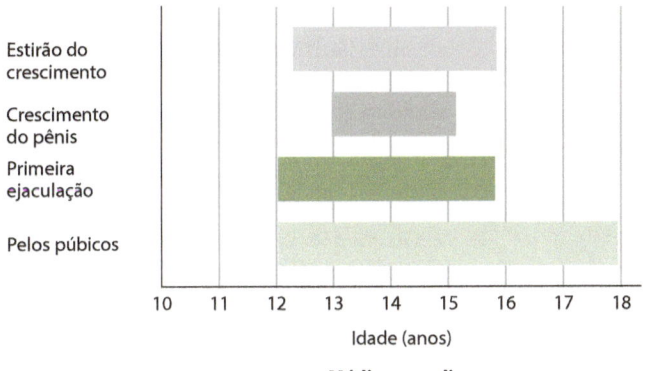

FIGURA 1 A faixa de idade durante a qual ocorrem as principais mudanças sexuais durante a adolescência é mostrada pelas barras coloridas.
(Fonte: Adaptada de Tanner, 1978.)

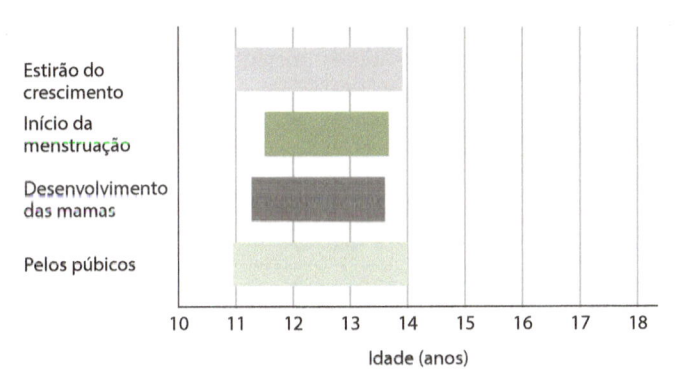

As mudanças físicas que ocorrem no início da adolescência resultam em grande parte da secreção de vários hormônios, e eles afetam praticamente todos os aspectos da vida de um adolescente. Desde a primeira infância, o desenvolvimento não tem sido tão intenso: peso e altura aumentam rapidamente devido a um estirão do crescimento que geralmente começa em torno dos 10 anos para as meninas e dos 12 anos para os meninos. Os adolescentes podem crescer até 12 centímetros em um ano.

A **puberdade**, período em que ocorre a maturação dos órgãos sexuais, começa em torno dos 11 ou 12 anos para as meninas, quando inicia a menstruação. No entanto, existem variações muito amplas (ver Fig. 1). Por exemplo, algumas meninas começam a menstruar com até 8 ou 9 anos ou mais tarde, com 16 anos. Nas culturas ocidentais, a idade média em que os adolescentes atingem a maturidade sexual decresceu de modo regular durante o último século mais provavelmente em consequência da melhoria na nutrição e dos cuidados médicos. A *atração sexual* pelos outros começa ainda antes da maturação dos órgãos sexuais em torno dos 10 anos (ver Fig. 1; Tanner, 1990; Finlay, Jones, & Coleman, 2002).

Para os meninos, o início da puberdade é marcado por sua primeira ejaculação, conhecida como *espermarca*. A espermarca costuma ocorrer em torno dos 13 anos de idade (ver Fig. 1). No início, é produzido relativamente pouco esperma durante uma ejaculação, porém a quantidade aumenta de modo significativo em poucos anos.

A idade em que inicia a puberdade tem implicações na maneira como os adolescentes sentem-se sobre si mesmos – assim como na forma como os outros os tratam. Os meninos com maturação precoce têm uma vantagem distinta sobre os meninos de maturação tardia. Eles têm melhor desempenho no atletismo, são em geral mais populares com os pares e possuem um autoconceito mais positivo (Ge et al., 2003; Becker & Luthar, 2007).

O quadro é diferente para as meninas. Embora as meninas com maturação precoce sejam mais procuradas para namoro e tenham melhor autoestima do que as meninas de maturação tardia, algumas consequências da maturação física precoce podem ser menos positivas. Por exemplo, o desenvolvimento precoce das mamas pode afastá-las de seus pares

puberdade Período em que ocorre a maturação dos órgãos sexuais, começando em torno dos 11 ou 12 anos para as meninas e dos 13 ou 14 anos para os meninos.

Embora a puberdade comece em torno dos 11 ou 12 anos para as meninas e dos 13 ou 14 anos para os meninos, existem amplas variações. Quais são algumas vantagens e desvantagens da puberdade precoce?

e ser fonte de ridicularização (Olivardia & Pope, 2002; Nadeem & Graham, 2005; Blumenthal et al., 2011).

A maturação física tardia pode produzir certas dificuldades psicológicas para meninos e meninas. Os meninos que são menores e menos coordenados do que seus pares mais maduros tendem a se sentir ridicularizados e menos atraentes. Igualmente, as meninas com maturação tardia estão em desvantagem no fim do ensino fundamental e no início do ensino médio. Elas detêm um *status* social relativamente baixo e podem ser preteridas para namoro (Lanza & Collins, 2002).

Obviamente, o ritmo em que ocorrem as mudanças físicas durante a adolescência pode afetar a forma como as pessoas são vistas pelos outros e como veem a si mesmas. Porém, tão importantes quanto as mudanças físicas, são as alterações psicológicas e sociais que se desenvolvem durante a adolescência.

Desenvolvimento moral e cognitivo: distinguindo o certo do errado

Em um país europeu, uma mulher está em estado terminal devido a um tipo raro de câncer. O único medicamento que os médicos acreditam que possa salvá-la é uma substância que um pesquisador descobriu recentemente. O medicamento é caro para ser produzido e o pesquisador está cobrando 10 vezes seu custo, ou US$5.000, por uma dose pequena. O marido da mulher doente, Henry, procura todas as pessoas que conhece na esperança de conseguir dinheiro emprestado, mas consegue reunir apenas cerca de US$2.500. Ele diz ao pesquisador que sua esposa está morrendo e pede-lhe que reduza o preço do medicamento ou que o deixe pagar depois. O pesquisador diz: "Não, descobri o medicamento e vou ganhar dinheiro com ele". Henri está desesperado e considera a possibilidade de roubar a droga para sua esposa.

O que você aconselharia Henry a fazer?

Teoria de Kohlberg acerca do desenvolvimento moral

Segundo a visão do psicólogo Lawrence Kohlberg, o conselho que você dá a Henry reflete seu nível de desenvolvimento moral. De acordo com Kohlberg, as pessoas atravessam uma série de estágios na evolução de seu senso de justiça e do tipo de raciocínio que usam para fazer julgamentos morais (Kohlberg, 1984). Em grande parte devido às várias limitações cognitivas que Piaget descreveu, as crianças pré-adolescentes tendem a pensar em termos de regras concretas e invariáveis ("Sempre é errado roubar" ou "Serei punido se roubar") ou em termos das regras da sociedade ("Pessoas boas não roubam" ou "E se todo o mundo roubasse?").

Os adolescentes, no entanto, geralmente atingiram o estágio das operações formais do desenvolvimento cognitivo de Piaget e conseguem raciocinar em um plano mais elevado. Como são capazes de compreender princípios morais amplos, conseguem entender que a moralidade nem sempre é preto ou branco e que pode existir conflito entre dois grupos de padrões socialmente aceitos.

Kohlberg (1984) salienta que as mudanças no raciocínio moral podem ser mais bem-entendidas como uma sequência em três níveis (ver Fig. 2). Sua teoria pressupõe que as pessoas atravessam os níveis em uma ordem fixa e que elas não podem atingir o nível mais alto até aproximadamente os 13 anos – sobretudo devido às limitações no desenvolvimento cognitivo antes dessa idade. Entretanto, muitas pessoas nunca atingem o nível mais alto de raciocínio moral. De fato, Kohlberg descobriu que apenas uma pequena porcentagem dos

Nível	A favor de roubar o medicamento	Contra roubar o medicamento
Nível 1 Moralidade pré-convencional. Neste nível, os interesses concretos do indivíduo são considerados em termos de recompensas e punições.	"Se deixar sua esposa morrer, você terá problemas. Você será acusado por não ter gastado dinheiro para salvá-la e haverá uma investigação sobre você e o farmacêutico pela morte de sua esposa."	"Você não deve roubar o medicamento porque será preso se fizer isso. Se você escapar, sua consciência vai incomodá-lo pensando que a polícia poderá capturá-lo a qualquer minuto."
Nível 2 Moralidade convencional. Neste nível, as pessoas abordam os problemas morais como membros da sociedade. Elas estão interessadas em agradar aos outros, agindo como bons cidadãos.	"Se deixar sua mulher morrer, você nunca conseguirá olhar alguém nos olhos novamente."	"Depois que roubar o medicamento, você se sentirá mal pensando em como trouxe desonra para sua família e si mesmo; você não vai conseguir encarar ninguém de novo."
Nível 3 Moralidade pós-convencional. Neste nível, as pessoas usam princípios morais que são vistos como mais amplos do que os de uma sociedade particular.	"Se você não roubar o medicamento e deixar sua esposa morrer, você sempre se condenará por isso posteriormente. Você não será acusado e terá ficado à margem da lei, mas não terá agido de acordo com sua consciência e os padrões de honestidade."	"Se você roubar o medicamento, não será acusado pelas outras pessoas, mas se condenará porque não terá agido de acordo com sua consciência e os padrões de honestidade."

FIGURA 2 O psicólogo desenvolvimental Lawrence Kohlberg teorizou que as pessoas atravessam uma sequência em três níveis de raciocínio moral em uma ordem fixa. No entanto, ele argumenta que poucas pessoas atingem o nível mais alto de raciocínio moral.

adultos evolui além do segundo nível de seu modelo (Kohlberg & Ryncarz, 1990; Powers, 2006; Moshman, 2011).

Embora a teoria de Kohlberg tenha influenciado substancialmente nossa compreensão do desenvolvimento moral, o apoio das pesquisas é variável. Uma dificuldade com essa teoria é que ela se refere a *julgamentos* morais, não ao *comportamento* moral. Saber a diferença entre o certo e o errado não significa que sempre agiremos de acordo com nossos julgamentos. Além disso, a teoria aplica-se principalmente à sociedade ocidental e a seu código moral; pesquisas realizadas em culturas com diferentes sistemas morais indicam que a teoria de Kohlberg não é necessariamente aplicável (Coles, 1997; Damon, 1999; Nucci, 2002; Barandiaran, Pascual, & Samaniego, 2006).

Desenvolvimento moral nas mulheres

Uma falha gritante da pesquisa de Kohlberg é que ele usou sobretudo participantes do sexo masculino. A psicóloga Carol Gilligan (1996) argumenta que, devido às distintas experiências de socialização dos homens e das mulheres, existe uma diferença fundamental na maneira como cada gênero encara o comportamento moral. De acordo com Gilligan, os homens encaram a moralidade principalmente em termos de princípios amplos, como justiça e imparcialidade. Por sua vez, as mulheres a encaram em termos de responsabilidade pelos indivíduos e uma disposição para fazer sacrifícios para ajudar uma pessoa específica no contexto de uma relação particular. A compaixão pelos indivíduos é um fator mais marcante no comportamento moral para as mulheres do que para os homens.

Como o modelo de Kohlberg define o comportamento moral amplamente em termos de princípios abstratos como justiça, Gilligan considera que ele descreve inadequadamente o desenvolvimento moral das mulheres. Ela afirma que a moralidade das mulheres está centrada no bem-estar individual e nas relações sociais – uma moralidade de *cuidados*. Segundo sua visão, a preocupação compassiva pelo bem-estar dos outros representa o nível mais alto da moralidade.

O fato de a concepção de moralidade de Gilligan diferir muito daquela de Kohlberg indica que o gênero desempenha um papel importante na determinação do que uma pessoa

Alerta de estudo

A diferença entre as abordagens de Kohlberg e Gilligan acerca do desenvolvimento moral é significativa. A teoria de Kohlberg centra-se nos estágios; e a de Gilligan, nas diferenças de gênero.

vê como moral. Embora as evidências de pesquisa não sejam definitivas, parece plausível que suas concepções diferentes do que constitui comportamento moral levem homens e mulheres a considerarem a moralidade como um comportamento específico de maneiras diferentes (Jorgensen, 2006; Sherblom, 2008; Walker & Frimer, 2009).

Desenvolvimento social: encontrando-se em um mundo social

"Quem sou eu?", "Como me encaixo no mundo?" e "Do que se trata a vida?"

Perguntas como essas assumem um significado especial durante os anos da adolescência à medida que os jovens buscam encontrar seu lugar no mundo social mais amplo. Conforme veremos, essa busca leva os adolescentes a vários caminhos.

Teoria de Erikson do desenvolvimento psicossocial: a busca pela identidade

estágio da identidade *versus* confusão de identidade De acordo com Erikson, esta é uma época na adolescência de testes importantes para determinar qualidades peculiares do indivíduo.

identidade Caráter distintivo do indivíduo: quem é cada um de nós, quais são nossos papéis e do que somos capazes.

A teoria de Erikson a respeito do desenvolvimento psicossocial enfatiza a busca pela identidade durante os anos da adolescência. Conforme observado anteriormente, o desenvolvimento psicossocial engloba a forma como o conhecimento que as pessoas têm de si mesmas, umas das outras e do mundo à sua volta modifica-se durante o curso do desenvolvimento (Erikson, 1963).

O quinto estágio da teoria de Erikson (resumida, com os outros estágios, na Fig. 3), o estágio da **identidade *versus* confusão de identidade**, abrange a adolescência. Durante esse estágio, uma época de testes importantes, as pessoas tentam determinar o que lhes é peculiar. Elas tentam descobrir quem são, quais são seus pontos fortes e para que tipos de papéis elas são mais adequadas para desempenhar pelo resto de suas vidas – em resumo, sua **identidade**. Uma pessoa confusa quanto ao papel mais apropriado a desempenhar na vida pode

Estágio	Idade aproximada	Resultados positivos	Resultados negativos
1. Confiança *versus* desconfiança	Nascimento-1 ½ ano	Sentimentos de confiança pelo apoio ambiental	Medo e preocupação em relação aos outros
2. Autonomia *versus* vergonha e dúvida	1 ½-3 anos	Autossuficiência se a exploração for encorajada	Dúvidas sobre si, falta de independência
3. Iniciativa *versus* culpa	3-6 anos	Descoberta de formas de iniciar ações	Culpa por ações e pensamentos
4. Diligência e construtividade *versus* inferioridade	6-12 anos	Desenvolvimento do senso de competência	Sentimentos de inferioridade, sem senso de domínio
5. Identidade *versus* confusão de identidade	Adolescência	Consciência de ser único, conhecimento do papel a ser seguido	Incapacidade de identificar papéis apropriados na vida
6. Intimidade *versus* isolamento	Início da idade adulta	Desenvolvimento de relações amorosas, sexuais e íntimas	Medo de relações com os outros
7. Generatividade *versus* estagnação	Idade adulta média	Sentimento de contribuição para a continuidade da vida	Trivialização das próprias atividades
8. Integridade do ego *versus* desespero	Idade adulta avançada	Sentimento de unidade nas realizações da vida	Lamento pelas oportunidades perdidas na vida

FIGURA 3 Estágios de Erikson do desenvolvimento psicossocial. De acordo com Erikson, as pessoas avançam por oito estágios do desenvolvimento psicossocial ao longo da vida. Ele pressupõe que cada estágio requer a resolução de uma crise ou um conflito, podendo produzir resultados positivos e negativos.

carecer de uma identidade estável, adotar um papel inaceitável como o de um desviante social ou ter dificuldade para manter relações pessoais íntimas posteriormente na vida (Updegraff et al., 2004; Vleioras & Bosma, 2005; Goldstein, 2006).

Durante o período da identidade *versus* confusão de identidade, um adolescente sente pressão para identificar o que fazer com sua vida. Como essas pressões surgem em uma época de mudanças físicas importantes, além de mudanças significativas no que a sociedade espera deles, os adolescentes podem considerar esse período especialmente difícil. O estágio da identidade *versus* confusão de identidade apresenta outra característica crucial: o declínio da dependência dos adultos para informações, com uma mudança para o uso do grupo de pares como fonte de julgamentos sociais. O grupo de pares torna-se cada vez mais importante, capacitando os adolescentes a formar relações próximas do tipo adulto e ajudando-os a esclarecer sua identidade social. De acordo com Erikson, o estágio da identidade *versus* confusão de identidade marca um ponto fundamental no desenvolvimento psicossocial, abrindo caminho para o crescimento contínuo e o desenvolvimento futuro das relações pessoais.

Durante a idade adulta inicial, as pessoas entram no **estágio da intimidade *versus* isolamento**. Abrangendo o período da idade adulta inicial (da pós-adolescência até o início da década dos 30 anos), esse estágio aborda o desenvolvimento de relações próximas com os outros. As dificuldades durante esse estágio resultam em sentimentos de solidão e um medo dessas relações; o sucesso na resolução das crises desse estágio resulta na possibilidade de formar relações íntimas em nível físico, intelectual e emocional.

O desenvolvimento continua durante a idade adulta média, quando as pessoas entram no **estágio da generatividade *versus* estagnação**. Generatividade é a capacidade de contribuir para a própria família, comunidade, trabalho e sociedade a fim de auxiliar no desenvolvimento da geração mais nova. O sucesso nesse estágio resulta em que a pessoa se sinta positiva quanto à continuidade da vida; as dificuldades nesse estágio levam uma pessoa a sentir que suas atividades são triviais ou estagnadas e que fez nada para as gerações seguintes. De fato, se uma pessoa não resolveu com sucesso a crise de identidade da adolescência, ela ainda pode, por exemplo, identificar uma carreira apropriada.

Finalmente, o último estágio do desenvolvimento psicossocial, o **estágio da integridade do ego *versus* desespero**, estende-se do final da idade adulta até a morte. Nesse período, um sentimento de realização significa sucesso na resolução das dificuldades apresentadas por esse estágio da vida; o fracasso em resolver as dificuldades culmina no lamento sobre o que poderia ter sido realizado, mas não foi.

Particularmente, a teoria de Erikson propõe que o desenvolvimento não se interrompe na adolescência, mas continua durante a idade adulta. Uma quantidade substancial de pesquisas confirma essa visão. Por exemplo, um estudo de 22 anos da psicóloga Susan Whitbourne encontrou apoio considerável para os aspectos fundamentais da teoria de Erikson; o estudo determinou que o desenvolvimento psicossocial continua durante a adolescência e a idade adulta. Em resumo, a adolescência não é um ponto final, mas um ponto de parada no caminho do desenvolvimento psicossocial (Whitbourne et al., 1992; McAdams et al., 1997).

Embora a teoria de Erikson forneça uma descrição ampla do desenvolvimento da identidade, os críticos apontam que sua abordagem está ancorada em conceitos de individualidade e competitividade orientados para os homens. Em uma concepção alternativa, a psicóloga Carol Gilligan destaca que as mulheres podem desenvolver a identidade pelo estabelecimento das relações. Segundo sua visão, um componente principal da identidade das mulheres é a construção de redes de cuidados entre elas e os outros (Gilligan, 2004).

estágio da intimidade *versus* isolamento De acordo com Erikson, período durante a idade adulta inicial que aborda o desenvolvimento de relações íntimas.

estágio da generatividade *versus* estagnação De acordo com Erikson, período na idade adulta média durante o qual fazemos o inventário de nossa contribuição à família e à sociedade.

estágio da integridade do ego *versus* desespero De acordo com Erikson, período a partir do final da idade adulta até a morte durante o qual examinamos as realizações e os fracassos na vida.

Alerta de estudo

A caracterização de uma adolescência turbulenta é um mito para a maioria dos adolescentes.

PsicoTec

O uso adolescente de mídias sociais com o Facebook está crescendo de modo rápido: três quartos dos adolescentes têm uma página no Facebook e um quarto deles acessa sua página continuamente durante o dia.

Adolescência tumultuada: mito ou realidade?

A puberdade invariavelmente prevê um período turbulento e rebelde da adolescência?

Anteriormente, os psicólogos acreditavam que a maioria das crianças que entravam na adolescência estava começando um período carregado de estresse e infelicidade. No entanto, as pesquisas mostram agora que essa caracterização é, em boa parte, um mito, que a maioria dos jovens passa pela adolescência sem tanta turbulência e que os pais falam com facilidade – e com muita frequência – com seus filhos a respeito de uma grande variedade de assuntos (van Wel, Linssen, & Abma, 2000; Granic, Hollenstein, & Dishion, 2003).

Mas a adolescência não é completamente calma! Na maioria das famílias com adolescentes, emergem claramente discussões e brigas. A maioria dos jovens adolescentes, como parte de sua busca pela identidade, experimenta tensão entre suas tentativas de se tornarem independentes dos pais e sua real dependência deles. Os jovens podem experimentar uma variedade de comportamentos e flertar com uma variedade de atividades que os pais, e até mesmo a sociedade como um todo, consideram censuráveis. Felizmente, porém, para a maioria das famílias, tais tensões estabilizam-se durante a metade da adolescência – em torno dos 15 ou 16 anos – e, por fim, declinam em torno dos 18 anos (Smetana, Daddis, & Chuang, 2003; Smetana, 2005).

Uma razão para o aumento na discórdia durante a adolescência parece ser o período prolongado que as crianças permanecem em casa com os pais. Em períodos históricos anteriores – e em algumas culturas não ocidentais hoje –, as crianças saíam de casa imediatamente após a puberdade e eram consideradas adultas. Hoje, no entanto, adolescentes sexualmente maduros podem passar 7 a 8 anos com os pais. As tendências sociais atuais implicam uma extensão dos conflitos da adolescência para além dos anos iniciais porque um número significativo de jovens adultos – conhecidos como *filhos bumerangue* – volta a morar com os pais, em geral por razões econômicas, depois de ter saído de casa por um período. Embora alguns pais sejam receptivos ao retorno dos filhos, outros são menos simpáticos, o que abre caminho para o conflito (Bianchi & Casper, 2000; Lewin, 2003).

Outra fonte de conflito com os pais reside na forma como os adolescentes pensam. A adolescência estimula o *egocentrismo adolescente*, um estado de autoabsorção no qual o adolescente encara o mundo a partir do próprio ponto de vista. O egocentrismo leva os adolescentes a serem altamente críticos com as figuras de autoridade, relutantes em aceitar críticas e rápidos em apontar as falhas dos outros. O egocentrismo também os faz acreditarem que são o centro da atenção de todos os outros, o que leva à autoconsciência. Além disso, eles desenvolvem *fábulas pessoais*, a crença de que sua experiência é única, excepcional e compartilhada por mais ninguém. Essas fábulas pessoais podem tornar os adolescentes vulneráveis aos riscos que ameaçam os outros (Alberts, Elkind, & Ginsberg, 2007; Schwartz, Maynard, & Uzelac, 2008; Boeve-de Pauw, Donche, & Van Petegem, 2011).

A discórdia entre pais-adolescente também ocorre porque os adolescentes estão muito mais aptos a se envolver em comportamento arriscado do que posteriormente na vida. Em grande parte, seu risco deve-se à imaturidade dos sistemas cerebrais que regulam o controle dos impulsos, alguns dos quais não se desenvolvem completamente até que as pessoas estejam na década dos 20 anos (Steinberg, 2007).

Suicídio adolescente

Embora a maioria dos adolescentes atravesse a adolescência sem dificuldades psicológicas importantes, alguns experimentam problemas psicológicos incomumente graves. Por vezes, esses problemas tornam-se tão extremos que os adolescentes tiram a própria vida. O suicídio é a terceira causa de morte entre os adolescentes (após acidentes e homicídio) nos Estados Unidos. Mais adolescentes e jovens adultos morrem por suicídio

Estas estudantes estão ajoelhadas diante do túmulo de um amigo. A taxa de suicídio entre os adolescentes aumentou significativamente durante as últimas décadas. Você consegue pensar em razões para esse fenômeno?

do que por câncer, doença cardíaca, aids, defeitos congênitos, acidente vascular cerebral, pneumonia e gripe e doença pulmonar crônica combinadas (CDC, 2004b).

Um adolescente comete suicídio a cada 90 minutos. A taxa de suicídio relatada pode, na verdade, ser subestimada, porque o pessoal médico hesita em relatar suicídio como uma causa de morte. Em vez disso, costumam rotular uma morte como acidente, em um esforço de proteger os sobreviventes. De modo geral, 200 adolescentes podem tentar suicídio para cada um que realmente tira a própria vida (CDC, 2000; Brausch & Gutierrez, 2009).

Os adolescentes do sexo masculino têm cinco vezes mais probabilidade de cometer suicídio do que os do sexo feminino, embora as garotas *tentem* suicídio com mais frequência do que os rapazes. A taxa de suicídio adolescente é significativamente maior entre os brancos do que entre os não brancos. No entanto, a taxa de suicídio dos homens afro-americanos aumentou muito mais rapidamente do que a dos homens brancos durante as duas últimas décadas. Os americanos nativos apresentam a taxa mais alta de suicídio de todos os grupos étnicos nos Estados Unidos, enquanto os americanos asiáticos têm a taxa mais baixa (CDC, 2004b; Boden, Fergusson, & Horwood, 2007; Bossarte & Swahn, 2011).

Embora a taxa de suicídio tenha declinado lentamente, as taxas ainda são mais altas para os adolescentes do que para qualquer outra faixa etária, exceto os idosos. Alguns psicólogos afirmam que o intenso aumento no estresse que os adolescentes experimentam – em termos de pressão acadêmica e social, alcoolismo, abuso de drogas e dificuldades familiares – faz os jovens mais perturbados tirarem a própria vida. Entretanto, esta não é toda a história, porque a taxa de suicídio para outras faixas etárias permaneceu reativamente estável nas últimas décadas. É improvável que o estresse tenha aumentado somente para os adolescentes e não para o restante da população (Lubell et al., 2004).

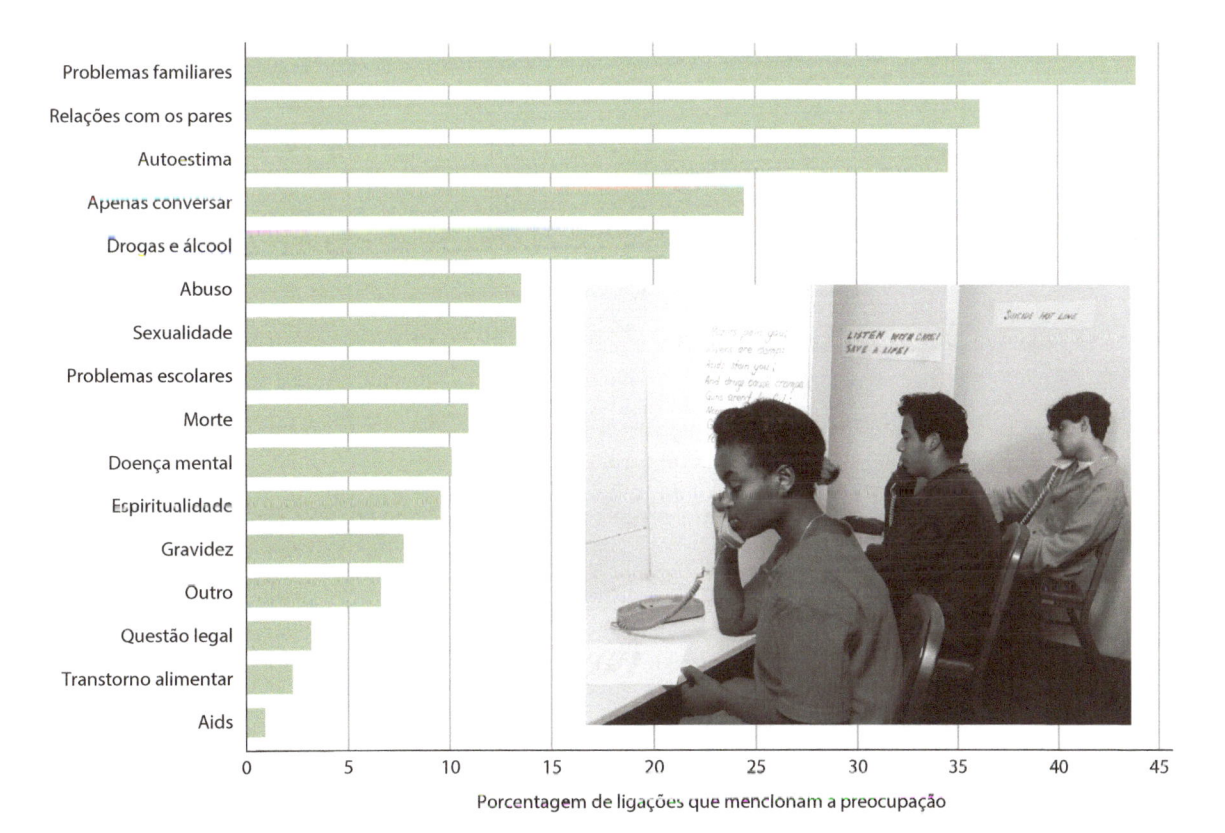

FIGURA 4 De acordo com a análise das ligações para uma linha de ajuda por telefone, os adolescentes que estavam considerando suicídio mencionavam mais frequentemente problemas com a família, relações com os pares e de autoestima.

(Fonte: Boehm & Capbell, 1995.)

Ainda que a pergunta de por que as taxas de suicídio adolescente são tão altas permaneça sem resposta, vários fatores colocam os adolescentes em risco. Um fator é a depressão, caracterizada por infelicidade, fadiga extrema e – uma variável que parece especialmente importante – um profundo sentimento de desesperança. Em outros casos, os adolescentes que cometem suicídio são perfeccionistas inibidos socialmente e propensos a uma ansiedade extrema quando se defrontam com algum desafio social ou acadêmico (ver Fig. 4; CDC, 2004b; Richardson et al., 2005; Caelian, 2006).

O *background* familiar e as dificuldades de adaptação também estão relacionados ao suicídio. Um histórico duradouro de conflitos entre pais e filhos pode conduzir a problemas de comportamento adolescente, como delinquência, evasão escolar e tendências agressivas. Além disso, os adolescentes alcoolistas e usuários de outras drogas têm uma taxa relativamente alta de suicídio (Winstead & Sanchez, 2005; Bagge & Sher, 2008; Hardt et al., 2008).

Diversos sinais de aviso indicam quando os problemas de um adolescente podem ser suficientemente graves para justificar preocupação quanto à possibilidade de tentativa de suicídio. Eles incluem os seguintes aspectos:

- Problemas escolares, como faltas à aula, abandono e mudança repentina nas notas.
- Incidentes frequentes de comportamento autodestrutivo, como acidentes por descuido.
- Perda do apetite ou comer excessivo.
- Afastamento dos amigos e pares.
- Problemas para dormir.
- Sinais de depressão, estado choroso ou indicações explícitas de transtornos psicológicos, como alucinações.
- Preocupação com a morte, a vida após a morte ou o que aconteceria "se eu morresse".
- Colocar as coisas em ordem, como, por exemplo, dar para os outros seus bens preciosos ou fazer arranjos para os cuidados de um animal de estimação.
- Anúncio explícito de pensamentos de suicídio.

Se você conhece alguém que apresenta sinais suicida, encoraje essa pessoa a buscar ajuda profissional. Você deve tomar uma atitude assertiva, como conseguir a ajuda de membros da família ou de amigos. Falar em suicídio é um forte sinal para receber ajuda, e não um segredo a ser guardado.

Explorando a DIVERSIDADE
Ritos de passagem: a chegada da maioridade ao redor do mundo

Não é fácil para os membros masculinos da tribo Awa na Nova Guiné fazer a transição de infância para a idade adulta. Primeiro vem o açoitamento com varas e galhos com espinhos pelos delitos passados dos meninos e em honra àqueles guerreiros que foram mortos em guerra. Na fase seguinte do ritual, os adultos inserem galhos afiados nas narinas dos meninos. Então eles forçam a entrada de uma vinha de 1,5 m pela garganta dos meninos até eles engasgarem e vomitarem. Finalmente, os homens da tribo cortam os genitais dos meninos, causando um grave sangramento.

Embora os ritos que marcam o amadurecimento dos meninos na tribo Awa soem aterradores para os ocidentais, eles são comparáveis aos de outras culturas. Em algumas delas, os jovens devem ajoelhar-se em carvão quente sem demonstrar que sentem dor. Em outras, as meninas devem lançar maços de algodão queimado de mão em mão e permitir que sejam mordidas por centenas de formigas (Selsky, 1997).

Outras culturas adotam cerimônias menos temíveis, embora não menos importantes, que marcam a passagem da infância para a idade adulta. Por exemplo, quando uma menina menstrua pela primeira vez nas tradicionais tribos Apaches, o evento é marcado por cânticos do amanhecer até o anoitecer. As religiões ocidentais também praticam vários tipos de celebração, incluindo *bar mitzvahs* e *bat mitzvahs* aos 13 anos para meninos e meninas judias, respectivamente, e cerimônias de confirmação para as crianças em muitas denominações cristãs (Magida, 2006).

Na maioria das sociedades, os homens são o alvo das cerimônias de amadurecimento. A renomada antropóloga Margaret Mead observou, parcialmente de brincadeira, que a preponderância das cerimônias masculinas pode refletir o fato de que "a preocupação de que os meninos não cresçam e se tornem homens é muito mais difundida do que a de que as meninas não cresçam e se tornem mulheres" (1949, p. 195). Dito de outra forma, é possível que na maior parte das culturas os homens tradicionalmente tenham um *status* mais elevado do que as mulheres e, portanto, essas culturas considerem a transição dos meninos para a idade adulta mais importante.

Contudo, outro fato pode explicar por que a maioria das culturas coloca maior ênfase nos ritos masculinos do que nos femininos. Para as mulheres, a transição da infância é marcada por um evento biológico definido: a menstruação. Para os homens, nenhum evento pode ser usado para identificar a entrada na idade adulta. Por isso, eles são forçados a se basear em rituais determinados culturalmente para reconhecer sua chegada à idade adulta.

Recapitule/avalie/repense

Recapitule

RA 29-1 Quais são as transições físicas, sociais e cognitivas principais que caracterizam a adolescência?

- A adolescência, estágio do desenvolvimento entre a infância e a idade adulta, é marcada pelo início da puberdade, o ponto em que ocorre a maturidade sexual. A idade em que a puberdade inicia apresenta implicações para a forma como as pessoas encaram a si mesmas e a forma como os outros as veem.

- Os julgamentos morais durante a adolescência aumentam em sofisticação, de acordo com o modelo em três níveis de Kohlberg. Embora os níveis de Kohlberg ofereçam uma descrição adequada dos julgamentos morais dos homens, Gilligan afirma que as mulheres encaram a moralidade em termos de cuidados pelos indivíduos, e não em termos de princípios gerais e amplos de justiça.

- De acordo com o modelo do desenvolvimento psicossocial de Erikson, a adolescência pode ser acompanhada por uma crise de identidade. A adolescência é acompanhada por mais três estágios do desenvolvimento psicossocial que abrangem a parte restante da vida.

- O suicídio é a terceira causa principal de morte entre os adolescentes.

Avalie

1. A _____ é o período durante o qual os órgãos sexuais começam a amadurecer.

2. A maturação retardada geralmente propicia a homens e mulheres uma vantagem social. Verdadeiro ou falso?

3. _____ propôs um conjunto de três níveis de desenvolvimento moral que variam desde o raciocínio com base em recompensas e punições até o pensamento abstrato que envolve conceitos de justiça.

4. Erikson acreditava que, durante a adolescência, as pessoas devem procurar pela _____, enquanto durante o início da idade adulta a tarefa principal é a _____.

Repense

1. De que maneiras as culturas escolares ajudam ou prejudicam os alunos jovens que estão passando pela adolescência? Que políticas escolares podem beneficiar as meninas de maturação precoce e os meninos de maturação tardia? Explique como algumas escolas mistas poderiam ajudar os alunos que estão atravessando a adolescência, conforme alguns argumentam.

2. *Da perspectiva de um assistente social:* Como você determinaria se um adolescente está em risco de suicídio? Que estratégias você usaria para impedir o jovem de cometer suicídio? Você empregaria estratégias diferentes dependendo do gênero do adolescente?

Respostas das questões de avaliação

1. Puberdade; 2. falso; tanto os meninos como as meninas adolescentes sofrem se amadurecem tarde; 3. Kohlberg; 4. identidade, intimidade

Termos-chave

adolescência **p. 358**
puberdade **p. 359**
estágio da identidade *versus* confusão de identidade **p. 362**
identidade **p. 362**
estágio da intimidade *versus* isolamento **p. 363**
estágio da generatividade *versus* estagnação **p. 363**
estágio da integridade *versus* desespero **p. 363**

MÓDULO 30

Idade Adulta

Resultados de Aprendizagem

RA 30-1 Quais são os principais tipos de mudanças físicas, sociais e intelectuais que ocorrem no início da idade adulta inicial e da idade adulta média e quais são suas causas?

RA 30-2 Como a realidade da idade adulta avançada difere dos estereótipos acerca desse período?

RA 30-3 Como podemos nos adaptar à morte?

idade adulta emergente
Período que inicia no final dos anos da adolescência e estende-se até a metade da década dos 20 anos.

Eu achava que ficaria melhor à medida que ficasse mais velho. Rapidamente descobri que este não era o caso no ano passado. Depois de 12 anos no futebol profissional e 12 anos antes disso no futebol amador sem nunca ter passado por uma cirurgia, nas duas últimas temporadas de minha carreira fui operado três vezes. Tudo aconteceu muito rapidamente e sem aviso. Então, comecei a me perguntar: "Isso é a idade? É isso que está acontecendo?". Porque até aquele momento nunca tinha me dado conta de que estava envelhecendo. (Brian Sipes, citado em Kotre & Hall, 1990, p. 257, 259-260)

Como ex-jogador profissional de futebol, Brian Sipes sentia intensamente as mudanças em seu corpo causadas pelo envelhecimento. Porém, os desafios que ele experimentou fazem parte de um processo normal que afeta todas as pessoas à medida que elas atravessam a idade adulta.

Os psicólogos geralmente concordam que a idade adulta começa em torno dos 20 anos e dura até cerca de 40 a 45 anos, quando inicia a idade adulta média e continua até cerca de 65 anos. Apesar da enorme importância desses períodos da vida em termos das realizações que ocorrem em todo esse tempo (juntos, eles duram 44 anos), eles foram menos estudados do que qualquer outro estágio. Por uma razão: as mudanças físicas que ocorrem durante esses períodos são menos aparentes e mais graduais do que as de outros momentos durante a vida. Além disso, as diversas mudanças sociais que surgem durante esse período desafiam a simples classificação.

A variedade de modificações que ocorrem na idade adulta inicial levaram muitos psicólogos desenvolvimentais a encarar o começo do período como uma fase transicional chamada de idade adulta emergente. **Idade adulta emergente** é o período que inicia no final dos anos da adolescência e estende-se até a metade da década dos 20 anos. Durante essa fase, as pessoas não são mais adolescentes, porém ainda não assumiram integralmente as responsabilidades da idade adulta. Em vez disso, ainda estão engajadas em determinar quem elas são e como deverá ser sua vida e seu caminho profissional (Schwartz, Côté, & Arnett, 2005; Bukobza, 2009; Lamborn & Groh, 2009).

A visão de que a idade adulta é precedida por um período estendido de idade adulta emergente reflete a realidade de que as economias dos países industrializados afastaram-se da produção para uma economia centrada na tecnologia e na informação, o que requer um aumento no tempo gasto em treinamento educacional. Além disso, a idade em que a maioria das pessoas casa e tem filhos aumentou significativamente (Arnett, 2007, 2011).

Também existe uma ambivalência crescente em relação a atingir a idade adulta. Quando pessoas no final da adolescência e início dos 20 anos são questionadas se acreditam que já chegaram à idade adulta, a maioria diz "sim e não" (ver Fig. 1). Em síntese, a idade adulta emergente é uma época de exploração da identidade na qual os indivíduos são mais autocentrados e instáveis do que serão posteriormente na idade adulta inicial (Arnett, 2000, 2006).

Enquanto discutimos as mudanças que ocorrem durante a idade adulta emergente, a idade adulta jovem, a idade adulta média e, por fim, a idade adulta avançada, tenha em mente que as demarcações entre os períodos são vagas. No entanto, as mudanças são certamente não menos profundas do que foram em períodos anteriores do desenvolvimento.

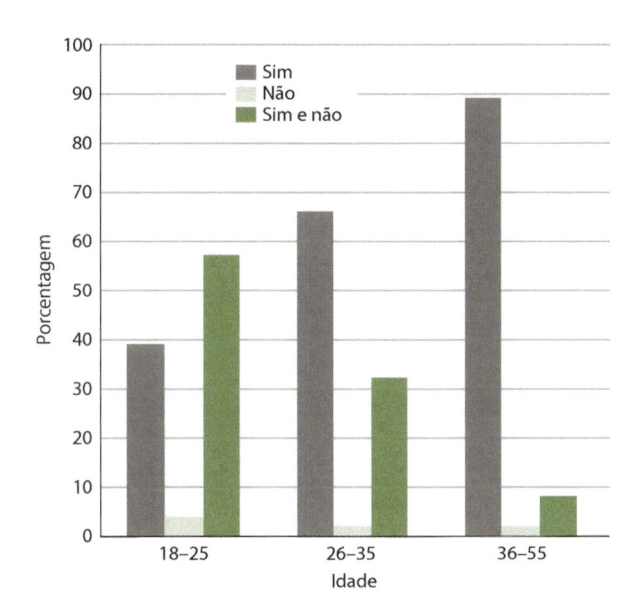

FIGURA 1 As evidências de um período de idade adulta emergente são fornecidas pelas respostas a um questionário que pergunta: "Você acredita que já chegou à idade adulta?". A maioria das pessoas entre 18 e 25 anos foi ambivalente, respondendo "sim e não". Posteriormente, essa ambivalência desapareceu, com a maioria das pessoas entre 26 e 35 anos dizendo "sim".
(Fonte: Arnett, 2000.)

Desenvolvimento físico: o auge da saúde

Para a maioria das pessoas, a idade adulta inicial marca o auge da saúde física. Por volta dos 18 anos até os 25 anos de idade, a força das pessoas é maior, seus reflexos são mais rápidos e suas chances de morrer são muito pequenas. Além disso, a capacidade reprodutiva está em seu nível mais alto.

Em torno dos 25 anos, o corpo torna-se um pouco menos eficiente e mais suscetível a doenças. De modo geral, porém, a má saúde continua a ser uma exceção; a maioria das pessoas permanece notavelmente saudável durante a idade adulta jovem. (Você consegue pensar em alguma máquina que não seja o corpo que consiga operar sem pausa por um período tão longo?)

Durante a idade adulta média, as pessoas gradualmente tomam consciência das mudanças em seu corpo. Elas com frequência experimentam ganho de peso (embora possam evitar tais aumentos com dieta e exercícios). Os órgãos do sentido gradualmente se tornam menos sensíveis, e as reações aos estímulos são mais lentas. Contudo, os declínios físicos que ocorrem durante a idade adulta média são menores e frequentemente imperceptíveis (DiGiovanna, 1994). A principal mudança biológica que ocorre durante a idade adulta média refere-se à capacidade reprodutiva. Em média, durante o final da década dos 40 anos e início da década dos 50 anos, as mulheres entram na **menopausa**, período em que elas param de menstruar e não são mais férteis. Como a menopausa é acompanhada por uma redução significativa na produção de estrogênio, um hormônio feminino, as mulheres ocasionalmente experimentam sintomas como fogachos, sensações repentinas de calor. Muitos sintomas podem ser tratados com a *terapia hormonal (TH)*, na qual as mulheres menopáusicas tomam os hormônios estrogênio e progesterona.

Entretanto, a TH apresenta vários perigos, como um aumento no risco de câncer de mama, coágulos sanguíneos e doença cardíaca coronariana. Essas incertezas tornam o uso rotineiro da TH controverso. Atualmente, o consenso médico parece ser o de que as mulheres mais jovens com sintomas menopáusicos graves devem considerar a TH a curto prazo. Todavia, a TH é menos apropriada para mulheres mais velhas após a menopausa (Lindh-

menopausa Período durante o qual as mulheres param de menstruar e não são mais férteis.

As reações das mulheres à menopausa variam significativamente entre as culturas. De acordo com um estudo, quanto mais uma sociedade valoriza a velhice, menos dificuldade as mulheres têm durante a menopausa. Por que você acha que isso ocorre?

-Astrand, Brynhildsen, & Hoffmann, 2007; Rossouw et al., 2007; MacLennan, 2009).

A menopausa já foi culpada por uma variedade de sintomas psicológicos, incluindo depressão e perda da memória. Todavia, se ocorrem tais dificuldades, elas podem ser causadas pelas expectativas das mulheres em relação a atingir a "velhice" em uma sociedade que valoriza sobremaneira a juventude. Por exemplo, as reações das mulheres à menopausa variam significativamente entre as culturas. Quanto mais uma sociedade valoriza a velhice, menos dificuldade as mulheres têm durante a menopausa (Elliot, Berman, & Kim, 2002; Beyene, Gillis, & Lee, 2007).

Para os homens, o processo de envelhecimento durante a idade adulta média é mais sutil. Não existem sinais fisiológicos do aumento da idade equivalentes ao final da menstruação nas mulheres, isto é, não há uma menopausa masculina. De fato, os homens permanecem férteis e capazes de serem pais até a idade adulta avançada. No entanto, ocorre declínio físico gradual. A produção de esperma diminui e a frequência do orgasmo tende a declinar. Também nesse caso, as dificuldades psicológicas associadas a essas mudanças são geralmente causadas pela incapacidade do indivíduo que está envelhecendo de corresponder aos padrões exagerados da juventude, e não devido à deterioração física.

Desenvolvimento social: o trabalho na vida

Enquanto as mudanças físicas durante a idade adulta refletem o desenvolvimento de uma natureza quantitativa, as transições desenvolvimentais sociais são qualitativas e mais profundas. Durante esse período, as pessoas comumente se lançam na carreira, no casamento e na família.

A entrada na idade adulta inicial costuma ser marcada pela saída do lar da infância e pelo ingresso no mundo do trabalho. As pessoas traçam objetivos de vida e fazem escolhas de carreira. Sua vida normalmente está centrada na sua carreira, o que forma uma parte importante de sua identidade (Vaillant & Vaillant, 1990; Levinson, 1990, 1992).

No início da década dos 40 anos, porém, as pessoas começam a questionar sua vida à medida que entram em um período chamado de *transição da meia-idade*. A ideia de que a vida terminará em algum momento pode tornar-se mais influente em seu pensamento, o que as leva a questionar suas realizações (Gould, 1978).

Embora alguns psicólogos – e a opinião popular – sugiram que o envelhecimento físico e a insatisfação com a própria vida marquem a assim chamada "crise da meia-idade", existem poucas evidências de tal "crise". De fato, a passagem para a meia-idade é relativamente calma para a maioria das pessoas. A maioria das pessoas de 40 anos encara sua vida e suas realizações de forma suficientemente positiva para seguir com relativa facilidade durante a meia-idade, e a década dos 40 e 50 anos é um período particularmente gratificante. Em vez de olhar para o futuro, as pessoas concentram-se no presente; seu envolvimento com a família, os amigos e outros grupos sociais assumem nova importância. Um impulso desenvolvimental importante desse período está confrontando-se com as circunstâncias pessoais (Whitbourne, 2000, 2010; Dare, 2011).

Finalmente, durante os últimos estágios da idade adulta, as pessoas aceitam mais a vida dos outros e a própria vida e estão menos preocupadas com questões ou problemas que anteriormente as incomodavam. Elas passam a aceitar o fato de que a morte é inevitável e tentam entender suas realizações em termos do significado mais amplo da vida. Embora possam começar pela primeira vez a se rotular como "velhas", muitas pessoas também desenvolvem um senso de sabedoria e sentem-se mais livres para desfrutar a vida (Baltes & Kunzmann, 2003; Miner-Rubino, Winter, & Stewart, 2004; Ward-Baker, 2007).

Casamento, filhos e divórcio: vínculos familiares

No conto de fadas típico, um homem jovem e elegante e uma jovem e bela mulher casam-se, têm filhos e são felizes para sempre. No entanto, esse cenário não combina com a realidade do amor e de casamento no século XXI. Hoje, é muito mais provável que o homem e a mulher primeiro vivam juntos, depois se casem e tenham filhos, mas por fim se divorciem.

A porcentagem de lares americanos formados por casais não casados aumentou de modo notável durante as duas últimas décadas. Ao mesmo tempo, a idade média em que acontece o casamento é mais alta do que em qualquer momento desde a virada do último século. Essas mudanças foram drásticas e sugerem que a instituição do casamento modificou-se consideravelmente desde períodos históricos anteriores.

Quando as pessoas se casam, a probabilidade de divórcio é alta, especialmente entre os casais mais jovens. Embora as taxas de divórcio venham declinando desde seu auge em 1981, cerca de metade de todos os primeiros casamentos acaba em divórcio. Antes dos 18 anos de idade, dois quintos das crianças terão a experiência de rompimento do casamento dos pais. Nesse sentido, o aumento no divórcio não é apenas um fenômeno americano: a taxa de divórcio acelerou durante as últimas décadas na maior parte dos países industrializados. Em alguns países, o aumento foi enorme. Na Coreia do Sul, por exemplo, a taxa de divórcio quadruplicou de 11% para 47% no período de 12 anos encerrado em 2002 (Schaefer, 2000; Lankov, 2004; Olson & DeFrain, 2005).

As mudanças nas tendências no casamento e divórcio duplicaram o número de lares com apenas um dos pais nos Estados Unidos durante as duas últimas décadas. Quase 25% de todas as famílias são agora chefiadas por um genitor, comparadas com 13% em 1970.

Se as tendências atuais continuarem, quase três quartos das crianças americanas passarão alguma parte de sua vida em uma família com apenas um dos pais antes de completar 18

As famílias com um genitor duplicaram na última década, com a mãe geralmente chefiando a família. Quais são alguns dos desafios que as crianças enfrentam em famílias com apenas um dos pais?

anos. Para as crianças nos lares de minorias, os números são ainda mais altos. Quase 60% de todas as crianças negras e mais de um terço de todas as crianças hispânicas vivem em famílias com apenas um dos pais. Nas famílias com apenas um dos pais, as crianças vivem com a mãe em vez de com o pai – um fenômeno que é consistente entre os grupos raciais e étnicos em todo o mundo industrializado (U.S. Bureau of the Census, 2000; Sarsour et al., 2011).

Quais são as consequências econômicas e emocionais para as crianças que vivem em lares com apenas um dos pais? Essas famílias costumam ser economicamente menos favorecidas e essa desvantagem econômica tem um impacto nas oportunidades das crianças. Mais de um terço das famílias apenas com a mãe e os filhos possui renda abaixo da linha da pobreza. Além disso, uma boa creche com um preço acessível é frequentemente difícil de encontrar. Para os filhos do divórcio, a separação dos pais é geralmente uma experiência dolorosa que pode resultar em obstáculos ao estabelecimento de relacionamentos íntimos na vida posterior. As crianças podem culpar-se pelo rompimento ou sentir pressão para tomar partido (U.S. Bureau of the Census, 2000; Wallerstein et al., 2000; Liu, He, & Wu, 2007).

A maior parte das evidências sugere, porém, que os filhos de famílias com apenas um dos pais não são menos ajustados do que aqueles das famílias com ambos os pais. De fato, as crianças podem ter mais sucesso crescendo em uma família harmoniosa com apenas um dos pais do que em uma família com ambos os pais que se envolve em conflitos contínuos (Harold et al., 1997; Clarke-Stewart et al., 2000; Kelly, 2000; Olson & DeFrain, 2005).

Trocando os papéis de homens e mulheres

Uma das principais mudanças na vida familiar nas duas últimas décadas foi a evolução dos papéis de homens e mulheres. Mais mulheres do que nunca atuam simultaneamente como esposas, mães e assalariadas – em contraste com as mulheres em casamentos tradicionais em que o marido é o único assalariado e a esposa assume a responsabilidade principal de cuidar da casa e dos filhos.

Quase 75% de todas as mulheres casadas com filhos em idade escolar estão agora empregadas fora de casa, e 55% das mães com filhos com menos de 6 anos estão trabalhando. Na metade da década de 1960, apenas 17% das mães de crianças de 1 ano trabalhavam em tempo integral; agora, mais da metade está no mercado trabalho (U.S. Bureau of the Census, 2001; Halpern, 2005).

A maioria das mulheres casadas que trabalha não está livre das responsabilidades de sua casa. Mesmo nos casamentos em que os cônjuges têm empregos com *status* similar e requerem a mesma quantidade de horas, a distribuição das tarefas em casa entre maridos e esposas não mudou substancialmente. As mulheres que trabalham ainda têm mais probabilidade do que os maridos de se sentirem responsáveis pelas tarefas tradicionais de cuidados da casa, como cozinhar e limpar. Por sua vez, os maridos ainda se veem como responsáveis sobretudo por tarefas em casa como consertar aparelhos estragados ou cuidar do pátio (Ganong & Coleman, 1999; Juster, Ono, & Stafford, 2002; Damaske, 2011).

A "dupla jornada" das mulheres

As mulheres que trabalham ocupam-se em um número impressionante de horas. Uma pesquisa, por exemplo, identificou que, se acrescentarmos o número de horas trabalhadas no emprego e em casa, as mulheres empregadas com filhos de menos de 3 anos de idade estarão ocupadas em uma média de 90 horas por semana! O trabalho adicional que elas realizam é por vezes chamado de "dupla jornada". Levantamentos nacionais mostram que mulheres que são empregadas e mães trabalham um mês extra com dias de 24 horas durante o curso de um ano. Os pesquisadores observam padrões semelhantes em muitas sociedades em desenvolvimento por todo o mundo, com as mulheres trabalhando em empregos de tempo integral e também assumindo as responsabilidades pelo cuidado dos filhos (Hochschild, 2001; Jacobs & Gerson, 2004; Bureau of Labor Statistics, 2007).

Consequentemente, em vez de a carreira ser um substituto para o que as mulheres fazem no lar, torna-se um acréscimo ao papel de dona de casa. Não é de causar surpresa que algumas esposas sintam ressentimento em relação aos maridos que dedicam menos tempo ao cuidado aos filhos e ao trabalho de casa do que elas esperavam antes do nascimento das crianças (Kiecolt, 2003; Gerstel, 2005; Fagan & Press, 2008).

Últimos anos da vida: envelhecendo

> Sempre gostei de praticar atividades nas montanhas – caminhadas ou, mais recentemente, escalada. Quanto mais difícil a escalada, mais absorvente ela é. As escaladas das quais realmente me lembro são aquelas em que tive de me esforçar. Talvez um trecho particular em que precisei de duas ou três tentativas antes de encontrar a combinação certa dos movimentos que me ajudariam a subir com facilidade – e, de preferência, com desenvoltura. É uma sensação maravilhosa chegar ao topo, sentar e talvez almoçar e apreciar a paisagem e ser tão grato por ainda ser possível fazer esse tipo de atividade. (Lyman Spitzer, 74 anos, citado em Kotre & Hall, 1990, p. 358-359)

Se você não consegue visualizar um homem de 74 anos escalando uma rocha, sua visão da idade adulta avançada pode precisar ser repensada. Apesar do estereótipo da sociedade sobre a "velhice" como uma época de inatividade e declínio físico e mental, os gerontologistas, especialistas que estudam o envelhecimento, estão começando a pintar um quadro muito diferente da idade adulta avançada.

Ao abordar o período da vida que inicia em torno dos 65 anos, os gerontologistas estão prestando importantes contribuições ao esclarecimento das capacidades dos adultos mais velhos. Seu trabalho está demonstrando que processos desenvolvimentais significativos continuam mesmo durante a velhice. E, à medida que aumenta a expectativa de vida, o número de pessoas que atinge a idade adulta avançada continuará a crescer substancialmente. Como consequência, desenvolver um conhecimento da idade adulta avançada tornou-se uma prioridade crucial para os psicólogos (Moody, 2000, Schaie, 2005b; Jia, Zack, & Thompson, 2011).

Mudanças físicas na idade adulta avançada: o envelhecimento do corpo

Tirar um cochilo, comer, caminhar, conversar. Provavelmente não é de surpreender que essas atividades relativamente não cansativas representem os passatempos típicos da idade adulta avançada. Contudo, é surpreendente que essas atividades sejam idênticas à maior parte das atividades comuns de lazer relatadas em um levantamento entre universitários (Harper, 1978). Embora os estudantes citassem passatempos mais ativos – como velejar e jogar basquete – como suas atividades favoritas, na realidade eles se envolviam em tais esportes com relativamente pouca frequência e passavam a maior parte de seu tempo livre dormindo, comendo, caminhando e conversando.

Embora as atividades de lazer nas quais os adultos mais velhos engajam-se possam não ser tão diferentes daquelas das pessoas mais jovens, é evidente que muitas mudanças físicas são causadas pelo processo de envelhecimento. As mais óbvias são as da aparência – afinamento do cabelo, tornando-se mais branco, enrugamento da pele e, por vezes, uma ligeira perda de altura à medida que se reduz a espessura dos discos entre as vértebras na coluna. Porém, mudanças mais sutis também ocorrem no funcionamento biológico do corpo. Por exemplo, as capacidades sensoriais decrescem em consequência do envelhecimento: visão, audição, paladar e olfato tornam-se menos sensíveis. O tempo de reação fica mais lento e a resistência física também se modifica (Stenklev & Laukli, 2004; Schieber, 2006; Madden, 2007).

Quais são as razões para esse declínio físico? As **teorias do envelhecimento por pré-programação genética** propõem que as células humanas apresentam um limite de tempo incorporado para sua reprodução. Essas teorias defendem que, depois de certa época, as células param de se dividir ou se tornam prejudiciais ao corpo – como se um tipo de botão automático de autodestruição tivesse sido apertado. Ao contrário, as **teorias do envelhecimento por desgaste** afirmam que as funções mecânicas do corpo simplesmente funcionam com menos eficiência à medida que as pessoas envelhecem. Os resíduos derivados da produção

teorias do envelhecimento por pré-programação genética Teorias que sugerem que as células humanas possuem um limite de tempo incorporado para a sua reprodução e que elas já não são mais capazes de se dividirem depois de certa época.

teorias do envelhecimento por desgaste Teorias que sugerem que as funções mecânicas do corpo simplesmente param de funcionar com eficiência.

de energia acabam acumulando-se e ocorrem erros quando as células dividem-se. Por fim, o corpo desgasta-se como um velho automóvel (Ly et al., 2000; Miquel, 2006; Hayflick, 2007).

As evidências apoiam tanto a visão da pré-programação genética quanto a do desgaste – e pode ser que ambos os processos contribuam para o envelhecimento natural. Está claro, de todo modo, que o envelhecimento físico não é uma doença, mas sim um processo biológico natural. Muitas funções físicas não declinam com a idade. Por exemplo, o sexo permanece prazeroso na velhice (embora a frequência da atividade sexual diminua), e algumas pessoas relatam que o prazer que sentem com o sexo aumenta durante a idade adulta avançada (Gelfand, 2000; DeLamater & Sill, 2005; Wilkin & Haddock, 2011).

Mudanças cognitivas: pensando sobre – e durante – a idade adulta avançada

Em outros tempos, muitos gerontologistas teriam concordado com a visão popular de que os adultos mais velhos são esquecidos e confusos. Hoje, porém, a maior parte das pesquisas indica que tal avaliação está longe de ser precisa para as capacidades das pessoas mais velhas.

Uma razão para a mudança nessa visão é que existem técnicas de pesquisa mais sofisticadas para o estudo das mudanças cognitivas que ocorrem na idade adulta avançada. Por exemplo, se fôssemos aplicar um teste de QI a um grupo de idosos, poderíamos constatar que o escore médio era mais baixo do que o atingido por um grupo de pessoas mais jovens. Poderíamos concluir que isso significa um declínio na inteligência. No entanto, se examinássemos um pouco mais detidamente o teste específico, poderíamos perceber que a conclusão seria injustificada. Por exemplo, muitos testes de QI incluem partes baseadas no desempenho físico (como organizar um grupo de blocos) ou em velocidade. Em tais casos, o desempenho menos satisfatório no teste de QI pode ser devido a decréscimos graduais no tempo de reação – um declínio físico que acompanha a idade adulta avançada e tem pouco ou nada a ver com as capacidades intelectuais dos adultos mais velhos.

Outras dificuldades atrapalham as pesquisas do funcionamento cognitivo durante a idade adulta avançada. Por exemplo, as pessoas idosas costumam ser menos saudáveis do que as mais jovens; quando apenas adultos idosos *saudáveis* são comparados a adultos mais jovens saudáveis, as diferenças intelectuais são muito menos evidentes. Além disso, o número médio de anos na escola é com frequência mais baixo entre os adultos idosos (por razões históricas) do que os mais jovens, e os adultos mais velhos podem ser menos motivados a ter bom desempenho nos testes de inteligência do que as pessoas mais jovens. Finalmente, os testes de QI tradicionais podem ser medidas inapropriadas da inteligência na idade adulta avançada. Os adultos mais velhos por vezes têm melhor desempenho nos testes de inteligência prática do que os indivíduos mais jovens (Willis & Schaie, 1994; Dixon & Cohen, 2003; Johnson & Deary, 2011).

No entanto, ocorrem alguns declínios no funcionamento intelectual durante a idade adulta avançada, embora o padrão das diferenças de idade não seja uniforme para os diferentes tipos de habilidades cognitivas (ver Fig. 2). Em geral, habilidades relacionadas à *inteligência fluida* (que envolve habilidades de processamento da informação, tais como memória, cálculos e solução de analogias) mostram declínio na idade adulta avançada. Ao contrário, habilidades relacionadas à *inteligência cristalizada* (inteligência baseada no acúmulo de informação, habilidades e estratégias aprendidas pela experiência) permanecem constantes e, em alguns casos inclusive melhoram (Rozencwajg et al., 2005; van Hooren, Valentijn, & Bosma, 2007; Kaufman, Johnson, & Liu, 2008).

Mesmo quando ocorrem mudanças no funcionamento intelectual durante a idade adulta avançada, as pessoas com frequência são

Alerta de estudo

Duas teorias importantes do envelhecimento – a visão da pré-programação genética e a do desgaste – explicam algumas das mudanças físicas que ocorrem em adultos mais velhos.

Embora haja declínios na inteligência fluida durante a idade adulta avançada, as habilidades relativas à inteligência cristalizada permanecem constantes e podem inclusive melhorar.

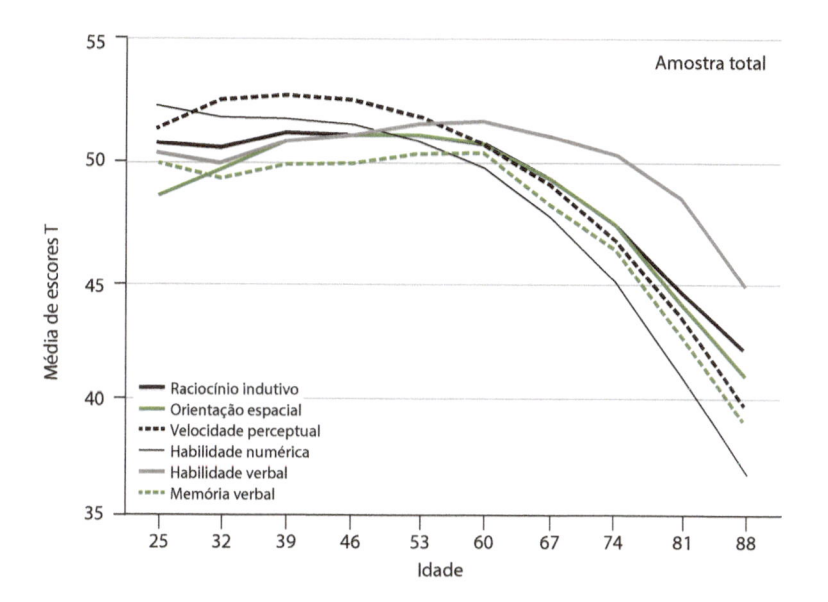

FIGURA 2 As mudanças relacionadas à idade nas habilidades intelectuais variam de acordo com a habilidade cognitiva específica em questão.

(Fonte: Schaie, K. W., 2005a. Estudos longitudinais. In *Developmental Influences on adult intelligence: The Seattle Longitudinal Study*, Figura 5.7a (p. 127). Copyright ©2005 Oxford University Press, Inc. Com permissão da Oxford University Press, Inc. www.oup.com.)

capazes de compensar algum declínio. Elas ainda podem aprender o que querem aprender; apenas pode levar mais tempo. Além disso, o ensino aos adultos idosos de estratégias para lidar com problemas novos pode prevenir declínios no desempenho (Saczynski, Willis, & Schaie, 2002; Cavallini, Pagnin, & Vecchi, 2003; Peters et al., 2007).

Mudanças na memória na idade adulta avançada: os adultos idosos são esquecidos?

Uma das características mais comumente atribuídas à idade adulta avançada é o esquecimento. Em que medida tal pressuposto é preciso?

A maior parte das evidências indica que as mudanças na memória não constituem uma parte inevitável do processo de envelhecimento. Por exemplo, pesquisas mostram que as pessoas mais velhas em culturas em que os adultos mais velhos são tidos em alta estima, como na China, têm menos probabilidade de apresentar perdas de memória do que aqueles que vivem em culturas em que a expectativa é de que a memória decline. Igualmente, quando as pessoas idosas nas sociedades ocidentais são lembradas das vantagens da idade (p. ex., "a idade traz sabedoria"), elas tendem a se sair melhor nos testes de memória (Levy, 1996; Hess, Hinson, & Statham, 2004; Dixon, Rust, & Feltmate, 2007).

Mesmo quando as pessoas apresentam declínios na memória durante a idade adulta avançada, seus déficits são limitados a certos tipos de memória. Por exemplo, as perdas tendem a ser limitadas a memórias episódicas que se relacionam a experiências específicas na vida das pessoas. Outros tipos de memória, como as memórias semânticas (que se referem a conhecimento geral e a fatos) e as memórias implícitas (memórias das quais não temos consciência), são em grande parte afetadas pela idade (Fleischman et al., 2004; Mitchell & Schmitt, 2006; St. Jacques & Levine, 2007).

Os declínios nas memórias episódicas podem com frequência ser associados a mudanças na vida dos adultos mais velhos. Por exemplo, não é de causar surpresa que uma pessoa aposentada, que já não pode mais enfrentar o mesmo tipo de desafios intelectuais consistentes encontrados no trabalho, possa ter menos prática no uso da memória ou mesmo estar menos motivada para se lembrar das coisas, o que leva a um declínio aparente na memória. Mesmo nos casos em que a memória de longo prazo declina, os adultos mais velhos podem tirar proveito de treinamentos que são voltados para habilidades de memória (Fritsch et al., 2007; West, Bagwell, & Dark-Freudeman, 2007; Morcom & Friston, 2011).

No passado, dizia-se que os idosos com casos graves de declínio da memória acompanhados por outros déficits cognitivos sofriam de senilidade. *Senilidade* é um termo amplo e

Manter interesses e atividades que se tinha durante a meia-idade pode contribuir para uma idade adulta avançada mais bem-sucedida, de acordo com a teoria do envelhecimento da atividade.

impreciso aplicado a adultos idosos que experimentam deterioração progressiva das habilidades mentais, incluindo perda da memória, desorientação no tempo e no espaço e confusão geral. Anteriormente tido com um estado inevitável que acompanha o envelhecimento, a senilidade é agora vista pela maioria dos gerontologistas como um rótulo que sobreviveu à sua utilidade. Em vez de a senilidade ser a causa de certos sintomas, os sintomas é que são considerados como causados por algum outro fator.

Alguns casos de perda da memória, no entanto, são produzidos por doença real. Por exemplo, a **doença de Alzheimer** é um transtorno cerebral progressivo que leva a um declínio gradual e irreversível nas habilidades cognitivas. Mais de 5 milhões de americanos têm a doença e uma em cada oito pessoas com mais de 65 anos é afetada por ela. A menos que seja encontrada uma cura, cerca de 14 milhões de pessoas terão Alzheimer até 2050 (Feinberg, 2002; Hurt et al., 2005; Rogers, 2007; Alzheimer's Association, 2009).

doença de Alzheimer
Distúrbio cerebral progressivo que leva a um declínio gradual e irreversível nas habilidades cognitivas.

A doença de Alzheimer ocorre quando a produção da proteína precursora beta-amiloide está alterada, gerando grupos de células que desencadeiam inflamação e deterioração dos nerônios. O cérebro encolhe, os neurônios morrem e várias áreas do hipocampo e dos lobos frontal e temporal deterioram-se. Até o momento, não existe um tratamento eficaz (Wolfe, 2006; Medeiros et al., 2007; Behrens, Lendon, & Roe, 2009).

Em outros casos, os declínios cognitivos são causados por ansiedade e depressão temporárias, que podem ser tratadas com sucesso, ou inclusive ser devido a excesso de medicamentos. O perigo é de que as pessoas com tais sintomas possam ser deixadas sem tratamento, continuando assim o declínio (Selkoe, 1997; Sachs-Ericsson et al., 2005).

Em resumo, os declínios no funcionamento cognitivo na idade adulta avançada não são inevitáveis em sua maior parte. A chave para a manutenção das habilidades cognitivas reside na estimulação intelectual. Assim como nós, os adultos idosos precisam de um ambiente estimulante para aperfeiçoar e manter suas habilidades (Bosma et al., 2003; Glisky, 2007; Hertzog et al., 2008).

Alerta de estudo
É importante saber descrever a natureza das mudanças intelectuais durante a idade adulta avançada.

O mundo social da idade adulta avançada: velho, mas não sozinho

Assim como a visão de que a idade avançada previsivelmente significa declínio mental revelou-se estar errada, o mesmo acontece com a visão de que a idade adulta avançada inevitavelmente traz solidão. As pessoas na idade adulta avançada mais comumente se veem como membros ativos da sociedade; apenas um pequeno número delas relata que a solidão é um problema sério (Binstock & George, 1996; Jylha, 2004; Berkman, Ertel, & Glymour, 2011).

Certamente, a idade adulta avançada traz desafios significativos. As pessoas que passaram a vida adulta trabalhando e depois se aposentam sentem uma grande alteração no papel que

As pessoas na idade adulta avançada usualmente se veem como membros ativos e bem integrados da sociedade e muitos mantêm atividades nas quais participaram anteriormente na vida.

desempenham. Além disso, muitas pessoas enfrentam a morte de seu cônjuge. Especialmente se o casamento foi longo e prazeroso, a morte de um parceiro significa a perda de um companheiro, confidente e amante. Isso também pode causar mudanças no bem-estar econômico.

Não existe uma maneira única de envelhecer com sucesso. De acordo com a **teoria do envelhecimento do descomprometimento**, o envelhecimento produz um retraimento gradual do mundo nos níveis físico, psicológico e social. No entanto, tal descomprometimento serve ao propósito importante de oferecer uma oportunidade para o aumento da reflexão e uma redução no investimento emocional nos outros em um momento da vida em que as relações sociais inevitavelmente são encerradas pela morte (Adams, 2004; Wrosch, Bauer, & Scheier, 2005).

Como poucas pesquisas apoiam a teoria do descomprometimento, foram sugeridas teorias alternativas. De acordo com a **teoria do envelhecimento da atividade**, as pessoas mais bem-sucedidas no envelhecimento são aquelas que mantêm os interesses, as atividades e o nível de interação social que experimentavam durante a idade adulta média. A teoria da atividade argumenta que a idade adulta avançada deve refletir uma continuação, tanto quanto possível, das atividades das quais as pessoas participaram anteriormente ao longo da vida (Crosnoe & Elder, 2002; Nimrod & Kleiber, 2007).

Embora a maior parte das pesquisas apoie a teoria da atividade, nem todas as pessoas na idade adulta avançada precisam de uma vida repleta de atividades e interação social para serem felizes; como em cada estágio da vida, alguns adultos idosos satisfazem-se levando uma existência relativamente inativa e solitária. O que pode ser mais importante é como as pessoas encaram o processo de envelhecimento: evidências mostram que as autopercepções positivas do envelhecimento estão associadas à longevidade aumentada (Levy et al., 2002; Levy & Myers, 2004).

Independentemente de como as pessoas envelhecem, a maioria delas se engaja em um processo de **revisão da vida** no qual examina e avalia a sua vida. Relembrando e reconsiderando o que ocorreu no passado, as pessoas na idade adulta avançada com frequência chegam a uma melhor compreensão de si mesmas. Elas, por vezes, resolvem problemas e conflitos persistentes bem como enfrentam sua vida com maior sabedoria e serenidade.

Evidentemente, as pessoas na idade adulta avançada não estão apenas marcando o tempo até a morte. Em vez disso, a velhice é uma época de crescimento e desenvolvimento continuados tão importante quanto qualquer outro período da vida.

teoria do envelhecimento do descomprometimento Teoria que defende que o envelhecimento produz um retraimento gradual do mundo nos níveis físico, psicológico e social.

teoria do envelhecimento da atividade Teoria que argumenta que os idosos que são mais bem-sucedidos enquanto envelhecem são aqueles que mantêm os interesses e as atividades que tinham durante a meia-idade.

revisão da vida Processo pelo qual as pessoas examinam e avaliam a sua vida.

TORNANDO-SE UM CONSUMIDOR INFORMADO de Psicologia
Adaptando-se à morte

Em algum momento em nossa vida, todos nos defrontamos com a morte – certamente a nossa, assim como a de amigos, entes queridos e até mesmo de estranhos. Embora não haja algo mais inevitável na vida, a morte continua sendo um tema assustador e carregado de emoção. Sem dúvida, poucos eventos são mais estressantes do que a morte de uma pessoa amada ou a contemplação de nossa morte iminente, e a preparação para a morte é uma das tarefas desenvolvimentais mais cruciais do ser humano (Aiken, 2000).

Em poucas gerações atrás, falar da morte era um tabu. O assunto nunca era mencionado para pessoas que estavam morrendo, e os gerontologistas tinham pouco a dizer a respeito. Isso mudou, no entanto, com o trabalho pioneiro de Elisabeth Küber-Ross (1969), que trouxe o assunto acerca da morte à tona com sua observação de que aqueles que se defrontam com a morte iminente tendem a passar por cinco estágios:

- *Negação*. Nesse estágio, as pessoas resistem à ideia de que estão morrendo; mesmo que lhes digam que suas chances de sobrevivência são pequenas, elas se recusam a admitir que estão defrontando-se com a morte.
- *Raiva*. Depois de passar pelo estágio da negação, as pessoas que estão morrendo ficam com raiva – raiva das pessoas à sua volta que estão com boa saúde, raiva dos profissionais médicos por serem ineficientes, raiva de Deus.
- *Negociação*. A raiva leva à negociação, ou seja, as pessoas que estão morrendo tentam pensar em formas de adiar a morte. Elas podem decidir dedicar sua vida à religião se Deus as salvar e, por exemplo, dizer: "Se pelo menos eu conseguir viver para ver meu filho casado, então aceitarei a morte".
- *Depressão*. Quando as pessoas que estão morrendo percebem que a negociação de nada serve, elas passam para o estágio seguinte: a depressão. Elas percebem que sua vida realmente está chegando ao fim, o que leva ao que Kübler-Ross chama de "luto preparatório" pela própria morte.
- *Aceitação*. Nesse estágio, as pessoas aceitam a morte iminente. Em geral, estão sem emoção e incomunicáveis; é como se tivessem feito as pazes consigo e estão esperando a morte sem amargura.

É importante ter em mente que ninguém experimenta cada um desses estágios da mesma maneira. De fato, os estágios de Kübler-Ross referem-se apenas àquelas pessoas que estão totalmente conscientes de que estão morrendo e têm tempo para avaliar a morte iminente. Além disso, ocorrem grandes diferenças na forma como os indivíduos reagem à morte iminente. A causa específica e a duração da morte, assim como o sexo da pessoa, a idade, a personalidade e o tipo de apoio recebido da família e dos amigos, têm impacto no modo como a pessoa responde à morte (Carver & Scheier, 2002; Coyle, 2006).

Poucos de nós apreciam a contemplação da morte. Todavia, o conhecimento de seus aspectos e consequências psicológicas pode tornar sua chegada inevitável menos causadora de ansiedade e talvez mais compreensível.

Recapitule/avalie/repense

Recapitule

RA 30-1 Quais são os principais tipos de mudanças físicas, sociais e intelectuais que ocorrem no início da idade adulta inicial e da idade adulta média e quais são suas causas?

- A idade adulta inicial marca o auge da saúde física. Ocorrem mudanças físicas relativamente graduais em homens e mulheres durante a idade adulta.
- Uma mudança física importante ocorre no final da idade adulta média para as mulheres: elas ingressam na menopausa, depois da qual não são mais férteis.
- Durante a idade adulta média, as pessoas experimentam uma transição da meia idade na qual a noção de que a vida terá fim torna-se mais importante. Em alguns casos, isso pode levar a uma crise da meia-idade, embora tal passagem seja relativamente calma.
- À medida que o envelhecimento continua durante a idade adulta média, as pessoas percebem na década dos 50 anos que sua vida e suas realizações estão bem-definidas e tentam acertar as contas com elas.
- Entre os marcos desenvolvimentais importantes durante a idade adulta estão o casamento, as mudanças na família e o divórcio. Outro determinante importante do desenvolvimento adulto é o trabalho.

RA 30-2 Como a realidade da idade adulta avançada difere dos estereótipos acerca desse período?

- A velhice pode acarretar declínios físicos marcantes causados pela pré-programação genética ou pelo desgaste físico. Embora as atividades das pessoas na idade adulta avançada não sejam tão diferentes daquelas dos indivíduos mais jovens, as pessoas mais velhas experimentam declínios no tempo de reação, nas habilidades sensoriais e na resistência física.
- Os declínios intelectuais não representam uma parte inevitável do envelhecimento. A inteligência fluida não declina com a idade e as habilidades de memória de longo prazo estão às vezes prejudicadas. Por sua vez, a inteligência cristalizada apresenta pequenos aumentos com a idade, e a memória de curto prazo permanece aproximadamente no mesmo nível.
- Embora a teoria do descomprometimento considere o envelhecimento bem-sucedido como um processo de afastamento gradual do mundo físico, psicológico e social, existem poucas pesquisas que apoiam essa visão. Em vez disso, a teoria da atividade, que defende que a manutenção dos interesses e das atividades de anos anteriores leva a um envelhecimento bem-sucedido, é a explicação mais precisa.

RA 30-3 Como podemos nos adaptar à morte?

- De acordo com Elisabeth Kübler-Ross, as pessoas que estão morrendo atravessam cinco estágios enquanto enfrentam a morte: negação, raiva, negociação, depressão e aceitação.

Avalie

1. Rob recentemente fez 40 anos e avaliou seus objetivos e realizações até o momento. Embora tenha alcançado várias conquistas, ele percebeu que muitos de seus objetivos não serão atingidos. Esse estágio é chamado de _____ _____ _____.
2. Nos lares em que ambos os pais têm empregos similares, a divisão do trabalho que geralmente ocorre é a mesma que nos lares "tradicionais" onde o marido trabalha e a esposa fica em casa. Verdadeiro ou falso?
3. As teorias de _____ _____ propõem que existe uma duração de tempo máxima em que as células são capazes de se reproduzir. Esse limite de tempo explica o eventual declínio do corpo.
4. Escores mais baixos no teste de QI durante a idade adulta avançada não significam necessariamente um decréscimo na inteligência. Verdadeiro ou falso?
5. Durante a velhice, a inteligência _____ de uma pessoa continua a aumentar, enquanto a inteligência _____ pode declinar.
6. No estágio de _____ de Kübler-Ross, as pessoas resistem à ideia da morte. No estágio de _____, elas tentam fazer acordos para evitar a morte e, no estágio da _____, elas esperam a morte passivamente.

Repense

1. A possibilidade de que a vida possa ser estendida por várias décadas é uma bênção questionável? Que consequências sociais podem surgir em um tempo de vida estendido?
2. *Da perspectiva de um prestador de cuidados à saúde.* Que tipos de recomendações você faria aos pacientes idosos sobre como lidar com o envelhecimento? Como você lidaria com alguém que acreditasse que envelhecer só tem consequências negativas?

Respostas das questões de avaliação

1. transição da meia-idade; 2. verdadeiro; 3. pré-programação genética; 4. verdadeiro; 5. cristalizada, fluida; 6. negação, negociação, aceitação.

Termos-chave

idade adulta emergente p. 368
menopausa p. 369
teorias do envelhecimento por pré-programação genética p. 373
teoria do envelhecimento por desgaste p. 373
doença de Alzheimer p. 376
teoria do envelhecimento do descomprometimento p. 377
teorias do envelhecimento da atividade p. 377
revisão da vida p. 377

Recordando

Epílogo

Acompanhamos os principais eventos no desenvolvimento do crescimento físico, social e cognitivo ao longo da vida. Evidentemente, as pessoas mudam durante a vida.

À medida que exploramos cada área do desenvolvimento, novamente nos deparamos com a questão da natureza-criação, concluindo em cada caso significativo que a natureza e a criação contribuem para o desenvolvimento das habilidades, da personalidade e das interações de uma pessoa. Especificamente, nossa herança genética – natureza – define fronteiras gerais nas quais podemos avançar e crescer; nosso ambiente – criação – ajuda a determinar até que ponto aproveitamos nosso potencial.

Antes de passarmos para o próximo conjunto de módulos, voltemo-nos mais uma vez para o prólogo no início deste capítulo que discutiu a ansiedade de Rosie Boycott referente a fazer 60 anos. Usando seu conhecimento acerca do desenvolvimento humano, considere as seguintes perguntas:

1. Quais seriam alguns dos marcos desenvolvimentais que Rosie Boycott mencionou experimentar durante décadas anteriores de sua vida?
2. Rose tinha uma perspectiva realista sobre a entrada na velhice? Se você fosse a melhor amiga de Rosie, o que diria para ajudá-la a ficar mais otimista em relação a fazer 60 anos?
3. Rose estava certa em pensar que se encontrava à beira de se tornar irrelevante? Justifique.
4. Que estratégias Rosie poderia usar para permanecer saudável, com vigor e cognitivamente ativa durante seus anos dourados?

RESUMO VISUAL 9 Desenvolvimento

MÓDULO 27 Natureza e Criação: a Questão Desenvolvimental Remanescente

Técnicas de pesquisa desenvolvimental
- Transversal, longitudinal, sequencial

Aspectos básicos da genética: cromossomos e genes

Desenvolvimento precoce 
- Zigoto: um óvulo fertilizado
- Embrião: entre 2 e 8 semanas de idade após a concepção 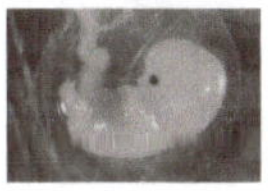
- Feto: entre 8 semanas e o nascimento
- Idade de viabilidade: cerca de 22 semanas desde a concepção

Natureza e criação
- Natureza: refere-se a fatores hereditários
- Criação: refere-se a influências ambientais

MÓDULO 28 Primeira Infância e Infância

O extraordinário recém-nascido 
- Reflexos: perioral, sucção, mordaça, Babinski
- Desenvolvimento dos sentidos

Da primeira infância até metade da infância, em torno de 12 anos
- Desenvolvimento físico: crescimento rápido
- Desenvolvimento social 
  - Apego: vínculo emocional positivo entre a criança e o cuidador
  - Situação estranha de Ainsworth
  - Relações sociais com os pares
- Cuidados à criança fora do lar
- Quatro estilos parentais
- Teoria do desenvolvimento psicossocial de Erikson
  - Estágio da confiança *versus* desconfiança: do nascimento até 1 ½ ano
  - Estágio da autonomia *versus* vergonha e dúvida: 1 ½ a 3 anos
  - Estágio da iniciativa *versus* culpa: 3 a 6 anos
  - Estágio da diligência e construtividade *versus* inferioridade: 6 a 12 anos
- Desenvolvimento cognitivo
  - Teoria de Piaget do desenvolvimento cognitivo

Estágio cognitivo	Faixa de idade aproximada	Características principais
Sensório-motor	Nascimento-2 anos	Desenvolvimento da constância objetal, desenvolvimento de habilidades motoras, pouca ou nenhuma capacidade de representação simbólica
Pré-operatório	2-7 anos	Desenvolvimento da linguagem e do pensamento simbólico, pensamento egocêntrico
Operatório concreto	7-12 anos	Desenvolvimento da conservação, domínio do conceito de reversibilidade
Operatório formal	12 anos-idade adulta	Desenvolvimento do pensamento lógico e abstrato

  - Abordagens do processamento da informação

MÓDULO 29 Adolescência: Tornando-se Adulto

Desenvolvimento físico: ganho rápido de peso e altura; início da puberdade

Desenvolvimento moral e cognitivo: mudanças no raciocínio moral

Nível	A favor de roubar o medicamento	Contra roubar o medicamento
Nível 1 Moralidade pré-convencional. Neste nível, os interesses concretos do indivíduo são considerados em termos de recompensas e punições.	"Se deixar sua esposa morrer, você terá problemas. Você será acusado por não ter gastado dinheiro para salvá-la e haverá uma investigação sobre você e o farmacêutico pela morte de sua esposa."	"Você não deve roubar o medicamento porque será preso se fizer isso. Se você escapar, sua consciência vai incomodá-lo pensando que a polícia poderá capturá-lo a qualquer minuto."
Nível 2 Moralidade convencional. Neste nível, as pessoas abordam os problemas morais como membros da sociedade. Elas estão interessadas em agradar aos outros, agindo como bons cidadãos.	"Se deixar sua mulher morrer, você nunca conseguirá olhar alguém nos olhos novamente."	"Depois de roubar o medicamento, você se sentirá mal pensando em como trouxe desonra para sua família e a si mesmo; você não vai conseguir encarar ninguém de novo."
Nível 3 Moralidade pós-convencional. Neste nível, as pessoas usam princípios morais que são vistos como mais amplos do que os de uma sociedade particular.	"Se você não roubar o medicamento é deixar sua esposa morrer, você sempre se condenará por isso posteriormente. Você não será acusado e terá ficado à margem da lei, mas terá agido de acordo com sua consciência e os padrões de honestidade."	"Se você roubar o medicamento, não será acusado pelas outras pessoas, mas se condenará porque não terá agido de acordo com sua consciência e os padrões de honestidade."

Desenvolvimento social: teoria de Erikson do desenvolvimento psicossocial

Estágio	Idade aproximada	Resultados positivos	Resultados negativos
1. Confiança versus desconfiança	Nascimento-1 ½ ano	Sentimentos de confiança pelo apoio ambiental	Medo e preocupação em relação aos outros
2. Autonomia versus vergonha e dúvida	1 ½-3 anos	Autossuficiência se a exploração for encorajada	Dúvida sobre si mesmo, falta de independência
3. Iniciativa versus culpa	3-6 anos	Descoberta de formas de iniciar ações	Culpa por ações e pensamentos
4. Diligência e construtividade versus inferioridade	6-12 anos	Desenvolvimento do senso de competência	Sentimentos de inferioridade, sem senso de domínio
5. Identidade versus confusão de identidade	Adolescência	Consciência de ser único, conhecimento do papel a ser seguido	Incapacidade de identificar papéis apropriados na vida
6. Intimidade versus isolamento	Início da idade adulta	Desenvolvimento de relações amorosas, sexuais e íntimas	Medo de relações com os outros
7. Generatividade versus estagnação	Idade adulta média	Sentimento de contribuição para a continuidade da vida	Trivialização das próprias atividades
8. Integridade do ego versus desespero	Idade adulta avançada	Sentimento de unidade nas realizações da vida	Lamento pelas oportunidades perdidas na vida

MÓDULO 30 Idade Adulta

Desenvolvimento físico 
- Idade adulta inicial: auge da saúde
- Idade adulta média: menopausa para as mulheres

Desenvolvimento social
- Idade adulta jovem: foco na carreira, casamento, família
- Transição da meia-idade: relativamente calma, ajuste de contas com outras circunstâncias
- Idade adulta avançada: aceitação dos outros e das próprias circunstâncias

Casamento, filhos e divórcio
- As pessoas se casam mais tarde do que antes; quase metade de todos os primeiros casamentos termina em divórcio
- Muitos lares com apenas um dos pais

Envelhecendo: Idade adulta avançada
- Mudanças físicas
  - Teoria do envelhecimento da pré-programação genética
  - Teoria do envelhecimento do desgaste
- Mudanças cognitivas
  - Inteligência fluida declina; inteligência cristalizada permanece constante
  - Mudança na memória não inevitável
    - Doença de Alzheimer: transtorno cerebral gradual e irreversível que leva a um declínio nas habilidades cognitivas
- Mundo social 
  - Teoria do envelhecimento do descomprometimento
  - Teoria do envelhecimento da atividade

10
Personalidade

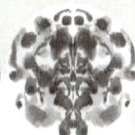

Resultados de Aprendizagem para o Capítulo 10

MÓDULO 31

RA 31-1 Como os psicólogos definem e empregam o conceito de personalidade?

RA 31-2 O que as teorias de Freud e seus sucessores dizem acerca da estrutura e do desenvolvimento da personalidade?

Abordagens Psicodinâmicas da Personalidade

Teoria psicanalítica de Freud: mapeando a mente inconsciente

Os psicanalistas neofreudianos: baseando-se em Freud

MÓDULO 32

RA 32-1 Quais são os principais aspectos das abordagens do traço, da aprendizagem, biológica e evolucionista e humanista da personalidade?

Abordagens do Traço, da Aprendizagem, Biológica e Evolucionista e Humanista da Personalidade

Abordagens do traço: colocando rótulos na personalidade

Aplicando a Psicologia no Século XXI: A geração auto-obcecada?

Abordagens da aprendizagem: somos o que aprendemos

Abordagens biológica e evolucionista: nascemos com personalidade?

A Neurociência em sua Vida: Ligado em correr riscos – os fundamentos biológicos da personalidade

Abordagens humanistas: sua singularidade

Comparando as abordagens da personalidade

MÓDULO 33

RA 33-1 Como podemos avaliar a personalidade com maior precisão?

RA 33-2 Quais são os principais tipos de medidas da personalidade?

Avaliando a Personalidade: Determinando os que nos Torna Diferentes

Explorando a Diversidade: Raça e etnia deveriam ser usadas para estabelecer normas?

Medidas de autorrelato da personalidade

Métodos projetivos

Avaliação comportamental

TrabalhoPsi: Gerente de recursos humanos

Tornando-se um Consumidor Informado de Psicologia: Avaliando os testes de personalidade

Prólogo *Quem é a verdadeira Lori Berenson?*

Do pátio da escola para o pátio da cadeia: a odisseia de Lori Berenson

Para seus pais, Lori Berenson era uma pessoa doce e carinhosa, que sempre zelava pelos oprimidos. Mesmo quando criança, ela defendia os colegas de aula que eram tratados injustamente nas escolas públicas. Quando cresceu, ela trabalhou em cozinhas de sopa solidárias na cidade de Nova York e em bancos de sangue, sempre ajudando as pessoas necessitadas. Era uma aluna excelente, tendo se formado em antropologia em uma faculdade de prestígio. Quando decidiu estudar na América do Sul e depois abandonar a faculdade para viver e trabalhar no Peru, tal atitude não parecia estar em desacordo: seus pais viam isso como uma continuação do interesse dela em ajudar os oprimidos.

Para o governo do Peru, no entanto, Lori Berenson era uma terrorista violenta, um membro do grupo rebelde Túpac Amaru. Presa por obter informações para o grupo, foi levada a julgamento, onde os acusadores apresentaram evidências de que ela havia fornecido aos rebeldes uma planta completa do Congresso peruano. Disseram que sua caligrafia indicava localizações específicas de onde os legisladores estavam sentados e dos guardas de segurança. Ela também foi acusada de dar dinheiro para a compra de um veículo para transportar armas e de ter doutrinado os rebeldes.

Antes de ser sentenciada, Berenson gritou desafiadoramente: "Fui condenada por causa de minha preocupação com a fome e a miséria que existem aqui". Para seus pais, aquilo fazia sentido. Para o juiz, era simplesmente a indicação de que ela era uma revolucionária violenta, envolvida em uma teia de terrorismo. Ele a sentenciou à prisão perpétua (Egan, 2011).

Olhando à frente

Lori Berenson era apenas uma boa samaritana inocente, agindo legalmente para ajudar os necessitados, ou ela era – como insistia o governo peruano – membro de um violento grupo terrorista?

Muitas pessoas, como Lori Berenson, apresentam aspectos diferentes de sua personalidade, aparecendo de uma maneira para alguns e de maneira muito diferente para outros. A determinação do que uma pessoa realmente é pertence a um ramo da psicologia que procura compreender as formas características como se comportam as pessoas – a psicologia da personalidade.

Personalidade é o padrão de características constantes que produzem consistência e individualidade em determinada pessoa. Abrange os comportamentos que nos tornam únicos e que nos diferenciam dos outros. Também nos leva a agir consistentemente em diferentes situações e por longos períodos de tempo.

Examinaremos várias abordagens da personalidade. Por razões históricas, começamos pelas teorias psicodinâmicas da personalidade, que enfatizam a importância do inconsciente. A seguir, examinamos as abordagens que se concentram na identificação dos traços mais fundamentais da personalidade; teorias que encaram a personalidade como um conjunto de comportamentos aprendidos; perspectivas biológicas e evolucionistas sobre a personalidade; e abordagens, conhecidas como teorias humanistas, que destacam os aspectos unicamente humanos da personalidade. Encerramos nossa discussão abordando como a personalidade é medida e como os testes de personalidade podem ser usados.

personalidade Padrão de características constantes que produzem consistência e individualidade em determinada pessoa.

MÓDULO 31
Abordagens Psicodinâmicas da Personalidade

O estudante universitário queria causar uma boa primeira impressão para uma mulher atraente que ele havia visto em uma sala cheia de pessoas em uma festa. Enquanto caminhava em sua direção, ele remoía uma frase que tinha ouvido em um filme antigo na noite anterior: "Não acredito que ainda não tenhamos sido apresentados (em inglês, *introduced*) apropriadamente". Para seu horror, o que aconteceu foi um pouco diferente. Depois de trilhar o caminho em meio à multidão, ele finalmente chegou até a mulher e deixou escapar: "Não acredito que ainda não tenhamos sido seduzidos (em inglês, *seduced*) apropriadamente".

Embora o engano desse estudante possa parecer meramente um embaraçoso lapso de linguagem, de acordo com alguns teóricos da personalidade tal engano não é absolutamente um erro (Motley, 1987). Em vez disso, os *teóricos psicodinâmicos da personalidade* podem argumentar que o erro ilustra uma forma pela qual o comportamento é desencadeado por forças internas que estão além de nossa consciência. Esses impulsos ocultos, moldados pelas experiências infantis, desempenham um papel importante na energização e no direcionamento do comportamento diário.

As **abordagens psicodinâmicas da personalidade** estão baseadas na ideia de que a personalidade é motivada por forças e conflitos internos sobre os quais as pessoas têm pouca consciência e não possuem controle. O pioneiro mais importante da abordagem psicodinâmica foi Sigmund Freud. Inúmeros seguidores de Freud, incluindo Carl Jung, Karen Horney e Alfred Adler, refinaram a teoria de Freud e desenvolveram as próprias abordagens psicodinâmicas.

Teoria psicanalítica de Freud: mapeando a mente inconsciente

Sigmund Freud, um médico austríaco, desenvolveu a **teoria psicanalítica** no início da década de 1900. De acordo com a teoria de Freud, a experiência consciente é apenas uma pequena parte de nossa constituição e experiência psicológica. Ele argumentou que grande parte de nosso comportamento é motivada pelo **inconsciente**, uma porção da personalidade que contém memórias, conhecimentos, crenças, sentimentos, desejos, impulsos e instintos dos quais o indivíduo não está consciente.

Assim como a massa maior de um *iceberg* flutuante não é vista, o conteúdo do inconsciente ultrapassa em quantidade as informações em nosso consciente. Freud argumentava que, para entender a personalidade, é necessário expor o que está no inconsciente. Mas como o inconsciente disfarça o significado do material que ele contém, o conteúdo do inconsciente não pode ser observado diretamente. É, portanto, necessário interpretar os sinais do inconsciente – lapsos de linguagem, fantasias e sonhos – para compreender os processos inconscientes que direcionam o comportamento. Um lapso de linguagem como o citado anteriormente (por vezes denominado *lapso freudiano*) pode ser interpretado como revelador de desejos sexuais inconscientes de quem está falando.

Para Freud, boa parte de nossa personalidade é determinada pelo inconsciente. Parte do inconsciente é formada pelo pré-consciente, que contém material que não é ameaçador e é facilmente trazido à mente, como o conhecimento de que 2 + 2 = 4. Porém, mais fundo no inconsciente estão os impulsos instintivos – anseios, desejos, demandas e necessidades

---

Resultados de Aprendizagem

RA 31-1 Como os psicólogos definem e empregam o conceito de personalidade?

RA 31-2 O que as teorias de Freud e seus sucessores dizem acerca da estrutura e do desenvolvimento da personalidade?

abordagens psicodinâmicas da personalidade Abordagens que pressupõem que a personalidade é motivada por forças e conflitos internos sobre os quais as pessoas têm pouca consciência e não possuem controle.

teoria psicanalítica Teoria de Freud de que forças inconscientes atuam como determinantes da personalidade.

inconsciente Parte da personalidade que contém memórias, conhecimentos, crenças, sentimentos, desejos, impulsos e instintos dos quais o indivíduo não está consciente.

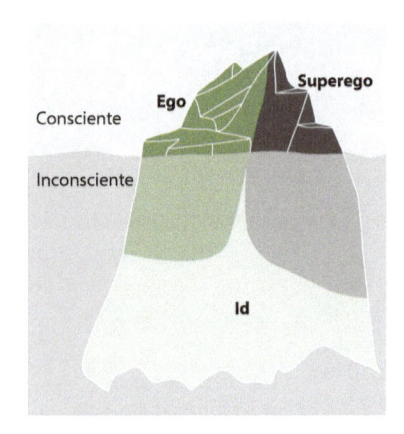

FIGURA 1 No modelo da personalidade de Freud, existem três componentes principais: o id, o ego e o superego. Como mostra a analogia com um *iceberg*, apenas uma pequena parte da personalidade é consciente. Por que apenas o ego e o superego apresentam componentes conscientes?

> **Alerta de estudo**
>
> Lembre-se de que as três partes da personalidade na teoria de Freud – o id, o ego e o superego – são concepções abstratas que não existem como estruturas físicas no cérebro.

id Parte inata bruta e não organizada da personalidade cujo único propósito é reduzir a tensão criada pelos impulsos primitivos relacionados a fome, sexo, agressividade e impulsos irracionais.

ego Parte da personalidade que proporciona uma proteção entre o id e o mundo externo.

que estão escondidos da consciência devido aos conflitos e à dor que causariam se fizessem parte de nossas vidas diárias. O inconsciente proporciona um "porto seguro" para as recordações de eventos ameaçadores.

Estruturando a personalidade: id, ego e superego

Para descrever a estrutura da personalidade, Freud desenvolveu uma teoria abrangente segundo a qual a personalidade consiste em três componentes separados, mas em interação: o id, o ego e o superego. Freud propôs que as três estruturas podem ser diagramadas para mostrar como se relacionam com o consciente e o inconsciente (ver Fig. 1).

Embora os três componentes da personalidade descritos por Freud possam parecer estruturas físicas no sistema nervoso, eles não são. Ao contrário, representam concepções abstratas de um *modelo* geral de personalidade que descreve a interação de forças que motivam o comportamento.

Se a personalidade envolvesse apenas desejos e anseios primitivos instintuais, ela teria apenas um componente: o id. O **id** é a parte inata bruta e não organizada da personalidade. Desde a época do nascimento, o id tenta reduzir a tensão criada pelos impulsos primitivos relacionados a fome, sexo, agressividade e impulsos irracionais. Esses impulsos são alimentados pela "energia psíquica", sobre a qual podemos pensar como uma fonte de energia ilimitada exercendo constantemente pressão sobre as várias partes da personalidade.

O id opera de acordo com o *princípio do prazer*, cujo o objetivo é a redução imediata da tensão e a maximização da satisfação. Porém, na maioria dos casos, a realidade impede o cumprimento das demandas do princípio do prazer: nem sempre podemos comer quando estamos com fome e só podemos descarregar nossos impulsos sexuais quando o momento e o lugar forem apropriados. Para explicar esse fato da vida, Freud propôs um segundo componente da personalidade, o qual chamou de ego.

O **ego**, que começa a se desenvolver logo após o nascimento, esforça-se para contrabalançar os desejos do id e as realidades do mundo exterior objetivo. Em contraste com o id, que busca o prazer, o ego opera de acordo com o *princípio da realidade*, cuja energia instintual é restringida para manter a segurança do indivíduo e ajudar a integrar a pessoa à sociedade. Em certo sentido, então, o ego é o "executivo" da personalidade: ele toma deci-

Freud propõe que o superego, a parte da personalidade que representa as virtudes e os defeitos da sociedade, desenvolve-se diretamente a partir da educação dos pais, professores e outros indivíduos significativos.

sões, controla ações e permite o pensamento e a solução de problemas de uma ordem mais elevada do que as capacidades do id possibilitam.

O **superego**, a estrutura final da personalidade a se desenvolver na infância, representa as virtudes e os defeitos da sociedade conforme ensinado e modelado pelos pais e professores e outros indivíduos significativos de uma pessoa. O superego inclui a *consciência*, que nos impede de nos comportarmos de maneira moralmente imprópria, fazendo nos sentirmos culpados se fizermos algo errado. O superego ajuda-nos a controlar os impulsos provenientes do id, tornando nosso comportamento menos egoísta e mais virtuoso.

Tanto o superego quanto o id são irrealistas, uma vez que não consideram as realidades práticas impostas pela sociedade. O superego, se deixado a operar sem restrição, criaria perfeccionistas incapazes de atender aos compromissos que a vida requer. Um id irrestrito criaria um indivíduo imprudente, primitivo, que busca o prazer procurando atender a todos os desejos sem demora. Em consequência, o ego precisa fazer a mediação entre as demandas do superego e as demandas do id.

Desenvolvimento da personalidade: estágios psicossexuais

Freud também nos forneceu uma visão de como a personalidade se desenvolve por meio de uma série de cinco **estágios psicossexuais** durante os quais as crianças se deparam com conflitos entre as demandas da sociedade e os próprios impulsos sexuais (em que a sexualidade tem mais a ver com experimentar prazer e menos com luxúria). De acordo com Freud, a falha em resolver os conflitos em um estágio particular pode resultar em **fixações**, conflitos ou preocupações que persistem além do período desenvolvimental em que ocorrem inicialmente. Tais conflitos podem ser decorrentes de ter as necessidades ignoradas ou (inversamente) ser satisfeito de modo excessivo durante o período anterior.

A sequência que Freud propôs é digna de nota porque ela explica como as experiências e dificuldades durante um estágio infantil particular podem predizer características específicas na personalidade adulta. Essa teoria também é única na associação de cada estágio a uma função biológica importante, o que Freud considerou como o foco do prazer em determinado período. (Ver Fig. 2 para um resumo dos estágios.)

No primeiro estágio do desenvolvimento psicossexual, chamado de **estágio oral**, a boca do bebê é o ponto central de prazer. Durante os primeiros 12 a 18 meses de vida, as crianças sugam, comem e mordem qualquer coisa que consigam colocar na boca. Para Freud, esse comportamento indica que a boca é o local primário de um tipo de prazer sexual e que o desmame (retirada do seio ou da mamadeira) representa o principal conflito durante o estágio oral. Se os bebês são satisfeitos excessivamente (talvez por serem alimentados cada vez que choram) ou se são frustrados em sua busca pela gratificação oral,

superego De acordo com Freud, a estrutura final da personalidade a ser desenvolvida; ele representa as virtudes e os defeitos da sociedade, conforme transmitidos pelos pais e professores e outras figuras importantes de uma pessoa.

estágios psicossexuais Períodos do desenvolvimento durante os quais as crianças se deparam com conflitos entre as demandas da sociedade e seus impulsos sexuais.

fixações Conflitos ou preocupações que persistem além do período desenvolvimental em que ocorrem inicialmente.

> **Alerta de estudo**
>
> Os cinco estágios psicossexuais do desenvolvimento na teoria de Freud – oral, anal, fálico, latência e genital – indicam como a personalidade desenvolve-se à medida que as pessoas envelhecem.

estágio oral De acordo com Freud, estágio desde o nascimento até 12 a 18 meses, no qual o centro do prazer de um bebê é a boca.

Estágio	Idade	Características principais
Oral	Nascimento até 12-18 meses	Interesse na gratificação oral ao sugar, comer, colocar objetos na boca e morder
Anal	12-18 meses até 3 anos	Gratificação ao expelir e reter as fezes; adequação aos controles da sociedade relacionados ao treinamento dos esfíncteres
Fálico	3 a 5-6 anos	Interesse nos genitais, adequação ao conflito edípico, levando à identificação com o genitor do mesmo sexo
Latência	5-6 anos até a adolescência	Preocupações sexuais em grande parte sem importância
Genital	Adolescência até a idade adulta	Reemergência dos interesses sexuais e estabelecimento de relações sexuais maduras

FIGURA 2 A teoria de Freud do desenvolvimento da personalidade sugere que existem cinco estágios distintos.

De acordo com Freud, uma criança passa pelo estágio anal dos 12 a 18 meses até os 3 anos de idade. O treinamento esfincteriano é um evento crucial nesse estágio – o qual a teoria psicanalítica alega que influencia diretamente na formação da personalidade de um indivíduo.

estágio anal De acordo com Freud, estágio dos 12 a 18 meses até os 3 anos de idade, em que o prazer de uma criança está centrado no ânus.

estágio fálico De acordo com Freud, período que começa em torno dos 3 anos, durante o qual o prazer de uma criança está focado nos genitais.

conflito edípico Interesse sexual de uma criança pelo seu genitor do sexo oposto, geralmente resolvido pela identificação com o genitor do mesmo sexo.

identificação Processo de desejar ser o mais parecido possível com outra pessoa, imitando o comportamento daquela pessoa e adotando crenças e valores semelhantes.

período de latência De acordo com Freud, período entre o estágio fálico e a puberdade, durante o qual as preocupações sexuais das crianças são temporariamente deixadas de lado.

estágio genital De acordo com Freud, período da puberdade até a morte, marcado pelo comportamento sexual maduro (i. e., a relação sexual).

eles podem ficar fixados nesse estágio. Por exemplo, pode ocorrer fixação se as necessidades orais de um bebê foram constantemente gratificadas de imediato ao primeiro sinal de fome em vez de o bebê ter aprendido que a alimentação ocorre em determinados horários, porque comer sempre que um bebê deseja comer nem sempre é realista. A fixação no estágio oral pode produzir um adulto que é incomumente interessado em atividades orais – comer, falar, fumar – ou que demonstra tipos simbólicos de interesses orais, como ser "picantemente" sarcástico ou muito crédulo ("engolindo" tudo).

Em torno de 12 a 18 meses até os 3 anos de idade – período em que a ênfase nas culturas ocidentais está no treinamento esfincteriano –, a criança ingressa no **estágio anal**. Nesse ponto, a principal fonte de prazer muda da boca para a região anal e as crianças obtêm prazer considerável pela retenção e expulsão das fezes. Se o treinamento esfincteriano for particularmente exigente, pode ocorrer fixação. A fixação durante o estágio anal pode resultar em rigidez incomum, organização e pontualidade – ou desorganização excessiva ou desleixo – na idade adulta.

Por volta dos 3 anos, começa o **estágio fálico**. Nesse ponto, existe outra mudança importante na fonte primária de prazer da criança. Agora o interesse foca-se nos genitais e nos prazeres derivados de acariciá-los. Durante esse estágio, a criança também deve negociar um dos obstáculos mais importantes do desenvolvimento da personalidade: o **conflito edípico**. De acordo com a teoria freudiana, à medida que as crianças concentram a atenção em seus genitais, as diferenças entre a anatomia masculina e feminina tornam-se mais evidentes. Além disso, segundo Freud, nessa época o homem inconscientemente começa a desenvolver um interesse sexual pela mãe, começa a ver o pai como um rival e abriga um desejo de matá-lo – como Édipo fez na tragédia da Grécia antiga. Porém, como vê o pai como muito poderoso, ele desenvolve um temor de que o pai possa retaliar drasticamente, removendo a fonte da ameaça: o pênis do filho. O medo de perder o próprio pênis leva à *ansiedade de castração*, a qual, por fim, torna-se tão poderosa que a criança reprime seus desejos pela mãe e, então, identifica-se com o pai. **Identificação** é o processo de desejar ser o mais parecido possível com outra pessoa, imitando o comportamento daquela pessoa e adotando crenças e valores semelhantes. Ao identificar-se com o pai, o filho procura obter uma mulher como a mãe inatingível.

Para as meninas, o processo é diferente. Freud fundamentou que elas começam a experimentar excitação sexual pelo pai e inveja do pênis. Elas desejariam ter a parte anatômica que, ao menos para Freud, parecia mais claramente "faltando" nas meninas. Acusando a mãe pela falta de um pênis, as meninas passam a acreditar que suas mães são responsáveis pela sua "castração". (Esse aspecto da teoria de Freud provocou acusações de que ela considerava as mulheres como inferiores aos homens.) Como os homens, no entanto, elas acreditam que podem resolver esses sentimentos inaceitáveis identificando-se com a mãe, comportando-se como ela e adotando suas atitudes e seus valores. Dessa forma, a identificação de uma menina com a mãe está concluída.

Nesse ponto, considera-se que o conflito edípico esteja resolvido e a teoria freudiana presume que tanto os homens quanto as mulheres encaminham-se para o estágio seguinte do desenvolvimento. Contudo, se surgem dificuldades durante esse período, pode ocorrer toda a sorte de problemas, incluindo comportamento sexo-papel inadequado e falha em desenvolver uma consciência.

Após a resolução do conflito edípico, normalmente em torno dos 5 ou 6 anos, as crianças entram no **período de latência**, o qual dura até a puberdade. Durante esse período, os interesses sexuais ficam adormecidos, mesmo no inconsciente. Então, durante a adolescência, os sentimentos sexuais reemergem, o que marca o início do período final, o **estágio genital**, o qual se estende até a morte. O foco durante o estágio genital é a sexualidade adulta madura, que Freud definiu como a relação sexual.

Mecanismos de defesa

Os esforços de Freud para descrever e teorizar acerca da dinâmica subjacente da personalidade e de seu desenvolvimento foram motivados por problemas muito práticos que seus pacientes enfrentavam ao lidar com a *ansiedade*, uma experiência emocional negativa intensa. De acordo com Freud, ansiedade é um sinal de perigo para o ego. Embora possa surgir de medos realistas – como ver uma cobra venenosa a ponto de dar o bote –, ela também pode ocorrer na forma de *ansiedade neurótica* em que impulsos irracionais que emanam do id ameaçam irromper e tornar-se incontroláveis.

Como a ansiedade é obviamente desagradável, Freud acreditava que as pessoas desenvolvem uma variedade de mecanismos de defesa para lidar com ela. **Mecanismos de defesa** são estratégias inconscientes que as pessoas usam para reduzir a ansiedade, distorcendo a realidade e ocultando a fonte de ansiedade de si mesmas.

O mecanismo de defesa primário é a **repressão**, em que impulsos do id inaceitáveis ou desagradáveis são forçados a voltar para o inconsciente. A repressão é o método mais direto de lidar com a ansiedade; em vez de lidar com um impulso que produz ansiedade em nível consciente, simplesmente o ignoramos. Por exemplo, um universitário que sente raiva de sua mãe pode reprimir esses sentimentos pessoal e socialmente inaceitáveis. Os sentimentos permanecem alojados no inconsciente porque reconhecê-los provocaria ansiedade. Igualmente, lembranças de abuso infantil podem ser reprimidas. Embora tais lembranças possam não ser recordadas conscientemente, de acordo com Freud, elas podem afetar o comportamento posterior e serem reveladas por meio de sonhos ou lapsos de linguagem ou simbolicamente de alguma outra maneira.

Se a repressão for ineficiente em manter a ansiedade afastada, poderemos usar outros mecanismos de defesa. Freud e posteriormente sua filha Anna Freud (que se tornou uma

mecanismos de defesa Na teoria freudiana, estratégias inconscientes que as pessoas usam para reduzir a ansiedade, distorcendo a realidade e ocultando a fonte de ansiedade de si mesmas.

repressão Mecanismo de defesa primário no qual impulsos do id inaceitáveis ou desagradáveis são forçados a voltar para o inconsciente.

Alerta de estudo

Use a Figura 3 para lembrar os mecanismos de defesa mais comuns (estratégias inconscientes usadas pelas pessoas para reduzir a ansiedade, ocultando sua fonte de si mesmas e dos outros).

Mecanismos de defesa de Freud

Mecanismo de defesa	Explicação	Exemplo
Repressão	Impulsos inaceitáveis ou desagradáveis são forçados a voltar para o inconsciente.	Uma mulher não consegue se lembrar de que foi violentada.
Regressão	As pessoas comportam-se como se estivessem em um estágio anterior do desenvolvimento.	Um chefe tem um ataque de raiva quando um empregado comete um erro.
Deslocamento	A expressão de um sentimento ou pensamento indesejado é redirecionada de uma pessoa poderosa mais ameaçadora para uma mais fraca.	Um irmão grita com a irmã mais moça depois de receber da professora uma nota ruim.
Racionalização	As pessoas dão explicações de autojustificação no lugar da razão verdadeira, mas ameaçadora, para seu comportamento.	Um estudante que sai para beber na noite anterior a um grande teste racionaliza seu comportamento dizendo que o teste não é assim tão importante.
Negação	A pessoa recusa-se a aceitar ou a reconhecer uma informação que produz ansiedade.	Um estudante recusa-se a acreditar que foi reprovado em um curso.
Projeção	As pessoas atribuem impulsos e sentimentos indesejados a outra pessoa.	Um homem que é infiel à esposa e sente-se culpado suspeita que a esposa é infiel.
Sublimação	As pessoas desviam impulsos indesejados para pensamentos, sentimentos ou comportamentos aprovados socialmente.	Um indivíduo com fortes sentimentos de agressão torna-se um soldado.
Formação reativa	Os impulsos inconscientes são expressos como seu oposto na consciência.	Uma mãe que inconscientemente é ressentida com o filho age de forma extremamente amorosa com ele.

FIGURA 3 De acordo com Freud, as pessoas podem usar uma ampla variedade de mecanismos de defesa para lidar com as ansiedades.

Imitar o comportamento de uma pessoa e adotar crenças e valores semelhantes faz parte do conceito de identificação de Freud. Como esse conceito pode ser aplicado à definição dos papéis de gênero? A identificação é similar em todas as culturas?

psicanalista conhecida) formularam uma extensa lista de mecanismos de defesa potenciais. Os principais mecanismos de defesa estão listados na Figura 3 (Hentschel et al., 2004; Cramer, 2007; Olson et al., 2011).

Todos empregamos mecanismos de defesa em algum grau, de acordo com a teoria freudiana, e eles podem servir a um propósito útil, protegendo-nos de informações desagradáveis. No entanto, algumas pessoas ficam presas a eles a tal ponto que precisam constantemente direcionar uma grande quantidade de energia psíquica para esconder e recanalizar os impulsos inaceitáveis. Quanto isso ocorre, a vida diária torna-se difícil. Em tais casos, o resultado é um transtorno mental produzido pela ansiedade – o que Freud chamou de "neurose". (Os psicólogos raramente usam esse termo hoje, embora ele perdure nas conversas do dia a dia.)

Avaliando o legado de Freud

A teoria de Freud teve um impacto significativo no campo da psicologia – e ainda mais amplo na filosofia ocidental e literatura. Muitas pessoas aceitaram as ideias do inconsciente, dos mecanismos de defesa e das raízes infantis das dificuldades psicológicas adultas.

Entretanto, muitos psicólogos da personalidade contemporâneos fizeram críticas significativas à teoria psicanalítica. Entre as mais importantes, está a falta de dados científicos convincentes para apoiá-la. Embora os estudos de caso individuais *pareçam* apoiadores, não dispomos de evidências conclusivas que mostrem que a personalidade está estruturada e opera segundo o que Freud postulou. A falta de evidências deve-se, em parte, ao fato de que a concepção de Freuda a respeito da personalidade está construída sobre conceitos abstratos inobserváveis. Além disso, não está claro que os estágios da personalidade que Freud postulou forneçam uma descrição precisa do desenvolvimento da personalidade. Também sabemos agora que podem ocorrer mudanças importantes na personalidade durante a adolescência e a idade adulta – algo que Freud não acreditava que acontecia. Em vez disso, ele argumentava que a personalidade é estabelecida principalmente até a adolescência.

A natureza vaga da teoria de Freud também dificulta predizer como um adulto irá exibir certas dificuldades desenvolvimentais. Por exemplo, se uma pessoa está fixada no estágio anal, de acordo com Freud, ela pode ser incomumente desorganizada – ou incomumente organizada. Sua teoria não oferece uma maneira de predizer como a dificuldade será exibida (Crews, 1996; Macmillan, 1996). Além disso, Freud pode ter errado por aparentemente encarar as mulheres como inferiores aos homens, porque ele argumentava que as mulheres apresentam superego mais fraco do que os homens e, em alguns aspectos, anseiam inconscientemente ser homens (o conceito de inveja do pênis).

Por fim, Freud fez suas observações e desenvolveu sua teoria com base em uma população limitada. Sua teoria foi baseada quase que inteiramente em mulheres austríacas de classe alta vivendo na rígida era puritana do início da década de 1900, as quais o haviam procurado para tratamento de problemas psicológicos e físicos. Até onde se pode generalizar para além dessa população é uma questão de debate considerável. Por exemplo, em algumas sociedades das ilhas do Pacífico, o irmão mais velho da mãe – e não o pai – é quem desempenha o papel de disciplinador. Nessa cultura, é razoável questionar se o conflito edípico vai progredir tal como ocorreu na sociedade austríaca em que o pai em regra era o principal disciplinador. Em resumo, uma perspectiva transcultural levanta questões sobre a universalidade da visão de Freud a respeito do desenvolvimento da personalidade (Doi, 1990; Spielberger, 2006; Zepf & Zepf, 2011).

No entanto, Freud gerou um método importante para tratar os transtornos psicológicos denominado *psicanálise*. Com veremos quando discutirmos as abordagens de tratamento dos transtornos psicológicos, a psicanálise permanece em uso na atualidade (Heller, 2005; Riolo, 2007; Frosch, 2011).

A ênfase de Freud no inconsciente foi parcialmente apoiada pela pesquisa atual sobre os sonhos e a memória implícita. Conforme observamos inicialmente quando discutimos o sonho, os avanços na neurociência são compatíveis com alguns dos argumentos de Freud. Por exemplo, o fato de um comportamento ser motivado por ocorrências que aparentemente foram esquecidas, assim como a descoberta de caminhos neurais relacionados a memórias emocionais, apoiam a noção de repressão. Além disso, os psicólogos cognitivos e sociais encontraram evidências crescentes de que os processos inconscientes ajudam-nos a pensar sobre e avaliar nosso mundo, definir objetivos e escolher uma rota de ação. O grau em que os avanços neurocientíficos futuros irão apoiar as críticas feitas contra a teoria psicanalítica de Freud ainda é uma incógnita (Derryberry, 2006; Litowitz, 2007; Turnbull & Solms, 2007).

Os psicanalistas neofreudianos: baseando-se em Freud

Freud lançou as bases para o importante trabalho realizado por vários de sucessores que foram treinados na teoria freudiana tradicional, mas que posteriormente rejeitaram alguns de seus pontos principais. Esses teóricos são conhecidos como **psicanalistas neofreudianos**.

Os neofreudianos atribuíram maior ênfase do que Freud às funções do ego, propondo que ele tem mais controle do que o id sobre as atividades do dia a dia. Centraram-se mais no ambiente social e minimizaram a importância do sexo como uma força motriz na vida das pessoas. Também prestaram mais atenção aos efeitos da sociedade e da cultura no desenvolvimento da personalidade.

psicanalistas neofreudianos Psicanalistas que foram treinados na teoria freudiana tradicional, mas que posteriormente rejeitaram alguns dos pontos principais.

O inconsciente coletivo de Jung

Carl Jung (pronuncia-se "iung"), um dos neofreudianos mais influentes, rejeitou a visão de Freud da importância primária dos impulsos sexuais inconscientes. Em vez disso, ele se voltou para os impulsos primitivos do inconsciente de forma mais positiva e defendeu que eles representavam uma força vital mais geral e positiva que abrange um impulso inato que motiva a criatividade e a resolução mais positiva dos conflitos (Lothane, 2005; Cassells, 2007; Wilde, 2011).

Jung sugeriu que temos um **inconsciente coletivo** universal, um conjunto de ideias, imagens e símbolos comuns que herdamos de nossos parentes, de toda a raça humana e inclusive de ancestrais animais não humanos do passado distante. Esse inconsciente coletivo é compartilhado por todos e exibido no comportamento que é comum nas diversas culturas – como o amor de mãe, a crença em um ser supremo e até mesmo comportamentos tão específicos como o medo de cobras (Drob, 2005; Hauke, 2006; Finn, 2011).

Jung desenvolveu a proposta de que o inconsciente coletivo contém **arquétipos**, representações simbólicas universais de uma pessoa, objeto ou experiência particular. Por exemplo, o arquétipo de uma mãe, que contém reflexos das relações de nossos ancestrais com as figuras maternas, é sugerido pela prevalência das mães em campos como arte, religião, literatura e mitologia. (Pense na Virgem Maria, na Mãe Terra, nas madrastas perversas dos contos de fadas, no Dia das Mães, e assim por diante!) Jung também sugeriu que os homens têm um arquétipo masculino inconsciente que colore seu comportamento (Jung, 1961; Bair, 2003; Smetana, 2007).

Para Jung, os arquétipos desempenham um papel importante na determinação de nossas reações, atitudes e valores no dia a dia. Por exemplo, Jung poderia explicar a popularida-

inconsciente coletivo De acordo com Jung, um conjunto de ideias, sentimentos, imagens e símbolos comuns que herdamos de nossos ancestrais, de toda a raça humana e inclusive de ancestrais animais do passado distante.

arquétipos De acordo com Jung, representações simbólicas universais de uma pessoa, objeto ou experiência particular (como o bem e o mal).

Com base na teoria de Jung, Harry Potter e Voldemort representam os arquétipos, ou símbolos universalmente reconhecíveis, do bem e do mal.

de dos livros e filmes de Harry Potter como decorrente do uso de arquétipos amplos do bem (Harry Potter) e do mal (Voldemort).

Embora nenhuma evidência de pesquisa confiável confirme a existência do inconsciente coletivo – e até mesmo Jung tenha reconhecido que tais evidências seriam difíceis de produzir –, sua teoria teve influência significativa em áreas além da psicologia. Por exemplo, os tipos de personalidade derivados da abordagem de Jung da personalidade formam a base para o teste de personalidade de Myers-Briggs, o qual é amplamente utilizado no comércio e na indústria para ter conhecimento de como os empregados tomam decisões e realizam seu trabalho (Bayne, 2005; Furnham & Crump, 2005; Wilde, 2011).

Perspectiva neofreudiana de Horney

Karen Horney (pronunciado "rornai") foi uma das primeiras psicólogas a defender as questões femininas e, por vezes, é aludida como a primeira psicóloga feminista. Horney sugeriu que a personalidade desenvolve-se no contexto das relações sociais e depende particularmente da relação entre os pais e o filho e do quanto as necessidades da criança são atendidas. Ela rejeitou a sugestão de Freud de que as mulheres têm inveja do pênis; afirmou, em vez disso, que as mulheres mais invejam nos homens não é sua anatomia, mas a independência, o sucesso e a liberdade que frequentemente são negados a elas (Horney, 1937; Smith, 2007; Coolidge et al., 2011).

Horney também foi uma das primeiras a enfatizar a importância dos fatores culturais na determinação da personalidade. Por exemplo, ela propôs que os rígidos papéis de gênero da sociedade para as mulheres levaram-nas a experimentar ambivalência quanto ao sucesso porque temem fazer inimigos se tiverem muito sucesso. Suas conceitualizações, desenvolvidas nas décadas de 1930 e 1940, constituem a base para muitas das ideias centrais do feminismo que emergiu décadas depois (Eckardt, 2005; Jones, 2006).

Adler e outros neofreudianos

Alfred Adler, outro psicanalista neofreudiano importante, também considerou a ênfase da teoria freudiana nas necessidades sexuais equivocada. Em vez disso, Adler propôs que a motivação primária humana é uma luta pela superioridade, não em termos de superioridade sobre os outros, mas uma busca pelo autoaperfeiçoamento e pela perfeição.

Karen Horney foi uma das primeiras proponentes das questões femininas.

Adler usou a expressão *complexo de inferioridade* para descrever adultos que não conseguiram superar os sentimentos de inferioridade que desenvolveram quando crianças. As relações sociais precoces com os pais têm um efeito importante na capacidade das crianças de ultrapassar os sentimentos de inferioridade pessoal e, então, orientarem-se para alcançar objetivos socialmente mais úteis, como melhorar a sociedade.

Outros neofreudianos incluem Erik Erikson, cuja teoria do desenvolvimento psicossocial discutimos em módulos anteriores, e a filha de Freud, Anna Freud. Assim como Adler e Horney, eles abordaram menos do que Freud os impulsos sexuais e agressivos inatos e mais os fatores sociais e culturais que estão por trás da personalidade.

Recapitule/avalie/repense

Recapitule

RA 31-1 Como os psicólogos definem e empregam o conceito de personalidade?

- A personalidade é um padrão de características constantes que produzem consistência e individualidade em determinada pessoa.

RA 31-2 O que as teorias de Freud e seus sucessores dizem acerca da estrutura e do desenvolvimento da personalidade?

- De acordo com as abordagens psicodinâmicas da personalidade, grande parte do comportamento é atribuída a porções da personalidade que são encontradas no inconsciente e, portanto, não temos consciência delas.
- A teoria psicanalítica de Freud, uma das abordagens psicodinâmicas, sugere que a personalidade é composta pelo id, o ego e o superego. O id é a parte inata não organizada cujo propósito é reduzir imediatamente as tensões relativas a fome, sexo, agressividade e outros impulsos primitivos. O ego restringe a energia instintual para manter a segurança do indivíduo e ajudar a pessoa a ser um membro da sociedade. O superego representa as virtudes e os defeitos e inclui a consciência.
- A teoria psicanalítica de Freud sugere que a personalidade desenvolve-se por meio de uma série de estágios psicossexuais (oral, anal, fálico, latência e genital), cada um dos quais está associado a uma função biológica primária.
- Os mecanismos de defesa, de acordo com a teoria freudiana, são estratégias inconscientes que as pessoas usam para reduzir a ansiedade, distorcendo a realidade e ocultando a verdadeira origem da ansiedade de si mesmas.
- A teoria psicanalítica de Freud provocou inúmeras críticas, incluindo uma falta de dados científicos que a apoiem, a inadequação da teoria em fazer predições e o fato de ter sido baseada em uma população altamente restrita. Entretanto, pesquisas recentes em neurociência apresentaram algum apoio para o conceito de inconsciente.

- Os teóricos psicanalíticos neofreudianos basearam-se no trabalho de Freud, embora tenham atribuído maior ênfase ao papel do ego e dado mais atenção ao papel dos fatores sociais na determinação do comportamento.

Avalie

1. As abordagens _____ pressupõem que o comportamento é motivado sobretudo por forças inconscientes.
2. Combine cada seção da personalidade (de acordo com Freud) com sua descrição:
   1. Ego
   2. Id
   3. Superego

   a. Diferencia o certo do errado com base nos padrões culturais.
   b. Opera de acordo com o "princípio da realidade"; a energia é redirecionada para integrar a pessoa à sociedade.
   c. Procura reduzir a tensão causada pelos impulsos primitivos.

3. Qual das seguintes representa a ordem adequada do desenvolvimento da personalidade, de acordo com Freud?
   a. Oral, fálica, latência, anal, genital
   b. Anal, oral, fálica, genital, latência
   c. Oral, anal, fálica, latência, genital
   d. Latência, fálica, anal, genital, oral

4. _____ __ _____ é a expressão que Freud usou para descrever estratégias inconscientes usadas para reduzir a ansiedade, distorcendo a realidade e ocultando a origem da ansiedade de si mesmo.

Repense

1. Você consegue pensar em formas nas quais as teorias freudianas das motivações inconscientes são comumente usadas na cultura popular? Com que precisão tais usos populares das teorias freudianas refletem as ideias de Freud?

2. *Da perspectiva de um publicitário:* Como você poderia usar o conceito de Jung dos arquétipos na concepção de seus anúncios? Quais dos arquétipos você usaria?

Respostas das questões de avaliação

1. psicodinâmicas; 2. 1-b, 2-c, 3-a; 3. c; 4. Mecanismos de defesa

Termos-chave

- personalidade p. 384
- abordagens psicodinâmicas da personalidade p. 385
- teoria psicanalítica p. 385
- inconsciente p. 385
- id p. 386
- ego p. 386
- superego p. 387
- estágios psicossexuais p. 387
- fixações p. 387
- estágio oral p. 387
- estágio anal p. 388
- estágio fálico p. 388
- conflito edípico p. 388
- identificação p. 388
- período de latência p. 388
- estágio genital p. 388
- mecanismos de defesa p. 389
- repressão p. 389
- psicanalistas neofreudianos p. 391
- inconsciente coletivo p. 391
- arquétipos p. 391

MÓDULO 32
Abordagens do Traço, da Aprendizagem, Biológica e Evolucionista e Humanista da Personalidade

Resultado de Aprendizagem

RA 32-1 Quais são os principais aspectos das abordagens do traço, da aprendizagem, biológica e evolucionista e humanista da personalidade?

"Fale-me sobre Nelson", disse Johnetta.

"Oh, ele é maravilhoso. Ele é o cara mais simpático que conheço – tenta ser gentil com todos. Quase nunca fica bravo. É tão bem-humorado, não importa o que esteja acontecendo. E é muito inteligente também. A única coisa que não gosto é que ele está sempre muito apressado para fazer as coisas em tempo. Ele parece ter uma energia ilimitada, muito mais do que tenho."

"Ele me parece muito bom, especialmente em comparação com Ricco", replicou Johnetta. "Ele é tão autocentrado e arrogante que me deixa louca. Às vezes, pergunto-me por que comecei a sair com ele."

Simpático. Bem-humorado. Inteligente. Ativo. Autocentrado. Arrogante.

O diálogo recém-apresentado é composto por uma série de caracterizações de traços dos amigos das interlocutoras. De fato, grande parte de nossa compreensão do comportamento dos outros está baseada na premissa de que as pessoas apresentam certos traços que são constantes em diferentes situações. Por exemplo, geralmente presumimos que, se alguém é extrovertido e sociável em uma situação, ele seja extrovertido e sociável em outras situações (Gilbert et al., 1992; Gilbert, Miller, & Ross, 1998; Mischel, 2004).

A insatisfação com a ênfase na teoria psicanalítica dos processos inconscientes – e dificuldade de demonstrar – em explicar o comportamento de uma pessoa levou ao desenvolvimento de abordagens alternativas da personalidade, incluindo inúmeras abordagens baseadas em traços. Outras teorias refletem perspectivas psicológicas estabelecidas, como a teoria da aprendizagem, as abordagens biológicas e evolucionistas e a abordagem humanista.

Abordagens do traço: colocando rótulos na personalidade

Se alguém lhe pedisse para caracterizar outra pessoa, como Johnetta e sua amiga, você provavelmente faria uma lista das qualidades pessoais daquele indivíduo segundo sua visão. Mas como você saberia quais dessas qualidades são mais importantes para um entendimento do comportamento dessa pessoa?

Os psicólogos da personalidade fizeram perguntas semelhantes. Para respondê-las, eles desenvolveram um modelo de personalidade conhecido como teoria do traço. A **teoria do traço** procura explicar de maneira simples as constâncias do comportamento de um indivíduo. Os **traços** são características de personalidade e comportamentos constantes exibidos em diferentes situações.

Os teóricos do traço não pressupõem que algumas pessoas têm um traço e outras não; em vez disso, eles propõem que todas as pessoas apresentam certos traços, mas o grau em que um traço particular aplica-se a uma pessoa específica varia e pode ser quantificado. Por exemplo, você pode ser relativamente simpático, enquanto posso ser relativamente antipático. Porém,

teoria do traço Modelo que procura identificar os traços básicos necessários para descrever a personalidade.

traços Características de personalidade e comportamentos constantes exibidos em diferentes situações.

> **Alerta de estudo**
> Todas as teorias do traço explicam a personalidade em termos de traços (características de personalidade e comportamentos constantes), porém elas diferem em termos de quais e quantos traços são vistos como fundamentais.

nós dois temos um traço de "amabilidade", embora seu grau de "amabilidade" seja mais alto do que o meu. O principal desafio para que os teóricos dos traços assumam essa abordagem foi identificar os traços primários específicos necessários para descrever a personalidade. Como veremos, diferentes teóricos encontraram grupos de traços surpreendentemente distintos.

Teoria do traço de Allport: identificando as características básicas

Quando o psicólogo da personalidade Gordon Allport aprofundou-se sistematicamente em um dicionário completo na década de 1930, ele encontrou 18 mil termos separados que podiam ser usados para descrever a personalidade. Embora ele tenha conseguido reduzir a lista para meros 4.500 descritores após eliminar palavras com o mesmo significado, restou-lhe um problema crucial para todas as abordagens dos traços: quais desses traços eram os mais básicos?

Allport por fim respondeu a essa questão sugerindo que havia três categorias fundamentais de traços: cardinais, centrais e secundários (Allport, 1961, 1966). Um *traço cardinal* é uma característica única que direciona a maior parte das atividades de uma pessoa. Por exemplo, uma mulher totalmente altruísta pode direcionar toda sua energia para atividades humanitárias; uma pessoa com intensa sede de poder pode ser impulsionada por uma necessidade ardente de controle.

A maioria das pessoas, porém, não desenvolve um traço cardinal único e abrangente. Em vez disso, elas apresentam uma série de traços centrais que formam a essência da personalidade. *Traços centrais*, como honestidade e sociabilidade, são as características principais de um indivíduo; eles comumente são de 5 a 10 em uma pessoa. Por fim, os *traços secundários* são características que afetam o comportamento em menos situações e são menos influentes do que os traços centrais ou cardinais. Por exemplo, a relutância em comer carne e o amor pela arte moderna seriam considerados traços secundários (Glicksohn & Nahari, 2007; Smrtnik-Vitulič & Zupančič, 2011).

Cattel e Eysenck: fatorando a personalidade

As tentativas posteriores de identificar traços de personalidade primários centraram-se em uma técnica estatística conhecida com análise de fatores. A *análise de fatores* é um método estatístico de identificação de associações entre um grande número de variáveis para revelar padrões mais gerais. Por exemplo, um pesquisador da personalidade pode ministrar um questionário a muitos participantes que lhes pede para se descreverem por meio da consulta a uma extensa lista de traços. Combinando as respostas estatisticamente e computando quais traços estão associados um ao outro na mesma pessoa, o pesquisador identifica os padrões mais fundamentais ou combinações de traços – chamados de *fatores* – que estão subjacentes às respostas dos participantes.

Usando a análise de fatores, o psicólogo da personalidade Raymond Cattell (1965) propôs que 16 pares de *traços de origem* representam as dimensões básicas da personalidade. Usando esses traços de origem, ele desenvolveu o Questionário dos Dezesseis Fatores da Personalidade, ou 16PF, uma medida que fornece escores para cada um dos 16 traços de origem (Cattell, Cattell, & Cattell, 1993, 2000; Djapo et al., 2011).

Outro teórico dos traços, o psicólogo Hans Eysenck (1995), também usou a análise de fatores para identificar padrões de traços, mas chegou a uma conclusão muito diferente acerca da natureza da personalidade. Ele concluiu que a personalidade poderia ser mais bem-descrita em termos de três dimensões principais: extroversão, neuroticismo e psicoticismo. A dimensão da *extroversão* relaciona-se ao grau de sociabilidade, enquanto a dimensão do *neuroticismo* inclui a estabilidade emocional. Por sua vez, o *psicoticismo* refere-se ao grau em que a realidade é distorcida. Avaliando as pessoas por essas três dimensões, Eysenck conseguiu predizer o comportamento com precisão em uma variedade de situações. A Figura 1 lista traços específicos associados a cada uma das dimensões.

Extroversão
- Sociável
- Animado
- Ativo
- Assertivo
- Empenhado na busca de sensações

Neuroticismo
- Ansioso
- Deprimido
- Sentimentos de culpa
- Baixa autoestima
- Tenso

Psicoticismo
- Agressivo
- Frio
- Egocêntrico
- Impessoal
- Impulsivo

FIGURA 1 Eysenck descreveu a personalidade em termos de três dimensões principais: extroversão, neuroticismo e psicoticismo. Usando essas dimensões, ele conseguiu predizer o comportamento das pessoas em muitos tipos de situações.
(Fonte: Eysenck, 1990.)

Os cinco grandes fatores da personalidade e as dimensões de amostra dos traços	
Abertura para a experiência Independente – Adaptado Imaginativo – Prático Preferência pela variedade – Preferência pela rotina	**Socialização** Compassivo – Atribui culpas Gentil – Frio Grato – Hostil
Realização ou escrupulosidade Cuidadoso – Descuidado Disciplinado – Impulsivo Organizado – Desorganizado	**Neuroticismo** Estável – Tenso Calmo – Ansioso Seguro – Inseguro
Extroversão Falante – Quieto Gosta de diversão – Sóbrio Sociável – Retraído	

FIGURA 2 Os cinco grandes traços, chamados de "Big Five", são considerados a essência da personalidade.

(Fonte: Adaptada de Pervin, 1990, Capítulo 3, e McCrae & Costa, 1986, p. 1002.)

Os cinco grandes traços da personalidade

Durantes as duas últimas décadas, a abordagem do traço mais influente argumenta que cinco traços ou fatores – denominados "Big Five" – encontram-se no cerne da personalidade. Usando as técnicas estatísticas de análise dos fatores, muitos pesquisadores identificaram um conjunto similar de cinco fatores que estão subjacentes à personalidade. Os cinco fatores, descritos na Figura 2, são *abertura para a experiência, realização ou escrupulosidade, extroversão, sociabilidade* e *neuroticismo* (estabilidade emocional).

Os *Big Five* emergem de forma consistente em inúmeros domínios. Por exemplo, a análise de fatores dos principais inventários de personalidade, as medidas de autorrelato feitas por observadores dos traços de personalidade dos outros e as *checklists* de autodescrições produzem fatores similares. Além disso, os *Big Five* emergem em diferentes populações de indivíduos, incluindo crianças, universitários, adultos idosos e pessoas que falam diferentes línguas. Pesquisas transculturais realizadas em áreas que se estendem desde a Europa até o meio-oeste da África também foram apoiadoras. Além disso, estudos do funcionamento cerebral mostram que os cinco grandes traços de personalidade estão relacionados à maneira como o cérebro processa a informação (Schmitt, Allik, & McCrae, 2007; Schmitt et al., 2008; Vecchione et al., 2011).

Em resumo, existe um consenso crescente de que os *Big Five* representam a melhor descrição dos traços de personalidade disponível hoje. No entanto, o debate sobre o número específico e os tipos de traços – e mesmo a utilidade das abordagens do traço em geral – permanece vivo.

> **Alerta de estudo**
>
> Você pode lembrar-se do grupo de traços de personalidade "Big Five" usando o acrônimo OCEAN: Openess (abertura para a experiência), Conscientiousness (realização ou escrupulosidade), Extraversion (extroversão), Agreeableness (sociabilidade) e Neuroticism (neuroticismo).

Avaliando as abordagens do traço de personalidade

As abordagens do traço têm várias virtudes. Elas fornecem uma explicação clara e simples das consistências comportamentais das pessoas. Além disso, os traços permitem que comparemos prontamente uma pessoa com outra. Devido a essas vantagens, as abordagens do traço de personalidade tiveram uma influência importante no desenvolvimento de várias medidas úteis da personalidade (Funder, 1991; Wiggins, 2003; Larsen & Buss, 2006; ver também Aplicando a Psicologia no Século XXI, na p. 398).

Entretanto, as abordagens do traço também apresentam algumas desvantagens. Por exemplo, já vimos que várias teorias do traço que descrevem a personalidade chegam a conclusões muito diferentes sobre quais traços são os mais fundamentais e descritivos. A dificuldade na determinação de qual das teorias é a mais precisa levou alguns psicólogos da personalidade a questionar a validade das concepções do traço da personalidade em geral.

Na verdade, existe uma dificuldade ainda mais fundamental com as abordagens do traço. Mesmo que consigamos identificar um grupo de traços primários, ainda nos restará pouco mais que um rótulo ou descrição da personalidade – em vez de uma explicação do comportamento. Se dizemos que alguém que doa dinheiro para a caridade possui o traço de generosidade, não sabemos *por que* aquela pessoa tornou-se generosa em primeiro lugar ou

Aplicando a Psicologia no Século XXI

A geração auto-obcecada?

Na mitologia grega, Narciso era um belo caçador que se apaixonou pelo reflexo da própria imagem em uma poça d'água. As pessoas com traços de personalidade narcisista são igualmente auto-obcecadas – elas têm um sentimento excessivo da própria importância e esperam ser tratadas como pessoas especiais. De acordo com alguns pesquisadores, assim é exatamente como os jovens americanos se parecem cada vez mais.

Durante as três últimas décadas, milhares de universitários participantes de uma ampla variedade de estudos de pesquisa psicológica foram convidados a se submeter ao Inventário de Personalidade Narcisista (NPI), um teste das tendências narcisistas. Um resumo de mais de cem estudos desse tipo realizados entre 1982 e 2008 mostraram um aumento significativo nos escores dos participantes no NPI durante esse período de tempo (Twenge & Foster, 2010; Dingfelder, 2011).

Outro estudo usou entrevistas face a face com mais de 34 mil participantes. Eles foram convidados a lembrar se exibiram os sintomas de transtorno da personalidade narcisista em algum ponto da vida. Mais de 9% dos participantes na faixa dos 20 anos afirmaram que sim, comparados com apenas cerca de 3% daqueles acima de 65 anos – uma diferença surpreendentemente grande (Stinson et al., 2008).

O que poderia produzir o aumento no narcisismo entre os jovens americanos? Um pesquisador aponta para as mídias de redes sociais. Em anos recentes, tornou-se típico que os jovens autopromovam-se em perfis cuidadosamente editados. Os aspectos mais mundanos de sua vida diária são vistos como merecedores de serem transmitidos para o mundo, seja pelo Twitter, pelo Facebook ou por vídeos no YouTube. Outra explicação é que os pais podem estar cada vez mais estimulando o sentimento de autoimportância dos filhos, protegendo-os de situações em que eles poderiam fracassar (Twenge & Foster, 2010; Dingfelder, 2011).

A questão é mostrar que algumas pessoas estão auto-obcecadas. Algo do tipo: "Assistindo à TV agora", ou "Lavando à minha roupa".

Todavia, alguns pesquisadores são céticos quanto à conclusão de que os jovens americanos estão se tornando auto-obcecados. Eles assinalam que poderia haver muitas razões pelas quais os estudantes universitários estão respondendo ao NPI diferentemente ao longo do tempo, incluindo que os tipos de pessoas que estão indo para a universidade podem estar mudando. Ou as pessoas mais velhas podem simplesmente ter menos probabilidade de lembrar-se de seus anos autoimportantes quando adultos jovens do que os jovens são. Até que sejam feitas pesquisas mais definitivas, não se saberá se os americanos estão verdadeiramente se tornando mais narcisistas (Dingfelder, 2011).

De acordo com um pesquisador, mídias de redes sociais como Twitter e Facebook estão ligados a um aumento no narcisismo entre os jovens.

> **REPENSE**
> - Por que é considerado indesejável que os jovens pensem em muita alta conta sobre si mesmos?
> - Que outras influências culturais além da internet podem estar encorajando os jovens a se tornarem obsessivamente centrados em si mesmos?

as razões para exibir generosidade em uma situação específica. Em vista de algumas críticas, os traços não oferecem explicações para o comportamento; eles meramente o descrevem.

Abordagens da aprendizagem: somos o que aprendemos

As abordagens psicodinâmica e do traço que discutimos concentram-se na pessoa "interna" – a fúria de um id inobservável, mas poderoso, ou um conjunto de traços hipotéticos, porém essenciais. Ao contrário, as abordagens da aprendizagem da personalidade enfatizam o ambiente externo e como isso determina a personalidade. Para um teórico da aprendizagem rígido, a personalidade é simplesmente a soma das respostas aprendidas ao ambiente externo. Eventos internos como pensamentos, sentimentos e motivações são ignorados. Embora a existência da personalidade não seja negada, os teóricos da aprendizagem dizem que ela é mais bem-entendida pelo exame das características do ambiente de uma pessoa.

Abordagem behaviorista de Skinner

De acordo com o mais influente teórico da aprendizagem, B. F. Skinner (que realizou um trabalho pioneiro sobre condicionamento operante), a personalidade é uma coleção de padrões comportamentais aprendidos (Skinner, 1975). As semelhanças nas respostas em diferentes situações são causadas por padrões similares de reforço que foram recebidos em tais situações no passado. Se sou sociável em festas e reuniões, é porque fui reforçado para exibir comportamentos sociais – não porque estou satisfazendo um desejo inconsciente com base em experiências durante a minha infância ou porque tenho um traço interno de sociabilidade.

Os teóricos rigorosos da aprendizagem como Skinner estão menos interessados nas constâncias do comportamento entre as situações do que nas formas de modificação do comportamento. Sua visão é de que os humanos são infinitamente mutáveis por meio do processo de aprendizagem de novos padrões de comportamento. Se formos capazes de controlar e modificar os padrões dos reforçadores em uma situação, o comportamento que outros teóricos veriam como estáveis e inflexíveis poderão ser modificados e, em última análise, melhorados. Os teóricos da aprendizagem são otimistas em suas atitudes sobre o potencial para a resolução de problemas pessoais e sociais por meio de estratégias de tratamento baseadas na teoria da aprendizagem.

Abordagens sociocognitivas da personalidade

Nem todas as teorias da aprendizagem da personalidade assumem uma visão tão rígida na rejeição da importância do que está "dentro" de uma pessoa, abordando unicamente o "externo". Ao contrário de outras abordagens da personalidade, as **abordagens sociocognitivas da aprendizagem** enfatizam a influência da cognição – pensamentos, sentimentos, expectativas e valores –, bem como a observação do comportamento dos outros sobre a personalidade. De acordo com Albert Bandura, um dos principais proponentes desse ponto de vista, as pessoas podem antever os possíveis resultados de certos comportamentos em um contexto específico sem, na verdade, terem de executá-los. Esse entendimento provém sobretudo da *aprendizagem observacional* – vendo as ações dos outros e observando as consequências (Bandura, 1986, 1999).

Por exemplo, as crianças que veem um modelo de comportamento de uma maneira agressiva tendem a copiar o comportamento se as consequências do comportamento do modelo forem vistas como positivas. Se, ao contrário, o comportamento agressivo do modelo teve nenhuma consequência ou apresentou consequências negativas, é consideravelmente menos provável que as crianças ajam de modo agressivo. Assim sendo, de acordo com as abordagens sociocognitivas, a personalidade desenvolve-se pela observação repetida do comportamento dos outros.

Autoeficácia. Bandura atribui ênfase particular ao papel desempenhado pela autoeficácia, a crença de que temos as capacidades pessoais para dominar uma situação e produzir resultados positivos. A autoeficácia está subjacente à fé das pessoas em sua capacidade de realizar uma tarefa específica ou produzir um resultado desejado. As pessoas com uma alta autoeficácia possuem aspirações mais elevadas e maior persistência em trabalhar para atingir os objetivos e, em última análise, alcançar maior sucesso do que aqueles com autoeficácia mais baixa (Bandura & Locke, 2003; Betz, 2007; Dunlop, Beatty, & Beauchamp, 2011).

Como desenvolvemos a autoeficácia? Uma das maneiras é prestando muita atenção em nossos sucessos e fracassos anteriores. Se tentamos fazer *snowboard* e temos pouco suces-

---

abordagens sociocognitivas da personalidade Teorias que enfatizam a influência das cognições de uma pessoa – pensamentos, sentimentos, expectativas e valores –, bem como a observação dos outros, na determinação da personalidade.

autoeficácia Crença de que temos as capacidades pessoais para dominar uma situação e produzir resultados positivos.

PsicoTec

Pesquisadores têm investigado as diferenças na autoeficácia entre as pessoas em seu uso da tecnologia. Uma diferença é a idade, já que os adultos mais jovens parecem ter mais confiança em seu conhecimento tecnológico do que os adultos mais velhos.

A autoeficácia, crença nas próprias capacidades, leva a aspirações mais altas e a maior persistência.

so, será menos provável que tentemos novamente. No entanto, se nossos esforços iniciais parecem promissores, é mais provável que tentemos novamente. O reforço direto e o encorajamento dos outros também influenciam o desenvolvimento da autoeficácia (Devonport & Lane, 2006; Buchanan & Selmon, 2008).

Comparadas com outras teorias da aprendizagem da personalidade, as abordagens sociocognitivas são distintivas em sua ênfase na reciprocidade entre os indivíduos e seu ambiente. Considera-se que não só o ambiente afeta a personalidade, mas que o comportamento e a personalidade das pessoas também fornecem um *feedback* e modificam o ambiente (Bandura, 1999, 2000).

Quanta constância existe na personalidade?

Outro teórico sociocognitivo, Walter Mischel, propõe uma abordagem da personalidade diferente da de Albert Bandura. Ele rejeita a visão de que a personalidade consiste em traços amplos que levam a constâncias substanciais no comportamento em diferentes situações. Em vez disso, ele vê a personalidade como consideravelmente mais variável de uma situação para outra (Mischel, 2009).

Segundo essa visão, situações particulares originam tipos peculiares de comportamento. Algumas situações são especialmente influentes (pense em um cinema, onde todos apresentam muito do mesmo comportamento, sentando-se em silêncio e assistindo ao filme). Outras situações permitem muita variabilidade no comportamento (p. ex., pense em uma festa em que algumas pessoas podem estar dançando, enquanto outras estão comendo e bebendo).

A partir dessa perspectiva, a personalidade não pode ser considerada sem que se leve em conta o contexto particular da situação – uma visão conhecida como *situacionismo*. Em sua teoria do *sistema de processamento cognitivo-afetivo*, Mischel argumenta que os pensamentos e as emoções das pessoas sobre si mesmas e o mundo determinam como elas encaram e, então, reagem em situações particulares. Assim, a personalidade é vista como um reflexo de como as experiências anteriores em diferentes situações afetam o comportamento das pessoas (Shoda & Mischel, 2006; Mischel & Shoda, 2008; McCrae et al., 2011).

Autoestima

autoestima Componente da personalidade que abrange nossas autoavaliações positivas e negativas.

Nosso comportamento também reflete a visão que temos de nós mesmos e a maneira como valorizamos as várias partes de nossa personalidade. Autoestima é o componente da personalidade que abrange nossas autoavaliações positivas e negativas. Ao contrário da autoeficácia, que enfatiza nossa visão de se somos capazes de realizar uma tarefa, a autoestima relaciona-se a como nos sentimos sobre nós mesmos.

Ainda que as pessoas tenham um nível geral de autoestima, ele não é unidimensional. Podemos nos ver positivamente em um domínio, mas negativamente em outro. Por exemplo, um bom aluno pode ter alta autoestima nos domínios acadêmicos, mas autoestima mais baixa nos esportes (Salmela-Aro & Nurmi, 2007; Gentile et al., 2009; Gadbois & Sturgeon, 2011).

A autoestima é fortemente afetada pela cultura. Por exemplo, em culturas asiáticas, ter alta *harmonia nas relações* – um sentimento de sucesso na formação de vínculos de intimidade com outras pessoas – é mais importante para a autoestima do que em sociedades ocidentais mais individualistas (Spencer-Rodgers et al., 2004; Lun & Bond, 2006; Cheng & Kwan, 2008).

Embora quase todas as pessoas passem por períodos de baixa autoestima (p. ex., após um fracasso inegável), alguns indivíduos têm cronicamente autoestima baixa. Para eles, o fracasso parece uma parte inevitável da vida. De fato, a baixa autoestima pode levar a um ciclo de fracassos no qual o fracasso passado gera o fracasso futuro.

Por exemplo, considere estudantes com baixa autoestima que estão estudando para um teste. Devido à baixa autoestima, eles esperam se sair mal no teste. Por sua vez, essa crença eleva seu nível de ansiedade, o que torna cada vez mais difícil estudar e talvez até os levando a não se esforçarem tanto. Devido a essas atitudes, eles, de fato, acabam tendo um mau desempenho no teste. Por fim, o fracasso reforça sua baixa autoestima e o ciclo é perpetua-

FIGURA 3 O ciclo da baixa autoestima começa com um indivíduo que já tem baixa autoestima. Em consequência, a pessoa terá baixas expectativas de desempenho e espera fracassar em um teste, produzindo, assim, ansiedade e um esforço reduzido. Como resultado, a pessoa realmente irá fracassar e o fracasso, por sua vez, reforça a baixa autoestima.

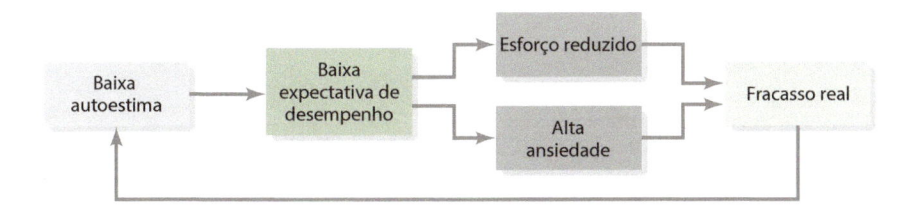

do, conforme ilustrado na Figura 3. Em resumo, a baixa autoestima pode levar a um ciclo autodestrutivo de fracassos.

Avaliando as abordagens da aprendizagem da personalidade

Visto que ignoram os processos internos que são unicamente humanos, os teóricos da aprendizagem tradicionais como Skinner foram acusados de simplificar excessivamente a personalidade até um ponto em que o conceito torna-se sem significado. Seus críticos alegam que a redução do comportamento a uma série de estímulos e respostas e a exclusão dos pensamentos e sentimentos do território da personalidade leva os behavioristas a praticar uma modalidade irrealista e inadequada de ciência.

Evidentemente, algumas dessas críticas são atenuadas pelas abordagens sociocognitivas, as quais consideram explicitamente o papel dos processos cognitivos na personalidade. No entanto, as abordagens da aprendizagem tendem a compartilhar uma visão altamente *determinista* do comportamento humano, que mantém que esse comportamento é moldado sobretudo por forças que estão além do controle do indivíduo. Como na teoria psicanalítica (que sugere que a personalidade é determinada pelas forças inconscientes) e nas abordagens dos traços (que encara a personalidade em parte como uma mistura de traços determinados geneticamente), a dependência da teoria da aprendizagem dos princípios deterministas retira a ênfase da capacidade das pessoas de comandar o próprio caminho pela vida.

As abordagens da aprendizagem tiveram um impacto importante no estudo da personalidade. Por um lado, elas ajudaram a fazer da psicologia da personalidade um empreendimento objetivo e científico, abordando o comportamento observável e os efeitos do ambiente. Além disso, elas produziram meios importantes e bem-sucedidos de tratar uma variedade de transtornos psicológicos. O grau de sucesso desses tratamentos é prova dos méritos das abordagens da teoria da aprendizagem da personalidade.

Abordagens biológica e evolucionista: nascemos com personalidade?

Abordando a questão do que determina a personalidade a partir de uma visão diferente, as **abordagens biológica e evolucionista** defendem que importantes componentes da personalidade são herdados. Com base no trabalho dos geneticistas comportamentais, os pesquisadores que empregam as abordagens biológica e evolucionista argumentam que a personalidade é determinada, ao menos em parte, por nossos genes de forma muito parecida como nossa altura é em grande parte resultado das contribuições genéticas de nossos ancestrais. A perspectiva evolucionista pressupõe que os traços de personalidade que levaram à sobrevivência e o sucesso reprodutivo de nossos ancestrais têm mais probabilidade de ser preservados e transmitidos para as gerações posteriores (Buss, 2001, 2009; Buss, 2011).

Estudos com gêmeos ilustram a importância dos fatores genéticos na personalidade. Por exemplo, os psicólogos da personalidade Auke Tellegen e colaboradores da Universidade de Minnesota examinaram os traços de personalidade de pares de gêmeos que eram geneticamente idênticos, mas que foram criados separados (Tellegen et al., 1988; Bouchard et al., 2004). No estudo, cada gêmeo fez uma bateria de testes de personalidade, incluindo um que avalia 11 características principais da personalidade.

abordagens biológica e evolucionista da personalidade Teorias que propõem que importantes componentes da personalidade são herdados.

Alerta de estudo

Lembre-se de que as **abordagens** biológica e evolucionista analisam a forma pela qual a herança genética das pessoas afeta a personalidade.

As abordagens biológicas e evolucionistas da personalidade procuram explicar as constâncias na personalidade que são encontradas em algumas famílias.

Os resultados de testes indicaram que, em aspectos importantes, os gêmeos eram muito semelhantes em personalidade apesar de terem sidos separados em idade precoce. Além disso, certos traços eram mais fortemente influenciados pela hereditariedade do que outros. Por exemplo, potência social (o grau em que uma pessoa assume o domínio e os papéis de liderança em situações sociais) e tradicionalismo (a tendência a seguir a autoridade) tinham componentes genéticos particularmente fortes, enquanto realização e proximidade social apresentavam componentes genéticos relativamente fracos (ver Fig. 4).

Potência social	É hábil; um líder enérgico que gosta de ser o centro das atenções.
Tradicionalismo	Segue regras e a autoridade; endossa altos padrões morais e disciplina rígida.
Reação ao estresse	Sente-se vulnerável e sensível; é dado à preocupação e facilmente perturbado.
Absorção	Tem uma imaginação vívida prontamente capturada pela experiência rica; renuncia ao senso de realidade.
Alienação	Sente-se maltratado e usado "o mundo está me perseguindo".
Bem-estar	Tem uma disposição alegre; sente-se confiante e otimista.
Esquiva de danos	Afasta-se do risco e perigo; prefere o caminho seguro, mesmo se ele for tedioso.
Agressão	É fisicamente agressivo e vingativo; tem gosto pela violência; "vai atrás do mundo".
Realização	Trabalha duro; esforça-se pela maestria; coloca o trabalho e as conquistas à frente de outras questões.
Controle	É cauteloso e diligente; é racional e sensível; gosta de eventos cuidadosamente planejados.
Proximidade social	Prefere intimidade emocional e vínculos íntimos; volta-se para os outros para conforto e ajuda.

Porcentagem

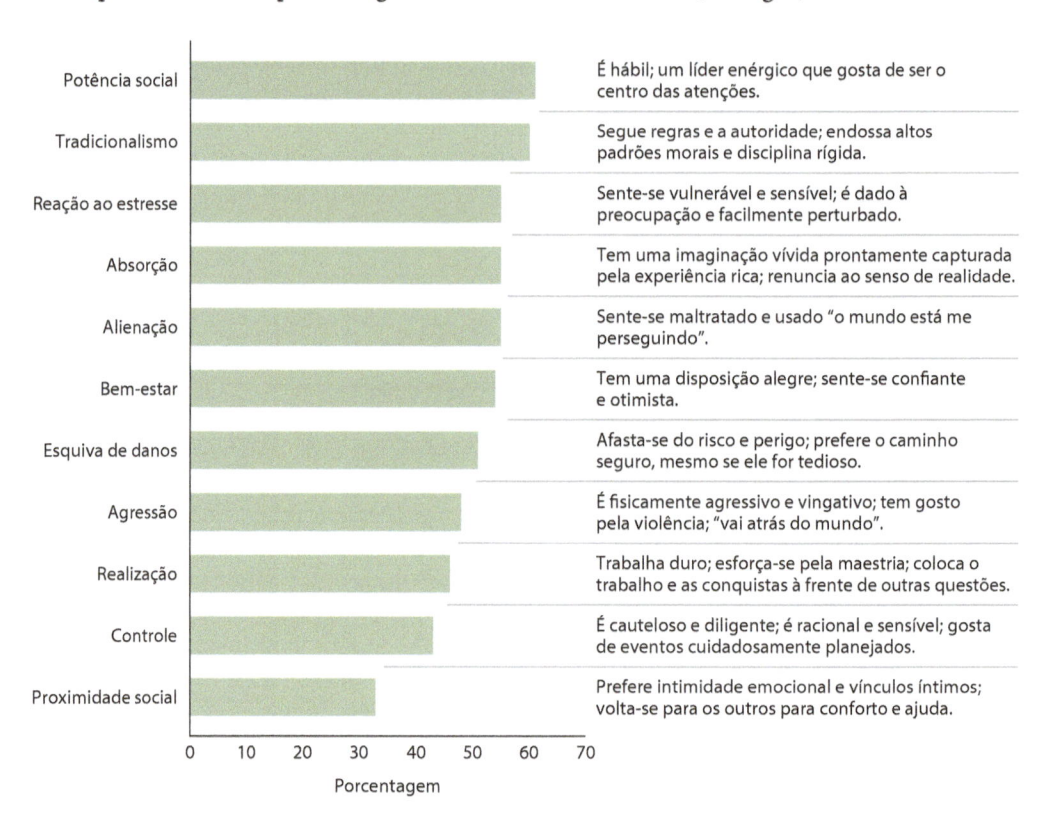

FIGURA 4 As raízes herdadas da personalidade. As porcentagens indicam o grau em que 11 características da personalidade refletem a influência da hereditariedade.

(Fonte: Tellegen et al., 1988.)

Está cada vez mais claro que as raízes da personalidade adulta emergem nos primeiros períodos de vida. Os bebês nascem com um **temperamento** específico, um estilo comportamental inato e característico de responder. O temperamento abrange várias dimensões, incluindo o nível de atividade geral e o humor. Por exemplo, alguns indivíduos são muito ativos, enquanto outros são relativamente calmos. De modo similar, alguns são relativamente descontraídos, enquanto outros são irritáveis, facilmente perturbados e difíceis de acalmar. O temperamento é consistente, com estabilidade significativa desde a infância até a adolescência (Wachs et al., 2004; Kagan et al., 2007; Evans & Rothbart, 2007, 2009; Hori et al., 2011).

Alguns pesquisadores argumentam que genes específicos estão relacionados à personalidade. Por exemplo, pessoas com um gene receptor da dopamina-4 mais longo têm maior probabilidade de buscar emoção do que aqueles sem esse gene. Esses buscadores de emoção tendem a ser extrovertidos, impulsivos, facilmente exaltáveis e estão sempre à procura de excitação e situações novas. Além disso, a estrutura de seu cérebro pode refletir as tendências a buscar emoção (ver Fig. 5, A Neurociência em sua Vida; Robins, 2005; Golimbet et al., 2007; Ray et al., 2009).

A identificação de genes específicos ligados à personalidade, associada à existência de temperamentos desde o momento do nascimento, significa que estamos destinados a ter certos tipos de personalidades? Dificilmente. Primeiro, é improvável que um único gene esteja ligado a um traço específico. Por exemplo, o receptor de domapina-4 representa apenas cerca de 10% da variação na busca de novidade entre os diferentes indivíduos. O restante da variação é atribuído a outros genes e a fatores ambientais (Keltikangas-Järvinen et al., 2004; Lahti et al., 2005).

Mais importante, os genes interagem com o ambiente. Conforme vemos nas discussões acerca da herança da inteligência e da questão da natureza-criação, é impossível divorciar completamente os fatores genéticos dos fatores ambientais. Embora os estudos de gêmeos idênticos criados em ambientes diferentes sejam úteis, eles não são definitivos porque é impossível avaliar e controlar os fatores ambientais totalmente. Nesse sentido, as estimativas da influência da genética são apenas isso – estimativas – e aplicam-se aos grupos, não aos indivíduos. Consequentemente, achados como os apresentados na Figura 4 devem ser vistos como aproximações.

Por fim, mesmo que sejam encontrados mais genes ligados a características específicas de personalidade, os genes ainda não podem ser encarados como a única causa da personalidade. Contudo, as características geneticamente determinadas podem não ser expressas se elas não forem "ligadas" por experiências ambientais particulares. Além disso, os comportamentos produzidos pelos genes podem ajudar a criar um ambiente específico. Por exemplo, um bebê alegre e sorridente pode levar os pais a sorrirem e a serem mais responsivos, criando assim um ambiente apoiador e agradável. Ao contrário, os pais de um bebê irritadiço e exigente podem ser menos inclinados a sorrir para a criança; por sua vez, o ambiente no

temperamento Estilo comportamental inato e característico de responder que emerge no início da vida.

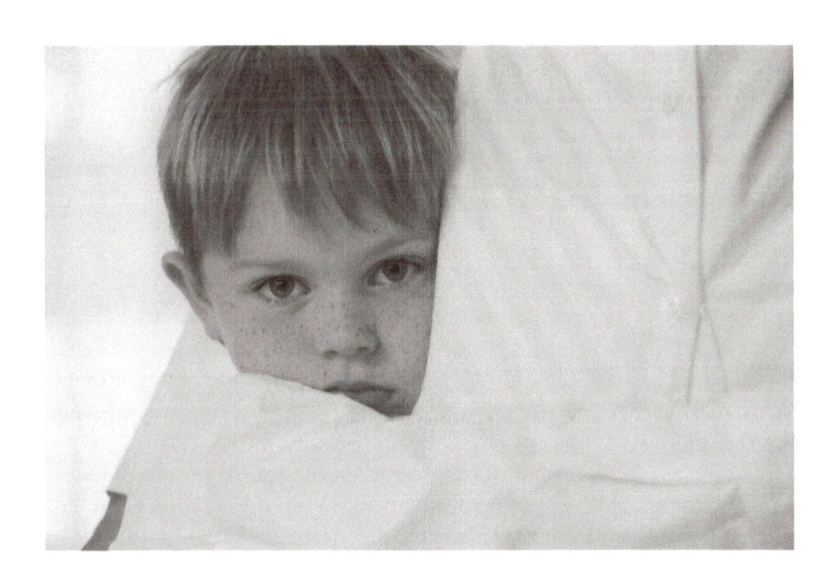

Os bebês nascem com temperamentos particulares – disposições que são constantes durante toda a infância.

A Neurociência em sua Vida:
Ligado em correr riscos – os fundamentos biológicos da personalidade

FIGURA 5 Muitos de nós gostam de arriscar de vez em quando, seja jogando na loteria, seja correndo o risco de que um professor note uma ausência da classe. Quando e por que corremos o risco, porém, está fundamentado tanto na situação quanto nos aspectos de nossa personalidade, como, por exemplo, que probabilidade temos de ceder a fortes impulsos. Em pesquisas que examinam o comportamento de correr riscos, os participantes eram solicitados a tomar uma decisão que envolvia o risco de ganhar ou perder dinheiro. Essa imagem de ressonância magnética (IRMf) mostra que os indivíduos com escore mais alto em correr risco apresentam um aumento na ativação da área do cérebro associada a sentimentos de urgência, conforme salientado pelo círculo verde.
(Fonte: Xue et al., 2010.)

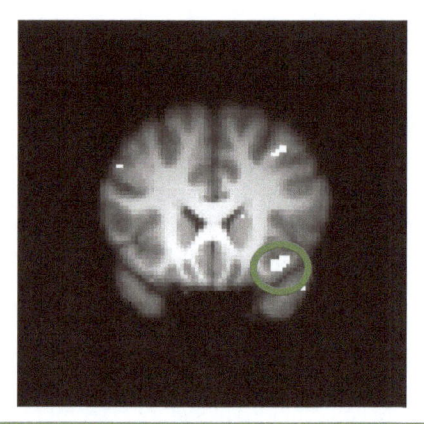

qual essa criança é criada será menos apoiador e agradável. Em certo aspecto, então, os genes não só influenciam o comportamento de uma pessoa – eles também ajudam a produzir o ambiente no qual uma pessoa desenvolve-se (Scarr, 1998; Plomin & Caspi, 1999; Kim-Cohen, Caspi, & Moffitt, 2003; Kim-Cohen et al., 2005).

Embora um número crescente de teóricos da personalidade esteja levando em conta os fatores biológicos e evolucionistas, nenhuma teoria abrangente e unificada que considere tais fatores é amplamente aceita. Contudo, está claro que certos traços de personalidade apresentam componentes genéticos substanciais e que a hereditariedade e o ambiente interagem para determinar a personalidade (Ebstein, Benjamin, & Belmaker, 2003; Bouchard, 2004; South, & Krueger, 2008).

Abordagens humanistas: sua singularidade

Em todas as abordagens da personalidade que discutimos, onde está uma explicação para a santidade de uma Madre Tereza, a criatividade de um Michelangelo e o brilhantismo e perseverança de um Einstein? Uma compreensão desses indivíduos singulares – bem como os tipos mais comuns de pessoas que têm alguns dos mesmos atributos – provém da teoria humanista.

De acordo com as teorias humanistas, todas as abordagens da personalidade que discutimos compartilham uma percepção errônea em suas visões da natureza humana. Em vez de encararem as pessoas como controladas pelo inconsciente, forças invisíveis (abordagens psicodinâmicas), um conjunto de traços estáveis (abordagens do traço), reforços e punições situacionais (teoria da aprendizagem) ou fatores herdados (abordagens biológicas e evolucionistas), as **abordagens humanistas da personalidade** enfatizam a bondade inerente das pessoas e sua tendência a avançar para níveis mais elevados de funcionamento. É essa capacidade consciente e automotivada de mudar e melhorar, junto a impulsos criativos únicos das pessoas, que os teóricos humanistas argumentam que compõem a essência da personalidade.

Rogers e a necessidade de autoatualização

O principal proponente da perspectiva vista humanista é Carl Rogers (1971). Com outros teóricos humanistas como Abraham Maslow, Rogers defende que todas as pessoas têm uma necessidade fundamental de **autoatualização**, um estado de autorrealização em que elas percebem seu mais alto potencial, cada uma de maneira única. Ele propõe ainda que os indivíduos desenvolvem uma necessidade de atenção positiva que reflete o desejo de ser amado e respeitado. Como os outros fornecem essa atenção positiva, crescemos dependentes deles. Começamos a nos ver e a nos julgar pelos olhos das outras pessoas, baseando-nos em seus valores e preocupando-nos com o que elas pensam de nós.

De acordo com Rogers, uma consequência de atribuir importância às opiniões dos outros é que pode crescer um conflito entre as experiências das pessoas e seus *autoconceitos*, o conjunto de crenças que elas mantêm sobre como são como indivíduos. Se as discrepâncias são pequenas, assim são as consequências. Porém, se as consequências forem maiores, elas levarão a transtornos psicológicos no funcionamento diário, como a experiência de ansiedade frequente.

Rogers sugere que uma maneira de superar a discrepância entre a experiência e o autoconceito é pelo recebimento da consideração positiva incondicional de outra pessoa – um amigo, o cônjuge ou um terapeuta. **Aceitação positiva incondicional** refere-se a uma atitude de aceitação e respeito por parte do observador, independentemente do que a pessoa diga ou faça. Essa aceitação, diz Rogers, dá às pessoas a oportunidade de evoluir e crescer tanto cognitiva quanto emocionalmente e desenvolver autoconceitos mais realistas. Você pode ter experimentado a força da consideração positiva incondicional quando confiou em alguém, revelando segredos embaraçosos porque sabia que o ouvinte ainda o amaria e respeitaria mesmo depois de ouvir o pior a seu respeito (Snyder, 2002; Marshall, 2007).

Entretanto, a *aceitação positiva condicional* depende do comportamento. Em tais casos, os outros retiram seu amor e sua aceitação se você faz algo que eles não aprovam. O resultado é uma discrepância entre seu verdadeiro self e o que os outros desejam que você seja, o que conduz a ansiedade e frustração (ver Fig. 6).

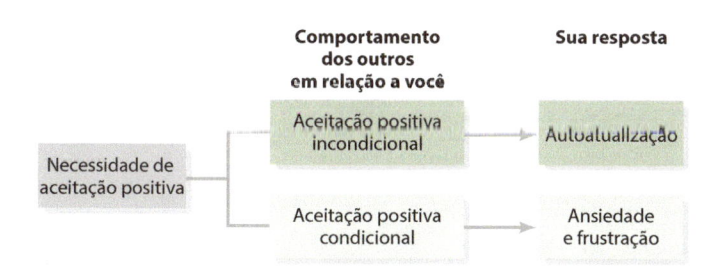

"Então, embora extorsão, chantagem e assassinato possam ser maus atos, eles não fazem de você uma má pessoa."

abordagens humanistas da personalidade Teorias que enfatizam a bondade inata das pessoas e o desejo de alcançar níveis superiores de funcionamento.

autoatualização Estado de autorrealização em que as pessoas percebem seu mais alto potencial, cada uma de maneira única.

aceitação positiva incondicional A atitude de aceitação e respeito por parte de um observador, independentemente do que uma pessoa diga ou faça.

FIGURA 6 De acordo com a visão humanista de Carl Rogers, as pessoas têm uma necessidade básica de serem amadas e respeitadas. Se receber aceitação positiva incondicional dos outros, você desenvolverá um autoconceito mais realista; porém, se a resposta for condicional, ela poderá levar a ansiedade e frustração.

Avaliando as abordagens humanistas

Embora as teorias humanistas destaquem o valor de oferecer aceitação positiva incondicional para as pessoas, a aceitação positiva incondicional em relação às teorias humanistas tem estado menos disponível. As críticas centram-se na dificuldade de verificar os pressupostos básicos da abordagem e também na questão de se a aceitação positiva incondicional de fato leva a uma maior adaptação da personalidade.

As abordagens humanistas também foram criticadas por pressupor que as pessoas são basicamente "boas" – uma noção que não é verificável – e, igualmente importante, por usar valores não científicos para basear teorias supostamente científicas. No entanto, as teorias humanistas foram importantes para destacar a singularidade dos seres humanos e guiar o desenvolvimento de uma modalidade significativa de terapia designada para aliviar dificuldades psicológicas (Cain, 2002; Bauman & Kopp, 2006; Elkins, 2009; Kogstad, Ekeland, & Hummelvoll, 2011).

Comparando as abordagens da personalidade

À luz das múltiplas abordagens que discutimos, você pode estar se perguntando qual das teorias oferece a descrição mais precisa da personalidade. Essa pergunta não pode ser respondida precisamente. Cada teoria está fundamentada em diferentes pressupostos e aborda aspectos um pouco diferentes da personalidade (ver Fig. 7). Além disso, não existe uma maneira clara de testar cientificamente as várias abordagens e suas suposições na comparação de umas com as outras. Dada a complexidade de cada indivíduo, parece razoável pressupor que a personalidade pode ser vista a partir de inúmeras perspectivas simultaneamente (Pervin, 2003).

Abordagem teórica e principais teóricos	Determinantes conscientes versus inconscientes da personalidade	Natureza (fatores hereditários) versus criação (fatores ambientais)	Livre-arbítrio versus determinismo	Estabilidade versus modificabilidade
Psicodinâmica (Freud, Jung, Horney, Adler)	Ênfase no inconsciente	Enfatiza a estrutura inata, herdada da personalidade, valorizando a importância da experiência infantil	Enfatiza o determinismo, a visão de que o comportamento é direcionado e causado por fatores externos ao próprio controle	Enfatiza a estabilidade das características durante a vida de uma pessoa
Traços (Allport, Cattell, Eysenck)	Desconsidera o consciente e o inconsciente	As abordagens variam	Enfatiza o determinismo, a visão de que o comportamento é direcionado e causado por fatores externos ao próprio controle	Enfatiza a estabilidade das características durante a vida de uma pessoa
Aprendizagem (Skinner, Bandura)	Desconsidera o consciente e o inconsciente	Centra-se no ambiente	Enfatiza o determinismo, a visão de que o comportamento é direcionado e causado por fatores externos ao próprio controle	Enfatiza que a personalidade permanece flexível e resiliente durante a vida de uma pessoa
Biológica e evolucionista (Tellegen)	Desconsidera o consciente e o inconsciente	Enfatiza os determinantes inatos, herdados da personalidade	Enfatiza o determinismo, a visão de que o comportamento é direcionado e causado por fatores externos ao próprio controle	Enfatiza a estabilidade das características durante a vida de uma pessoa
Humanista (Rogers, Maslow)	Enfatiza o consciente mais do que o inconsciente	Enfatiza a interação entre a natureza e a criação	Enfatiza a liberdade dos indivíduos de fazer as próprias escolhas	Enfatiza que a personalidade permanece flexível e resiliente durante a vida de uma pessoa

FIGURA 7   As múltiplas perspectivas da personalidade.

Módulo 32 Abordagens do Traço, da Aprendizagem, Biológica e Evolucionista e Humanista da Personalidade

Recapitule/avalie/repense

Recapitule

RA 32-1 Quais são os principais aspectos das abordagens do traço, da aprendizagem, biológica e evolucionista e humanista da personalidade?

- As abordagens do traço foram usadas para identificar dimensões relativamente constantes por meio das quais as pessoas diferem umas das outras – dimensões conhecidas como traços.
- As abordagens da aprendizagem concentram-se no comportamento observável. Para um teórico da aprendizagem rigoroso, a personalidade é a soma das respostas ao ambiente externo que foram aprendidas.
- As abordagens sociocognitivas concentram-se no papel da cognição na determinação da personalidade. Essas abordagens prestam particular atenção à autoeficácia e à autoestima na determinação do comportamento.
- As abordagens biológica e evolucionista enfatizam a maneira como as características da personalidade são herdadas.
- As abordagens humanistas enfatizam a bondade inerente às pessoas, considerando a essência da personalidade em termos da capacidade de uma pessoa de mudar e melhorar.
- As principais abordagens da personalidade diferem substancialmente umas das outras; as diferenças podem refletir seu foco nos diferentes aspectos da personalidade e na complexidade geral dela.

Avalie

1. A determinação de Carl é ter sucesso em todas suas atividades e relações. De acordo com a teoria de Gordon Allport, este é exemplo de um traço _____. Por sua vez, o gosto de Cindy por filmes antigos de faroeste é exemplo de um traço _____.
2. Eysenck pode descrever uma pessoa que gosta de atividades como festas e voar de asa-delta como tendo nível elevado em qual traço?
3. Os proponentes de qual abordagem da personalidade seriam mais prováveis de concordar com a afirmação: "A personalidade pode ser pensada como respostas aprendidas à criação e ao ambiente de uma pessoa"?
   a. Humanista
   b. Biológica e evolucionista
   c. Aprendizagem
   d. Traço
4. Bandura classificaria uma pessoa que fizesse a seguinte declaração: "Sei que não consigo fazer isso" como baixa em _____.
5. Qual abordagem da personalidade enfatiza a bondade inata às pessoas e seu desejo de crescer?
   a. Humanista
   b. Psicodinâmica
   c. Aprendizagem
   d. Biológica e evolucionista

Repense

1. Se os traços de personalidade são meramente descritivos e não exploratórios, qual então é seu uso? A atribuição de um traço a determinada pessoa pode ser prejudicial – ou útil? Justifique.
2. *Da perspectiva de um educador*: Como você poderia encorajar o desenvolvimento de seus alunos quanto à autoestima e à autoeficácia? Que passos você daria para assegurar que a autoestima deles não ficasse excessivamente aumentada?

Respostas das questões de avaliação

1. cardinal, secundário; 2. extroversão; 3. c; 4. autoeficácia; 5. a

Termos-chave

teoria do traço p. 395
traços p. 395
abordagens sociocognitivas da personalidade p. 399
autoeficácia p. 399
autoestima p. 400
abordagens biológica e evolucionista da personalidade p. 401
temperamento p. 403
abordagens humanistas da personalidade p. 405
autoatualização p. 405
aceitação positiva incondicional p. 405

MÓDULO 33
Avaliando a Personalidade: Determinando o que nos Torna Diferentes

Resultados de Aprendizagem

RA 33-1 Como podemos avaliar a personalidade com maior precisão?

RA 33-2 Quais são os principais tipos de medidas da personalidade?

Você tem necessidade de que outras pessoas gostem de você e o admirem.

Você tem tendência a ser crítico consigo mesmo.

Você tem muito potencial não utilizado que você não transformou a seu favor.

Embora você tenha alguns pontos fracos em sua personalidade, você geralmente consegue compensá-los.

Relacionar-se com pessoas do sexo oposto apresentou problemas para você.

Embora você pareça disciplinado e autocontrolado com os outros, tende a ser ansioso e inseguro por dentro.

Às vezes, você tem sérias dúvidas sobre se tomou a decisão certa ou se fez a coisa certa.

Você prefere certa quantidade de mudanças e variedade e fica insatisfeito quando está cerceado por restrições e limitações.

Você não aceita as declarações dos outros sem uma prova consistente.

Você acha imprudente ser muito franco ao se revelar para os outros.

Se você acha que essas afirmações apresentam um relato surpreendentemente preciso de sua personalidade, você não está sozinho: a maioria dos universitários considera que essas descrições são adequadas para eles. De fato, as afirmações foram preparadas intencionalmente para serem tão vagas que se apliquem a quase todas as pessoas (Forer, 1949; Russo, 1981).

A facilidade com que podemos concordar com essas afirmações imprecisas salienta a dificuldade de se chegar a avaliações precisas e significativas a respeito da personalidade das pessoas. Os psicólogos interessados na avaliação da personalidade precisam definir as formas mais significativas de discriminar entre a personalidade de uma pessoa e a de outra. Para fazer isso, eles usam **testes psicológicos**, medidas padronizadas elaboradas para avaliar o comportamento objetivamente. Com os resultados de tais testes, os psicólogos podem ajudar as pessoas a se compreender melhor e a tomar decisões sobre suas vidas. Os pesquisadores interessados nas causas e consequências da personalidade também empregam testes psicológicos (Hambleton, 2006; Miller, McIntire, & Lovler, 2011).

Assim como as avaliações que procuram medir a inteligência, todos os testes psicológicos devem ter confiabilidade e validade. *Confiabilidade* refere-se à consistência da medida de um teste. Se um teste é confiável, ele produz o mesmo resultado cada vez que é administrado a uma pessoa ou um grupo específico. Ao contrário, os testes não confiáveis apresentam resultados diferentes cada vez que são administrados.

Para que sejam tiradas conclusões significativas, os testes também devem ser válidos. Os testes têm *validade* quando medem o que eles são elaborados para medir. Se um teste é construído para medir a sociabilidade, por exemplo, precisamos saber que ele mede sociabilidade, e não algum outro traço.

Os testes psicológicos também estão fundamentados em *normas*, padrões de desempenho que permitem a comparação do escore de uma pessoa em um teste com os escores

testes psicológicos Medidas padronizadas elaboradas para avaliar o comportamento objetivamente; usados pelos psicólogos para ajudar as pessoas a tomar decisões sobre suas vidas e a compreender mais sobre si mesmas.

Alerta de estudo

A distinção entre confiabilidade e validade é importante. Por exemplo, um teste que mede a confiança é confiável se ele produz os mesmos resultados cada vez que é administrado, enquanto é válido se medir a confiança com precisão.

de outros que realizaram o mesmo teste. Por exemplo, uma norma permite que aqueles que se submetem a um teste em que receberam determinado escore saibam que pontuaram no limite superior dos 10% de todos aqueles que realizaram o teste.

As normas são estabelecidas pela administração de um teste específico a um grande número de pessoas e determinando os escores típicos. Então, é possível comparar o escore de uma pessoa com os escores do grupo, o qual fornece uma medida do desempenho no teste em comparação com o desempenho dos outros que realizaram o teste.

O estabelecimento de normas apropriadas não é uma empreitada simples. Por exemplo, o grupo específico que é empregado para determinar normas para um teste tem efeito profundo na forma como o desempenho de um indivíduo é avaliado. De fato, como discutiremos a seguir, o processo de estabelecimento de normas pode assumir conotações políticas.

Explorando a DIVERSIDADE
Raça e etnia deveriam ser usadas para estabelecer normas?

As paixões da política podem confrontar a objetividade da ciência quando são estabelecidas normas de teste, ao menos na esfera dos testes padronizados que pretendem predizer um futuro desempenho no trabalho. De fato, uma controvérsia nacional desenvolveu-se em torno da questão se devem ser estabelecidas normas diferentes para os membros de vários grupos raciais e étnicos (Manly, 2005, 2006; Manly & Echemendia, 2007; Pedraza & Mungas, 2008).

O teste que desencadeou a controvérsia foi a bateria de testes de aptidão geral do governo americano, um teste que mede uma ampla gama de habilidades, desde a coordenação visual-manual até a proficiência na leitura. O problema foi que afro-americanos e hispânicos tendem a ter em média escores mais baixos no teste do que membros de outros grupos. Os escores mais baixos normalmente se devem a uma falta de experiência relevante anterior e de oportunidades de trabalho, o que, por sua vez, deveu-se a preconceito e discriminação.

Para promover o emprego de grupos raciais de minorias, o governo desenvolveu um grupo separado de normas para afro-americanos e hispânicos. Em vez de usar todas as pessoas que realizaram os testes, os escores dos afro-americanos e hispânicos testados foram comparados somente com os escores de outros afro-americanos e hispânicos. Consequentemente, um hispânico que teve o escore entre os 20% superiores dos hispânicos que fizeram o teste foi considerado com um desempenho equivalente a um testado branco que teve o escore entre os 20% superiores dos brancos que fizeram o teste, mesmo que o escore absoluto dos hispânicos possa ter sido mais baixo que o dos brancos.

Os críticos do sistema de normatização ajustada alegam que esse procedimento discrimina em favor de certos grupos raciais e étnicos à custa de outros, atiçando, assim, as chamas da intolerância racial. A prática foi questionada legalmente: com a aprovação da Lei dos Direitos Civis em 1991, a normatização das raças na bateria de testes de aptidão geral foi descontinuada (Galef, 2001).

Entretanto, os proponentes da normatização das raças continuam a argumentar que os procedimentos de normatização que levam em conta a raça são uma ferramenta de ação afirmativa que simplesmente permite que os indivíduos das minorias que procuram emprego sejam colocados em pé de igualdade com os brancos que procuram emprego. Além disso, um grupo da Academia Nacional de Ciências apoiou a prática de ajuste das normas dos testes. A seu ver, as normas de testes não ajustadas não são muito úteis na predição do desempenho no trabalho e tenderiam a excluir membros dos grupos de minoria que de outra maneira seriam qualificados (Fleming, 2000).

A testagem para emprego não é a única área em que surgem questões referentes às normas e ao significado dos escores nos testes. A questão de como tratar as diferenças raciais nos escores de QI também é controversa e causa divisões. Evidentemente, a normatização da raça desperta sentimentos profundos e intensos que podem entrar em conflito com a objetividade científica (Leiter & Leiter, 2003; Rushton & Jensen, 2006; Davis, 2009).

A questão do estabelecimento de normas para os testes é ainda mais complicada pela existência de um amplo leque de medidas da personalidade e de abordagens de avaliação. Discutiremos a seguir algumas dessas medidas.

Medidas de autorrelato da personalidade

Se alguém quisesse avaliar sua personalidade, uma abordagem possível seria realizar uma entrevista extensa com você para determinar os eventos mais importantes em sua infância, suas relações sociais e seus sucessos e fracassos. Obviamente, no entanto, essa técnica exigiria tempo e esforços extraordinários.

Isso também é desnecessário. Assim como os médicos coletam apenas uma pequena amostra de seu sangue para testá-lo, os psicólogos podem utilizar as **medidas de autorrelato** que perguntam às pessoas acerca de uma amostra relativamente pequena de seu comportamento. Essa amostra de dados de autorrelato é, então, usada para inferir a presença de características particulares da personalidade. Por exemplo, um pesquisador que estivesse interessado na avaliação da orientação para a vida de uma pessoa poderia ministrar o questionário apresentado na Figura 1. Embora o questionário consista de apenas algumas questões, as respostas podem ser usadas para generalizar sobre as características da personalidade. (Experimente!)

Um dos melhores exemplos de uma medida de autorrelato, e um dos testes de personalidade mais comumente usados, é o **Inventário Multifásico de Personalidade de Minnesota-2 (MMPI-2)**. Embora o propósito original dessa medida fosse identificar pessoas com tipos específicos de transtornos psicológicos, ele se revelou como um prognosticador de uma variedade de outros comportamentos. Por exemplo, os escores no MMPI-2 demonstraram ser bons prognosticadores de se os universitários se casarão no espaço de 10 anos da formatura e se eles farão uma pós-graduação. Os departamentos de polícia usam os testes para medir se os oficiais de polícia têm probabilidade de usar suas armas. Os psicólogos na

medidas de autorrelato
Método de reunião de dados sobre as pessoas, fazendo-lhes perguntas sobre uma amostra de seu comportamento.

Inventário Multifásico de Personalidade de Minnesota-2 (MMPI-2)
Teste de autorrelato amplamente usado que identifica pessoas com transtornos psicológicos e que é empregado para predizer alguns comportamentos do dia a dia.

FIGURA 1 Teste de Orientação para a Vida – Revisado. Complete este teste indicando o grau em que você concorda com cada uma das 10 afirmações usando a escala de 0 a 4 para cada item. Tente ser o mais preciso possível. Não existem respostas certas ou erradas.

(Copyright © 1994 APA. Adaptada com permissão da Tabela 6 [p. 1073] de Scheier, M. F., Carver, C. S. & Bridges, M. W. [1994]. Distinguindo otimismo de neuroticismo [e traços de ansiedade, autodomínio e autoestima]: uma reavaliação do Teste de Orientação para a Vida. *Journal of Personality and Social Psychology*, 67, 1063-1078. Não é permitida reprodução ou distribuição sem a permissão por escrito da APA.)

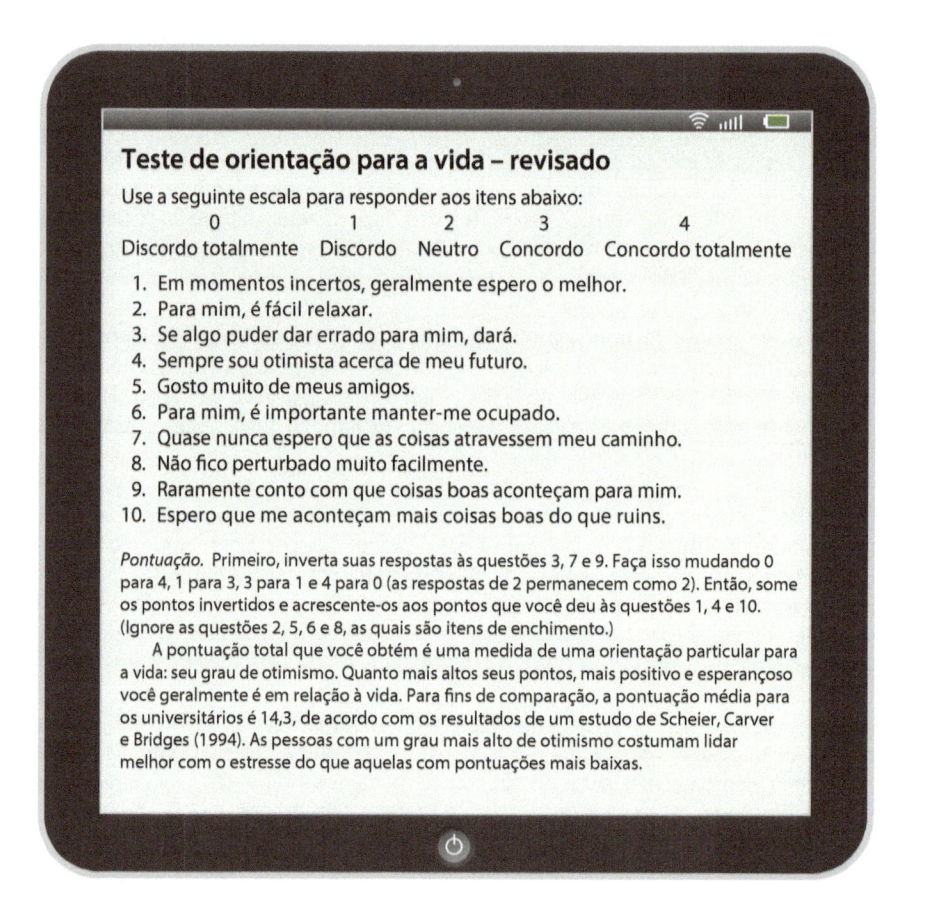

Teste de orientação para a vida – revisado

Use a seguinte escala para responder aos itens abaixo:

0	1	2	3	4
Discordo totalmente	Discordo	Neutro	Concordo	Concordo totalmente

1. Em momentos incertos, geralmente espero o melhor.
2. Para mim, é fácil relaxar.
3. Se algo puder dar errado para mim, dará.
4. Sempre sou otimista acerca de meu futuro.
5. Gosto muito de meus amigos.
6. Para mim, é importante manter-me ocupado.
7. Quase nunca espero que as coisas atravessem meu caminho.
8. Não fico perturbado muito facilmente.
9. Raramente conto com que coisas boas aconteçam para mim.
10. Espero que me aconteçam mais coisas boas do que ruins.

Pontuação. Primeiro, inverta suas respostas às questões 3, 7 e 9. Faça isso mudando 0 para 4, 1 para 3, 3 para 1 e 4 para 0 (as respostas de 2 permanecem como 2). Então, some os pontos invertidos e acrescente-os aos pontos que você deu às questões 1, 4 e 10. (Ignore as questões 2, 5, 6 e 8, as quais são itens de enchimento.)

A pontuação total que você obtém é uma medida de uma orientação particular para a vida: seu grau de otimismo. Quanto mais altos seus pontos, mais positivo e esperançoso você geralmente é em relação à vida. Para fins de comparação, a pontuação média para os universitários é 14,3, de acordo com os resultados de um estudo de Scheier, Carver e Bridges (1994). As pessoas com um grau mais alto de otimismo costumam lidar melhor com o estresse do que aquelas com pontuações mais baixas.

Rússia administram uma modalidade modificada do MMPI em seus astronautas e atletas olímpicos (Butcher, 2005; Sellbom & Ben-Porath, 2006; Sellbom, Fischler, & Ben-Porath, 2007; Butcher, 2011).

O teste consiste em uma série de 567 itens aos quais uma pessoa responde "verdadeiro", "falso" ou "não sei dizer". As perguntas abrangem uma variedade de questões, desde o humor ("Sinto-me inútil às vezes") até opiniões ("As pessoas deveriam tentar entender seus sonhos") ou saúde física e psicológica ("Fico incomodado com dores no estômago várias vezes por semana" e "Tenho pensamentos estranhos e peculiares").

Não existem respostas certas ou erradas. Em vez disso, a interpretação dos resultados reside no padrão das respostas. O teste produz escores em 10 escalas separadas, mais três escalas que procuram medir a validade das respostas do respondente. Por exemplo, existe uma "escala da mentira" que indica quando as pessoas estão falsificando suas respostas para se apresentarem mais favoravelmente (por meio de itens como: "Não consigo me lembrar de alguma vez ter tido uma noite de sono ruim") (Butcher, 2005; Stein & Graham, 2005; Bacchiochi, 2006).

Como os autores do MMPI-2 determinaram o que indicam padrões específicos de resposta? O procedimento que eles usaram é típico da construção do teste de personalidade – um processo conhecido como **padronização do teste**. Para criar o teste, seus autores pediram que grupos de pacientes psiquiátricos com um diagnóstico específico, como depressão ou esquizofrenia, completassem um grande número de itens. Eles, então, determinaram quais itens diferenciavam melhor os membros daqueles grupos de um grupo de comparação de participantes normais e incluíram esses itens específicos na versão final do teste. Realizando esse procedimento sistematicamente nos grupos com diferentes diagnósticos, os autores do teste conseguiram montar inúmeras subescalas que identificavam diferentes formas de comportamento anormal (ver Fig. 2).

Quando o MMPI-2 é usado com o objetivo para o qual foi elaborado – identificação de transtornos da personalidade, – ele faz um bom trabalho. Contudo, como outros

padronização do teste
Técnica usada para validar questões nos testes de personalidade, estudando-se as respostas das pessoas com diagnósticos conhecidos.

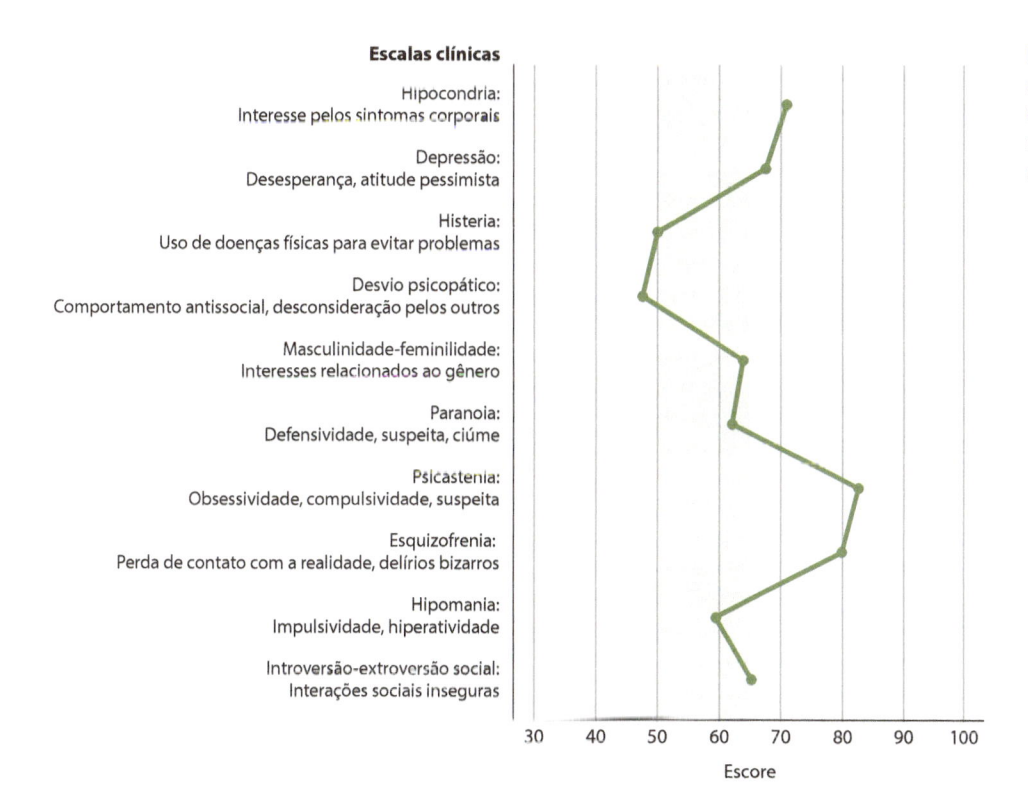

FIGURA 2 Perfil do MMPI-2 de uma pessoa que sofre de ansiedade obsessiva, retraimento social e pensamento delirante.

412 Capítulo 10 Personalidade

> **Alerta de estudo**
>
> Em testes projetivos como o Rorschach, os pesquisadores apresentam um estímulo ambíguo e pedem que a pessoa descreva-o ou conte uma história a seu respeito. Então, eles usam as respostas para fazer inferências acerca da personalidade dessa pessoa.

teste projetivo de personalidade Teste no qual se mostra a uma pessoa um estímulo ambíguo e solicita-lhe que o descreva ou conte uma história a seu respeito.

método de Rorschach Teste que envolve a apresentação de uma série de estímulos visuais simétricos às pessoas, as quais então são solicitadas a dizer o que aquelas figuras representam para elas.

testes de personalidade, ele apresenta uma oportunidade para abusos. Por exemplo, os empregadores que o utilizam como ferramenta de avaliação para os candidatos a um emprego podem interpretar os resultados de maneira inapropriada, baseando-se excessivamente nos resultados das escalas individuais em vez de levar em conta os padrões gerais dos resultados, os quais requerem interpretação especializada. Além disso, os críticos indicam que as escalas individuais sobrepõem-se, o que dificulta sua interpretação. Em síntese, embora o MMPI-2 permaneça como o teste de personalidade utilizado mais amplamente e tenha sido traduzido para mais de cem línguas diferentes, ele deve ser usado com cautela (Forbey & Ben-Porath, 2007; Ben-Porat & Archer, 2008; Williams & Butcher, 2011).

Métodos projetivos

Se lhe fosse mostrada a forma apresentada na Figura 3 e se lhe perguntassem o que representava, você poderia achar que suas impressões não significariam muito. Contudo, para um teórico psicodinâmico, suas respostas a essa figura ambígua forneceria indícios valiosos do estado de seu inconsciente e das características gerais de sua personalidade.

A forma na figura é representativa de borrões de tinta usados nos **testes projetivos de personalidade**, nos quais se mostra a uma pessoa um estímulo ambíguo e solicita-lhe que o descreva ou conte uma história a seu respeito. As respostas são consideradas como "projeções" da personalidade do indivíduo.

O teste projetivo mais conhecido é o **método de Rorschach**. Elaborado pelo psiquiatra suíço Hermann Rorschach (1924), o teste envolve a apresentação de uma série de estímulos simétricos semelhantes ao da Fig. 3 às pessoas a quem se pergunta o que as figuras representam para elas. Suas respostas são registradas, e as pessoas são classificadas pelo tipo de

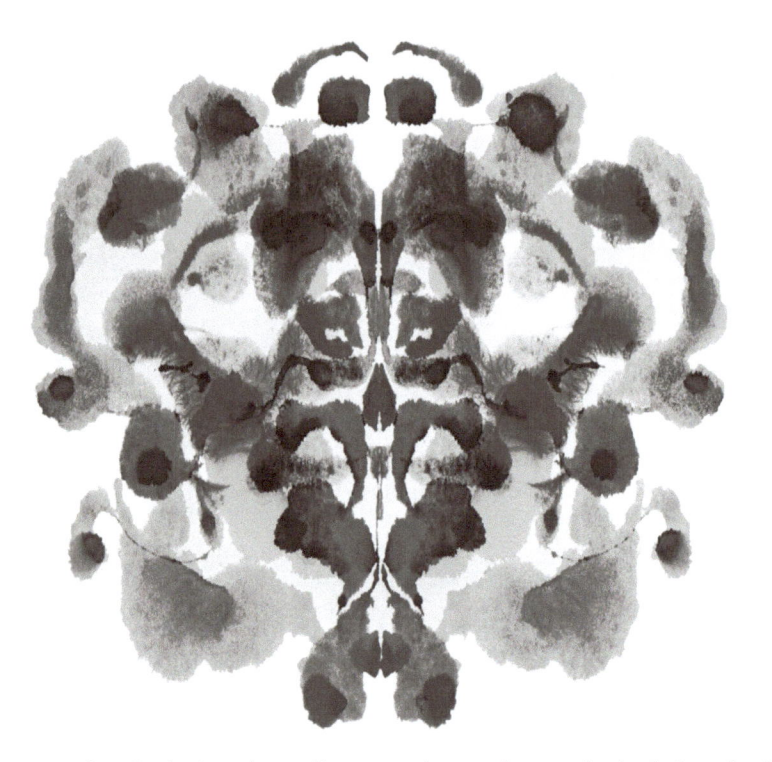

FIGURA 3 Esse borrão de tinta é semelhante ao tipo usado no método de Rorschach. O que você vê nele?

(Fonte: Alloy, Jacobson, & Acocella, 1999.)

personalidade por meio de um conjunto complexo de julgamentos clínicos por parte do examinador. Por exemplo, os respondentes que veem um urso no borrão de tinta são considerados como tendo um forte grau de controle emocional, de acordo com as diretrizes de classificação desenvolvidas por Rorschach (Weiner, 2004b: Silverstein, 2007).

O **Teste de Apercepção Temática (TAT)** é outro instrumento de avaliação projetivo bastante conhecido. O TAT consiste em uma série de figuras sobre as quais uma pessoa é solicitada a escrever uma história. As histórias são, então, usadas para fazer inferências acerca das características da personalidade do escritor (Weiner, 2004a; Langan-Fox & Grant, 2006).

Testes com estímulos tão ambíguos quanto os usados no método de Rorschach e no TAT requerem habilidade particular e cautela em sua interpretação – habilidade e cuidado demais, na opinião de muitos críticos. O método de Rorschach em particular foi criticado por requerer muita inferência por parte do examinador, e as tentativas de padronizar os escores com frequência fracassaram. Além disso, muitos críticos argumentam que o método de Rorschach não oferece muitas informações válidas acerca dos traços de personalidade subjacentes. Apesar de tais problemas, tanto o método de Rorschach quanto o TAT são amplamente usados, sobretudo em contextos clínicos, e seus proponentes alegam que sua confiabilidade e validade são altas o suficiente para fornecer inferências úteis sobre a personalidade (Garb et al., 2005; Society for Personality Assessment, 2005; Campos, 2011).

"Rorschach! O que vai ser de você?"

Teste de Apercepção Temática (TAT) Teste que consiste em uma série de figuras sobre as quais uma pessoa é solicitada a escrever uma história.

Avaliação comportamental

Se você fosse um psicólogo adepto de uma abordagem da aprendizagem da personalidade, provavelmente contestaria a natureza indireta dos testes projetivos. Em vez disso, estaria mais inclinado a usar a **avaliação comportamental** – medidas diretas do comportamento de um indivíduo elaboradas para descrever características indicativas da personalidade. Como ocorre com a pesquisa observacional, a avaliação comportamental pode ser realizada naturalisticamente, observando-se as pessoas em seu ambiente: no local de trabalho, em casa ou na escola. Em outros casos, a avaliação comportamental ocorre no laboratório sob condições controladas em que um psicólogo estabelece uma situação e observa o comportamento de um indivíduo (Ramsay, Reynolds, & Kamphaus, 2002; Gladwell, 2004; Miller & Leffard, 2007).

Independentemente do contexto em que o comportamento é observado, é feito um esforço para assegurar que a avaliação comportamental seja realizada de modo objetivo e quantifique o comportamento tanto quanto possível. Por exemplo, um observador pode registrar o número de contatos sociais que uma pessoa inicia, o número de perguntas feitas ou o número de atos agressivos. Outro método é medir a duração dos eventos: a duração do ataque de raiva de uma criança, a duração de uma conversa, a quantidade de tempo passado trabalhando ou o tempo gasto em comportamento cooperativo.

A avaliação comportamental é em especial apropriada para observação – e eventualmente correção – de dificuldades comportamentais específicas, como a timidez nas crianças. Ela oferece um meio de avaliar a natureza específica e a incidência de um problema e posteriormente permite que os psicólogos determinem se as técnicas de intervenção foram bem-sucedidas.

As técnicas de avaliação comportamental baseadas nas teorias da aprendizagem da personalidade também deram contribuições importantes para o tratamento de certos tipos de perturbações psicológicas. Também são usadas para tomar decisões de contratação e de pessoal no ambiente de trabalho. (Ver também TrabalhoPsi.)

avaliação comportamental Medidas diretas do comportamento de um indivíduo usadas para descrever características da personalidade.

TrabalhoPsi
GERENTE DE RECURSOS HUMANOS

Nome: John P. Murray

Formação: Bacharel em Administração de Empresas; Universidade de Indiana-Universidade Purdue, Indianápolis, Indiana

Em algum momento, todos saem para procurar um emprego e, em muitos casos, a primeira etapa do processo ocorre com um gerente de recursos humanos. John Murray, gerente de administração de recursos humanos dos serviços de emprego e compensação na Universidade de Indiana-Universidade Purdue, é uma dessas pessoas com quem os candidatos a um emprego inicialmente se encontram.

"Tentamos influenciar os departamentos de contratação a considerar diversos candidatos durante o processo de recrutamento", explicou Murray. "Treinamos e enfatizamos o valor das entrevistas com base comportamental e tentamos ajudar os gerentes de contratação a ver padrões de comportamento que talvez não sejam vistos se eles apenas se detiverem nos fatos aparentes não relacionados."

O processo de entrevista depende da função que está sendo anunciada, de acordo com Murray. "A entrevista varia dependendo da função, mas também varia com base nas necessidades organizacionais que podem ser situacionais, como a composição da equipe atual, as mudanças previstas na organização, o avanço para a automação, etc."

"Quando entrevisto para vagas que tenho ou para comitês dos quais participo, tento rapidamente saber se o candidato tem habilidades para fazer o trabalho, então eu possa passar mais tempo obtendo informações para avaliar a motivação, os estilos de comunicação e a adequação", acrescenta.

"Por exemplo, ao contratar para consultor do trabalho, o conhecimento técnico dos processos de contratação é menos importante para mim do que as habilidades de consultoria", explica Murray. "Um especialista técnico em leis trabalhistas pode não ser tão eficiente quanto um indivíduo que pode demonstrar habilidades de comunicação, analíticas, de conceitualização, de resolução de conflito e outras competências que são mais difíceis de desenvolver."

TORNANDO-SE UM CONSUMIDOR INFORMADO de Psicologia
Avaliando os testes de personalidade

Muitas companhias, desde a General Motors até a Microsoft, aplicam testes de personalidade para ajudar a determinar quem é contratado. Por exemplo, os empregados potenciais da Microsoft apresentaram questionamentos do tipo: "Se você tivesse de remover um dos 50 estados estadunidenses, qual deles seria?" (Dica: Primeiro defina "remover". Se você quer dizer a morte de todos no estado, sugira um estado com baixa densidade populacional. Se você quer dizer deixar o país, então escolha um estado remoto, como o Alaska ou Havaí.) Outros empregadores fazem perguntas que são ainda mais vagas ("Descreva novembro"). Com tais perguntas, nem sempre está claro se os testes são confiáveis ou válidos (McGinn, 2003).

Antes de basear-se demasiadamente nos resultados de tal teste de personalidade no papel do empregado potencial, empregador ou consumidor de serviços de testagem, você deve ter vários pontos em mente:

- *Entenda o que o teste alega medir.* As medidas de personalidade padronizadas são acompanhadas por informações que discutem como o teste foi desenvolvido, a quem ele é mais aplicável e como os resultados devem ser interpretados. Leias as explicações do teste, pois elas o ajudarão a entender os resultados.
- *Não baseie uma decisão apenas nos resultados de um único teste.* Os resultados do teste devem ser interpretados no contexto de outras informações, como registros acadêmicos, interesses sociais e atividades em casa e na comunidade.
- *Lembre-se de que os resultados do teste nem sempre são precisos.* Os resultados podem estar errados; o teste pode ser não confiável ou inválido. Por exemplo, você pode ter tido um "mau dia" quando se submeteu ao teste, ou a pessoa que está classificando e interpretando o teste pode ter cometido um erro. Você não deve atribuir grande significado aos resultados de uma única administração de um teste.

Em resumo, é importante ter em mente a complexidade do comportamento humano – particularmente o seu. Nenhum teste pode proporcionar uma compreensão das complexidades da personalidade de alguém sem considerar muitas outras informações que podem ser dadas em uma única sessão de testagem (Gladwell, 2004; Paul, 2004; Hogan, Davies, & Hogan, 2007).

Recapitule/avalie/repense

Recapitule

RA 33-1 Como podemos avaliar a personalidade com maior precisão?

- Testes psicológicos como o MMPI-2 são ferramentas de avaliação padronizadas que medem o comportamento objetivamente. Eles devem ser confiáveis (medindo o que estão tentando medir de forma consistente) e válidos (medindo o que devem medir).

RA 33-2 Quais são os principais tipos de medidas da personalidade?

- As medidas de autorrelato perguntam às pessoas acerca de uma amostra da variação de seu comportamento. Esses relatos são usados para inferir a presença de características particulares de personalidade.
- Os testes projetivos de personalidade (como o método de Rorschach e o TAT) apresentam um estímulo ambíguo; o administrador do teste infere informações sobre o testando a partir de suas respostas.

Avalie

1. _____ é a consistência de um teste de personalidade; _____ é a capacidade do teste de realmente medir o que ele foi elaborado para medir.
2. _____ são padrões usados para comparar os escores de diferentes pessoas que se submetem ao mesmo teste.
3. Testes como o MMPI-2, em que é avaliada uma pequena amostra do comportamento para determinar padrões mais amplos, são exemplos de
   a. testes transversais
   b. testes projetivos
   c. testes de aproveitamento
   d. testes de autorrelato
4. Uma pessoa a quem fosse mostrada uma figura e solicitado que criasse uma história sobre ela estaria se submetendo a um teste _____ de personalidade.

Repense

1. Os testes de personalidade devem ser usados para decisões sobre funcionários? Devem ser usados para outros propósitos sociais, como a identificação de indivíduos em risco para certos tipos de transtornos da personalidade?
2. *Da perspectiva de um político:* Imagine que você tivesse de votar uma lei que exigiria que as instituições e organizações realizassem procedimentos de normatização de raça nos testes de desempenho padronizados. Você apoiaria essa lei? Justifique. Além da raça, os procedimentos de normatização devem levar em conta outros fatores? Quais e por quê?

Respostas das questões de avaliação

1. Confiabilidade, validade; 2. Normas; 3. d; 4. projetivo

Termos-chave

testes psicológicos p. 408
medidas de autorrelato p. 410
Inventário Multifásico de Personalidade de Minnesota-2 (MMPI-2) p. 410
padronização do teste p. 411
teste projetivo de personalidade p. 412
método de Rorschach p. 412
Teste de Apercepção Temática (TAT) p. 413
avaliação comportamental p. 413

Recordando

Epílogo

Discutimos as diferentes formas pelas quais os psicólogos interpretaram o desenvolvimento e a estrutura da personalidade. As perspectivas que examinamos variaram desde a análise de Freud a respeito da personalidade, fundamentada sobretudo em fatores internos inconscientes, até a visão fundamentada externamente defendida por teóricos da aprendizagem da personalidade como um conjunto de traços e ações aprendidos. Não há consenso sobre quais são os traços principais para a personalidade.

Retorne ao prólogo e considere o caso de Lori Berenson. Use seu conhecimento acerca da personalidade para considerar as seguintes perguntas:

1. O quanto você considera típico que as pessoas tenham diferentes aspectos de sua personalidade, conforme Lori Berenson aparentemente tem?
2. Como você poderia explicar a personalidade de Lori Berenson a partir de uma abordagem psicodinâmica? E a partir de uma abordagem da aprendizagem?
3. Como você acha que Lori Berenson pontuaria em um teste de sociabilidade? E em um teste de retidão?
4. Seria possível para um teste de personalidade discernir se Lori Berenson era realmente culpada de terrorismo ou não? Justifique.

RESUMO VISUAL 10 Personalidade

MÓDULO 31 Abordagens Psicodinâmicas da Personalidade

Teoria psicanalítica de Freud
- Experiência consciente: apenas parte de nossa experiência psicológica
- Inconsciente: parte da personalidade da qual não temos consciência
- Estrutura da personalidade
  - Id: Representa a parte bruta, não organizada e inata da personalidade
  - Ego: Esforça-se para equilibrar os desejos do id e as realidades do mundo externo
  - Superego: Representa as virtudes e os defeitos da sociedade conforme ensinado e modelado por indivíduos significativos
- Estágios psicossexuais
- Mecanismos de defesa: estratégias inconscientes que as pessoas usam para reduzir a ansiedade

Psicanalistas neofreudianos: enfatizam o ego mais do que Freud (Carl Jung, Karen Horney, Alfred Adler)

MÓDULO 32 Abordagens do Traço, da Aprendizagem, Biológica e Evolucionista e Humanista da Personalidade

Abordagens do traço: enfatiza características e comportamentos constantes da personalidade chamados de traços
- Eysenck: extroversão, neuroticismo e psicoticismo
- Os cinco grandes traços da personalidade: abertura para a experiência, realização ou escrupulosidade, extroversão, sociabilidade, neuroticismo

Abordagens da aprendizagem: enfatizam que a personalidade é a soma de respostas aprendidas ao ambiente externo
- B. F. Skinner: a personalidade é uma coleção de padrões de comportamento aprendidos e um resultado do reforço

Abordagens da aprendizagem (continuação)
- Abordagens sociocognitivas: enfatizam a influência da cognição e da observação do comportamento dos outros sobre a personalidade
- Autoeficácia e autoestima

Abordagens biológica e evolucionista: Pressupõem que componentes importantes da personalidade são herdados, como o temperamento

Abordagens humanistas: enfatizam a bondade inerente às pessoas e sua tendência a avançar para níveis superiores de funcionamento
- Carl Rogers
  - Autoatualização
  - A aceitação positiva reflete o desejo de ser amado e respeitado

MÓDULO 33 Avaliando a Personalidade: Determinando o que nos Torna Diferentes

Testes psicológicos: medidas padronizadas que avaliam o comportamento objetivamente
- Confiabilidade
- Validade
- Normas

Medidas de autorrelato: as pessoas respondem a perguntas sobre si mesmas para determinar características da personalidade

Métodos projetivos: mostra-se às pessoas um estímulo ambíguo e pede-se para descreverem ou contarem uma história sobre ele
- Método de Rorschach
- Teste de Apercepção Temática (TAT)

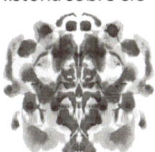

Avaliação comportamental: medidas do comportamento de uma pessoa elaboradas para descrever características indicativas da personalidade

11
Psicologia da Saúde: Estresse, Enfrentamento e Bem-estar

Resultados de Aprendizagem para o Capítulo 11

MÓDULO 34

RA 34-1 Como a psicologia da saúde representa uma união entre a medicina e a psicologia?

RA 34-2 O que é estresse, como ele nos afeta e como podemos melhor enfrentá-lo?

Estresse e Enfrentamento
Estresse: reagindo a ameaças e desafios
O alto custo do estresse
Enfrentando o estresse
Aplicando a Psicologia no Século XXI: O que não o mata o torna mais forte
A Neurociência em sua Vida: Estresse e apoio social
Tornando-se um Consumidor Informado de Psicologia: Estratégias eficazes de enfrentamento

MÓDULO 35

RA 35-1 Como os fatores psicológicos afetam problemas relacionados à saúde, como doença arterial coronariana, câncer e tabagismo?

Aspectos Psicológicos da Doença e do Bem-estar
Os As, Bs e Ds da doença arterial coronariana
Aspectos psicológicos do câncer
Tabagismo
A Neurociência em sua Vida: A atração aditiva do tabagismo
Explorando a Diversidade: Mascates da morte: promovendo o tabagismo pelo mundo

MÓDULO 36

RA 36-1 Como as interações com os médicos afetam nossa saúde e adesão ao tratamento?

RA 36-2 Como se desenvolve uma sensação de bem-estar?

Promovendo a Saúde e o Bem-estar
Seguindo os conselhos médicos
Bem-estar e felicidade

Prólogo *Em desespero*

Já faz muito tempo que "comissário de bordo" era o título de um trabalho glamoroso. As horas são longas. Passageiros que se sentem no direito entram em choque contra as novas políticas de serviços limitados. Os bebês choram. As precauções de segurança existem, mas devem ser impostas. As companhias aéreas demandam reviravoltas com a rapidez de um relâmpago, por isso os comissários reúnem os passageiros e coletam o lixo com a velocidade penosa de uma equipe de fórmula Indy. Todos, ao que parece, estão de mau humor...

Um comissário da JetBlue chamado Steven Slater decidiu dar um basta... Depois de uma discussão com um passageiro que ficava de pé para mexer na bagagem durante todo o voo desde Pittsburgh, o senhor Slater, 38 anos e comissário de bordo de carreira, foi até o intercomunicador para se dirigir aos passageiros e começou a praguejar.
Então, disseram as autoridades, ele puxou a alavanca que ativa a rampa da evacuação de emergência e deslizou por ela, fazendo uma saída teatral não só do avião, mas, em última análise, de sua carreira na companhia aérea (Newman & Rivera, 2010, p. A1).

Olhando à frente

Embora a resposta de Steven Slater tenha sido extrema, podemos todos nos solidarizar com o que ele estava sentindo – tanto que, quando a história de Slater chegou ao noticiário, muitas pessoas admitiram que sua forma dramática de se demitir de um trabalho estressante representava sua própria fantasia.

O estresse e o modo como o enfrentamos têm sido há muito tempo tópicos centrais de interesse para os psicólogos. No entanto, em anos atuais, o foco ampliou-se quando a psicologia passou a encarar o estresse no contexto mais abrangente de um dos mais atuais subcampos da psicologia: a psicologia da saúde. A **psicologia da saúde** investiga os fatores psicológicos relacionados ao bem-estar e à doença, incluindo prevenção, diagnóstico e tratamento de problemas médicos. Os psicólogos da saúde investigam os efeitos de fatores psicológicos como o estresse sobre as doenças. Eles examinam os princípios psicológicos subjacentes aos tratamentos para várias condições médicas. Também estudam a prevenção: como o comportamento mais saudável pode ajudar a evitar e reduzir problemas de saúde como estresse e doença cardíaca.

Os psicólogos da saúde assumem uma postura decisiva na antiga questão da mente-corpo que os filósofos, e posteriormente os demais psicólogos, vêm debatendo desde o tempo dos gregos antigos. Segundo sua visão, a mente e o corpo estão claramente ligados em vez de representar dois sistemas distintos (Sternberg, 2000; Dalal & Misra, 2006).

Os psicólogos da saúde reconhecem que a boa saúde e a capacidade de enfrentar a doença são afetadas por fatores psicológicos, tais como os pensamentos, as emoções e a capacidade de manejar o estresse. Eles direcionaram particular atenção ao *sistema imune*, o sistema complexo de órgãos, glândulas e células que constituem a linha natural de defesa do corpo na luta contra as doenças.

De fato, os psicólogos da saúde estão entre os principais investigadores em um campo crescente denominado **psiconeuroimunologia**, ou **PNI**, o estudo da relação entre fatores psicológicos, sistema imune e cérebro. A PNI levou a descobertas como a existência de uma associação entre o estado emocional de uma pessoa e o sucesso do sistema imune em lutar contra as doenças (Kemeny, 2007; Byrne-Davis & Vedhara, 2008; Mathews & Janusek, 2011).

Em suma, os psicólogos da saúde encaram a mente e o corpo como duas partes de um ser humano integral que não podem ser consideradas independentemente. Essa visão mais recente marca um distanciamento importante do pensamento inicial. Antigamente, a doença era vista como um fenômeno puramente biológico e os fatores psicológicos eram de pouco interesse para a maioria dos profissionais de atenção à saúde. No início do século XX, as causas primárias de morte eram infecções de curta duração das quais o indivíduo rapidamente se recuperava – ou morria. Hoje, no entanto, as principais causas de morte, como doença cardíaca, câncer e diabetes, são doenças crônicas que apresentam questões psicológicas significativas, porque elas com frequência não podem ser curadas, vindo a se arrastar por anos (Bishop, 2005; Rotan & Ospina-Kammerer, 2007).

Os avanços na psicologia da saúde tiveram impacto em uma variedade de disciplinas e profissões. Por exemplo, profissionais de atenção à saúde como médicos e enfermeiros, assistentes sociais, nutricionistas, farmacêuticos, terapeutas ocupacionais e até mesmo o clero têm cada vez maior probabilidade de receber treinamento em psicologia da saúde.

Nos três módulos a seguir, discutiremos as formas pelas quais os fatores psicológicos afetam a saúde. Abordamos inicialmente as causas e consequências do estresse, bem como os meios de enfrentá-lo. A seguir, exploramos os aspectos psicológicos de diversos problemas de saúde importantes, incluindo doença cardíaca, câncer e patologias resultantes do tabagismo. Ao final, examinamos as formas pelas quais as interações paciente-médico influenciam a saúde e oferecemos sugestões para aumentar a adesão das pessoas com recomendações sobre o comportamento que irá melhorar seu bem-estar.

psicologia da saúde Ramo da psicologia que investiga os fatores psicológicos relacionados ao bem-estar e à doença, incluindo a prevenção, o diagnóstico e o tratamento de condições médicas.

psiconeuroimunologia (PNI) Estudo da relação entre fatores psicológicos, sistema imune e cérebro.

MÓDULO 34

Estresse e Enfrentamento

Anthony Lepre começou a se sentir muito mal assim que Tom Ridge [Secretário de Segurança Interna americano] colocou a nação em alto alerta para um ataque terrorista... Ele acordou no meio da noite com falta de ar e o coração acelerado. O som do telefone parecia um sinal certo de más notícias. No meio da semana, ele foi apressadamente a Costco para estocar suco de frutas, água engarrafada, manteiga de amendoim, atum enlatado "e comida extra para meus gatos, Monster, Monkey e Spike". Ele também pegou um *kit* de primeiros socorros, seis rolos de fita adesiva e um pacote grande de película de plástico para selar suas janelas. "O maior problema era que me sentia desamparado", diz ele, "completamente impotente em relação à situação". (Cowley, 2003, p. 43-44)

Estresse: reagindo a ameaças e desafios

A maioria de nós precisa de pouca apresentação ao fenômeno do estresse, a resposta das pessoas a eventos que as ameaçam ou as desafiam. Seja ele um trabalho ou o prazo final para um exame, um problema familiar ou mesmo a ameaça persistente de um ataque terrorista, a vida é repleta de circunstâncias e eventos conhecidos como *estressores* que produzem ameaças ao bem-estar. Mesmo eventos agradáveis – como planejar uma festa ou iniciar em um emprego muito desejado – podem produzir estresse, embora os eventos negativos resultem em maiores consequências nocivas do que os positivos.

Todos enfrentamos estresse em nossa vida. Alguns psicólogos da saúde acreditam que a vida diária na verdade envolve uma série de sequências repetidas de percepção de uma ameaça, de consideração de formas de enfrentá-la e de adaptação à ameaça com maior ou menor sucesso. Embora a adaptação seja com frequência menor e ocorra sem nossa consciência, ela requer um esforço maior quando o estresse é mais grave e de longa duração. Por fim, nossas tentativas de superar o estresse podem produzir respostas biológicas e psicológicas que resultam em problemas de saúde (Dolbier, Smith, & Steinhardt, 2007; Finan, Zautra, & Wershba, 2011).

A natureza dos estressores: meu estresse é seu prazer

O estresse é muito pessoal. Embora certos tipos de eventos, como a morte de um ente querido ou a participação em um combate militar, sejam universalmente estressantes, outras situações podem ou não ser estressantes para uma pessoa específica.

Considere, por exemplo, o *bungee jumping*. Algumas pessoas considerariam extremamente estressante pular de uma ponte presas a uma fina corda de borracha. No entanto, existem indivíduos que veem essa atividade como desafiadora e divertida. O fato de o *bungee jumping* ser ou não estressante vai depender, em parte, da percepção que uma pessoa tem da atividade.

Para que as pessoas considerem um evento estressante, elas devem percebê-lo como ameaçador e carecer de todos os recursos para lidar com ele de maneira efetiva. Consequentemente, o mesmo evento pode, às vezes, ser estressante e, outras vezes, não provocar qualquer reação de estresse. Um jovem experimenta estresse quando é rejeitado para um encontro – se ele atribuir a recusa à sua

---

Resultados de Aprendizagem

RA 34-1 Como a psicologia da saúde representa uma união entre a medicina e a psicologia?

RA 34-2 O que é estresse, como ele nos afeta e como podemos melhor enfrentá-lo?

estresse Resposta de uma pessoa a eventos que são ameaçadores ou desafiadores.

Alerta de estudo

Lembre-se da distinção entre estressores e estresse, o que pode ser complicado: estressores (como uma prova) *causam* estresse (a reação fisiológica e psicológica que provém do exame).

Mesmo eventos positivos podem produzir estresse significativo.

eventos cataclísmicos
Fortes estressores que ocorrem repentinamente e afetam muitas pessoas ao mesmo tempo (p. ex., desastres naturais).

estressores pessoais Eventos importantes na vida, como a morte de um membro da família, que têm consequências negativas imediatas que geralmente desaparecem com o tempo.

transtorno de estresse pós--traumático (TEPT) Condição na qual as vítimas de catástrofes maiores ou de fortes estressores pessoais sentem efeitos de longa duração que podem incluir reexperimentar o evento em *flashbacks* vívidos ou em sonhos.

falta de atrativos ou de valor. Porém, se ele atribui a algum fator não relacionado à sua autoestima, como um compromisso anterior da mulher que ele convidou para sair, a experiência de ser recusado pode não gerar estresse. Portanto, a interpretação que uma pessoa faz dos eventos desempenha um papel importante na determinação do que é estressante (Folkman & Moskowitz, 2000; Giacobbi Jr., et al., 2004; Friborg et al., 2006).

Classificando os estressores

Que tipos de eventos tendem a ser estressantes? Existem três tipos gerais de estressores: eventos cataclísmicos, estressores pessoais e estressores básicos.

Eventos cataclísmicos são fortes estressores que ocorrem repentinamente e afetam muitas pessoas ao mesmo tempo. Desastres como tornados e quedas de aviões, assim como ataques terroristas, são exemplos de eventos cataclísmicos que podem afetar centenas ou milhares de pessoas ao mesmo tempo.

Embora possa parecer que os eventos cataclísmicos produzam estresse potente e persistente, em muitos casos eles não causam. De fato, eventos cataclísmicos envolvendo desastres naturais podem produzir menos estresse a longo prazo do que eventos que inicialmente não são tão devastadores. Uma razão para isso é que os desastres naturais têm uma resolução clara. Depois de terminados, as pessoas podem olhar para o futuro sabendo que o pior ficou para trás. Além disso, outras pessoas que também experimentaram o desastre compartilham o estresse induzido pelos eventos cataclísmicos. Tal compartilhamento permite que as pessoas ofereçam apoio social umas às outras e uma compreensão em primeira mão das dificuldades pela quais os outros estão passando (Hobfoll et al., 1996; Benight, 2004; Yesilyaprak, Kisac, & Sanlier, 2007).

Entretanto, ataques terroristas como o do World Trade Center em 2001 são eventos cataclísmicos que produzem estresse considerável. Os ataques terroristas são deliberados e as vítimas (e observadores) sabem que ataques futuros são prováveis. Os avisos do governo na forma de alertas de terrorismo podem aumentar ainda mais o estresse (Murphy, Wismar, & Freeman, 2003; Laugharne, Janca, & Widiger, 2007; Watson, Brymer, & Bonanno, 2011).

A segunda grande categoria de estressores é o estressor pessoal. Os **estressores pessoais** incluem eventos importantes na vida, como a morte de um dos pais ou do cônjuge, a perda do emprego, um fracasso pessoal relevante ou até mesmo um evento positivo como casar. Em geral, os estressores pessoais produzem uma reação maior imediata que logo desaparece. Por exemplo, o estresse que surge pela morte de um ente querido tende a ser maior logo após o momento da morte, mas as pessoas começam a sentir menos estresse e são mais capazes de enfrentar a perda com o passar do tempo.

Algumas vítimas de catástrofes maiores e estressores pessoais graves sofrem de **transtorno de estresse pós--traumático**, ou **TEPT**, no qual uma pessoa experimentou um evento significativamente estressante que tem efeitos de longa duração que podem incluir reexperimentar o evento em *flashbacks* vívidos ou em sonhos. Um episódio de TEPT pode ser desencadeado por um estímulo em outros aspec-

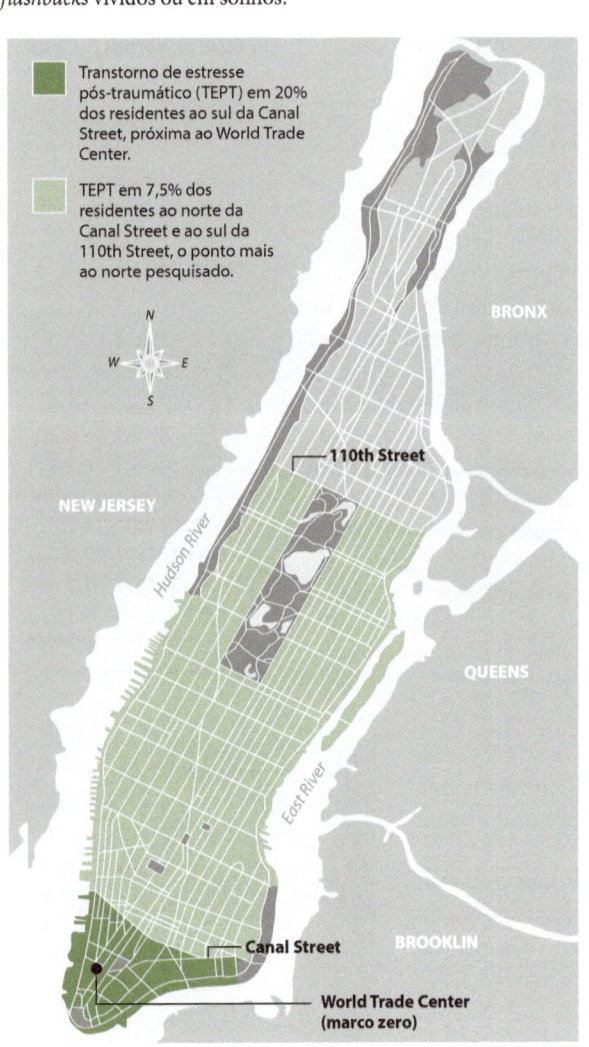

FIGURA 1 Quanto mais perto as pessoas viviam da área do ataque terrorista ao World Trade Center, maior a taxa de transtorno de estresse pós-traumático.
(Fonte: Susser, Herman, & Aaaron, 2002.)

tos inocente, como o som de uma buzina tocando, que leva uma pessoa a reexperimentar um evento passado que produziu estresse considerável.

Os sintomas de TEPT também incluem entorpecimento emocional, dificuldade para dormir, problemas interpessoais, abuso de álcool e drogas e, em alguns casos, suicídio. Por exemplo, a taxa de suicídio entre os militares veteranos, muitos dos quais participaram das guerras do Iraque e do Afeganistão, é duas vezes mais alta do que entre os não veteranos (Pole, 2007; Kaplan et al., 2007; Magruder & Yeager, 2009).

Cerca de 16% dos soldados que voltaram do Iraque apresentam sintomas de TEPT. Além disso, aqueles que experimentaram abuso infantil ou estupro, trabalhadores em resgate que enfrentam situações-limite e vítimas de desastres naturais repentinos que produzem sentimentos de desamparo e choque podem sofrer do mesmo transtorno. Até mesmo testemunhar uma agressão entre duas pessoas pode desencadear TEPT (Friedman, 2006; Marmar, 2009; Horesh et al., 2011).

Todos se deparam com dificuldades diárias, ou estressores básicos, em algum momento. Em que ponto as dificuldades diárias se tornam mais que meros irritantes?

Ataques terroristas produzem altas incidências de TEPT. Por exemplo, 11% das pessoas na cidade de Nova York tiveram alguma forma de TEPT nos meses após os ataques terroristas de 11 de setembro. Contudo, as respostas variaram significativamente dependendo da proximidade dos residentes dos ataques, conforme ilustrado na Figura 1: quanto mais perto alguém vivia do World Trade Center, maior a probabilidade de TEPT. Para muitas pessoas, os efeitos do TEPT ainda eram evidentes uma década depois dos ataques (Lee, Isaac, & Janca, 2007; Marshall et al., 2007; Neria, DiGrande, & Adams, 2011).

Os **estressores básicos**, ou mais informalmente *dificuldades diárias*, são a terceira grande categoria de estressores. Exemplificados por ficar de pé em uma longa fila no banco e ficar preso no engarrafamento, as dificuldades diárias são as irritações menores da vida que todos enfrentamos repetidas vezes. Outro tipo de estressor básico é um problema crônico de longo prazo, como ter insatisfação com a escola ou o emprego, estar preso a um relacionamento infeliz ou viver em bairros muito populosos sem privacidade (Weinstein et al., 2004; McIntyre, Korn, & Matsuo, 2008; Barke, 2011).

Por si sós, as dificuldades diárias não requerem muito enfrentamento ou mesmo uma resposta por parte do indivíduo, embora certamente produzam emoções e humores desagradáveis. No entanto, as dificuldades diárias somam-se – e por fim podem prejudicar tanto quanto um único incidente mais estressante. De fato, o *número* de dificuldades diárias que as pessoas enfrentam está associado a sintomas psicológicos e a problemas de saúde como gripe, dor de garganta e dores nas costas.

Outro aspecto da dificuldade é a *estimulação*, os eventos positivos menores que nos fazem sentir bem – mesmo que temporariamente. Conforme indicado na Figura 2 na página 424, a estimulação varia desde se relacionar bem com um companheiro até achar agradável o ambiente circundante. O que é especialmente intrigante acerca da estimulação é que ela está associada à saúde psicológica das pessoas de forma oposta às dificuldades: quanto maior o número de estimulações que experimentamos, menos sintomas psicológicos relatamos posteriormente (Chamberlain & Zika, 1990; Ravindran et al., 2002; Jain, Mills, & Von Känel, 2007).

estressores básicos ("dificuldades diárias") Dificuldades do dia a dia, como ficar preso em um engarrafamento, que causam irritações menores e podem ter maus efeitos de longo prazo se eles continuam ou são compostos por outros eventos estressantes.

PsicoTec

Uma análise do conteúdo emocional das palavras enviadas em mensagens de texto durante as horas seguintes ao ataque terrorista de 11/09 mostrou que, ao longo do dia, palavras relacionadas a tristeza e ansiedade permaneceram constantes, enquanto palavras relacionadas à raiva aumentavam continuamente.

O alto custo do estresse

O estresse pode produzir consequências biológicas e psicológicas. Muitas vezes, a reação mais imediata ao estresse é biológica. A exposição a estressores gera um aumento nas secreções hormonais pelas glândulas suprarrenais, um aumento na frequência cardíaca e na pressão arterial e alterações na condução dos impulsos elétricos na pele. A curto prazo, essas respostas podem ser adaptativas porque produzem uma "reação de emergência" em que o corpo se prepara para se defender com a ativação do sistema nervoso simpático. Essas respostas permitem um enfrentamento mais efetivo da situação estressante (Akil & Morano, 1996; McEwen, 1998).

No entanto, a exposição contínua ao estresse resulta em declínio no nível corporal geral de funcionamento biológico devido à secreção constante de hormônios relacionados a estresse. Com o tempo, as reações estressantes podem promover deterioração de tecidos corporais como os vasos sanguíneos e o coração. Por fim, nós nos tornamos mais suscetíveis a doenças, já que nossa capacidade de lutar contra infecções está reduzida (Dean-Borenstein, 2007; Ellins et al., 2008; Miller, Chen, & Parker, 2011).

FIGURA 2 As dificuldades e estimulações diárias mais comuns. Quantos desses itens fazem parte da sua vida e como você lida com eles?
(Fonte: Hassles – Chamberlain & Zika, 1990; Uplifts – Kanner et al., 1981.)

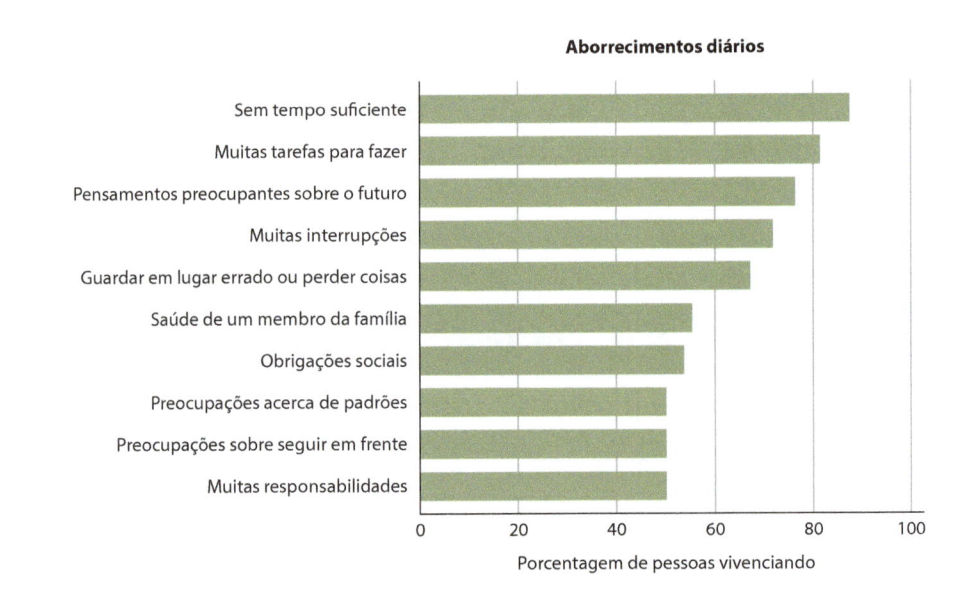

Alerta de estudo

Lembre-se das três categorias de estressores – eventos cataclísmicos, estressores pessoais e estressores básicos – e de que eles produzem diferentes níveis de estresse.

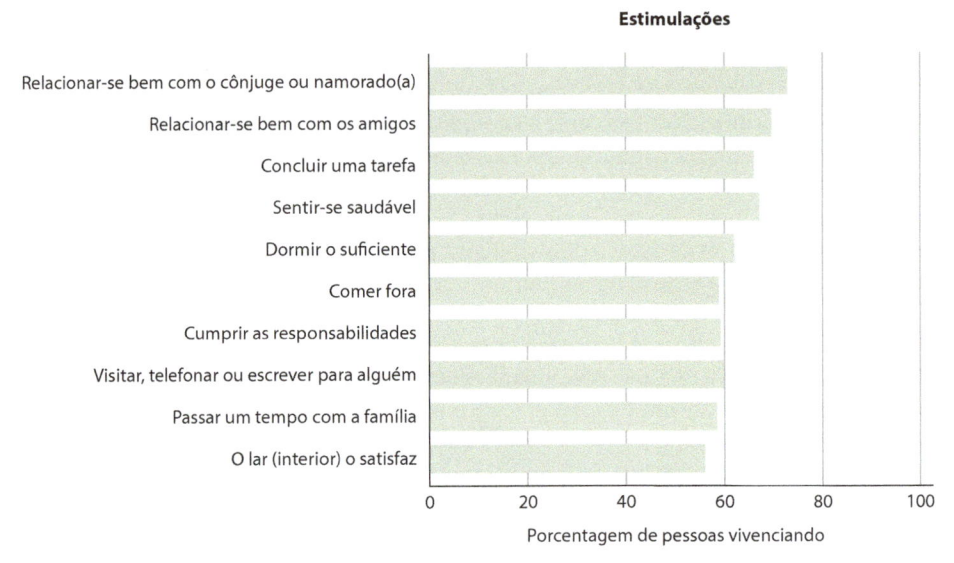

O estresse também pode produzir ou piorar problemas físicos. Especificamente, **distúrbios psicofisiológicos** são quadros médicos influenciados por uma interação de perturbações psicológicas, emocionais e físicas. Os distúrbios psicofisiológicos comuns incluem hipertensão arterial, dores de cabeça, dores nas costas, erupções cutâneas, indigestão, fadiga e constipação. O estresse foi ainda vinculado ao resfriado comum (Cohen et al., 2003; Andrasik, 2006).

distúrbios psicofisiológicos Problemas médicos influenciados por uma interação de dificuldades psicológicas, emocionais e físicas.

No âmbito psicológico, altos níveis de estresse impedem as pessoas de enfrentar a vida adequadamente. Sua visão do ambiente pode tornar-se sombria (p. ex., uma crítica menor feita por um amigo assume grandes proporções). Nos níveis mais altos de estresse, as respostas emocionais podem ser tão extremas que as pessoas são absolutamente incapazes de agir. Essas pessoas também se tornam menos capazes de lidar com novos estressores.

Em resumo, o estresse afeta-nos de múltiplas maneiras. Ele pode aumentar o risco de ficarmos doentes, causando doenças diretamente, ou nos deixar com menos condições de nos recuperarmos de uma doença e reduzir nossa capacidade de lidar com estresse futuro. (Ver Fig. 3 para obter uma medida do próprio nível de estresse.)

O quanto sua vida é estressante?

Teste seu nível de estresse respondendo a estas perguntas e somando o escore de cada quadro. As perguntas aplicam-se ao último mês somente. Uma chave abaixo o ajudará a determinar a extensão de seu estresse.

1. Com que frequência você ficou perturbado por causa de algum fato que aconteceu inesperadamente?
   0 = nunca, 1 = quase nunca, 2 = às vezes,
   3 = com alguma frequência, 4 = muito frequentemente

2. Com que frequência você sentiu que era incapaz de controlar as situações importantes em sua vida?
   0 = nunca, 1 = quase nunca, 2 = às vezes,
   3 = com alguma frequência, 4 = muito frequentemente

3. Com que frequência você se sentiu nervoso e "estressado"?
   0 = nunca, 1 = quase nunca, 2 = às vezes,
   3 = com alguma frequência, 4 = muito frequentemente

4. Com que frequência você se sentiu confiante quanto à sua capacidade de lidar com seus problemas pessoais?
   4 = nunca, 3 = quase nunca, 2 = às vezes,
   1 = com alguma frequência, 0 = muito frequentemente

5. Com que frequência você sentiu que os acontecimentos estavam seguindo seu caminho?
   4 = nunca, 3 = quase nunca, 2 = às vezes,
   1 = com alguma frequência, 0 = muito frequentemente

6. Com que frequência você conseguiu controlar as irritações em sua vida?
   4 = nunca, 3 = quase nunca, 2 = às vezes,
   1 = com alguma frequência, 0 = muito frequentemente

7. Com que frequência você pensou que não poderia lidar com todas as tarefas que tinha para fazer?
   0 = nunca, 1 = quase nunca, 2 = às vezes,
   3 = com alguma frequência, 4 = muito frequentemente

8. Com que frequência você sentiu que estava a par das situações?
   4 = nunca, 3 = quase nunca, 2 = às vezes,
   1 = com alguma frequência, 0 = muito frequentemente

9. Com que frequência você ficou irritado devido a situações que ficaram fora de seu controle?
   0 = nunca, 1 = quase nunca, 2 = às vezes,
   3 = com alguma frequência, 4 = muito frequentemente

10. Com que frequência você sentiu que as dificuldades estavam se acumulando a tal ponto que você não conseguiria superá-las?
    0 = nunca, 1 = quase nunca, 2 = às vezes,
    3 = com alguma frequência, 4 = muito frequentemente

Como você mede

Os níveis de estresse variam entre os indivíduos – compare seu escore total com as médias abaixo:

IDADE		GÊNERO	
18–29	14,2	Homens	12,1
30–44	13,0	Mulheres	13,7
45–54	12,6		
55–64	11,9		
65 e acima	12,0		

ESTADO CIVIL

Viúvo	12,6
Casado ou vivendo com um parceiro	12,4
Solteiro ou nunca casou	14,1
Divorciado	14,7
Separado	16,6

FIGURA 3 Para ter uma noção do nível de estresse em sua vida, complete esse questionário.
(Fonte: Cohen, Kamarck, & Mermelstein, 1983.)

O modelo da síndrome de adaptação geral: o curso do estresse

Os efeitos do estresse de longa duração são ilustrados em uma série de estágios propostos por Hans Selye (pronuncia-se "sell-yay"), um teórico pioneiro do estresse (Selye, 1976, 1993). Esse modelo, a **síndrome de adaptação geral (SAG)**, sugere que a resposta fisiológica ao estresse segue o mesmo padrão estabelecido independentemente da causa do estresse.

Conforme apresentado na Figura 4, a SAG apresenta três fases. O primeiro estágio – *alarme e mobilização* – ocorre quando as pessoas tomam consciência da presença de um estressor. Em nível biológico, o sistema nervoso simpático é energizado, o que ajuda a pessoa a lidar inicialmente com o estressor.

No entanto, se o estressor persiste, as pessoas entram no segundo estágio: *resistência*. Durante esse estágio, o corpo está lutando ativamente contra o estressor em nível biológico. Durante a resistência, as pessoas usam uma variedade de meios para enfrentar o estressor – às vezes com sucesso, mas à custa de algum grau de bem-estar físico ou psicológico. Por exemplo, um estudante que se defronta com o estresse de reprovar em vários cursos pode passar longas horas estudando na busca de enfrentamento do estresse.

Se a resistência for inadequada, as pessoas entram no último estágio da SAG: *exaustão*. Durante esse estágio, a capacidade da pessoa de lutar contra o estressor declina até o ponto em que aparecem consequências negativas do estresse: doença física ou sintomas psicológicos na forma de uma incapacidade de se concentrar, aumento na irritabilidade ou, em casos graves, desorientação e perda do contato com a realidade. Em certo sentido, as pessoas esgotam-se, ocorrendo o mesmo com seus recursos fisiológicos para lutar contra o estressor.

Como as pessoas saem do terceiro estágio depois que entraram nele? Em alguns casos, a exaustão permite que elas escapem de um estressor. Por exemplo, as pessoas que ficam doentes por excesso de trabalho podem ser dispensadas dos deveres por algum tempo, o que lhes dá uma folga temporária das responsabilidades. Ao menos por um tempo, então, o estresse imediato é reduzido.

Embora a SAG tenha tido um impacto substancial em nosso conhecimento do estresse, a teoria de Selye não deixou de ser questionada. Por exemplo, a teoria pressupõe que a reação biológica é similar independentemente do estressor, mas alguns psicólogos da saúde

> **síndrome de adaptação geral (SAG)** Teoria desenvolvida por Selye segundo a qual a resposta de uma pessoa a um estressor consiste em três estágios: alarme e mobilização, resistência e exaustão.

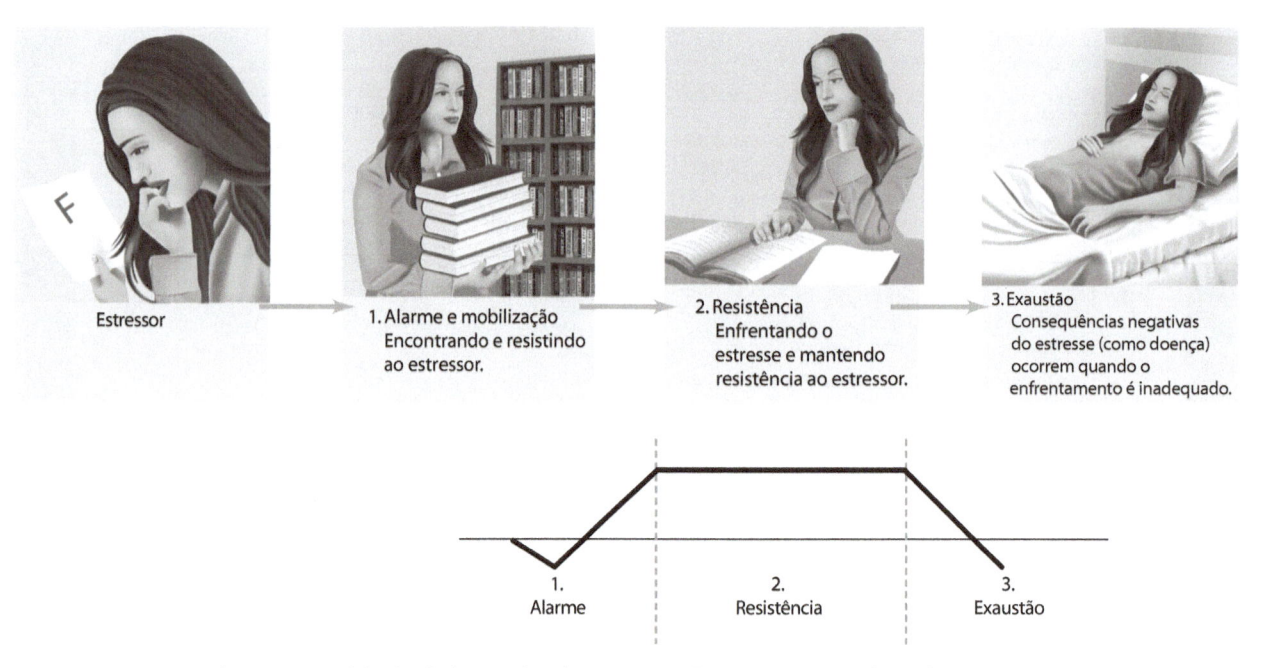

FIGURA 4 De acordo com o modelo da síndrome de adaptação geral (SAG), existem três estágios principais para as respostas ao estresse: alarme e mobilização, resistência e exaustão. O gráfico mostra o grau de esforço dispendido para lidar com os estressores em cada um dos três estágios.
(Fonte: Selye, 1976.)

discordam disso. Eles acreditam que as respostas biológicas das pessoas são específicas da forma como elas avaliam um evento estressante. Se um estressor é visto como desagradável, mas não incomum, então a resposta biológica pode ser diferente do que seria se o estressor é visto como desagradável, fora do comum e imprevisto. Essa perspectiva levou a um aumento do foco na PNI (Taylor et al., 2000; Gaab et al., 2005; Irwin, 2008).

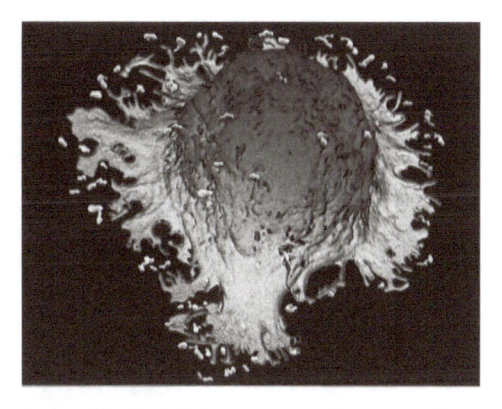

Psiconeuroimunologia e estresse

Os psicólogos da saúde contemporâneos especializados em PNI propuseram uma abordagem mais ampla do estresse. Com base nos resultados do estresse, eles identificaram três consequências principais (ver Fig. 5).

Primeiro, o estresse tem resultados fisiológicos diretos, incluindo aumento na pressão sanguínea, aumento na atividade hormonal e declínio geral no funcionamento do sistema imune. Segundo, o estresse leva as pessoas a se engajarem em comportamentos que são prejudiciais à sua saúde, incluindo aumento no uso de nicotina, droga e álcool, maus hábitos alimentares e sono reduzido. Terceiro, o estresse produz consequências indiretas que resultam em declínios na saúde: redução na probabilidade de obter cuidados à saúde e diminuição na adesão aos conselhos médicos quando solicitados (Sapolsky, 2003; Broman, 2005; Lindblad, Lindahl, & Theorell, 2006).

A capacidade de lutar contra as doenças está relacionada a fatores psicológicos. Aqui uma célula do sistema imune do corpo engolfa e destrói bactérias que produzem doenças.

Por que o estresse é tão prejudicial para o sistema imune? Uma razão para isso é que o estresse pode superestimulá-lo. Em vez de lutar contra bactérias, vírus e outros invasores estranhos, ele pode começar a atacar o corpo e lesionar o tecido saudável. Quando isso acontece, causa condições como artrite e reações alérgicas.

O estresse também pode reduzir a resposta do sistema imune, permitindo que os germes que causam resfriados reproduzam-se mais facilmente ou possibilitando que células cancerígenas espalhem-se de modo mais rápido. Em circunstâncias normais, nossos corpos produzem *linfócitos*, células sanguíneas brancas que lutam contra as doenças em uma velocidade extraordinária – cerca de 10 milhões a cada poucos segundos. É possível que o estresse possa alterar esse nível de produção (Segerstrom & Miller, 2004; Dougall & Baum, 2004; Baum, Lorduy, & Jenkins, 2011).

Estresse

Efeitos fisiológicos diretos
- Pressão sanguínea elevada
- Decréscimo no funcionamento do sistema imune
- Aumento da atividade hormonal
- Condições psicofisiológicas

Comportamentos nocivos
- Aumento no uso de tabaco e álcool
- Nutrição reduzida
- Sono reduzido
- Aumento no uso de drogas

Comportamentos indiretos relacionados à saúde
- Redução na adesão aos conselhos médicos
- Aumento na demora em buscar ajuda médica
- Decréscimo na probabilidade de procurar ajuda médica

FIGURA 5 Três tipos principais de consequências resultam do estresse: efeitos fisiológicos diretos, comportamentos nocivos e comportamentos indiretos relacionados à saúde.

(Fonte: adaptado de Baum, 1994.)

Enfrentando o estresse

O estresse é uma parte normal da vida – e não necessariamente uma parte ruim por completo. Por exemplo, sem estresse podemos não ser suficientemente motivados para concluir as atividades que precisamos realizar.

No entanto, também está claro que o estresse excessivo pode prejudicar a saúde física e psicológica. Como as pessoas lidam com o estresse? Existe alguma forma de reduzir seus efeitos negativos?

Os esforços para controlar, reduzir ou aprender a tolerar as ameaças que levam ao estresse são conhecidos como **enfrentamento**. Habitualmente, usamos certas respostas de enfrentamento para lidar com o estresse. Na maior parte do tempo, não estamos conscientes dessas respostas – assim como podemos não ter consciência dos estresses menores da vida até que eles alcancem níveis prejudiciais (Wrzesniewski & Chylinska, 2007; Chao, 2011).

Também dispomos de outras formas mais diretas e potencialmente mais positivas de enfrentamento do estresse, as quais se dividem em duas categorias principais (Folkman & Moskowitz, 2000, 2004; Baker & Berenbaum, 2007):

- **Enfrentamento centrado na emoção.** As pessoas tentam manejar suas emoções em face do estresse procurando mudar a maneira como se sentem a respeito disso ou percebem um problema. Exemplos de enfrentamento centrado na emoção incluem estratégias como aceitar a simpatia dos outros e olhar para o lado bom de uma situação.
- **Enfrentamento centrado no problema.** As pessoas tentam modificar o problema estressante ou a fonte do estresse. As estratégias centradas no problema levam a mudanças no comportamento ou ao desenvolvimento de um plano de ação para lidar com o estresse. Começar um grupo de estudos para melhorar um fraco desempenho em sala de aula é um exemplo de enfrentamento centrado no problema. Além disso, pode-se fazer um intervalo no estresse criando eventos positivos. Por exemplo, tirar um dia de folga dos cuidados de um parente com uma doença crônica grave para ir a uma academia ou a um *spa* pode trazer um alívio significativo do estresse.

As pessoas com frequência empregam vários tipos de estratégias de enfrentamento simultaneamente. Além disso, elas usam estratégias centradas na emoção mais comumente quando percebem as circunstâncias como imutáveis e estratégias centradas no problema em geral em situações que veem como relativamente modificáveis (Stanton et al., 2000; Penley, Tomaka, & Wiebe, 2002). (Ver também Aplicando a Psicologia no Século XXI.)

Algumas formas de enfrentamento têm menos sucesso. Uma das menos efetivas é o enfrentamento evitativo. No *enfrentamento evitativo*, uma pessoa pode usar o pensamento de esperança para reduzir o estresse ou recorrer a rotas de escape mais diretas, como o uso de drogas, e/ou álcool e o comer excessivo. Um exemplo de pensamento de esperança para evitar um teste seria dizer a si mesmo: "Talvez neve tanto amanhã que o teste seja cancelado". Ou então uma pessoa pode ficar embriagada para evitar um problema. De qualquer modo, o enfrentamento evitativo em geral resulta em um adiamento de enfrentar uma situação estressante, o que comumente deixa o problema ainda pior (Roesch et al., 2005; Hutchinson, Baldwin, & Oh, 2006; Glass et al., 2009).

Outra maneira de lidar com o estresse ocorre inconscientemente com o uso de mecanismos de defesa. Conforme discutimos no capítulo sobre a personalidade, *mecanismos de defesa* são estratégias inconscientes que as pessoas usam para reduzir a ansiedade ocultando a origem de si mesmas e dos outros. Os mecanismos de defesa permitem que elas evitem o estresse agindo como se o estresse nem mesmo estivesse ali. Por exemplo, um estudo examinou estudantes universitários na Califórnia que moravam em dormitórios próximos a uma falha geológica (Lehman & Taylor, 1988). Aqueles que moravam em dormitórios que sabidamente eram improváveis de resistir a um terremoto tinham de modo significativo *mais* probabilidade de duvidar das previsões dos especialistas quanto a um terremoto iminente do que aqueles que moravam em estruturas mais seguras.

Outro mecanismo de defesa usado para enfrentar o estresse é o *isolamento emocional*, no qual uma pessoa deixa de experimentar qualquer emoção e assim permanece não afeta-

---

enfrentamento Esforços para controlar, reduzir ou aprender a tolerar as ameaças que levam ao estresse.

Aplicando a Psicologia no Século XXI

O que não o mata o torna mais forte

Não seria ótimo nunca experimentar adversidades na vida – não morrer ninguém que se ama, nunca ter uma doença grave ou nunca experimentar um desastre natural como um terremoto ou incêndio? Você certamente seria perdoado por pensar assim, mas pesquisas indicam que uma vida livre de estresse na verdade não é tão positivo quanto poderíamos esperar que fosse.

Em um estudo, pesquisadores acompanharam quase 2 mil adultos durante vários anos, monitorando sua experiência de eventos estressantes com levantamentos periódicos. Para começar o estudo, os participantes indicaram a partir de uma lista quais eventos estressantes na vida eles já tinham experimentado. Também relataram a respeito de seu bem-estar geral. Exemplos de eventos na lista incluíam divórcio, morte de um amigo e vivência de um desastre natural. Durante o curso do estudo, eles relataram eventos adversos posteriores (Seery, Holman, & Silver, 2010).

Os pesquisadores imediatamente observaram algo interessante acerca dos relatos iniciais dos participantes: um pequeno, porém significativo, subgrupo deles indicou que não haviam experimentado qualquer dos eventos estressantes da lista. Que tipo de pessoa passa pela vida sem experimentar qualquer tipo de adversidade séria, perguntaram-se os pesquisadores. Eles examinaram mais detidamente esses participantes, buscando algum tipo de explicação como juventude, precaução excessiva ou isolamento social – e ficaram de mãos vazias. Contudo, a verdadeira surpresa foi como esses participantes pontuavam seu sentimento de bem-estar: em vez de serem aqueles com o índice mais alto de satisfação, como seria de se esperar, sua pontuação era quase a mesma dos participantes que experimentaram um alto número de eventos adversos. Os participantes com o sentimento mais alto de bem-estar eram aqueles que experimentaram um número moderado de estresses na vida.

Por quê? Os pesquisadores concluíram que um nível moderado de sofrimento torna as pessoas mais fortes. Quando experimentam um número moderado de eventos perturbadores, elas têm a chance aprender e praticar habilidades de enfrentamento úteis. Essas habilidades, então, continuam a servi-las na vida, ajudando-as a lidar de forma eficiente com problemas posteriores. Elas desenvolvem um senso de confiança de que, quando se depararem com uma situação difícil, conseguirão superá-la. Todavia, as pessoas que experimentam muito pouca adversidade em sua vida podem ser menos capazes de enfrentar estressores significativos quando estes acontecem (Seery, Holman & Silver, 2010).

"A frequência faz a diferença; esta é a mensagem", afirma Roxane Cohen Silver, uma das pesquisadoras que realizou o estudo. Ela acrescenta: "Cada evento negativo que uma pessoa enfrenta leva a uma tentativa de enfrentamento, o que força a pessoa a aprender sobre as próprias capacidades e suas redes de apoio – a aprender quem são seus verdadeiros amigos. Esse tipo de aprendizagem, acreditamos, é extremamente valioso para enfrentamentos posteriores" (Carey, 2011, p. 8).

Pesquisas constataram que as pessoas que se defrontam com tragédias repentinas tornam-se mais resilientes se têm a chance de aprender e praticar habilidades úteis de enfrentamento.

> **REPENSE**
> - Se experimentar adversidades torna as pessoas mais fortes, por que os participantes que experimentaram mais adversidades eram quase tão insatisfeitos com a vida quanto aqueles que experimentaram menos adversidades?
> - Com base nos achados dessa pesquisa, como os pais podem ajudar seus filhos pequenos a experimentar um evento perturbador?

da e não tocada tanto pelas experiências positivas quanto pelas negativas. O problema com os mecanismos de defesa, sem dúvida, é que eles meramente escondem o problema e não lidam com a realidade.

Desamparo aprendido

Você já se defrontou com uma situação intolerável que simplesmente não conseguiu resolver? Então, por fim, você simplesmente desistiu e aceitou as coisas como elas eram? Esse exemplo ilustra uma das consequências possíveis de estar em um ambiente em que o controle sobre uma situação não é possível – um estado que produz o desamparo aprendido.

desamparo aprendido
Estado em que as pessoas concluem que estímulos desagradáveis ou aversivos não podem ser controlados – uma visão de mundo que se torna tão arraigada que elas param de tentar remediar as circunstâncias aversivas mesmo que possam exercer alguma influência sobre a situação.

O **desamparo aprendido** ocorre quando as pessoas concluem que estímulos desagradáveis ou aversivos não podem ser controlados – uma visão de mundo que se torna tão arraigada que elas param de tentar remediar as circunstâncias aversivas mesmo que possam exercer alguma influência sobre a situação (Seligman, 1975, 2007; Aujoulat, Luminet, & Deccache, 2007).

As vítimas do desamparo aprendido concluíram que não existe ligação entre as respostas que elas dão e os resultados que ocorrem. As pessoas experimentam mais sintomas físicos e depressão quando percebem que têm pouco ou nenhum controle do que quando percebem um senso de controle sobre dada situação (Chou, 2005; Bjornstad, 2006; Figen, 2011).

Estilos de enfrentamento: a personalidade resistente

A maioria de nós enfrenta caracteristicamente o estresse empregando um *estilo de enfrentamento* que representa nossa tendência geral a lidar com o estresse de uma forma específica. Por exemplo, você pode conhecer pessoas que habitualmente reagem mesmo à menor quantidade de estresse com histeria e outras que enfrentam calmamente mesmo o maior estresse. Esses tipos de pessoas têm estilos de enfrentamento muito diferentes (Taylor, 2003; Kato & Pedersen, 2005).

resistência Característica da personalidade que está associada a uma taxa mais baixa de doenças relacionadas ao estresse e consiste em três componentes: engajamento, desafio e controle.

Entre aquelas que lidam com o estresse com maior sucesso estão as pessoas que são equipadas com **resistência**, uma característica da personalidade associada a uma taxa mais baixa de doenças relacionadas ao estresse. A resistência consiste em três componentes (Baumgartner, 2002; Maddi, 2007; Maddi et al., 2011).

- *Engajamento*. Tendência a nos lançarmos no que quer que estejamos fazendo com uma noção de que nossas atividades são importantes e significativas.
- *Desafio*. As pessoas resistentes acreditam que a mudança em vez da estabilidade é a condição-padrão da vida. Para elas, a previsão de mudanças serve como um incentivo em vez de uma ameaça à sua segurança.
- *Controle*. A resistência é marcada por um sentimento de controle – a percepção de que as pessoas podem influenciar os eventos em sua vida.

Os indivíduos resistentes encaram o estresse com otimismo e tomam atitudes diretas para aprender a respeito e lidar com os estressores; desse modo, transformam eventos estressantes em eventos menos ameaçadores. Em consequência, a resistência age como uma defesa contra doenças relacionadas ao estresse (Andrew et al., 2008; Bartone et al., 2008; Vogt et al., 2008).

Para aqueles que se defrontam com dificuldades mais profundas, como a morte de uma pessoa amada ou uma lesão permanente, como paralisia após um acidente, um ingrediente essencial em sua recuperação psicológica é o grau de resiliência. *Resiliência* é a capacidade de resistir, superar e prosperar após uma adversidade profunda (Bonanno, 2004; Norlander, Von Schedvin, & Archer, 2005; Jackson, 2006).

As pessoas resilientes são geralmente otimistas, bondosas e apresentam boas habilidades sociais. Elas costumam ser independentes e têm um senso de controle sobre o próprio destino – mesmo que o destino tenha lhes aplicado um golpe. Em resumo, trabalham com o que têm e tiram o melhor de qualquer situação em que se encontrem (Spencer et al., 2003; Friborg et al., 2005; Deshields et al., 2006).

A resiliência pode ter as suas origens em uma série complexa de reações biológicas que ocorrem quando as pessoas defrontam-se com situações devastadoras. Essas reações envolvem a liberação do hormônio cortisol. Embora o cortisol seja útil na resposta aos desafios, em excesso ele pode produzir danos. Outras substâncias químicas, no entanto, podem moderar os efeitos do cortisol; medicamentos ou terapia possam estimular a produção dessas substâncias químicas moderadoras. Além disso, algumas pessoas podem ser geneticamente predispostas a produzir essas substâncias químicas, o que as torna mais resilientes (Cole et al., 2010; Stix, 2011).

"Hoje examinamos nosso estilo de vida, avaliamos nossa dieta e nosso programa de exercícios e também avaliamos nosso padrão comportamental. Agora precisamos de um drinque."

Apoio social: voltando-se para os outros

Nossas relações com os outros ajudam-nos a enfrentar o estresse. Pesquisadores descobriram que o **apoio social**, o conhecimento de que fazemos parte de uma rede mútua de cuidados, de outras pessoas interessadas, possibilita-nos experimentar níveis mais baixos de estresse e enfrentar melhor o estresse por que passamos (Cohen, 2004; Martin & Brantley, 2004; Bolger & Amarel, 2007).

O apoio social e emocional que as pessoas dão umas às outras ajuda a lidar com o estresse de várias maneiras. Por exemplo, tal apoio demonstra que uma pessoa é um membro importante e valorizado de uma rede social. Igualmente, outras pessoas podem fornecer informações e conselhos acerca de formas apropriadas para lidar com o estresse (Day & Livingstone, 2003; Lindorff, 2005).

Enfim, as pessoas que fazem parte de uma rede de apoio social podem fornecer bens e serviços reais para ajudar os outros em situações estressantes. Por exemplo, elas podem oferecer alojamento para uma pessoa cuja casa queimou ou oferecer ajuda para um estudante que está experimentando estresse devido ao fraco desempenho acadêmico (Natvig, Albrektsen, & Ovarnstrom, 2003; Takizawa, Kondo, & Sakihara, 2007).

Os achados de que a participação em serviços religiosos (assim como a espiritualidade em geral) proporciona benefícios relacionados à saúde também ilustram a importância do apoio social. Por exemplo, pessoas saudáveis que participam regularmente de serviços religiosos vivem mais do que aquelas que não participam de modo regular (Powell, Shahabi, & Thoresen, 2003; Gilbert, 2007; Hayward & Elliot, 2011).

Pesquisas recentes também estão começando a identificar como o apoio social afeta o processamento cerebral. Por exemplo, um experimento observou que a ativação das áreas do cérebro que refletem estresse foi reduzida quando o apoio social – simplesmente poder segurar a mão de outra pessoa – estava disponível (ver Fig. 6, A Neurociência em sua Vida; Coan, Schaefer, & Davidson, 2006).

apoio social Rede mútua de pessoas atenciosas e interessadas.

A Neurociência em sua Vida:
Estresse e apoio social

FIGURA 6 Os participantes de um estudo foram ameaçados, sendo dito a eles que receberiam um choque. Quando receberam apoio social, as áreas cerebrais que são ativadas durante o estresse mostraram ativação reduzida. Especificamente, o apoio social neste estudo era um estranho ou o cônjuge do participante segurar sua mão. Na figura, a cor verde destaca as áreas cerebrais que apresentaram reduções na atividade quando o cônjuge segurava a mão do participante e a cor azul destaca as reduções na atividade quando o cônjuge ou um estranho seguravam a mão do participante.
(Fonte: Coan, Schaefer, & Davidson, 2006, Fig. 3.). (Veja esta imagem colorida nas orelhas deste livro).

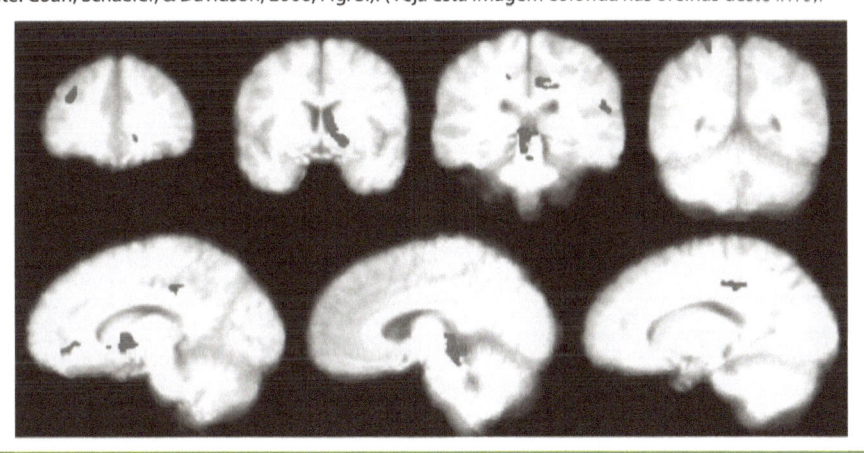

TORNANDO-SE UM CONSUMIDOR INFORMADO de Psicologia
Estratégias eficazes de enfrentamento

Como podemos lidar com o estresse em nossa vida? Embora não exista uma solução universal, porque o enfrentamento eficaz depende da natureza do estressor e do grau em que ele pode ser controlado, aqui são apresentadas algumas diretrizes gerais (Aspinwall & Taylor, 1997; Folkman & Moskowitz, 2000):

- *Transforme uma ameaça em um desafio*. Quando uma situação estressante pode ser controlável, a melhor estratégia de enfrentamento é tratar a situação como um desafio e focar-se em maneiras de controlá-la. Por exemplo, se você experimenta estresse porque seu carro está sempre quebrando, pode fazer um curso de mecânica de automóveis e aprender a lidar diretamente com os problemas do carro.
- *Torne uma situação ameaçadora menos ameaçadora*. Quando uma situação estressante parece incontrolável, você precisa ter uma abordagem diferente. É possível mudar a avaliação da situação, encará-la de uma forma diferente e modificar sua atitude em relação a ela. Pesquisas apoiam o clichê "Procure o lado bom" (Smith & Lazarus, 2001; Cheng & Cheung, 2005).
- *Mude seus objetivos*. Se você se defronta com uma situação incontrolável, uma estratégia razoável é adotar novos objetivos que sejam práticos em vista da situação particular. Por exemplo, uma dançarina que se envolveu em um acidente de automóvel e perdeu o uso integral das pernas não pode mais aspirar a uma carreira na dança, mas pode modificar seus objetivos e tentar tornar-se uma coreógrafa.
- *Tome uma atitude física*. Mudar sua reação física ao estresse pode ajudar no enfrentamento; por exemplo, o *biofeedback* (em que uma pessoa aprende a controlar processos fisiológicos internos por meio do pensamento consciente) pode alterar processos fisiológicos básicos e permitir que as pessoas reduzam a pressão arterial, o ritmo cardíaco e outras consequências do estresse aumentado. O exercício também pode ser eficaz na redução do estresse (Langreth, 2000; Spencer et al., 2003; Hamer, Taylor, & Steptoe, 2006).
- *Prepare-se para o estresse antes que ele aconteça*. Uma estratégia final para enfrentamento do estresse é o *enfrentamento proativo*, antecipando-se e preparando-se para o estresse *antes* que ele aconteça. Por exemplo, se você está esperando passar por um período de uma semana no qual precisa fazer vários testes importantes, você pode tentar organizar seus horários para que tenha mais tempo para estudar (Aspinwall & Taylor, 1997; Bode et al., 2007).

Recapitule/avalie/repense

Recapitule

RA 34-1 Como a psicologia da saúde representa uma união entre a medicina e a psicologia?

- O campo de psicologia da saúde considera como a psicologia pode ser aplicada à prevenção, ao diagnóstico e ao tratamento de condições médicas.

RA 34-2 O que é estresse, como ele nos afeta e como podemos melhor enfrentá-lo?

- O estresse é uma resposta a condições ambientais ameaçadoras ou desafiadoras. As pessoas encontram estressores – as circunstâncias que produzem estresse – tanto de natureza positiva quanto negativa.
- A forma como uma circunstância ambiental é interpretada afeta se ela será considerada estressante. Existem ainda classes gerais de eventos que provocam estresse: eventos cataclísmicos, estressores pessoais e estressores básicos (dificuldades diárias).
- O estresse produz reações fisiológicas imediatas. A curto prazo, essas reações podem ser adaptativas, mas a longo prazo elas podem ter consequências negativas, incluindo o desenvolvimento de transtornos psicofisiológicos.
- As consequências do estresse podem ser explicadas em parte pela síndrome de adaptação geral (SAG) de Selye, a qual propõe que existem três estágios nas respostas ao estresse: alarme e mobilização, resistência e exaustão.
- O enfrentamento do estresse pode assumir muitas formas, incluindo o emprego inconsciente de mecanismos de defesa e o emprego de estratégias de enfrentamento centradas na emoção e no problema.
- O estresse pode ser reduzido pelo desenvolvimento de um senso de controle sobre as próprias circunstâncias. Em alguns casos, no entanto, as pessoas desenvolvem um estado de desamparo aprendido.

Avalie

1. _____ é definido como uma resposta a eventos desafiadores ou ameaçadores.
2. Combine cada parte da SAG com sua definição.

   1. Alarme e mobilização
   2. Exaustão
   3. Resistência

   a. A capacidade de se adaptar ao estresse diminui; os sintomas aparecem.
   b. Ativação do sistema nervoso simpático.
   c. Várias estratégias são usadas para lidar com um estressor.

3. Os estressores que afetam uma única pessoa e produzem uma reação maior imediata são conhecidos como
   a. Estressores pessoais
   b. Estressores psíquicos
   c. Estressores cataclísmicos
   d. Estressores diários
4. Pessoas com a característica de personalidade de _____ parecem mais capazes de combater os estressores com sucesso.

Repense

1. Por que os estressores cataclísmicos são menos estressantes a longo prazo do que outros tipos de estressores? A razão se relaciona ao fenômeno de enfrentamento conhecido como apoio social? Como?
2. *Da perspectiva de um assistente social:* Como você ajudaria as pessoas a lidar com e a evitar o estresse na vida diária? Como você encorajaria as pessoas a criar redes de apoio social?

Respostas das questões de avaliação

1. Estresse; 2. 1-b, 2-a, 3-c; 3. a; 4. resistência

Termos-chave

psicologia da saúde **p. 420**
psiconeuroimunologia (PNI) **p. 420**
estresse **p. 421**
eventos cataclísmicos **p. 422**
estressores pessoais **p. 422**

transtorno de estresse pós-traumático (TEPT) **p. 422**
estressores básicos ("dificuldades diárias") **p. 423**

distúrbios psicofisiológicos **p. 425**
síndrome de adaptação geral (SAG) **p. 426**
enfrentamento **p. 428**

desamparo aprendido **p. 430**
resistência **p. 430**
apoio social **p. 431**

MÓDULO 35
Aspectos Psicológicos da Doença e do Bem-estar

Resultado de Aprendizagem

RA 35-1 Como os fatores psicológicos afetam problemas relacionados à saúde, como doença arterial coronariana, câncer e tabagismo?

Sinto que é absolutamente necessário que eu seja meu melhor defensor, e o melhor lugar para aprender como fazer isso é em um grupo de outros pacientes instruídos e seus cuidadores. Sabemos como é a vida pós-diagnóstico e ajudamos uns aos outros de um jeito que nenhum médico, enfermeiro, padre, amigos bem-intencionados e família possivelmente podem. Rimos, choramos, incentivamos e dissuadimos uns aos outros! Choramos as perdas, celebramos pequenas e grandes vitórias e nos educamos mutuamente. Porém, o mais importante – adotamos uns aos outros e nossas vidas. (Postagem anônima em um blog, 2010.)

Recentemente, umas três décadas atrás, a maioria dos psicólogos e profissionais da atenção à saúde ridicularizava a noção de que um grupo de discussão poderia melhorar as chances de sobrevivência de um paciente com câncer. Hoje, no entanto, tais métodos ganharam aceitação crescente.

Evidências crescentes demonstram que os fatores psicológicos têm um impacto substancial tanto em problemas de saúde maiores que antes eram vistos em termos puramente fisiológicos quanto em nossa noção de saúde diária, bem-estar e felicidade. Vamos levar em consideração os componentes psicológicos de três importantes problemas de saúde – doença cardíaca, câncer e tabagismo – e então consideraremos a natureza do bem-estar e da felicidade das pessoas.

Os As, Bs e Ds da doença arterial coronariana

Tim sabia que aquele não era seu dia quando ficou preso no tráfego atrás de um caminhão que se movia lentamente. Como é que o motorista podia perder tempo daquele jeito? Ele tinha nada de importante para fazer? As coisas não ficaram melhores quando Tim chegou ao *campus* e descobriu que a biblioteca não tinha os livros de que precisava. Ele já conseguia sentir a tensão crescendo.

"Preciso desse material para terminar meu trabalho", pensou consigo mesmo.

Ele sabia que aquilo significava que não conseguiria terminar cedo seu trabalho e que não teria o tempo que precisava para revisá-lo. Ele queria que aquele fosse um trabalho de qualidade. Dessa vez, Tim queria receber uma nota melhor que seu colega de quarto, Luís. Embora Luís não soubesse disso, Tim achava que eles estavam em competição e que Luís estava sempre tentando ser melhor do que ele academicamente ou apenas jogando cartas.

"De fato", divagou Tim, "sempre estou competindo com todos, não importa o que eu esteja fazendo".

Você, assim como Tim, já ferveu de impaciência por ficar preso atrás de um veículo que se movia lentamente, sentiu raiva e frustração por não encontrar o material que precisava na biblioteca ou se sentiu em competição com seus colegas de aula?

Muitos de nós experimentamos esse tipo de sentimento uma vez ou outra, mas algumas pessoas representam um conjunto de traços de personalidade constantes e característicos conhecidos como padrão de comportamento do Tipo A. O **padrão de comportamento do Tipo A** constitui um grupo de comportamentos que envolvem hostilidade, competitividade, urgência de tempo e sentir-se impelido. Em contraste, o **padrão de comportamento do Tipo B** é caracterizado por um modo paciente, cooperativo, não competitivo e não agressivo. É importante ter em mente que o Tipo A e Tipo B representam as extremidades de um

padrão de comportamento do Tipo A Grupo de comportamentos que envolvem hostilidade, competitividade, urgência de tempo e sentir-se impelido.

padrão de comportamento do Tipo B Grupo de comportamentos caracterizados por um modo paciente, cooperativo, não competitivo e não agressivo.

continuum e que a maioria das pessoas encaixa-se em algum ponto entre os dois extremos. Poucas pessoas são puramente do Tipo A ou do Tipo B.

A importância do padrão de comportamento do Tipo A reside em sua ligação com a doença arterial coronariana. Os homens que apresentam padrão do Tipo A desenvolvem doença arterial coronariana com uma frequência duas vezes maior e sofrem significativamente de mais ataques cardíacos fatais do que aqueles classificados como tendo o padrão do Tipo B. Além disso, o padrão do Tipo A prediz quem vai desenvolver doença cardíaca pelo menos tão bem quanto – e independentemente de – algum outro fator, incluindo idade, pressão arterial, hábitos de tabagismo e níveis de colesterol no organismo (Wielgosz & Nolan, 2000; Beresnevaité, Taylor, & Bagby, 2007; Korotkov et al., 2011).

Hostilidade é o componente-chave do padrão de comportamento do Tipo A que está relacionado com doença cardíaca. Embora competição, urgência de tempo e sentimentos de ser impulsionado possam produzir estresse e potencialmente outros problemas de saúde e emocionais, eles não estão ligados à doença arterial coronariana assim como a hostilidade está (Williams, J. E. et al., 2000; Boyle et al., 2005; Ohira et al., 2007).

Por que a hostilidade é tão prejudicial? A principal razão é que ela produz excitação fisiológica excessiva em situações estressantes. A excitação, por sua vez, resulta na produção aumentada dos hormônios epinefrina e norepinefrina, além de aumentar o ritmo cardíaco e a pressão arterial. Essa resposta fisiológica exagerada acaba produzindo uma incidência aumentada de doença arterial coronariana (Demaree & Everhart, 2004; Eker et al., 2004; Myrtek, 2007).

É importante ter em mente que nem todos os que apresentam comportamentos do Tipo A estão destinados a ter doença arterial coronariana. Na verdade, não foi estabelecida uma associação consistente entre comportamentos do Tipo A e doença arterial coronariana em mulheres; a maior parte dos achados refere-se aos homens em parte porque até recentemente a maioria das pesquisas era realizada em homens. Além disso, outros tipos de emoções negativas além de hostilidade encontradas no comportamento do Tipo A parecem relacionadas a ataques cardíacos. Por exemplo, o psicólogo Johan Denollet encontrou evidências de que o que ele chama de comportamento do *Tipo D* – para "angustiado" (*distressed*) – está ligado à doença arterial coronariana. Segundo essa visão, aspectos como insegurança, ansiedade e a perspectiva negativa que os Tipo D exibem os colocam em risco para ataques cardíacos repetidos (Schiffer et al., 2005; Spindler et al., 2009; Denollet & Pedersen, 2011).

> **Alerta de estudo**
> É importante distinguir entre os comportamentos do Tipo A (hostilidade, competitividade), Tipo B (paciência, cooperação) e Tipo D (angustiado).

Aspectos psicológicos do câncer

Quase nenhuma outra doença é tão temida quanto o câncer. A maioria das pessoas pensa no câncer em termos de dor persistente, e ser diagnosticado com a doença é encarado como o recebimento de uma sentença de morte.

Embora um diagnóstico de câncer não seja tão sombrio como já foi – vários tipos de câncer têm uma alta taxa de cura se detectados precocemente –, o câncer continua sendo a segunda causa principal de morte depois da doença arterial coronariana. O fator desencadeador preciso para a doença ainda não está bem-compreendido, porém o processo pelo qual se espalha é simples. Certas células no corpo são alteradas e multiplicam-se rapidamente de maneira descontrolada. À medida que essas células crescem, formam tumores; se deixados descontrolados, os tumores sugam nutrientes das células saudáveis e do tecido corporal e, por fim, destroem a capacidade do corpo de funcionar apropriadamente.

Os processos envolvidos na disseminação do câncer são basicamente fisiológicos, mas algumas pesquisas indicam que as respostas emocionais dos pacientes com câncer à doença podem afetar o curso dela. Por exemplo, alguns achados mostram que um "espírito lutador" leva a um melhor enfrentamento. Entretanto, existem poucas evidências de que as taxas de sobrevivência de longo prazo sejam melhores do que para pacientes com uma atitude menos positiva (Watson et al., 1999; Rom, Miller, & Peluso, 2009; Heitzmann et al., 2011).

Apesar das evidências conflitantes, os psicólogos da saúde acreditam que as emoções dos pacientes podem ao menos parcialmente determinar o curso da doença. No caso do câncer, é possível que respostas emocionais positivas ajudem a gerar células "matadoras" especializadas que ajudam a controlar o tamanho e a disseminação dos tumores cancerígenos. Em contrapartida, emoções negativas podem suprimir a capacidade dessas células de lutar contra os tumores (Schedlowski & Tewes, 1999; Noy, 2006).

Algum tipo particular de personalidade está ligado ao câncer? Alguns pesquisadores argumentam que os pacientes com câncer são menos reativos emocionalmente, reprimem a raiva e carecem de saídas para liberação emocional. Entretanto, os dados são muito provisórios e inconsistentes para indicar conclusões firmes acerca de uma ligação entre características de personalidade e câncer. Certamente, nenhuma evidência conclusiva sugere que as pessoas que desenvolvem câncer não fariam isso se sua personalidade tivesse um tipo diferente ou se suas atitudes tivessem sido mais positivas (Smith, 1988; Zevon & Corn, 1990; Holland & Lewis, 2001).

O que está cada vez mais claro, porém, é que certos tipos de terapia psicológica têm o potencial para melhorar a qualidade de vida e até mesmo de prolongar a vida de pacientes com câncer. Por exemplo, os resultados de um estudo mostraram que as mulheres com câncer de mama que receberam tratamento psicológico viveram pelo menos um ano e meio a mais e experimentaram menos ansiedade e dor do que as mulheres que não participaram de terapia. Pesquisas sobre pacientes com outros problemas de saúde, como doença cardíaca, também constataram que a terapia pode ser benéfica tanto psicológica quanto medicamente (Spiegel, 1996; Frasure-Smith, Lesperance & Talajic, 2000; Butler et al., 2009).

Tabagismo

Você entraria em uma loja de conveniência e compraria um item com um rótulo avisando que seu uso poderia matá-lo? Embora a maioria das pessoas provavelmente respondesse que não, milhões fazem uma compra dessas todos os dias: um maço de cigarros. Elas fazem isso apesar das evidências claras e bem-divulgadas de que o tabagismo está ligado a câncer, ataques cardíacos, acidente vascular cerebral, bronquite, enfisema e uma série de outras doenças graves. O tabagismo é a maior causa evitável de morte nos Estados Unidos: uma em cada cinco mortes de americanos é causada pelo tabagismo. Em todo o mundo, cerca de 5 milhões de pessoas morrem a cada ano devido aos efeitos do fumo (Danaei et al., 2005).

Embora o tabagismo seja cada vez mais proibido em determinados lugares, ele continua sendo um problema social substancial.

Por que as pessoas fumam?

Por que as pessoas fumam apesar de todas as evidências mostrarem que isso é ruim para a saúde? Não é que elas não estejam conscientes da ligação entre tabagismo e doença; pesquisas demonstram que a maioria dos *fumantes* concorda com a seguinte afirmação: "Fumar cigarros geralmente causa doença e morte". Quase três quartos dos 48 milhões de fumantes nos Estados Unidos dizem que gostariam de parar. Além disso, 700 mil pessoas por ano adquirem o hábito (Wetter et al., 2008).

A hereditariedade parece determinar, em parte, se as pessoas se tornarão fumantes, o quanto elas irão fumar e com que facilidade poderão abandonar o hábito. A genética também influencia o quanto as pessoas são suscetíveis aos efeitos prejudiciais do tabagismo. Por exemplo, existe uma taxa quase 50% mais alta de câncer de pulmão entre os fumantes afro-americanos do que entre os fumantes brancos. Essa diferença pode ser devida a variações produzidas geneticamente na eficiência com a qual as enzimas são capazes de reduzir os efeitos das substâncias químicas causadoras de câncer presentes no fumo (Pomerlau, 1995; Li et al., 2003; Li et al., 2008).

No entanto, embora a genética influencie o tabagismo, a maior parte das pesquisas indica que os fatores ambientais são a principal causa do hábito. Fumar pode inicialmente ser visto como "legal" ou sofisticado, como um ato rebelde ou como facilitador de um desempenho calmo em situações estressantes. A maior exposição do tabagismo na mídia, como em filmes, também leva a um risco mais alto de se tornar um fumante definido. Além disso, fumar um cigarro é, às vezes, considerado com um "rito de passagem" para adolescentes que é assumido devido à insistência dos amigos e como um sinal de crescimento (Sargent et al., 2007; Wills et al., 2008; Heatherton & Sargent, 2009).

Por fim, fumar torna-se um hábito. E trata-se de um hábito fácil de ser adquirido: fumar mesmo um único cigarro leva a uma perda de autonomia quando o fumante pensa que não fumar requer esforço ou envolve desconforto. Posteriormente, as pessoas começam a se rotular como fumantes, e o fumo torna-se parte do autoconceito. Além disso, elas se toram dependentes fisiologicamente como consequência de fumar porque a nicotina, um ingrediente primário do tabaco, é altamente aditiva. Desenvolve-se uma relação complexa entre fumar, os níveis de nicotina e as emoções do fumante em que certo nível de nicotina é associado a um estado emocional positivo. Em consequência disso, as pessoas fumam no esforço de regular tanto os estados emocionais quanto os níveis de nicotina no sangue (Kassel et al., 2007; Ursprung, Sanouri, & DiFranza, 2009; Dennis, 2011).

Deixar de fumar

Como fumar apresenta componentes tanto psicológicos quanto biológicos, o hábito é muito difícil de romper. O tratamento bem-sucedido de longo prazo geralmente ocorre entre apenas 15% daqueles que tentam parar de fumar; depois que se torna um hábito, é tão difícil parar quanto uma adição de cocaína ou heroína. De fato, algumas das reações bioquímicas à nicotina são similares às da cocaína, das anfetaminas e da morfina. Além disso, as mudanças na química cerebral causadas pelo tabagismo podem tornar os fumantes mais resistentes a mensagens antitabagismo (ver também Fig. 1, em A Neurociência em sua Vida; Vanasse, Niyonsenga, & Courteau, 2004; Foulds et al., 2006; Dani & Montague, 2007).

Muitas pessoas tentam parar de fumar, mas fracassam. O fumante médio tenta deixar 8 a 10 vezes antes de ter sucesso, e mesmo assim muitos apresentam recaída. Mesmo aqueles que deixaram de fumar há muito tempo podem recair: cerca de 10% reincidem após mais de um ano evitando cigarros (Grady & Altman, 2008).

A Neurociência em sua Vida:
A atração aditiva do tabagismo

FIGURA 1 O fumo é particularmente aditivo entre adolescentes, e um estudo recente ajuda a explicar por quê. Quando jovens de 14 anos realizaram uma tarefa que incluía a possibilidade de uma recompensa monetária, os adolescentes não fumantes apresentaram mais ativação cerebral em uma área associada à resposta a recompensa (A) do que os fumantes (B). Os resultados indicam que os adolescentes podem usar o fumo para aumentar a atividade em áreas de recompensa do cérebro, o que os torna mais suscetíveis à adição à substância.

(Fonte: Peters et al., 2011.)

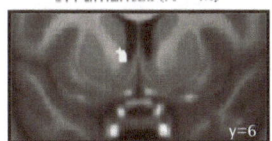

Entre as ferramentas mais eficazes para abandonar o hábito de fumar, encontram-se os fármacos que substituem a nicotina encontrada nos cigarros. Seja na forma de goma de mascar, adesivos, *sprays* nasais ou inaladores, esses produtos fornecem uma dose de nicotina que reduz a dependência do cigarro. Outra abordagem é exemplificada pelos medicamentos Zyban e Chantix: em vez de substituírem a nicotina, eles reduzem o prazer de fumar e suprimem os sintomas de abstinência que os fumantes experimentam quando tentam parar (Shiffman, 2007; Brody, 2008; Dohnke, Weiss-Gerlach, & Spies, 2011).

Estratégias comportamentais, que consideram o tabagismo como um hábito aprendido e concentram-se na mudança da resposta de fumar, também podem ser efetivas. Foram relatadas taxas iniciais de 60% de "cura", e um ano após o tratamento mais da metade daqueles que abandonaram não tinha voltado a fumar. O aconselhamento individual ou em grupo também aumenta a taxa de sucesso para romper o hábito. O melhor tratamento parece ser uma combinação de substituição de nicotina e aconselhamento. O que não funciona? Tentar sozinho: apenas 5% dos fumantes que param com o hábito por si só obtêm sucesso (Rock, 1999; Woodruff, Conway, & Edwards, 2007).

A longo prazo, o meio mais eficaz de reduzir o fumo podem ser as mudanças nas normas e atitudes da sociedade em relação ao hábito. Por exemplo, muitas cidades tornaram ilegal fumar em lugares públicos; a legislação baseada na forte opinião popular que proíbe o fumo em lugares como salas de aula universitárias e em edifícios está sendo aprovada com frequência crescente. Além disso, os fumantes têm maior probabilidade de abandonar o hábito quando seus amigos estão abandonando; portanto, o apoio social dos outros é útil (Hamilton, Biener, & Brennan, 2008; Christakis & Fowler, 2008).

O efeito a longo prazo da barragem de informações referentes às consequências negativas de fumo na saúde das pessoas foi substancial; de modo geral, o tabagismo declinou durante as duas últimas décadas, particularmente entre os homens. No entanto, mais de um quarto dos estudantes matriculados no ensino médio é fumante ativo na época em que se forma e existem evidências de que o declínio no tabagismo está nivelando-se. Entre esses estudantes, cerca de 10% tornam-se fumantes ativos durante o 9º ano (ver Fig. 2; Fichtenberg & Gantz, 2006; Johnston et al., 2011).

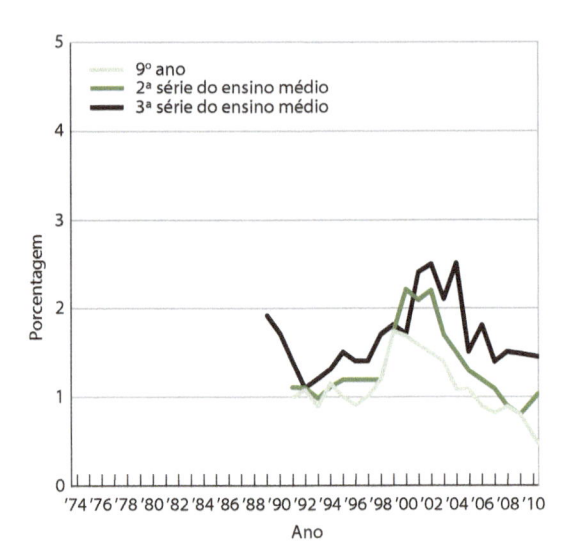

FIGURA 2 Embora o tabagismo entre os adolescentes esteja mais baixo do que era há 20 anos, um número significativo ainda relata fumar regularmente. Que fatores podem explicar a continuidade do alto uso de tabaco pelos adolescentes apesar de um aumento na propaganda antitabagismo?

(Fonte: Johnston et al., 2010.)

Explorando a DIVERSIDADE
Mascates da morte: promovendo o tabagismo pelo mundo

Um jipe decorado com o logotipo do Camelo estaciona em uma escola do ensino médio em Buenos Aires. Uma mulher começa a entregar cigarros gratuitamente a jovens de 15 e 16 anos durante o horário de almoço. Em um fliperama em Taipei, cigarros americanos gratuitos são abundantes acima de cada jogo. Em uma discoteca repleta de estudantes do ensino médio, maços gratuitos de Salems estão disponíveis sobre cada mesa. (Ecenbarger, 1993, p. 50)

Como o número de fumantes vem declinando constantemente nos Estados Unidos, os fabricantes de cigarros voltaram seus olhares para outras partes do mundo, onde eles veem um mercado fértil para seu produto. Embora precisem muitas vezes vender os cigarros mais baratos do que nos Estados Unidos, o grande número de fumantes potenciais ainda torna essa prática financeiramente vantajosa para as companhias de tabaco. Os Estados Unidos são, agora, o maior exportador de cigarros do mundo (Bartecchi, MacKenzie & Schrier, 1995; Brown, 2001).

Obviamente, o avanço para os mercados mundiais foi um sucesso. Em algumas cidades latino-americanas, 50% dos adolescentes fumam. Crianças com 7 anos fumam em Hong Kong; 30% das crianças fumaram seu primeiro cigarro inteiro antes dos 10 anos na Índia, Gana, Jamaica e Polônia. A Organização Mundial da Saúde prevê que o tabagismo matará prematuramente cerca de 200 milhões das crianças do mundo e que, por fim, 10% da população mundial morrerá em consequência do tabagismo. De todos os vivos atualmente, 500 milhões acabarão morrendo devido ao uso de tabaco (Mackay & Eriksen, 2002).

Uma razão para o aumento no tabagismo em países em desenvolvimento é que seus governos fazem pouco esforço para desencorajar esse hábito. De fato, muitos governos estão envolvidos no negócio do tabaco e dependem dos impostos decorrentes. Por exemplo, o maior fabricante de cigarros do mundo é a China National Tobacco Corporation, de propriedade do governo chinês (Marsh, 2008).

Em alguns países, crianças de 6 anos fumam regularmente.

Recapitule/avalie/repense

Recapitule

RA 35-1 Como os fatores psicológicos afetam problemas relacionados à saúde, como doença arterial coronariana, câncer e tabagismo?

- A hostilidade, um componente-chave do padrão de comportamento do Tipo A, está ligada à doença arterial coronariana. O padrão de comportamento do Tipo A é um grupo de comportamentos que envolve hostilidade, competitividade, urgência de tempo e sentir-se impelido.
- As atitudes e respostas emocionais das pessoas podem afetar o curso do câncer por meio de ligações com o sistema imune.
- O tabagismo, a principal causa evitável de problemas de saúde, revelou-se difícil de ser abandonado, mesmo que a maioria dos fumantes esteja consciente das consequências prejudiciais do comportamento.

Avalie

1. O comportamento do Tipo _____ é caracterizado por cooperação e descontração; o comportamento do Tipo _____ é caracterizado por hostilidade e competitividade.
2. O padrão de comportamento do Tipo A é conhecido por causar diretamente ataques cardíacos. Verdadeiro ou falso?
3. A atitude e as emoções de um paciente com câncer podem afetar seu sistema _____, o que ajuda ou dificulta a luta dele contra a doença.
4. O fumo é usado para regular os níveis de nicotina e os estados emocionais nos fumantes. Verdadeiro ou falso?

Repense

1. Existe um perigo de "acusar a vítima" quando argumentamos que o curso do câncer pode ser melhorado se uma pessoa com a doença adota atitudes ou crenças positivas, particularmente quando consideramos indivíduos com câncer que não estão se recuperando? Justifique sua resposta.
2. *Da perspectiva de um prestador de cuidados à saúde:* Que tipo de conselho você daria aos pacientes sobre as conexões entre personalidade e doença? Por exemplo, você encorajaria pessoas do Tipo A a se tornarem "menos Tipo A" para reduzir o risco doença cardíaca?

Respostas das questões de avaliação

1. B, A; 2. falso, O comportamento do Tipo A está relacionado a uma incidência mais alta de doença arterial coronariana, mas não necessariamente a causa de forma direta; 3. imune; 4. verdadeiro

Termos-chave

padrão de comportamento do Tipo A
p. 434

padrão de comportamento do Tipo B
p. 434

MÓDULO 36
Promovendo a Saúde e o Bem-estar

Quando Stuart Grinspoon notou inicialmente um pequeno nódulo em seu braço, ele presumiu que fosse apenas uma contusão do futebol que ele havia jogado na semana anterior. Porém, quando pensou melhor, ele considerou possibilidades mais sérias e decidiu que seria melhor verificar no serviço de saúde da universidade. A consulta foi menos do que satisfatória. Por ser uma pessoa tímida, Stuart sentiu-se embaraçado em falar sobre sua condição médica. Pior ainda, depois de responder a uma série de perguntas, ele não conseguiu entender o diagnóstico do médico e ficou muito constrangido para pedir um esclarecimento.

Muitos de nós compartilhamos as atitudes de Stuart Grinspoon em relação aos cuidados à saúde. Abordamos os médicos tal como fazemos com os mecânicos. Quando algo está errado com o carro, queremos que o mecânico descubra o problema e o conserte. Da mesma forma, quando algo não está funcionando bem em nosso corpo, queremos um diagnóstico do problema e depois um conserto (rápido, esperamos).

No entanto, tal abordagem ignora o fato de que – ao contrário do conserto de um carro – um bom cuidado à saúde requer que fatores psicológicos sejam levados em conta. Os psicólogos da saúde procuraram determinar os fatores envolvidos na promoção da boa saúde e, mais amplamente, uma sensação de bem-estar e felicidade.

Resultados de Aprendizagem

RA 36-1 Como as interações com os médicos afetam nossa saúde e adesão ao tratamento?

RA 36-2 Como se desenvolve uma sensação de bem-estar?

Seguindo os conselhos médicos

Não somos muito bons em seguir os conselhos médicos. Considere os seguintes números:

- Cerca de 85% dos pacientes não cumprem totalmente as recomendações do médico.
- 10% das gestações adolescentes resultam da não adesão às práticas de controle da natalidade.
- 31% dos pacientes não atendem às prescrições de fármacos.
- 49% dos pacientes esquecem-se de tomar um medicamento prescrito.
- 13% dos pacientes tomam o medicamento de outra pessoa.
- 60% de todos os pacientes não conseguem identificar os próprios remédios.
- De 30 a 50% de todos os pacientes ignoram as instruções ou cometem erros ao tomar o medicamento (Health Pages, 2003; Colland et al., 2004; Hobson, 2011).

A não adesão aos conselhos médicos pode assumir muitas formas. Por exemplo, os pacientes não comparecem às consultas marcadas, não seguem as dietas, não param de fumar ou descontinuam o medicamento durante o tratamento. Em alguns casos, eles não tomam o medicamento prescrito.

Os pacientes também podem praticar a *não adesão criativa*, na qual eles alteram um tratamento prescrito por um médico, substituindo de acordo com o próprio julgamento médico. Não causa surpresa que a falta de conhecimento médico dos pacientes seja prejudicial (Taylor, 1995; Hamani et al., 2007).

A não adesão é, por vezes, o resultado de uma compreensão equivocada das orientações médicas. Por exemplo, os pacientes com baixa escolaridade podem considerar instruções complexas difíceis de serem entendidas. Em um estudo, apenas 34% dos pacientes conseguiram compreender que a orientação "tomar dois comprimidos por via oral duas vezes ao dia" significava que eles deveriam tomar um total de quatro comprimidos por dia (Landro, 2011).

Comunicando-se efetivamente com os prestadores de serviço à saúde

> Eu estava deitada em uma maca para me preparar para uma cirurgia de reconstrução da mama de seis horas. Alguns meses antes, havia feito uma mastectomia para câncer de mama. Como tenho ossos pequenos, meu médico disse que seria preciso cortar um músculo das minhas costas e movê-lo para o peito para criar uma base apropriada para o implante. Eu sabia que a operação me deixaria mais lenta – uma má notícia para alguém que nada, corre e cuida de três crianças pequenas. Porém, quando o cirurgião fez o diagrama dos pontos de incisão em meu peito com uma caneta hidrográfica, meu marido fez uma pergunta: "É realmente necessário transferir esse músculo das costas?".
>
> A resposta do cirurgião chocou a paciente: não, não seria necessário. E, se ela não fizesse o procedimento, seu tempo de recuperação seria reduzido pela metade. O cirurgião tinha simplesmente presumido, sem perguntar à paciente, que ela optaria pelo procedimento mais complicado porque seria esteticamente preferível. Contudo, depois de uma consulta apressada a seu marido, a paciente optou pelo procedimento menos invasivo. (Halpert, 2003, p. 63)

A falta de comunicação entre os prestadores de cuidados médicos e os pacientes pode ser um importante obstáculo para um bom cuidado médico. Essas falhas na comunicação ocorrem por várias razões. Uma é que os médicos fazem suposições sobre o que os pacientes preferem, ou forçam um tratamento específico que eles preferem sem consultar os pacientes. Além disso, o prestígio relativamente alto dos médicos pode intimidar os pacientes. Estes também podem ficar relutantes em dar informações voluntariamente que possam trazer-lhes uma imagem negativa, e os médicos podem ter dificuldade para encorajar seus pacientes a dar informações. Em muitos casos, os médicos dominam uma entrevista com perguntas de natureza técnica, enquanto os pacientes tentam comunicar uma sensação pessoal de sua doença e o impacto que ela está tendo em sua vida, conforme ilustrado na Figura 1 (Ihler, 2003; Schillinger et al., 2004; Wain, Grammer, & Stasinos, 2006).

A visão que muitos pacientes têm de que os médicos "sabem tudo" pode resultar em sérios problemas de comunicação. Muitos pacientes não entendem seu tratamento e, no entanto, não pedem aos médicos explicações claras de um curso de ação prescrito. Quase a metade de todos os pacientes não consegue relatar precisamente por quanto tempo deverá continuar a tomar um medicamento que lhe foi prescrito e quase um quarto nem mesmo sabe o propósito de usar o fármaco. De fato, alguns pacientes nem mesmo têm certeza quando estão a ponto de ir para a sala de operação do porquê de estarem se submetendo à cirurgia (Svarstad, 1976; Atkinson, 1997; Halpert, 2003)!

Algumas vezes, as dificuldades de comunicação entre paciente e médico ocorrem porque a informação comunicada é muito técnica para os pacientes, os quais podem não ter um conhecimento fundamental sobre o corpo e as práticas médicas básicas. Em uma reação exagerada a esse problema, alguns provedores de cuidado à saúde rotineiramente utilizam uma conversa infantilizada (chamando os pacientes de "querido" ou lhes dizendo para "irem para a caminha") e presumem que os pacientes são incapazes de entender até mesmo uma informação simples. Para reduzir esses problemas, as escolas médicas estão cada vez mais incluindo treinamento em comunicação eficaz para os provedores de cuidados à saúde (Whitbourne & Wills, 1993; Mika et al., 2007; Feng et al., 2011).

A quantidade de comunicação entre médico e paciente também está relacionada ao sexo do médico e do paciente. De modo geral, os médicos do sexo feminino fornecem mais informações centradas no paciente do que os médicos do sexo masculino. Além disso, os pacientes com frequência preferem médicos do mesmo sexo que o seu (Roter, Hall, & Aoki, 2002; Kiss, 2004; Schnatz et al., 2007; Bertakis, 2009; Bertakis, Franks, & Epstein, 2009).

Os valores culturais e as expectativas também contribuem para as barreiras de comunicação entre os pacientes e seus médicos. Dar orientações a um paciente cuja língua nativa não é a mesma do médico pode ser problemático. Como as práticas médicas diferem entre as culturas, os médicos precisam estar familiarizados com a cultura de um paciente para produzir adesão às recomendações médicas (Whaley, 2000; Ho et al., 2004; Culhane-Pera, Borkan, & Patten, 2007).

FIGURA 1 A comunicação eficaz entre paciente e médico é importante, mas com frequência se revela frustrante para ambos.

(Fonte: De Daniel Goleman, "Doctor and Patient; Physicians May Bungle Key Part of Treatment: The Medical Interview." Do *The New York Times*, 21 de janeiro de 1988, p. B16. © 1988 The New York Times. Todos os direitos reservados. Usada com permissão e protegida pelas Leis de Direitos Autorais dos Estados Unidos. A impressão, cópia, redistribuição ou retransmissão deste conteúdo sem a permissão expressa por escrito é proibida. www.nytimes.com.)

Uma paciente fala com seu médico

O trecho a seguir, extraído de um estudo de caso na Harvard Medical School, ilustra uma técnica de entrevista deficiente por parte do médico.

Paciente: Tenho dificuldade para beber água.
Médico: Hum-hum.
Paciente: Lembra quando comecei?... Era dor de cabeça. Deve ter sido nessa época.
Médico: Hum-hum.
Paciente: Não sei o que é. O médico examinou... disse alguma coisa sobre glândulas.
Médico: OK. E como você tem se sentido?
Paciente: Terrível.
Médico: Sim.
Paciente: Cansada... Com dores... Não sei o que é.
Médico: OK... Febre ou calafrios?
Paciente: Não.
Médico: OK... Você teve dor no estômago ou em outra parte?
Paciente: (Funga, chorando) Não sei o que está acontecendo. Eu me levanto de manhã cansada. A única hora em que me sinto bem... Talvez por volta da hora do jantar... E (chorando) ainda é a mesma coisa.
Médico: Você está sentindo náusea antes de comer ou depois? (Goleman, 1988, p. B16)

Embora os frequentes *"Hum-huns"* sugiram que o médico está ouvindo a paciente, de fato ele não a encoraja a trazer mais detalhes pertinentes. Mais ainda, no final da entrevista, o médico ignora o sofrimento emocional da paciente e friamente continua sua lista de perguntas.

O que os pacientes podem fazer para melhorar a comunicação com os provedores de cuidados à saúde? Aqui estão algumas dicas dadas pelo médico Holly Atkinson (Atkinson, 2003):

- Faça uma lista das preocupações ligadas à saúde antes de visitar um profissional da saúde.
- Antes de uma consulta, anote os nomes e as dosagens de todos os remédios que você está tomando atualmente.
- Determine se o médico irá se comunicar com você via *e-mail* e em quais circunstâncias.
- Se você se sentir intimidado, leve consigo um acompanhante – um amigo ou parente – que possa ajudá-lo a se comunicar mais efetivamente.
- Tome notas durante a consulta.

Aumentando a adesão aos conselhos médicos

Embora a adesão aos conselhos médicos não garanta que os problemas de um pacientes serão sanados, ela otimiza a possibilidade de que a condição do paciente melhore. O que, então, os profissionais da saúde podem fazer para produzir maior adesão por parte de seus pacientes? Uma estratégia é dar instruções claras no tocante ao uso dos medicamentos. Manter boas e calorosas relações com os pacientes também promove maior adesão (Cheney, 1996; Arbuthnott & Sharpe, 2009).

Além disso, honestidade ajuda. Os pacientes geralmente preferem ser bem-informados – mesmo que as notícias sejam ruins; seu grau de satisfação com a atenção médica está ligado à forma e à precisão com que os médicos são capazes de transmitir informações aos pacientes sobre a natureza dos problemas médicos e os tratamentos (Haley, Clair, & Saulsberry, 1992; Zuger, 2005).

A maneira como uma mensagem é estruturada também pode resultar em respostas mais positivas às informações relativas à saúde. *Mensagens estruturadas positivamente* sugerem que uma mudança no comportamento levará a um ganho e enfatizam os benefícios de executar um comportamento relacionado à saúde. Por exemplo, informar que o câncer

As mensagens estruturadas positivamente informam que uma mudança no comportamento levará a um ganho relacionado à saúde.

de pele é curável se for detectado precocemente e que você pode reduzir suas chances de ter a doença usando um protetor solar coloca a informação em uma estrutura positiva. Ao contrário, *mensagens estruturadas negativamente* enfatizam o que você pode perder se não realizar um comportamento. Por exemplo, um médico pode dizer que, se você não usar filtro solar, provavelmente desenvolverá câncer de pele, o que poderá matá-lo se o tumor não for detectado precocemente.

Que tipo de mensagem é mais eficaz? Depende do tipo de comportamento que o profissional da saúde está tentando produzir. As mensagens positivamente estruturadas são melhores para motivar o comportamento *preventivo*. Contudo, as mensagens estruturadas negativamente são mais eficazes na produção de um comportamento que leve à detecção de uma doença (McCaul, Johnson, & Rothman, 2002; Apanovich, McCarthy, & Salovey, 2003; Lee & Aaker, 2004).

Bem-estar e felicidade

O que contribui para uma boa vida?

Essa é uma pergunta que filósofos e teólogos vêm ponderando há séculos. Agora os psicólogos da saúde estão voltando a atenção para a questão, investigando o **bem-estar subjetivo**, a percepção das pessoas acerca de sua felicidade e satisfação com sua vida (Tsaousis, Nikolaou, & Serdaris, 2007; Kesebir & Diener, 2008; Giannopoulos & Vella-Brodrick, 2011).

bem-estar subjetivo
Percepção das pessoas acerca de sua felicidade e satisfação com sua vida.

Quais são as características das pessoas felizes?

Pesquisas sobre o tema do bem-estar mostram que as pessoas felizes compartilham várias características (Myers, 2000; Diener & Seligman, 2002; Otake, Shimai, & Tanaka-Matsumi, 2006; Nisbet, Zelenski, & Murphy, 2011):

- *As pessoas felizes têm autoestima elevada.* Particularmente nas culturas ocidentais, que enfatizam a importância da individualidade, as pessoas que são felizes gostam de si mesmas. Elas se veem como mais inteligentes e mais capazes de se relacionar com os outros do que uma pessoa média. De fato, elas costumam ter *ilusões positivas* ou visões moderadamente infladas de si mesmas como boas, competentes e desejáveis (Taylor et al., 2000; Boyd-Wilson, McClure, & Walkey, 2004).

- *As pessoas felizes têm um forte sentimento de controle.* Elas se sentem mais no controle dos eventos em sua vida, ao contrário daquelas que se sentem um joguete dos outros e que experimentam o desamparo aprendido.
- *Os indivíduos felizes são otimistas.* Seu otimismo permite que perseverem nas tarefas e acabem tendo melhores resultados. Além disso, sua saúde é melhor (Peterson, 2000).
- *Homens e mulheres geralmente se sentem felizes pelos mesmos tipos de atividades.* A maior parte do tempo, homens e mulheres adultos atingem o mesmo nível de felicidade a partir das mesmas coisas, como o relacionamento com os amigos. Mas existem algumas diferenças: por exemplo, as mulheres obtêm menos prazer de estar com seus pais do que os homens. A explicação? Para as mulheres, o tempo passado com os pais se parece mais com trabalho, como ajudá-los a cozinhar ou a pagar as contas. Para os homens, é mais provável que se envolvam em atividades recreativas, como assistir a uma partida de futebol com o pai. O resultado é que os homens relatam ser um pouco mais felizes do que as mulheres (Kreuger, 2007).
- *As pessoas felizes gostam de estar com outras pessoas.* Elas tendem a ser extrovertidas e têm uma rede de apoio de relacionamentos próximos.

Talvez o mais importante, a maioria das pessoas é, ao menos, moderadamente feliz a maior parte do tempo. Em levantamentos nacionais e internacionais, pessoas que vivem uma ampla variedade de circunstâncias relatam ser felizes. Além disso, eventos que alteram a vida e que se esperaria que produzissem picos duradouros na felicidade, como ganhar na loteria, provavelmente não o deixarão muito mais feliz do que você já é, conforme discutiremos a seguir.

O dinheiro compra a felicidade?

Se você ganhasse na loteria, seria mais feliz?

Provavelmente não. Ao menos essa é a conclusão das pesquisas dos psicólogos da saúde sobre o bem-estar subjetivo. Essa pesquisa mostra que, embora ganhar na loteria traga um aumento inicial na felicidade, o nível de felicidade dos ganhadores um ano depois parece retornar ao que era antes de terem ganhado. O fenômeno inverso ocorre para pessoas que tiveram lesões graves em acidentes: apesar de um declínio inicial na felicidade, na maioria dos casos as vítimas retornam a seus níveis anteriores de felicidade com o passar do tempo (Diener & Biswas-Diener, 2002; Nissle & Bschor, 2002; Spinella & Lester, 2006; Priester & Petty, 2011).

Por que o nível de bem-estar subjetivo é tão estável? Uma explicação para isso é que as pessoas têm um *ponto de referência* para a felicidade, um marcador que estabelece o tom para nossa vida. Embora eventos específicos possam temporariamente elevar ou deprimir o humor (p. ex., promoção surpresa ou a perda do emprego), as pessoas acabam retornando a seu nível geral de felicidade.

Embora não esteja certo como os pontos de referência das pessoas são estabelecidos inicialmente, algumas evidências indicam que o ponto de referência é determinado ao menos em parte por fatores genéticos. Por exemplo, gêmeos idênticos que crescem em circunstâncias completamente diferentes acabam tendo níveis muito semelhantes de felicidade (Kahneman, Diener, & Schwarz, 1998; Diener, Lucas, & Scollon, 2006; Weiss, Bates, & Luciano, 2008).

O ponto de referência do bem-estar da maioria das pessoas é relativamente alto. Por exemplo, 30% das pessoas nos Estados Unidos classificam-se como "muito feliz" e apenas 1 em 10 classifica-se como "não tão feliz". A maioria das pessoas declara-se como "bastante feliz". Tais sentimentos são graficamente confirmados pelas pessoas a quem é pedido que se localizem na medida de felicidade ilustrada na Figura 2. A escala ilustra com clareza que a maioria das pessoas encara sua vida muito positivamente.

> **Alerta de estudo**
>
> Lembre-se do conceito de que os indivíduos têm um ponto de referência (um nível geral e consistente) que se relaciona ao bem-estar subjetivo.

Escala das Faces: "Qual das faces mais se aproxima da expressão de como você se sente acerca de sua vida como um todo?"

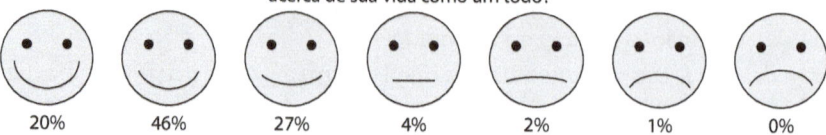

| 20% | 46% | 27% | 4% | 2% | 1% | 0% |

FIGURA 2 A maioria das pessoas nos Estados Unidos classifica-se como feliz, enquanto apenas uma pequena minoria indica que "não é tão feliz".

(Fonte: Myers, 2000, p. 57, extraída de *Social Indicators of Well-Being: Americans' Perception of Life Quality* [p. 376], por F. M. Andrews e S. B. Withey. New York, Plenum Press, 1976.)

Resultados semelhantes são observados quando as pessoas são solicitadas a se compararem com as outras. Por exemplo, quando perguntado: "Quem das seguintes pessoas você acha que é a mais feliz?", os respondentes da pesquisa disseram: "Oprah Winfrey" (23%), "Bill Gates" (7%), "o Papa" (12%) e "você mesmo" (49%), sendo que 6% disseram que não sabiam (Black & McCafferty, 1998; Rosenthal, 2003).

Existem poucas diferenças entre membros de grupos demográficos distintos. Homens e mulheres relatam ser igualmente felizes, e os afro-americanos têm apenas um pouco menos de probabilidade do que os americanos europeus de se classificarem como "muito felizes". Além disso, a felicidade dificilmente é única à cultura americana. Mesmo países que não são economicamente prósperos têm, de modo geral, residentes felizes (Diener & Clifton, 2002; Suh, 2002; Suhail & Chaudhry, 2004).

A conclusão: dinheiro *não* parece comprar felicidade. Apesar dos altos e baixos da vida, a maioria das pessoas tende a ser razoavelmente feliz, adaptando-se às provações e atribulações – e alegrias e prazeres – da vida ao retornar a um nível de equilíbrio estável de felicidade. Esse nível habitual de felicidade pode ter implicações profundas – talvez de prolongamento da vida (Diener & Seligman, 2004; Hecht, 2007).

Recapitule/avalie/repense

Recapitule

RA 36-1 Como as interações com os médicos afetam nossa saúde e adesão ao tratamento?

- Embora os pacientes com frequência desejem que os médicos fundamentem um diagnóstico apenas com base em um exame físico, a comunicação do problema ao médico é igualmente importante.
- Os pacientes podem considerar difícil a comunicação aberta com seus médicos devido ao alto prestígio social desses profissionais e à natureza técnica de suas informações.

RA 36-2 Como se desenvolve uma sensação de bem-estar?

- O bem-estar subjetivo, a medida do quanto as pessoas são felizes, é mais alto entre pessoas com uma autoestima elevada, um sentimento de controle e uma rede apoiadora de relacionamentos próximos.

Avalie

1. Os psicólogos da saúde mais provavelmente se detêm em qual dos seguintes problemas com os cuidados à saúde
   a. Incompetência por parte dos prestadores de cuidados à saúde
   b. Custos elevados dos cuidados à saúde
   c. Comunicação ineficaz entre médico e paciente
   d. Escassez de financiamento à pesquisa médica
2. Se você quer que as pessoas usem mais fio dental para prevenir doenças nas gengivas, a melhor abordagem é:
   a. Usar uma mensagem estruturada negativamente
   b. Usar uma mensagem estruturada positivamente
   c. Fazer com que um dentista envie uma mensagem encorajadora sobre os prazeres de usar o fio dental
   d. Dar às pessoas fio dental gratuito
3. Ganhar na loteria provavelmente:
   a. Produzirá um aumento imediato e prolongado no nível de bem-estar
   b. Produzirá um aumento imediato, mas não persistente, no nível de bem-estar
   c. Produzirá um declínio no bem-estar a longo prazo
   d. Levará a um aumento na ganância a longo prazo

Repense

1. Você considera que o estresse dificulta a comunicação entre médicos e pacientes? Por quê?
2. *Da perspectiva de um prestador de serviço à saúde:* Como você tentaria se comunicar melhor com seus pacientes? Como suas técnicas poderiam depender da origem, do gênero, da idade e da cultura do paciente?

Respostas das questões de avaliação

1. c; 2. b; 3. b

Termo-chave

bem-estar subjetivo **p. 444**

Recordando

Epílogo

Neste grupo de módulos, exploramos a intersecção entre psicologia e biologia. Vimos como a experiência emocional e psicológica do estresse pode causar sintomas físicos de doença, como os fatores de personalidade podem estar relacionados a problemas de saúde importantes e como fatores psicológicos podem interferir na comunicação eficaz entre médico e paciente. Também examinamos o outro lado da moeda, observando que algumas estratégias relativamente simples podem ajudar-nos a controlar o estresse, afetar a doença e melhorar nossas interações com os médicos.

Volte ao prólogo deste grupo de módulos referente a Steven Slater e sua reação a uma situação estressante. Use seu conhecimento da psicologia da saúde e do estresse para considerar as seguintes perguntas:

1. Por que os estressores básicos experimentados no trabalho por Steven Slater produziram uma resposta tão drástica?
2. Que tipo de enfrentamento Slater exibiu quando abandonou seu emprego naquele dia? Como ele poderia ter enfrentado seu estresse no trabalho de uma forma melhor?
3. Como a SAG aplica-se à situação de Slater? Como os eventos em sua rotina de trabalho diário o moveram ao longo dos três estágios do modelo?
4. Se você fosse o médico de Slater, como explicaria a ele as possíveis implicações negativas de saúde em razão de sua dificuldade no manejo do estresse?

RESUMO VISUAL 11 Psicologia da Saúde: Estresse, Enfrentamento e Bem-estar

MÓDULO 34 Estresse e Enfrentamento

Estresse: resposta das pessoas a eventos que as ameaçam ou as desafiam
- A interpretação dos eventos é importante na determinação do que é estressante
  - Eventos cataclísmicos
  - Estressores pessoais
  - Estressores básicos (dificuldades diárias)
- Transtorno de estresse pós-traumático (TEPT)

O custo do estresse
- Distúrbios psicofisiológicos: interação de dificuldades psicológicas, emocionais e físicas

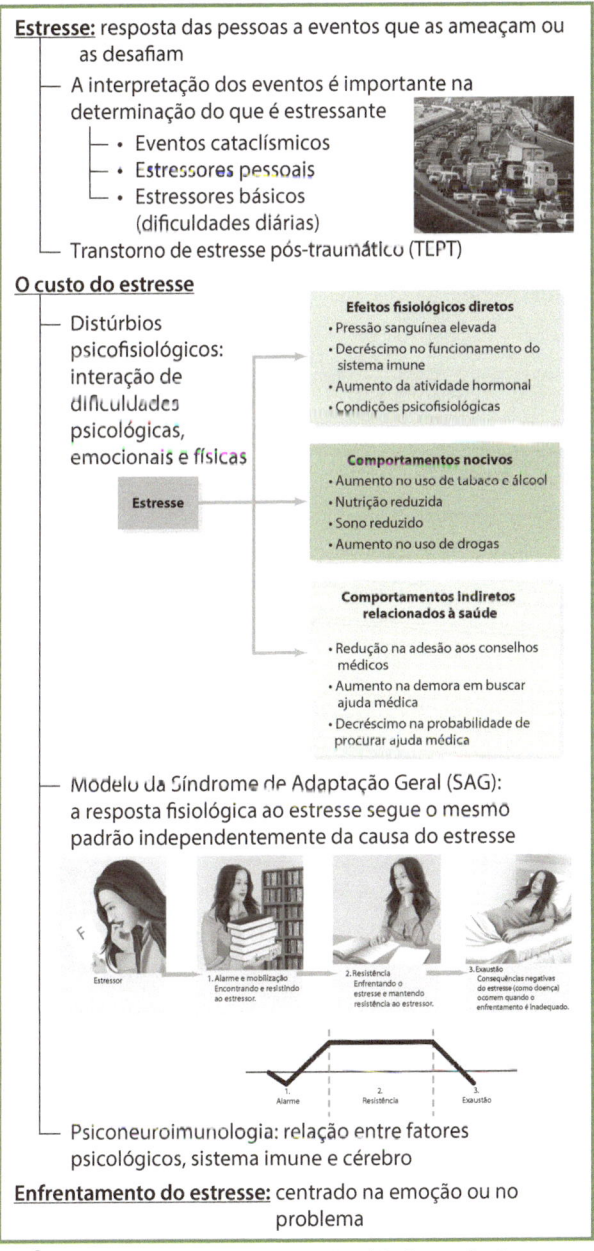

Efeitos fisiológicos diretos
- Pressão sanguínea elevada
- Decréscimo no funcionamento do sistema imune
- Aumento da atividade hormonal
- Condições psicofisiológicas

Comportamentos nocivos
- Aumento no uso de tabaco e álcool
- Nutrição reduzida
- Sono reduzido
- Aumento no uso de drogas

Comportamentos indiretos relacionados à saúde
- Redução na adesão aos conselhos médicos
- Aumento na demora em buscar ajuda médica
- Decréscimo na probabilidade de procurar ajuda médica

- Modelo da Síndrome de Adaptação Geral (SAG): a resposta fisiológica ao estresse segue o mesmo padrão independentemente da causa do estresse

Estressor → 1. Alarme e mobilização: Encontrando e resistindo ao estressor → 2. Resistência: Enfrentando o estresse e mantendo resistência ao estressor → 3. Exaustão: Consequências negativas do estresse (como doença) ocorrem quando o enfrentamento é inadequado.

- Psiconeuroimunologia: relação entre fatores psicológicos, sistema imune e cérebro

Enfrentamento do estresse: centrado na emoção ou no problema

MÓDULO 35 Aspectos Psicológicos da Doença e do Bem-estar

Doença arterial coronariana
- Comportamento do Tipo A: grupo de comportamentos que envolvem hostilidade, competitividade, urgência de tempo e sentir-se impelido
- Comportamento do Tipo B: caracterizado por um modo paciente, cooperativo, não competitivo e não agressivo
- Comportamento do Tipo D: perspectiva insegura, ansiosa e negativa

Câncer: a terapia psicológica pode melhorar a qualidade de vida

Tabagismo
- A cada ano, 5 milhões de pessoas morrem devido ao tabagismo
- A hereditariedade determina em parte se as pessoas se tornarão fumantes e se serão suscetíveis aos efeitos nocivos do fumo
- Poucos hábitos são tão difíceis de romper

MÓDULO 36 Promovendo a Saúde e o Bem-estar

Seguindo os conselhos médicos: a não adesão aos conselhos médicos assume muitas formas
- Comunicando-se com os prestadores de cuidados à saúde
  - A falta de comunicação é um obstáculo importante
  - Muitos pacientes não fazem perguntas
  - O gênero e os fatores culturais podem dificultar a comunicação
- Aumentando a adesão aos conselhos médicos
  - Os pacientes preferem ser bem-informados, mesmo que as notícias sejam ruins
  - Mensagens estruturadas positivamente: mais prováveis de motivar um comportamento preventivo 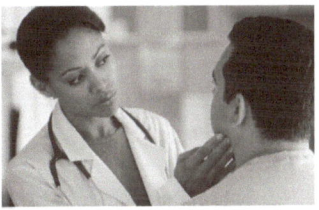
  - Mensagens estruturadas negativamente: mais prováveis de levar à detecção de uma doença

Bem-estar e felicidade:
- Bem-estar subjetivo: avaliação das próprias pessoas a respeito de sua vida em termos de seus pensamentos e suas emoções
- Características das pessoas felizes: autoestima elevada, sentimento de controle, otimismo, prazer de estar com os outros
- A maioria das pessoas é moderadamente feliz a maior parte do tempo

Escala das Faces: "Qual das faces mais se aproxima da expressão de como você se sente acerca de sua vida como um todo?"

20% 46% 27% 4% 2% 1% 0%

12
Transtornos Psicológicos

Resultados de Aprendizagem para o Capítulo 12

MÓDULO 37

RA 37-1 Como podemos distinguir o comportamento normal do anormal?

RA 37-2 Quais são as principais perspectivas sobre os transtornos psicológicos usadas pelos profissionais de saúde mental?

RA 37-3 Quais são as principais categorias de transtornos psicológicos?

Normal *versus* Anormal: Fazendo a Distinção
Definindo anormalidade
Perspectivas sobre a anormalidade: da superstição à ciência
Classificando o comportamento anormal: os ABCs do DSM

MÓDULO 38

RA 38-1 Quais são os principais transtornos psicológicos?

Os Principais Transtornos Psicológicos
Transtornos de ansiedade
Transtorno obsessivo-compulsivo
A Neurociência em sua Vida: Um passo mais próximo da compreensão do TOC
Transtornos de sintomas somáticos
Transtornos dissociativos
Transtornos do humor
Esquizofrenia
A Neurociência em sua Vida: Alterações cerebrais decorrentes da esquizofrenia
Transtornos da personalidade
Transtornos da infância
Outros transtornos

MÓDULO 39

RA 39-1 Qual é a prevalência dos transtornos psicológicos?

RA 39-2 Quais indicadores sinalizam a necessidade de ajuda de um profissional de saúde mental?

Transtornos Psicológicos em Perspectiva
O contexto social e cultural dos transtornos psicológicos
Aplicando a Psicologia no Século XXI: Os transtornos psicológicos estão aumentando entre os universitários
Explorando a Diversidade: DSM e cultura – e a cultura do DSM
Tornando-se um Consumidor Informado de Psicologia: Decidindo quando você precisa de ajuda

Prólogo *Enfrentando a esquizofrenia*

A primeira vez que Chris Coles ouviu a voz, ela falou com ele depois da meia-noite. Em um tom suave, instruiu-o a encontrar seu amigo em uma enseada da praia, logo em seguida, e se desculpar: Chris, a voz lhe disse, estava planejando ter um romance com a namorada do amigo. Embora não estivesse planejando tal coisa, ele fez o que lhe foi instruído, chegando à enseada às 2h. Ela estava deserta. Ele ignorou o incidente; a imaginação, afinal, pode pregar peças entre a vigília e o sonho. Mas as vozes continuaram se intrometendo. Coles também tinha visões. Perto de sua casa, na Califórnia, muitas vezes viu uma grande quantidade de baleias e golfinhos nadando em direção à praia, e um brilhante Buda dourado nos arbustos das dunas. "Eu também tinha delírios de grandeza", diz Coles, agora com 47 anos. "Senti que tinha poder sobre as coisas na natureza, influência sobre as baleias, os golfinhos e as ondas. Pensei que poderia fazer coisas mágicas acontecerem na água." (Begley, 2013).

Olhando à frente

Chris Coles estava perdendo a noção da realidade. Descobriu-se que ele sofria de esquizofrenia, um dos mais graves transtornos psicológicos. Embora os tratamentos com medicamentos eventualmente acalmassem as vozes em sua cabeça, sua experiência levantou muitas questões. O que causou sua doença? Foram fatores genéticos ou estresses o principal responsável? Havia sinais que a família e os amigos deveriam ter percebido mais cedo? Sua esquizofrenia poderia ter sido evitada? E, de modo geral, como podemos distinguir comportamentos normais e anormais? Como o comportamento de Chris pode ser categorizado e classificado de forma a identificar a natureza específica de seu problema?

Neste capítulo, abordamos as questões suscitadas pelo caso de Coles. Começamos discutindo a diferença entre comportamento normal e anormal, a qual pode ser surpreendentemente indistinta. Depois nos voltamos para uma consideração dos tipos mais significativos de transtornos psicológicos. Por fim, vamos considerar um meio de avaliar o comportamento – o próprio e o dos outros – para determinar se a procura de um profissional de saúde mental é justificada.

MÓDULO 37
Normal *versus* Anormal: Fazendo a Distinção

Universalmente, a sagacidade dessa pessoa é considerada muito pouco perceptiva referente a quaisquer assuntos que estejam sendo tidos como mais vantajosos pelos mortais com sapiência dotada para ser estudado que é ignorante disso que a maioria na doutrina erudita e certamente em razão disso neles o alto ornamento da mente merecendo veneração constantemente mantém quando por consentimento geral eles afirmam que outras circunstâncias sendo iguais por nenhum esplendor exterior é a prosperidade de uma nação...

Seria fácil concluir que estas palavras são reflexões de um louco. Para a maioria das pessoas, esse trecho parece fazer absolutamente nenhum sentido. Mas especialistas em literatura discordariam. Na verdade, essa passagem é do clássico de James Joyce, *Ulisses*, aclamado como um dos principais trabalhos da literatura do século XX (Joyce, 1934, p. 377).

Conforme ilustra este exemplo, o exame casual da escrita de uma pessoa é insuficiente para determinar o grau em que ela é "normal". Porém, mesmo quando consideramos amostras mais extensas do comportamento de uma pessoa, descobriremos que pode haver apenas uma linha tênue entre o comportamento que é considerado normal e o comportamento que é considerado anormal.

Resultados de Aprendizagem

RA 37-1 Como podemos distinguir o comportamento normal do anormal?

RA 37-2 Quais são as principais perspectivas sobre os transtornos psicológicos usadas pelos profissionais de saúde mental?

RA 37-3 Quais são as principais categorias de transtornos psicológicos?

Definindo anormalidade

Devido à dificuldade na distinção do comportamento normal do anormal, os psicólogos esforçaram-se para elaborar uma definição científica precisa de "comportamento anormal". Por exemplo, considere as seguintes definições, cada uma das quais apresenta vantagens e desvantagens:

- *Anormalidade como desvio da média.* Para empregar essa abordagem de cunho estatístico, apenas observamos quais comportamentos são raros ou ocorrem infrequentemente em uma sociedade ou cultura específica e rotulamos esses desvios da norma como "anormais".

  A dificuldade com essa definição é que alguns comportamentos estatisticamente raros não se prestam à classificação como anormais. Se a maioria das pessoas prefere comer flocos de milho no café da manhã, mas você prefere cereais, esse desvio não torna seu comportamento anormal. Do mesmo modo, tal conceito de anormalidade rotularia sem razão como anormal uma pessoa que tem um quociente de inteligência incomumente alto apenas porque o QI alto é estatisticamente raro. Em resumo, uma definição de anormalidade que se baseia no desvio da média é insuficiente.

- *Anormalidade como desvio do ideal.* Uma abordagem alternativa considera a anormalidade em relação ao padrão ao qual a maioria das pessoas está aspirando – o ideal.

  Esse tipo de definição considera o comportamento anormal se ele se desvia o suficiente de algum tipo de padrão ideal ou cultural. Entretanto, a sociedade apresenta poucos padrões com os quais as pessoas concordam universalmente. (Por exemplo, ficaríamos muito pressionados para chegar a um acordo se o Novo Testamento, o Corão, o Talmud ou o Livro dos Mórmons fornece os padrões mais aceitáveis.) Além disso, os padrões que surgem modificam-se com o tempo e variam entre as culturas.

Alerta de estudo

Lembre-se das diferentes definições de anormalidade (desvio da média, desvio do ideal, sensação de desconforto pessoal, incapacidade de funcionar de maneira eficaz e anormalidade como um conceito legal).

Andre Yates, inicialmente declarada sã pelo júri apesar de ter afogado seus cinco filhos em uma banheira, mais tarde foi inocentada devido à insanidade.

- *Anormalidade como sensação de desconforto pessoal.* Uma definição mais útil concentra-se nas consequências psicológicas do comportamento para o indivíduo. Nessa abordagem, o comportamento é considerado anormal se produzir uma sensação de sofrimento pessoal, ansiedade ou culpa em um indivíduo – ou se de alguma maneira é prejudicial para os outros.

  No entanto, mesmo uma definição que se baseia no desconforto pessoal tem suas desvantagens porque em algumas formas especialmente graves de perturbação mental, as pessoas relatam que se sentem muito bem mesmo quando seu comportamento parece bizarro para os outros. Em tais casos, existe um estado pessoal de bem-estar, embora a maioria das pessoas considerasse o comportamento anormal. Por exemplo, a maioria de nós pensaria que uma mulher que diz que está ouvindo mensagens inspiradoras dos marcianos estaria exibindo comportamento anormal mesmo que ela dissesse que as mensagens estão deixando-a feliz.

- *Anormalidade como incapacidade de funcionar de maneira eficaz.* A maioria das pessoas é capaz de se alimentar, de manter um emprego, de se relacionar com os outros e de viver como membros produtivos da sociedade. Contudo, existem aquelas que são incapazes de se adaptar às demandas da sociedade ou de funcionar de maneira eficaz.

  De acordo com essa visão de anormalidade, as pessoas que são incapazes de funcionar de maneira eficaz e de se adaptar às demandas da sociedade são consideradas anormais. Por exemplo, uma mulher desabrigada e desempregada que vive nas ruas pode ser considerada incapaz de funcionar de maneira eficaz. Portanto, seu comportamento pode ser encarado como anormal mesmo que ela tenha escolhido viver assim. Sua incapacidade de se adaptar às exigências da sociedade é o que a torna "anormal" de acordo com essa abordagem.

- *Anormalidade como conceito legal.* De acordo com o júri que ouviu inicialmente seu caso, Andrea Yates, uma mulher que afogou seus cinco filhos em uma banheira, era saudável. Ela foi sentenciada à prisão perpétua por seu ato.

  Embora você possa questionar essa visão (e um júri de apelação posterior derrubou a condenação), o veredito inicial refletia a forma pela qual a lei define o comportamento anormal. Para o sistema judicial, a distinção entre comportamento normal e anormal reside na definição de insanidade, que é um termo legal, mas não psicológico. A definição de insanidade varia de uma jurisdição para outra. Em alguns estados, insanidade simplesmente significa que os acusados não conseguem compreender a diferença entre certo e errado no momento em que cometem um ato criminoso. Outros estados consideram se os acusados são substancialmente incapazes de compreender a criminalidade de seu comportamento ou se são incapazes de se controlar. E, em algumas jurisdições, não são permitidas alegações de insanidade (Frost & Bonnie, 2001; Sokolove, 2003; Ferguson & Ogloff, 2011).

Obviamente, nenhuma das definições anteriores é ampla o suficiente para abranger todos os casos de comportamento anormal. Logo, a distinção entre comportamento normal e anormal com frequência permanece ambígua mesmo para profissionais treinados. Além disso, até certo ponto, as expectativas culturais para o comportamento "normal" em uma sociedade influenciam a compreensão do "comportamento anormal" (Scheff, 1998; Sanderson, 2007). Dadas as dificuldades em definir precisamente o construto, os psicólogos costumam definir comportamento anormal amplamente como um comportamento que leva as pessoas a experimentar sofrimento e as impede de funcionar em sua vida diária (Nolen-Hoeksema, 2007). Devido à imprecisão dessa definição, é melhor encarar o comportamento anormal e o comportamento normal como marcando dois extremos de um *continuum* em vez de estados absolutos. O comportamento deve ser avaliado em termos de graduações que variam desde um funcionamento inteiramente normal até o comportamento extremamente anormal. O comportamento geralmente se enquadra em algum ponto entre esses extremos.

comportamento anormal
Comportamento que leva as pessoas a experimentar sofrimento e as impede de funcionar em sua vida diária.

Perspectivas sobre a anormalidade: da superstição à ciência

Durante boa parte da história humana, as pessoas vincularam o comportamento anormal à superstição e bruxaria. Os indivíduos que apresentavam comportamento anormal eram acusados de estar possuídos pelo demônio ou por algum tipo de entidade maligna. As autoridades sentiam-se justificadas em "tratar" o comportamento anormal tentando afastar a origem do problema. Isso envolvia açoitamento, imersão em água quente, passar fome ou outras formas de tortura em que a cura era com frequência pior do que a aflição (Berrios, 1996).

As abordagens contemporâneas adotam uma visão mais esclarecida. Hoje, seis perspectivas são usadas para entender os transtornos psicológicos. Essas perspectivas propõem não somente diferentes causas do comportamento, como também abordagens de tratamento distintas. Algumas delas são mais aplicáveis a transtornos específicos do que a outros. A Figura 1 resume as perspectivas e a forma como elas podem ser aplicadas à experiência de Chris Coles, conforme mencionado no prólogo do capítulo.

Perspectiva médica

Quando as pessoas apresentam sintomas de tuberculose, os profissionais médicos podem em geral encontrar bactérias tuberculares em seu tecido corporal. Igualmente, a **perspectiva médica** supõe que, quando um indivíduo apresenta sintomas de comportamento anormal, a causa fundamental será encontrada em um exame físico, o qual pode revelar um desequilíbrio hormonal, uma deficiência química ou uma lesão cerebral. Na verdade, quando falamos de "doença" mental, "sintomas" de comportamento anormal e "hospitais" mentais, estamos usando uma terminologia associada à perspectiva médica.

Como muitos comportamentos anormais foram vinculados a causas biológicas, a perspectiva médica é uma abordagem razoável. No entanto, muitas críticas foram feitas a ela. Em certo aspecto, muitos tipos de comportamento anormal não apresentam causa biológica aparente. Além disso, alguns críticos argumentaram que o uso do termo *doença mental*

> **Alerta de estudo**
> Use a Figura 1 para revisar as seis principais perspectivas sobre a anormalidade e considere como elas se relacionam às principais perspectivas no campo da psicologia que discutimos no Capítulo 1.

> **perspectiva médica**
> A perspectiva que supõe que, quando um indivíduo apresenta sintomas de comportamento anormal, a causa principal será encontrada em um exame físico do indivíduo, o qual pode revelar um desequilíbrio hormonal, uma deficiência química ou uma lesão cerebral.

Perspectivas sobre os transtornos psicológicos		
Perspectiva	**Descrição**	**Possível aplicação da perspectiva ao caso de Chris**
Médica	Pressupõe que causas fisiológicas estão na raiz dos transtornos psicológicos.	Examinar Chris para problemas médicos, como tumor cerebral, desequilíbrio químico no cérebro ou doença.
Psicanalítica	Pressupõe que os transtornos psicológicos provêm de conflitos infantis.	Procurar informações sobre o passado de Chris, considerando possíveis conflitos infantis.
Comportamental	Pressupõe que os comportamentos anormais são respostas aprendidas.	Concentrar-se nas recompensas e punições para o comportamento de Chris e identificar estímulos ambientais que reforçam seu comportamento.
Cognitiva	Pressupõe que as cognições (pensamentos e crenças das pessoas) são centrais para os transtornos psicológicos.	Abordar as percepções de Chris acerca de si mesmo e de seu ambiente.
Humanista	Enfatiza a responsabilidade das pessoas por seu comportamento e a necessidade de se autoatualizar.	Considerar o comportamento de Chris em termos de suas escolhas e de seus esforços para atingir seu potencial.
Sociocultural	Pressupõe que o comportamento é moldado pela família, pela sociedade e pela cultura.	Analisar como as demandas da sociedade contribuíram para o transtorno de Chris.

FIGURA 1 Ao considerarmos o caso de Chris, discutido no prólogo, podemos empregar cada uma das diferentes perspectivas sobre o comportamento anormal. Observe que, devido à natureza desse transtorno psicológico, algumas perspectivas são mais aplicáveis do que outras.

implica que a pessoa que apresenta comportamento anormal não tem responsabilidade ou controle sobre suas ações (Laing & Szasz, 2004; Szasz, 1994, 2006).

Contudo, avanços recentes no conhecimento a respeito das bases biológicas do comportamento destacam a importância de serem considerados os fatores fisiológicos no comportamento anormal. Por exemplo, algumas das formas mais graves de transtorno psicológico, como a depressão maior e a esquizofrenia, são influenciadas por fatores genéticos e pelo mau funcionamento nos sinais dos neurotransmissores (Iversen & Iversen, 2007; Howes & Kapur, 2009; Li et al., 2011).

Perspectiva psicanalítica

Enquanto a perspectiva médica pressuõe que as causas biológicas estão na raiz do comportamento anormal, a **perspectiva psicanalítica** defende que o comportamento anormal provém de conflitos infantis com oposição a desejos referentes a sexo e agressividade. De acordo com Freud, as crianças passam por uma série de estágios nos quais os impulsos sexuais e agressivos assumem diferentes formas e produzem conflitos que requerem resolução. Se esses conflitos infantis não são manejados com sucesso, eles permanecem não resolvidos no inconsciente e acabam provocando comportamento anormal durante a idade adulta.

Para descobrir as raízes do comportamento desorganizado das pessoas, a perspectiva psicanalítica examina sua história de vida inicial. No entanto, como não existe uma maneira conclusiva de vincular as experiências da infância das pessoas com os comportamentos anormais que elas apresentam quando adultas, nunca podemos ter certeza de que as causas sugeridas pela teoria psicanalítica sejam precisas. Além disso, a teoria psicanalítica pinta um quadro das pessoas como tendo relativamente pouco controle sobre seu comportamento, porque boa parte dele é guiada pelos impulsos inconscientes. Aos olhos de alguns críticos, essa perspectiva propõe que as pessoas têm pouca responsabilidade pelo próprio comportamento.

Todavia, as contribuições da teoria psicanalítica foram significativas. Mais do que qualquer outra abordagem do comportamento anormal, essa perspectiva destaca o fato de que as pessoas podem ter uma vida interior rica envolvida e que as experiências anteriores podem ter um efeito profundo no funcionamento psicológico atual (Elliott, 2002; Bornstein, 2003; Rangell, 2007).

Perspectiva comportamental

Tanto a perspectiva médica quanto a psicanalítica olham para os comportamentos anormais como sintomas de um problema subjacente. Por sua vez, a **perspectiva comportamental** encara o comportamento em si como o problema. Usando os princípios básicos da aprendizagem, os teóricos comportamentais veem os comportamentos normal e anormal como respostas a vários estímulos – respostas que foram aprendidas por meio da experiência passada e são guiadas no presente por estímulos no ambiente do indivíduo. Para explicar por que ocorre o comportamento anormal, precisamos analisar como um indivíduo aprendeu-o e observar as circunstâncias nas quais ele é exibido.

A ênfase no comportamento observável representa o maior ponto forte e o maior ponto fraco da abordagem comportamental do comportamento anormal. Essa perspectiva oferece a abordagem mais precisa e objetiva para o exame de sintomas comportamentais de transtornos específicos, como o transtorno de déficit de atenção/hiperatividade (TDAH), que discutiremos em um módulo posterior. Ao mesmo tempo, porém, os críticos acusam que a perspectiva ignora o rico mundo interior dos pensamentos, atitudes e emoções que podem contribuir para o comportamento anormal.

Perspectiva cognitiva

As perspectivas médica, psicanalítica e comportamental consideram o comportamento das pessoas como o resultado de fatores em grande parte além de seu controle. Para muitos críticos dessas visões, no entanto, os pensamentos das pessoas não podem ser ignorados.

---

perspectiva psicanalítica
A perspectiva que supõe que o comportamento anormal provém de conflitos infantis com oposição a desejos referentes a sexo e agressividade.

perspectiva comportamental
A perspectiva que encara o comportamento em si como o problema.

Em resposta a tais preocupações, alguns psicólogos empregam a **perspectiva cognitiva**. Em vez de considerar apenas o comportamento externo, como nas abordagens comportamentais tradicionais, a abordagem cognitiva pressupõe que as *cognições* (pensamentos e crenças das pessoas) são centrais para o comportamento anormal de um indivíduo. Um objetivo primário do tratamento que adota a perspectiva cognitiva é explicitamente ensinar formas novas e mais adaptativas de pensar.

Por exemplo, suponha que você desenvolve a crença errônea de que "Me sair bem nesse exame é crucial para todo o meu futuro" sempre que se submeter a um exame. Durante a terapia, você pode aprender a ter um pensamento mais realista que produza menos ansiedade: "O meu futuro não depende desse único exame". Modificando assim as cognições, os psicólogos que trabalham conforme uma estrutura cognitiva ajudam as pessoas a se libertarem de pensamentos e comportamentos que são potencialmente mal-adaptativos (Clark, 2004; Everly & Lating, 2007).

A perspectiva cognitiva não deixa de receber críticas. Por exemplo, é possível que as cognições mal-adaptativas sejam os sintomas ou as consequências dos transtornos, e não sua causa. Além disso, existem circunstâncias em que as crenças negativas podem não ser irracionais, mas simplesmente refletem com precisão as circunstâncias desagradáveis na vida das pessoas. Contudo, os teóricos cognitivos argumentariam que é possível encontrar uma forma mais adaptativa de estruturar as crenças mesmo em circunstâncias mais negativas.

perspectiva cognitiva
A perspectiva que supõe que os pensamentos e as crenças das pessoas são um componente central do comportamento anormal.

Perspectiva humanista

Os psicólogos que seguem a **perspectiva humanista** enfatizam a responsabilidade das pessoas pelo próprio comportamento, mesmo quando seu comportamento é considerado anormal. A perspectiva humanista – desenvolvida a partir do trabalho de Carl Rogers e Abraham Maslow – concentra-se no que é unicamente humano, isto é, considera as pessoas como basicamente racionais, orientadas para um mundo social e motivadas a procurar a autoatualização (Rogers, 1995).

As abordagens humanistas abordam a relação do indivíduo com a sociedade: elas consideram como as pessoas se veem em relação aos outros e como veem seu lugar no mundo. A perspectiva humanista encara as pessoas como tendo consciência da vida e de si mesmas que as leva a procurar significado e autovalorização. Em vez de defender que os indivíduos requerem uma "cura", a perspectiva humanista propõe que eles podem, de modo geral, definir os próprios limites do que é um comportamento aceitável. Desde que não machuquem os outros e não passem por um sofrimento pessoal, as pessoas devem ser livres para escolher os comportamentos nos quais se engajam.

Embora a perspectiva humanista tenha sido criticada por se basear em informações não científicas e não verificáveis e por adotar formulações vagas quase filosóficas, ela oferece uma visão distintiva do comportamento anormal. Enfatiza os aspectos únicos do ser humano e oferece inúmeras sugestões importantes para ajudar aqueles que têm problemas psicológicos.

perspectiva humanista
A perspectiva que enfatiza a responsabilidade que as pessoas têm pelo próprio comportamento, mesmo quando esse comportamento é anormal.

Pespectiva sociocultural

A **perspectiva sociocultural** pressupõe que o comportamento das pessoas – tanto normal quanto anormal – é moldado pela sociedade e pela cultura em que elas vivem. De acordo com essa visão, fatores sociais e culturais como a pobreza e o preconceito podem estar na raiz do comportamento anormal. Especificamente, os tipos de estresses e conflitos que as pessoas experimentam em sua vida diária podem promover e manter o comportamento anormal.

Essa perspectiva é apoiada por pesquisas que mostram que alguns tipos de comportamento anormal são muito mais prevalentes entre certas classes sociais do que em outras. Por exemplo, os diagnósticos de esquizofrenia tendem a ser mais altos entre membros de grupos socioeconômicos mais baixos do que entre membros de grupos mais abastados. Proporcionalmente, mais indivíduos afro-americanos são hospitalizados de modo involuntário devido a transtornos psicológicos do que brancos. Além disso, as épocas de dificuldades econômicas parecem estar vinculadas a declínios gerais no funcionamento psicológico e

perspectiva sociocultural
A perspectiva de que o comportamento das pessoas – tanto normal quanto anormal – é moldado pela sociedade e pela cultura em que elas vivem.

problemas sociais como privação de abrigo estão associados a transtornos psicológicos (Nasir & Hand, 2006; Greenberg & Rosenheck, 2008; Padgett, Stanhope, & Henwood, 2011).

Todavia, há muitas explicações alternativas para a associação entre comportamento anormal e fatores sociais. Por exemplo, pessoas de níveis socioeconômicos mais baixos podem ter menos probabilidade do que as de nível mais alto de procurar ajuda, gradualmente chegando a um ponto em que seus sintomas tornam-se graves e justificam um diagnóstico também grave. As explicações socioculturais oferecem relativamente pouca orientação específica para o tratamento de indivíduos que apresentam perturbação mental porque o foco está nos fatores sociais mais amplos (Paniagua, 2000).

Classificando o comportamento anormal: os ABCs do DSM

Louco. Pancada. Doido. Lunático. Insano. Neurótico. Psicopata. Estranho. Demente. Esquisito. Possuído.

Há muito tempo a sociedade rotula as pessoas que apresentam comportamento anormal. Infelizmente, a maior parte do tempo esses rótulos refletiram intolerância e foram usados com pouca ponderação sobre o que cada rótulo significa.

Atribuir nomes e classificações apropriados e específicos para o comportamento anormal representou um desafio importante para os psicólogos. Não é difícil entender por quê, dadas as dificuldades antes discutidas em simplesmente distinguir comportamento normal de anormal. No entanto, os psicólogos e outros profissionais precisam classificar o comportamento anormal para diagnosticá-lo e, por fim, tratá-lo.

DSM-5: determinando distinções diagnósticas

Ao longo dos anos, os profissionais de saúde mental desenvolveram muitos sistemas de classificação diferentes que variam em termos de sua utilidade e do grau em que foram aceitos. Todavia, um sistema-padrão, elaborado pela Associação Americana de Psiquiatria, emergiu nos Estados Unidos. A maioria dos profissionais hoje usa esse sistema de classificação, conhecido como *Manual diagnóstico e estatístico de transtornos mentais*, **quinta edição, DSM-5** para diagnosticar e classificar o comportamento anormal (American Psychiatric Associations, 2013).

Manual diagnóstico e estatístico de transtornos mentais, quinta edição, DSM-5 Sistema elaborado pela American Psychiatric Association e usado pela maioria dos profissionais para diagnosticar e classificar o comportamento anormal.

O DSM-5, lançado em 2013, pretende fornecer definições abrangentes e relativamente precisas para mais de 200 transtornos. Seguindo os critérios apresentados no sistema de classificação do DSM-5, os clínicos podem identificar o problema específico que um indivíduo está experimentando. (A Fig. 2 apresenta uma breve descrição das principais categorias diagnósticas; American Psychiatric Association, 2013).

O Manual utiliza uma abordagem *não teórica* para identificar transtornos psicológicos, embora alguns profissionais tenham argumentado que tal abordagem de diagnóstico é baseada fortemente em um modelo médico. Os autores da mais recente atualização do DSM sugerem que ele deve ser visto como o "DSM-5.0". O nome "5.0" enfatiza que o DSM-5 é um trabalho em andamento, sujeito a revisão com base no *feedback* dos usuários. (A próxima revisão será chamada de DSM-5.1.)

Entre as principais alterações do DSM-5 estão (Kupfer, Kuhl, & Regier, 2013; Wakefield, 2013):

- **Foco no desenvolvimento da expectativa de vida**. Os transtornos foram reorganizados conforme a suscetibilidade da idade para a primeira ocorrência. Além disso, é mais específico sobre a forma como um mesmo transtorno pode mudar ao longo da vida de uma pessoa.
- **Condições da infância e do fim da vida foram renomeadas.** Junto com a remoção do termo ultrapassado "retardo mental" em favor de *deficiência intelectual*, o DSM-5

Categorias dos Transtornos	Exemplos
Ansiedade (problemas em que a ansiedade impede o funcionamento diário)	Transtorno de ansiedade generalizada, transtorno de pânico, fobia específica, transtorno de estresse pós-traumático
Sintomas somáticos e transtornos relacionados (perturbações psicológicas exibidas por meio de problemas físicos)	Hipocondria; transtorno conversivo
Dissociativos (cisão de partes cruciais da personalidade que geralmente estão integradas)	Transtorno dissociativo de identidade (personalidade múltipla), amnésia dissociativa, fuga dissociativa
Humor (emoções de depressão e euforia que são tão fortes que interferem na vida diária)	Depressão maior; transtorno bipolar
Esquizofrenia e transtornos psicóticos (declínio no funcionamento, perturbações no pensamento e na linguagem, transtornos da percepção, perturbações emocionais e afastamento dos outros)	Transtorno delirante
Personalidade (problemas que criam pouco sofrimento pessoal, mas que levam a uma incapacidade de funcionar como um membro normal da sociedade)	Transtorno da personalidade antissocial; transtorno da personalidade narcisista
Sexual (problemas relacionados à excitação sexual por objetos incomuns ou problemas relacionados ao funcionamento)	Transtorno parafílico; disfunção sexual
Relacionado a substância (problemas relacionados a dependência e abuso de drogas)	Álcool; cocaína; alucinógenos; maconha
Demência, amnésia e outros transtornos cognitivos	Doença de Alzheimer

FIGURA 2 Esta lista de transtornos representa as principais categorias do DSM-5. Ela é apenas uma lista parcial das dezenas de transtornos incluídos no Manual.

renomeou as condições da infância como transtornos do neurodesenvolvimento e "demência e distúrbios amnésicos" como transtornos neurocognitivos.

- **O transtorno de autismo foi reclassificado.** Diferentes formas de autismo foram agrupadas e agora são chamados de Transtorno do Espectro Autista, que incide sobre o grau de severidade do autismo.
- **Os transtornos baseados sexualmente foram reconceituados e renomeados.** O "transtorno de identidade de gênero" foi reclassificado como *disforia de gênero*. Essa distinção esclarece que ter uma identidade de gênero em conflito com a de um sexo biológico não implica um transtorno psicológico. Além disso, "parafilia" foi renomeada para *transtorno parafílico*, enfatizando que a presença de que alguns interesses sexuais atípicos não necessariamente indica um transtorno psicológico.
- **Os critérios para alguns transtornos foram menos restritivos.** Em particular, as condições que precisam ser satisfeitas para o diagnóstico de transtorno de déficit de atenção/hiperatividade (TDAH) em adultos são mais amplas – o que significa que mais pessoas estão propensas a ser classificadas com TDAH adulto. Além disso, os clientes em luto já não são diagnosticados com depressão se os sintomas surgiram dentro de alguns meses depois da morte de um ente querido.
- **O "modelo de cinco eixos" foi eliminado.** Na versão anterior do DSM, os transtornos eram classificados junto a um de cinco eixos (Eixo I, transtornos clínicos; Eixo II, transtornos da personalidade e retardo mental; Eixo III, condições médicas gerais; Eixo IV, problemas psicossociais e ambientais; e Eixo V, avaliação global do funcionamento). Esses eixos foram eliminados da nova versão do DSM-5.

Em muitos outros aspectos o DSM permanece inalterado na nova revisão. Como seus predecessores, o DSM-5 é principalmente descritivo e evita sugerir uma causa subjacente para o comportamento e os problemas de um indivíduo. Por exemplo, o termo *neurótico* – um rótulo que é comumente usado pelas pessoas em suas descrições do dia a dia do comportamento anormal – não está listado como uma categoria do DSM. Como o termo *neurose* refere-se a problemas associados a uma causa específica com base na teoria de Freud da personalidade, ele não é incluído no DSM.

O DSM-5 tem a vantagem, então, de fornecer um sistema descritivo que não especifica a causa ou a razão de um problema. Em vez disso, ele pinta um quadro do comportamento que está sendo exibido. Por que essa abordagem deve ser importante? Por um lado, ela permite a comunicação entre os profissionais da saúde de diversas origens e abordagens teóricas. Além disso, a classificação precisa possibilita que os pesquisadores explorem as causas de um problema. Sem descrições confiáveis do comportamento anormal, os pesquisadores seriam muito pressionados a encontrar formas de investigar o transtorno. Por outro lado, o DSM-5 fornece um tipo de taquigrafia conceitual com o que os profissionais podem descrever os comportamentos que tendem a ocorrer juntos em um indivíduo (First, Frances, & Pincus, 2002; Gordon & Heimberg, 2011).

Enganando os classificadores: as falhas do DSM

Quando o psicólogo clínico David Rosenham e oito colegas buscaram baixa em hospitais mentais separados nos Estados Unidos na década de 1970, cada um deles declarou que estava ouvindo vozes – "vozes confusas" que diziam "vazio", "buraco" e "batida" – e cada um foi imediatamente admitido no hospital. Entretanto, a verdade era que eles na realidade estavam conduzindo um estudo e nenhum deles estava realmente ouvindo vozes. À parte essas falsas representações, *tudo* o mais que eles fizeram e disseram representava seu verdadeiro comportamento, incluindo as respostas que eles deram durante as extensas entrevistas de admissão até a bateria de testes que lhe foi aplicada. De fato, assim que foram admitidos, eles disseram que não ouviam mais vozes. Em resumo, cada um dos pseudopacientes agiu de uma forma "normal" (Rosenhan, 1973).

Poderíamos presumir que Rosenhan e seus colegas seriam rapidamente descobertos como impostores que eram, mas este não foi o caso. Em vez disso, cada um deles foi diagnosticado como gravemente anormal com base no comportamento observado. Os profissionais de saúde mental rotularam a maioria deles como sofrendo de esquizofrenia e os mantiveram hospitalizados por 3 a 52 dias, com a internação média de 19 dias. Mesmo quando receberam alta, a maioria dos "pacientes" saiu com o rótulo de *esquizofrenia – em remissão*, implicando que o comportamento anormal havia diminuído apenas temporariamente e que poderia recorrer a qualquer momento. O mais perturbador foi que ninguém na equipe do hospital identificou qualquer pseudopaciente como impostor – embora alguns dos pacientes verdadeiros tenham percebido o truque.

Os resultados do estudo clássico de Rosenhan ilustram que a rotulação dos indivíduos influencia consideravelmente a maneira como os profissionais de saúde mental percebem e interpretam suas ações. Também indica que a determinação de quem é psicologicamente perturbado nem sempre é um processo claro e preciso.

Disforia de gênero (em que a identidade de gênero está em conflito com o próprio sexo biológico) fornece uma ilustração moderna do dilema entre as vantagens de um diagnóstico formal e as desvantagens de rotular um paciente. Por exemplo, a maioria dos provedores de seguros de saúde *exige* um diagnóstico formal, específico, a fim de fornecer a cobertura de saúde para procedimentos como uma operação de mudança de sexo. Muitas pessoas que experimentam um conflito entre sua identidade de gênero experimentada e seu gênero designado teoricamente podem rejeitar a ideia de que seu desejo de ser do outro sexo deve ser rotulado como um "transtorno". No entanto, sem um diagnóstico formal, esses mesmos indivíduos podem ter despesas extras para um procedimento médico caro. Esse sistema das coberturas de seguro baseado em diagnóstico muitas vezes cria uma situação paradoxal para profissionais da saúde mental: eles devem decidir entre potencialmente estigmatizar seus clientes, fornecendo um diagnóstico formal, implicando algum tipo de transtorno, ou deixá-los sem diagnóstico e potencialmente sem o apoio financeiro necessário para receber procedimentos importantes que irão melhorar de forma significativa sua qualidade de vida (Kamens, 2011; Kleinplatz, Moser, & Lev, 2013).

Alguns críticos do DSM argumentam que rotular um indivíduo como anormal gera um estigma desumanizante e duradouro. (Pense, por exemplo, nas disputas políticas cujas candidaturas foram terminadas pela divulgação de que eles receberam tratamento para transtornos psicológicos graves.) Depois de feito um diagnóstico inicial, os profissionais de saúde mental, que talvez se concentrem na categoria diagnóstica inicial, podem negligenciar outras possibilidades diagnósticas (McNally, 2011; Szasz, 2011; Frances, 2013).

Embora o DSM-5 tenha sido desenvolvido para fornecer diagnósticos mais precisos e consistentes dos transtornos psicológicos, ele não foi inteiramente bem-sucedido. Por exemplo, os críticos afirmam que ele se baseia muito na perspectiva médica. Como foi elaborado por psiquiatras – que são médicos –, alguns o condenam por encarar os transtornos psicológicos principalmente em termos dos sintomas de uma condição fisiológica subjacente. Além disso, os críticos sugerem que o DSM-5 compartimentaliza as pessoas em categorias inflexíveis, do tipo tudo ou nada, em vez de considerar o grau em que um indivíduo exibe comportamento psicologicamente perturbado (Samuel & Widiger, 2006; Frances, 2013).

No entanto, apesar das desvantagens inerentes a qualquer sistema de rotulagem, o DSM-5 teve uma influência importante na maneira como os profissionais de saúde mental encaram os transtornos psicológicos. Ele aumentou tanto a confiabilidade quanto a validade da classificação diagnóstica. Além disso, oferece uma metodologia lógica de organizar o exame dos principais tipos de transtorno mental.

> **Alerta de estudo**
>
> É importante conhecer as vantagens e desvantagens do sistema de classificação do DSM.

Recapitule/avalie/repense

Recapitule

RA 37-1 Como podemos distinguir o comportamento normal do anormal?

- As definições de anormalidade incluem desvio da média, desvio do ideal, sensação de desconforto pessoal, incapacidade de funcionar de maneira eficaz e concepções legais.
- Embora uma única definição não seja adequada, o comportamento anormal pode ser considerado como o comportamento que leva as pessoas a experimentar sofrimento e as impede de funcionar em sua vida diária. A maioria dos psicólogos acredita que o comportamento normal e anormal deve ser considerado em termos de um *continuum*.

RA 37-2 Quais são as principais perspectivas sobre os transtornos psicológicos usadas pelos profissionais de saúde mental?

- A perspectiva médica considera a anormalidade como sintoma de uma doença subjacente.
- As perspectivas psicanalíticas supõem que o comportamento anormal provém de conflitos infantis no inconsciente.
- As abordagens comportamentais veem o comportamento anormal não como sintoma de um problema subjacente, mas como o próprio problema.
- A abordagem cognitiva sugere que o comportamento anormal é o resultado de cognições (pensamentos ou crenças) defeituosas. Segundo essa visão, o comportamento anormal pode ser remediado pela mudança dos pensamentos e crenças inadequadas.
- As abordagens humanistas enfatizam a responsabilidade que as pessoas têm pelo próprio comportamento mesmo quando tal comportamento é visto como anormal.
- As abordagens socioculturais encaram o comportamento anormal em termos de dificuldades que surgem a partir das relações familiares e outras relações sociais.

RA 37-3 Quais são as principais categorias de transtornos psicológicos?

- O sistema mais amplamente usado para classificação dos transtornos psicológicos é o DSM-5 – *Manual diagnóstico e estatístico de transtornos mentais*, quinta edição.

Avalie

1. Um problema na definição do comportamento anormal é que:
   a. Um comportamento estatisticamente raro pode não ser anormal.
   b. Nem todas as anormalidades são acompanhadas por sentimentos de desconforto.

c. Os padrões culturais são muito gerais para serem usados como uma ferramenta de mensuração.
d. Todos as alternativas acima.

2. Se a anormalidade for definida como o comportamento que causa desconforto pessoal ou prejuízo aos outros, qual das seguintes pessoas mais provavelmente precisa de tratamento?
   a. Um executivo tem receio de aceitar uma promoção porque isso exigiria que se mudasse do escritório térreo para o último andar de um alto edifício de escritórios.
   b. Uma mulher decide abandonar seu emprego e opta por morar nas ruas para desfrutar de uma "vida mais simples".
   c. Um homem acredita que homens do espaço amistosos visitam sua casa todas as quintas-feiras.
   d. Um fotógrafo vive com 19 gatos em um pequeno apartamento, cuidando deles com muito carinho.

3. A mãe de Virgínia considera o comportamento de sua filha claramente anormal porque, apesar de ter sido aceita na escola médica, Virgínia decide tornar-se garçonete. Qual abordagem a mãe de Virgínia está usando para definir comportamento anormal?

4. Qual dos seguintes é um forte argumento contra a perspectiva médica da anormalidade?
   a. As anormalidades psicológicas são quase sempre impossíveis de identificar.
   b. Não existe uma forma conclusiva de vincular experiência passada e comportamento.
   c. A perspectiva médica baseia-se excessivamente nos efeitos da nutrição.
   d. Atribuir o comportamento a um problema físico afasta a responsabilidade do indivíduo em modificar seu comportamento.

5. Cheryl é extremamente tímida. De acordo com a perspectiva comportamental, a melhor maneira de lidar com seu comportamento "anormal" é:
   a. Tratar problema físico subjacente.
   b. Usar os princípios da teoria da aprendizagem para modificar seu comportamento tímido.
   c. Expressar muita atenção.
   d. Descobrir suas experiências passadas negativas por meio da hipnose.

Repense

1. Você concorda ou discorda que o DSM deveria ser atualizado após alguns anos? Por quê? O que torna o comportamento anormal tão variável?

2. *Da perspectiva de um empregador:* Imagine que um empregado bem-pago foi preso por roubar da loja um suéter que custa US$15. Que tipo de explicação para esse comportamento os proponentes de cada perspectiva da anormalidade daria: a perspectiva médica, a perspectiva psicanalítica, a perspectiva comportamental, a perspectiva cognitiva, a perspectiva humanista e a perspectiva sociocultural? Com base nas causas potenciais do roubo à loja, você demitiria o empregado? Justifique.

Respostas das questões de avaliação

1. d; 2. a; 3. desvio do ideal; 4 d; 5. b

Termos-chave

comportamento anormal p. 454
perspectiva médica p. 455
perspectiva psicanalítica p. 456
perspectiva comportamental p. 456
perspectiva cognitiva p. 457
perspectiva humanista p. 457
perspectiva sociocultural p. 457
Manual diagnóstico e estatístico de transtornos mentais, quinta edição, DSM-5 p. 458

MÓDULO 38
Os Principais Transtornos Psicológicos

Sally teve seu primeiro ataque de pânico inesperadamente, três semanas depois de concluir o último ano na faculdade. Ela tinha acabado de fazer uma entrevista de trabalho e havia se encontrado com uns amigos para jantar. No restaurante, começou a se sentir tonta. Em poucos segundos, seu coração estava batendo forte e ela estava sentindo falta de ar, como se fosse morrer. Seus amigos perceberam que ela não parecia bem e ofereceram-se para levá-la para casa. Sally sugeriu que em vez disso eles fossem ao pronto-socorro. Embora se sentisse melhor quando chegou ao hospital e os testes tivessem indicado nada de errado, Sally teve um episódio similar uma semana depois enquanto estava no cinema...

Seus ataques tornaram-se cada vez mais frequentes. Em pouco tempo, ela estava tendo vários ataques por semana. Além disso, preocupava-se constantemente se teria ataques. Também percebeu que os ataques eram piores quando estava sozinha. Sally começou a evitar dirigir, comprar em lojas grandes e comer em restaurantes. Em algumas semanas, ela já evitava sair de casa completamente. (Antony, Brown, & Barlow, 1992, p. 79)

Sally sofria de transtorno de pânico, uma das psicopatologias específicas que consideraremos neste módulo. Embora pretendamos discutir esses transtornos objetivamente, cada um representa um conjunto de dificuldades muito humanas que influenciam e, em alguns casos, perturbam consideravelmente a vida das pessoas.

Resultado de Aprendizagem
RA 38-1 Quais são os principais transtornos psicológicos?

Transtornos de ansiedade

Todos nós uma vez ou outra experimentamos *ansiedade*, um sentimento de apreensão ou tensão, em reação a situações estressantes. Há nada de "errado" com essa ansiedade. Ela é uma reação normal ao estresse que, com frequência, ajuda-nos em vez de atrapalhar nosso funcionamento diário. Sem alguma ansiedade, por exemplo, a maioria de nós provavelmente não teria motivação para estudar muito, submeter-se a exames físicos ou passar longas horas no trabalho.

Porém, algumas pessoas experimentam ansiedade em situações nas quais não existe razão ou causa aparente para tal sofrimento. Os **transtornos de ansiedade** ocorrem quando a ansiedade surge sem justificativa externa e começa a afetar o funcionamento diário da pessoa. Discutiremos os três tipos principais de transtornos de ansiedade: fobia, transtorno de pânico e transtorno de ansiedade generalizada.

transtorno de ansiedade Ocorrência de ansiedade sem uma causa externa óbvia que afeta o funcionamento diário.

Fobia

Não é fácil se movimentar pelo mundo quando você fica apavorado com eletricidade. Donna, 45 anos, escritora, sabe disso melhor que ninguém. Deixe-a perto de um aparelho ou um interruptor de luz ou – o que é impensável – um temporal, e ela é tomada por um terror tão cego que não pode pensar em outra coisa que não seja fugir. Isso, é claro, nem sempre é possível; portanto, com o tempo, Donna desenvolveu outras respostas. Quando ela abre a porta do refrigerador, está sempre com sapatos de sola de borracha. Se uma lâmpada queima, ela suportará o escuro até que alguém a troque para ela. A compra de roupas é feita somente quando necessário para que a estática nas roupas não a faça correr de dentro da loja. E nadar à noite está absolutamente fora de questão para que as luzes sob a água não a eletrocutem. (Kluger, 2001, p. 51)

Fobia	Descrição	Exemplo
Agorafobia	Medo de lugares, com espaços desconhecidos ou com muitas pessoas, onde a ajuda pode não estar disponível em caso de emergência	A pessoa fica presa em casa porque qualquer outro lugar que não seja o lar desperta sintomas extremos de ansiedade.
Fobias específicas	Medo de objetos, lugares ou situações específicas	
Tipo animal	Animais ou insetos específicos	A pessoa tem medo extremo de cães, gatos ou aranhas.
Tipo ambiente natural	Eventos ou situações no ambiente natural	A pessoa tem medo extremo de temporais, altura ou água.
Tipo situacional	Transporte público, túneis, pontes, elevadores, voar, mergulhar	A pessoa torna-se extremamente claustrofóbica em elevadores.
Tipo lesão por injeção	Sangue, lesões, injeções	A pessoa entra em pânico quando vê o joelho arranhado de uma criança.
Fobia social	Medo de ser julgado ou embaraçado pelos outros	A pessoa evita todas as situações sociais e torna-se reclusa por medo de se defrontar com o julgamento dos outros.

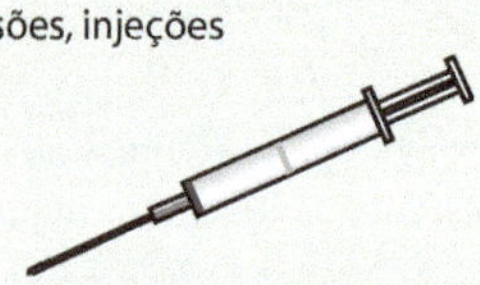

FIGURA 1 As fobias diferem do transtorno de ansiedade generalizada e do transtorno de pânico porque um estímulo específico pode ser identificado. Aqui estão listados vários tipos de fobias e seus desencadeantes.
(Fonte: Adaptada de Nolen-Hoeksema, 2007.)

fobia Medo intenso e irracional de objetos ou situações específicos.

Donna sofre de uma **fobia**, um medo intenso e irracional de objetos ou situações específicos. Por exemplo, a claustrofobia é o medo de lugares fechados; a acrofobia, de lugares altos; xenofobia, de estrangeiros; a fobia social, de ser julgado ou embaraçado pelos outros; e – como no caso de Donna – a eletrofobia é o medo de eletricidade.

O perigo objetivo representado por um estímulo que produz ansiedade (que pode ser de qualquer tipo, conforme a Fig. 1) é geralmente pequeno ou inexistente. Entretanto, para alguém que sofre de fobia, o perigo é grande, podendo haver um ataque de pânico completo seguido a uma exposição ao estímulo. Os transtornos fóbicos diferem dos transtornos de ansiedade generalizada e dos transtornos de pânico por existir um estímulo específico identificável que desencadeia a reação de ansiedade.

As fobias podem ter apenas um impacto menor na vida das pessoas se elas puderem evitar o estímulo que desencadeia o medo. Por exemplo, o medo de altura pode ter pouco impacto na vida diária das pessoas (embora possa impedi-las de morar em andar alto em um apartamento) – a menos que elas sejam bombeiros ou lavadores de janelas. Entretanto, a *fobia social*, ou o medo de estranhos, apresenta um problema mais grave. Em um caso extremo, uma mulher de Washington saiu de sua casa apenas três vezes em 30 anos – uma vez para visitar sua família, uma vez para se submeter a uma operação e uma vez para comprar sorvete para um companheiro à beira da morte (Kimbrel, 2007; Wong, Sarver, & Beidel, 2011).

Transtorno de pânico

transtorno de pânico Transtorno de ansiedade que assume a forma de ataques de pânico que duram de poucos segundos a várias horas.

Em outro tipo de transtorno de ansiedade, o **transtorno de pânico**, ocorrem *ataques de pânico* que duram de poucos segundos a várias horas. Diferentemente das fobias, que são estimuladas por objetos ou situações específicas, os transtornos de pânico não têm um estímulo identificável. Em vez disso, durante um ataque como os que Sally experimentou no caso antes descrito, a ansiedade eleva-se repentinamente – e em geral sem aviso – até um pico, e o indivíduo tem uma sensação de desgraça inevitável iminente. Embora os sintomas físicos sejam diferentes de pessoa para pessoa, eles incluem palpitações cardíacas, falta de ar, sudorese incomum, fraqueza e tontura, desconforto gástrico e, por vezes, uma sensação de morte iminente. Depois de um ataque, não é de admirar que as pessoas tenham a tendência a se sentirem exaustas (Rachman & deSilva, 2004; Laederach-Hofmann & Messerli-Buergy, 2007; Montgomery, 2011).

Os ataques de pânico aparentemente surgem do nada e não estão conectados a qualquer estímulo específico. Como não sabem o que desencadeia suas crises de pânico, as vítimas passam a ter medo de ir a lugares. De fato, algumas pessoas com transtorno de pânico desenvolvem uma complicação chamada de *agorafobia*, o medo de estar em uma situação em que seja difícil escapar e na qual a ajuda para um possível ataque de pânico não estaria disponível. Em casos extremos, as pessoas com agorafobia nunca saem de casa (Herrán, Carrera, & Sierra-Biddle, 2006; Wittchen et al., 2008; McTeague et al., 2011).

A acrofobia, o medo de altura, não é uma fobia incomum. Que tipo de abordagem de modificação do comportamento pode ser usada para lidar com ela?

Além dos sintomas físicos, o transtorno de pânico afeta a maneira como o cérebro processa as informações. Por exemplo, as pessoas com transtorno de pânico têm reações reduzidas a estímulos no córtex cingulato anterior (como ver um rosto assustador) que normalmente produzem uma forte reação naqueles sem o transtorno. É possível que os altos níveis de excitação emocional recorrente que os pacientes com transtorno de pânico experimentam os dessensibilize dos estímulos emocionais (Pillay et al., 2006; Pillay et al., 2007).

Transtorno de ansiedade generalizada

As pessoas com **transtorno de ansiedade generalizada** experimentam ansiedade persistente de longa duração e preocupação incontrolável. Por vezes, suas preocupações giram em torno de questões identificáveis envolvendo família, dinheiro, trabalho ou saúde. Em outros casos, no entanto, as pessoas com o transtorno acreditam que algo terrível está por acontecer, mas não conseguem identificar a razão e, assim, experimentam ansiedade "flutuante".

Devido à ansiedade persistente, as pessoas com transtorno de ansiedade generalizada não conseguem concentrar-se ou deixar de lado sua preocupação e seus medos: sua vida fica centrada em suas preocupações. Além disso, sua ansiedade é frequentemente acompanhada por sintomas fisiológicos, como tensão muscular, dores de cabeça, tontura, palpitações cardíacas ou insônia (Starcevic et al., 2007). A Figura 2, na página 466, mostra os sintomas mais comuns do transtorno de ansiedade generalizada.

transtorno de ansiedade generalizada Experiência de ansiedade e preocupação persistente de longa duração.

Transtorno obsessivo-compulsivo

No **transtorno obsessivo-compulsivo (TOC)**, as pessoas são atormentadas por pensamentos indesejados, chamados de obsessões, ou se sentem impelidas a realizar comportamentos, denominados compulsões.

Uma **obsessão** são pensamentos ou ideias indesejadas e persistentes que estão sempre recorrendo. Por exemplo, uma estudante é incapaz de parar de pensar se esqueceu de colocar seu nome em um teste e lembrar-se disso constantemente durante as duas semanas até receber o teste de volta. Um homem sai de férias e questiona-se o tempo todo se trancou a casa. Uma mulher ouve a mesma música martelando em sua cabeça repetidamente. Em cada caso, o pensamento ou a ideia é indesejado e difícil de evitar. Obviamente, muitas pessoas sofrem de obsessões leves de tempos em tempos, mas tais pensamentos persistem apenas por um curto período de tempo. Para as pessoas com obsessões sérias, no entanto, os pensamentos persistem por dias ou meses e podem consistir de imagens bizarras perturbadoras (Lee et al., 2005; Rassin & Muris, 2007; Wenzel, 2011).

transtorno obsessivo-compulsivo (TOC) Transtorno caracterizado por obsessões ou compulsões.

obsessão Pensamentos ou ideias indesejadas e persistentes que estão sempre recorrendo.

FIGURA 2 Frequência dos sintomas em casos de transtorno de ansiedade generalizada.
(Fonte: Adaptada de Beck & Emery, 1985, p. 87-88.)

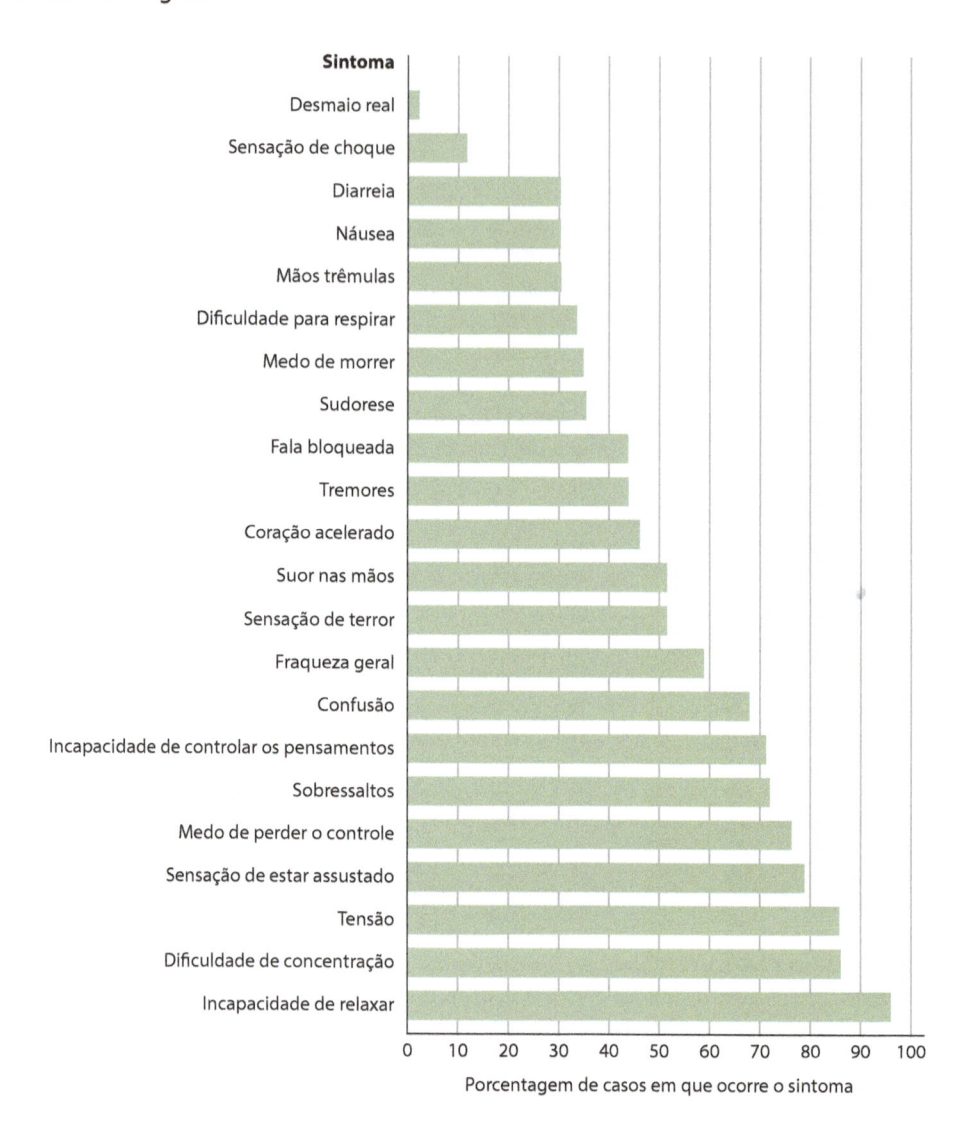

Sintoma	Porcentagem de casos em que ocorre o sintoma
Desmaio real	~2
Sensação de choque	~12
Diarreia	~28
Náusea	~28
Mãos trêmulas	~30
Dificuldade para respirar	~32
Medo de morrer	~35
Sudorese	~36
Fala bloqueada	~43
Tremores	~45
Coração acelerado	~46
Suor nas mãos	~50
Sensação de terror	~52
Fraqueza geral	~58
Confusão	~68
Incapacidade de controlar os pensamentos	~72
Sobressaltos	~72
Medo de perder o controle	~76
Sensação de estar assustado	~78
Tensão	~86
Dificuldade de concentração	~87
Incapacidade de relaxar	~96

compulsão Impulso irresistível de realizar repetidamente algum ato que parece estranho e irracional.

Como parte do TOC, as pessoas também podem experimentar **compulsões**, impulsos irresistíveis de realizar repetidamente algum ato que parece estranho e irracional inclusive para elas. Seja qual for o comportamento compulsivo, as pessoas experimentam ansiedade extrema se não conseguem realizá-lo, mesmo que seja algo que desejem parar. Os atos podem ser relativamente triviais, como verificar de modo repetido o fogão para ter certeza de que todas as bocas estão apagadas, ou mais incomuns, como lavar tanto as mãos a ponto de elas sangrarem (Frost & Steketee, 2002; Clark, 2007; Moretz & McKay, 2009).

Por exemplo, considere a seguinte passagem da autobiografia de uma pessoa com TOC:

> Eu achava que meus pais morreriam se não fizesse tudo exatamente da forma correta. Quando eu tirava meus óculos à noite, tinha de colocá-los sobre a penteadeira em um ângulo particular. Às vezes, eu acendia a luz e levantava da cama por sete vezes até que me sentisse confortável com o ângulo. Se ele não estivesse certo, eu achava que meus pais morreriam. O sentimento me consumia.
>
> Se eu não tocasse na moldura da parede exatamente da maneira correta quando entrava ou saía de meu quarto; se eu não pendurasse uma camisa no armário perfeitamente; se eu não lesse um parágrafo de determinada maneira; se as minhas mãos e unhas não estivessem perfeitamente limpas, eu achava que meu comportamento incorreto mataria meus pais. (Summers, 2000, p. 42)

Embora a realização de rituais compulsivos possa levar à redução imediata da ansiedade, no longo prazo a ansiedade retorna. De fato, as pessoas com casos graves levam vidas repletas de uma tensão que não abranda (Goodman, Rudorfer, & Maser, 2000; Penzel, 2000; Dittrich, Johansen, & Fineberg, 2011).

As causas dos transtornos de ansiedade e do transtorno obsessivo-compulsivo

Abordaremos os vários principais tipos de transtornos de ansiedade e do transtorno obsessivo-compulsivo, mas existem outros também. Por exemplo, o *transtorno de estresse pós-traumático* (no qual uma pessoa reexperimenta um evento estressante em *flashbacks* ou sonhos vívidos e o qual discutimos quando abordamos o estresse) é classificado como um transtorno de ansiedade.

A variedade dos transtornos de ansiedade significa que não existe uma explicação única que se enquadre em todos os casos. Fatores genéticos claramente fazem parte do quadro. Por exemplo, se um membro de um par de gêmeos idênticos tem transtorno de pânico, existe 30% de chances de que o outro gêmeo também tenha. Além disso, o nível de ansiedade característico de uma pessoa está relacionado a um gene específico envolvido na produção do neurotransmissor serotonina. Tal fato é consistente com o achado que indica que certas deficiências químicas no cérebro parecem produzir alguns tipos de transtorno de ansiedade (Holmes et al., 2003; Beidel & Turner, 2007; Chamberlain et al., 2008).

Alguns pesquisadores acreditam que um sistema nervoso autônomo hiperativo pode estar na raiz dos ataques de pânico. Especificamente, eles sugerem que a regulação fraca do *locus ceruleus* pode levar a ataques de pânico, o que faz o sistema límbico ser superestimulado. Por sua vez, o sistema límbico superestimulado produz ansiedade crônica, o que, por fim, leva o *locus ceruleus* a gerar ainda mais ataques de pânico (Pine et al., 2000; Balaban, 2002; Davies et al., 2008).

Também existem causas biológicas em ação no TOC. Por exemplo, os pesquisadores observaram diferenças no cérebro daqueles com o transtorno comparados com aqueles sem o transtorno (ver Fig. 3, em A Neurociência em sua Vida; Christian et al., 2008).

PsicoTec

Embora algumas pessoas pareçam usar a internet compulsivamente, os psicólogos ainda discutem se isso representa um verdadeiro transtorno psicológico.

QUATRILHO OBSESSIVO-COMPULSIVO

"Gire a sua parceira continuamente, então gire a sua parceira novamente, gire-a mais seis vezes, agora toque o interruptor de luz perto da porta."

A Neurociência em sua Vida:
Um passo mais próximo da compreensão do TOC

FIGURA 3 As pessoas com transtorno obsessivo-compulsivo (TOC) possuem diferenças em seu cérebro. Essas imagens mostram níveis aumentados de substância cinzenta (i. e., mais conexões e mais neurônios) no tálamo (a) e no córtex frontal esquerdo (b) em pessoas com TOC quando comparadas a pessoas sem TOC. Esses achados ajudam-nos a compreender as causas potenciais do TOC e podem levar ao desenvolvimento de melhores tratamentos para o transtorno.
(Fonte: Christian et al., 2008, Fig. 1.)

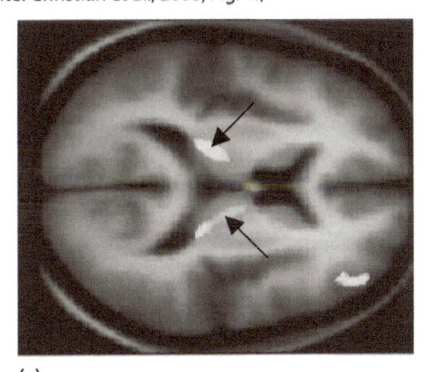

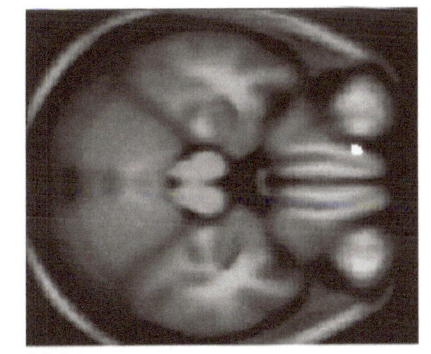

(a) (b)

Os psicólogos que adotam a perspectiva comportamental recorrem a uma abordagem que enfatiza os fatores ambientais. Eles consideram a ansiedade como uma resposta aprendida ao estresse. Por exemplo, suponha que um cão morde uma menina. Na próxima vez em que a menina ver um cão, ela terá medo e sairá correndo – um comportamento que a aliviará da ansiedade e, assim, reforçará seu comportamento de esquiva. Depois de repetidos encontros com cães nos quais é reforçada pelo comportamento de esquiva, ela pode desenvolver uma fobia completa em relação a esses animais.

Por fim, a perspectiva cognitiva sugere que os transtornos de ansiedade surgem a partir de pensamentos e crenças inapropriados e imprecisos acerca de circunstâncias no mundo de uma pessoa. Por exemplo, pessoas com transtornos de ansiedade podem encarar um cãozinho amistoso como um feroz e selvagem *pit bull* ou ver um desastre aéreo iminente cada vez que estão nas vizinhanças de um aeroporto. De acordo com a perspectiva cognitiva, pensamentos mal-adaptativos sobre o mundo estão na raiz de um transtorno de ansiedade (Frost & Steketee, 2002; Wang & Clark, 2002; Ouimet, Gawroski, & Dozois, 2009).

Transtornos de sintomas somáticos

transtornos de sintomas somáticos Perturbações psicológicas que assumem uma forma física (somática), mas para as quais não existe causa médica.

transtorno de ansiedade de doença Transtorno no qual as pessoas têm medo constante de doença e preocupação com a saúde.

transtorno conversivo Transtorno somatoforme importante que envolve um distúrbio físico real, como a incapacidade de usar um órgão sensorial ou a incapacidade completa ou parcial de movimentar um braço ou uma perna.

Transtornos de sintomas somáticos são perturbações psicológicas que assumem uma forma física (somática), mas para as quais não existe causa médica. Mesmo que um indivíduo com esses transtornos relate sintomas físicos, não existe causa biológica; se existe um problema médico, a reação da pessoa é muito exagerada.

Um tipo de transtorno de sintomas somáticos é o **transtorno de ansiedade de doença**, em que as pessoas têm medo constante de doença e preocupação com a saúde. Esses indivíduos acreditam que as dores do dia a dia são sintomas de uma doença assustadora. Os "sintomas" não são falsos; em vez disso, são interpretados erroneamente como evidência de alguma doença grave – em regra em face de evidências médicas inegáveis do contrário (Abramowitz, Olatunji, & Deacon, 2007; Olatunji, 2008; Weck et al., 2011).

Outro transtorno de sintomas somáticos é o transtorno conversivo. Diferentemente do transtorno de ansiedade de doença, em que não existe um problema físico, os **transtornos conversivos** envolvem um distúrbio físico real, como a incapacidade de ver ou ouvir ou de movimentar um braço ou uma perna. A *causa* de tal distúrbio físico é puramente psicológica: não há razão biológica para o problema. Alguns dos casos clássicos de Freud envolviam transtornos conversivos. Por exemplo, uma das pacientes de Freud repentinamente ficou incapaz de usar seu braço sem qualquer causa fisiológica aparente. Posteriormente, de modo tão repentino quanto antes, o problema desapareceu.

Os transtornos conversivos costumam ter início súbito. Pessoas anteriormente normais certo dia acordam cegas ou surdas, ou sentem uma dormência restrita em determinada parte do corpo. Uma das mãos, por exemplo, pode ficar inteiramente dormente, enquanto uma área acima do pulso, controlada pelos mesmos nervos, permanece sensível ao tato – algo que é fisiologicamente implausível. Os profissionais de saúde mental referem-se a essa condição como "anestesia em luva" porque a área dormente é a parte da mão coberta por uma luva, e não uma região relacionada às vias do sistema nervoso (ver Fig. 4).

Surpreendentemente, as pessoas com transtornos conversivos não se mostram preocupadas com sintomas que a maioria de nós esperaria que fossem produtores de alta ansiedade. Por exemplo, uma pessoa com boa saúde que se acorda cega pode reagir de forma branda e prática. Considerando-se como a maioria de nós se sentiria se acordasse incapaz de enxergar, essa reação não emocional (chamada *la belle indiference*, uma expressão francesa que significa "uma bela indiferença") dificilmente parece apropriada (Brasic, 2002).

Transtornos dissociativos

O filme clássico *As Três Faces de Eva* (sobre uma mulher com três personalidades totalmente diferentes) e o livro *Sybil* (sobre uma garota que supostamente tinha 16 personalidades) re-

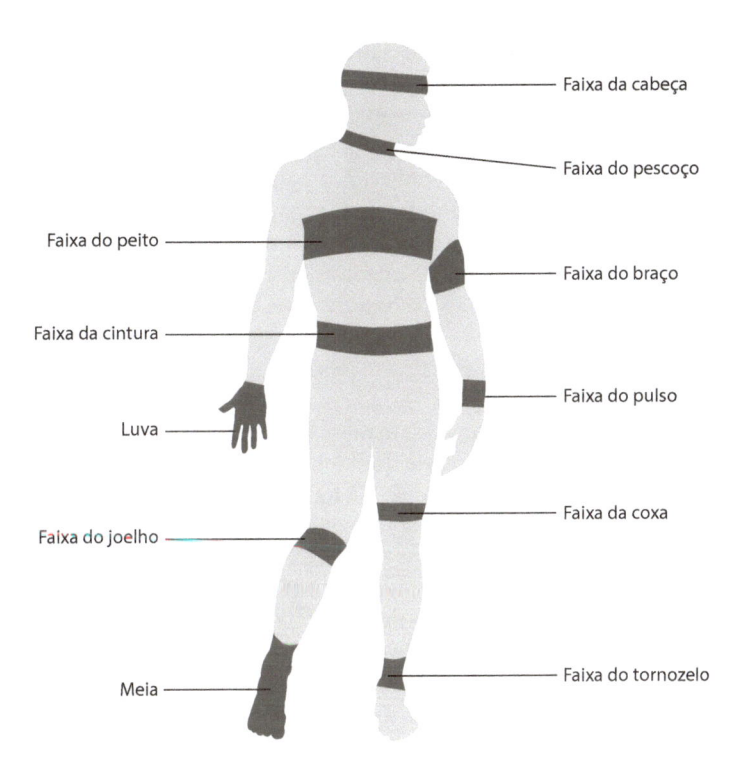

FIGURA 4 Os transtornos conversivos por vezes produzem dormência em áreas específicas e isoladas do corpo (indicadas pelas áreas sombreadas na figura). Por exemplo, na anestesia em luva, a área do corpo que é coberta por uma luva sente dormência. No entanto, a condição é biologicamente implausível devido aos nervos envolvidos, o que indica que o problema resulta de um transtorno psicológico em vez de uma lesão real do nervo.

presentam uma classe de transtornos altamente dramática, rara e controversa: os transtornos dissociativos. Os **transtornos dissociativos** são caracterizados pela separação (ou dissociação) de diferentes facetas da personalidade de uma pessoa que normalmente estão integradas e funcionam em conjunto. Ao dissociarem partes-chave de quem elas são, as pessoas conseguem impedir que memórias ou percepções perturbadas cheguem à mente consciente e, assim, reduzam sua ansiedade (Maldonado & Spiegel, 2003; Houghtalen & Talbot, 2007).

Existem vários transtornos dissociativos, embora todos eles sejam raros. Uma pessoa com um **transtorno dissociativo de identidade (TDI)** (anteriormente chamado *transtorno de personalidade múltipla*) exibe características de duas ou mais personalidades, identidades ou fragmentos de personalidade distintos. As personalidades individuais geralmente apresentam um conjunto de preferências e aversões e suas próprias reações às situações. Algumas pessoas com personalidades múltiplas até mesmo carregam vários pares de óculos porque sua visão altera-se com cada personalidade. Além disso, cada personalidade individual pode ser bem-adaptada quando considerada isoladamente (Ellason & Ross, 2004; Stickley & Nickeas, 2006; Howell, 2011).

O diagnóstico de transtorno dissociativo de identidade é controverso. Ele era raramente diagnosticado antes de 1980, quando foi adicionado como uma categoria na terceira edição do DSM pela primeira vez. Naquela época, o número de casos aumentou significativamente. Alguns clínicos alegam que o aumento deveu-se a uma prontidão excessiva para usar a classificação. A ampla publicidade acerca de casos de TDI pode ter influenciado os pacientes a relatarem sintomas de transtornos da personalidade mais comuns de uma forma que tornava mais provável que recebessem um diagnóstico de TDI. Também existem diferenças transculturais significativas na incidência de TDI (Kihlstrom, 2005a; Xiao et al., 2006).

A **amnésia dissociativa** é outro transtorno dissociativo no qual ocorre uma significativa perda seletiva de memória. A amnésia dissociativa é diferente da amnésia simples, que envolve uma perda real das informações da memória e comumente resulta de uma causa psicológi-

transtornos dissociativos
Condições psicológicas caracterizadas pela separação de diferentes facetas da personalidade de uma pessoa que normalmente estão integradas.

transtorno dissociativo de identidade (TDI)
Transtorno no qual uma pessoa exibe características de duas ou mais personalidades distintas.

amnésia dissociativa
Transtorno em que ocorre uma significativa perda seletiva de memória.

ca. Ao contrário, nos casos de amnésia dissociativa, o material "esquecido" ainda está presente na memória – ele simplesmente não pode ser lembrado. O termo *lembranças reprimidas* por vezes é usado para descrever as memórias perdidas de pessoas com amnésia dissociativa.

Na forma mais grave de amnésia dissociativa, os indivíduos não conseguem se lembrar de seu nome, são incapazes de reconhecer os pais e outros parentes e não sabem seu endereço. Em outros aspectos, contudo, eles podem parecer normais. Com exceção de uma incapacidade para lembrar-se de certos fatos sobre si mesmos, eles podem ser capazes de recordar habilidades e capacidades que desenvolveram anteriormente. Por exemplo, mesmo que um chefe de cozinha possa não se lembrar de onde cresceu e recebeu treinamento, ele ainda é capaz de preparar refeições de *gourmet*.

Em alguns casos de amnésia dissociativa, a perda da memória é profunda. Por exemplo, em um caso dramático, Raymond Power Jr., advogado, marido, pai de dois filhos e líder de escoteiros saiu de casa para trabalhar certa manhã. Dois dias depois, ele era um morador de rua, vivendo uma vida nova a milhares de quilômetros de distância e não tinha lembrança de quem era nem de como havia chegado lá. Ele foi encontrado seis meses depois, mas ainda não recordava sua vida anterior, incluindo o conhecimento da mulher que era sua esposa há 30 anos ou mesmo de que tinha filhos (Foderaro, 2006).

Um tipo mais incomum de amnésia é uma condição conhecida como **fuga dissociativa**. Nesse estado, as pessoas fazem viagens repentinas, impulsivas e, por vezes, assumem uma nova identidade. Após um período de tempo – dias, meses ou até mesmo anos –, elas de repente se dão conta de que estão em um lugar estranho e esquecem completamente o tempo que passaram perambulando. Suas últimas lembranças são aquelas do tempo imediatamente anterior a quando entraram no estado de fuga (Hennig-Fast et al., 2008).

O fio de ligação entre os transtornos dissociativos é que eles possibilitam que as pessoas escapem de alguma situação que produz ansiedade. Ou a pessoa produz uma nova personalidade para enfrentar o estresse, ou o indivíduo se esquece ou deixa para trás a situação que causou o estresse e viaja para algum ambiente novo – e talvez menos carregado de ansiedade (Putnam, 2000; R. J. Brown, 2006).

fuga dissociativa Forma de amnésia na qual o indivíduo sai de casa e, por vezes, assume uma nova identidade.

Transtornos do humor

> Desde a hora em que me acordei de manhã até a hora em que fui para a cama à noite, eu estava insuportavelmente miserável e aparentemente incapaz de qualquer tipo de alegria ou entusiasmo. Tudo – cada pensamento, palavra, movimento – era um esforço. Tudo o que em outros momentos era reluzente agora era monótono. Sentia-me maçante, chato, inadequado, teimoso, apagado, indiferente, frio e sem vida. Eu duvidava completamente de minha capacidade de fazer bem qualquer coisa. Era como se a minha mente tivesse ficado lenta e esgotada até o ponto de ser praticamente inútil. (Jamison, 1995, p. 110)

Todos nós experimentamos oscilação de humor. Às vezes, estamos felizes, talvez até eufóricos; outras vezes nos sentimos perturbados, entristecidos ou deprimidos. Tais mudanças no humor são uma parte normal da vida diária. Em algumas pessoas, no entanto, os humores são tão pronunciados e persistentes – como os sentimentos há pouco descritos pelo escritor (e psiquiatra) Kay Jamison – que interferem na capacidade de funcionar efetivamente. Em casos extremos, um humor pode tornar-se ameaçador à vida; em outros casos, ele pode levar a pessoa a perder o contato com a realidade. Situações como essas representam os **transtornos do humor**, perturbações na experiência emocional que são suficientemente fortes para interferir na vida diária.

transtorno do humor Perturbações na experiência emocional que são suficientemente fortes para interferir na vida diária.

depressão maior Forma grave de depressão que interfere na concentração, na tomada de decisão e na sociabilidade.

Depressão maior

Presidente Abraham Lincoln. Rainha Victoria. Apresentador de notícias Mike Wallace.

O fato em comum entre essas pessoas? Todas elas sofreram de crises periódicas de **depressão maior**, uma forma grave de depressão que interfere na concentração, na tomada de decisão e na sociabilidade. A depressão maior é uma das formas mais comuns de transtornos do humor. Cerca de 15 milhões de pessoas nos Estados Unidos sofrem dessa condição, e em qualquer momento 6 a 10% da população norte-americana está clinicamente deprimida. Quase uma em cada cinco pessoas nos Estados Unidos experimenta depressão maior em algum momento da vida, e 15% dos estudantes universitários receberam tal diagnóstico. O custo da depressão é mais de US$80 bilhões por ano em produtividade perdida (Scelfo, 2007; Simon et al., 2008; Edoka, Petrou, & Ramchandani, 2011).

As mulheres têm duas vezes mais probabilidade de sofrer depressão maior do que os homens, sendo que um quarto de todas as mulheres está sujeito a tê-la em algum momento da vida. Embora ninguém tenha certeza do porquê, a taxa de depressão está aumentando em todo o mundo. Resultados de entrevistas em profundidade conduzidas em vários países (Estados Unidos, Porto Rico, Taiwan, Líbano, Canadá, Itália, Alemanha e França) indicam que a incidência de depressão aumentou significativamente em relação às taxas anteriores em cada área. De fato, em alguns países, a probabilidade de que os indivíduos tenham depressão maior em algum momento da vida é três vezes mais alta do que era para as gerações anteriores. Além disso, as pessoas estão desenvolvendo depressão maior em idades cada vez mais jovens (Kendler et al., 2006a; Staley, Sanacora, & Tagman, 2006; Sado et al., 2011).

Quando os psicólogos falam de depressão maior, eles não estão se referindo à tristeza proveniente da experiência de decepções na vida pelas quais todos nós passamos. Alguma depressão é normal após o rompimento de um relacionamento de longa data, a morte de uma pessoa amada ou a perda de um emprego. Ela é normal mesmo após problemas menos sérios, como sair-se mal em um teste ou o parceiro romântico esquecer seu aniversário.

As pessoas que sofrem de depressão maior experimentam sentimentos similares, mas a gravidade tende a ser consideravelmente maior. Elas podem sentir-se inúteis, sem valor e solitárias, além de pensar que o futuro não traz esperança e que ninguém pode ajudá-las. Elas podem perder o apetite e não ter energia, sofrendo de tais sentimentos durante meses ou até mesmo anos. Elas podem chorar descontroladamente, ter perturbações do sono e estar em risco de suicídio. Profundidade e duração de tal comportamento são as características definidoras da depressão maior. (A Fig. 5 apresenta uma autoavaliação da depressão.)

> **Alerta de estudo**
> A depressão maior difere da depressão normal que ocorre ocasionalmente durante a vida da maioria das pessoas; a depressão maior é mais intensa, dura mais tempo e pode não ter um desencadeante claro.

Um teste para depressão

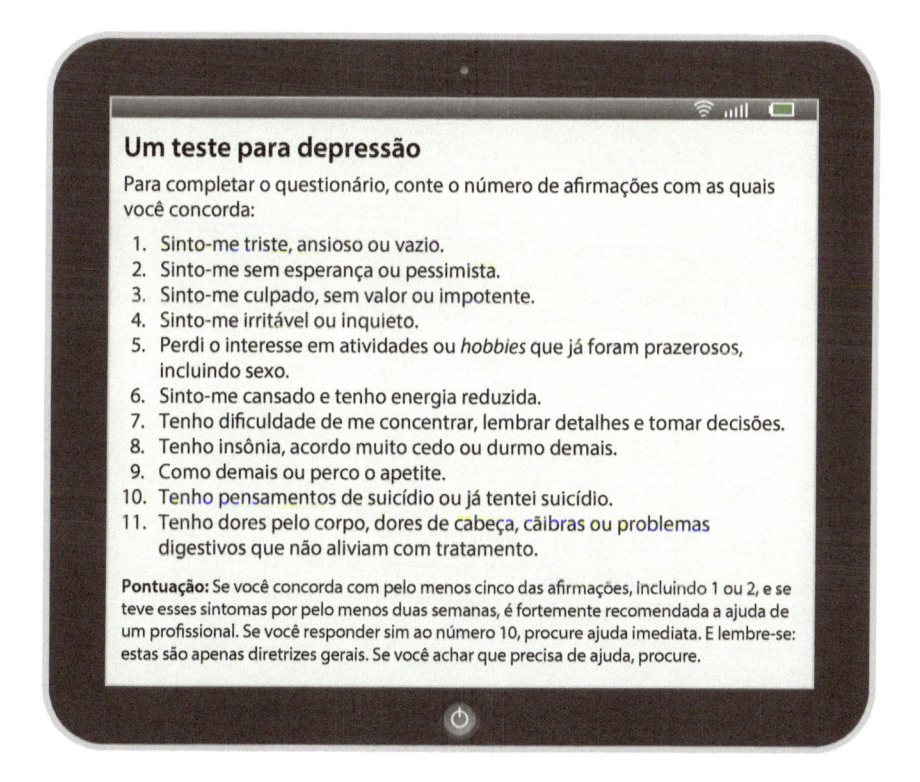

Para completar o questionário, conte o número de afirmações com as quais você concorda:

1. Sinto-me triste, ansioso ou vazio.
2. Sinto-me sem esperança ou pessimista.
3. Sinto-me culpado, sem valor ou impotente.
4. Sinto-me irritável ou inquieto.
5. Perdi o interesse em atividades ou *hobbies* que já foram prazerosos, incluindo sexo.
6. Sinto-me cansado e tenho energia reduzida.
7. Tenho dificuldade de me concentrar, lembrar detalhes e tomar decisões.
8. Tenho insônia, acordo muito cedo ou durmo demais.
9. Como demais ou perco o apetite.
10. Tenho pensamentos de suicídio ou já tentei suicídio.
11. Tenho dores pelo corpo, dores de cabeça, cãibras ou problemas digestivos que não aliviam com tratamento.

Pontuação: Se você concorda com pelo menos cinco das afirmações, incluindo 1 ou 2, e se teve esses sintomas por pelo menos duas semanas, é fortemente recomendada a ajuda de um profissional. Se você responder sim ao número 10, procure ajuda imediata. E lembre-se: estas são apenas diretrizes gerais. Se você achar que precisa de ajuda, procure.

FIGURA 5 Esse teste está fundamentado na lista de sinais e sintomas de depressão encontrada no *website* do Instituto Nacional de Saúde Mental: http://www.nimh.nih.gov/health/publications/depression/what-are-the-signs-and-symptoms-of-depression.shtml

Mania e transtorno bipolar

Enquanto a depressão leva às profundezas do desespero, a mania leva ao auge emocional. A **mania** é um estado de elação intensa. As pessoas que experimentam mania sentem felicidade intensa, poder, invulnerabilidade e energia. Acreditando que terão sucesso em tudo o que tentarem, elas podem vir a se envolver em esquemas agressivos. Considere, por exemplo, a seguinte descrição de um indivíduo que passou por um episódio maníaco:

> O senhor O'Reilly tirou uma dispensa em seu trabalho como funcionário público. Comprou um grande número de relógios cuco e depois um carro caro, o qual planejava usar como um *showroom* móvel para seus produtos, prevendo que ganharia muito dinheiro. Ele continuou a perambular pela cidade comprando e vendendo relógios e outras mercadorias e, quando não estava na rua, estava continuamente ao telefone fazendo "negócios." Sua dívida era de US$3.000 e ele tinha levado a família à exaustão com sua atividade excessiva e tagarelice. Ele dizia, porém, que se sentia "no topo do mundo". (Spitzer et al., 1983, p. 115)

Em geral, as pessoas experimentam sequencialmente períodos de mania e depressão. Essa alternância de mania e depressão é chamada de **transtorno bipolar** (uma condição anteriormente conhecida como transtorno maníaco-depressivo). As oscilações entre altos e baixos podem ocorrer em um espaço de poucos dias ou, então, alternar-se por um período de anos. Além disso, no transtorno bipolar, os períodos de depressão costumam ser mais longos do que os períodos de mania.

Ironicamente, alguns dos indivíduos mais criativos da sociedade podem ter sofrido de transtorno bipolar. Aspectos como imaginação, impulso, excitação e energia que eles exibem durante os estágios maníacos permitem-lhes dar contribuições incomumente criativas. Por exemplo, a análise histórica da música do compositor Robert Schumann mostra que ele era mais prolífico durante os períodos de mania. Todavia, sua produção caía drasticamente durante os períodos de depressão (ver Fig. 6). Contudo, a alta produtividade associada à mania não leva necessariamente a uma maior qualidade: alguns dos maiores trabalhos de Schumann foram criados fora dos períodos de mania (Ludwig, 1996; Szegedy Maszak, 2003).

Apesar das fogueiras criativas que podem ser acesas pela mania, as pessoas que experimentam esse transtorno apresentam uma precipitação que produz autolesão emocional e por vezes física. Elas podem afastar as pessoas com sua loquacidade, autoestima inflada e indiferença às necessidades dos outros.

mania Estado prolongado de intensa elação.

transtorno bipolar Transtorno no qual uma pessoa alterna entre períodos de sentimentos eufóricos de mania e períodos de depressão.

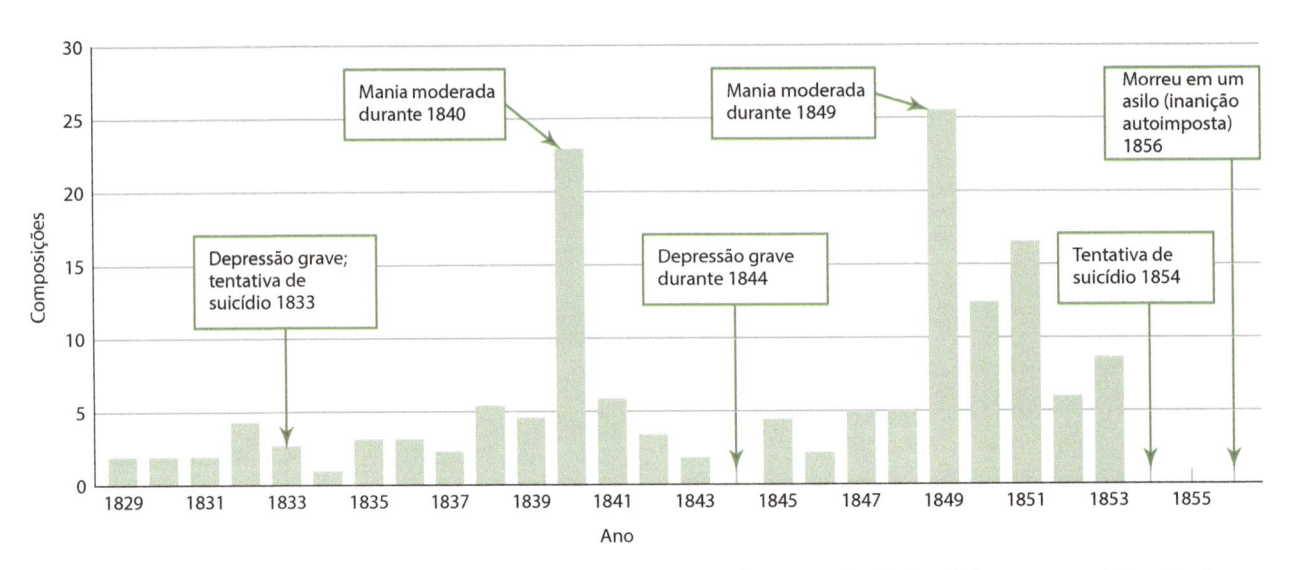

FIGURA 6 O número de peças escritas pelo compositor Robert Schumann em determinado ano está relacionado aos seus períodos de depressão e mania (Slater & Meyer, 1959; reimpressa em Jamison, 1993). Por que a mania pode ser associada à produtividade criativa em algumas pessoas?

Causas dos transtornos do humor

Como representam um problema de saúde mental importante, os transtornos do humor – e, em particular, a depressão – foram muito estudados. Diversas abordagens foram usadas para explicar tais transtornos.

Alguns transtornos do humor apresentam claramente raízes genéticas e bioquímicas. De fato, a maior parte das evidências indica que os transtornos bipolares são causados sobretudo por fatores biológicos. Por exemplo, o transtorno bipolar (e algumas formas de depressão maior) ocorre em algumas famílias, apontando para uma causa genética. Além disso, pesquisadores identificaram que vários neurotransmissores interferem na depressão. Por exemplo, alterações no funcionamento da serotonina e da norepinefrina no cérebro estão relacionadas ao transtorno. Pesquisas sobre neuroimagem também demonstram que uma estrutura cerebral chamada área 25 está relacionada à depressão: quando a área 25 é menor do que o normal, ela está associada a um risco mais alto de depressão (Kato, 2007; Popa et al., 2008; Insel, 2010).

Outras explicações para a depressão incluem causas psicológicas. Por exemplo, os proponentes das abordagens psicanalíticas consideram a depressão como o resultado de sentimentos de perda (real ou potencial) ou de ódio direcionado para si mesmo. Uma abordagem psicanalítica, por exemplo, propõe que a depressão é produzida pela perda ou pela ameaça de perda de um genitor no início da vida (Vanheule et al., 2006).

As teorias comportamentais da depressão argumentam que os estresses da vida produzem uma redução nos reforçadores positivos. Em consequência, as pessoas começam a se retrair, o que apenas reduz ainda mais os reforços positivos. Além disso, as pessoas recebem atenção por seu comportamento depressivo, o que reforça ainda mais tal condição (Lewinsohn & Essau, 2002; Lewinsohn et al., 2003).

Algumas explicações para os transtornos do humor ainda os atribuem a fatores cognitivos. Por exemplo, o psicólogo Martin Seligman afirma que a depressão é, em grande parte, uma resposta ao desamparo aprendido. O *desamparo aprendido* é uma expectativa aprendida de que os eventos na própria vida são incontroláveis e que o indivíduo não pode escapar da situação. Em consequência disso, as pessoas simplesmente desistem de lutar contra eventos aversivos e submetem-se a eles, o que produz depressão. Outros teóricos dão um passo mais adiante e propõem que a depressão resulta da desesperança, uma combinação de desamparo aprendido e uma expectativa de que os resultados negativos na própria vida são inevitáveis (Kwon & Laurenceau, 2002; Bjornstad, 2006; Li, B., et al., 2011).

O psicólogo clínico Aaron Beck propôs que cognições defeituosas estão subjacentes aos sentimentos depressivos das pessoas. Especificamente, sua teoria cognitiva da depressão supõe que os indivíduos deprimidos normalmente se veem como perdedores na vida e sempre se acusam quando algo dá errado. Detendo-se no aspecto negativo das situações, eles se sentem ineptos e incapazes de agir construtivamente para mudar seu ambiente. Em síntese, suas cognições negativas levam a sentimentos de depressão (Newman et al., 2002).

Estudos de imagem cerebral demonstram que as pessoas com depressão experimentam um embotamento geral das reações emocionais. Por exemplo, um estudo constatou que o cérebro de pessoas com depressão mostrava significativamente menos ativação quando elas viam fotos de rostos humanos exibindo emoções fortes do que aqueles sem o transtorno (Gotlib et al., 2004).

Outras explicações da depressão derivam da psicologia evolucionista, a qual considera como a herança genética de nossos ancestrais influencia nosso comportamento. Segundo a visão evolucionista, a depressão é uma resposta adaptativa a objetivos inatingíveis. Quando as pessoas perseguem sem resultado um objetivo ilusório, a depressão começa, acabando com a busca do objetivo. Por fim, quando a depressão resolve-se, as pessoas podem voltar-se para outros objetivos mais razoáveis. Nessa perspectiva, a depressão serve a uma função positiva e a longo prazo aumenta as chances de sobrevivência para certos indivíduos, que podem, então, transmitir o comportamento para sua prole. Esse raciocínio, sem dúvida, é altamente especulativo (Nesse, 2000; Siegert & Ward, 2002; Pfeffer, 2006).

As várias teorias da depressão não ofereceram uma resposta completa a uma pergunta indefinida que perseguiu os pesquisadores: por que a depressão ocorre em aproximadamente duas vezes mais mulheres do que homens – um padrão que é similar em uma variedade de culturas?

Uma explicação supõe que o estresse que as mulheres experimentam pode ser maior do que o estresse que os homens experimentam em certos momentos da vida – como, por exemplo, quando uma mulher deve simultaneamente ganhar a vida e ser a cuidadora dos filhos. Além disso, as mulheres têm um risco mais alto para abuso físico e sexual, geralmente recebem salários mais baixos do que os homens, relatam maior infelicidade em seus casamentos e experimentam circunstâncias negativas crônicas. Somado a tal fato, mulheres e homens podem responder ao estresse com mecanismos de enfrentamento diferentes. Por exemplo, os homens podem abusar de substâncias, enquanto as mulheres respondem com depressão (Nolen-Hoeksema, 2007; Hyde, Mezulis, & Abramson, 2008; Komarovskaya et al., 2011).

Fatores biológicos também podem explicar a depressão de algumas mulheres. Por exemplo, a taxa de depressão feminina começa a aumentar durante a puberdade; portanto, alguns psicólogos acreditam que os hormônios tornam as mulheres mais vulneráveis ao transtorno. Além disso, 25 a 50% das mulheres que tomam contraceptivos orais relatam sintomas de depressão, e a depressão que ocorre após o nascimento de um filho está ligada a alterações hormonais. Em síntese, as diferenças estruturais nos cérebros de homens e mulheres que discutimos nos módulos de neurociência e comportamento podem estar relacionadas a diferenças de gênero na depressão (Holden, 2005; Graham, Bancroft, & Doll, 2007; Solomon & Herman, 2009).

Por fim, está evidente que os pesquisadores não descobriram soluções definitivas para o enigma da depressão, havendo muitas explicações alternativas. Mais provavelmente, uma interação complexa de vários fatores causa os transtornos do humor.

Esquizofrenia

Coisas que se relacionam, a cidade de Antílope, Oregon, Jonestown, Charlie Mason, o estrangulador de Hillside, o matador do Zodíaco, Watergate, o julgamento de King em L.A. e muito mais. Somente nos últimos sete anos, mais de 23 cientistas da Guerra nas Estrelas cometeram suicídio sem razão aparente. O encobrimento da aids, a conferência na América do Sul em 1987 tinha mais de mil médicos alegando que os insetos podem transmiti-la. Ser capaz de ler os pensamentos dos outros e colocar pensamentos na mente dos outros sem que a pessoa saiba que isso está sendo feito. A realização é uma realidade de controle bioeletromagnético, que é transferência de pensamento e controle emocional, registrando as frequências das ondas cerebrais do pensamento, sensação e emoções do indivíduo. (Nolen-Hoeksema, 2007, p. 385, 386)

Esse trecho ilustra os esforços de uma pessoa com esquizofrenia, uma das formas mais graves de transtorno mental, para se comunicar. As pessoas com esquizofrenia representam de longe a maior porcentagem dos indivíduos hospitalizados devido a transtornos psicológicos. Elas também são, em muitos aspectos, as menos prováveis de se recuperar de suas dificuldades.

Esquizofrenia refere-se a uma classe de transtornos em que ocorre uma grave distorção da realidade. Pensamento, percepção e emoção podem deteriorar-se; o indivíduo afasta-se da interação social; e a pessoa exibe comportamento bizarro. Os sintomas apresentados pelas pessoas com esquizofrenia podem variar consideravelmente ao longo do tempo. No entanto, inúmeras características distinguem confiavelmente a esquizofrenia de outros transtornos. Elas incluem as seguintes:

- *Declínio para um nível anterior de funcionamento.* O indivíduo já não consegue mais realizar as atividades que anteriormente conseguia fazer.
- *Perturbações do pensamento e da fala.* As pessoas com esquizofrenia usam a lógica e a linguagem de maneira peculiar. Seu pensamento com frequência não faz sentido, e sua lógica costuma ser enganosa, o que é referido com *transtorno do pensamento formal*.

esquizofrenia Classe de transtornos em que ocorre uma grave distorção da realidade.

Elas também não seguem as regras linguísticas convencionais (Penn et al., 1997). Considere, por exemplo, a seguinte resposta à pergunta "Por que você acha que as pessoas acreditam em Deus?":

Uh, vamos, não sei por quê, vamos ver, viagem de balão. Ele o ergue para você, o balão. Ele não deixa você cair, suas pequenas pernas atravessando as nuvens. Ele desce pela chaminé, olhando através da fumaça, tentando encher o balão de gás, você sabe. A forma como eles estão voando lá em cima daquele jeito, as pernas do lado de fora. Não sei, olhando para baixo no solo, pro inferno, aquilo o deixou tão tonto que você só para e dorme, você sabe, mantém a pressão e dorme lá. Eu costumava dormir na rua, você sabe, dormir na rua em vez de ir para casa. (Chapman & Chapman, 1973, p. 3)

Como ilustra esse trecho, embora a estrutura gramatical possa estar intacta, a substância do pensamento característica da esquizofrenia é comumente ilógica, truncada e carece de um conteúdo significativo (Holden, 2003; Heinrichs, 2005).

- *Delírios.* As pessoas com esquizofrenia geralmente têm delírios, crenças inabaláveis firmemente sustentadas sem nenhuma base na realidade. Entre os delírios comuns que elas experimentam, estão as crenças de que estão sendo controladas por outra pessoa, estão sendo perseguidas pelos outros e seus pensamentos estão sendo transmitidos de forma que os outros sabem o que elas estão pensando (Coltheart, Langdon, & McKay, 2007; Startup, Bucci, & Langdon, 2009).
- *Alucinações e transtornos perceptuais.* As pessoas com esquizofrenia não percebem o mundo como as outras. Elas também podem ter *alucinações*, a experiência de perceber coisas que na verdade não existem. Além disso, podem ver, ouvir ou cheirar as coisas diferentemente dos outros (ver Fig. 8); elas não têm nem mesmo uma percepção do seu corpo da maneira que os outros demonstram e têm dificuldade em determinar onde seus corpos terminam e o resto do mundo começa (Botvinick, 2004; Thomas et al., 2007; Bauer et al., 2011).
- *Perturbações emocionais.* As pessoas com esquizofrenia por vezes apresentam uma ausência de emoção na qual mesmo os eventos mais dramáticos produzem pouca ou nenhuma resposta emocional. Em contrapartida, podem exibir emoção inapropriada para uma situação. Por exemplo, uma pessoa com esquizofrenia pode rir escandalosamente em um funeral ou reagir com raiva quando é ajudada por alguém.
- *Retraimento.* As pessoas com esquizofrenia tendem a ter pouco interesse pelos outros. Elas costumam não socializar ou manter conversas reais com os outros, embora possam falar com outra pessoa. Nos casos mais extremos, elas nem mesmo reconhecem a presença de outra pessoa e parecem estar em um mundo isolado.

Em geral, o início da esquizofrenia ocorre no começo da idade adulta e os sintomas seguem um dos dois cursos principais. No *processo de esquizofrenia*, os sintomas desenvolvem-se lenta e sutilmente. Pode haver afastamento gradual do mundo, devaneios excessivos e embotamento da emoção até que o transtorno chegue ao ponto em que os outros não podem deixar de percebê-lo. Em outros casos, conhecidos como *esquizofrenia reativa*, o início dos sintomas é repentino e visível. A perspectiva do tratamento para esquizofrenia reativa é relativamente favorável, mas o processo de esquizofrenia revelou-se mais difícil de ser tratado.

O DSM-5 classifica os sintomas de esquizofrenia em dois tipos. A esquizofrenia com sintomas positivos é indicada pela presença de comportamento perturbado, como alucinações, delírios e extremos emocionais. Entretanto, a esquizofrenia com sintomas negativos mostra uma ausência ou perda do funcionamento normal, como retraimento social ou emoções embotadas. Os pesquisadores da esquizofrenia por vezes falam de *esquizofrenia do tipo I*, na qual

FIGURA 7 Esta arte incomum foi criada por um indivíduo que sofre de um transtorno mental grave.

Alerta de estudo

Na esquizofrenia do tipo I, os sintomas positivos (em que estão presentes alucinações, delírios e extremos emocionais) são dominantes; na esquizofrenia do tipo II, os sintomas negativos (caracterizados por ausência ou perda do funcionamento normal) são dominantes.

os sintomas positivos são dominantes, e *esquizofrenia do tipo II*, em que os sintomas negativos são mais proeminentes (Buchanan et al., 2007; Levine & Rabinowitz, 2007).

A distinção entre a esquizofrenia do tipo I e tipo II é importante porque demonstra que dois processos diferentes podem desencadear a condição. Além disso, ela tem implicações para a predição dos resultados do tratamento.

Resolvendo o enigma da esquizofrenia: causas biológicas

Embora o comportamento esquizofrênico radicalmente se desvie do comportamento normal, suas causas são menos aparentes. Parece, no entanto, que a esquizofrenia tem origens biológicas e ambientais (Sawa & Snyder, 2002).

Consideremos primeiramente as evidências que apontam para uma causa biológica. Como a esquizofrenia é mais comum em algumas famílias do que em outras, fatores genéticos parecem estar envolvidos na produção de, pelo menos, uma suscetibilidade ou prontidão para o desenvolvimento do transtorno. Por exemplo, quanto mais próxima a ligação genética entre uma pessoa com esquizofrenia e outro indivíduo, maior a probabilidade de que a outra pessoa vá experimentar o transtorno (ver Fig. 8; Brzustowicz et al., 2000; Plomin & McGuffin, 2003; Gottesman & Hanson, 2005).

Entretanto, se a genética isoladamente fosse responsável pela esquizofrenia, a chance de gêmeos idênticos terem esquizofrenia seria de 100%, em vez de somente abaixo de 50%, porque os gêmeos idênticos têm a mesma composição genética. Além disso, as tentativas de encontrar um vínculo entre esquizofrenia e um gene particular tiveram sucesso apenas parcial. Aparentemente, os fatores genéticos *per se* não produzem esquizofrenia (Franzek & Beckmann, 1996; Lenzenweger & Dworkin, 1998).

Uma hipótese biológica intrigante para explicar a esquizofrenia é que o cérebro das pessoas com o transtorno pode ter um desequilíbrio bioquímico ou uma anormalidade estrutural. Por exemplo, a *hipótese da dopamina* sugere que a esquizofrenia ocorre quando existe um excesso de atividade nas áreas do cérebro que usam a dopamina como neurotransmissor. Essa hipótese veio à luz depois da descoberta de que as substâncias que bloqueiam a ação da dopamina nas vias cerebrais podem ser altamente eficazes na redução dos sintomas de esquizofrenia. Outras pesquisas apontam que o glutamato, outro neurotransmissor, pode ser um contribuinte importante para o transtorno (Stone, Morrison, & Pilowsky, 2007; Howes & Kapur, 2009; Kendler & Schaffner, 2011).

Algumas explicações biológicas propõem que existem anormalidades estruturais no cérebro das pessoas com esquizofrenia talvez como resultado da exposição a um vírus du-

Risco de desenvolvimento de esquizofrenia com base no parentesco genético com uma pessoa com esquizofrenia		
Relação	Parentesco genético (%)	Risco de desenvolvimento de esquizofrenia (%)
Gêmeo idêntico	100	48
Filho de dois pais esquizofrênicos	100	46
Gêmeo fraterno	50	17
Filho de um genitor esquizofrênico	50	17
Irmão	50	9
Sobrinho ou sobrinha	25	4
Cônjuge	0	2
Pessoa sem parentesco	0	1

FIGURA 8 Quanto mais próximas as ligações entre duas pessoas, maior a probabilidade de que, se uma experimenta esquizofrenia, a outra também experimentará em algum momento durante a vida. Porém, a genética não é tudo; se fosse, o risco de gêmeos idênticos terem esquizofrenia seria de 100%, e não 48% conforme ilustrado nesta figura.
(Fonte: Gottesman, 1991.)

rante o desenvolvimento pré-natal. Por exemplo, indivíduos com esquizofrenia apresentam anormalidades nos circuitos neurais do córtex e do sistema límbico, bem como diferenças no funcionamento do cérebro (ver Fig. 9, em A Neurociência em Sua Vida; Bartzokis et al., 2003; Reichenberg & Harvey, 2007; Reichenberg et al., 2009).

Outras evidências da importância dos fatores biológicos mostram que, quando as pessoas com esquizofrenia ouvem vozes durante as alucinações, as partes do cérebro responsáveis pela audição e pelo processamento da linguagem tornam-se ativas. Quando elas têm alucinações visuais, as partes do cérebro envolvidas no movimento e na cor são ativadas. Ao mesmo tempo, as pessoas com esquizofrenia costumam apresentar uma atividade incomumente baixa nos lobos frontais do cérebro – as partes do cérebro envolvidas na regulação emocional, no *insight* e na avaliação dos estímulos sensoriais (Stern & Silbersweig, 2001).

Perspectivas ambientais sobre a esquizofrenia

Embora os fatores biológicos forneçam peças importantes para o quebra-cabeça da esquizofrenia, ainda precisamos considerar as experiências passadas e atuais nos ambientes das pessoas que desenvolvem a perturbação. Por exemplo, as abordagens psicanalíticas propõem que a esquizofrenia é uma forma de regressão a experiências e estágios da vida anteriores. Freud acreditava que as pessoas com esquizofrenia carecem de um ego que seja suficientemente forte para lidar com seus impulsos inaceitáveis. Elas regridem até o estágio oral – uma época em que o id e o ego ainda não estão separados. Portanto, os indivíduos com esquizofrenia carecem essencialmente de um ego e atuam os impulsos sem preocupação com a realidade.

Embora esse raciocínio seja teoricamente plausível, poucas evidências apoiam as explicações psicanalíticas. Teorias um pouco mais convincentes detêm-se nos padrões emocionais e de comunicação das famílias das pessoas com esquizofrenia. Por exemplo, alguns pesquisadores afirmam que a esquizofrenia está relacionada a um estilo de interação familiar conhecido como emoção expressa. *Emoção expressa* é um estilo de interação caracterizado por altos níveis de crítica, hostilidade e intrusão emocional em uma família. Outros

A Neurociência em sua Vida:
Alterações cerebrais decorrentes da esquizofrenia

FIGURA 9 Foram encontradas alterações cerebrais em pessoas com esquizofrenia. Em uma reconstrução do cérebro com imagem de ressonância magnética (IRM) de uma pessoa com esquizofrenia (a), os hipocampos (amarelo) estão atrofiados e os ventrículos (cinza) estão aumentados e cheios de líquido. Em contraste, uma reconstrução com IRM do cérebro de uma pessoa sem o transtorno (b) é estruturalmente diferente, com os hipocampos maiores e os ventrículos menores. (Fonte: N. C. Andreasen, Universidade de Iowa.) (Veja esta imagem colorida nas orelhas deste livro.)

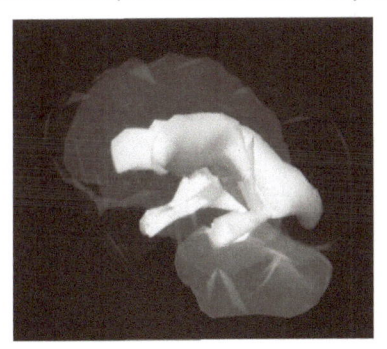

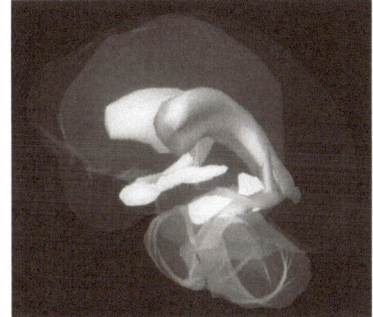

(a)   (b)

pesquisadores alegam que os padrões de comunicação falhos residem no cerne da esquizofrenia (Miklowitz & Thompson, 2003; Lobban, Barrowclough, & Jones, 2006).

Os psicólogos que adotam uma perspectiva cognitiva sobre a esquizofrenia argumentam que as perturbações no pensamento que experimentam as pessoas com o transtorno apontam para uma causa cognitiva. Alguns dizem que a esquizofrenia resulta da *atenção excessiva* a estímulos no ambiente. Em vez de serem capazes de excluir os estímulos não importantes e inconsequentes e centrar-se nas questões mais importantes no ambiente, as pessoas com esquizofrenia podem ser receptivas em excesso a praticamente tudo no ambiente. Em consequência disso, sua capacidade de processamento das informações fica sobrecarregada e, por fim, entra em colapso. Outros especialistas cognitivos argumentam que a esquizofrenia resulta de uma *subatenção* a certos estímulos. De acordo com essa explicação, as pessoas com esquizofrenia não conseguem focar suficientemente estímulos importantes e prestam atenção em outras informações menos importantes a seu redor (Cadenhead & Braff, 1995).

Embora seja plausível que a atenção excessiva e a subatenção estejam relacionadas a diferentes formas de esquizofrenia, esses fenômenos não explicam as origens de tais transtornos no processamento da informação. Consequentemente, as abordagens cognitivas – como outras explicações ambientais – não oferecem uma explicação completa do transtorno.

As várias causas da esquizofrenia

A principal abordagem usada hoje para explicar o início da esquizofrenia envolve tanto fatores biológicos quanto situacionais. O *modelo de predisposição da esquizofrenia* destaca que os indivíduos podem herdar uma predisposição ou uma sensibilidade congênita à esquizofrenia. Essa predisposição genética, então, torna-os particularmente vulneráveis a fatores estressantes no ambiente, tais como rejeição social ou padrões de comunicação familiar disfuncionais. Os estressores podem variar, mas, se forem suficientemente fortes e estiverem associados a uma predisposição genética, resultam no aparecimento da esquizofrenia. Além disso, uma forte predisposição genética pode levar ao início da esquizofrenia mesmo quando os estressores ambientais são relativamente fracos.

Em resumo, os modelos usados hoje associam a esquizofrenia a vários tipos de fatores biológicos e ambientais. Está cada vez mais claro, portanto, que nenhum fator único, mas uma combinação de variáveis inter-relacionadas produz esquizofrenia (Meltzer, 2000; McDonald & Murray, 2004; Opler et al., 2008).

> **Alerta de estudo**
> Lembre-se de que as várias causas da esquizofrenia incluem fatores biológicos e ambientais.

Transtornos da personalidade

Sempre desejei muitas coisas; quando criança, lembro-me de querer um projétil que um amigo meu trouxe para mostrar em aula. Peguei o projétil e coloquei dentro de minha mochila, e, quando meu amigo percebeu sua falta, fui um dos que ficaram com ele depois da aula e procuraram pela sala, e eu que sentei com ele e xinguei os outros garotos questionando qual deles pegou a bala. Até mesmo fui para casa com ele para ajudá-lo a dar a notícia ao tio, que tinha trazido a bala da guerra para ele.

Mas isso foi pouco comparado com o que fiz depois. Queria muito obter um Ph.D., mas não queria me esforçar demais – apenas o suficiente para passar. Nunca fiz os experimentos que relatei; diabos, eu era suficientemente inteligente para inventar os resultados. Eu sabia o suficiente sobre estatística para fazer qualquer dado parecer plausível. Obtive meu título de mestrado sem ter passado nem mesmo uma hora em um laboratório. Quer dizer, os professores acreditavam em tudo. Eu ficava na rua à noite toda bebendo com os amigos e no dia seguinte, chegava antes deles e dizia que tinha ficado no laboratório a noite inteira. Eles, na verdade, sentiam pena de mim. (Duke & Nowicki, 1979, p. 309, 310).

Esse trecho apresenta um relato gráfico na primeira pessoa de um indivíduo com transtorno da personalidade. Um **transtorno da personalidade** é caracterizado por um conjunto de

> **transtorno da personalidade** Transtorno caracterizado por um conjunto de padrões de comportamento inflexíveis e mal-adaptativos que impedem que uma pessoa funcione apropriadamente na sociedade.

padrões de comportamento inflexíveis e mal-adaptativos que impedem que uma pessoa funcione apropriadamente na sociedade. Os transtornos da personalidade diferem dos outros problemas que discutimos porque os indivíduos afetados por eles geralmente têm pouco senso de sofrimento pessoal associado ao desajuste psicológico. Na verdade, as pessoas com transtornos da personalidade levam vidas aparentemente normais. No entanto, logo abaixo da superfície reside um conjunto de traços de personalidade inflexíveis e mal-adaptativos que não permitem que esses indivíduos funcionem como membros da sociedade (Davis & Millon, 1999; Clarkin & Lenzenweger, 2004; Friedman, Oltmanns, & Turkheimer, 2007).

O tipo mais conhecido de transtorno da personalidade, ilustrado pelo caso descrito, é o **transtorno da personalidade antissocial** (por vezes referido como personalidade psicopática). Os indivíduos com essa psicopatologia não apresentam consideração pelas regras morais e éticas da sociedade ou pelos direitos dos outros. Embora possam parecer bastante inteligentes e agradáveis (ao menos inicialmente), depois de um exame mais detalhado mostram-se manipuladores e enganadores. Eles não sentem culpa ou ansiedade em relação às suas infrações. Quando os indivíduos com transtorno da personalidade antissocial comportam-se de uma forma que lesa outra pessoa, eles entendem intelectualmente que causaram dano, mas não sentem remorso (Goodwin & Hamilton, 2003; Hilarski, 2007; Bateman, 2011).

As pessoas com transtorno da personalidade antissocial são impulsivas e não têm a capacidade de suportar a frustração. Elas podem ser extremamente manipuladoras e ter excelentes habilidades sociais: são charmosas, atraentes e altamente persuasivas. Alguns dos melhores golpistas têm personalidades antissociais.

O que causa uma constelação de comportamentos problemáticos tão incomum? Uma variedade de fatores foi sugerida, variando desde uma incapacidade de experimentar emoções apropriadamente até problemas nas relações familiares. Por exemplo, em muitos casos de comportamento antissocial, o indivíduo provém de um lar em que um dos pais morreu ou foi embora ou em que existe falta de afeição, falta de consistência na disciplina ou franca rejeição. Outras explicações concentram-se nos fatores socioculturais, porque uma proporção incomumente alta de pessoas com personalidade antissocial é proveniente de grupos socioeconômicos inferiores. No entanto, ninguém conseguiu destacar as causas específicas das personalidades antissociais e é provável que uma combinação de fatores seja responsável por isso (Rosenstein & Horowitz, 1996; Costa & Widiger, 2002; Chen et al., 2011).

As pessoas com **transtorno da personalidade *borderline*** têm dificuldade em desenvolver uma noção segura de quem elas são. Logo, tendem a depender das relações com os outros para definir sua identidade. O problema com essa estratégia é que as rejeições são devastadoras. Além disso, as pessoas com esse transtorno desconfiam dos outros e têm dificuldade em controlar a raiva. Sua volatilidade emocional leva a um comportamento impulsivo e autodestrutivo. Os indivíduos com transtorno da personalidade *borderline* comumente se sentem vazios e sozinhos e têm dificuldade em cooperar com os outros. Eles podem formar relações intensas, repentinas e unilaterais em que demandam a atenção de outra pessoa e sentem raiva quando não a recebem. Uma razão para esse comportamento é que eles podem ter um histórico em que os outros ignoravam ou criticavam suas reações emocionais e eles podem não ter aprendido a regular as emoções efetivamente (Links, Eynan, & Heisel, 2007; King-Casas et al., 2008; Hopwood et al., 2009).

Outro exemplo de perturbação da personalidade é o **transtorno da personalidade narcisista**, que é caracterizado por um senso exagerado de autoimportância. Os indivíduos com o transtorno esperam tratamento especial pelos outros enquanto ao mesmo tempo desconsideram os sentimentos alheios. Em alguns aspectos, de fato, o principal atributo da personalidade narcisista é a incapacidade de sentir empatia por outra pessoa.

Existem várias outras categorias de transtorno da personalidade que variam em gravidade, desde os indivíduos que podem simplesmente ser considerados pelos outros como excêntricos, desagradáveis ou difíceis até pessoas que agem de uma forma criminosa e perigosa para os outros. Embora não estejam fora do contato com a realidade como as pessoas com esquizofrenia, os indivíduos com transtornos da personalidade levam vidas que se colocam à margem da sociedade (Millon, Davis, & Millon, 2000; Trull & Widiger, 2003).

---

transtorno da personalidade antissocial
Transtorno no qual os indivíduos não apresentam consideração pelas regras morais e éticas da sociedade ou pelos direitos dos outros.

Alerta de estudo

Ao contrário da maioria dos transtornos psicológicos, os transtornos da personalidade produzem pouco ou nenhum sofrimento.

transtorno da personalidade *borderline*
Transtorno em que os indivíduos têm dificuldade em desenvolver uma noção segura de quem eles são.

transtorno da personalidade narcisista
Perturbação da personalidade caracterizada por um senso exagerado de autoimportância.

Transtornos da infância

Costumamos considerar a infância como uma época de inocência e relativa liberdade do estresse. Na realidade, porém, quase 20% das crianças e 40% dos adolescentes experimentam transtornos emocionais e comportamentais significativos (Romano et al., 2001; Broidy, Nagin, & Tremblay, 2003; Nolen-Hoeksema, 2007).

Por exemplo, embora a depressão maior seja mais prevalente em adultos, cerca de 2,5% das crianças e mais de 8% dos adolescentes sofrem desse transtorno. Na verdade, até atingirem os 20 anos, entre 15% e 20% das crianças e dos adolescentes passarão por um episódio de depressão maior (Garber & Horowitz, 2002).

As crianças nem sempre demonstram depressão da mesma maneira que os adultos. Em vez de apresentar tristeza profunda ou desesperança, a depressão infantil pode produzir a expressão de medos exagerados, adesão e esquiva das atividades do dia a dia. Em crianças maiores, os sintomas podem ser birra, problemas escolares e, até mesmo, atos de violência (Wenar, 1994; Koplewicz, 2002; Seroczynski, Jacquez, & Cole, 2003).

Um transtorno infantil consideravelmente mais comum é o **transtorno de déficit de atenção/hiperatividade**, ou **TDAH**, uma condição marcada por desatenção, impulsividade, baixa tolerância à frustração e geralmente uma grande quantidade de atividades inapropriadas. Embora todas as crianças mostrem tal comportamento em alguns momentos, ele, por estar sempre presente nas crianças diagnosticadas com TDAH, interfere em seu funcionamento diário (Barkley, 2005; Smith, Barkley, & Shapiro, 2006; Barkley, Knouse, & Murphy, 2011).

O TDAH é surpreendentemente disseminado com estimativas variando entre 3% e 5% da população em idade escolar – ou cerca de 3,5 milhões de crianças com menos de 18 anos nos Estados Unidos. As crianças diagnosticadas com o transtorno costumam ser cansativas para os pais e professores – e até mesmo seus pares acham difícil lidar com elas.

A causa do TDAH não é conhecida, embora a maioria dos especialistas acredite que ele seja produzido por disfunções no sistema nervoso. Por exemplo, uma teoria propõe que níveis incomumente baixos de excitação no sistema nervoso central causam TDAH. Para compensar, as crianças com TDAH buscam estimulação para aumentar a excitação. Entretanto, essas teorias são especulativas. Além disso, como muitas crianças ocasionalmente apresentam comportamentos característicos de TDAH, esse transtorno acaba sendo diagnosticado erroneamente ou, em alguns casos, sobrediagnosticado. Somente a frequência e a persistência dos sintomas de TDAH permitem um diagnóstico correto, o que apenas um profissional treinado pode fazer (Barkley, 2000; Sciutto & Eisenberg, 2007).

O **transtorno do espectro autista**, outra incapacidade desenvolvimental grave que prejudica a capacidade de se comunicar e de se relacionar com os outros, é um transtorno que geralmente surge nos primeiros três anos e continua durante toda a vida. As crianças com autismo têm dificuldades na comunicação verbal e não verbal e podem evitar o contato social. Considera-se que hoje cerca de uma em cada 88 crianças tenha o transtorno, e a sua prevalência aumentou significativamente na última década. Se o aumento é resultado de uma elevação real na incidência de autismo ou se é devido a um maior relato sobre a condição, essa é uma questão de intenso debate entre os pesquisadores (Rice, 2009).

Outros transtornos

É importante ter em mente que as várias formas de transtornos psicológicos descritas no DSM-5 abrangem muito mais do que conseguimos discutir neste módulo. Algumas se relacionam a tópicos que consideramos em outros capítulos, como, por exemplo, o *transtorno devido ao uso de substância psicoativa* para problemas que surgem do uso e abuso de drogas. Além disso, os transtornos devido ao uso de álcool estão entre os problemas mais sérios e difundidos. Tanto o transtorno devido ao *uso de álcool* quanto o transtorno devido ao uso de droga ocorrem simultaneamente com muitos outros transtornos psicológicos, como os

---

transtorno de déficit de atenção/hiperatividade (TDAH) Transtorno marcado por desatenção, impulsividade, baixa tolerância à frustração e uma grande quantidade de atividades inapropriadas.

transtorno do espectro autista Incapacidade mental grave que prejudica a capacidade de se comunicar e de se relacionar com os outros.

transtornos do humor, o transtorno de estresse pós-traumático e a esquizofrenia, o que complica consideravelmente o tratamento (Salgado, Quinlan, & Zlotnick, 2007).

Outro problema muito difundido são os *transtornos alimentares*. Eles incluem transtornos como a *anorexia nervosa* e a *bulimia*, os quais discutimos no capítulo sobre motivação e emoção, assim com o *transtorno do comer compulsivo*, caracterizado por compulsão por comida sem comportamentos designados para prevenir o ganho de peso. Os *transtornos sexuais*, em que a atividade sexual é insatisfatória, são outra classe importante de problemas. Eles incluem os transtornos do desejo sexual, os transtornos da excitação *sexual* e os transtornos parafílicos, atividades sexuais atípicas que podem incluir objetos não humanos ou parceiros sem consentimento.

Outra classe importante de transtornos são os *transtornos mentais orgânicos*, alguns dos quais abordamos anteriormente. Eles são problemas que apresentam uma base puramente biológica, como a doença de Alzheimer e alguns tipos de retardo mental. Contudo, existem outros transtornos que não chegamos a mencionar, e cada uma das classes que discutimos pode ser dividida em várias subcategorias (Kopelman & Fleminger, 2002; Pratt et al., 2003; Reijonen et al., 2003).

Nos casos mais graves de transtorno do espectro autista, as crianças exibem um comportamento de autoflagelação e precisam usar equipamento protetor para a cabeça.

Recapitule/avalie/repense

Recapitule

RA 38-1 Quais são os principais transtornos psicológicos?

- Os transtornos de ansiedade estão presentes quando uma pessoa experimenta tanta ansiedade que isso acaba afetando o funcionamento diário. Os tipos específicos de transtornos de ansiedade incluem a fobia, o transtorno de pânico e o transtorno de ansiedade generalizada. O transtorno obsessivo-compulsivo também é relacionado.

- Os transtornos de sintomas somáticos são perturbações psicológicas que assumem uma forma física (somática), mas para as quais não existe uma causa médica. Exemplos são o transtorno de ansiedade de doença e os transtornos conversivos.

- Os transtornos dissociativos são marcados pela separação, ou dissociação, de diferentes facetas da personalidade de uma pessoa que geralmente são integradas. Os principais tipos de transtornos dissociativos incluem o transtorno dissociativo de identidade, a amnésia dissociativa e a fuga dissociativa.

- Os transtornos do humor são caracterizados por estados emocionais de depressão ou euforia tão fortes que interferem na vida diária. Eles incluem a depressão maior e o transtorno bipolar.

- A esquizofrenia é uma das formas mais graves de doença mental. Seus sintomas incluem declínios no funcionamento, perturbações do pensamento e da linguagem, transtornos perceptivos, perturbação emocional e afastamento dos outros.

- Fortes evidências vinculam a esquizofrenia a fatores genéticos, bioquímicos e ambientais. De acordo com o modelo da predisposição, uma interação entre vários fatores produz o transtorno.

- As pessoas com transtornos da personalidade experimentam pouco ou nenhum sofrimento, porém elas demonstram uma incapacidade de funcionar como membros normais da sociedade. Esses transtornos incluem o transtorno da personalidade antissocial, o transtorno da personalidade *borderline* e o transtorno da personalidade narcisista.

- Os transtornos da infância incluem a depressão maior, o transtorno de déficit de atenção/hiperatividade (TDAH) e o transtorno do espectro autista.

Avalie

1. Kathy fica aterrorizada com elevadores. Ela pode estar sofrendo de um:
   a. Transtorno obsessivo-compulsivo
   b. Transtorno fóbico
   c. Transtorno de pânico
   d. Transtorno de ansiedade generalizada

2. Carmen descreveu um incidente em que sua ansiedade repentinamente aumentou até um pico e ela teve uma sensação de desgraça iminente. Carmen experimentou um _____ _____.
3. Pensamentos perturbados que persistem por semanas ou meses são conhecidos como
   a. Obsessões
   b. Compulsões
   c. Rituais
   d. Ataques de pânico
4. Um impulso poderoso de realizar um ritual estranho é chamado de _____.
5. A separação da personalidade, o que proporciona um escape de situações estressantes, é o fator-chave nos transtornos _____.
6. Estados de extrema euforia e energia acompanhados de depressão grave caracterizam o transtorno _____.
7. O _____ de esquizofrenia é caracterizado por sintomas que são graduais e de início facilmente identificável; a esquizofrenia _____ desenvolve-se repentinamente durante a vida de uma pessoa.
8. A _____ _____ propõe que a esquizofrenia pode ser causada por um excesso de certos neurotransmissores no cérebro.

Repense

1. Que fatores culturais podem contribuir para a taxa de transtornos de ansiedade encontrados em uma cultura? Como a experiência da ansiedade pode diferir entre as pessoas de diferentes culturas?
2. *Da perspectiva de um assistente social:* Os transtornos da personalidade frequentemente não são aparentes para os outros e muitas pessoas com esses problemas parecem viver vidas basicamente normais e não são uma ameaça para os outros. Como essas pessoas olhadas de fora parecem funcionar bem na sociedade, por que elas deveriam ser consideradas psicologicamente perturbadas?

Respostas das questões de avaliação

1. b; 2. ataque de pânico; 3. a; 4. compulsão; 5. dissociativos; 6. bipolar; 7. processo, reativa; 8. hipótese da dopamina

Termos-chave

transtorno de ansiedade p. 463
fobia p. 464
transtorno de pânico p. 464
transtorno de ansiedade generalizada p. 465
transtorno obsessivo-compulsivo (TOC) p. 465
obsessão p. 465
compulsão p. 466

transtornos de sintomas somáticos p. 468
transtorno de ansiedade de doença p. 468
transtorno conversivo p. 468
transtornos dissociativos p. 469
transtorno dissociativo de identidade (TDI) p. 469
amnésia dissociativa p. 469
fuga dissociativa p. 470

transtorno do humor p. 470
depressão maior p. 470
mania p. 472
transtorno bipolar p. 472
esquizofrenia p. 474
transtorno da personalidade p. 478
transtorno da personalidade antissocial p. 479
transtorno da personalidade *borderline* p. 479

transtorno da personalidade narcisista p. 479
transtorno de déficit de atenção/hiperatividade (TDAH) p. 480
transtorno do espectro autista p. 480

MÓDULO 39
Transtornos Psicológicos em Perspectiva

O quão comuns são os tipos de transtornos psicológicos que estamos discutindo? Eis a resposta: cada segunda pessoa que você encontra nos Estados Unidos provavelmente sofre em algum ponto durante sua vida de um transtorno psicológico.

Esta é a conclusão tirada a partir de um estudo massivo sobre a prevalência dos transtornos psicológicos. Nesse estudo, os pesquisadores conduziram entrevistas face a face com mais de 8 mil homens e mulheres entre 15 e 54 anos. A amostra foi designada como representativa da população nos Estados Unidos. De acordo com os resultados do estudo, 48% dos entrevistados haviam experimentado um transtorno em algum momento da vida. Além disso, 30% experimentaram um transtorno em determinado ano. Um número significativo de pessoas experimentou transtornos simultâneos – uma situação conhecida como *comorbidade* (Welkowitz et al., 2000; Merikangas et al., 2007; Kessler & Wang, 2008).

O transtorno mais comumente relatado no estudo foi depressão: 17% dos pesquisados relataram pelo menos um episódio maior, enquanto 10% sofreram de depressão durante o ano em curso. O próximo transtorno mais comum foi dependência de álcool, que ocorria em uma taxa de incidência de 14%. Além disso, 7% dos entrevistados tinham experimentado dependência de álcool, transtornos envolvendo pânico (como um medo exagerado de falar com estranhos ou terror de altura) e transtorno de estresse pós-traumático.

Embora alguns pesquisadores acreditem que as estimativas de transtornos graves sejam altas demais (Narrow et al., 2002), os achados nacionais coincidem com análises de estudantes universitários e suas dificuldades psicológicas. Por exemplo, em um estudo dos problemas de alunos que visitavam um centro de aconselhamento universitário, mais de 40% deles relataram estar deprimidos (ver Fig. 1, p. 484). Essas cifras incluem apenas os estudantes que buscaram a ajuda do centro de aconselhamento, e não aqueles que não procuraram tratamento. Consequentemente, os números não são representativos de toda a população universitária (Benton et al., 2003; ver também Aplicando a Psicologia no Século XXI, p. 486).

O nível significativo de transtornos psicológicos é um problema não só nos Estados Unidos; de acordo com a Organização Mundial da Saúde, as dificuldades de saúde mental também são uma preocupação global. Por todo o mundo, os transtornos psicológicos estão difundidos. Existem disparidades econômicas no tratamento: as pessoas mais abastadas com transtornos leves recebem tratamento melhor do que as pessoas pobres que têm transtornos mais graves. Na verdade, os transtornos psicológicos representam 14% das doenças globais, mas 90% das pessoas nos países em desenvolvimento não recebem qualquer cuidado para seus transtornos (ver Fig. 2, p. 485; WHO World Mental Health Survey Consortium, 2004; Jacob et al., 2007; Wang et al., 2007).

Além disso, a incidência de transtornos específicos varia significativamente em outras culturas. Por exemplo, levantamentos transculturais mostram que a incidência de depressão maior varia significativamente de uma cultura para outra. A probabilidade de ter ao menos um episódio de depressão é de apenas 1,5% em Taiwan e 2,9% na Coreia comparado com 11,6% na Nova Zelândia e 16,4% na França. Essas diferenças notáveis sublinham a importância de se considerar o contexto cultural dos transtornos psicológicos (Weissman et al., 1997; Tseng, 2003).

Resultados de Aprendizagem

RA 39-1 Qual a é prevalência dos transtornos psicológicos?

RA 39-2 Quais indicadores sinalizam a necessidade de ajuda de um profissional de saúde mental?

Alerta de estudo

Lembre-se de que a incidência de vários tipos de transtornos psicológicos na população geral é surpreendentemente alta.

Capítulo 12 Transtornos Psicológicos

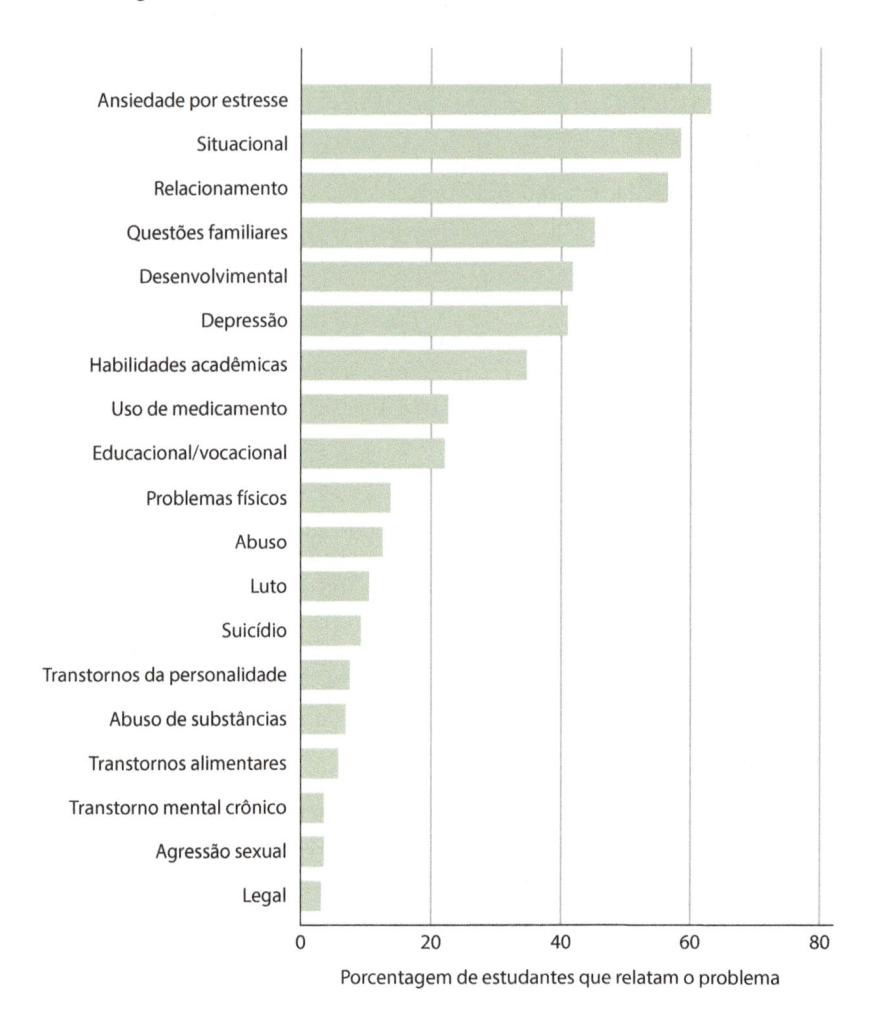

Problema	
Ansiedade por estresse	~63
Situacional	~58
Relacionamento	~55
Questões familiares	~45
Desenvolvimental	~42
Depressão	~41
Habilidades acadêmicas	~35
Uso de medicamento	~22
Educacional/vocacional	~22
Problemas físicos	~14
Abuso	~12
Luto	~10
Suicídio	~8
Transtornos da personalidade	~7
Abuso de substâncias	~6
Transtornos alimentares	~5
Transtorno mental crônico	~4
Agressão sexual	~4
Legal	~3

Porcentagem de estudantes que relatam o problema

FIGURA 1 Problemas relatados por estudantes que visitaram um centro de aconselhamento universitário. Você teria previsto esse padrão de dificuldades psicológicas?
(Fonte: Benton et al., 2003.)

O contexto social e cultural dos transtornos psicológicos

Ao considerarmos a natureza dos transtornos psicológicos descritos no DSM-5, é importante ter em mente que os transtornos específicos que foram incluídos no Manual refletem as culturas ocidentais no início do século XXI. O sistema de classificação oferece uma fotografia instantânea de como seus autores viam o transtorno mental quando ele foi publicado. Na verdade, o desenvolvimento da versão mais recente do DSM foi alvo de grande debate, o que em parte reflete questões que dividem a sociedade.

Um transtorno específico recém-classificado adicionado ao DSM-5 que tem causado controvérsia é o chamado *transtorno disruptivo da desregulação do humor*. Esse diagnóstico é caracterizado por explosões de raiva graves, expressas tanto verbal quanto fisicamente, consideradas desproporcionais em intensidade ou duração à situação, em crianças entre 6 e 18 anos. Alguns profissionais defendem que esses sintomas simplesmente definem uma criança como tendo um acesso de raiva e não um transtorno mental (Dobbs, 2012; Marchand & Phillips McEnany, 2012; Frances, 2013).

Alerta de estudo
É importante entender que o DSM é um documento vivo, que apresenta uma visão de transtorno que reflete a cultura e o contexto de seus autores.

Países desenvolvidos

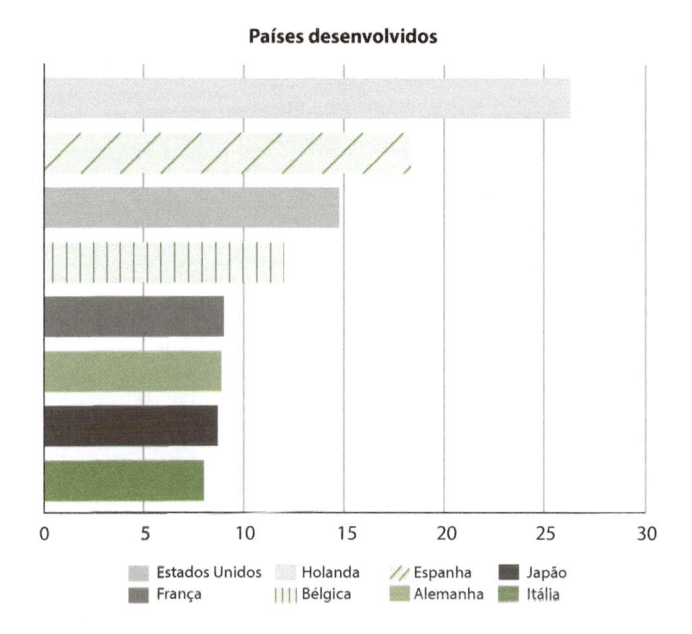

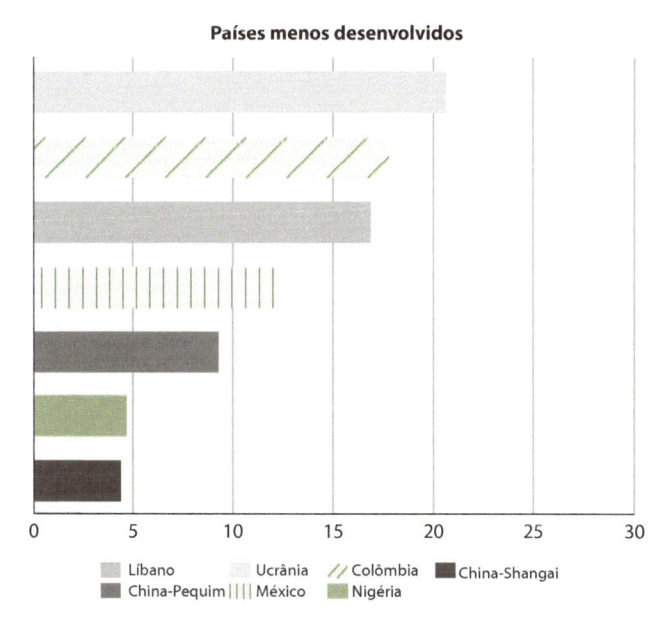

■ Estados Unidos ░ Holanda ╱╱ Espanha ■ Japão
■ França ||||| Bélgica ■ Alemanha ■ Itália

Países menos desenvolvidos

■ Líbano ░ Ucrânia ╱╱ Colômbia ■ China-Shangai
■ China-Pequim ||||| México ■ Nigéria

FIGURA 2 De acordo com uma pesquisa global conduzida pela Organização Mundial da Saúde, a prevalência dos transtornos psicológicos é disseminada. Esses números apresentam a porcentagem de pessoas que experimentaram algum transtorno psicológico dentro do período de 12 meses.
(Fonte: WHO World Mental Health Survey Consortium, 2004, Tabela 3.)

Da mesma forma, alguém que come demais ao menos uma vez por semana durante três meses pode ser considerado, de acordo com a nova classificação, como sofrendo do *transtorno de compulsão alimentar*, o que parece a alguns críticos ser excessivamente abrangente. Por fim, o *transtorno de acumulação* agora é colocado em sua própria categoria de transtorno psicológico. Alguns críticos sugerem que essa mudança reflete melhor a realidade ao mostrar o foco na acumulação em vez de refletir uma categoria distinta de transtorno psicológico (Hudson et al., 2012).

Aplicando a Psicologia no Século XXI

Os transtornos psicológicos estão aumentando entre os universitários

O estresse de estar na universidade o faz se sentir ansioso ou triste? Em caso afirmativo, você não está sozinho. Novas pesquisas mostram que os problemas de saúde mental, particularmente ansiedade, estão atormentando mais estudantes universitários hoje do que no passado.

Um estudo examinou as respostas de muitos milhares de jovens no Inventário Multifásico de Personalidade de Minnesota (MMPI) entre 1938 e 2007 e verificou que as indicações de problemas de saúde mental aumentaram constantemente durante os últimos 70 anos, havendo 85% dos estudantes universitários recentes com escores mais altos do que o estudante universitário médio na década de 1930 e 1940 nas medidas de transtornos psicológicos. Os achados mostraram níveis elevados em inúmeras escalas, incluindo aquelas que medem indicadores de paranoia, esquizofrenia, mania e depressão (Twenge et al., 2010).

Os pesquisadores observaram que o aumento nos transtornos mentais coincide com a ênfase crescente que está sendo atribuída a objetivos extrínsecos, como atingir riqueza e *status*, e ênfase decrescente sendo colocada em objetivos intrínsecos como a criação de relacionamentos interpessoais satisfatórios e um senso comunitário. Eles especularam que tal ênfase nos objetivos extrínsecos pode encorajar expectativas irracionais para conquistas pessoais, causando dois problemas: estresse excessivo quando as pessoas tentam alcançar objetivos inatingíveis e senso de insatisfação quando elas fracassam em viver de acordo com suas expectativas (Eckersley & Dear, 2002; Jacobs, 2010).

Transtornos psicológicos são surpreendentemente comuns em estudantes universitários.

Outro levantamento abrangente de diretores de mais de 400 centros de aconselhamento universitário também apresentou evidências desse aumento nos problemas psicológicos entre os estudantes universitários. Mais de três quartos dos respondentes relataram que o número de estudantes com problemas psicológicos graves vistos por sua equipe tinha aumentado no último ano. Como em levantamentos anteriores, ansiedade e depressão eram as duas principais queixas dos estudantes – porém a ansiedade ultrapassou a depressão pela primeira vez desde que os levantamentos começaram, em 2006 (Barr et al., 2010).

De acordo com uma pesquisadora, Jean Twenge, os achados são um alerta. "Os estudantes sempre tiveram ansiedade mais alta do que a população adulta geral, mas o aumento ao longo do tempo é alarmante", disse ela. "A ansiedade costuma ser um precursor de questões de saúde mental mais grave como a depressão, portanto é importante ensinar os jovens a manejar seu estresse agora para que isso não piore" (Jacobs, 2010).

> **REPENSE**
> - Quais poderiam ser algumas formas pelas quais podemos ensinar os estudantes universitários a manejar seu estresse?
> - Por que as pessoas estariam atribuindo maior ênfase aos objetivos materiais e menos aos sociais, até mesmo em detrimento da própria saúde psicológica?

Tais controvérsias estão subjacentes ao fato de que nosso entendimento do comportamento anormal reflete a sociedade e a cultura em que vivemos. Futuras revisões do DSM podem incluir uma catalogação diferente de transtornos. Mesmo agora, outras culturas podem incluir uma lista de transtornos que são muito diferentes da lista que aparece no DSM atual, conforme discutimos a seguir.

Explorando a DIVERSIDADE
DSM e cultura – e a cultura do DSM

Na avaliação da maioria das pessoas, um indivíduo que ouve vozes de alguém recentemente morto é provavelmente vítima de um transtorno psicológico. No entanto, alguns índios Plains rotineiramente ouvem as vozes dos mortos chamando-os.

Esse é apenas um exemplo do papel da cultura na rotulação do comportamento como "anormal". De fato, entre todos os principais transtornos adultos incluídos na classificação do DSM, uma minoria é encontrada em todas as culturas do mundo. A maioria das outras é prevalente principalmente na América do Norte e na Europa Ocidental (Kleinman, 1996; Cohen, Slomkowski, & Robins, 1999; López & Guarnaccia, 2000).

Por exemplo, consideremos a anorexia nervosa, transtorno no qual as pessoas tornam-se obsessivas com o peso e por vezes param de comer, acabando por morrer de inanição no decorrer do processo. Esse transtorno ocorre mais comumente em culturas que mantêm o padrão social de que corpos femininos delgados são os mais desejáveis. Na maior parte do mundo, onde não existe tal padrão, a anorexia nervosa é rara. Além disso, o transtorno pode aparecer de formas específicas em determinada cultura. Por exemplo, em Hong Kong, os sintomas de um tipo de anorexia se relacionam às queixas de estômago inchado, em vez de medo de engordar (Watters, 2010).

De modo similar, o transtorno dissociativo de identidade (personalidade múltipla) faz sentido como um problema somente nas sociedades em que a noção de *self* é muito concreta. Na Índia, o *self* está fundamentado mais em fatores externos que são relativamente independentes da pessoa. Lá, quando um indivíduo apresenta sintomas do que as pessoas na sociedade ocidental chamariam de transtorno dissociativo de identidade, os indianos consideram que aquela pessoa está possuída por demônios (o que eles encaram como uma doença) ou pelos deuses (o que não requer tratamento).

Mesmo que transtornos como esquizofrenia sejam encontrados por todo o mundo, os fatores culturais influenciam os sintomas específicos do transtorno. Assim, a esquizofrenia catatônica, em que os pacientes parecem estar congelados na mesma posição (às vezes durante dias), é rara na América do Norte e Europa Ocidental. Em contraste, na Índia, 80% daqueles com esquizofrenia são catatônicos.

Outras culturas manifestam transtornos que não aparecem no ocidente. Por exemplo, na Malásia, um comportamento chamado de *amok* é caracterizado por uma explosão selvagem em que uma pessoa em geral quieta e retraída mata ou fere gravemente outra pessoa. *Koro* é uma condição encontrada em homens do sudeste asiático que desenvolvem um pânico intenso de que o pênis esteja a ponto de se retrair para dentro do abdome. Alguns homens do oeste africano desenvolvem um transtorno quando começam a frequentar a universidade que eles chamam de "*brain fag*"; o qual inclui sensações de peso ou calor na cabeça, além de depressão e ansiedade. O *ataque de nervios* é um transtorno encontrado mais comumente entre os latinos do Caribe. Ele é caracterizado por tremores, choro, gritos descontrolados e incidentes de agressão verbal ou física (Cohen et al., 1999; López & Guarnaccia, 2000; Adams & Dzokoto, 2007).

As explicações para os transtornos psicológicos também diferem entre as culturas. Por exemplo, na China, os transtornos psicológicos são comumente vistos como uma fraqueza do coração, um conceito que deriva de milhares de anos de medicina chinesa tradicional. Muitos termos usados para descrever as emoções e os sintomas dos transtornos psicológicos fazem referência direta ao coração, mas a associação não é simplesmente metafórica. Os chineses têm mais probabilidade do que as pessoas nas culturas ocidentais de expressar sua angústia emocional em termos de sintomas físicos como dor no coração, "pânico no coração" ou "coração irritado". Eles também podem ver sua dor emocional como meramente um efeito colateral de alguma causa física subjacente ou mesmo focar mais os efeitos que seus sintomas têm em suas relações com os amigos e os membros da família (Miller, 2006; Lee, Kleinman, & Kleinman, 2007; Watters, 2010).

Em suma, não devemos presumir que o DSM seja a palavra final sobre os transtornos psicológicos. Os transtornos que ele inclui são em grande parte uma criação em função das culturas ocidentais em um momento particular do tempo, e suas categorias não devem ser vistas como universalmente aplicáveis (Tseng, 2003).

TORNANDO-SE UM CONSUMIDOR INFORMADO de Psicologia
Decidindo quando você precisa de ajuda

Depois que você considerou a variedade de transtornos psicológicos que podem afligir as pessoas, você pode começar a pensar que sofre de um (ou mais) dos problemas que discutimos. Na verdade, essa percepção tem um nome: doença do estudante médico. Embora nesse caso ela pudesse ser mais apropriadamente rotulada como "doença do estudante de psicologia", os sintomas básicos são os mesmos: pensar que você sofre dos mesmos tipos de problemas que está estudando.

Mais comumente, é claro, suas preocupações serão injustificadas. Conforme discutimos, as diferenças entre comportamento normal e anormal são com frequência tão vagas que é fácil chegar à conclusão de que você pode ter os mesmo sintomas que estão envolvidos em formas graves de transtornos mentais.

Antes de chegar a tal conclusão, no entanto, tenha em mente que de tempos em tempos todos experimentamos uma ampla gama de emoções e não é incomum que nos sintamos profundamente infelizes, fantasiemos sobre situações bizarras ou sintamos ansiedade acerca das circunstâncias da vida. É a persistência, a profundidade e a consistência desse comportamento que separa as reações normais das anormais. Se previamente você não teve dúvidas sérias sobre a normalidade de seu comportamento, é improvável que a leitura sobre transtornos psicológicos de outros vá motivá-lo a reavaliar sua conclusão anterior.

Entretanto, muitas pessoas têm problemas que merecem preocupação, e, em tais casos, é importante considerar a possibilidade de uma ajuda profissional. A seguinte lista de sintomas pode servir como um guia para ajudá-lo a determinar se uma intervenção externa seria útil (Engler & Goleman, 1992):

- Sentimentos prolongados de angústia que interferem em seu senso de bem-estar, competência e capacidade de funcionar efetivamente nas atividades diárias.
- Ocasiões em que você experimenta estresse extremamente alto acompanhado de sentimentos de incapacidade de enfrentar a situação.
- Depressão prolongada ou sentimentos de desesperança, especialmente quando eles não têm causa evidente (como a morte de alguém próximo).
- Afastamento das outras pessoas.
- Pensamentos de infligir danos a si mesmo ou de suicídio.
- Um problema físico crônico para o qual não pode ser determinada uma causa física.
- Um medo ou uma fobia que impede você de se engajar em atividades diárias.
- Sentimentos de que outras pessoas estão causando-lhe problemas ou estão falando sobre você e/ou fazendo intrigas contra você.
- Instabilidade para interagir com os outros, impedindo o desenvolvimento de amizades e relacionamentos amorosos.

Essa lista oferece um conjunto de diretrizes para a determinação de quando os problemas normais da vida diária encontram-se além de sua capacidade de lidar com eles sozinho. Em tais situações, a abordagem *menos* razoável seria pensar a respeito dos transtornos psicológicos que discutimos na tentativa de um autodiagnóstico. Uma estratégia mais razoável é considerar a procura de ajuda profissional.

Recapitule/avalie/repense

Recapitule

RA 39-1 Qual é a prevalência dos transtornos psicológicos?
- Cerca de metade das pessoas nos Estados Unidos provavelmente experimentará um transtorno psicológico em algum momento da vida; 30% experimentam um transtorno em um ano específico.

RA 39-2 Quais indicadores sinalizam a necessidade de ajuda de um profissional de saúde mental?
- Os sinais que indicam a necessidade de ajuda profissional incluem sentimentos prolongados de sofrimento psicológico, sentimentos de incapacidade para lidar com o estresse, afastamento das outras pessoas, pensamentos de infligir danos a si mesmo ou de suicídio, sentimentos prolongados de desesperança, problemas físicos crônicos sem causa aparente, fobias e compulsões, paranoia e incapacidade de interagir com os outros.

Avalie

1. A versão mais recente do DSM é considerada como a diretriz conclusiva na definição dos transtornos psicológicos. Verdadeiro ou falso?

2. Combine o transtorno com a cultura em que ele é mais comum:
   1. *amok*   a. Índia
   2. anorexia nervosa   b. Malásia
   3. *brain fag*   c. Estados Unidos
   4. esquizofrenia catatônica   d. África Ocidental

Repense

1. Por que a inclusão, no DSM-5, de transtornos como o de acumulação é tão polêmica? Quais as desvantagens dessa inclusão? Ela traz algum benefício?

2. *Da perspectiva de um conselheiro universitário:* Quais indicadores podem ser mais importantes para determinar se um estudante universitário está experimentando um transtorno psicológico? Você acredita que todos os estudantes que apresentam sinais de um transtorno psicológico deveriam procurar ajuda profissional? Como suas respostas mudariam se o estudante fosse de uma cultura diferente (p. ex., uma sociedade africana)?

Respostas das questões de avaliação

1. falso, o desenvolvimento da versão mais recente do DSM foi alvo de grande controvérsia, em parte refletindo questões que dividem a sociedade. 2. 1-b, 2-c, 3-d, 4-a

Recordando

Epílogo

Discutimos alguns dos muitos tipos de transtornos psicológicos aos quais as pessoas são propensas, observamos as dificuldades que os psicólogos e médicos têm em diferenciar claramente comportamento normal de anormal e examinamos algumas das abordagens que os profissionais de saúde mental usaram para explicar e tratar as psicopatologias. Levamos em conta o esquema de classificação mais comumente usado hoje, categorizados DSM-5 e examinamos algumas das formas mais prevalentes de transtornos psicológicos. Para obter uma perspectiva sobre o tópico dos transtornos psicológicos, discutimos a incidência surpreendentemente ampla de psicopatologias na sociedade americana e a natureza cultural de tais condições.

Volte até o prólogo que descreveu o caso de Chris Coles. Usando o conhecimento que você adquiriu sobre os transtornos psicológicos, considere as seguintes perguntas.

1. Coles foi diagnosticado como sofrendo de esquizofrenia. Quais aspectos de seu comportamento parecem se adequar à descrição desse transtorno?
2. Como cada uma das perspectivas sobre transtornos psicológicos poderia abordar as causas de seus sintomas?
3. Qual perspectiva, em sua opinião, oferece a explicação mais útil do caso de Coles e por quê?
4. Quais seriam as vantagens de usar múltiplas perspectivas para abordar o caso de Cole?

RESUMO VISUAL 12 Transtornos Psicológicos

MÓDULO 37 Normal versus Anormal: Fazendo a Distinção

Definindo anormalidade

- Desvio da média
- Desvio do ideal
- Sensação de desconforto pessoal
- Incapacidade de funcionar efetivamente
- Conceito legal

Perspectivas sobre anormalidade

Perspectiva	Descrição	Possível aplicação da perspectiva ao caso de Chris
Médica	Pressupõe que causas fisiológicas estão na raiz dos transtornos psicológicos.	Examinar Chris para problemas médicos, como tumor cerebral, desequilíbrio químico no cérebro ou doença.
Psicanalítica	Pressupõe que os transtornos psicológicos provêm de conflitos infantis.	Procurar informações sobre o passado de Chris, considerando possíveis conflitos infantis.
Comportamental	Pressupõe que os comportamentos anormais são respostas aprendidas.	Concentrar-se nas recompensas e punições para o comportamento de Chris e identificar estímulos ambientais que reforçam seu comportamento.
Cognitiva	Pressupõe que as cognições (pensamentos e crenças das pessoas) são centrais para os transtornos psicológicos.	Abordar as percepções de Chris acerca de si mesmo e de seu ambiente.
Humanista	Enfatiza a responsabilidade das pessoas por seu comportamento e a necessidade de se autoatualizar.	Considerar o comportamento de Chris em termos de suas escolhas e de seus esforços para atingir seu potencial.
Sociocultural	Pressupõe que o comportamento é moldado pela família, pela sociedade e pela cultura.	Analisar como as demandas da sociedade contribuíram para o transtorno de Chris.

Classificando o comportamento anormal: o DSM-5 tenta fornecer definições abrangentes e relativamente precisas de mais de 200 transtornos.

MÓDULO 38 Os Principais Transtornos Psicológicos

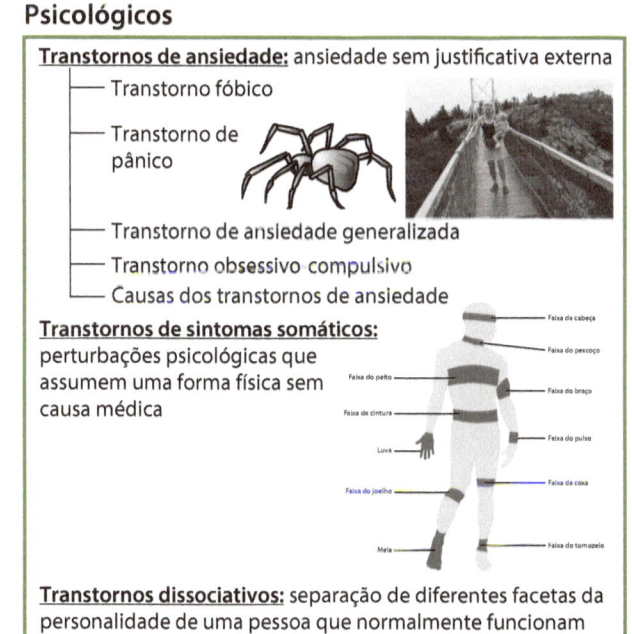

Transtornos de ansiedade: ansiedade sem justificativa externa
- Transtorno fóbico
- Transtorno de pânico
- Transtorno de ansiedade generalizada
- Transtorno obsessivo-compulsivo
- Causas dos transtornos de ansiedade

Transtornos de sintomas somáticos:
perturbações psicológicas que assumem uma forma física sem causa médica

Transtornos dissociativos: separação de diferentes facetas da personalidade de uma pessoa que normalmente funcionam em conjunto

Transtornos do humor: perturbações na experiência emocional
- Depressão maior
- Mania e transtorno bipolar
- Causas dos transtornos do humor
  - Genéticas
  - Psicológicas: sentimentos de perda ou raiva
  - Comportamentais: estresse
  - Cognitivas: desamparo aprendido e desesperança

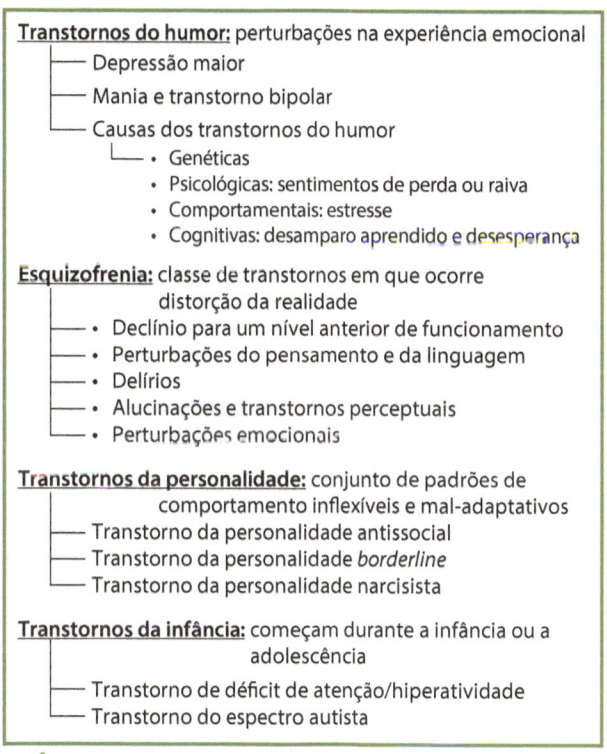

Esquizofrenia: classe de transtornos em que ocorre distorção da realidade
- Declínio para um nível anterior de funcionamento
- Perturbações do pensamento e da linguagem
- Delírios
- Alucinações e transtornos perceptuais
- Perturbações emocionais

Transtornos da personalidade: conjunto de padrões de comportamento inflexíveis e mal-adaptativos
- Transtorno da personalidade antissocial
- Transtorno da personalidade *borderline*
- Transtorno da personalidade narcisista

Transtornos da infância: começam durante a infância ou a adolescência
- Transtorno de déficit de atenção/hiperatividade
- Transtorno do espectro autista

MÓDULO 39 Transtornos Psicológicos em Perspectiva

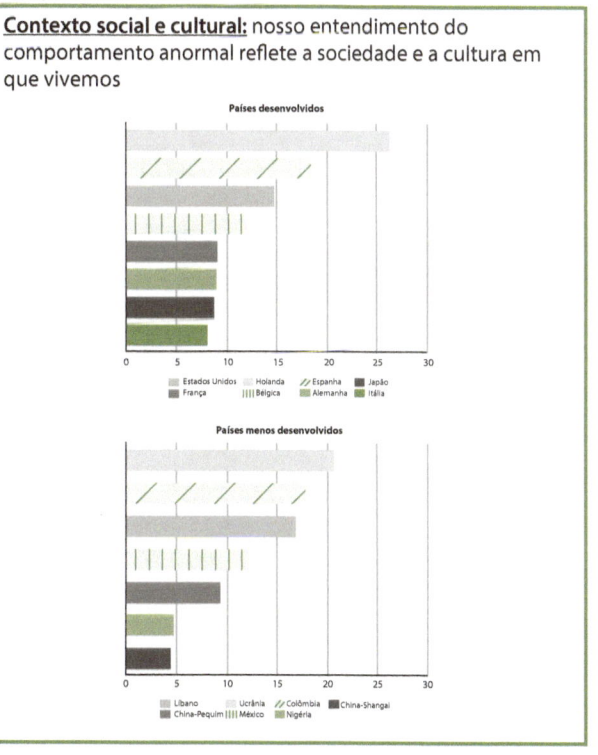

Contexto social e cultural: nosso entendimento do comportamento anormal reflete a sociedade e a cultura em que vivemos

13
Tratamento dos Transtornos Psicológicos

Resultados de Aprendizagem para o Capítulo 13

MÓDULO 40

RA 40-1 Quais são os objetivos das abordagens de tratamento psicológias e biológicas?

RA 40-2 Quais são as abordagens de tratamento psicodinâmicas, comportamentais e cognitivas?

Psicoterapia: Abordagens Psicodinâmicas, Comportamentais e Cognitivas

Abordagens psicodinâmicas

Abordagens comportamentais

A Neurociência em sua Vida: Como a terapia comportamental modifica o cérebro

Abordagens cognitivas

A Neurociência em sua Vida: Como a terapia cognitivo-comportamental modifica o cérebro

MÓDULO 41

RA 41-1 Quais são as abordagens humanistas de tratamento?

RA 41-2 O que é terapia interpessoal?

RA 41-3 Em que aspectos a terapia de grupo difere dos tipos individuais de terapia?

RA 41-4 Qual é a efetividade da psicoterapia e que tipo de psicoterapia funciona melhor em determinada situação?

Psicoterapia: Abordagens Humanista, Interpessoal e de Grupo

Terapia humanista

TrabalhoPsi: Assistente social e conselheiro em abuso de substâncias

Terapia interpessoal

Terapias de grupo

Avaliando a psicoterapia: a terapia funciona?

Explorando a Diversidade: Fatores raciais e étnicos no tratamento: os terapeutas devem ser daltônicos?

MÓDULO 42

RA 42-1 Como as técnicas farmacológicas, eletroconvulsoterapia (ECT) e psicocirúrgicas são usadas hoje no tratamento dos transtornos psicológicos?

Terapia Biomédica: Abordagens Biológicas

Terapia farmacológica

Aplicando a Psicologia no Século XXI: Aliviando as lembranças traumáticas

Eletroconvulsoterapia (ECT)

Psicocirurgia

Terapias biomédicas em perspectiva

Psicologia comunitária: foco na prevenção

Tornando-se um Consumidor Informado de Psicologia: Escolhendo o terapeuta certo

Prólogo *Impedindo uma tragédia*

Melanie Poorman girou em sua cadeira e apertou um botão no telefone. Quem estava ligando, um veterano da guerra do Iraque de 30 anos, recentemente havia rompido com a namorada e estava assistindo a um filme, *Body of War*, o qual estava desencadeando lembranças ruins. Ele começou a chorar.

O rapaz tinha por perto uma espingarda calibre 12. "Alguém poderia, por favor, vir aqui e levá-la embora", pediu ele.

A senhora Poorman, 54 anos, gentilmente convenceu o homem a descarregar a arma. Enquanto um colega chamava a polícia, ela ficou na linha, conversando com ele sobre sua namorada, seu trabalho e a guerra. De repente, ouviram-se sirenes. "Descarreguei a arma!", ela o ouviu gritar. E, então, ele desligou (Dao, 2010, p. A1).

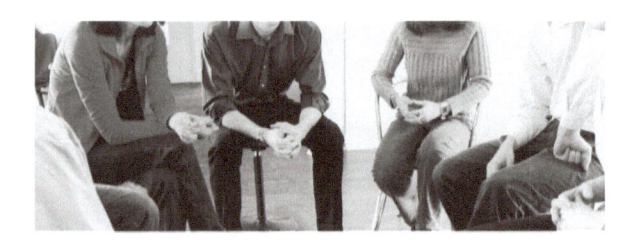

Olhando à frente

Aquela era uma noite típica na linha direta de prevenção ao suicídio administrada pelo Departamento de Assuntos dos Veteranos. Outros chamados incluíam um homem bêbado que tinha alucinações com pessoas que ele achava que havia matado, um homem com transtorno bipolar que tinha pesadelos, e outro homem que estava recusando-se a tomar seus remédios e dizia que ia correr em uma estrada movimentada.

As linhas telefônicas diretas de prevenção ao suicídio são apenas uma forma pela qual conselheiros treinados e terapeutas auxiliam as pessoas que sofrem de dor psicológica. Embora o tratamento possa assumir formas que variam desde sessões informais de aconselhamento com um encontro até terapia de longa duração para abuso de drogas, todas as abordagens têm um objetivo comum: o alívio de transtornos psicológicos com a meta final de capacitar os indivíduos a ter uma vida mais rica, mais significativa e mais satisfatória.

Apesar de sua diversidade, as abordagens de tratamento dos transtornos psicológicos enquadram-se em duas categorias principais: terapias psicológicas e terapias biológicas. A terapia psicológica ou **psicoterapia**, é um tratamento em que um profissional treinado – um terapeuta – utiliza técnicas psicológicas para ajudar alguém a superar dificuldades e transtornos psicológicos, a resolver problemas na vida ou a desenvolver o crescimento pessoal. Em psicoterapia, o objetivo é produzir mudanças psicológicas em uma pessoa (chamada de "cliente" ou "paciente") por meio de discussões e interações com o terapeuta. Em contraste, a **terapia biomédica** baseia-se no uso de fármacos e de procedimentos médicos para melhorar o funcionamento psicológico.

À medida que descrevermos as várias abordagens de terapia, tenha em mente que, embora as distinções possam parecer bem claras, as classificações e os procedimentos sobrepõem-se bastante. De fato, muitos terapeutas hoje adotam uma *abordagem eclética* de terapia, o que significa que eles usam uma variedade de métodos com determinado paciente. Presumindo que tanto os processos psicológicos quanto os biológicos produzem transtornos psicológicos, os terapeutas ecléticos podem partir de diversas perspectivas simultaneamente para abordar os aspectos psicológicos e biológicos dos problemas de uma pessoa (Goin, 2005; Berman, Jobes, & Silverman, 2006).

psicoterapia Tratamento no qual um profissional treinado – um terapeuta – utiliza técnicas psicológicas para ajudar uma pessoa a superar dificuldades e transtornos psicológicos, resolver problemas na vida ou desenvolver o crescimento pessoal.

terapia biomédica Terapia que se baseia no uso de fármacos e em outros procedimentos médicos para melhorar o funcionamento pessoal.

MÓDULO 40
Psicoterapia: Abordagens Psicodinâmicas, Comportamentais e Cognitivas

Os terapeutas usam cerca de 400 variedades diferentes de psicoterapia, abordagens de terapia que lidam com os fatores psicológicos. Embora diferentes em muitos aspectos, todas as abordagens psicológicas veem o tratamento como uma forma de resolver os problemas pela modificação do comportamento das pessoas e ajudando-as a compreender melhor a si mesmas e seu passado, presente e futuro.

Em vista da variedade de abordagens psicológicas, não é de causar surpresa que as pessoas que oferecem terapia variem consideravelmente quanto ao histórico educacional e treinamento (ver Fig. 1). Muitos têm doutorado em psicologia (i. e., frequentaram a pós-graduação, aprenderam técnicas e pesquisa clínica e estagiaram em um local que trata pessoas com transtornos psicológicos). Contudo, também é oferecida terapia por pessoas em campos afins à psicologia, como a psiquiatria e o serviço social.

Independentemente do treinamento específico, quase todos os psicoterapeutas empregam uma das quatro principais abordagens de terapia: psicodinâmica, comportamental, cognitiva e humanista. Essas abordagens estão baseadas nos modelos de personalidade e transtornos psicológicos desenvolvidos pelos psicólogos. Vamos considerar cada uma das abordagens – psicodinâmica, comportamental e cognitiva. No próximo módulo, exploraremos a abordagem humanista, além da psicoterapia interpessoal e da terapia de grupo, e avaliaremos a eficácia da psicoterapia.

Resultados de Aprendizagem

RA 40-1 Quais são os objetivos das abordagens de tratamento psicológicas e biológicas?

RA 40-2 Quais são as abordagens de tratamento psicodinâmicas, comportamentais e cognitivas?

Recebendo ajuda da pessoa certa

Psicólogos clínicos
Psicólogos com Ph.D. ou Psy.D. que também concluíram um estágio de pós-graduação. Eles se especializam na avaliação e no tratamento de problemas psicológicos, oferecendo terapia e, em alguns estados dos Estados Unidos, podem prescrever fármacos.

Psicólogos conselheiros
Psicólogos com Ph.D. ou Ed.D. que tratam problemas de ajustamento do dia a dia, geralmente em uma clínica universitária de saúde mental.

Psiquiatras
M.D.s com treinamento de pós-graduação em comportamento anormal. Como eles podem prescrever medicamento, costumam tratar os transtornos mais graves.

Psicanalistas
M.D.s ou psicólogos que se especializam em psicanálise, técnica de tratamento que foi desenvolvida inicialmente por Freud.

Conselheiros profissionais licenciados ou conselheiros clínicos em saúde mental
Profissionais com título de mestrado que oferecem terapia a indivíduos, casais e famílias e que têm uma certificação nacional ou estadual.

Assistentes sociais clínicos ou psiquiátricos
Profissionais com título de mestrado e treinamento especializado que podem oferecer terapia, em geral referente a problemas familiares e pessoais comuns.

FIGURA 1 Nos Estados Unidos, vários profissionais oferecem terapia e aconselhamento. Espera-se que cada um dê conselhos e orientações úteis. No entanto, a natureza do problema que uma pessoa está experimentando pode tornar uma ou outra terapia mais apropriada. Por exemplo, uma pessoa que está sofrendo de uma perturbação grave e perdeu o contato com a realidade geralmente precisará de algum tipo de terapia farmacológica. Nesse caso, um psiquiatra – que é médico – seria o profissional de escolha. Entretanto, aqueles que sofrem de transtornos mais leves, como dificuldade de se adaptar à morte de um membro da família, têm uma opção mais ampla que pode incluir um dos profissionais listados aqui.

Abordagens psicodinâmicas

terapia psicodinâmica
Terapia que procura trazer conflitos passados não resolvidos e impulsos inaceitáveis do inconsciente para o consciente, área na qual os pacientes podem lidar com os problemas de modo mais eficaz.

A **terapia psicodinâmica** procura trazer conflitos passados não resolvidos e impulsos inaceitáveis do inconsciente para o consciente, área na qual os pacientes podem lidar com os problemas de modo mais eficaz. As abordagens psicodinâmicas estão baseadas na abordagem psicanalítica da personalidade de Freud, segundo a qual os indivíduos empregam *mecanismos de defesa*, ou seja, estratégias psicológicas para se proteger de impulsos inconscientes inaceitáveis.

O mecanismo de defesa mais comum é a *repressão*, que força pensamentos e impulsos ameaçadores e desagradáveis de volta para o inconsciente. No entanto, uma vez que os pensamentos e impulsos inaceitáveis nunca podem ser completamente enterrados, parte da ansiedade associada a eles pode produzir comportamento anormal na forma do que Freud chamou de *sintomas neuróticos*.

Como nos livramos da ansiedade produzida por impulsos e ímpetos inconscientes indesejados? Para Freud, a resposta era confrontar os conflitos e impulsos retirando-os da parte inconsciente da mente e trazendo-os para a parte consciente. Segundo ele, essa técnica reduziria a ansiedade proveniente de conflitos passados e o paciente poderia, então, participar de sua vida diária mais efetivamente.

Portanto, um terapeuta psicodinâmico enfrenta o desafio de encontrar uma maneira de auxiliar nas tentativas do paciente de explorar e entender o inconsciente. A técnica que se desenvolveu apresenta inúmeros componentes, porém basicamente consiste em guiar os pacientes para considerar e discutir suas experiências passadas em detalhes explícitos desde o tempo de suas primeiras lembranças. Esse processo presume que os pacientes acabarão deparando-se com crises, traumas e conflitos há muito tempo ocultos que estão produzindo ansiedade na vida adulta. Eles, então, serão capazes de "elaborar" – entender e retificar – essas dificuldades.

Psicanálise: a terapia de Freud

psicanálise Psicoterapia desenvolvida por Freud cujo objetivo é liberar pensamentos e sentimentos inconscientes ocultos para reduzir sua força no controle do comportamento.

A **terapia psicodinâmica** freudiana clássica, denominada psicanálise, tende a ser uma situação prolongada e cara. A **psicanálise** é o tipo de psicoterapia desenvolvida por Freud cujo objetivo é liberar pensamentos e sentimentos inconscientes ocultos para reduzir sua força no controle do comportamento.

Em psicanálise, os pacientes podem encontrar-se com um psicanalista com uma frequência considerável, muitas vezes 50 minutos por dia, 4 a 5 dias por semana, durante vários anos. Em suas sessões, costumam utilizar uma técnica desenvolvida por Freud denominada *associação livre*. Os psicanalistas que usam essa técnica pedem aos pacientes para que digam em voz alta tudo o que lhes vier à mente, independentemente da aparente irrelevância ou falta de sentido, enquanto os psicanalistas tentam reconhecer e rotular as conexões entre o que um paciente diz e o inconsciente dele. Os psicanalistas também usam a *interpretação dos sonhos*, examinando os sonhos para encontrar indícios de conflitos e problemas inconscientes. Indo além da descrição superficial de um sonho (chamada de *conteúdo manifesto*), os psicanalistas procuram seu significado subjacente (o *conteúdo latente*), o qual revela o verdadeiro significado inconsciente do sonho (Auld, Hyman, & Rudzinski, 2005; Bodin, 2006; Blum, 2011).

> **Alerta de estudo**
> Para entender melhor como funciona a terapia psicodinâmica, revise a teoria psicanalítica de Freud discutida no capítulo sobre personalidade.

Os processos de associação livre e interpretação dos sonhos nem sempre avançam com facilidade. As mesmas forças inconscientes que inicialmente produziram repressão podem manter as dificuldades passadas fora da mente consciente, o que produz resistência. *Resistência* é uma incapacidade ou indisponibilidade para discutir ou revelar lembranças, pensamentos ou motivações particulares. Os pacientes expressam resistência de muitas maneiras. Por exemplo, eles podem estar discutindo uma lembrança da infância e repentinamente se esquecem do que estavam dizendo, ou, então, mudam de assunto. É função do psicanalista pinçar exemplos de resistência e interpretar seu significado, além de assegurar que os pacientes retornem ao assunto – o que provavelmente contém lembranças difíceis ou dolorosas para eles.

Módulo 40 Psicoterapia: Abordagens Psicodinâmicas, Comportamentais e Cognitivas

Devido à interação próxima, quase íntima entre paciente e psicoterapeuta, a relação entre os dois torna-se emocionalmente carregada e assume uma complexidade diferente da maioria das outras relações. Os pacientes podem vir a pensar no psicanalista como um símbolo de outra pessoa significativa em seu passado, talvez um dos pais ou uma pessoa amada, e dedicar alguns dos seus sentimentos por aquela pessoa ao analista – um fenômeno conhecido como transferência. **Transferência** é a transmissão para o psicanalista de sentimentos de amor e ódio que foram originalmente direcionados para os pais do paciente ou para outras figuras de autoridade (Evans, 2007; Steiner, 2008; Høglend et al., 2011).

Um psicanalista pode usar a transferência para ajudar um paciente a recriar relações passadas que foram psicologicamente difíceis. Por exemplo, se uma paciente que está fazendo transferência encara seu psicanalista como um símbolo do pai – com quem ela tinha um relacionamento difícil –, a paciente e o psicanalista podem "refazer" uma interação anterior, dessa vez incluindo aspectos mais positivos. Por meio desse processo, a paciente pode resolver conflitos referentes ao pai real – o que está começando a acontecer na seguinte sessão de terapia:

> Sandy: Meu pai... nunca se interessou por nenhum de nós... Era a minha mãe – que descanse em paz – quem nos amava, não nosso pai. Ele a fazia trabalhar até a morte. Deus, sinto a falta dela... Devo estar parecendo zangada com meu pai. Você não acha que tenho o direito de estar zangada?
>
> Psicanalista: Você acha que tem o direito de estar zangada?
>
> Sandy: É claro que sim! Por que você está me questionando? Você não acredita em mim, não é?
>
> Psicanalista: Você quer que eu acredite em você.
>
> Sandy: Não me importo se você acredita em mim ou não... Sei o que você está pensando – você acha que sou louca – você deve estar rindo de mim – provavelmente vou ser um caso de seu próximo livro! Você está simplesmente sentado aí – cínico – fazendo eu me sentir uma pessoa má – achando que estou errada por ficar brava, que não tenho o direito de ficar brava.
>
> Psicanalista: Assim como seu pai.
>
> Sandy: Sim, você é bem como meu pai. Oh, meu Deus! Bem agora – eu – eu – achei que estava falando com ele. (Sue, Sue, & Sue, 1990, p. 514, 515)

A relação próxima e intensa entre psicanalista e paciente pode tornar-se altamente complexa.

transferência Transmissão para o psicanalista de sentimentos de amor e ódio que foram originalmente direcionados para os pais do paciente ou para outras figuras de autoridade.

Abordagens psicodinâmicas contemporâneas

Poucas pessoas têm tempo, dinheiro e paciência para participar durante anos da psicanálise tradicional. Além disso, não há evidências conclusivas que mostrem que a psicanálise, conforme concebida originalmente por Freud no século XIX, funciona melhor do que outras formas mais recentes de terapia psicodinâmica.

Hoje, a terapia psicodinâmica tende a ser de duração mais curta e, em regra, não dura mais do que três meses ou 20 sessões. O terapeuta assume um papel mais ativo do que Freud teria gostado, controlando o curso da terapia e incitando ou aconselhando o paciente com uma diretividade considerável. Ele atribui menos ênfase à história passada e à infância do paciente e, em vez disso, concentra-se nas relações atuais do indivíduo e em suas queixas específicas (Charman, 2004; Wolitzky, 2006; Brafman, 2011).

Avaliando a terapia psicodinâmica

Mesmo com as modificações atuais, a terapia psicodinâmica recebe críticas. Em suas versões mais longas, ela pode ser lenta e cara, especialmente em comparação com outras formas de psicoterapia,

"E quando foi que você percebeu pela primeira vez que não era como as outras precipitações?"

como as abordagens comportamentais e cognitivas. Além disso, os pacientes menos articulados podem não se sair tão bem quanto aqueles mais articulados.

A preocupação mais importante acerca do tratamento psicodinâmico é se ele realmente funciona, mas não existe uma resposta simples para essa pergunta. As técnicas de tratamento psicodinâmicas são controversas desde que Freud as introduziu. Parte do problema é a dificuldade em estabelecer se os pacientes melhoraram após a terapia psicodinâmica. A determinação da eficácia depende dos relatos do terapeuta ou dos próprios pacientes – relatos que são obviamente abertos à parcialidade e à interpretação subjetiva.

Os críticos também questionaram toda a base teórica da terapia psicodinâmica: eles argumentam que construtos como o inconsciente não foram confirmados cientificamente. Apesar dessa crítica, no entanto, a abordagem de tratamento psicodinâmico permaneceu viável. Para algumas pessoas, ela oferece soluções para questões psicológicas difíceis, proporciona tratamento efetivo para determinados transtornos psicológicos e permite o desenvolvimento potencial de um grau incomum de *insight* sobre a própria vida (Ablon & Jones, 2005; Bond, 2006; Anestis, Anestis, & Lilienfeld, 2011).

Abordagens comportamentais

Talvez, quando você era criança, seus pais o recompensavam com uma casquinha de sorvete quando você era especialmente bom... ou o mandavam para o quarto se você se comportava mal. Princípios sólidos apoiam essa estratégia de criação dos filhos: o bom comportamento é mantido pelo reforço e o comportamento indesejado pode ser eliminado pela punição.

Esses princípios representam a base das **abordagens comportamentais**. Fundamentadas nos processos básicos de aprendizagem, as abordagens comportamentais têm o seguinte pressuposto fundamental: tanto o comportamento anormal quanto normal são *aprendidos*. As pessoas que agem anormalmente não aprenderam as habilidades de que precisavam para enfrentar os problemas da vida diária ou adquiriram habilidades e padrões falhos que estão sendo mantidos por algum tipo de reforço. Para modificar o comportamento anormal, então, os proponentes das abordagens comportamentais propõem que as pessoas precisam aprender um novo comportamento para substituir as habilidades falhas que desenvolveram e desaprender os padrões de comportamento mal-adaptativos (Krijn et al., 2004; Norton & Price, 2007; Kowalik et al., 2011).

Os psicólogos comportamentais não precisam examinar o passado ou a psique das pessoas. Em vez de encarar o comportamento anormal como um sintoma de um problema subjacente, eles consideram o comportamento anormal como o problema que precisa de modificação. O objetivo da terapia é mudar o comportamento das pessoas para lhes permitir que funcionem mais efetivamente. Segundo essa visão, não existe outro problema além do próprio comportamento mal-adaptativo; se você puder mudar esse comportamento, o tratamento será bem-sucedido.

Tratamentos de condicionamento clássico

Suponha que você morda sua barra de chocolate preferida e descubra não só que ela está infestada de formigas, mas que você também engoliu uma quantidade delas. Você imediatamente fica doente do estômago e vomita. Sua reação a longo prazo? Você nunca mais come aquele tipo de doce e pode levar meses até que você coma qualquer tipo

abordagens comportamentais
Abordagens de tratamento que fazem uso de processos básicos de aprendizagem, tais como reforço e punição, e pressupõem que tanto o comportamento anormal quanto o normal são aprendidos.

As abordagens comportamentais de tratamento tentariam modificar o comportamento desse casal em vez de abordar as causas subjacentes do comportamento.

de doce. Você aprendeu pelo processo básico de condicionamento clássico a evitar o doce para que não fique doente e vomite.

Condicionamento aversivo. Esse exemplo simples ilustra como uma pessoa pode ser classicamente condicionada a modificar o comportamento. Os terapeutas comportamentais usam esse princípio quando empregam o **condicionamento aversivo**, uma modalidade de terapia que reduz a frequência do comportamento indesejado associando um estímulo aversivo desagradável ao comportamento indesejado. Por exemplo, os terapeutas comportamentais podem usar o condicionamento aversivo associando o álcool a um medicamento que cause náusea e vômitos. Depois que os dois foram relacionados algumas vezes, a pessoa associa o álcool isoladamente aos vômitos e o considera menos atraente.

Embora a terapia aversiva funcione razoavelmente bem na inibição de problemas de abuso de substância como o alcoolismo e certos tipos de transtornos sexuais, os críticos questionam sua eficácia a longo prazo. Além disso, preocupações éticas importantes envolvem as técnicas aversivas que empregam estímulos tão potentes quanto o choque elétrico, usado pelos terapeutas somente em casos mais extremos, como automutilação por parte do paciente. Obviamente, no entanto, a terapia aversiva oferece um procedimento relevante para a eliminação de respostas mal-adaptativas por algum período de tempo – uma pausa que oferece, mesmo que apenas temporariamente, uma oportunidade de encorajar padrões de comportamento mais adaptativos (Delgado, Laboulière, & Phelps, 2006; Pautassi et al., 2011).

condicionamento aversivo Modalidade de terapia que reduz a frequência do comportamento indesejado associando um estímulo aversivo desagradável ao comportamento indesejado.

Dessensibilização sistemática. Outro tratamento que se desenvolveu a partir do condicionamento clássico foi a dessensibilização sistemática. Na **dessensibilização sistemática**, a exposição gradual a um estímulo que produz ansiedade é associada ao relaxamento para extinguir a resposta de ansiedade (Choy, Fyer, & Lipsitz, 2007; Dowling, Jackson, & Thomas, 2008; Triscari et al., 2011).

Suponha, por exemplo, que você tivesse um medo extremo de voar. O simples pensamento de estar dentro de um avião já faria com que você começasse a suar e tremer, e você não conseguiria ficar suficientemente perto de um aeroporto para saber como reagiria se, na verdade, tivesse de voar para algum lugar. Usando a dessensibilização sistemática para tratar o problema, você primeiro seria treinado em técnicas de relaxamento por um terapeuta comportamental e aprenderia a relaxar seu corpo por inteiro – um estado altamente agradável, como se pode imaginar (ver a Fig. 2).

dessensibilização sistemática Uma técnica comportamental em que a exposição gradual a um estímulo que produz ansiedade é associada ao relaxamento para extinguir a resposta de ansiedade.

Passo 1. Escolha como foco uma palavra ou frase que esteja firmemente enraizada em seu sistema de crenças pessoais. Por exemplo, um indivíduo não religioso poderia escolher uma palavra neutra como *um*, *paz* ou *amor*. Uma pessoa cristã que desejasse usar uma oração poderia escolher as palavras de abertura do Salmo 23, O Senhor é o meu pastor; uma pessoa judia poderia escolher Shalom.

Passo 2. Sente silenciosamente em uma posição confortável.

Passo 3. Feche seus olhos.

Passo 4. Relaxe seus músculos.

Passo 5. Respire lenta e naturalmente, repetindo sua palavra ou frase de foco silenciosamente enquanto expira.

Passo 6. Durante todo o tempo, assuma uma atitude passiva. Não se preocupe se você está indo bem. Quando outros pensamentos vierem à mente, apenas diga a si mesmo: "Tudo bem!" e gentilmente volte para a repetição.

Passo 7. Continue por 10 a 20 minutos. Você pode abrir os olhos para checar o tempo, mas não use um alarme. Quando terminar, sente silenciosamente por um minuto ou mais, primeiro com os olhos fechados e depois com os olhos abertos. Então fique de pé por um ou dois minutos.

Passo 8. Pratique a técnica uma ou duas vezes por dia.

FIGURA 2 Seguir esses passos básicos ajudará você a atingir uma sensação de serenidade, empregando a resposta de relaxamento. (Fonte: Herbert Benson, M.D., Benson-Henry Institute for Mind Body Medicine, Massachusetts General Hospital, Boston.)

O passo seguinte envolve a construção de uma *hierarquia de medos* – uma lista em ordem crescente de gravidade daquilo que você associa com seus medos. Por exemplo, sua hierarquia poderia ser assim:

1. Ver um avião voando acima de você.
2. Ir a um aeroporto.
3. Comprar uma passagem.
4. Entrar no avião.
5. Ver o avião fechar a porta.
6. Ver o avião taxiando na pista.
7. Decolar.
8. Estar no ar.

> **Alerta de estudo**
>
> Para se lembrar do conceito de hierarquia de medos, pense em algo de que você tem medo e construa sua própria hierarquia de medos.
>
> **exposição** Tratamento comportamental para a ansiedade no qual as pessoas são confrontadas repentina ou gradualmente com um estímulo que elas temem.

Depois de desenvolver essa hierarquia e aprender as técnicas de relaxamento, você vai aprender a associar os dois grupos de respostas. Para isso, seu terapeuta pede que você se coloque em uma posição relaxada e, então, imagine-se na primeira situação identificada em sua hierarquia. Depois de considerar esse primeiro passo enquanto permanece relaxado, você avança para a situação seguinte. Você segue avançando na hierarquia em estágios graduais até que consiga se imaginar estando no ar sem sentir ansiedade. Por fim, o terapeuta pede uma visita a um aeroporto e depois pegue um voo.

Tratamentos de exposição. Embora a dessensibilização sistemática tenha se revelado como um tratamento bem-sucedido, hoje ela é com frequência substituída por uma forma menos complicada de terapia denominada exposição. A **exposição** é um tratamento comportamental para a ansiedade na qual as pessoas são confrontadas repentina ou gradualmente com um estímulo que elas temem. Contudo, diferentemente da dessensibilização sistemática, o treinamento de relaxamento é omitido. A exposição possibilita a extinção da resposta mal-adaptativa de ansiedade ou esquiva, e pesquisas mostram que essa abordagem é geralmente tão eficaz quanto a dessensibilização sistemática (Havermans et al., 2007; Hofmann, 2007; Bush, 2008).

Na maioria dos casos, os terapeutas usam a *exposição gradual*, em que os pacientes são expostos a um estímulo temido em passos graduais. Por exemplo, um paciente que tem medo de cães pode primeiro assistir a um vídeo sobre cães. A exposição gradualmente evolui para ver um cão vivo e preso a uma coleira do outro lado da sala e, então, acariciar e tocar o cão (Berle, 2007; Means & Edinger, 2007).

A exposição tem se mostrado um tratamento efetivo para vários problemas, incluindo fobias, transtornos de ansiedade e, até mesmo, impotência e receio de contato sexual. Por meio dessa técnica, as pessoas podem aprender a gostar as coisas que temiam (Franklin, March, & Garcia, 2007; Powers & Emmelkamp, 2008; Tuerk et al., 2011).

Técnicas de condicionamento operante

Algumas abordagens comportamentais fazem uso dos princípios do condicionamento operante que discutimos anteriormente quando consideramos o tópico da aprendizagem. Essas abordagens estão baseadas na noção de que devemos recompensar as pessoas por executar o comportamento desejado e extinguir o comportamento indesejado ignorando-o ou punindo-o.

Um exemplo de aplicação sistemática dos princípios do condicionamento operante é o *sistema de fichas*, o qual recompensa uma pessoa pelo comportamento desejado com uma ficha como aquelas de pôquer ou algum tipo de dinheiro fictício. Embora seja mais comumente empregado em ambientes institucionais para indivíduos com problemas relativamente graves e, às vezes, com crianças como uma técnica de manejo em sala de aula, esse sistema assemelha-se ao que os pais fazem quando dão dinheiro aos filhos por serem bem-comportados – dinheiro que posteriormente as crianças podem trocar por algo que desejam. O comportamento desejado pode variar desde coisas simples como manter o quarto arrumado até os cuidados pessoais e a interação com outras pessoas. Em instituições, os pacientes podem trocar as fichas por algum objeto ou atividade, como salgadinhos, roupas novas ou, em casos extremos, deitar na própria cama em vez de ficar em um saco de dormir no chão.

O contrato de contingência, uma variante do sistema de fichas, mostrou-se bastante efetivo na modificação do comportamento. No *contrato de contingência*, terapeuta e cliente (ou professor e aluno ou pai e filho) redigem um acordo escrito. O contrato estabelece uma série de objetivos comportamentais que o cliente espera atingir. Ele também especifica as consequências positivas para o cliente se ele atingir os objetivos – em regra uma recompensa explícita como dinheiro ou privilégios adicionais. Os contratos costumam estabelecer consequências negativas se o cliente não alcançar os objetivos. Por exemplo, os clientes que estão tentando deixar de fumar podem fazer um cheque para uma causa que eles não têm interesse em apoiar (p. ex., a Associação Nacional de Rifles se eles forem fortes apoiadores do controle de armas). Se o cliente fumar em determinado dia, o terapeuta poderá enviar o cheque.

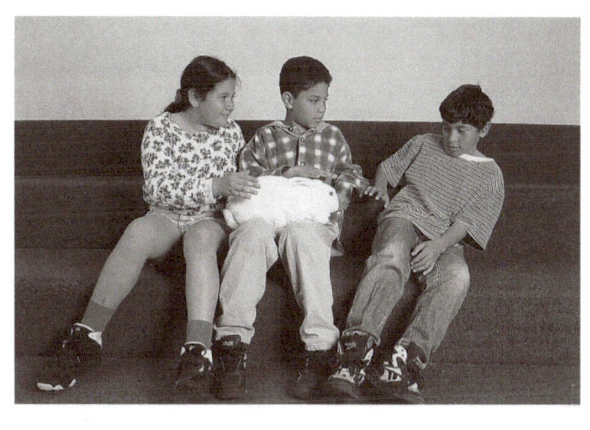

Um "parceiro sem medo" que serve como modelo para comportamento apropriado e efetivo pode ajudar as crianças a superarem seus medos.

Os terapeutas comportamentais também usam a *aprendizagem observacional*, um processo no qual o comportamento de outras pessoas serve como modelo para ensinar sistematicamente às pessoas novas habilidades e formas de lidar com seus medos e ansiedades. Por exemplo, a modelagem ajuda quando os terapeutas estão ensinando habilidades sociais básicas, como manter o contato visual durante uma conversa e agir assertivamente. De modo similar, crianças com fobias de cães conseguiram superar seus medos observando outra criança – chamada de "parceiro sem medo" – caminhar com um cão, tocar nele, acariciá-lo e finalmente brincar com ele. A modelagem, então, pode desempenhar um papel eficaz na solução de alguns tipos de dificuldades no comportamento, especialmente se o modelo receber uma recompensa por seu comportamento (Bandura, Grusec, & Menlove, 1967; Greer, Dudek-Singer, & Gautreaux, 2006; Egliston & Rapee, 2007).

Terapia comportamental dialética

Na **terapia comportamental dialética**, o objetivo está em fazer as pessoas mudarem seu comportamento e a visão de si mesmas aceitando quem elas são, independentemente se isso coincide com seu ideal. Mesmo que sua infância tenha sido disfuncional ou que tenham arruinado suas relações com os outros, isso está no passado. O que importa é quem elas desejam tornar-se (Lynch et al., 2007; Wagner, Rizvi, & Hamed, 2007; Robins & Rosenthal, 2001).

Assim como as abordagens de tratamento baseadas nos princípios do condicionamento clássico e operante, a terapia comportamental dialética é resultante das abordagens comportamentais, mas ela também inclui componentes de outras perspectivas. Os terapeutas que usam a terapia comportamental dialética procuram fazer os pacientes perceberem que eles basicamente têm duas opções: ou permanecem infelizes ou mudam. Depois que os pacientes concordam que desejam mudar, depende deles a modificação de seu comportamento. Os pacientes são ensinados que, mesmo que sintam infelicidade, raiva ou outra emoção negativa, não é preciso que isso regule seu comportamento: é seu comportamento que conta – não sua vida interior.

A terapia comportamental dialética ensina habilidades comportamentais que ajudam as pessoas a se comportar mais efetivamente e a controlar suas emoções. Embora esta seja uma forma de terapia relativamente nova, evidências crescentes apoiam sua eficácia, sobretudo em certos transtornos da personalidade (Swales & Heard, 2007; Katz, Fotti, & Postl, 2009; Soler et al., 2009).

terapia comportamental dialética Tratamento em que o objetivo está em fazer com que as pessoas mudem seu comportamento e a visão de si mesmas aceitando quem elas são, independentemente se isso coincide com o seu ideal.

Avaliando a terapia comportamental

A terapia comportamental funciona especialmente bem para eliminar transtornos de ansiedade, tratar fobias e compulsões, estabelecer o controle sobre os impulsos e ensinar ha-

A Neurociência em sua Vida:
Como a terapia comportamental modifica o cérebro

FIGURA 3 As áreas do cérebro mostram uma resposta reduzida a figuras altamente excitantes emocionalmente após terapia comportamental em pacientes com transtorno da personalidade *borderline*. Os exames da esquerda (a) mostram áreas de atividade aumentada (em vermelho, amarelo e laranja) nos pacientes com transtornos da personalidade *borderline* antes da terapia comportamental comparados com os participantes que não têm esse transtorno. Os exames da direita (b) mostram essa mesma comparação após o tratamento. Os exames da direita (b) contêm menos áreas de ativação, o que sugere que, após a terapia comportamental, o cérebro dos pacientes com transtorno da personalidade *borderline* reage de forma mais semelhante ao cérebro daqueles indivíduos que não têm o transtorno. (Veja esta imagem colorida nas orelhas deste livro.)

(Fonte: Schnell & Herpertz, 2007, Fig. 3.)

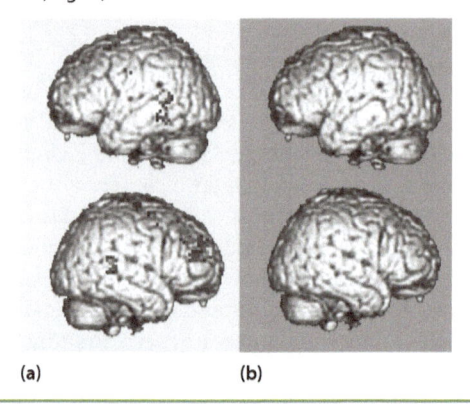

bilidades sociais complexas para substituir o comportamento mal-adaptativo. Mais do que qualquer outra técnica terapêutica, ela oferece métodos que os não profissionais podem usar para mudar o próprio comportamento. Além disso, é eficiente porque se detém na solução cuidadosa de problemas definidos (Richard & Lauterbach, 2006; Barlow, 2007).

Os críticos da terapia comportamental acreditam que, como ela enfatiza a mudança do comportamento externo, as pessoas não têm necessariamente uma percepção dos pensamentos e expectativas que podem estar promovendo o comportamento mal-adaptativo. Todavia, evidências neurocientíficas mostram que os tratamentos comportamentais podem produzir mudanças reais no funcionamento cerebral, o que indica que tais intervenções podem produzir mudanças além do comportamento externo.

Por exemplo, um experimento examinou as reações neurológicas de pacientes com transtorno da personalidade *borderline* que participaram de um programa de terapia comportamental dialética de 12 semanas. Comparados com um grupo-controle composto por pessoas que não tinham o transtorno, os pacientes demonstraram mudanças significativas em suas reações a estímulos altamente excitantes que evocam emoções. Após a terapia, o funcionamento neurológico dos pacientes foi mais parecido com o daqueles sem o transtorno do que antes da terapia (ver Fig. 3, em A Neurociência em sua Vida).

Abordagens cognitivas

Se você presumisse que pensamentos e crenças ilógicas residem na essência dos transtornos psicológicos, a rota de tratamento mais direta não seria ensinar às pessoas modos de pensamento novos e mais adaptativos? A resposta é sim, de acordo com os psicólogos que utilizam uma abordagem cognitiva de terapia.

As **abordagens cognitivas** ensinam as pessoas a pensar de maneira mais adaptativa, modificando suas cognições disfuncionais sobre o mundo e sobre si mesmas. Diferentemente dos terapeutas comportamentais, que propõem a modificação do comportamento externo, os terapeutas cognitivos tentam modificar o modo como as pessoas pensam, além de seu comportamento. Como frequentemente usam princípios básicos de aprendizagem, os métodos que eles empregam são, por vezes, referidos como **abordagem cognitivo-comportamental** (Beck & Rector, 2005; Friedberg, 2006; Kalodner, 2011).

Embora as abordagens cognitivas assumam muitas formas, todas elas compartilham o pressuposto de que a ansiedade, a depressão e as emoções negativas desenvolvem-se a partir do pensamento mal-adaptativo. Por conseguinte, os tratamentos cognitivos procuram modificar os padrões de pensamento que levam o indivíduo a ficar "emperrado" em formas disfuncionais de pensamento. Os terapeutas sistematicamente ensinam os pacientes a questionar seus pressupostos e a adotar novas abordagens para antigos problemas.

A terapia cognitiva é relativamente de curto prazo e dura um máximo de 20 sessões. A terapia tende a ser altamente estruturada e centrada em problemas concretos. Os terapeutas com frequência começam ensinando a teoria que subjaz à abordagem e, então, continuam a assumir um papel ativo durante o curso da terapia, atuando como uma combinação de professor, treinador e parceiro.

Um bom exemplo de intervenção cognitiva, a **terapia comportamental racional-emotiva**, tenta reestruturar o sistema de crenças de uma pessoa conforme um conjunto de visões mais realistas, racionais e lógicas. De acordo com o psicólogo Albert Ellis (2002, 2004), muitas pessoas levam vidas infelizes e sofrem de transtornos psicológicos porque têm ideias irracionais e irrealistas como essas:

- Precisamos de amor ou aprovação de todas as pessoas significativas para tudo o que fazemos.
- Devemos ser inteiramente competentes, adequados e bem-sucedidos em todos os aspectos possíveis para nos considerarmos merecedores desse sucesso.
- É horrível quando as coisas não acontecem do jeito que queremos.

Tais crenças irracionais desencadeiam emoções negativas, o que, por sua vez, apoia as crenças irracionais e leva a um ciclo de autoderrotismo. Ellis chama isso de modelo A-B-C, no qual condições de ativação negativa (A) levam à ativação de um sistema de crenças irracionais (B), o que produz consequências emocionais (C). Por exemplo, se uma pessoa vivencia o rompimento de um relacionamento próximo (A) e tem a crença irracional (B) de que "Nunca vou ser amado de novo", isso desencadeia emoções negativas (C) que, por sua vez, retroalimentam o apoio à crença irracional (ver Fig. 4).

A terapia comportamental racional-emotiva visa a ajudar os clientes a eliminar pensamentos e crenças mal-adaptativos e a adotar um pensamento mais eficaz. Para atingir esse

abordagens cognitivas Abordagens de tratamento que ensinam as pessoas a pensar de maneira mais adaptativa, modificando suas cognições disfuncionais sobre o mundo e sobre si mesmas.

abordagem cognitivo-comportamental Abordagem de tratamento que incorpora princípios básicos de aprendizagem para modificar o modo como as pessoas pensam.

terapia comportamental racional-emotiva Forma de terapia que tenta reestruturar o sistema de crenças de uma pessoa conforme um conjunto de visões mais realistas, racionais e lógicas, questionando crenças disfuncionais que mantêm o comportamento irracional.

A
Condição de ativação negativa
(Rompimento de relação íntima)

→

B
Sistema de crenças irracionais
("Nunca vou ser amado de novo")

→

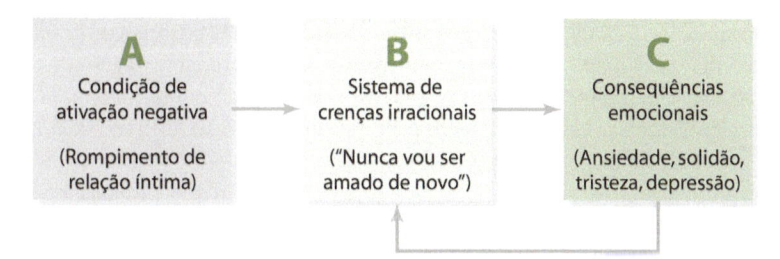

C
Consequências emocionais
(Ansiedade, solidão, tristeza, depressão)

FIGURA 4 No modelo A-B-C de terapia comportamental racional-emotiva, condições de ativação negativa (A) levam à ativação de um sistema de crenças irracionais (B), que produz consequências emocionais (C). Essas consequências emocionais realimentam e apoiam o sistema de crenças. Em que etapas do modelo poderiam ocorrer mudanças decorrentes da terapia comportamental racional-emotiva?

objetivo, os terapeutas assumem um papel diretivo durante a terapia e questionam abertamente os padrões de pensamento que parecem disfuncionais. Considere esse exemplo:

> Martha: O problema básico é que estou preocupada com minha família. Estou preocupada com dinheiro. E parece que nunca consigo relaxar.
> Terapeuta: Por que você está preocupada com sua família?... O que há para se preocupar? Eles têm certas demandas às quais você não quer aderir?
> Martha: Fui criada para pensar que não posso ser egoísta.
> Terapeuta: Ah, teremos que eliminar isso da sua mente!
> Martha: Minha mãe acha que eu não deveria sair de casa – que meu lugar é com eles. Existem dúvidas persistentes sobre o que eu deveria.
> Terapeuta: Por que existem dúvidas? Por que você deveria?
> Martha: Acho que é um sentimento com o qual fui criada de que você sempre tem que dar tudo de si. Se você pensar em si, você está errada.
> Terapeuta: Esta é uma crença. Por que você tem que ficar acreditando nisso – na sua idade? Você acreditava em inúmeras superstições quando era mais jovem. Por que você tem que mantê-las? Seus pais a doutrinaram com essa lengalenga porque essa é a crença deles... Quem precisa dessa filosofia? Tudo o que você obteve até agora foi culpa. (Ellis, 1974, p. 223-286)

Ao tocar as lacunas no raciocínio de Martha, o terapeuta está tentando ajudá-la a adotar uma visão mais realista de si mesma e de suas circunstâncias (Ellis, 2002; Dryden & David, 2008).

Outra modalidade de terapia que se baseia em uma perspectiva cognitiva é a de Aaron Beck (Beck, 1995, 2004). Assim como a terapia comportamental racional-emotiva, a terapia cognitivo-comportamental de Beck visa a modificar os pensamentos ilógicos das pessoas sobre si mesmas e o mundo.

No entanto, a terapia cognitivo-comportamental é consideravelmente menos confrontadora e questionadora do que a terapia comportamental racional-emotiva. Em vez de o terapeuta discutir ativamente com os clientes acerca de suas cognições disfuncionais, os terapeutas cognitivo-comportamentais desempenham mais comumente o papel de professor. Os terapeutas estimulam os clientes a obter informações por conta própria que os levarão a descartar o seu pensamento impreciso por meio de um processo de avaliação cognitiva. Na *avaliação cognitiva*, os clientes são convocados a avaliar situações, a si mesmos e aos outros em termos de memórias, valores, crenças, pensamentos e expectativas. Durante o curso do tratamento, os terapeutas ajudam os clientes a descobrir formas de pensar mais apropriadamente sobre si mesmos e os outros (Rosen, 2000; Beck, Freeman, & Davis, 2004; Moorey, 2007; ver também Fig. 5, em A Neurociência em sua Vida).

Avaliando as abordagens de terapia cognitivas

As abordagens cognitivas demonstraram sucesso em lidar com diversas patologias, incluindo transtornos de ansiedade, depressão, abuso de substâncias e transtornos alimentares. Além disso, a disposição dos terapeutas cognitivos de incorporar abordagens de tratamento adicionais (p. ex., combinando técnicas cognitivas e comportamentais na terapia cognitivo-comportamental) tornou essa abordagem particularmente eficaz (Mitte, 2005; Ishikawa et al., 2007; Bhar et al., 2008).

Ao mesmo tempo, os críticos apontam que o foco na ajuda às pessoas a pensar mais racionalmente ignora o fato de que a vida é, na realidade, muitas vezes irracional. Logo, a mudança dos pressupostos para torná-los mais razoáveis e lógicos pode nem sempre ser útil – mesmo presumindo que é possível produzir uma mudança cognitiva verdadeira. No entanto, o sucesso das abordagens cognitivas fez com que elas se tornassem uma das terapias mais frequentemente empregadas (Leahy, 2003; Beck & Rector, 2005).

PsicoTec
O psicólogo David Mohr descobriu que um tratamento para depressão com base na internet, em que os pacientes conectavam-se a um *website* e também recebiam apoio por *e-mail* e telefone, era eficaz na redução dos episódios depressivos.

A Neurociência em sua Vida:
Como a terapia cognitivo-comportamental modifica o cérebro

FIGURA 5 Certas psicopatologias, como os transtornos de ansiedade generalizada, são frequentemente tratadas com medicamentos como os inibidores da recaptação de serotonina (IRSs). No entanto, efeitos similares podem, às vezes, ser obtidos com tratamentos que abordam a mudança dos padrões de pensamento, como a terapia cognitivo-comportamental (TCC). Conforme é visto nesta imagem, adolescentes com transtorno de ansiedade generalizada mostram ativação aumentada no córtex pré-frontal ventrolateral (CPFVL) enquanto observam rostos zangados (que devem provocar ansiedade) após tratamento com IRSs e TCC. O CPFVL é uma área do cérebro que regula emoções negativas como a ansiedade, e a atividade cerebral aumentada está relacionada à gravidade reduzida nos transtornos de ansiedade generalizada, sugerindo que a TCC é tão eficaz quanto os tratamentos com fármacos.

(Fonte: Maslowsky et al., 2010).

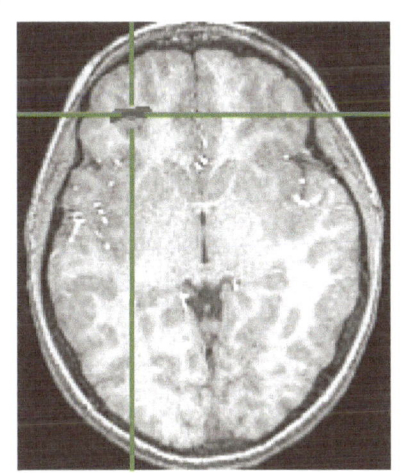

Recapitule/avalie/repense

Recapitule

RA 40-1 Quais são os objetivos das abordagens de tratamento psicológicas e biológicas?

- A psicoterapia (terapia psicológica) e a terapia biomédica (terapia biológica) compartilham o objetivo de resolver problemas psicológicos por meio da modificação dos pensamentos, sentimentos, expectativas, avaliações e comportamento das pessoas.

RA 40-2 Quais são as abordagens de tratamento psicodinâmicas, comportamentais e cognitivas?

- As abordagens psicanalíticas procuram trazer conflitos passados não resolvidos e impulsos inaceitáveis do inconsciente para o consciente, área na qual os pacientes podem lidar com os problemas de modo mais eficaz. Para fazer isto, os terapeutas usam técnicas como a associação livre e a interpretação dos sonhos.

- As abordagens comportamentais consideram o comportamento anormal como o problema, em vez de encará-lo como sintoma de alguma causa subjacente. Para produzir uma "cura", essa visão pressupõe que o comportamento exterior deve ser mudado pelo uso de métodos como o condicionamento aversivo, a dessensibilização sistemática, a aprendizagem observacional, o sistema de fichas, o contrato de contingência e a terapia comportamental dialética.

- As abordagens cognitivas têm como objetivo da terapia ajudar uma pessoa a reestruturar seu sistema de crenças falho em uma visão mais realista, racional e lógica do mundo. Dois exemplos de abordagens cognitivas são a terapia comportamental racional-emotiva e a terapia cognitivo-comportamental.

Avalie

1. Combine os seguintes profissionais de saúde mental com a descrição apropriada
   1. Psiquiatra
   2. Psicólogo clínico
   3. Psicólogo conselheiro
   4. Psicanalista

   a. Ph.D. especializado no tratamento de transtornos psicológicos
   b. Profissional especializado em técnicas de terapia freudiana
   c. M.D. treinado em comportamento anormal
   d. Ph.D. especializado nos problemas de ajustamento do dia a dia

2. De acordo com Freud, as pessoas usam _____ _____ como um meio de impedir que impulsos indesejados interfiram no pensamento consciente.

3. Na interpretação dos sonhos, um psicanalista precisa aprender a distinguir entre o conteúdo _____ de um sonho, que é o que aparece na superfície, e o conteúdo _____, que é o seu significado subjacente.

4. Qual dos seguintes tratamentos lida com as fobias pela exposição gradual ao item que produz medo?
   a. Dessensibilização sistemática
   b. Reforço parcial
   c. Automanejo comportamental
   d. Terapia aversiva

Repense

1. Em que aspectos a psicanálise e a terapia cognitiva são similares e em que aspectos elas diferem?
2. *Da perspectiva de um prestador de cuidados a crianças:* Como você usaria a dessensibilização sistemática para ajudar crianças a superarem medos?

Respostas das questões de avaliação

1. 1-c, 2-a, 3-d, 4-b; 2. mecanismos de defesa; 3. manifesto, latente; 4. a

Termos-chave

psicoterapia **p. 494**
terapia biomédica **p. 494**
terapia psicodinâmica **p. 496**
psicanálise **p. 496**
transferência **p. 497**
abordagens comportamentais **p. 498**
condicionamento aversivo **p. 499**
dessensibilização sistemática **p. 499**
exposição **p. 500**
terapia comportamental dialética **p. 501**
abordagens cognitivas **p. 503**
abordagem cognitivo-comportamental **p. 503**
terapia comportamental racional-emotiva **p. 503**

MÓDULO 41
Psicoterapia: Abordagens Humanista, Interpessoal e de Grupo

Terapia humanista

Como você sabe com base em sua experiência, um estudante não pode dominar o material abordado em um curso sem um trabalho árduo, independentemente do quanto o professor e o livro-texto sejam bons. *Você deve* tirar um tempo para estudar, memorizar o vocabulário e aprender os conceitos; ninguém mais pode fazer isso por você. Se você optar por empenhar esforços, terá sucesso; se não fizer isso, fracassará. A responsabilidade é sobretudo sua.

A **terapia humanista** baseia-se nessa perspectiva filosófica de autorresponsabilidade no desenvolvimento de técnicas de tratamento. Os diferentes tipos de terapia que se enquadram nessa categoria têm uma lógica similar: temos controle do próprio comportamento, podemos fazer escolhas sobre o tipo de vida que desejamos viver e depende de nós resolvermos as dificuldades que encontramos na vida diária.

Os terapeutas humanistas acreditam que as pessoas são naturalmente motivadas para se empenhar na autoatualização. Conforme discutimos no capítulo sobre motivação, *autoatualização* é o termo que o psicólogo clínico Abraham Maslow usou para descrever o estado de autorrealização em que as pessoas percebem seus potenciais mais altos de forma única.

Em vez de atuar da maneira mais diretiva típica de algumas abordagens psicodinâmicas e comportamentais, os terapeutas humanistas se veem como guias ou facilitadores. Os terapeutas que usam técnicas humanistas procuram ajudar as pessoas a se compreender e encontrar formas de se aproximar do ideal que elas desejam para si mesmas. Segundo essa visão, os transtornos psicológicos resultam da incapacidade de encontrar significado para vida e dos sentimentos de solidão, além de uma falta de conexão com os outros (Cain, 2002; Watson, Goldman & Greenberg, 2011).

As abordagens humanistas produziram muitas técnicas terapêuticas. Entre as mais importantes, está a terapia centrada na pessoa.

Terapia centrada na pessoa

Considere o seguinte trecho de uma sessão de terapia:

Alice: Eu estava pensando sobre esse negócio de padrões. De alguma forma, desenvolvi um tipo de jeito, eu acho, de – bem – hábito – de tentar fazer as pessoas se sentirem à vontade comigo ou de fazer as coisas acontecerem calmamente...

Terapeuta: Em outras palavras, o que você fez sempre foi tentar manter as coisas tranquilas e fazer as outras pessoas se sentirem melhor e amenizar a situação.

Alice: Sim. Acho que era isso. Agora a razão por que fiz isso provavelmente era – quero dizer, não que eu fosse uma boa samaritana andando por aí e fazendo as outras pessoas felizes, mas este era provavelmente o papel que parecia ser o mais fácil para que eu desempenhasse...

Terapeuta: Você acha que por um longo tempo você vem desempenhando o papel do tipo que ameniza os atritos ou as diferenças e o que não...

Alice: Hum, hum.

Terapeuta: Em vez de ter alguma opinião ou reação sua na situação. É isso? (Rogers, 1951, p. 152, 153)

Resultados de Aprendizagem

RA 41-1 Quais são as abordagens humanistas de tratamento?

RA 41-2 O que é terapia interpessoal?

RA 41-3 Em que aspectos a terapia de grupo difere dos tipos individuais de terapia?

RA 41-4 Qual é a efetividade da psicoterapia e que tipo de psicoterapia funciona melhor em determinada situação?

terapia humanista Terapia cuja lógica subjacente é de que as pessoas têm o controle de seu comportamento, podem fazer escolhas sobre sua vida e são essencialmente responsáveis pela solução dos próprios problemas.

A terapia humanista baseia-se na autorresponsabilidade.

O terapeuta não interpreta ou responde as questões que o cliente levantou. Em vez disso, ele esclarece ou reflete de volta o que o cliente disse (p. ex., "Em outras palavras, o que você fez..."; "Você acha que..."; "É isso?"). Essa técnica terapêutica, conhecida como *aconselhamento não diretivo*, está no cerne da terapia centrada na pessoa. Ela foi inicialmente praticada por Carl Rogers na metade do século XX (Rogers, 1951, 1980; Raskin & Rogers, 1989).

A **terapia centrada na pessoa** (também chamada de *terapia centrada no cliente*) visa a capacitar as pessoas a atingir seu potencial para a autorrealização. Proporcionando um ambiente cordial e de aceitação, os terapeutas esperam motivar os clientes a expressar seus problemas e sentimentos. Por sua vez, isso possibilita que os clientes façam escolhas realistas e construtivas, tomando decisões sobre as questões que os incomodam em sua vida atual (Kirschenbaum, 2004; Bohart, 2006; Cooper & McLeod, 2011).

Em vez de direcionar as escolhas que os clientes fazem, os terapeutas oferecem o que Rogers chama de *aceitação positiva incondicional* – oferecendo aceitação e compreensão plenas, independentemente dos sentimentos e atitudes que o cliente expressa. Ao fazer isso, os terapeutas esperam criar uma atmosfera que capacite os clientes a chegar a decisões que possam melhorar sua vida (Kirschenbaum & Jourdan, 2005; Vieira & Freire, 2006).

Oferecer aceitação positiva incondicional não significa que os terapeutas precisem aprovar tudo que os seus clientes dizem ou fazem. Em vez disso, os terapeutas precisam comunicar que são atenciosos, sem juízo de valor e *empáticos*, isto é, compreendem as experiências emocionais do cliente (Fearing & Clark, 2000).

A terapia centrada na pessoa é raramente usada hoje em sua forma mais pura. As abordagens contemporâneas tendem a ser um pouco mais diretivas, com os terapeutas encorajando os clientes para o *insight* em vez de meramente refletir de volta suas declarações. Entretanto, os terapeutas ainda veem os *insights* dos clientes como centrais para o processo terapêutico (ver também TrabalhoPsi).

terapia centrada na pessoa Terapia cujo objetivo é atingir o potencial do indivíduo para a autoatualização.

Alerta de estudo

Para lembrar melhor do conceito de aceitação positiva incondicional, tente oferecê-la a um amigo durante uma conversa, mostrando seu apoio, sua aceitação e sua compreensão, não importando que pensamento ou atitude seu amigo expresse.

TrabalhoPsi

ASSISTENTE SOCIAL E CONSELHEIRA EM ABUSO DE SUBSTÂNCIAS

Nome: Vickie Dickerman
Formação: Bacharel em Estudos da Adição e Psicologia, Park University, Parkville, Missouri; Profissional Certificado de Transtornos em Co-ocorrência

"No Centro Comunitário de Kansas City, ajudamos as pessoas a reconstruírem suas vidas."

Para Vickie Dickerman, assistente social e conselheira em abuso de substância, essa declaração é o fundamento de seu trabalho.

"O tratamento é uma colaboração entre o que o cliente deseja de um programa e o que você, como profissional, vê como essencial no processo de planejamento do tratamento. Também auxiliamos os clientes na obtenção de suas necessidades básicas para que eles possam tornar-se membros produtivos da sociedade", diz ela.

Dickerman, que trabalha há 20 anos na área de abuso de substância com infratores criminais, utiliza várias abordagens para ajudar as pessoas a reconstruírem suas vidas.

"Abordo os 'erros do pensamento criminal' com a terapia centrada no cliente", explica ela. "Quando os clientes se engajam em 'pensamento criminal', eles se veem como vítimas, focam somente seus atributos positivos e evitam assumir a responsabilidade por suas ações." Dickerman procura modificar tal pensamento e ajudar os clientes a reconstruírem a autoconfiança em sua capacidade de atender às próprias necessidades básicas.

"Expressar um elogio aos transgressores por alguma coisa que não pareceria uma conquista para a maioria de nós é de suma importância, visto que a baixa autoestima deles e a falta de autoconfiança são frequentemente o resultado da falta de reforço dos membros da família e de seus pares", acrescenta Dickerman. "A existência de reveses deve ser considerada como parte do processo, pois os indivíduos com erros no pensamento criminal experimentam dificuldade em receber elogios e podem tentar sabotar o próprio sucesso."

Avaliando as abordagens de terapia humanistas

A noção de que os transtornos psicológicos resultam do potencial de crescimento restringido atrai filosoficamente muitas pessoas. Além disso, quando os terapeutas humanistas reconhecem que a liberdade que temos pode levar a perturbações psicológicas, os pacientes encontram um ambiente incomumente apoiador para a terapia. Por sua vez, essa atmosfera pode ajudar os clientes a descobrir soluções para conflitos psicológicos difíceis (Cooper, 2007).

Entretanto, os tratamentos humanistas carecem de especificidade, um problema que preocupou seus críticos. As abordagens humanistas não são muito precisas e representam provavelmente o tipo de tratamento menos desenvolvido em termos científicos e teóricos. Essa modalidade de tratamento funciona melhor para o mesmo tipo de cliente altamente verbal que tira mais proveito da psicanálise.

Terapia interpessoal

A **terapia interpessoal (TI)** considera o contexto das relações sociais. Embora suas raízes encontrem-se nas abordagens psicodinâmicas, a TI concentra-se mais no aqui e agora com o objetivo de melhorar as relações do cliente. Ela costuma abordar questões interpessoais, como conflitos com os outros, habilidades sociais, transições de papéis (como divórcio) ou luto (Weissman, Markowitz, & Klerman, 2007; Stangier et al., 2011).

A TI é mais ativa e diretiva do que as abordagens psicodinâmicas tradicionais, enquanto as sessões são mais estruturadas. A abordagem não faz suposições acerca das causas subjacentes dos transtornos psicológicos, mas centra-se no contexto interpessoal em que um transtorno é desenvolvido e mantido. Ela também tende a ser mais curta do que as abordagens psicodinâmicas tradicionais e dura apenas de 12 a 16 semanas. Durante essas sessões, os terapeutas oferecem sugestões concretas sobre a melhoria das relações com os outros, fazem recomendações e dão conselhos.

Como a TI é curta e estruturada, os pesquisadores conseguiram demonstrar sua eficácia mais prontamente do que os tipos de terapia de prazo mais longo. As avaliações da abordagem mostraram que a TI é especialmente eficaz em lidar com depressão, ansiedade, adições e transtornos alimentares (Salsman, 2006; Grigoriadis & Ravitz, 2007; Miller et al., 2008).

terapia interpessoal (TI) Terapia de curta duração centrada no contexto das relações sociais atuais.

Terapias de grupo

Embora a maior parte dos tratamentos aconteça entre um único indivíduo e seu terapeuta, algumas formas de terapia envolvem grupos de pessoas que procuram tratamento. Na **terapia de grupo**, várias pessoas que não são relacionadas reúnem-se com um terapeuta para discutir algum aspecto de seu funcionamento psicológico.

As pessoas geralmente discutem com o grupo seus problemas, os quais se centram em uma dificuldade comum, como alcoolismo ou falta de habilidades sociais. Os outros membros do grupo fornecem apoio emocional e dão conselhos sobre a maneira como ele deve enfrentar efetivamente tais problemas (Scaturo, 2004; Rigby & Waite, 2007; Schachter, 2011).

Os grupos variam amplamente em termos do modelo particular que empregam: existem grupos psicanalíticos, grupos humanistas e grupos que correspondem a outras abordagens terapêuticas. Os grupos também diferem em relação ao grau de orientação dada pelo terapeuta. Em alguns, o terapeuta é bastante diretivo; em outros, os membros do grupo definem a própria agenda e deter-

terapia de grupo Terapia em que as pessoas reúnem-se em um grupo com um terapeuta para discutir problemas.

"Então, alguém no grupo se importaria de responder ao que Clifford acabou de compartilhar conosco?"

Na terapia de grupo, as pessoas com dificuldades psicológicas encontram-se com um terapeuta para discutir seus problemas.

terapia de família
Abordagem que se centra na família e em sua dinâmica.

minam como o grupo prosseguirá (Beck & Lewis, 2000; Stockton, Morran, & Krieger, 2004).

Como várias pessoas são tratadas simultaneamente na terapia de grupo, ela é um meio muito mais econômico de abordagem do que a psicoterapia individual. Entretanto, os críticos argumentam que os contextos grupais carecem da atenção individual inerente à terapia um a um e que indivíduos especialmente tímidos ou retraídos podem não receber a atenção de que precisam no contexto de um grupo.

Terapia de família

Uma modalidade especializada de terapia de grupo é a terapia de família. Como o nome implica, **terapia de família** envolve dois ou mais membros da família, cujos problemas de um (ou mais) deles levou ao tratamento. Contudo, em vez de focar simplesmente os membros da família que apresentam o problema inicial, os terapeutas consideram a família como uma unidade para a qual cada membro contribui. Ao se encontrar com toda a família simultaneamente, os terapeutas tentam entender como os membros da família interagem uns com os outros (Cooklin, 2000; Strong & Tomm, 2007; Bischoff et al., 2011).

Nesse tipo de terapia, os terapeutas encaram a família como um "sistema" e pressupõem que os indivíduos inseridos nela não conseguem melhorar sem compreender os conflitos observados nas interações entre eles. Assim, o terapeuta espera que cada membro contribua para a resolução do problema que está sendo tratado.

Muitos terapeutas de família acreditam que os membros da família enquadram-se em papéis ou padrões de comportamento rígidos com uma pessoa agindo como o bode expiatório, outra como o intimidado e assim por diante. Segundo tal perspectiva, esse sistema de papéis perpetua os conflitos familiares. Um objetivo desse tipo de terapia, então, é conseguir que os membros da família adotem papéis e padrões de comportamento novos e mais construtivos (Sprenkle & Moon, 1996; Minuchin, 1999; Sori, 2006).

Terapia de autoajuda

Em muitos casos, a terapia de grupo não envolve um terapeuta profissional. Em vez disso, pessoas com problemas semelhantes reúnem-se para discutir seus sentimentos e experiências compartilhados. Por exemplo, pessoas que recentemente vivenciaram a morte de um cônjuge podem encontrar-se em um *grupo de apoio ao luto*, ou estudantes universitários podem reunir-se para discutir sua adaptação à faculdade.

Um dos grupos de autoajuda mais conhecidos é os Alcoólicos Anônimos (AA), concebido para ajudar seus membros a lidar com problemas relacionados ao álcool. Os AA prescrevem 12 passos a que os alcoolistas precisam submeter-se em seu caminho para a recuperação: eles começam com admissão de que são alcoolistas e impotentes em relação ao álcool. Os AA oferecem mais tratamento para os alcoolistas do que qualquer outra terapia; os AA e outros programas de 12 passos (como os Narcóticos Anônimos) podem ter tanto sucesso no tratamento de problemas de abuso de álcool e outras substâncias quanto os tipos tradicionais de terapia (Bogenschutz, Geppert, & George, 2006; Galanter, 2007; Gossop, Stewart, & Marsden, 2008).

Avaliando a psicoterapia: a terapia funciona?

Seu melhor amigo, Ben, vem falar com você porque ele não tem se sentido certo acerca das coisas ultimamente. Está perturbado porque ele e a namorada não estão se dando bem, mas suas dificuldades vão além disso. Ele não consegue concentrar-se nos estudos, tem muito problema para pegar no sono e – isto é o que realmente o incomoda – começou a pensar que as pessoas estão conspirando contra ele, falando dele pelas costas. Parece que ninguém realmente se importa com ele ou o compreende ou faz qualquer esforço para saber por que ele está ficando tão triste.

Ben sabe que deveria obter *algum* tipo de ajuda, mas não está certo a respeito do que procurar. Ele é bastante cético com psicólogos e acredita que muito do que eles dizem é apenas bobagem, mas está disposto a deixar suas dúvidas de lado e experimentar algo para se sentir melhor. Ele também sabe que existem muitos tipos diferentes de terapia e não tem uma indicação de qual delas seria a mais indicada para ele. Ele vem pedir um conselho porque sabe que você está cursando psicologia. Ele pergunta: "Que tipo de terapia funciona melhor?".

A terapia é eficaz?

Essa pergunta requer uma resposta complexa. De fato, identificar uma única forma mais apropriada de tratamento é uma tarefa controversa e ainda não resolvida para os psicólogos especializados em transtornos psicológicos. Mesmo antes de considerar se uma modalidade terapêutica funciona melhor do que outra, precisamos determinar se a terapia realmente alivia os transtornos psicológicos.

Até a década de 1950, a maioria das pessoas simplesmente pressumia que a terapia era efetiva. Contudo, em 1952, o psicólogo Hans Eysenck publicou um estudo influente questionando esse pressuposto. Ele alegou que as pessoas que receberam intervenção psicodinâmica e terapias relacionadas não estavam em melhor situação do que aquelas que foram colocadas em uma lista de espera para tratamento, mas nunca o receberam. Eysenck concluiu que as pessoas entrariam em **remissão espontânea**, recuperação sem tratamento formal, se fossem apenas deixadas sozinhas – certamente um processo mais barato e mais simples.

Embora outros psicólogos rapidamente tenham questionado as conclusões de Eysenck, sua revisão estimulou uma continuidade de estudos mais bem-controlados e mais cuidadosamente estruturados sobre a eficácia da psicoterapia. Hoje, a maioria dos psicólogos concorda: a terapia realmente funciona. Várias revisões abrangentes indicam que a terapia produz mais melhora do que nenhum tratamento, sendo que a taxa de remissão espontânea é bastante baixa. Na maioria dos casos, então, os sintomas de comportamento anormal não se resolvem sozinhos se permanecerem sem tratamento – embora a questão continue a ser debatida calorosamente (Seligman, 1996; Westen, Novotny, & Thompson-Brenner, 2004; Lutz et al., 2006).

> **Alerta de estudo**
>
> Preste especial atenção à discussão referente a (1) se a terapia é efetiva em geral e (2) que tipos específicos de terapia são eficazes porque ambas são questões-chave para os terapeutas.
>
> **remissão espontânea** Recuperação sem tratamento formal.

Que tipo de terapia funciona melhor?

Embora a maioria dos psicólogos sinta-se confiante de que a psicoterapia *em geral* é mais eficaz do que nenhuma intervenção, a questão que aborda se alguma forma específica de tratamento é superior a qualquer outra ainda não foi respondida definitivamente (Nathan, Stuart, & Dolan, 2000; Westen, Novotny & Thompson-Brenner, 2004; Abboud, 2005).

Por exemplo, um estudo clássico comparando a eficácia de várias abordagens constatou que, embora as taxas de sucesso variem em parte, a maioria dos tratamentos apresenta taxas de sucesso praticamente iguais. Conforme indica a Figura 1, página 512, as taxas variaram cerca de 70 a 85%, com maior sucesso para indivíduos tratados comparados aos não tratados. As abordagens comportamental e cognitiva tenderam a ser um pouco mais bem-sucedidas, mas esse resultado pode ser devido a diferenças na gravidade dos casos tratados (Smith, Glass, & Miller, 1980; Orwin & Condray, 1984).

Outras pesquisas, que se baseiam na *metanálise*, ou seja, em que os dados de um grande número de estudos são combinados estatisticamente, produzem conclusões gerais similares. Além disso, um grande levantamento com 186 mil indivíduos identificou que os respondentes acreditavam que tinham se beneficiado substancialmente com a psicoterapia. Entretanto, houve pouca diferença na "satisfação do consumidor" com base no tipo espe-

FIGURA 1 Estimativas da eficácia dos diferentes tipos de terapia em comparação a grupos de controle de pessoas não tratadas. O valor do percentil mostra o quão mais efetivo é um tipo específico de tratamento para o paciente médio em vez de nenhuma intervenção. Por exemplo, as pessoas que recebem terapia psicodinâmica têm um escore, em média, mais positivo nas medidas de resultados do que cerca de 75% das pessoas não tratadas.
(Fonte: Adaptada de Smith, Glass, & Miller, 1980.)

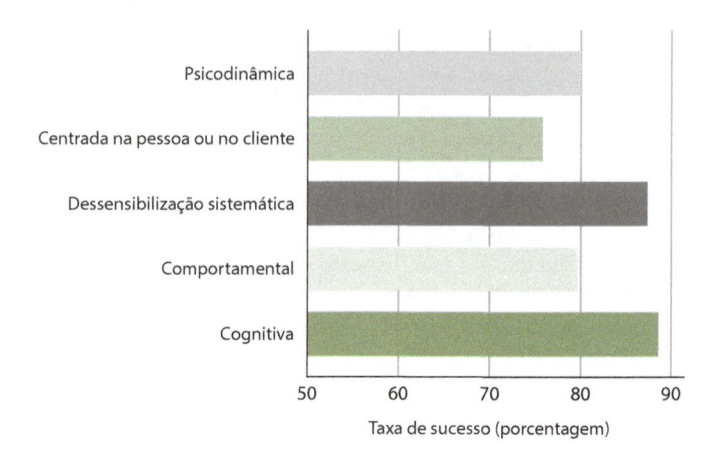

cífico de tratamento que eles haviam recebido (Seligman, 1995; Malouff, Thorsteinsson, & Schutte, 2007; Cuijpers et al., 2008).

Em resumo, evidências convergentes permitem-nos chegar a várias conclusões sobre a eficácia da psicoterapia (Strupp & Binder, 1992; Seligman, 1996; Goldfried & Pachankis, 2007):

- *Para a maioria das pessoas, a psicoterapia é efetiva.* Essa conclusão abrange diferentes durações de tratamento, tipos específicos de transtornos psicológicos e vários tipos de terapias. Assim, a pergunta "A psicoterapia funciona?" parece ter sido respondida convincentemente: "Funciona" (Seligman, 1996; Spiegel, 1999; Westen, Novotny, & Thompson-Brenner, 2004; Payne & Marcus, 2008).
- *Todavia, a psicoterapia não funciona para todos.* Cerca de 10% das pessoas tratadas não apresentam melhora ou até pioram (Boisvert & Faust, 2003; Pretzer & Beck, 2005; Coffman et al., 2007; Lilienfeld, 2007).
- *Não há uma forma única de terapia que funcione melhor para todos os transtornos e certos tipos específicos de tratamento são melhores, embora não invariavelmente, para tipos específicos de transtornos.* Por exemplo, a terapia cognitiva funciona especialmente bem para transtornos de pânico, enquanto a terapia de exposição alivia fobias específicas. No entanto, existem exceções a tais generalizações e, muitas vezes, as diferenças nas taxas de sucesso para tipos de tratamento distintos não são substanciais (Miller & Magruder, 1999; Westen et al., 2004).
- *A maioria das terapias compartilha vários elementos básicos similares.* Apesar do fato de que métodos específicos usados em diferentes terapias são muito distintos uns dos outros, existem vários temas comuns que os tornam eficazes. Esses elementos incluem a oportunidade de um paciente desenvolver uma relação positiva com o terapeuta, uma explicação ou interpretação dos sintomas de um paciente e a confrontação de emoções negativas. O fato de existirem esses elementos comuns à maioria das terapias dificulta a comparação de um tratamento com outro (Norcross, 2002; Norcross, Beutler, & Levant, 2006).

Consequentemente, não existe uma resposta única definitiva para a questão mais ampla "Qual terapia funciona melhor?" devido à complexidade de classificar os vários fatores que influenciam uma terapia bem-sucedida. Recentemente, no entanto, clínicos e pesquisadores reestruturaram a questão abordando a prática da psicoterapia baseada em evidência. A *prática da psicoterapia baseada em evidência* procura usar achados de pesquisa para determinar as melhores práticas para tratamento de um transtorno específico. Para determinar as melhores práticas, os pesquisadores usam entrevistas clínicas, autorrelatos do paciente sobre a melhora na qualidade de vida, reduções nos sintomas, observações do comportamento e outros resultados para comparar as diferentes terapias. Com o uso de

PsicoTec
A terapia baseada na internet, em que clientes e terapeutas consultam *on-line* usando um *software* de teleconferência, mas não se encontram pessoalmente, ainda está nos estágios experimentais, mas está sendo vista como uma forma de aumentar o acesso de mais pessoas ao tratamento.

achados de pesquisa objetivos, os clínicos são cada vez mais capazes de determinar o tratamento mais eficaz para um transtorno específico (American Psychological Association Presidential Task Force, 2006; Brownlee, 2007; Kazdin, 2008).

Como nenhum tipo de psicoterapia é invariavelmente eficaz para todos os indivíduos, alguns terapeutas adotam uma abordagem terapêutica eclética. Em uma *abordagem terapêutica eclética*, os terapeutas empregam uma variedade de técnicas, integrando assim várias perspectivas para tratar os problemas de uma pessoa. Ao empregar mais de uma abordagem, os terapeutas podem escolher a mescla apropriada de tratamentos baseados em evidência para adequar às necessidades específicas do indivíduo. Além disso, terapeutas com certas características pessoais podem funcionar melhor com indivíduos e tipos particulares de tratamentos e – como consideraremos a seguir – mesmo fatores raciais e étnicos podem estar relacionados ao sucesso terapêutico (Cheston, 2000; Chambless et al., 2006; Hays, 2008).

Explorando a DIVERSIDADE
Fatores raciais e étnicos no tratamento: os terapeutas devem ser daltônicos?

Considere o seguinte relato de caso escrito por um conselheiro escolar sobre Jimmy Jones, um estudante de 12 anos que foi encaminhado a um conselheiro devido à falta de interesse pelo trabalho escolar:

> Jimmy não presta atenção, geralmente está sonhando acordado e com frequência adormece durante a aula. Existe uma forte possibilidade de que Jimmy tenha uma raiva reprimida que precisa ser expressa e manejada. Sua incapacidade de expressar diretamente sua raiva levou-o a adotar meios passivo-agressivos de expressar hostilidade, isto é, desatenção, devaneios, adormecer. Recomenda-se que Jimmy seja visto em aconselhamento intensivo para descobrir a base da raiva. (Sue & Sue, 1990, p. 44)

No entanto, o conselheiro estava errado. Em vez de sofrer de "raiva reprimida", Jimmy vivia em um lar assolado pela pobreza e desorganizado. Devido à superlotação em sua casa, ele não conseguia dormir o suficiente e, consequentemente, estava cansado no dia seguinte. Muitas vezes, também estava com fome. Em resumo, o estresse do ambiente do adolescente – e não uma perturbação psicológica profunda – era o que causava seus problemas.

Esse incidente destaca a importância de que seja levada em conta a procedência ambiental e cultural das pessoas durante o tratamento para transtornos psicológicos. Em particular, os membros de grupos de minorias raciais e étnicas, especialmente aqueles que também são pobres, podem comportar-se de modo que os ajudem a lidar com uma sociedade que os discrimina. Em consequência, o comportamento que sinaliza transtornos psicológicos entre os brancos de classe média e classe alta pode simplesmente ser adaptativo entre pessoas de outros grupos raciais e socioeconômicos. Por exemplo, pessoas caracteristicamente desconfiadas podem estar exibindo uma estratégia de sobrevivência para se proteger de danos psicológicos e físicos em vez de sofrerem de um transtorno psicológico (Paniagua, 2000; Tseng, 2003; Pottick et al., 2007).

Na verdade, os terapeutas precisam questionar alguns pressupostos básicos da psicoterapia quando lidam com membros de grupos minoritários raciais, étnicos e culturais. Por exemplo, comparadas com a cultura dominante, as culturas asiática e latina geralmente atribuem uma ênfase muito maior ao grupo, à família e à sociedade. Quando um asiático ou latino defronta-se com uma decisão crítica, a família ajuda a tomá-la – uma prática cultural que sugere que os membros da família também devem desempenhar um papel no tratamento psicológico. Igualmente, a recomendação chinesa tradicional para lidar com a depressão ou a ansiedade é estimular as pessoas que experimentam tais problemas a evitarem pensar sobre o que quer que as esteja perturbando. Considere como esse conselho contrasta com as abordagens de tratamento que enfatizam o valor do *insight* (Ponterotto, Gretchen, & Chauhan, 2001; McCarthy, 2005; Leitner, 2007).

Obviamente, os terapeutas *não podem* ser "daltônicos". Em vez disso, eles devem levar em conta a origem racial, étnica, cultural e social de seus clientes na determinação da natureza de um transtorno psicológico e do curso do tratamento (Aponte & Wohl, 2000; Pedersen et al., 2002; Hays, 2008).

A interpretação que os terapeutas fazem do comportamento de seus clientes é influenciada pela origem racial, étnica, cultural e social dos clientes.

Recapitule/avalie/repense

Recapitule

RA 41-1 Quais são as abordagens humanistas de tratamento?

- A terapia humanista está baseada na premissa de que a pessoas têm controle de seu comportamento, que elas podem fazer escolhas sobre sua vida e que depende delas resolver seus problemas. As terapias humanistas, que adotam uma abordagem não diretiva, incluem a terapia centrada na pessoa.

RA 41-2 O que é terapia interpessoal?

- A terapia interpessoal (TI) aborda as relações interpessoais e empenha-se na melhora imediata durante a terapia de curto prazo.

RA 41-3 Em que aspectos a terapia de grupo difere dos tipos individuais de terapia?

- Na terapia de grupo, várias pessoas não relacionadas reúnem-se com um terapeuta para discutir algum aspecto de seu funcionamento psicológico e com frequência se detêm em um problema comum.

RA 41-4 Qual é a efetividade da psicoterapia e que tipo de psicoterapia funciona melhor em determinada situação?

- A maior parte das pesquisas sugere que, em geral, a terapia é mais eficaz do que nenhum tratamento, embora não se saiba o quanto seja mais efetiva.
- A pergunta "Qual terapia funciona melhor?" é mais complexa de responder, porém está claro que tipos particulares de terapia são mais apropriados para alguns problemas do que para outros.
- Como nenhuma terapia é invariavelmente eficaz, as abordagens ecléticas, em que um terapeuta emprega uma variedade de técnicas e, assim, integra várias perspectivas, são usadas por vezes.

Avalie

1. Combine cada uma das seguintes estratégias de tratamento com a declaração que você poderia esperar ouvir de um terapeuta que utilize a respectiva estratégia.

    1. Terapia de grupo
    2. Aceitação positiva incondicional
    3. Terapia comportamental
    4. Aconselhamento não diretivo

    a. "Em outras palavras, você não se dá bem com sua mãe porque ela odeia sua namorada, certo?"
    b. "Quero que todos vocês falem por que decidiram vir e o que esperam ganhar com a terapia."
    c. "Entendo por que você desejou destruir o carro de sua amiga depois que ela feriu seus sentimentos. Agora me fale mais sobre o acidente."
    d. "Este não é um comportamento apropriado. Vamos trabalhar na substituição dele por outro."

2. As terapias _____ pressupõem que as pessoas devem assumir a responsabilidade por sua vida e pelas decisões que elas tomam.

3. Uma das principais críticas às terapias humanistas é que:
    a. Elas são muito imprecisas e não estruturadas.
    b. Elas tratam apenas o sintoma do problema.
    c. O terapeuta domina a interação cliente-terapeuta.
    d. Elas funcionam bem apenas com clientes de situação socioeconômica baixa.

4. Em um estudo controvertido, Eysenck identificou que algumas pessoas entram em _____ _____, ou se recuperam sem tratamento, se são simplesmente deixadas sozinhas em vez de tratadas.

Repense

1. Como as pessoas podem ser tratadas com sucesso na terapia de grupo quando indivíduos com "o mesmo" problema são tão diferentes? Quais vantagens a terapia de grupo poderia oferecer em relação à terapia individual?
2. *Da perspectiva de um assistente social:* Como os tipos de terapia que você emprega podem variar dependendo da origem cultural e socioeconômica de um cliente?

Respostas das questões de avaliação

1. 1-b, 2-c, 3-d, 4-a; 2. humanistas; 3. a; 4. remissão espontânea

Termos-chave

terapia humanista p. 507
terapia centrada na pessoa p. 508
terapia interpessoal (TI) p. 509
terapia de grupo p. 509
terapia de família p. 510
remissão espontânea p. 511

MÓDULO 42
Terapia Biomédica: Abordagens Biológicas

Se você tem uma infecção no rim, o médico ministra-lhe um antibiótico; com sorte, seu rim estará como novo cerca de uma semana depois. Se seu apêndice inflama, um cirurgião o remove e seu corpo funciona normalmente mais uma vez. Uma abordagem comparável que trata da fisiologia corporal poderia ser eficaz para os transtornos psicológicos?

De acordo com as abordagens biológicas de tratamento, a resposta é sim. Os terapeutas rotineiramente usam terapias biomédicas. Essa abordagem pressupõe que, em vez de se deter nos conflitos psicológicos, traumas passados ou fatores ambientais de um paciente, basear o tratamento diretamente na química cerebral e em outros fatores neurológicos pode ser mais apropriado. Para fazer isso, os terapeutas podem oferecer tratamento com fármacos, eletrochoque ou cirurgia.

Resultado de Aprendizagem

RA 42-1 Como as técnicas farmacológicas, eletroconvulsoterapia (ECT) e psicocirúrgicas são usadas hoje no tratamento dos transtornos psicológicos?

Terapia farmacológica

A **terapia farmacológica**, o controle dos transtornos psicológicos pelo uso de fármacos, funciona alterando a operação dos neurotransmissores e neurônios no cérebro. Alguns medicamentos operam inibindo os neurotransmissores ou neurônios receptores, o que reduz a atividade em sinapses particulares, os pontos onde os impulsos nervosos viajam de um neurônio para outro. Outros fazem exatamente o oposto: aumentam a atividade de certos neurotransmissores ou neurônios, o que permite que neurônios especifícos disparem mais com mais frequência (ver Fig. 1, p. 516).

terapia farmacológica
Controle dos transtornos psicológicos pelo uso de fármacos.

Antipsicóticos

Provavelmente não ocorreu uma mudança maior nos hospitais mentais do que a introdução bem-sucedida, na metade da década de 1950, dos **antipsicóticos** – fármacos usados para reduzir sintomas graves de perturbação, como perda de contato com a realidade e agitação. Anteriormente, o hospital mental típico não era muito diferente do asilo de loucos estereotipado do século XIX: ele prestava sobretudo cuidados de custódia para pacientes que gritavam, lamentavam-se e apresentavam comportamentos bizarros. No entanto, em questão de dias depois que os membros da equipe do hospital administraram os antipsicóticos, as enfermarias tornaram-se consideravelmente mais calmas e os profissionais puderam fazer mais do que apenas tentar auxiliar os pacientes a atravessassem o dia sem causar danos a si mesmos ou aos outros.

antipsicóticos
Fármacos que reduzem temporariamente os sintomas psicóticos, como agitação, alucinações e delírios.

A drástica mudança ocorreu com a introdução da *clorpromazina*. Com outros medicamentos similares, a clorpromazina rapidamente se tornou o tratamento mais popular e bem-sucedido para esquizofrenia. Hoje, a terapia farmacológica costuma ser o tratamento preferido para quase todos os casos de comportamento gravemente anormal, sendo usada na maioria dos pacientes hospitalizados com transtornos psicológicos. A mais nova geração de antipsicóticos, referidos como *antipsicóticos atípicos*, apresenta menos efeitos colaterais: eles incluem a *risperidona*, a *olanzapina* e a *paliperidona* (Lublin, Eberhard, & Levander, 2005; Savas, Yumru, & Kaya, 2007; Nasrallah et al., 2008).

Como funcionam os antipsicóticos? A maioria bloqueia os receptores da dopamina nas sinapses do cérebro. Os antipsicóticos atípicos afetam os níveis de serotonina e dopamina em certas partes do cérebro, como aquelas relacionadas ao planejamento e à atividade direcionada para o objetivo (Sawa & Snyder, 2002; Advokat, 2005; Mizrahi et al., 2011).

Tratamentos farmacológicos			
Classe do fármaco	**Efeitos do fármaco**	**Ação primária do fármaco**	**Exemplos**
Antipsicóticos Antipsicóticos atípicos	Redução da perda de contato com a realidade, agitação	Bloqueiam os receptores da dopamina	Antipsicóticos: clorpromazina, clozapina, haloperidol Antipsicóticos atípicos: risperidona, olanzapina
Antidepressivos Antidepressivos tricíclicos	Redução da depressão	Permitem elevação nos neurotransmissores como a norepinefrina	Trazodona, amitriptilina, desipramina
Inibidores da monoaminoxidase (IMAOs)	Redução da depressão	Impedem que a MAO quebre os neurotransmissores	Fenelzina, tranilcipromina
Inibidores seletivos da recaptação de serotonina (ISRSs)	Redução da depressão	Inibem a recaptação de serotonina	Fluoxetina, nefazodona
Estabilizadores do humor Lítio	Estabilização do humor	Podem alterar a transmissão de impulsos dentro dos neurônios	Lítio, divalproato de sódio, carbamazepina
Ansiolíticos	Redução da ansiedade	Aumentam a atividade do neurotransmissor do ácido gama-aminobutírico (GABA)	Benzodiazepínicos

FIGURA 1 As principais classes de fármacos usados para tratar transtornos psicológicos apresentam efeitos diferentes no cérebro e no sistema nervoso.

Apesar da eficácia dos antipsicóticos, eles não produzem uma "cura" tal como a penicilina cura uma infecção. Na maior parte das vezes, os sintomas reaparecem quando a medicação é suspensa. Além disso, pode haver efeitos colaterais de longo prazo, como secura na boca e na garganta, vertigem, tremores e perda do controle muscular, os quais talvez persistam depois de interrompido o tratamento (Voruganti et al., 2007).

Antidepressivos

antidepressivos
Medicamentos que melhoram o humor depressivo e proporcionam sensação de bem-estar em um paciente gravemente deprimido.

Conforme o nome sugere, os **antidepressivos** são uma classe de medicações usadas em casos de depressão grave para melhorar o humor e o sentimento de bem-estar do paciente. Também são usados para outros transtornos, como os de ansiedade e a bulimia (Walsh et al., 2006; Hedges et al., 2007).

A maioria dos antidepressivos funciona modificando a concentração de neurotransmissores específicos no cérebro. Por exemplo, o *fármaco tricíclico* aumenta a disponibilidade de norepinefrina nas sinapses dos neurônios, enquanto os inibidores da monoaminoxidase impedem que a enzima MAO quebre os neurotransmissores. Antidepressivos mais recentes – como o Lexapro – são *inibidores seletivos da recaptação de serotonina* (ISRSs). Os ISRSs afetam o neurotransmissor serotonina e permitem que ela permaneça na sinapse. Alguns antidepressivos produzem uma combinação de efeitos. Por exemplo, a nefazodona bloqueia a serotonina em apenas alguns pontos receptores, enquanto a bupropiona afeta os sistemas da norepinefrina e dopamina (ver Fig. 2; Lucki & O'Leary, 2004; Robinson, 2007; Dhillon, Yang, & Curran, 2008).

Alerta de estudo
Para ajudar a organizar seu estudo dos diferentes fármacos usados em terapia, revise a Figura 1, que os classifica de acordo com as categorias: antipsicóticos, antipsicóticos atípicos, antidepressivos, estabilizadores do humor e ansiolíticos.

Existem alguns fármacos mais recentes. Por exemplo, os cientistas descobriram que a cetamina anestésica bloqueia o receptor neural N-metil-D-aspartato (NMDA), o que afeta o neurotransmissor glutamato. O glutamato desempenha um papel importante na regulação do humor e na capacidade de experimentar prazer, e os pesquisadores acreditam que os bloqueadores da cetamina podem revelar-se úteis no tratamento da depressão (Skolnick, Popik, & Trullas, 2009; Schwartzmant & Alexander, 2011).

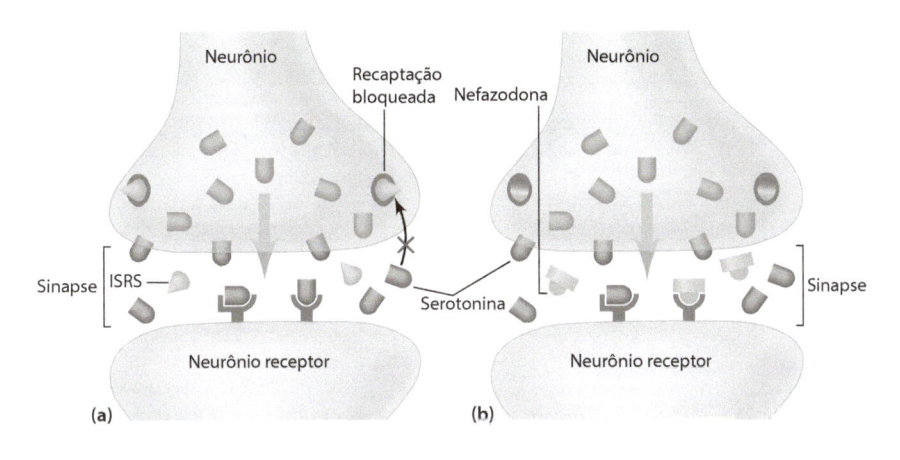

FIGURA 2 Em (a), os inibidores seletivos da recaptação de serotonina (ISRSs) reduzem a depressão permitindo que o neurotransmissor serotonina permaneça na sinapse. Em (b), um antidepressivo mais recente, a nefazodona, opera mais seletivamente para bloquear a serotonina apenas em alguns pontos, o que ajuda a reduzir os efeitos colaterais.
(Fonte: Com base em Mischoulon, 2000).

As taxas gerais de sucesso dos antidepressivos são boas. Diferentemente dos antipsicóticos, os antidepressivos podem produzir recuperação duradoura e prolongada da depressão. Em muitos casos, mesmo depois que os pacientes param de tomar o medicamento, sua depressão não retorna. Entretanto, os antidepressivos podem produzir efeitos colaterais como sonolência e fraqueza, havendo evidências de que os ISRSs podem aumentar o risco de suicídio entre crianças e adolescentes (Gibbons et al., 2007; Leckman & King, 2007; Olfson & Marcus, 2008).

As pessoas gastam bilhões de dólares por ano em antidepressivos. Em particular o antidepressivo *fluoxetina*, vendido com o nome comercial *Prozac*, tem recebido destaque nas capas de revistas e sido tema entre os livros mais vendidos.

O Prozac merece tal aclamação? Em alguns aspectos, sim. Ele é eficaz e tem relativamente poucos efeitos colaterais. Além disso, muitas pessoas que não respondem a outros tipos de antidepressivos se dão bem com o Prozac. Contudo, 20 a 30% dos usuários relatam náusea ou diarreia e um número menor descreve disfunções sexuais (Kramer, 1993; Brambilla et al., 2005; Fenter, 2006).

Outra substância que tem recebido grande publicidade é a *erva-de-são-joão*, chamadas por alguns de antidepressivo "natural". Embora ela seja amplamente usada na Europa para o tratamento da depressão, a U.S. Food and Drug Administration a considera como um suplemento alimentar e, portanto, a substância está disponível nos Estados Unidos sem prescrição médica.

Apesar da popularidade da erva-de-são-joão, testes clínicos definitivos constataram que ela é ineficaz como tratamento para depressão. No entanto, como algumas pesquisas mostram que ela tem sucesso em reduzir certos sintomas psicológicos, alguns proponentes argumentam que usá-la é razoável. Em todo caso, as pessoas não devem usar a erva-de-são-joão como medicamento sem consultar um profissional de saúde mental (Shelton et al., 2002; Thachil, Mohan, & Bhugra, 2007; Rapaport et al., 2011).

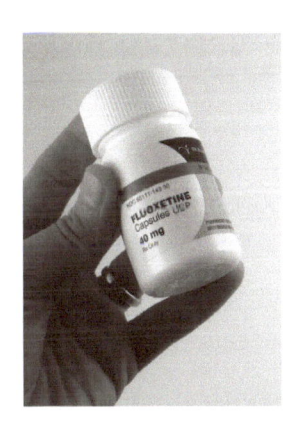

A fluoxetina, comumente conhecida como Prozac, é um antidepressivo amplamente prescrito, mas ainda controverso.

Estabilizadores do humor

Os **estabilizadores do humor** são usados para tratar transtornos do humor. Por exemplo, o *lítio*, uma forma de sais minerais, foi usado com muito sucesso em pacientes com transtorno bipolar. Embora ninguém saiba definitivamente por quê, o lítio e outros estabilizadores do humor como o divalproato de sódio e a carbamazepina reduzem efetivamente os episódios maníacos. Contudo, eles não tratam com eficácia as fases depressivas do transtorno bipolar, razão pela qual são prescritos antidepressivos durante essas fases (Smith et al., 2007; Salvi et al., 2008; Inoue et al., 2011).

O lítio e medicamentos similares têm uma qualidade que os diferencia de outros tratamentos medicamentosos: podem ser uma intervenção *preventiva* que bloqueia futuros episódios de depressão maníaca. As pessoas que tiveram episódios de transtorno bipolar podem tomar uma dose diária de lítio para prevenir a recorrência de seus sintomas. A maioria dos outros fármacos é útil somente quando ocorrem sintomas de perturbação psicológica.

estabilizadores do humor
Medicamentos usados para tratar transtornos do humor que impedem os episódios maníacos da doença bipolar.

Aplicando a Psicologia no Século XXI

Aliviando as lembranças traumáticas

O que você pode fazer quando está sendo assombrado por uma lembrança traumática? Digamos, por exemplo, que você foi perseguido e mordido pelo cão de um vizinho quando criança e a experiência foi tão aterrorizante que você ainda tem um medo extremo de cães. O que se poderia fazer para reduzir os efeitos persistentes daquela experiência? No mundo da ficção científica, você poderia se submeter a um procedimento que apaga a lembrança traumática, resolvendo, assim, o problema. No entanto, mesmo que isso fosse possível, apagar lembranças individuais poderia resultar em lacunas na memória, com linhas de tempo desarticuladas que se mostrariam, na melhor das hipóteses, desconcertantes e, na pior, totalmente confusas.

E se houvesse uma maneira de manter a lembrança, mas remover as emoções negativas associadas a ela? Esta é a realidade de uma nova técnica terapêutica emergente que tem o potencial de oferecer alívio para muitas pessoas que sofrem de transtornos de ansiedade como o transtorno de estresse pós-traumático (Wang, 2010).

A técnica funciona assim: um paciente é induzido a pensar em detalhes sobre uma

Reviver uma experiência traumática pode ser coisa do passado. Segundo novos estudos, a combinação de psicoterapia e uso de medicamentos pode potencialmente auxiliar pessoas que sofrem de transtorno de estresse pós-traumático.

lembrança dolorosa. No caso do incidente da mordida do cão, o paciente poderia olhar para uma foto de um cão parecido ou escrever um relato detalhado do que aconteceu exatamente naquele dia. Em geral, isso produziria as emoções negativas associadas de medo e ansiedade.

Porém, antes de a lembrança ser induzida, o paciente recebe o propranolol. O *propranolol*, um medicamento para hipertensão, inibe respostas psicológicas à ansiedade, como taquicardia e sudorese. O paciente experimenta a lembrança traumática, mas com uma resposta de medo reduzida. O paciente então reconsolida essa lembrança modificada de forma que, na próxima vez em que ela for recuperada, terá menos emoção negativa vinculada a ela. Esse processo é repetido para estabelecer firmemente a lembrança modificada.

Embora tal técnica ainda esteja sendo pesquisada, os resultados iniciais são promissores para que ela se torne uma terapia potencialmente útil para pessoas que sofrem de estresse pós-traumático. As lembranças permanecem intactas, porém a dor associada a elas é resolvida (Brunet et al., 2008; Soeter & Kindt, 2010).

> **REPENSE**
> - Quais são algumas das razões pelas quais seria indesejável eliminar completamente uma lembrança traumática?
> - Por que as lembranças traumáticas não perdem seu impacto emocional naturalmente com o tempo por meio de reconsolidações repetidas?

Ansiolíticos

ansiolíticos Reduzem o nível de ansiedade que uma pessoa experimenta, essencialmente diminuindo a excitabilidade e aumentando a sensação de bem-estar.

Como o nome implica, os **ansiolíticos** reduzem o nível de ansiedade que uma pessoa experimenta e aumentam a sensação de bem-estar. São prescritos não somente para reduzir a tensão geral em pessoas que estão experimentando dificuldades temporárias, mas também para auxiliar no tratamento de transtornos de ansiedade mais graves (Zito, 1993).

Ansiolíticos como alprazolam e Valium estão entre os fármacos que os médicos prescrevem com maior frequência. De fato, mais da metade de todas as famílias americanas têm alguém que já usou medicamento desse tipo em algum momento. Além disso, novas abordagens estão sendo empregadas para remédios que tratam os transtornos de ansiedade, conforme discutimos em Aplicando a Psicologia no Século XXI.

Embora a popularidade dos ansiolíticos indique que eles oferecem poucos riscos, esses fármacos podem produzir inúmeros efeitos colaterais potencialmente graves. Por exemplo, podem causar fadiga, e seu uso prolongado pode levar à dependência. Quando ingeridos em combinação com álcool, alguns ansiolíticos tornam-se letais. Porém, uma questão mais importante refere-se a seu uso para suprimir a ansiedade. Quase todas as abordagens terapêuticas das perturbações psicológicas encaram a ansiedade contínua como sinal de algum outro tipo de problema. Assim sendo, medicamentos que mascaram a ansiedade podem estar simplesmente ocultando outras dificuldades. Consequentemente, em vez de confrontar seus problemas subjacentes, as pessoas talvez estejam escondendo-os com o uso de ansiolíticos.

Eletroconvulsoterapia (ECT)

Introduzida inicialmente na década de 1930, a **eletroconvulsoterapia (ECT)** é um procedimento usado no tratamento de depressão grave. Nesse procedimento, uma corrente elétrica de 70 a 150 volts é rapidamente administrada na cabeça de um paciente, o que causa perda da consciência e, com frequência, convulsões. Em geral, os profissionais de cuidados à saúde sedam os pacientes e ministram-lhes relaxantes musculares antes de administrar a corrente; esses preparativos ajudam a reduzir a intensidade das contrações musculares produzidas durante a ECT. O paciente típico recebe cerca de 10 tratamentos com ECT no curso de um mês, porém alguns pacientes continuam com tratamentos de manutenção durante os meses seguintes (Greenberg & Kellner, 2005; Stevens & Harper, 2007).

A ECT é uma técnica controversa. Além de obviamente ser um tratamento desagradável, que evoca imagens de eletrocussão, costumam ocorrer efeitos colaterais. Por exemplo, após o tratamento os pacientes geralmente experimentam desorientação, confusão e até perda da memória que podem permanecer por meses. A ECT, porém não produz melhora prolongada: um estudo identificou que, sem medicação de seguimento, a depressão retornava na maioria dos pacientes que haviam se submetido à ECT. Por fim, mesmo quando a ECT funciona, não sabemos o porquê e alguns críticos acreditam que ela pode causar lesões cerebrais permanentes (Gardner & O'Connor, 2008; Kato, 2009; Weiner & Falcone, 2011).

Diante das desvantagens da ECT, por que os terapeutas a utilizam? Basicamente, eles a usam porque, em casos de depressão muito grave, ela oferece o único tratamento eficaz de modo rápido. Por exemplo, ela impede que indivíduos deprimidos suicidas cometam suicídio e atua mais rapidamente do que os antidepressivos.

O uso da ECT aumentou na última década, sendo que mais de 100 mil pessoas submetem-se a ela a cada ano. Contudo, a ECT tende a ser usada somente quando outros tratamentos mostraram-se ineficazes, e os pesquisadores continuam a procurar intervenções alternativas (Fink, 2000; Eranti & McLoughlin, 2003; Pandya, Pozuelo, & Malone, 2007).

Uma nova e promissora alternativa para a ECT é a **estimulação magnética transcraniana (EMT)**. A EMT cria um pulso magnético preciso em uma área específica do cérebro. Ao ativar determinados neurônios, a EMT revelou-se eficaz no alívio dos sintomas de depressão maior em inúmeros experimentos controlados. No entanto, a terapia pode produzir efeitos colaterais, como convulsões, e ainda é considerada experimental (Leo & Latif, 2007; Kim, Pesiridou, & O'Reardon, 2009; Bentwich et al., 2011).

> **eletroconvulsoterapia (ECT)** Procedimento usado no tratamento de depressão grave no qual uma corrente elétrica de 70 a 150 volts é rapidamente administrada na cabeça de um paciente.

> **estimulação magnética transcraniana (EMT)** Tratamento para depressão no qual um pulso magnético preciso é dirigido a uma área específica do cérebro.

Psicocirurgia

Se a ECT parece um procedimento questionável, o uso da **psicocirurgia** – cirurgia cerebral cujo objetivo é reduzir os sintomas do transtorno mental – provavelmente parecerá ainda mais duvidoso. Sendo uma técnica usada apenas raramente hoje, a psicocirurgia foi introduzida como um "tratamento de último recurso" na década de 1930.

A forma inicial de psicocirurgia, a *lobotomia pré-frontal*, consistia na destruição cirúrgica ou na remoção de partes dos lobos frontais de um paciente, os quais os cirurgiões acreditavam que controlassem a emocionalidade. Nas décadas de 1930 e 1940, os cirurgiões realizaram o procedimento em milhares de pacientes, em regra com pouca precisão. Por exemplo, em uma técnica comum, o cirurgião literalmente golpeava com um picador de gelo abaixo do globo ocular de um paciente e o girava para trás e para frente (El-Hai, 2005; Ogren & Sandlund, 2007).

A psicocirurgia com frequência melhorava o comportamento do paciente – mas não sem efeitos colaterais drásticos. Com a remissão dos sintomas do transtorno mental, os pacientes por vezes experimentavam alterações na personalidade e ficavam mansos, apagados e sem emoções. Em outros casos, eles se tornavam agressivos e incapazes de controlar seus impulsos. Nos casos mais graves, o tratamento resultava em morte.

> **psicocirurgia** Cirurgia cerebral usada antigamente para reduzir os sintomas de transtorno mental, mas raramente usada hoje.

Com a introdução de tratamentos farmacológicos eficazes – e as questões éticas óbvias em relação à adequação de alterar para sempre a personalidade de uma pessoa –, a psicocirurgia tornou-se praticamente obsoleta. Entretanto, ela ainda é usada em casos muito raros, quando todos os outros procedimentos falharam e o comportamento do paciente apresenta alto risco para si e para os outros. Por exemplo, os cirurgiões às vezes usam uma forma mais precisa de psicocirurgia chamada de *cingulotomia* em casos raros de transtorno obsessivo-compulsivo em que eles destroem o tecido na área *cingulada anterior* do cérebro. Em outra técnica, a *cirurgia de faca gama*, feixes de radiação são usados para destruir áreas do cérebro relacionadas ao transtorno obsessivo-compulsivo (Shah et al., 2008; Carey, 2009; Lopes et al., 2009; Wilkinson, 2009).

Ocasionalmente, pacientes em estágio terminal com dor grave incontrolável também recebem psicocirurgia. No entanto, mesmo esses casos levantam questões éticas importantes, e a psicocirurgia permanece sendo um tratamento altamente controverso (Mashour, Walker, & Martuza, 2005; Steele et al., 2007).

Terapias biomédicas em perspectiva

Em alguns aspectos, não ocorreu revolução maior no campo da saúde mental do que as abordagens biológicas de tratamento. À medida que pacientes anteriormente violentos e incontroláveis foram acalmados com o uso de medicamentos, os hospitais mentais conseguiram concentrar-se mais em realmente ajudar os pacientes e menos em funções de custódia. Além disso, os pacientes cujas vidas haviam sido perturbadas pela depressão ou por episódios bipolares foram capazes de funcionar normalmente; outras formas de terapia farmacológica também apresentaram resultados notáveis.

O uso de terapia biomédica para os problemas do dia a dia está crescendo. Por exemplo, um levantamento de usuários de um serviço de aconselhamento universitário constatou que, de 1989 até 2001, a proporção de estudantes em tratamento que estavam tomando medicamento para transtornos psicológicos aumentou de 10% para 25% (Benton et al., 2003).

Novas formas de terapia biomédica também são promissoras. Por exemplo, a mais nova possibilidade de tratamento – que permanece experimental no momento – é a terapia genética. Conforme discutimos quando consideramos a genética comportamental, genes específicos podem ser introduzidos em regiões particulares do cérebro. Esses genes têm o potencial de reverter ou até mesmo prevenir eventos bioquímicos que produzem transtornos psicológicos (Sapolsky, 2003; Lymberis et al., 2004; Tuszynski, 2007).

Apesar de sua utilidade atual e promessa futura, as terapias biomédicas não representam uma cura universal para os transtornos psicológicos. Em certo aspecto, os críticos argumentam que tais terapias meramente proporcionam alívio dos *sintomas* do transtorno mental: assim que os medicamentos são retirados, os sintomas retornam. Embora seja considerado um passo importante na direção certa, o tratamento biomédico pode não resolver os problemas subjacentes que levaram um paciente à terapia inicialmente. As terapias biomédicas também podem produzir efeitos colaterais que variam desde reações físicas menores até reações graves e o desenvolvimento de *novos* sintomas de comportamento anormal. Por fim, uma dependência excessiva das terapias biomédicas pode levar os terapeutas a negligenciar formas alternativas de tratamento que seriam úteis.

No entanto, as terapias biomédicas – por vezes isoladamente e de modo mais comum em conjunto com a psicoterapia – permitiram que milhões de pessoas funcionassem melhor. Embora a terapia biomédica e a psicoterapia pareçam distintas, pesquisas mostram que, em última análise, as terapias biomédicas talvez não sejam tão diferentes das terapias pela fala como se poderia imaginar, ao menos em termos de suas consequências.

Especificamente, as medidas do funcionamento cerebral em consequência da terapia farmacológica comparadas com a psicoterapia mostram

Alerta de estudo

Lembre-se de que os tratamentos biomédicos oferecem vantagens e desvantagens.

"A droga, no entanto, mostrou-se mais eficaz do que a psicanálise tradicional."

pouca diferença nos resultados. Por exemplo, um estudo comparou as reações de pacientes com depressão maior que receberam antidepressivos ou psicoterapia. Após seis semanas de uma das terapias, a atividade na porção do cérebro relacionada ao transtorno – os gânglios basais – alterou-se de forma similar e essa área parecia funcionar mais normalmente. Embora essa pesquisa não seja definitiva, ela indica que, ao menos para alguns transtornos, a psicoterapia pode ser tão eficaz quanto as intervenções biomédicas – e vice-versa. As pesquisas também deixam claro que nenhum tratamento é universalmente eficaz e que cada tipo de intervenção tem vantagens e desvantagens (Hollon, Thase, & Markowitz, 2002; DeRubeis, Hollon, & Shelton, 2003; Pinquart, Duberstein, & Lyness, 2006; Greenberg & Goldman, 2009).

Psicologia comunitária: foco na prevenção

Cada uma das abordagens terapêuticas que examinamos apresenta um elemento comum: é um tratamento "reparador" que objetiva aliviar perturbações psicológicas já existentes. Contudo, uma abordagem conhecida como **psicologia comunitária** tem um objetivo diferente: prevenir ou minimizar a incidência dos transtornos psicológicos.

A psicologia comunitária chegou à maturidade na década de 1960, quando profissionais de saúde mental desenvolveram planos para uma rede nacional de centros de saúde mental comunitária. A expectativa era de que esses centros oferecessem serviços em saúde mental de baixo custo, incluindo terapia de curta duração e programas educacionais comunitários. Em outro desenvolvimento, a população dos hospitais mentais caiu quando os tratamentos farmacológicos tornaram a contenção física dos pacientes desnecessária.

Essa transferência dos ex-pacientes mentais das instituições para a comunidade – um processo conhecido como **desinstitucionalização** – foi encorajado pelo crescimento do movimento da psicologia comunitária (ver Fig. 3). Os proponentes da desinstitucionalização queriam assegurar que não somente os pacientes desinstitucionalizados receberiam tratamento apropriado, como também que seus direitos civis seriam mantidos (Wolff, 2002; St. Dennis et al., 2006; Henkes, 2011).

Infelizmente, a promessa de desinstitucionalização não foi obtida em grande parte porque são oferecidos recursos insuficientes aos pacientes desinstitucionalizados. O que iniciou como uma tentativa digna de retirar as pessoas das instituições mentais e inseri-las na comunidade terminou, em muitos casos, com os ex-pacientes sendo despejados

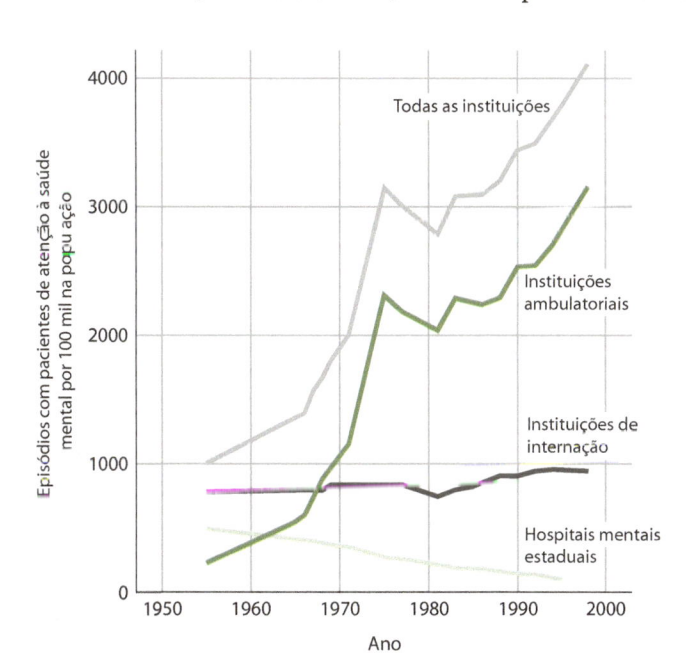

Embora a desinstitucionalização tenha obtido muito sucesso, ela também contribuiu para a liberação dos pacientes mentais na comunidade com pouco ou nenhum apoio. Em consequência, muitos se tornaram desabrigados.

psicologia comunitária
Ramo da psicologia que tem por objetivo a prevenção e a minimização dos transtornos psicológicos na comunidade.

desinstitucionalização
Transferência de ex-pacientes mentais das instituições para a comunidade.

FIGURA 3 À medida que a desinstitucionalização tornou-se mais prevalente no último meio século, o número de pacientes tratados nos hospitais mentais estaduais declinou significativamente, enquanto o número de instituições ambulatoriais cresceu.
(Fonte: Rodger Doyle, "Desinstitucionalização", *Scientific American*, dezembro de 2002, p. 38. Copyright 2002 Rodger Doyle. Reimpressa com permissão.)

"Parece bem!"

na comunidade sem qualquer apoio real. Muitos se tornaram desabrigados – acredita-se que entre 15 e 35% de todos os adultos desabrigados tenham um transtorno psicológico maior – e alguns se envolveram em atos ilegais causados por sua psicopatologia. Em resumo, muitas pessoas que precisam de tratamento não o obtêm e, em alguns casos, a atenção aos pacientes com transtornos psicológicos simplesmente mudou de um tipo de local de tratamento para outro (Shinn et al., 2007; Dumont & Dumont, 2008; Price, 2009).

Entretanto, o movimento da psicologia comunitária alcançou alguns resultados positivos: sua ênfase na prevenção conduziu a novas abordagens dos transtornos psicológicos. Além disso, "linhas telefônicas diretas" – do tipo descrito no Prólogo – são agora comuns. A qualquer hora do dia ou da noite, pessoas que estão passando por estresse agudo podem ligar para um ouvinte treinado e compreensivo, capaz de oferecer tratamento imediato – embora obviamente limitado (Reese, Conoley & Brossart, 2002; Paukert, Stagner, & Hope, 2004; Cauce, 2007).

Os centros de crise universitários e do ensino médio são outra inovação que se desenvolveu a partir do movimento da psicologia comunitária. Usando como modelo os centros com linha direta para prevenção de suicídio, os centros de crise oferecem àqueles que telefonam uma oportunidade de discutir crises vitais com um ouvinte compreensivo, que normalmente é um voluntário.

TORNANDO-SE UM CONSUMIDOR INFORMADO de Psicologia
Escolhendo o terapeuta certo

Se decidir procurar terapia, você se defrontará com uma tarefa assustadora. Escolher um terapeuta não é uma questão simples.

Você e o terapeuta devem fazer combinações sobre os objetivos do tratamento, os quais devem ser claros, específicos e exequíveis.

- *Você deve sentir-se confortável com o terapeuta.* Você não deve sentir-se intimidado ou temer o terapeuta. Ao contrário, deve confiar nele e sentir-se livre para discutir os temas mais pessoais sem temer uma reação negativa. Em suma, a "química pessoal" deve ser certa.
- *Os terapeutas devem ter treinamento e credenciais apropriados, bem como licença para atuar nessa área.* Verifique a afiliação do terapeuta às associações profissionais credenciadas. Além disso, o custo da terapia, as práticas de pagamento e outras questões práticas devem estar claros. Não é uma violação da etiqueta abordar tais questões durante a consulta inicial.
- *Você deve sentir que está fazendo progresso depois que a terapia começou, apesar dos reveses ocasionais.* Se não tem uma noção de melhora após visitas repetidas, você e o terapeuta devem discutir o assunto francamente. Embora não exista um cronograma definido, as mudanças mais óbvias resultantes da terapia tendem a correr relativamente cedo no curso do tratamento. Por exemplo, 50% dos pacientes em terapia melhora até a 8ª sessão e 75% até

a 26ª sessão. A quantidade média de sessões com estudantes universitários é apenas cinco (Crits-Cristoph, 1992; Harvard Mental Health Letter, 1994; Lazarus, 1997).

Esteja consciente de que você terá de empenhar um grande esforço na terapia. Embora nossa cultura prometa curas rápidas para qualquer problema, na realidade solucionar problemas difíceis não é fácil. Você deve estar comprometido em fazer a terapia funcionar e deve saber que é você, e não o terapeuta, quem precisa fazer a maior parte do trabalho para resolver seus problemas. O esforço tem o potencial de trazer resultados excelentes – à medida que você experimenta uma vida mais positiva, gratificante e significativa.

Recapitule/avalie/repense

Recapitule

RA 42-1 Como as técnicas farmacológicas, eletroconvulsoterapia (ECT) e psicocirúrgicas são usadas hoje no tratamento dos transtornos psicológicos?

- As abordagens de tratamento biomédicas propõem que a terapia deve abordar as causas psicológicas do comportamento anormal em vez de considerar os fatores psicológicos. A terapia farmacológica, o melhor exemplo de tratamentos biomédicos, produziu reduções consideradas nos sintomas de perturbação mental.
- Antipsicóticos como a clorpromazina reduzem com muita eficácia os sintomas psicóticos. Antidepressivos como o Prozac reduzem a depressão com tanto sucesso que são usados muito amplamente. Os ansiolíticos, ou tranquilizantes menores, estão entre os medicamentos de qualquer tipo mais frequentemente prescritos.
- Na eletroconvulsoterapia (ECT), usada em casos graves de depressão, o paciente recebe uma corrente elétrica breve de 70 a 150 volts.
- A psicocirurgia consiste na destruição cirúrgica ou na remoção de certas partes do cérebro de um paciente.
- A abordagem da psicologia comunitária encorajou a desinstitucionalização, na qual pacientes mentais previamente hospitalizados foram liberados para a comunidade.

Avalie

1. Os antipsicóticos proporcionaram curas eficazes, prolongadas e completas para a esquizofrenia. Verdadeiro ou falso?

2. Um tratamento biomédico altamente eficaz para um transtorno psicológico que é usado sobretudo para interromper ou prevenir episódios maníacos é:
    a. Clorpromazina
    b. Lítio
    c. Librium
    d. Valium
3. A psicocirurgia cresceu em popularidade como método de tratamento quando as técnicas cirúrgicas tornaram-se mais precisas. Verdadeiro ou falso?
4. A tendência a liberar mais pacientes dos hospitais mentais e introduzi-los na comunidade é conhecida como _____.

Repense

1. Uma das principais críticas às terapias biológicas é que elas tratam os sintomas do transtorno mental sem trazer à tona ou abordar os problemas subjacentes dos quais as pessoas estão sofrendo. Você concorda com essa crítica?
2. *Da perspectiva de um político:* Como você faria a regulação do uso de eletroconvulsoterapia e psicocirurgia? Você restringiria o uso ou tornaria cada uma completamente ilegal? Por quê?

Respostas das questões de avaliação

1. falso; a esquizofrenia pode ser controlada, mas não curada pela medicação; 2. b; 3. falso; a psicocirurgia é atualmente usada apenas como um tratamento de último recurso. 4. desinstitucionalização

Termos-chave

terapia farmacológica p. 515
antipsicóticos p. 515
antidepressivos p. 516
estabilizadores do humor p. 517
ansiolíticos p. 518
eletroconvulsoterapia (ECT) p. 519
estimulação magnética transcraniana (EMT) p. 519
psicocirurgia p. 519
psicologia comunitária p. 521
desinstitucionalização p. 521

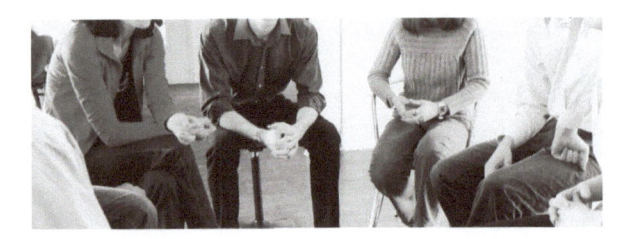

Recordando

Epílogo

Examinamos como os profissionais da psicologia tratam pessoas com transtornos psicológicos. Consideramos várias abordagens, que incluem tanto terapias psicológicas quanto biológicas. Obviamente, esse campo teve um progresso substancial nos últimos anos, seja no tratamento dos sintomas dos transtornos mentais, seja na compreensão das causas subjacentes.

Antes de sair do tópico relativo ao tratamento dos transtornos psicológicos, volte até o Prólogo no qual Melanie Poorman oferece aconselhamento para prevenção de suicídio a veteranos militares. Com base no conhecimento do tratamento dos transtornos psicológicos, considere as seguintes perguntas.

1. Como as linhas telefônicas diretas de prevenção de suicídio promovem o objetivo da psicologia comunitária?
2. Se Melanie Poorman quisesse encorajar alguém que telefona para a linha direta de prevenção de suicídio do Departamento de Assuntos dos Veteranos a procurar terapia, o que ela poderia dizer acerca de sua efetividade?
3. Se o indivíduo que telefonou visitasse um profissional de psicoterapia dinâmica, em que seu tratamento seria diferente de outro indivíduo que ligasse e visitasse um profissional de terapia centrada na pessoa?
4. Que tipo de abordagem terapêutica está disponível para pessoas que precisam de alívio rápido para depressão grave por estarem em risco de cometer suicídio?

RESUMO VISUAL 13 Tratamento dos Transtornos Psicológicos

MÓDULO 40 Psicoterapia: Abordagens Psicodinâmicas, Comportamentais e Cognitivas

Terapia psicodinâmica
- Psicanálise
  - Associação livre: dizer em voz alta o que vem à mente
  - Interpretação dos sonhos: procura de indicações de conflitos inconscientes e problemas nos sonhos
  - Sessões frequentes por um longo período de tempo
- Abordagens psicodinâmicas contemporâneas
  - As sessões são de mais curta duração
  - O terapeuta assume um papel mais ativo: o foco é mais no presente

Abordagens de tratamento comportamentais: Ajudam a modificar o comportamento em vez de encontrar causas subjacentes
- Tratamentos de condicionamento clássico 
  - Condicionamento aversivo
  - Dessensibilização sistemática
  - Tratamento de exposição
- Técnicas de condicionamento operante 
  - Sistema de fichas
  - Contrato de contingências
  - Aprendizagem observacional
- Terapia comportamental dialética: ajuda as pessoas a modificar seu comportamento e a visão de si mesmas aceitando quem elas são, independentemente se isso combina com seu ideal

Abordagens cognitivas: ensinam as pessoas a pensar de maneira adaptativa
- Terapia comportamental racional-emotiva

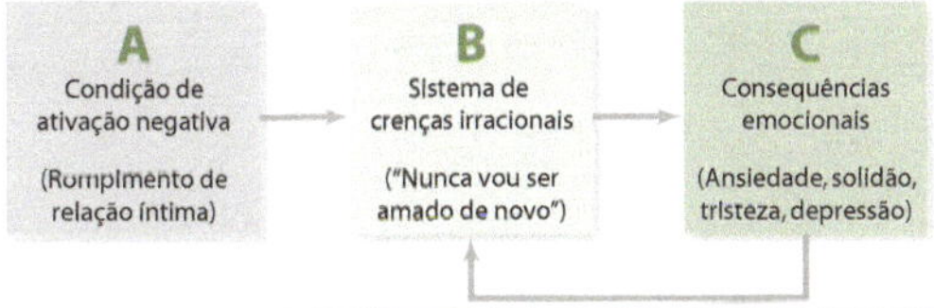

A	B	C
Condição de ativação negativa	Sistema de crenças irracionais	Consequências emocionais
(Rompimento de relação íntima)	("Nunca vou ser amado de novo")	(Ansiedade, solidão, tristeza, depressão)

MÓDULO 41 Psicoterapia: Abordagens Humanista, Interpessoal e de Grupo

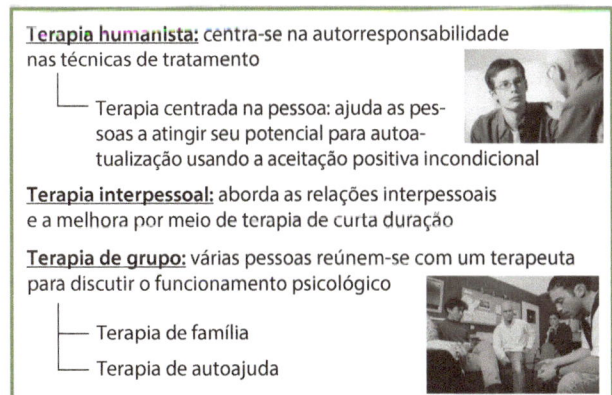

Terapia humanista: centra-se na autorresponsabilidade nas técnicas de tratamento
- Terapia centrada na pessoa: ajuda as pessoas a atingir seu potencial para autoatualização usando a aceitação positiva incondicional

Terapia interpessoal: aborda as relações interpessoais e a melhora por meio de terapia de curta duração

Terapia de grupo: várias pessoas reúnem-se com um terapeuta para discutir o funcionamento psicológico
- Terapia de família
- Terapia de autoajuda

A psicoterapia funciona?

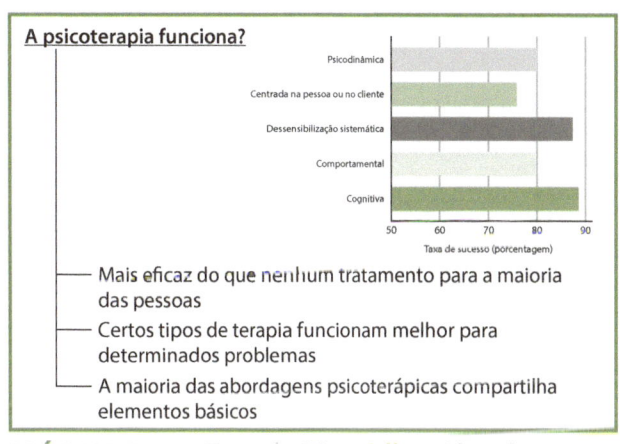

- Mais eficaz do que nenhum tratamento para a maioria das pessoas
- Certos tipos de terapia funcionam melhor para determinados problemas
- A maioria das abordagens psicoterápicas compartilha elementos básicos

MÓDULO 42 Terapia Biomédica: Abordagens Biológicas

Terapia farmacológica: controle de transtornos psicológicos com fármacos

Classe do fármaco	Efeitos do fármaco	Ação primária do fármaco	Exemplos
Antipsicóticos Antipsicóticos atípicos	Redução da perda de contato com a realidade, agitação	Bloqueiam os receptores da dopamina	Antipsicóticos: clorpromazina, clozapina, haloperidol. Antipsicóticos atípicos: risperidona, olanzapina
Antidepressivos Antidepressivos tricíclicos	Redução da depressão	Permitem elevação nos neurotransmissores como a norepinefrina	Trazodona, amitriptilina, desipramina
Inibidores da monoaminoxidase (IMAOs)	Redução da depressão	Impedem que a MAO quebre os neurotransmissores	Fenelzina, tranilcipromina
Inibidores seletivos da recaptação de serotonina (ISRSs)	Redução da depressão	Inibem a recaptação de serotonina	Fluoxetina, nefazodona
Estabilizadores do humor Lítio	Estabilização do humor	Podem alterar a transmissão de impulsos dentro dos neurônios	Lítio, divalproato de sódio, carbamazepina
Ansiolíticos	Redução da ansiedade	Aumentam a atividade do neurotransmissor do ácido gama-aminobutírico (GABA)	Benzodiazepínicos

Eletroconvulsoterapia: usada como o único tratamento rapidamente eficaz para depressão grave

Psicocirurgia: cirurgia cerebral para reduzir os sintomas dos transtornos mentais

Psicologia comunitária: prevenção da incidência de transtornos psicológicos
- Desinstitucionalização: transferência de pacientes mentais para a comunidade, onde eles podem não receber o tratamento necessário

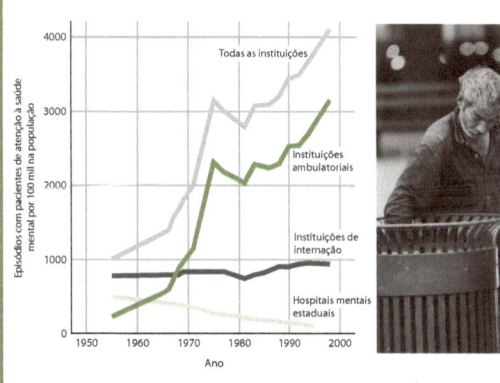

14
Psicologia Social

Resultados de Aprendizagem para o Capítulo 14

MÓDULO 43

RA 43-1 O que são atitudes e como elas são formadas, mantidas e modificadas?

RA 43-2 Como as pessoas formam impressões de como os outros são e das causas de seu comportamento?

RA 43-3 Quais são os vieses que influenciam a forma como as pessoas encaram o comportamento dos outros?

Atitudes e Cognição Social
Persuasão: modificando atitudes
Aplicando a Psicologia no Século XXI: Anunciando na era da informação: mirando alvos em movimento
TrabalhoPsi: Criador em agência de publicidade
Cognição social: compreendendo os outros
Explorando a Diversidade: Vieses de atribuição em um contexto cultural: quão fundamental é o erro de atribuição fundamental?

MÓDULO 44

RA 44-1 Quais são as principais fontes e táticas de influência social?

Influência Social e Grupos
Conformidade: seguindo o que os outros fazem
Concordância: submetendo-se à pressão social direta
Obediência: seguindo ordens diretas

MÓDULO 45

RA 45-1 Em que diferem os estereótipos, o preconceito e a discriminação?

RA 45-2 Como podemos reduzir o preconceito e a discriminação?

Preconceito e Discriminação
Os fundamentos do preconceito
A Neurociência em sua Vida: O cérebro preconceituoso
Medindo o preconceito e a discriminação: o teste de associação implícita
Reduzindo as consequências do preconceito e da discriminação

MÓDULO 46

RA 46-1 Por que somos atraídos por certas pessoas e em que progressão seguem as relações sociais?

RA 46-2 Que fatores estão subjacentes à agressão e ao comportamento pró-social?

Comportamento Social Positivo e Negativo
Gostar e amar: atração interpessoal e desenvolvimento das relações
A Neurociência em sua Vida: O cérebro social
Agressão e comportamento pró-social: ferindo e ajudando os outros
Ajudando os outros: o lado positivo da natureza humana
A Neurociência em sua Vida: As decisões morais e o cérebro
Tornando-se um Consumidor Informado de Psicologia: Lidando efetivamente com a raiva

Prólogo *A ajuda*

Assim que a notícia do desastre na Fazenda Perley começou a se espalhar – o aumento rápido das águas do Rio White arrastou quase 200 fardos de feno, inundou a casa da fazenda e levou algumas das vacas à morte arrastando-as para o rio – vizinhos e até mesmo estranhos começaram a chegar ao celeiro lamacento em South Royalton, Vermont, para oferecer ajuda.

Estudantes de agricultura da Faculdade Técnica de Vermont apareceram com pás e começaram a cavar. Um casal das proximidades trouxe um carrinho de mão, limpou o celeiro e, então, voltou alguns dias depois com uma lasanha feita em casa. Um casal de New Hampshire trouxe cereal para alimentar as vacas sobreviventes e aparas de madeira para arrumar o celeiro.

"Meu marido e eu, somos pessoas que dão, você sabe – nós nunca tivemos de estar na posição de quem recebe", disse Penny Severance,..."somos muito gratos." (Cooper, 2011, p. A10).

Olhando à frente

O que levou os vizinhos da Fazenda Perley a agir de forma tão altruísta? Foram simplesmente as circunstâncias, ou esses vizinhos eram pessoas especialmente úteis? O que, em geral, impele algumas pessoas a ajudarem outras – e, em contrapartida, por que certas pessoas não demonstram preocupação pelo bem-estar dos outros? Mais amplamente, como podemos melhorar as condições sociais para que as pessoas vivam juntas em harmonia?

Só podemos responder completamente a tais perguntas levando em conta achados do campo da psicologia social, o ramo da psicologia que estuda os aspectos do comportamento humano que nos unem – e separam – uns aos outros. A **psicologia social** é o estudo científico acerca de como os pensamentos, sentimentos e ações das pessoas são afetados pelos outros. Os psicólogos sociais consideram os tipos e as causas do comportamento do indivíduo em situações sociais, examinando como a natureza das situações em que nos encontramos influencia nosso comportamento.

O amplo âmbito da psicologia social é expresso pelo tipo de perguntas que os psicólogos sociais fazem, a saber: Como podemos convencer as pessoas a modificar suas atitudes ou a adotar novas ideias e valores? De que modo podemos compreender como os outros são? Como somos influenciados pelo que os outros fazem e pensam? Por que alguns indivíduos exibem tanta violência, agressão e crueldade em relação aos outros a ponto de pessoas por todo o mundo viverem com medo de aniquilação? E por quê, em comparação, algumas pessoas colocam a própria vida em risco para ajudar outras? Ao explorarmos essas e outras questões, também discutimos estratégias para confrontar e resolver uma variedade de problemas e questões que todos enfrentamos – desde a aquisição de uma melhor compreensão das táticas persuasivas até a formação de impressões mais exatas dos outros.

Começamos examinando como nossas atitudes moldam nosso comportamento e como formamos julgamentos sobre os outros. Discutiremos de que modo somos influenciados pelos outros e teceremos considerações sobre preconceito e discriminação, analisando suas raízes e as maneiras pelas quais podemos reduzi-los. Após o exame do que os psicólogos sociais aprenderam sobre como as pessoas formam amizades e relações, concluiremos com um exame das determinantes de agressão e ajuda – dois lados opostos do comportamento humano.

psicologia social Estudo científico acerca de como os pensamentos, sentimentos e ações das pessoas são afetados pelos outros.

MÓDULO 43

Atitudes e Cognição Social

O que Rachel Ray e Tom Brady têm em comum? Ambos apareceram em anúncios concebidos para moldar ou modificar nossas atitudes. Tais comerciais fazem parte da avalanche de mensagens que recebemos todos os dias de fontes tão variadas como políticos, equipe de vendas em lojas e celebridades – todos os quais têm a intenção de nos influenciar.

Persuasão: modificando atitudes

Persuasão é o processo de mudança de atitudes, um dos conceitos centrais da psicologia social. **Atitudes** são avaliações de uma pessoa, de um comportamento, uma crença ou um conceito. Por exemplo, você provavelmente tem atitudes em relação ao presidente americano (uma pessoa), ao aborto (um comportamento), a uma ação afirmativa (uma crença) ou à arquitetura (um conceito) (Brock & Green, 2005; Hegarty & Massey, 2007; Simon & Hoyt, 2008).

A facilidade com que podemos modificar nossas atitudes depende de inúmeros fatores, incluindo:

- *Fonte da mensagem.* As características de uma pessoa que transmite uma mensagem persuasiva, conhecida como um *comunicador de atitudes*, têm um impacto importante na eficácia dessa mensagem. Os comunicadores que são física e socialmente atraentes produzem maior mudança de atitude do que aqueles que são menos atraentes. Além disso, o conhecimento e a credibilidade do comunicador estão relacionados ao impacto de uma mensagem – exceto em situações em que o público acredita que o comunicador tenha uma motivação dissimulada (Ariyanto, Hornsey, & Gallois, 2006; McClure, Sutton, & Sibley, 2007; Messner, Reinhard & Sporer, 2008).
- *Características da mensagem.* Não é somente *quem* transmite uma mensagem, mas *como* é a mensagem que afeta as atitudes. Em geral, mensagens com dois lados – que incluem a posição do comunicador e a de quem está argumentando contra – são mais eficazes do que as mensagens unilaterais, com o pressuposto de que os argumentos do outro lado podem ser efetivamente refutados e de que o público tem conhecimento sobre o tópico. Mensagens que produzem medo ("Se você não praticar sexo seguro, contrairá aids") costumam ser eficazes quando fornecem ao público um meio de reduzir o medo. No entanto, se o medo for muito exagerado, as mensagens poderão evocar mecanismos de defesa das pessoas e serão ignoradas (Perloff, 2003).
- *Características do alvo.* Depois que um comunicador transmitiu uma mensagem, as características do *alvo* podem determinar se a mensagem será aceita. Por exemplo, pessoas inteligentes são mais resistentes à persuasão do que as menos inteligentes. Também parecem existir diferenças de gênero na capacidade de ser persuadido. Em contextos públicos, as mulheres são um pouco mais facilmente persuadidas do que os homens, sobretudo quando elas têm menos conhecimento sobre o tópico da mensagem. Contudo, elas têm tanta probabilidade quanto os homens de modificar suas atitudes privadas. De fato, a magnitude das diferenças na resistência à persuasão entre homens e mulheres não é grande (Wood, 2000; Guadagno & Cialdini, 2002; ver também Aplicando a Psicologia no Século XXI).

Resultados de Aprendizagem

RA 43-1 O que são atitudes e como elas são formadas, mantidas e modificadas?

RA 43-2 Como as pessoas formam impressões de como os outros são e das causas de seu comportamento?

RA 43-3 Quais são os vieses que influenciam a forma como as pessoas encaram o comportamento dos outros?

atitudes Avaliações de uma pessoa, de um comportamento, uma crença ou um conceito.

Celebridades como o *quarterback* dos Patriot, Tom Brady, influenciam as atitudes? Os anunciantes certamente acreditam que sim, investindo milhões de dólares em cotas de patrocínio.

Aplicando a Psicologia no Século XXI

Anunciando na era da informação: mirando alvos em movimento

Enquanto um homem de meia-idade navega em uma página popular da *web* sobre esportes, mais de uma dúzia de câmeras monitoram cada movimento seu – particularmente os movimentos de seus olhos. Outro equipamento monitora a temperatura de sua pele e o batimento cardíaco, enquanto inúmeras pequenas sondas musculares medem cada *nuance* das mudanças em suas expressões faciais. Em uma sala remota, técnicos monitoram cuidadosamente os dados que seus movimentos produzem em tempo real.

Esta não é uma cena de um filme futurista de ficção científica – é apenas um dia comum em um laboratório de pesquisas privado de propriedade da Walt Disney Company. Os técnicos em pesquisa estão estudando a eficácia dos anúncios *on-line*. Embora as companhias da internet venham há tempo investigando os tipos de anúncios *on-line* que estimulam os usuários dos *sites* a clicarem, sabe-se muito menos sobre por quê os usuários *não* respondem. Os anúncios não estão conseguindo capturar sua atenção? Em caso afirmativo, que tipos de anúncios funcionariam melhor para fazer isso? Trata-se apenas de uma questão de criar visuais mais vívidos, ou os usuários aprendem rapidamente a ignorar mesmo os *banners* que saltam aos olhos? A estrutura em si do *site* faz diferença? É um equilíbrio delicado criar anúncios *on-line* que sejam

Os anunciantes estão pesquisando formas de aproveitar as mais recentes tecnologias para assegurar que obterão a maior resposta possível para seus esforços.

maximamente eficazes, mas não tão intrusivos que afastem o público (Lavrakas, Mane, & Joe, 2010; Hsieh & Chen, 2011).

As agências de publicidade querem ter certeza de que estão obtendo a melhor resposta para seus esforços. Em vez de deixar tudo ao acaso, elas estão usando os últimos métodos de pesquisa para assegurar que seus anúncios tenham o impacto pretendido – mesmo chegando ao ponto de monitorar a atividade cerebral das pessoas enquanto elas assistem a anúncios na televisão. "Você está vendo a ciência ingressar no setor de *marketing* de uma forma intensa", disse David Poltrack, chefe de pesquisas da CBS. Artie Bulgrin, vice-presidente sênior de pesquisa da ESPN, concorda: "Nós vemos isso como uma ferramenta de pesquisa e desenvolvimento muito poderosa para toda a Disney Company. Quando surgem ideias, queremos pesquisá-las e ter os resultados nas mãos de nossa força de vendas o mais rápido possível", acrescenta (Barnes, 2009, p. 6).

A rápida evolução da tecnologia da internet e as formas dinâmicas como as pessoas consomem o conteúdo *on-line* superaram consideravelmente as tentativas dos pesquisadores de compreender os padrões de uso das pessoas e as formas mais efetivas de introduzir a publicidade nessa mistura. Laboratórios de pesquisa privados dos principais interessados como a Disney estão trabalhando freneticamente para se manter, porém ainda há muito trabalho a ser feito. Em sua maior parte, os anunciantes ainda estão baseando-se em métodos que funcionaram para uma tecnologia mais antiga até que as mais novas modalidades de mídia sejam mais bem-entendidas (Li & Leckenby, 2007).

> **REPENSE**
> - Por que é tão difícil projetar anúncios efetivos para a mídia *on-line*?
> - Por que os pesquisadores estão profundamente interessados nas respostas físicas dos usuários enquanto eles consomem a mídia *on-line*?

Rotas para persuasão

processamento pela rota central Tipo de processamento mental que ocorre quando uma mensagem persuasiva é avaliada pela consideração ponderada de questões e argumentos usados para persuadir.

processamento pela rota periférica Tipo de processamento mental que ocorre quando uma mensagem persuasiva é avaliada com base em fatores irrelevantes ou alheios.

A receptividade dos receptores a mensagens persuasivas relaciona-se ao tipo de processamento da informação que eles utilizam. Os psicólogos sociais descobriram as rotas primárias de processamento da informação para a persuasão: processamento pela rota central e pela rota periférica. O **processamento pela rota central** ocorre quando o indivíduo considera ponderadamente as questões e os argumentos envolvidos na persuasão. Nesse caso, as pessoas são influenciadas em seus julgamentos pela lógica, pelo mérito e pela força dos argumentos.

Por sua vez, o **processamento pela rota periférica** ocorre quando as pessoas são persuadidas com base em fatores não relacionados à natureza ou à qualidade do conteúdo de uma mensagem persuasiva. Em vez disso, fatores que são irrelevantes ou alheios à questão, tais como quem está transmitindo a mensagem, a quantidade de argumentos ou o apelo emocional dos argumentos, as influenciam (Petty et al., 2005; Warden, Wu, & Tsai, 2006; Kao, 2011).

Em geral, as pessoas que estão altamente envolvidas e motivadas usam o processamento pela rota central para compreender uma mensagem. No entanto, se uma pessoa está desinteressada, não motivada, entediada ou distraída, as características da mensagem tornam-se menos importantes e os fatores periféricos tornam-se mais influentes (ver Fig. 1). Embora o processamento pela rota central e rota periférica leve à mudança de atitude, o processamento pela rota central geralmente conduz a alterações mais fortes e duradouras.

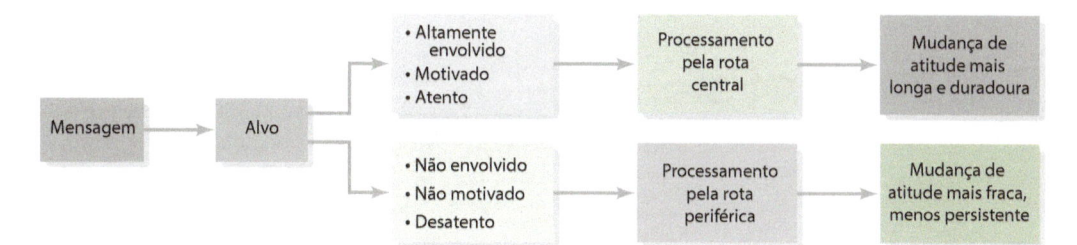

FIGURA 1 Rotas para persuasão. Alvos que estão altamente envolvidos, motivados e atentos usam o processamento pela rota central quando consideram uma mensagem persuasiva, o que leva a uma mudança de atitude mais duradoura. Ao contrário, alvos não envolvidos, não motivados e desatentos têm mais probabilidade de usar o processamento pela rota periférica e a mudança de atitude provavelmente será menos duradoura. Você consegue pensar em anúncios específicos que tentam produzir processamento pela rota central?

Algumas pessoas têm maior probabilidade do que outras de usar processamento pela rota central em vez de processamento pela rota periférica? A resposta é sim. As pessoas que têm uma alta *necessidade de cognição*, ou seja, o nível habitual de ponderação e atividade cognitiva, apresentam maior probabilidade de empregar o processamento pela rota central. Considere as afirmações apresentadas na Figura 2. As pessoas que concordam com as duas primeiras afirmações e discordam das demais têm uma necessidade relativamente alta de cognição (Cacioppo et al., 1996; Dai & Wang, 2007).

As pessoas que têm uma alta necessidade de cognição gostam de pensar, filosofar e refletir sobre o mundo. Consequentemente, elas tendem a refletir mais sobre as mensagens persuasivas pelo uso do processamento pela rota central e têm mais probabilidade de serem persuadidas por mensagens complexas, lógicas e detalhadas. Todavia, aqueles que têm uma baixa necessidade de cognição ficam impacientes quando forçados a passar muito tempo pensando sobre uma questão. Por isso, costumam usar um processamento pela rota periférica e são persuadidos por outros fatores além da qualidade e dos detalhes das mensagens (Dollinger, 2003; Van Overwalle & Siebler, 2005). (Ver também TrabalhoPsi, na p. 532.)

> **Alerta de estudo**
>
> O processamento pela rota central envolve o conteúdo da mensagem; o processamento pela rota periférica envolve o modo como a mensagem é transmitida.

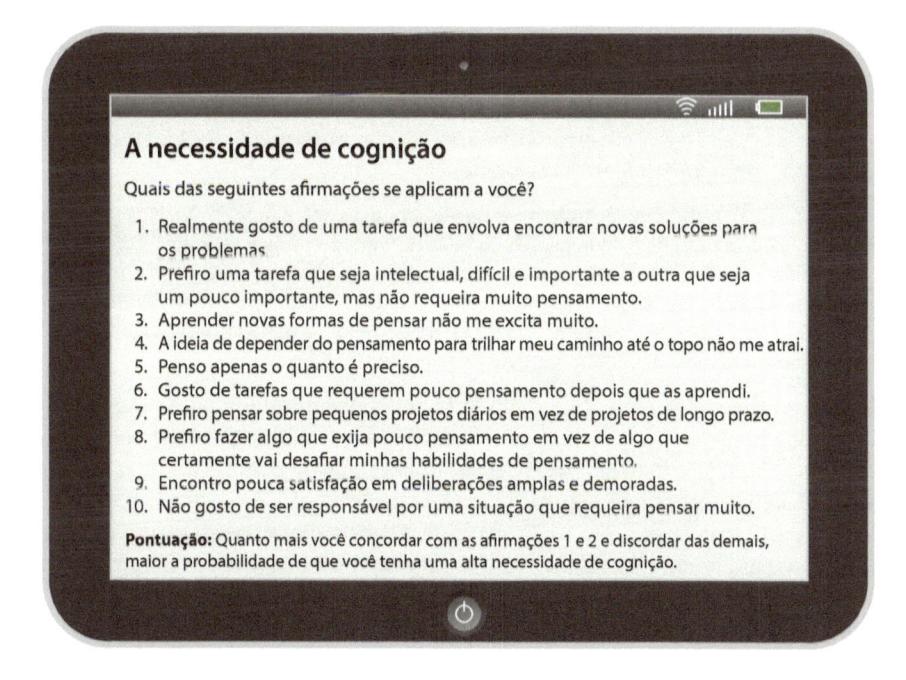

FIGURA 2 Este questionário simples oferece uma ideia geral do nível de sua necessidade de cognição.
(Fonte: Cacioppo, Bernston, & Crites, 1996.)

A necessidade de cognição

Quais das seguintes afirmações se aplicam a você?

1. Realmente gosto de uma tarefa que envolva encontrar novas soluções para os problemas.
2. Prefiro uma tarefa que seja intelectual, difícil e importante a outra que seja um pouco importante, mas não requeira muito pensamento.
3. Aprender novas formas de pensar não me excita muito.
4. A ideia de depender do pensamento para trilhar meu caminho até o topo não me atrai.
5. Penso apenas o quanto é preciso.
6. Gosto de tarefas que requerem pouco pensamento depois que as aprendi.
7. Prefiro pensar sobre pequenos projetos diários em vez de projetos de longo prazo.
8. Prefiro fazer algo que exija pouco pensamento em vez de algo que certamente vai desafiar minhas habilidades de pensamento.
9. Encontro pouca satisfação em deliberações amplas e demoradas.
10. Não gosto de ser responsável por uma situação que requeira pensar muito.

Pontuação: Quanto mais você concordar com as afirmações 1 e 2 e discordar das demais, maior a probabilidade de que você tenha uma alta necessidade de cognição.

TrabalhoPsi
CRIADOR EM AGÊNCIA DE PUBLICIDADE

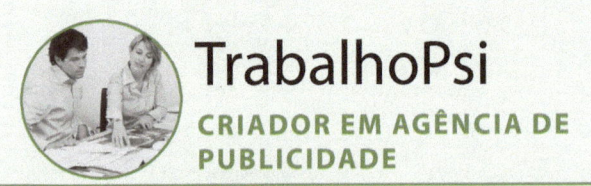

Nome: Vlad Kolarov

Formação: Bacharel em Direito, Universidade de Sófia, Sófia, Bulgária

Ao longo dos anos, as empresas vêm empregando inúmeras formas de atrair nossa atenção e de nos seduzir para comprar seus produtos ou serviços. Para Vlad Kolarov, proprietário da agência de publicidade FunnySells.com, o humor é a melhor abordagem.

"O humor é universal. Ele nos faz sentir melhor. Todos gostam de uma boa risada, mesmo as pessoas que dizem que não têm senso de humor", observa ele. "As companhias que usam o humor nas campanhas publicitárias geralmente obtêm um aumento nas vendas de seu produto e serviço. O truque, no entanto, é criar uma campanha publicitária bem-humorada e memorável. Humor e comédia, como gênero, são os mais árduos de dominar."

"Quando feitos corretamente, as companhias podem usá-los para criar e manter uma identidade da marca, para introduzir um novo produto ou serviço ou mudar um já existente, para aumentar o valor comercial da marca ou da companhia e para aumentar as vendas", acrescenta.

O uso do humor como ferramenta promocional pode ser benéfico, embora também seja complicado, de acordo com Kolarov.

"Uma agência de publicidade precisa determinar qual é o público-alvo e escolher a melhor maneira de apresentar o produto ou serviço anunciado. Quando as coisas não são feitas corretamente, elas podem ter um efeito contrário", explica ele.

Existe algum produto que não possa ser promovido com humor?

"Eu gostaria de dizer que não, mas o fato é que existem produtos que pessoalmente opto por não anunciar com humor. Logo, toda regra tem sua exceção. Quando feitas com habilidade e bom gosto, mesmo coisas que consideramos impossíveis podem tornar-se um sucesso. Neste negócio, como na vida, é preciso manter a mente aberta", conclui Kolarov.

A relação entre atitudes e comportamento

Não é de causar surpresa que as atitudes influenciam o comportamento. A força da relação entre atitudes e comportamentos particulares varia, é claro, mas as pessoas geralmente se empenham na coerência entre suas atitudes e seu comportamento. Além disso, elas adotam atitudes razoavelmente coerentes. Por exemplo, você provavelmente não teria a atitude "comer carne é imoral", e ainda assim adotaria uma atitude positiva em relação a hambúrgueres (Ajzen, 2002; Conner et al., 2003; Levi, Chan, & Pence, 2006).

Ironicamente, a coerência que leva as atitudes a influenciarem o comportamento por vezes funciona ao contrário: em alguns casos, nosso comportamento molda nossas atitudes. Considere, por exemplo, o seguinte incidente:

> Você acaba de passar o que lhe parece ter sido a hora mais entediante de sua vida girando pinos para um experimento de psicologia. Quando finalmente termina e está indo embora, o experimentador pede-lhe um favor. Ele diz que precisa de um ajudante para sessões experimentais futuras para apresentar aos participantes seguintes a tarefa de girar os pinos. Seu trabalho específico será dizer-lhes que girar pinos é uma experiência interessante e fascinante. Cada vez que você contar essa fábula para outro participante, receberá 1 dólar.

Se você ajudar o experimentador, talvez se coloque em um estado de tensão psicológica denominada dissonância cognitiva. De acordo com o psicólogo social Leon Festinger (1957), a **dissonância cognitiva** ocorre quando uma pessoa demonstra duas atitudes ou pensamentos contraditórios (designados como *cognições*).

Se você participar da situação recém-descrita, ficará com dois pensamentos contraditórios: (1) Acho que a tarefa é entediante, mas (2) disse que era interessante com uma pequena justificativa (ganhar 1 dólar). Esses dois pensamentos devem despertar dissonância. Como você pode reduzir a dissonância cognitiva? Você não pode negar ter dito que a tarefa é inte-

dissonância cognitiva
Conflito mental que ocorre quando uma pessoa demonstra duas atitudes ou pensamentos contraditórios (designados como cognições).

ressante sem romper com a realidade. Relativamente falando, é mais fácil mudar sua atitude em relação à tarefa – e assim a teoria prediz que os participantes reduzirão a dissonância ao adotarem atitudes mais positivas em relação a ela (Cooper, 2007; Rydell, McConnell, & Mackie, 2008; Dickinson & Oxoby, 2011).

Um experimento clássico (Festinger & Carlsmith, 1959) confirmou tal predição. O experimento seguiu essencialmente o mesmo procedimento antes descrito em que era oferecido 1 dólar a um participante para descrever uma tarefa entediante como interessante. Além disso, em uma condição de comparação, foram oferecidos US$20 a alguns participantes para dizerem que a tarefa era interessante. O raciocínio subjacente a essa condição era de que 20 dólares era tanto dinheiro que os participantes tinham uma boa razão para transmitir a informação incorreta: não se produziria dissonância e se esperaria menos mudança de atitude. Os resultados apoiaram essa noção. Mais participantes que receberam 1 dólar mudaram suas atitudes (tornando-se mais positivos em relação à tarefa de girar os pinos) do que os pacientes que receberam 20 dólares.

Sabemos agora que a dissonância explica muitos eventos diários que envolvem atitudes e comportamento. Por exemplo, fumantes que sabem que fumar causa câncer de pulmão têm cognições contraditórias: (1) Eu fumo e (2) fumar causa câncer de pulmão. A teoria prediz que esses dois pensamentos levam a um estado de dissonância cognitiva. Mais importante, ela prediz que – presumindo que eles não mudem seu comportamento deixando de fumar – os fumantes serão motivados a reduzir sua dissonância por meio de um dos seguintes métodos: (1) modificando uma ou as duas cognições, (2) mudando a importância percebida de uma cognição, (3) acrescentando cognições ou (4) negando que as duas cognições estão relacionadas entre si. Portanto, um fumante pode decidir que ele, na verdade, não fuma tanto assim ou que vai parar em seguida (modificando a cognição), que as evidências que associam o fumo ao câncer são fracas (mudando a importância de uma cognição), que a quantidade de exercícios que ele faz compensa o tabagismo (acrescentando cognições) ou que não existem evidências que relacionem o fumo ao câncer (negação). Qualquer técnica que o fumante use resulta em dissonância reduzida (ver Fig. 3).

Duas cognições contraditórias
1. "Eu fumo."
2. "Fumar causa câncer."

↓

Dissonância

↙ ↙ ↘ ↘

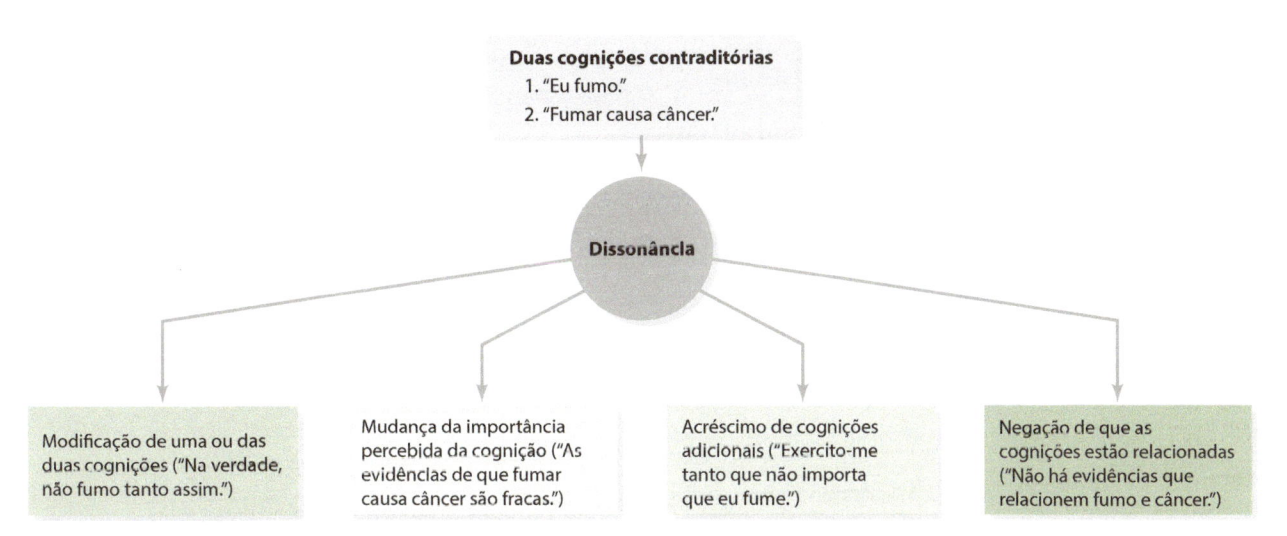

- Modificação de uma ou das duas cognições ("Na verdade, não fumo tanto assim.")
- Mudança da importância percebida da cognição ("As evidências de que fumar causa câncer são fracas.")
- Acréscimo de cognições adicionais ("Exercito-me tanto que não importa que eu fume.")
- Negação de que as cognições estão relacionadas ("Não há evidências que relacionem fumo e câncer.")

FIGURA 3 Dissonância cognitiva. A presença simultânea de duas cognições contraditórias ("Eu fumo" e "Fumar causa câncer") produz dissonância, a qual pode ser reduzida por meio de vários métodos. Quais são as formas adicionais pelas quais a dissonância pode ser reduzida?

Cognição social: compreendendo os outros

Independentemente das transgressões pessoais de Bill Clinton e do julgamento de *impeachment* no final da década de 1990, muitos americanos continuaram a considerá-lo extremamente admirável durante sua presidência, e mesmo hoje ele está entre os políticos americanos mais populares. Casos como este ilustram o poder de nossas impressões e atestam a importância de se determinar como as pessoas desenvolvem certa compreensão dos outros. Uma das áreas dominantes na psicologia social durante as últimas décadas abordou o aprendizado de como chegamos a compreender como os outros são e como explicamos as razões subjacentes a seu comportamento.

Compreendendo como os outros são

Considere por um momento a enorme quantidade de informação sobre outras pessoas às quais estamos expostos. Como podemos decidir o que é importante e o que não é e fazermos julgamentos acerca das características dos outros? Os psicólogos sociais interessados nessa questão estudam a **cognição social** – a forma como as pessoas compreendem e significam os outros e a si mesmas. Esses psicólogos aprenderam que os indivíduos adotam **esquemas** altamente desenvolvidos, conjuntos de cognições acerca das pessoas e das experiências sociais. Esses esquemas organizam a informação armazenada na memória, representam em nossas mentes a forma como o mundo social opera, e nos fornecem uma estrutura para reconhecer, classificar e evocar informações relacionadas a estímulos sociais, como pessoas e grupos (Moskowitz, 2004; Smith & Semin, 2007; Amodio & Ratner, 2011).

Costumamos ter esquemas para tipos específicos de pessoas. Nosso esquema para "professor", por exemplo, geralmente consiste em inúmeras características: conhecimento do assunto que ele está ensinando, desejo de compartilhar seu conhecimento e consciência da necessidade do aluno de compreender o que está sendo dito. Ou podemos ter um esquema para "mãe", que inclui as características de afeto, nutrição e cuidados. Independentemente de sua exatidão, os esquemas são importantes porque eles organizam a forma pela qual lembramos, reconhecemos e classificamos as informações sobre os outros. Além disso, eles nos ajudam a predizer como os outros são com base em relativamente pouca informação, porque tendemos a enquadrar as pessoas nos esquemas mesmo quando não temos muitas evidências concretas para prosseguir (Bargh & Chartrand, 2000; Ruscher, Fiske, & Schnake, 2000).

Formação de impressão

Como decidimos que Sayreeta é um flerte, Jacob é detestável ou Hector é realmente um cara legal? O primeiro trabalho sobre cognição social examinou a formação da impressão, isto é, o processo pelo qual um indivíduo organiza informações sobre outra pessoa para formar uma impressão geral daquela pessoa. Em um estudo clássico, por exemplo, estudantes ficaram sabendo que iriam ouvir um palestrante convidado (Kelley, 1950). Os pesquisadores disseram a um grupo de estudantes que o palestrante era "uma pessoa bastante calorosa, aplicada, crítica, prática e determinada" e disseram ao segundo grupo que ele era "uma pessoa um tanto fria, aplicada, crítica, prática e determinada".

A simples substituição de "fria" por "calorosa" causou drásticas diferenças na maneira como os estudantes de cada grupo perceberam o palestrante, apesar de ele ter dado a mesma palestra no mesmo estilo em cada condição. Os estudantes a quem havia sido dito que ele era "caloroso" classificaram-no mais positivamente do que os estudantes a quem foi dito que ele era "frio".

Os achados desse experimento produziram outra pesquisa sobre a formação da impressão com base na maneira como as pessoas prestam particular atenção a certos traços incomumente importantes – conhecidos como **traços centrais** – para ajudá-las a formar

---

cognição social Processos cognitivos por meio dos quais as pessoas compreendem e significam os outros e a si mesmas.

esquemas Conjuntos de cognições acerca das pessoas e das experiências sociais.

traços centrais Traços principais considerados na formação de impressões sobre os outros.

uma impressão geral dos outros. Portanto, a descrição do palestrante como "aplicado" presumivelmente significava algo diferente quando era associada ao traço central "caloroso" do que quando estava associada a "frio" (Widmeyer & Loy, 1988; Glicksohn & Nahari, 2007; McCarthy & Skowronski, 2011).

Outro trabalho sobre a formação da impressão utilizou abordagens de processamento da informação para desenvolver modelos orientados matematicamente a respeito de como os traços de personalidade individuais combinam-se para criar uma impressão geral. Genericamente, os resultados dessa pesquisa indicam que, na formação do julgamento geral de uma pessoa, usamos uma "média" psicológica dos traços do indivíduo tal como encontraríamos a média matemática de vários números (Mignon & Mollaret, 2002).

Formamos essas impressões muito rapidamente. Em apenas poucos segundos, usando o que foi denominado "fatias finas do comportamento", conseguimos fazer julgamentos acerca das pessoas que são precisos e que se igualam aos daquelas que fazem julgamentos com base em amostras mais longas do comportamento (Carney, Colvin, & Hall, 2007; Pavitt, 2007; Holleran, Mehl, & Levitt, 2009).

Obviamente, à medida que adquirimos mais experiência sobre as pessoas e as vemos exibindo seus comportamentos em uma variedade de situações, nossas impressões a respeito delas tornam-se mais complexas. No entanto, como nosso conhecimento dos outros geralmente apresenta lacunas, ainda tendemos a enquadrar os indivíduos em esquemas de personalidade que representam "tipos" particulares de pessoas. Por exemplo, podemos ter um esquema de "pessoa gregária" composto por traços de cordialidade, agressividade e sinceridade. A presença de apenas um ou dois desses traços pode ser suficiente para nos fazer atribuir a uma pessoa determinado esquema.

Entretanto, nossos esquemas são suscetíveis ao erro. Por exemplo, o humor afeta o modo como percebemos os outros. Pessoas felizes formam impressões mais favoráveis e fazem mais julgamentos positivos do que indivíduos mal-humorados (Forgas & Laham, 2005; Human & Biesanz, 2011).

Mesmo quando os esquemas não são inteiramente precisos, servem a uma função importante: eles nos permitem desenvolver expectativas acerca de como os outros se comportarão. Essas expectativas permitem-nos planejar nossas interações com os outros mais facilmente e servem para simplificar um mundo social complexo.

Processos de atribuição: compreendendo as causas do comportamento

Quando Barbara Washington, nova funcionária na Ablex Computer Company, concluiu um projeto de pessoal importante com duas semanas de antecedência, sua chefe, Yolanda, ficou muito satisfeita. Na reunião de equipe realizada a seguir, ela anunciou o quanto estava satisfeita com Barbara e explicou que *este* era um exemplo do tipo de desempenho que ela estava procurando em sua equipe. Os outros membros da equipe assistiram ressentidos, tentando imaginar por que Barbara havia trabalhado noite e dia para terminar o projeto não em tempo, mas com duas semanas de antecedência. Ela deve ser uma pessoa terrivelmente compulsiva, concluíram eles.

Uma vez ou outra, a maioria de nós ficou intrigada acerca das razões do comportamento de alguém. Talvez tenha sido em uma situação parecida com a recém-descrita ou pode ter sido em circunstâncias mais formais, como sendo juiz em um conselho relativo a um caso de fraude. Em contraste com as teorias da cognição social, que descrevem como as pessoas desenvolvem uma impressão geral a respeito dos traços de personalidade dos outros, a **teoria da atribuição** considera como decidimos, com base em amostras do comportamento de uma pessoa, quais são as causas específicas daquele comportamento.

O processo geral que usamos para determinar as causas do comportamento e outras ocorrências sociais evolui em vários passos, conforme ilustrado na Figura 4. Depois da primeira observação de que algo incomum aconteceu – por exemplo, a estrela do tênis Roger Federer jogou um *set* terrível –, tentamos interpretar o significado do evento. Isso nos leva a formular uma explicação inicial (talvez Federer tenha ficado acordado até tarde na noite anterior à partida). Dependendo do tempo disponível, dos recursos cognitivos disponíveis

teoria da atribuição Teoria que considera como decidimos, com base nas amostras do comportamento de uma pessoa, quais são as causas específicas daquele comportamento.

FIGURA 4 Determinando por que as pessoas se comportam da maneira como se comportam. O processo geral que usamos para determinar as causas do comportamento dos outros avança em vários passos. O tipo de explicação a que chegamos depende do tempo disponível, de nossos recursos cognitivos e de nosso grau de motivação para chegar a uma explicação precisa. Se o tempo, os recursos cognitivos e a motivação forem limitados, faremos uso da primeira impressão, a qual pode não ser precisa.

(Fonte: Adaptada de Krull & Anderson, 1997, p. 2.)

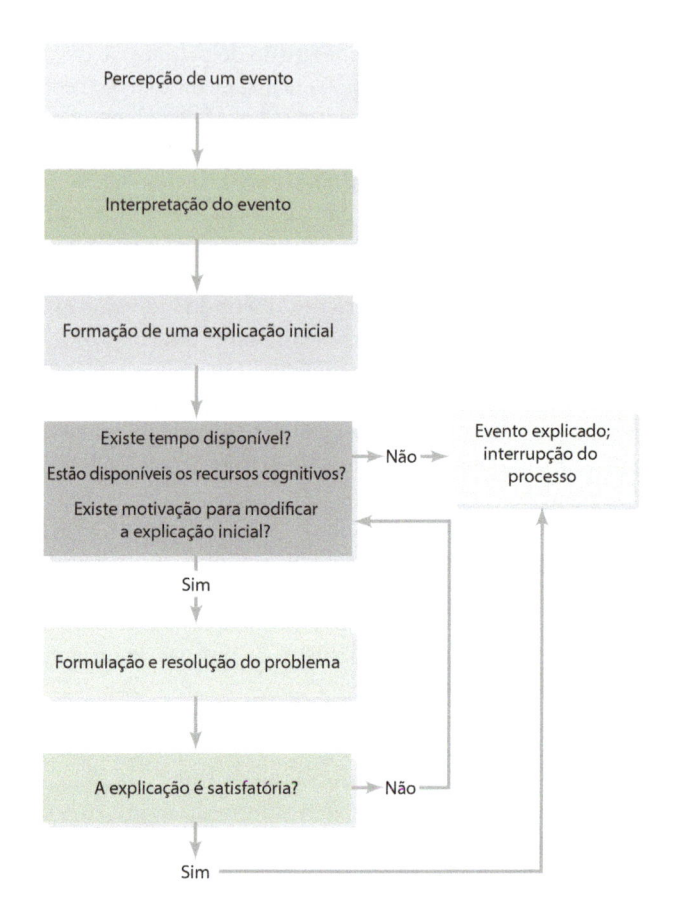

causas situacionais (do comportamento) Causas percebidas do comportamento que estão baseadas em fatores ambientais.

causas disposicionais (do comportamento) Causas percebidas do comportamento que estão baseadas em traços internos ou fatores de personalidade.

(como a atenção que podemos dispensar ao assunto) e da nossa motivação (determinada em parte pela importância do evento), podemos escolher aceitar a nossa explicação inicial ou procurar modificá-la (talvez Federer estivesse doente). Se temos o tempo, os recursos e a motivação, o evento desencadeia a solução deliberada do problema enquanto procuramos uma explicação mais completa. Durante a formulação do problema e o estágio de resolução, podemos experimentar várias possibilidades antes de chegarmos a uma explicação final que nos pareça satisfatória (Malle, 2004; Brown, 2006; Martinko, Harvey, & Dasborough, 2011).

Ao procurarmos uma explicação para determinado comportamento, precisamos responder a uma questão crucial: a causa é situacional ou disposicional? **Causas situacionais** são aquelas produzidas por algo no ambiente. Por exemplo, alguém que derrama leite e depois limpa provavelmente está limpando não porque seja uma pessoa asseada, mas porque a *situação* requer. Ao contrário, uma pessoa que passa horas encerando o piso da cozinha faz isso porque é asseada. Portanto, o comportamento tem uma **causa disposicional**, ou seja, ela é desencadeada pela disposição da pessoa (seus traços internos ou características de personalidade).

Em nosso exemplo envolvendo Barbara Washington, seus colegas atribuíram seu comportamento à sua disposição, e não à situação. Porém, de um ponto de vista lógico, é igualmente plausível que alguma caracterítica da situação tenha causado o comportamento. Se questionada, Barbara poderia atribuir sua realização a fatores situacionais e explicaria que tinha tantos outros trabalhos para fazer que simplesmente precisava tirar o projeto do caminho ou que o projeto não era assim tão difícil e, portanto, conseguiu concluí-lo antes do tempo. Para ela, então, a razão para o comportamento poderia não ser disposicional, e sim situacional.

Vieses de atribuição: errar é humano

Se nós sempre processássemos a informação da maneira racional como a teoria da atribuição propõe, o mundo funcionaria muito mais facilmente. Infelizmente, embora a teoria da atribuição faça previsões precisas, as pessoas nem sempre processam a informação sobre os outros de forma tão lógica quanto a teoria parece pressupor. De fato, as pesquisas revelam vieses consistentes no modo como as pessoas fazem atribuições. Os vieses típicos incluem os seguintes:

- *Efeito do halo.* Harry é inteligente, gentil e carinhoso. Ele também é consciencioso? Se você tivesse de adivinhar, a sua resposta mais provável seria sim. Sua dedução reflete o **efeito do halo**, um fenômeno no qual uma compreensão inicial de que uma pessoa apresenta traços positivos é usada para inferir outras características uniformemente positivas. O oposto também seria verdadeiro. Saber que Harry é insociável e questionador provavelmente levaria você a presumir que ele também é preguiçoso. Contudo, poucas pessoas demonstram somente traços uniformemente positivos ou uniformemente negativos; portanto, o efeito do halo conduz a percepções errôneas a respeito dos outros (Goffin, Jelley, & Wagner, 2003; Dennis, 2007; Park, Park, & Dubinsky, 2011).

- *Viés da semelhança presumida.* O quanto seus amigos e conhecidos são parecidos com você – em termos de atitudes, opiniões, gostos e aversões? A maioria das pessoas acredita que seus amigos e conhecidos são muito parecidos com elas. Todavia, esse sentimento vai além das pessoas que conhecemos, havendo uma tendência geral – conhecida como o **viés da semelhança presumida** – a pensarmos nas pessoas como sendo parecidas conosco até mesmo quando as encontramos pela primeira vez. Dada a grande variedade de pessoas no mundo, esse pressuposto com frequência reduz a exatidão de nossos julgamentos (Lemay, Clark, & Feeney, 2007; Lemay & Clark, 2008).

- *Viés pelo interesse próprio.* Quando seus times vencem, os treinadores comumente pensam que tal sucesso deve-se ao treinamento. Porém, quando seus times perdem, os treinadores podem pensar que isso se deve às habilidades fracas de seus jogadores. Igualmente, se você tira A em um teste, pode pensar que isso se deve a seu trabalho árduo; porém, se você tirar uma nota baixa, ela se deve às inadequações do professor. A razão é o **viés pelo interesse próprio**, a tendência a atribuir o sucesso a fatores pessoais (capacidade, habilidade ou esforço) e o fracasso a fatores externos (Krusemark, Campbell, & Clementz, 2008; Shepperd, Malone, & Sweeny, 2008).

Alerta de estudo

A questão central em fazer uma atribuição é se a causa do comportamento deve-se a fatores situacionais ou disposicionais.

efeito do halo Fenômeno no qual a compreensão inicial de que uma pessoa apresenta traços positivos é usada para inferir outras características uniformemente positivas.

viés da semelhança presumida Tendência a pensar nas pessoas como sendo parecidas conosco, mesmo quando as encontramos pela primeira vez.

viés pelo interesse próprio Tendência a atribuir o sucesso pessoal a fatores pessoais (capacidade, habilidade e esforço) e o fracasso a fatores externos.

O viés da semelhança presumida leva-nos a acreditar que os outros têm atitudes, opiniões, gostos e aversões semelhantes aos nossos.

erro de atribuição fundamental Tendência a atribuir excessivamente o comportamento dos outros a causas disposicionais e a minimizar a importância das causas situacionais.

- *Erro de atribuição fundamental.* Um dos vieses de atribuição mais comuns é a tendência a atribuir excessivamente o comportamento dos outros a causas disposicionais e a falha correspondente em reconhecer a importância das causas situacionais. Conhecida como **erro de atribuição fundamental**, essa tendência é prevalente nas culturas ocidentais. Tendemos a exagerar a importância das características de personalidade (causas disposicionais) na produção do comportamento dos outros e a minimizar a influência do ambiente (fatores situacionais). Por exemplo, temos maior probabilidade de chegar à conclusão de que alguém que está frequentemente atrasado para o trabalho é muito preguiçoso para pegar um ônibus mais cedo (uma causa disposicional) do que presumir que o atraso deve-se a fatores situacionais, como o fato de o ônibus estar sempre fora do horário.

Por que o erro de atribuição fundamental é tão comum? Uma razão para isso está relacionada à natureza da informação disponível para as pessoas que fazem uma atribuição. Quando analisamos o comportamento de outra pessoa em um contexto particular, a informação mais visível é o comportamento dessa pessoa. Como o entorno imediato do indivíduo permanece relativamente imutável e chama menos atenção, centramos nossa atenção na pessoa cujo comportamento estamos considerando. Consequentemente, temos maior probabilidade de fazer atribuições baseadas nos fatores disposicionais pessoais e menor probabilidade de fazer atribuições relativas à situação (Follett & Hess, 2002; Langdridge & Butt, 2004; Tal-Or & Papirman, 2007).

A consciência dos psicológicos sociais dos vieses de atribuição levou, em parte, ao desenvolvimento de um novo ramo da economia chamado de economia comportamental. A *economia comportamental* refere-se a como os vieses e a irracionalidade dos indivíduos afetam as decisões econômicas. Em vez de encarar as pessoas como seres racionais, como sujeitos que tomam decisões ponderadas e que estão pesando imparcialmente as opções para tirar conclusões, os economistas comportamentais abordam a irracionalidade dos julgamentos (Ariely & Norton, 2009).

Explorando a DIVERSIDADE
Vieses de atribuição em um contexto cultural: quão essencial é o erro de atribuição fundamental?

Os vieses de atribuição não afetam a todos nós da mesma maneira. A cultura na qual somos criados desempenha um papel evidente na forma como atribuímos o comportamento dos outros.

Considere, por exemplo, o erro de atribuição fundamental: a tendência a superestimar a importância dos fatores pessoais disposicionais e a subatribuição a fatores situacionais na determinação das causas do comportamento dos outros. O erro é difundido nas culturas ocidentais, e não nas sociedades orientais. Por exemplo, os adultos na Índia tinham maior probabilidade de usar atribuições situacionais do que disposicionais na explicação de eventos. Esses achados são o oposto dos observados nos Estados Unidos e contradizem o erro de atribuição fundamental (Miller, 1984; Lien et al., 2006).

Uma razão para a diferença pode residir nas normas e nos valores da sociedade oriental, que enfatiza a responsabilidade e as obrigações sociais com muito mais ênfase do que as sociedades ocidentais. Além disso, a língua falada em uma cultura pode levar a diferentes tipos de atribuição. Por exemplo, uma pessoa atrasada que usa o inglês pode dizer "Estou atrasado", o que sugere uma causa pessoal, disposicional ("Sou uma pessoa atrasada"). Em vez disso, os falantes do espanhol que estão atrasados dizem "O relógio fez com que eu me atrasasse". Obviamente, a afirmação em espanhol implica que a causa é situacional (Zebrowitz-McArthur, 1988; Macduff, 2006; Alon & Brett, 2007).

As diferenças culturais nas atribuições afetam o comportamento posterior. Por exemplo, os pais na Ásia tendem a atribuir o bom desempenho acadêmico ao esforço e ao trabalho árduo (fatores situacionais). Ao contrário, os pais nas culturas ocidentais tendem a retirar a ênfase do papel do esforço e a atribuir o sucesso escolar à habilidade inata (um fator disposicional). Em consequência, os estudantes asiáticos costumam esforçar-se mais para obter sucesso e acabam superando os estudantes americanos na escola (Stevenson, Lee, & Mu, 2000; Lien et al., 2006).

A diferença de pensamento entre as pessoas nas culturas asiáticas e ocidentais é reflexo de uma diferença mais ampla na maneira como o mundo é percebido. As sociedades asiáticas têm uma *orientação coletivista,* uma visão do mundo que promove a noção de interdependência. As pessoas com uma orientação coletivista geralmente veem a si mesmas como parte de uma rede social maior e interconectada e como responsáveis pelos outros. Por sua vez, as pessoas nas culturas ocidentais têm mais probabilidade de adotar uma *orientação individualista,* que enfatiza a identidade pessoal e a singularidade do indivíduo. Elas se detêm mais no que as diferencia e no que as torna especiais (Markus & Kitayama, 2003; Wang, 2004; Markus, 2007).

Recapitule/avalie/repense

Recapitule

RA 43-1 O que são atitudes e como elas são formadas, mantidas e modificadas?

- A psicologia social é o estudo científico acerca de como os pensamentos, sentimentos e ações das pessoas são afetados pelos outros, bem como da natureza e das causas do comportamento individual em situações sociais.
- Atitudes são avaliações de uma pessoa, de um comportamento, uma crença ou um conceito particular.
- A dissonância cognitiva ocorre quando um indivíduo apresenta simultaneamente duas cognições – atitudes ou pensamentos – que se contradizem. Para resolver a contradição, a pessoa pode modificar uma cognição, mudar sua importância, acrescentar uma cognição ou negar uma ligação entre as duas cognições – causando, assim, uma redução na dissonância.

RA 43-2 Como as pessoas formam impressões acerca de como os outros são e das causas de seu comportamento?

- A cognição social envolve a forma como as pessoas compreendem e significam os outros e a si mesmas. Elas desenvolvem esquemas que organizam a informação acerca das outras pessoas e das experiências sociais na memória, o que lhes permite interpretar e classificar a informação sobre os outros.
- As pessoas formam impressões a respeito dos outros em parte pelo uso de traços centrais – características de personalidade que recebem ênfase incomumente excessiva quando formamos uma impressão.
- As abordagens de processamento da informação constataram que tendemos a elaborar uma média dos conjuntos de traços para formar uma impressão geral.

- A teoria da atribuição tenta explicar como compreendemos as causas do comportamento, particularmente no que diz respeito a fatores situacionais e disposicionais.

RA 43-3 Quais são os vieses que influenciam a forma como as pessoas encaram o comportamento dos outros?

- Embora estejam envolvidos processos lógicos, a atribuição é propensa a erro. Por exemplo, as pessoas são suscetíveis ao efeito do halo, ao viés da semelhança presumida, ao viés pelo interesse próprio e ao erro de atribuição fundamental (tendência a atribuir excessivamente o comportamento dos outros a causas disposicionais e a correspondente falha em reconhecer a importância das causas situacionais).

Avalie

1. A avaliação de determinada pessoa, comportamento, crença ou conceito é chamada de _____.
2. Uma marca de manteiga de amendoim anuncia seu produto descrevendo o sabor e o valor nutricional. Ela espera persuadir os clientes por meio do processamento pela rota _____. Nos anúncios de uma marca competidora, um ator popular come o produto alegremente, mas não o descreve. Essa abordagem espera persuadir os clientes por meio do processamento pela rota _____.
3. A teoria da dissonância cognitiva pressupõe que comumente mudamos nosso comportamento para mantê-lo coerente com nossas atitudes. Verdadeiro ou falso?
4. Sopan estava feliz por emprestar seu livro para um colega que parecia inteligente e amigável. Ele ficou surpreso quando o colega não lhe devolveu o livro. Seu pressuposto de que o amigo inteligente e amigável também seria responsável reflete o efeito _____.

Repense

1. Joan vê Annette, uma nova colega de trabalho, agir de maneira que parece abrupta e seca. Joan conclui que Annete é indelicada e insociável. No dia seguinte, Joan vê Annette agindo com gentileza com outro colega. É provável que Joan mude sua impressão a respeito de Annette? Justifique. Por fim, Joan vê diversos amigos seus rindo e fazendo brincadeiras com Annette, tratando-a de forma muito amigável. É provável que Joan mude sua impressão a respeito de Annette? Justifique.

2. *Da perspectiva de um especialista em marketing:* Suponha que você fosse designado para desenvolver uma campanha publicitária completa para um produto, incluindo anúncios na televisão, no rádio e na mídia impressa. Como as teorias da persuasão orientariam sua estratégia para se adequar às diferentes mídias?

Respostas das questões de avaliação

1. atitude; 2. central, periférica; 3. falso, costumamos modificar nossas atitudes, e não nosso comportamento, para reduzir a dissonância cognitiva; 4. do halo

Termos-chave

psicologia social **p. 528**
atitudes **p. 529**
processamento pela rota central **p. 530**
processamento pela rota periférica **p. 530**
dissonância cognitiva **p. 532**
cognição social **p. 534**
esquemas **p. 534**
traços centrais **p. 534**
teoria da atribuição **p. 535**
causas situacionais (do comportamento) **p. 536**
causas disposicionais (do comportamento) **p. 536**
efeito do halo **p. 537**
viés da semelhança presumida **p. 537**
viés pelo interesse próprio **p. 537**
erro de atribuição fundamental **p. 538**

MÓDULO 44

Influência Social e Grupos

Você acabou de se transferir para uma nova faculdade e está assistindo à sua primeira aula. Quando o professor entra, seus colegas instantaneamente se levantam, curvam-se para o professor e depois sentam-se silenciosamente com as mãos para as costas. Você nunca encontrou esse tipo de comportamento antes e ele faz nenhum sentido para você. É mais provável que você (1) se levante para se unir ao restante da turma ou (2) permaneça sentado?

A maioria das pessoas provavelmente escolheria a primeira opção. Como você certamente sabe com base na própria experiência, a pressão para se adequar ao comportamento dos outros pode ser extremamente forte e provocar mudanças no comportamento que de outra maneira nunca teriam acontecido.

As pressões pela conformidade são apenas um tipo de influência social. **Influência social** é o processo pelo qual grupos sociais e indivíduos exercem pressão sobre um indivíduo, seja deliberadamente, seja não intencionalmente.

A influência social é muito poderosa, em parte porque os grupos e as outras pessoas geralmente desempenham um papel central em nossa vida. Conforme definido pelos psicólogos sociais, os **grupos** consistem em duas ou mais pessoas que (1) interagem entre si, (2) percebem-se como parte de um grupo e (3) são interdependentes, ou seja, os eventos que afetam um membro do grupo afetam os demais, e o comportamento dos membros tem consequências significativas para o sucesso do grupo em alcançar seus objetivos.

Os grupos desenvolvem-se e adotam normas, isto é, expectativas referentes ao comportamento apropriado para o grupo. Além disso, entendemos que a não adesão às normas do grupo pode resultar em retaliação dos outros membros, o que pode variar desde ser ignorado até ser abertamente ridicularizado ou até rejeitado ou excluído pelo grupo. Assim, as pessoas adaptam-se para corresponder às expectativas do grupo (Baumeister, Twenge, & Nuss, 2002; Jetten, Hornsey, & Adarves-Yorno, 2006; Miles, Schaufeli, & van den Bos, 2011).

Os grupos exercem influência social considerável sobre os indivíduos, o que varia desde o mundano, como a decisão de vestir determinado tipo de *jeans*, até o extremo, como a crueldade dos soldados do exército na revolta da Primavera Árabe de 2011. Consideraremos três tipos de pressão social: conformidade, concordância e obediência.

Conformidade: seguindo o que os outros fazem

Conformidade é uma mudança no comportamento ou nas atitudes causada por um desejo de seguir as crenças ou os padrões de outras pessoas. Pressão social sutil ou mesmo implícita resulta em conformidade.

A demonstração clássica de pressão para se adequar provém de uma série de estudos realizados na década de 1950 por Solomon Asch (Asch, 1951). Nos experimentos, os participantes acreditavam estar tomando parte em um teste de habilidades perceptuais com outras seis pessoas. O experimentador mostrava aos participantes um cartão com três linhas de comprimento variado e um segundo cartão contendo uma quarta linha que combinava com uma das três primeiras (ver Fig. 1, p. 542). A tarefa era aparentemente simples: cada um dos participantes tinha de anunciar em voz alta qual das três primeiras linhas era

---

Resultado de Aprendizagem

RA 44-1 Quais são as principais fontes e táticas de influência social?

influência social Processo pelo qual grupos sociais e indivíduos exercem pressão sobre uma pessoa, seja deliberadamente, seja não intencionalmente.

grupo Duas ou mais pessoas que interagem entre si, percebem-se como parte de um grupo e são interdependentes.

Alerta de estudo

A distinção entre os três tipos de pressão social – conformidade, concordância e obediência – depende da natureza e da força da pressão social exercida sobre uma pessoa.

conformidade Mudança no comportamento ou nas atitudes causada por um desejo de seguir as crenças ou os padrões de outras pessoas.

FIGURA 1 Qual das três linhas de comparação é do mesmo comprimento que a "linha-padrão"?

idêntica em comprimento à "linha-padrão" do segundo cartão. Como a resposta correta era sempre óbvia, a tarefa parecia fácil para os participantes.

De fato, como todos os participantes concordavam nos primeiros ensaios, o procedimento parecia simples. Mas então algo estranho começou a acontecer. Segundo a perspectiva do participante do grupo que respondia por último em cada ensaio, todas as respostas dos seis primeiros participantes pareciam erradas – na verdade, unanimemente erradas. E esse padrão persistiu. Repetidamente, os seis primeiros participantes davam respostas que contradiziam o que o último participante acreditava ser correto. O último participante enfrentou o dilema de seguir as próprias percepções ou seguir o grupo, repetindo a resposta que todos os outros estavam dando.

Como você deve ter imaginado, esse experimento era mais forçado do que parecia. Os seis primeiros participantes eram realmente aliados (empregados pagos do experimentador) que haviam sido instruídos a dar unanimemente respostas erradas em muitos dos ensaios, e o estudo não tinha nada a ver com habilidades perceptuais. Em vez disso, a questão em investigação era a conformidade.

Asch constatou que, em cerca de um terço dos ensaios, os participantes adequaram-se à resposta grupal unânime, porém errada; cerca de 75% de todos os participantes adequaram-se ao menos uma vez. No entanto, ele observou fortes diferenças individuais: alguns participantes adequaram-se quase todo o tempo, enquanto outros nunca se adequaram.

Conclusões sobre a conformidade

Desde o trabalho pioneiro de Asch, literalmente centenas de estudos examinaram a conformidade, e hoje se sabe muito a respeito do fenômeno. Achados significativos analisam:

- *As características do grupo.* Quanto mais atraente um grupo parece para seus membros, maior sua capacidade de produzir conformidade. Além disso, o *status* relativo de uma pessoa, o nível social que tem no grupo, é essencial: quanto mais baixo o *status* de uma pessoa no grupo, maior a força do grupo sobre o comportamento dessa pessoa (Hogg & Hains, 2001).
- *A situação em que o indivíduo está respondendo.* A conformidade é consideravelmente mais alta quando as pessoas devem responder de modo público do que quando elas podem fazer isso de modo privado, conforme observaram os fundadores dos Estados Unidos quando autorizaram a cédula secreta na votação.
- *O tipo de tarefa.* Pessoas que trabalham em tarefas e perguntas ambíguas (aquelas sem resposta clara) são mais suscetíveis à pressão social. Quando lhes é solicitado que deem uma opinião sobre algum assunto, como que tipo de roupa está na moda, uma pessoa mais provavelmente se renderá às pressões conformistas do que se for feita uma pergunta de fato. Além disso, tarefas nas quais um indivíduo é menos competente do que os outros no grupo tornam a conformidade mais provável. Por exemplo, uma pessoa que é usuária infrequente de computador pode sentir pressão para se adequar a uma opinião acerca de marcas de computador quando está em um grupo de usuários experientes de computador.
- *Unanimidade do grupo.* Os grupos que apoiam unanimemente uma posição apresentam as pressões de conformidade mais pronunciadas. E no caso em que pessoas com visões discordantes têm um aliado no grupo, conhecido como um **apoiador social**, quem concorda com elas? A existência de apenas uma pessoa presente que compartilhe o ponto de vista da minoria é suficiente para reduzir as pressões de conformidade (Prislin, Brewer, & Wilson, 2002; Goodwin, Costa, & Adonu, 2004; Levine & Moreland, 2006).

Pensamento de grupo: cedendo à conformidade

Embora costumemos pensar na conformidade em termos de nossas relações individuais com os outros, em alguns casos as pressões de conformidade nas organizações podem conduzir a efeitos desastrosos com consequências de longo prazo. Por exemplo, considere a

---

status Nível social mantido em um grupo.

apoiador social Membro de um grupo cujas visões discordantes tornam mais fácil a não conformidade ao grupo.

O pensamento de grupo pode explicar a má decisão tomada pelos engenheiros da NASA que levou à destruição do ônibus espacial *Columbia*.

determinação da NASA de que o escapamento da espuma que atingiu o ônibus espacial *Columbia* quando ele decolou em 2003 não acarretaria perigo significativo quando chegasse a hora de aterrissar. Apesar da preocupação de alguns engenheiros, formou-se um consenso de que a espuma não era perigosa para a nave. Por fim, tal consenso revelou-se errado: a nave desintegrou-se quando tentava aterrissar, o que matou todos os astronautas a bordo (Schwartz & Wald, 2003).

Em retrospectiva, a decisão da NASA foi claramente errada. Como essa má decisão pôde ter sido tomada?

Um fenômeno conhecido como pensamento de grupo pode servir de explicação. **Pensamento de grupo** é um tipo de pensamento em que os membros do grupo compartilham uma motivação tão forte para atingir o consenso que eles acabam perdendo a capacidade de avaliar criticamente pontos de vista alternativos. O pensamento de grupo é mais provável de ocorrer quando um líder popular ou poderoso está rodeado de pessoas de *status* mais baixo – o que é obviamente o caso com qualquer presidente dos Estados Unidos e seus conselheiros, mas também é verdadeiro para líderes em uma variedade de outras organizações (Janis, 1997; Kowert, 2002; Baron, 2005; Henningsen, Henningsen, & Eden, 2006).

O pensamento de grupo geralmente leva a más decisões. Os grupos limitam a lista de soluções possíveis a apenas algumas e passam relativamente pouco tempo considerando as alternativas depois que o líder parece estar inclinado para uma solução em particular. Além disso, os grupos podem ficar presos em uma *armadilha*, circunstância em que os comprometimentos com um ponto de vista ou curso de ação falho são aumentados para justificar os investimentos em tempo e energia que já foram feitos (Weiss & Weiss, 2003; Turner, Pratkanis, & Struckman, 2007).

Por fim, os membros do grupo podem ignorar completamente informações que desafiem um consenso em desenvolvimento. Como a pesquisa histórica sugere que muitas decisões desastrosas refletem o pensamento de grupo, é importante que os grupos estejam em alerta (Kowert, 2002; Chapman, 2006; Packer, 2009).

Conformidade com os papéis sociais

Outra maneira pela qual a conformidade influencia o comportamento é por meio dos papéis sociais. *Papéis sociais* são os comportamentos que estão associados às pessoas em determinada posição. Por exemplo, o papel de "estudante" compreende comportamentos tais como estudar, ouvir um instrutor e assistir às aulas. Assim como um papel teatral, os papéis sociais indicam-nos qual comportamento está associado à determinada posição.

pensamento de grupo Tipo de pensamento no qual os membros do grupo compartilham uma motivação tão forte para atingir um consenso que eles acabam perdendo a capacidade de avaliar criticamente pontos de vista alternativos.

PsicoTec

Com o uso do Facebook, do Twitter e de outras mídias sociais, as normas sociais podem desenvolver-se e ser rapidamente comunicadas aos outros.

Em alguns casos, no entanto, os papéis sociais nos influenciam de modo tão profundo que nos envolvemos em comportamentos inteiramente atípicos – e nocivos. Esse fato foi demonstrado em um experimento influente conduzido por Philip Zimbardo e colaboradores. No estudo, os pesquisadores instalaram uma falsa prisão completa com celas, cubículos para confinamento solitário e uma pequena área de recepção. Os pesquisadores então fizeram um anúncio buscando participantes que estivessem dispostos a passar duas semanas em um estudo da vida na prisão. Depois que identificaram os participantes do estudo, sorteou-se com uma moeda quem seria prisioneiro e quem seria guarda da prisão. Não se disse aos prisioneiros nem aos guardas como realizar seus papéis (Zimbardo, Maslach, & Haney, 2000; Zimbardo, 1973, 2007).

Após alguns dias nessa falsa prisão, os estudantes designados para serem os guardas tornaram-se abusivos com os prisioneiros, acordando-os em horários estranhos e sujeitando-os a uma punição arbitrária. Eles recusaram comida aos prisioneiros e os forçaram a trabalhar arduamente. Entretanto, os estudantes designados para o papel de prisioneiros logo se tornaram dóceis e submissos aos guardas. Eles ficaram extremamente desmoralizados, e um deles caiu em uma depressão tão grave que foi liberado após apenas alguns dias. De fato, depois de apenas seis dias de cativeiro, as reações dos prisioneiros remanescentes tornou-se tão extrema que o estudo foi encerrado.

O experimento (o qual, é importante observar, recebeu críticas tanto no campo metodológico quanto ético) forneceu uma lição clara: adequar-se a um papel social pode ter uma consequência poderosa no comportamento até mesmo de pessoas normais e bem-ajustadas, além de induzi-las a modificar seu comportamento por vezes de forma indesejável. Esse fenômeno pode explicar como a situação em 2004 em que se encontravam os guardas do exército americano na prisão iraquiana de Abu Ghraib teria levado ao comportamento abusivo por parte deles em relação aos prisioneiros (Zimbardo, 2007; Haney & Zimbardo, 2009; Post, 2011).

Concordância: submetendo-se à pressão social direta

Quando nos referimos à conformidade, geralmente queremos significar um fenômeno em que a pressão social é sutil ou indireta. Porém, em algumas situações, a pressão social é bem mais óbvia, com pressão direta e explícita para endossar um ponto de vista particular ou para se comportar de determinada maneira. Os psicólogos sociais chamam o tipo de comportamento que ocorre em resposta à pressão social direta de **concordância**.

Várias técnicas específicas representam tentativas de obter concordância. Aquelas comumente empregadas incluem:

- *Técnica do pé na porta.* Nessa técnica, você pede a uma pessoa para concordar com uma pequena solicitação que – por ser pequena – a probabilidade de que ela concorde é bastante alta. Contudo, posteriormente você pede à pessoa que concorde com uma solicitação mais importante. O que ocorre é que a concordância com a solicitação mais importante aumenta significativamente quando a pessoa concorda primeiro com o favor menor.

  Os pesquisadores demonstraram inicialmente o fenômeno do pé na porta em um estudo em que inúmeros experimentadores foram de porta em porta pedindo aos moradores para assinar uma petição em favor do trânsito seguro (Freedman & Fraser, 1966). Quase todos concordaram com essa solicitação pequena e benigna. Algumas semanas depois, experimentadores diferentes contataram os moradores e fizeram uma solicitação muito maior: que os moradores colocassem uma grande placa na frente de seu gramado em que se lia: "Dirija com cuidado". Os resultados foram claros: 55% daqueles que haviam assinado a petição concordaram com a solicitação de colocar uma placa, enquanto apenas 17% das pessoas em um grupo controle que não haviam sido solicitadas a assinar a petição concordaram em colocar a placa.

concordância
Comportamento que ocorre em resposta à pressão social direta.

Por que a técnica do pé na porta funciona? Por uma razão: o envolvimento com a pequena solicitação leva a um interesse por um assunto; tomar uma atitude – qualquer atitude – deixa o indivíduo mais comprometido com a questão, o que aumenta a probabilidade de concordância futura. Outra explicação gira em torno das autopercepções das pessoas. Ao concordarem com a solicitação inicial, os indivíduos passam a se ver como pessoas que prestam ajuda quando solicitadas. Então, quando se defrontam com uma solicitação maior, concordam para manter o tipo de coerência nas atitudes e no comportamento que descrevemos anteriormente. Embora não saibamos qual dessas duas explicações é mais precisa, está claro que a estratégia do pé na porta é eficaz (Burger & Caldwell, 2003; Bloom, McBride, & Pollak, 2006; Guéguen et al., 2008).

- *Técnica da porta na cara*. Uma angariadora de fundos pede uma contribuição de 500 dólares. Você recusa rindo e diz a ela que quantia está fora de suas possibilidades. Ela então lhe pede uma contribuição de 10 dólares. O que você faz? Se for como a maioria das pessoas, você provavelmente concordará com muito mais facilidade do que faria se ela não lhe tivesse pedido uma enorme contribuição primeiro. Nessa tática, alguém faz uma solicitação grande, espera ser recusada e continua com uma menor. Tal estratégia, que é o oposto da abordagem do pé na porta, também se revelou eficaz (Turner et al., 2007; Ebster & Neumayr, 2008; Dolinski, 2011).

As técnicas persuasivas identificadas pelos psicólogos sociais podem ser vistas na prática das negociações de automóveis.

Em um experimento de campo que demonstra o sucesso de tal abordagem, os pesquisadores pararam estudantes universitários na rua e pediram-lhes que concordassem com um favor substancial: atuar como conselheiros não remunerados para delinquentes juvenis duas horas por semana durante dois anos (Cialdini et al., 1975). Sem surpresa alguma, ninguém concordou em assumir esse enorme comprometimento. Porém, quando lhes foi pedido depois o favor consideravelmente menor de assumir um grupo de delinquentes em um passeio de duas horas ao zoológico, metade das pessoas concordou. Em comparação, apenas 17% de um grupo controle dos participantes que não haviam recebido a primeira solicitação maior concordaram.

O uso dessas técnicas é difundido. Você já pode tê-las experimentado em algum momento, talvez pedindo a seus pais um grande aumento em sua mesada e posteriormente acertando por menos. De modo similar, os roteiristas às vezes pulverizam seus *scripts* com obscenidades que eles sabem que os censores cortarão esperando manter outras frases-chave intactas (Cialdini & Sagarin, 2005).

- *Técnica do isso não é tudo*. Nessa técnica, um vendedor oferece-lhe um negócio com um preço inflacionado; porém, imediatamente depois da oferta inicial, ele oferece um incentivo, desconto ou bônus para concluir o negócio.

Embora isso pareça transparente, tal prática pode ser muito eficaz. Em um estudo, os experimentadores montaram uma barraca e venderam *cupcakes* por 75 centavos cada. Em uma das condições, os experimentadores diziam diretamente aos clientes que o preço era 75 centavos. Na outra condição, eles diziam aos clientes que o preço era originalmente 1 dólar, mas que havia sido reduzido para 75 centavos. Como poderíamos prever, mais pessoas compraram os *cupcakes* no preço "reduzido" – apesar de serem idênticos em preço na outra condição experimental (Burger, Reed, & DeCesare, 1999; Pratkanis, 2007).

- *Amostra não tão grátis*. Se você já recebeu uma amostra grátis, tenha em mente que ela vem com um custo psicológico. Embora talvez não coloquem nesses termos, os vendedores que dão amostras grátis aos clientes potenciais fazem isso para instigar a norma da reciprocidade. A *norma da reciprocidade* é o padrão social amplamente aceito que dita que devemos tratar as outras pessoas como elas nos tratam. Receber uma *amostra não tão grátis*, portanto, sugere a necessidade de recíproca – na forma de uma compra, é claro (Cialdini, 2006; Park & Antonioni, 2007; Burger, 2009).

psicologia industrial-organizacional (I/O) Ramo da psicologia que aborda questões relacionadas a trabalho e emprego, incluindo aspectos como motivação, satisfação, segurança e produtividade do trabalhador.

As companhias que procuram vender seus produtos aos consumidores geralmente usam as técnicas identificadas pelos psicólogos sociais para promover a concordância. Contudo, os empregadores também as utilizam para produzir concordância e aumentar a produtividade dos empregados no ambiente de trabalho. Na verdade, a **psicologia industrial-organizacional (I/O)**, uma prima próxima da psicologia social, considera questões como motivação, satisfação, segurança e produtividade do trabalhador. Os psicólogos de I/O também analisam a operação e o *design* das organizações: eles fazem perguntas do tipo como a tomada de decisão pode ser melhorada em grandes organizações e como a adequação entre os trabalhadores e seus empregos pode ser maximizada.

Obediência: seguindo ordens diretas

obediência Mudança no comportamento em resposta ao comando dos outros.

As técnicas de concordância são usadas para gentilmente conduzir as pessoas até a concordância com uma solicitação. Em alguns casos, as solicitações objetivam produzir **obediência**, uma mudança no comportamento em resposta ao comando dos outros. Embora a obediência seja consideravelmente menos comum do que a conformidade e a concordância, ela ocorre em vários tipos específicos de relações. Por exemplo, podemos mostrar obediência a nossos chefes, professores ou pais meramente devido ao poder que eles têm de nos recompensar ou punir.

Para obter um conhecimento da obediência, considere por um momento como você responderia se um estranho lhe dissesse o seguinte:

> Descobri uma nova maneira de melhorar a memória. Tudo o que preciso é que você ensine às pessoas uma lista de palavras e depois lhes aplique um teste. O procedimento do teste requer apenas que você lhes aplique um choque cada vez que elas cometerem um erro no teste. Para administrar os choques, você usará um "gerador de choque" que dá choques que variam de 15 a 450 volts. Você pode ver que os botões estão etiquetados desde "choque leve" até "perigo: choque grave" no nível máximo, onde existem três Xs vermelhos. Mas não se preocupe; embora os choques possam provocar dor, eles não causarão dano permanente.

Apresentado a essa situação, você provavelmente pensaria que nem você nem outra pessoa estaria de acordo com o pedido incomum do estranho. Sem dúvida, isso vai além dos limites do que consideramos bom senso.

Ou será que sim? Suponha que o estranho que lhe pede ajuda fosse um psicólogo conduzindo um experimento. Ou suponha que a solicitação venha de seu professor, seu empregador ou seu comandante militar – todos eles pessoas de autoridade com uma razão aparentemente legítima para a solicitação.

Se você ainda considera improvável que concordasse – pense novamente. A situação apresentada descreve um experimento clássico conduzido pelo psicólogo social Stanley Milgram na década de 1960. No estudo, um experimentador disse aos participantes para que dessem choques cada vez mais fortes em outra pessoa como parte de um experimento sobre aprendizagem (ver Fig. 2). Na realidade, o experimento não tinha nada a ver com aprendizagem: a questão real em consideração era até que ponto os participantes concordariam com as solicitações do experimentador. De fato, o "aprendiz" que supostamente recebia os choques era um aliado que nunca realmente recebeu qualquer punição (Milgram, 2005).

A maioria das pessoas que ouvem uma descrição do experimento de Milgram julga improvável que *qualquer* participante aplique o nível máximo de choque – ou, na verdade, absolutamente nenhum choque. Mesmo um grupo de psiquiatras a quem a situação foi descrita predisse que menos de 2% dos participantes concordariam completamente e administrariam os choques mais fortes.

Entretanto, os resultados reais contradisseram as predições tanto dos especialistas quanto dos não especialistas. Cerca de 65% dos participantes acabaram usando a voltagem mais alta do gerador – 450 volts – para dar choque no aprendiz. Essa obediência ocorreu

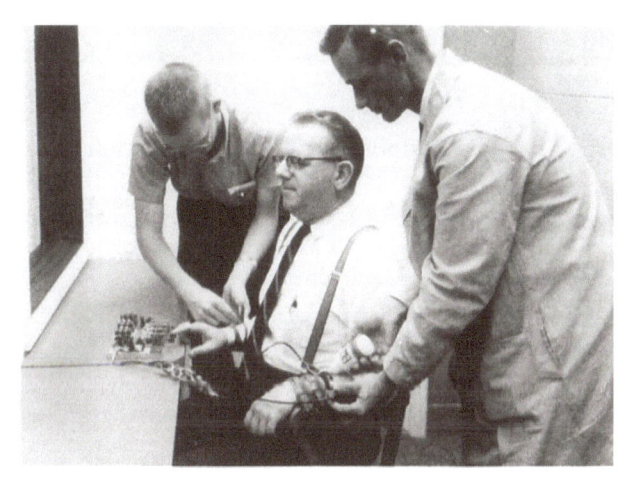

FIGURA 2 Este temível "gerador de choque" levou os participantes a acreditar que estavam administrando choques elétricos em outra pessoa, a qual estava conectada ao gerador por eletrodos que eram presos na pele.
(Fonte: Copyright 1965 Stanley Milgram. Do filme *Obediência*, distribuído pela Biblioteca de Filmes da Universidade de Nova York e pela Universidade Estadual da Pensilvânia, PCR.)

mesmo quando o aprendiz que havia mencionado no início do experimento que tinha uma doença cardíaca pediu para ser liberado, gritando: "Deixem-me sair daqui!. Deixem-me sair daqui! Meu coração está me incomodando. Deixem-me sair daqui!" Apesar dos apelos do aprendiz, a maioria dos participantes continuou a administrar os choques.

Por que tantos indivíduos concordaram com as demandas do experimentador? Os participantes, que eram extensamente entrevistados após o experimento, disseram que tinham obedecido primeiramente porque acreditavam que o experimentador seria responsável por qualquer efeito negativo que acontecesse ao aprendiz. Os participantes acataram as ordens do experimentador, então, porque acreditavam que não poderiam ser pessoalmente responsabilizados por suas ações – eles sempre poderiam acusar o experimentador (Blass, 1996, 2004).

Embora a maioria dos participantes do experimento de Milgram tenha dito posteriormente que o conhecimento que haviam adquirido com o estudo superava o desconforto que pudessem ter sentido, o experimento foi criticado por criar um conjunto de circunstâncias extremas para os participantes e, assim, despertou sérias preocupações éticas. Não há dúvida de que o mesmo experimento não poderia ser realizado hoje devido a considerações éticas.

Outros críticos argumentam que os métodos de Milgram eram ineficazes na criação de uma situação que, na verdade, espelhasse a obediência no mundo real. Por exemplo, com que frequência as pessoas são colocadas em uma situação em que alguém lhes ordena que continuem machucando uma vítima enquanto os protestos da vítima são ignorados (Blass, 2000, 2004)?

Apesar dessas preocupações, a pesquisa de Milgram permanece sendo a mais forte demonstração de obediência em laboratório. Reproduções parciais do trabalho de Milgram, conduzidas de forma eticamente defensável, constatam resultados semelhantes, o que acrescenta credibilidade ao trabalho original (Blass, 2009; Burger, 2009).

Por fim, precisamos apenas considerar exemplos reais de obediência à autoridade para presenciar alguns paralelos assustadores da vida real. Por exemplo, após a Segunda Guerra Mundial, a principal defesa que os oficiais nazistas usaram para desculpar sua participação em atrocidades foi que eles estavam "apenas seguindo ordens". O experimento de Milgram, o qual foi motivado em parte por seu desejo de explicar o comportamento dos alemães no dia a dia durante a Segunda Guerra Mundial, impele-nos a fazer a seguinte pergunta: "Seríamos capazes de resistir ao poder intenso da autoridade?".

Alerta de estudo

Devido à demonstração gráfica de obediência à autoridade, o experimento de Milgram é um dos estudos mais famosos e influentes em psicologia social.

Recapitule/avalie/repense

Recapitule

RA 44-1 Quais são as principais fontes e táticas de influência social?

- Influência social é a área da psicologia social preocupada com situações nas quais as ações de um indivíduo ou grupo afetam o comportamento dos outros.
- Conformidade refere-se às mudanças no comportamento ou nas atitudes que resultam de um desejo de seguir as crenças ou os padrões dos outros
- Concordância é o comportamento que resulta da pressão social direta. Entre as formas de despertar concordância, encontram-se as técnicas do pé na porta, porta na cara, isso não é tudo e amostra não tão grátis.
- Obediência é uma mudança no comportamento em resposta ao comando dos outros.

Avalie

1. Um _____ _____, ou pessoa que concorda com o ponto de vista discordante, provavelmente reduzirá a conformidade.
2. Quem foi o pioneiro no estudo da conformidade?
    a. Skinner
    b. Asch
    c. Milgram
    d. Fiala
3. Qual das seguintes técnicas pede que uma pessoa concorde com uma pequena solicitação inicial para aumentar a probabilidade de que ela posteriormente concorde com uma solicitação maior?
    a. Porta na cara
    b. Pé na porta
    c. Isso não é tudo
    d. Amostra não tão grátis
4. A técnica da _____ _____ _____ começa com uma solicitação exagerada que torna razoável uma solicitação menor posterior.
5. _____ é uma mudança no comportamento que se deve às ordens de outra pessoa.

Repense

1. Por que o experimento de Milgram é tão controverso? Que tipos de efeitos o experimento poderia ter exercido sobre os participantes? O experimento demonstraria resultados semelhantes se não tivesse sido realizado no contexto de um laboratório, mas entre membros de um grupo social (como uma fraternidade ou irmandade) com fortes pressões para se adequar?
2. *Da perspectiva de um representante de vendas:* Imagine que você foi treinado para usar as várias técnicas de concordância descritas nesta seção. Pelo fato de que essas técnicas de concordância são tão poderosas, o uso de algumas delas deveria ser proibido? Deveriam ser ensinadas aos consumidores defesas contra essas técnicas? O uso de tais técnicas é ética e moralmente defensável? Por quê?
3. *Da perspectiva de um educador:* A obediência de um aluno na sala de aula do ensino fundamental ou médio é uma questão importante para muitos professores. Como você promoveria a obediência dos alunos em sala de aula? Quais são algumas das maneiras potencialmente prejudiciais em que os professores poderiam usar sua influência social para estimular a obediência dos alunos?

Respostas das questões de avaliação

1. apoiador social; 2. b; 3. b; 4. porta na cara; 5. Obediência

Termos-chave

influência social p. 541
grupo p. 541
conformidade p. 541
status p. 542
apoiador social p. 542
pensamento de grupo p. 543
concordância p. 544
psicologia industrial-organizacional (I/O) p. 546
obediência p. 546

MÓDULO 45

Preconceito e Discriminação

O que você pensa quando alguém diz: "Ele é afro-americano", "Ela é chinesa" ou "Aquela é uma mulher motorista"?

Se você é como a maioria das pessoas, é provável que forme automaticamente algum tipo de impressão de como é cada pessoa. Mais provavelmente sua impressão está baseada em um **estereótipo**, um conjunto de crenças generalizadas e expectativas acerca de um grupo específico e seus membros. Os estereótipos, que podem ser negativos ou positivos, desenvolvem-se a partir de nossa tendência a classificar e organizar a vasta quantidade de informações que encontramos na vida diária. Todos os estereótipos compartilham a característica comum de supersimplificar o mundo: vemos os indivíduos não em termos de suas características pessoais únicas, mas em termos de características que atribuímos a todos os membros de um grupo particular.

Os estereótipos podem levar ao **preconceito**, uma avaliação negativa (ou positiva) de um grupo e seus membros. Por exemplo, ocorre preconceito racial quando um membro de um grupo racial é avaliado em termos da raça, e não devido às suas características ou capacidades próprias. Embora o preconceito possa ser positivo ("Adoro os irlandeses"), os psicólogos sociais dedicaram-se ao entendimento do preconceito negativo ("Odeio imigrantes").

Estereótipos e formas de preconceito comuns envolvem raça, religião, etnia e gênero. Ao longo dos anos, vários grupos foram chamados de "preguiçosos" ou "inteligentes" ou "cruéis" com graus variados de regularidade por indivíduos que não são membros daquele grupo. Mesmo hoje, apesar do grande progresso na redução de meios legalmente sancionados de preconceito, como a segregação escolar, os estereótipos permanecem (Pettigrew, 2004; Hunt, Seifert, & Armenta, 2006; Devos, 2011).

Mesmo as pessoas que na superfície parecem não ser preconceituosas podem ter preconceitos culturais. Por exemplo, quando participantes brancos em experimentos veem rostos em uma tela de computador tão rapidamente que não conseguem perceber de modo consciente seus rostos, eles reagem mais negativamente aos rostos de negros do que aos de brancos – um exemplo do que foi chamado de *racismo moderno* (Dovidio, Gaertner, & Pearson, 2005; Liu & Mills, 2006; Pearson, Dovidio, & Pratto, 2007).

Embora embasados por pouca ou nenhuma evidência, os estereótipos podem ter consequências prejudiciais. Agir com base em estereótipos negativos resulta em **discriminação** – comportamento dirigido aos indivíduos com base em sua afiliação a um grupo particular. A discriminação pode conduzir à exclusão no emprego, na vizinhança e nas oportunidades educacionais e pode resultar em salários e benefícios mais baixos para membros de grupos específicos. A discriminação também pode resultar no tratamento mais propício a grupos favorecidos – por exemplo, quando um empregador contrata um candidato de seu próprio grupo racial somente por isso (Avery, McKay & Wilson, 2008; Pager & Shepherd, 2008).

A estereotipia não apenas leva à discriminação explícita, mas também pode influenciar os membros de grupos estereotipados se comportar de modos que reflitam o estereótipo por meio de um fenômeno conhecido como *profecia autorrealizada*. As profecias autorrealizadas são expectativas sobre a ocorrência de um evento ou comportamento futuro que agem para aumentar a probabilidade de que o evento ou comportamento ocorra. Por exemplo, se as pessoas pensam que os membros de um grupo específico não têm ambição, elas podem tratá-los de uma maneira que, na realidade, cause falta de ambição (Oskamp, 2000; Seibt & Förster, 2005; Madon, Willard, & Guyll, 2006).

Resultados de Aprendizagem

RA 45-1 Em que diferem os estereótipos, o preconceito e a discriminação?

RA 45-2 Como podemos reduzir o preconceito e a discriminação?

estereótipo Conjunto de crenças e expectativas generalizadas acerca de um grupo particular e seus membros.

preconceito Avaliação negativa (ou positiva) de um grupo particular e seus membros.

discriminação Comportamento direcionado aos indivíduos com base em sua filiação a um grupo particular.

Alerta de estudo

Lembre-se de que *preconceito* se relaciona a *atitudes* sobre um grupo e seus membros, enquanto *discriminação* relaciona-se a *comportamento* dirigido a um grupo e seus membros.

Os fundamentos do preconceito

Ninguém nasceu não gostando de um grupo racial, religioso ou étnico específico. As pessoas aprendem a odiar da mesma maneira que aprendem o alfabeto.

De acordo com as *abordagens de aprendizagem observacional* da estereotipia e do preconceito, o comportamento dos pais, outros adultos e dos pares molda os sentimentos das crianças acerca dos membros de vários grupos. Por exemplo, pais fanáticos podem elogiar seus filhos por expressarem atitudes preconceituosas. Da mesma forma, as crianças menores aprendem preconceito imitando o comportamento dos modelos adultos. Tal aprendizado inicia em uma idade precoce: crianças de apenas 6 meses julgam os outros de acordo com a cor de sua pele e aos 3 anos de idade, começam a demonstrar preferências por membros de sua raça (Dovidio & Gaertner, 2006; Ponterotto, Utsey, & Pedersen, 2006; Bronson & Merryman, 2009).

As mídias de massa também fornecem informações sobre estereótipos tanto para as crianças quanto para os adultos. Mesmo hoje, alguns programas e filmes de televisão retratam os italianos como valentões da máfia, os judeus como banqueiros gananciosos e os afro-americanos como promíscuos ou preguiçosos. Quando essas representações imprecisas são a principal fonte de informação acerca das minorias, elas podem levar ao desenvolvimento e à manutenção de estereótipos desfavoráveis (Coltraine & Messineo, 2000; Ward, 2004; Do, 2006).

Outras explicações acerca de preconceito e discriminação explicam como o fato de ser membro de um grupo específico ajuda a aumentar o sentimento de autoestima. De acordo com a *teoria da identidade social*, usamos a afiliação a grupos como uma fonte de orgulho e autovalorização. A teoria da identidade social sugere que as pessoas tendem a ser etnocêntricas, encarando o mundo segundo a própria perspectiva e julgando os outros em termos de sua afiliação a um grupo. *Slogans* como "orgulho *gay*" e "negro é lindo" ilustram como os grupos aos quais pertencemos fornecem-nos um sentimento de autorrespeito (Tajfel & Turner, 2004; Hogg, 2006).

Entretanto, o uso da afiliação a um grupo para proporcionar respeito social produz um resultado infeliz. No esforço de maximizar nosso sentimento de autoestima, podemos pensar que nosso grupo (nosso *ingroup*) é melhor do que os grupos aos quais não pertencemos (nossos *outgroups*). Consequentemente, exaltamos os aspectos do nosso *ingroup* e,

Tal pai, tal filho: as abordagens de aprendizado social da estereotipia e do preconceito pressupõem que as atitudes e os comportamentos em relação a membros das minorias são aprendidos pela observação dos pais e de outros indivíduos. Como esse ciclo pode ser rompido?

ao mesmo tempo, desvalorizamos os *outgroups*. Por fim, passamos a ver os membros dos *outgroups* como inferiores aos membros do *ingroup* (Tajfel & Turner, 2004). O resultado final é o preconceito para com os membros dos grupos dos quais não fazemos parte.

Nem a abordagem do aprendizado observacional nem a abordagem da identidade social oferecem uma explicação completa para a estereotipia e o preconceito. Por exemplo, alguns psicólogos argumentam que o preconceito ocorre quando existe competição percebida por recursos sociais escassos. Assim, quando existe competição por emprego ou moradia, os membros dos grupos majoritários podem considerar (embora injusta ou imprecisamente) que os membros do grupo minoritário estão atrapalhando seus esforços de atingir seus objetivos; essa crença pode gerar preconceito. Além disso, outras explicações para o preconceito enfatizam as limitações cognitivas humanas que nos levam a classificar as pessoas com base nas características físicas visualmente evidentes, tais como raça, gênero e grupo étnico. Essa classificação pode ocasionar o desenvolvimento de estereótipos e, por fim, o comportamento discriminatório (Mullen & Rice, 2003; Weeks & Lupfer, 2004; Hugenberg & Sacco, 2008).

A abordagem mais recente para entender o preconceito provém de uma área cada vez mais importante na psicologia social: a neurociência social. A **neurociência social** procura identificar a base neurológica do comportamento social. Ela examina como podemos esclarecer nosso conhecimento a respeito dos grupos, das relações interpessoais e das emoções por meio do conhecimento de sua sustentação neurocientífica (Cacioppo, Visser, & Pickett, 2005; Harmon-Jones & Winkielman, 2007; Todorov, Fiske, & Prentice, 2011).

Em um exemplo do valor das abordagens de neurociência social, os pesquisadores examinaram a ativação da *amígdala*, a estrutura no cérebro que se relaciona a estímulos e situações que evocam emoções, enquanto são observados rostos de negros e brancos. Como a amígdala é em especial responsiva a estímulos ameaçadores, incomuns ou altamente excitantes, os pesquisadores levantaram a hipótese de uma maior ativação da amígdala durante a exposição a rostos negros devido a associações culturais negativas com minorias raciais (Lieberman et al., 2005; Lieberman, 2007).

Como se pode ver na Figura 1, em A Neurociência em sua Vida, a hipótese foi confirmada: a amígdala apresentou mais ativação quando os participantes viam um rosto negro do que quando viam um rosto branco. Como tanto negros quanto brancos eram participantes

neurociência social
Subárea da psicologia social que procura identificar a base neurológica do comportamento social.

A Neurociência em sua Vida:
O cérebro preconceituoso

FIGURA 1 Os participantes brancos e negros mostraram maior atividade da amígdala quando observavam rostos negros do que rostos brancos neste exame de imagem de ressonância magnética funcional (IRMf). Os pesquisadores levantaram a hipótese de que as mensagens culturais negativas sobre os negros causavam maior ativação da amígdala enquanto observavam rostos negros devido a seu papel sobre as emoções negativas. Que outras explicações poderiam ter produzido os mesmos achados?

(Fonte: Lieberman et al., 2005, Figura 1b.)

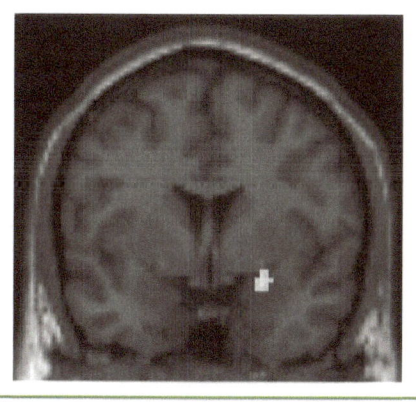

do estudo, é improvável que a ativação da amígdala fosse simplesmente o resultado da novidade de visualizar os membros de uma minoria racial. Em vez disso, os achados indicam que mensagens da sociedade culturalmente aprendidas sobre raça causavam a ativação cerebral.

Medindo o preconceito e a discriminação: o teste de associação implícita

Você poderia ser preconceituoso e nem mesmo saber disso? A resposta, de acordo com os pesquisadores que desenvolveram o *Teste de Associação Implícita* (TAI), é provavelmente sim. As pessoas com frequência se iludem e elas são muito cuidadosas quanto a revelar suas verdadeiras atitudes acerca de membros de vários grupos, não somente aos outros, mas a si mesmas. Entretanto, mesmo que elas possam realmente acreditar que não estão sendo preconceituosas, a realidade é que elas costumam fazer diferenças entre as pessoas com base em raça, etnia, gênero e orientação sexual.

O TAI é uma medida engenhosa do preconceito que permite avaliação mais precisa da discriminação das pessoas entre os membros de diferentes grupos. Ele foi desenvolvido, em parte, como uma reação à dificuldade de encontrar um questionário que revelasse o preconceito. Perguntas diretas como: "Você prefere interagir com um membro do grupo X ou do grupo Y?" geralmente identificam apenas os preconceitos mais gritantes, porque as pessoas censuram suas respostas (Schnabel, Asendorpf, & Greenwald, 2008; Greenwald et al., 2009; Aikawa & Fujii, 2011).

O TAI, por sua vez, faz uso do fato de que as reações automáticas das pessoas fornecem o indicador mais válido do que elas realmente acreditam. O teste apresenta uma série de perguntas em um levantamento computadorizado que avalia o grau em que as pessoas associam os membros dos grupos-alvo (p. ex., afro-americanos *vs.* brancos) com estímulos positivos (p. ex., um cãozinho) *versus* estímulos negativos (p. ex., um funeral). O teste baseia-se no fato de que crescer em dada cultura nos ensina a inconscientemente associar os membros de determinados grupos particulares com qualidades positivas ou negativas e tendemos a absorver as associações sobre esses grupos que refletem a cultura sem mesmo estarmos conscientes disso (Lane et al., 2007). (Se você mesmo quiser experimentar uma versão do TAI, existe um *website* com uma amostra do teste, em inglês, em http://implicit.harvard.edu/implicit. Você pode ficar bastante surpreso com os resultados.)

Os resultados do TAI mostram que quase 90% daqueles que se submetem ao teste demonstram uma tendência pró-brancos implícita e mais de dois terços dos voluntários não árabes não muçulmanos exibem tendências implícitas contra muçulmanos árabes. Além disso, mais de 80% dos heterossexuais exibem uma tendência implícita contra *gays* e lésbicas (Wittenbrink & Schwarz, 2007).

É evidente que ter uma tendência implícita não significa que as pessoas discriminarão abertamente, o que é uma crítica que foi feita ao teste. No entanto, isso significa que as lições culturais às quais estamos expostos têm uma influência inconsciente considerável sobre nós.

Alerta de estudo
Lembre-se de que o TAI permite a medida de atitudes das quais as pessoas podem não estar conscientes, assim como de atitudes que desejam manter escondidas dos outros.

Reduzindo as consequências do preconceito e da discriminação

Como podemos diminuir os efeitos do preconceito e da discriminação? Os psicólogos desenvolveram várias estratégias que se mostraram eficazes.

- *Aumentar o contato entre o alvo da estereotipia e aquele que atribui o estereótipo.* Pesquisas mostram de modo consistente que aumentar a interação entre as pessoas pode reduzir a estereotipia negativa. Porém, somente certos tipos de contato provavelmente reduzirão o preconceito e a discriminação. Situações nas quais o contato é relativamente íntimo, os indivíduos são de mesmo *status* ou os participantes precisam cooperar entre si ou dependem uns dos outros têm maior probabilidade de reduzir a estereotipia (Dovidio, Gaertner, & Kawakami, 2003; Tropp & Pettigrew, 2005; Pettigrew & Tropp, 2006).

- *Tornar mais visíveis os valores e as normas contra o preconceito.* Às vezes, simplesmente lembrar as pessoas acerca dos valores que elas já têm referentes a igualdade e tratamento justo para com os outros é suficiente para reduzir a discriminação. As pessoas que ouvem outras fazendo fortes e veementes declarações antirracistas têm maior probabilidade de condenar com ênfase o racismo (Czopp & Monteith, 2006; Ponterotto, Utsey, & Pedersen, 2006; Tropp & Bianchi, 2006).

- *Fornecer informações sobre os alvos de estereotipia.* Provavelmente o meio mais direto de modificar atitudes estereotípicas e discriminatórias é a educação: ensinar as pessoas a serem mais conscientes das características positivas dos alvos de estereotipia. Por exemplo, quando o significado confuso do comportamento é explicado para as pessoas que mantêm estereótipos, elas passam a apreciar o significado real do comportamento (Isbell & Tyler, 2003; Banks, 2006; Nagda, Tropp, & Paluk, 2006).

- *Reduzir a ameaça do estereótipo.* O psicólogo social Claude Steele afirma que muitos afro-americanos sofrem de *vulnerabilidade ao estereótipo*, ou seja, obstáculos ao desempenho que provêm de sua consciência acerca dos estereótipos da sociedade referentes aos membros das minorias. Ele argumenta que os estudantes afro-americanos que recebem instrução de professores que podem duvidar de suas capacidades e que estabelecem programas terapêuticos especiais para auxiliá-los podem vir a aceitar os estereótipos da sociedade e acreditar que são propensos a fracassar (Aronson & Steele, 2005; Nussbaum & Steele, 2007).

Tais crenças podem ter efeitos devastadores. Quando confrontados com uma tarefa acadêmica, os estudantes afro-americanos podem temer que seu desempenho simplesmente venha a confirmar os estereótipos negativos da sociedade. A consequência imediata desse medo é a ansiedade que atrapalha o desempenho. Além disso, as consequências de longo prazo podem ser ainda piores: duvidando de sua capacidade de ter um desempenho de sucesso nos ambientes acadêmicos, os afro-americanos podem decidir que os riscos de fracasso são tão grandes que não vale a pena o esforço de tentar se sair bem. Por fim, eles podem vir a se "desidentificar" com o sucesso acadêmico, minimizando a importância dos esforços nesse sentido (Steele, 1997; Stone, 2002).

No entanto, a análise de Steele propõe que os afro-americanos são capazes de superar essa situação difícil. Especificamente, as escolas podem planejar programas de intervenção para treinar membros de grupos de minorias acerca de sua vulnerabilidade a estereótipos e também lhes proporcionar a autoafirmação, o que reforça confiança em suas habilidades, vacinando-os contra o medo e a dúvida desencadeados pelos estereótipos negativos (Cohen et al., 2006; Wilson, 2006).

- *Aumentar o sentimento de pertencimento social dos estudantes de minorias étnicas.* Embora quase todos os estudantes universitários defrontem-se com sentimentos de inadequação e incerteza quanto ao pertencimento no começo da faculdade, tais sentimentos são especialmente fortes para membros de grupos que são sub-representados e foram alvos de preconceito e discriminação. Contudo, pesquisas mostram que uma intervenção simples, na qual os membros de minorias são levados a entender que seus sentimentos de inadequação não são únicos para eles – e que tais sentimentos geralmente diminuem com o tempo –, pode ajudar os estudantes de minorias a aumentar seu sentimento de pertencimento social (Walton & Cohen, 2011).

Recapitule/avalie/repense

Recapitule

RA 45-1 Em que diferem os estereótipos, o preconceito e a discriminação?

- Estereótipos são crenças e expectativas generalizadas acerca de um grupo específico e seus membros. A estereotipia pode levar a preconceito e a profecias autorrealizáveis.
- Preconceito é a avaliação negativa (ou positiva) de um grupo particular e seus membros.
- Estereotipia e preconceito podem levar à discriminação, comportamento direcionado para os indivíduos com base em sua afiliação a um grupo particular.
- De acordo com as abordagens de aprendizagem observacional, as crianças aprendem estereotipias e preconceito pela observação do comportamento dos pais, de outros adultos e dos pares. A teoria da identidade social propõe que a afiliação a um grupo é usada como fonte de orgulho e autoestima, o que pode levar as pessoas a pensar em seu grupo como sendo melhor do que os outros.
- As abordagens neurocientíficas sociais do preconceito examinam o funcionamento do cérebro e do sistema nervoso para compreender a base do preconceito.

RA 45-2 Como podemos reduzir o preconceito e a discriminação?

- Entre as formas de reduzir o preconceito e a discriminação, estão aumentar o contato, demonstrar valores positivos contra o preconceito e educação.

Avalie

1. Uma expectativa – positiva ou negativa – acerca de um indivíduo baseada unicamente na afiliação dessa pessoa a um grupo pode ser um estereótipo. Verdadeiro ou falso?
2. A avaliação negativa (ou positiva) de um grupo e seus membros é chamada de:
   a. Estereotipia
   b. Preconceito
   c. Profecia de autorrealização
   d. Discriminação
3. Paul é um gerente de loja que não tem a expectativa de que as mulheres obterão sucesso nos negócios. Assim sendo, ele oferece responsabilidades importantes de destaque somente aos homens. Se as funcionárias não conseguem progredir na companhia, esse poderia ser exemplo de uma profecia _____.

Repense

1. As mulheres podem ser vítimas da vulnerabilidade a estereótipos? Em que áreas tópicas isso pode ocorrer? Os homens podem ser vítimas da vulnerabilidade à estereotipia? Por quê?
2. *Da perspectiva de um funcionário do sistema correcional:* Como as formas abertas de preconceito e discriminação em relação a grupos desfavorecidos (como os afro-americanos) podem ser reduzidas em uma prisão estadual ou federal?

Respostas das questões de avaliação

1. Verdadeiro; 2. b; 3. autorrealização

Termos-chave

estereótipo p. 549   preconceito p. 549   discriminação p. 549   neurociência social p. 551

MÓDULO 46
Comportamento Social Positivo e Negativo

Assim como os filósofos e teólogos, os psicólogos sociais ponderaram sobre a natureza básica da humanidade. Ela é representada principalmente pela violência e crueldade que vemos por todo o mundo, ou algo especial acerca da natureza humana permite um comportamento amoroso, atencioso, altruísta e até mesmo nobre?

Voltamo-nos para dois caminhos que os psicólogos sociais seguiram na busca de respostas a tais questões. Consideramos primeiramente o que eles aprenderam sobre as fontes de nossa atração pelos outros e encerramos com um olhar para dois lados opostos do comportamento humano: agressão e ajuda.

Resultados de Aprendizagem

RA 46-1 Por que somos atraídos por certas pessoas e em que progressão seguem as relações sociais?

RA 46-2 Que fatores estão subjacentes à agressão e ao comportamento pró-social?

Gostar e amar: atração interpessoal e desenvolvimento das relações

Nada é mais importante na vida da maioria das pessoas do que seus sentimentos pelos outros. Portanto, não é de causar surpresa que gostar e amar tenham se tornado um foco importante de interesse para os psicólogos sociais. Conhecida mais formalmente como o estudo da **atração interpessoal** ou das **relações íntimas**, essa área aborda os fatores que conduzem a sentimentos positivos pelos outros.

atração interpessoal (ou relações íntimas) Sentimentos positivos pelos outros; gostar e amar.

Como gosto de você? Deixe-me contar como

Até hoje a maior parte das pesquisas deteve-se no gostar provavelmente porque é mais fácil para os investigadores realizar experimentos de curta duração para produzir estados de gostar em estranhos que acabaram de se conhecer do que instigar e observar relações amorosas por longos períodos. Logo, as pesquisas proporcionaram uma grande quantidade de conhecimento acerca dos fatores que inicialmente atraem duas pessoas entre si. Os fatores importantes que os psicólogos sociais consideram são os seguintes:

- *Proximidade.* Se você mora em um dormitório ou apartamento, considere os amigos que você fez quando se mudou para lá. As chances são de que você tenha se tornado mais amigo daqueles que moram geograficamente mais perto de você. Na verdade, este é um dos achados mais firmemente estabelecidos na literatura sobre atração interpessoal: a *proximidade* conduz a gostar (Burgoon et al., 2002; Smith & Weber, 2005).
- *Mera exposição.* A exposição repetida a uma pessoa costuma ser suficiente para produzir atração. É interessante observar que a exposição repetida a *qualquer* estímulo – uma pessoa, um quadro, um CD ou praticamente qualquer coisa – em geral nos faz gostar mais do estímulo. Familiarizar-se com uma pessoa pode evocar sentimentos positivos; nós, então, transferimos os sentimentos positivos provenientes da familiaridade para a própria pessoa. Contudo, existem exceções. Nos casos de interações iniciais fortemente negativas, a exposição repetida é improvável de nos fazer gostar mais de uma pessoa. Em vez disso, quanto mais somos expostos à sua presença, mais podemos não gostar desse indivíduo (Zajonc, 2001; Butler & Berry, 2004).

"Estou atraído por você, então estou atraído por mim também."

efeito de reciprocidade do gostar tendência de gostar daqueles que gostam de nós.

PsicoTec

Pesquisas no Facebook e em outros *sites* de mídias sociais indicam que as redes sociais proporcionam uma saída social menos intimidante para estudantes que de outra maneira teriam dificuldades em fazer e manter amizades, como aqueles que são introvertidos e têm baixa autoestima.

amor apaixonado (ou romântico) Estado de intensa absorção por alguém que inclui excitação fisiológica intensa, interesse psicológico e interesse pelas necessidades do outro.

- *Semelhança.* A sabedoria popular profere: "Dize-me com quem andas e te direi quem és". No entanto, ela também afirma que os opostos se atraem. Os psicólogos sociais chegaram a um claro veredito referente a qual das duas afirmações é correta: tendemos a gostar daqueles que são parecidos conosco. A descoberta de que os outros têm atitudes, valores ou traços semelhantes faz gostarmos deles. Além disso, quanto mais parecidos são os outros, mais gostamos deles. Uma razão pela qual a semelhança aumenta a probabilidade de atração interpessoal é que presumimos que as pessoas com atitudes semelhantes irão nos avaliar positivamente. Como experimentamos um forte **efeito de reciprocidade do gostar** (uma tendência a gostar daqueles que gostam de nós), saber que alguém nos avalia positivamente promove nossa atração por aquela pessoa. Também presumimos que, quando gostamos de outra pessoa, essa pessoa gosta de nós em retribuição (Bates, 2002; Umphress, Smith-Crowe, & Brief, 2007; Montoya & Insko, 2008).

- *Atração física.* Para a maioria das pessoas, a equação *bonito = bom* é verdadeira. Em consequência, as pessoas fisicamente atraentes são mais populares do que as fisicamente não atraentes se todos os outros fatores forem iguais. Esse achado, que contradiz os valores que a maioria das pessoas diz ter, é evidente mesmo na infância – quando crianças em idade pré-escolar classificam a popularidade de seus pares com base na atratividade – e continua na idade adulta. De fato, a atração física pode ser o elemento mais importante para que haja a ligação inicial em situações de encontros amorosos na universidade, embora sua influência acabe decrescendo quando as pessoas se conhecem melhor (Zebrowitz & Montepare, 2005; Little, Burt, & Perrett, 2006; Luo & Zhang, 2009).

Esses fatores isolados, é claro, não justificam o gostar. Por exemplo, em um experimento que examinou as qualidades desejadas em uma amizade, as qualidades com classificação mais alta em uma amizade do mesmo sexo incluíam senso de humor, afetividade e gentileza, expressividade e sinceridade, uma personalidade excitante e semelhança de interesses e atividades de lazer. Além disso, como vemos na Figura 1, em A Neurociência em sua Vida, nossas amizades e redes sociais podem estar relacionadas a fatores neurológicos (Sprecher & Regan, 2002).

Como amo você? Deixe-me contar como

Embora nosso conhecimento do que faz as pessoas gostarem umas das outras seja amplo, nosso conhecimento do amor é mais limitado nesse âmbito e foi recentemente adquirido. Por algum tempo, muitos psicólogos sociais acreditaram que o amor era muito difícil de observar e estudar de uma forma científica controlada. Entretanto, o amor é uma questão tão central na vida da maioria das pessoas que, por fim, os psicólogos sociais não puderam resistir à sua sedução.

Como um primeiro passo, os pesquisadores tentaram identificar as características que distinguem entre o mero gostar e o amor pleno. Eles descobriram que amor não é simplesmente uma quantidade maior de gostar, mas sim um estado psicológico qualitativamente diferente. Por exemplo, ao menos em seus estágios iniciais, amar inclui excitação fisiológica relativamente intensa, interesse abrangente por outro indivíduo, fantasiar sobre o outro e oscilações relativamente rápidas de emoção. Do mesmo modo, amar, diferentemente de gostar, inclui elementos de paixão, proximidade, fascinação, exclusividade, desejo sexual e carinho intenso. Idealizamos nossos parceiros, exagerando suas qualidades e minimizando suas imperfeições (Murray, Holmes, & Griffin, 2004; Tamini, Bojhd, & Yazdani, 2011).

Outros pesquisadores teorizaram que existem dois tipos principais de amor: amor apaixonado e amor companheiro. O **amor apaixonado (ou romântico)** representa um estado de

A Neurociência em sua Vida:
O cérebro social

FIGURA 1 As pesquisas estão começando a ajudar a entender como as habilidades cognitivas contribuem para ser social. Por exemplo, aqueles com maiores habilidades associadas à capacidade de compreender as intenções dos outros apresentam mais substância cinza em certas áreas do cérebro (em amarelo). O tamanho de nossas redes sociais (i.e., o número de pessoas com quem interagimos voluntariamente com regularidade) também está positivamente associado à quantidade de volume de substância cinza (em vermelho). As áreas que se correlacionam com o tamanho da rede social sobrepõem-se às áreas relacionadas à intencionalidade no córtex pré-frontal (em laranja). A correlação da intencionalidade e o tamanho da rede social com a quantidade de substância cinza em áreas similares do cérebro sugerem que a compreensão da intencionalidade dos outros é importante no desenvolvimento das redes sociais e que podem compartilhar uma base neurológica relacionada. (Veja esta imagem colorida nas orelhas deste livro.)
(Fonte: Lewis & Lamb, 2011).

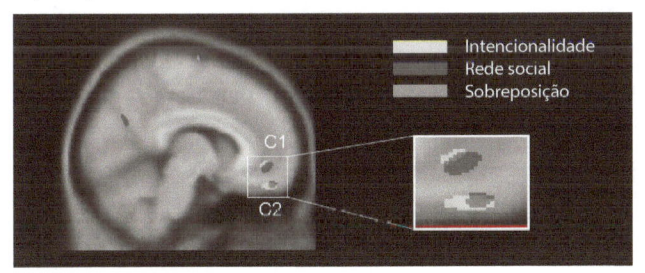

intensa absorção por alguém. Ele inclui excitação fisiológica, interesse psicológico e interesse pelas necessidades do outro. Por sua vez, o **amor companheiro** é a forte afeição que temos por aqueles com quem nossas vidas estão profundamente envolvidas. O amor que sentimos por nossos pais, outros membros da família e até mesmo alguns amigos íntimos recai na categoria de amor companheiro (Masuda, 2003; Regan, 2006; Loving, Crockett, & Paxson, 2009).

O psicólogo Robert Sternberg faz uma diferenciação ainda mais estreita entre os tipos de amor. Ele propõe que o amor consiste em três partes (ver Fig. 2):

- *Decisão/compromisso* – os pensamentos iniciais de que se ama alguém e os sentimentos de longo prazo de compromisso em manter o amor.
- *Componente de intimidade* – sentimentos de proximidade e conectividade.
- *Componente da paixão* – os impulsos motivacionais relativos a sexo, proximidade física e romance.

amor companheiro Forte afeição que temos por aqueles com quem nossas vidas estão profundamente envolvidas.

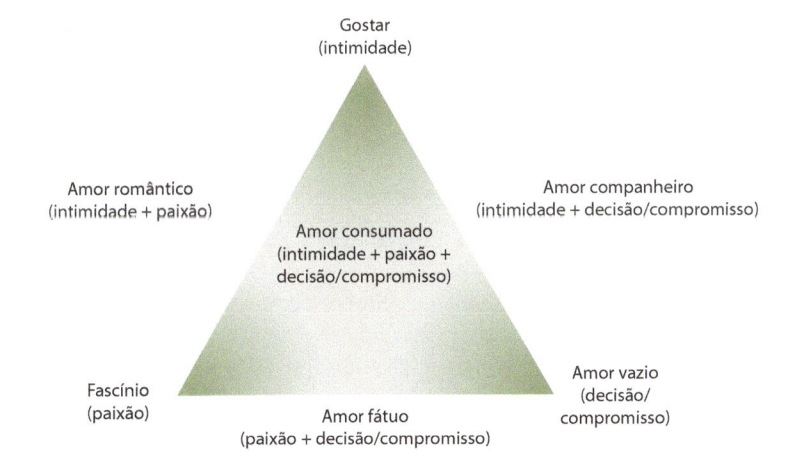

FIGURA 2 De acordo com Sternberg, o amor possui três componentes principais: intimidade, paixão e decisão/compromisso. Diferentes combinações desses componentes podem criar outros tipos de amor. O não amor não contém qualquer um dos três componentes.

Conforme Sternberg, esses três componentes se combinam para produzir os diferentes tipos de amor. Ele propõe que combinações diferentes dos três componentes variam durante o curso das relações. Por exemplo, em relações amorosas fortes, o nível de compromisso atinge seu auge e, então, permanece estável. A paixão, por sua vez, atinge o pico rapidamente e então declina, nivelando-se relativamente cedo na maioria das relações. Além disso, as relações mais felizes são aquelas em que a força dos vários componentes são similares entre os dois parceiros (Sternberg, Hojjat, & Barnes, 2001; Sternberg, 2004; Sternberg, 2006).

O amor é ingrediente necessário para um bom casamento? Sim, se você vive nos Estados Unidos. Em contraste, ele é consideravelmente menos importante em outras culturas. Embora atração mútua e amor sejam as duas características mais importantes que homens e mulheres desejam em um parceiro nos Estados Unidos, os homens na China classificaram a boa saúde como mais importante e as mulheres classificaram a estabilidade emocional e a maturidade como mais importantes. Ente os zulus, na África do Sul, os homens classificaram a estabilidade emocional em primeiro lugar e as mulheres classificaram o caráter confiável em primeiro lugar (Buss, Abbott, & Angleitner, 1990; ver Fig. 3).

Gostar e amar apresentam claramente um aspecto positivo do comportamento social humano. Agora nos voltamos para comportamentos que são uma grande parte integrante do comportamento social humano: a agressão e a ajuda.

	Ordem de Classificação das Características Desejadas em um Parceiro					
	Estados Unidos		China		Zulus da África do Sul	
	Mulheres	Homens	Mulheres	Homens	Mulheres	Homens
Atração mútua – amor	1	1	8	4	5	10
Estabilidade emocional e maturidade	2	2	1	5	2	1
Caráter confiável	3	3	7	6	1	3
Disposição agradável	4	4	16	13	3	4
Educação e inteligência	5	5	4	8	6	6
Boa saúde	9	6	3	1	4	5
Boa aparência	13	7	15	11	16	14
Sociabilidade	8	8	9	12	8	11
Desejo pelo lar e de ter filhos	7	9	2	2	9	9
Refinamento e asseio	12	10	10	7	10	7
Ambição e diligência	6	11	5	10	7	8
Educação semelhante	10	12	12	15	12	12
Bom cozinheiro e cuidador do lar	16	13	11	9	15	2
Status ou classificação social favorável	14	14	13	14	14	17
Histórico religioso semelhante	15	15	18	18	11	16
Boa perspectiva financeira	11	16	14	16	13	18
Castidade (nenhuma relação sexual anterior)	18	17	6	3	18	13
Histórico político semelhante	17	18	17	17	17	15

FIGURA 3 Embora o amor possa ser um fator importante na escolha de um parceiro conjugal se você vive nos Estados Unidos, outras culturas atribuem menos importância a ele.

(Fonte: Buss et al., 1990.)

Agressão e comportamento pró-social: ferindo e ajudando os outros

Tiros disparados de um carro em movimento, roubos de carros ou raptos são apenas alguns exemplos da violência que parece tão comum hoje. No entanto, encontramos exemplos de comportamento generoso, altruísta e atencioso que apresenta uma visão mais otimista da humanidade. Considere, por exemplo, pessoas como Madre Teresa, que trabalhava com os pobres na Índia. Ou contemple as simples gentilezas da vida: emprestar um CD valioso, parar para ajudar uma criança que cai da bicicleta ou meramente compartilhar uma barra de chocolate com um amigo. Tais exemplos de ajuda não são menos característicos do comportamento humano do que os exemplos desagradáveis de agressão.

Ferindo os outros: agressão

Não precisamos olhar muito mais do que o jornal diário ou o noticiário da noite para sermos bombardeados com exemplos de agressão tanto no nível da sociedade (guerra, invasão, assassinato) quanto no nível individual (crime, abuso infantil e as muitas crueldades mesquinhas que os humanos são capazes de infligir uns aos outros). Essa agressão é parte inevitável da condição humana? Ou a agressão é primeiramente produto de circunstâncias particulares que, se modificadas, poderiam reduzi-la?

A dificuldade de responder a essas perguntas torna-se aparente assim que consideramos como melhor definir o termo *agressão*. Dependendo da maneira como definimos essa palavra, muitos exemplos de dor ou lesão infligida podem ou não se qualificar como agressão (ver Fig. 4). Por exemplo, um estuprador está claramente atuando com agressão em relação à sua vítima. Todavia, é menos certo que um médico que realiza um procedimento médico de emergência sem anestésico, causando assim dor incrível ao paciente, deva ser considerado agressivo.

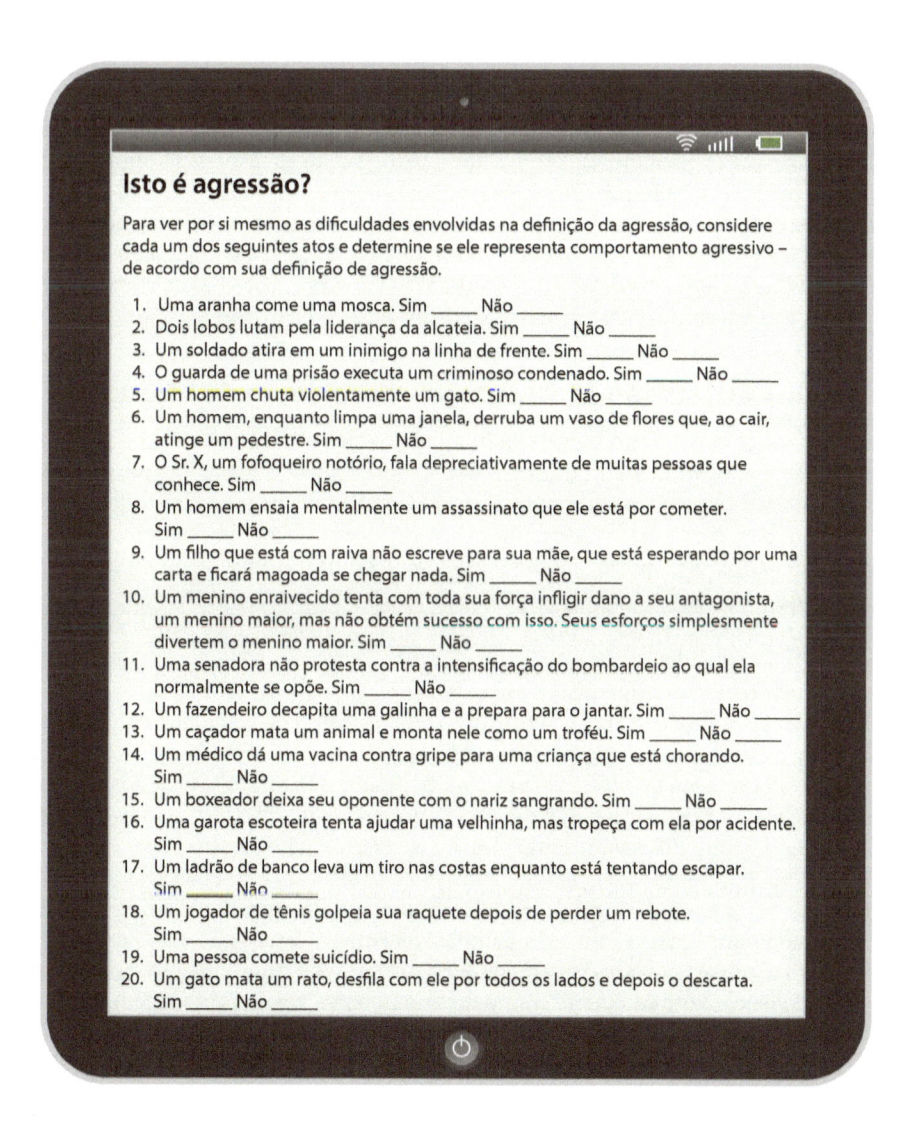

FIGURA 4 O que é agressão? Depende de como a palavra é definida e em que contexto é usada.
(Fonte: Adaptada de Benjamin, 1985, p. 41.)

Isto é agressão?

Para ver por si mesmo as dificuldades envolvidas na definição da agressão, considere cada um dos seguintes atos e determine se ele representa comportamento agressivo – de acordo com sua definição de agressão.

1. Uma aranha come uma mosca. Sim _____ Não _____
2. Dois lobos lutam pela liderança da alcateia. Sim _____ Não _____
3. Um soldado atira em um inimigo na linha de frente. Sim _____ Não _____
4. O guarda de uma prisão executa um criminoso condenado. Sim _____ Não _____
5. Um homem chuta violentamente um gato. Sim _____ Não _____
6. Um homem, enquanto limpa uma janela, derruba um vaso de flores que, ao cair, atinge um pedestre. Sim _____ Não _____
7. O Sr. X, um fofoqueiro notório, fala depreciativamente de muitas pessoas que conhece. Sim _____ Não _____
8. Um homem ensaia mentalmente um assassinato que ele está por cometer. Sim _____ Não _____
9. Um filho que está com raiva não escreve para sua mãe, que está esperando por uma carta e ficará magoada se chegar nada. Sim _____ Não _____
10. Um menino enraivecido tenta com toda sua força infligir dano a seu antagonista, um menino maior, mas não obtém sucesso com isso. Seus esforços simplesmente divertem o menino maior. Sim _____ Não _____
11. Uma senadora não protesta contra a intensificação do bombardeio ao qual ela normalmente se opõe. Sim _____ Não _____
12. Um fazendeiro decapita uma galinha e a prepara para o jantar. Sim _____ Não _____
13. Um caçador mata um animal e monta nele como um troféu. Sim _____ Não _____
14. Um médico dá uma vacina contra gripe para uma criança que está chorando. Sim _____ Não _____
15. Um boxeador deixa seu oponente com o nariz sangrando. Sim _____ Não _____
16. Uma garota escoteira tenta ajudar uma velhinha, mas tropeça com ela por acidente. Sim _____ Não _____
17. Um ladrão de banco leva um tiro nas costas enquanto está tentando escapar. Sim _____ Não _____
18. Um jogador de tênis golpeia sua raquete depois de perder um rebote. Sim _____ Não _____
19. Uma pessoa comete suicídio. Sim _____ Não _____
20. Um gato mata um rato, desfila com ele por todos os lados e depois o descarta. Sim _____ Não _____

agressão Lesão ou dano intencional a outra pessoa.

A maioria dos psicólogos define *agressão* em termos da intenção e do propósito subjacente ao comportamento. **Agressão** é a lesão ou dano intencional a outra pessoa. Por essa definição, o estuprador está claramente agindo de modo agressivo, enquanto o médico que causa dor durante um procedimento não está (Berkowitz, 2001).

Agora, vamos analisar várias abordagens do comportamento agressivo desenvolvidas pelos psicólogos sociais.

Abordagens do instinto: agressão como uma liberação

Se você já soqueou um adversário no nariz, talvez tenha experimentado certa satisfação apesar de seu bom senso. As teorias do instinto, que observam a prevalência da agressão não somente em humanos, mas também em animais, propõem que a agressão é primeiramente o resultado de impulsos inatos – ou congênitos.

Sigmund Freud foi um dos primeiros a sugerir, como parte de sua teoria da personalidade, que a agressão é sobretudo um impulso instintual. Konrad Lorenz, um etólogo (cientista que estuda o comportamento animal), ampliou as noções de Freud argumentando que os humanos, junto a membros de outras espécies, demonstram um instinto de luta, o qual em tempos precoces assegurava a proteção dos suprimentos de comida e excluía os mais fracos da espécie (Lorenz, 1966, 1974). A abordagem do instinto de Lorenz levou à noção controversa de que a energia agressiva desenvolve-se constantemente em um indivíduo até que a pessoa finalmente o descarrega em um processo chamado de **catarse**. Quanto mais tempo a energia leva para se desenvolver, diz Lorenz, maior a quantidade da agressão exibida quando ela é descarregada.

catarse Processo de descarga da energia agressiva desenvolvida.

Lorenz acreditava que a sociedade devia oferecer às pessoas formas aceitáveis de permissão da catarse. Por exemplo, ele propôs que a participação em esportes e jogos agressivos preveniria a descarga de agressão de formas menos desejáveis socialmente. Entretanto, poucas pesquisas observaram evidências para a existência de um reservatório contido de agressão que precisa ser liberado. De fato, alguns estudos contradizem completamente a noção de catarse, o que levou os psicólogos a procurar outras explicações para a agressão (Bushman, Wang, & Anderson, 2005; Verona & Sullivan, 2008; Richardson & Hammock, 2011).

Abordagens da frustração-agressão: agressão como reação à frustração

Suponha que você está fazendo um trabalho que deve ser entregue na aula da manhã seguinte e sua impressora fica sem tinta um pouco antes de você imprimir todo o trabalho. Você corre até a loja para comprar mais tinta e encontra o vendedor fechando a porta no encerramento do expediente. Muito embora o vendedor possa ver você gesticulando e implorando-lhe para abrir a porta, ele se recusa, dá de ombros e aponta para um cartaz que indica quando a loja reabrirá no dia seguinte. Naquele momento, os sentimentos que você vivencia em relação ao vendedor provavelmente o colocam à beira da agressão real e você está sem dúvida fervendo de raiva.

A teoria da frustração-agressão tenta explicar a agressão em termos de eventos como esse. Ela pressupõe que a *frustração* (a reação ao impedimento ou ao bloqueio dos objetivos) produz raiva, o que gera uma prontidão para agir agressivamente. A ocorrência real da agressão depende da presença de *indícios agressivos,* estímulos que foram associados no passado a agressão ou violência real e que irão desencadear novamente agressão (Berkowitz, 2001).

Que tipos de estímulos atuam como indícios agressivos? Eles podem variar desde o mais explícito, como a presença de armas, até mais sutis, como a mera menção do nome de um indivíduo que se comportou de modo significativamente mais agressivo quando na presença de uma arma do que em uma situação comparável em que armas não estão presentes. De maneira similar, os participantes frustrados que assistem a um filme violento são mais agressivos fisicamente com um indivíduo com o mesmo nome que o do personagem do filme do que são com alguém com um nome diferente. Parece, então, que a frustração leva à agressão – ao menos quando indícios agressivos estão presentes (Marcus-Newhall, Pederson, & Carlson, 2000; Berkowitz, 2001; Jovanović, Stanojević, & Stanojević, 2011).

Abordagens de aprendizagem observacional: aprendendo a ferir os outros

Aprendemos a ser agressivos? A abordagem da aprendizagem observacional (por vezes chamada de aprendizagem social) da agressão diz que aprendemos. Assumindo um ponto de vista quase oposto das teorias dos instintos, que se detêm nas explicações inatas da agressão, a teoria da aprendizagem observacional enfatiza que as condições sociais e ambientais podem ensinar os indivíduos a serem agressivos. Ela vê a agressão não como inevitável, mas como uma reposta aprendida que pode ser compreendida em termos de recompensas e punições.

A teoria da aprendizagem observacional presta particular atenção não somente às recompensas e punições diretas que os pessoas recebem, mas também às recompensas e punições que os modelos – pessoas que servem como guias do comportamento apropriado – recebem por seu comportamento agressivo. De acordo com essa teoria, as pessoas observam o comportamento dos modelos e as consequências posteriores daquele comportamento. Se as consequências forem positivas, é provável que o comportamento seja imitado quando os observadores estiverem em uma situação parecida.

Suponha, por exemplo, que uma menina bate no irmão mais novo quando ele estraga um de seus brinquedos novos. Enquanto a teoria dos instintos pressupõe que a agressão foi reprimida e agora está sendo descarregada e a teoria da frustração-agressão examina a frustração da menina por não poder mais usar seu brinquedo novo, a teoria da aprendizagem observacional olha para situações anteriores em que a menina viu outras pessoas sendo recompensadas por sua agressão. Por exemplo, talvez ela tenha visto uma amiga conseguir brincar com um brinquedo depois de tê-lo arrancado da mão de outra criança.

A teoria da aprendizagem observacional recebeu amplo apoio de pesquisa. Por exemplo, crianças em idade pré-escolar que assistiram a um modelo adulto comportar-se agressivamente e depois receber reforço por isso exibem comportamento similar se ficaram bravas, foram insultadas ou frustradas após a exposição. Além disso, uma quantidade significativa de pesquisa vincula assistir a programas de televisão contendo violência com posterior agressão do telespectador (Winerman, 2005; Greer, Dudek-Singer, & Gautreaux, 2006; Carnagey, Anderson, & Bartholow, 2007).

A raiva no trânsito é resultado da frustração? De acordo com as abordagens da frustração-agressão, a frustração é uma causa provável.

Alerta de estudo

Entenda a distinção entre as abordagens instintual, da frustração-agressão e observacional da agressão.

Ajudando os outros: o lado positivo da natureza humana

Desviando da agressão, agora nos voltamos para o lado oposto – e mais positivo – da natureza humana: o comportamento de ajuda. O comportamento de ajuda, ou **comportamento pró-social**, como é mais formalmente conhecido, foi considerado sob muitas condições diferentes. No entanto, a questão que os psicólogos examinaram mais detalhadamente relaciona-se à intervenção do espectador em situações de emergência. Quais são os fatores que levam alguém a ajudar uma pessoa necessitada?

Um fator crucial é o número de outras pessoas presentes. Quando mais de uma pessoa testemunha uma situação de emergência, pode surgir um senso de difusão da responsabilidade entre os espectadores. **Difusão da responsabilidade** é a crença de que a responsabilidade pela intervenção é compartilhada, ou distribuída, entre aqueles que estão presentes. Quanto mais pessoas estão presentes em uma emergência, menos responsável pessoalmente se sente cada indivíduo – e, portanto, menos ajuda ele oferece (Barron & Yechiam, 2002; Blair, Thompson, & Wuensch, 2005; Gray, 2006).

Por exemplo, pense no caso clássico de Kitty Genovese que descrevemos quando discutimos o tópico de pesquisa no início do livro. Genovese foi esfaqueada inúmeras vezes e – de acordo com alguns relatos do evento – ninguém ofereceu ajuda, apesar do fato de se presumir que cerca de 40 pessoas que viviam nos apartamentos próximos ouviram seus

comportamento pró-social Comportamento de ajuda.

difusão da responsabilidade Crença de que a responsabilidade pela intervenção é compartilhada, ou distribuída, entre aqueles que estão presentes.

gritos pedindo ajuda. A falta de ajuda foi atribuída à difusão da responsabilidade: o fato de haver tantas pessoas que potencialmente poderiam ajudar fez com que cada indivíduo sentisse menos responsabilidade pessoal (Rogers & Eftimiades, 1995; Rosenthal, 2008).

Embora a maior parte das pesquisas sobre o comportamento de ajuda apoie a explicação da difusão da responsabilidade, outros fatores estão claramente envolvidos no comportamento de ajuda. De acordo com um modelo do processo de ajuda, a decisão de prestar ajuda envolve quatro passos básicos (Latané & Darley, 1970; Garcia et al., 2002; ver Fig. 5):

- *Observar uma pessoa, evento ou situação que possa requerer ajuda.*
- *Interpretar o evento como algo que requer ajuda.* Mesmo que observemos um evento, ele pode ser suficientemente ambíguo para que o interpretemos como uma situação de não emergência. É aqui que a presença de outras pessoas afeta inicialmente o comportamento de ajuda. A presença de outras pessoas inativas pode indicar-nos que uma situação não requer ajuda – um julgamento que não fazemos necessariamente se estamos sozinhos.
- *Assumir a responsabilidade pela ajuda.* É nesse ponto que a difusão da responsabilidade provavelmente ocorre se outros estão presentes. Além disso, o conhecimento particular de um espectador provavelmente influencia se ele irá ajudar. Por exemplo, se pessoas com treinamento em socorro médico ou técnicas de salvamento estão presentes, é menos provável que espectadores não treinados intervenham porque eles acreditam que têm menos conhecimento.
- *Decidir e executar a forma de ajuda.* Depois que assumimos a responsabilidade pela ajuda, precisamos decidir como dar assistência. A ajuda pode variar desde formas muito indiretas de intervenção, como chamar a polícia, até formas mais diretas, como prestar os primeiros socorros ou levar a vítima a um hospital. A maioria dos psicólogos sociais emprega uma abordagem de recompensas-custos para ajudar a predizer a natureza da assistência que um espectador escolherá prestar. A noção geral é de que as recompensas percebidas pelo espectador por ajudar devem superar os custos se ocorrer a ajuda, e a maior parte das pesquisas tende a apoiar essa noção (Koper & Jaasma, 2001; Bartlett & DeSteno, 2006; Lin & Lin, 2007).

Depois de se determinar a natureza da assistência necessária, deve-se executar a ajuda real. Uma análise das recompensas-custos sugere que temos maior probabilidade de usar a forma menos custosa de implantação. No entanto, esse não é sempre o caso: em algumas situações, as pessoas comportam-se de modo altruísta. **Altruísmo** é o comportamento de ajuda que é benéfico para os outros, mas claramente requer autossacrifício. Por exemplo, as pessoas que se colocaram em risco de morte para ajudar estranhos a escapar do incêndio nas torres do World Trade Center durante o ataque terrorista de 11 de setembro seriam consideradas altruístas (Batson & Powell, 2003; Manor & Gailliot, 2007; Marshall, 2011).

As pessoas que intervêm em situações de emergência tendem a apresentar certas características de personalidade que as diferenciam das que não ajudam. Por exemplo, as pessoas que ajudam são mais confiantes, simpáticas e emocionalmente compreensivas, demonstrando maior *empatia* (um traço de personalidade no qual alguém que observa outra pessoa experimenta as emoções daquela pessoa) do que as que não ajudam (Walker & Frimer, 2007; Stocks, Lishner, & Decker, 2009; Batson, 2011).

No entanto, a maioria dos psicólogos sociais concorda que não existe um conjunto único de atributos que diferenciam os indivíduos que ajudam daqueles que não ajudam. Na maior parte das vezes, fatores situacionais temporários (como o humor em que estamos) determinam se iremos intervir em uma situação que requer auxílio (Eisenberg, Guthrie, & Cumberland, 2002; Dovidio et al., 2006; Sallquist et al., 2009).

De modo geral, o que leva as pessoas a tomarem decisões morais? Obviamente, fatores situacionais fazem diferença. Por exemplo, um estudo pediu que as pessoas julgassem a moralidade dos sobreviventes de um acidente aéreo que canibalizaram um menino que foi vítima para evitar morrerem de fome. Os participantes do estudo tinham maior probabili-

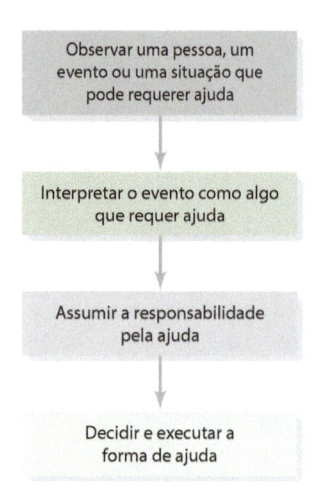

FIGURA 5 Os passos básicos da ajuda.
(Fonte: Latané, 1971, p. 87-91.)

altruísmo Comportamento de ajuda que é benéfico para os outros, mas claramente requer autossacrifício.

Alerta de estudo

A distinção entre comportamento pró-social e altruísmo é importante. O comportamento pró-social não precisa ter um componente de autossacrifício; altruísmo, por definição, contém um elemento de autossacrifício.

O altruísmo é com frequência o único lado positivo de um desastre natural.

dade de condenar o comportamento se eles fossem colocados em certo estado emocional do que se estivessem menos emocionais (Schnall et al., 2008; Broeders et al., 2011).

Outros psicólogos que adotam uma perspectiva da neurociência acreditam que existe um tipo de disputa entre emoção e pensamento racional no cérebro. Se o lado racional vence, temos maior probabilidade de assumir uma visão lógica das situações morais (se você está em risco de morrer de fome, vá em frente e coma o menino que foi vítima). Contudo, se prevalece o lado emocional, é mais provável que condenemos o canibalismo, mesmo que isso signifique que podemos ser prejudicados. Em apoio a tal raciocínio, os pesquisadores identificaram que diferentes áreas do cérebro estão envolvidas nas decisões morais (Miller, 2008; Greene & Paxton, 2009; ver Fig. 6, em A Neurociência em sua Vida).

A Neurociência em sua Vida:
As decisões morais e o cérebro

FIGURA 6 Certas áreas do cérebro estão associadas a tipos específicos de ações morais. Um estudo com imagens de ressonância magnética mostra que assumir a perspectiva de alguém que está aliviando a dor de outra pessoa está associado a uma atividade aumentada no estriado ventral, enquanto assumir a perspectiva de ferir outra pessoa resulta em um decréscimo na atividade do córtex pré-frontal ventromedial e na ativação da amígdala.

(Fonte: Decety & Porges, 2011.)

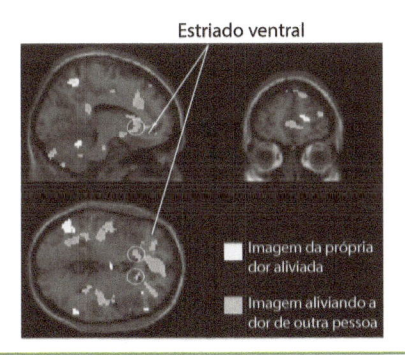

TORNANDO-SE UM CONSUMIDOR INFORMADO de Psicologia
Lidando efetivamente com a raiva

Em um momento ou outro, quase todo mundo sente raiva. A raiva pode resultar de uma situação frustrante ou ser devida ao comportamento de outro indivíduo. A forma como lidamos com a raiva determina a diferença entre uma promoção e um emprego perdido ou uma relação rompida e outra que é recuperada.

Os psicólogos sociais que estudaram o assunto sugerem várias boas estratégias para lidar com a raiva que maximizam o potencial para consequências positivas (Ellis, 2000; Nelson & Finch, 2000; Bernstein, 2011). Entre as estratégias mais úteis, estão as seguintes:

- *Acalmar-se.* Dê uma caminhada ou se envolva em alguma outra atividade física para esfriar a excitação emocional.
- *Olhar novamente para a situação que provoca raiva segundo a perspectiva de outras pessoas.* Assumindo o ponto de vista de outras pessoas, você pode compreender melhor a situação e, com uma maior compreensão, tornar-se mais tolerante em relação às falhas dos outros.
- *Minimizar a importância da situação.* Realmente importa que alguém esteja dirigindo tão devagar e que você vá se atrasar para um compromisso como consequência disso? Reinterprete a situação de uma maneira que seja menos incômoda.
- *Usar a linguagem efetivamente dizendo "eu", e não "você".* Não diga "Você fez _____ errado". Em vez disso, diga "*Senti-me magoado quando você fez _____*". Quando você acusa as pessoas de estarem erradas, provavelmente elas sentirão a necessidade de reagir.
- *Fantasiar sobre se vingar, mas não agir.* A fantasia proporciona uma válvula de escape. Em suas fantasias, você pode gritar com um professor injusto tudo o que deseja dizer e não sofrer consequência alguma. Entretanto, não passe muito tempo refletindo: fantasie, mas depois siga em frente.
- *Relaxar.* Aprendendo as técnicas de relaxamento usadas na sensibilização sistemática (discutidas no módulo sobre tratamento dos transtornos psicológicos), você pode reduzir suas reações à raiva. Por sua vez, sua raiva também se dissipa.

Independentemente de qual dessas estratégias você experimentar, acima de tudo não ignore sua raiva. As pessoas que sempre tentam suprimir a própria raiva podem experimentar uma variedade de consequências, tais como autocondenação, frustração e até mesmo doença física (Burns, Quartana, & Bruehl, 2007; Quartana & Burns, 2007; Gardner & Moore, 2008).

Recapitule/avalie/repense

Recapitule

RA 46-1 Por que somos atraídos por certas pessoas e em que progressão seguem as relações sociais?

- As principais determinantes do gostar incluem proximidade, exposição, semelhança e atração física.
- Amar distingue-se de gostar pela presença de excitação fisiológica intensa, um interesse geral pelo outro, fantasias sobre o outro, alterações rápidas de emoção, fascinação, desejo sexual, exclusividade e fortes sentimentos de interesse.
- O amor pode ser classificado como apaixonado ou companheiro. Ele também possui vários componentes: intimidade, paixão e decisão/compromisso.

RA 46-2 Que fatores estão subjacentes à agressão e ao comportamento pró-social?

- Agressão é a lesão ou dano a outra pessoa.
- As explicações da agressão incluem as abordagens dos instintos, a teoria da frustração-agressão e a aprendizagem observacional.
- O comportamento de ajuda em emergências é determinado em parte pelo fenômeno da difusão da responsabilidade, que resulta em uma probabilidade menor de ajudar quando mais pessoas estão presentes.
- A decisão de ajudar é resultado de um processo de quatro estágios que consiste em observar uma possível necessidade de ajuda, interpretar a situação como requerendo ajuda, assumir a responsabilidade por tomar uma atitude e executar uma forma de assistência.

Avalie

1. Tendemos a gostar das pessoas que são parecidas conosco. Verdadeiro ou falso?
2. Qual dos seguintes grupos são os três componentes do amor propostos por Sternberg?
   a. Paixão, proximidade, sexualidade
   b. Atração, desejo, complementaridade
   c. Paixão, intimidade, decisão/compromisso
   d. Compromisso, interesse, sexualidade
3. Com base em evidências de pesquisa, qual das seguintes pode ser a melhor forma de reduzir o nível de agressividade de um menino?
   a. Levá-lo ao ginásio e deixá-lo se exercitar no equipamento de boxe.
   b. Fazê-lo assistir repetidamente a cenas violentas do filme *Matrix Reloaded* na esperança de que lhe proporcionará catarse.
   c. Recompensá-lo se ele não lutar durante certo período.
   d. Ignorar o fato e deixá-lo desaparecer naturalmente.
4. Se uma pessoa na multidão não ajuda em uma situação de aparente emergência porque muitas outras pessoas estão presentes, ela está sendo vítima do fenômeno de _____ _____.

Repense

1. O amor pode ser estudado? Existe uma qualidade evidente do amor que o torna parcialmente irreconhecível? Como você definiria "apaixonar-se"? Como você o estudaria?
2. *Da perspectiva de um trabalhador da justiça criminal:* Como os proponentes das três principais abordagens do estudo da agressão – abordagens dos instintos, abordagens da frustração-agressão e abordagens da aprendizagem observacional – interpretariam a suposta agressão de James Holmes, acusado de assassinar 12 pessoas em um cinema do Colorado em julho de 2012? Você acha que alguma dessas abordagens se enquadra nesse caso mais do que as outras?

Respostas das questões de avaliação

1. verdadeiro; 2. c; 3. c; 4. difusão da responsabilidade

Termos-chave

atração interpessoal (ou relações íntimas) **p. 555**
efeito de reciprocidade do gostar **p. 556**
amor apaixonado (ou romântico) **p. 556**
amor companheiro **p. 557**
agressão **p. 560**
catarse **p. 560**
comportamento pró-social **p. 561**
difusão da responsabilidade **p. 561**
altruísmo **p. 562**

Recordando

Epílogo

Abordamos algumas das principais ideias, tópicos de pesquisa e achados experimentais da psicologia social. Examinamos como as pessoas formam, mantêm e modificam atitudes e como elas constroem impressões dos outros e fazem atribuições a eles. Também vimos como os grupos, por meio da conformidade e táticas de concordância, podem influenciar as ações e atitudes dos indivíduos. Por fim, discutimos as relações interpessoais, incluindo gostar e amar, e examinamos a agressão e o comportamento pró-social, os dois lados de uma moeda que representam os extremos do comportamento social.

Volte ao prólogo deste grupo de módulos, que descreve os vizinhos que ajudaram a reconstruir a Fazenda Perley. Use seu conhecimento da psicologia social para considerar as seguintes perguntas:

1. Que fatores podem ter impulsionado os vizinhos da Fazenda Perley a se associarem e ajudarem a limpá-la após a inundação?
2. Os vizinhos da Fazenda Perley agiram devido às suas personalidades, ou porque a situação requeria que eles fossem úteis?
3. Por que desastres naturais como o furacão que inundou a cidade de Vermont, onde estava localizada a Fazenda Perley, produzem exemplos heroicos de comportamento de ajuda em pessoas comuns em outros aspectos?
4. Quais são algumas formas pelas quais o comportamento de ajuda pode ser encorajado na vida diária?

RESUMO VISUAL 14 Psicologia Social

MÓDULO 43 Atitudes e Cognição Social

Persuasão: Atitudes: avaliações de uma pessoa, de um comportamento, uma crença ou um conceito particular
- Rotas para a persuasão

Mensagem → Alvo
- Altamente envolvido
- Motivado
- Atento
→ Processamento pela rota central → Mudança de atitude mais longa e duradoura

- Não envolvido
- Não motivado
- Desatento
→ Processamento pela rota periférica → Mudança de atitude mais fraca, menos persistente

- Relação atitude-comportamento

Cognição social: como as pessoas compreendem como são os outros e elas mesmas
- Formação da impressão: traços centrais ajudam-nos a formar impressões dos outros
- Teoria da atribuição: como decidimos as causas específicas do comportamento de uma pessoa
  - Causas situacionais: comportamento de uma pessoa causado pelo ambiente
  - Causas disposicionais: traços internos de uma pessoa
  - Vieses de atribuição

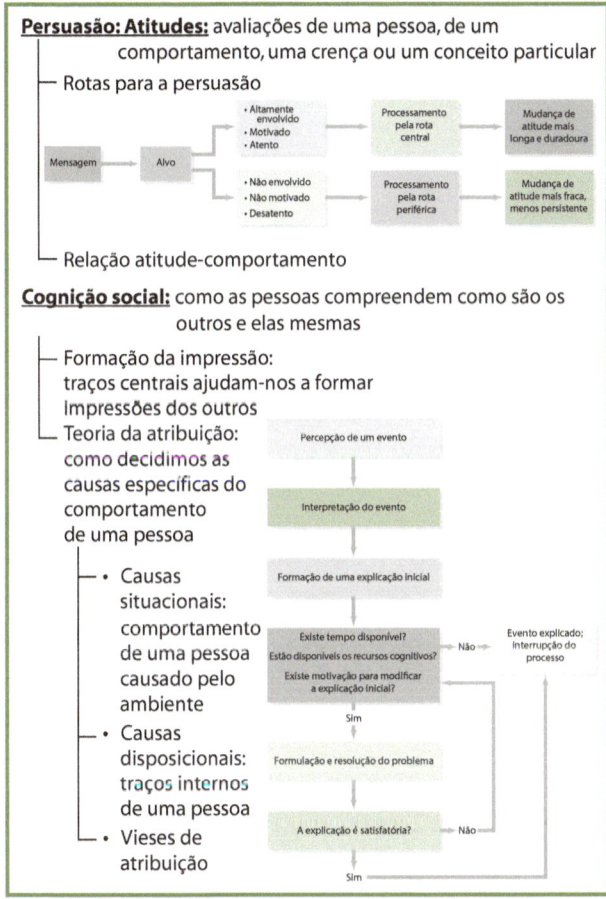

Fluxograma: Percepção de um evento → Interpretação do evento → Formação de uma explicação inicial → Existe tempo disponível? Estão disponíveis os recursos cognitivos? Existe motivação para modificar a explicação inicial? → Sim → Formulação e resolução do problema → A explicação é satisfatória? → Sim / Não → Evento explicado; Interrupção do processo

MÓDULO 44 Influência Social e Grupos

Conformidade: desejo de seguir as crenças ou os padrões de outras pessoas
- Pensamento de grupo: os membros do grupo desejam atingir o consenso e perdem a capacidade de avaliar pontos de vista alternativos
- Papéis sociais: comportamentos associados às pessoas em determinada posição

Concordância: pressão social para se comportar de determinada maneira
- Técnica do pé na porta
- Técnica da porta na cara
- Técnica do isso não é tudo
- Amostra não tão grátis

Obediência: mudança de comportamento em resposta ao comando dos outros

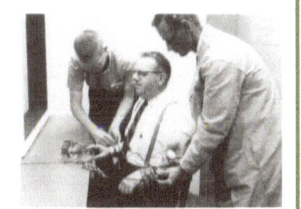

MÓDULO 45 Preconceito e Discriminação

Preconceito: uma avaliação negativa ou positiva de um grupo

Discriminação: comportamento dirigido aos indivíduos com base em sua afiliação a um grupo particular

Estereótipo: crenças e expectativas generalizadas acerca de um grupo específico que surgem quando classificamos as informações

Reduzindo o preconceito e a discriminação
- Aumentar o contato entre o alvo da estereotipia e quem cria o estereótipo
- Tornar mais evidentes os valores e normas contra o preconceito
- Fornecer informações acerca dos alvos da estereotipia
- Reduzir a ameaça de estereótipo
- Aumentar a noção de pertencimento

MÓDULO 46 Comportamento Social Positivo e Negativo

Gostar e amar
- Determinantes do gostar
  - Proximidade
  - Mera exposição
  - Semelhança
  - Atração física
- O que é amor?
  - Qualitativamente diferente de gostar
  - Três componentes do amor

Triângulo do amor: Gostar (intimidade); Amor romântico (intimidade + paixão); Amor companheiro (intimidade + decisão/compromisso); Amor consumado (intimidade + paixão + decisão/compromisso); Fascínio (paixão); Amor fátuo (paixão + decisão/compromisso); Amor vazio (decisão/compromisso)

Agressão: lesão ou dano intencional a outra pessoa
- Abordagens dos instintos
- Abordagem da frustração-agressão
- Abordagens da aprendizagem observacional

Comportamento de ajuda (pró-social): ações que pretendem auxiliar os outros

- Passos para decidir ajudar ou não

Fluxograma: Observar uma pessoa, um evento ou uma situação que pode requerer ajuda → Interpretar o evento como algo que requer ajuda → Assumir a responsabilidade pela ajuda → Decidir e executar a forma de ajuda

Glossário

abordagem cognitivo-comportamental Abordagem de tratamento que incorpora princípios básicos de aprendizagem para modificar o modo como as pessoas pensam.

abordagem da teoria da aprendizagem (do desenvolvimento da linguagem) Teoria de que a aquisição da linguagem segue os princípios de reforço e condicionamento.

abordagem interacionista (do desenvolvimento da linguagem) Teoria de que o desenvolvimento da linguagem é produzido por uma combinação de predisposições geneticamente determinadas e circunstâncias ambientais que ajudam a ensinar a linguagem.

abordagem nativista (do desenvolvimento da linguagem) Teoria de que um mecanismo inato geneticamente determinado rege o desenvolvimento da linguagem.

abordagens biológica e evolucionista da personalidade Teorias que propõem que importantes componentes da personalidade são herdados.

abordagens cognitivas Abordagens de tratamento que ensinam as pessoas a pensar de maneira mais adaptativa, modificando suas cognições disfuncionais sobre o mundo e sobre si mesmas.

abordagens cognitivas da motivação Teorias que sugerem que a motivação é um produto dos pensamentos, das expectativas e dos objetivos das pessoas – suas cognições.

abordagens comportamentais Abordagens de tratamento que fazem uso de processos básicos de aprendizagem, tais como reforço e punição, e pressupõem que tanto o comportamento anormal quanto o normal são aprendidos.

abordagens de excitação da motivação Crença de que tentamos manter certos níveis de estimulação e atividade.

abordagens de incentivo da motivação Teorias que sugerem que a motivação provém do desejo de obter objetivos externos valorizados ou incentivos.

abordagens de redução do impulso da motivação Teorias que sugerem que a ausência de alguma necessidade biológica básica produz um impulso que impele um organismo a satisfazer aquela necessidade.

abordagens humanistas da personalidade Teorias que enfatizam a bondade inata das pessoas e o desejo de alcançar níveis superiores de funcionamento.

abordagens psicodinâmicas da personalidade Abordagens que pressupõem que a personalidade é motivada por forças e conflitos internos sobre os quais as pessoas têm pouca consciência e não possuem controle.

abordagens sociocognitivas da personalidade Teorias que enfatizam a influência das cognições de uma pessoa – pensamentos, sentimentos, expectativas e valores –, bem como a observação dos outros, na determinação da personalidade.

aceitação positiva incondicional A atitude de aceitação e respeito por parte de um observador, independentemente do que uma pessoa diga ou faça.

adaptação Ajuste na capacidade sensorial após exposição prolongada a estímulos invariáveis.

adolescência Estágio do desenvolvimento entre a infância e a idade adulta.

agressão Lesão ou dano intencional a outra pessoa.

agrupamento Porção de informações que podem ser armazenadas na memória de curto prazo.

algoritmo Uma regra que, se aplicada adequadamente, garante uma solução para um problema.

altruísmo Comportamento de ajuda que é benéfico para os outros, mas claramente requer autossacrifício.

alucinógeno Droga que é capaz de produzir alucinações ou alterações no processo perceptual.

amnésia Perda da memória que ocorre sem outros déficits mentais.

amnésia anterógrada Amnésia em que se perde a memória para eventos que ocorrem após uma lesão.

amnésia dissociativa Transtorno em que ocorre uma significativa perda seletiva de memória.

amnésia retrógrada Amnésia em que se perde a memória para acontecimentos anteriores a certo evento, mas não para novos eventos.

amor apaixonado (ou romântico) Estado de intensa absorção por alguém que inclui excitação fisiológica intensa, interesse psicológico e interesse pelas necessidades do outro.

amor companheiro Forte afeição que temos por aqueles com quem nossas vidas estão profundamente envolvidas.

análise de meios e fins Envolve testes repetidos para diferenças entre o resultado desejado e o que existe atualmente.

androgênios Hormônios sexuais masculinos secretados pelos testículos.

anorexia nervosa Transtorno alimentar grave em que as pessoas podem recusar-se a comer, ao mesmo tempo negando que seu comportamento e sua aparência – que pode assemelhar-se a um esqueleto – sejam incomuns.

ansiolíticos Reduzem o nível de ansiedade que uma pessoa experimenta, essencialmente diminuindo a excitabilidade e aumentando a sensação de bem-estar.

antidepressivos Medicamentos que melhoram o humor depressivo e proporcionam sensação de bem-estar em um paciente gravemente deprimido.

antipsicóticos Fármacos que reduzem temporariamente os sintomas psicóticos, como agitação, alucinações e delírios.

apego Ligação emocional positiva que se desenvolve entre uma criança e determinado indivíduo.

apoiador social Membro de um grupo cujas visões discordantes tornam mais fácil a não conformidade ao grupo.

apoio social Rede mútua de pessoas atenciosas e interessadas.

apredizagem Mudança relativamente permanente no comportamento produzida pela experiência.

aprendizagem latente Aprendizagem em que um novo comportamento é adquirido, mas não demonstrado até que algum incentivo seja provido para exibi-lo.

aprendizagem observacional Aprendizagem pela observação do comportamento de outra pessoa ou modelo.

área motora Parte do córtex que é responsável principalmente pelo movimento voluntário do corpo.

área sensorial Local no cérebro do tecido que corresponde a cada um dos sentidos, com o grau de sensibilidade relacionado à quantidade de tecido.

Glossário

áreas de associação Uma das principais regiões do córtex cerebral; local dos processos mentais superiores, tais como pensamento, linguagem, memória e fala.

arquétipos De acordo com Jung, representações simbólicas universais de uma pessoa, objeto ou experiência particular (como o bem e o mal).

atitudes Avaliações de uma pessoa, de um comportamento, uma crença ou um conceito.

atração interpessoal (ou relações íntimas) Sentimentos positivos pelos outros; gostar e amar.

autoatualização Estado de autorrealização em que as pessoas percebem seu mais alto potencial, cada uma de maneira única.

autoeficácia Crença de que temos as capacidades pessoais para dominar uma situação e produzir resultados positivos.

autoestima Componente da personalidade que abrange nossas autoavaliações positivas e negativas.

autorrealização Estado de satisfação em que as pessoas realizam seu mais alto potencial da maneira que lhes é peculiar.

avaliação comportamental Medidas diretas do comportamento de um indivíduo usadas para descrever características da personalidade.

axônio Parte do neurônio que leva mensagens destinadas a outros neurônios.

bainha de mielina Capa protetora de gordura e proteína que envolve o axônio.

balbucio Sons da fala sem sentido feitos pelas crianças por volta dos 3 meses a 1 ano de idade.

bastonetes Células receptoras cilíndricas finas na retina altamente sensíveis à luz.

bem-estar subjetivo Percepção das pessoas acerca de sua felicidade e satisfação com sua vida.

biofeedback Procedimento em que uma pessoa aprende a controlar pelo pensamento consciente processos fisiológicos como pressão arterial, frequências cardíaca e respiratória, temperatura da pele, transpiração e constrição de determinados músculos.

bissexuais Pessoas que se sentem sexualmente atraídas por pessoas do mesmo sexo e do outro sexo.

botões terminais Pequenas saliências na extremidade do axônios que enviam mensagens para outros neurônios.

bulimia Transtorno alimentar em que uma pessoa tem compulsão por grandes quantidades de comida, seguida por esforços de purgar o alimento causando vômito e/ou utilizando outros meios.

canais semicirculares Três estruturas tubulares da orelha interna que contêm um líquido que escorre por elas quando a cabeça se mexe, sinalizando movimento rotacional ou angular ao cérebro.

catarse Processo de descarga da energia agressiva desenvolvida.

causas disposicionais (do comportamento) Causas percebidas do comportamento que estão baseadas em traços internos ou fatores de personalidade.

causas situacionais (do comportamento) Causas percebidas do comportamento que estão baseadas em fatores ambientais.

células ciliadas Células minúsculas que cobrem a membrana basilar e que, quando inclinadas pelas vibrações que chegam à cóclea, transmitem mensagens neurais ao cérebro.

cerebelo Parte do cérebro que controla o equilíbrio do corpo.

cóclea Tubo espiralado, semelhante a um caracol, que é preenchido por um líquido que vibra em resposta ao som.

cognição social Processos cognitivos por meio dos quais as pessoas compreendem e significam os outros e a si mesmas.

comportamento anormal Comportamento que leva as pessoas a experimentar sofrimento e as impede de funcionar em sua vida diária.

comportamento pró-social Comportamento de ajuda.

compulsão Impulso irresistível de realizar repetidamente algum ato que parece estranho e irracional.

conceitos Agrupamento mental de objetos, eventos ou pessoas similares.

concordância Comportamento que ocorre em resposta à pressão social direta.

condicionamento aversivo Modalidade de terapia que reduz a frequência do comportamento indesejado associando um estímulo aversivo desagradável ao comportamento indesejado.

condicionamento clássico Tipo de aprendizagem no qual um estímulo neutro passa a produzir uma resposta depois de ser emparelhado com um estímulo que naturalmente produz aquela resposta.

condicionamento operante Aprendizagem em que uma resposta voluntária é reforçada ou enfraquecida, dependendo de suas consequências favoráveis ou desfavoráveis.

cones Células receptoras cônicas na retina sensíveis à luz, responsáveis pelo foco nítido e pela percepção da cor, sobretudo em luz clara.

confiabilidade Propriedade pela qual os testes medem consistentemente o que estão tentando medir.

conflito edípico Interesse sexual de uma criança pelo seu genitor do sexo oposto, geralmente resolvido pela identificação com o genitor do mesmo sexo.

conformidade Mudança no comportamento ou nas atitudes causada por um desejo de seguir as crenças ou os padrões de outras pessoas.

consciência Conhecimento das sensações, dos pensamentos e dos sentimentos que experimentamos em dado momento.

consentimento informado Documento assinado pelos participantes declarando que eles foram informados sobre as características básicas do estudo e estão cientes do que sua participação envolverá.

constância objetal Consciência de que os objetos – e as pessoas – continuam a existir mesmo quando estão fora da visão.

constância perceptual Fenômeno em que objetos físicos são percebidos como invariáveis e consistentes apesar das mudanças em sua aparência ou no ambiente físico.

conteúdo latente dos sonhos Segundo Freud, os significados "disfarçados" dos sonhos, ocultos por temas mais óbvios.

conteúdo manifesto dos sonhos Segundo Freud, o enredo aparente dos sonhos.

córtex cerebral O "cérebro novo", responsável pelo processamento mais sofisticado de informações no cérebro; contém quatro lobos.

criatividade Capacidade de gerar ideias originais ou resolver problemas de novas maneiras.

cromossomos Estruturas em forma de haste que possuem todas as informações hereditárias básicas.

declínio Perda de informação na memória por falta de utilização.

deficiência intelectual (ou retardo mental) Condição caracterizada por limitações significativas tanto no funcionamento intelectual quanto em habilidades adaptativas conceituais, sociais e práticas.

definição operacional Tradução de uma hipótese em procedimentos testáveis específicos que podem ser medidos e observados.

dendritos Grupo de fibras na extremidade de um neurônio que recebe mensagens de outros neurônios.

depressão maior Forma grave de depressão que interfere na concentração, na tomada de decisão e na sociabilidade.

depressores Fármacos que retardam o sistema nervoso.

desamparo aprendido Estado em que as pessoas concluem que estímulos desagradáveis ou aversivos não podem ser controlados – uma visão de mundo que se torna tão arraigada que elas param de tentar remediar as circunstâncias aversivas mesmo que possam exercer alguma influência sobre a situação.

desenvolvimento cognitivo Processo pelo qual a compreensão que uma criança tem do mundo modifica-se como uma função da idade e da experiência.

desenvolvimento psicossocial Desenvolvimento das interações dos indivíduos e da compreensão uns dos outros e de seu conhecimento e compreensão de si mesmos como membros da sociedade.

designação aleatória à condição Procedimento em que os participantes são designados para diferentes grupos experimentais ou "condições" com base no acaso e somente no acaso.

desinstitucionalização Transferência de ex-pacientes mentais das instituições para a comunidade.

dessensibilização sistemática Uma técnica comportamental em que a exposição gradual a um estímulo que produz ansiedade é associada ao relaxamento para extinguir a resposta de ansiedade.

detecção de características Ativação de neurônios no córtex por estímulos visuais de formas ou padrões específicos.

determinismo Ideia de que o comportamento das pessoas é produzido basicamente por fatores fora de seu controle deliberado.

devaneios Fantasias que as pessoas constroem enquanto estão acordadas.

difusão da responsabilidade Crença de que a responsabilidade pela intervenção é compartilhada, ou distribuída, entre aqueles que estão presentes.

discriminação Comportamento direcionado aos indivíduos com base em sua filiação a um grupo particular.

discriminação de estímulos Processo que ocorre quando dois estímulos são suficientemente distintos um do outro a ponto de que um produz uma RC, mas o outro não; a capacidade de diferenciar entre estímulos.

disposição Tendência dos velhos padrões de resolução de problemas em persistir.

dissonância cognitiva Conflito mental que ocorre quando uma pessoa demonstra duas atitudes ou pensamentos contraditórios (designados como cognições).

distúrbios psicofisiológicos Problemas médicos influenciados por uma interação de dificuldades psicológicas, emocionais e físicas.

divisão autônoma Parte do sistema nervoso periférico que controla o movimento involuntário do coração, das glândulas, dos pulmões e de outros órgãos.

divisão parassimpática Parte da divisão autônoma do sistema nervoso que age para acalmar o corpo quando termina uma emergência.

divisão simpática Parte da divisão autônoma do sistema nervoso que prepara o corpo para agir em situações estressantes, engajando todos os recursos do organismo para responder à ameaça.

divisão somática Parte do sistema nervoso periférico especializada no controle dos movimentos voluntários e na comunicação da informação para e dos órgãos dos sentidos.

doença de Alzheimer Distúrbio cerebral progressivo que leva a um declínio gradual e irreversível nas habilidades cognitivas.

drogas aditivas Drogas que produzem dependência fisiológica ou psicológica no usuário, de modo que sua retirada acarreta intenso desejo pela droga, o qual, em alguns casos, pode ser quase irresistível.

drogas psicoativas Drogas que influenciam as emoções, as percepções e o comportamento de uma pessoa.

efeito de reciprocidade do gostar tendência de gostar daqueles que gostam de nós.

efeito do halo Fenômeno no qual a compreensão inicial de que uma pessoa apresenta traços positivos é usada para inferir outras características uniformemente positivas.

ego Parte da personalidade que proporciona uma proteção entre o id e o mundo externo.

eletroconvulsoterapia (ECT) Procedimento usado no tratamento de depressão grave no qual uma corrente elétrica de 70 a 150 volts é rapidamente administrada na cabeça de um paciente.

embrião Zigoto desenvolvido que tem coração, cérebro e outros órgãos.

emoções Sentimentos que comumente têm elementos fisiológicos e cognitivos e que influenciam o comportamento.

enfrentamento Esforços para controlar, reduzir ou aprender a tolerar as ameaças que levam ao estresse.

ensaio Repetição de informações que entraram na memória de curto prazo.

erro de atribuição fundamental Tendência a atribuir excessivamente o comportamento dos outros a causas disposicionais e a minimizar a importância das causas situacionais.

esquecimento dependente de pistas Esquecimento que ocorre quando não há pistas de recuperação para reaviar uma informação que está na memória.

esquema de intervalo fixo Esquema que oferece reforço para uma resposta somente se um período de tempo fixo transcorreu, tornando as taxas de resposta gerais relativamente baixas.

esquema de intervalo variável Esquema pelo qual o tempo entre os reforços varia em torno de alguma média em vez de ser fixo.

esquema de razão fixa Esquema pelo qual é dado reforço somente após um número específico de respostas.

esquema de razão variável Esquema pelo qual ocorre reforço após um número variável – e não fixo – de respostas.

esquema de reforço contínuo Reforço de um comportamento toda vez que ele ocorre.

esquema de reforço parcial (ou intermitente) Reforço de um comportamento em parte, mas não todo o tempo.

esquemas Conjuntos de cognições acerca das pessoas e das experiências sociais.

esquemas Corpos organizados de informações armazenadas na memória que influenciam o modo como novas informações são interpretadas, armazenadas e recordadas.

esquemas de reforço Diferentes padrões de frequência e dos tempos de reforço após um comportamento desejado.

esquizofrenia Classe de transtornos em que ocorre uma grave distorção da realidade.

estabilizadores do humor Medicamentos usados para tratar transtornos do humor que impedem os episódios maníacos da doença bipolar.

estado de repouso Estado em que existe uma carga elétrica negativa de cerca de −70 milivolts em um neurônio.

estágio anal De acordo com Freud, estágio dos 12 a 18 meses até os 3 anos de idade, em que o prazer de uma criança está centrado no ânus.

estágio da autonomia *versus* vergonha e dúvida De acordo com Erikson, este é o período durante o qual os bebês (1 ½ a 3 anos) desenvolvem independência e autonomia se a exploração e a liberdade forem encorajadas, ou vergonha e dúvida se eles forem restringidos e superprotegidos.

estágio da confiança *versus* desconfiança De acordo com Erikson, este é o primeiro estágio do desenvolvimento psicossocial, ocorrendo desde o nascimento até 1 ½ ano, período durante o qual o bebê desenvolve sentimentos de confiança ou de falta de confiança.

estágio da diligência e construtividade *versus* inferioridade De acordo com Erikson, este é o último estágio da infância, durante o qual as crianças entre 6 e 12 anos podem desenvolver interações sociais positivas com os outros ou sentir-se inadequadas, tornando-se menos sociáveis.

estágio da generatividade *versus* estagnação De acordo com Erikson, período na idade adulta média durante o qual fazemos o inventário de nossa contribuição à família e à sociedade.

estágio da identidade *versus* confusão de identidade De acordo com Erikson, esta é uma época na adolescência de testes importantes para determinar qualidades peculiares do indivíduo.

estágio da iniciativa *versus* culpa De acordo com Erikson, este é o período durante o qual as crianças entre 3 e 6 anos experimentam conflito entre independência de ação e os resultados por vezes negativos dessa ação.

estágio da integridade do ego *versus* desespero De acordo com Erikson, período a partir do final da idade adulta até a morte durante o qual examinamos as realizações e os fracassos na vida.

estágio da intimidade *versus* isolamento De acordo com Erikson, período durante a idade adulta inicial que aborda o desenvolvimento de relações íntimas.

estágio das operações concretas De acordo com Piaget, o período de 7 a 12 anos de idade que é caracterizado pelo pensamento lógico e pela perda do egocentrismo.

estágio das operações formais De acordo com Piaget, o período dos 12 anos até a idade adulta que é caracterizado pelo pensamento abstrato.

estágio fálico De acordo com Freud, período que começa em torno dos 3 anos, durante o qual o prazer de uma criança está focado nos genitais.

estágio genital De acordo com Freud, período da puberdade até a morte, marcado pelo comportamento sexual maduro (i. e., a relação sexual).

estágio oral De acordo com Freud, estágio desde o nascimento até 12 a 18 meses, no qual o centro do prazer de um bebê é a boca.

estágio pré-operatório De acordo com Piaget, o período de 2 a 7 anos de idade que é caracterizado pelo desenvolvimento da linguagem.

estágio sensório-motor De acordo com Piaget, o estágio desde o nascimento até os 2 anos, durante o qual uma criança tem pouca competência na representação do ambiente pelo uso de imagens, linguagem ou outros símbolos.

estágios psicossexuais Períodos do desenvolvimento durante os quais as crianças se deparam com conflitos entre as demandas da sociedade e seus impulsos sexuais.

estereótipo Conjunto de crenças e expectativas generalizadas acerca de um grupo particular e seus membros.

estimulação magnética transcraniana (EMT) Tratamento para depressão no qual um pulso magnético preciso é dirigido a uma área específica do cérebro.

estimulantes Substâncias que têm um efeito de excitação no sistema nervoso central, causando um aumento na frequência cardíaca, na pressão arterial e na tensão muscular.

estímulo Energia que produz uma resposta em um órgão sensorial.

estímulo condicionado (EC) Estímulo antes neutro que foi emparelhado com um estímulo incondicionado para produzir uma resposta anteriormente causada somente pelo estímulo incondicionado.

estímulo incondicionado (EIC) Estímulo que produz naturalmente uma resposta sem ela ter sido aprendida.

estímulo neutro Estímulo que, antes do condicionamento, não produz naturalmente a resposta de interesse.

estresse Resposta de uma pessoa a eventos que são ameaçadores ou desafiadores.

estressores básicos ("dificuldades diárias") Dificuldades do dia a dia, como ficar preso em um engarrafamento, que causam irritações menores e podem ter maus efeitos de longo prazo se eles continuam ou são compostos por outros eventos estressantes.

estressores pessoais Eventos importantes na vida, como a morte de um membro da família, que têm consequências negativas imediatas que geralmente desaparecem com o tempo.

estrogênios Classe de hormônios sexuais femininos.

estruturalismo Abordagem de Wundt, a qual trata da elucidação dos componentes mentais fundamentais da consciência, do pensamento e de outros tipos de estados mentais e atividades.

estudo de caso Investigação intensiva em profundidade de um indivíduo ou de um pequeno grupo de pessoas.

eventos cataclísmicos Fortes estressores que ocorrem repentinamente e afetam muitas pessoas ao mesmo tempo (p. ex., desastres naturais).

experimento Investigação da relação entre duas (ou mais) variáveis alterando-se deliberadamente uma situação e observando-se os efeitos dessa alteração em outros aspectos da situação.

exposição Tratamento comportamental para a ansiedade no qual as pessoas são confrontadas repentina ou gradualmente com um estímulo que elas temem.

extinção Fenômeno básico de aprendizagem que ocorre quando uma resposta anteriormente condicionada diminui de frequência e por fim desaparece.

fala telegráfica Sentenças nas quais as palavras que não são essenciais à mensagem são omitidas.

fenômeno da ponta da língua Incapacidade de recordar informação que percebemos que sabemos – uma consequência da dificuldade de recuperar informações da memória de longo prazo.

feto Indivíduo em desenvolvimento a partir de oito semanas após a concepção até o nascimento.

fixações Conflitos ou preocupações que persistem além do período desenvolvimental em que ocorrem inicialmente.

fixidez funcional Tendência de pensar em um objeto apenas em termos de seu uso habitual.

fobia Medo intenso e irracional de objetos ou situações específicas.

fonemas Menores unidades da fala.

fonologia Estudo das menores unidades da fala, chamadas de fonemas.

formação reticular Parte do cérebro que se estende do bulbo raquidiano até a ponte, sendo formada por grupos de células nervosas que podem ativar imediatamente outras partes do cérebro para produzir excitação corporal geral.

fuga dissociativa Forma de amnésia na qual o indivíduo sai de casa e, por vezes, assume uma nova identidade.

funcionalismo Uma das primeiras abordagens da psicologia, que se concentrou no que a mente faz – as funções da atividade mental – e no papel do comportamento para permitir que as pessoas adaptem-se ao ambiente.

g ou fator-g Único fator geral para a capacidade mental que presumivelmente subjaz à inteligência em algumas das primeiras teorias da inteligência.

gêmeos idênticos Gêmeos que são geneticamente iguais.

generalização de estímulos Processo no qual, depois que um estímulo foi condicionado para produzir determinada resposta, estímulos semelhantes ao estímulo original produzem a mesma resposta.

genes Partes dos cromossomos por meio das quais as informações genéticas são transmitidas.

genética comportamental Estudo dos efeitos da hereditariedade sobre o comportamento.

genitais Órgãos sexuais masculinos e femininos.

gramática Sistema de regras que determina como nossos pensamentos podem ser expressos.

grupo Duas ou mais pessoas que interagem entre si, percebem-se como parte de um grupo e são interdependentes.

grupo-controle Grupo que participa de um experimento, mas não recebe tratamento.

grupo experimental Qualquer grupo que participe de um experimento que recebe um tratamento.

habituação Decréscimo na resposta a um estímulo que ocorre depois de apresentações repetidas do mesmo estímulo.

hemisférios Metades esquerda e direita simétricas do cérebro que controlam o lado do corpo oposto ao de sua localização.

herdabilidade Grau em que uma característica pode ser atribuída a fatores genéticos herdados.

heterossexualidade Atração sexual e comportamento direcionados para o outro sexo.

heurística Uma estratégia de pensamento que pode levar-nos a uma solução para um problema ou a uma decisão, mas que – diferentemente dos algoritmos – pode, às vezes, resultar em erros.

hipnose Estado de transe de suscetibilidade elevada às sugestões de outros.

hipófise Principal componente do sistema endócrino, ou "glândula mestra", que segrega hormônios que controlam o crescimento e outras partes do sistema endócrino.

hipotálamo Parte do cérebro diminuta, localizada abaixo do tálamo, que mantém a homeostase e regula comportamentos vitais, como comer e beber, e o comportamento sexual.

hipótese Previsão, oriunda de uma teoria, enunciada de modo que permita que ela seja testada.

hipótese da relatividade linguística Noção de que a linguagem molda a maneira como as pessoas em determinada cultura percebem e compreendem o mundo.

hipótese do *feedback* facial Hipótese de que as expressões faciais não só refletem a experiência emocional, como também ajudam a determinar como as pessoas experimentam e rotulam as emoções.

homeostase Tendência do corpo a manter um estado interno constante.

homossexuais Pessoas que se sentem sexualmente atraídas por indivíduos do próprio sexo.

hormônios Substâncias químicas que circulam no sangue e regulam o funcionamento ou o crescimento do corpo.

id Parte inata bruta e não organizada da personalidade cujo único propósito é reduzir a tensão criada pelos impulsos primitivos relacionados a fome, sexo, agressividade e impulsos irracionais.

idade adulta emergente Período que inicia no final dos anos da adolescência e estende-se até a metade da década dos 20 anos.

idade da viabilidade Ponto no qual um feto pode sobreviver se nascer prematuramente.

idade mental Idade para a qual dado nível de desempenho é médio ou típico.

identidade Caráter distintivo do indivíduo: quem é cada um de nós, quais são nossos papéis e do que somos capazes.

identificação Processo de desejar ser o mais parecido possível com outra pessoa, imitando o comportamento daquela pessoa e adotando crenças e valores semelhantes.

ilusões visuais Estímulos visuais que sistematicamente produzem erros na percepção.

imagens mentais Representações de um objeto ou evento na mente.

impulso Tensão motivacional, ou excitação, que energiza o comportamento para atender a uma necessidade.

inconsciente Parte da personalidade que contém memórias, conhecimentos, crenças, sentimentos, desejos, impulsos e instintos dos quais o indivíduo não está consciente.

inconsciente coletivo De acordo com Jung, um conjunto de ideias, sentimentos, imagens e símbolos comuns que herdamos de nossos ancestrais, de toda a raça humana e inclusive de ancestrais animais do passado distante.

influência social Processo pelo qual grupos sociais e indivíduos exercem pressão sobre uma pessoa, seja deliberadamente, seja não intencionalmente.

insight Consciência súbita das relações entre vários elementos que antes pareciam independentes uns dos outros.

instintos Padrões inatos de comportamento que são determinados biologicamente em vez de aprendidos.

inteligência Capacidade de compreender o mundo, pensar racionalmente e usar os recursos de maneira eficaz diante das dificuldades.

inteligência cristalizada Inteligência que abrange o acúmulo de informações, habilidades e estratégias que são aprendidas por meio da experiência e que podem ser aplicadas em situações de resolução de problemas.

inteligência emocional Conjunto de habilidades subjacentes a precisas estimativa, avaliação, expressão e regulação das emoções.

inteligência fluida Inteligência que reflete a capacidade de raciocinar de maneira abstrata.

inteligência prática Segundo Sternberg, trata-se da inteligência relacionada ao sucesso geral no viver.

interferência Fenômeno pelo qual a informação na memória perturba a recordação de outra informação.

interferência proativa Interferência em que uma informação aprendida anteriormente impede a recordação de um material aprendido posteriormente.

interferência retroativa Interferência em que uma informação aprendida posteriormente impede a recuperação de uma informação aprendida anteriormente.

interneurônios Neurônios que conectam neurônios sensoriais e motores, levando mensagens entre os dois.

introspecção Procedimento usado para estudar a estrutura da mente, no qual se pede aos sujeitos que descrevam detalhadamente o que eles estão sentindo quando são expostos a um estímulo.

Inventário Multifásico de Personalidade de Minnesota-2 (MMPI-2) Teste de autorrelato amplamente usado que identifica pessoas com transtornos psicológicos e que é empregado para predizer alguns comportamentos do dia a dia.

lateralização Predomínio de um hemisfério do cérebro em funções específicas, tais como a linguagem.

lei de tudo ou nada Regra de que os neurônios são ativados ou desativados.

lei de Weber Lei básica da psicofísica que afirma que a menor diferença perceptível é uma proporção constante à intensidade de um estímulo inicial (em vez de uma quantidade constante).

leis de organização da Gestalt Uma série de princípios que descrevem o modo como organizamos fragmentos de informação para compor totalidades significativas.

limiar absoluto Menor intensidade de um estímulo que precisa estar presente para que ele seja detectado.

limiar de diferença (menor diferença perceptível) Menor nível necessário de estimulação acrescentada ou reduzida para sentir que ocorreu uma mudança na estimulação.

linguagem Comunicação da informação por meio de símbolos organizados de acordo com regras sistemáticas.

livre-arbítrio Ideia de que o comportamento é causado basicamente pelas escolhas que são feitas livremente pelo indivíduo.

lobos As quatro principais seções do córtex cerebral: frontal, parietal, temporal e occipital.

mania Estado prolongado de intensa elação.

manipulação experimental Alteração que um experimentador produz deliberadamente em uma situação.

***Manual diagnóstico e estatístico de transtornos mentais*, quinta edição, DSM-5** Sistema elaborado pela American Psychiatric Association e usado pela maioria dos profissionais para diagnosticar e classificar o comportamento anormal.

masturbação Autoestimulação sexual.

mecanismos de defesa Na teoria freudiana, estratégias inconscientes que as pessoas usam para reduzir a ansiedade, distorcendo a realidade e ocultando a fonte de ansiedade de si mesmas.

medidas de autorrelato Método de reunião de dados sobre as pessoas, fazendo-lhes perguntas sobre uma amostra de seu comportamento.

meditação Técnica para reajustar a atenção que produz um estado alterado de consciência.

medula espinal Feixe de neurônios que parte do cérebro e percorre o comprimento do dorso, sendo o principal meio de transmissão de mensagens entre o cérebro e o corpo.

membrana basilar Estrutura que atravessa o centro da cóclea, dividindo-a em uma câmara superior e uma câmara inferior.

memória Processo pelo qual codificamos, armazenamos e recuperamos informações.

memória declarativa Memória para informações factuais: nomes, rostos, datas e fatos.

memória de curto prazo Memória que retém a informação por 15 a 25 segundos.

memória de longo prazo Memória que armazena a informação de maneira relativamente permanente, embora possa ser difícil recuperá-la.

memória de trabalho Conjunto de armazenamentos temporários ativos que manipulam e ensaiam informações.

memória episódica Memória para eventos que ocorrem em determinado tempo, lugar ou contexto.

memória explícita Recordação intencional ou consciente da informação.

memória implícita Lembranças das quais as pessoas não têm consciência, mas que podem afetar o desempenho e o comportamento posterior.

memória processual Memória para habilidades e hábitos, como andar de bicicleta ou rebater uma bola; às vezes, é chamada de *memória não declarativa*.

memória semântica Memória para conhecimento geral e fatos sobre o mundo, bem como para as regras de lógica que são usadas para deduzir outros fatos.

memória sensorial Armazenamento momentâneo inicial da informação, que dura apenas um instante.

memórias autobiográficas Nossas lembranças de circunstâncias e episódios de nossa própria vida.

memórias instantâneas Memórias relacionadas a um evento específico importante ou surpreendente que são recordadas com facilidade e imagens vívidas.

menopausa Período durante o qual as mulheres param de menstruar e não são mais férteis.

mensagem excitatória Mensagem química que aumenta a probabilidade de um neurônio receptor disparar e um potencial de ação percorrer seu axônio.

mensagem inibitória Mensagem química que impede ou diminui a probabilidade de um neurônio receptor disparar.

metabolismo Ritmo no qual o alimento é convertido em energia e consumido pelo corpo.

metacognição Consciência e compreensão dos próprios processos cognitivos.

método científico Abordagem usada pelos psicólogos para adquirir sistematicamente conhecimento e compreensão sobre o comportamento e outros fenômenos de interesse.

método de Rorschach Teste que envolve a apresentação de uma série de estímulos visuais simétricos às pessoas, as quais então são solicitadas a dizer o que aquelas figuras representam para elas.

modelagem Processo de ensinar um comportamento complexo recompensando aproximações cada vez maiores ao comportamento desejado.

modificação de comportamento Técnica formalizada para promover a frequência de comportamentos desejáveis e diminuir a incidência de comportamentos indesejáveis.

motivação Fatores que direcionam e energizam o comportamento dos seres humanos e de outros organismos.

narcóticos Drogas que aumentam o relaxamento e aliviam a dor e a ansiedade.

necessidade de afiliação Interesse em estabelecer e manter relacionamentos com outras pessoas.

necessidade de poder Tendência a procurar impacto, controle ou influência sobre os outros e a ser visto como um indivíduo poderoso.

necessidade de realização Característica estável aprendida em que uma pessoa obtém satisfação empenhando-se e atingindo metas desafiadoras.

neonato Criança recém-nascida.

nervo ótico Feixe de axônios ganglionares que levam informações visuais ao cérebro.

neurociência social Subárea da psicologia social que procura identificar a base neurológica do comportamento social.

neurocientistas comportamentais (ou biopsicólogos) Psicólogos que se especializam no estudo de como as estruturas e funções biológicas do corpo afetam o comportamento.

neurogênese Criação de novos neurônios.

neurônios Células nervosas, os elementos básicos do sistema nervoso.

neurônios-espelho Neurônios especializados que disparam não apenas quando uma pessoa apresenta determinado comportamento, mas também quando uma pessoa simplesmente observa *outra pessoa* expressando o mesmo comportamento.

neurônios motores (eferentes) Neurônios que comunicam informações do sistema nervoso para os músculos e as glândulas.

neurônios sensoriais (aferentes) Neurônios que transmitem informações do perímetro do corpo para o ISNC.

neuroplasticidade Mudanças no cérebro que ocorrem durante todo o ciclo de vida relacionadas ao acréscimo de novos neurônios, novas interconexões entre neurônios e reorganização das áreas de processamento de informações.

neurotransmissores Substâncias químicas que transmitem mensagens através da sinapse para o dendrito (e às vezes para o corpo celular) de um neurônio receptor.

normas Padrões de desempenho em teste que permitem a comparação do escore de uma pessoa em um teste com os escores de outras que fizeram o mesmo teste.

núcleo central O "cérebro antigo"; controla funções básicas, como comer e dormir, e é comum a todos os vertebrados.

obediência Mudança no comportamento em resposta ao comando dos outros.

obesidade Peso corporal superior a 20% do peso médio para uma pessoa de determinada altura.

observação naturalista Pesquisa em que um investigador apenas observa algum comportamento que ocorre naturalmente e não interfere na situação.

obsessão Pensamentos ou ideias indesejadas e persistentes que estão sempre recorrendo.

ovulação Ponto no qual um óvulo é liberado dos ovários.

padrão de comportamento do Tipo A Grupo de comportamentos que envolvem hostilidade, competitividade, urgência de tempo e sentir-se impelido.

padrão de comportamento do Tipo B Grupo de comportamentos caracterizados por um modo paciente, cooperativo, não competitivo e não agressivo.

padrão duplo Visão de que o sexo pré-conjugal é permitido para os homens, mas não para as mulheres.

padronização do teste Técnica usada para validar questões nos testes de personalidade, estudando-se as respostas das pessoas com diagnósticos conhecidos.

pais autoritários Pais que são rígidos e punitivos, valorizando a obediência inquestionável dos filhos.

pais autoritativos Pais que são firmes, definem limites claros; ponderam com seus filhos e explicam as coisas.

pais permissivos Pais que dão orientação descuidada e inconsistente aos filhos e, embora sejam afetivos, exigem pouco deles.

pais rejeitadores-negligentes Pais que demonstram pouco interesse pelos filhos e são emocionalmente desligados.

pensamento Manipulação das representações mentais da informação.

pensamento convergente Pensamento em que um problema é visto como possuidor de uma única resposta e que produz respostas que se baseiam fundamentalmente no conhecimento e na lógica.

pensamento de grupo Tipo de pensamento no qual os membros do grupo compartilham uma motivação tão forte para atingir um consenso que eles acabam perdendo a capacidade de avaliar criticamente pontos de vista alternativos.

pensamento divergente Pensamento que gera respostas incomuns, mas apropriadas, para problemas ou questões.

pensamento egocêntrico Forma de pensar em que uma criança encara o mundo inteiramente a partir da própria perspectiva.

percepção Classificação, interpretação, análise e integração de estímulos pelos órgãos dos sentidos e pelo cérebro.

percepção de profundidade Capacidade de ver o mundo em três dimensões e perceber distância.

período de latência De acordo com Freud, período entre o estágio fálico e a puberdade, durante o qual as preocupações sexuais das crianças são temporariamente deixadas de lado.

personalidade Padrão de características constantes que produzem consistência e individualidade em determinada pessoa.

perspectiva cognitiva Abordagem que analisa como as pessoas pensam, compreendem e sabem sobre o mundo.

Glossário

perspectiva cognitiva em transtornos psicológicos A perspectiva que supõe que os pensamentos e as crenças das pessoas são um componente central do comportamento anormal.

perspectiva comportamental Abordagem que defende que o comportamento que pode ser observado e medido deve ser o foco de estudo.

perspectiva comportamental em transtornos psicológicos A perspectiva que encara o comportamento em si como o problema.

perspectiva da neurociência Abordagem que considera o comportamento da perspectiva do cérebro, do sistema nervoso e de outras funções biológicas.

perspectiva humanista em transtornos psicológicos A perspectiva que enfatiza a responsabilidade que as pessoas têm pelo próprio comportamento, mesmo quando esse comportamento é anormal.

perspectiva humanística Abordagem segundo a qual todos os indivíduos naturalmente se esforçam para crescer, desenvolver-se e ter controle de sua vida e de seu comportamento.

perspectiva médica A perspectiva que supõe que, quando um indivíduo apresenta sintomas de comportamento anormal, a causa principal será encontrada em um exame físico do indivíduo, o qual pode revelar um desequilíbrio hormonal, uma deficiência química ou uma lesão cerebral.

perspectiva psicanalítica A perspectiva que supõe que o comportamento anormal provém de conflitos infantis com oposição a desejos referentes a sexo e agressividade.

perspectiva psicodinâmica Abordagem baseada na visão de que o comportamento é motivado por forças internas inconscientes sobre as quais o indivíduo tem pouco controle.

perspectiva sociocultural A perspectiva de que o comportamento das pessoas – tanto normal quanto anormal – é moldado pela sociedade e pela cultura em que elas vivem.

pesquisa correlacional Pesquisa em que a relação entre dois conjuntos de variáveis é examinado para determinar se elas estão associadas ou "correlacionadas".

pesquisa de arquivo Pesquisa em que dados existentes, tais como documentos censitários, registros universitários e recortes de jornal, são examinados para testar uma hipótese.

pesquisa de levantamento Pesquisa na qual pessoas selecionadas para representar uma população maior são solicitadas a responder a uma série de questões sobre seu comportamento, seus pensamentos ou suas atitudes.

pesquisa longitudinal Método de pesquisa que investiga o comportamento à medida que os participantes envelhecem.

pesquisa replicada Pesquisa que é repetida, às vezes usando-se outros procedimentos, ambientes e grupos de participantes, para aumentar a confiança em resultados anteriores.

pesquisa sequencial Método de pesquisa que combina pesquisa transversal e longitudinal, considerando inúmeras faixas etárias diferentes e examinando-as em vários pontos no tempo.

pesquisa transversal Método de pesquisa que compara pessoas de diferentes idades no mesmo ponto no tempo.

placebo Falso tratamento, como uma pílula, uma "droga" ou outra substância, que não tem propriedades químicas significativas ou ingrediente ativo.

ponto de referência do peso Nível particular de peso que o corpo se esforça para manter.

potencial de ação Impulso nervoso elétrico que percorre o axônio de um neurônio quando ele é disparado por um "gatilho", mudando sua carga de negativa para positiva.

preconceito Avaliação negativa (ou positiva) de um grupo particular e seus membros.

primeiro estágio do sono Estado de transição entre a vigília e o sono, caracterizado por ondas cerebrais relativamente rápidas de baixa amplitude.

priming Fenômeno em que a exposição a uma palavra ou a um conceito (chamado de *prime*) posteriormente facilita a recordação de informação relacionada, mesmo não havendo memória consciente da palavra ou do conceito.

princípio da conservação Conhecimento de que a quantidade não está relacionada ao arranjo e à aparência física dos objetos.

processamento ascendente Percepção que consiste na progressão de reconhecer e processar informações de componentes individuais de um estímulo e passar para a percepção do todo.

processamento da informação Maneira pela qual as pessoas assimilam, usam e armazenam a informação.

processamento descendente Percepção que é guiada por conhecimentos, experiências, expectativas e motivações de nível superior.

processamento pela rota central Tipo de processamento mental que ocorre quando uma mensagem persuasiva é avaliada pela consideração ponderada de questões e argumentos usados para persuadir.

processamento pela rota periférica Tipo de processamento mental que ocorre quando uma mensagem persuasiva é avaliada com base em fatores irrelevantes ou alheios.

processos construtivos Processos em que memórias são influenciadas pelo significado que atribuímos aos eventos.

progesterona Hormônio sexual feminino secretado pelos ovários.

programa de influência facial Ativação de um conjunto de impulsos nervosos que faz o rosto exibir a expressão apropriada.

protótipos Exemplos típicos altamente representativos de um conceito.

psicanálise Psicoterapia desenvolvida por Freud cujo objetivo é liberar pensamentos e sentimentos inconscientes ocultos para reduzir sua força no controle do comportamento.

psicanalistas neofreudianos Psicanalistas que foram treinados na teoria freudiana tradicional, mas que posteriormente rejeitaram alguns dos pontos principais.

psicocirurgia Cirurgia cerebral usada antigamente para reduzir os sintomas de transtorno mental, mas raramente usada hoje.

psicofísica Estudo da relação entre os aspectos físicos dos estímulos e nossa experiência psicológica a respeito deles.

psicologia Estudo científico do comportamento e dos processos mentais.

psicologia cognitiva Ramo da psicologia que se concentra no estudo dos processos mentais superiores, incluindo pensamento, linguagem, memória, resolução de problemas, conhecimento, raciocínio e julgamento.

psicologia comunitária Ramo da psicologia que tem por objetivo a prevenção e a minimização dos transtornos psicológicos na comunidade.

psicologia da Gestalt Abordagem da psicologia que enfatiza a organização da percepção e do pensamento em um sentido "total" mais do que os elementos individuais da percepção.

psicologia da saúde Ramo da psicologia que investiga os fatores psicológicos relacionados ao bem-estar e à doença, incluindo a prevenção, o diagnóstico e o tratamento de condições médicas.

psicologia do desenvolvimento Ramo da psicologia que estuda os padrões de crescimento e as mudanças que ocorrem ao longo da vida.

psicologia evolucionista Ramo da psicologia que procura identificar padrões de comportamento que resultam de nossa herança genética de nossos antepassados.

psicologia industrial-organizacional (I/O) Ramo da psicologia que aborda questões relacionadas a trabalho e emprego, incluindo aspectos como motivação, satisfação, segurança e produtividade do trabalhador.

psicologia social Estudo científico acerca de como os pensamentos, sentimentos e ações das pessoas são afetados pelos outros.

psiconeuroimunologia (PNI) Estudo da relação entre fatores psicológicos, sistema imune e cérebro.

psicoterapia Tratamento no qual um profissional treinado – um terapeuta – utiliza técnicas psicológicas para ajudar uma pessoa a superar dificuldades e transtornos psicológicos, resolver problemas na vida ou desenvolver o crescimento pessoal.

puberdade Período em que ocorre a maturação dos órgãos sexuais, começando em torno dos 11 ou 12 anos para as meninas e dos 13 ou 14 anos para os meninos.

punição Estímulo que diminui a probabilidade de um comportamento anterior ocorrer novamente.

quarto estágio do sono Estágio mais profundo do sono, durante o qual somos menos responsivos à estimulação externa.

questão da natureza-criação Questão do grau em que o ambiente e a hereditariedade influenciam o comportamento.

quociente de inteligência (QI) Medida de inteligência que leva em conta a idade mental e cronológica de um indivíduo.

recaptação Reabsorção dos neurotransmissores por um botão terminal.

reconhecimento Tarefa da memória pela qual indivíduos são apresentados a um estímulo e são perguntados se foram expostos ao mesmo no passado ou devem identificá-lo em uma lista de alternativas.

recordação Tarefa da memória pela qual informação específica deve ser recuperada.

recuperação espontânea Ressurgimento de uma RC extinta após um período de repouso e sem condicionamento adicional.

redes semânticas Representações mentais de aglomerados de informações interconectadas.

reflexo Resposta involuntária automática a um estímulo recebido.

reflexos Respostas involuntárias não aprendidas que ocorrem automaticamente na presença de certos estímulos.

reforçador Qualquer estímulo que aumenta a probabilidade de um comportamento anterior ocorrer novamente.

reforçador negativo Estímulo desagradável cuja remoção aumenta a probabilidade de uma resposta anterior se repetir no futuro.

reforçador positivo Estímulo acrescentado ao ambiente que produz aumento em uma resposta anterior.

reforço Processo pelo qual um estímulo aumenta a probabilidade de que se repita um comportamento anterior.

remissão espontânea Recuperação sem tratamento formal.

repressão Mecanismo de defesa primário no qual impulsos do id inaceitáveis ou desagradáveis são forçados a voltar para o inconsciente.

resistência Característica da personalidade que está associada a uma taxa mais baixa de doenças relacionadas ao estresse e consiste em três componentes: engajamento, desafio e controle.

resposta condicionada (RC) Resposta que, após condicionamento, segue um estímulo anteriormente neutro (p. ex., salivação ao soar de uma sineta).

resposta incondicionada (RIC) Resposta que é natural e não necessita de treinamento (p. ex., salivação com o cheiro de comida).

resultado significativo Resultados significativos que tornam possível que os pesquisadores sintam-se confiantes de que confirmaram suas hipóteses.

retardo familiar Deficiência intelectual em que não existe um defeito biológico visível, mas há histórico de retardo na família.

retina Parte do olho que converte a energia eletromagnética da luz em impulsos elétricos para transmissão ao cérebro.

revisão da vida Processo pelo qual as pessoas examinam e avaliam a sua vida.

ritmos circadianos Processos biológicos que ocorrem regularmente em um ciclo de 24 horas.

segundo estágio do sono Sono mais profundo do que o da primeira etapa, caracterizado por um padrão de ondas mais lentas e regulares, com interrupções passageiras de "fusos do sono".

semântica Regras que orientam o significado das palavras e sentenças.

sensação Ativação dos órgãos dos sentidos por uma fonte de energia física.

sentidos da pele Sentidos de tato, pressão, temperatura e dor.

sexo extraconjugal Atividade sexual entre uma pessoa casada e alguém que não é o cônjuge.

sinapse Espaço entre dois neurônios em que o axônio de um neurônio emissor comunica-se com os dendritos de um neurônio receptor por meio de mensagens químicas.

síndrome alcoólica fetal Causa mais comum de deficiência intelectual em neonatos, que ocorre quando a mãe usa álcool durante a gravidez.

síndrome de adaptação geral (SAG) Teoria desenvolvida por Selye segundo a qual a resposta de uma pessoa a um estressor consiste em três estágios: alarme e mobilização, resistência e exaustão.

síndrome de Korsakoff Doença que aflige alcoolistas de longo prazo, deixando algumas habilidades intactas, mas incluindo alucinações e tendência a repetir a mesma história.

sintaxe Modo como palavras e frases podem ser combinadas para formar sentenças.

sistema endócrino Rede de comunicação química que envia mensagens para todo o corpo pela corrente sanguínea.

sistema límbico Parte do cérebro que controla a fome, a agressividade e a reprodução.

sistema nervoso central (SNC) Parte do sistema nervoso que inclui o cérebro e a medula espinal.

sistema nervoso periférico Parte do sistema nervoso que inclui as subdivisões autônoma e somática; composto por neurônios com longos axônios e dendritos, ele se ramifica a partir da medula espinal e do cérebro e alcança as extremidades do corpo.

som Movimento de moléculas de ar produzido por uma fonte de vibração.

sono de movimento rápido dos olhos (REM) Sono que ocupa 20% do tempo de sono total de um adulto, caracterizado por aumento da frequência cardíaca, da pressão arterial e da frequência respiratória, além de ereções, movimentos dos olhos e experiência de sonhar.

status Nível social mantido em um grupo.

superdotados Segmento de 2 a 4% da população que têm escores de QI acima de 130.

superego De acordo com Freud, a estrutura final da personalidade a ser desenvolvida; ele representa as virtudes e os defeitos da sociedade, conforme transmitidos pelos pais e professores e outras figuras importantes de uma pessoa.

supergeneralização Fenômeno pelo qual as crianças aplicam regras de linguagem mesmo quando a aplicação resulta em erro.

tálamo Parte do cérebro localizada no meio do núcleo central, responsável principalmente pela transmissão de informações sobre os sentidos.

temperamento Estilo comportamental inato e característico de responder que emerge no início da vida.

temperamento Forma característica básica inata de responder e estilo comportamental.

teoria cognitiva da aprendizagem Abordagem para estudar a aprendizagem que se concentra nos processos de pensamento subjacentes à aprendizagem.

teoria da atribuição Teoria que considera como decidimos, com base nas amostras do comportamento de uma pessoa, quais são as causas específicas daquele comportamento.

teoria da comporta para controle da dor Teoria de que determinados receptores nervosos na medula espinal levam a áreas específicas do cérebro relacionadas à dor.

teoria da emoção de Cannon-Bard Crença de que a excitação fisiológica e a experiência emocional são produzidas simultaneamente pelo mesmo estímulo nervoso.

teoria da emoção de James-Lange Crença de que a experiência emocional é uma reação a eventos corporais que ocorrem como resultado de uma situação externa ("Sinto-me triste porque estou chorando").

teoria da emoção de Schachter-Singer Crença de que as emoções são determinadas conjuntamente por um tipo não específico de excitação fisiológica e sua interpretação, com base nos sinais ambientais.

teoria da frequência da audição Teoria de que toda a membrana basilar atua como um microfone, vibrando como um todo em resposta a um som.

teoria da realização de desejos inconscientes Teoria de Sigmund Freud segundo a qual os sonhos representam desejos inconscientes que os sonhadores querem que se realizem.

teoria da síntese de ativação Teoria de Hobson segundo a qual o cérebro produz energia elétrica aleatória durante o sono REM que estimula memórias armazenadas no cérebro.

teoria das inteligências múltiplas Teoria da inteligência de Gardner, que propõe a existência de oito tipos distintos de esferas da inteligência.

teoria do envelhecimento da atividade Teoria que argumenta que os idosos que são mais bem-sucedidos enquanto envelhecem são aqueles que mantêm os interesses e as atividades que tinham durante a meia-idade.

teoria do envelhecimento do descomprometimento Teoria que defende que o envelhecimento produz um retraimento gradual do mundo nos níveis físico, psicológico e social.

teoria do lugar da audição Teoria de que distintas áreas da membrana basilar respondem a frequências diferentes.

teoria do processo oponente da visão de cores Teoria de que células receptoras para cor estão ligadas em pares, operando de forma oposta uma à outra.

teoria do traço Modelo que procura identificar os traços básicos necessários para descrever a personalidade.

teoria dos níveis de processamento Teoria da memória que enfatiza o grau em que um novo material é mentalmente analisado.

teoria dos sonhos para sobrevivência Teoria segundo a qual os sonhos permitem que informações cruciais para nossa sobrevivência diária sejam reconsideradas e reprocessadas durante o sono.

teoria psicanalítica Teoria de Freud de que forças inconscientes atuam como determinantes da personalidade.

teoria tricromática da visão de cores Teoria de que existem três tipos de cones na retina e de que cada um deles responde principalmente a uma faixa específica de comprimentos de onda.

teorias Explicações e previsões gerais sobre fenômenos de interesse.

teorias do envelhecimento por desgaste Teorias que sugerem que as funções mecânicas do corpo simplesmente param de funcionar com eficiência.

teorias do envelhecimento por pré-programação genética Teorias que sugerem que as células humanas possuem um limite de tempo incorporado para a sua reprodução e que elas já não são mais capazes de se dividirem depois de certa época.

terapia biomédica Terapia que se baseia no uso de fármacos e em outros procedimentos médicos para melhorar o funcionamento pessoal.

terapia centrada na pessoa Terapia cujo objetivo é atingir o potencial do indivíduo para a autoatualização.

terapia comportamental dialética Tratamento em que o objetivo está em fazer com que as pessoas mudem seu comportamento e a visão de si mesmas aceitando quem elas são, independentemente se isso coincide com o seu ideal.

terapia comportamental racional-emotiva Forma de terapia que tenta reestruturar o sistema de crenças de uma pessoa conforme um conjunto de visões mais realistas, racionais e lógicas, questionando crenças disfuncionais que mantêm o comportamento irracional.

terapia de família Abordagem que se centra na família e em sua dinâmica.

terapia de grupo Terapia em que as pessoas reúnem-se em um grupo com um terapeuta para discutir problemas.

terapia farmacológica Controle dos transtornos psicológicos pelo uso de fármacos.

terapia humanista Terapia cuja lógica subjacente é de que as pessoas têm o controle de seu comportamento, podem fazer escolhas sobre sua vida e são essencialmente responsáveis pela solução dos próprios problemas.

terapia interpessoal (TI) Terapia de curta duração centrada no contexto das relações sociais atuais.

terapia psicodinâmica Terapia que procura trazer conflitos passados não resolvidos e impulsos inaceitáveis do inconsciente para o consciente, área na qual os pacientes podem lidar com os problemas de modo mais eficaz.

teratógenos Agentes ambientais como drogas, substâncias químicas, vírus ou outros fatores que produzem um defeito congênito.

terceiro estágio do sono Sono caracterizado por ondas cerebrais lentas, com cristas e vales maiores no padrão de ondas do que no segundo estágio.

Teste de Apercepção Temática (TAT) Teste que consiste em uma série de figuras sobre as quais uma pessoa é solicitada a escrever uma história.

teste de QI culturalmente justo Teste que não discrimina os membros de grupos minoritários.

teste projetivo de personalidade Teste no qual se mostra a uma pessoa um estímulo ambíguo e solicita-lhe que o descreva ou conte uma história a seu respeito.

testes de inteligência Testes que visam a quantificar o nível de inteligência de uma pessoa.

testes psicológicos Medidas padronizadas elaboradas para avaliar o comportamento objetivamente; usados pelos psicólogos para ajudar as pessoas a tomar decisões sobre suas vidas e a compreender mais sobre si mesmas.

tímpano Parte da orelha que vibra quando atingida por ondas sonoras.

traços Características de personalidade e comportamentos constantes exibidos em diferentes situações.

traços centrais Traços principais considerados na formação de impressões sobre os outros.

transexuais Pessoas que acreditam que nasceram com o corpo do outro gênero.

transferência Transmissão para o psicanalista de sentimentos de amor e ódio que foram originalmente direcionados para os pais do paciente ou para outras figuras de autoridade.

transtorno bipolar Transtorno no qual uma pessoa alterna entre períodos de sentimentos eufóricos de mania e períodos de depressão.

transtorno conversivo Transtorno somatoforme importante que envolve um distúrbio físico real, como a incapacidade de usar um órgão sensorial ou a incapacidade completa ou parcial de movimentar um braço ou uma perna.

transtorno da personalidade Transtorno caracterizado por um conjunto de padrões de comportamento inflexíveis e mal-adaptativos que impedem que uma pessoa funcione apropriadamente na sociedade.

transtorno da personalidade antissocial Transtorno no qual os indivíduos não apresentam consideração pelas regras morais e éticas da sociedade ou pelos direitos dos outros.

transtorno da personalidade *borderline* Transtorno em que os indivíduos têm dificuldade em desenvolver uma noção segura de quem eles são.

transtorno da personalidade narcisista Perturbação da personalidade caracterizada por um senso exagerado de autoimportância.

transtorno de ansiedade Ocorrência de ansiedade sem uma causa externa óbvia que afeta o funcionamento diário.

transtorno de ansiedade de doença Transtorno no qual as pessoas têm medo constante de doença e preocupação com a saúde.

transtorno de ansiedade generalizada Experiência de ansiedade e preocupação persistente de longa duração.

transtorno de déficit de atenção/hiperatividade (TDAH) Transtorno marcado por desatenção, impulsividade, baixa tolerância à frustração e uma grande quantidade de atividades inapropriadas.

transtorno de estresse pós-traumático (TEPT) Condição na qual as vítimas de catástrofes maiores ou de fortes estressores pessoais sentem efeitos de longa duração que podem incluir reexperimentar o evento em *flashbacks* vívidos ou em sonhos.

transtorno de pânico Transtorno de ansiedade que assume a forma de ataques de pânico que duram de poucos segundos a várias horas.

transtorno dissociativo de identidade (TDI) Transtorno no qual uma pessoa exibe características de duas ou mais personalidades distintas.

transtorno do espectro autista Incapacidade mental grave que prejudica a capacidade de se comunicar e de se relacionar com os outros.

transtorno do humor Perturbações na experiência emocional que são suficientemente fortes para interferir na vida diária.

transtorno obsessivo-compulsivo (TOC) Transtorno caracterizado por obsessões ou compulsões.

transtornos de sintomas somáticos Perturbações psicológicas que assumem uma forma física (somática), mas para as quais não existe causa médica.

transtornos dissociativos Condições psicológicas caracterizadas pela separação de diferentes facetas da personalidade de uma pessoa que normalmente estão integradas.

tratamento Manipulação implementada pelo experimentador.

validade Propriedade pela qual os testes realmente medem o que devem medir.

variáveis Comportamentos, eventos ou outras características que podem mudar ou variar de alguma maneira.

variável dependente Variável que é mensurada e que se espera que se modifique como resultado de mudanças causadas pela manipulação da variável independente realizada pelo experimentador.

variável independente Variável que é manipulada por um experimentador.

viés da semelhança presumida Tendência a pensar nas pessoas como sendo parecidas conosco, mesmo quando as encontramos pela primeira vez.

viés de confirmação Tendência de priorizar as informações que apoiam uma hipótese inicial e ignorar informações contraditórias que apoiam hipóteses ou soluções alternativas.

viés experimental Fatores que distorcem como a variável independente afeta a variável dependente em um experimento.

viés pelo interesse próprio Tendência a atribuir o sucesso pessoal a fatores pessoais (capacidade, habilidade e esforço) e o fracasso a fatores externos.

zigoto Nova célula formada pela união do óvulo e do espermatozoide.

zona de desenvolvimento proximal (ZDP) De acordo com Vygotsky, é a lacuna entre o que as crianças já são capazes de realizar sozinhas e o que elas ainda não estão prontas para fazer por si só.

Referências

AAUW. *See* American Association of University Women.

Aazh, H., & Moore, B. C. J. (2007). Dead regions in the cochlea at 4 kHz in -elderly adults: Relation to absolute threshold, steepness of audiogram, and pure-tone average. *Journal of the American Academy of Audiology, 18*, 97–106.

Abboud, L. (2005, July 27). The next phase in psychiatry. *The Wall Street Journal*, pp. D1, D5.

Ablon, J. S., & Jones, E. E. (2005). On analytic process. *Journal of the American Psychoanalytic Association, 53*, 541–568.

Aboitiz, F., Garcia, R., & Brunetti, E. (2006). The origin of Broca's area and its connections from an ancestral working memory network. In Y. Grodzinsky & K. Amunts (Eds.), *Broca's region*. New York: Oxford University Press.

Abramowitz, J. S., Olatunji, B. O., & Deacon, B. J. (2007). Health anxiety, -hypochondriasis, and the anxiety disorders. *Behavior Therapy, 38*, 86–94.

Abrams, R. L., Klinger, M. R., & Greenwald, A. G. (2002). Subliminal words activate semantic categories (not automated responses). *Psychonomic Bulletin & Review, 9*, 100–106.

Accardi, M., & Milling, L. (2009, August). The effectiveness of hypnosis for reducing procedure-related pain in children and adolescents: A comprehensive methodological review. *Journal of Behavioral Medicine, 32*, 328–339.

Ackerman, P. L. (2011). Intelligence and expertise. In R. J. Sternberg & S. Kaufman (Eds.), *The Cambridge handbook of intelligence*. New York: Cambridge University Press.

Adams, G., & Dzokoto, V. A. (2007). Genital--shrinking panic in Ghana: A cultural psychological analysis. *Culture & Psychology, 13*, 83–104.

Adams, K. B. (2004). Changing investment in activities and interests in elders' lives: Theory and measurement. *International Journal of Aging and Human Development, 58*, 87–108.

Adams, M., Bell, L. A., & Griffin, P. (2007). *Teaching for diversity and social justice* (2nd ed.). New York: Routledge/Taylor & Francis Group.

Adams, M., Zuniga, X., Hackman, H. W., Castaneda, C. R., & Blumenfeld, W. J. (2000). *Readings for diversity and social justice: An anthology on racism, sexism, anti-Semitism, heterosexism, classism, and ableism*. New York: Routledge.

Addus, A. A., Chen, D., & Khan, A. S. (2007). Academic performance and -advisement of university students: A case study. *College Student Journal, 41*, 316–326.

Advokat, C. (2005). Differential effects of clozapine versus other antipsychotics on clinical outcome and dopamine -release in the brain. *Essential Psychopharmacology, 6*, 73–90.

Aftanas, L., & Golosheykin, S. (2005). Impact of -regular meditation practice on EEG activity at rest and during evoked negative emotions. *International Journal of Neuroscience, 115*, 893–909.

Ahiima, R. S., & Osei, S. Y. (2004). Leptin signaling. *Physiology and Behavior, 81*, 223–241.

Aikawa, A., & Fujii, T. (2011). Using the Implicit Association Test (IAT) to measure implicit shyness. *Japanese Journal of Psychology, 82*, 41–48.

Aiken, L. (2000). *Dying, death, and bereavement* (4th ed.). Mahwah, NJ: Erlbaum.

Aiken, L. R. (1996). *Assessment of intellectual functioning* (2nd ed.). New York: Plenum.

Aiken, L. R. (1997). *Psychological testing and assessment* (9th ed.). Needham Heights, MA: Allyn & Bacon.

Ajzen, I. (2002). Residual effects of past on later behavior: Habituation and reasoned action perspectives. *Personality and Social Psychology Review, 6*, 107–122.

Akil, H., & Morano, M. I. (1996). The biology of stress: From periphery to brain. In S. J. Watson (Ed.), *Biology of schizophrenia and affective disease*. Washington, DC: American Psychiatric Press.

Alberts, A., Elkind, D., & Ginsberg, S. (2007). The personal fable and risk--taking in early adolescence. *Journal of Youth and Adolescence, 36*, 71–76.

Alexandersen, P., Karsdal, M. A., & Christiansen, C. (2009). Long-term -prevention with hormone--replacement therapy after the menopause: Which women should be targeted? *Women's Health, 5*, 637–647.

Alho, K., Vorobyev, V. A., Medvedev, S. V., Pakhomov, S. V., Starchenko, M. G., Terganiemi, M., & Näätänen, R. (2006). Selective attention to human voice -enhances brain activity bilaterally in the superior temporal sulcus. *Brain Research, 1075*, 142–150.

Allen, H., Hyworon, Z., & Colombi, A. (2010). Using self-reports of symptom severity to measure and manage -workplace depression. *Journal of Occupational and Environmental Medicine, 52(4)*, 363–374.

Allen, M. (2011). Theory-led confirmation bias and experimental persona. *Research in Science & Technological Education, 29*, 107–127.

Alloy, L. B., Jacobson, N. S., & Acocella, J. (1999). *Abnormal psychology* (8th ed.). New York: McGraw-Hill.

Allport, G. W. (1961). *Pattern and growth in personality*. New York: Holt, Rinehart and Winston.

Allport, G. W. (1966). Traits revisited. *American Psychologist, 21*, 1–10.

Allport, G. W., & Postman, L. J. (1958). The basic psychology of rumor. In E. D. Maccoby, T. M. Newcomb, & E. L. Hartley (Eds.), *Readings in social psychology* (3rd ed.). New York: Holt, Rinehart and Winston.

Allwood, M. A. (2007). The relations of -violence exposure, trauma symptoms and aggressive cognitions to youth -violent behavior. *Dissertation Abstracts International: Section B: The Sciences and Engineering, 67*, 5387.

Aloia, M. S., Smith, K., & Arnedt, J. T. (2007). Brief behavioral therapies reduce early positive airway pressure discontinuation rates in sleep apnea syndrome: Preliminary findings *Behavioral Sleep Medicine, 5*, 89–104.

Alon, I., & Brett, J. M. (2007). Perceptions of time and their impact on negotiations in the Arabic--speaking Islamic world. *Negotiation Journal, 23*, 55–73.

Alzheimer's Association. (2009). *Alzheimer's Disease Facts and Figures*. Chicago: Alzheimer's Association.

Amato, L., Davoili, M., Perucci, C. A., Ferri, M., Faggiano, F., & Mattick R. P. (2005). An overview of systematic reviews of the effectiveness of opiate maintenance therapies: Available evidence to inform clinical practice and -research. *Journal of Substance Abuse Treatment, 28*, 321–329.

American Association of University Women (AAUW). (1992). *How schools shortchange women: The A.A.U.W. Report*. Washington, DC: AAUW Educational Foundation. American Association of University Women.

American Association of University Women (AAUW). (2001). *Hostile hallways: Bullying, teasing, and sexual -harassment in school*. Washington, DC: American Association of University Women.

American Psychological Association (APA). (2000). *Psychology careers for the twenty-first century*. Washington, DC: American Psychological Association.

American Psychological Association (APA). (2002, August 21). *APA ethics code, 2002*. Washington, DC: American Psychological Association.

American Psychological Association (APA). (2007). *Where psychologists work*. Washington, DC: American Psychological Association.

American Psychological Association Presidential Task Force on Evidence-Based Practice. (2006). *Evidence-based practice in psychology, 61*, 271–285.

American Psychological Association Task Force on Intelligence. (1996). *Intelligence: Knowns and unknowns*. Washington, DC: American Psychological Association.

Amid, P. K., & Chen, D. C. (2011). Surgical treatment of chronic groin and testicular pain after laparoscopic and open preperitoneal inguinal hernia repair. *Journal of the American College of Sturgeons, 213*, 531–536.

Amodio, D. M., & Ratner, K. G. (2011). A memory systems model of implicit social cognition. *Current Directions in Psychological Science, 20*, 143–148.

Anastasi, A., & Urbina, S. (1997). *Psychological testing* (7th ed.). Englewood Cliffs, NJ: Prentice Hall.

Anderson, B. F. (1980). *The complete thinker: A handbook of techniques for creative and critical problem solving*. Englewood Cliffs, NJ: Prentice Hall.

Anderson, C. A., Shibuya, A., Ihori, N., Swing, E. L., Bushman, B. J., Sakamoto, A., et al. (2010). Violent video game effects on aggression, empathy, and prosocial -behavior in eastern and western countries: A meta-analytic review. *Psychological Bulletin, 136*, 151–173.

Anderson, C., & Carnagey, N. (2009). Causal effects of violent sports video games on aggression: Is it competitiveness or violent content? *Journal of Experimental Social Psychology, 45*, 731–739.

Anderson, C., & Home, J. A. (2006). Sleepiness enhances distraction during monotonous task. *Sleep: Journal of Sleep and Sleep Disorders Research, 29*, 573–576.

Anderson, J. A., & Adams, M. (1992). Acknowledging the learning styles of diverse student populations: Implications for instructional design. *New Directions for Teaching and Learning, 49*, 19–33.

Anderson, J. R. (1981). Interference: The relationship between response latency and response accuracy. *Journal of Experimental Psychology: Human Learning and Memory, 7*, 311–325.

Andrasik, F. (2006). Psychophysiological disorders: Headache as a case in point. In F. Andrasik (Ed.), *Comprehensive handbook of personality and psychopathology, Vol. 2: Adult psycho-pathology*. Hoboken, NJ: John Wiley & Sons.

Andrasik, F. (2007). What does the evidence show? Efficacy of behavioural treatments for recurrent headaches in adults. *Neurological Science, 28, Supplement*, S70–S77.

Andreasen, N. C. (2005). *Research advances in genetics and genomics: Implications for psychiatry*. Washington, DC: American Psychiatric Publishing.

Andrew, M., McCanlies, E., Burchfiel, C., Charles, L., Hartley, T., Fekedulegn, D., et al. (2008). Hardiness and psychological distress in a cohort of police -officers. *International Journal of Emergency Mental Health, 10*, 137–148.

Anestis, M. D., Anestis, J. C., & Lilienfeld, S. O. (2011). When it comes to evaluating psychodynamic therapy, the devil is in the details. *American Psychologist, 66*, 149–151.

Angier, N., & Chang, K. (2005, January 24). Gray matter and the sexes: Still a scientific gray area. *The New York Times*, pp. A1, A15.

Anker, A. E., & Feeley, T. (2011). Are nonparticipants in prosocial behavior merely innocent bystanders? *Health Communication, 26*, 13–24.

Ansaldo, A. I., Arguin, M., & Roch-Locours, L. A. (2002). The contribution of the right cerebral hemisphere to the recovery from aphasia: A single longitudinal case study. *Brain Languages, 82*, 206–222.

Antonini, A., & Barone, P. (2008, December). Dopamine agonist-based strategies in the treatment of Parkinson's disease. *Neurological Sciences, 29*, S371–SS374.

Antony, M. M., Brown, T. A., & Barlow, D. H. (1992). Current perspectives on panic and panic disorder. *Current Directions in Psychological Science, 1*, 79–82.

Apanovich, A. M., McCarthy, D., & Salovey, P. (2003). Using message framing to motivate HIV testing among low-income, ethnic minority women. *Health Psychology, 22*, 88–94.

Aponte, J. F., & Wohl, J. (2000). *Psychological intervention and cultural diversity*. Needham Heights, MA: Allyn & Bacon.

Arafat, I., & Cotton, W. L. (1974). Masturbation practices of males and -females. *Journal of Sex Research, 10*, 293–307.

Arbuthnott, A., & Sharpe, D. (2009). The effect of physician-patient collaboration on patient adherence in non-psychiatric medicine. *Patient Education and Counseling, 77*, 60–67.

Arcelus, J., Mitchell, A. J., Wales, J., & Nielsen, S. (2011). Mortality rates in patients with anorexia nervosa and other eating disorders: A meta-analysis of 36 studies. *Archives of General Psychiatry, 68*, 724–731.

Arena, J. M. (1984, April). A look at the opposite sex. *Newsweek on Campus*, p. 21.

Ariely, D., & Norton, M. I. (2009). Conceptual consumption. *Annual Review of Psychology, 60*, 475–499.

Ariyanto, A., Hornsey, M. J., & Gallois, C. (2006). Group-directed criticism in Indonesia: Role of message source and audience. *Asian Journal of Social Psychology, 9*, 96–102.

Armbruster, D., Mueller, A., Strobel, A., Lesch, K., Kirschbaum, C., & Brocke, B. (2011). Variation in genes involved in dopamine clearance influence the startle response in older adults. *Journal of Neural Transmission, 118*, 1281–1292.

Arnett, J. (2008). The neglected 95%: Why American psychology needs to become less American. *American Psychologist, 63*, 602–614.

Arnett, J. (2011). Emerging adulthood(s): The cultural psychology of a new life stage. In L. Jensen & L. Jensen (Eds.), *Bridging cultural and developmental approaches to psychology: New syntheses in theory, research, and policy*. New York: Oxford University Press.

Arnett, J. J. (2000). Emerging adulthood. *American Psychologist, 55*, 469–480.

Arnett, J. J. (2006). *Emerging adulthood: The winding road from the late teens through the twenties*. New York: Oxford University Press.

Arnett, J. J. (2007). Afterword: Aging out of care—Toward realizing the possibilities of emerging adulthood. *New Directions for Youth Development, 113*, 151–161.

Aronson, J., & Steele, C. M. (2005). Stereotypes and the fragility of academic competence, motivation, and self-concept. In A. J. Elliot & C. S. Dweck (Eds.), *Handbook of competence and motivation*. New York, Guilford Publications.

Asch, S. E. (1951). Effects of group pressure upon the modification and distortion of judgments. In H. Guetzkow (Ed.), *Groups, leadership, and men*. Pittsburgh: Carnegie Press.

Aschheim, K. (2011). Toward human therapeutic cloning. *Nature Biotechnology, 29*, 986–989.

Aspinwall, L. G., & Taylor, S. E. (1997). A stitch in time: Self-regulation and -proactive coping. *Psychological Bulletin, 121*, 417–436.

Atkinson, H. (Ed.). (1997, January 21). Understanding your diagnosis. *Health-News*, p. 3.

Atkinson, H. G. (2003, August). Are you a "good" patient? *HealthNews*, p. 5.

Atkinson, R. C., & Shiffrin, R. M. (1968). Human memory: A proposed system and its control processes. In K. W. Spence & J. T. Spence (Eds.), *The psychology of learning and motivation: Advances in research and theory* (Vol. 2). New York: Academic Press.

Atkinson, R. C., & Shiffrin, R. M. (1971). The control of short-term memory. *Scientific American, 225*, 82–90.

Aujoulat, I., Luminet, O., & Deccache, A. (2007). The perspective of patients on their experience of powerlessness. *Quality Health Research, 17*, 772–785.

Auld, F., Hyman, M., & Rudzinski, D. (2005). Theory and strategy of dream interpretation. In F. Auld & M. Hyman (Eds.), *Resolution of inner conflict: An -introduction to psychoanalytic therapy* (2nd ed.). Washington, DC: American Psychological Association.

Aussilloux, C., & Bagdadli, A. (2006). Handicap mental et société: Soigner, éduquer, intégrer. Mental handicap and society. *Neuropsychiatrie de l'Enfance et de l'Adolescence, 54*, 336–340.

Avery, D., McKay, P., & Wilson, D. (2008). What are the odds? How demographic similarity affects the prevalence of -perceived employment discrimination. *Journal of Applied Psychology, 93*, 235–249.

Baars, B., & Seth, A. K. (2009). Consciousness: Theories and models. In W. Banks. (Eds.), *Encyclopedia of consciousness*. New York: Elsevier.

Babson, K., Feldner, M., Trainor, C., & Smith, R. (2009, September). An experimental investigation of the effects of acute sleep deprivation on panic--relevant biological challenge responding. *Behavior Therapy, 40*, 239–250.

Bacchiochi, J. R. (2006). Development and validation of the Malingering Discriminant Function Index (M-DFI) for the Minnesota Multiphasic Personality Inventory-2 (MMPI-2). *Dissertation Abstracts International: Section B: The Sciences and Engineering, 66*(10-B), 5673.

Baddeley, A., Chincotta, D., & Adlam, A. (2001). Working memory and the -control of action: Evidence from task switching. *Journal of Experimental Psychology: General, 130*, 641–657.

Baddeley, A., & Wilson, B. (1985). Phonological coding and short-term memory in patients without speech. *Journal of Memory and Language, 24*, 490–502.

Baddeley, A. D., Allen, R. J., & Hitch, G. J. (2011). Binding in visual working -memory: The role of the episodic buffer. *Neuropsychologia, 49*, 1393–1400.

Badke, M. B., Sherman, J., Boyne, P., Page, S. & Dunning, K. (2011). Tongue-based biofeedback for balance in stroke: Results of an 8-week pilot study. *Archives of Physical and Medical Rehabilitation, 92*, 1364–1370.

Bagge, C., & Sher, K. (2008). Adolescent -alcohol involvement and suicide attempts: Toward the development of a conceptual framework. *Clinical Psychology Review, 28*, 1283–1296.

Bagnall, D. (2010). The use of spinal cord stimulation and intrathecal drug delivery in the treatment of low back-related pain. *Physical Medicine & Rehabilitation Clinics of North America, 21*, 851–858.

Bahrick, H. P., Hall, L. K., & Berger, S. A. (1996). Accuracy and distortion in memory for high school grades. *Psychological Science, 7*, 265–269.

Bai, L. (2005). Children at play: A childhood beyond the Confucian shadow. *Childhood: A Global Journal of Child Research, 12*, 9–32.

Bailey, K., West, R., & Anderson, C. A. (2011). The association between chronic exposure to video game violence and affective picture processing: An ERP study. *Cognitive, Affective, and Behavioral Neuroscience, 11*, 259–276.

Bains, O. S. (2006). Insomnia: Difficulty falling and staying asleep. In N. F. Watson, & B. V. Bradley (Eds.), *Clinician's guide to sleep disorders*. Philadelphia: Taylor & Francis.

Baker, J., & Berenbaum, H. (2007). Emotional approach and problem--focused coping: A comparison of -potentially adaptive strategies. *Cognition and Emotion, 21*, 95–118.

Baker, S. (2011). *Final Jeopardy: Man vs. machine and the quest to know everything*. New York: Houghton Mifflin Harcourt.

Baker, S. E., Johnson, P. J., & Slater, D. (2007). Learned food aversion with and without an odour cue for protecting untreated baits from wild mammal foraging [Special issue: Conservation, enrichment, and animal behavior]. *Applied Animal Behaviour Science, 102*, 410–428.

Balaban, C. D. (2002). Neural substrates linking balance control and anxiety [Special issue: The Pittsburgh special issue]. *Physiology and Behavior, 77*, 469–475.

Balaban, C. D., McBurney, D. H., & Affeltranger, M. A. (2005). Three distinct categories of time course of pain produced by oral capsaicin. *The Journal of Pain, 6*, 315–322.

Ball, D. (2004). Genetic approaches to alcohol dependence. *British Journal of Psychiatry, 185*, 449–451.

Ball, H., Arseneault, L., Taylor, A., Maughan, B., Caspi, A., & Moffitt, T. (2008, January). Genetic and environmental influences on victims, bullies and bully-victims in childhood. *Journal of Child Psychology and Psychiatry, 49*, 104–112.

Baltes, P. B., & Kunzmann, U. (2003). Wisdom. *Psychologist, 16*, 131–133.

Bandura, A. (1977). *Social learning theory*. Englewood Cliffs, NJ: Prentice Hall.

Bandura, A. (1986). *Social foundations of thought and action: A social cognitive -theory*. Englewood Cliffs, NJ: Prentice Hall.

Bandura, A. (1994). Social cognitive theory of mass communication. In J. Bryant & D. Zillmann (Eds.), *Media effects: Advances in theory and research: LEA's communication series*. Hillsdale, NJ: Erlbaum.

Bandura, A. (1999). Social cognitive theory of personality. In D. Cervone & Y. Shod (Eds.), *The coherence of personality*. New York: Guilford.

Bandura, A. (2000). Self-efficacy: The foundation of agency. In W. J. Perrig & A. Grob (Eds.), *Control of human behavior, mental processes, and consciousness: Essays in honor of the 60th birthday of August Flammer*. Mahwah, NJ: Erlbaum.

Bandura, A. (2004). Swimming against the mainstream: The early years from chilly tributary to transformative mainstream. *Behavior Research and Therapy, 42*, 613–630.

Bandura, A. (2009). Social cognitive theory goes global. *The Psychologist, 22*, 504–506.

Bandura, A., Grusec, J. E., & Menlove, F. L. (1967). Vicarious extinction of avoidance behavior. *Journal of Personality and Social Psychology, 5*, 16–23.

Bandura, A., & Locke, E. A. (2003). Negative self--efficacy and goal effects revisited. *Journal of Applied Psychology, 88*, 87–99.

Bandura, A., Ross, D., & Ross, S. (1963a). Imitation of film-mediated aggressive models. *Journal of Abnormal and Social Psychology, 66*, 3–11.

Bandura, A., Ross, D., & Ross, S. (1963b). Vicarious reinforcement and imitative learning. *Journal of Abnormal and Social Psychology, 67*, 601–607.

Banich, T., & Heller, W. (1998). Evolving perspectives on lateralization of function. *Current Directions in Psychological Science, 7*, 1–2.

Banks, J. A. (2006). Improving race relations in schools: From theory and -research to practice. *Journal of Social Issues, 62*, 607–614.

Baraas, R. C., Foster, D. H., & Amano, K. (2006). Anomalous trichromats' judgments of surface color in natural scenes under different daylights. *Neuroscience, 23*, 629–635.

Barandiaran, A. A., Pascual, A. C., & Samaniego, C. M. (2006). A criticism of the Kohlberg theory: The moral development in adults and educative implications. *Revista de Psicología General y Aplicada, 59*, 165–182.

Bargh, J. A., & Chartrand, T. L. (2000). The mind in the middle: A practical guide to priming and automaticity research. In H. T. Reis & C. M. Judd (Eds.), *Handbook of research methods in social and personality psychology*. New York: Cambridge University Press.

Barke, D. B. (2011). Self-selection for stressful experiences. *Stress and Health: Journal of the International Society for the Investigation of Stress, 27*, 194–205.

Barker, J., & Jones, M. (2008, June). The effects of hypnosis on self-efficacy, affect, and soccer performance: A case study. *Journal of Clinical Sport Psychology, 2*, 127–147.

Barkley, R. (2000). *Taking charge of ADHD* (rev. ed.). New York: Guilford Press.

Barkley, R. (2005). *ADHD and the nature of self-control*. New York: Guilford.

Barkley, R. A., Knouse, L. E., & Murphy, K. R. (2011). Correspondence and disparity in the self- and other ratings of -current and childhood ADHD symptoms and impairment in adults with ADHD. *Psychological Assessment, 23*, 437–446.

Barlow, D. H. (2007). *Clinical handbook of psychological disorders: A step-by-step treatment manual* (4th ed.). New York: Guilford Press.

Barmeyer, C. I. (2004). Learning styles and their impact on cross-cultural training: An international comparison in France, Germany and Quebec. *International Journal of Intercultural Relations, 28*, 577–594.

Barnes, B. (2009, July 27). Watching you watching ads. *The New York Times*, B1.

Barnes, T., & Eardley, I. (2007). Premature ejaculation: The scope of the problem. *Journal of Sex & Marital Therapy, 33*, 151–170.

Barnes, V. A., Davis, H. C., Murzynowski, J., & Treiber, F. A. (2004). Impact of meditation on resting and ambulatory blood pressure and heart rate in youth. *Medicine, 66*, 909–914.

Barnett, J. E., Wise, E. H., & Johnson-Greene, D. (2007). Informed consent: Too much of a good thing or not enough? *Professional Psychology: Research and Practice, 38*, 179–186.

Barnett, S. M., Rindermann, H., Williams, W. M., & Ceci, S. J. (2011). Society and intelligence. In R. J. Sternberg & S. Kaufman (Eds.), *The Cambridge handbook of intelligence*. New York: Cambridge University Press.

Baron, R. S. (2005). So right it's wrong: Groupthink and the ubiquitous nature of polarized group decision making. In M. P. Zanna (Ed.), *Advances in experimental social psychology* (Vol. 37). San Diego, CA: Elsevier Academic Press.

Barrada, J., Abad, F., & Olea, J. (2011). Varying the valuating function and the presentable bank in computerized adaptive testing. *The Spanish Journal of Psychology, 14*, 500–508.

Barresi, J. (2007). Consciousness and -intentionality. *Journal of Consciousness Studies, 14*, Special issue: Concepts of Consciousness: Integrating an Emerging Science, 77–93.

Barrett, D. (2002). The 'royal road' becomes a shrewd shortcut: The use of dreams in focused treatment. *Journal of Cognitive Psychotherapy, 16*, 55–64.

Barrett, D. (2007). An evolutionary theory of dreams and problem-solving. In D. Barrett & P. McNamara (Eds.), *The new science of dreaming: Volume 3. Cultural and theoretical perspectives*. Westport, CT: Praeger Publishers/Greenwood Publishing Group.

Barrett, D., & Behbehani, J. (2003). Post-traumatic nightmares in Kuwait following the Iraqi invasion. In S. Krippner & T. M. McIntyre (Eds.), *The psychological impact of war trauma on civilians: An international perspective*. Westport, CT: Praeger Publishers/Greenwood Publishing Group.

Barrett, L. (2011). *Beyond the brain: How body and environment shape animal and human minds*. Princeton, NJ: Princeton University Press.

Barrett, L. F., & Salovey, P. (Eds.). (2002). *The wisdom in feeling: Psychological processes in emotional intelligence*. New York: Guilford Press.

Barrett, L. F., & Wager, T. D. (2006). The structure of emotion: Evidence from neuroimaging studies. *Current Directions in Psychological Science, 15*, 79–83.

Barron, F. (1990). *Creativity and psychological health: Origins of personal vitality and creative freedom*. Buffalo, NY: Creative Education Foundation.

Barron, G., & Yechiam, E. (2002). Private -e-mail requests and the diffusion of -responsibility. *Computers in Human Behavior, 18*, 507–520.

Barson, J. R., Morganstern, I., & Leibowitz, S. F. (2011). Similarities in hypothalamic and mesocorticolimbic circuits regulating the overconsumption of food and alcohol. *Physiology & Behavior, 104*, 128–137.

Bartecchi, C. E., MacKenzie, T. D., & Schrier, R. W. (1995, May). The global tobacco epidemic. *Scientific American*, pp. 44–51.

Bartholow, B. D., Bushman, B. J., & Sestir, M. A. (2006). Chronic violent video game exposure and desensitization to violence: Behavioral and event-related brain potential data. *Journal of Experimental Social Psychology, 42*, 532–539.

Bartlett, M. Y., & DeSteno, D. (2006). Gratitude and prosocial behavior: Helping when it costs you. *Psychological Science, 17*, 319–325.

Bartocci, G. (2004). Transcendence techniques and psychobiological mechanisms underlying religious experience. *Mental Health, Religion and Culture, 7,* 171-181.

Bartone, P., Roland, R., Picano, J., & Williams, T. (2008). Psychological hardiness predicts success in U.S. Army Special Forces candidates. *International Journal of Selection and Assessment, 16,* 78-81.

Bartoshuk, L. (2000, July/August). The bitter with the sweet. *APS Observer, 11,* 33.

Bartoshuk, L., & Lucchina, L. (1997, January 13). Are you a supertaster? *U.S. News & World Report,* pp. 58-59.

Bartzokis, G., Nuechterlein, K. H., Lu, P. H., Gitlin, M., Rogers, S., & Mintz, J. (2003). Dysregulated brain development in adult men with schizophrenia: A magnetic resonance imaging study. *Biological Psychiatry, 53,* 412-421.

Baruss, I. (2003). *Alterations of consciousness: An empirical analysis for social scientists.* Washington, DC: American Psychological Association.

Bassotti, G., Villanacci, V., Fisogni, S., Rossi, E., Baronio, P., Clerici, C., et al. (2007). Enteric glial cells and their role in gastrointestinal motor abnormalities: Introducing the neuro-gliopathies. *World Journal of Gastroenterology, 14,* 4035-4041.

Bassotti, G., & Villanacci, V. (2011). Can 'functional' constipation be considered as a form of enteric neuro-gliopathy? *Glia, 59,* 345-350.

Bateman, A. W. (2011). Commentary on 'Minding the difficult patient': Mentalizing and the use of formulation in patients with borderline personality disorder comorbid with antisocial personality disorder. *Personality and Mental Health, 5,* 85-90.

Bates, E. (2005). Plasticity, localization, and language development. In S. T. Parker & J. Langer (Eds.), *Biology and knowledge revisited: From -neurogenesis to psychogenesis.* Mahwah, NJ: Lawrence Erlbaum Associates.

Bates, P. E., Cuvo, T., Miner, C. A., & Korabek, C. A. (2001). Simulated and community-based instruction involving persons with mild and moderate mental retardation. *Research in Developmental Disabilities, 22,* 95-115.

Bates, R. (2002). Liking and similarity as predictors of multi-source ratings. *Personnel Review, 31,* 540-552.

Batson, C. (2011). *Altruism in humans.* New York: Oxford University Press.

Batson, C. D., & Powell, A. A. (2003). Altruism and prosocial behavior. In T. Millon & M. J. Lerner (Eds.), *Handbook of psychology: Personality and social psychology* (Vol. 5). New York: Wiley.

Bauer, J. J., Schwab, J. R., & McAdams, D. P. (2011). Self-actualizing: Where ego development finally feels good? *The Humanistic Psychologist, 39,* 121-136.

Bauer, P. (2008). Toward a neuro--developmental account of the development of declarative memory. *Developmental Psychobiology, 50,* 19-31.

Bauer, S. M., Schanda, H., Karakula, H., Olajossy-Hilkesberger, L., Rudaleviciene, P., Okribelashvili, N., et al. (2011). Culture and the prevalence of hallucinations in schizophrenia. *Comprehensive Psychiatry, 52,* 319-325.

Baum, A. (1994). Behavioral, biological, and environmental interactions in -disease processes. In S. Blumenthal, K. Matthews, & S. Weiss (Eds.), *New -research frontiers in behavioral medicine: Proceedings of the National Conference.* Washington, DC: NIH Publications.

Baum, A., Lorduy, K., & Jenkins, F. J. (2011). The molecular biology of stress: Cellular defense, immune response, and aging. In R. J. Contrada & A. Baum (Eds.), *The handbook of stress science: Biology, psychology, and health.* New York: Springer Publishing Co.

Bauman, S., & Kopp, T. G. (2006). Integrating a humanistic approach in outpatient sex offender groups. *Journal for Specialists in Group Work, 31,* 247-261.

Baumeister, R. F., & Stillman, T. (2006). Erotic plasticity: Nature, culture, gender, and sexuality. In R. D. McAnulty & M. M. Burnette (Eds.), *Sex and sexuality, Vol. 1: Sexuality today: Trends and controversies.* Westport, CT: Praeger Publishers/Greenwood Publishing.

Baumeister, R. F., Twenge, J. M., & Nuss, C. K. (2002). Effects of social exclusion on cognitive processes: Anticipated aloneness reduces intelligent thought. *Journal of Personality and Social Psychology, 83,* 817-827.

Baumgartner, F. (2002). The effect of hardiness in the choice of coping strategies in stressful situations. *Studia Psychologica, 44,* 69-75.

Baumrind, D. (1971). Current patterns of parental authority. *Developmental Psychology, 4,* 1-104.

Baumrind, D. (2005). Patterns of parental authority and adolescent autonomy. *New Directions for Child and Adolescent Development, 108,* 61-69.

Baumrucker, S., Mingle, P., Harrington, D., Stolick, M., Carter, G. T., & Oertli, K. A. (2011). Medical marijuana and organ transplantation: Drug of abuse, or medical necessity? *American Journal of Hospice & Palliative Medicine, 28,* 130-134.

Bayliss, D. M., Jarrold, C., Baddeley, A. D., & Gunn, D. M. (2005a). The relationship between short--term memory and working memory: Complex span made simple? *Memory, 13,* 414-421.

Bayliss, D. M., Jarrold, C., Baddeley, A. D., Gunn, D. M., & Leigh, E. (2005b). Mapping the developmental constraints on working memory span performance. *Developmental Psychology, 41,* 579-597.

Bayne, R. (2005). *Ideas and evidence: Critical reflections on MBTI theory and practice.* Gainesville, FL: Center for Applications of Psychological Type, CAPT.

Bazalakova, M. H., Wright, J., Schneble, E. J., McDonald, M. P., Heilman, C. J., Levey, A. I., & Blakely, R. D. (2007). Deficits in acetylcholine homeostasis, receptors and behaviors in choline transporter heterozygous mice. *Genes, Brain & Behavior, 6,* 411-424.

Bearman, C. R., Ball, L. J., & Ormerod, T. C. (2007). The structure and function of spontaneous analogising in domain-based problem solving. *Thinking & Reasoning, 13,* 273-294.

Beatty, J. (2000). *The human brain: Essentials of behavioral neuroscience.* Thousand Oaks, CA: Sage.

Bechara, A., Damasio, A. R., Damasio, H., & Anderson, S. (1994). Insensitivity to future consequences following damage to human prefrontal cortex. *Cognition, 50,* 7-15.

Beck, A. P., & Lewis, C. M. (Eds.). (2000). *The process of group psychotherapy: Systems for analyzing change.* Washington, DC: American Psychological Association.

Beck, A. T. (1995). Cognitive therapy: Past, present, and future. In M. J. Mahoney (Ed.), *Cognitive and constructive psychotherapies: Theory, research, and practice.* New York: Springer.

Beck, A. T. (2004). Cognitive therapy, behavior therapy, psychoanalysis, and pharmacotherapy: A cognitive continuum. In A. Freeman, M. J. Mahoney, P. Devito, & D. Martin (Eds.), *Cognition and Psychotherapy* (2nd ed.). New York: Springer Publishing Co.

Beck, A. T., & Emery, G., with Greenberg, R. L. (1985). *Anxiety disorders and -phobias: A cognitive perspective.* New York: Basic Books.

Beck, A. T., Freeman, A., & Davis, D. D. (2004). *Cognitive therapy of personality disorders* (2nd ed.). New York: Guilford Press.

Beck, A. T., & Rector, N. A. (2005). Cognitive approaches to schizophrenia: Theory and therapy. *Annual Review of Clinical Psychology, 1,* 577-606.

Beck, H. P., Levinson, S., & Irons, G. (2009). Finding little Albert: A journey to John B. Watson's infant laboratory. *American Psychologist, 64,* 605-614.

Becker, B. E., & Luthar, S. S. (2007). Peer-perceived admiration and social preference: Contextual correlates of positive peer regard among suburban and urban adolescents. *Journal of Research on Adolescence, 17,* 117-144.

Becker, T. (2003). Is emotional intelligence a viable concept? *Academy of Management Review, 28,* 192-195.

Bedard, W. W., & Persinger, M. A. (1995). Prednisolone blocks extreme intermale social aggression in seizure--induced, braindamaged rats: Implications for the amygdaloid central nucleus, -corticotrophin-releasing factor, and electrical seizures. *Psychological Reports, 77,* 3-9.

Beersma, D. G. M., & Gordijn, M. C. M. (2007). Circadian control of the sleep-wake cycle. *Physiology & Behavior, 90.*

Begg, D., & Langley, J. (2001). Changes in risky driving behavior from age 21 to 26 years. *Journal of Safety Research, 32,* 491-499.

Beghetto, R. A., & Kaufman, J. C. (Eds.) (2010). *Nurturing creativity in the classroom.* New York: Cambridge University Press.

Begley, S. (2002, September 13). The memory of September 11 is seared in your mind; but is it really true? *The Wall Street Journal,* p. B1.

Behrendt, R. (2011). *Neuroanatomy of social behaviour: An evolutionary and psychoanalytic perspective.* London England: Karnac Books.

Behrens, M., Lendon, C., & Roe, C. (2009). A common biological mechanism in cancer and Alzheimer's disease? *Current Alzheimer Research, 6,* 196-204.

Beidel, D. C., & Turner, S. M. (2007). Etiology of social anxiety disorder. In D. C. Beidel & S. M. Turner (Eds.), *Shy children, phobic adults: Nature and treatment of social anxiety disorders* (2nd ed.). Washington, DC: American Psychological Association.

Beilock, S. L., & Carr, T. H. (2005). When high-powered people fail: Working memory and "choking under pressure" in math. *Psychological Science, 16,* 101-105.

Belar, C. (2008, April). Clinical health psychology: A health care specialty in professional psychology. *Professional Psychology: Research and Practice, 39,* 229-233.

Belov, D. I., & Armstrong, R. D. (2009). Direct and inverse problems of item pool design for computerized adaptive testing. *Educational and Psychological Measurement, 69,* 533-547.

Belsky, J., & Pluess, M. (2009). The nature (and nurture?) of plasticity in early-human development. *Perspectives on Psychological Science, 4*, 345–351.

Bem, D. J. (1996). Exotic becomes erotic: A developmental theory of sexual orientation. *Psychological Review, 103*, 320–335.

Bem, D. J., & Honorton, C. (1994). Does psi exist? Replicable evidence for an anomalous process of information transfer. *Psychological Bulletin, 115*, 4–18.

Benac, N. (2010). United states shifts focus to food marketing in battle to reduce childhood obesity. *Canadian Medical Association Journal, 182*, E459–E460.

Benca, R. M. 2005. Diagnosis and treatment of chronic insomnia: A review. *Psychiatric Services, 56*: 332–343.

Benderly, B. L. (2004). Looking beyond the SAT. *American Psychological Society, 17*, 12–18.

Benet-Martinez, V., Lee, F., & Leu, J. (2006). Biculturalism and cognitive complexity: Expertise in cultural representations. *Journal of Cross-Cultural Psychology, 37*, 386–407.

Benham, G., Woody, E. Z., & Wilson, K. S. (2006). Expect the unexpected: Ability, -attitude, and responsiveness to hypnosis. *Journal of Personality and Social Psychology, 91*, 342–350.

Benight, C. C. (2004). Collective efficacy following a series of natural disasters. *Stress and Coping: An International Journal, 17*, 401–420.

Benjamin, L. T., Jr. (1985, February). Defining aggression: An exercise for classroom discussion. *Teaching of Psychology, 12*(1), 40–42.

Ben-Porath, Y., & Archer, R. (2008). The MMPI-2 and MMPI-A. *Personality -assessment*. New York: Routledge/Taylor & Francis Group.

Benson, E. (2003, April). The science of sexual arousal. *Monitor on Psychology*, 50–56.

Benson, H., Kornhaber, A., Kornhaber, C., LeChanu, M. N., et al. (1994). Increases in positive psychological characteristics with a new relaxation-response curriculum in high school students. *Journal of Research and Development in Education, 27*, 226–231.

Benton, S. A., Robertson, J. M., Tseng, W. C., Newton, F. B., & Benton, S. L. (2003). Changes in counseling center client problems across 13 years. *Professional Psychology: Research and Practice, 34*, 66–72.

Bentwich, I., Dobronevsky, E., Aichenbaum, S., Shorer, R., Peretz, R., Khaigrekht, M., et al. (2011). Beneficial effect of repetitive transcranial magnetic stimulation combined with cognitive training for the treatment of Alzheimer's disease: A proof of concept study. *Journal of Neural Transmission, 118*, 463–471.

Beresnevaité, M., Taylor, G. J., & Bagby, R. M. (2007). Assessing alexithymia and type A behavior in coronary heart disease patients: A multimethod approach. *Psychotherapy and Psychosomatics, 76*, 186–192.

Bergman, S. M., Fearrington, M. E., Davenport, S. W., & Bergman, J. Z. (2011). Millennials, narcissism, and -social networking: What narcissists do on social networking sites and why. *Personality and Individual Differences, 50*, 706–711.

Berk, L. E. (2005). Why parenting matters. In S. Olfman (Ed.), *Childhood lost: How American culture is failing our kids*. Westport, CT: Praeger Publishers/Greenwood Publishing Group.

Berkman, L. F., Ertel, K. A., & Glymour, M. M. (2011). Aging and social intervention: Life course perspectives. In R. H. Binstock & L. K. George (Eds.), *Handbook of aging and the social sciences* (7th ed.). San Diego, CA: Elsevier Academic Press.

Berkowitz, L. (2001). On the formation and regulation of anger and aggression: A cognitive--neoassociationistic analysis. In W. G. Parrott (Ed.), *Emotions in social psychology: Essential readings*. New York: Psychology Press.

Berle, D. (2007). Graded exposure therapy for long--standing disgust-related cockroach avoidance in an older male. *Clinical Case Studies, 6*, 339–347.

Berman, A. L., Jobes, D. A., & Silverman, M. M. (2006). An integrative-eclectic approach to treatment. In A. L. Berman, D. A. Jobes, & M. M. Silverman (Eds.), *Adolescent suicide. Assessment and intervention* (2nd ed.). Washington, DC: American Psychological Association.

Bernal, G., Trimble, J. E., Burlew, A. K., & Leong, F. T. (Eds.). (2002). *Handbook of racial and ethnic minority psychology*. Thousand Oaks, CA: Sage.

Bernard, L. L. (1924). *Instinct: A study in social psychology*. New York: Holt.

Bernstein, D., & Loftus, E. (2009a). How to tell if a particular memory is true or false. *Perspectives on Psychological Science, 4*, 370–374.

Bernstein, D., & Loftus, E. (2009b). The consequences of false memories for food preferences and choices. *Perspectives on Psychological Science, 4*, 135–139.

Bernstein, E. (2011, April 19). Friendly fight: A smarter way to say 'I'm angry.' *Wall Street Journal*, pp. D1, D4.

Berntsen, D., & Rubin, D. C. (2004). Cultural life scripts structure recall from autobiographical memory. *Memory and Cognition, 32*, 427–442.

Berntson, G. G., Bechara, A., Damasio, H., Tranel, D., & Cacioppo, J. T. (2007). Amygdala contribution to selective dimensions of emotion. *Social Cognitive and Affective Neuroscience, 2*, 123–129.

Berridge, K. C. (2004). Motivation concepts in behavioral neuroscience. *Physiology and Behavior, 81*, 179–209.

Berrios, G. E. (1996). *The history of mental symptoms: Descriptive psychopathology since the 19th century*. Cambridge: Cambridge University Press.

Bertakis, K. (2009). The influence of gender on the doctor-patient interaction. *Patient Education and Counseling, 76*, 356–360.

Bertakis, K., Franks, P., & Epstein, R. (2009). Patient--centered communication in primary care: Physician and patient gender and gender concordance. *Journal of Women's Health, 18*, 539–545.

Berthoud, H. R. (2002). Multiple neural systems controlling food intake and body weight. *Neuroscience and Biobehavioral Reviews, 26*, 393–428.

Betz, N. (2007). Career self-efficacy: Exemplary recent research and emerging directions. *Journal of Career Assessment, 15*, 403–422.

Beyene, Y., Gilliss, C., & Lee, K. (2007). "I take the good with the bad, and I moisturize": Defying middle age in the new millennium. *Menopause, 14*, 734–741.

Bhar, S., Gelfand, L., Schmid, S., Gallop, R., DeRubeis, R., Hollon, S., et al. (2008). Sequence of improvement in -depressive symptoms across cognitive therapy and pharmacotherapy. *Journal of Affective Disorders, 110*, 161–166.

Bialystok, E. (2011). Reshaping the mind: The benefits of bilingualism. *Canadian Journal of Experimental Psychology 65*(4), 229–235.

Bialystok, E., Barac, R., Blaye, A., & Poulin-Dubois, D. (2010). Word mapping and executive functioning in young monolingual and bilingual -children. *Journal of Cognition and Development, 11*, 485–508.

Bialystok, E., & Craik, F. I. M. (2010). Cognitive and linguistic processing in the bilingual mind. *Current Directions in Psychological Science, 19*, 19–23.

Bialystok, E., & Martin, M. M. (2004). Attention and inhibition in bilingual children: Evidence from the dimensional change card sort task. *Developmental Science, 7*, 325–339.

Bianchi, S. M., & Casper, L. M. (2000). American families. *Population Bulletin, 55*(4).

Bienvenu, O. J., Davydow, D. S., & Kendler, K. S. (2011). Psychiatric -'diseases' versus behavioral disorders and degree of genetic influence. *Psychological Medicine: A Journal of Research in Psychiatry and the Allied Sciences, 41*, 33–40.

Billiard, M. (2008). Narcolepsy: Current treatment options and future approaches. *Neuropsychiatric Disease and Treatment, 4*, 557–566.

Bindemann, M., Burton, A., Leuthold, H., & Schweinberger, S. (2008, July). Brain potential correlates of face recognition: Geometric distortions and the N250r brain response to stimulus repetitions. *Psychophysiology, 45*, 535–544.

Binet, A., & Simon, T. (1916). *The development of intelligence in children (The Binet-Simon Scale)*. Baltimore: Williams & Wilkins.

Bingenheimer, J. B., Brennan, R. T., & Earls, F. J. (2005, May 27). Firearm -violence exposure and serious violent behavior. *Science, 308*, 1323–1327.

Bischoff, R. J., Springer, P. R., Felix, D. S., & Hollist, C. S. (2011). Finding the heart of medical family therapy: A content analysis of medical family therapy casebook articles. *Families, Systems, & Health, 29*, 184–196.

Bishop, M. (2005). Quality of life and psychosocial adaptation to chronic illness and disability: Preliminary analysis of a conceptual and theoretical synthesis. *Rehabilitation Counseling Bulletin, 48*, 219–231.

Bitterman, M. E. (2006). Classical conditioning since Pavlov. *Review of General Psychology, 10*, 365–376.

Bittles, A. H., Bower, C., & Hussain, R. (2007). The four ages of Down syndrome. *European Journal of Public Health, 17*, 121–225.

Bizley, J., Walker, K., Silverman, D., King, A., & Schnupp, J. (2009, February). Interdependent encoding of pitch, timbre, and spatial location in auditory cortex. *Journal of Neuroscience, 29*, 2064–2075.

Bjorklund, D. F., & Ellis, B. J. (2005). *Evolutionary psychology and child development: An emerging synthesis*. New York: Guilford Press.

Bjornstad, R. (2006). Learned helplessness, discouraged workers, and multiple unemployment equilibria. *The Journal of Socio-Economics, 35*, 458–475.

Black, A. L., & McCafferty, D. (1998, July 3–5). The age of contentment. *USA Weekend*, pp. 4–6.

Blair, C. A., Thompson, L. F., & Wuensch, K. L. (2005). Electronic helping behavior: The virtual presence of others makes a difference. *Basic and Applied Social Psychology, 27*, 171–178.

Blakeslee, S. (1992, August 11). Finding a new messenger for the brain's signals to the body. *The New York Times*, p. C3.

Blass, T. (1996). Attribution of responsibility and trust in the Milgram obedience experiment. *Journal of Applied Social Psychology, 26*, 1529–1535.

Blass, T. (2004). *The man who shocked the world: The life and legacy of Stanley Milgram.* New York: Basic Books.

Blass, T. (2009). From New Haven to Santa Clara: A historical perspective on the Milgram obedience experiments. *American Psychologist, 64,* 37–45.

Blass, T. (Ed.). (2000). *Obedience to authority: Current perspectives on the Milgram Paradigm.* Mahwah, NJ: Erlbaum.

Blatter, K., & Cajochen, C. (2007). Circadian rhythms in cognitive performance: Methodological constraints, protocols, theoretical underpinnings. *Physiology & Behavior, 90,* 196–208.

Blixen, C. E., Singh, A., & Xu, M. (2006). What women want: Understanding obesity and preferences for primary care weight reduction interventions among African-American and Caucasian women. *Journal of the National Medical Association, 98,* 1160–1170.

Bloom, F., Nelson, C. A., & Lazerson, A. (2001). *Brain, mind, and behavior,* (3rd ed.). New York: Worth Publishers.

Bloom, P. N., McBride, C. M., & Pollak, K. I. (2006). Recruiting teen smokers in shopping malls to a smoking-cessation program using the foot-in-the-door technique. *Journal of Applied Social Psychology, 36,* 1129–1144.

Blum, D. (2002). *Love at goon park: Harry Harlow and the science of affection.* Cambridge, MA: Perseus.

Blum, H. P. (2011). To what extent do you privilege dream interpretation in relation to other forms of mental representations? *The International Journal of Psychoanalysis, 92,* 275–277.

Blumenthal, H., Leen-Feldner, E. W., Babson, K. A., Gahr, J. L., Trainor, C. D., & Frala, J. L. (2011). Elevated social anxiety among early maturing girls. *Developmental Psychology, 47,* 1133–1140.

Boahen, K. (2005, May). Neuromorphic microchips. *Scientific American,* pp. 56–64.

Boake, C. (2008, April). Clinical neuropsychology. *Professional Psychology: Research and Practice, 39,* 234–239.

Bode, C., de Ridder, D. T., Kuijer, R. G., & Bensing, J. M. (2007). Effects of an intervention promoting proactive coping competencies in middle and late adulthood. *Gerontologist, 47,* 42–51.

Boden, J. M., Fergusson, D. M., & Horwood, L. J. (2007). Anxiety disorders and suicidal behaviours in adolescence and young adulthood: Findings from a longitudinal study. *Psychological Medicine, 37,* 431–440.

Bodin, G. (2006). Review of harvesting free association. *Psychoanalytic Quarterly, 75,* 629–632.

Boehm, K. E., & Campbell, N. B. (1995). Suicide: A review of calls to an adolescent peer listening phone service. *Child Psychiatry and Human Development, 26,* 61–66.

Boeve-de Pauw, J., Donche, V., & Van Petegem, P. (2011). Adolescents' environmental worldview and personality: An explorative study. *Journal of Environmental Psychology, 31,* 109–117.

Bogart, R. K., McDaniel, R. J., Dunn, W. J., Hunter, C., Peterson, A. L., & Write, E. E. (2007). Efficacy of group cognitive behavior therapy for the treatment of masticatory myo-fascial pain. *Military Medicine, 172,* 169–174.

Bogenschutz, M. P., Geppert, C. M., & George, J. (2006). The role of twelve-step approaches in dual diagnosis treatment and recovery. *American Journal of Addiction, 15,* 50–60.

Bohart, A. C. (2006). Understanding -person-centered therapy: A review of Paul Wilkins' person-centered therapy in focus. *Person-Centered and Experiential Psychotherapies, 5,* 138–143.

Bohn, A., & Berntsen, D. (2007). Pleasantness bias in flashbulb memories: Positive and negative flashbulb memories of the fall of the Berlin Wall among East and West Germans. *Memory and Cognition, 35,* 565–577.

Boisvert, C. M., & Faust, D. (2003). Leading researchers' consensus on psychotherapy research findings: Implications for the teaching and conduct of psychotherapy. *Professional Psychology: Research and Practice, 34,* 508–513.

Boles, D. B. (2005). A large-sample study of sex differences in functional cerebral lateralization. *Journal of Clinical and Experimental Neuropsychology, 27,* 759–768.

Bolger, N., & Amarel, D. (2007). Effects of social support visibility on adjustment to stress: Experimental evidence. *Journal of Personality and Social Psychology, 92,* 458–475.

Boller, F. (2004). Rational basis of rehabilitation following cerebral lesions: A -review of the concept of cerebral plasticity. *Functional Neurology: New Trends in Adaptive and Behavioral Disorders, 19,* 65–72.

Bonanni, R., Pasqualetti, P., Caltagirone, C., & Carlesimo, G. (2007). Primacy and recency effects in immediate free recall of sequences of spatial positions. *Perceptual and Motor Skills, 105,* 483–500.

Bonanno, G. A. (2004). Loss, trauma, and human resilience: Have we underestimated the human capacity to thrive after extremely aversive events? *American Psychologist, 59,* 20–28.

Bond, M. (2006). Psychodynamic psychotherapy in the treatment of mood disorders. *Current Opinion in Psychiatry, 19,* 40–43.

Bonezzi, A., Brendl, C., & De Angelis, M. (2011). Stuck in the middle: The psychophysics of goal pursuit. *Psychological Science, 22,* 607–612.

Bonnardel, V. (2006). Color naming and categorization in inherited color vision deficiencies. *Visual Neuroscience, 23,* 637–643.

Borbély, A. (1986). *Secrets of sleep* (p. 43, graph). New York: Basic Books.

Borisenko, J. (2007). Fatherhood as a personality development factor in men. *The Spanish Journal of Psychology, 10,* 82–90.

Bornstein, R. F. (2003). Psychodynamic models of personality. In T. Millon & M. J. Lerner (Eds.), *Handbook of psychology: Personality and social psychology* (Vol. 5). New York: Wiley.

Boroditsky, L. (2010, July 24-25). Lost in translation. *Wall Street Journal,* p. W3.

Bosma, H., van Boxtel, M. P. J., Ponds, R. W. H. M., Houx, P. J. H., & Jolles, J. (2003). Education and age-related cognitive decline: The contribution of mental workload. *Educational Gerontology, 29,* 165–173.

Bossarte, R. M., & Swahn, M. H. (2011). The associations between early alcohol use and suicide attempts among adolescents with a history of major depression. *Addictive Behaviors, 36.*

Bosse, T., Gerritsen, C. & Treur, J. (2011). Combining rational and biological factors in virtual agent decision making. *Applied Intelligence, 34,* 87–101.

Botvinick, M. (2004, August 6). Probing the neural basis of body ownership. *Science, 305,* 782–783.

Bouchard, T. J., Jr. (2004). Genetic influence on human psychological traits: A survey. *Current Directions in Psychological Science, 13,* 148–151.

Bouchard, T. J., Jr., Segal, N. L., Tellegen, A., McGue, M., Keyes, M., & Krueger, R. (2004). Genetic influence on social attitudes: Another challenge to psychology from behavior genetics. In L. F. DiLalla (Ed.), *Behavior genetics principles: Perspectives in development, personality, and psychopathology.* Washington, DC: American Psychological Association.

Bourne, L. E., Dominowski, R. L., Loftus, E. F., & Healy, A. F. (1986). *Cognitive processes* (2nd ed.). Englewood Cliffs, NJ: Prentice Hall.

Bouton, M. E., Todd, T. P., Vurbic, D., & Winterbauer, N. E. (2011). Renewal after the extinction of free operant behavior. *Learning & Behavior, 39,* 57–67.

Bower, G. H., Thompson, S. S., & Tulving, E. (1994). Reducing retroactive interference: An interference analysis. *Journal of Experimental Psychology Learning, Memory, and Cognition, 20,* 51–66.

Boxer, P., Huesmann, L., Bushman, B., O'Brien, M., & Moceri, D. (2009). The role of violent media preference in cumulative developmental risk for violence and general aggression. *Journal of Youth and Adolescence, 38,* 417–428.

Boycott, R. (2011, May 25). I didn't think I'd feel like this at 60. *The Daily Telegraph (London),* 19.

Boyd-Wilson, B. M., McClure, J., & Walkey, F. H. (2004). Are well-being and illusory perceptions linked? The answer may be yes, but.... *Australian Journal of Psychology, 56,* 1–9.

Boyle, G. J., Goldman, R., Svoboda, J. S., & Fernandez, E. (2002). Male circumcision: Pain, trauma and psychosexual sequelae. *Journal of Health Psychology, 7,* 329–343.

Boyle, S. H., Williams, R. B., Mark, D. B., Brummett, B. H., Siegler, I. C., & Barefoot, J. C. (2005). Hostility, age, and mortality in a sample of cardiac patients. *American Journal of Cardiology, 96,* 64–72.

Brafman, A. H. (2011). *Fostering independence: Helping and caring in psychodynamic therapies.* London: Karnac Books.

Brambilla, P., Cipriani, A., Hotopf, M., & Barbui, C. (2005). Side-effect profile of fluoxetine in comparison with other SSRIs, tricyclic and newer antidepressants: A meta-analysis of clinical trial data. *Pharmacopsychiatry, 38,* 69–77.

Brandon, M., & Saffran, J. R. (2011). Apparent motion enhances visual rhythm discrimination in infancy. *Attention, Perception, & Psychophysics, 73,* 1016–1020.

Brang, D., Rouw, R., Ramachandran, V. S., & Coulson, S. (2011). Similarly shaped letters evoke similar colors in grapheme–color -synesthesia. *Neuropsychologia, 49,* 1355–1358.

Brasic, J. R. (2002). Conversion disorder in childhood. *German Journal of Psychiatry, 5,* 54–61.

Braun, A. R., Balkin, T. J., Wesensten, N. J., Gwadry, F., Carson, R. E., Varga, M., et al. (1998). Dissociated pattern of -activity in visual cortices and their -projections during human rapid eye movement sleep. *Science, 279,* 91–95.

Brausch, A. M., & Gutierrez, P. M. (2009). Differences in non-suicidal self-injury and suicide attempts in adolescents. *Journal of Youth and Adolescence, 21,* 46–51.

Brazelton, T. B. (1969). *Infants and mothers: Differences in development.* New York: Dell.

Breland, K., & Breland, M. (1966). *Animal behavior.* New York: Macmillan.

Brennan, P. (2011). Pheromones: Fact or fantasy? *Ethology, 117,* 265-266.

Brennen, T., Vikan, A., & Dybdahl, R. (2007). Are tip-of-the-tongue states universal? Evidence from the speakers of an unwritten language. *Memory, 15,* 167-176.

Breslin, C. W., & Safer, M. A. (2011). Effects of event valence on long-term memory for two baseball championship games. *Psychological Science, 20,* 1-5.

Brewer, J. B., Zhao, Z., Desmond, J. E., Glover, G. H., & Gabrieli, J. D. E. (1998, August 21). Making memories: Brain activity that predicts how well visual experience will be remembered. *Science, 281,* 1185-1187.

Brewis, A. Wutich, A., Falletta-Cowden, A. and Rodriguez-Soto, I. (2011). Body norms and fat stigma in global perspective. *Current Anthropology 52,* 2.

Bright, P., Buckman, J., & Fradera, A. (2006). Retrograde amnesia in patients with hippocampal, medial temporal, temporal lobe, or frontal pathology. *Learning & Memory, 13,* 545-557.

Brislin, R., Worthley, R., & MacNab, B. (2006). Cultural intelligence: Understanding behaviors that serve people's goals. *Group & Organization Management, 31,* 40-55.

Brock, T. C., & Green, M. C. (Eds.). (2005). *Persuasion: Psychological insights and perspectives* (2nd ed.). Thousand Oaks, CA: Sage Publications.

Brody, J. (2008, May 20). Trying to break nicotine's grip. *The New York Times,* p. E9.

Broeders, R., van den Bos, K., Müller, P. A., & Ham, J. (2011). Should I save or should I not kill? How people solve moral dilemmas -depends on which rule is most accessible. *Journal of Experimental Social Psychology, 47,* 923-934.

Broidy, L. M., Nagin, D. S., & Tremblay, R. E. (2003). Developmental trajectories of childhood disruptive behaviors and adolescent delinquency: A six-site, cross-national study. *Developmental Psychology, 39,* 222-245.

Broman, C. L. (2005). Stress, race and substance use in college. *College Student Journal, 39,* 340-352.

Bronson, P., & Merryman, A. (2009). *NurtureShock.* New York: Twelve.

Brooker, R. J., Widmaier, E. P., Graham, L., & Stiling, P. (2008). *Biology.* New York: McGraw-Hill.

Brown, E. (2001, September 17). The World Health Organization takes on big tobacco (but don't hold your breath): Anti-smoking advocates are mounting a global campaign: It's going to be a long, hard fight. *Forbes,* pp. 37-41.

Brown, J. (2006). Attribution: Theories, affect and evolution. *Dissertation Abstracts International: Section B: The Sciences and Engineering, 67*(2-B), 1201.

Brown, L. S., & Pope, K. S. (1996). *Recovered memories of abuse: Assessment, therapy, forensics.* Washington, DC: American Psychological Association.

Brown, P. K., & Wald, G. (1964). Visual pigments in single rod and cones of the human retina. *Science, 144,* 45-52.

Brown, R., & Robertson, E. (2007). Off-line processing: Reciprocal interactions -between declarative and procedural memories. *The Journal of Neuroscience, 27*(39), 10468-10475.

Brown, R. J. (2006). Different types of "dissociation" have different psychological mechanisms. *Journal of Trauma Dissociation, 6,* 7-28.

Brown, S., & Martinez, M. J. (2007). Activation of premotor vocal areas during musical discrimination. *Brain and Cognition, 63,* 9-69.

Brown, S., Martinez, M. J., & Parsons, L. M. (2006). Music and language side by side in the brain: A PET study of the generation of melodies and sentences. *European Journal of Neuroscience, 23,* 2791-2803.

Brownlee, K. (2007). What works for whom? A critical review of psychotherapy research. *Psychiatric Rehabilitation Journal, 30,* 239-240.

Bruce, V., Green, P. R., & Georgeson, M. (1997). *Visual perception: Physiology, psychology and ecology* (3rd ed.). Mahwah, NJ: Erlbaum.

Bruggeman, H., Yonas, A., & Konczak, J. (2007). The processing of linear perspective and binocular information for action and perception. *Neuropsychologia, 45,* 1420-1426.

Brunet, A., Orr, S., Tremblay, J., Robertson, K., Nader, K., & Pitman, R. (2008). Effect of post-retrieval propranolol on psychophysiologic responding during subsequent script-driven traumatic imagery in post-traumatic stress. *Journal of Psychiatric Research, 42,* 503-506.

Bryant, R. M., Coker, A. D., Durodoye, B. A., McCollum, V. J., Pack-Brown, S. P., Constantine, M. G., & O'Bryant, B. J. (2005). Having our say: African American women, diversity, and counseling. *Journal of Counseling and Development, 83,* 313-319.

Brzustowicz, L. M., Hodgkinson, K. A., Chow, E. W. C., Honer, W. G., & Bassett, A. S. (2000, April 28). Location of major susceptibility locus for familial schizophrenia on chromosome 1q21-q22. *Science, 288,* 678-682.

Buchanan, R. W., Javitt, D. C., Marder, S. R., Schooler, N. R., Gold, J. M., McMahon, R. P., et al. (2007). The Cognitive and Negative Symptoms in Schizophrenia Trial (CONSIST): The efficacy of glutamatergic agents for negative symptoms and cognitive -impairments. *American Journal of Psychiatry, 164,* 1593-1602.

Buchanan, T., & Selmon, N. (2008). Race and gender differences in self-efficacy: Assessing the role of gender role attitudes and family background. *Sex Roles, 58,* 822-836.

Buchanan, T. W., & Adolphs, R. (2004). The neuroanatomy of emotional memory in humans. In D. Reisberg & P. Hertel (Eds.), *Memory and emotion.* London: Oxford University Press.

Buchert, R., Thomasius, R., Wilke, F., Petersen, K., Nebeling, B., Obrocki, J., Schulze, O., Schmidt, U., & Clausen, M. (2004). A voxel-based PET investigation of the long-term effects of "ecstasy" consumption on brain serotonin transporters. *American Journal of Psychiatry, 161,* 1181-1189.

Buehner, M., Krumm, S., & Ziegler, M. (2006). Cognitive abilities and their interplay: Reasoning, crystallized intelligence, working memory components, and sustained attention. *Journal of Individual Differences, 27,* 57-72.

Buerkle, C. (2011). Masters of their domain: Seinfeld and the discipline of mediated men's sexual economy. In E. Watson & M. E. Shaw (Eds.), *Performing American masculinities: The 21st-century man in popular culture.* Bloomington, IN: Indiana University Press.

Bukobza, G. (2009). Relations between rebelliousness, risk-taking behavior, and identity status during emerging adulthood. *Identity, 9,* 159-177.

Bulf, H., Johnson, S. P., & Valenza, E. (2011). Visual statistical learning in the newborn infant. *Cognition, 121,* 127-132.

Bunge, S. A., & Wallis, J. D. (2008). *Neuroscience of rule-guided behavior.* New York: Oxford University Press.

Bunting, M. (2006). Proactive interference and item similarity in working memory. *Journal of Experimental Psychology: Learning, Memory, and Cognition, 32,* 183-196.

Burbach, M. E., Matkin, G. S., & Fritz, S. M. (2004). Teaching critical thinking in an introductory leadership course utilizing active learning strategies: A confirmatory study. *College Student Journal, 38,* 482-493.

Burchinal, M. R., Roberts, J. E., & Riggins, R., Jr. (2000). Relating quality of center-based child care to early cognitive and language development longitudinally. *Child Development, 71,* 338-357.

Bureau of Labor Statistics. (2007). *American time use survey.* Washington, DC: Bureau of Labor Statistics.

Burger, J. M. (2009). Replicating Milgram: Would people still obey today? *American Psychologist, 64,* 1-11.

Burger, J. M., & Caldwell, D. F. (2003). The effects of monetary incentives and labeling on the foot-in-the-door effect: Evidence for a self-perception process. *Basic and Applied Social Psychology, 25,* 235-241.

Burger, J. M., Reed, M., & DeCesare, K. (1999). The effects of initial request size on compliance: More about the that's-not-all technique. *Basic and Applied Social Psychology, 21,* 243-249.

Burgoon, J. K., & Bacue, A. E. (2003). Nonverbal communication skills. In J. O. Greene & B. R. Burleson (Eds.), *Handbook of communication and social interaction skills.* Mahwah, NJ: Lawrence Erlbaum.

Burgoon, J. K., Bonito, J. A., Ramirez, A. J. R., Dunbar, N. E., Kam, K., & Fischer, J. (2002). Testing the interactivity principle: Effects of mediation, propinquity, and verbal and nonverbal modalities in interpersonal interaction [Special Issue: Research on the relationship between verbal and nonverbal communication: Emerging integrations]. *Journal of Communication, 52,* 657-677.

Burns, J. W., Quartana, P. J., & Bruehl, S. (2007). Anger management style moderates effects of emotion suppression during initial stress on pain and cardiovascular responses during subsequent pain-induction. *Annals of Behavioral Medicine, 34,* 154-165.

Burns, N. R., Bryan, J., & Nettelbeck, T. (2006). Ginkgo biloba: No robust effect on cognitive abilities or mood in healthy young or older adults. *Human Psychopharmacology: Clinical and Experimental, 21,* 27-37.

Busey, T. A., & Loftus, G. R. (2007). Cognitive science and the law. *Trends in Cognitive Science, 11,* 111-117.

Bush, J. (2008). Viability of virtual reality exposure therapy as a treatment alternative. *Computers in Human Behavior, 24,* 1032-1040.

Bushman, B. J., Wang, M. C., & Anderson, C. (2005). Is the curve relating temperature to aggression linear or curvilinear? Assaults and temperature in

Minneapolis reexamined. *Journal of Personality and Social Psychology, 89,* 62–66.

Buss, A. H. (2011). *Pathways to individuality: Evolution and development of personality traits.* Washington, DC: American Psychological Association.

Buss, D. (2003). *Evolutionary psychology.* Boston: Allyn & Bacon.

Buss, D. (2009). How can evolutionary psychology successfully explain personality and individual differences? *Perspectives on Psychological Science, 4,* 359–366.

Buss, D. M. (2001). Human nature and -culture: An evolutionary psychological perspective. *Journal of Personality, 69,* 955–978.

Buss, D. M. (2004). Sex differences in human mate preferences: Evolutionary hypotheses tested in 37 cultures. In H. T. Reis & C. E. Rusbult (Eds.), *Close relationships: Key readings.* Philadelphia: Taylor & Francis.

Buss, D. M., Abbott, M., & Angleitner, A. (1990). International preferences in selecting mates: A study of 37 cultures. *Journal of Cross-Cultural Psychology, 21,* 5–47.

Butcher, J. N. (2005). *A beginner's guide to the MMPI-2* (2nd ed.). Washington, DC: American Psychological Association.

Butcher, J. N. (2011). *A beginner's guide to the MMPI-2* (3rd ed.). Washington, DC: American Psychological Association.

Butler, L. D., Koopman, C., Neri, E., Giese-Davis, J., Palesh, O., Thorne-Yocam, K. A., et al. (2009). Effects of supportive--expressive group therapy on pain in women with metastatic breast cancer. *Health Psychology, 28,* 579–587.

Butler, L. T., & Berry, D. C. (2004). Understanding the relationship between repetition priming and mere -exposure. *British Journal of Psychology, 95,* 467–487.

Buysse, D. J., Germain, A., Moul, D. E., Franzen, P. L., Brar, L. K., Fletcher, M. E., Begley, A., Houck, P. R., Mazumdar, S., Reynolds, C. F., & Monk, T. H. (2011). Efficacy of brief behavioral treatment for chronic insomnia in older adults. *Archives of Internal Medicine, 171,* 887–895.

Byne, W. (1996). Biology and homosexuality: Implications of neuroendocrinological and neuroanatomical studies. In R. P. Cabaj & T. S. Stein (Eds.), *Textbook of homosexuality and mental health.* Washington, DC: American Psychiatric Press.

Byrne-Davis, L., & Vedhara, K. (2008). Psycho-neuroimmunology. *Social and Personality Psychology Compass, 2,* 751–764.

Cabanac, M., & Frankham, P. (2002). Evidence that transient nicotine lowers the body weight set point. *Physiology & Behavior, 76,* 539–542.

Cabioglu, M., Ergene, N., & Tan, Ü. (2007, May). Smoking cessation after acupuncture treatment. *International Journal of Neuroscience, 117,* 571–578.

Cacioppo, J. T., Berntson, G. G., & Crites, S. L., Jr. (1996). Social neuroscience: Principles of psychophysiological arousal and response. In E. T. Higgins & A. W. Kruglanski (Eds.), *Social psychology: Handbook of basic principles.* New York: Guilford.

Cacioppo, J. T., & Decety, J. (2009). What are the brain mechanisms on which psychological processes are based? *Perspectives on Psychological Science, 4,* 10–18.

Cacioppo, J. T., Visser, P. S., & Pickett, C. L. (2005). *Social neuroscience: People thinking about thinking people.* Cambridge, MA: MIT Press.

Cadenhead, K., & Braff, D. L. (1995). Neurophysiology of schizophrenia: Attention, information processing, and inhibitory processes in schizophrenia. In J. A. Den Boer, H. G. M. Westenberg & H. M. van Praag (Eds.), *Advances in the neurobiology of schizophrenia.* Oxford, England: John Wiley & Sons.

Caelian, C. F. (2006). The role of perfectionism and stress in the suicidal behaviour of depressed adolescents. *Dissertation Abstracts International: Section B: The Sciences and Engineering, 66*(12-B), 6915.

Cahill, L. (2005, May). His brain, her brain. *Scientific American,* pp. 40–47.

Cain, D. J. (Ed.) (2002). *Humanistic psychotherapies: Handbook of research and practice.* Washington, DC: American Psychological Association.

Calin-Jageman, R. J., & Fischer, T. M. (2007). Behavioral adaptation of the -aplysia siphon-withdrawal response is accompanied by -sensory adaptation. *Behavioral Neuroscience, 121,* 200–211.

Cameron, O. G. (2002). *Visceral sensory neuroscience: Interoception.* London: Oxford University Press.

Campos, R. C. (2011). 'It might be what I am': Looking at the use of Rorschach in psychological assessment. *Journal of Projective Psychology & Mental Health, 18,* 28–38.

Cannon, W. B. (1929). Organization for physiological homeostatics. *Physiological Review, 9,* 280–289.

Cantwell, R. H., & Andrews, B. (2002). Cognitive and psychological factors underlying secondary school students' feelings towards group work. *Educational Psychology, 22,* 75–91.

Caplan, D., Waters, G., & Dede, G. (2007). A study of syntactic processing in aphasia I: Behavioral (psycholinguistic) aspects. *Brain and Language, 101,* 103–150.

Carbon, C., & Ditye, T. (2011). Sustained effects of adaptation on the perception of familiar faces. *Journal of Experimental Psychology: Human Perception and Performance, 37,* 615–625.

Carels, R. A., Young, K. M., Koball, A., Gumble, A., Darby, L. A., Oehlhof, M., et al. (2011). Transforming your life: An environmental modification approach to weight loss. *Journal of Health Psychology, 16,* 430–438.

Carey, B. (2004, December 21). When pressure is on, good students suffer. *The New York Times,* p. D7.

Carey, B. (2009, November 27). Surgery for mental ills offers hope and risk. *The New York Times,* p. A1.

Carey, B. (2011, August, 7). Learning to cope with a mind's taunting voices. *The New York Times,* A1.

Carey, B. (2011, January 5). Past resilience hints at future strength. *The International Herald Tribune,* 8.

Carhart-Harris, R. (2007). Speed > Ecstasy > Ritalin: The science of amphetamines. *Journal of Psychopharmacology, 21,* 225.

Carnagey, N., Anderson, C. A., & Bartholow, B. (2007). Media violence and social neuroscience: New questions and new opportunities. *Current Directions in Psychological Science, 16,* 178–182.

Carnagey, N., Anderson, C. A., & Bushman, B. J. (2007). The effect of video game violence on physiological desensitization to real-life violence. *Journal of Experimental Social Psychology, 43,* 489–496.

Carney, D., Colvin, C., & Hall, J. (2007). A thin slice perspective on the accuracy of first -impressions. *Journal of Research in Personality, 41,* 1054–1072.

Carney, R. N., & Levin, J. R. (1998). Coming to terms with the keyword method in introductory psychology: A "neuromnemonic" example. *Teaching of Psychology, 25,* 132–135.

Carney, R. N., & Levin, J. R. (2003). Promoting higher-order learning benefits by building lower--order mnemonic connections. *Applied Cognitive Psychology, 17,* 563–575.

Carpenter, S. (2002, April). What can resolve the paradox of mental health disparities? *APA Monitor, 33,* 18.

Carrillo, M., Ricci, L., Coppersmith, G., & Melloni, R. (2009, August). The effect of increased serotonergic neurotransmission on aggression: A critical meta--analytical review of preclinical studies. *Psychopharmacology, 205,* 349–368.

Carter, R. T. (2003). Becoming racially and culturally competent: The racial--cultural counseling laboratory. *Journal of Multicultural Counseling and Development, 31,* 20–30.

Cartwright, R. (2006). A neuroscientist looks at how the brain makes up our minds. *PsycCRITIQUES, 51,* 35–41.

Cartwright, R., Agargum, M. Y., & Kirkby, J. (2006). Relation of dreams to waking concerns. *Psychiatry Research, 141,* 261–270.

Caruso, E. (2008). Use of experienced retrieval ease in self and social judgments. *Journal of Experimental Social Psychology, 44,* 148–155.

Carvalho, J., & Nobre, P. (2011). Biopsy-chosocial determinants of men's sexual desire: Testing an integrative model. *Journal of Sexual Medicine, 8,* 754–763.

Cary, P. (2007). A brief history of the concept of free will: Issues that are and are not germane to legal reasoning. *Behavioral Sciences & the Law, 25,* Special issue: Free will, 165–181.

Casasanto, D. (2008). Who's afraid of the big bad whorf? Crosslinguistic differences in temporal language and thought. *Language Learning, 58,* 63–79.

Casasola, M. (2011). Infant spatial categorization from an information processing approach. In L. M. Oakes, C. H. Cashon, et al. (Eds.), *Infant perception and cognition: Recent advances, emerging theories, and future directions.* New York: Oxford University Press.

Case, R., & Okamoto, Y. (1996). The role of central conceptual structures in the development of children's thought. *Monographs of the Society for Research in Child Development, 61,* v–265.

Casey, S. D., Cooper-Brown, L. J., & Wacher, D. P. (2006). The use of descriptive analysis to identify and manipulate schedules of reinforcement in the treatment of food refusal. *Journal of Behavioral Education, 15,* 41–52.

Cashon, C. H., & Cohen, L. B. (2004). Beyond U--shaped development in infants' processing of faces: An -information-processing -account. *Journal of Cognition and Development, 5,* 59–80.

Cassells, J. V. S. (2007). The virtuous roles of truth and justice in integral dialogue: Research, theory, and model practice of the evolution of collective consciousness. *Dissertation Abstracts International Section A: Humanities and Social Sciences, 67*(10-A), 4005.

Cattell, R. B., Cattell, A. K., & Catell, H. E. P. (1993). *Sixteen personality factor questionnaire (16PF)* (5th ed.). San Antonio, TX: Harcourt Brace.

Cauce, A. M. (2007). Bringing community psychology home: The leadership, community and values initiative. *American Journal of Community Psychology, 39*, 1–11.

Cavallini, E., Pagnin, A., & Vecchi, T. (2003). Aging and everyday memory: The beneficial effect of memory training. *Archives of Gerontology & Geriatrics, 37*, 241–257.

Cavenett, T., & Nixon, R. D. V. (2006). The effect of arousal on memory for emotionally-relevant information: A study of sky divers. *Behaviour Research and Therapy, 44*, 1461–1469.

Center for Science in the Public Interest. (2007). *Caffeine Content of Food & Drugs*. Washington, DC: Center for Science in the Public Interest.

Centers for Disease Control and Prevention (CDC). (2004b, June 11). Suicide and -attempted suicide. *MMWR, 53*, 471.

Centers for Disease Control and Prevention (CDC). (2011). *The National Intimate Partner and Sexual Violence Survey*. Washington, DC: Centers for Disease Control and Prevention.

Chamberlain, K., & Zika, S. (1990). The minor events approach to stress: Support for the use of daily hassles. *British Journal of Psychology, 81*, 469–481.

Chamberlain, S. R., Menzies, L., Hampshire, A., Suckling, J., Fineberg, N. A., del Campo, N., et al. (2008, July 18). Orbitofrontal dysfunction in patients with obsessive-compulsive disorder and their unaffected relatives. *Science, 321*, 421–422.

Chambless, D. L., Crits-Christoph, P., Wampold, B. E., Norcross, J. C., Lambert, M. J., Bohart, A. C., et al. (2006). What should be validated? In J. C. Norcross, J. F. Beutler, et al. (Eds.), *Evidence based practices in mental health: Debate and dialogue on the fundamental questions*. Washington, DC: American Psychological Association.

Chandler, D. R. (2011). Proactively addressing the shortage of Blacks in -psychology: Highlighting the school psychology subfield. *Journal of Black Psychology, 37*, 99–127.

Chandran, S., & Menon, G. (2004). When a day means more than a year: Effects of temporal framing on judgments of health risk. *Journal of Consumer Research, 31*, 375–389.

Chang, J., & Sue, S. (2005). Culturally sensitive research: Where have we gone wrong and what do we need to do now? In M. G. Constantine (Ed.), *Strategies for building multicultural competence in mental health and educational settings*. Hoboken, NJ: John Wiley & Sons.

Chao, R. (2011). Managing stress and maintaining well-being: Social support, problem-focused coping, and avoidant coping. *Journal of Counseling & Development, 89*, 338–348.

Chapkis, W., & Webb, R. (2008). *Dying to get high: Marijuana as medicine*. New York: New York University Press.

Chapman, J. (2006). Anxiety and defective decision making: An elaboration of the group-think model. *Management Decision, 44*, 1391–1404.

Chapman, L. J., & Chapman, J. P. (1973). *Disordered thought in schizophrenia*. New York: Appleton-Century-Crofts.

Charman, D. P. (2004). *Core processes in brief psychodynamic psychotherapy: Advancing effective practice*. Mahwah, NJ: Lawrence Erlbaum Associates.

Chavez, P. R., Nelson, D. E., Naimi, T. S., & Brewer, R. D. (2011). Impact of a new gender-specific definition for binge drinking on prevalence estimates for women. *American Journal of Preventive Medicine, 40*, 468–471.

Chen, A., Zhou, Y., & Gong, H. (2004). Firing rates and dynamic correlated activities of ganglion cells both contribute to retinal -information processing. *Brain Research, 1017*, 13–20.

Chen, Z., Fu, L., Peng, Y., Cai, R., & Zhou, S. (2011). The relationship among childhood abuse, parenting styles, and antisocial personality disorder tendency. *Chinese Journal of Clinical Psychology, 19*, 212–214.

Cheney, C. D. (1996). Medical non -adherence: A behavior analysis. In J. R. Cautela & W. Ishaq (Eds.), *Contemporary issues in behavior therapy: Improving the human condition: Applied Clinical Psychology*. New York: Plenum Press.

Cheng, C., & Cheung, M. L. (2005). Cognitive processes underlying coping flexibility: Differentiation and integration. *Journal of Personality, 73*, 859–886.

Cheng, S., & Kwan, K. (2008). Attachment dimensions and contingencies of self-worth: The moderating role of culture. *Personality and Individual Differences, 45*, 509–514.

Cheston, S. E. (2000). A new paradigm for teaching counseling theory and practice. *Counselor Education & Supervision, 39*, 254–269.

Cho, A. (2000, June 16). What's shakin' in the ear? *Science, 288*, 1954–1955.

Cho, S., Holyoak, K. J., & Cannon, T. D. (2007). Analogical reasoning in working memory: Resources shared among relational integration, interference resolution, and maintenance. *Memory & Cognition, 35*, 1445–1455.

Chomsky, N. (1968). *Language and mind*. New York: Harcourt Brace Jovanovich.

Chomsky, N. (1978). On the biological basis of language capacities. In G. A. Miller & E. Lennenberg (Eds.), *Psychology and biology of language and thought*. New York: Academic Press.

Chomsky, N. (1991). Linguistics and cognitive science: Problems and mysteries. In A. Kasher (Ed.), *The Chomskyan turn*. Cambridge, MA: Blackwell.

Chou, K. (2005). Everyday competence and depressive symptoms: Social support and sense of control as mediators and moderators? *Aging and Mental Health, 9*, 177–183.

Choy, Y., Fyer, A. J., & Lipsitz, J. D. (2007). Treatment of specific phobia in adults. *Clinical Psychology Review, 27*, 266–286.

Christ, S. E., Steiner, R. D., & Grange, D. K. (2006). Inhibitory control in children with phenylketonuria. *Developmental Neuropsychology, 30*, 845–864.

Christakis, N. A., & Fowler, J. H. (2008). The collective dynamics of smoking in a large social network. *The New England Journal of Medicine, 358*, 2249–2258.

Christian, C. J., Lencz, T., Robinson, D. G., Burdick, K. E., Ashtari, M., Malhotra, A. K., et al. (2008). Gray matter structural alterations in obsessive-compulsive disorder: Relationship to neuropsychological functions. *Neuroimaging, 164*, 123–131.

Chrysikou, E. G. (2006). When a shoe becomes a hammer: Problem solving as goal-derived, ad hoc categorization. *Dissertation Abstracts International: Section B: The Sciences and Engineering, 67*(1-B), 569.

Cialdini, R. B. (2006). *Influence: The psychology of persuasion*. New York: Collins.

Cialdini, R. B., & Sagarin, B. J. (2005). Principles of interpersonal influence. In T. C. Brock & M. C. Green (Eds.), *Persuasion: Psychological insights and perspectives* (2nd ed.). Thousand Oaks, CA: Sage Publications.

Cialdini, R. B., Schaller, M., Houlihan, D., Arps, K., Fultz, J., & Beaman, A. L. (1975). Reciprocal concessions procedure for inducing compliance: The door-in-the-face technique. *Journal of Personality and Social Psychology, 31*, 206–215.

Clark, D. A. (2004). *Cognitive-behavioral therapy for OCD*. New York: Guilford.

Clark, D. A. (2007). Obsessions and compulsions. In N. Kazantzis & L. L'Abate (Eds.), *Handbook of homework assignments in psychotherapy: Research, practice, prevention*. New York: Springer Science + Business Media.

Clarkin, J. F., & Lenzenweger, M. F. (Eds.). (2004). *Major theories of personality disorders* (2nd ed.). New York: Guilford.

Clayton, K., & Lundberg Love, P. (2009). Caffeine: Pharmacology and effects of the world's most popular drug. *The Praeger international collection on addictions, Vol. 2: Psychobiological profiles*. Santa Barbara, CA: Praeger/ABC-CLIO.

Clements, A. M., Rimrodt, S. L., & Abel, J. R. (2006). Sex differences in cerebral laterality of language and visuospatial processing. *Brain 8*, 150–158.

Clemons, T. L. (2006). Underachieving gifted students: A social cognitive model. *Dissertation Abstracts International Section A: Humanities and Social Sciences, 66*(9-A), 3208.

Cloud, J. (2000, June 5). The lure of ecstasy. *Time*, pp. 60–68.

Coan, J. A., Schaefer, H. S., & Davidson, R. J. (2006). Lending a hand: Social regulation of the neural response to threat. *Psychological Science, 17*(12), 1032–1039.

Coates, S. L., Butler, L. T., & Berry, D. C. (2006). Implicit memory and consumer choice: The mediating role of brand -familiarity. *Applied Cognitive Psychology, 20*, 1101–1116.

Cobos, P., Sanchez, M., Garcia, C., Vera, M. N., et al. (2002). Revisiting the James versus Cannon debate on emotion: Startle and autonomic modulation in patients with spinal cord injuries. *Biological Psychology, 61*, 251–269.

Cochran, S. D. (2000). Emerging issues in research on lesbians' and gay men's mental health: Does sexual orientation really matter? *American Psychologist, 56*, 33–41.

Coderre, T. J. (2011). Complex regional pain syndrome: What's in a name? *The Journal of Pain, 12*, 2–12.

Coffman, S. J., Martell, C. R., Dimidjian, S., Gallop, R., & Holon, S. D. (2007). Extreme non-response in cognitive therapy: Can behavioral activation succeed where cognitive therapy fails? *Journal of Consulting Clinical Psychology, 75*, 531–545.

Cohen, B. H. (2002). *Explaining psychological statistics* (2nd ed.). New York: Wiley.

Cohen, G. L., Garcia, J., Apfel, N., & Master, A. (2006). Reducing the racial achievement gap: A social-psychological intervention. *Science, 313*, 1307–1310.

Cohen, J. (2003). Things I have learned (so far). In A. E. Kazdin (Ed.), *Metho-dological issues and strategies in clinical -research* (3rd ed.). Washington, DC: American Psychological Association.

Cohen, L., & Cashon, C. (2003). Infant perception and cognition. In R. Lerner & M. Easterbrooks (Eds.), *Handbook of psychology: Developmental psychology* (Vol. 6). New York: Wiley.

Cohen, P. (2009). Medical marijuana: The conflict between scientific evidence and political ideology. Part one of two. *Journal of Pain & Palliative Care Pharmacotherapy, 23*, 4–25.

Cohen, P., Slomkowski, C., & Robins, L. N. (Eds.). (1999). *Historical and geographical influences on psychopathology.* Mahwah, NJ: Erlbaum.

Cohen, S. (2004, November). Social relationships and health. *American Psychologist,* 676–684.

Cohen, S., Doyle, W. J., Turner, R., Alper, C. M., & Skoner, D. P. (2003). Sociability and susceptibility to the common cold. *Psychological Science, 14*, 389–395.

Cohen, S., Kamarck, T., & Mermelstein, R. (1983). A global measure of perceived stress. *Journal of Health and Social Behavior, 24*, 385–396.

Coleman, E. (2002). Masturbation as a means of achieving sexual health. *Journal of Psychology and Human Sexuality, 14*, 5–16.

Cole, S. W., Arevalo, J. M., Takahashi, R., Sloan, E. K., Lutgendorf, S. L., Sood, A. K., et al. (2010). Computational identification of Gene-Social Environment interaction at the human IL6 locus. *Proceedings of the National Academy of Sciences of the USA, 107*, 5681–5686.

Coles, R. (1997). *The moral intelligence of children.* New York: Random House.

Coles, R., & Stokes, G. (1985). *Sex and the American teenager.* New York: Harper & Row.

Colland, V. T., Van Essen-Zandvliet, L. E. M., Lans, C., Denteneer, A., Westers, P., & Brackel, H. J. L. (2004). Poor adherence to self-medication instructions in children with asthma and their parents. *Patient Education and Counseling, 55*, 416–421.

Collins, A. M., & Loftus, E. E. (1975). A spreading-activation theory of semantic processing. *Psychological Review, 82*, 407–428.

Collins, A. M., & Quillian, M. R. (1969). Retrieval times from semantic memory. *Journal of Verbal Learning and Verbal Behavior, 8*, 240–247.

Colom, R., Jung, R. E., & Haier, R. J. (2006). Finding the g-factor in brain structure using the method of correlated vectors. *Intelligence, 34*, 561–570.

Coltheart, M., Langdon, R., & McKay, R. (2007). Schizophrenia and monothematic delusions. *Schizophrenia Bulletin, 33*, 642–647.

Coltraine, S., & Messineo, M. (2000). The perpetuation of subtle prejudice: Race and gender imagery in 1990s television advertising. *Sex Roles, 42*, 363–389.

Colwell, M. J., & Lindsey, E. W. (2005). Preschool children's pretend and physical play and sex of play partner: Connections to peer competence. *Sex Roles, 52*, 497–509.

Compagni, A., & Manderscheid, R. W. (2006). A neuroscientist-consumer alliance to transform mental health care. *Journal of Behavioral Health Services & Research, 33*, 265–274.

Comuzzie, A. G., & Allison, D. B. (1998, May 29). The search for human obesity genes. *Science, 280*, 1374–1377.

Conduit, R., Crewther, S. G., & Coleman, G. (2004). Spontaneous eyelid movements (ELMS) during sleep are related to dream recall on awakening. *Journal of Sleep Research, 13*, 137–144.

Conner, M., Povey, R., Sparks, P., James, R., & Shepherd, R. (2003). Moderating role of attitudinal ambivalence within the theory of planned behaviour. *British Journal of Social Psychology, 42*, 75–94.

Connolly, A. C. (2007). Concepts and their features: Can cognitive science make good on the promises of concept-empiricism? *Dissertation Abstracts International: Section B: The Sciences and Engineering, 67*(7-B), 4125.

Conway, M. A. (Ed.). (2002). *Levels of processing 30 years on special issue of memory.* Hove, UK: Psychology Press.

Cooke, J. R., & Ancoli-Israel, S. (2006). Sleep and its disorders in older adults. *Psychiatric Clinics of North America, 29*, 1077–1093.

Cooklin, A. (2000). Therapy, the family and others. In H. Maxwell (Ed.), *Clinical psychotherapy for health professionals.* Philadelphia: Whurr Publishers.

Coolidge, F. L., Segal, D. L., Estey, A. J., & Neuzil, P. J. (2011). Preliminary psychometric properties of a measure of Karen Horney's Tridimensional Theory in children and -adolescents. *Journal of Clinical Psychology, 67*, 383–390.

Cooper, H., & Patall, E. (2009, June). The relative benefits of meta-analysis conducted with individual participant data versus aggregated data. *Psychological Methods, 14*, 165–176.

Cooper, J. (2007). *Cognitive dissonance: Fifty years of a classic theory.* Thousand Oaks, CA: Sage Publications.

Cooper, M. (2011, September 4). Vermont turns out for its dairies as they take stock and dig out. *The New York Times,* A10.

Cooper, M., & McLeod, J. (2011). Person-centered therapy: A pluralistic perspective. *Person-Centered and Experiential Psychotherapies, 10*, 210–223.

Cooper, Z., & Shafran, R. (2008). Cognitive behaviour therapy for eating disorders. *Behavioural and Cognitive Psychotherapy, 36*, 713–722.

Copeland, J. B., & Proudfoot, D. (2007). Artificial intelligence: History, foundations, and philosophical issues. In P. Thagard (Ed.), *Philosophy of psychology and cognitive science.* Amsterdam, Netherlands: North Holland/Elsevier.

Coplan, R., Reichel, M., & Rowan, K. (2009). Exploring the associations-between-maternal personality, child temperament, and parenting: A focus on emotions. *Personality and Individual Differences, 46*, 241–246.

Cordnoldi, C., De Beni, R., & Helstrup, T. (2007). Memory sensitivity in autobiographical memory. In S. Magnussen, & T. Helstrup (Eds.), *Everyday memory.* New York: Psychology Press.

Coren, S. (1992). The moon illusion: A different view through the legs. *Perceptual and Motor Skills, 75*, 827–831.

Coren, S. (2004). Sensation and perception. In I. B. Weiner (Ed.), *Handbook of Psychology* (Vol. 1). Hoboken, NJ: John Wiley & Sons.

Coren, S., & Ward, L. M. (1989). *Sensation and perception* (3rd ed.). San Diego, CA: Harcourt Brace Jovanovich.

Cornelius, M. D., Taylor, P. M., Geva, D., & Day, N. L. (1995). Prenatal tobacco and marijuana use among adolescents: Effects on offspring gestational age, growth, and morphology. *Pediatrics, 95*, 57–68.

Cornell, C. B. (2006). A graduated scale for determining mental age. *Dissertation Abstracts International: Section B: The Sciences and Engineering, 66*(9-B), 5121.

Cornier, M. (2011). Is your brain to blame for weight regain? *Physiology & Behavior, 104*, 608–612.

Corsello, A. (2005). The wronged man. In *The best American magazine writing, 2005.* New York: Columbia University Press.

Cosmides, L., & Tooby, J. (2004). Social exchange: The evolutionary design of a neurocognitive system. In M. S. Gazzaniga (Ed.), *Cognitive neurosciences* (3rd ed.). Cambridge, MA: MIT.

Costa, P. T., Jr., & Widiger, T. A. (Eds.). (2002). *Personality disorders and the Five-Factor Model of personality* (2nd ed.). Washington, DC: American Psychological Association.

Costa, R., & Figueiredo, B. (2011). Infant's psychophysiological profile and temperament at 3 and 12 months. *Infant Behavior & Development, 34*, 270–279.

Cotton, P. (1993, July 7). Psychiatrists set to approve DSM-IV. *Journal of the American Medical Association, 270*, 13–15.

Couturier, J., & Lock, J. (2006). Eating disorders: Anorexia nervosa, bulimia nervosa, and binge eating disorder. In T. G. Plante (Ed.), *Mental disorders of the new -millennium: Biology and function* (Vol. 3). Westport, CT: Praeger Publishers/Greenwood Publishing.

Coventry, K. R., Venn, S. F., Smith, G. D., & Morley, A. M. (2003). Spatial problem solving and functional relations. *European Journal of Cognitive Psychology, 15*, 71–99.

Cowan, N., Towse, J. N., Hamilton, Z., Saults, J. S., Elliott, E. M., Lacey, J. F., et al. (2003). Children's working-memory processes: A response-timing analysis. *Journal of Experimental Psychology: General, 132*, 113–132.

Cowley, G. (2000, January 31). Alzheimer's: Unlocking the mystery. *Time,* pp. 46–54.

Cowley, G. (2003, February 24). Our bodies, our fears. *Newsweek,* pp. 43–44.

Cox, J. (2003, May 6). How far would you go to save your life? *Denver Post,* p. F1.

Cox, R., Baker, S. E., Macdonald, D. W., & Berdoy, M. (2004). Protecting egg prey from carrion crows: The potential of aversive conditioning. *Applied Animal Behaviour Science, 87*, 325–342.

Coyle, N. (2006). The hard work of living in the face of death. *Journal of Pain and Symptom Management, 32*, 266–274.

Coyle, T. R. (2006). Test-retest changes on scholastic aptitude tests are not related to g. *Intelligence, 34*, 15–27.

Craighero, L., Leo, I., Umiltà, C., & Simion, F. (2011). Newborns' preference for goal-directed actions. *Cognition, 120*, 26–32.

Craik, F., & Lockhart, R. (2008). Levels of processing and Zinchenko's approach to memory research. *Journal of Russian & East European Psychology, 46*, 52–60.

Cramer, P. (2007). Longitudinal study of defense mechanisms: Late childhood to late adolescence. *Journal of Personality, 75*, 1–23.

Creasey, G. L. (2005). *Research methods in lifespan development* (6th ed.). Boston: Allyn & Bacon.

Creel, S. C., & Bregman, M. R. (2011). How talker identity relates to language processing. *Language and Linguistics Compass, 5*, 190–204.

Crews, F. (1996). The verdict on Freud. *Psychological Science, 7*, 63–68.

Criswell, H., Ming, Z., Kelm, M., & Breese, G. (2008, August). Brain regional differences in the effect of ethanol on GABA release from presynaptic terminals. *Journal of Pharmacology and Experimental Therapeutics, 326,* 596–603.

Crits-Christoph, P. (1992). The efficacy of brief dynamic psychotherapy: A meta-analysis. *American Journal of Psychiatry, 149,* 151–158.

Crombag, H. S., & Robinson, R. E. (2004). Drugs, environment, brain, and behavior. *Current Directions in Psychological Science, 13,* 107–111.

Cropley, A. (2006). In praise of convergent thinking. *Creativity Research Journal, 18,* 391–404.

Crosnoe, R., & Elder, G. H., Jr. (2002). Successful adaptation in the later years: A life course approach to aging. *Social Psychology Quarterly, 65,* 309–328.

Crum, A. J., & Langer, E. J. (2007). Mind-set matters: Exercise and the placebo effect. *Psychological Science, 18,* 165–171.

Cuijpers, P., van Straten, A., Andersson, G., & van Oppen, P. (2008). Psychotherapy for depression in adults: A meta-analysis of comparative outcome studies. *Journal of Consulting and Clinical Psychology, 76,* 909–922.

Culhane-Pera, K. A., Borkan, J. M., & Patten, S. (2007). Culture and ethnicity. In O. J. Z. Sahler & J. E. Carr (Eds.), *The behavioral sciences and health care* (2nd rev. and updated ed.). Ashland, OH: Hogrefe & Huber Publishers.

Cullinane, C. A., Chu, D. Z. J., & Mamelak, A. N. (2002). Current surgical options in the control of cancer pain. *Cancer Practice, 10,* 821–826.

Cummings, A., Ceponiene, R., & Koyama, A. (2006). Auditory semantic networks for words and natural sounds. *Brain Research, 1115,* 92–107.

Cunningham, P. (2006). Early years teachers and the influence of Piaget: Evidence from oral history *Early Years An International Journal of Research and Development, 26, 5 16.*

Cwikel, J., Behar, L., & Rabson-Hare, J. (2000). A comparison of a vote count and a meta-analysis review of intervention research with adult cancer patients. *Research on Social Work Practice, 10,* 139–158.

Cynkar, A. (2007). The changing gender composition of psychology. *Monitor on Psychology, 38,* 46–48.

Czopp, A. M., & Monteith, M. J. (2006). Thinking well of African Americans: Measuring complimentary stereotypes and negative prejudice. *Basic and Applied Social Psychology, 28,* 233–250.

D'Arcy, R., et al. (2007). A site directed fMRI approach for evaluating functional status in the anterolateral temporal lobes. *Neuroscience Research, 57,* 120–128.

Daftary, F., & Meri, J. W. (2002). *Culture and memory in medieval Islam.* London: I. B. Tauris.

Dai, D. Y., & Wang, X. (2007). The role of need for cognition and reader beliefs in text comprehension and interest development. *Contemporary Educational Psychology, 32,* 332–347.

Daines, B. (2006). Violations of agreed and implicit sexual and emotional boundaries in couple relationships—some thoughts arising from Levine's 'A clinical perspective on couple infidelity.' *Sexual and Relationship Therapy, 21,* 45–53.

Dalal, A. K., & Misra, G. (2006). Psychology of health and well-being: Some emerging perspectives [Special issue: Psychology of health and well-being]. *Psychological Studies, 51,* 91–104.

Dale, A. (2006). Quality issues with survey research. *International Journal of Social Research Methodology: Theory & Practice, 9,* Special issue: Quality in Social Research, 143–158.

Daley, E. M., McDermott, R. J., Brown, K. R. M., & Kittleson, M. J. (2003). Conducting Web-based survey research: A lesson in Internet designs. *American Journal of Health Behavior, 27,* 116–124.

Damaske, S. (2011). A "major career woman"?: How women develop early expectations about work. *Gender & Society, 25,* 409–430.

Damon, W. (1999, August). The moral development of children. *Scientific American,* pp. 72–78.

Danaei, G., Vender Hoorn, S., Lopez, A. D., Murray, C. J. L., & Ezzati, M. (2005). Causes of cancer in the world: Comparative risk assessment of nine behavioural and environmental risk factors. Comparative Risk Assessment collaborating group (Cancers). *Lancet, 366,* 1784–1793.

Dani, J. A., & Montague, P. (2007). Disrupting addiction through the loss of drug-associated internal states. *Nature Neuroscience, 10,* 403–404.

Danner, D., Hagemann, D., Schankin, A., Hager, M., & Funke, J. (2011). Beyond IQ: A latent state-trait analysis of general intelligence, dynamic decision making, and implicit learning. *Intelligence, 39,* 323–334.

Dao, J. (2010, July 31). Voice on phone is lifeline for suicidal veterans. *The New York Times,* A1.

Dare, J. S. (2011). Transitions in midlife women's lives: Contemporary experiences. *Health Care for Women International, 32,* 111–133.

Darley, J. M., & Latané, B. (1968). Bystanders' intervention in emergencies: Diffusion of responsibility. *Journal of Personality and Social Psychology, 8,* 377–383.

Darwin, C. J., Turvey, M. T., & Crowder, R. G. (1972). An auditory analogue of the Sperling partial-report procedure: Evidence for brief auditory storage. *Cognitive Psychology, 3,* 255–267.

Das, A. (2007). Masturbation in the United States. *Journal of Sex & Marital Therapy, 33,* 301–317.

Das, A., Parish, W., & Laumann, E. (2009). Masturbation in urban China. *Archives of Sexual Behavior, 38,* 108–120.

Davidson, J. E., Deuser, R., & Sternberg, R. J. (1994). The role of metacognition in problem solving. In J. Metcalfe & A. P. Shimamura (Eds.), *Metacognition: Knowing About knowing.* Cambridge, MA: MIT.

Davies, S., Jackson, P., Lewis, G., Hood, S., Nutt, D., & Potokar, J. (2008). Is the association of hypertension and panic disorder explained by clustering of autonomic panic symptoms in hypertensive patients? *Journal of Affective Disorders, 111,* 344–350.

Davis, J., Senghas, A., & Ochsner, K. (2009). How does facial feedback modulate emotional experience? *Journal of Research in Personality, 43,* 822–829.

Davis, K., Christodoulou, J., Seider, S., & Gardner, H. (2011). The theory of multiple intelligences. In R. J. Sternberg & S. Kaufman (Eds.), *The Cambridge handbook of intelligence.* New York: Cambridge University Press.

Davis, L. J. (2009, June 15). Sotomayor and the New Haven firefighters case: More myths than facts. *The Washington Times,* p. A04.

Davis, O., Haworth, C., & Plomin, R. (2009, January). Learning abilities and disabilities: Generalist genes in early adolescence. *Cognitive Neuropsychiatry, 14,* 312–331.

Davis, R. D., & Millon, T. (1999). Models of personality and its disorders. In T. Millon, P. H. Blaney, & R. D. Davis (Eds.), *Oxford textbook of psychopathology.* New York: Oxford University Press.

Davis, S. R. (2007). The nose knows best. *PsycCRITIQUES, 52,* 22–31.

Day, A. L., & Livingstone, H. A. (2003). Gender differences in perceptions of stressors and utilization of social support among university students. *Canadian Journal of Behavioural Science, 35,* 73–83.

Day, R. D., & Lamb, M. E. (2004). *Conceptualizing and measuring father -involvement.* Mahwah, NJ: Lawrence Erlbaum Associates.

De Beni, R., Pazzaglia, F., & Gardini, S. (2007). The generation and maintenance of visual mental images: Evidence from image type and aging. *Brain and Cognition, 63,* 271–278.

De Dreu, C. W., Greer, L. L., Van Kleef, G. A., Shalvi, S., & Handgraaf, M. J. (2011). Oxytocin promotes human ethnocentrism. *PNAS Proceedings of the National Academy of Sciences of the United States of America, 108,* 1262–1266.

de Gelder, B. (2000). More to seeing than meets the eye. *Science, 289,* 1148–1149.

de Gelder, B. (2010, April 27). Uncanny sight in the blind. *Scientific American,* 61.

Dean, C., & Dresbach, T. (2006). Neuroligins and neurexins: Linking cell adhesion, synapse formation and cognitive function. *International Journal of Psychiatry in Clinical Practice, 10 (Suppl.),* 5–11.

Dean-Borenstein, M. T. (2007). The long-term psychosocial effects of trauma on survivors of human-caused extreme stress situations. *Dissertation Abstracts International: Section B: The Sciences and Engineering, 67(11-B),* 6733.

DeAngelis, D., & Monahan, J. (2008). Professional credentials and professional regulations: Social work professional development. In B. W. White, K. M. Sowers, et al. (Eds.), *Comprehensive handbook of social work and social welfare, Vol. 1: The profession of social work.* Hoboken, NJ: John Wiley & Sons.

Dearing, E., McCartney, K., & Taylor, B. (2009). Does higher quality early child care promote low-income children's math and reading achievement in middle childhood? *Child Development, 80,* 1329–1349.

Deary, I. J., & Der, G. (2005). Reaction time, age, and cognitive ability: Longitudinal findings from age 16 to 63 years in representative population samples. *Aging, Neuropsychology, & Cognition, 12,* 187–215.

Deater-Deckard, K., Ivy, L., & Smith, J. (2005). Resilience in gene-environment transactions. In S. Goldstein & R. B. Brooks (Eds.), *Handbook of resilience in children.* New York: Kluwer Academic/Plenum Publishers.

Deci, E., & Ryan, R. (1995). *Intrinsic motivation and self-determinism in human behavior.* New York: Plenum.

deGroot, A. (1978). *Thought and choice in chess.* Paris: Mouton de Gruyter.

deGroot, A. D. (1966). Perception and memory versus thought: Some old ideas and recent findings. In B. Kleinmuntz (Ed.), *Problem solving: Research, method, and theory.* New York: Wiley.

Del Giudice, M. (2011). Alone in the dark? Modeling the conditions for visual experience in human fetuses. *Developmental Psychobiology, 53,* 214–219.

del Rosal, E., Alonso, L., & Moreno, R. (2006). Simulation of habituation to simple and multiple stimuli. *Behavioural Processes, 73,* 272–277.

DeLamater, J. D., & Sill, M. (2005). Sexual desire in later life. *Journal of Sex Research, 42,* 138-149.

Delgado, M. R., Labouliere, C. D., & Phelps, E. A. (2006). Fear of losing money? Aversive conditioning with secondary reinforcers [Special issue: Genetic, comparative and cognitive studies of social behavior]. *Social Cognitive and Affective Neuroscience, 1,* 250-259.

Delinsky, S. S., Latner, J. D., & Wilson, G. T. (2006). Binge eating and weight loss in a self-help behavior modification program. *Obesity, 14,* 1244-1249.

DeLoache, J., & LoBue, V. (2009). The narrow fellow in the grass: Human infants associate snakes and fear. *Developmental Science, 12,* 201-207.

Demaree, H. A., & Everhart, D. E. (2004). Healthy high-hostiles: Reduced para-sympathetic activity and decreased sympathovagal flexibility during -negative emotional processing. *Personality and Individual Differences, 36,* 457-469.

Dement, W. C., & Wolpert, E. A. (1958). The relation of eye movements, body mobility, and external stimuli to dream content. *Journal of Experimental Psychology, 55,* 543-553.

Dempster, F. N. (1981). Memory span: Sources for individual and developmental differences. *Psychological Bulletin, 89,* 63-100.

Denmark, G. L., & Fernandez, L. C. (1993). Historical development of the psychology of women. In F. L. Denmark & M. A. Paludi (Eds.), *A handbook of issues and theories.* Westport, CT: Greenwood Press.

Dennett, D. C. (2003). *Freedom evolves.* New York: Viking.

Dennis, I. (2007). Halo effects in grading student projects. *Journal of Applied Psychology, 92,* 1169-1176.

Dennis, S. (2011). Smoking causes creative responses: On state antismoking policy and resilient habits. *Critical Public Health, 21,* 25-35.

Dennis, T. A., Cole, P. M., Zahn-Waxler, C., & Mizuta, I. (2002). Self in context: Autonomy and relatedness in Japanese and U.S. mother-preschooler dyads. *Child Development, 73,* 1803-1817.

Denollet, J., & Pedersen, S. S. (2011). Type D personality in patients with cardiovascular disorders. In R. Allan & J. Fisher (Eds.), *Heart and mind: The practice of cardiac psychology* (2nd ed.). Washington, DC: American Psychological Association.

Deouell, L. Y., Parnes, A., & Pickard, N. (2006). Spatial location is accurately tracked by human auditory sensory memory: Evidence from the mismatch negativity. *European Journal of Neuroscience, 24,* 1488-1494.

Deregowski, J. B. (1973). Illusion and culture. In R. L. Gregory & G. H. Combrich (Eds.), *Illusion in nature and art.* New York: Scribner.

Derryberry, W. P. (2006). Review of social motivation: Conscious and unconscious processes. *Journal of Moral Education, 35,* 276-278.

DeRubeis, R., Hollon, S., & Shelton, R. (2003, May 23). Presentation, American Psychiatric Association meeting, Philadelphia.

Des Jarlais, D. C., Sloboda, A., Friedman, S. R., Tempakski, B., McKnight, C., & Braine, N. (2006). Diffusion of the *D.A.R.E* and Syringe Exchange Programs. *American Journal of Public Health, 96,* 1354-1357.

Deshields, T., Tibbs, T., Fan, M. Y., & Taylor, M. (2006). Differences in patterns of depression after treatment for breast cancer [Electronic article published August 12, 2005]. *Psycho-Oncology, 15(5),* 398-406.

Dessing, J. C., Peper, C. E., Bullock, D., & Beek, P. J. (2005). How position, velocity, and temporal information combine in the prospective control of catching: Data and model. *Journal of Cognitive Neuroscience, 17,* 668-686.

Detterman, D. K. (2011). A challenge to Watson. *Intelligence, 39(2-3),* 77-78.

Detterman, D. K., Gabriel, L. T., & Ruthsatz, J. M. (2000). Intelligence and mental retardation. In R. J. Sternberg et al. (Eds.), *Handbook of intelligence.* New York: Cambridge University Press.

Devonport, J. J., & Lane, A. M. (2006). Relationships between self-efficacy, coping and student retention. *Social Behavior and Personality, 34,* 127-138.

Devos, T. (2011). The role of race in American politics: Lessons learned from the 2008 -presidential election. In G. S. Parks, M. W. Hughey, et al. (Eds.), *The Obamas and a (post) racial America?* New York: Oxford University Press.

Dhillon, S., Yang, L., & Curran, M. (2008). Spotlight on bupropion in major -depressive disorder. *CNS Drugs, 22,* 613-617.

Di Fabio, A., & Palazzeschi, L. (2009). An in-depth look at scholastic success: Fluid intelligence, personality traits or emotional intelligence? *Personality and Individual Differences, 46,* 581-585.

Diamond, M. (2009). Human intersexuality: Difference or disorder? *Archives of Sexual Behavior, 38,* 172.

Dias, A. M., & van Deusen, A. (2011). A new neurofeedback protocol for -depression. *Spanish Journal of Psychology, 14,* 374-84.

Diaz, A., & Bell, M. (2011). Information processing efficiency and regulation at five months. *Infant Behavior & Development, 34,* 239-247.

Díaz, E., & De la Casa, L. G. (2011). Extinction, spontaneous recovery and renewal of flavor preferences based on taste–taste learning. *Learning and Motivation, 42,* 64-75.

Dickinson, D. L., & Oxoby, R. J. (2011). Cognitive dissonance, pessimism, and behavioral spillover effects. *Journal of Economic Psychology, 32,* 295-306.

Diener, E., & Biswas-Diener, R. (2002). Will money increase subjective well-being? *Social Indicators Research, 57,* 119-169.

Diener, E., & Clifton, D. (2002). Life satisfaction and religiosity in broad probability samples. *Psychological Inquiry, 13,* 206-209.

Diener, E., Lucas, R. E., & Scollon, C. N. (2006). Beyond the hedonic treadmill: Revising the adaptation theory of well-being. *American Psychologist, 61,* 305-314.

Diener, E., & Seligman, M. E. P. (2002). Very happy people. *Psychological Science, 18,* 81-84.

Diener, E., & Seligman, M. E. P. (2004). Beyond money: Toward an economy of well-being. *Psychological Science in the Public Interest, 5,* 1-31.

Diener, M., Isabella, R., Behunin, M., & Wong, M. (2008). Attachment to mothers and fathers during middle childhood: Associations with child gender, grade, and competence. *Social Development, 17,* 84-101.

DiGiovanna, A. G. (1994). *Human aging: Biological perspectives.* New York: McGraw-Hill.

Dijksterhuis, A., Chartrand, T. L., & Aarts, H. (2007). Effects of Priming and Perception on Social Behavior and Goal Pursuit. *Frontiers of Social Psychology, 17,* 33-40.

Dillard, J. P., & Shen, L. (2007). Self-report measures of discrete emotions. In R. A. Reynolds, R. Woods, & J. D. Baker (Eds.), *Handbook of research on electronic surveys and measurements.* Hershey, PA: Idea Group Reference/IGI Global, 2007.

Dillon, J. (2008, April). Reclaiming humanistic psychology from modernity: Problems and solutions. *Journal of Humanistic Psychology, 48,* 221-242.

DiLorenzo, P. M., & Youngentob, S. L. (2003). Olfaction and taste. In M. Gallagher & R. J. Nelson (Eds.), *Handbook of psychology: Biological psychology* (Vol. 3). New York: Wiley.

Dingfelder, S. (2011). Reflecting on narcissism. *Monitor on Psychology, 42,* 64-68.

Dittrich, W. H., Johansen, T., & Fineberg, N. A. (2011). Cognitive Assessment Instrument of Obsessions and Compulsions (CAIOV-13)—A new 13-item scale for evaluating functional -impairment associated with OCD. *Psychiatry Research, 187,* 283-290.

Dixon, R. A., & Cohen, A. L. (2003). Cognitive development in adulthood. In R. M. Lerner, M. A. Easterbrooks, et al. (Eds.), *Handbook of psychology: Developmental psychology* (Vol. 6). New York: Wiley.

Dixon, R. A., Rust, T. B., & Feltmate, S. E. (2007). Memory and aging: Selected -research directions and application -issues. *Canadian Psychology Psychologie Canadienne, 48,* 67-76.

Djapo, N., Kolenovic-Djapo, J., Djokic, R., & Fako, I. (2011). Relationship between Cattell's 16PF and fluid and crystallized intelligence. *Personality and Individual Differences, 51,* 63-67.

Do, V. T. (2006). Asian American men and the media: The relationship between ethnic identity, self--esteem, and the endorsement of stereotypes. *Dissertation Abstracts International: Section B: The Sciences and Engineering, 67(6-B),* 3446.

Dobbins, A. C., Jeo, R. M., Fiser, J., & Allman, J. M. (1998, July 24). Distance modulation of neural activity in the visual cortex. *Science, 281,* 552-555.

Dodge, K. A. (2004). The nature-nurture debate and public policy [Special issue: 50th anniversary issue, part 2: The maturing of the human development -sciences—Appraising past, present, and prospective agendas]. *Merrill-Palmer Quarterly: Journal of Developmental Psychology, 50,* 418-427.

Dohnke, B., Weiss-Gerlach, E., & Spies, C. D. (2011). Social influences on the motivation to quit smoking: Main and moderating effects of social norms. *Addictive Behaviors, 36,* 286-293.

Doi, T. (1990). The cultural assumptions of psychoanalysis. In J. W. Stigler, R. A. Shweder, & G. Herdt (Eds.), *Cultural psychology: Essays on comparative human development.* New York: Cambridge University Press.

Dolan, P., & White, M. P. (2007). How can measures of subjective well-being be used to inform public policy? *Perspectives on Psychological Science, 2,* 71-85.

Dolan, R. J. (2002, November 8). Emotion, cognition, and behavior. *Science, 298,* 1191-1194.

Dolbier, C. L., Smith, S. E., & Steinhardt, M. A. (2007). Relationships of protective factors to stress and symptoms of illness. *American Journal of Health Behavior, 31,* 423-433.

Dolinski, D. (2011). A rock or a hard place: The foot-in-the-face technique for inducing compliance without pressure. *Journal of Applied Social Psychology, 41,* 1514-1537.

Dollinger, S. J. (2003). Need for uniqueness, need for cognition and creativity. *Journal of Creative Behavior, 37,* 99-116.

Domhoff, G. W. (2011). The neural substrate for dreaming: Is it a subsystem of the default network? *Consciousness and Cognition, 20,* 1163-1174.

Donahoe, J. W. (2003). Selectionism. In K. A. Lattal & P. N. Chase (Eds.), *Behavior theory and philosophy.* New York: Kluwer Academic/Plenum Publishers.

Donahoe, J. W., & Vegas, R. (2004). Pavlovian conditioning: The CSUR relation. *Journal of Experimental Psychology: Animal Behavior Processes, 30,* 17-33.

Dortch, S. (1996, October). Our aching heads. *American Demographics.*

Doty, R. L., Green, P. A., Ram, C., & Yankell, S. L. (1982). Communication of gender from human breath odors: Relationship to perceived intensity and pleasantness. *Hormones and Behavior, 16,* 13-22.

Dougall, A. L., & Baum, A. (2004). Psychoneuro-immunology and trauma. In P. P. Schnurr & B. L. Green (Eds.), *Trauma and health: Physical health consequences of exposure to extreme stress.* Washington, DC: American Psychological Association.

Douglas, O., Burton, K. S., & Reese-Durham, N. (2008). The effects of the multiple intelligence teaching strategy on the academic achievement of eighth grade math students. *Journal of Instructional Psychology, 35,* 182-187.

Douglas Brown, R., Goldstein, E., & Bjorklund, D. F. (2000). The history and zeitgeist of the repressed-false-memory debate: Scientific and sociological perspectives on suggestibility and childhood memory. In D. F. Bjorklund (Ed.), *False-memory creation in children and adults: Theory, research, and implications.* Mahwah, NJ: Lawrence Erlbaum.

Dovidio, J. F., & Gaertner, S. L. (2006). A multilevel perspective on prejudice: Crossing disciplinary boundaries. In P. A. M. Van Lange (Ed.), *Bridging social psychology: Benefits of transdisciplinary approaches.* Mahwah, NJ: Lawrence Erlbaum Associates.

Dovidio, J. F., Gaertner, S. L., & Kawakami, K. (2003). Intergroup contact: The past, present, and the future. *Group Processes and Intergroup Relations, 6,* 5-20.

Dovidio, J. F., Gaertner, S. L., & Pearson, A. R. (2005). On the nature of prejudice: The psychological foundations of hate. In R. J. Sternberg (Ed.), *Psychology of hate.* Washington, DC: American Psychological Association.

Dovidio, J. F., Piliavin, J. A., Schroeder, D. A., & Penner, L. A. (2006). *The social psychology of prosocial behavior.* Mahwah, NJ: Lawrence Erlbaum Associates.

Dowling, N., Jackson, A., & Thomas, S. (2008). Behavioral interventions in the treatment of pathological gambling: A review of activity scheduling and desensitization. *International Journal of Behavioral Consultation and Therapy, 4,* 172-187.

Doyle, R. (2002, December). Deinstitutionalization. *Scientific American, 38.*

Drewes, A. A. (2005). Play in selected cultures: Diversity and universality. In E. Gil & A. A. Drewes (Eds.), *Cultural issues in play therapy.* New York: Guilford Press.

Drob, S. (2005). The mystical symbol: Some comments on Ankor, Giegerich, Scholem, and Jung. *Journal of Jungian Theory & Practice, 7,* 25-29.

Dryden, W., & David, D. (2008). Rational emotive behavior therapy: Current status. *Journal of Cognitive Psychotherapy, 22,* 195-209.

Ducharme, J. M., Sanjuan, E., & Drain, T. (2007). Errorless compliance training: Success-focused behavioral treatment of children with Asperger syndrome. *Behavior Modification, 31,* 329-344.

Dudai, Y. (2011). The Engram revisited: On the elusive permanence of memory. In S. Nalbantian, P. M. Matthews, J. L. McClelland, S. Nalbantian, P. M. Matthews & J. L. McClelland (Eds.), *The memory process: Neuroscientific and humanistic perspectives.* Cambridge, MA: MIT Press.

Dugas, C. (2010, February 25). Struggle for words frustrates Woodruff; But journalist can work after his brain injury. *USA Today,* p. 10D.

Duke, M., & Nowicki, S., Jr. (1979). *Abnormal psychology: Perspectives on -being different.* Monterey, CA: Brooks/Cole.

Dumont, M., & Dumont, D. (2008). Deinstitutionalization in the United States and Italy: A historical survey. *International Journal of Mental Health, 37,* 61-70.

Duncker, K. (1945). On problem solving. *Psychological Monographs, 58* (5, whole no. 270).

Dunlop, W. L., Beatty, D. J., & Beauchamp, M. R. (2011). Examining the influence of other-efficacy and self-efficacy on personal performance. *Journal of Sport & Exercise Psychology, 33,* 586-593.

Eaker, E. D., Sullivan, L. M., Kelly-Hayes, M., D'Agostino, R. B., Sr., & Benjamin, E. J. (2004). Anger and hostility predict the development of atrial fibrillation in men in the Framingham Offspring Study. *Circulation, 109,* 1267-1271.

Ebbinghaus, H. (1885/1913). *Memory: A contribution to experimental psychology* (H. A. Roger & C. E. Bussenius, Trans.). New York: Columbia University Press.

Eberhard, K. M., Cutting, J. C., & Bock, K. (2005). Making syntax of sense: Number agreement in sentence production. *Psychological Review, 112,* 531-559.

Ebstein, R. P., Benjamin, J., & Belmaker, R. H. (2003). Behavioral genetics, genomics, and personality. In R. Plomin & J. C. DeFries (Eds.), *Behavioral genetics in the postgenomic era.* Washington, DC: American Psychological Association.

Ebster, C., & Neumayr, B. (2008). Applying the door-in-the-face compliance technique to retailing. *The International Review of Retail, Distribution and Consumer Research, 18,* 121-128.

Ecenbarger, W. (1993, April 1). America's new merchants of death. *The Reader's Digest,* p. 50.

Eckardt, M. H. (2005). Karen Horney: A portrait: The 120th anniversary, Karen Horney, September 16, 1885. *American Journal of Psychoanalysis, 65,* 95-101.

Eckersley, R., & Dear, K. (2002). Cultural correlates of youth suicide. *Social Science and Medicine, 55,* 1891-1904.

Edoka, I. P., Petrou, S., & Ramchandani, P. G. (2011). Healthcare costs of paternal depression in the postnatal period. *Journal of Affective Disorders, 133,* 356-360.

Egan, J. (2011, March 6). The liberation of Lori Berenson. *New York Times Magazine,* p. 30.

Egan, K. (2005). Students' development in theory and practice: The doubtful role of research. *Harvard Educational Review, 75,* 25-41.

Egliston, K., & Rapee, R. (2007). Inhibition of fear acquisition in toddlers following positive modelling by their mothers. *Behaviour Research and Therapy, 45,* 1871-1882.

Ehrenfeld, T. (2011). Reflections on mirror neurons. *Association for Psychological Science, 24,* 11-13.

Eisch, A., Cameron, H., Encinas, J., Meltzer, L., Ming, G., & Overstreet-Wadiche, L. (2008, November). Adult neurogenesis, mental health, and mental illness: Hope or hype? *Journal of Neuroscience, 28(46),* 1785-1791.

Eisenberg, N., Guthrie, I. K., & Cumberland, A. (2002). Prosocial development in early adulthood: A longitudinal study. *Journal of Personality and Social Psychology, 82,* 993-1006.

Ekman, P. (1972). Universals and cultural differences in facial expressions of emotion. In J. Cole (Ed.), *Darwin and facial expression: A century of research in review.* New York: Academic Press.

Ekman, P. (1994a). All emotions are basic. In P. Ekman & R. J. Davidson (Eds.), *The nature of emotion: Fundamental questions.* New York: Oxford University Press.

Ekman, P. (1994b). Strong evidence for universals in facial expressions: A reply to Russell's -mistaken critique. *Psychological Bulletin, 115,* 268-287.

Ekman, P. (2003). *Emotions revealed: Recognizing faces and feelings to improve communication and emotional life.* New York: Times Books.

Ekman, P. (2007). *Emotions revealed* (2nd ed.). New York: Holt.

Ekroll, V., & Scherzer, T. R. (2009). Apparent visual motion of the observer's own limbs. *Perception, 38,* 778-780.

Elfhag, K., Tynelius, P., & Rasmussen, F. (2007). Sugar-sweetened and artificially sweetened soft drinks in association to restrained, external and emotional eating. *Physiology & Behavior, 91,* 191-195.

El-Hai, J. (2005). *The lobotomist: A maverick medical genius and his tragic quest to rid the world of mental illness.* New York: Wiley.

Elkins, D. (2009). Why humanistic psychology lost its power and influence in American psychology: Implications for advancing humanistic psychology. *Journal of Humanistic Psychology, 49,* 267-291.

Elkins, G., Marcus, J., Bates, J., Hasan, R. M., & Cook, J. (2006). Intensive hypnotherapy for smoking cessation: a prospective study. *International Journal of Clinical Experimental Hypnosis, 54,* 303-315.

Ellason, J. W., & Ross, C. A. (2004). SCL-90-R norms for dissociative identity disorder. *Journal of Trauma and Dissociation, 5,* 85-91.

Ellins, E., Halcox, J., Donald, A., Field, B., Brydon, L., Deanfield, J., et al. (2008). Arterial stiffness and inflammatory response to psychophysiological stress. *Brain, Behavior, and Immunity, 22,* 941-948.

Elliott, A. (2002). *Psychoanalytic theory: An introduction* (2nd ed.). Durham, NC: Duke University Press.

Elliott, J., Berman, H., & Kim, S. (2002). Critical ethnography of Korean Canadian women's menopause experience. *Health Care for Women International, 23,* 377-388.

Ellis, A. (1974). *Growth through reason.* Hollywood, CA: Wilshire Books.

Ellis, A. (2000). *How to control your anger before it controls you.* New York: Citadel.

Ellis, A. (2002). *Overcoming resistance: A rational emotive behavior therapy integrated approach* (2nd ed.). New York: Springer.

Ellis, A. (2004). Expanding the ABCs of rational emotive behavior therapy. In A. Freeman, M. J. Mahoney, P. Devito, & D. Martin (Eds.), *Cognition and psychotherapy* (2nd ed.). New York: Springer Publishing Co.

El-Mallakh, R. S., & Abraham, H. D. (2007). MDMA (Ecstasy). *Annals of Clinical Psychiatry, 19,* 45–52.

Emick, J., & Welsh, M. (2005). Association between formal operational thought and executive function as measured by the Tower of Hanoi-Revised. *Learning and Individual Differences, 15,* 177–188.

Endres, T., & Fendt, M. (2007). Conditioned-behavioral responses to a context paired with the predator odor trimethylthiazoline. *Behavioral Neuroscience, 121,* 594–601.

Engen, T. (1987). Remembering odors and their names. *American Scientist, 75,* 497–503.

Engler, J., & Goleman, D. (1992). *The consumer's guide to psychotherapy.* New York: Simon & Schuster.

Eranti, S. V., & McLoughlin, D. M. (2003). Electroconvulsive therapy: State of the art. *British Journal of Psychiatry, 182,* 8–9.

Erickson, R. (2008, February). A study of the science of taste: On the origins and influence of the core ideas. *Behavioral and Brain Sciences, 31,* 59–75.

Erikson, E. H. (1963). *Childhood and society.* New York: Norton.

Ervik, S., Abdelnoor, M., & Heier, M. S. (2006). Health-related quality of life in narcolepsy. *Acta Neurologica Scandinavica, 114,* 198–204.

Evans, A. M. (2007). Transference in the nurse patient relationship. *Journal of Psychiatric and Mental Health Nursing, 14,* 189–195.

Evans, D. E., & Rothbart, M. K. (2007). Developing a model for adult temperament. *Journal of Research in Personality, 41,* 868–888.

Evans, D. E., & Rothbart, M. K. (2009). A two-factor model of temperament. *Personality and Individual Differences, 47,* 565–570.

Evcik, D., Kavuncu, V., Cakir, T., Subasi, V., & Yaman, M. (2007). Laser therapy in the treatment of carpal tunnel syndrome: A randomized controlled trial. *Photomedical Laser Surgery, 25,* 34–39.

Everette, M. (2008). Gestational weight and dietary intake during pregnancy: Perspectives of African American women. *Maternal & Child Health Journal, 12,* 718–724.

Everly, G. S., Jr., & Lating, J. M. (2007). Psychotherapy: A cognitive perspective. In A. Monat, R. S. Lazarus, et al. (Eds.), *The Praeger handbook on stress and coping* (Vol. 2). Westport, CT: Praeger Publishers/Greenwood Publishing.

Eysenck, H. J. (1990). Biological dimensions of personality. In L. A. Pervin (Ed.), *Handbook of personality: Theory and research.* New York: Guilford Press.

Eysenck, H. J. (1995). *Eysenck on extraversion.* New York: Wiley.

Fagan, J. F., & Holland, C. R. (2002). Equal opportunity and racial differences in IQ. *Intelligence, 30,* 361–387.

Fagan, J. F., & Holland, C. R. (2007). Racial equality in intelligence: Predictions from a theory of intelligence as processing. *Intelligence, 35,* 319–334.

Fagan, J., & Press, J. (2008). Father influences on employed mothers' work-family balance. *Journal of Family Issues, 29,* 1136–1160.

Fallon, A. (2006). Informed consent in the practice of group psychotherapy. *International Journal of Group Psychotherapy, 56,* 431–453.

Fanselow, M. S., & Poulos, A. M. (2005). The neuroscience of mammalian associative learning. *Annual Review of Psychology, 56,* 207–234.

Fearing, V. G., & Clark, J. (Eds.). (2000). *Individuals in context: A practical guide to client-centered practice.* Chicago: Slack Publishing.

Fedeli, A., Braconi, S., Economidou, D., Cannella, N., Kallupi, M., Guerrini, R., et al. (2009). The paraventricular nucleus of the hypothalamus is a neuroanatomical substrate for the inhibition of palatable food intake by neuropeptide S. *European Journal of Neuroscience, 30,* 1594–1602.

Fee, E., Brown, T. M., Lazarus, J., & Theerman, P. (2002). Exploring acupuncture: Ancient ideas, modern techniques. *American Journal of Public Health, 92,* 1592.

Feinberg, A. W. (2002, April). Homocysteine may raise Alzheimer's risk: A physician's perspective. *HealthNews,* p. 4.

Feldman, D. H. (2003). Cognitive development in childhood. In R. M. Lerner, M. A. Easterbrooks, et al. (Eds.), *Handbook of psychology: Developmental psychology* (Vol. 6). New York: Wiley.

Feldman, D. H. (2004). Piaget's stages: The unfinished symphony of cognitive development. *New Ideas in Psychology, 22,* 175–231.

Feldman, R. S. (2010). *P.O.W.E.R. Learning: Strategies for Success in College and Life* (5th ed) New York: McGraw-Hill.

Feldt, L. S. (2005). Estimating the reliability of cichotomous or trichotomous scores. *Educational and Psychological Measurement, 65,* 28–41.

Feng, B., Bell, R. A., Jerant, A. F., & Kravitz, R. L. (2011). What do doctors say when prescribing medications? An examination of medical recommendations from a communication perspective. *Health Communication, 26,* 286-296.

Fenter, V. L. (2006). Concerns about Prozac and direct-to-consumer advertising of prescription drugs. *International Journal of Risk & Safety in Medicine, 18,* 1–7.

Ferguson, C. J. (2010). Blazing angels or resident evil? Can violent video games be a force for good? *Review of General Psychology, 14,* 68–81.

Ferguson, C. J. (2011). Video games and youth violence: A prospective analysis in adolescents. *Journal of Youth and Adolescence, 40,* 377–391.

Ferguson, M., & Ogloff, J. P. (2011). Criminal responsibility evaluations: Role of psychologists in assessment. *Psychiatry, Psychology and Law, 18,* 79–94.

Feshbach, S., & Tangney, J. (2008, September). Television viewing and aggression: Some alternative perspectives. *Perspectives on Psychological Science, 3,* 387–389.

Festinger, D., Marlowe, D., Croft, J., Dugosh, K., Arabia, P., & Benasutti, M. (2009). Monetary incentives improve recall of research consent information: It pays to remember. *Experimental and Clinical Psychopharmacology, 17,* 99–104.

Festinger, L. (1957). *A theory of cognitive dissonance.* Stanford, CA: Stanford University Press.

Festinger, L., & Carlsmith, J. M. (1959). Cognitive consequences of forced compliance. *Journal of Abnormal and Social Psychology, 58,* 203–210.

Fichtenberg, C. M., & Glantz, S. A. (2006). Association of the California tobacco control program with declines in cigarette consumption and mortality from heart disease. In K. E. Warner (Ed.), *Tobacco control policy.* San Francisco, CA: -Jossey--Bass.

Fields, C. (2011). From "Oh, OK" to "Ah, yes" to "Aha!": Hyper-systemizing and the rewards of insight. *Personality and Individual Differences, 50,* 1159–1167.

Fields, R. D. (2004, April). The other half of the brain. *Scientific American,* pp. 55–61.

Fields-Meyer, T. (1995, September 25). Having their say. *People,* pp. 50–60.

Figen, A. (2011). The relationship between test anxiety and learned helplessness. *Social Behavior and Personality, 39,* 101–112.

Finan, P. H., Zautra, A. J., & Wershba, R. (2011). The dynamics of emotion in adaptation to stress. In R. J. Contrada & A. Baum (Eds.), *The handbook of stress science: Biology, psychology, and health.* New York: Springer Publishing Co.

Fine, R., & Fine, L. (2003). *Basic chess endings.* New York: Random House.

Fingelkurts, A., Fingelkurts, A. A., & Kallio, S. (2007). Hypnosis induces a changed composition of brain oscillations in EEG: A case study. *Contemporary Hypnosis, 24,* 3–18.

Fink, G. (Ed.). (2000). *Encyclopedia of stress.* New York: Academic Press.

Finkelstein, M. (2009). Intrinsic vs. extrinsic motivational orientations and the volunteer process. *Personality and Individual Differences, 46,* 653–658.

Finkler, K. (2004). Traditional healers in Mexico: The effectiveness of spiritual practices. In U. P. Gielen, J. M. Fish, & J. G. Draguns (Eds.), *Handbook of culture, therapy, and healing.* Mahwah, NJ: Lawrence Erlbaum Associates.

Finlay, F. O., Jones, R., & Coleman, J. (2002). Is puberty getting earlier? The views of doctors and teachers. *Child: Care, Health and Development, 28,* 205–209.

Finley, C. L., & Cowley, B. J. (2005). The effects of a consistent sleep schedule on time taken to achieve sleep. *Clinical Case Studies, 4,* 304–311.

Finn, A. (2011). Jungian analytical theory. In D. Capuzzi & D. R. Gross (Eds.), *Counseling and psychotherapy* (5th ed.). Alexandria, VA: American Counseling Association.

Firestein, B. A. (Ed.). (1996). *Bisexuality: The psychology and politics of an invisible minority.* Thousand Oaks, CA: Sage.

First, M. B., Frances, A., & Pincus, H. A. (2002). *DSM-IV-TR handbook of differential diagnosis.* Arlington, VA: American Psychiatric Publishing.

Fischer, K. W., Shaver, P. R., & Carnochan, P. (1990). How emotions develop and how they organize development. *Cognition and Emotion, 4,* 81–127.

Fishbach, A., Dhar, R., & Zhang, Y. (2006). Subgoals as substitutes or complements: The role of goal accessibility. *Journal of Personality and Social Psychology, 91,* 232–242.

Fisher, C. B. (2003). *Decoding the ethics code: A practical guide for psychologists.* Thousand Oaks, CA: Sage.

Fisher, C. B., Hoagwood, K., Boyce, C., Duster, T., Frank, D. A., Grisso, T., et al. (2002). Research ethics for mental health science involving ethnic minority children and youths. *American Psychologist, 57,* 1024–1040.

Fitzgerald, P., & Daskalakis, Z. (2008, January). The use of repetitive transcranial magnetic stimulation and vagal nerve stimulation in the treatment of depression. *Current Opinion in Psychiatry, 21,* 25-29.

Flam, F. (1991, June 14). Queasy riders. *Science, 252,* 1488.

Flavell, S. W., Cowan, C. W., Kim, T., Greer, P. L., Lin, Y., Paradis, S., et al. (2006, February 17). Activity--dependent regulation of MEF2 transcription factors suppresses excitatory synapse number. *Science, 311,* 1008-1010.

Fleck, J. I., Green, D. L., Payne, L., Stevenson, J. L., Bowden, E. M., Jung-Beeman, M., et al. (2008). The transliminal brain at rest: Baseline EEG, unusual experiences, and access to unconscious mental activity. *Cortex, 44,* 1353-1363.

Fleischman, D. A., Wilson, R. S., Gabrieli, J. D. E., Bienias, J. L., & Bennett, D. A. (2004). A longitudinal study of implicit and explicit memory in old persons. *Psychology and Aging, 19,* 617-625.

Fleming, J. (2000). Affirmative action and standardized test scores. *Journal of Negro Education, 69,* 27-37.

Foderaro, L. W. (2006, February 16). Westchester lawyer, his memory lost, is found in Chicago shelter after 6 months. *The New York Times,* p. B3.

Folk, C., & Remington, R. (2008, January). Bottom-up priming of top-down attentional control settings. *Visual Cognition, 16,* 215-231.

Folkman, S., & Moskowitz, J. T. (2000). Stress, positive emotion, and coping. *Current Directions in Psychological Science, 9,* 115-118.

Folkman, S., & Moskowitz, J. T. (2004). Coping: Pitfalls and promise. *Annual Review of Psychology, 55,* 745-774.

Follett, K., & Hess, T. M. (2002). Aging, cognitive complexity, and the fundamental attribution error. *Journal of Gerontology: Series B: Psychological Sciences and Social Sciences, 57B,* P312-P323.

Forbey, J., & Ben-Porath, Y. (2007). Computerized adaptive personality testing: A review and illustration with the MMPI-2 computerized adaptive version. *Psychological Assessment, 19,* 14-24.

Forer, B. (1949). The fallacy of personal validation: A classroom demonstration of gullibility. *Journal of Abnormal and Social Psychology, 44,* 118-123.

Forgas, J. P., & Laham, S. M. (2005). The interaction between affect and motivation in social judgments and behavior. In J. P. Forgas, K. P. Williams, & S. M. Laham (Eds.), *Social motivation: Conscious and unconscious processes.* New York: Cambridge University Press.

Forlenza, M. J., & Baum, M. J. (2004). Psychoneuroimmunology. In T. J. Boll, R. G. Frank, et al. (Eds), *Handbook of clinical health psychology, Vol. 3: Models and perspectives in health psychology.* Washington, DC: American Psychological Association.

Foster, K. M. (2005). Introduction: John Uzo Ogbu (1939-2003): How do you ensure the fair consideration of a complex ancestor? Multiple approaches to assessing the work and legacy of John Uzo Ogbu. *International Journal of Qualitative Studies in Education, 18,* 559-564.

Foster, P., Drago, V., FitzGerald, D., Skoblar, B., Crucian, G., & Heilman, K. (2008). Spreading activation of lexical-semantic networks in Parkinson's disease. *Neuropsychologia, 46,* 1908-1914.

Foulds, J., Gandhi, K. K., Steinberg, M. B., Richardson, D. L., Williams, J. M., Burke, M. V., et al. (2006). Factors associated with quitting smoking at a tobacco dependence treatment clinic. *American Journal of Health Behavior, 30,* 400-412.

Fournier, J., Deremaux, S., & Bernier, M. (2008). Content, characteristics and function of mental images. *Psychology of Sport and Exercise, 9,* 734-748.

Fowler, C. A., & Galantucci, B. (2008). The relation of speech perception and speech production. In D. B. Pisoni & R. E. Remez (Eds.), *The handbook of speech perception.* Malden, MA: Blackwell Publishing.

Fox, S., & Spector, P. E. (2000). Relations of emotional intelligence, practical intelligence, general intelligence, and trait affectivity with interview outcomes: It's not all just "G." *Journal of Organizational Behavior, 21,* 203-220.

Frankenburg, W. K., et al. (1992). *Denver II training manual.* Denver, CO: Denver Developmental Materials.

Franklin, A., Pilling, M., & Davies, I. (2005). The nature of infant color categorization: Evidence from eye movements on a target decision task. *Journal of Experimental Child Psychology, 91,* 227-248.

Franklin, M. E., March, J. S., & Garcia, A. (2007). Treating obsessive-compulsive disorder in children and adolescents. In C. Purdon, M. M. Antony, & L. J. Summerfeldt (Eds.), *Psychological treatment of obsessive-compulsive disorder: Fundamentals and beyond.* Washington, DC: American Psychological Association.

Franklin, T. B., & Mansuy, I. M. (2011). The involvement of epigenetic defects in mental retardation. *Neurobiology of Learning and Memory, 96,* 61-67.

Franko, D. L., & Roehrig, J. P. (2011). African American body images. In T. F. Cash & L. Smolak (Eds.), *Body image: A handbook of science, practice, and prevention* (2nd ed.). New York: Guilford Press.

Franzek, E., & Beckmann, H. (1996). Gene-environment interaction in schizophrenia: Season-of-birth effect reveals etiologically different subgroups. *Psychopathology, 29,* 14-26.

Frasure-Smith, N., Lesperance, F., & Talajic, M. (2000). The prognostic importance of depression, anxiety, anger, and social support following myocardial infarction: Opportunities for improving survival. In P. M. McCabe, N. Schneiderman, T. M. Field, & A. R. Wellens (Eds.), *Stress, coping, and cardiovascular disease.* Mahwah, NJ: Erlbaum.

Frederickson, B. L., & Branigan, C. (2005). Positive emotions broaden the scope of attention and thought-action repertoires. *Cognition and Emotion, 19,* 313-332.

Freedberg, D. (2011). Memory in art: History and the neuroscience of response. In S. Nalbantian, P. M. Matthews, et al. (Eds.), *The memory process: Neuroscientific and humanistic perspectives.* Cambridge, MA: MIT Press.

Freedman, D. S. (1995). The importance of body fat distribution in early life. *American Journal of the Medical Sciences, 310,* S72-S76.

Freedman, J. L., & Fraser, S. C. (1966). Compliance without pressure: The foot-in-the-door technique. *Journal of Personality and Social Psychology, 4,* 195-202.

Frensch, P. A., & Rünger, D. (2003). Implicit learning. *Current Directions in Psychological Science, 12,* 13-18.

Freud, S. (1900). *The interpretation of dreams.* London: Hogarth Press.

Freud, S. (1922/1959). *Group psychology and the analysis of the ego.* London: Hogarth.

Friborg, O., Barlaug, D., Martinussen, M., Rosenvinge, J. H., & Hjemdal, O. (2005). Resilience in relation to personality and intelligence. *International Journal of Methods in Psychiatric Research, 14,* 29-42.

Friborg, O., Hjemdal, O., & Rosenvinge, J. H. (2006). Resilience as a moderator of pain and stress. *Journal of Psychosomatic Research, 61,* 213-219.

Friedberg, R. D. (2006). A cognitive-behavioral approach to family therapy. *Journal of Contemporary Psychotherapy, 36,* 159-165.

Friedman, J. N. W., Oltmanns, T. F., & Turkheimer, E. (2007). Interpersonal perception and personality disorders: Utilization of a thin slice approach. *Journal of Research in Personality, 41,* 667-688.

Friedman, M. J. (2006). Posttraumatic stress disorder among military returnees from Afghanistan and Iraq. *American Journal of Psychiatry, 163,* 586-593.

Frijda, N. H. (2005). Emotion experience. *Cognition and Emotion, 19,* 473-497.

Frincke, J. L., & Pate, W. E., II. (2004, March). *Yesterday, today, and tomorrow. Careers in Psychology 2004, what students need to know.* Paper presented at the Annual Convention of the Southeastern Psychological Association, Atlanta, GA.

Frings, L., Wagner, K., Unterrainer, J., Spreer, J., Halsband, U., & Schulze-Bonhage, A. (2006). Gender-related differences in lateralization of hippocampal activation and cognitive strategy. *Neuroreport, 17,* 417-421.

Fritsch, T., McClendon, M. J., Smyth, K. A., Lerner, A. J., Friedland, R. P., & Larsen, J. D. (2007). Cognitive functioning in healthy aging: The role of reserve and lifestyle factors early in life. *Gerontologist, 47,* 307-322.

Frosch, A. (2011). The effect of frequency and duration on psychoanalytic outcome: A -moment in time. *Psychoanalytic Review, 98,* 11-38.

Frost, L. E., & Bonnie, R. J. (Eds.). (2001). *The evolution of mental health law.* Washington, DC: American Psychological Association.

Frost, R. O., & Steketee, G. (Eds.). (2002). *Cognitive approaches to obsessions and compulsions: Theory, assessment, and treatment.* New York: Pergamon Press.

Fuhrman, O., McCormick, K., Chen, E., Jiang, H., Shu, D., Mao, S., & Boroditsky, L. (2011). How linguistic and cultural forces shape conceptions of time: English and Mandarin time in 3D. *Cognitive Science: A Multidisciplinary Journal, 7,* 1305-1328.

Funder, D. C. (1991). Global traits: A neo-Allportian approach to personality. *Psychological Science, 2,* 31-39.

Furnham, A., & Crump, J. (2005). Personality traits, types, and disorders: An examination of the relationship -between three self-report measures. *European Journal of Personality, 19,* 167-184.

Furumoto, L., & Scarborough, E. (2002). Placing women in the history of psychology: The first American women psychologists. In W. E. Pickren (Ed.), *Evolving perspectives on the history of psychology.* Washington, DC: American Psychological Association.

Fusari, A., & Ballesteros, S. (2008, August). Identification of odors of edible and nonedible stimuli as affected by age and gender. *Behavior Research Methods, 40,* 752-759.

Fyhn, M., Hafting, T., Treves, A., Moser, M., & Moser, E. (2007). Hippocampal remapping and grid realignment in entorhinal cortex. *Nature 446,* 190.

Gaab, J., Rohleder, N., Nater, U. M., & Ehlert, U. (2005). Psychological determinants of the cortisol stress response: The role of anticipatory cognitive appraisal. *Psychoneuroendocrinology, 30*, 599-610.

Gadbois, S. A., & Sturgeon, R. D. (2011). Academic self-handicapping: Relationships with learning specific and general self-perceptions and academic performance over time. *British Journal of Educational Psychology, 81*, 207-222.

Galanter, M. (2007). Spirituality and recovery in 12-step programs: An empirical model. *Journal of Substance Abuse Treatment, 33*, 265-272.

Galef, D. (2001, April 27). The information you provide is anonymous, but what was your name again? *The Chronicle of Higher Education, 47*, p. B5.

Gallese, V., Gernsbacher, M. A., Heyes, C., Hickok, G., & Iacoboni, M. (2011). Mirror neuron forum. *Perspectives on Psychological Science, 6*, 369-407.

Gallup Poll. (2001, June 8). *Americans' belief in psychic and paranormal phenomena is up over last decade*. Washington, DC: The Gallup Organization.

Gami, A. S., Howard, D. E., Olson, E. J., & Somers, V. K. (2005). Day-night pattern of sudden death in obstructive sleep apnea. *New England Journal of Medicine, 353*, 1206-1214.

Gangestad, S. W., Simpson, J. A., Cousins, A. J., Garver-Apgar, C. E., & Christensen, P. N. (2004). Women's preferences for male behavioral displays change across the menstrual cycle. *Psychological Science, 15*, 203-207.

Ganong, L. H., & Coleman, M. (1999). *Changing families, changing responsibilities: Family obligations following divorce and remarriage*. Mahwah, NJ: Erlbaum.

Garb, H. N., Wood, J. M., Lilenfeld, S. O., & Nezworski, M. T. (2005). Roots of the Rorschach controversy. *Clinical Psychology Review, 25*, 97-118.

Garber, J., & Horowitz, J. L. (2002). Depression in children. In I. H. Gotlib & C. L. Hammen (Eds.), *Handbook of depression*. New York: Guilford Press.

Garcia, J. (1990). Learning without memory. *Journal of Cognitive Neuroscience, 2*, 287-305.

Garcia, J. (2003). Psychology is not an enclave. In R. J. Sternberg (Ed.), *Psychologists defying the crowd: Stories of those who battled the establishment and won*. Washington, DC: American Psychological Association.

Garcia, S. M., Weaver, K., Moskowitz, G. B., & Darley, J. M. (2002). Crowded minds: The implicit bystander effect. *Journal of Personality and Social Psychology, 83*, 843-853.

Garcia-Andrade, C., Wall, T. L., & Ehlers, C. L. (1997). The firewater myth and response to alcohol in Mission Indians. *Journal of Psychiatry, 154*, 983-988.

Garcia-Palacios, A., Hoffman, H., & Carlin, A. (2002). Virtual reality in the treatment of spider phobia: A controlled study. *Behavior Research & Therapy, 40*, 983-993.

Gardini, S., Cornoldi, C., De Beni, R., & Venneri, A. (2009). Cognitive and neuronal processes involved in sequential generation of general and specific mental images. *Psychological Research/Psychologische Forschung, 73*, 633-643.

Gardner, B., & O'Connor, D. (2008). A review of the cognitive effects of electroconvulsive therapy in older adults. *The Journal of ECT, 24*, 68-80.

Gardner, E. P., & Kandel, E. R. (2000). Touch. In E. R. Kandel, J. H. Schwartz, & T. M. Jessell (Eds.), *Principles of neural science* (4th ed.). New York: McGraw-Hill.

Gardner, F., & Moore, Z. (2008). Understanding clinical anger and violence: The anger avoidance model. *Behavior Modification, 32*, 897-912.

Gardner, H. (1975). *The shattered mind: The person after brain damage*. New York: Knopf.

Gardner, H. (1999). *Intelligence reframed: Multiple intelligences for the 21st century*. New York: Basic Books.

Gardner, H. (2000). The giftedness matrix: A developmental perspective. In R. C. Friedman & B. M. Shore (Eds.), *Talents unfolding: Cognition and development*. Washington, DC: American Psychological Association.

Gardner, H. (2005). Scientific psychology: Should we bury it or praise it? In R. J. Sternberg (Ed.), *Unity in psychology: Possibility or pipe dream?* Washington, DC: American Psychological Association.

Garlow, S. J., Purselle, D. C., & Heninger, M. (2007). Cocaine and alcohol use preceding suicide in African American and White adolescents. *Journal of Psychiatric Research, 41*, 530-536.

Garrigan, P., & Kellman, P. (2008, February). Perceptual learning depends on perceptual constancy. *PNAS Proceedings of the National Academy of Sciences of the United States of America, 105*, 2248-2253.

Garwick, G. B. (2007). Intelligence-related terms in mental retardation, learning disability, and gifted/talented professional usage, 1983-2001: The 1992 mental retardation redefinition as natural experiment. *Dissertation Abstracts International Section A: Humanities and Social Sciences, 67*(9-A), 3296.

Gass, C. S., Luis, C. A., Meyers, T. L., & Kuljis, R. O. (2000). Familial Creutzfeldt-Jakob disease: A neuro-psychological case study. *Archives of Clinical Neuropsychology, 15*, 165-175.

Gatchel, R. J., & Weisberg, J. N. (2000). *Personality characteristics of patients with pain*. Washington, DC: APA Books.

Gazzaniga, M. S. (1998, July). The split brain revisited. *Scientific American*, pp. 50-55.

Gazzaniga, M. S., Ivry, R. B., & Mangun, G. R. (2002). *Cognitive neuroscience: The biology of the mind* (2nd ed.). New York: W. W. Norton.

Ge, X., Kim, I. J., Brody, G. H., Conger, R. D., Simons, R. L., Gibbons, E X., et al. (2003). It's about timing and change: Pubertal transition effects on symptoms of major depression among African American youths. *Developmental Psychology, 39*, 430-439.

Gegenfurtner, K. R. (2003). Color vision. *Annual Review of Neuroscience, 26*, 181-206.

Gelbard-Sagiv, H., Mukamel, R., Harel, M., Malach, R., & Fried, I. (March 2008). Internally generated reactivation of single neurons in human hippocampus during free recall. *Science, 322*, 96-101.

Gelfand, M. M. (2000). Sexuality among older women. *Journal of Women's Health and Gender Based Medicine, 9*(Suppl. 1), S15-S20.

Geller, E. (2001). *Working safe: How to help people actively care for health and safety* (2nd ed.). New York: Lewis Publishers.

Geller, E. (2011). Psychological science and safety: Large-scale success at preventing occupational injuries and fatalities. *Current Directions in Psychological Science, 20*, 109-114.

Gelman, R., & Baillargeon, R. (1983). A review of some Piagetian concepts. In J. H. Flavell & E. M. Markman (Eds.), *Handbook of child psychology, Vol. 3: Cognitive development* (4th ed.). New York: Wiley.

Gelstein, S., Yeshurun, Y., Rozenkrantz, L., Shusha, S., Frumin, I., Roth, Y., et al. (2011, January 14). Human tears contain a chemosignal. *Science, 331*, 226-230.

Gennaro, R. J. (2004). *Higher-order theories of consciousness: An anthology*. Amsterdam, Netherlands: John Benjamins.

Genovese, J. E. C. (2006). Piaget, pedagogy, and evolutionary psychology. *Evolutionary Psychology, 4*, 2127-2137.

Gentile, B., Grabe, S., Dolan-Pascoe, B., Twenge, J., Wells, B., & Maitino, A. (2009). Gender differences in domain-specific self-esteem: A meta-analysis. *Review of General Psychology, 13*, 34-45.

Gentner, D., Goldin, S., & Goldin-Meadow, S. (Eds.). (2003). *Language in mind: Advances in the study of language and cognition*. Cambridge, MA: MIT.

George, M. S., Wassermann, E. M., Williams, W. A., Callahan, A., et al. (1995). Daily repetitive transcranial magnetic stimulations (rTMS) improves mood in depression. *Neuroreport: An International Journal for the Rapid Communication of Research in Neuroscience, 6*, 1853-1856.

George, S., & Moselhy, H. (2005). Cocaine-induced trichotillomania. *Addiction, 100*, 255-256.

Gerdes, A., Uhl, G., & Alpers, G. (2009). Spiders are special: Fear and disgust evoked by pictures of arthropods. *Evolution and Human Behavior, 30*, 66-73.

Gershkoff-Stowe, L., Connell, B., & Smith, L. (2006). Priming overgeneralizations in two-and four-year-old children. *Journal of Child Language, 33*, 461-486.

Gerstel, N. (2005, April 8). In search of time. *Science, 308*, 204-205.

Getner, D., & Holyoak, K. J. (1997, January). Reasoning and learning by analogy. *American Psychologist, 52*, 32-34.

Geyer, T., Gokce, A., & Müller, H. J. (2011). Reinforcement of inhibitory positional priming by spatial working memory contents. *Acta Psychologica, 137*, 235-242.

Giacobbi, P. R., Jr., Lynn, T. K., Wetherington, J. M., Jenkins, J., Bodendorf, M., & Langley, B. (2004). Stress and coping during the transition to university for first-year female athletes. *Sports Psychologist, 18*, 1-20.

Giacomini, M., Baylis, F., & Robert, J. (2007). Banking on it: Public policy and the ethics of stem cell research and development. *Social Sciences Medicine, 22*, 88-84.

Giannopoulos, V. L., & Vella-Brodrick, D. A. (2011). Effects of positive interventions and orientations to happiness on subjective well-being. *The Journal of Positive Psychology, 6*, 95-105.

Gibb, K., Tunbridge, D., Chua, A., & Frederickson, N. (2007). Pathways to inclusion: Moving from special school to mainstream. *Educational Psychology in Practice, 23*, 109-127.

Gibbons, R. D., Brown, C. H., Hur, K., Marcus, S. M., Bhamik, D. K., Erkens, J. A., et al. (2007). Early evidence on the effects of regulators' suicidal warnings on SSRI prescriptions and suicide in children and adolescents. *American Journal of Psychiatry, 164*, 1356-1363.

Gibbs, N. (2005, August 8). Being 13. *Time*, pp. 41-55.

Gibbs, W. W. (2002, August.) From mouth to mind. *Scientific American*, p. 26.

Giedd, J., Stockman, M., Weddle, C., Liverpool, M., Alexander-Bloch, A., Wallace, G., et al. (2010). Anatomic magnetic resonance imaging of the developing child and adolescent brain and effects of genetic variation. *Neuropsychology Review, 20*, 349-361.

Gilbert, D. T., McNulty, S. E., Guiliano, T. A., & Benson, J. E. (1992). Blurry words and fuzzy deeds: The attribution of obscure behavior. *Journal of Personality and Social Psychology, 62*, 18-25.

Gilbert, D. T., Miller, A. G., & Ross, L. (1998). Speeding with Ned: A personal view of the correspondence bias. In J. M. Darley & J. Cooper (Eds.), *Attribution and social interaction: The legacy of Edward E. Jones*. Washington, DC: American Psychological Association.

Gilboa, A., Winocur, G., & Rosenbaum, R. S. (2006). Hippocampal contributions to recollection in retrograde and anterograde amnesia. *Hippocampus, 16*, 966-980.

Gilchrist, A., Cowan, N., & Naveh-Benjamin, M. (2009). Investigating the childhood development of working memory using sentences: New evidence for the growth of chunk capacity. *Journal of Experimental Child Psychology, 104*, 252-265.

Gillam, B., Palmisano, S. A., & Govan, D. G. (2011). Depth interval estimates from motion parallax and binocular disparity beyond interaction space. *Perception, 40*, 39-49.

Gilligan, C. (1996). The centrality of relationships in psychological development: A puzzle, some evidence, and a theory. In G. G. Noam & K. W. Fischer (Eds.), *Development and vulnerability in close relationships*. Hillsdale, NJ: Erlbaum.

Gilligan, C. (2004). Recovering psyche: Reflec-tions on life-history and history. *Annual of Psychoanalysis, 32*, 131-147.

Gizer, I. R., Ehlers, C. L., Vieten, C., Beaton-Smith, K. L., Feiler, H. S., Lee, J. V., et al. (2011). Linkage scan of alcohol dependence in the UCSF Family Alcoholism Study. *Drug and Alcohol Dependence, 113*, 125-132.

Gladwell, M. (2004, September 20). Annals of psychology: Personality, plus how corporations figure out who you are. *The New Yorker*, 42-45.

Gladwin, T. (1964). Culture and logical process. In N. Goodenough (Ed.), *Explorations in cultural anthropology: Essays in honor of George Peter Murdoch*. New York: McGraw-Hill.

Glass, K., Flory, K., Hankin, B., Kloos, B., & Turecki, G. (2009). Are coping strategies, social support, and hope associated with psychological distress among Hurricane Katrina survivors? *Journal of Social and Clinical Psychology, 28*, 779-795.

Glicksohn, J., & Nahari, G. (2007). Interacting personality traits? Smoking as a test case. *European Journal of Personality, 21*, 225-234.

Glisky, E. L. (2007). Changes in cognitive function in human aging. In D. R. Riddle (Ed.), *Brain aging: Models, methods, and mechanisms*. Boca Raton, FL: CRC Press.

Goffin, R. D., Jelley, R. B., & Wagner, S. H. (2003). Is halo helpful? Effects of inducing halo on performance rating accuracy. *Social Behavior and Personality, 31*, 625-636.

Goin, M. K. (2005). A current perspective on the psychotherapies. *Psychiatric Services, 56*, 255-257.

Gold, P. E., Cahill, L., & Wenk, G. L. (2002). Ginkgo biloba: A cognitive enhancer? *Psychological Science in the Public Interest, 3*, 2-7.

Golden, R. N., Gaynes, B. N., Ekstrom, R. D., Hamer, R. M., Jacobsen, F. M., Suppes, T., et al. (2005). The efficacy of light therapy in the treatment of mood disorders: A review and meta-analysis of the evidence. *The American Journal of Psychiatry, 162*, 656-662.

Golden, W. L. (2006). Hypnotherapy for anxiety, phobias and psychophysiological disorders. In R. A. Chapman (Ed.), *The clinical use of hypnosis in cognitive behavior therapy: A practitioner's casebook*. New York: Springer Publishing.

Golder, S. A., & Macy, M. W. (2011, September 30). Diurnal and seasonal mood vary with work, sleep, and day length across diverse cultures. *Science, 333*, 1878-1881.

Goldfried, M. R., & Pachankis, J. E. (2007). On the next generation of process-research. *Clinical Psychology Review, 27*, 760-768.

Goldstein, I. (2000). Female sexual arousal disorder: New insights. *International Journal of Impotence Research, 12*(Suppl. 4), S152-S157.

Goldstein, S. N. (2006). The exploration of spirituality and identity status in adolescence. *Dissertation Abstracts International: Section B: The Sciences and Engineering, 67*(6-B), 3481.

Goleman, D. (1988, January 21). Doctor and patient; physicians may bungle key part of treatment: The medical-interview. *The New York Times*, p. B16.

Goleman, D. (1993, July 21). "Expert"-babies found to teach others. *The New York Times*, p. C10.

Golimbet, V. E., Alfimova, M. V., Gritsenko, I. K., & Ebstein, R. P. (2007). Relationship between dopamine system genes and extraversion and novelty seeking. *Neuroscience Behavior and Physiology, 37*, 601-606.

Golombok, S., Cook, R., Bish, A., & Murray, C. (1995). Families created by the new reproductive technologies: Quality of parenting and social and emotional development of the children. *Child Development, 66*, 285-298.

Gontier, N. (2008). Genes, brains, and language: An epistemological examination of how genes can underlie human cognitive behavior. *Review of General Psychology, 12*, 170-180.

Gontkovsky, S. T. (2005). Neurobiological bases and neuropsychological correlates of aggression and violence. In J. P. Morgan (Ed.), *Psychology of aggression*. Hauppauge, NY: Nova Science Publishers.

Gontkovsky, S. T., & Beatty, W. W. (2006). Practical methods for the clinical-assessment of information processing speed. *International Journal of Neuroscience, 116*, 1317-1325.

Goode, E. (1999, April 13). If things taste bad, "phantoms" may be at work. *The New York Times*, pp. D1-D2.

Goodman, G., & Quas, J. (2008). Repeated interviews and children's memory: It's more than just how many. *Current Directions in Psychological Science, 17*, 386-390.

Goodman, W. K., Rudorfer, M. V., & Maser, J. D. (2000). *Obsessive-compulsive disorder: Contemporary issues in treatment*. Mahwah, NJ: Lawrence Erlbaum Associates.

Goodwin, R., Costa, P., & Adonu, J. (2004). Social support and its consequences: 'Positive' and 'deficiency' values and their implications for support and self-esteem. *British Journal of Social Psychology, 43*, 465-474.

Goodwin, R. D., & Hamilton, S. P. (2003). Lifetime comorbidity of antisocial personality disorder and anxiety disorders among adults in the community. *Psychiatry Research, 117*, 159-166.

Gooren, L. (2006). The biology of human psychosexual differentiation. *Hormones and Behavior, 50*, 589-601.

Gopie, N., Craik, F. M., & Hasher, L. (2011). A double dissociation of implicit and explicit memory in younger and older adults. *Psychological Science, 22*, 634-640.

Gordon, D., & Heimberg, R. G. (2011). Reliability and validity of DSM-IV-generalized anxiety disorder features. *Journal of Anxiety Disorders, 25*, 813-821.

Gossop, M., Stewart, D., & Marsden, J. (2008). Attendance at Narcotics Anonymous and Alcoholics Anonymous meetings, frequency of attendance and substance use outcomes after residential treatment for drug dependence: A 5-year follow-up study. *Addiction, 103*, 119-125.

Gotlib, I. H., Krasnoperova, E., Yue, D. N., & Joorman, J. (2004). Attentional biases for negative interpersonal stimuli in clinical depression. *Journal of Abnormal Psychology, 113*, 127-135.

Gottesman, I. I. (1991). *Schizophrenia genesis: The origins of madness*. New York: Freeman.

Gottesman, I. I., & Hanson, D. R. (2005). Human development: Biological and genetic processes. *Annual Review of Psychology, 56*, 263-286.

Gottlieb, D. A. (2004). Acquisition with partial and continuous reinforcement in pigeon autoshaping. *Learning and Behavior, 32*, 321-334.

Gottlieb, D. A. (2006). Effects of partial reinforcement and time between reinforced trials on terminal response rate in pigeon autoshaping. *Behavioural Processes, 72*, 6-13.

Gould, E., Reeves, A. J., Graziano, M. S. A., & Gross, C. G. (1999, October 15). Neurogenesis in the neocortex of adult primates. *Science*, 548-552.

Gould, R. L. (1978). *Transformations*. New York: Simon & Schuster.

Gradinaru, V., Mogri, M., Thompson, K. R., Henderson, J. M., & Deisseroth, K. (2009). Optical deconstruction of Parkinsonian neural circuitry. *Science, 324*, 354-359.

Grady, D., & Altman, L. K. (2008, December 29). Lessons for other smokers in Obama's efforts to quit. *The New York Times*, p. A12.

Graham, C. A., Bancroft, J., & Doll, H. A. (2007). Does oral contraceptive-induced reduction in free testosterone adversely affect the sexuality or mood of women? *Psychoneuroendocrinology, 32*, 246-255.

Grahek, N. (2007). *Feeling pain and being in pain* (2nd ed.). Cambridge, MA: MIT Press.

Granic, I., Hollenstein, T., & Dishion, T. (2003). Longitudinal analysis of flexibility and reorganization in early adolescence: A dynamic systems study of family interactions. *Developmental Psychology, 39*, 606-617.

Grann, J. D. (2007). Confidence in knowledge past: An empirical basis for a-differential decay-theory of very long-term memory monitoring. *Dissertation Abstracts International Section A: Humanities and Social Sciences, 67*, 2462.

Grant, A. (2008). Does intrinsic motivation fuel the prosocial fire? Motivational synergy in predicting persistence, performance, and productivity. *Journal of Applied Psychology, 93*, 48-58.

Grant, D. M., & Wingate, L. R. (2011). Cognitive-behavioral therapy. In C. Silverstein & C. Silverstein (Eds.), *The initial psychotherapy interview: A gay man seeks treatment.* Amsterdam Netherlands: Elsevier.

Gray, G. C. (2006). The regulation of corporate violations: Punishment, compliance, and the blurring of responsibility. *British Journal of Criminology, 46,* 875-892.

Graziano, M. S., Taylor, C. S., & Moore, T. (2002). Complex movements evoked by microstimulation of precentral cortex. *Neuron, 34,* 841-851.

Greely, H., Sahakian, B., Harris, J., Kessler, R. C., Gazzaniga, M., Campbell, P., & Farah, M. J. (2008). Towards responsible use of cognitive-enhancing drugs by the healthy. *Nature, 456,* 702-705.

Green, B. G., & George, P. (2004). Thermal taste predicts higher responsiveness to chemical taste and flavor. *Chemical Senses, 29,* 617-628.

Green, J., Lynn, S., & Montgomery, G. (2008, January). Gender-related differences in hypnosis-based treatments for smoking: A follow-up meta-analysis. *American Journal of Clinical Hypnosis, 50,* 259-271.

Greenberg, G., & Rosenheck, R. (2008). Jail-incarceration, homelessness, and mental health: A national study. *Psychiatric Services, 59,* 170-177.

Greenberg, R., & Goldman, E. (2009). Antidepressants, psychotherapy or their combination: Weighing options for depression treatments. *Journal of Contemporary Psychotherapy, 39,* 83-91.

Greenberg, R. M., & Kellner, C. H. (2005). Electroconvulsive therapy: A selected review. *The American Journal of Geriatric Psychiatry, 13,* 268-281.

Greene, J. D., & Paxton, J. M. (2009). Patterns of neural activity associated with honest and dishonest moral decisions. *PNAS Proceedings of the National Academy of Sciences of the United States of America, 106(30),* 12506-12511.

Greene, J. D., Sommerville, R. B., Nystrom, L. E., Darley, J. M., et al. (2001, September 14). An fMRI investigation of emotional engagement in moral judgment. *Science, 293,* 2105-2108.

Greenfield, S. (2002). Mind, brain and consciousness. *British Journal of Psychiatry, 181,* 91-93.

Greenspan, S. (2006). Functional concepts in mental retardation: Finding the natural essence of an artificial category. *Exceptionality, 14,* 205-224.

Greenwald, A. G., Draine S. C., & Abrams, R. L. (1996, September 20). Three cognitive markers of unconscious semantic activation. *Science, 272,* 1699-1702.

Greenwald, A. G., Nosek, B. A., & Banaji, M. R. (2003). Understanding and using the Implicit Association Test: 1. An improved scoring algorithm. *Journal of Personality and Social Psychology 85,* 197-216.

Greenwald, A. G., Nosek, B. A., & Sriram, N. (2006). Consequential validity of the implicit association test: Comment on Blanton and Jaccard. *American Psychologist, 61,* 56-61.

Greenwald, A. G., Poehlman, T., Uhlmann, E., & Banaji, M. (2009). Understanding and using the Implicit Association Test: III. Meta-analysis of predictive validity. *Journal of Personality and Social Psychology, 97,* 17-41.

Greer, R. D., Dudek-Singer, J., & Gautreaux, G. (2006). Observational learning. *International Journal of Psychology, 41,* 486-499.

Grefkes, C., & Fink, G. R. (2011). Reorganization of cerebral networks after stroke: New insights from neuroimaging with connectivity approaches. *Brain, 134,* 1264-1276.

Gregory, R. L. (1978). *The psychology of seeing* (3rd ed.). New York: McGraw-Hill.

Gregory, R. L. (2008). Emmert's Law and the moon illusion. *Spatial Vision, 21,* 407-720.

Grigorenko, E. (2009). Speaking genes or genes for speaking? Deciphering the genetics of speech and language. *Journal of Child Psychology and Psychiatry, 50,* 116-125.

Grigoriadis, S., & Ravitz, P. (2007). An approach to interpersonal psychotherapy for postpartum depression: Focusing on interpersonal changes. *Canadian Family Physician, 53,* 1469-1475.

Grilo, C. M., Sanislow, C. A., Shea, M., Skodol, A. E., Stout, R. L., Pagano, M. E., & ... McGlashan, T. H. (2003). The Natural Course of Bulimia Nervosa and Eating Disorder not Otherwise Specified is not Influenced by Personality Disorders. *International Journal of Eating Disorders, 34,* 319-330.

Grimes, T., & Bergen, L. (2008, April). The epistemological argument against a causal relationship between media violence and sociopathic behavior among psychologically well viewers. *American Behavioral Scientist, 51,* 1137-1154.

Grimm, J. W. (2011). Craving. In M. C. Olmstead & M. C. Olmstead (Eds.), *Animal models of drug addiction.* Totowa, NJ: Humana Press.

Gronholm, P., Rinne, J. O., Vorobyev, V., & Laine, M. (2005). Naming of newly learned objects: A PET activation study. *Brain Research and Cognitive Brain Research, 14,* 22-28.

Gross, D. M. (2006). *The secret history of emotion: From Aristotle's rhetoric to modern brain science.* Chicago: University of Chicago Press.

Grossmann, T., Striano, T., & Friederici, A. D. (2007). Developmental changes in infants' processing of happy and angry facial expressions: A neurobehavioral study. *Brain and Cognition, 64,* 30-41.

Groves, R. M., Singer, E., Lepkowski, J. M., Heeringa, S. G., & Alwin, D. F. (2004). In S. J. House, F. T. Juster, et al. (Eds.), *A telescope on society: Survey research and social science at the University of Michigan and beyond.* Ann Arbor, MI: University of Michgan Press.

Grucza, R., Norberg, K., & Bierut, L. (2009). Binge drinking among youths and young adults in the United States: 1979-2006. *Journal of the American Academy of Child & Adolescent Psychiatry, 48,* 692-702.

Grunwald, T., Boutros, N. N., Pezer, N., von Oertzen, J., Fernandez, G., Schaller, C., & Elger, C. E. (2003). Neuronal-substrates of sensory gating within the human brain. *Biological Psychiatry, 15,* 511-519.

Guadagno, R. E., & Cialdini, R. B. (2002). Online persuasion: An examination of gender differences in computer--mediated interpersonal influence [Special-issue: Groups and Internet]. *Group Dynamics, 6,* 38-51.

Guastella, A., Mitchell, P., & Dadds, M. (2008, January). Oxytocin increases gaze to the eye region of human faces. *Biological Psychiatry, 63,* 3-5.

Guéguen, N., Marchand, M., Pascual, A., & Lourel, M. (2008). Foot-in-the-door technique using a courtship request: A field experiment. *Psychological Reports, 103,* 529-534.

Guerrero, L., La Valley, A., & Farinelli, L. (2008, October). The experience and expression of anger, guilt, and sadness in marriage: An equity theory explanation. *Journal of Social and Personal Relationships, 25,* 699-724.

Guiard, B. P., Chenu, F., Mansari, M., & Blier, P. (2011). Characterization of the electrophysiological properties of triple reuptake inhibitors on monoaminergic neurons. *International Journal of Neuropsychopharmacology, 14,* 211-223.

Guilleminault, C., Kirisoglu, C., Bao, G., Arias, V., Chan, A., & Li, K. K. (2005). Adult chronic sleepwalking and its treatment based on poly-somnography. *Brain, 128* (Pt. 5), 1062-1069.

Guldemond, H., Bosker, R., Kuyper, H., & van der Werf, G. (2007). Do highly gifted students really have problems? [Special issue: Current research on giftedness: International perspectives]. *Educational Research and Evaluation, 13,* 555-568.

Gurin, P. (2006). Informing theory from practice and applied research. *Journal of Social Issues, 62,* 621-628.

Gwynn, M. I., & Spanos, N. P. (1996). Hypnotic responsiveness, nonhypnotic suggestibility, and responsiveness to social influence. In R. G. Kunzendorf, N. P. Spahos, & B. Wallace (Eds.), *Hypnosis and imagination.* Amityville, NY: Baywood.

Haberstick, B. C., Schmitz, S., Young, S. E., & Hewitt, J. K. (2005). Contributions of genes and environments to stability and change in externalizing and internalizing problems during elementary and middle school. *Behavior Genetics, 35,* 381-396.

Hackam, D. G. (2007). Translating animal research into clinical benefit. *British Medical Journal, 334,* 163-164.

Hager, E. (2010, June 18). Bronx is up? Innate sense may tell us. *The New York Times,* A-21.

Haier, R. J. (2011). Biological basis of intelligence. In R. J. Sternberg & S. Kaufman (Eds.), *The Cambridge handbook of intelligence.* New York: Cambridge University Press.

Haier, R. J., Colom, R., Schroeder, D. H., Condon, C. A., Tang, C., Eaves, E., et al. (2009). Gray matter and intelligence factors: Is there a neuro-g? *Intelligence, 37,* 136-144.

Haley, W. E., Clair, J. M., & Saulsberry, K. (1992). Family caregiver satisfaction with medical care of their demented relatives. *Gerontologist, 32,* 219-226.

Halford, S. (2006). Collapsing the boundaries? Fatherhood, organization and home-working. *Gender, Work & Organization, 13,* 383-402.

Halkitis, P. (2009). *Methamphetamine addiction: Biological foundations, psychological factors, and social consequences.* Washington, DC: American Psychological Association.

Hall, P. J., Chong, C., McNaughton, N., & Corr, P. J. (2011). An economic perspective on the reinforcement sensitivity theory of personality. *Personality and Individual Differences, 51,* 242-247.

Hallschmid, M., Benedict, C., Born, J., Fehm, H., & Kern, W. (2004). Manipulating central nervous mechanisms of food intake and body weight regulation by intranasal administration of neuropeptides in man. *Physiology and Behavior, 83,* 55-64.

Halpern, D., & Riggio, H. (2002). *Thinking critically about critical thinking.* Mahwah, NJ: Erlbaum.

Halpern, D. F. (2005). Psychology at the intersection of work and family: Recommendations for employers, working families, and policy-makers. *American Psychologist, 60,* 397-409.

Halpern, D. F. (2010, December, 3). How neuromythologies support sex role stereotypes. *Science, 330,* 1320-1322.

Halpert, J. (2003, April 28). What do patients want? *Newsweek*, pp. 63–64.

Hamani, Y., Sciaki-Tamir, Y., Deri-Hasid, R., Miller-Pogrund, T., Milwidsky, A., & Haimov-Kochman, R. (2007). Misconceptions about oral contraception pills among adolescents and physicians. *Human Reproduction, 22,* 3078–3083.

Hamann, S. (2001). Cognitive and neural mechanisms of emotional memory. *Trends in Cognitive Sciences, 5,* 394–400.

Hamann, S. B., Ely, T. D., Hoffman, J. M., & Kilts, C. D. (2002). Ecstasy and agony: Activation of human amygdala in positive and negative emotion. *Psychological Science, 13,* 135–141.

Hambleton, R. K. (2006). Psychometric models, test designs and item types for the next generation of educational and psychological tests. In D. Bartram, & R. K. Hambleton, *Computer-based testing and the Internet: Issues and advances.* New York: John Wiley & Sons.

Hamer, M., Taylor, A., & Steptoe, A. (2006). The effect of acute aerobic exercise on stress related blood pressure responses: A systematic review and meta-analysis. *Bi Psychology, 71,* 183–190.

Hamilton, A. C., & Martin, R. C. (2007). Semantic short-term memory deficits and resolution of interference: A case for inhibition? In D. S. Gorfein & C. M. Macleod (Eds.), *Inhibition in cognition.* Washington, DC: American Psychological Association.

Hamilton, W. L., Biener, L., & Brennan, R. T. (2007). Do local tobacco regulations influence perceived smoking norms? Evidence from adult and youth surveys in Massachusetts. *Health Education Research, 23,* 709–722.

Hammond, C., & Gold, M. (2008). Caffeine dependence, withdrawal, overdose and treatment: A review. *Directions in Psychiatry, 28,* 177–190.

Hammond, D. C. (2007, April). Review of the efficacy of clinical hypnosis with headaches and migraines [Special issue: Evidence-based practice clinical hypnosis—part 1]. *International Journal of Clinical and Experimental Hypnosis 55,* 207–219.

Haney, C., & Zimbardo, P. (2009). Persistent dispositionalism in interactionist clothing: Fundamental attribution error in explaining prison abuse. *Personality and Social Psychology Bulletin, 35,* 807–814.

Hangya, B., Tihanyi, B. T., Entz, L., Fabo, D., Eröss, L., Wittner, L., et al. (2011). Complex propagation patterns characterize human cortical activity during slow-wave sleep. *The Journal of Neuroscience, 31,* 8770–8779.

Hanley, S. J., & Abell, S. C. (2002). Maslow and relatedness: Creating an interpersonal model of self-actualization. *Journal of Humanistic Psychology, 42,* 37–56.

Hannon, E. E., & Johnson, S. P. (2005). Infants use meter to categorize rhythms and melodies: Implications for musical structure learning. *Cognitive Psychology, 50,* 354–377.

Harding, D. J., & Jencks, C. (2003). Changing attitudes toward premarital sex: Cohort, period, and aging effects. *The Public Opinion Quarterly, 67,* 211–226.

Hardison, D. M. (2006). Review of phonetics and phonology in language comprehension and production: Differences and similarities. *Studies in Second Language Acquisition, 28,* 138–140.

Hardt, J., Sidor, A., Nickel, R., Kappis, B., Petrak, P., & Egle, U. (2008). Childhood adversities and suicide attempts: A retrospective study. *Journal of Family Violence, 23,* 713–718.

Hardy, L. T. (2007). Attachment theory and reactive attachment disorder: Theoretical perspectives and treatment implications. *Journal of Child and Adolescent Psychiatric Nursing, 20,* 27–39.

Harlow, H. F., & Zimmerman, R. R. (1959). Affectional responses in the infant monkey. *Science, 130,* 421–432.

Harlow, J. M. (1869). Recovery from the passage of an iron bar through the head. *Massachusetts Medical Society Publication, 2,* 329–347.

Harmon-Jones, E., & Winkielman, P. (2007). *Social neuroscience: Integrating biological and psychological explanations of social behavior.* New York, Guilford Press.

Harold, G. T., Fincham, F. D., Osborne, L. N., & Conger, R. D. (1997). Mom and dad are at it again: Adolescent perceptions of marital conflict and adolescent psychological distress. *Developmental Psychology, 33,* 333–350.

Harper, T. (1978, November 15). It's not true about people 65 or over. *Green Bay Press-Gazette* (Wisconsin), p. D-1.

Hart, B., & Risley, T. R. (1997). Use of language by three-year-old children. Courtesy of Drs. Betty Hart and Todd Risley, University of Kansas.

Hartmann, E. (1967). *The biology of dreaming.* Springfield, IL: Charles C Thomas Publisher.

Hartung, C. M., & Widiger, T. A. (1998). Gender differences in the diagnosis of mental disorders: Conclusions and controversies of the DSM-IV. *Psychological Bulletin, 123,* 260–278.

Harvard Mental Health Letter (HMHL). (1994, March). Brief psychodynamic therapy—Part I. *Harvard Mental Health Letter,* p. 10.

Harvey, J. H., Wenzel, A., & Sprecher, S. (Eds.). (2004). *The handbook of sexuality in close relationships.* Mahwah, NJ: Lawrence Erlbaum Associates.

Haselton, M. G., & Gildersleeve, K. (2011). Can men detect ovulation? *Current Directions in Psychological Science, 20,* 87–92.

Haslam, C., & Lawrence, W. (2004). Health-related behavior and beliefs of pregnant smokers. *Health Psychology, 23,* 486–491.

Hastings, R. P., & Oakford, S. (2003). Student teachers' attitudes towards the inclusion of children with special needs. *Educational Psychology, 23,* 87–94.

Hatsopoulos, N. G., & Donoghue, J. P. (2009). The Science of Neural Interface Systems. *Annual Review of Neuroscience, 19,* 245–251.

Hauke, C. (2006). The unconscious: Personal and collective. In R. K. Papadopoulos (Ed.), *The handbook of Jungian psychology: Theory, practice and applications.* New York: Routledge.

Hauser, M. D. (2000). The sound and the fury: Primate vocalizations as reflections of emotion and thought. In N. L. Wallin & B. Merker (Eds.), *The origins of music.* Cambridge, MA: MIT.

Havermans, R. C., Mulkens, S., Nederkoorn, C., & Jansen, A. (2007). The efficacy of cue exposure with response prevention in extinguishing drug and alcohol cue reactivity. *Behavioral Interventions, 22,* 121–135.

Haviland-Jones, J., & Chen, D. (1999, April 17). *Human olfactory perception.* Paper presented at the Association for Chemoreception Sciences, Sarasota, Florida.

Haviland-Jones, J. M., & Wilson, P. J. (2008). A 'nose' for emotion: Emotional information and challenges in odors and semiochemicals. In M. Lewis, J. M. Haviland-Jones, & L. G. Barrett (Eds.), *Handbook of emotions* (3rd ed.). New York: Guilford Press.

Hawkes, Christopher H., & Doty, R. L. (2009). *The neurology of olfaction.* Cambridge, UK: Cambridge University Press.

Hayflick, L. (2007). Biological aging is no longer an unsolved problem. *Annals of the New York Academy of Sciences, 1100,* 1–13.

Haynes, P., Nixon, J. C., & West, J. F. (1990). Time perception and consumer behaviour: Some cross-cultural implications. *International Journal of Consumer Studies, 14,* 14–27.

Hays, P. A. (2008). *Addressing cultural complexities in practice: Assessment, diagnosis, and therapy* (2nd ed.). Washington, DC: American Psychological Association.

Hayward, R., & Elliott, M. (2011). Subjective and objective fit in religious congregations: Implications for well-being. *Group Processes & Intergroup Relations, 14,* 127–139.

Health Pages. (2003, March 13). Just what the doctor ordered. Retrieved from http://www.thehealthpages.com/-articles/ar-drord.html

Heath, R. A. (2006). *The Praeger handbook of transsexuality: Changing gender to match mindset.* Westport, CT: Praeger Publishers/Greenwood Publishing.

Heatherton, T., & Sargent, J. (2009). Does watching smoking in movies promote teenage smoking? *Current Directions in Psychological Science, 18,* 63–67.

Hecht, J. M. (2007). *The happiness myth: Why what we think is right is wrong. A history of what really makes us happy.* New York: HarperSanFrancisco/HarperCollins.

Hedges, D. W., Brown, B. L., Shwalk, D. A., Godfrey, K., & Larcher, A. M. (2007). The efficacy of selective serotonin reuptake inhibitors in adult social anxiety disorder: A meta-analysis of double-blind, placebo-controlled trials. *Journal of Psychopharmacology, 21,* 102–111.

Hegarty, P. (2007). From genius inverts to gendered intelligence: Lewis Terman and the power of the norm [Special issue: Power matters: Knowledge politics in the history of psychology]. *History of Psychology, 10,* 132–155.

Hegarty, P., & Massey, S. (2007). Anti-homosexual prejudice . . . as opposed to what? Queer theory and the social psychology of anti-homosexual attitudes. *Journal of Homosexuality, 52,* 47–71.

Heilman, K. M. (2005). *Creativity and the brain.* New York: Psychology Press.

Heinrichs, R. W. (2005). The primacy of cognition in schizophrenia. *American Psychologist, 60,* 229–242.

Heitzmann, C. A., Merluzzi, T. V., Jean-Pierre, P., Roscoe, J. A., Kirsh, K. L., & Passik, S. D. (2011). Assessing self-efficacy for coping with cancer: Development and psychometric analysis of the brief version of the Cancer Behavior Inventory (CBI-B). *Psycho-Oncology, 20,* 302–312.

Heller, S. (2005). *Freud A to Z.* New York: Wiley.

Helmbold, N., Troche, S., & Rammsayer, T. (2007). Processing of temporal and nontemporal information as predictors of psychometric intelligence: A structural-equation-modeling approach. *Journal of Personality, 75,* 985–1006.

Helmuth, L. (2000, August 25). Synapses shout to overcome distance. *Science, 289,* 1273.

Henckes, N. (2011). Reforming psychiatric institutions in the mid-twentieth century: A framework for analysis. *History of Psychiatry, 22,* 164–181.

Henderson, J., Kesmodel, U., & Gray, R. (2007). Systematic review of the fetal effects of prenatal binge-drinking. *Journal of Epidemiology and Community Health, 61,* 1069–1073.

Henderson, N. D. (1982). Correlations in IQ for pairs of people with varying degrees of genetic relatedness and shared environment. *Annual Review of Psychology, 33,* 219–243.

Hennig-Fast, K., Meister, F., Frodl, T., Beraldi, A., Padberg, F., Engel, R., et al. (2008). The case of persistent retrograde amnesia following a dissociative fugue: Neuropsychological and neurofunctional underpinnings of loss of autobiographical memory and self-awareness. *Neuropsychologia, 46*(12), 2993–3005.

Henningsen, D. D., Henningsen, M. L., & Eden, J. (2006). Examining the symptoms of group-think and retrospective sensemaking. *Small Group Research, 37,* 36–64.

Henrich, J., Heine, S., & Norenzayan, A. (2010). The weirdest people in the world? *Behavioral and Brain Sciences, 33,* 61–83.

Henry, D., McClellen, D., Rosenthal, L., Dedrick, D., & Gosdin, M. (2008, February). Is sleep really for sissies? Understanding the role of work in insomnia in the US. *Social Science & Medicine, 66,* 715–726.

Hentschel, U., Smith, G., Draguns, J. G., & Elhers, W. (2004). *Defense mechanisms: Theoretical, research and clinical perspectives.* Oxford, England: Elsevier Science.

Herbenick, D., Reece, M., Sanders, S., Dodge, B., Ghassemi, A., & Fortenberry, J. (2009). Prevalence and characteristics of vibrator use by women in the United States: Results from a nationally representative study. *Journal of Sexual Medicine, 6,* 1857–1866.

Herbert, W. (2011). *On second thought: Outsmarting your mind's hard-wired habits.* New York: Broadway.

Herrán, A., Carrera, M., & Sierra-Biddle, D. (2006). Panic disorder and the onset of agoraphobia. *Psychiatry and Clinical Neurosciences, 60,* 395–396.

Herrington, D. M., & Howard, T. D. (2003). From presumed benefit to potential harm—Hormone therapy and heart disease. *New England Journal of Medicine, 349,* 519–521.

Herrnstein, R. J., & Murray, D. (1994). *The bell curve.* New York: Free Press.

Hertzog, C., Kramer, A., Wilson, R., & Linden-berger, U. (2008). Enrichment effects on adult cognitive development: Can the functional capacity of older adults be preserved and enhanced? *Psychological Science in the Public Interest, 9,* 1–65.

Herzberg, L. (2009). Direction, causation, and -appraisal theories of emotion. *Philosophical Psychology, 22,* 167–186.

Hess, M. J., Houg, S., & Tammaro, E. (2007). The experience of four individuals with paraplegia enrolled in an outpatient interdisciplinary sexuality program. *Sexuality and Disability, 25,* 189–195.

Hess, T. M., Hinson, J. T., & Statham, J. A. (2004). Explicit and implicit stereotype activation effects on memory: Do age and awareness moderate the impact of priming? *Psychology and Aging, 19,* 495–505.

Heyman, G. D., & Diesendruck, G. (2002). The Spanish *ser/estar* distinction in bilingual children's reasoning about human psychological characteristics. *Developmental Psychology, 38,* 407–417.

Hibbard, P. (2007, February). A statistical model of binocular disparity. *Visual Cognition, 15,* 149–165.

Hiby, E. F., Rooney, N. J., & Bradshaw, J. W. S. (2004). Dog training methods: Their use, effectiveness and interaction with behaviour and welfare. *Animal Welfare, 13,* 63–69.

Hilarski, C. (2007). Antisocial personality disorder. In B. A. Thyer & J. S. Wodarski (Eds.), *Social work in mental health: An evidence-based approach.* Hoboken, NJ: John Wiley & Sons.

Hilgard, E. (1992). Disassociation and theories of hypnosis. In E. Fromm & M. E. Nash (Eds.), *Contemporary hypnosis research.* New York: Guilford.

Hillix, W. A. (2007). The past, present, and possible futures of animal language -research. In D. A. Washburn (Ed.), *Primate perspectives on behavior and cognition.* Washington, DC: American Psychological Association.

Hines, M. (2004) *Brain gender.* New York: Oxford University Press.

Hinterberger, T., Schöner, J., & Halsband, U. (2011). Analysis of electrophysiological state patterns and changes during hypnosis induction. *International Journal of Clinical and Experimental Hypnosis, 59,* 165–179.

Hirsh, I. J., & Watson, C. S. (1996). Auditory psychophysics and perception. *Annual Review of Psychology, 47,* 461–484.

Hoare, P., & Machin, M. (2010). The impact of reemployment on access to the latent and manifest benefits of employment and mental health. *Journal of Occupational and Organizational Psychology, 83,* 759–770.

Hobfoll, S. E., Freedy, J. R., Green B. L., & Solomon, S. D. (1996). Coping in reaction to extreme stress: The roles of resource loss and resource availability. In M. Zeidner & N. S. Endler (Eds.), *Handbook of coping: Theory, research, applications.* New York: Wiley.

Hobfoll, S. E., Hall, B. J., & Canetti-Nisim, D. (2007). Refining our understanding of traumatic growth in the face of terrorism: Moving from meaning cognitions to doing what is meaningful. *Applied Psychology: An International Review, 56,* 345–366.

Hobson, J. A. (1989). *Sleep.* New York: W. H. Freeman.

Hobson, J. A. (2005). In bed with Mark Solms? What a nightmare! A reply to Domhoff. *Dreaming, 15,* 21–29.

Hobson, J. A. (2007). States of Conciseness: Normal and abnormal variation. In P. D. Zelazo, M. Moscovitch, et al. (Eds.), *The Cambridge Handbook of Consciousness.* London: Cambridge University Press.

Hobson, K. (2011, March 28). How can you help the medicine go down? *The Wall Street Journal.* R10.

Hochschild, A. (2001, February). A generation without public passion. *Atlantic Monthly,* pp. 33–42.

Hock, H. S., & Ploeger, A. (2006). Linking dynamical perceptual decisions at different levels of description in motion pattern formation: Psychophysics. *Perception & Psychophysics, 68,* 505–514.

Hoff, E. (2003). Language development in childhood. In R. M. Lerner et al. (Eds.), *Handbook of psychology: Developmental psychology* (Vol. 6). New York: Wiley.

Hoff, E. (2008). *Language development.* New York: Wadsworth.

Hoffer, T. B., Selfa, L., Welch, V., Jr., Williams, K., Hess, M., Friedman, J., et al. (2005, March 8). *Doctorate recipients from United States universities: Summary report 2003.* Chicago: NORC at the University of Chicago.

Hofmann, S. G. (2007). Enhancing -exposure-based therapy from a translational research perspective. *Behaviour Research and Therapy, 45,* 1987–2001.

Hofmann, W., Gschwendner, T., Castelli, L., & Schmitt, M. (2008). Implicit and explicit attitudes and interracial interaction: The moderating role of situationally available control resources. *Group Processes & Intergroup Relations, 11,* 69–87.

Hogan, J., Davies, S., & Hogan, R. (2007). Generalizing personality-based validity evidence. In S. M. McPhail (Ed.), *Alternative validation strategies: Developing new and leveraging existing validity evidence.* Hoboken, NJ: John Wiley & Sons.

Hogg, M. A. (2006). Social identity theory. In P. J. Burke (Ed.), *Contemporary social psychological theories.* Palo Alto, CA: Stanford University Press.

Hogg, M. A., & Hains, S. C. (2001). Intergroup relations and group solidarity: Effects of group identification and social beliefs on depersonalized attraction. In M. A. Hogg & D. Abrams (Eds.), *Intergroup relations: Essential readings.* New York: Psychology Press.

Høglend, P. P., Dahl, H. S., Hersoug, A. G., Lorentzen, S. S., & Perry, J. C. (2011). Long-term effects of transference interpretation in dynamic psychotherapy of personality disorders. *European Psychiatry, 26,* 419–424.

Holden, C. (2003, January 17). Deconstructing schizophrenia. *Science, 299,* 333–335.

Holden, C. (2007, June 29). Embryonic stem cells. Stem cell science advances as politics stall. *Science, 316,* 1825.

Holden, L. M. (2005). Complex adaptive systems:

Holland, J. C., & Lewis, S. (2001). *The human side of cancer: Living with hope, coping with uncertainty.* New York: Quill.

Holler, G. D. (2006). Relations of hypnotic susceptibility, absorption, imagery, sexual fantasy, sexual daydreaming, and social desirability to sexual satisfaction. *Dissertation Abstracts International: Section B: The Sciences and Engineering, 67,* 3453.

Holleran, S., Mehl, M., & Levitt, S. (2009). Eavesdropping on social life: The -accuracy of stranger ratings of daily -behavior from thin slices of natural conversations. *Journal of Research in Personality, 43,* 660–672.

Hollingworth, H. L. (1943/1990). *Leta Stetter Hollingworth: A biography.* Boston: Anker.

Hollins, K. (2007). Consequences of antenatal mental health problems for child health and development. *Current Opinions on Obstetric Gynecology, 19,* 568–573.

Hollis, K. L. (1997, September). Contemporary research on Pavlovian conditioning: A "new" functional analysis. *American Psychologist, 52,* 956–965.

Hollon, S. D., Thase, M. E., & Markowitz, J. C. (2002). Treatment and prevention of depression. *Psychological Science in the Public Interest, 3,* 39–77.

Holloway, L. (2000, December 16). Chief of New York City schools plans to revamp bilingual study. *The New York Times,* p. A1.

Holmes, A., Yang, R. J., Lesch, K. P., Crawley, J. N., & Murphy, D. L. (2003). Mice lacking the serotonin transporter exhibit 5-HT-sub(1A) receptor--mediated abnormalities in tests for -anxiety-like behavior. *Neuropsycho-pharmacology, 28,* 2077-2088.

Holowka, S., & Petitto, L. A. (2002, August 30). Left hemisphere cerebral specialization for babies while babbling. *Science, 297,* 1515.

Holt, M., & Jahn, R. (2004, March, 26). Synaptic vesicles in the fast lane. *Science, 303,* 1986-1987.

Holtz, J. (2011). *Applied clinical neuropsychology: An introduction.* New York: Springer Publishing Co.

Hongchun, W., & Ming, L. (2006). About the research on suggestibility and false memory. *Psychological Science (China), 29,* 905-908.

Hopkins, W., & Cantalupo, C. (2008, June). Theoretical speculations on the evolutionary origins of hemispheric specialization. *Current Directions in Psychological Science, 17,* 233-237.

Hopwood, C., Newman, D., Donnellan, M., Markowitz, J., Grilo, C., Sanislow, C., et al. (2009). The stability of personality traits in individuals with borderline personality disorder. *Journal of Abnormal Psychology, 118,* 806-815.

Horesh, D., Solomon, Z. Z., Zerach, G. G., & Ein-Dor, T. T. (2011). Delayed-onset PTSD among war veterans: The role of life events throughout the life cycle. *Social Psychiatry and Psychiatric Epidemiology, 46,* 863-870.

Hori, H., Teraishi, T., Sasayama, D., Matsuo, J., Kawamoto, Y., Kinoshita, Y., & Kunugi, H. (2011). Relationships between season of birth, schizotypy, temperament, character and neurocognition in a non-clinical population. *Psychiatry Research, 189,* 388-397.

Horinek, D., Varjassyová, A., & Hort, J. (2007). Magnetic resonance analysis of amygdalar volume in Alzheimer's disease. *Current Opinion in Psychiatry, 20,* 273-277.

Horney, K. (1937). *Neurotic personality of our times.* New York: Norton.

Horton, C. L. (2011). Recall and recognition of dreams and waking events: A diary paradigm. *International Journal of Dream Research, 4,* 8-16.

Horton, K. D., Wilson, D. E., Vonk, J., Kirby, S. L., & Nielsen, T. (2005). Measuring automatic retrieval: A comparison of implicit memory, process dissociation, and speeded response procedures. *Acta Psychologica, 119,* 235-263.

Houghtalen, R. P., & Talbot, N. (2007). Dissociative disorders and cognitive disorders. In O. J. Z. Sahler & J. E. Carr (Eds.), *The behavioral sciences and health care* (2nd rev. and updated ed.). Ashland, OH: Hogrefe & Huber Publishers, 2007.

Howe, C. J. (2002). The countering of overgeneralization. *Journal of Child Language, 29,* 875-895.

Howe, M. L. (2011). The adaptive nature of memory and its illusions. *Psychological Science, 20,* 312-315.

Howell, E. F. (2011). *Understanding and treating dissociative identity disorder: A relational approach.* New York: Routledge/Taylor & Francis Group.

Howes, O., & Kapur, S. (2009). The dopamine hypothesis of schizophrenia: Version III—The final common pathway. *Schizophrenia Bulletin, 35,* 549-562.

Howitt, D., & Cramer, D. (2000). *First steps in research and statistics: A practical workbook for psychology students.* Philadelphia: Psychology Press.

Hsieh, Y., & Chen, K. (2011). How different information types affect viewer's attention on internet advertising. *Computers in Human Behavior, 27*(2), 935-945.

Hubbard, K., O'Neill, A., & Cheakalos, C. (1999, April 12). Out of control. *People,* pp. 52-72.

Hubel, D. H., & Wiesel, T. N. (2004). *Brain and visual perception: The story of a 25-year collaboration.* New York: Oxford University Press.

Huber, F., Beckmann, S. C., & Herrmann, A. (2004). Means-end analysis: Does the affective state influence information processing style? *Psychology and Marketing, 21,* 715-737.

Hudson, W. (1960). Pictorial depth perception in subcultural groups in Africa. *Journal of Social Psychology, 52,* 183-208.

Hudspeth, A. J. (2000). Hearing. In E. R. Kandel, J. H. Schwartz, & T. M. Jessell (Eds.), *Principles of neural science* (4th ed.). New York: McGraw-Hill.

Huesmann, L., Dubow, E. F., & Boxer, P. (2011). The transmission of aggressiveness across generations: Biological, contextual, and social learning processes. In P. R. Shaver, M. Mikulincer, P. R. Shaver & M. Mikulincer (Eds.), *Human aggression and violence: Causes, manifestations, and consequences.* Washington, DC: American Psychological Association.

Hugenberg, K., & Sacco, D. (2008). Social categorization and stereotyping: How social categorization biases person perception and face memory. *Social and Personality Psychology Compass, 2,* 1052-1072.

Huijie, T. (2006). The measurement and assessment of mental health: A longitudinal and cross-sectional research on undergraduates, adults and patients. *Psychological Science (China), 29,* 419-422.

Hull, C. L. (1943). *Principles of behavior.* New York: Appleton-Century-Crofts.

Human, L. J., & Biesanz, J. C. (2011). Through the looking glass clearly: Accuracy and assumed similarity in well-adjusted individuals' first impressions. *Journal of Personality and Social Psychology, 100,* 349-364.

Humphrey, N., Curran, A., & Morris, E. (2007). Emotional intelligence and education: A critical review. *Educational Psychology, 27,* 235-254.

Humphreys, G. W., & Müller, H. (2000). A search asymmetry reversed by figure-ground assignment. *Psychological Science, 11,* 196-200.

Humphreys, K. L., & Lee, S. S. (2011). Risk taking and sensitivity to punishment in children with ADHD, ODD, ADHD+ODD, and controls. *Journal of Psychopathology and Behavioral Assessment, 33,* 299-307.

Hunt, E. (1994). Problem solving. In R. J. Sternberg (Ed.), *Thinking and problem solving: Handbook of perception and cognition* (2nd ed.). San Diego, CA: Academic Press.

Hunt, E. (2005). Information processing and intelligence: Where we are and where we are going. In R. J. Sternberg & J. E. Pretz (Eds.), *Cognition and intelligence: Identifying the mechanisms of the mind.* New York: Cambridge University Press.

Hunt, J. S., Seifert, A. L., & Armenta, B. E. (2006). Stereotypes and prejudice as dynamic constructs: Reminders about the nature of intergroup bias from the hurricane Katrina relief efforts. *Analyses of Social Issues and Public Policy (ASAP), 6,* 237-253.

Hunt, M. (1974). *Sexual behaviors in the 1970s.* New York: Dell.

Hurt, C. S., Ganerjee, S., Tunnard, C., Whitehead, D. L., Tsolaki, M., Mecocci, P., et al. (2005). Insight, cognition and quality of life in Alzheimer's disease. *NeuroMed Consortium, Journal of Neurology, Neurosurgery & Psychiatry, 81,* 331-336.

Huston, A. C., Donnerstein, E., Fairchild, H. H., Feshback, N. D., Katz, P., Murray, J. P., et al. (1992). *Big world, small screen: The role of television in American society.* Omaha, NE: University of Nebraska Press.

Hutchinson, S. L., Baldwin, C. K., & Oh, S-S. (2006). Adolescent coping: Exploring adolescents' leisure-based responses to stress. *Leisure Sciences, 28,* 115-131.

Hyde, J., Mezulis, A. H., & Abramson, L. Y. (2008). The ABCs of depression: Integrating affective, biological, and cognitive models to explain the emergence of the gender difference in depression. *Psychological Review, 115,* 291-313.

Hyde, K., Peretz, I., & Zatorre, R. (2008, February). Evidence for the role of the right auditory cortex in fine pitch resolution. *Neuropsychologia, 46,* 632-639.

Hyman, B. T. (2011). Amyloid-dependent and amyloid-independent stages of Alzheimer disease. *Archives of Neurology, 68,* 1662-1664.

Iachini, T., & Giusberti, F. (2004). Metric properties of spatial images generated from locomotion: The effect of absolute size on mental scanning. *European Journal of Cognitive Psychology, 16,* 573-596.

Iacoboni, M. (2009, January). Imitation, empathy, and mirror neurons. *Annual Review of Psychology, 60,* 653-670.

Iaria, G., Palermo, L., Committeri, G., & Barton, J. (2009). Age differences in the formation and use of cognitive maps. *Behavioural Brain Research, 196,* 187-191.

Ievers-Landis, C. E., Hoff, A. L., Brez, C., Cancilliere, M. K., McConnell, J., & Kerr, D. (2005). Situational analysis of dietary challenges of the treatment regimen for children and adolescents with phenylketonuria and their primary caregivers. *Journal of Develop-mental and Behavioral Pediatrics, 26,* 186-193.

Iglesias, A. (2005). Awake-alert hypnosis in the treatment of panic disorder: A case report. *American Journal of Clinical Hypnosis, 47,* 249-257.

Igo, S. E. (2006). Review of a telescope on society: Survey research and social science at the University of Michigan and beyond. *Journal of the History of the Behavioral Sciences, 42,* 95-96.

Ihler, E. (2003). Patient-physician communication. *Journal of the American Medical Association, 289,* 92.

Ikonomidou, C., Bittigau, P., Ishimaru, M. J., Wozniak, D. F., Koch, C., Genz, K., et al. (2000, February 11). Ethanol-induced apoptotic neurodegeneration and fetal alcohol syndrome. *Science, 287,* 1056-1060.

Imamura, M., & Nakamizo, S. (2006). An empirical test of formal equivalence between Emmert's Law and the size-distance invariance hypothesis. *The Spanish Journal of Psychology, 9*(2), 295-299.

Innocenti, G. M. (2007). Subcortical regulation of cortical development: Some effects of early, selective deprivations. *Progressive Brain Research, 164,* 23-37.

Inoue, T., Abekawa, T., Nakagawa, S., Suzuki, K., Tanaka, T., Kitaichi, Y., et al. (2011). Long-term naturalistic follow-up of lithium augmentation: Relevance to bipolarity. *Journal of Affective Disorders, 129,* 64-67.

Insel, T. R. (2010, April.) Faulty circuits. *Science,* pp. 44-51.

International Human Genome Sequencing Consortium. (2003). *International Consortium completes Human Genome Project.* Bethesda, MD: National Human Genome Research Institute.

Irwin, M. (2008). Human psychoneuroimmunology: 20 years of discovery. *Brain, Behavior, and Immunity, 22,* 129–139.

Irwin, R. R. (2006). Spiritual development in adulthood: Key concepts and models. In C. Hoare (Ed.), *Handbook of adult development and learning.* New York: Oxford University Press.

Isay, R. A. (1994). *Being homosexual: Gay men and their development.* Lanham, MD: Jason Aronson.

Isbell, L. M., & Tyler, J. M. (2003). Teaching students about in-group favoritism and the minimal groups paradigm. *Teaching of Psychology, 30,* 127–130.

Ishikawa, S., Okajima, I., Matsuoka, H., & Sakano, Y. (2007). Cognitive behavioural therapy for anxiety disorders in children and adolescents: A meta-analysis. *Child and Adolescent Mental Health, 12,* 164–172.

Iversen, S., & Iversen, L. (2007). Dopamine: 50 years in perspective. *Trends in Neurosciences, 30,* 188–193.

Iverson, P., Kuhl, P. K., Reiko, A. Y., Diesch, E., Tohkura, Y., Ketterman, A., et al. (2003). A perceptual interference account of acquisition difficulties for non-native phonemes. *Cognition, 87,* B47–B57.

Iwai, Y., Honda, S., Ozeki, H., Hashimoto, M., & Hirase, H. (2011). A simple head-mountable LED device for chronic stimulation of optogenetic molecules in freely moving mice. *Neuroscience Research, 70,* 124–127.

Izard, C. E. (1990). Facial expressions and the regulation of emotions. *Journal of Personality and Social Psychology, 58,* 487–498.

Izard, C. E. (1994). Innate and universal facial expressions: Evidence from developmental and cross-cultural research. *Psychological Bulletin, 115,* 288–299.

Jackson, J. D. (2006). Trauma, attachment, and coping: Pathways to resilience. *Dissertation Abstracts International: Section B: The Sciences and Engineering, 67*(1-B), 547.

Jacob, K. S., Kumar, P. S., Gayathri, K., Abraham, S., & Prince, M. J. (2007). The diagnosis of dementia in the community [Special issue: Focus on psychogeriatrics in the developing world]. *International Psychogeriatrics, 19,* 669–678.

Jacobs, G. (2010, January 11). High-strung and stressed students more common. San Diego State University NewsCenter. Retrieved September 6, 2011 from http://newscenter.sdsu.edu/sdsu_newscenter/ news.aspx?s=71813

Jacobs, J. A., & Gerson, K. (2004). *The time divide: Work, family, and gender inequality.* Cambridge, MA: Harvard University Press.

Jacobs, M., Roesch, S., Wonderlich, S., Crosby, R., Thornton, L., Wilfley, D., et al. (2009). Anorexia nervosa trios: Behavioral profiles of individuals with anorexia nervosa and their parents. *Psychological Medicine, 39,* 451–461.

Jacobson, S. W., Stanton, M. E., Dodge, N. C., Pienaar, M., Fuller, D. S., Molteno, C. D., et al. (2011). Impaired delay and trace eyeblink conditioning in school-age children with fetal alcohol syndrome. *Alcoholism: Clinical and Experimental Research, 35,* 250–264.

Jacoby, L. L., Bishara, A. J., Hessels, S., & Hughes, A. (2007). Probabilistic retroactive interference: The role of accessibility bias in interference effects. *Journal of Experimental Psychology: General, 136,* 200–216.

Jain, S., Mills, P. J., & Von Känel, R. (2007). Effects of perceived stress and uplifts on inflammation and coagulability. *Psychophysiology, 44,* 154–160.

James, H. S., Jr. (2005). Why did you do that? An economic examination of the effect of extrinsic compensation on intrinsic motivation and performance. *Journal of Economic Psychology, 26,* 549–566.

James, M. H., Charnley, J. L., Flynn, J. R., Smith, D. W., & Dayas, C. V. (2011). Propensity to 'relapse' following exposure to cocaine cues is associated with the recruitment of specific thalamic and epithalamic nuclei. *Neuroscience, 125,* 88–96.

James, W. (1890). *The principles of psychology.* New York: Holt.

Jamieson, G. A. (2007). *Hypnosis and conscious states: The cognitive neuroscience perspective.* New York: Oxford University Press.

Jamison, K. R. (1995). *An unquiet mind: A memoir of moods and madness.* New York: Knopf.

Jang, H., Reeve, J., Ryan, R. M., & Kim, A. (2009, August). Can self-determination theory explain what underlies the productive, satisfying learning experiences of collectivistically oriented Korean students? *Journal of Educational Psychology, 101,* 644–661.

Janis, I. L. (1997). Groupthink. In R. P. Vecchio (Ed.), *Leadership: Understanding the dynamics of power and influence in organizations.* Notre Dame, IN: University of Notre Dame Press.

Jarlais, D. C. D., Arasteh, K., & Perlis, T. (2007). The transition from injection to non-injection drug use: Long-term outcomes among heroin and cocaine users in New York City. *Addiction, 102,* 778–785.

Jarrold, C., & Tam, H. (2011). Rehearsal and the development of working memory. In P. Barrouillet & V. Gaillard (Eds.), *Cognitive development and working memory: A dialogue between neo-Piagetian theories and cognitive approaches.* New York: Psychology Press.

Jefferson, D. J. (2005, August 8). America's most wanted drug. *Newsweek, 146,* 40–48.

Jenkins, A. M., Albee, G. W., Paster, V. S., Sue, S., Baker, D. B., Comas-Diaz, L., et al. (2003). Ethnic minorities. In D. K. Freedheim (Ed.), *Handbook of psychology: History of psychology* (Vol. 1). Hoboken, NJ: John Wiley & Sons.

Jensen, A. R. (2002). Galton's legacy to research on intelligence. *Journal of Biosocial Science, 34,* 145–172.

Jensen, A. R. (2005). Psychometric g and mental chronometry. *Cortex, 41,* 230–231.

Jequier, E. (2002). Pathways to obesity. *International Journal of Obesity and Related Metabolic Disorders, 26,* S12–S17.

Jetten, J., Hornsey, M. J., & Adarves-Yorno, I. (2006). When group members admit to being conformist: The role of relative intragroup status in conformity self--reports. *Personality and Social Psychology Bulletin, 32,* 162–173.

Jia, H., Zack, M. M., & Thompson, W. W. (2011). State quality-adjusted life expectancy for U.S. adults from 1993 to 2008. *Quality of Life Research: An International Journal of Quality of Life Aspects of Treatment, Care & Rehabilitation, 20,* 853–863.

Joe, G. W., Flynn, P. M., & Broome, K. M. (2007). Patterns of drug use and expectations in methadone patients. *Addictive Behaviors, 32,* 1640–1656.

Johnson, G. B. (2000). *The Living World* (p. 600), Boston: McGraw-Hill.

Johnson, H. D. (2004). Gender, grade and relationship differences in emotional closeness within adolescent friendships. *Adolescence, 39,* 243–255.

Johnson, W., & Deary, I. J. (2011). Placing inspection time, reaction time, and perceptual speed in the broader context of cognitive ability: The VPR model in the Lothian Birth Cohort 1936. *Intelligence, 39,* 405–417.

John-Steiner, V., & Mahn, H. (2003). Sociocultural contexts for teaching and learning. In W. M. Reynolds & G. E. Miller (Eds.), *Handbook of psychology: Educational psychology* (Vol. 7). New York: Wiley.

Johnston, L. D., O'Malley, P. M., Bachman, J. G., & Schulenberg, J. E. (2009). *Monitoring the future national results on adolescent drug use; overview of key findings, 2008* (NIH Publication No. 09-7401). Bethesda, MD: National Institute on Drug Abuse.

Johnston, L. D., O'Malley, P. M., Bachman, J. G., & Schulenberg, J. E. (2010). *Monitoring the future national survey results on drug use: 1975-2008. Volume I: Secondary school students* (NIH Publication No. 09-7402). Bethesda, MD: National Institute on Drug Abuse.

Johnston, L. D., O'Malley, P. M., Bachman, J. G., & Schulenberg, J. E. (2011). *Monitoring the future national survey results on drug use: 2010. Volume I: Secondary school students.* Bethesda, MD: National Institute on Drug Abuse.

Johnston, M. V. (2004). Clinical disorders of brain plasticity. *Brain and Development, 26,* 73–80.

Jones, A. L. (2006). The contemporary -psychoanalyst: Karen Horney's theory applied in today's culture. *PsycCRITIQUES, 51,* 127–134.

Jones, D. (2010). A WEIRD view of human nature skews psychologists' studies. *Science, 328,* 1627.

Jones, J. E., & Corp, E. S. (2003). Effect of naltrexone on food intake and body weight in Syrian hamsters depends on metabolic status. *Physiology and Behavior, 78,* 67–72.

Jones, J. M. (2007). Exposure to chronic community violence: Resilience in African American children. *Journal of Black Psychology, 33,* 125–149.

Jones, K., Callen, F., Blagrove, M., & Parrott, A. (2008). Sleep, energy and self rated cognition across 7 nights following recreational ecstasy/MDMA use. *Sleep and Hypnosis, 10,* 2–38.

Jones, R. K., Darroch, J. E., & Singh, S. (2005). Religious differentials in the sexual and -reproductive behaviors of young women in the United States. *Journal of Adolescent Health, 36,* 279–288.

Jorgensen, G. (2006). Kohlberg and Gilligan: Duet or duel? *Journal of Moral Education, 35,* 179–196.

Jovanović, D., Stanojević, P., & Stanojević, D. (2011). Motives for, and attitudes about, driving-related anger and -aggressive driving. *Social Behavior and Personality, 39,* 755–764.

Joyce, J. (1934). *Ulysses.* New York: Random House.

Julien, R. M (2001). *A primer of drug action* (9th ed.). New York: Freeman.

Jung, C. G. (1961). *Freud and psychoanalysis.* New York: Pantheon.

Jung, J. (2002). *Psychology of alcohol and other drugs: A research perspective.* Thousand Oaks, CA: Sage.

Juster, F T., Ono, H., & Stafford, E (2002). *Report on housework and division of labor.* Ann Arbor, MI: Institute for Social Research.

Justman, S. (2011). From medicine to psychotherapy: The placebo effect. *History of the Human Sciences, 24,* 95–107.

Jylha, M. (2004). Old age and loneliness: Cross-sectional and longitudinal analyses in the Tampere longitudinal study on aging. *Canadian Journal on Aging/La Revue Canadienne du Vieillissement, 23,* 157–168.

Kadosh, R., Henik, A., & Walsh, V. (2009, May). Synaesthesia: Learned or lost? *Developmental Science, 12,* 484–491.

Kagan, J., Snidman, N., Kahn, V., & Towsley, S. (2007). The preservation of two infant temperaments into adolescence. *Monographs of the Society for Research in Child Development, 72,* 1–75.

Kahneman, D., Diener, E., & Schwarz, N. (1998). *Well-being: The foundations of -hedonic psychology.* New York: Russell Sage Foundation.

Kalb, C. (2003, May 19). Taking a new look at pain. *Newsweek,* pp. 51–52.

Kaller, C. P., Unterrainer, J. M., Rahm, B., & Halsband, U. (2004). The impact of problem structure on planning: Insights from the Tower of London task. *Cognitive Brain Research, 20,* 462–472.

Kallio, S., & Revonsuo, A. (2003). Hypnotic phenomena and altered states of consciousness: A multilevel framework of description and explanation. *Contemporary Hypnosis, 20,* 111–164.

Kalodner, C. R. (2011). Cognitive-behavioral theories. In D. Capuzzi & D. R. Gross (Eds.), *Counseling and psychotherapy* (5th ed.). Alexandria, VA: American Counseling Association.

Kandel, E. R., Schwartz, J. H., & Jessell, T. M. (Eds.). (2000). *Principles of neural science* (4th ed.). New York: McGraw-Hill.

Kane, M. J., & Engle, R. W. (2002). The role of prefrontal cortex in working-memory capacity, executive attention, and general fluid intelligence: An individual-differences perspective. *Psychonomic Bulletin and Review, 9,* 637–671.

Kanner, A. D., Coyne, J. C., Schaefer, C., & Lazarus, R. S. (1981). Comparison of two modes of stress measurement: Daily hassles and uplifts versus major life events. *Journal of Behavioral Medicine, 4,* 14.

Kanoski, S. E., Hayes, M. R., Greenwald, H. S., Fortin, S. M., Gianessi, C. A., Gilbert, J. R., & Grill, H. J. (2011). Hippocampal leptin signaling reduces food intake and modulates food-related memory processing. *Neuro-psychopharmacology, 36,* 1859–1870.

Kantrowitz, B., & Underwood, A. (2007, June 25). The teen drinking dilemma. *Newsweek,* pp. 36–37.

Kao, D. (2011). Message sidedness in advertising: The moderating roles of need for cognition and time pressure in persuasion. *Scandinavian Journal of Psychology, 52,* 329–340.

Kaplan, H. S. (1974). *The new sex therapy.* New York: Brunner-Mazel.

Kaplan, J. R., & Manuck, S. B. (1989). The effect of propranolol on behavioral interactions among adult male cynomolgus monkeys (*Macacafascicularis*) housed in disrupted social groupings. *Psychosomatic Medicine, 51,* 449–462.

Kaplan, M. S., Huguer, N., McFarland, B. H., & Newsom, J. T. (2007). Suicide among male veterans: A prospective population-based study. *Journal of Epidemiological Community Health, 61,* 619–624.

Kara, P., & Boyd, J. (2009, April). A micro-architecture for binocular disparity and ocular dominance in visual cortex. *Nature, 458*(7238), 627–631.

Karaszewski, B. (2008). Sub-neocortical brain: A mechanical tool for creative generation? *Trends in Cognitive Sciences, 12,* 171–172.

Karni, A., Tanne, D., Rubenstein, B. S., Askenasy, J. J. M., & Sagi, D. (1994, July 29). Dependence on REM sleep of overnight improvement of a perceptual skill. *Science, 265,* 679–682.

Kasof, J. (2009, May). Cultural variation in seasonal depression: Cross-national differences in winter versus summer patterns of seasonal affective disorder. *Journal of Affective Disorders, 115,* 79–86.

Kassam, K. S., Gilbert, D. T., Swencionis, J. K., & Wilson, T. D. (2009). Misconceptions of memory: The Scooter Libby effect. *Psychological Science, 20,* 551–552.

Kassel, J. D., Evatt, D. P., Greenstein, J. E., Wardle, M. C., Yates, M. C., & Veilleux, J. C. (2007). The acute effects of nicotine on positive and negative affect in adolescent smokers. *Journal of Abnormal Psychology, 116,* 543–553.

Kassin, S. M. (2005). On the psychology of confessions: Does innocence put innocents at risk? *American Psychologist, 60,* 215–228.

Kaštelan, A., Franciškovic, A., Tanja, M., & Moro, L. (2007). Psychotic symptoms in combat-related post-traumatic stress disorder. *Military Medicine, 172,* 273–277.

Kato, K., & Pedersen, N. L. (2005). Personality and coping: A study of twins reared apart and twins reared together. *Behavior Genetics, 35,* 147–158.

Kato, N. (2009). Neurophysiological mechanisms of electroconvulsive therapy for depression. *Neuroscience Research, 64,* 3–11.

Kato, T. (2007). Molecular genetics of bipolar disorder and depression. *Psychiatry and Clinical Neurosciences, 61,* 3–19.

Katsiyannis, A., Zhang, D., & Woodruff, N. (2005). Transition supports to students with mental retardation: An examination of data from the national longitudinal transition study 2. *Education and Training in Developmental Disabilities, 40,* 109–116.

Katz, L., Fotti, S., & Postl, L. (2009). Cognitive-behavioral therapy and dialectical behavior therapy: Adaptations required to treat adolescents. *Psychiatric Clinics of North America, 32,* 95–109.

Katz, M. (2001). The implications of revising Freud's empiricism for drive theory. *Psychoanalysis and Contemporary Thought, 24,* 253–272.

Kaufman, A., Johnson, C., & Liu, X. (2008). A CHC theory-based analysis of age differences on cognitive abilities and academic skills at ages 22 to 90 years. *Journal of Psychoeducational Assessment, 26,* 350–381.

Kaufman, J. C., & Baer, J. (2006). *Creativity and reason in cognitive development.* New York: Cambridge University Press.

Kaufman, J. C., & Plucker, J. A. (2011). Intelligence and creativity. In R. J. Sternberg & S. Kaufman, (Eds.), *The Cambridge handbook of intelligence.* New York: Cambridge University Press.

Kawasaki, C., Nugent, J. K., Miyashita, H., Miyahara, H., & Brazelton, T. B. (1994). The cultural organization of infants' sleep [Special issue: Environments of birth and infancy]. *Children's Environment, 11,* 135–141.

Kawashima, H., Izaki, Y., & Grace, A. A. (2006). Cooperativity between hippocampal-prefrontal short-term plasticity through associative long-term potentiation. *Brain Research, 1109,* 37–44.

Kazar, D. B. (2006). Forensic psychology: Did we leave anything out? *PsycCRITIQUES, 51,* 88–97.

Kazdin, A. (2008). Evidence-based treatment and practice: New opportunities to bridge clinical research and practice, enhance the knowledge base, and -improve patient care. *American Psychologist, 63,* 146–159.

Kearns, K. P. (2005). Broca's aphasia. In L. L. LaPointe (Ed.), *Aphasia and related neurogenic language disorders* (3rd ed.). New York: Thieme New York.

Keating, D. P., & Clark, L. V. (1980). Development of physical and social reasoning in adolescence. *Developmental Psychology, 16,* 23–30.

Keller, J. (2007). Stereotype threat in classroom settings: The interactive effect of domain identification, task difficulty and stereotype threat on female students' math performance. *British Journal of Educational Psychology, 77,* 323–338.

Kelley, H. (1950). The warm-cold variable in first impressions of persons. *Journal of Personality and Social Psychology, 18,* 431–439.

Kelly, J. B. (2000). Children's adjustment in conflicted marriage and divorce: A decade review of research. *Journal of the American Academy of Child & Adolescent Psychiatry, 39,* 963–973.

Keltikangas-Järvinen, L., Räikkönen, K., Ekelund, J., & Peltonen, L. (2004). Nature and nurture in novelty seeking. *Molecular Psychiatry, 9,* 308–311.

Kemeny, M. E. (2007). Psychoneuroimmu-nology. In H. S. Friedman & R. C. Silver (Eds.), *Foundations of health psychology.* New York: Oxford University Press.

Kempermann, G. (2011). Seven principles in the regulation of adult neurogenesis. *European Journal of Neuroscience, 33,* 1018–1024.

Kempermann, G., & Gage, F. H. (1999, May). New nerve cells for the adult brain. *Scientific American,* pp. 48–53.

Kemps, E., & Tiggemann, M. (2007). Reducing the vividness and emotional impact of distressing autobiographical memories: The importance of modality-specific interference. *Memory, 15,* 412–422.

Kendler, K. S., Gatz, M., & Gardner, C. O. (2006a). Personality and major depression. *Archives of General Psychiatry, 63,* 1113–1120.

Kendler, K., Halberstadt, L., Butera, F., Myers, J., et al. (2008). The similarity of facial expressions in response to emotion-inducing films in reared-apart twins. *Psychological Medicine, 38*(10), 1475–1483.

Kendler, K. S., Myers, J. O., & Gardner, C. (2006b). Caffeine intake, toxicity and dependence and lifetime risk for psychiatric and substance use disorders: An epidemiologic and co-twin control analysis. *Psychological Medicine, 36,* 1717–1725.

Kendler, K. S., & Schaffner, K. F. (2011). The dopamine hypothesis of schizophrenia: An historical and philosophical analysis. *Philosophy, Psychiatry, & Psychology, 18,* 41–63.

Kennedy, C. E., Moore, P. J., Peterson, R. A., Katzman, M. A., Vermani, M., & Charmak, W. D. (2011). What makes people anxious about pain? How personality and perception combine to -determine pain anxiety responses in clinical and non-clinical populations. *Anxiety, Stress & Coping: An International Journal, 24,* 179–200.

Kennedy, D. O., & Haskell, C. F. (2011). Cerebral blood flow and behavioural effects of caffeine in habitual and non-habitual consumers of caffeine: A near infrared spectroscopy study. *Biological Psychology, 86,* 296–305.

Kennedy, J. E. (2004). A proposal and challenge for proponents and skeptics of psi. *Journal of Parapsychology, 68,* 157–167.

Kennedy, P. (2011, September 18). The cyborg in us all. *New York Times Magazine,* pp. 24–31.

Kennison, S. M., & Bowers, J. (2011). Illustrating brain lateralisation in a naturalistic observation of cell-phone use. *Psychology Learning & Teaching, 10*, 46-51.

Kensinger, E. (2007). Negative emotion enhances memory accuracy: Behavioral and neuro-imaging evidence. *Current Directions in Psychological Science, 16*, 213-218.

Kensinger, E. A., & Schacter, D. L. (2006). Neural processes underlying memory attribution on a reality-monitoring task. *Cerebral Cortex, 16*, 1126-1133.

Kesebir, P., & Diener, E. (2008). In pursuit of happiness: Empirical answers to philosophical questions. *Perspectives on Psychological Science, 3*, 117-125.

Kess, J. F., & Miyamoto, T. (1994). *Japanese psycholinguistics*. Amsterdam, Netherlands: John Benjamins.

Kessler, R. C., & Wang, P. S. (2008). The descriptive epidemiology of commonly occurring mental disorders in the United States. *Annual Review of Public Health, 29*, 115-129.

Kettenmann, H., & Ransom, B. R. (2005). *Neuroglia* (2nd ed.). New York: Oxford University Press.

Key, W. B. (2003). Subliminal sexuality: The -fountainhead for America's obsession. In T. Reichert & J. Lambaiase (Eds.), *Sex in -advertising: Perspectives on the erotic appeal. LEA's communication series*. Mahwah, NJ: Lawrence Erlbaum.

Khalil, E. L. (2011). The mirror neuron paradox: How far is understanding from mimicking? *Journal of Economic Behavior & Organization, 77*, 86-96.

Khazaal, Y., Chatton, A., Claeys, F., Ribordy, F., Zullino, D., & Cabanac, M. (2008). Antipsychotic drug and body weight set-point. *Physiology & Behavior, 95*, 157-160.

Kidd, E., & Lum, J. (2008). Sex differences in past tense overregularization. *Developmental Science, 11*, 882-889.

Kiecolt, J. K. (2003). Satisfaction with work and family life: No evidence of a cultural reversal. *Journal of Marriage and Family, 65*, 23-35.

Kihlstrom, J. F. (2005a). Dissociative disorders. *Annual Review of Clinical Psychology, 1*, 227-253.

Kihlstrom, J. F. (2005b). Is hypnosis an altered state of consciousness or what? Comment. *Contemporary Hypnosis, 22*, 34-38.

Kihlstrom, J. F., Schacter, D. L., Cork, R. C., Hurt, C. A., & Behr, S. E. (1990). Implicit and explicit memory following surgical anesthesia. *Psychological Science, 1*, 303-306.

Kim, D. R., Pesiridou, A., & O'Reardon, J. P. (2009). Transcranial magnetic stimulation in the treatment of psychiatric disorders. *Current Psychiatry Reports, 11*, 447-52.

Kim, H., Clark, D., & Dionne, R. (2009, July). Genetic contributions to clinical pain and analgesia: Avoiding pitfalls in genetic research. *The Journal of Pain, 10*, 663-693.

Kim, N. (2008). The moon illusion and the size-distance paradox. In S. Cummins-Sebree, M. A. Riley, et al. (Eds.), *Studies in perception and action IX: Fourteenth International Conference on Perception and Action*. Mahwah, NJ: Lawrence Erlbaum Associates.

Kimbrel, N. A. (2007). A model of the -development and maintenance of -generalized social phobia. *Clinical Psychological Review, 8*, 69-75.

Kim-Cohen, J., Caspi, A., & Moffitt, T. E. (2003). Prior juvenile diagnoses in adults with mental disorder: Developmental follow-back of a prospective-longitudinal cohort. *Archives of General Psychiatry, 60*, 709-717.

Kim-Cohen, J., Moffitt, T. E., Taylor, A., Pawlby, S. J., & Caspi, A. (2005). Maternal depression and children's antisocial behavior: Nature and nurture effects. *Archives of General Psychiatry, 62*, 173-181.

King-Casas, B., Sharp, C., Lomax-Bream, L., Lohrenz, T., Fonagy, P., & Montague, P. R. (2008, August 8). The rupture and repair of cooperation in borderline personality disorder. *Science, 321*, 806-810.

Kirk, K. M., Bailey, J. M., & Martin, N. G. (2000). Etiology of male sexual orientation in an Australian twin sample. *Psychology, Evolution & Gender, 2*, 301-311.

Kirsch, I., & Braffman, W. (2001). Imaginative suggestibility and hypnotizability. *Current Directions in Psychological Science, 10*, 57-61.

Kirsch, I., Lynn, S. J., Vigorito, M., & Miller, R. R. (2004). The role of cognition in classical and operant conditioning. *Journal of Clinical Psychology, 60*, 369-392.

Kirschenbaum, H. (2004). Carl Rogers's life and work: An assessment on the 100th anniversary of his birth. *Journal of Counseling and Development, 82*, 116-124.

Kirschenbaum, H., & Jourdan, A. (2005). The current status of Carl Rogers and the person-centered approach. *Psychotherapy: Theory, Research, Practice, Training, 42*, 37-51.

Kish, S., Fitzmaurice, P., Boileau, I., Schmunk, G., Ang, L., Furukawa, Y., et al. (2009). Brain serotonin transporter in human methamphetamine users. *Psychopharmacology, 202*, 649-661.

Kiss, A. (2004). Does gender have an influence on the patient-physician communication? *Journal of Men's Health and Gender, 1*, 77-82.

Klapp, S. T., & Jagacinski, R. J. (2011). Gestalt principles in the control of motor action. *Psychological Bulletin, 137*, 443-462.

Kleinman, A. (1996). How is culture important for DSM-IV? In J. E Mezzich, A. Kleinman, H. Fabrega, Jr., & D. L. Parron (Eds.), *Culture and psychiatric diagnosis: A DSM-IV perspective*. Washington, DC: American Psychiatric Press.

Klötz, F., Garle, M., & Granath, F. (2006). Criminality among individuals testing positive for the presence of anabolic androgenic steroids. *Archives of General Psychiatry, 63*, 1274-1279.

Kluck, A. (2008). Family factors in the development of disordered eating: Integrating dynamic and behavioral explanations. *Eating Behaviors, 9*, 471-483.

Kluger, J. (2001, April 2). Fear not! *Time*, pp. 51-62.

Kluger, J. (2006, December 4). Why we worry about the things we shouldn't and ignore the things we should. *Time*, pp. 64-71.

Klump, K., & Culbert, K. (2007). Molecular genetic studies of eating disorders: Current status and future directions. *Current Directions in Psychological Science, 16*, 37-41.

Knight, S. C., & Meyer, R. G. (2007). Forensic hypnosis. In A. M. Goldstein (Ed.), *Forensic psychology: Emerging topics and expanding roles*. Hoboken, NJ: John Wiley & Sons.

Knoblich, G., & Sebanz, N. (2006). The -social nature of perception and action. *Current Directions in Psychological Science, 15*, 99-111.

Kobayashi, F., Schallert, D. L., & Ogren, H. A. (2003). Japanese and American folk vocabularies for emotions. *Journal of Social Psychology, 143*, 451-478.

Koçak, O., Özpolat, A., Atbaşoğlu, C., & Çiçek, M. (2011). Cognitive control of a simple mental image in patients with obsessive–compulsive disorder. *Brain and Cognition, 76*, 390-399.

Koch, C., & Greenfield, S. (2007, October). How does consciousness happen? *Scientific American*, pp. 76-83.

Kogstad, R. E., Ekeland, T. J., & Hummelvoll, J. K. (2011). In defence of a humanistic approach to mental health care: Recovery processes investigated with the help of clients' narratives on turning points and processes of gradual change. *Journal of Psychiatric and Mental Health Nursing, 18*, 479-486.

Kohlberg, L. (1984). *The psychology of moral development: Essays on moral development* (Vol. 2). San Francisco: Harper & Row.

Kohlberg, L., & Ryncarz, R. A. (1990). Beyond justice reasoning: Moral development and consideration of a seventh stage. In C. N. Alexander & E. J. Langer (Eds.), *Higher stages of human development: Perspectives on adult growth*. New York: Oxford University Press.

Köhler, W. (1927). *The mentality of apes*. London: Routledge & Kegan Paul.

Kojima, M., & Kangawa, K. (2008). Structure and function of ghrelin. *Results & Problems in Cell Differentiation, 46*, 89-115.

Kolata, G. (2002, December 2). With no answers on risks, steroid users still say "yes." *The New York Times*, p. 1A.

Kolb, B., Gibb, R., & Robinson, T. E. (2003). Brain plasticity and behavior. *Current Directions in Psychological Science, 12*, 1-5.

Komarovskaya, I., Loper, A., Warren, J., & Jackson, S. (2011). Exploring gender differences in trauma exposure and the emergence of symptoms of PTSD among incarcerated men and women. *Journal of Forensic Psychiatry & Psychology, 22*, 395-410.

Koocher, G. P., Norcross, J. C., & Hill, S. S. (2005). *Psychologists' desk reference* (2nd ed.). New York: Oxford University Press.

Kopelman, M. D., & Fleminger, S. (2002). Experience and perspectives on the classi-fication of organic mental disorders. *Psychopathology, 35*, 76-81.

Koper, R. J., & Jaasma, M. A. (2001). Interpersonal style: Are human social orientations guided by generalized interpersonal needs? *Communications Reports, 14*, 117-129.

Koplewicz, H. (2002). *More than moody: Recognizing and treating adolescent depression*. New York: Putnam.

Korcha, R. A., Polcin, D. L., Bond, J. C., Lapp, W. M., & Galloway, G. (2011). Substance use and motivation: A longitudinal perspective. *The American Journal of Drug and Alcohol Abuse, 37*, 48-53.

Korotkov, D., Perunovic, M., Claybourn, M., Fraser, I., Houlihan, M., Macdonald, M., & Korotkov, K. (2011). The Type B behavior pattern as a moderating variable of the relationship between stressor chronicity and health behavior. *Journal of Health Psychology, 16*, 397-409.

Kosambi, D. D. (1967). The Vedic "Five Tribes." *American Oriental Society, 14*, 5-12.

Kosslyn, S. M., Cacioppo, J. T., Davidson, R. J., Hugdahl, K., Lovallo, W. R., Spiegel, D., et al. (2002). Bridging psychology and biology. *American Psychologist, 57*, 341–351.

Kotre, J., & Hall, E. (1990). *Seasons of life*. Boston: Little, Brown.

Kounios, J., Fleck, J. I., Green, D. L., Payne, L., Stevenson, J. L., Bowden, E. M., et al. (2008). The origins of insight in -resting-state brain activity. *Neuropsychologia, 46*, 281–291.

Kovacs, A. M., & Mehler, J. (2009, July 31). Flexible learning of multiple speech structures in bilingual infants. *Science, 325*, 611–612.

Kovelman, I., Baker, S. A., & Petitto, L. A. (2008). Bilingual and monolingual brains compared: A functional magnetic resonance imaging investigation of synatictic processing and a possible "neural signature" of bilingualism. *Journal of Cognitive Neuroscience, 20*(1), 153–169.

Kowalik, J., Weller, J., Venter, J., & Drachman, D. (2011). Cognitive behavioral therapy for the treatment of pediatric posttraumatic stress disorder: A review and meta-analysis. *Journal of Behavior Therapy and Experimental Psychiatry, 42*, 405–413.

Kowert, P. A. (2002). *Groupthink or deadlock: When do leaders learn from their advisors?* SUNY Series on the presidency. Albany: State University of New York Press.

Kozulin, A., Gindis, B., Ageyev, V. S., & Miller, S. M. (2003). *Vygotsky's educational theory in cultural context*. New York: Cambridge University Press.

Kramer, P. (1993). *Listening to Prozac*. New York: Viking.

Kreher, D., Holcomb, P., Goff, D., & Kuperberg, G. (2008). Neural evidence for faster and further automatic spreading activation in schizophrenic thought disorder. *Schizophrenia Bulletin, 34*, 473–482.

Kreppner, J., Rutter, M., Marvin, R., O'Connor, T., & Sonuga-Barke, E. (2011). Assessing the concept of the -'insecure-other' category in the Cassidy-Marvin scheme: Changes between 4 and 6 years in the English and Romanian adoptee study. *Social Development, 20*, 1–16.

Kreuger, A. (2007). Are we having fun yet? Categorizing and evaluating changes in time allocation. *Brookings Papers on Economic Activity* (Vol. 2), 38, 193–218.

Krijn, M., Emmelkamp, P. M. G., Olafsson, R. P., & Biemond, R. (2004). Virtual reality exposure therapy of anxiety disorders: A review. *Clinical Psychology Review, 24*, 259–281.

Krishman, S., Cairns, R., & Howard, R. (2009). Cannabinoids for the treatment of dementia. *Cochrane Database of Systematic Reviews*. Downloaded 12/15/11. http://www.ncbi.nlm.nih.gov/pubmed/19370677

Krueger, K., & Dayan, P. (2009). Flexible shaping: How learning in small steps helps. *Cognition, 110*, 380–394.

Krull, D. S., & Anderson, C. A. (1997). The process of explanation. *Current Directions in Psychological Science, 6*, 1–5.

Krumhuber, E. G., & Scherer, K. R. (2011). Affect bursts: Dynamic patterns of facial expression. *Emotion, 11*, 825–841.

Krusemark, E., Campbell, W., & Clementz, B. (2008). Attributions, deception, and event related potentials: An investigation of the self-serving bias. *Psychophysiology, 45*, 511–515.

Kübler-Ross, E. (1969). *On death and dying*. New York: Macmillan.

Kubovy, M., Epstein, W., & Gepshtein, S. (2003). Foundations of visual perception. In A. F. Healy & R. W. Proctor (Eds.), *Handbook of -psychology: Experimental psychology* (Vol. 4). New York: Wiley.

Kumar, S., Ruchi, R., James, S. R., & Chidiac, E. J. (2011). Gene therapy for chronic neuropathic pain: How does it work and where do we stand today? *Pain Medicine, 12*, 808–822.

Kuo, L. J. (2007). Effects of bilingualism on development of facets of phonological competence (China). *Dissertation Abstracts International Section A: Humanities and Social Sciences, 67*(11-A), 4095.

Kuppens, P., Ceulemans, E., Timmerman, M. E., Diener, E., et al. (2006). Universal intracultural and intercultural dimensions of the recalled frequency of emotional experience. *Journal of Cross Cultural Psychology, 37*, 491–515.

Kuriyama, K., Stickgold, R., & Walker, M. P. (2004). Sleep-dependent learning and motor-skill complexity. *Learning and Memory, 11*, 705–713.

Kuther, T. L. (2003). *Your career in psychology: Psychology and the law*. New York: Wadsworth.

Kvavilashvili, L., & Fisher, L. (2007). Is time-based prospective remembering mediated by self-initiated rehearsals? Role of incidental cues, ongoing activity, age, and motivation. *Journal of Experimental Psychology: General, 136*, 112–132.

Kwate, N. O. A. (2001). Intelligence or misorientation? Eurocentrism in the WISC-III. *Journal of Black Psychology, 27*, 221–239.

Kwon, P., & Laurenceau, J. P. (2002). A longitudinal study of the hopelessness theory of depression: Testing the diathesis-stress model within a differential reactivity and exposure framework [Special issue: Reprioritizing the role of science in a realistic version of the scientist practitioner model]. *Journal of Clinical Psychology, 50*, 1305–1321.

Laas, I. (2006). Self-actualization and society: A new application for an old theory. *Journal of Humanistic Psychology, 46*, 77–91.

LaBar, K. (2007). Beyond fear: Emotional memory mechanisms in the human brain. *Current Directions in Psychological Science, 16*, 173–177.

Laederach-Hofmann, K., & Messerli-Buergy, N. (2007). Chest pain, angina pectoris, panic disorder, and Syndrome X. In J. Jordan, B. Barde, et al. (Eds.), *Contributions toward -evidence-based psychocardiology: A systematic -review of the literature*. Washington, DC: American Psychological Association.

Lagacé-Séguin, D. G., & d'Entremont, M. L. (2006). The role of child negative affect in the relations between parenting styles and play. *Early Child Development and Care, 176*, 461–477.

Lahti, J., Räikkönen, K., Ekelund, J., Peltonen, L., Raitakari, O. T., & Keltikangas-Järvinen, L. (2005). Novelty seeking: Interaction between parental alcohol use and dopamine D4 receptor gene exon III polymorphism over 17 years. *Psychiatric Genetics, 15*, 133–139.

Laing, R. D., & Szasz, T. (2004). "Knowing what ain't so." *Psychoanalytic Review, 91*, 331–346.

Laird, J. D., & Bresler, C. (1990). William James and the mechanisms of emotional experience. *Personality and Social Psychology Bulletin, 16*, 636–651.

Lakhan, S., & Vieira, K. (2009, May 15). Schizophrenia pathophysiology: Are we any closer to a complete model? *Annals of General Psychiatry, 8*.

Lal, S. (2002). Giving children security: Mamie Phipps Clark and the racialization of child psychology. *American Psychologist, 57*, 20–28.

Lamal, P. A. (1979). College students' common beliefs about psychology. *Teaching of Psychology, 6*, 155–158.

Lamb, M. E., & Garretson, M. E. (2003). The effects of interviewer gender and child gender on the informativeness of alleged child sexual abuse victims in forensic interviews. *Law and Human Behavior, 27*, 157–171.

Lamborn, S. D., & Groh, K. (2009). A four-part model of autonomy during emerging adulthood: Associations with adjustment. *International Journal of Behavioral Development, 33*, 393–401.

Lampard, A. M., Byrne, S. M., McLean, N., & Fursland, A. (2011). An evaluation of the enhanced cognitive-behavioural model of bulimia nervosa. *Behaviour Research and Therapy, 49*, 529–535.

Landro, L. (2010, May 11). New ways to treat pain. *Wall Street Journal*, pp. D1–D2.

Landro, L. (2011, April 26). 'Use only as direct' isn't easy. *Wall Street Journal*, pp. D1–D2.

Lane, K. A., Banaji, M. R., Nosek, B. A., & Greenwald, A. G. (Eds.). (2007). Understanding and using the implicit association test: IV: What we know (so far) about the method. In B. Wittenbrink & N. Schwarz (Eds.), *Implicit measures of -attitudes*. New York: Guilford Press.

Lane, S. D., Cherek, D. R., & Tcheremissine, O. V. (2007). Response perseveration and adaptation in heavy marijuana-smoking adolescents. *Addictive Behaviors, 32*, 977–990.

Lang, A. J., Sorrell, J. T., & Rodgers, C. S. (2006). Anxiety sensitivity as a predictor of labor pain. *European Journal of Pain, 10*, 263–270.

Langan-Fox, J., & Grant, S. (2006). The Thematic Apperception Test: Toward a standard measure of the big three motives. *Journal of Personality Assessment, 87*, 277–291.

Langdridge, D., & Butt, T. (2004). The fundamental attribution error: A phenomenological critique. *British Journal of Social Psychology, 43*, 357–369.

Langlois, F., Langlois, M., Carpentier, A. C., Brown, C., Lemieux, S., & Hivert, M. (2011). Ghrelin levels are associated with hunger as measured by the Three-Factor Eating Questionnaire in healthy young adults. *Physiology & Behavior, 104*, 373–377.

Langreth, R. (2000, May 1). Every little bit helps: How even moderate exercise can have a big impact on your health. *The Wall Street Journal*, p. R5.

Langston, R., Ainge, J., Couey, J., Canto, C., Bjerknes, T., Witter, M., et al. (2010). Development of the spatial representation system in the rat. *Science, 328*, 1576–1580.

Lankov, A. (2004). The dawn of modern Korea: Changes for better or worse. *The Korea Times*, p. A1.

Lanza, S. T., & Collins, L. M. (2002). Pubertal timing and the onset of substance use in females during early adolescence. *Prevention Science, 3*, 69–82.

Larsen, R. J., & Buss, D. M. (2006). *Personality psychology: Domains of knowledge about human nature with PowerWeb* (2nd ed.). New York: McGraw-Hill.

Lascaratos, G., Ji, D., & Wood, J. P. (2007). Visible light affects mitochondrial function and induces neuronal death in retinal cell cultures. *Vision Research, 47*, 1191–1201.

Latané, B., & Darley, J. M. (1970). *The unresponsive bystander: Why doesn't he help?* New York: Appleton-Century-Crofts.

Laugharne, J., Janca, A., & Widiger, T. (2007). Posttraumatic stress disorder and terrorism: 5 years after 9/11. *Current Opinion in Psychiatry, 20,* 36-41.

Laumann, E. O., Paik, A., & Rosen, R. C. (1999, February 10). Sexual dysfunction in the United States: Prevalence and predictors. *Journal of the American Medical Association, 281,* 537-544.

Lavelli, M., & Fogel, A. (2005). Developmental changes in the relationship between the infant's attention and emotion during early face-to-face communication. *Developmental Psychology, 41,* 265-280.

Lavenex, P., & Lavenex, P. (2009). Spatial memory and the monkey hippocampus: Not all space is created equal. *Hippocampus, 19,* 8-19.

Lavrakas, P. J., Mane, S., & Joe, L. (2010). 'Does anyone really know if online ad campaigns are working?': An evaluation of methods used to assess the effectiveness of advertising on the internet. *Journal of Advertising Research, 50*(4), 354-373.

Lazarus, A. A. (1997). *Brief but comprehensive psychotherapy: The multimodal way.* New York: Springer.

Lazarus, R. S. (1995). Emotions express a social relationship, but it is an individual mind that creates them. *Psychological Inquiry, 6,* 253-265.

Leahy, R. L. (2003). *Roadblocks in cognitive-behavioral therapy: Transforming challenges into opportunities for change.* New York: Guilford Press.

Leary, C., Kelley, M., Morrow, J., & Mikulka, P. (2008). Parental use of physical punishment as related to family environment, psychological well-being, and personality in undergraduates. *Journal of Family Violence, 23,* 1-7.

Leckman, J. F., & King, R. A. (2007). A developmental perspective on the controversy surrounding the use of SSRIs to treat pediatric depression. *American Journal of Psychiatry, 164,* 1304-1306.

Leclair-Visonneau, L., Oudiette, D., Gaymard, B., Leu-Semenescu, S., & Arnulf, I. (2011). "Do the eyes scan dream images during rapid eye movement sleep? Evidence from the rapid eye movement sleep behaviour disorder model": Corrigendum. *Brain: A Journal of Neurology, 134,* 88-97.

Lee, A., Isaac, M. & Janca, A. (2007). Posttraumatic stress disorder and terrorism. In A. Monat, R. S. Lazarus, et al. (Eds.), *The Praeger handbook on stress and coping* (Vol. 1). Westport, CT: Praeger Publishers/Greenwood Publishing Group.

Lee, A. Y., & Aaker, J. L. (2004). Bringing the frame into focus: The influence of regulatory fit on processing fluency and persuasion. *Journal of Personality and Social Psychology, 86,* 205-218.

Lee, D., Kleinman, J., & Kleinman, A. (2007). Rethinking depression: An ethnographic study of the experiences of depression among Chinese. *Harvard Review of Psychiatry, 15,* 1-8.

Lee, F. H., & Raja, S. N. (2011). Complementary and alternative medicine in chronic pain. *Pain, 152,* 28-30.

Lee, H. J., Kwon, S. M., Kwon, J. S., & Telch, M. J. (2005). Testing the autogenous reactive model of obsessions. *Depress Anxiety, 21,* 118-129.

Lee, M. (2011, April 22). Pleasure and pain. *The Washington Post,* D-1.

Lee-Chiong, T. L. (2006). *Sleep: A comprehensive handbook.* New York: Wiley-Liss.

Leeman, R. F., Fischler, C., & Rozin, P. (2011). Medical doctors' attitudes and beliefs about diet and health are more like those of their lay countrymen (France, Germany, Italy, UK and USA) than those of doctors in other countries. *Appetite, 56,* 558-563.

Lehar, S. (2003). *The world in your head: A gestalt view of the mechanism of conscious experience.* Mahwah, NJ: Lawrence Erlbaum Associates.

Lehman, D. R., & Taylor, S. E. (1988). Date with an earthquake: Coping with a probable, unpredictable disaster. *Personality and Social Psychology Bulletin, 13,* 546-555.

Lehrman, S. (2007). Going beyond X and Y. *Scientific American,* pp. 40-41.

Leib, J. R., Gollust, S. E., Hull, S. C., & Wilfond, B. S. (2005). Carrier screening panels for Ashkenazi Jews: Is more better? *Genetic Medicine, 7,* 185-190.

Leibel, R. L., Rosenbaum, M., & Hirsch, J. (1995, March 9). Changes in energy expenditure resulting from altered body. *New England Journal of Medicine, 332,* 621-628.

Leiblum, S. R., & Chivers, M. L. (2007). Normal and persistent genital arousal in women: New perspectives. *Journal of Sex & Marital Therapy, 33,* 357-373.

Leigh, J. H., Zinkhan, G. M., & Swaminathan, V. (2006). Dimensional relationships of recall and recognition measures with selected cognitive and affective aspects of print ads. *Journal of Advertising, 35,* 105-122.

Leiter, S., & Leiter, W. M. (2003). *Affirmative action in antidiscrimination law and policy: An overview and synthesis. SUNY series in American constitutionalism.* Albany: State University of New York Press.

Leitner, L. M. (2007). Diversity issues, postmodernism, and psychodynamic therapy. *PsycCRITIQUES, 52,* no -pagination specified.

Lemay, E., & Clark, M. (2008). How the head liberates the heart: Projection of communal responsiveness guides relationship promotion. *Journal of Personality and Social Psychology, 94,* 647-671.

Lemay, E. P., Jr., Clark, M. S., & Feeney, B. C. (2007). Projection of responsiveness to needs and the construction of satisfying communal relationships. *Journal of Personality and Social Psychology, 92,* 834-853.

Lemonick, M. D. (2000, December 11). Downey's downfall. *Time,* p. 97.

Lenzenweger, M. F., & Dworkin, R. H. (Eds.). (1998). *The origins and development of schizophrenia: Advances in experimental psychopathology.* Washington, DC: American Psychological Association.

Leo, R. J., & Latif, T. (2007). Repetitive transcranial magnetic stimulation (rTMS) in experimentally induced and chronic neuropathic pain: A review. *The Journal of Pain, 8,* 453-459.

Lepage, J. F., & Theoret, H. (2007). The mirror neuron system: Grasping others' actions from birth? *Developmental Science, 10,* 513-523.

Lepper, M. R., Corpus, J. H., & Iyengar, S. S. (2005). Intrinsic and extrinsic motivational orientations in the classroom: Age differences and academic correlates. *Journal of Educational Psychology, 97,* 184-196.

Leuthardt, E. C., Gaona, C., Sharma, M., Szrama, N., Roland, J., Freudenberg, Z., et al. (2011). Using the electrocorticographic speech network to control a brain--computer interface in humans. *Journal of Neural Engineering, 8,* 332-339.

LeVay, S. (1993). *The sexual brain.* Cambridge, MA: MIT.

LeVay, S. (2011). *Gay, straight, and the reason why: The science of sexual orientation.* New York: Oxford University Press.

Levi, A., Chan, K. K., & Pence, D. (2006). Real men do not read labels: The effects of masculinity and involvement on college students' food decisions. *Journal of American College Health, 55,* 91-98.

Levick, S. E. (2004). *Clone being: Exploring the psychological and social dimensions.* Lanham, MD: Rowman & Littlefield.

Levin, B. E. (2006). Metabolic sensing neurons and the control of energy homeostasis. *Physiology & Behavior, 89,* 486-489.

Levin, R., & Nielsen, T. (2009, April). Nightmares, bad dreams, and emotion dysregulation: A review and new neurocognitive model of dreaming. *Current Directions in Psychological Science, 18,* 84-88.

Levin, R. J. (2007). Sexual activity, health and well-being—the beneficial roles of coitus and masturbation. *Sexual and Relationship Therapy, 22,* 135-148.

Levine, J. M., & Moreland, R. L. (2006). Small groups: An overview. In J. M. Levine & R. L. Moreland (Eds.), *Small groups.* New York: Psychology Press.

Levine, S. Z. (2011). Elaboration on the association between IQ and parental SES with subsequent crime. *Personality and Individual Differences, 50,* 1233-1237.

Levine, S. Z., & Rabinowitz, J. (2007). Revisiting the 5 dimensions of the Positive and Negative Syndrome Scale. *Journal of Clinical Psychopharmacology, 27,* 431-436.

Levinson, D. (1992). *The seasons of a woman's life.* New York: Knopf.

Levinson, D. J. (1990). A theory of life structure development in adulthood. In C. N. Alexander & E. J. Langer (Eds.), *Higher stages of human development: Perspectives on adult growth.* New York: Oxford University Press.

Levy, B. (1996). Improving memory in old age through implicit self-stereotyping. *Journal of Personality and Social Psychology, 71,* 1092-1107.

Levy, B. R., & Myers, L. M. (2004). Preventive health behaviors influenced by self-perceptions of aging. *Preventive Medicine: An International Journal Devoted to Practice and Theory, 39,* 625-629.

Levy, B. R., Slade, M. D., Kunkel, S. R., & Kasl, S. V. (2002). Longevity increased by positive self-perceptions of aging. *Journal of Personality & Social Psychology, 83,* 261-270.

Lewin, T. (2003, December 22). For more people in their 20s and 30s, going home is easier because they never left. *The New York Times,* p. A27.

Lewinsohn, P. M., & Essau, C. A. (2002). Depression in adolescents. In I. H. Gotlib & C. L. Hammen (Eds.), *Handbook of depression.* New York: Guilford Press.

Lewinsohn, P. M., Petit, J. W., Joiner, T. E., Jr., & Seeley, J. R. (2003). The symptomatic expression of major depressive -disorder in adolescents and young adults. *Journal of Abnormal Psychology, 112,* 244-252.

Lewis, C., & Lamb, M. (2011). The role of parent-child relationships in child -development. In M. E. Lamb & M. H. Bornstein, (Eds.), *Social and personality development: An advanced textbook.* New York: Psychology Press.

Li, B., Piriz, J., Mirrione, M., Chung, C., Proulx, C. D., Schulz, D., et al. (2011). Synaptic potentiation onto habenula neurons in learned helplessness model of depression. *Nature, 470,* 535–539.

Li, H., & Leckenby, J. D. (2007). Examining the effectiveness of internet advertising formats. In D. W. Schumann & E. Thorson (Eds.), *Internet advertising theory and -research.* Mahwah, NJ: Lawrence Erlbaum Associates.

Li, M. D., Cheng, R., Ma, J. Z., & Swan, G. E. (2003). A meta-analysis of estimated genetic and environmental effects on smoking behavior in male and female adult twins. *Addiction, 98,* 23–31.

Li, M. D., Lou, X., Chen, G., Ma, J. Z., & Elston, R. C. (2008). Gene-gene interactions among CHRNA4, CHRNB2, BDNF, and NTRK2 in nicotine dependence. *Biological Psychiatry, 64,* 951–957.

Li, T-K., Volkow, N. D., & Bal, R. D. (2007). The biological bases of nicotine and alcohol co-addiction. *Biological Psychiatry, 61,* 1–3.

Liang, K. A. (2007). Acculturation, ambivalent sexism, and attitudes toward women who engage in premarital sex among Chinese American young adults. *Dissertation Abstracts International: Section B: The Sciences and Engineering, 67*(10-B), 6065.

Libedinsky, C., & Livingstone, M. (2011). Role of prefrontal cortex in conscious visual perception. *The Journal of Neuroscience, 31,* 64–69.

Lichtenstein, J. (2011, March 27). The seekers. *The New York Times Magazine,* p. 44.

Licis, A. K., Desruisseau, D. M., Yamada, K. A., Duntley, S. P., & Gurnett, C. A. (2011). Novel genetic findings in an extended family pedigree with sleepwalking. *Neurology, 76,* 49–52.

Lidz, J., & Gleitman, L. R. (2004). Argument structure and the child's contribution to language learning. *Trends in Cognitive Sciences, 8,* 157–161.

Lieberman, M. D. (2007). Social cognitive neuroscience: A review of core processes. *Annual Review of Psychology, 58,* 259–289.

Lieberman, M. D., Hariri, A., Jarcho, J. M., Eisenberger, N. I., & Bookheimer, S. Y. (2005). An fMRI investigation of race-related amygdala activity in African-American and Caucasian-American individuals. *Nature Neuroscience, 8,* 720–722.

Liedl, A., Müller, J., Morina, N., Karl, A., Denke, C., & Knaevelsrud, C. (2011). Physical activity within a CBT intervention improves coping with pain in traumatized refugees: Results of a randomized controlled design. *Pain Medicine, 12,* 138–145.

Lien, Y-W., Chu, R-L., Jen, C-H., & Wu, C-H. (2006). Do Chinese commit neither fundamental attribution error nor ultimate attribution error? *Chinese Journal of Psychology, 48,* 163–181.

Lilienfeld, S. O. (2007). Psychological treatments that cause harm. *Perspectives on Psychological Science, 2,* 53–58.

Lin, C-H., & Lin, H-M. (2007). What price do you ask for the 'extra one'? A social value orientation perspective. *Social Behavior and Personality, 35,* 9–18.

Lin, Y., Li, K., Sung, W., Ko, H., Tzeng, O. L., Hung, D. L., et al. (2011). The relationship between development of attention and learning in children: A cognitive neuroscience approach. *Bulletin of Educational Psychology, 42,* 517–542.

Lin, Y. Y., Chen, W. T., Liao, K. K., Yeh, T. C., Wu, Z. Z., & Ho, L. T. (2005). Hemispheric balance in coding speech and non-speech sounds in Chinese participants. *Neuroreport, 16,* 469–473.

Lindblad, F., Lindahl, M., & Theorell, T. (2006). Physiological stress reactions in 6th and 9th graders during test performance. *Stress and Health: Journal of the International Society for the Investigation of Stress, 22,* 189–195.

Lindemann, O., & Bekkering, H. (2009). Object manipulation and motion perception: Evidence of an influence of -action planning on visual processing. *Journal of Experimental Psychology: Human Perception and Performance, 35,* 1062–1071.

Lindh-Astrand, L., Brynhildsen, J., & Hoffmann, M. (2007). Attitudes towards the menopause and hormone therapy over the turn of the century. *Maturitas, 56,* 12–20.

Lindley, L. D. (2006). The paradox of self-efficacy: Research with diverse populations. *Journal of Career Assessment, 14,* 143–160.

Lindorff, M. (2005). Determinants of received social support: Who gives what to managers? *Journal of Social and Personal Relationships, 22,* 323–337.

Lindsay, P. H., & Norman, D. A. (1977). *Human information processing* (2nd ed.). New York: Academic Press.

Lindsey, E., & Colwell, M. (2003). Preschoolers' emotional competence: Links to pretend and physical play. *Child Study Journal, 33,* 39–52.

Links, P. S., Eynan, R., & Heisel, M. J. (2007). Affective instability and suicidal ideation and behavior in patients with borderline personality disorder. *Journal of Personality Disorders, 21,* 72–86.

Liszkowski, U., Schäfer, M., Carpenter, M., & Tomasello, M. (2009). Prelinguistic infants, but not chimpanzees, communicate about absent entities. *Psychological Science, 20,* 654–660.

Litowitz, B. E. (2007). Unconscious fantasy: A once and future concept. *Journal of the American Psychoanalytic Association, 55,* 199–228.

Little, A., Burt, D. M., & Perrett, D. I. (2006). What is good is beautiful: Face preference reflects desired personality. *Personality and Individual Differences, 41,* 1107–1118.

Little, K., Ramssen, E., Welchko, R., Volberg, V., Roland, C., & Cassin, B. (2009). Decreased brain dopamine cell numbers in human cocaine users. *Psychiatry Research, 168,* 173–180.

Liu, J. H., & Mills, D. (2006). Modern racism and neo-liberal globalization: The discourses of plausible deniability and their multiple functions. *Journal of Community & Applied Social Psychology, 16,* 83–99.

Liu, L., He, S-Z., & Wu, Y. (2007). An analysis of the characteristics of single parent families with different structures and their children. *Chinese Journal of Clinical Psychology, 15,* 68–70.

Livesley, W., & Jang, K. (2008). The behavioral genetics of personality disorder. *Annual Review of Clinical Psychology, 4,* 247–274.

Livingstone, A. G., Spears, R., Manstead, A. R., Bruder, M., et al. (2011). We feel, therefore we are: Emotion as a basis for self-categorization and social action. *Emotion, 11,* 754–767.

Lobato, M. I., Koff, W. J., & Manenti, C. (2006). Follow-up of sex reassignment surgery in transsexuals: A Brazilian cohort. *Archives of Sexual Behavior, 35,* 711–715.

Lobban, F., Barrowclough, C., & Jones, S. (2006). Does expressed emotion need to be understood within a more systemic framework? An examination of discrepancies in appraisals between patients diagnosed with schizophrenia and their relatives. *Social Psychiatry and Psychiatric Epidemiology, 41,* 50–55.

Lobo, I., & Harris, R. (2008, July). $GABA_a$ receptors and alcohol. *Pharmacology, Biochemistry and Behavior, 90,* 90–94.

Locicero, A., & Sinclair, S. (2008, March). Terrorism and terrorist leaders: Insights from developmental and ecological psychology. *Studies in Conflict & Terrorism, 31,* 227–250.

Locke, J. L. (2006). Parental selection of -vocal behavior: Crying, cooking, babbling, and the evolution of language. *Human Nature, 17,* 155–168.

Lockl, K., & Schneider, W. (2007). Knowl-edge about the mind: Links between -theory of mind and later metamemory. *Child Development, 78,* 148–167.

Lofholm, N. (2003, May 6). Climber's kin share relief: Ralston saw 4 options, they say; death wasn't one of them. *Denver Post,* p. A1.

Loftus, E. F. (1993). Psychologists in the eyewitness world. *American Psychologist, 48,* 550–552.

Loftus, E. F. (2004). Memories of things unseen. *Current Directions in Psychological Science, 13,* 145–147.

Loftus, E. F., & Bernstein, D. M. (2005). Rich false memories: The royal road to success. In A. F. Healy (Ed.), *Experimental cognitive psychology and its applications.* Washington, DC: American Psychological Association.

Loftus, E. F., & Palmer, J. C. (1974). Reconstruction of automobile destruction: An example of the interface between language and memory. *Journal of Verbal Learning and Verbal Behavior, 13,* 585–589.

Loitfelder, M. M., Fazekas, F. F., Petrovic, K. K., Fuchs, S. S., Ropele, S. S., Wallner-Blazek, M. M., et al. (2011). Reorganization in cognitive networks with progression of multiple sclerosis: Insights from fMRI. *Neurology, 76,* 526–533.

Long, G. M., & Beaton, R. J. (1982). The case for peripheral persistence: Effects of target and background luminance on a partial-report task. *Journal of Experimental Psychology: Human Perception and Performance, 8,* 383–391.

Lopes, A. C., Greenberg, B. D., Noren, G., Canteras, M. M., Busatto, G. F. de Mathis, et al. (2009). Treatment of resistant obsessive-compulsive disorder with ventral capsular/ventral striatal gamma capsulotomy: A pilot prospective study. *The Journal of Neuropsychiatry and Clinical Neurosciences, 21,* 381–392.

López, S. R., & Guarnaccia, P. J. J. (2000). Cultural psychopathology: Uncovering the social world of mental illness. *Annual Review of Psychology, 51,* 571–598.

Lorenz, K. (1966). *On aggression.* New York: Harcourt Brace Jovanovich.

Lorenz, K. (1974). *Civilized man's eight deadly sins.* New York: Harcourt Brace Jovanovich.

Lothane, Z. (2005). Jung, A biography. *Journal of the American Psychoanalytic Association, 53,* 317–324.

Loving, T., Crockett, E., & Paxson, A. (2009). Passionate love and relationship thinkers: Experimental evidence for acute cortisol elevations in women. *Psychoneuroendocrinology, 34,* 939–946.

Lowe, P., Humphreys, C., & Williams, S. J. (2007). Night terrors: Women's -experiences of (not) sleeping where there is domestic violence. *Violence against Women, 13,* 549–561.

Lowery, D., Fillingim, R. B., & Wright, R. A. (2003). Sex differences and incentive effects on perceptual and cardiovascular responses to cold pressor pain. *Psychosomatic Medicine, 65,* 284–291.

Lu, J., Sherman, D., Devor, M., & Saper, C. B. (2006). A putative flip-flop switch for control of REM sleep. *Nature, 441,* 589–594.

Lubell, K. M., Swahn, M. H., Crosby, A. E., & Kegler, S. R. (2004). Methods of suicide among persons aged 10-19 years—United States, 1992-2001. *MMWR, 53,* 471–473. Retrieved from http://www.cdc.gov/mmwr/PDF/wk/mm5322.pdf.

Lublin, H., Eberhard, J., & Levander, S. (2005). Current therapy issues and -unmet clinical needs in the treatment of schizophrenia: A review of the new generation antipsychotics. *International Clinical Psychopharmacology, 20,* 183–198.

Lucas, W. (2008). Parents' perceptions of the Drug Abuse Resistance Education program (DARE). *Journal of Child & Adolescent Substance Abuse, 17,* 99–114.

Luchins, A. S. (1946). Classroom experiments on mental set. *American Journal of Psychology, 59,* 295–298.

Lucki, I., & O'Leary, O. F. (2004). Distinguishing roles for norepinephrine and serotonin in the behavioral effects of antidepressant drugs. *Journal of Clinical Psychiatry, 65,* 11–24.

Luckiesh, M. (1921). Visual illusions in the arts. *Scientific American Monthly, 3,* 497–501.

Luders, E., Narr, K. L., Zaidel, E., Thompson, P. M., & Toga, A. W. (2006). Gender effects on callosal thickness in scaled and unscaled space. *Neuroreport, 17,* 1103–1106.

Ludwig, A. M. (1996, March). Mental disturbances and creative achievement. *The Harvard Mental Health Letter,* pp. 4–6.

Luk, G., Anderson, J. A. E., Craik, F. I. M., Grady, C., Bialystok, E. (2010). Distinct neural correlates for two types of inhibition in bilinguals: Response inhibition versus interference suppression. *Brain and Cognition, 74,* 347–357, figure 3a.

Lun, V. M., & Bond, M. H. (2006). Achieving relationship harmony in groups and its consequence for group performance. *Asian Journal of Social Psychology, 9,* 195–202.

Luo, S., & Zhang, G. (2009). What leads to romantic attraction: Similarity, reciprocity, security, or beauty? Evidence from a speed-dating study. *Journal of Personality, 77,* 933–964.

Luria, A. R. (1968). *The mind of a mnemonist.* Cambridge, MA: Basic Books.

Luthar, S. S., Cicchetti, D., & Becker, B. (2000). The construct of resilience: A critical evaluation and guidelines for future work. *Child Development, 71,* 543–562.

Lutz, C. K., & Novak, M. A. (2005). Environmental enrichment for nonhuman primates: Theory and application. *ILAR Journal, 46,* 178–191.

Lutz, W., Lambert, M. J., Harmon, S. C., Tschitsaz, A., Schurch, E., & Stulz, N. (2006). The prob-ability of treatment success, failure and duration—What can be learned from empirical data to support decision making in clinical practice? *Clinical Psychology & Psychotherapy, 13,* 223–232.

Lymberis, S. C., Parhar, P. K., Katsoulakis, E., & Formenti, S. C. (2004). Pharmacogenomics and breast cancer. *Pharmacogenomics, 5,* 31–55.

Lynch, T. R., Trost, W. T., Salsman, N., & Linehan, M. M. (2007). Dialectical behavior therapy for borderline personality disorder. *Annual Review of Clinical Psychology, 3,* 181–205.

Lynn, S. J., Fassler, O., & Knox, J. (2005). Hypnosis and the altered state debate: Something more or nothing more? Comment. *Contemporary Hypnosis, 22,* 39–45.

Lynn, S. J., Kirsch, I., Barabasz, A., Cardena, E., & Patterson, D. (2000). Hypnosis as an empirically supported clinical intervention: The state of the evidence and a look to the future. *International Journal of Clinical and Experimental Hypnosis, 48,* 239–259.

Lynn, S. J., Lock, T., Loftus, E. F., Krackow, E., & Lilienfeld, S. O. (2003). The remembrance of things past: Problematic memory recovery techniques in psychotherapy. In S. O. Lilienfeld, S. J. Lynn, & J. M. Lohr (Eds.), *Science and pseudoscience in clinical psychology.* New York: Guilford Press.

Lynn, S. J., Neufeld, V., Green, J. P., Sandberg, D., et al. (1996). Daydreaming, fantasy, and psycho-pathology. In R. G. Kunzendorf, N. P. Spanos, & B. Wallace (Eds.), *Hypnosis and imagination. Imagery and human development series.* Amityville, NY: Baywood.

Lyons, H., Giordano, P. C., Manning, W. D., & Longmore, M. A. (2011). Identity, peer relationships, and adolescent girls' sexual behavior: An exploration of the contemporary double standard. *Journal of Sex Research, 48,* 437–449.

Ma, Y., Wang, C., & Han, S. (2011). Neural responses to perceived pain in others predict real-life monetary donations in different socioeconomic contexts. *NeuroImage, 57,* 1273–1280.

Macaluso, E., & Driver, J. (2005). Multisensory spatial interactions: A window onto functional integration in the human brain. *Trends in Neurosciences, 28, Issue 5,* 264–271.

Macaluso, E., Frith, C. D., & Driver, J. (2000, August 18). Modulation of human visual cortex by cross-modal spatial attention. *Science, 289,* 1206–1208.

Macduff, I. (2006). Your pace or mine? Culture, time and negotiation. *Negotiation Journal, 22,* 31–45.

Mack, J. (2003). *The museum of the mind.* London: British Museum Publications.

Mackay, J., & Eriksen, M. (2002). *The tobacco atlas.* Geneva, Switzerland: World Health Organization.

MacLean, L., Edwards, N., Garrard, M., Sims-Jones, N., Clinton, K., & Ashley, L. (2009, March). Obesity, stigma and public health planning. *Health Promotion International, 24,* 88–93.

MacLennan, A. (2009). Evidence-based review of therapies at the menopause. *International Journal of Evidence-Based Healthcare, 7,* 112–123.

Macmillan, M. (1996). *Freud evaluated: The completed arc.* Cambridge, MA: MIT.

MacNeilage, P. F., Rogers, L. J., & Vallortigara, G. (2009, July). Origins of the left & right brain. *Scientific American,* pp. 60–67.

Madden, D. J. (2007). Aging and visual attention. *Current Directions in Psychological Science, 16,* 70–74.

Maddi, S. R. (2007). The story of hardiness: Twenty years of theorizing, research, and practice. In A. Monat, R. S. Lazarus, et al. (Eds.), *The Praeger handbook on stress and coping* (Vol. 2). Westport, CT: Praeger Publishers/ Greenwood Publishing.

Maddi, S. R., Khoshaba, D. M., Harvey, R. H., Fazel, M., & Resurreccion, N. (2011). The personality construct of hardiness, V: Relationships with the construction of existential meaning in life. *Journal of Humanistic Psychology, 51,* 369–388.

Mader, S. S. (2000). *Biology* (6th ed.). Boston: McGraw-Hill.

Madon, S., Willard, J., & Guyll, M. (2006). Self-fulfilling prophecy effects of mothers' beliefs on children's alcohol use: Accumulation, dissipation, and stability over time. *Journal of Personality and Social Psychology, 90,* 911–926.

Magida, A. J. (2006). *Opening the doors of wonder: Reflections on religious rites of passage.* Berkeley, CA: University of California Press.

Magis, D., & Schoenen, J. (2011). Treatment of migraine: Update on new therapies. *Current Opinions in Neurology, 24,* 203–210.

Magoni, M., Bassani, L., Okong, P., Kituuka, P., Germinario, E. P., Giuliano, M., et al. (2005). Mode of infant feeding and HIV infection in children in a program for prevention of mother-to-child transmission in Uganda. *AIDS, 19,* 433–437.

Magoon, M., & Critchfield, T. (2008). Concurrent schedules of positive and negative reinforcement: Differential-impact and differential-outcomes -hypotheses. *Journal of the Experimental Analysis of Behavior, 90,* 1–22.

Magruder, K., & Yeager, D. (2009). The prevalence of PTSD across war eras and the effect of deployment on PTSD: A systematic review and meta-analysis. *Psychiatric Annals, 39,* 778–788.

Maguire, E. A., Woollett, K., & Spiers, H. J. (2006). London taxi drivers and bus drivers: A structural MRI and neuropsychological analysis. *Hippocampus, 16,* 1091–1101.

Mahmood, M., & Black, J. (2005). Narcolepsycataplexy: How does recent understanding help in evaluation and treatment? *Current Treatment Options in Neurology, 7,* 363–371.

Majeres, R. L. (2007). Sex differences in phonological coding: Alphabet transformation speed. *Intelligence, 35,* 335–346.

Major, J. T., Johnson, W., & Bouchard, T. R. (2011). The dependability of the general factor of intelligence: Why small, single-factor models do not adequately -represent g. *Intelligence, 39,* 418–433.

Majorano, M., & D'Odorico, L. (2011). The transition into ambient language: A longitudinal study of babbling and first word production of Italian children. *First Language, 31,* 47–66.

Maldonado, J. R., & Spiegel, D. (2003). Dissociative disorders. In R. E. Hales & S. C. Yudofsky (Eds.), *The American Psychiatric Publishing textbook of clinical psychiatry* (4th ed.). Washington, DC: American Psychiatric Publishing.

Malle, B. F. (2004). *How the mind explains behavior: Folk explanations, meaning, and social interaction.* Cambridge, MA: MIT.

Malouff, J. M., Thorsteinsson, E. B., & Schutte, N. S. (2007). The efficacy of problem solving therapy in reducing mental and physical health problems: A meta-analysis. *Clinical Psychology Review, 27,* 46–57.

Mancinelli, R., Binetti, R., & Ceccanti, M. (2007). Woman, alcohol and environment: Emerging risks for health. *Neuroscience & Biobehavioral Reviews, 31,* 246–253.

Manly, J., & Echemendia, R. (2007). Race-specific norms: Using the model of -hypertension to understand issues of race, culture, and education in neuropsychology. *Archives of Clinical Neuropsychology, 22,* 319–325.

Manly, J. J. (2005). Advantages and disadvantages of separate norms for African Americans. *Clinical Neuropsychologist, 19,* 270–275.

Manly, J. J. (2006). Deconstructing race and ethnicity: Implications for measurement of health outcomes [Special issue: Measurement in a multi-ethnic society]. *Medical Care, 44,* S10–S16.

Mann, K., Ackermann, K., Croissant, B., Mundle, G., Nakovics, H., & Diehl, A. (2005). Neuro-imaging of gender differences in alcohol dependence: Are women more vulnerable? *Alcoholism: Clinical & Experimental Research, 29*, 896–901.

Mann, R. E., & Hollin, C. R. (2007). Sexual offenders' explanations for their offending. *Journal of Sexual Aggression, 13*, 3–9.

Manning, M. A., & Hoyme, E. H. (2007). Fetal alcohol spectrum disorders: A practical clinical approach to diagnosis. *Neuroscience & Biobehavioral Reviews, 31*, 230–238.

Manor, J. K., & Gailliot, M. T. (2007). Altruism and egoism: Prosocial motivations for helping

Manstead, A. S. R., Frijda, N., & Fischer, A. H. (Eds.). (2003). *Feelings and emotions: The Amsterdam Symposium*. Cambridge, England: Cambridge University Press.

Manstead, A. S. R., & Wagner, H. L. (2004). *Experience emotion*. Cambridge, England: Cambridge University Press.

Marcus-Newhall, A., Pedersen, W. C., & Carlson, M. (2000). Displaced aggression is alive and well: A meta-analytic review. *Journal of Personality and Social Psychology, 78*, 670–689.

Marks, I. M. (2004). The Nobel prize award in physiology to Ivan Petrovich Pavlov-1904. *Australian and New Zealand Journal of Psychiatry, 38*, 674–677.

Markus, H. R. (2007). Sociocultural psychology: The dynamic interdependence among self systems and social systems. In S. Kitayama & D. Cohen (Eds.), *Handbook of cultural psychology*. New York: Guilford Press.

Markus, H. R., & Kitayama, S. (2003). Models of agency: Sociocultural diversity in the construction of action. In V. Murphy-Berman & J. J. Berman (Eds.), *Cross-cultural differences in perspectives on the self*. Lincoln, NE: University of Nebraska Press.

Marmar, C. (2009). Mental health impact of Afghanistan and Iraq deployment: Meeting the challenge of a new generation of veterans. *Depression and Anxiety, 26*, 493–497.

Marsh, B. (2008, February 24). A growing cloud over the planet. *The New York Times*, p. WK4.

Marsh, H. W., Hau, K. T., & Sung, R. Y. T. (2007). Childhood obesity, gender, -actual-ideal body image discrepancies, and physical self-concept in Hong Kong children: Cultural differences in the value of moderation. *Developmental Psychology, 43*, 647–662.

Marsh, R., Steinglass, J. E., Gerber, A. J., O'Leory, K., Wang, Z., Murphy, D., & . . . Peterson, B. S. (2009). Deficient activity in the neural systems that mediate self-regulatory control in bulimia nervosa. *Archives of General Psychiatry, 66*, 51–63.

Marshall, J. R. (2011). Ultimate causes and the evolution of altruism. *Behavioral Ecology and Sociobiology, 65*, 503–512.

Marshall, K., Laing, D. G., & Jinks, A. L. (2006). The capacity of humans to identify components in complex odor-taste mixtures. *Chemical Senses, 31*, 539–545.

Marshall, L., & Born, J. (2007, October). The contribution of sleep to hippocampus-dependent memory consolidation. *Trends in Cognitive Sciences, 11*(10), 442–450.

Marshall, M. K. (2007). The critical factors of coaching practice leading to successful coaching outcomes. *Dissertation Abstracts International: Section B: The Sciences and Engineering, 67*(7-B), 4092.

Marshall, R. D., Bryant, R. A., & Amsel, L. (2007). The psychology of ongoing threat: Relative risk appraisal, the September 11 attacks, and terrorism-related fears. *American Psychologist, 62*, 304–316.

Marshall, R. D., Bryant, R. A., Amsel, L., Suh, E. J., Cook, J. M., & Neria, Y. (2007). The psychology of ongoing threat: Relative risk appraisal, the September 11 attacks and terrorism--related fears. *American Psychologist, 62*, 304–316.

Marszalek, J. (2007). Computerized adaptive testing and the experience of flow in examinees. *Dissertation Abstracts International Section A: Humanities and Social Sciences, 67*(7-A), 2465.

Martelle, S., Hanley, C., & Yoshino, K. (2003, January 28). "Sopranos" scenario in slaying? *Los Angeles Times*, p. B1.

Martin, A. J., & Marsh, H. W. (2002). Fear of failure: Friend or foe? *Australian Psychologist, 38*, 31–38.

Martin, E. A., & Kerns, J. G. (2011). The influence of positive mood on different aspects of cognitive control. *Cognition and Emotion, 25*, 265–279.

Martin, L., & Pullum, G. K. (1991). *The great Eskimo vocabulary hoax*. Chicago: University of Chicago Press.

Martin, P. D., & Brantley, P. J. (2004). Stress, coping, and social support in health and behavior. In J. M. Raczynski & L. C. Leviton (Eds.), *Handbook of clinical health psychology, Vol. 2: Disorders of behavior and health*. Washington, DC: American Psychological Association.

Martindale, C. (1981). *Cognition and consciousness*. Homewood, IL: Dorsey.

Martinko, M. J., Harvey, P., & Dasborough, M. T. (2011). Attribution theory in the organizational sciences: A case of unrealized potential. *Journal of Organizational Behavior, 32*, 144–149.

Mashour, G. A., Walker, E. E., & Martuza, R. L. (2005). Psychosurgery: Past, present, and future. *Brain Research Reviews, 48*, 409–419.

Maslow, A. H. (1970). *Motivation and -personality*. New York: Harper & Row.

Maslow, A. H. (1987). *Motivation and personality* (3rd ed.). New York: Harper & Row.

Maslowsky, J., Mogg, K., Bradley, B. P., McClure-Tone, E., et al. (2010). A Preliminary Investigation of Neural Correlates of Treatment in Adolescents with Generalized Anxiety Disorder. *Journal of Child and Adolescent Psychopharmacology, 20*(2), 105–111.

Massaro, D. W., & Chen, T. H. (2008). The motor theory of speech perception revisited. *Psychonomic Bulletin & Review, 15*, 453–457.

Mast, F. W., & Kosslyn, S. M. (2002). Visual mental images can be ambiguous: Insights from individual differences in spatial transformation abilities. *Cognition, 86*, 57–70.

Masters, W. H., & Johnson, V. E. (1979). *Homosexuality in perspective*. Boston: Little, Brown.

Masuda, M. (2003). Meta-analyses of love scales: Do various love scales measure the same psychological constructs? *Japanese Psychological Research, 45*, 25–37.

Mathews, H. L., & Janusek, L. (2011). Epigenetics and psychoneuroimmunology: Mechanisms and models. *Brain, Behavior, and Immunity, 25*, 25–39.

Maton, K. I., Kohout, J. L., Wicherski, M., Leary, G. E., & Vinokurov, A. (2006). Minority -students of color and the psychology -graduate pipeline. *American Psychologist, 61*, 117–131.

Matson, J., & LoVullo, S. (2008). A review of behavioral treatments for self--injurious behaviors of persons with -autism spectrum disorders. *Behavior Modification, 32*, 61–76.

Matsumoto, D. (2002). Methodological requirements to test a possible in-group advantage in judging emotions across cultures: Comment on Elfenbein and Ambady (2002) and evidence. *Psychological Bulletin, 128*, 236–242.

Matthews, G., & Funke, G. J. (2006). Worry and information-processing. In G. C. L. Davey & A. Wells (Eds.), *Worry and its psychological disorders: Theory, assessment and treatment*. Hoboken, NJ: Wiley Publishing.

Maurer, D., Lewis, T. L., Brent, H. P., & Levin, A. V. (1999, October 1). Rapid improvement in the acuity of infants after visual input. *Science, 286*, 108–110.

Mayer, J. D., Salovey, P., & Caruso, D. R. (2004). Emotional intelligence: Theory, findings, and implications. *Psychological Inquiry, 15*, 197–215.

Mayer, J. D., Salovey, P., & Caruso, D. R. (2008). Emotional intelligence: New ability or eclectic traits? *American Psychologist, 63*, 503–517.

Maynard, A. E., & Martini, M. I. (2005). *Learning in cultural context: Family, peers, and school*. New York: Kluwer Academic/Plenum Publishers.

McAdams, D. P., Diamond, A., de St. Aubin, E., & Mansfield, E. (1997). Stories of commitment: The psychosocial construction of generative lives. *Journal of Personality and Social Psychology, 72*, 678–694.

McCabe, C., & Rolls, E. T. (2007). Umami: A delicious flavor formed by convergence of taste and olfactory pathways in the human brain. *European Journal of Neuroscience, 25*, 1855–1864.

McCarthy, J. (2005). Individualism and collectivism: What do they have to do with counseling? *Journal of Multicultural Counseling and Development, 33*, 108–117.

McCarthy, R. J., & Skowronski, J. J. (2011). You're getting warmer: Level of construal affects the impact of central traits on impression formation. *Journal of Experimental Social Psychology, 47*, 1304–1307.

McCaul, K. D., Johnson, R. J., & Rothman, A. J. (2002). The effects of framing and action instructions on whether older adults obtain flu shots. *Health Psychology, 21*, 624–628.

McCauley, R. N., & Henrich, J. (2006). Susceptibility to the Müller-Lyer illusion, theory-neutral observation, and the diachronic penetrability of the visual input. *Philosophical Psychology, 19*, 79–101.

McClelland, D. C. (1985). How motives, skills, and values determine what people do. *American Psychologist, 40*, 812–825.

McClelland, D. C. (1993). Intelligence is not the best predictor of job performance. *Current Directions in Psychological Research, 2*, 5–8.

McClelland, D. C., Atkinson, J. W., Clark, R. A., & Lowell, E. L. (1953). *The achievement motive*. New York: Appleton-Century-Crofts.

McClure, J., Sutton, R. M., & Sibley, C. G. (2007). Listening to reporters or engineers? How instance--based messages about building design affect earthquake fatalism. *Journal of Applied Social Sciences, 37*, 1956–1973.

McCrae, R. R., & Costa, P. T., Jr. (1986). A five-factor theory of personality. In L. A. Pervin & O. P. John

(Eds.), *Handbook of personality: Theory and research* (2nd ed.). New York: Guilford.

McCrae, R. R., Kurtz, J. E., Yamagata, S., & Terracciano, A. (2011). Internal consistency, retest reliability, and their implications for personality scale validity. *Personality and Social Psychology Review, 15*, 28–50.

McCrink, K., & Wynn, K. (2007). Ratio-abstraction by 6-month-old infants. *Psychological Science, 18*, 740–745.

McDaniel, M. A., Maier, S. F., & Einstein, G. O. (2002). "Brain specific" nutrients: A memory cure? *Psychological Science in the Public Interest, 3*, 12–18.

McDonald, C., & Murray, R. M. (2004). Can structural magnetic resonance imaging provide an alternative phenotype for genetic studies of schizophrenia? In M. S. Keshavan, J. L. Kennedy, & R. M. Murray (Eds.), *Neuro-development and schizophrenia*. New York: Cambridge University Press.

McDonald, H. E., & Hirt, E. R. (1997). When expectancy meets desire: Motivational effects in reconstructive memory. *Journal of Personality and Social Psychology, 72*, 5–23.

McDougall, W. (1908). *Introduction to social psychology*. London: Methuen.

McDowell, D. M., & Spitz, H. I. (1999). *Substance abuse*. New York: Brunner/Mazel.

McEwen, B. S. (1998, January 15). Protective and damaging effects of stress mediators [Review article]. *New England Journal of Medicine, 338*, 171–179.

McGaugh, J. L. (2003). *Memory and emotion: The making of lasting memories*. New York: Columbia University Press.

McGilvray, J. (Ed.). (2004). *The Cambridge companion to Chomsky*. Oxford, England: Cambridge University Press.

McGinn, D. (2003, June 9). Testing, testing: The new job search. *Time*, pp. 36–38.

McGregor, K. K., & Capone, N. C. (2004). Genetic and environmental interactions in determining the early lexicon: Evidence from a set of tri-zygotic quadruplets. *Journal of Child language, 31*, 311–337.

McIntyre, K., Korn, J., & Matsuo, H. (2008). Sweating the small stuff: How different types of hassles result in the experience of *stress*. *Stress and Health: Journal of the International Society for the Investigation of Stress, 24*, 383–392.

McKinley, M. J., Cairns, M. J., Denton, D. A., Egan, G., Mathai, M. L., Uschakov, A., et al. (2004). Physiological and pathophysiological influences on thirst. *Physiology and Behavior, 81*, 795–803.

McMurtray, A. M., Licht, E., Yeo, T., Krisztal, E., Saul, R. E., & Mendez, M. F. (2007). Positron emission tomography facilitates diagnosis of early-onset Alzheimer's disease. *European Neurology, 59*, 31–37.

McNally, R. J. (2011). *What is mental illness?* Cambridge, MA: Harvard University Press.

McNamara, P. (2004). *An evolutionary psychology of sleep and dreams*. Westport, CT: Praeger Publishers/Greenwood Publishing Group.

McTeague, L. M., Lang, P. J., Laplante, M., & Bradley, M. M. (2011). Aversive imagery in panic disorder: Agoraphobia-severity, comorbidity, and defensive physiology. *Biological Psychiatry, 70*, 415–424.

Mead, M. (1949). *Male and female*. New York: Morrow.

Means, M. K., & Edinger, J. D. (2007). Graded exposure therapy for addressing claustrophobic reactions to continuous positive airway pressure: A case series report. *Behavioral Sleep Medicine, 5*, 105–116.

Medeiros, R., Prediger, R. D. S., Passos, G. F., Pandolfo, P., et al. (2007). Connect-ing TNF-α signaling pathways to iNOS expression in a mouse model of Alzheimer's disease: Relevance for the behavioral and synaptic deficits induced by amyloid β protein. *Journal of Neuroscience, 27*, 5394–5404.

Meeter, M., & Murre, J. M. J. (2004). Consolidation of long-term memory: Evidence and alternatives. *Psychological Bulletin, 130*, 843–857.

Mehl-Madrona, L. E. (2004). Hypnosis to facilitate uncomplicated birth. *American Journal of Clinical Hypnosis, 46*, 299–312.

Meinlschmidt, G., & Heim, C. (2007). Sensitivity to intranasal oxytocin in adult men with early parental separation. *Biological Psychiatry, 61*, 1109–1111.

Mel, B. W. (2002, March 8). What the synapse tells the neuron. *Science, 295*, 1845–1846.

Mel'nikov, K. S. (1993, October-December). On some aspects of the mechanistic-approach to the study of processes of forgetting. *Vestnik Moskovskogo Universiteta Seriya 14 Psikhologiya*, pp. 64–67.

Meltzer, H. Y. (2000). Genetics and-etiology of schizophrenia and bipolar-disorder. *Biological Psychiatry, 47*, 171–173.

Meltzoff, A. N. (1996). The human infant as imitative generalist: A 20-year progress report on-infant imitation with implications for comparative psychology. In C. M. Heyes & B. G. Galef, Jr. (Eds.), *Social learning in animals: The roots of culture*. San Diego, CA: Academic Press.

Melzack, R., & Katz, J. (2001). The McGill Pain Questionnaire: Appraisal and current status. In D. Turk & R. Melzack (Eds.), *Handbook of pain assessment* (2nd ed.). New York: Guilford Press.

Mendelsohn, J. (2003, November 7–9). What we know about sex. *USA Weekend*, pp. 6–9.

Mercadillo, R. E., Díaz, J., Pasaye, E. H., & Barrios, F. A. (2011). Perception of suffering and compassion experience: Brain gender disparities. *Brain and Cognition, 76*, 5–14.

Merikangas, K. R., Ames, M., Cui, L., Stang, P. E., Ustun, T. B., VonKorff, M., et al. (2007). The impact of comorbidity of mental and physical conditions on role disability in the US adult household population. *Archives of General Psychiatry, 64*, 1180–1188.

Mesoudi, A. (2011). Evolutionary psychology meets cultural psychology. *Journal of Evolutionary Psychology, 9*, 83–87.

Messner, M., Reinhard, M., & Sporer, S. (2008). Compliance through direct persuasive appeals: The moderating role of communicator's-attractiveness in interpersonal persuasion. *Social Influence, 3*, 67–83.

Meyer, I., & Ladewig, J. (2008). The relationship between number of training sessions per week and learning in dogs. *Applied Animal Behaviour Science, 111*, 311–320.

Meyer-Bahlburg, H. (1997). The role of prenatal estrogens in sexual orientation. In L. Ellis & L. Ebertz (Eds.), *Sexual orientation: Toward biological understanding*. Westport, CT: Praeger.

Meyerowitz, J. (2004). *How sex changed: A history of transsexuality in the United States*. Cambridge, MA: Harvard University Press.

Michael, R. T., Gagnon, J. H., Laumann, E. O., & Kolata, G. (1994). *Sex in America: A definitive survey*. Boston: Little, Brown.

Micheau, J., & Marighetto, A. (2011). Acetylcholine and memory: A long, complex and chaotic but still living relationship. *Behavioural Brain Research, 221*, 424–429.

Midanik, L. T., Tam, T. W., & Weisner, C. (2007). Concurrent and simultaneous drug and alcohol use: Results of the 2000 national alcohol survey. *Drug and Alcohol Dependence, 90*, 72–80.

Middlebrooks, J. C., Furukawa, S., Stecker, G. C., & Mickey, B. J. (2005). Distributed representation of sound-source location in the auditory cortex. In R. König, P. Heil, E. Budinger, & H. Scheich (Eds.), *Auditory cortex: A synthesis of human and animal research*. Mahwah, NJ: Lawrence Erlbaum Associates.

Miesenbock, G. (2008, October). Lighting up the brain. *Scientific American*, pp. 52–59.

Mifflin, L. (1998, January 14). Study finds a decline in TV network violence. *The New York Times*, p. A14.

Mignon, A., & Mollaret, P. (2002). Applying the affordance conception of traits: A person perception study. *Personality and Social Psychology Bulletin, 28*, 1327–1334.

Miguez, G., Witnauer, J. E., & Miller, R. R. (2011). The role of contextual associations in producing the partial reinforcement acquisition deficit. *Journal of Experimental Psychology: Animal Behavior Processes, 37*, 88–97.

Mika, V. S., Wood, P. R., Weiss, B. D., & Trevino, L. (2007). Ask Me 3: Improving communication in a Hispanic pediatric outpatient practice. *American Journal of Behavioral Health, 31*, S115–S121.

Miklowitz, D. J., & Thompson, M. C. (2003). Family variables and interventions in schizophrenia. In G. Sholevar & G. Pirooz (Eds.), *Textbook of family and couples therapy: Clinical applications*. Washington, DC: American Psychiatric Publishing.

Mikulincer, M., & Shaver, P. R. (2005). Attachment security, compassion, and altruism. *Current Directions in Psychological Science, 14*, 34–38.

Miles, P., Schaufeli, W. B., & van den Bos, K. (2011). When weak groups are strong: How low cohesion groups allow individuals to act according to their personal absence tolerance norms. *Social Justice Research, 24*, 207–230.

Milgram, S. (1965). *Obedience* [film]. New York University Film Library and Pennsylvania State University, PCR.

Milgram, S. (2005). *Obedience to authority*. Pinter & Martin: New York.

Miller, C., & Williams, A. (2011). Ethical guidelines in research. In J. C. Thomas & M. Hersen (Eds.), *Understanding research in clinical and counseling psychology* (2nd ed.). New York: Routledge/Taylor & Francis Group.

Miller, G. (2006). A spoonful of medicine—and a steady diet of normalcy. *Science, 311*, 464–465.

Miller, G. (2008, May 9). The roots of-morality. *Science, 320*, 734–737.

Miller, G. (2011, September 30.) Social scientists wade into the Tweet stream. *Science, 333*, 1814–1815.

Miller, G. E., Chen, E., & Parker, K. J. (2011). Psychological stress in childhood and susceptibility to the chronic diseases of aging: Moving toward a model of behavioral and biological mechanisms. *Psychological Bulletin, 137*, 959–997.

Miller, G. F., & Penke, L. (2007). The evolution of human intelligence and the coefficient of additive genetic variance in human brain size. *Intelligence, 35,* 97-114.

Miller, J. A., & Leffard, S. A. (2007). Behavioral assessment. In S. R. Smith & L. Handler (Eds.), *The clinical assessment of children and adolescents: A practitioner's handbook.* Mahwah, NJ: Lawrence Erlbaum Associates.

Miller, J. G. (1984). Culture and the development of everyday social explanation. *Journal of Personality and Social Psychology, 46,* 961-978.

Miller, L. A., Taber, K. H., Gabbard, G. O., & Hurley, R. A. (2005). Neural underpinnings of fear and its modulation: Implications for anxiety disorders. *The Journal of Neuropsychiatry and Clinical Neurosciences, 17,* 1-6.

Miller, L., Gur, M., Shanok, A., & Weissman, M. (2008). Interpersonal psychotherapy with pregnant adolescents: Two pilot studies. *Journal of Child Psychology and Psychiatry, 49,* 733-742.

Miller, L. A., McIntire, S. A., & Lovler, R. L. (2011). *Foundations of psychological testing: A practical problem* (3rd ed.). Thousand Oaks, CA: Sage Publications, Inc.

Miller, M. N., & Pumariega, A. J. (2001). Culture and eating disorders: A historical and cross-cultural review. *Psychiatry: Interpersonal and Biological Processes, 64,* 93-110.

Miller, N. E., & Magruder, K. M. (Eds.). (1999). *Cost-effectiveness of psychotherapy: A guide for practitioners, researchers, and policymakers.* New York: Oxford University Press.

Miller-Jones, D. (1991). Informal reasoning in inner-city children. In J. F. Voss & D. N. Perkins (Eds.), *Informal reasoning and education.* Hillsdale, NJ: Lawrence Erlbaum.

Miller-Perrin, C., Perrin, R., & Kocur, J. (2009). Parental physical and psychological aggression: Psychological symptoms in young adults. *Child Abuse & Neglect, 33,* 1-11.

Millon, T., Davis, R., & Millon, C. (2000). *Personality disorders in modern life.* New York: Wiley.

Mills, M. J. (2011). Associations among achievement measures and their collective prediction of work involvement. *Personality and Individual Differences, 50,* 360-364.

Milner, B. (1966). Amnesia following operation on temporal lobes. In C. W. M. Whitty & P. Zangwill (Eds.), *Amnesia.* London: Butterworth.

Milner, B. (2005). The medial temporallobe amnesic syndrome. *Psychiatric Clinics of North America, 28,* 599-611.

Milton, J., & Wiseman, R. (1999). Does psi exist? Lack of replication of an anomalous process of information transfer. *Psychological Bulletin, 125,* 387-391.

Miner, J., & Clarke-Stewart, K. (2008). Trajectories of externalizing behavior from age 2 to age 9: Relations with gender, temperament, ethnicity, parenting, and rater. *Developmental Psychology, 44,* 771-786.

Miner-Rubino, K., Winter, D. G., & Stewart, A. J. (2004). Gender, social class, and the subjective experience of aging: Self-perceived personality change from early adulthood to late midlife. *Personality and Social Psychology Bulletin, 30,* 1599-1610.

Mintz, A., & Brule, D. (2009). Method-ologi-cal issues in studying suicide terrorism. *Political Psychology, 30,* 361-367.

Minuchin, S. (1999). Retelling, reimagining, and researching: A continuing conversation. *Journal of Marital and Family Therapy, 25,* 9-14.

Miquel, J. (2006). Integración de teorías del envejecimiento (parte I). Integration of theories of ageing. *Revista Espanola de Geriatria y Gerontologia, 41,* 55-63.

Mischel, W. (2004). Toward an integrative science of the person. *Annual Review of Psychology, 55,* 1-22.

Mischel, W. (2009). From Personality and Assessment (1968) to Personality Science, 2009. *Journal of Research in Personality, 43,* 282-290.

Mischel, W., & Shoda, Y. (2008). Toward a unified theory of personality: Integrating dispositions and processing dynamics within the cognitive-affective processing system. In O. P. Oliver, R. W. Robins, et al. (Eds.), *Handbook of personality psychology: Theory and -research* (3rd ed.). New York: Guilford Press.

Mischoulon, D. (2000, June). Anti-depressants: Choices and controversy. *HealthNews,* p. 4.

Miserando, M. (1991). Memory and the seven dwarfs. *Teaching of Psychology, 18,* 169-171.

Mitchell, D. B., & Schmitt, F. A. (2006). Short- and long-term implicit memory in aging and Alzheimer's disease. *Neuropsychological Development and Cognition, B, Aging and Neuropsychologi-cal Cognition, 13,* 611-635.

Mitte, K. (2005). Meta-analysis of cognitive- behavioral treatments for generalized anxiety disorder: A comparison with pharmacotherapy. *Psychological Bulletin, 131,* 785-795.

Mizrahi, R., Agid, O., Borlido, C., Suridjan, I., Rusjan, P., Houle, S., et al. (2011). Effects of antipsychotics on D3 receptors: A clinical PET study in first episode antipsychotic naive patients with schizophrenia using [11C]-(+)-PHNO. *Schizophrenia Research, 131,* 63-68.

MLA. (2005). MLA Language Map; all languages other than English combined. Retrieved from http://www.mla.org/census_map&source= county (based on 2000 U.S. Census Bureau figures).

Moffitt, T. E., & Caspi, A. (2007). Evidence from behavioral genetics for environmental contributions to antisocial conduct. In J. E. Grusec & P. D. Hastings (Eds.), *Handbook of socialization: Theory and research.* New York: Guilford Press.

Moffitt, T. E., Caspi, A., & Rutter, M. (2006). Measured gene-environment interactions in psycho-pathology: Concepts, -research strategies, and implications for research, intervention, and public understanding of genetics. *Perspectives on Psychological Science, 1,* 5-27.

Mograss, M., Guillem, F., Brazzini-Poisson, V., & Godbout, R. (2009, May). The effects of total sleep deprivation on recognition memory processes: A study of event-related potential. *Neurobiology of Learning and Memory, 91,* 343-352.

Mohan, A., Sharma, R., & Bijlani, R. L. (2011). Effect of meditation on stress--induced changes in cognitive functions. *The Journal of Alternative and Complementary Medicine, 17,* 207-212.

Mohapel, P., Leanza, G., Kokaia, M., & Lindvall, O. (2005). Forebrain acetylcholine regulates adult hippo-campal neurogenesis and learning. *Neurobiology of Aging, 26,* 939-946.

Moher, C., Gould, D., Hegg, E., & Mahoney, A. (2008). Non-generalized and generalized conditioned reinforcers: Establishment and validation. *Behavioral Interventions, 23,* 13-38.

Mokdad, A. H., Brewer, R. D., & Naimi, T. (2007). Binge drinking is a problem that cannot be ignored. *Preventive Medicine: An International Journal Devoted to Practice and Theory, 44,* 303-304.

Møller, A. R. (2011). Anatomy and physiology of the auditory system. In A. R. Møller, B. Langguth, et al. (Eds.), *Textbook of tinnitus.* New York: Springer Science + Business Media.

Monk, T. H., Buysse, D. J., Billy, B. D., Fletcher, M. E., Kennedy, K. S., Schlarb, J. E., et al. (2011). Circadian type and bed-timing regularity in 654 retired seniors: Correlations with -subjective sleep measures. *Sleep, 34,* 235-239.

Monteleone, P., Martiadis, V., & Maj, M. (2011). Circadian rhythms and treatment implications in depression. *Progress in Neuro-Psychopharmacology & Biological Psychiatry, 35,* 1569-1574.

Montgomery, K. L. (2011). Living with panic, worry, and fear: Anxiety -disorders. In C. Franklin & R. Fong (Eds.), *The church leader's counseling resource book: A guide to mental health and social problems.* New York: Oxford University Press.

Montgomery, S. (2006). Serotonin noradrenaline reuptake inhibitors: Logical evolution of antidepressant development. *International Journal of Psychiatry in Clinical Practice, 10,* 5-11.

Montgomery, S. A., Nil, R., Dürr-Pal, N., Loft, H., & Boulenger, J. P. (2005). A 24-week randomized, double-blind, placebo-controlled study of escitalopram for the prevention of generalized social anxiety disorder. *Journal of Clinical Psychiatry, 66,* 1270-1278.

Montoya, R., & Insko, C. (2008). Toward a more complete understanding of the reciprocity of liking effect. *European Journal of Social Psychology, 38,* 477-498.

Moody, H. R. (2000). *Aging: Concepts and controversies.* Thousand Oaks, CA: Sage.

Moore, D. G., Goodwin, J. E., & George, R. (2007). Infants perceive human point-light displays as solid forms. *Cognition, 104,* 377-396.

Moore, M. M. (2002). Behavioral observation. In M. W. Wiederman & B. E. Whitley (Eds.), *Handbook for conducting research on human sexuality.* Mahwah, NJ: Lawrence Erlbaum.

Moorey, S. (2007). Cognitive therapy. In W. Dryden (Ed.), *Dryden's handbook of individual therapy* (5th ed.). Thousand Oaks, CA: Sage Publications.

Morad, Y., Barkana, Y., Zadok, D., Hartstein, M., Pras, E., & Bar-Dayan, Y. (2009, July). Ocular parameters as an objective tool for the assessment of truck drivers fatigue. *Accident Analysis and Prevention, 41,* 856-860.

Mora-Giral, M., Raich-Escursell, R. M., Segues, C.V., Torras-Claras, A. J., & Huon, G. (2004). Bulimia symptoms and risk factors in university students. *Eating and Weight Disorders, 9,* 163-169.

Moran, A. (2009). Cognitive psychology in sport: Progress and prospects. *Psychology of Sport and Exercise, 10,* 420-426.

Morcom, A. M., & Friston, K. J. (2011, September 1). Decoding episodic memory in ageing: A bayesian analysis of activity patterns predicting memory. *NeuroimageI, 33,* 88-91.

Moretz, M., & McKay, D. (2009). The role of perfectionism in obsessive--compulsive symptoms: 'Not just right' experiences and checking compulsions. *Journal of Anxiety Disorders, 23,* 640-644.

Morgan, A. A., Marsiske, M., & Whitfield, K. E. (2008). Characterizing and explaining differences in cognitive test performance between African

American and European American older adults. *Experimental Aging Research, 34,* 80–100.

Morone, N. E., & Greco, C. M. (2007). Mind-body interventions for chronic pain in older adults: A structured review. *Pain Medicine, 8,* 359–375.

Morris, J. F., Waldo, C. R., & Rothblum, E. D. (2001). A model of predictors and outcomes of outness among lesbian and bisexual women. *American Journal of Orthopsychiatry, 71,* 61–71.

Morrone, A. S., & Pintrich, P. R. (2006). Achievement motivation. In G. G. Bear & K. M. Minke (Eds.), *Children's needs III: Development, prevention, and intervention.* Washington, DC: National Association of School Psychologists.

Morrow, J., & Wolff, R. (1991, May). Wired for a miracle. *Health,* pp. 64–84.

Mosher, C. J., & Akins, C. (2007). *Drugs and drug policy: The control of consciousness alteration.* Thousand Oaks, CA: Sage Publications.

Moshman, D. (2011). *Adolescent rationality and development: Cognition, morality, and identity* (3rd ed.). New York: Psychology Press.

Moskowitz, G. B. (2004). *Social cognition: Understanding self and others.* New York: Guilford Press.

Motley, M. T. (1987, February). What I meant to say. *Psychology Today,* pp. 25–28.

Muammar, O. M. (2007). An integration of two competing models to explain practical intelligence. *Dissertation Abstracts International: Section B: The Sciences and Engineering, 67(7-B),* 4128.

Mueller, C. E. (2009). Protective factors as barriers to depression in gifted and nongifted adolescents. *Gifted Child Quarterly, 53,* 3–14.

Mullen, B., & Rice, D. R. (2003). Ethnophaulisms and exclusion: The behavioral consequences of cognitive representation of ethnic immigrant groups. *Personality and Social Psychology Bulletin, 29,* 1056–1067.

Munakata, Y. (2006). Information processing approaches to development. In D. Kuhn, R. S. Siegler, et al. (Eds.) *Handbook of child psychology: Vol 2, Cognition, perception, and language* (6th ed.). Hoboken, NJ: John Wiley & Sons.

Mungan, E., Peynircioğlu, Z. F., & Halpern, A. R. (2011). Levels-of-processing effects on 'remember' responses in recognition for familiar and unfamiliar tunes. *American Journal of Psychology, 124,* 37–48.

Munroe, R. L., Hulefeld, R., Rodgers, J. M., Tomeo, D. L., & Yamazaki, S. K. (2000). Aggression among children in four -cultures. *Cross-Cultural Research: The Journal of Comparative Social Science, 34,* 3–25.

Murphy, G. J., Glickfield, L. L., Balsen, Z., & Isaacson, J. S. (2004). Sensory neuron signaling to the brain: Properties of transmitter release from olfactory nerve terminals. *Journal of Neuroscience, 24,* 3023–3030.

Murphy, G. L. (2005). The study of concepts inside and outside the laboratory: Medin versus Medin. In W. Ahn, R. L. Goldstone, et al. (Eds.), *Categorization inside and outside the laboratory: Essays in honor of Douglas L. Medin.* Washington, DC: American Psychological Association.

Murphy, R. T., Wismar, K., & Freeman, K. (2003). Stress symptoms among African-American college students -after the September 11, 2001 terrorist -attacks. *Journal of Nervous and Mental Disease, 191,* 108–114.

Murphy, S. T., & Zajonc, R. B. (1993). Affect, cognition, and awareness: Affective priming with optimal and suboptimal stimulus exposures. *Journal of Personality and Social Psychology, 64,* 723–739.

Murray, B. (June 2002). Good news for bachelor's grads. *Monitor on Psychology,* pp. 30–32.

Murray, R., Lappin, J., & Di Forti, M. (2008, August). Schizophrenia: From developmental deviance to dopamine dysregulation. *European Neuropsycho-pharmacology, 18,* S129–SS134.

Murray, S. L., Holmes, J. G., & Griffin, D. W. (2004). The benefits of positive illusions: Idealization and the construction of -satisfaction in close relationships. In H. T. Reis & C. E. Rusbult (Eds.), *Close relationships: Key readings.* Philadelphia, PA: Taylor & Francis.

Murthy, P., Kudlur, S., George, S., & Mathew, G. (2009). A clinical overview of fetal alcohol syndrome. *Addictive Disorders & Their Treatment, 8,* 1–12.

Myers, D. G. (2000). The funds, friends, and faith of happy people. *American Psychologist, 55,* 56–67.

Myers, L. L. (2007). Anorexia nervosa, bulimia nervosa, and binge eating disorder. In B. A. Thyer & J. S. Wodarski (Eds.), *Social work in mental health: An evidence-based approach.* Hoboken, NJ: John Wiley & Sons.

Myrtek, M. (2007). Type A behavior and hostility as independent risk factors for coronary heart disease. In J. Jordan, B. Barde, et al. (Eds.), *Contributions toward evidence-based psychocardiology: A systematic review of the literature.* Washington, DC: American Psychological Association.

Mytinger, C. (2001). *Headhunting in the Solomon Islands: Around the Coral Sea.* Santa Barbara, CA: Narrative Press.

Nadeem, E., & Graham, S. (2005). Early puberty, peer victimization, and internalizing symptoms in ethnic minority adolescents. *Journal of Early Adolescence, 25,* 197–222.

Nagai, Y., Goldstein, L. H., Fenwick, P. B. C., & Trimble, M. R. (2004). Clinical efficacy of galvanic skin response biofeedback training in reducing seizures in adult epilepsy: A preliminary randomized controlled study. *Epilepsy and Behavior, 5,* 216–223.

Nagda, B. A., Tropp, L. R., & Paluck, E. L. (2006). Looking back as we look ahead: Integrating research, theory, and practice on intergroup relations. *Journal of Social Research, 62,* 439–451.

Nagy, T. F. (2011). Informed consent. In T. F. Nagy (Ed.), *Essential ethics for psychologists: A primer for understanding and mastering core issues.* Washington, DC: American Psychological Association.

Naik, G. (2009, February 3). Parents agonize over treatment in the womb. *Wall Street Journal,* p. D1.

Najman, J. M., Aird, R., Bor, W., O'Callaghan, M., Williams, G. M., & Shuttlewood, G. J. (2004). The generational transmission of socioeconomic inequalities in child cognitive development and emotional health. *Social Science and Medicine, 58,* 1147–1158.

Nakamura, Y., Goto, T. K., Tokumori, K., Yoshiura, T., Kobayashi, K., Nakamura, Y., et al. (2011). Localization of brain activation by umami taste in humans. *Brain Research, 1390,* 156–163.

Nakato, E., Otsuka, Y., Kanazawa, S., Yamaguchi, M. K., & Kakigi, R. (2011). Distinct differences in the pattern of hemodynamic response to happy and angry facial expressions in infants—A near-infrared spectroscopic study. *NeuroImage, 54,* 1600–1606.

Nalbantian, S. (2011). Autobiographical memory in modernist literature and neuroscience. In S. Nalbantian, P. M. Matthews, et al. (Eds.), *The memory process: Neuroscientific and humanistic perspectives.* Cambridge, MA: MIT Press.

Naldini, L. (2009, November 6). A comeback for gene therapy. *Science, 326,* 805–806.

Nargeot, R., & Simmers, J. (2011). Neural mechanisms of operant conditioning and learning-induced behavioral plasticity in Aplysia. *Cellular and Molecular Life Sciences, 68,* 803–816.

Narrow, W. E., Rae, D. S., Robins, L. N., & Regier, D. A. (2002). Revised prevalence estimates of mental disorders in the United States: Using a clinical significance criterion to reconcile 2 surveys' estimates. *Archives of General Psychiatry, 59,* 115–123.

Nasir, N. S., & Hand, V. (2006). From the court to the classroom: Opportunities for engagement, learning, and identity in basketball and -classroom mathematics. *Journal of the Learning Sciences, 17,* 143–179.

Nasrallah, H., Black, D., Goldberg, J., Muzina, D., & Pariser, S. (2008). Issues associated with the use of atypical antipsychotic medications. *Annals of Clinical Psychiatry, 20,* S24–S29.

Nathan, P. E., Stuart, S. P., & Dolan, S. L. (2000). Research on psychotherapy efficacy and effectiveness: Between Scylla and Charybdis? *Psychological Bulletin, 126,* 964–981.

National Adolescent Health Information Center. (2003). *Fact Sheet on Demographics: Adolescents.* San Francisco: University of California, San Francisco.

National Association for the Education of Young Children. (2005). *Position statements of the NAEYC.* Retrieved from http://www.naeyc.org/about/positions.asp#where.

National Center for Health Statistics. (2000). *Health United States, 2000 with adolescent health chartbook.* National Center for Health Statistics, Hyattsville, MD.

National Depression Screening Day. (2003, March 26). Questionnaire on website. Retrieved from http://www.mentalhealthscreening.org/dep/depsample.htm#sampletest

National Institute of Child Health and Human Development (NICHD) Early Child Care Research Network. (1999). Child care and mother-child interaction in the first 3 years of life. *Psychology, 35,* 1399–1413.

National Institute of Child Health and Human Development (NICHD) Early Child Care Research Network. (2000). The relation of child care to cognitive and language development. *Child Development, 71,* 960–980.

National Institute of Child Health and Human Development (NICHD) Early Child Care Research Network. (2001). Child-care and family predictors of preschool attachment and stability from infancy. *Development Psychology, 37,* 847–862.

National Institute of Child Health and Human Development (NICHD) Early Child Care Research Network. (2002). Child-care structure—process—outcome: Direct and indirect effects of child-care quality on young children's development. *Psychological Science, 13,* 199–206.

National Institute of Child Health and Human Development (NICHD) Early Child Care Research Network. (2006). Child-care effect sizes for the

NICHD study of early child care and youth development. *American Psychologist, 61*, 99–116.

National Institute on Drug Abuse. (2000). *Principles of drug addiction treatment: A research-based guide.* Washington, DC: National Institute on Drug Abuse.

National Research Council. (2001). *Eager to learn: Educating our preschoolers.* Washington, DC: National Academy Press.

Natvig, G. K., Albrektsen, G., & Ovarnstrom, U. (2003). Methods of teaching and class participation in relation to perceived social support and stress: Modifiable factors for improving health and well-being among students. *Educational Psychology, 23*, 261–274.

Naveh-Benjamin, M., Craik, F. I. M., Gavrilescu, D., & Anderson, N. D. (2000). Asymmetry between encoding and retrieval processes: Evidence from divided attention and a calibration analysis. *Memory & Cognition, 28*, 965–967.

Naveh-Benjamin, M., Guez, J., & Sorek, S. (2007). The effects of divided attention on encoding processes in memory: Mapping the locus of interference. *Canadian Journal of Experimental Psychology, 61*, 1–12.

Neher, A. (2006). Evolutionary psychology: Its programs, prospects, and pitfalls. *American Journal of Psychology, 119*, 517–566.

Neitz, J., Neitz, M., & Kainz, P. M. (1996, November 1). Visual pigment gene structure and the severity of color-vision defects. *Science, 274*, 801–804.

Nelson, W. M., III, & Finch, A. J., Jr. (2000). Managing anger in youth: A cognitive-behavioral intervention approach. In P. C. Kendall (Ed.), *Child & adolescent therapy: Cognitive-behavioral procedures* (2nd ed.). New York: Guilford Press.

Neria, Y., DiGrande, L., U Adams, G. G. (2011). Posttraumatic stress disorder following the September 11, 2011, terrorist attacks. *American Psychologist, 66*, 429–446.

Neron, S., & Stephenson, R. (2007). Effectiveness of hypnotherapy with cancer patients' trajectory: Emesis, acute pain, and analgesia and anxiolysis in procedures. *International Journal of Clinical Experimental Hypnosis, 55*, 336–354.

Nesheim, S., Henderson, S., Lindsay, M., Zuberi, J., Grimes, V., Buehler, J., et al. (2004). *Prenatal HIV testing and antiretroviral prophylaxis at an urban hospital—Atlanta, Georgia, 1997-2000.* Atlanta, GA: Centers for Disease Control.

Nesse, R. M. (2000). Is depression an adaptation? *Archives of General Psychiatry, 57*, 14–20.

Nestler, E. J., & Malenka, R. C. (2004, March). The addicted brain. *Scientific American*, pp. 78–83.

Nestoriuc, Y., & Martin, A. (2007, March). Efficacy of biofeedback for migraine: A meta-analysis. *Pain, 128*, 111–127.

Nestoriuc, Y., Martin, A., Rief, W., & Andrasik, F. (2008, September). Biofeedback treatment for headache disorders: A comprehensive efficacy review. *Applied Psychophysiology and Biofeedback, 33*, 125–140.

Neubauer, A. C., & Fink, A. (2005). Basic information processing and the psychophysiology of intelligence. In R. J. Sternberg & J. E. Pretz (Eds.), *Cognition and intelligence: Identifying the mechanisms of the mind.* New York: Cambridge University Press.

Neumann, N., & Birbaumer, N. (2004, December). Thinking out loud. *Scientific American: Mind*, pp. 37–45.

Neumark-Sztainer, D. (2009, March). Preventing obesity and eating disorders in adolescents: What can health care providers do? *Journal of Adolescent Health, 44*, 206–213.

Newby-Clark, I. R., & Ross, M. (2003). Conceiving the past and future. *Personality and Social Psychology Bulletin, 29*, 807–818.

Newman, A., & Rivera, R. (2010, August 10). Fed-up flight attendant lets curses fly, then makes sliding exit. *The New York Times*, A-1.

Newman, C. F., Leahy, R. L., Beck, A. T., Reilly-Harrington, N. A., & Gyulai, L. (2002). *Bipolar disorder: A cognitive therapy approach.* Washington, DC: American Psychological Association.

Newman, M., & Bakay, R. (2008, April). Therapeutic potentials of human-embryonic stem cells in Parkinson's disease. *Neurotherapeutics, 5*, 237–251.

Newman, S. D., Willoughby, G., & Pruce, B. (2011). The effect of problem structure on problem-solving: An fmri study of word versus number problems. *Brain Research, 30*, 88–96.

Niccols, A. (2007). Fetal alcohol syndrome and the developing socio-emotional brain. *Brain Cognition, 65*, 135–142.

Nichols, S. (2011, March 18). Experimental philosophy and the problem of free will. *Science, 331*, 1401–1403.

Nickerson, R. S., & Adams, M. J. (1979). *Cognitive Psychology, 11*, 297.

Niedenthal, P. M. (2007, May 18). Embodying emotion. *Science, 316*, 1002–1005.

Nielsen, C., Staud, R., & Price, D. (2009, March). Individual differences in pain sensitivity: Measurement, causation, and consequences. *The Journal of Pain, 10*, 231–237.

Nijboer, T. C. W., te Pas, S. F., & van der Smagt, M. J. (2011). Detecting gradual visual changes in colour and brightness agnosia. A double dissociation. *NeuroReport: For Rapid Communication of Neuroscience Research, 22*, 175–180.

Nilsson, H., Juslin, P., & Olsson, H. (2008). Exemplars in the mist: The cognitive substrate of the representativeness heuristic. *Scandinavian Journal of Psychology, 49*, 201–212.

Nimrod, G., & Kleiber, D. A. (2007). Reconsidering change and continuity in later life: Toward an innovation theory of successful aging. *International Journal of Human Development, 65*, 1–22.

Nisbet, E. K., Zelenski, J. M., & Murphy, S. A. (2011). Happiness is in our nature: Exploring nature relatedness as a contributor to subjective well-being. *Journal of Happiness Studies, 12*, 303–322.

Nisbett, R. (2003). *The geography of thought.* New York: Free Press.

Nisbett, R. E. (2007, December 9). All brains are the same color. *The New York Times*, p. E11.

Nisbett, R. E. (2009, February). All brains are the same color. *Association for Psychological Science Observer, 22*(3), 20–21.

Nishida, M., Pearsall, J., Buckner, R., & Walker, M. (2009, May). REM sleep, prefrontal theta, and the consolidation of human emotional memory. *Cerebral Cortex, 19*, 1158–1166.

Nishimoto, S., Vu, A. T., Naselaris, T., Benjamini, Y., Yu, B., & Gallant, J. L. (2011). Reconstructing visual experiences from brain activity evoked by natural movies. *Current Biology*, doi:10.1016/j.cub.2011.08.031.

Nishimura, T., Kawamura, S., & Sakurai, S. (2011). Autonomous motivation and meta-cognitive strategies as predictors of academic performance: Does intrinsic motivation predict academic performance? *Japanese Journal of Educational Psychology, 59*, 77–87.

Nishino, S. (2007, June). Clinical and neurobiological aspects of narcolepsy. *Sleep Medicine, 8*, 373–399.

Nissle, S., & Bschor, T. (2002). Winning the jackpot and depression: Money cannot buy happiness. *International Journal of Psychiatry in Clinical Practice, 6*, 183–186.

Nittrouer, S., & Lowenstein, J. H. (2007). Children's weighting strategies for word-final stop voicing are not-explained by auditory sensitivities. *Journal of Speech, Language, and Hearing Research, 50*, 58–73.

Niu, W., & Brass, J. (2011). Intelligence in worldwide perspective. In R. J. Sternberg & S. Kaufman (Eds.), *The Cambridge handbook of intelligence.* New York: Cambridge University Press.

Nolen-Hoeksema, S. (2007). *Abnormal psychology* (4th ed.). New York: McGraw-Hill.

Norcia, A. M., Pei, F., Bonneh, Y., Hou, C., Sampath, V., & Petter, M. W. (2005). Development of sensitivity to texture and contour information in the human infant. *Journal of Cognitive Neuroscience, 17*, 569–579.

Norcross, J. C. (2002). Empirically supported therapy relationships. In J. C. Norcross (Ed.), *Psychotherapy relationships that work: Therapist contributions and responsiveness to patients.* New York: Oxford University Press.

Norcross, J. C., Beutler, L. E., & Levant, R. F. (2006). *Evidence-based practices in mental health: Debate and dialogue on the fundamental questions.* Washington, DC: American Psychological Association.

Norlander, T., Von Schedvin, H., & Archer, T. (2005). Thriving as a function of affective personality: Relation to personality factors, coping strategies and stress. *Anxiety, Stress & Coping: An International Journal, 18*, 105–116.

Norton, P. J., & Price, E. C. (2007). A meta-analytic review of adult cognitive-behavioral treatment outcome across the anxiety disorders. *Journal of Nervous and Mental Disease, 195*, 521–531.

Noy, V. M. (2006). A psychoneuroimmunology program for Hispanic women with stage I–H breast cancer. *Dissertation Abstracts International: Section B: The Sciences and Engineering, 66*(11-B), 6287.

Ntinas, K. M. (2007). Behavior modification and the principle of normalization: Clash or synthesis? *Behavioral Interventions, 22*, 165–177.

Nucci, L. P. (2002). The development of moral reasoning. In U. Goswami (Ed.), *Blackwell handbook of childhood cognitive development. Blackwell Handbooks of developmental psychology.* Malden, MA: Blackwell.

Nurnberger, J. I., Jr., & Bierut, L. J. (2007, April). Seeking the connections: Alcoholism and our genes. *Scientific American*, pp. 46–53.

Nussbaum, A. D., & Steele, C. M. (2007). Situational disengagement and-persistence in the face of adversity. *Journal of Experimental Social Psychology, 43*, 127–134.

Nyberg, L., & Tulving, E. (1996). Classifying human long-term memory: Evidence from converging dissociations. *European Journal of Cognitive Psychology, 8,* 163-183.

O'Brien, K. M., & LeBow, M. D. (2007). Reducing maladaptive weight management practices: Developing a psychoeducational intervention program. *Eating Behaviors, 8,* 195-210.

O'Connor, D. B., & O'Connor, R. C. (2004). Perceived changes in food intake in response to stress: The role of conscientiousness. *Stress and Health: Journal of the International Society for the Investigation of Stress, 20,* 279-291.

O'Keefe, J. & Dostrovsky, J. (1971). The hippocampus as a spatial map. Preliminary evidence from unit activity in the freely-moving rat. *Brain Research 34,* 171.

O'Keefe, T., & Fox, K. (Eds.). (2003). *Finding the real me: True tales of sex and gender diversity.* San Francisco: Jossey-Bass.

Oatley, K., Keltner, D., & Jenkins, J. M. (2006). *Understanding emotions.* Oxford, England: Blackwell.

Oberauer, K. (2007). In search of the magic number. *Experimental Psychology, 54,* 245-246.

Occhionero, M. (2004). Mental processes and the brain during dreams. *Dreaming, 14,* 54-64.

Offer, D., Kaiz, M., Howard, K. I., & Bennett, E. S. (2000). The altering of -reported experiences. *Journal of the American Academy of Child & Adolescent Psychiatry, 39,* 735-742.

Ogbu, J. (1992). Understanding cultural diversity and learning. *Educational Researcher, 21,* 5-14.

Ogren, K., & Sandlund, M. (2007). Lobotomy at a state mental hospital in Sweden. A survey of patients operated on during the period 1947-1958. *Nordic Journal of Psychiatry, 61,* 355-362.

Ohira, T., Hozawa, A., Iribarren, C., Daviglus, M. L., Matthews, K. A., Gross, M. D., et al. (2007). Longitudinal association of serum carotenoids and tocopherols with hostility: The CARDIA study. *American Journal of Epidemiology, 18,* 235-241.

Ojha, H., & Pramanick, M. (2009). Effects of age on intensity and priority of life needs. *Journal of the Indian Academy of Applied Psychology, 35,* 131-136.

Olatunji, B. (2008). New directions in research on health anxiety and hypochondriasis: Commentary on a timely special series. *Journal of Cognitive Psychotherapy, 22,* 183-190.

Olds, M. E., & Fobes, J. L. (1981). The central basis of motivation: Intracranial self-stimulation studies. *Annual Review of Psychology, 32,* 123-129.

Olfson, M., & Marcus, S. (2008). A case-control study of antidepressants and -attempted suicide during early phase treatment of major depressive episodes. *Journal of Clinical Psychiatry, 69,* 425-432.

Olivardia, R., & Pope, H. (2002). Body -image disturbance in childhood and adolescence. In D. Castle & K. Phillips (Eds.), *Disorders of body image.* Petersfield, England: Wrightson Biomedical Publishing.

Oliver, M. B., & Hyde, J. S. (1993). Gender differences in sexuality: A meta-analysis. *Psychological Bulletin, 114,* 29-51.

Olson, D. H., & DeFrain, J. (2005). *Marriages and families: Intimacy, diversity, and strengths with PowerWeb.* New York: McGraw-Hill.

Olson, T. R., Perry, J., Janzen, J. I., Petraglia, J., & Presniak, M. D. (2011). Addressing and interpreting defense mechanisms in psychotherapy: General considerations. *Psychiatry: Interpersonal and Biological Processes, 74,* 142-165.

Opler, M., Perrin, M., Kleinhaus, K., & Malaspina, D. (2008). Factors in the etiology of schizophrenia: Genes, parental age, and environment. *Primary Psychiatry, 15,* 37-45.

Oppenheimer, D. M. (2004). Spontaneous discounting of availability in frequency judgment tasks. *Psychological Science, 15,* 100-105.

Ornat, S. L., & Gallo, P. (2004). Acquisition, learning, or development of language? Skinner's "Verbal behavior" revisited. *Spanish Journal of Psychology, 7,* 161-170.

Orwin, R. G., & Condray, D. S. (1984). Smith and Glass' psychotherapy -conclusions need further probing: On Landman and Dawes' re-analysis. *American Psychologist, 39,* 71-72.

Oskamp, S. (Ed.). (2000). *Reducing prejudice and discrimination.* Mahwah, NJ: Erlbaum.

Otake, K., Shimai, S., & Tanaka-Matsumi, J. (2006). Happy people become happier through kindness: A counting kindnesses intervention. *Journal of Happiness Studies, 7,* 361-375.

Ouimet, A., Gawronski, B., & Dozois, D. (2009). Cognitive vulnerability to anxiety: A review and an integrative model. *Clinical Psychology Review, 29,* 459-470.

Oviedo-Joekes, E., et al. (2009). Diacetylmorphine versus methadone for the treatment of opioid addiction. *The New England Journal of Medicine, 361,* 777-786.

Packer, D. (2009). Avoiding groupthink: Whereas weakly identified members remain silent, strongly identified members dissent about collective problems. *Psychological Science, 20,* 546-548.

Padgett, D. K., Stanhope, V., & Henwood, B. F. (2011). Housing-first services for homeless adults with co-occurring -disorders: An evidence-based practice. In M. Roberts-DeGennaro & S. J. Fogel (Eds.), *Using evidence to inform practice for community and organizational change.* Chicago: Lyceum Books.

Pager, D., & Shepherd, H. (2008). The sociology of discrimination: Racial discrimination in employment, housing, credit, and consumer markets. *Annual Review of Sociology, 34,* 181-209.

Pagonis, T. A., Angelopoulos, N., & Koukoulis, G. N. (2006). Psychiatric side effects induced by supraphysiological doses of combinations of anabolic steroids correlate to the severity of abuse. *European Psychiatry, 21,* 551-562.

Pallanti, S., & Bernardi, S. (2009, July). Neuro-biology of repeated transcranial magnetic stimulation in the treatment of anxiety: A critical review. *International Clinical Psycho-pharmacology, 24,* 163-173.

Pandya, M., Pozuelo, L., & Malone, D. (2007). Electroconvulsive therapy: What the internist needs to know. *Cleveland Clinic Journal of Medicine, 74,* 679-685.

Paniagua, F. A. (2000). *Diagnosis in a multicultural context: A casebook for mental health professionals.* Thousand Oaks, CA: Sage.

Paquier, P. F., & Mariën, P. (2005). A synthesis of the role of the cerebellum in cognition. *Aphasiology, 19,* 3-19.

Parish, C. L., & Arenas, E. (2007). Stem-cell-based strategies for the treatment of Parkinson's disease. *Neurodegenerative Disease, 4,* 339-347.

Park, H., & Antonioni, D. (2007). Personality, reciprocity, and strength of conflict resolution strategy. *Journal of Research in Personality, 41,* 110-125.

Park, J., Park, K., & Dubinsky, A. J. (2011). Impact of retailer image on private brand attitude: Halo effect and summary construct. *Australian Journal of Psychology, 63,* 173-183.

Parke, R. D. (2004). Development in the family. *Annual Review of Psychology, 55,* 365-399.

Parker-Pope, T. (2011, March 30). Fat stigma is fast spreading around the globe. *The New York Times,* A-1.

Parmley, M. C. (2007). The effects of the confirmation bias on diagnostic decision making. *Dissertation Abstracts International: Section B: The Sciences and Engineering, 67*(8-B), 4719.

Parra, A., & Argibay, J. C. (2007). Comparing psychics and non-psychics through a 'token-object' forced-choice ESP test. *Journal of the Society for Psychical Research, 71,* 80-90.

Paterson, H. M., Kemp, R. I., & Ng, J. R. (2011). Combating co-witness contamination: Attempting to decrease the negative effects of discussion on eyewitness memory. *Applied Cognitive Psychology, 25,* 43-52.

Paukert, A., Stagner, B., & Hope, K. (2004). The assessment of active listening skills in helpline volunteers. *Stress, Trauma, and Crisis: An International Journal, 7,* 61-76.

Paul, A. M. (2004). *Cult of personality: How personality tests are leading us to miseducate our children, mismanage our companies and misunderstand ourselves.* New York: Free Press.

Paulmann, S., Jessen, S., & Kotz, S. A. (2009). Investigating the multimodal nature of human communication: Insights from ERPs. *Journal of Psychophysiology, 23,* 63-76.

Paulozzi, L. J. (2006). Opioid analgesic involvement in drug abuse deaths in American metropolitan areas. *American Journal of Public Health, 96,* 1755-1757.

Pautassi, R., Myers, M., Spear, L., Molina, J., & Spear, N. E. (2011). Ethanol induces second-order aversive conditioning in adolescent and adult rats. *Alcohol, 45,* 45-55.

Pavitt, C. (2007). Impression formation. In B. B. Whaley & W. Samter (Eds.), *Explaining communication: Contemporary theories and exemplars.* Mahwah, NJ: Lawrence Erlbaum Associates.

Pavlov, I. (1927). *Conditional reflexes.* London: Oxford University Press.

Payne, D. G. (1986). Hyperamnesia for pictures and words: Testing the recall level hypothesis. *Journal of Experimental Psychology: Learning, Memory, and Cognition, 12,* 16-29.

Payne, K., & Marcus, D. (2008). The efficacy of group psychotherapy for older adult clients: A meta-analysis. *Group Dynamics: Theory, Research, and Practice, 12,* 268-278.

Pearce, J. M. S. (2007). Synaesthesia. *European Neurology, 57,* 120-124.

Pearce, R. R., & Lin, Z. (2007). Chinese American post-secondary achievement and attainment: A cultural and structural analysis. *Educational Review, 59,* 19-36.

Pearlstein, T., & Steiner, M. (2008). Premenstrual dysphoric disorder: Burden of illness and treatment update. *Journal of Psychiatry & Neuroscience, 33,* 291-301.

Pearson, A. R., Dovidio, J. F., & Pratto, E. (2007). Racial prejudice, intergroup hate, and blatant and subtle bias of whites toward blacks in legal decision making in the United States. *International Journal of Psychology & Psychological Therapy, 7,* 125-134.

Pearson, J., & Clifford, C. W. G. (2005). When your brain decides what you see: Grouping across monocular, binocular, and stimulus rivalry. *Psychological Science, 16*, 516–519.

Pedersen, P. B., Draguns, J. G., Lonner, W. J., & Trimble, J. E. (Eds.). (2002). *Counseling across cultures* (5th ed.). Thousand Oaks, CA: Sage.

Pedraza, O., & Mungas, D. (2008). Measurement in cross-cultural neuropsychology. *Neuropsychology Review, 18*, 184–193.

Peiro, J. M., & Lunt, I. (2002). The context for a European framework for psychologists' training. *European Psychologist, 7*, 169–179.

Pell, M. D., Monetta, L., Paulmann, S., & Kotz, S. A. (2009). Recognizing emotions in a foreign language. *Journal of Nonverbal Behavior, 33*, 107–120.

Pellegrini, S., Muzio, R. N., Mustaca, A. E., & Papini, M. R. (2004). Successive negative contrast after partial reinforcement in the consummatory behavior of rats. *Learning and Motivation, 35*, 303–321.

Pelli, D. G., Burns, C. W., & Farell, B. (2006). Feature detection and letter identification. *Vision Research, 46*, 4646–4674.

Pellis, S. M., & Pellis, V. C. (2007). Rough-and tumble play and the development of the social brain. *Current Directions in Psychological Science, 16*, 95–97.

Penley, J. A., Tomaka, J., & Wiebe, J. S. (2002). The association of coping to physical and psychological health outcomes: A meta-analytic review. *Journal of Behavioral Medicine, 25*, 551–603.

Penn, D. L., Corrigan, P. W., Bentall, R. P., Racenstein, J. M., & Newman, L. (1997). Social cognition in schizophrenia. *Psychological Bulletin, 121*, 114–132.

Penney, J. B., Jr. (2000). Neurochemistry. In B. S. Fogel, et al. (Eds.), *Synopsis of neuropsychiatry*. New York: Lippincott Williams & Wilkins.

Penzel, F. (2000). *Obsessive-compulsive disorders; A complete guide to getting well and staying well*. New York: Oxford University Press.

Perez, R. M., DeBord, K. A., & Bieschke, K. J. (Eds.). (2000). *Handbook of counseling and psychotherapy with lesbian, gay, and bisexual clients*. Washington, DC: American Psychological Association.

Pérez-Leroux, A. T., Pirvulescu, M., & Roberge, Y. (2011). Topicalization and object omission in child language. *First Language, 31*, 280–299.

Perloff, R. M. (2003). *The dynamics of persuasion: Communication and attitudes in the 21st century* (2nd ed.). Mahwah, NJ: Erlbaum.

Perovic, S., & Radenovic, L. (2011). Fine-tuning nativism: The 'nurtured nature' and innate cognitive structures. *Phenomenology and the Cognitive Sciences, 10*, 399–417.

Pert, C. B. (2002). The wisdom of the receptors: Neuropeptides, the emotions, and body-mind. *Advances in Mind-Body Medicine, 18*, 30–35.

Pervin, L. A. (1990). *Handbook of personality: Theory and research*. New York: Guilford Press.

Pervin, L. A. (2003). *The science of personality* (2nd ed.). London: Oxford University Press.

Pesce, N. L. (2011, September 18). Woodruff "stand up" for veterans. *Daily News*, 8.

Pesmen, C. (2006). Health and wealth techniques to help keep chronic pain from taking over. *Money Builder, 35*, 48.

Pessoa, L. (2011). Reprint of: Emotion and cognition and the amygdala: From "what is it?" to "what's to be done?" *Neuropsychologia, 49*, 681–694.

Peterfi, Z., McGinty, D., Sarai, E., & Szymusiak, R. (2010). Growth hormone-releasing hormone activates sleep regulatory neurons of the rat preoptic hypothalamus. *American Journal of Physiology: Regulatory, Integrative and Comparative Physiology, 298*, R147–R156.

Peters, E., Hess, T. M., Västfjäll, D., & Auman, C. (2007). Adult age differences in dual information processes. *Perspectives on Psychological Science, 2*, 1–23.

Peters, J., Suchan, B., Koster, O., & Daum, I. (2007). Domain-specific retrieval of source information in the medial temporal lobe. *European Journal of Neuroscience, 26*, 1333–1343.

Peters, J., et al. (2011). Lower ventral striatal activation during reward anticipation in adolescent smokers. *American Journal of Psychiatry, 168*, 540–549.

Petersen, A. (2011, August 23). A sleep -battle of the sexes. *Wall Street Journal*, pp. D1, D4.

Peterson, C. (2000). The future of optimism. *American Psychologist, 55*, 44–55.

Petersson, K. M., Silva, C., Castro-Caldas, A., Ingvar, M., & Reis, A. (2007). Literacy: A cultural influence on functional left-right differences in the inferior parietal cortex. *European Journal of Neuroscience, 26*, 791–799.

Petrill, S. A., & Deater-Deckard, K. (2004). The heritability of general cognitive ability: A within--family adoption design. *Intelligence, 32*, 403–409.

Pettigrew, T. F. (2004). Justice deferred: A half century after *Brown v. Board of Education*. *American Psychologist, 59*, 521–529.

Pettigrew, T. F., & Tropp, L. R. (2006). A meta--analytic test of intergroup contact theory. *Journal of Personality and Social Psychology, 90*, 751–783.

Petty, R. E., Cacioppo, J. T., Strathman, A. J., & Priester, J. R. (2005). To think or not to think: Exploring two routes to persuasion. In T. C. Brock & M. C. Green (Eds.), *Persuasion: Psychological insights and perspectives* (2nd ed.). Thousand Oaks, CA: Sage Publications.

Pfeffer, C. R. (2006). An evolutionary perspective on childhood depression. In P. S. Jensen, P. Knapp, et al. (Eds.), *Toward a new diagnostic system for child psychopathology: Moving beyond the DSM*. New York: Guilford Press.

Phelps, R. P. (2005). *Defending standardized testing*. Mahwah, NJ: Lawrence Erlbaum Associates.

Philip, P., Sagaspe, P., Moore, N., Taillard, J., Charles, A., Guilleminault, C., et al. (2005). Fatigue, sleep restriction and driving performance. *Accident Analysis and Prevention, 37*, 473–478.

Piaget, J. (1970). Piaget's theory. In P. H. Mussen (Ed.), *Carmichael's manual of child psychology* (3rd ed., Vol. I). New York: Wiley.

Piaget, J., & Inhelder, B. (1958). *The growth of logical thinking from childhood to adolescence* (A. Parsons & S. Seagrin, Trans.). New York: Basic Books.

Picchioni, D., Goeltzenleucher, B., Green, D. N., Convento, M. J., Crittenden, R., Hallgren, M., et al. (2002). Nightmares as a coping mechanism for stress. *Dreaming: Journal of the Association for the Study of Dreams, 12*, 155–169.

Pickel, K. (2009). The weapon focus effect on memory for female versus male perpetrators. *Memory, 17*, 664–678.

Pickering, G. J., & Gordon, R. (2006). Perception of mouth feel sensations elicited by red wine are associated with sensitivity to 6-N--propylthiouracil. *Journal of Sensory Studies, 21*, 249–265.

Pietarinen, A-V. (2006). The evolution of -semantics and language-games for meaning. *Interaction Studies: Social Behaviour and Communication in Biological and Artificial Systems, 7*, 79–104.

Pillay, S. S., Gruber, S. A., Rogowska, J., Simpson, N., & Yurgelun-Todd, D. A. (2006). fMRI of fearful facial affect recognition in panic disorder: The cingulate gyrus-amygdala connection. *Journal of Affective Disorders, 94*, 173–181.

Pillay, S. S., Rogowska, J., Gruber, S. A., Simpson, N., & Yurgelun-Todd, D. A. (2007). Recognition of happy facial affect in panic disorder: An fMRI study. *Journal of Anxiety Disorders, 21*, 381–393.

Pilotti, M., Chodorow, M., & Shono, Y. (2009). The benefits and costs of prior exposure: A large-scale study of interference -effects in stimulus identification. *American Journal of Psychology, 122*, 191–208.

Pincus, T., & Morley, S. (2001). Cognitive processing bias in chronic pain: A review and integration. *Psychological Bulletin, 127*, 599–617.

Pine, D. S., Klein, R. G., Coplan, J. D., Papp, L. A., Hoven, C. W., Martinez, J., et al. (2000). Differential carbon dioxide sensitivity in childhood anxiety disorders and nonill comparison group. *Archives of General Psychiatry, 57*, 960–967.

Pinel, J. P. J., Assanand, S., & Lehman, D. R. (2000). Hunger, eating and ill health. *American Psychologist, 55*, 1105–1116.

Pinker, S. (1994). *The language instinct*. New York: William Morrow.

Pinker, S. (2004). Clarifying the logical problem of language acquisition. *Journal of Child Language, 31*, 949–953.

Pinker, S., & Jackendoff, R. (2005). The faculty of language: What's special about it? *Cognition, 96*, 201–236.

Pinkerton, S. D., Bogart, L. M., Cecil, H., & Abramson, P. R. (2002). Factors associated with masturbation in a collegiate sample. *Journal of Psychology and Human Sexuality, 14*, 103–121.

Pinquart, M., Duberstein, P. R., & Lyness J. M. (2006). Treatments for later-life -depressive conditions: A meta-analytic comparison of pharmacotherapy and psychotherapy. *American Journal of Psychiatry, 163*, 1493–1501.

Pi-Sunyer, X. (2003). A clinical view of the obesity problem. *Science, 299*, 859–860.

Platek, S., & Kemp, S. (2009, February). Is family special to the brain? An event-related fMRI study of familiar, familial, and self-face -recognition. *Neuropsychologia, 47*, 849–858.

Plomin, R. (2003). 50 years of DNA: What it has meant to psychological science. *American Psychological Society, 16*, 7–8.

Plomin, R. (2005). Finding genes in child psychology and psychiatry: When are we going to be there? *Journal of Child Psychology and Psychiatry, 46*, 1030–1038.

Plomin, R. (2009). The nature of nurture. In K. McCartney & R. A. Weinberg (Eds.), *Experience and development: A festschrift in honor of Sandra Wood Scarr*. New York: Psychology Press.

Plomin, R., & Caspi, R. (1999). Behavioral genetics and personality. In L. A. Pervin & O. P. John (Eds.), *Handbook of personality: Theory and research* (2nd ed.). New York: Guilford.

Plomin, R., & McGuffin, P. (2003). Psychopathology in the postgenomic era. *Annual Review of Psychology, 54*, 205–228.

Plowright, C. M. S., Simonds, V. M., & Butler, M. A. (2006). How bumblebees first find flowers: Habituation of visual pattern preferences, spontaneous recovery, and dishabituation. *Learning and Motivation, 37,* 66–78.

Pluess, M., & Belsky, J. (2009). Differential susceptibility to rearing experience: The case of childcare. *Journal of Child Psychology and Psychiatry, 50,* 396–404.

Pogarsky, G., & Piquero, A. R. (2003). Can punishment encourage offending? Investigating the 'resetting' effect. *Journal of Research in Crime and Delinquency, 40,* 95–120.

Pole, N. (2007).The psychophysiology of post-traumatic stress disorder: A meta-analysis. *Psychological Bulletin, 133,* 34–45.

Polivy, J., & Herman, C. P. (2002). Causes of eating disorders. *Annual Review of Psychology, 53,* 187–213.

Polivy, J., Herman, C. P., & Boivin, M. (2005). Eating disorders. In J. E. Maddux & B. A. Winstead (Eds.), *Psychopathology: Foundations for a contemporary understanding.* Mahwah, NJ: Lawrence Erlbaum Associates.

Pollack, A. (2006, July 13). Paralyzed man uses thoughts to move a cursor. *The New York Times,* p. B5.

Polonsky, D. C. (2006). Review of the big book of masturbation: From angst to zeal. *Journal of Sex & Marital Therapy, 32,* 75–78.

Pomerlau, O. F. (1995). Individual -differences in sensitivity to nicotine: Implications of genetic research on -nicotine dependence [Special issue: Genetic, environmental, and situational factors mediating the effects of nicotine]. *Behavior Genetics, 25,* 161–177.

Ponterotto, J. G., Gretchen, D., & Chauhan, R. V. (2001). Cultural identity and multicultural assessment: Quantitative and qualitative tools for the clinician. In L. A. Suzuki & J. G. Ponterotto (Eds.), *Handbook of multicultural assessment: Clinical, psychological, and educational -applications* (2nd ed.). San Francisco: Jossey-Bass/Pfeiffer.

Ponterotto, J. G., Utsey, S. O., & Pedersen, P. B. (2006). *Preventing prejudice: A guide for counselors, educators, and parents.* Thousand Oaks, CA: Sage Publications.

Poo, C., & Isaacson, J. S. (2007). An early critical period for long-term plasticity and structural modification of sensory synapses in olfactory cortex. *Journal of Neuroscience, 27,* 7553–7558.

Popa, D., Léna, C., Alexandre, C., & Adrien, J. (2008). Lasting syndrome of depression produced by reduction in serotonin uptake during postnatal development: Evidence from sleep, stress, and behavior. *The Journal of Neuroscience, 28,* 88–97.

Porkka-Heiskanen, T., & Kalinchuk, A. V. (2011). Adenosine, energy metabolism and sleep -homeostasis. *Sleep Medicine Reviews, 15,* 123–135.

Porte, H. S., & Hobson, J. A. (1996). Physical motion in dreams: One measure of three theories. *Journal of Abnormal Psychology, 105,* 329–335.

Posner, M. I., & DiGirolamo, G. J. (2000). Cognitive neuroscience: Origins and promise. *Psychological Bulletin, 126,* 873–889.

Post, J., Ali, F., Henderson, S., Shanfield, S., Victoroff, J., & Weine, S. (2009, Spring). The psychology of suicide terrorism. *Psychiatry: Interpersonal and Biological Processes, 72,* 13–31.

Post, J. M. (2011). Crimes of obedience: 'Groupthink' at Abu Ghraib. *International Journal of Group Psychotherapy, 61,* 49–66.

Poteat, V. P., & Espelage, D. L. (2007, May). Predicting psychosocial consequences of homophobic victimization in middle school students. *Journal of Early Adolescence, 27*(2), 175–191.

Pottick, K. J., Kirk, S. A., Hsieh, D. K., & Tian, X. (2007). Judging mental dis-order in youths: Effects of client, -clinician, and contextual differences. *Journal of Consulting Clinical Psychology, 75,* 1–8.

Powell, L., Richmond, V. P., & Williams, G. C. (2011). Social networking and -political campaigns: Perceptions of -candidates as interpersonal constructs. *North American Journal of Psychology, 13,* 331–342.

Powell, L. H. (2006). Review of marital and sexual lifestyles in the United States: Attitudes, behaviors, and relationships in social context. *Family Relations, 55,* 149.

Powell, L. H., Shahabi, L., & Thoresen, C. E. (2003). Religion and spirituality: Linkages to physical health. *American Psychology, 58,* 36–52.

Powell, R. A. (2011). Research notes: Little Albert, lost or found: Further difficulties with the Douglas Merritte hypothesis. *History of Psychology, 14,* 106–107.

Powers, K. D. (2006). An analysis of Kohlbergian moral development in relationship to biblical factors of morality in seminary students (Lawrence Kohlberg). *Dissertation Abstracts International: Section B: The Sciences and Engineering, 67*(6-B), 3485.

Powers, M., & Emmelkamp, P. (2008). Virtual reality exposure therapy for anxiety disorders: A meta-analysis. *Journal of Anxiety Disorders, 22,* 561–569.

Prasad, B. (2006). Recent advances in artificial intelligence [Special issue: Recent advances in AI]. *Journal of Experimental & Theoretical Artificial Intelligence, 18,* 433–434.

Pratkanis, A. R. (2007). Social influence analysis: An index of tactics. In A. R. Pratkanis (Ed.), *The science of social influence: Advances and future progress.* New York: Psychology Press.

Pratkanis, A. R., Epley, N., & Savitsky, K. (2007). Issue 12: Is subliminal persuasion a myth? In J. A. Nier (Ed.), *Taking sides: Clashing views in social psychology* (2nd ed.). New York: McGraw-Hill.

Pratt, H. D., Phillips, E. L., Greydanus, D. E., & Patel, D. R. (2003). Eating disorders in the adolescent population: Future directions [Special issue: Eating disorders in adolescents]. *Journal of Adolescent Research, 18,* 297–317.

Pratto, F., Lee, I., Tan, J. Y., & Pitpitan, E. Y. (2011). Power basis theory: A psychoecological approach to power. In D. Dunning, D. Dunning (Eds.), *Social motivation.* New York: Psychology Press.

Pressley, M. P., & Harris, K. R. (2006). Cognitive strategies instruction: From basic research to classroom instruction. In P. A. Alexander & P. H. Winne (Eds.), *Handbook of educational psychology.* Mahwah, NJ: Lawrence Erlbaum Associates.

Pretzer, J. L., & Beck, A. T. (2005). A cognitive theory of personality disorders. In M. F. Lenzenweger & J. F. Clarkin (Eds.), *Major theories of personality disorder* (2nd ed.). New York: Guilford Press.

Price, M. (2008, September). Against doctors' orders. *Monitor on Psychology,* pp. 34–36.

Priester, J. R., & Petty, R. E. (2011). The -pot-holed path to happiness, possibly paved with money: A research dialogue. *Journal of Consumer Psychology, 21,* 113–114.

Prince, C. V. (2005). Homosexuality, transvestism and transsexuality: Reflections on their etymology and differentiation. *International Journal of Transgenderism, 8,* 15–18.

Prinz, J. J. (2007). Emotion: Competing theories and philosophical issues. In P. Thagard (Ed.), *Philosophy of psychology and cognitive science.* Amsterdam, Netherlands: North Holland/ Elsevier.

Prislin, R., Brewer, M., & Wilson, D. J. (2002). Changing majority and minority positions within a group versus an -aggregate. *Personality and Social Psychology Bulletin, 28,* 640–647.

Proffitt, D. R. (2006). Distance perception. *Current Directions in Psychological Science, 15,* 131–139.

Prohovnik, I., Skudlarski, P., Fulbright, R. K., Gore, J. C., et al. (2004). Functional MRI changes before and after onset of reported emotions. *Psychiatry Research: Neuroimaging, 132,* 239–250.

Proudfoot, D. (2009). Meaning and mind: Wittgenstein's relevance for the 'does language shape thought?' debate. *New Ideas in Psychology, 27,* 163–183.

Puca, R. M. (2005). The influence of the achievement motive on probability estimates in - pre- and post-decisional action phases. *Journal of Research in Personality, 39,* 245–262.

Puhl, R., & Latner, J. (2007). Stigma, -obesity, and the health of the nation's children. *Psychological Bulletin, 133,* 557–580.

Putnam, E. W. (2000). Dissociative disorders. In A. J. Sameroff & M. Lewis (Eds.), *Handbook of developmental psychopathology* (2nd ed.). Dordrecht, Netherlands: Kluwer Academic Publishers.

Quartana, P. J., & Burns, J. W. (2007). Painful consequences of anger suppression. *Emotion, 7,* 400–414.

Quas, J. A., Malloy, L. C., & Melinder, A. (2007). Developmental differences in the effects of repeated interviews and interviewer bias on young children's event memory and false reports. *Developmental Psychology, 43,* 823–837.

Quenot, J. P., Boichot, C., Petit, A., Falcon-Eicher, S., d'Athis, P., Bonnet, C., et al. (2005). Usefulness of MRI in the follow-up of -patients with repaired aortic coarctation and bicuspid aortic valve. *International Journal of Cardiology, 103,* 312–316.

Quinn, D. M., Kahng, S. K., & Crocker, J. (2004). Discreditable: Stigma effects of revealing a mental illness history on test performance. *Personality and Social Psychology Bulletin, 30,* 803–815.

Quinn, T. C., & Overbaugh, J. (2005, June 10). HIV/AIDS in women: An expanding epidemic. *Science, 308,* 1582–1583.

Quintana, S. M., Aboud, F. E., & Chao, R. K. (2006). Race, ethnicity, and culture in child development: Contemporary research and future directions. *Child Development, 77,* 1129–1141.

Rabin, J. (2004). Quantification of color vision with cone contrast sensitivity. *Visual Neuroscience, 21,* 483–485.

Rachman, S., & deSilva, P. (2004). *Panic disorders: The facts.* Oxford, England: Oxford University Press.

Rado, J., Dowd, S., & Janicak, P. (2008). The emerging role of transcranial magnetic stimulation (TMS) for treatment of psychiatric disorders. *Directions in Psychiatry, 28,* 315–332.

Rahman, Q., Kumari, V., & Wilson, G. D. (2003). Sexual orientation-related -differences in pre-pulse inhibition of the human startle response. *Behavioral Neuroscience, 117,* 1096–1102.

Rajagopal, S. (2006). The placebo effect. *Psychiatric Bulletin, 30,* 185–188.

Rajecki, D. W., & Borden, V. M. H. (2011). Psychology degrees: Employment, wage, and career trajectory consequences. *Perspectives on Psychological Science, 6,* 321–335.

Ramachandra, V. (2009, February). On whether mirror neurons play a significant role in processing affective prosody. *Perceptual and Motor Skills, 108,* 30–36.

Ramachandran, V. S., & Hubbard, E. M. (2001). Synesthesia—a window into perception, thought and language. *Journal of Consciousness Studies, 8,* 3–34.

Ramos, R. T. (2006). Antidepressants and dizziness. *Journal of Psychopharmacology, 20,* 708–713.

Ramsay, M. C., Reynolds, C. R., & Kamphaus, R. W. (2002). *Essentials of behavioral assessment.* New York: Wiley.

Ramus, F. (2006). Genes, brain, and cognition: A roadmap for the cognitive scientist. *Cognition, 101,* 247–269.

Randolph-Seng, B., & Nielsen, M. E. (2009). Opening the doors of perception: Priming altered states of consciousness outside of conscious awareness. *Archiv für Religion-spsychologie/Archive for the Psy--chology of Religions, 31,* 237–260.

Rangell, L. (2007). *The road to unity in psychoanalytic theory.* Lanham, MD: Jason Aronson.

Rapaport, M., Nierenberg, A. A., Howland, R., Dording, C., Schettler, P. J., & Mischoulon, D. (2011). The treatment of minor depression with St. John's wort or citalopram: Failure to show benefit over placebo. *Journal of Psychiatric Research, 45,* 931–941.

Rapport, R. L. (2005). *Nerve endings: The discovery of the synapse.* New York: W. W. Norton.

Raskin, N. J., & Rogers, C. R. (1989). Person-centered therapy. In R. J. Corsini & D. Wedding (Eds.), *Current psychotherapies* (4th ed.). Itasca, IL: F. E. Peacock.

Rasmussen, N. (2008). *On speed: The many lives of amphetamine.* New York: New York University Press.

Rassin, E. (2008). Individual differences in the susceptibility to confirmation bias. *Netherlands Journal of Psychology, 64,* 87–93.

Rassin, E., & Muris, P. (2007). Abnormal and normal obsessions: A reconsideration. *Behaviour Research and Therapy, 45,* 1065–1070.

Ravindran, A. V., Matheson, K., Griffiths, J., Merali, Z., & Anisman, H. (2002). Stress, coping, uplifts, and quality of life in subtypes of depression: A -conceptual framework and emerging data. *Journal of Affective Disorders, 71,* 121–130.

Ray, L., Bryan, A., MacKillop, J., McGeary, J., Hesterberg, K., & Hutchison, K. (2009). The dopamine D4 receptor gene exon III polymorphism, problematic alcohol use and novelty seeking: Direct and mediated genetic effects. *Addiction Biology, 14,* 238–244.

Ray, L. A., & Hutchison, K. E. (2007). Effects of naltrexone on alcohol sensitivity and genetic moderators of medication response: A -double-blind placebo-controlled study. *Archives of General Psychiatry, 64,* 1069–1077.

Ray, R., et al. (2008). Neuroimaging, genetics and the treatment of nicotine addiction. *Behavioural Brain Research, 193,* 159–169.

Raz, A. (2007). Suggestibility and hypnotizability: Mind the gap. *American Journal of Clinical Hypnosis, 49,* 205–210.

Raznahan, A., Lee, Y., Stidd, R., Long, R., Greenstein, D., Clasen, L., et al. (2010). Longitudinally mapping the influence of sex and androgen signaling on the dynamics of human cortical maturation in adolescence. *Proceedings of the National Academy of Sciences, 107,* 16988–16993.

Read, D., & Grushka-Cockayne, Y. (2011). The similarity heuristic. *Journal of Behavioral Decision Making, 24,* 23–46.

Read, J., Beattie, M., Chamberlain, R., & Merrill, J. (2008). Beyond the 'binge' threshold: Heavy drinking patterns and their association with alcohol involvement indices in college students. *Addictive Behaviors, 33,* 225–234.

Redding, G. M. (2002). A test of size--scaling and relative-size hypotheses for the moon illusion. *Perception and Psychophysics, 64,* 1281–1289.

Redding, G. M., & Hawley, E. (1993). Length illusion in fractional Müller-Lyer stimuli: An object-perception -approach. *Perception, 22,* 819–828.

Redish, A. D. (2004). Addiction as a computational process gone awry. *Science, 306,* 1944–1947.

Reece, M., Herbenick, D., Sanders, S., Dodge, B., Ghassemi, A., & Fortenberry, J. (2009, July). Prevalence and characteristics of vibrator use by men in the United States. *Journal of Sexual Medicine, 6,* 1867–1874.

Reed, P. (2007). Response rate and sensitivity to the molar feedback function relating response and reinforcement rate on VI+ schedules of reinforcement. *Journal of Experimental Psychology: Animal Behavior Processes, 33,* 428–439.

Reed, P., & Morgan, T. (2008). Effect on subsequent fixed-interval schedule performance of prior exposure to ratio and interval schedules of reinforcement. *Learning & Behavior, 36,* 82–91.

Reed, S. K. (1996). *Cognition: Theory and -applications* (4th ed.). Pacific Grove, CA: Brooks/Cole.

Reese, R. J., Conoley, C. W., & Brossart, D. F. (2002). Effectiveness of telephone counseling: A field-based investigation. *Journal of Counseling Psychology, 49,* 233–242.

Regan, P. C. (2006). Love. In R. D. McAnulty & M. M. Burnette (Eds.), *Sex and sexuality, Vol 2: Sexual function and -dysfunction.* Westport, CT: Praeger Publishers/Greenwood Publishing.

Reichenberg, A., & Harvey, P. D. (2007). Neuro-psychological impairments in schizophrenia: Integration of -performance-based and brain imaging findings. *Psychological Bulletin, 133,* 212–223.

Reichenberg, A., Harvey, P., Bowie, C., Mojtabai, R., Rabinowitz, J., Heaton, R., et al. (2009). Neuropsychological function and dysfunction in schizophrenia and psychotic affective disorders. *Schizophrenia Bulletin, 35,* 1022–1029.

Reid, J. R., MacLeod, J., & Robertson, J. R. (2010). Cannabis and the lung. *Journal of the Royal College of Physicians, 40,* 328–334.

Reijonen, J. H., Pratt, H. D., Patel, D. R., & Greydanus, D. E. (2003). Eating disorders in the adolescent population: An overview [Special issue: Eating disorders in adolescents]. *Journal of Adolescent Research, 18,* 209–222.

Reilly, T., & Waterhouse, J. (2007). Altered sleep-wake cycles and food intake: The Ramadan model. *Physiology & Behavior, 90,* 219–228.

Reiner, R. (2008, March). Integrating a -portable biofeedback device into clinical practice for patients with anxiety disorders: Results of a pilot study. *Applied Psychophysiology and Biofeedback, 33,* 55–61.

Reisberg, D. (1997). *Cognition: Exploring the science of the mind.* New York: Norton.

Reisberg, D. (2009). *Cognition: Exploring the science of the mind.* New York: Norton.

Reiss, S., & Havercamp, S. M. (2005). Motivation in developmental context: A new method for studying self--actualization. *Journal of Humanistic Psychology, 45,* 41–53.

Relier, J. P. (2001). Influence of maternal stress on fetal behavior and brain development. *Biology of the Neonate, 79,* 168–171.

Rende, R. (2007). Thinking inside and outside the (black) box: Behavioral genetics and human -development. *Human Development, 49,* 343–346.

Renshaw, D. C. (2006). Male and female circumcision today. *The Family Journal, 14,* 283–285.

Repp, B. H., & Knoblich, G. (2007). Action can affect auditory perception. *Psychological Science, 18,* 6–7.

Rescorla, R. A. (1988). Pavlovian conditioning: It's not what you think it is. *American Psychologist, 43,* 151–160.

Reynolds, C. R., & Ramsay, M. C. (2003). Bias in psychological assessment: An empirical review and recommendations. In J. R. Graham & J. A. Naglieri (Eds.), *Handbook of psychology: Assessment psychology* (Vol. 10). New York: Wiley.

Rice, C. (2009, December 18). Prevalence of Autism Spectrum Disorders—Autism and Developmental Disabilities Monitoring Network, United States, 2006. *MMWR, 58*(SS10), 1–20.

Rice, E., Milburn, N. G., & Monro, W. (2011). Social networking technology, social network composition, and reductions in substance use among homeless adolescents. *Prevention Science, 12,* 80–88.

Rice, M. L., Tomblin, J. B., Hoffman, L., Richman, W. A., & Marquis, J. (2004). Grammatical tense deficits in children with SLI and nonspecific language impairment: Relationships with non-verbal IQ over time. *Journal of Speech, Language, and Hearing Research, 47,* 816–834.

Rich, E. L., & Shapiro, M. L. (2007). Prelimbic/infralimbic inactivation impairs memory for multiple task switches, but not flexible selection of familiar tasks. *Journal of Neuroscience, 27,* 4747–4755.

Richard, D. C. S., & Lauterbach, D. (Eds.). (2006). *Handbook of exposure therapies.* New York: Academic Press.

Richards, C. (2011). Transsexualism and existentialism. *Existential Analysis, 22*(2), 272–279.

Richards, R. (2006). Frank Barron and the study of creativity: A voice that lives on. *Journal of Humanistic Psychology, 46,* 352–370.

Richardson, A. S., Bergen, H. A., Martin, G., Roeger, L., & Allison, S. (2005). Perceived academic performance as an indicator of risk of attempted suicide in young adolescents. *Archives of Suicide Research, 9,* 163–176.

Richardson, D., & Hammock, G. S. (2011). Is it aggression?: Perceptions of and motivations for passive and psychological aggression. In J. P. Forgas, A. W. Kruglanski, et al. (Eds.), *The psychology of social conflict and aggression.* New York: Psychology Press.

Richgels, D. J. (2004). Paying attention to language. *Reading Research Quarterly, 39,* 470–477.

Rieber, R. W., & Robinson, D. K. (2006). Review of the essential Vygotsky. *Journal of the History of the Behavioral Sciences, 42,* 178-180.

Riedel, G., Platt, B., & Micheau, J. (2003). Glutamate receptor function in learning and memory. *Behavioural Brain Research, 140,* 1-47.

Rigby, L., & Waite, S. (2007). Group therapy for self-esteem: Using creative -approaches and metaphor as clinical tools. *Behavioural and Cognitive Psychotherapy, 35,* 361-364.

Rinaman, L., Banihashemi, L., & Koehnle, T. J. (2011). Early life experience shapes the functional organization of stress-responsive visceral circuits. *Physiology & Behavior, 104,* 632-640.

Riniolo, T. C., Koledin, M., Drakulic, G. M., & Payne, R. A. (2003). An archival study of eyewitness memory of the Titanic's final plunge. *Journal of General Psychology, 130,* 89-95.

Riolo, E (2007). Ricordare, ripetere e rielaborare: Un lascito di Freud alla psicoanalisi futura. Remembering, repeating, and working through: Freud's legacy to the psychoanalysis of the future. *Rivista di Psicoanalisi, 53,* 439-446.

Rivera-Gaxiola, M., Klarman, L., Garcia-Sierra, A., & Kuhl, P. K. (2005). Neural patterns to speech and vocabulary growth in American infants. *Neuroreport: For Rapid Communication of Neuroscience Research, 16,* 495-498.

Robbins, B. (2008). What is the good life? Positive psychology and the renaissance of humanistic psychology. *The Humanistic Psychologist, 36,* 96-112.

Robert, S. (2006). Deictic space in Wolof: Discourse, syntax and the importance of absence. In M. Hickman & S. Robert (Eds.), *Space in languages: Linguistic systems and cognitive categories.* Amsterdam, Netherlands: John Benjamins.

Roberts, M. E., Moore, S. D., & Beckham, J. C. (2007). Post-traumatic stress disorder and substance use disorders. In M. Al'bsi (Ed.), *Stress and addiction: Biological and psychological mechanisms.* San Diego, CA: Elsevier Academic Press.

Robins, C. J., & Rosenthal, M. (2011). Dialectical behavior therapy. In J. D. Herbert & E. M. Forman (Eds.), *Acceptance and mindfulness in cognitive behavior therapy: Understanding and applying the new therapies.* Hoboken, NJ: John Wiley & Sons Inc.

Robins, R. W. (2005, October 7). The nature of personality: Genes, culture, and national character. *Science, 310,* 62-63.

Robinson, D. N. (2007). Theoretical psychology: What is it and who needs it? *Theory & Psychology, 17,* 187-198.

Robinson, N. M. (2003). Two wrongs do not make a right: Sacrificing the needs of gifted students does not solve society's unsolved problems. *Journal for the Education of the Gifted, 26,* 251-273.

Rock, A. (1999, January). Quitting time for smokers. *Money,* pp. 139-141.

Rodd, Z. A., Bell, R. L., Sable, H. J. K., Murphy, J. M., & McBride, W. J. (2004). Recent advances in animal models of alcohol craving and relapse. *Pharmacology, Biochemistry and Behavior, 79,* 439-450.

Roesch, S. C., Adams, L., Hines, A., Palmores, A., Vyas, P., Tran, C., et al. (2005). Coping with prostate cancer: A meta-analytic review. *Journal of Behavioral Medicine, 28,* 281-293.

Roets, A., & Van Hiel, A. (2011). An integrative process approach on judgment and decision making: The impact of arousal, affect, motivation, and cognitive ability. *The Psychological Record, 61,* 497-520.

Rogalsky, C., Love, T., Driscoll, D., Anderson, S. W., & Hickok, G. (2011). Are mirror neurons the basis of speech perception? Evidence from five cases with damage to the purported human mirror system. *Neurocase, 17,* 178-187.

Rogers, C. (1980). *A way of being.* Boston: Houghton Mifflin.

Rogers, C. R. (1951). *Client-centered therapy.* Boston: Houghton-Mifflin.

Rogers, C. R. (1971). A theory of personality. In S. Maddi (Ed.), *Perspectives on personality.* Boston: Little, Brown.

Rogers, C. R. (1995). *A way of being.* Boston: Houghton Mifflin.

Rogers, J. M. (2009). Tobacco and pregnancy: Overview of exposures and effects. *Birth Defects Res. C. Embryo Today, 84,* 152-160.

Rogers, P. (2002, August 2). Too much, too soon. *People,* pp. 79-82.

Rogers, P., & Eftimiades, M. (1995, July 24). Bearing witness. *People Weekly,* pp. 42-43.

Rogers, S. (2007). The underlying mechanisms of semantic memory loss in Alzheimer's disease and semantic -dementia. *Dissertation Abstracts International: Section B: The Sciences and Engineering,* 67(10-B), 5591.

Rohan, K. J., Roecklein, K. A., & Tierney Lindsey, K. (2007). A randomized controlled trial of cognitive-behavioral therapy, light therapy, and their combination for seasonal affective disorder. *Journal of Consulting and Clinical Psychology, 75,* 489-500.

Roid, G., Nellis, L., & McLellan, M. (2003). Assessment with the Leiter International Performance Scale—Revised and the S-BIT. In R. S. McCallum & R. Steve (Eds.), *Handbook of nonverbal assessment.* New York: Kluwer Academic/Plenum Publishers.

Roisman, G. I., Collins, W. A., Sroufe, L. A., & Egeland, B. (2005). Predictors of young adults' representations of and behavior in their current romantic relationship: Prospective tests of the prototype hypothesis. *Attachment and Human Development, 7,* 105-121.

Roizen, N. J., & Patterson, D. (2003). Down's syndrome. *Lancet, 361,* 1281-1289.

Rollman, G. B. (2004). *Ethnocultural variations in the experience of pain.* Mahwah, NJ: Lawrence Erlbaum Associates.

Rolls, E. T. (2011). Functions of human emotional memory: The brain and emotion. In S. Nalbantian, P. M. Matthews, J. L. McClelland, S. Nalbantian, et al. (Eds.), *The memory process: Neuroscientific and humanistic perspectives.* Cambridge, MA: MIT Press.

Rom, S. A., Miller, L., & Peluso, J. (2009). Playing the game: Psychological factors in surviving cancer. *International Journal of Emergency Mental Health, 11,* 25-36.

Romano, E., Tremblay, R. E., Vitaro, E., Zoccolillo, M., & Pagani, L. (2001.) Prevalence of psychiatric diagnoses and the role of perceived impairment: Findings from an adolescent community sample. *Journal of Child Psychology and Psychiatry and Allied Disciplines, 42,* 451-461.

Romeu, P. E. (2006). Memories of the terrorist attacks of September 11, 2001: A study of the consistency and phenomenal characteristics of flashbulb memories. *The Spanish Journal of Psychology, 9,* 52-60.

Rooke, S. E., & Hine, D. W. (2011). A dual process account of adolescent and adult binge drinking. *Addictive Behaviors, 36,* 341-346.

Rorschach, H. (1924). *Psychodiagnosis: A diagnostic test based on perception.* New York: Grune & Stratton.

Rosen, H. (2000). The creative evolution of the theoretical foundations for cognitive therapy [Special issue: Creativity in the context of cognitive therapy]. *Journal of Cognitive Psychotherapy, 14,* 123-134.

Rosen, J. (2005, August 28.) The future v. Roberts. *The New York Times Magazine,* pp. 24-29, 44, 50-51.

Rosenbloom, T., & Wolf, Y. (2002). Sensation seeking and detection of risky road signals: A developmental perspective. *Accident Analysis and Prevention, 34,* 569-580.

Rosenhan, D. L. (1973). On being sane in insane places. *Science, 179,* 250-258.

Rosenstein, D. S., & Horowitz, H. A. (1996). Adolescent attachment and psychopathology. *Journal of Consulting and Clinical Psychology, 64,* 244-253.

Rosenthal, A. M. (2008). *Thirty-eight witnesses: The Kitty Genovese case.* Hoboken, NJ: Melville House Publishing.

Rosenthal, N. F. (2003). *The emotional -revolution: How the new science of feeling can transform your life.* New York: Citadel.

Rosenthal, R. (2002). Covert communication in classrooms, clinics, courtrooms and cubicles. *American Psychologist, 57,* 838-849.

Rosenthal, R. (2003). Covert communication in laboratories, classrooms, and the truly real world. *Current Directions in Psychological Science, 12,* 151-154.

Ross, H. E., & Plug, C. (2002). *The mystery of the moon illusion: Exploring size perception.* Oxford: University Press.

Ross, J. (2006). Sleep on a problem . . . It works like a dream. *The Psychologist, 19,* 738-740.

Ross, L. A., Molholm, S., Blanco, D., Gomez-Ramirez, M., Saint-Amour, D., & Foxe, J. J. (2011). The development of multisensory speech perception continues into the late childhood years. *European Journal of Neuroscience, 33,* 2329-2337.

Ross, P. E. (2004, April). Draining the language out of color. *Scientific American,* pp. 46-51.

Rossato, M., Pagano, C., & Vettor, R. (2008). The cannabinoid system and male reproductive functions. *Journal of Neuroendocrinology, 20,* 90-93.

Rossi, J. J., June, C. H., & Kohn, D. B. (2007). Genetic therapies against HIV. *Natural Biotechnology, 25,* 1444-1454.

Rossouw, J. E., Prentice, R. L., Manson, J. E., Wu, L., Barad, D., Barnabei, V. M., et al. (2007). Postmenopausal hormone therapy and risk of cardiovascular disease by age and years since menopause. *Journal of the American Medical Association, 297,* 1465-1477.

Rotan, L. W., & Ospina-Kammerer, V. (2007). *Mindbody medicine: Foundations and practical applications.* New York: Routledge/Taylor & Francis Group.

Roter, D. L., Hall, J. A., & Aoki, Y. (2002). Physician gender effects in medical communication: A meta-analytic -review. *Journal of the American Medical Association, 288,* 756-764.

Roughton, R. E. (2002). Rethinking homosexuality: What it teaches us about psychoanalysis. *Journal of the American Psychoanalytic Association, 50,* 733–763.

Routtenberg, A., & Lindy, J. (1965). Effects of the availability of rewarding septal and hypothalamic stimulation on bar pressing for food under conditions of deprivation. *Journal of Comparative and Physiological Psychology, 60,* 158–161.

Rowe, J. B., Toni, I., Josephs, O., Frackowiak, R. S. J., & Passingham, R. E. (2000, June 2). The pre-frontal cortex: Response selection or maintenance within working memory? *Science, 288,* 1656–1660.

Royzman, E. B., Cassidy, K. W., & Baron, J. (2003). "I know, you know": Epistemic egocentrism in children and adults. *Review of General Psychology, 7,* 38–65.

Rozencwajg, P., Cherfi, M., Ferrandez, A. M., Lautrey, J., Lemoine, C., & Loarer, E. (2005). Age-related differences in the strategies used by middle aged adults to solve a block design task. *International Journal of Aging and Human Development, 60,* 159–182.

Rozin, P., Kabnick, K., Pete, E., Fischler, C., & Shields, C. (2003). The ecology of eating: Smaller portion sizes in France than in the United States help explain the French paradox. *Psychological Science, 14,* 450–454.

Rubichi, S., Ricci, F., Padovani, R., & Scaglietti, L. (2005). Hypnotic susceptibility, baseline attentional functioning, and the Stroop task. *Consciousness and Cognition: An International Journal, 14,* 296–303.

Rubin, B. D., & Katz, L. C. (1999). Optical imaging of odorant representations in the mammalian olfactory bulb. *Neuron 23,* 499–511.

Rubin, D. C. (1985, September). The subtle deceiver: Recalling our past. *Psychology Today,* pp. 39–46.

Rubin, D. C., Schrauf, R. W., Gulgoz, S., & Naka, M. (2007). Cross-cultural variability of component processes in autobiographical remembering: Japan, Turkey, and the USA. *Memory, 15,* 536–547.

Rudner, M., & Rönnberg, J. (2008). The role of the episodic buffer in working memory for language processing. *Cognitive Processing, 9,* 19–28.

Rusche, B. (2003). The 3Rs and animal -welfare—conflict or the way forward? *ALTEX, 20, (Suppl. 1),* 63–76.

Ruscher, J. B., Fiske, S. T., & Schnake, S. B. (2000). The motivated tactician's juggling act: Compatible vs. incompatible impression goals. *British Journal of Social Psychology, 39,* 241–256.

Rushton, J. P., & Jensen, A. R. (2006). The -totality of available evidence shows the race IQ gap still remains. *Psychological Science, 17,* 921–922.

Russell, J. A., & Sato, K. (1995). Comparing emotion words between languages. *Journal of Cross Cultural Psychology, 26,* 384–391.

Russo, N. (1981). Women in psychology. In L. T. Benjamin, Jr. & K. D. Lowman (Eds.), *Activities handbook for the teaching of psychology.* Washington, DC: American Psychological Association.

Rutherford, B., Rose, S., Sneed, J., & Roose, S. (2009, April). Study design affects participant expectations: A survey. *Journal of Clinical Psychopharmacology, 29,* 179–181.

Rutter, M. (2002). Nature, nurture, and development: From evangelism through science toward policy and practice. *Child Development, 73,* 1–21.

Rutter, M. (2006). *Genes and behavior: Nature-nurture interplay explained.* Malden, MA: Blackwell Publishing.

Ryan, R. M., & Deci, E. L. (2011). A self--determination theory perspective on social, institutional, cultural, and economic supports for autonomy and their importance for well-being. In V. I. Chirkov, R. M. Ryan, et al. (Eds.), *Human autonomy in cross-cultural context: Perspectives on the psychology of agency, freedom, and well-being.* New York: Springer Science + Business Media.

Rydell, R., McConnell, A., & Mackie, D. (2008). Consequences of discrepant explicit and implicit attitudes: Cognitive dissonance and increased information processing. *Journal of Experimental Social Psychology, 44,* 1526–1532.

Rymer, R. (1994). *Genie: A scientific tragedy.* New York: Penguin.

Saarni, C. (1999). *Developing emotional -competence.* New York: Guilford.

Sabater, J., & Sierra, C. (2005). Review on computational trust and reputation models. *Artificial Intelligence Review, 24,* 33–60.

Sachs-Ericsson, N., Joiner, T., Plant, E. A., & Blazer, D. G. (2005). The influence of de-pression on cognitive decline in -community-dwelling elderly persons. *American Journal of Geriatric Psychiatry, 13,* 402–408.

Sacks, O. (2003, July 28). The mind's eye. *The New Yorker,* pp. 48–59.

Saczynski, J., Willis, S., & Schaie, K. (2002). Strategy use in reasoning training with older adults. *Aging, Neuropsychology, & Cognition, 9,* 48–60.

Sado, M., Yamauchi, K., Kawakami, N., Ono, Y., Furukawa, T. A., Tsuchiya, M., et al. (2011). Cost of depression among adults in Japan in 2005. *Psychiatry and Clinical Neurosciences, 65,* 442–450.

Saggino, A., Perfetti, B., & Spitoni, G. (2006). Fluid intelligence and executive functions: New perspectives. In L. V. Wesley (Eds.), *Intelligence. New research.* Hauppauge, NY: Nova Science Publishers.

Sahakian, B. J., & Morein-Zamir, S. (2011). Neuroethical issues in cognitive enhancement. *Journal of Psychopharmacology, 25,* 197–204.

Sahin, N. T., Pinker, S., & Halgren, E. (2006). Abstract grammatical processing of nouns and verbs in Broca's area: Evi-dence from fMRI. *Cortex, 42,* 540–562.

Salat, D. H., Tuch, D. S., van der Kouwe, A. J. W., Greve, D. N., Pappu, V., Lee, S. Y., et al. (2010). White matter -pathology isolates the hippocampal formation in Alzheimer's disease. *Neurobiology of Aging, 31* (2000), 244–256.

Salgado, D. M., Quinlian, K. J., & Zlotnick, C. (2007). The relationship of lifetime polysubstance dependence to trauma exposure, symptomatology, and psychosocial functioning in incarcerated women with comorbid PTSD and substance use disorder. *Journal of Trauma Dissociation, 8,* 9–26.

Sallquist, J., Eisenberg, N., Spinrad, T. L., Eggum, N. D., & Gaertner, B. (2009). Assessment of preschoolers' positive empathy: Concurrent and longitudinal relations with positive emotion, social competence, and sympathy. *The Journal of Positive Psychology, 4,* 223–233.

Salmela-Aro, K., & Nurmi, J-E. (2007). Self-esteem during university studies predicts career characteristics 10 years later. *Journal of Vocational Behavior, 70,* 463–477.

Salsman, N. L. (2006). Interpersonal change as an outcome of Time-Limited Interpersonal Therapy. *Dissertation Abstracts International: Section B: The Sciences and Engineering, 66*(9-B), 5103.

Salvi, V., Fagiolini, A., Swartz, H., Maina, G., & Frank, E. (2008). The use of antidepressants in bipolar disorder. *Journal of Clinical Psychiatry, 69,* 1307–1318.

Samantaray, S. K., Srivastava, M., & Mishra, P. K. (2002). Fostering self concept and self actualization as bases for empowering women in national development: A challenge for the new millennium. *Social Science International, 18,* 58–63.

Samoilov, V., & Zayas, V. (2007). Ivan Petrovich Pavlov (1849-1936). *Journal of the History of the Neurosciences, 16,* 74–89.

Sams, M., Hari, R., Rif, J., & Knuutila, J. (1993). The human auditory memory trace persists about 10 sec: Neuromagnetic evidence. *Journal of Cognitive Neuroscience, 5,* 363–370.

Samuel, D. B., & Widiger, T. A. (2006). Differentiating normal and abnormal personality from the perspective of the DSM. In S. Strack (Ed.), *Differentiating normal and abnormal personality* (2nd ed.). New York: Springer Publishing.

Sanderson, M. (2007). Assessment of manic symptoms in different cultures. *British Journal of Psychiatry, 190,* 178.

Sandomir, R. (2007, July 17). W. W. E.'s testing is examined after Bennoit murder-suicide. *The New York Times,* p. S3.

Sandoval, J., Frisby, C. L., Geisinger, K. F., Scheuneman, J. D., & Grenier, J. R. (Eds.). (1998). *Test interpretation and diversity: Achieving equity in assessment.* Washington, DC: American Psychological Association.

Saneyoshi, A., Niimi, R., Suctsugu, T., Kaminaga, T., & Yokosawa, K. (2011). Iconic memory and parietofrontal -network: fMRI study using temporal integration. *Neuroreport: For Rapid Communication of Neuroscience Research, 22,* 515–519.

Santel, S., Baving, L., Krauel, K., Munte, T. F., & Rotte, M. (2006, October 9). Hunger and satiety in anorexia nervosa: fMRI during cognitive processing of food -pictures. *Brain Research, 1114,* 138–148.

Santelli, J., Carter, M., Orr, M., & Dittus, P. (2009, April). Trends in sexual risk -behaviors, by nonsexual risk behavior involvement, U.S. high school students, 1991–2007. *Journal of Adolescent Health, 44,* 372–379.

Saper, C. B., Lu, J., Chou, T. C., & Gooley, J. (2005). The hypothalamic integrator for circadian rhythms. *Trends in Neuroscience, 28,* 152–157.

Sapolsky, R. M. (2003). Gene therapy for psychiatric disorders. *American Journal of Psychiatry, 160,* 208–220.

Sargent, J. D., Stoolmiller, M., Worth, K. A., Cal, C. S., Wills, T. A., Gibbons, F. X., et al. (2007). Exposure to smoking depictions in movies: Its association with established adolescent smoking. *Archives of Pediatric Adolescent Medicine, 161,* 849–856.

Sarsour, K., Sheridan, M., Jutte, D., Nuru-Jeter, A., Hinshaw, S., & Boyce, W. (2011). Family socioeconomic status and child executive functions: The roles of language, home environment, and single parenthood. *Journal of the International Neuropsychological Society, 17,* 120–132.

Sato, N., Shimamura, M., & Takeuchi, D. (2007). Gene therapy for ischemic brain disease with special reference to vascular dementia. *Geriatrics & Gerontology International, 7,* 1–14.

Saucier, D. A., & Cain, M. E. (2006). The foundations of attitudes about animal research. *Ethics & Behavior, 16*, 117–133.

Savage, J., & Yancey, C. (2008). The effects of media violence exposure on criminal aggression: A meta-analysis. *Criminal Justice and Behavior, 35*, 772–791.

Savage-Rumbaugh, E. S., Toth, N., & Schick, K. (2007). Kanzi learns to knap stone tools. In D. A. Washburn (Ed.), *Primate perspectives on behavior and cognition*. Washington, DC: American Psychological Association.

Savas, H. A., Yumru, M., & Kaya, M. C. (2007). Atypical antipsychotics as 'mood stabilizers': A retrospective chart review. *Progress in Neuro-Psychopharmacology & Biological Psychiatry, 31*, 1064–1067.

Savazzi, S., Fabri, M., Rubboli, G., Paggi, A., Tassinari, C. A., & Marzi, C. A. (2007). Inter-hemispheric transfer following callosotomy in humans: Role of the -superior colliculus. *Neuropsychologia, 45*, 2417–2427.

Sawa, A., & Snyder, S. H. (2002, April 26). Schizophrenia: Diverse approaches to a complex disease. *Science, 296*, 692–695.

Saywitz, K., & Goodman, G. (1990). Unpublished study reported in Goleman, D. (1990, November 6). Doubts rise on children as witnesses. *The New York Times*, pp. C1, C6.

Scarr, S. (1998). American child care today. *American Psychologist, 53*, 95–108.

Scarr, S., & Weinberg, R. A. (1976). I.Q. test performance of black children adopted by white families. *American Psychologist, 31*, 726–739.

Scaturo, D. J. (2004). Fundamental clinical dilemmas in contemporary group psychotherapy. *Group Analysis, 37*, 201–217.

Scelfo, J. (2007, February 26). Men & -depression: Facing darkness. *Newsweek*, p. 43–50.

Schachter, R. (2011). Using the group in cognitive group therapy. *Group, 35*, 135–149.

Schachter, S., & Singer, J. E. (1962). Cognitive, social, and physiological determinants of emotional state. *Psychological Review, 69*, 379–399.

Schacter, D. L., Dobbins, I. G., & Schnyer, D. M. (2004). Specificity of priming: A cognitive neuroscience perspective. *Nature Reviews Neuroscience, 5*, 853–862.

Schaefer, E. G., Halldorson, M. K., & Dizon-Reynante, C. (2011). TV or not TV? Does the immediacy of viewing images of a momentous news event affect the quality and stability of flashbulb memories? *Memory, 19*, 251–266.

Schaefer, R. T. (2000). *Sociology: A brief introduction* (3rd ed.). Boston: McGraw-Hill.

Schaie, K. W. (2005a). Longitudinal studies. In *Developmental influences on adult intelligence: The Seattle Longitudinal Study*. New York: Oxford University Press.

Schaie, K. W. (2005b). What can we learn from longitudinal studies of adult -development? *Research in Human Development, 2*, 133–158.

Schaller, M., & Crandall, C. S. (Eds.). (2004). *The psychological foundations of culture*. Mahwah, NJ: Lawrence Erlbaum Associates.

Schechter, T., Finkelstein, Y., & Koren, G. (2005). Pregnant "DES daughters" and their offspring. *Canadian Family Physician, 51*, 493–494.

Schedlowski, M., & Tewes, U. (Eds.). (1999). *Psychoneuroimmunology: An -interdisciplinary introduction*. New York: Plenum.

Scheff, T. J. (1998). Shame in the labeling of mental illness. In P. Gilbert & B. Andrews, (Eds.), *Shame: Interpersonal behavior, psychopathology, and culture*. New York: Oxford University Press.

Scheier, M. F., Carver, C. S., & Bridges, M. W. (1994). Distinguishing optimism from neuroticism (and trait anxiety, self--mastery, and self-esteem): A re-evaluation of the Life Orientation Test. *Journal of Personality and Social Psychology, 67*, 1063–1078.

Schenone, M. H., Aquin, E., Li, Y., Lee, C., Kruger, M., & Bahado-Singh, R. O. (2010). Prenatal prediction of neonatal survival at the borderline viability. *Journal of Maternal-Fetal Neonatal Medicine, 12*, 31–38.

Schepers, P., & van den Berg, P. T. (2007). Social factors of work-environment -creativity. *Journal of Business and Psychology, 21*, 407–428.

Schermer, J., Johnson, A. M., Vernon, P. A., & Jang, K. L. (2011). The relationship between personality and self-report abilities: A behavior-genetic analysis. *Journal of Individual Differences, 32*, 47–53.

Schieber, E. (2006). Vision and aging. In J. E. Birren & K. W. Schaire (Eds.), *Handbook of the psychology of aging* (6th ed.). Amsterdam, Netherlands: Elsevier.

Schiffer, A. A., Pedersen, S. S., Widdershoven, J. W., Hendriks, E. H., Winter, J. B., & Denollet, J. (2005). The distressed (type D) personality is independently associated with impaired health status and increased depressive symptoms in chronic heart failure. *European Journal of Cardiovascular Prevention and Rehabilitation, 12*, 341–346.

Schillinger, D., Bindman, A., Wang, F., Stewart, A., & Piette, J. (2004). Functional health literacy and the quality of physician-patient communication among diabetes patients. *Patient Education and Counseling, 52*, 315–323.

Schlinger, H. R. (2011). Skinner as missionary and prophet: A review of Burrhus F. Skinner: Shaper of behaviour. *Journal of Applied Behavior Analysis, 44*, 217–225.

Schmidt, J. P. (2006). The discovery of neurotransmitters: A fascinating story and a scientific object lesson. *PsycCRITIQUES, 61*, 101–115.

Schmidt, N. B., Kotov, R., & Joiner, T. E., Jr. (2004). *Taxometrics: Toward a new diagnostic scheme for psychopathology*. Washington, DC: American Psychological Association.

Schmitt, D., Realo, A., Voracek, M., & Allik, J. (2008). Why can't a man be more like a woman? Sex differences in Big Five personality traits across 55 cultures. *Journal of Personality and Social Psychology, 94*, 168–182.

Schmitt, D. P., Allik, J., & McCrae, R. R. (2007). The geographic distribution of Big Five personality traits: Patterns and profiles of human self-description across 56 nations. *Journal of Cross-Cultural Psychology, 38*, 173–212.

Schnabel, K., Asendorpf, J., & Greenwald, A. (2008). Assessment of individual differences in implicit cognition: A review of IAT measures. *European Journal of Psychological Assessment, 24*, 210–217.

Schnall, S., Haidt, J., Clore, G. L., & Jordan, A. H. (2008). Disgust as embodied moral judgment. *Personality and Social Psychology Bulletin, 34*, 1096–1109.

Schnatz, P. F., Murphy, J. L., O'Sullivan, D. M., & Sorosky, J. I. (2007). Patient choice: Comparing criteria for selecting an obstetrician-gynecologist based on image, gender, and professional attributes. *American Journal of Obstetrics and Gynecology, 197*, 548–561.

Schneider, A., & Domhoff, G. W. (2002). *The quantitative study of dreams*. www.dreamresearch.net.

Schnell, K., & Herpertz, S. C. (2007). Effects of dialectic-behavioral-therapy on the neural correlates of affective hyperarousal in borderline personality disorder. *Journal of Psychiatric Research, 41*, 837–847.

Schnupp, J., Nelken, I., & King, A. (2011). *Auditory neuroscience: Making sense of sound*. Cambridge, MA: MIT Press.

Schredl, M., & Piel, E. (2005). Gender differences in dreaming: Are they stable over time? *Personality and Individual Differences, 39*, 309–316.

Schredl, M., & Reinhard, I. (2011). Gender -differences in nightmare frequency: A -meta-analysis. *Sleep Medicine Reviews, 15*, 115–121.

Schreurs, B. G., Smith-Bell, C. A., & Burhans, L. B. (2011). Classical conditioning and conditioning-specific reflex modification of rabbit heart rate as a function of unconditioned stimulus -location. *Behavioral Neuroscience, 125*, 604–612.

Schroers, M., Prigot, J., & Fagen, J. (2007, December). The effect of a salient odor context on memory retrieval in young infants. *Infant Behavior & Development, 30*, 685–689.

Schubert, T., & Koole, S. (2009). The embodied self: Making a fist enhances men's power--related self-conceptions. *Journal of Experimental Social Psychology, 45*, 828–834.

Schulte-Ruther, M., Markowitsch, J. J., Fink, G. R., & Piefke, M. (2007). Mirror neuron and theory of mind mechanisms involved in face-to-face interactions: A functional magnetic resonance imaging approach to empathy. *Journal of Cognitive Neuroscience, 19*, 1354–1372.

Schultz, E. (2011, March 14). Flo thumbs a ride with drivers; In 'game-changer,' Progressive insurance offers device to monitor motoring and reward good habits with discounts. *Advertising Age, 82*, 1.

Schwartz, B. (2008). Working memory load differentially affects tip-of-the-tongue states and feeling-of-knowing judgments. *Memory & Cognition, 36*, 9–19.

Schwartz, B. L. (2002). The phenomenology of naturally-occurring tip-of-the-tongue states: A diary study. In S. P. Shohov (Ed.), *Advances in psychology research* (Vol. 8). Huntington, NY: Nova.

Schwartz, B. L., & Metcalfe, J. (2011). Tip-of-the--tongue (TOT) states: Retrieval, behavior, and experience. *Memory & Cognition, 39*, 737–749.

Schwartz, J., & Wald, M. L. (2003). NASA's curse? "Groupthink" is 30 years old, and still going strong. *The New York Times*, p. C1.

Schwartz, J. M., & Begley, S. (2002). *The mind and the brain: Neuroplasticity and the power of mental force*. New York: Regan Books/Harper Collins.

Schwartz, P., Maynard, A., & Uzelac, S. (2008). Adolescent egocentrism: A contemporary view. *Adolescence, 43*(171), 441–448.

Schwartz, S. J., Côté, J. E., & Arnett, J. J. (2005). Identity and agency in emerging adulthood: Two developmental routes in the individualization process. *Youth & Society, 37*, 201–229.

Schwartzmant, R. J., Alexander, G. M., & Grothusen, J. R. (2011). The use of ketamine in complex regional pain syndrome: Possible mechanisms. *Expert Review of Neurotherapeutics, 11*, 719–734.

Schweizer, S., & Dalgleish, T. (2011). Emotional working memory capacity in posttraumatic stress disorder (PTSD). *Behaviour Research and Therapy, 49*, 498–504.

Sciutto, M., & Eisenberg, M. (2007). Evaluating the evidence for and against the overdiagnosis of ADHD. *Journal of Attention Disorders, 11*, 106–113.

Scullin, M. H., Kanaya, T., & Ceci, S. J. (2002). Measurement of individual differences in children's suggestibility across situations. *Journal of Experimental Psychology: Applied, 8*, 233–246.

Sebastiani, L., Castellani, E., & D'Alessandro, L. (2011). Emotion processing without awareness: Features detection or significance evaluation? *International Journal of Psychophysiology, 80*, 150–156.

Sebel, P. S., Bonke, B., & Winograd, E. (Eds.). (1993). *Memory and awareness in anesthesia.* Englewood Cliffs, NJ: Prentice-Hall.

Seeley, R., Stephens, T., & Tate, P. (2000). *Anatomy & Physiology* (5th ed.). Boston: McGraw-Hill.

Seeman, P. (2011). All roads to schizophrenia lead to dopamine supersensitivity and elevated dopamine D2 receptors. *CNS Neuroscience & Therapeutics, 17*, 118–132.

Seery, M. D., Holman, E., & Silver, R. (2010). Whatever does not kill us: Cumulative lifetime adversity, vulnerability, and -resilience. *Journal of Personality and Social Psychology*, 1025–1041.

Sefcek, J. A., Brumbach, B. H., & Vasquez, G. (2007). The evolutionary psychology of human mate choice: How ecology, genes, fertility, and fashion influence mating strategies. *Journal of Psychology & Human Sexuality, 18*, 125–182.

Segall, M. H., Campbell, D. T., & Herskovits, M. J. (1966). *The influence of culture on visual perception.* New York: Bobbs-Merrill.

Segerstrom, S. C., & Miller, G. E. (2004). Psychological stress and the human immune system: A meta-analytic study of 30 years of inquiry. *Psychological Bulletin, 130*, 601–630.

Seibt, B., & Förster, J. (2005). Stereotype threat and performance: How self--stereotypes influence processing by -inducing regulatory foci. *Journal of Per-sonality and Social Psychology, 87*, 38–56.

Seli, H. (2007). Self in self-worth protection: The relationship of possible selves to achievement motives and self-worth protective strategies. *Dissertation Abstracts International Section A: Humanities and Social Sciences*, 67(9-A), 3302.

Seligman, M. E. (2007). *What you can change. . . and what you can't: The complete guide to successful self-improvement.* New York: Vintage.

Seligman, M. E. P. (1975). *Helplessness: On depression, development, and death.* San Francisco: Freeman.

Seligman, M. E. P. (1995, December). The effectiveness of psychotherapy: The *Consumer Reports* study. *American Psychologist, 50*, 965–974.

Seligman, M. E. P. (1996, October). Science as an ally of practice. *American Psychologist, 51*, 1072–1079.

Selkoe, D. (2008). Soluble oligomers of the amyloid β-protein impair synaptic plasticity and behavior. *Behavioural Brain Research, 192*, 106–113.

Selkoe, D. J. (1997, January 31). Alzheimer's disease: Genotypes, phenotype, and treatments. *Science, 275*, 630–631.

Sellbom, M., & Ben-Porath, Y. S. (2006). The Minnesota Multiphasic Personality Inventory-2. In R. P. Archer (Ed.), *Forensic uses of clinical assessment instruments*. Mahwah, NJ: Lawrence Erlbaum Associates.

Sellbom, M., Fischler, G., & Ben-Porath, Y. (2007). Identifying MMPI-2 Predictors of police officer integrity and misconduct. *Criminal Justice and Behavior, 34*, 985–1004.

Sells, R. (1994, August). *Homosexuality study.* Paper presented at the annual meeting of the American Statistical Association, Toronto.

Selove, R. (2007). The glass is half full: Current knowledge about pediatric cancer and sickle cell anemia. *PsycCRITIQUES, 52*, 88–99.

Selsky, A. (1997, February 16). African males face circumcision rite. *The Boston Globe*, p. C7.

Selye, H. (1976). *The stress of life.* New York: McGraw-Hill.

Selye, H. (1993). History of the stress concept. In L. Goldberger & S. Breznitz (Eds.), *Handbook of stress: Theoretical and clinical aspects* (2nd ed.). New York: Free Press.

Semler, C. N., & Harvey, A. G. (2005). Misperception of sleep can adversely affect daytime functioning in insomnia. *Behaviour Research and Therapy, 43*, 843–856.

Semykina, A., & Linz, S. J. (2007). Gender differences in personality and earnings: Evidence from Russia. *Journal of Economic Psychology, 28*, 387–410.

Seroczynski, A. D., Jacquez, F. M., & Cole, D. A. (2003). Depression and suicide during adolescence. In G. R. Adams & M. D. Berzonsky (Eds.), *Blackwell handbook of adolescence.* Malden, MA: Blackwell Publishers.

Seymour, B. (2006). Carry on eating: Neural pathways mediating conditioned potentiation of feeding. *Journal of Neuroscience, 26*, 1061–1062.

Shafer, V. L., & Garrido-Nag, K. (2007). The neurodevelopmental bases of language. In E. Hoff & M. Shatz (Eds.), *Blackwell handbook of language development.* Malden, MA: Blackwell Publishing.

Shah, D. B., Pesiridou, A., Baltuch, G. H., Malone, D. A., & O'Reardon, J. P. (2008). Functional neurosurgery in the treatment of severe obsessive compulsive disorder and major depression: Overview of disease circuits and therapeutic targeting for the clinician. *Psychiatry, 5*, 24–33.

Shaikholeslami, R., & Khayyer, M. (2006). Intrinsic motivation, extrinsic motivation, and learning English as a foreign language. *Psychological Reports, 99*, 813–818.

Shankar, G., & Simmons, A. (2009, January). Understanding ethics guidelines using an internet--based expert system. *Journal of Medical Ethics, 35*, 65–68.

Shapiro, L. R. (2006). Remembering September 11th: The role of retention interval and rehearsal on flashbulb and event memory. *Memory, 14*, 129–147.

Sharma, H. S., Sjoquist, P. O., & Ali, S. F. (2007). Drugs of abuse-induced hyperthermia, blood-brain barrier dysfunction and neurotoxicity: Neuroprotective effects of a new antioxidant compound h-290/51. *Current Pharmaceutical Design, 13*, 1903–1923.

Shea, A., & Steiner, M. (2008). Cigarette smoking during pregnancy. *Nicotine & Tobacco Research, 10*, 267–278.

Shelton, R. C., Keller, M. B., Gelenberg, A., Dunner, D. L., Hirschfeld, R. M. A., Thase, M. E., et al. (2002). The effectiveness of St. John's wort in major depression: A multi-center, randomized placebo-controlled trial. *Journal of the American Medical Association, 285*, 1978–1986.

Shepard, R. N., & Metzler, J. (1971). Mental rotation of three-dimensional objects. *Science, 171*(3972), 701–703.

Sheppard, L. D., & Vernon, P. A. (2008). Intelligence and speed of information-processing: A review of 50 years of research. *Personality and Individual Differences, 44*, 535–551.

Shepperd, J., Malone, W., & Sweeny, K. (2008). Exploring causes of the self-serving bias. *Social and Personality Psychology Compass, 2*, 895–908.

Sherblom, S. (2008). The legacy of the 'care challenge': Re-envisioning the outcome of the justice-care debate. *Journal of Moral Education, 37*, 81–98.

Sherman, S. L., Allen, E. G., Bean, L. H., & Freeman, S. B. (2007). Epidemiology of Down syndrome [Special issue: Down syndrome]. *Mental Retardation and Developmental Disabilities Research Reviews, 13*, 221–227.

Shier, D., Butler, J., & Lewis, R. (2000). *Hole's essentials of human anatomy and physiology* (7th ed.). Boston: McGraw-Hill.

Shiffman, S. (2007). Use of more nicotine lozenges leads to better success in quitting smoking. *Addiction, 102*, 809–814.

Shimono, K., & Wade N. J. (2002). Monocular alignment in different depth planes. *Vision Research, 42*, 1127–1135.

Shin, A., Zheng, H., & Berthoud, H. (2009). An expanded view of energy homeostasis: Neural integration of metabolic, cognitive, and emotional drives to eat. *Physiology & Behavior, 97*, 572–580.

Shinn, M., Gottlieb, J., Wett, J. L., Bahl, A., Cohen, A., & Baron, E. D. (2007). Predictors of homelessness among older adults in New York City: Disability, economic, human and social capital and stressful events. *Journal of Health Psychology, 12*, 696–708.

Shirky, C. (2010, June 5). Does the internet make you smarter or dumber? *The Wall Street Journal*, p. W-1.

Shmuel, A., Chaimow, D., Raddatz, G., Ugurbil, K., & Yacoub, E. (2010). Mechanisms underlying decoding at 7 T: Ocular dominance columns, broad structures, and macroscopic blood -vessels in V1 convey information on the stimulated eye. *NeuroImage, 49*, 1957–1964.

Shoda, Y., & Mischel, W. (2006). Applying meta--theory to achieve generalisability and precision in personality science. *Applied Psychology: An International Review, 55*, 439–452.

Shors, T. J. (2009, March). Saving new brain cells. *Scientific American*, pp. 47–54.

Shugart, H. A. (2011). Shifting the balance: The contemporary narrative of obesity. *Health Communication, 26*, 37–47.

Shurkin, J. N. (1992). *Terman's kids: The groundbreaking study of how the gifted grow up.* Boston: Little, Brown.

Shweder, R. A. (1994). You're not sick, you're just in love: Emotion as an interpretive system. In P. Ekman & R. J. Davidson (Eds.), *The nature of emotion: Fundamental questions.* New York: Oxford.

Sidman, M. (2006). The distinction between positive and negative reinforcement: Some additional considerations. *Behavior Analyst, 29*, 135–139.

Siegel, R. K. (1989). *Intoxication: Life in pursuit of artificial paradise.* New York: E. P. Dutton.

Siegert, R. J., & Ward, T. (2002). Clinical psychology and evolutionary psychology: Toward a dialogue. *Review of General Psychology, 6*, 235–259.

Siemer, M., Mauss I., & Gross, J. J. (2007). Same situation—different emotions: How appraisals shape our emotions. *Emotion, 7*, 592–600.

Sifrit, K. J. (2006). The effects of aging and cognitive decrements on simulated driving performance. *Dissertation abstracts international: Section B: The sciences and engineering, 67*, 2863.

Silva, A. J. (2011). Molecular genetic approaches to memory consolidation. In S. Nalbantian, P. M. Matthews, et al. (Eds.), *The memory process: Neuroscientific and humanistic perspectives*. Cambridge, MA: MIT Press.

Silva, M. T. A., Gonçalves, E. L., & Garcia-Mijares, M. (2007). Neural events in the reinforcement contingency. *Behavior Analyst, 30*, 17–30.

Silverman, K., Roll, J., & Higgins, S. (2008). Introduction to the special issue on the behavior analysis and treatment of drug addiction. *Journal of Applied Behavior Analysis, 41*, 471–480.

Silverstein, M. L. (2007). Rorschach test findings at the beginning of treatment and 2 years later, with a 30-year follow-up. *Journal of Personality Assessment, 88*, 131–143.

Simcock, G., & Hayne, H. (2002). Breaking the barrier? Children fail to translate their pre-verbal memories into language. *Psychological Science, 13*, 225–231.

Simon, G., Ludman, E., Unützer, J., Operskalski, B., & Bauer, M. (2008). Severity of mood symptoms and work productivity in people treated for -bipolar disorder. *Bipolar Disorders, 10*, 718–725.

Simon, S., & Hoyt, C. (2008). Exploring the gender gap in support for a woman for president. *Analyses of Social Issues and Public Policy (ASAP), 8*, 157–181.

Simonton, D. K. (2000). Archival research. In A. E. Kazdin (Ed.), *Encyclopedia of psychology* (Vol. 1). Washington, DC: American Psychological Association.

Simonton, D. K. (2009). Varieties of (scientific) creativity: A hierarchical model of domain-specific disposition, development, and achievement. *Perspectives on Psychological Science, 4*, 441–452.

Singer, J. L. (2006). Why imagery, personal memories, and daydreams matter. In J. L. Singer (Ed.), *Imagery in psychotherapy*. Washington, DC: American Psychological Association.

Singer, L. T., & Richardson, G. A. (2011). Introduction to "understanding developmental consequences of prenatal drug exposure: Biological and environmental effects and their interactions." *Neurotoxicology and Teratology, 33*, 5–8.

Sininger, Y. S., & Cone-Wesson, B. (2004, September 10). Asymmetric cochlear processing mimics hemispheric specialization. *Science, 305*, 1581.

Sininger, Y. S., & Cone-Wesson, B. (2006). Lateral asymmetry in the ABR of neonates: Evidence and mechanisms. *Hearing Research, 212*, 203–211.

Skinner, B. F. (1957). *Verbal behavior*. New York: Appleton-Century-Crofts.

Skinner, B. F. (1975). The steep and thorny road to a science of behavior. *American Psychologist, 30*, 42–49.

Skolnick, P., Popik, P., & Trullas, R. (2009). Glutamate-based antidepressants: 20 years on. *Trends in Pharmacological Science, 30*, 563–569.

Slater, E., & Meyer, A. (1959). Contributions to a pathography of the musicians: Robert Schumann. *Confinia Psychiatrica*. Reprinted in K. R. Jamison, *Touched with fire: Manic-depressive illness and the artistic temperament*. New York: Free Press.

Sleek, S. (1997, June). Can "emotional intelligence" be taught in today's schools? *APA Monitor*, p. 25.

Sloan, E. P., et al. (1993). The nuts and bolts of behavioral therapy for insomnia. *Journal of Psychosomatic Research, 37* (Suppl.), 19–37.

Slocombe, K. E., Waller, B. M., & Liebal, K. (2011). The language void: The need for multimodality in primate communication research. *Animal Behaviour, 81*, 919–924.

Smart, R. G. (2007). Review of introduction to addictive behaviours. *Addiction, 102*, 831.

Smetana, J., Daddis, C., & Chuang, S. (2003). "Clean your room!" A longitudinal investigation of adolescent-parent conflict and conflict resolution in middle-class African American families. *Journal of Adolescent Research, 18*, 631–650.

Smetana, J. B. (2007). Strategies for understanding archetypes and the collective unconscious of an organization. *Dissertation Abstracts International Section A: Humanities and Social Sciences, 67*(12-A), 4714.

Smetana, J. G. (2005). Adolescent-parent conflict: Resistance and subversion as developmental process. In L. Nucci (Ed.), *Conflict, contradiction, and contrarian elements in moral development and education*. Mahwah, NJ: Lawrence Erlbaum Associates.

Smith, B. H., Barkley, R. A., & Shapiro, C. J. (2006). Attention-Deficit/Hyperactivity Disorder. In E. J. Mash & R. A. Barkley (Eds.), *Treatment of childhood disorders* (3rd. ed). New York: Guilford Press.

Smith, C. (2006). Symposium V—Sleep and learning: New developments [Special issue: Methods and learning in functional MRI]. *Brain and Cognition, 60*, 331–332.

Smith, C. A., & Lazarus, R. S. (2001). Appraisal components, core relational themes, and the emotions. In W. G. Parrott (Ed.), *Emotions in social psychology: Essential readings* Philadelphia: Psychology Press.

Smith, C. D., Chebrolu, J., Wekstein, D. R., Schmitt, F. A., & Markesbery, W. R. (2007). Age and gender effects on human brain anatomy: A voxel-based morphometric study in healthy elderly. *Neurobiology of Aging, 28*, 1057–1087.

Smith, D. E., Springer, C. M., & Barrett, S. (2011). Physical discipline and socioemotional adjustment among Jamaican adolescents. *Journal of Family Violence, 26*, 51–61.

Smith, E. (1988, May). Fighting cancerous feelings. *Psychology Today*, pp. 22–23.

Smith, E. R., & Semin, G. R. (2007). Situated social cognition. *Current Directions in Psychological Science, 16*, 132–135.

Smith, L., Cornelius, V., Warnock, A., Bell, A., & Young, A. (2007). Effectiveness of mood stabilizers and antipsychotics in the maintenance phase of bipolar disorder: A systematic review of randomized controlled trials. *Bipolar Disorders, 9*, 394–412.

Smith, M. B. (2003). Moral foundations in research with human participants. In A. E. Kazdin (Ed.), *Methodological issues & strategies in clinical research* (3rd ed.). Washington, DC: American Psychological Association.

Smith, M. L., Glass, G. V., & Miller, T. I. (1980). *The benefits of psychotherapy*. Baltimore: The Johns Hopkins University Press.

Smith, R. A., & Weber, A. L. (2005). Apply-ing social psychology in everyday life. In F. W. Schneider, J. A. Gruman, et al. (Eds.), *Applied social psychology: Under-standing and addressing social and practical*. Thousand Oaks, CA: Sage Publications.

Smith, W. B. (2007). Karen Horney and psychotherapy in the 21st century. *Clinical Social Work Journal, 35*, 57–66.

Smrtnik-Vitulič, H., & Zupančič, M. (2011). Personality traits as a predictor of academic achievement in adolescents. *Educational Studies, 37*, 127–140.

Snyder, D. J., Fast, K., & Bartoshuk, L. M. (2004). Valid comparisons of suprathreshold sensations. *Journal of Consciousness Studies, 11*, 96–112.

Snyder, J., Cramer, A., & Afrank, J. (2005). The contributions of ineffective discipline and parental hostile attributions of child misbehavior to the development of conduct problems at home and school. *Developmental Psychology, 41*, 30–41.

Snyder, M. (2002). Applications of Carl Rogers' theory and practice to couple and family therapy: A response to Harlene Anderson and David Bott. *Journal of Family Therapy, 24*, 317–325.

Sobel, K., Gerrie, M., Poole, B., & Kane, M. (2007, October). Individual differences in working memory capacity and visual search: The roles of top-down and bottom-up processing. *Psychonomic Bulletin & Review, 14*, 840–845.

Society for Personality Assessment. (2005). The status of Rorschach in clinical and forensic practice: An official statement by the board of trustees of the Society for Personality Assessment. *Journal of Personality Assessment, 85*, 219–237.

Sodian, B. (2011). Theory of mind in infancy. *Child Development Perspectives, 5*, 39–43.

Soeter, M., & Kindt, M. (2010). Dissociating response systems: Erasing fear from memory. *Neurobiology of Learning and Memory* 30–41.

Sohr-Preston, S. L., & Scaramella, L. V. (2006). Implications of timing of maternal depressive symptoms for early cognitive and language development. *Clinical Child and Family Psychology Review, 9*, 65–83.

Sokolove, M. (2003, November 16). Should John Hinckley go free? *The New York Times Magazine*, pp. 52–54, 92.

Soler, J., Pascual, J., Tiana, T., Cebriã, A., Barrachina, J., Campins, M., et al. (2009). Dialectical behaviour therapy skills training compared to standard group therapy in -borderline personality disorder: A 3-month randomised controlled clinical trial. *Behaviour Research and Therapy, 47*, 353–358.

Solesio-Jofre, E., Lorenzo-López, L., Gutiérrez, R., López-Frutos, J., Ruiz-Vargas, J., & Maestú, F. (2011). Age effects on retroactive interference during working memory maintenance. *Biological Psychology, 88*, 72–82.

Solomon, M., & Herman, J. (2009). Sex differences in psychopathology: Of gonads, adrenals and mental illness. *Physiology & Behavior, 97*, 250–258.

Somers, T. J., Moseley, G., Keefe, F. J., & Kothadia, S. M. (2011). Neuroimaging of pain: A psychosocial perspective. In R. A. Cohen & L. H. Sweet, (Eds.), *Brain imaging in behavioral medicine and clinical neuroscience*. New York: Springer Science + Business Media.

Sommer, R., & Sommer, B. (2001). *A practical guide to behavioral research: Tools and techniques* (5th ed.). New York: Oxford University Press.

Soorya, L. V., Carpenter, L., & Romanczyk, R. G. (2011). Applied behavior analysis. In E. Hollander, A. Kolevzon, et al. (Eds.), Textbook of autism spectrum disorders. Arlington, VA: American Psychiatric Publishing, Inc.

Sori, C. E. (Ed.). (2006). Engaging children in family therapy: Creative approaches to integrating theory and research in clinical practice. New York: Routledge/Taylor & Francis Group.

South, S., & Krueger, R. (2008). An interactionist perspective on genetic and environmental contributions to personality. Social and Personality Psychology Compass, 2, 929-948.

Spackman, M. P., Fujiki, M., & Brinton, B. (2006). Understanding emotions in context: The effects of language impairment on children's ability to infer emotional reactions. International Journal of Language & Communication Disorders, 41, 173-188.

Spanos, N. P., Barber, T. X., & Lang, G. (2005). Cognition and self-control: Cognitive control of painful sensory input. Integrative Physiological & Behavioral Science, 40, 119-128.

Sparrow, B., Liu, J., & Wegner, D. M. (2011, August 5). Google effects on memory: Cognitive consequences of having information at our fingertips. Science, 333, 776-778.

Spearman, C. (1927). The abilities of man. London: Macmillan.

Spence, M. J., & DeCasper, A. J. (1982, March). Human fetuses perceive maternal speech. Paper presented at the meeting of the International Conference on Infant Studies, Austin, TX.

Spence-Cochran, K., & Pearl, C. (2006). Moving toward full inclusion. In P. Wehman (Ed.), Life beyond the classroom: Transition strategies for young people with disabilities (4th ed.). Baltimore: Paul H. Brookes Publishing.

Spencer, S. J., Fein, S., Zanna, M. P., & Olson, J. M. (Eds.). (2003). Motivated social perception: The Ontario Symposium (Vol. 9). Mahwah, NJ: Erlbaum.

Spencer-Rodgers, J., Peng, K., Wang, L., & Hou, Y. (2004). Dialectical self-esteem and East-West differences in psychological well-being. Personality and Social Psychology Bulletin, 30, 1416-1432.

Sperling, G. (1960). The information available in brief visual presentation. Psychological Monographs, 74, 29.

Sperry, R. (1982). Some effects of disconnecting the cerebral hemispheres. Science, 217, 1223-1226.

Spiegel, D. (1996). Hypnosis. In R. E. Hales & S. C. Yudofsky (Eds.), The American Psychiatric Press synopsis of psychiatry. Washington, DC: American Psychiatric Press.

Spiegel, D. (Ed.). (1999). Efficacy and cost-effectiveness of psychotherapy. New York: American Psychiatric Press.

Spielberger, C. D. (2006). Cross-cultural assessment of emotional states and personality traits. European Psychologist, 11, 297-303.

Spiers, H. J., & Maguire, E. A. (2007). Decoding human brain activity during real-world experiences. Trends in Cognitive Science, 11, 356-365.

Spindler, H., Kruse, C., Zwisler, A., & Pedersen, S. (2009). Increased anxiety and depression in Danish cardiac patients with a type D personality: Cross-validation of the Type D Scale (DS14). International Journal of Behavioral Medicine, 16, 98-107.

Spinella, M., & Lester, D. (2006). Can money buy happiness? Psychological Reports, 99, 992.

Spitzer, R. L., Skodol, A. E., Gibbon, M., & Williams, J. B. W. (1983). Psychopathology: A case book. New York: McGraw-Hill.

Sprecher, S., & Regan, P. C. (2002). Liking some things (in some people) more than others: Partner preferences in romantic relationships and friendships. Journal of Social and Personal Relationships, 19, 436-481.

Sprenger, M. (2007). Memory 101 for educators. Thousand Oaks, CA: Corwin Press.

Sprenkle, D. H., & Moon, S. M. (Eds.). (1996). Research methods in family therapy. New York: Guilford Press.

Springen, K. (2004, August 9). Anxiety: Sweet and elusive sleep. Newsweek, p. 21.

Spunt, R. P., Satpute, A. B., & Lieberman, M. D. (2011). Identifying the what, why, and how of an observed action: An fMRI study of mentalizing and mechanizing during action observation. Journal of Cognitive Neuroscience, 63-74.

Squire, L. R., Clark, R. E., & Bayley, P. J. (2004). Medial temporal lobe function and memory. In M. S. Gazzaniga (Ed.), Cognitive neurosciences (3rd ed.). Cambridge, MA: MIT.

St. Dennis, C., Hendryx, M., Henriksen, A. L., Setter, S. M., & Singer, B. (2006). Postdischarge treatment costs following closure of a state geropsychiatric ward: Comparison of 2 levels of community care. Primary Care Companion Journal of Clinical Psychiatry, 8, 279-284.

St. Jacques, P. L., & Levine, B. (2007). Ageing and autobiographical memory for emotional and neutral events. Memory, 15, 129-144.

Staddon, J. E. R., & Cerutti, D. T. (2003). Operant conditioning. Annual Review of Psychology, 54, 115-144.

Stahl, T. (2010, December 19). The gift of endless memory. New York: 60 Minutes.

Staley, J. K., Sanacora, G., & Tamagnan, G. (2006). Sex differences in diencephalon serotonin transporter availability in major depression. Biological Psychiatry, 59, 40-47.

Stangier, U., Schramm, E., Heidenreich, T., Berger, M., & Clark, D. M. (2011). Cognitive therapy vs interpersonal psychotherapy in social anxiety disorder: A randomized controlled trial. Archives of General Psychiatry, 68, 692-700.

Stankov, L. (2003). Complexity in human intelligence. In R. J. Sternberg, J. Lautrey, et al. (Eds.), Models of intelligence: International perspectives. Washington, DC: American Psychological Association.

Stanojevic, S., Mitic, K., & Vujic, V. (2007). Exposure to acute physical and psychological stress alters the response of rat macrophages to corticosterone, neuropeptide Y and beta-endorphin. International Journal on the Biology of Stress, 10, 65-73.

Stanton, A. L., Danoff-Burg, S., Cameron, C. L., Bishop, M., Collins, C. A., Kirk, S. B., et al. (2000). Emotionally expressive coping predicts psychological and physical adjustment to breast cancer. Journal of Consulting and Clinical Psychology, 68, 875-882.

Stapel, D. A., & Semin, G. R. (2007). The magic spell of language: Linguistic categories and their perceptual consequences. Journal of Personality and Social Psychology, 93, 23-33.

Starcevic, V., Berle, D., Milicevic, D., Hannan, A., Pamplugh, C., & Eslick, G. D. (2007). Pathological worry, anxiety disorders and the impact of co-occurrence with depressive and other anxiety disorders. Journal of Anxiety Disorders, 21, 1016-1027.

Startup, M., Bucci, S., & Langdon, R. (2009). Delusions of reference: A new theoretical model. Cognitive Neuropsychiatry, 14, 110-126.

Staub, A. (2011). Word recognition and syntactic attachment in reading: Evidence for a staged architecture. Journal of Experimental Psychology: General, 140, 407-433.

Steblay, N., Dysart, J., Fulero, S., & Lindsay, R. C. L. (2003). Eyewitness accuracy rates in police showup and lineup presentations: A meta-analytic comparison. Law & Human Behavior, 27, 523-540.

Steele, C. M. (1997). A threat in the air: How stereotypes shape intellectual identity and performance. American Psychologist, 52, 613-629.

Steele, J. D., Christmas, D., Eljamel, M. S., & Matthews, K. (2007). Anterior cingulotomy for major depression. Clinical outcome and relationship to lesion characteristics. Biological Psychiatry, 12, 127-134.

Stegerwald, F., & Janson, G. R. (2003). Conversion therapy: Ethical considerations in family counseling. Family Journal—Counseling and Therapy for Couples and Families, 11, 55-59.

Steiger, A. (2007). Neurochemical regulation of sleep. Journal of Psychiatric Research, 41, 537-552.

Stein, L. A. R., & Graham, J. R. (2005). Ability of substance abusers to escape detection on the Minnesota Multiphasic Personality Inventory-Adolescent (MMPI-A) in a juvenile correctional facility. Assessment, 12, 28-39.

Steinberg, L. (2007). Risk taking in adolescence: New perspectives from brain and behavioral science. Current Directions in Psychological Science, 16, 55-59.

Steiner, J. (2008). Transference to the analyst as an excluded observer. The International Journal of Psychoanalysis, 89, 39-54.

Stemler, S. E., & Sternberg, R. J. (2006). Using situational judgment tests to measure practical intelligence. In J. A. Weekley & R. E. Ployhart (Eds.), Situational judgment tests: Theory, measurement, and application. Mahwah, NJ: Lawrence Erlbaum Associates.

Stemler, S. E., Sternberg, R. J., Grigorenko, E. L., Jarvin, L., & Sharpes, K. (2009). Using the theory of successful intelligence as a framework for developing assessments in AP physics. Contemporary Educational Psychology, 34, 195-209.

Stenbacka, L., & Vanni, S. (2007). fMRI of peripheral visual field representation. Clinical Neurophysiology, 108, 1303-1314.

Stenklev, N. C., & Laukli, E. (2004). Cortical cognitive potentials in elderly persons. Journal of the American Academy of Audiology, 15, 401-413.

Stern, E., & Silbersweig, D. A. (2001). Advances in functional neuroimaging methodology for the study of brain systems underlying human neuropsychological function and dysfunction. In D. A. Silbersweig & E. Stern (Eds.), Neuropsychology and functional neuroimaging: Convergence, advances and new directions. Amsterdam, Netherlands: Swets and Zeitlinger.

Stern, R. M., & Koch, K. L. (1996). Motion sickness and differential susceptibility. Current Directions in Psychological Science, 5, 115-120.

Sternberg, R. J. (1990). Metaphors of mind: Conceptions of the nature of intelligence. New York: Cambridge University Press.

Sternberg, R. J. (1998). *Successful intelligence: How practical and creative intelligence determine success in life*. New York: Plume.

Sternberg, R. J. (2000). The Holy Grail of general intelligence. *Science, 289*, no. 5478, 399–401.

Sternberg, R. J. (2002). Individual differences in cognitive development. In U. Goswami (Ed.), *Blackwell handbook of childhood cognitive development. Blackwell handbooks of developmental psychology*. Malden, MA: Blackwell.

Sternberg, R. J. (2004). A triangular theory of love. In H. T. Reis & C. E. Rusbult (Eds.), *Close relationships: Key readings*. Philadelphia, PA: Taylor & Francis.

Sternberg, R. J. (2005). Culture and measurement. *Measurement: Interdisciplinary Research and Perspectives, 3*, 108–113.

Sternberg, R. J. (2006). A duplex theory of love. In R. J. Sternberg (Ed.), *The new psychology of love*. New Haven, CT: Yale University Press.

Sternberg, R. J. (2007). Who are the bright children? The cultural context of being and acting intelligent. *Educational Researcher, 36*, 148–155.

Sternberg, R. J. (2011). Individual differences in cognitive development. In U. Goswami & U. Goswami (Eds.), *The Wiley-Blackwell handbook of childhood cognitive development* (2nd ed.). New York: Wiley-Blackwell.

Sternberg, R. J., & Jarvin, L. (2003). Alfred Binet's contributions as a paradigm for impact in psychology. In R. J. Sternberg (Ed.), *The anatomy of impact: What makes the great works of psychology great*. Washington, DC: American Psychological Association.

Sternberg, R. J., Grigorenko, E. L., & Kidd, K. K. (2005). Intelligence, race, and genetics. *American Psychologist, 60*, 46–59.

Sternberg, R. J., Hojjat, M., & Barnes, M. L. (2001). Empirical aspects of a theory of love as a story. *European Journal of Personality, 15*, 1–20.

Sternberg, R. J., Jarvin, L., & Grigorenko, E. L. (2011). *Explorations in giftedness*. New York: Cambridge University Press.

Sternberg, R. J., Kaufman, J. C., & Pretz, J. E. (2004). A propulsion model of creative leadership [Special issue: Creativity in the workplace]. *Creativity and Innovation Management, 13*, 145–153.

Sternberg, R. J., & O'Hara, L. A. (2000). Intelligence and creativity. In R. Sternberg (Eds.), *Handbook of intelligence*. New York: Cambridge University Press.

Sternberg, R. J., & Pretz, J. E. (2005). *Cognition and intelligence: Identifying the mechanisms of the mind*. New York: Cambridge University Press.

Stettler, N., Stallings, V. A., Troxel, A. B., Zhao, J. Z., Schinnar, R., Nelson, S. E., et al. (2005). Weight gain in the first week of life and overweight in adulthood. *Circulation, 111*, 1897–1903.

Stevens, G., & Gardner, S. (1982). *The women of psychology: Pioneers and innovators* (Vol. 1). Cambridge, MA: Schenkman.

Stevens, M. J., & Gielen, U. P. (Eds.). (2007). *Toward a global psychology: Theory, research, intervention, and pedagogy*. Mahwah, NJ: Lawrence Erlbaum.

Stevens, P., & Harper, D. J. (2007). Professional accounts of electroconvulsive therapy: A discourse analysis. *Social Science & Medicine, 64*, 1475–1486.

Stevens, S. S., & Pashler, H. E. (2002). *Steven's handbook of experimental psychology: Learning, motivation, and emotion*. New York: Wiley.

Stevenson, H. W., Lee, S., & Mu, X. (2000). Successful achievement in mathematics: China and the United States. In C. F. M. van Lieshout & P. G. Heymans (Eds.), *Developing talent across the life span*. New York: Psychology Press.

Stevenson, R. J., & Case, T. I. (2005). Olfactory imagery: A review. *Psychono-mic Bulletin and Review, 12*, 244–264.

Stickgold, R., Hobson, J. A., Fosse, R., & Fosse, M. (2001, November 2). Sleep, learning, and dreams: Off-line memory reprocessing. *Science, 294*, 1052–1057.

Stickley, T., & Nickeas, R. (2006). Becoming one person: Living with dissociative identity disorder. *Journal of Psychiatric and Mental Health Nursing, 13*, 180–187.

Stifter, C. A., Dollar, J. M., & Cipriano, E. A. (2011). Temperament and emotion regulation: The role of autonomic nervous system reactivity. *Developmental Psychobiology, 53*, 266–279.

Stinson, F. S., Dawson, D. A., Goldstein, R. B., Chou, S., Huang, B., Smith, S. M., et al. (2008). Prevalence, correlates, disability, and comorbidity of DSM-IV narcissistic personality disorder: Results from the Wave 2 National Epidemiologic Survey on Alcohol and Related Conditions. *Journal of Clinical Psychiatry, 69*, 1033–1045.

Stix, G. (2008, November). Jacking into the brain. *Scientific American*, 56–61.

Stix, G. (2009, October). Turbocharging the brain. *Scientific American*, 46–55.

Stix, G. (2011, March). The neuroscience of true grit. *Scientific American*, 29–33.

Stockdale, M. S., & Sagrestano, L. M. (2011). Resources for targets of sexual harassment. In M. A. Paludi, C. R. Paludi, et al. (Eds.), *Praeger handbook on understanding and preventing workplace discrimination* (Vols. 1 & 2). Santa Barbara, CA: Praeger/ABC-CLIO.

Stocks, E., Lishner, D., & Decker, S. (2009). Altruism or psychological escape: Why does empathy promote prosocial behavior? *European Journal of Social Psychology, 39*, 649–665.

Stockton, R., Morran, D. K., & Krieger, K. (2004). An overview of current research and best practices for training beginning group leaders. In J. L. DeLucia-Waack, D. A. Gerrity, et al. (Eds.), *Handbook of group counseling and psychotherapy*. Thousand Oaks, CA: Sage Publications.

Stone, J. (2002). Battling doubt by avoiding practice: The effects of stereotype threat on self-handicapping in white athletes. *Personality and Social Psychology Bulletin, 28*, 1667–1678.

Stone, J., Morrison, P., & Pilowsky, L. (2007). Glutamate and dopamine dysregulation in schizophrenia—A synthesis and selective review. *Journal of Psychopharmacology, 21*, 440–452.

Storm, L., & Ertel, S. (2001). Does psi exist? Comments on Milton and Wiseman's (1999) meta-analysis of Ganzfeld's research. *Psychological Bulletin, 127*, 424–433.

Stouffer, E. M., & White, N. M. (2006). Neural circuits mediating latent learning and conditioning for salt in the rat. *Neurobiology of Learning and Memory, 86*, 91–99.

Strange, D., Clifasefi, S., & Garry, M. (2007). False memories. In M. Garry & H. Hayne (Eds.), *Do justice and let the sky fall: Elizabeth Loftus and her contributions to science, law, and academic freedom*. Mahwah, NJ: Lawrence Erlbaum Associates.

Strathern, A., & Stewart, P. J. (2003). *Land-scape, memory and history: Anthropological perspectives*. London: Pluto Press.

Strauss, E. (1998, May 8). Writing, speech separated in split brain. *Science, 280*, 287.

Strayer, D. L., & Drews, F. A. (2007). Cell-phone-induced driver distraction. *Current Directions in Psychological Science, 16*, 128–131.

Striano, T., & Vaish, A. (2006). Seven- to 9-month-old infants use facial expressions to interpret others' actions. *British Journal of Developmental Psychology, 24*, 753–760.

Striegel, R. H., Bedrosian, R., Wang, C., & Schwartz, S. (2011). Why men should be included in research on binge eating: Results from a comparison of psychosocial impairment in men and women. *International Journal of Eating Disorders*, http://onlinelibrary.wiley.com/doi/10.1002/eat.20962/full

Striegel-Moore, R., & Bulik, C. M. (2007). Risk factors for eating disorders. *American Psychologist, 62*, 181–198.

Stroink, M. (2007). Processes and preconditions underlying terrorism in second-generation immigrants. *Peace and Conflict: Journal of Peace Psychology, 13*, 293–312.

Strong, T., & Tomm, K. (2007). Family therapy as re-coordinating and moving on together. *Journal of Systemic Therapies, 26*, 42–54.

Strupp, H. H., & Binder, J. L. (1992). Current developments in psychotherapy. *The Independent Practitioner, 12*, 119–124.

Sue, D. W., & Sue, D. (1990). *Counseling the culturally different: Theory and practice* (2nd ed.). Oxford, England: John Wiley & Sons.

Sue, D. W., Sue, D., & Sue, S. (1990). *Understanding abnormal behavior* (3rd ed.). Boston: Houghton-Mifflin.

Suh, E. M. (2002). Culture, identity consistency, and subjective well-being. *Journal of Personality & Social Psychology, 83*, 1378–1391.

Suhail, K., & Chaudhry, H. R. (2004). Predictors of subjective well-being in an Eastern Muslim culture. *Journal of Social and Clinical Psychology, 23*, 359–376.

Suizzo, M-A., & Bornstein, M. H. (2006). French and European American child-mother play: Culture and gender considerations. *International Journal of Behavioral Development, 30*, 498–508.

Sullivan, J., Riccio, C., & Reynolds, C. (2008, September). Variations in students' school- and teacher-related attitudes across gender, ethnicity, and age. *Journal of Instructional Psychology, 35*, 296–305.

Summers, M. (2000). *Everything in its place*. New York: Putnam.

Super, C. M. (1980). Cognitive development: Looking across at growing up. In C. M. Super & S. Harakness (Eds.), *New directions for child development: Anthropological perspectives on child development*. San Francisco: Jossey-Bass.

Surette, R. (2002). Self-reported copycat crime among a population of serious and violent juvenile offenders. *Crime & Delinquency, 48*, 46–69.

Susser, E. S., Herman, D. B., & Aaron, B. (2002, August). Combating the terror of terrorism. *Scientific American*, pp. 70–77.

Sutin, A. R., & Robins, R. W. (2007). Phenomenology of autobiographical memories: The Memory Experiences Questionnaire. *Memory, 15*, 390–411.

Suzuki, L. A., Short, E. L., & Lee, C. S. (2011). Racial and ethnic group differences in intelligence in the

United States: Multicultural perspectives. In R. J. Sternberg & S. Kaufman, (Eds.), *The Cambridge handbook of intelligence*. New York: Cambridge University Press.

Svarstad, B. (1976). Physician-patient communication and patient conformity with medical advice. In D. Mechanic (Ed.), *The growth of bureaucratic medicine*. New York: Wiley.

Svartdal, F. (2003). Extinction after partial reinforcement: Predicted vs. judged persistence. *Scandinavian Journal of Psychology, 44*, 55–64.

Swain, P. I. (2006). *New developments in -eating disorders research*. Hauppauge, NY: Nova Science Publishers.

Swain, R. A., Kerr, A. L., & Thompson, R. F. (2011). The cerebellum: A neural -system for the study of reinforcement learning. *Frontiers in Behavioral Neuroscience, (18)*, 89–96.

Swales, M. A., & Heard, H. L. (2007). The therapy relationship in dialectical behaviour therapy. In P. Gilbert & R. L. Leahy (Eds.), *The therapeutic relationship in the cognitive behavioral psycho-therapies*. New York: Routledge/Taylor & Francis.

Szasz, T. (2006). The pretense of psychology as science: The myth of mental illness in statu nascendi. *Current Psychology: Developmental, Learning, Personality, Social, 25*, 42–49.

Szasz, T. S. (1994). *Cruel compassion: Psychiatric control of society's unwanted*. New York: Wiley.

Szegedy Maszak, M. (2003, January 13). The sound of unsound minds. *U.S. News & World Report*, pp. 45–46.

Tadmor, C. T. (2007). Biculturalism: The plus side of leaving home? The effects of second-culture exposure on integrative complexity and its consequences for overseas performance. *Dissertation Abstracts International Section A: Humanities and Social Sciences, 67*(8-A), 3068.

Tajfel, H., & Turner, J. C. (2004). The social identity theory of intergroup behavior. In J. T. Jost & J. Sidanius (Eds.), *Political psychology: Key readings*. New York: Psychology Press.

Takahashi, M., Nakata, A., Haratani, T., Ogawa, Y., & Arito, H. (2004). Post-lunch nap as a worksite intervention to promote alertness on the job. *Ergonomics, 47*, 1003–1013.

Takizawa, T., Kondo, T., & Sakihara, S. (2007). Stress buffering effects of social support on depressive symptoms in middle age: Reciprocity and community mental health: Corrigendum. *Psychiatry and Clinical Neurosciences, 61*, 336–337.

Talarico, J. (2009). Freshman flashbulbs: Memories of unique and first-time events in starting college. *Memory, 17*, 256–265.

Talarico, J., & Rubin, D. (2007). Flashbulb memories are special after all; in phenomenology, not accuracy. *Applied Cognitive Psychology, 21*, 557–578.

Talmi, D., Anderson, A., Riggs, L., Caplan, J., & Moscovitch, M. (2008). Immediate memory consequences of the effect of emotion on attention to pictures. *Learning & Memory, 15*, 172–182.

Tal-Or, N., & Papirman, Y. (2007). The fundamental attribution error in attributing fictional figures' characteristics to the actors. *Media Psychology, 9*, 331–345.

Talukdar, S., & Shastri, J. (2006). Contributory and adverse factors in social development of young children. *Psychological Studies, 51*, 294–303.

Tamini, B., Bojhd, F., & Yazdani, S. (2011). Love types, psychological well-being and self-concept. *Journal of the Indian Academy of Applied Psychology, 37*, 169–178.

Tan, G., Rintala, D. H., Jensen, M. P., Richards, J. S., Holmes, S. A., Parachuri, R., et al. (2011). Efficacy of cranial electrotherapy stimulation for neuropathic pain following spinal cord injury: A multi-site-randomized controlled trial with a secondary 6-month open-label phase. *Journal of Spinal Cord Medicine, 34*, 285–296.

Tan, L., & Ward, G. (2008). Rehearsal in immediate serial recall. *Psychonomic Bulletin & Review, 15*, 535–542.

Tan, L., Chan, A., Kay, P., Khong, P., Yip, L., & Luke, K. (2008). Language affects patterns of brain activation associated with perceptual decision. *PNAS Proceedings of the National Academy of Sciences of the United States of America, 105*(10), 4004–4009.

Tani, J., Faustine, L., & Sufian, J. T. (2011). Updates on current advances in gene therapy. *West Indian Medical Journal, 60*, 188–194.

Tanner, J. M. (1978). *Education and physical growth* (2nd ed.). New York: International Universities Press.

Tanner, J. M. (1990). *Foetus into man: Physical growth from conception to maturity* (rev. ed.). Cambridge, MA: Harvard University Press.

Taras, H., & Potts-Datema, W. (2005). Chronic health conditions and student performance at school. *Journal of School Health, 75*, 255–266.

Tasker, F. (2005). Lesbian mothers, gay fathers, and their children: A review. *Journal of Developmental and Behavioral Pediatrics, 26*, 224–240.

Taylor, F., & Bryant, R. A. (2007). The tendency to suppress, inhibiting thoughts, and dream rebound. *Behaviour Research and Therapy, 45*, 163–168.

Taylor, S. (2003). Anxiety sensitivity and its implications for understanding and treating PTSD. *Journal of Cognitive Psychotherapy, 17*, 179–186.

Taylor, S. E. (1995). Quandary at the crossroads. Paternalism versus advocacy surrounding end--of-treatment decisions. *American Journal of Hospital Palliatory Care, 12*, 43–46.

Taylor, S. E., Kemeny, M. E., Reed, G. M., Bower, J. E., & Gruenewald, T. L. (2000). Psychological resources, positive illusions, and health. *American Psychologist, 55*, 99–109.

Tellegen, A., Lykken, D. T., Bouchard, T. J., Jr., Wilcox, K. J., Segal, N. L., & Rich, S. (1988). Personality similarity in twins reared apart and together. *Journal of Personality and Social Psychology, 54*, 1031–1039.

Tenenbaum, H. R., & Ruck, M. D. (2007). Are teachers' expectations different for racial minority than for European American students? A meta--analysis. *Journal of Educational Psychology, 99*, 253–273.

Tenopyr, M. L. (2002). Theory versus reality: Evaluation of 'g' in the workplace. *Human Performance, 15*, 107–122.

Teodorov, E., Salzgerber, S. A., Felicio, L. F., Varolli, F. M. F., & Bernardi, M. M. (2002). Effects of perinatal picrotoxin and sexual experience on heterosexual and homosexual behavior in male rats. *Neurotoxi-cology and Teratology, 24*, 235–245.

Thachil, A. F., Mohan, R., & Bhugra, D. (2007). The evidence base of complementary and alternative therapies in depression. *Journal of Affective Disorders, 97*, 23–35.

Tharp, R. G. (1989). Psychocultural variables and constants: Effects on teaching and learning in schools [Special issue: Children and their development: Knowledge base, research agenda, and social policy application]. *American Psychologist, 44*, 349–359.

Thatcher, D. L., & Clark, D. B. (2006). Adolescent alcohol abuse and dependence: Development, diagnosis, treatment and outcomes. *Current Psychiatry Reviews, 2*, 159–177.

Thomas, P., Mathur, P., Gottesman, I. I., Nagpal, R., Nimgaonkar, V. L., & Deshpande, S. N. (2007). Correlates of hallucinations in schizophrenia: A cross-cultural evaluation. *Schizophrenia Research, 92*, 41–49.

Thompson, J. (2000, June 18). "I was certain, but I was wrong." *The New York Times*, p. E14.

Thorkildsen, T. A. (2006). An empirical -exploration of language and thought. *PsycCRITIQUES, 51*, no pagination specified.

Thorndike, E. L. (1932). *The fundamentals of learning*. New York: Teachers College.

Thornhill, R., Gangestad, S. W., Miller, R., Scheyd, G., McCollough, J. K., & Franklin, M. (2003). Major histocompatibility complex genes, symmetry, and body scent attractiveness in men and women. *Behavioral Ecology, 14*, 668–678.

Thornton, A., & Young-DeMarco, L. (2001). Four decades of trends in attitudes toward family issues in the United States: The 1960s through the 1990s. *Journal of Marriage and the Family, 63*, 1009–1017.

Thorpe, K. (2009). *The future costs of obesity: National and state estimates of the impact of obesity on direct health care expenses*. Washington, DC: United Health Foundation.

Thrash, T. M., & Elliot, A. J. (2002). Implicit and self-attributed achievement motives: Concordance and predictive validity. *Journal of Personality, 70*, 729–755.

Tippin, J., Sparks, J., & Russo, M. (2009, August). Visual vigilance in drivers with obstructive sleep apnea. *Journal of Psychosomatic Research, 67*, 143–151.

Tirri, K., & Nokelainen, P. (2008). Identification of multiple intelligences with the Multiple Intelligence Profiling Questionnaire III [Special issue: High-ability assessment]. *Psychology Science, 50*, 206–221.

Titone, D. A. (2002). Memories bound: The neuro--science of dreams. *Trends in Cognitive Science, 6*, 4–5.

Todorov, A., Fiske, S., & Prentice, D. (Eds.). (2011). *Social neuroscience: Toward understanding the underpinnings of the social mind*. New York: Oxford University Press.

Tolman, E. C., & Honzik, C. H. (1930). Introduction and removal of reward and maze performance in rats. *University of California Publications in Psychology, 4*, 257–275.

Tommasi, L. (2009). Mechanisms and functions of brain and behavioural asymmetries. *Philosophical Transactions of the Royal Society B, 364*, 855–859.

Tononi, G., & Koch, C. (2008). The neural correlates of consciousness: An update. In A. Kingstone & M. B. Miller (Eds.), *The year in cognitive neuroscience*. Malden, MA: Blackwell Publishing.

Toth, J. P., & Daniels, K. A. (2002). Effects of prior experience on judgments of normative word frequency: Automatic bias and correction. *Journal of Memory and Language, 46*, 845–874.

Touhara, K. (2007). Molecular biology of peptide pheromone production and -reception in mice. *Advanced Genetics, 59*, 147–171.

Tracy, J. L., & Robins, R. W. (2004). Show your pride: Evidence for a discrete emotion -expression. *Psychological Science, 15,* 194-197.

Tramontana, J. (2011). *Sports hypnosis in practice: Scripts, strategies and case examples.* Norwalk, CT: Crown House Publishing Limited.

Tranter, L. J., & Koutstaal, W. (2008). Age and flexible thinking: An experimental demonstration of the beneficial effects of increased cognitively stimulating activity on fluid intelligence in healthy older adults. *Neuropsychology and Cognition, 15,* 184-207.

Travis, F. (2006). From I to I: Concepts of self on a object-referral/self-referral continuum. In A. P. Prescott (Ed.), *The concept of self in psychology.* Hauppauge, NY: Nova Science Publishers.

Travis, F., et al. (2009, February). Effects of transcendental meditation practice on brain functioning and stress reactivity in college students. *International Journal of Psychophysiology, 71,* 170-176.

Tremblay, A. (2004). Dietary fat and body weight set point. *Nutrition Review, 62*(7, Pt 2), S75-S77.

Triesch, J., Jasso, H., & Deák, G. O. (2007). Emergence of mirror neurons in a model of gaze following. *Adaptive Behavior, 15,* 149-165.

Triscari, M., Faraci, P., D'Angelo, V., Urso, V., & Catalisano, D. (2011). Two treatments for fear of flying compared: Cognitive behavioral therapy combined with systematic desensitization or eye movement desensitization and reprocessing (EMDR). *Aviation Psychology and Applied Human Factors, 1,* 9-14.

Tropp, L. R., & Bianchi, R. A. (2006). Valuing diversity and interest in intergroup contact. *Journal of Social Issues, 62,* 533-551.

Tropp, L. R., & Pettigrew, T. F. (2005). Differential relationships between intergroup contact and affective and cognitive dimensions of prejudice. *Personality and Social Psychology Bulletin, 31,* 1145-1158.

Trudel, G. (2002). Sexuality and marital life: Results of a survey. *Journal of Sex and Marital Therapy, 28,* 229-249.

Trujillo-Pisanty, I., Hernandez, G., Moreau-Debord, I., Cossette, M. P., Conover, K., Cheer, J. F., et al. (2011). Cannabinoid receptor blockade reduces the opportunity cost at which rats maintain operant performance for rewarding brain stimulation. *Journal of Neuroscience, 31,* 5426-5430.

Trull, T. J., & Widiger, T. A. (2003). Personality disorders. In. G. Stricker, T. A. Widiger, et al. (Eds.), *Handbook of psychology: Clinical psychology* (Vol. 8). New York: Wiley.

Tsai, K. J., Tsai, Y. C., & Shen, C. K. (2007). GCSF rescues the memory impairment of animal models of Alzheimer's disease. *Journal of Experimental Medicine, 11,* 1273-1289.

Tsaousis, I., Nikolaou, I., & Serdaris, N. (2007). Do the core self-evaluations moderate the relationship between subjective well-being and physical and psychological health? *Personality and Individual Differences, 42,* 1441-1452.

Tseng, W. S. (2003). *Clinician's guide to cultural psychiatry.* San Diego, CA: Elsevier Publishing.

Tsukasaki, T., & Ishii, K. (2004). Linguistic-cultural relativity of cognition: Rethinking the Sapir-Whorf hypothesis. *Japanese Psychological Review, 47,* 173-186.

Tsunoda, T. (1985). *The Japanese brain: Uniqueness and universality.* Tokyo: Taishukan Publishing.

Tuerk, P. W., Yoder, M., Grubaugh, A., Myrick, H., Hamner, M., & Acierno, R. (2011). Prolonged exposure therapy for combat-related posttraumatic stress disorder: An examination of treatment effectiveness for veterans of the wars in Afghanistan and Iraq. *Journal of Anxiety Disorders, 25,* 397-403.

Tuerlinckx, F., De Boeck, P., & Lens, W. (2002). Measuring needs with the Thematic Apperception Test: A psychometric study. *Journal of Personality and Social Psychology, 82,* 448-461.

Tugay, N., et al. (2007). Effectiveness of transcutaneous electrical nerve stimulation and interferential current in primary dysmenorrhea. *Pain Medicine, 8,* 295-300.

Tulving, E. (2002). Episodic memory and common sense: How far apart? In A. Baddeley & J. P. Aggleton (Eds.), *Episodic memory: New directions in research.* London: Oxford University Press.

Tulving, E., & Psotka, J. (1971). Retroactive inhibition in free recall: Inaccessibility of information available in the memory store. *Journal of Experimental Psychology, 87,* 1-8.

Tulving, E., & Thompson, D. M. (1983). Encoding specificity and retrieval processes in episodic memory. *Psychological Review, 80,* 352-373.

Turk, D. C. (1994). Perspectives on chronic pain: The role of psychological factors. *Current Directions in Psychological Science, 3,* 45-49.

Turkewitz, G. (1993). The origins of differential hemispheric strategies for information processing in the relationships between voice and face perception. In B. de Boysson-Bardies, S. de Schonen, et al. (Eds.), *Developmental neurocognition: Speech and face processing in the first year of life. NATO ASI series D: Behavioural and social sciences* (Vol. 69). Dordrecht, Netherlands: Kluwer Academic.

Turnbull, O., & Solms, M. (2007). Awareness, desire, and false beliefs: Freud in the light of modern neuropsychology. *Cortex, 43,* 1083-1090.

Turner, M., Tamborini, R., Limon, M., & Zuckerman-Hyman, C. (2007). The moderators and mediators of door-in-the-face requests: Is it a negotiation or a helping experience? *Communication Monographs, 74,* 333-356.

Turner, M. E., Pratkanis, A. R., & Struckman, C. K. (2007). Groupthink as social identity maintenance. In C. K. Struckman (Ed.), *The science of social influence: Advances and future progress.* New York: Psychology Press.

Tuszynski, M. H. (2007). Nerve growth factor gene therapy in Alzheimer's -disease. *Alzheimer's Disease and Associated Disorders, 21,* 179-189.

Tversky, A., & Kahneman, D. (1987). Rational choice and the framing of decisions. In R. Hogarth & M. Reder (Eds.), *Rational choice: The contrast between economics and psychology.* Chicago: University of Chicago Press.

Twenge, J., Abebe, E., & Campbell, W. (2010). Fitting in or standing out: Trends in American parents' choices for children's names, 1880-2007. *Social Psychological and Personality Science, 1,* 19-25.

Twenge, J., & Foster, J. (2010). Birth cohort increases in narcissistic personality traits among american college students, 1982-2009. *Social Psychological and Personality Science, 1,* 99-106.

Twenge, J. M., Gentile, B., DeWall, C., Ma, D., Lacefield, K., & Schurtz, D. R. (2010). Birth cohort increases in psychopathology among young Americans, 1938-2007: A cross-temporal meta--analysis of the MMPI. *Clinical Psychology Review, 30,* 145-154.

Tydgat, I., & Grainger, J. (2009). Serial position effects in the identification of letters, digits, and symbols. *Journal of Experimental Psychology: Human Percep-tion and Performance, 35,* 480-498.

U.S. Bureau of the Census. (2000). *Census 2000.* Retrieved from American Fact Finder http://factfinder.census.gov/servlet/ BasicFactsServlet

U.S. Bureau of the Census. (2001). *Living arrangements of children.* Washington, DC: Author.

U.S. Senate Select Committee on Intelligence. (2004, July 9). *Report of the U.S. intelligence community's prewar intelligence assessments on Iraq.* Retrieved from http://www.gpoaccess. gov/serialset/creports/iraq.html

Ubell, E. (1993, January 10). Could you use more sleep? *Parade,* pp. 16-18.

Umphress, E. E., Smith-Crowe, K., & Brief, A. P. (2007). When birds of a feather flock together and when they do not: Status composition, social dominance orientation, and organizational attractiveness. *Journal of Applied Psychology, 92,* 396-409.

Underwood, A. (2005, October 3). The good heart. *Newsweek,* p. 49.

Unsworth, N., & Engle, R. W. (2005). Individual differences in working memory capacity and learning: Evidence from the serial -reaction time task. *Memory and Cognition, 33,* 213-220.

Updegraff, K. A., Helms, H. M., McHale, S. M., Crouter, A. C., Thayer, S. M., & Sales, L. H. (2004). Who's the boss? Patterns of perceived control in adolescents' friendships. *Journal of Youth & Adolescence, 33,* 403-420.

Ursprung, W. W., Sanouri, A., & DiFranza, J. R. (2009). The loss of autonomy over smoking in relation to lifetime cigarette consumption. *Addictive Behaviors, 22,* 12-19.

Uylings, H. B. M. (2006). Development of the human cortex and the concept of 'critical' or 'sensitive' periods. *Language Learning, 56,* 59-90.

Vaillant, G. E., & Vaillant, C. O. (1990). Natural history of male psychological health: XII. A 46-year study of predictors of successful aging at age 65. *American Journal of Psychiatry, 147,* 31-37.

Vaitl, D., Schienle, A., & Stark, R. (2005). Neurobiology of fear and disgust. *International Journal of Psychophysiology, 57,* 1-4.

Valencia, R. R., & Suzuki, L. A. (2003). *Intelligence testing and minority students: Foundations, performance factors, and assessment issues.* Thousand Oaks, CA: Sage.

Van Belle, V., Pelckmans, K., Suykens, J. A. K., & Van Huffel, S. (2011). Learning transformation models for ranking and survival analysis. *Journal of Machine Learning Research, 12,* 819-862.

Van De Graaff, K. (2000). *Human anatomy* (5th ed.). Boston: McGraw-Hill.

Van den Wildenberg, W. P. M., & Van der Molen, M. W. (2004). Developmental trends in simple and selective inhibition of compatible and -incompatible responses. *Journal of Experimental Child Psychology, 87,* 201-220.

van der Helm, P. A. (2006). Review of perceptual dynamics: Theoretical foundations and philosophical implications of gestalt psychology. *Philosophical Psychology, 19,* 274-279.

Van der Zee, E. A., Platt, B. B., & Riedel, G. G. (2011). Acetylcholine: Future research and perspectives. *Behavioural Brain Research, 221,* 583-586.

van Dijk, W. W., Ouwerkerk, J. W., Wesseling, Y. M., & van Koningsbruggen, G. M. (2011). Towards understanding pleasure at the -misfortunes of others: The impact of self--evaluation threat on schadenfreude. *Cognition and Emotion, 25,* 360-368.

van Hooren, S. A. H., Valentijn, A. M., & Bosma, H. (2007). Cognitive functioning in healthy older adults aged 64-81: A cohort study into the effects of age, sex, and education. *Aging, Neuro-psychology, and Cognition, 14,* 40-54.

van Marle, K., & Wynn, K. (2009). Infants' auditory enumeration: Evidence for analog magnitudes in the small number range. *Cognition, 111,* 302-316.

van Nieuwenhuijzen, M. M., Vriens, A. A., Scheepmaker, M. M., Smit, M. M., & Porton, E. E. (2011). The development of a diagnostic instrument to measure social information processing in children with mild to borderline intellectual disabilities. *Research in Developmental Disabilities, 32,* 358-370.

van Oort, R., & Kessels, R. (2009). Executive dysfunction in Korsakoff's syndrome: Time to revise the DSM criteria for alcohol-induced persisting amnestic disorder? *International Journal of Psychiatry in Clinical Practice, 13,* 78-81.

Van Overwalle, F., & Siebler, F. (2005). A connectionist model of attitude formation and change. *Personality and Social Psychology Review, 9,* 231-274.

van Soelen, I. C., Brouwer, R. M., van Leeuwen, M., Kahn, R. S., Pol, H., & Boomsma, D. I. (2011). Heritability of verbal and performance intelligence in a pediatric longitudinal sample. *Twin Research and Human Genetics, 14,* 119-128.

Vanasse, A., Niyonsenga, T., & Courteau, J. (2004). Smoking cessation within the context of family medicine: Which smokers take action? *Preventive Medicine: An International Journal Devoted to Practice and Theory, 38,* 330-337.

Vandell, D. L., Burchinal, M. R., Belsky, J., Owen, M. T., Friedman, S. L., Clarke-Stewart, et al. (2005). *Early child care and children's development in the primary grades: Follow-up results from the NICHD Study of Early Child Care.* Paper presented at the biennial meeting of the Society for Research in Child Development, Atlanta, GA.

Vandervert, L. R., Schimpf, P. H., & Liu, H. (2007). How working memory and the cerebellum collaborate to produce creativity and innovation. *Creativity Research Journal, 19,* 1-18.

Vandierendonck, A., & Szmalec, A. (Eds.). (2011). *Spatial working memory.* New York: Psychology Press.

Vanheule, S., Desmet, M., Rosseel, Y., & Meganck, R. (2006). Core transference themes in depression. *Journal of Affective Disorders, 91,* 71-75.

Varma, S. (2007). A computational model of Tower of Hanoi problem solving. *Dissertation Abstracts International: Section B: The Sciences and Engineering, 67*(8-B), 4736.

Vartanian, O. (2009). Variable attention facilitates creative problem solving. *Psychology of Aesthetics, Creativity, and the Arts, 3,* 57-59.

Vassalli, A., & Dijk, D. (2009). Sleep function: Current questions and new approaches. *European Journal of Neuroscience, 29,* 1830-1841.

Vecchione, M., Schoen, H., Castro, J., Cieciuch, J., Pavlopoulos, V., & Caprara, G. (2011). Personality correlates of party preference: The Big Five in five big European countries. *Personality and Individual Differences, 51,* 737-742.

Vega, C. P. (2006). The effects of therapeutic components on at-risk middle school children's grades and attendance: An archival study of an after-school prevention program. *Dissertation Abstracts International: Section B: The Sciences and Engineering, 66,* 4504.

Velentzas, K., Heinen, T., & Schack, T. (2011). Routine integration strategies and their effects on volleyball serve performance and players' movement mental representation. *Journal of Applied Sport Psychology, 23,* 209-222.

Vellacott, J. (2007). Resilience: A psychoanalytic exploration. *British Journal of Psychotherapy, 23,* 163-170.

Veltman, M. W. M., & Browne, K. D. (2001). Three decades of child mal-treatment research: Implications for the school years. *Trauma Violence and Abuse, 2,* 215-239.

Veniegas, R. C. (2000). Biological research on women's sexual orientations: Evaluating the scientific evidence. *Journal of Social Issues, 56,* 267-282.

Verdejo, A., Toribio, I., & Orozco, C. (2005). Neuropsychological functioning in methadone maintenance patients versus abstinent heroin abusers. *Drug and Alcohol Dependence, 78,* 283-288.

Verdon, B. (2011). The case of thematic tests adapted to older adults: On the importance of differentiating latent and manifest contents in projective tests. *Rorschachiana, 32,* 46-71.

Verfaellie, M., & Keane, M. M. (2002). Impaired and preserved memory processes in amnesia. In L. R. Squire & D. L. Schacter (Eds.), *Neuro-psychology of memory* (3rd ed.). New York: Guilford Press.

Vernon, P., Villani, V., Vickers, L., & Harris, J. (2008, January). A behavioral genetic investigation of the Dark Triad and the Big 5. *Personality and Individual Differences, 44,* 445-452.

Verona, E., & Sullivan, E. (2008). Emotional catharsis and aggression revisited: Heart rate reduction following aggressive responding. *Emotion, 8,* 331-340.

Victor, S. B., & Fish, M. C. (1995). Lesbian mothers and the children: A review for school psychologists. *School Psychology Review, 24,* 456-479.

Vieira, E. M., & Freire, J. C. (2006). Alteridade e psicologia humanista: Uma leitura ética da abordagem centrada na pessoa. Alterity and humanistic psychology: An ethical reading of the person-centered approach. *Estudos de Psicologia, 23,* 425-432.

Villemure, C., Slotnick, B. M., & Bushnell, M. C. (2003). Effects of odors on pain perception: Deciphering the roles of emotion and attention. *Pain, 106,* 101-108.

Vincus, A. A., Ringwalt, C., Harris, M. S., & Shamblen, S. R. (2010). A short-term, quasi-experimental evaluation of D.A.R.E.'s revised elementary school curriculum. *Journal of Drug Education, 40,* 37-49.

Vitak, J., Zube, P., Smock, A., Carr, C. T., Ellison, N., & Lampe, C. (2011). It's complicated: Facebook users' political participation in the 2008 election. *Cyberpsychology, Behavior, and Social Networking, 14,* 107-114.

Vitaro, F., Brendgen, M., & Arseneault, L. (2009). Methods and measures: The discordant MZ-twin method: One step closer to the holy grail of causality. *International Journal of Behavioral Development, 33,* 376-382.

Vitello, P. (2006, June 12). A ring tone meant to fall on deaf ears. *The New York Times,* A1.

Vitiello, A. L., Bonello, R. P., & Pollard, H. P. (2007). The effectiveness of ENAR® for the treatment of chronic neck pain in Australian adults: A preliminary -single-blind, randomised controlled trial. *Chiropractic Osteopathology, 9,* 9.

Vleioras, G., & Bosma, H. A. (2005). Are identity styles important for psychological well-being? *Journal of Adolescence, 28,* 397-409.

Vogt, D., Rizvi, S., Shipherd, J., & Resick, P. (2008). Longitudinal investigation of reciprocal relationship between stress reactions and hardiness. *Personality and Social Psychology Bulletin, 34,* 61-73.

Volterra, V., Caselli, M. C., Capirci, O., Tonucci, F., & Vicari, S. (2003). Early linguistic abilities of Italian children with Williams syndrome [Special issue: Williams syndrome]. *Developmental Neuropsychology, 23,* 33-58.

Voruganti, L. P., Awad, A. G., Parker, B., Forrest, C., Usmani, Y., Fernando, M. L. D., et al. (2007). Cognition, functioning and quality of life in schizophrenia treatment: Results of a one-year randomized controlled trial of olanza-pine and quetiapine. *Schizophrenia Research, 96,* 146-155.

Voss, J., & Paller, K. (2008). Brain substrates of implicit and explicit memory: The importance of concurrently acquired neural signals of both memory types. *Neuropsychologia, 46*(13), 3021-3029.

Vygotsky, L. S. (1926/1997). *Educational psychology.* Delray Beach, FL: St. Lucie Press.

Wachs, T. D., Pollitt, E., Cueto, S., & Jacoby, E. (2004). Structure and cross-contextual stability of neonatal temperament. *Infant Behavior and Development, 27,* 382-396.

Waddell, J., & Shors, T. J. (2008). Neurogenesis, learning and associative strength. *European Journal of Neurosciences, 27,* 3020-3028.

Wade, K. A., Sharman, S. J., & Garry, M. (2007). False claims about false memory research. *Consciousness and Cognition: An International Journal, 16,* 18-28.

Wager, T. D. (2005). The neural bases of placebo effects in pain. *Current Directions in Psychological Science, 14,* 175-180.

Wagner, A. W., Rizvi, S. L., & Hamed, M. S. (2007). Applications of dialectical behavior therapy to the treatment of complex trauma-related problems: When one case formulation does not fit all. *Journal of Trauma Stress, 20,* 391-400.

Wagner, R. K. (2002). Smart people doing dumb things: The case of managerial incompetence. In R. J. Sternberg (Ed.), *Why smart people can be so stupid.* New Haven, CT: Yale University Press.

Wagner, R. K. (2011). Practical intelligence. In R. J. Sternberg & S. Kaufman (Eds.), *The Cambridge handbook of intelligence.* New York: Cambridge University Press.

Wagstaff, G. (2009, January). Is there a future for investigative hypnosis? *Journal of Investigative Psychology and Offender Profiling, 6,* 43-57.

Wagstaff, G. F., Wheatcroft, J. M., & Jones, A. (2011). Are high hypnotizables -especially vulnerable to false memory effects? A sociocognitive perspective. *International Journal of Clinical and Experimental Hypnosis, 59,* 310-326.

Wain, H. J., Grammer, G. G., & Stasinos, J. (2006). Psychiatric intervention for medical and -surgical patients following traumatic injuries. In E. C. Ritchie, P. J. Watson, et al. (Eds.), *Interventions following mass violence and -disasters: Strategies for mental health practice.* New York: Guilford Press.

Walker, L., & Frimer, J. (2009). The song remains the same: Rebuttal to Sherblom's re-envisioning of the legacy of the care challenge. *Journal of Moral Education, 38,* 53-68.

Walker, L. J., & Frimer, J. A. (2007). Moral personality of brave and caring exemplars. *Journal of Personality and Social Psychology, 93,* 845-860.

Walker, M. P., & van der Helm, E. (2009). Overnight therapy? The role of sleep in emotional brain processing. *Psychological Bulletin, 135,* 731-748.

Walker, W. (2008, May). Introducing hypnosis for pain management to your practice. *Australian Journal of Clinical & Experimental Hypnosis, 36,* 23-29.

Walker, W. R., Skowronski, J. J., & Thompson, C. P. (2003). Consolidation of long-term memory: Evidence and alternatives. *Review of General Psychology, 7,* 203-210.

Waller, B., Cray, J., & Burrows, A. (2008, June). Selection for universal facial emotion. *Emotion, 8,* 435-439.

Wallerstein, J. S., Lewis, J., Blakeslee, S., & Lewis, J. (2000). *The unexpected legacy of divorce.* New York: Hyperion.

Walsh, B. T., Kaplan, A. S., Attia, E., Olmstead, M., Parides, M., Carter, J. C., et al. (2006). Fluoxetine after weight restoration in anorexia nervosa: A randomized controlled trial. *JAMA: Journal of the American Medical Association, 295,* 2605-2612.

Walsh, R., & Shapiro, S. L. (2006). The meeting of meditative disciplines and western psychology. *American Psychologist, 61,* 227-239.

Walton, G. M., & Cohen, G. L. (2011, March 18). A brief social-belonging intervention improves academic and health outcomes of minority students. *Science, 331,* 1447-1451.

Wang, A., & Clark, D. A. (2002). Haunting thoughts: The problem of obsessive mental intrusions [Special issue: Intrusions in cognitive behavioral therapy]. *Journal of Cognitive Psychotherapy, 16,* 193-208.

Wang, F. F., Kameda, M. M., Yasuhara, T. T., Tajiri, N. N., Kikuchi, Y. Y., Liang, H. B., et al. (2011). Gdnf-pretreatment enhances the survival of neural stem cells following transplantation in a rat model of Parkinson's -disease. *Neuroscience Research,* (18), 202-211.

Wang, O. (2003). Infantile amnesia reconsidered: A cross-cultural analysis. *Memory, 11,* 65-80.

Wang, P. S., Aguilar-Gaxiola, S., Alonso, J., Angermeyer, M. C., Borges, G., Bromet, E. J., et al. (2007, September 8). Use of mental health services for anxiety, mood, and substance disorders in 17 countries in the WHO world mental health surveys. *Lancet, 370,* 841-850.

Wang, Q. (2004). The emergence of cultural self-constructs: Autobiographical memory and self-description in Euro-pean American and Chinese children. *Developmental Psychology, 40,* 3-15.

Wang, Q., & Conway, M. A. (2006). Autobiographical memory, self, and culture. In L-G. Nilsson & N. Ohta (Eds.), *Memory and society: Psychological perspectives.* New York: Psychology Press.

Wang, S. (2010, March 16). Can you alter your memory? *The Wall Street Journal,* D1.

Wang, X., Lu, T., Snider, R. K., & Liang, L. (2005). Sustained firing in auditory cortex evoked by preferred stimuli. *Nature, 435,* 341-346.

Ward, L. M. (2004). Wading through the stereotypes: Positive and negative associations between media use and Black adolescents' conceptions of self. *Developmental Psychology, 40,* 284-294.

Ward, L. M. (2011). The thalamic dynamic core theory of conscious experience. *Consciousness and Cognition: An International Journal, 20,* 464-486.

Ward, W. C., Kogan, N., & Pankove, E. (1972). Incentive effects in children's creativity. *Child Development, 43,* 669-677.

Ward-Baker, P. D. (2007). The remarkable oldest old: A new vision of aging. *Dissertation Abstracts International Section A: Humanities and Social Sciences, 67*(8-A), 3115.

Warden, C. A., Wu, W-Y., & Tsai, D. (2006). Online shopping interface components: Relative importance as peripheral and central cues. *CyberPsychology & Behavior, 9,* 285-296.

Wark, B., Lundstrom, B., & Fairhall, A. (2007, August). Sensory adaptation. *Current Opinion in Neurobiology, 17,* 423-429.

Wasserman, E. A., & Miller, R. R. (1997). What's elementary about associative learning? *Annual Review of Psychology, 48,* 573-607.

Watson, J. B. (1924). *Behaviorism.* New York: Norton.

Watson, J. C., Goldman, R. N., & Greenberg, L. S. (2011). Humanistic and experiential theories of psychotherapy. In J. C. Norcross, G. R. VandenBos, et al. (Eds.), *History of psychotherapy: Continuity and change* (2nd ed.). Washington, DC: American Psychological Association.

Watson, M., Haviland, J. S., Greer, S., Davidson, J., & Bliss, J. M. (1999). Influence of psychological response on survival in breast cancer: A population-based cohort study. *Lancet, 354,* 1331-1336.

Watson, P. J., Brymer, M. J., & Bonanno, G. A. (2011). Postdisaster psychological intervention since 9/11. *American Psychologist, 66,* 482-494.

Watters, E. (2010, January 10). The Americanization of mental illness. *The New York Times,* p. C2.

Waxman, S. (2009). Learning from infants' first verbs. *Monographs of the Society for Research in Child Development, 74,* 127-132.

Weber, R., Ritterfeld, U., & Kostygina, A. (2006). Aggression and violence as effects of playing violent video games? In P. Vorderer & J. Bryant (Eds.), *Playing video games: Motives, responses, and consequences.* Mahwah, NJ: Lawrence Erlbaum Associates.

Wechsler, H., Kuo, M., Lee, H., & Dowdall, G. W. (2000). *Environmental correlates of underage alcohol use and related problems of college students.* Cambridge, MA: Harvard School of Public Health.

Wechsler, H., Lee, J. E., Nelson, T. F., & Kuo, M. (2002). Underage college students' drinking behavior, access to alcohol, and the influence of deterrence policies. *Journal of American College Health, 50,* 223-236.

Weck, F., Bleichhardt, G., Witthöft, M., & Hiller, W. (2011). Explicit and implicit anxiety: Differences between patients with hypochondriasis, patients with anxiety disorders, and healthy controls. *Cognitive Therapy and Research, 35,* 317-325.

Weeks, M., & Lupfer, M. B. (2004). Complicating race: The relationship between prejudice, race, and social class categorizations. *Personality and Social Psychology Bulletin, 30,* 972-984.

Wehrle, R., Kaufmann, C., Wetter, T. C., Holsboer, F., Auer, D. P., Pollmacher, T., et al. (2007). Functional microstates within human REM sleep: First evidence from fMRI of a thalamocortical network specific for phasic REM periods. *European Journal of Neuroscience, 25,* 863-871.

Weinberg, M. S., Williams, C. J., & Pryor, D. W. (1991, February 27). Personal communication. Indiana University, Bloomington.

Weiner, I. B. (2004a). Monitoring psychotherapy with performance-based measures of personality functioning. *Journal of Personality Assessment, 83,* 323-331.

Weiner, I. B. (2004b). Rorschach Inkblot method. In M. E. Maruish (Ed.), *Use of psychological testing for treatment planning and outcomes assessment, Vol. 3: Instru-ments for adults* (3rd ed.). Mahwah, NJ: Lawrence Erlbaum Associates.

Weiner, R. D., & Falcone, G. (2011). Electro-convulsive therapy: How effective is it? *Journal of the American Psychiatric Nurses Association, 17,* 217-218.

Weinstein, L. (2007). Selected genetic -disorders affecting Ashkenazi Jewish families. *Family & Community Health, 30,* 50-62.

Weinstein, M., Glei, D. A., Yamazaki, A., & Ming-Cheng, C. (2004). The role of intergenerational relations in the association between life stressors and depressive symptoms. *Research on Aging, 26,* 511-530.

Weiss, A., Bates, T., & Luciano, M. (2008). Happiness is a personal(ity) thing: The genetics of personality and well-being in a representative sample. *Psychological Science, 19,* 205-210.

Weiss, W. M., & Weiss, M. R. (2003). Attraction- and entrapment-based commitment among competitive female gymnasts. *Journal of Sport & Exercise Psychology, 25,* 229-247.

Weissman, M., Markowitz, J., & Klerman, G. L. (2007). *Clinician's quick guide to interpersonal psychotherapy.* New York: Oxford University Press.

Weissman, M. M., Bland, R. C., Canino, G. J., Faravelli, C., Greenwald, S., Hwu, H. G., et al. (1997, July 24-31). Cross-national epidemiology of major depression and bipolar disorder. *Journal of the American Medical Association, 276,* 293-299.

Welkowitz, L. A., Struening, E. L., Pittman, J., Guardino, M., & Welkowitz, J. (2000). Obsessive-compulsive disorder and comorbid anxiety problems in a national anxiety screening sample. *Journal of Anxiety Disorders, 14,* 471-482.

Wells, R., Phillips, R. S., & McCarthy, E. P. (2011). Patterns of mind-body therapies in adults with common neurological conditions. *Neuroepidemiology, 36,* 46-51.

Wenar, C. (1994). *Developmental psychopathology: From infancy through adolescence* (3rd ed.). New York: McGraw-Hill.

Wenzel, A. (2011). Obsessions and compulsions. In A. Wenzel &, S. Stuart (Eds.), *Anxiety in childbearing women: Diagnosis and treatment.* Washington, DC: American Psychological Association.

Wenzel, A., Zetocha, K., & Ferraro, R. F. (2007). Depth of processing and recall of threat material in fearful and nonfearful individuals. *Anxiety, Stress & Coping: An International Journal, 20,* 223-237.

Werblin, F., & Roska, B. (2007, April). The movies in our eyes. *Scientific American,* pp. 73-77.

Werker, J. F., & Tees, R. C. (2005). Speech perception as a window for understanding plasticity and commitment in language systems of the brain. *Developmental Psychobiology, 46,* 233-234.

Werner, J. S., Pinna, B., & Spillmann, L. (2007, March). Illusory color and the brain. *Scientific American,* 90-96.

Wertheimer, M. (1923). Untersuchungen zur Lehre von der Gestalt, II. *Psychol. Forsch., 5,* 301-350. In R. Beardsley & M. Wertheimer (Eds.) (1958), *Readings in perception.* New York: Van Nostrand.

West, D. S., Harvey-Berino, J., & Raczynski, J. M. (2004). Behavioral aspects of obesity, dietary intake, & chronic disease. In J. M. Raczynski & L. C. Leviton (Eds.), *Handbook of clinical health psychology: Vol. 2. Disorders of behavior and health.* Washington, DC: American Psychological Association.

West, R. L., Bagwell, D. K., & Dark-Freudeman, A. (2007). Self-efficacy and memory aging: The impact of a memory intervention based on self-efficacy. *Neuropsychological Development and Cognition, B, Aging and Neuropsychological Cognition, 14*, 1–28.

West, S. L., & O'Neal, K. K. (2004). Project D.A.R.E. outcome effectiveness revisited. *American Journal of Public Health, 94*, 1027–1029.

Westen, D., Novotny, C. M., & Thompson-Brenner, H. (2004). The empirical status of empirically supported psychotherapies: Assumptions, findings, and -reporting in controlled clinical trials. *Psychological Bulletin, 130*, 631–663.

Westerhausen, R., Moosmann, M., Alho, K., Medvedev, S., Hämäläinen, H., & Hugdahl, K. (2009, January). Top-down and bottom-up interaction: Ma-nipulating the dichotic listening ear advantage. *Brain Research, 1250*, 183–189.

Westerterp, K. R. (2006). Perception, passive overfeeding and energy metabolism. *Physiology & Behavior, 89*, 62–65.

Wetter, D. W., Fiore, M. C., Gritz, E. R., Lando, H. A., Stitzer, M. L., Hasselblad, V., et al. (1998). The Agency for Health Care Policy and Research. Smoking -cessation clinical practice guideline: Findings and implications for psychologists. *American Psychologist, 53*, 657–669.

Whaley, B. B. (Ed.). (2000). *Explaining illness: Research, theory, and strategies*. Mahwah, NJ: Erlbaum.

Whisman, M., & Snyder, D. (2007). Sexual infidelity in a national survey of American women: Differences in prevalence and correlates as a function of method of assessment. *Journal of Family Psychology, 21*, 14–154.

Whitbourne, S. (2010). *The search for fulfillment*. New York: Ballantine.

Whitbourne, S. K. (2000). The normal aging process. In S. K. Whitbourne & S. Krauss (Eds.), *Psychopathology in later adulthood*. New York: Wiley.

Whitbourne, S. K., & Wills, K. (1993). Psychological issues in institutional care of the aged. In S. B. Goldsmith (Ed.), *Long-term care*. Gaithersburg, MD: Aspen Press.

Whitbourne, S. K., Zuschlag, M. K., Elliot, L. B., & Waterman, A. S. (1992). Psychosocial development in adulthood: A 22-year sequential study. *Journal of Personality and Social Psychology, 63*, 260–271.

White, L. (2007). Linguistic theory, universal grammar, and second language -acquisition. In B. Van Patten & J. Williams (Eds.), *Theories in second language -acquisition: An -introduction*. Mahwah, NJ: Lawrence Erlbaum Associates.

Whitebread, D., Coltman, P., Jameson, H., & Lander, R. (2009). Play, cognition and self-regulation: What exactly are children learning when they learn through play? *Educational and Child Psychology, 26*, 40–52.

Whitehouse, W. G., Orne, E. C., Dinges, D. F., Bates, B. L., Nadon, R., & Orne, M. T. (2005). The cognitive interview: Does it successfully avoid the dangers of forensic hypnosis? *American Journal of Psychology, 118*, 213–234.

Whitney, P. G., & Green, J. A. (2011). Changes in infants' affect related to the onset of independent locomotion. *Infant Behavior & Development, 34*, 459–466.

WHO World Mental Health Survey Consortium. (2004). Prevalence, -severity, and unmet need for treatment of mental disorders in the World Health Organization World Mental Health Surveys. *Journal of the American Medical Association, 291*, 2581–2590.

Whorf, B. L. (1956). *Language, thought, and reality*. New York: Wiley.

Wickelgren, E. A. (2004). Perspective distortion of trajectory forms and perceptual constancy in visual event identification. *Perception and Psychophysics, 66*, 629–641.

Widaman, K. (2009). Phenylketonuria in children and mothers: Genes, environments, behavior. *Current Directions in Psychological Science, 18*, 48–52.

Widiger, T. A., & Clark, L. A. (2000). Toward *DSM-V* and the classification of psychopathology. *Psychological Bulletin, 126*, 946–963.

Widmeyer, W. N., & Loy, J. W. (1988). When you're hot, you're hot! Warm-cold effects in first impressions of persons and teaching effectiveness. *Journal of Educational Psychology, 80*, 118–121.

Wielgosz, A. T., & Nolan, R. P. (2000). Biobehavioral factors in the context of ischemic cardiovascular disease. *Journal of Psychosomatic Research, 48*, 339–345.

Wiggins, J. S. (2003). *Paradigms of personality assessment*. New York: Guilford Press.

Wildavsky, B. (2000, September 4). A blow to bilingual education. *U.S. News & World Report*, pp. 22–28.

Wilde, D. J. (2011). *Jung's personality theory quantified*. New York: Springer-Verlag Publishing.

Wilgoren, J. (1999, October 22). Quality day care, early, is tied to achievements as an adult. *The New York Times*, p. A16.

Wilkin, L., & Haddock, B. (2011). Functional fitness of older adults. *Activities, Adaptation & Aging, 35*, 197–209.

Wilkinson, H. A. (2009). Cingulotomy. *Journal of Neurosurgery, 110*, 607–611.

Wilkinson, L., & Olliver-Gray, Y. (2006). The significance of silence: Differences in meaning, learning styles, and teaching strategies in cross cultural settings [Special issue: Child language]. *Psychologia: An International Journal of Psychology in the Orient, 49*, 74–88.

Willander, J., & Larsson, M. (2006). Smell your way back to childhood: Autobio-graphical odor memory. *Psychonomic Bulletin & Review, 13*, 240–244.

Williams, C. L., & Butcher, J. N. (2011). The nuts and bolts: Administering, scoring, and augmenting MMPI-A assessments. In C. L. Williams & J. N. Butcher (Eds.), *A beginner's guide to the MMPI—A*. Washington, DC: American Psychological Association.

Williams, J. E., Paton, C. C., Siegler, I. C., Eigenbrodt, M. L., Nieto, F. J., & Tyroler, H. A. (2000). Anger proneness predicts coronary heart disease risk: Prospective analysis from the Atherosclerosis Risk in Communities (ARIC) Study. *Circulation, 101*, 2034–2039.

Williamson, P., McLeskey, J., & Hoppey, D. (2006). Educating students with mental retardation in general education classrooms. *Exceptional Children, 72*, 347–361.

Willis, G. L. (2005). The therapeutic effects of -dopamine replacement therapy and its -psychiatric side effects are mediated by pineal function. *Behavioural Brain Research, 160*, 148–160.

Willis, S. L., & Schaie, K. W. (1994). In C. B. Fisher & R. M. Lerner (Eds.), *Applied de-velopmental psychology*. New York: McGraw-Hill.

Wills, T., Sargent, J., Stoolmiller, M., Gibbons, F., & Gerrard, M. (2008). Movie smoking exposure and smoking onset: A longitudinal study of mediation processes in a representative -sample of U.S. adolescents. *Psychology of Addictive Behaviors, 22*, 269–277.

Wilson, T. D. (2006, September 1). The power of social psychological interventions. *Science, 313*, 1251–1252.

Wilson, T. G., Grilo, C. M., & Vitousek, K. M. (2007). Psychological treatment of eating disorders [Special issue: Eating disorders]. *American Psychologist, 62*, 199–216.

Windholz, G., & Lamal, P. A. (2002). Koehler's insight revisited. In R. A. Griggs (Ed.), *Handbook for teaching introductory psychology, Vol. 3: With an emphasis on assessment*. Mahwah, NJ: Erlbaum.

Winerman, L. (2005, June). ACTing up. *Monitor on Psychology*, pp. 44–45.

Winner, E. (2003). Creativity and talent. In M. H. Bornstein & L. Davidson (Eds.), *Well-being: Positive development across the life course*. Mahwah, NJ: Lawrence Erlbaum.

Winson, J. (1990, November). The meaning of dreams. *Scientific American*, pp. 86–96.

Winstead, B. A., & Sanchez, A. (2005). Gender and psychopathology. In J. E. Maddux & B. A. Winstead (Eds.), *Psychopathology: Foundations for a contemporary understanding*. Mahwah, NJ: Lawrence Erlbaum Associates.

Winston, J. S., O'Doherty, J., & Kilner, J. M. (2006). Brain systems for assessing facial attractiveness. *Neuropsychologia, 45*, 195–206.

Winter, D. G. (1995). *Personality: Analysis and interpretation of lives*. New York: McGraw-Hill.

Winter, D. G. (2007). The role of motivation, responsibility, and integrative complexity in crisis escalation: Comparative studies of war and peace crises. *Journal of Personality and Social Psychology, 92*, 920–937.

Winters, B. D., & Bussey, T. J. (2005). Glutamate receptors in perirhinal cortex mediate encoding, retrieval, and consolidation of object rec-ognition memory. *Journal of Neuroscience, 25*, 4243–4251.

Wiseman, R., & Greening, E. (2002). The mind machine: A mass participation experiment into the possible existence of extra-sensory perception. *British Journal of Psychology, 93*, 487–499.

Witelson, S., Kigar, D., Scamvougeras, A., Kideckel, D., Buck, B., Stanchev, P., et al. (2008). Corpus callosum anatomy in right-handed homosexual and heterosexual men. *Archives of Sexual Behavior, 37*, 857–863.

Witt, C. M., Jena, S., & Brinkhaus, B. (2006). Acupuncture for patients with chronic neck pain. *Pain, 125*, 98–106.

Wittchen, H., Nocon, A., Beesdo, K., Pine, D., Hofler, M., Lieb, R., et al. (2008). Agoraphobia and panic. *Psychotherapy and Psychosomatics, 77*, 147–157.

Wittenbrink, B., & Schwarz, N. (Eds.). (2007). *Implicit measures of attitudes*. New York: Guilford Press.

Wixted, J. T., & Carpenter, S. K. (2007). The Wickelgren Power Law and the Ebbinghaus Savings Function. *Psychological Science, 18*, 133–134.

Wolfe, M. S. (2006, May). Shutting down Alzheimer's. *Scientific American*, 73–79.

Wolff, N. (2002). Risk, response, and mental health policy: Learning from the experience of the United Kingdom. *Journal of Health Politic and Policy Law, 27*, 801–802.

Wolitzky, D. L. (2006). Psychodynamic theories. In J. C. Thomas & D. L. Segal (Eds.), *Comprehensive handbook of personality and psychopathology, Vol. 1: Personality and everyday functioning.* Hoboken, NJ: John Wiley & Sons.

Wong, N., Sarver, D. E., & Beidel, D. C. (2011). Quality of life impairments among adults with social phobia: The impact of subtype. *Journal of Anxiety Disorders, 14,* 88–95.

Wood, E., Desmarais, S., & Gugula, S. (2002). The impact of parenting experience on gender stereotyped toy play of children. *Sex Roles, 47,* 39–49.

Wood, W. (2000). Attitude change: Persuasion and social influence. *Annual Review of Psychology, 51,* 539–570.

Wood, W., & Eagly, A. H. (2002). A cross-cultural analysis of the behavior of women and men: Implications for the origins of sex differences. *Psychological Bulletin, 128,* 699–727.

Woodruff, S. I., Conway, T. L., & Edwards, C. C. (2007). Sociodemographic and smoking-related psychosocial predictors of smoking behavior change among high school smokers. *Addictive Behaviors, 33,* 354–358.

Woods, S. C., Schwartz, M. W., Baskin, D. G., & Seeley, R. J. (2000). Food intake and the regulation of body weight. *Annual Review of Psychology, 51,* 255–277.

Woodson, S. R. J. (2006). Relationships between sleepiness and emotion experience: An experimental investigation of the role of subjective sleepiness in the generation of positive and negative emotions. *Dissertation Abstracts International: Section B: The Sciences and Engineering,* 67(5-B), 2849.

Woollett, K., & Maguire, E. (2009). Navigational expertise may compromise anterograde associative memory. *Neuropsychologia, 47,* 1088–1095.

Worthen, J. B., & Hunt, R. (2011). *Mnemonology: Mnemonics for the 21st century.* New York: Psychology Press.

Wren, A. M., & Bloom, S. R. (2007). Gut hormones and appetite control. *Gastroenterology, 132,* 2116–2130.

Wright, K. (2002, September). Times of our lives. *Scientific American,* pp. 59–65.

Wrosch, C., Bauer, I., & Scheier, M. (2005, December). Regret and quality of life across the adult life span: The influence of disengagement and available future goals. *Psychology and Aging, 20,* 657–670.

Wrzesniewski, K., & Chylinska, J. (2007). Assessment of coping styles and strategies with school-related stress. *School Psychology International, 28,* 179–194.

Wu, L-T., Schlenger, W. E., & Galvin, D. M. (2006). Concurrent use of methamphetamine, MDMA, LSD, ketamine, GHB, and flunitraze-pam among American youths. *Drug and Alcohol Dependence, 84,* 102–113.

Wuethrich, B. (2001, March 16). Does alcohol damage female brains more? *Science, 291,* 2077–2079.

Wurtz, R. H., & Kandel, E. R. (2000). Central visual pathways. In E. R. Kandel, J. H. Schwartz, et al. (Eds.), *Principles of neural science* (4th ed.). New York: McGraw-Hill.

Wynn, K., Bloom, P., & Chiang, W. C. (2002). Enumeration of collective entities by 5-month-old infants. *Cognition, 83,* B55-B62.

Wyra, M., Lawson, M. J., & Hungi, N. (2007). The mnemonic keyword method: The effects of bi-directional -retrieval training and of ability to -image on foreign language vocabulary recall. *Learning and Instruction, 17,* 360–371.

Xiao, Z., Yan, H., Wang, Z., Zou, Z., Xu, Y., Chen, J., et al. (2006). Trauma and dissociation in China. *American Journal of Psychiatry, 163,* 1388–1391.

Xue, G., Lu, Z., Levin, I. P., & Bechara, A. (2010). The impact of prior risk experiences on subsequent risky decision-making: The role of the insula. *NeuroImage, 50,* 709–716.

Yao, S-Q., Zhour, Y-H., & Jiang, L. (2006). The intelligence scale for Chinese adults: Item

Yapko, M. D. (2006). Utilizing hypnosis in addressing ruminative depression--related insomnia. In M. D. Yapko (Ed.), *Hypnosis and treating depression: Applications in clinical practice.* New York: Routledge/Taylor & Francis Group.

Yardley, L., & Moss-Morris, R. (2009, January). Current issues and new directions in psychology and health: Increasing the quantity and quality of health psychology research. *Psychology & Health, 24,* 1–4.

Yeomans, M. R., Tepper, B. J., & Ritezschel, J. (2007). Human hedonic responses to sweetness: Role of taste genetics and an-atomy. *Physiology & Behavior, 91,* 264–273.

Yesilyaprak, B., Kisac, I., & Sanlier, N. (2007). Stress symptoms and nutritional status among survivors of the Marmara region earthquakes in Turkey. *Journal of Loss & Trauma, 12,* 1–8.

Zacks, J. (2008). Neuroimaging studies of mental rotation: A meta-analysis and review. *Journal of Cognitive Neuroscience, 20,* 1–19.

Zaitsu, W. (2007). The effect of fear on eyewitness' retrieval in recognition memory. *Japanese Journal of Psychology, 77,* 504–511.

Zajonc, R. B. (2001). Mere exposure: A gate-way to the subliminal. *Current Directions in Psychological Science, 10,* 224–228.

Zaragoza, M. S., Belli, R. F., & Payment, K. E. (2007). Misinformation effects and the suggestibility of eyewitness memory. In M. Garry & H. Hayne (Eds.), *Do justice and let the sky fall: Elizabeth Loftus and her contributions to science, law, and academic freedom.* Mahwah, NJ: Lawrence Erlbaum Associates.

Zarren, J. I., & Eimer, B. N. (2002). *Brief cognitive hypnosis: Facilitating the change of dysfunctional behavior.* New York: Springer.

Zaslow, J. (2003, May 1). Going on after the unthinkable: A rape victim shares her story. *The Wall Street Journal,* p. A2.

Zaslow, M., Halle, T., & Martin, L. (2006). Child outcome measures in the study of child care quality. *Evaluation Review, 30,* 577–610.

Zebrowitz, L. A., & Montepare, J. M. (2005, June 10). Appearance DOES matter. *Science, 308,* 1565–1566.

Zebrowitz-McArthur, L. (1988). Person perception in cross-cultural perspective. In M. H. Bond (Ed.), *The cross-cultural challenge to social-psychology.* Newbury Park, CA: Sage.

Zeigler, D. W., et al. (2005). The neurocognitive-effects of alcohol on adolescents and college students. *Preventive Medicine: An International Journal Devoted to Practice and Theory, 40,* 23–32.

Zeng, L., Proctor, R. W., & Salvendy, G. (2011). Can traditional divergent thinking tests be trusted in measuring and predicting real-world creativity? *Creativity Research Journal, 23,* 24–37.

Zepf, S., & Zepf, F. D. (2011). 'You are requested to close an eye': Freud's seduction theory and theory of the Oedipus complex revisited. *Psychoanalytic Review, 98,* 287–323.

Zevon, M., & Corn, B. (1990). Paper presented at the annual meeting of the American Psychological Association, Boston, MA.

Zhang, F., Chen, Y., Heiman, M., & Dimarchi, R. (2005). Leptin: Structure, function and biology. *Vitamins and Hormones: Advances in Research and Applications, 71,* 345–372.

Zhou, Z., & Buck, L. B. (2006, March 10). Combinatorial effects of odorant mixes in olfactory cortex. *Science,* 1477–1481.

Zhou, Z., Liu, Q., & Davis, R. L. (2005). Complex regulation of spiral ganglion neuron firing patterns by neurotrophin-3. *Journal of Neuroscience, 25,* 7558–7566.

Zians, J. (2007). A comparison of trait anger and depression on several variables: Attribution style, dominance, submissiveness, need for power, efficacy and dependency. *Dissertation Abstracts International: Section B: The Sciences and Engineering,* 67(7-B), 4124.

Zigler, E. F., Finn-Stevenson, M., & Hall, N. W. (2002). The first three years and beyond: Brain development and social policy. In E. F. Zigler, M. Finn-Stevenson, et al. (Eds.), *Current perspectives in psychology.* New Haven, CT: Yale University Press.

Zigler, E., Bennett-Gates, D., Hodapp, R., & Henrich, C. (2002). Assessing personality traits of individuals with mental retardation. *American Journal on Mental Retardation, 107,* 181–193.

Zimbardo, P. (2007). *The Lucifer effect: Understanding how good people turn evil.* New York: Random House.

Zimbardo, P. G. (1973). On the ethics of intervention in human psychological research: With special reference to the Stanford Prison Experiment. *Cognition, 2,* 243–256.

Zimbardo, P. G. (2004). Does psychology make a significant difference in our lives? *American Psychologist, 59,* 339–351.

Zimbardo, P. G., Maslach, C., & Haney, C. (2000). Reflections on the Stanford Prison Experiment: Genesis, transformations, consequences. In T. Blass (Ed.), *Obedience to authority: Current perspectives on the Milgram Paradigm.* Mahwah, NJ: Lawrence Erlbaum Associates.

Zimmermann, U. S., Blomeyer, D., & Laucht, M. (2007). How gene-stress--behavior interactions can promote adolescent alcohol use: The roles of predrinking allostatic load and childhood behavior disorders [Special issue: Adolescents, drug abuse and mental disorders]. *Pharmacology, Biochemistry and Behavior, 86,* 246–262.

Zito, J. M. (1993). *Psychotherapeutic drug manual* (3rd ed., rev.). New York: Wiley.

Zolotor, A., Theodore, A., Chang, J., Berkoff, M., & Runyan, D. (2008). Speak softly—and forget the stick: Corporal punishment and child physical abuse. *American Journal of Preventive Medicine, 35,* 364–369.

Zuckerman, M. (1978, February). The search for high sensation. *Psychology Today,* pp. 30–46.

Zuckerman, M. (2002). Genetics of sensation seeking. In J. Benjamin, R. P. Ebstein, et al. (Eds.), *Molecular genetics and the human personality.* Washington, DC: American Psychiatric Publishing.

Zuger, A. (2005, November 10). Doctors learn how to say what no one wants to hear. *The New York Times,* p. S1.

Créditos

Capítulo 1 Módulo 3: Figura 5: De Darley, J. M., & Latané, B. (1968). Bystander intervention in emergencies: Diffusion of responsibility. *Journal of Personality and Social Psychology*, 8, 377–383. Publicada por The American Psychological Association, adaptada com permissão.

Capítulo 2 Módulo 5: Figura 1. Line art from Kent Van De Graaff, *Human Anatomy*, updated 5th ed. Copyright © 2000 by The McGraw-Hill Companies, Inc. Reimpressa com permissão. Figura 3: De Sylvia S. Mader, *Human Biology*, 6th ed., p. 250. Copyright © 2000 by The McGraw-Hill Companies, Inc. Reimpressa com permissão. Figura 4a: De Sylvia S. Mader, *Human Biology*, 6th ed., p. 250. Copyright © 2000 by The McGraw-Hill Companies, Inc. Reimpressa com permissão. Figura 4b: De George B. Johnson, *The Living World*, 2nd ed., p. 600. Copyright © 2000 by The McGraw-Hill Companies, Inc. Reimpressa com permissão. Módulo 6: Figura 2: De Michael W. Passer e Ronald E. Smith, *Psychology*, Copyright © 2001 by The McGraw-Hill Companies, Inc. Reimpressa com permissão. Figura 3: De Michael W. Passer e Ronald E. Smith, *Psychology*, p. 91. Copyright © 2001 by The McGraw-Hill Companies, Inc. Reimpressa com permissão. Figura 4: Adaptado de Robert J. Brooker, Eric P. Widmaier, Linda Graham e Peter Stiling, *Biology*, p. 1062. Copyright © 2008 by The McGraw-Hill Companies, Inc. Reimpressa com permissão. Módulo 7: Figura 2: De Rod R. Seeley, Trent D. Stephens e Philip Tate, *Anatomy & Physiology*, 5th ed., p. 384. Copyright © 2000 by The McGraw-Hill Companies, Inc. Reimpressa com permissão. Figura 4: Adaptado de Allen M. Schneider e Barry Tarshis, *Elements of Physiological Psychology*, p. 87. Copyright © 1995 by The McGraw-Hill Companies, Inc. Reimpressa com permissão. Figura 8: De Robert J. Brooker, Eric P. Widmaier, Linda Graham e Peter Stiling, *Biology*, p. 943. Copyright © 2008 by The McGraw-Hill Companies, Inc. Reimpressa com permissão.

Capítulo 3 Módulo 9: Figura 1: De Camille B. Wortman, Elizabeth F. Loftus e Charles Weaver, *Psychology*, 5th ed., p. 113. Copyright © 1999 by The McGraw-Hill Companies, Inc. Reimpressa com permissão. Figura 3: De David Shier, Jackie Butler e Ricki Lewis, *Hole's Essentials of Human Anatomy and Physiology*, 7th ed., p. 283. Copyright © 2000 by The McGraw-Hill Companies, Inc. Reimpressa com permissão. Figura 5: De Sylvia S. Mader, *Human Biology*, 6th ed., p. 250. Copyright © 2000 by The McGraw-Hill Companies, Inc. Reimpressa com permissão. Módulo 10: Figura 1: De Robert J. Brooker, Eric P. Widmaier, Linda Graham, e Peter Stiling, *Biology*, p. 956. Copyright © 2008 by The McGraw-Hill Companies, Inc. Reimpressa com permissão. Figura 2: De Rod R. Seeley, Trent D. Stephens, e Philip Tate, *Anatomy & Physiology*, 5th ed., p. 384. Copyright © 2000 by The McGraw-Hill Companies, Inc. Reimpressa com permissão. Figura 3: New York Times Graphic, Hearing High Tones, de Paul Vitello, "A Ring Tone Meant to Fall on Deaf Ears." De *The New York Times*, June 12, 2006. © 2006 The New York Times. Todos os direitos reservados. Usado com permissão e protegido por Copyright Laws of the United States. A impressão, cópia, redistribuição ou retransmissão deste conteúdo sem autorização por escrito é proibida. www.nytimes.com Figura 4: Adaptado de Bartoshuk, L., & Lucchina, L., "Take a taste test" de Brownlee, S., & Watson, T. (1997, January 13). The senses. *U.S. News & World Report*, pp. 51–59. Reimpressa com permissão de Linda Bartoshuk. Módulo 11: Figura 8: De Fig. 1 (p. 186) de Hudson, W. (1960). Pictorial depth perception in sub-cultural groups in Africa. *Journal of Social Psychology*, 52 (2), 183–208, reimpressa com permissão do editor (Taylor & Francis Ltd, http://www.tandf.co.uk/journals/).

Capítulo 4 Módulo 12: Figura 1: De Palladino, J. J., & Carducci, B. J. (1984). Students' knowledge of sleep and dreams. *Teaching of Psychology*, vol. 11, no. 3, pp. 189–191, copyright © 1984 by Division Two of the American Psychological Association. Reimpressa com permissão de SAGE Publications, Inc. Figura 2: "Figure of brain-wave patterns" de *Sleep* by J. Allan Hobson. Copyright © 1989 by J. Allan Hobson, M.D. Reimpressa com permissão de Henry Holt and Company, LLC. Figura 4: De Borbély, A. (1986). *Secrets of Sleep*, Figura 3.4 (p. 43). English translation, Copyright © 1986 by Basic Books. © 1984 by Deutsche Verlags-Anstalt GmbH, Stuttgart. Reimpressa com permissão de Basic Books, um membro do Perseus Books Group. Figura 6: Domhoff, G. W., & Schneider, A. (1998). New rationales and methods for quantitative dream research outside the laboratory. *Sleep*, 21, 398–404 (from Table 1, p. 401). Copyright 1998. Reproduzida com permissão de American Academy of Sleep Medicine in the format Textbook via Copyright Clearance Center. Figura 9: De Dodds, P. S., et al. (2011). Temporal patterns of happiness and information in a global social network: Hedonometrics and Twitter. *PLoS ONE*, 6, Figura S2. As appeared in Miller, G. (2011, 30 Sept.). Social scientists wade into the tweet stream. *Science*, 333, 1814–1815, de figura da p. 1814. http://creativecommons.org/licenses/by/3.0/ Módulo 14: Figura 2: De Sylvia S. Mader, *Human Biology*, 6th ed., p. 250. Copyright © 2000 by The McGraw-Hill Companies, Inc. Reimpressa com permissão.

Capítulo 5 Módulo 17: Figura 1: De Tolman, E. C., & Honzik, C. H. (1930). Introduction and removal of reward and maze performance in rats. *University of California Publications in Psychology*, 4, 257–275.

Capítulo 6 Módulo 18: Figura 6: De Collins, A. M., & Loftus, E. F. (1975). A spreading-activation theory of semantic processing. *Psychological Review*, 82, 407–428. Publicada por The American Psychological Association, adaptada com permissão. Figura 7: De Kent Van De Graaff, *Human Anatomy*, updated 5th ed. Copyright © 2000 by The McGraw-Hill Companies, Inc. Reimpressa com permissão. Módulo 19: Figura 4: De Breslin, C. W., & Safer, M. A. (2011). Effects of event valence on long-term memory for two baseball championship games. *Psychological Science*, 22 (11), 1408–1412 (Figura 1, p. 1409), copyright © 2011 by Association for Psychological Science. Reimpressa com permissão de SAGE Publications. Figura 5: Reimpressa de *Journal of Verbal Learning and Verbal Behavior*, vol. 13, Loftus, E. F., & Palmer, J. C., "Reconstruction of automobile destruction: An example of the interface between language and memory," pp. 585–589, Copyright 1974, com permissão de Elsevier. http://www.science-direct.com/science/journal/00225371 Figura 6: De Tabela 2 (p. 266) de Bahrick, H. P., Hall, L. K., & Berger, S. A. (1996). Accuracy and distortion in memory for high school grades. *Psychological Science*, 7, no. 5, 265–269, copyright © 1996 Association for Psychological Science. Reimpressa com permissão de SAGE Publications. Módulo 20: Figura 2: Reimpressa de *Cognitive Psychology*, vol. 11, Nickerson, R. S., & Adams, M. J., "Long-term memory for a common object," pp. 287–307, Copyright 1979, com permissão de Elsevier. http://www.sciencedirect.com/science/journal/00100285

Capítulo 7 Módulo 22: Figura 1: MLA Language Map, 2005. Reimpressa com permissão de Modern Language Association. © 2005 Modern Language Association. Módulo 23: Figura 1: Texto de Gardner, H. (2006). *Multiple Intelligences: New Horizons in Theory and Practice*, pp. 8, 9–10, 11, 13, 15, 16. Copyright © 2006 by Howard Gardner. First edition © 1993 by Howard Gardner. Reimpressa com permissão de Basic Books, um membro do Perseus Books Group. Figura 6: Republicado com permissão de Annual Reviews, Inc., de Henderson, N. D. (1982). Human behavior genetics. *Annual Review of Psychology*, vol. 33, pp. 403–440 (adaptado da Tabe-

Créditos

la 1, p. 410). © 1982 by Annual Reviews. Permissão concedida através de Copyright Clearance Center, Inc.

Capítulo 8 Módulo 26: Figura 1: Adaptada de Figura 1 (p. 1067) de Shaver, P., Schwartz, J., Kirson, D., & O'Connor, C. (1987). Emotion knowledge: Further exploration of a prototype approach. *Journal of Personality and Social Psychology, 52*, 1061-1086. Publicada por The American Psychological Association, adaptada com permissão.

Capítulo 9 Módulo 28: Figura 3: Gráficos reimpressos de *NeuroImage*, vol. 54, Nakato, E., et al., "Distinct differences in the pattern of hemodynamic response to happy and angry facial expressions in infants—A near-infrared spectroscopic study," pp. 1600-1606, Copyright 2011, com permissão de Elsevier. http://www.sciencedirect.com/science/journal/10538119 Figura 11: De Dempster, F. N. (1981). Memory span: Sources for individual and developmental differences. *Psychological Bulletin, 89*, 63-100. Publicada por The American Psychological Association, adaptada com permissão. Módulo 29: Figura 2: De Rest, J. (1968). *Developmental Hierarchy in Preference and Comprehension of Moral Judgment*. Unpublished doctoral dissertation, University of Chicago. Appeared in Kohlberg, L. (1969). Stage and sequence: The cognitive-developmental approach to socialization. In D. Goslin (Ed.), *Handbook of Socialization Theory and Research* (pp. 381-382). Chicago: Rand McNally. Figura 4: Gráfico adaptado da Tabela 2 (p. 64) de Boehm, K. E., & Campbell, N. B. (1995). Suicide: A review of calls to an adolescent peer listening phone service. *Child Psychiatry and Human Development, 26*, 61-66. Copyright © 1995 Springer Netherlands. com permissão de Springer Science e Business Media. Módulo 30: Figura 1: Figura 2 (p. 472) de Arnett, J. J. (2000). Emerging adulthood: A theory of development from the late teens through the twenties. *American Psychologist, 55*, 469-480. Publicada por The American Psychological Association, reimpressa com permissão.

Capítulo 10 Módulo 32: Figura 1: De Eysenck, H. J. (1990). Biological dimensions of personality. In L. A. Pervin (Ed.), *Handbook of Personality: Theory and Research* (p. 246). New York: Guilford. Reimpressa com permissão de The Guilford Press. Figura 2: De L. A. Pervin (Ed.), (1990). *Handbook of Personality: Theory and Research* (Capítulo 3). New York: Guilford. Reimpressa com permissão de The Guilford Press. Figura 4: De Tellegen, A., Lykken, D. T., Bouchard, T. J., Jr., Wilcox, K. J., Segal, N. L., & Rich, S. (1988). Personality similarity in twins reared apart and together. *Journal of Personality and Social Psychology, 54*, 1031-1039. Publicada por The American Psychological Association, reimpressa com permissão. Módulo 33: Figura 2: De Richard P. Halgin and Susan Krauss Whitbourne, *Abnormal Psychology*, p. 72. Copyright © 1994 by The McGraw-Hill Companies, Inc. Reimpressa com permissão.

Capítulo 11 Módulo 34: Figura 1: Mapa por Cleo Vilett, de Susser, E. S., Herman, D. B., & Aaron, B. (2002, August). Combating the terror of terrorism. *Scientific American*, p. 74. Reimpressa com permissão de Cleo Vilett. Figura 2 (Hassles): De Tabela 2 (p. 475) de Chamberlain, K., & Zika, S. (1990). The minor events approach to stress: Support for the use of daily hassles. British *Journal of Psychology, 81*, no. 4, 469-481. © The British Psychological Society. Reimpressa com permissão de John Wiley & Sons, Inc. Figura 2 (Uplifts): Adaptada da Tabela III (p. 14) de Kanner, A. D., Coyne, J. C., Schaefer, C., & Lazarus, R. S. (1981). Comparison of two modes of stress measurement: Daily hassles and uplifts versus major life events. *Journal of Behavioral Medicine, 4*, 1-39. © 1981 Plenum Publishing Corporation. Com permissão de Springer Science e Business Media. Figura 3: "Perceived Stress Scale" (pp. 394-395) adaptada de Cohen, S., Kamarck, T., & Mermelstein, R. (1983). A global measure of perceived stress. *Journal of Health and Social Behavior, 24*, 385-396. Reimpressa com permissão de American Sociological Association. Figura 4: De Hans Selye, *The Stress of Life*. Copyright © 1976 by The McGraw-Hill Companies, Inc. Reimpressa com permissão. Módulo 36: Figura 2: De Andrews, F. M., & Withey, S. B. (1976). *Social Indicators of Well-Being: Americans' Perceptions of Life Quality*, p. 376. © 1976 Plenum Press, New York. Com permissão de Springer Science e Business Media.

Capítulo 12 Módulo 38: Figura 1: Adaptada de Susan Nolen-Hoeksema, *Abnormal Psychology*, 4th ed., p. 232. Copyright © 2007 by The McGraw-Hill Companies, Inc. Reimpressa com permissão. Figura 2: De Beck, A. T., & Emery, G., com Greenberg, R. L. (1985). *Anxiety Disorders and Phobias: A Cognitive Perspective*, pp. 87-88. Copyright © 1985 by Aaron T. Beck, M.D., e Gary Emery, Ph.D. Revised paperback edition published in 2005. Reimpressa com permissão de Basic Books, um membro do Perseus Books Group. Figura 6: Adaptada de Slater, E., & Meyer, A. (1959). Contributions to a pathography of the musicians: Robert Schumann. *Confinia Psychiatrica, 2*, 65-94, Tabela II. Reimpressa com permissão de S. Karger AG, Basel. Figura 9: "Table of genetic links" de *Schizophrenia Genesis: The Origins of Madness* by I. I. Gottesman. Copyright © 1990 by Irving I. Gottesman. Reimpressa com permissão de Henry Holt e Company, LLC. Módulo 39: Figura 1: De Benton, S. A., et al. (2003). Changes in counseling center client problems across 13 years. *Professional Psychology: Research and Practice, 34*, 66-72. Publicada por The American Psychological Association, adaptada com permissão.

Capítulo 13 Módulo 40: Figura 2: texto reimpresso com permissão de Herbert Benson, M.D., Benson-Henry Institute for Mind Body Medicine, Massachusetts General Hospital, Boston.

Capítulo 14 Módulo 43: Figura 2: De Cacioppo, J. T., Berntson, G. G., & Crites, S. L., Jr. (1996). Social neuroscience: Principles of psychophysiological arousal and response. In E. T. Higgins & A. W. Kruglanski (Eds.), *Social Psychology: Handbook of Basic Principles*. © 1996 The Guilford Press. Reimpressa com permissão do editor. Figura 4: Adaptado de Anderson, C. A., Krull, D. S., & Weiner, B. (1996). Explanations: Processes and consequences. In E. T. Higgins & A. W. Kruglanski (Eds.), *Social Psychology: Handbook of Basic Principles* (p. 274). © 1996 The Guilford Press. Reimpressa com permissão do editor. Módulo 46: Figura 2: De Sternberg, R. J. (1986). A triangular theory of love. *Psychological Review, 93*, 119-135. Publicada por The American Psychological Association, adaptada com permissão. Figura 3: De Buss, D. M., et al. (1990). International preferences in selecting mates: A study of 37 cultures. *Journal of Cross-Cultural Psychology, 21*, no. 1, 5-47, copyright © 1990 by SAGE Publications. Reimpressa com permissão de SAGE Publications. Figura 4: Extraída da Tabela 1 "Aggression Questionnaire" (p. 41) de Benjamin, L. T., Jr. (1985). Defining aggression. An exercise for classroom discussion. *Teaching of Psychology, 12*, no. 1, pp. 40-42, copyright © 1985 Society for the Teaching of Psychology, reimpressa com permissão de SAGE Publications.

Fotos

Iniciais: p. xxxvi: © Comstock/PunchStock RF; p. xxxviii: © Stockbyte/Getty RF; p. xxxix: © Photodisc/PunchStock RF; p. xl: © Digital Vision/Getty RF; p. xli: © Fuse/Getty RF; p. xlii: © Stockbyte/Getty RF; p. xlv: © Stockbyte/PunchStock RF

Capítulo 1 Abertura: © Erik Dreyer/Getty; CO1.1: © Zigy Kaluzny/Getty RF; CO1.2: © Bettmann/Corbis; CO1.3: © Bill Aron/PhotoEdit; CO1.4 © Douglas Faulkner/Photo Researchers; Prologue p. 4: © Chip Somodevilla/Getty; Looking Ahead p. 4: © Erik Dreyer/Getty; p. 7 (superior): © Jeff Greenberg/Photo Researchers; p. 7 (meio): © Chuck Keeler/Getty; p. 7 (inferior): © David Buffington/Getty RF; PsychWork p. 10: © Phanie Agency/Photo Researchers; p. 14: © Bettmann/Corbis; p. 16 Descartes: © SPL/Photo Researchers; p. 16 Locke: © Bettmann/Corbis; p. 16 James © Photo by Paul Thompson/FPG/Getty; p. 16 Calkins © Wellesley College Archives, Photographed by Notman; Pavlov p. 16: © Bettmann/Corbis; p. 17 Watson: © Culver Pictures; p. 17 Maslow © The Granger Collection; p. 17 Piaget: © Bettmann/Corbis; p. 17 Loftus: © Elizabeth Loftus; p. 18 Cognitive: © David Sanger/The Image Bank/Getty; p. 18 Behavioral: © Blend Images RF; p. 18 Humanistic: © White Packer/The Image Bank/Getty; p. 18 (inferior): © Bettmann Corbis; p. 20: © AP Photo/Idaho Statesman/Darin Oswald; p. 21 Cognitive: © David Sanger/The Image Bank/Getty; p. 21 Behavioral: © Blend Images RF; p. 21 Humanistic: © White Packer/The Image Bank/Getty; p. 23: Attribution: modified from Shinji Nishimoto, An T. Vu, Thomas Naselaris, Yuval Benjamini, Bin Yu & Jack L. Gallant (2011). "Reconstructing dynamic visual experiences from brain activity evoked by natural movies" in *Current Biology*; p. 32: © Bill Aron/PhotoEdit; p. 30: © Robert I. M. Campbell/National Geographic Image Collection; p. 34: © J. Wilson/Woodfin Camp; p. 36 (superior): © Bill Aron/PhotoEdit; 36 (inferior): © Marc Steinmetz/VISUM/The Image Works; p. 41: © Thomas Pflaum/Visum/The Image Works; p. 42 (superior): Reimpressa de *NeuroImage*, (Special Issue: Educational Neurosciences), Vol 57/, Yina Ma, et al., "Neural responses to perceived pain in others predict real-life monetary donations in different socioeconomic contexts", 1273-1280. Copyright 2011, com permissão de Elsevier; p. 42 (inferior): © Douglas Faulkner/Photo Researchers; Looking Back p. 46: © Erik Dreyer/Getty; Vs Sum 1.1 p. 47: © Blend Images RF; Vs Sum 1.2 p. 47: © White Packer/The Image Bank/Getty; Vs Sum 1.3 p. 47: © Thomas Pflaum/Visum/The Image Works; Vs Sum 1.4 p. 47: © Douglas Faulkner/Photo Researchers

Capítulo 2 Abertura: © Lane Oatey/Blue Jean Images/Getty RF; CO2.1 © Dennis Kunkel/Visuals Unlimited; CO2.2 © Passieka/SPL/Photo Researchers; CO2.3 © Martin Rotker/Photo Researchers;

p. 50: © Photo by George Napolitano/Film Magic/Getty; Looking Ahead p. 50: © Lane Oatey/Blue Jean Images/Getty RF; p. 52: © Dennis Kunkel/Visuals Unlimited; p. 57: © Michael Buckner/Getty Images for Michael J. Fox Foundation for Parkinson's Research; p. 66: © AP Images/Jeff Roberson; p. 68: © Martin Rotker/Photo Researchers; p. 69a: © SPL/Photo Researchers; p. 69b: © Volker Steger/Peter Arnold/Getty; p. 69c: © Roger Ressmeyer/Corbis; p. 69d: © Bryan Christie Design; p. 71: © Stephane de Sakutin/AFP/Getty; PsychWork p. 75: © AP Photo/Chris O'Meara; p. 76: © Natural History Museum London; p. 78: From Grefkes C., et al., "Cortical connectivity after subcortical stroke assessed with functional magnetic resonance imaging." in *Ann Neurology*, 2008 Feb; 63(2):236-46. Reimpressa com permissão de John Wiley & Sons; Looking Back p. 84: © Lane Oatey/Blue Jean Images/Getty RF; Vs Sum 2.1 p. 85: © Dennis Kunkel/Visuals Unlimited

Capítulo 3 Abertura: © ImageBazaar/Getty; CO3.1: © Digital Vision/Getty RF; CO3.2: © Joe Epstein Design ALConceptions; CO3,3: © Digital Vision/Getty RF; Looking Ahead p. 88: © ImageBazaar/Getty; p. 91: © Digital Vision/Getty RF; p. 92: © iStockphoto; p. 95 (left & right): © Biophoto Associates/Photo Researchers; p. 100: Shmuel, A., Chaimow, D., Raddatz, G., Ugerbil, K., Yacoub, E. (2010). "Mechanisms underlying decoding at 7T: Ocular dominance columns, broad structures, and macroscopic blood vessels in V1 convey information on the stimulated eye" in *NeuroImage*, 49, 1957–1964. © 2010 com permissão de Elsevier; p. 101a-c: © Joe Epstein/Design Conceptions; p. 108 (superior): © StockTrek/Getty RF; p. 108 (inferior): © Prof. P. Motta/Dept. of Anatomy/University "La Sapienza", Rome/SPL/Photo Researchers; p. 109: © Omikron/Photo Researchers; p. 112; © Liu Yang/Redlink/Corbis RF; p. 119: © Jeff Greenberg/Stock Boston; p. 120: © Cary Wolinsky/Stock Boston; p. 122: © Aaron Roeth Photography; p. 123: © John G. Ross/Photo Researchers; Looking Back p. 128: © ImageBazaar/Getty; Vs Sum 3.1 p. 129: © iStockphoto; Vs Sum 3.2 p. 129: © Liu Yang/Redlink/Corbis RF

Capítulo 4 Abertura: © BLOOMimage/Getty RF; CO4.1: © Ted Spagna/Photo Researchers; CO4.2: © liquidlibrary/PictureQuest RF; CO4.3: © Bob Daemmrich/The Image Works; Prologue p. 132: © Trinette Reed/Blend Images LLC RF; Looking Ahead p. 132: © BLOOMimage/Getty RF; p. 135: © Ted Spagna/Photo Researchers; p. 137: © Walker, M.P., van der Helm, E. (2009). "Overnight therapy? the role of sleep in emotional brain processing" in *Psychological Bulletin*, 135(5), 731–748. Reimpressa com permissão de Matthew P. Walker; p. 138: © Tetra Images/Corbis RF; p. 140: © J. Luke/PhotoLink/Getty RF; PsychWork p. 142: © Philippe Garo/Photo Researchers; p. 142 (inferior): © Don Smith/Alamy; p. 143: © B. Boissonnet/BSIP/Corbis RF; p. 144: © Andreas Schlegel/fsto/Corbis RF; p. 148: © AP Images/Midland Daily News/Erin Painter; p. 150: © liquidlibrary/PictureQuest RF; p. 152: © Suzanne Opton; p. 158 (esquerda): © Bob Daemmrich/The Image Works; p. 158 (direita): © Jim Arbogast/Getty RF; p. 160: © Andrew Brookes/Corbis; Looking Back p. 164 © BLOOMimage/Getty RF; Vs Sum 4.1 p. 165: © Don Smith/Alamy; Vs Sum 4.2 p. 165: © AP Images/Midland Daily News/Erin Painter; Vs Sum 4.3 p. 165: © liquidlibrary/PictureQuest RF

Capítulo 5 Abertura: © Brand X Pictures/PunchStock RF; CO5.1: © Scott T. Baxter/Getty RF; CO5.3 © Spencer Grant/Stock Boston; p. 168: © The Progressive Group of Insurance Companies; Looking Ahead p. 168: © Brand X Pictures/PunchStock RF; p. 170: © Culver Pictures; p. 173: © Scott T. Baxter/Getty RF; p. 179: © Nina Leen/Time & Life Pictures/Getty; p. 181 (TL): © Ryan McVay/Getty RF; p. 181 (TR): © Stockbyte/Corbis RF; p. 181 (BL): © BananaStock/PunchStock RF; p. 181 (BR): © Amy Etra/PhotoEdit; p. 185: © Aaron Roeth Photography; PsychWork p. 186: © Stephen Chernin/Getty; p. 187: © Dr. Marian Breland Bailey; p. 188 (esquerda): © The McGraw-Hill Companies, Inc./Jill Braaten, photographer; p. 188 (direita): © Robin Nelson/Photo Edit; p. 194 (superior): © Albert Bandura; p. 194 (inferior): © Spencer Grant/Stock Boston; p. 195: De R.P. Spunt, et al., "Identifying the what, why and how of an observed action: An fMRI study of mentalizing and mechanizing during action observation" in *Journal of Cognitive Neuroscience*, 23, (1), 63–74. Reimpressa com permissão de Robert Spunt; p. 196 (superior e inferior): De Meltzoff, A.N. (1988). "Immitation of Televised Models by Infants" in *Child Development*, 59, 1221–1229. Foto cortesia de A.N. Meltzoff & M. Hanak.; p. 197: © Design Pics/Alamy RF; Looking Back p. 200: © Brand X Pictures/PunchStock RF; Vs Sum 6.1 p. 201: © Ryan McVay/Getty RF; Vs Sum 6.2 p. 201: © Stockbyte/Corbis RF; Vs Sum 6.3 p. 201: © BananaStock/PunchStock RF; Vs Sum 6.4 p. 201: © Amy Etra/PhotoEdit; Vs Sum 6.5 p. 201: © Dr. Marian Breland Bailey; Vs Sum 6.6 p. 201: © Spencer Grant/Stock Boston

Capítulo 6 Abertura: © Tim Klein/Getty RF; CO6.1: © Brand X Pictures RF; CO6.2: © PRNewsFoto/Walt Disney Studios Home Entertainment/AP Photos; CO6.3 De D,H, Salta, et al , "White matter pathology isolates the hippocampal formation in Alzheimer's disease" in *Neurobiology of Aging*, Vo. 31 (2) 2010 244–256. Reimpressa com permissão de Elsevier; Looking Ahead p. 204: © Tim Klein/Getty RF; p. 207: © Brand X Pictures RF; p. 215 a&b: Maguire, E.A., Woollett, K., Spiers, H.J., "London Taxi Drivers and Bus Drivers: A Structural MRI and Neuropsychological Analysis" in *HIPPOCAMPUS*, 16:1091–1101. © 2006. Reproduzida com permissão de John Wiley e Sons; p. 216: Aaron Roeth Photography; p. 218: © PRNewsFoto/Walt Disney Studios Home Entertainment/AP Photos; p. 222 (superior): © Image Source/Getty RF; p. 222 (meio): © Digital Vision/SuperStock RF; p. 222 (inferior): © Blend Images/SuperStock RF; p. 224: © AP Images/Paul Sakuma; p. 226: © Albert Moldvay/National Geographic/Getty; p. 233: De D.H. Salta, et al., "White matter pathology isolates the hippocampal formation in Alzheimer's disease" in *Neurobiology of Aging*, Vol. 31 (2) 2010 244–256. Reimpressa com permissão de Elsevier; Looking Back p. 236: © Tim Klein/Getty RF; Vs Sum 6.1 p. 237: © Digital Vision/SuperStock RF

Capítulo 7 Abertura: © Maria Teijeiro/PhotoDisc/RF; CO7.2: © Hoby Finn/Getty RF; CO7.3: © Roberto Otero/Black Star; CO7.4: © Harold Holt/Hulton Archive/Getty; Looking Ahead p. 240: © Maria Teijeiro/Photodisc/RF; p. 242: © Kevin C. Cox/Getty; p. 244: © Ben Hilder/Getty; p. 249 (esquerda): © Hoby Finn/Getty RF; p. 249 (direita): © Stockbyte/PunchStock RF; p. 251a-c: © Superstock; p. 254: © Roberto Otero/Black Star; p. 258: Cortesia, Dr. Laura Ann Petitto © 1991. Photo by Robert LaMarche; p. 260: © AP Images; p. 262: © Anna Clopet/Corbis; p. 264: Reimpressa de *Brain and Cognition*, Vol. 74, 347–357, Fig 3a, de Luk Gigi, et al., "Distinct neural correlates for two types of inhibition in bilinguals: Response inhibition versus interference suppression". Copyright 2010, com permissão de Elsevier; p. 266: © David Hiser/Photo Aspen/Still Media; p. 268: © Paul Souders/Corbis; p. 269 Yehudi: © Harold Holt/Hulton Archive/Getty; p. 269 Babe: © Bettmann/Corbis; p. 269 Mcclintock: © Cold Spring Harbor Laboratory; p. 269 Eliot: © Bettmann/Corbis; p. 269 Trukese: © David Hiser/Photo Aspen/Still Media; p. 269 Sullivan: © Bettmann/Corbis; p. 269 Woolf: © George C. Beresford/Getty; p. 269 Redwoods: © Corbis RF; p. 272: © Roger Viollet/The Image Works; p. 274: © M. Siluk/The Image Works; PsychWork p. 279: © ingram Publishing/Alamy; Looking Back p. 284: © Maria Teijeiro/Photodisc/RF; Vs Sum 7.1 p. 285: © Anna Clopet/Corbis; Vs Sum 7.2 p. 285: © Paul Souders/Corbis; Vs Sum 7.3 p. 285: © Bettmann/Corbis; Vs Sum 7.4 p. 285: © M. Siluk/The Image Works

Capítulo 8 Abertura: © OJO Images/Getty RF; CO8.1: © Harry E. Walker/MCT via Getty; CO8.2: © EPA/KIM LUDBROOK/Corbis; CO8.3: © Image Source/Getty RF; Prologue p. 288: © Harry E. Walker/MCT via Getty; Looking Ahead p. 288: © OJO Images/Getty RF; p. 289: © George Pimentel/WireImage/Getty; p. 294 mother: © Digital Vision/PunchStock RF; p. 294 rollercoaster: © Digital Vision RF; p. 294 student: © BananaStock/JupiterImages RF; p. 294 runner: © LCPL Casey N. Thurston, USMC/DoD Media RF; p. 294 food: © Corbis RF; p. 298: © EPA/KIM LUDBROOK/Corbis; PsychWork p. 300: © JupiterImages/ImageSource RF; p. 301: © Andy Richter/Aurora Photos/Corbis; p. 302 (superior): © Ed Quinn/Corbis; p. 302 (inferior): © Rachel Marsh, Columbia University Medical Center; p. 308: © Rachel Epstein/The Image Works; p. 310: Reimpressa com permissão dos editores de Henry A. Murray, THEMATIC APPERCEPTION TEST, Plate 12F, Cambridge, Mass.: Harvard University Press, Copyright © 1943 by the Presidents and Fellows of Harvard College, © 1971 by Henry A. Murray; p. 317: © Eric Fowke/PhotoEdit; p. 319: © Image Source/Getty RF; p. 320 (all): Matsumoto & Ekman, 1988; Looking Back p. 324: © OJO Images/Getty RF; Vs Sum p. 325 mother: © Digital Vision/PunchStock RF; Vs Sum p. 325 rollercoaster: © Digital Vision RF; Vs Sum p. 325 student: © BananaStock/JupiterImages RF; Vs Sum p. 325 runner: © LCPL Casey N. Thurston, USMC/DoD Media RF; Vs Sum p. 325 food: © Corbis RF; Vs Sum p. 325 obese: © Andy Richter/Aurora Photos/Corbis; Vs Sum p. 259 afraid © Eric Fowke/PhotoEdit

Capítulo 9 Abertura 9: © Comstock Images/Getty RF; CO9.2: © SPL/Photo Researchers; CO9.3: © Laura Dwight/Peter Arnold/Photolibrary; CO9.4: © Purestock/Punchstock RF; CO9.5: © Deborah Davis/PhotoEdit; Prologue p. 328: © Fred Duval/FilmMagic/Getty; Looking Ahead p. 328: © Comstock Images/Getty RF; p. 329: © Peter Byron; p. 333a: © D.W. Fawcett/Photo Researchers; p. 333b: © L. Willatt, East Anglian Regional Genetics Service/SPL/Photo Researchers; p. 333c: © Kenneth Eward/Photo Researchers; p. 333d: © Biophoto Associates/Science Source/Photo Researchers; p. 334 & 335 (left): © SPL/Photo Researchers; p. 335 (direita): © Petit Format/Science Source/Photo Researchers; p. 340: © Charles Gupton/Stock Boston; p. 342 (todas): De: A.N. Meltzoff & M.K. Moore. 1977. "Imitation of facial and manual gestures by human neonates." in *Science*, 198: 75–78. Copyright © 1977 Andrew Meltzoff; p. 343: Reimpressa de *NeuroImage*, Vol. 54, Issue 2, de Emi Nakato, et al., "Distinct differences in the pattern of hemodynamic response to happy and angry facial expressions in infants—A near-infrared spectroscopie study" pp. 1600-1606, fig. 4. Copyright (c) 2011 com permissão de Elsevier.; p. 346: © Photo by Nina Leen/Time Life Pictures/Getty; p. 349: © SW Productions/Getty RF; PsychWork p. 350: © Banana Stock/PunchStock RF; p. 352: © Farrell Grehan/Corbis; p. 353: © Laura Dwight/Peter Arnold/Photolibrary; p. 360: © Purestock/Punchstock RF; p. 361: © Steven Puetzer/Getty; p. 362: © Olive Pierce/Black Star; p. 364: © PhotoDisc/SuperStock RF; p. 365: © Mary Kate Denny/PhotoEdit; p. 370: © image100/Corbis RF; p. 371: © Robert Houser/UpperCut Images/Getty; p. 374: © Deborah Davis/PhotoEdit; p. 376: © AP Images/Gary Malerba, p. 377: © Bob Daemmrich/Stock Boston; Looking Back p. 380: © Comstock Images/Getty RF; Vs Sum 9.1 p. 381: © D.W. Fawcett/Photo Researchers; Vs Sum 9.2 p. 381: © SPL/Photo Researchers; Vs Sum 9.3 p. 381: © Charles Gupton/Stock Boston; Vs Sum 9.4 p. 381: © Photo by Nina Leen/Time Life Pictures/Getty; Vs Sum 9.5 p. 381: © Farrell Grehan/Corbis; Vs Sum 9.6 p. 381: © Steven Puetzer/Getty; Vs Sum 9.7 p. 381: © Olive Pierce/Black Star; Vs Sum 9.8 p. 381: © image100/Corbis RF; Vs Sum 9.9 p. 381: © AP Images/Gary Malerba

Capítulo 10 Abertura: © the Agency Collection/zubin Li/Getty RF; CO10.2: © Guy Gillette/Photo Researchers; CO10.3: © Meritt Vincent/PhotoEdit; CO10.4: © Hogrefe Publishing; p. 384 (top): © AP Photo/Martin Mejia; Looking Ahead p. 384: © the Agency Collection/zubin Li/Getty RF; p. 386: © Corbis Premium/Alamy RF; p. 387: © Bettmann/Corbis; p. 388: © Guy Gillette/Photo Researchers; p. 390: © Andy Sacks/Getty; p. 392 (superior direita e esquerda): © Warner Brothers Pictures/PhotoFest; p. 392 (inferior): © Bettmann/Corbis; p. 398: © McGraw Hill Companies, Inc./Mark Dierker, photographer; p. 400: © The McGraw-Hill Companies, Inc./Lars A. Niki, photographer; p. 401: © BananaStock/Punchstock RF; p. 403: © Brand X Pictures/Punchstock RF; p. 404: Reimpressa de *NeuroImage*, Vol 50, Issue2, G. Xue, et al., "The impact of prior risk experiences on subsequent risky decision-making: The role of the insula", 709–716, Fig. 4. Copyright 2010, com permissão de Elsevier; p. 412: © Hogrefe Publishing; Psych Work p. 414: © BananaStock RF; Looking Back p. 416: © the Agency Collection/zubin Li/Getty RF; Vs Sum 10.1 p. 417: © Bettmann/Corbis; Vs Sum 10.2 p. 417: © BananaStock/Punchstock RF; Vs Sum 10.3 p. 417: © Hogrefe Publishing

Capítulo 11 Abertura: © Michael Svoboda/Getty RF; CO11.2: © Ariel Skelley/Blend Images/Corbis; CO11.3: © Reza/Webistan/Corbis; CO11.4: © Jose Luis Pelaez/Corbis; Prologue p. 420: © Peter Kramer/NBC/NBCU Photo Bank/Getty; Looking Ahead p. 420: © Michael Svoboda/Getty RF; p. 421: © Ariel Skelley/Blend Images/Corbis; p. 423: © Corbis RF; p. 427: © Dr. David Phillips/Visuals Unlimited; p. 429: © Scott Olson/Getty; p. 31: De Coan, J., Schaefer, H.S., Davidson, R.J. "Lending a Hand: Social Regulation of the Neural Response to Threat" in *Psychological Science*, 17, 1032–1039. Reimpressa com permissão de SAGE Publications; p. 436: © Lucas Jackson/Reuters; p. 437: De J. Peters, et al., "Lower ventral striatal activation during reward anticipation in adolescent smokers" in *American Journal of Psychiatry*, 168 (5), 2011, pp. 540–549. Reimpressa com permissão de American Psychiatric Association.; p. 439: © Reza/Webistan/Corbis; p. 444: © Jose Luis Pelaez/Corbis; Looking Back p. 448: © Michael Svoboda/Getty RF; Vs Sum 11.1 p. 449: © Corbis RF; Vs Sum 11.2 p. 449: © Reza/Webistan/Corbis; Vs Sum 11.3 p. 449: © Jose Luis Pelaez/Corbis

Capítulo 12 Abertura: © Getty RF; CO12.2: © AP Images/Brett Coomer, Pool; CO12.3 © Adolf Wölfli Foundation, Museum of Fine Arts Bern, Switzerland; CO12.4 © The McGraw-Hill Companies, Inc./Gary He, photographer; Looking Ahead p. 452: © Getty RF; p. 454: © AP Images/Brett Coomer, Pool; p. 459: © Editorial Image, LLC/Alamy; p. 465: © Owen Franken/Corbis; p. 467a & b: Christian, C.J., et.al. (2008) Gray matter structural alterations in obsessive-compulsive disorder: Relationship to neuropsychological functions. *Neuroimaging*,164(2), 123-131. © 2008 com permissão de Elsevier; p. 475: © Adolf Wölfli Foundation, Museum of Fine Arts Bern, Switzerland; p. 477a & b: Courtesy, Nancy Andreasen, University of Iowa Hospitals & Clinics; p. 481: © Tony Freeman/PhotoEdit; p. 486: © PhotoAlto/Michele Constantini/Getty RF; Looking Back p. 490: © Getty RF; Vs Sum 12.1 p. 491: © AP Images/Brett Coomer, Pool; Vs Sum 12.2 p. 491: © Editorial Image, LLC/Alamy; Vs Sum 12.3 p. 491: © Owen Franken/Corbis

Capítulo 13 Abertura: © Phanie/SuperStock; CO13.2: © Bruce Ayres/Getty; CO13.3: © Jon Bradley/Getty; CO13.4: © Will & Deni McIntyre/Photo Researchers; Looking Ahead p. 494: © Phanie/SuperStock; p. 497: © Getty RF; p. 498: © Jonathan Nourok/PhotoEdit; p. 499: © Bill Aron/PhotoEdit; p. 501: © Michael Newman/PhotoEdit; p. 502: Schnell, K, Herpertz, S.C. (2007) Effects of dialectic-behavioral-therapy on the neural correlates of affective hyperarousal in borderline personality disorder. *Journal of Psychiatric Research*, 41, 837–847, Fig. 3. © 2007 com permissão de Elsevier; p. 505: © Julie Maslowsky, University of Michigan; p. 507: © Don Hammond/Design Pics/Corbis RF; PsychWork p. 508: © Corbis RF; p. 510: © Jon Bradley/Getty; p. 513 (bottom): © Image Source/Alamy RF; p. 517: © The McGraw-Hill Companies, Inc./Jill Braaten, photographer; p. 518: © Patrick Durand/Sygma/Corbis; p. 521: © The McGraw-Hill Companies, Inc./Gary He, photographer; Looking Back p. 524: © Phanie/SuperStock; Vs Sum 13.1 p. 525: © Getty RF; Vs Sum 13.2 p. 525: © Jonathan Nourok/PhotoEdit; Vs Sum 13.3 p. 525: © Michael Newman/PhotoEdit; Vs Sum 13.4 p. 525: © Don Hammond/Design Pics/Corbis RF; Vs Sum 13.5 p. 525: © Jon Bradley/Getty; Vs Sum 13.6 p. 525: © The McGraw-Hill Companies, Inc./Gary He, photographer

Capítulo 14 Abertura: © Image Source/Getty RF; CO14.1: © Somos Photography/Veer RF; CO14.2: © Paul Barton/Corbis; CO14.3: © Superstock PictureQuest/JupiterImages RF; CO14.4: © Barbara Burnes/Photo Researchers; Looking Ahead p. 528: © Image Source/Getty RF; p. 529: © AP Images/Elise Amendola; p. 530: © Aaron Roeth Photography; PsychWork p. 532: © Michael Peuckert/Imagebroker/Alamy; p. 537: © Paul Barton/Corbis; p. 543: © Jim Sugar/Corbis; p. 545: © Superstock/PictureQuest/JupiterImages RF; p. 547 (esquerda e direita): Do filme OBEDIENCE © 1968 by Stanley Milgram, © renewed 1993 by Alexandra Milgram. Permissão concedida por Alexandra Milgram.; p. 550: © Barbara Burnes/Photo Researchers; p. 551: Lieberman, M.D., et al. (2005) An fMRI investigation of race-related amygdala activity in African-American and Caucasian-American individuals in *Nature Neuroscience*, 8(6), 720–722. Reimpressa com permissão de Macmillan Publishers Ltd.; p. 557: Reimpresso de *NeuroImage*, Vol. 57, Issue 4, P. Lewis, et al., "Ventromedial prefrontal volume predicts understanding of others and social network size, pp. 1624–1629, Fig. 1. Copyright © 2011, com permissão de Elsevier.; p. 561: © Somos Photography/Veer RF; p. 563 (superior): © Reuters NewMedia Inc./Corbis; p. 563 (inferior): De J. Decety et al., "Imagining being the agent of actions that carry moral consequences; An fMRI study" in *Neuropsychologia*, 49, Issue 11, 2994–3001 September 2011. Reimpressa com permissão de Elsevier; Looking Back p. 566: © Image Source/Getty RF; Vs Sum 14.1 p. 567: © Jim Sugar/Corbis; Vs Sum 14.2 p. 567: Do filme OBEDIENCE © 1968 by Stanley Milgram, © renewed 1993 by Alexandra Milgram. Permissão concedida por Alexandra Milgram.; Vs Sum 14.3 p. 567: © Barbara Burnes/Photo Researchers; Vs Sum 14.4 p. 567: © Somos Photography/Veer RF; Vs Sum 14.5 p. 567: © Reuters NewMedia Inc./Corbis

Índice Onomástico

Números de páginas seguidos por *f* indicam figuras

A

Aaker, J. L., 443-444
Aaron, B., 421-422*f*
Aarts, H., 125
Aazh, H., 90
Abad, F., 277
Abbott, M., 558, 558*f*
Aboud, L., 511
Abdelnoor, M., 142
Abebe, E., 486
Abekawa, T., 517
Abel, J. R., 79
Abell, S. C., 294
Ablon, J. S., 498
Aboitiz, F., 263
Abraham, H. D., 162
Abraham, S., 483
Abramowitz, J. S., 468
Abrams, R. L., 125
Abramson, L. Y., 306-310, 474
Abramson, P. R., 306-307
Accardi, M., 113, 149
Acierno, R., 500
Ackerman, P. L., 267-268
Ackermann, K., 158
Acocella, J., 412*f*
Adams, G. G., 421-422
Adams, K. B., 376-377
Adams, L., 428
Adams, M., 198
Adams, M. J., 229*f*
Adarves-Yorno, I., 541
Addington, A., 80
Addus, A. A., 30-31
Adlam, A., 210*f*
Adler, A., 385, 392-393, 406*f*
Adolphs, R., 214
Adonu, J., 542
Adrien, J., 58, 473
Advokat, C., 515
Affeltranger, M. A., 114
Afrank, J., 349
Aftanas, L., 150
Agargun, M. Y., 140
Agid, O., 515
Aguilar-Gaxiola, S., 483
Ahiima, R. S., 300
Aichenbaum, S., 519
Aikawa, A., 552
Aiken, L. R., 276, 280, 377-378
Ainge, J., 122
Ainsworth, M., 346
Ajzen, I., 532
Akil, H., 424
Akins, S., 132, 154
Alberts, A., 364-365
Albrektsen, G., 431
Alexander, G. M., 516-517, 517

Alexander-Bloch, A., 80
Alexandersen, P., 65
Alexandre, C., 58, 473
Alfimova, M. V., 403-404
Alho, K., 107, 118-119
Ali, S. F., 155
Allen, H., 20
Allen, M., 253
Allen, R. J., 210
Allik, J., 397
Allison, D. B., 301
Allman, J. M., 120
Alloy, L. B., 412*f*
Allport, G. W., 222-223, 396, 406*f*
Allwood, M. A., 196
Aloia, M. S., 142
Alon, I., 151, 538
Alonso, J., 483
Alonso, L., 342
Alper, C. M., 425
Alpers, G., 187
Altman, L. K., 437
Alzheimer's Association, 375-376
Amano, K., 102
Amaral, D., 431
Amato, I., 161
American Psychological Association (APA), 9, 10*f*, 11, 40, 522-523
American Psychological Association Presidential Task Force on Evidence-Based Practice, 512-513
American Psychological Association Task Force on Intelligence, 282
Ames, M., 483
Amid, P. K., 113
Amodio, D. M., 534
Amsel, L., 24
Anastasi, A., 276
Ancoli-Israel, S., 141
Anderson, A., 214
Anderson, C. A., 137, 196, 536*f*, 560-561
Anderson, J. A., 198
Anderson, J. R., 230-231
Anderson, N. D., 222
Anderson, S. W., 54, 76
Andersson, G., 511
Andews, B., 310-311
Andrasik, F., 82, 425
Andreasen, N. C, 476-477*f*
Andrew, M., 430
Andrews, F. M., 445-446*f*
Andrews, K., 313
Anestis, C., 498
Anestis, M. D., 498
Ang, L., 155
Angelopoulos, N., 66
Angermeyer, M. C., 483
Angleitner, A., 558, 558*f*
Anisman, H., 421-422

Anker, A. E., 27
Ansaldo, A. I., 79
Antonini, A., 58
Antonioni, D., 545-546
Antony, M. M., 463
Aoki, Y., 441-443
Apanovich, A. M., 443-444
Apfel, N., 553
Aponte, J. F., 513
Arafat, I., 305
Arasteh, K., 156
Arbuthnott, A., 442-444
Arcelus, J., 301
Archer, R., 412
Archer, T., 430
Arena, J. M., 306-307
Arenas, E., 77
Arevalo, J. M., 430
Argibay, J. C., 126
Arguin, M., 79
Arias, V., 142
Arely, D., 538
Arimoto, M., 142
Aristotle, 169
Arito, H., 143
Ariyanto, A., 529
Armbruster, D., 334
Armenta, B. E., 549
Armstrong, R. D., 277
Arndt, L., 296, 301
Arnedt, J. T., 142
Arnett, J. J., 41, 368, 369*f*
Arnulf, I., 135
Aronson, J., 553
Arps, K., 545-546
Arseneault, L., 331
Asch, S. E., 541
Aschheim, K., 334
Asendorpf, J., 552
Ashtari, M., 467, 467*f*
Askenasy, J. J. M., 141
Aspinwall, L. G., 432
Assanand, S., 291
AtbaŞoğlu, C., 249-250
Atkinson, H. G., 441-443
Atkinson, R. C., 205-206, 206*f*
Attia, E., 516
Auer, D. P., 140
Aujoulat, I., 430
Auld, F., 496
Aussilloux, C., 278
Avery, D., 549
Awad, A. G., 516

B

Baars, B., 132
Babson, K. A., 137
Bacchiochi, J. R., 411
Bachman, J. G., 152, 153*f*, 156, 161, 161*f*, 438, 438*f*
Baddeley, A., 210*f*

Baddeley, A. D., 207, 210
Badke, M. B., 82
Baer, J., 255
Bagby, R. M., 435
Bagdadli, A., 278
Bagge, C., 365-366
Bagnall, D., 113
Bagwell, D. K., 375-376
Bahl, A., 521-522
Bahrick, H. P., 225-226*f*
Bai, L., 347
Bailey, J. M., 307-308
Bailey, K., 196
Baillargeon, R., 355
Bains, O. S., 141
Bakay, R., 77
Baker, J., 428
Baker, S., 244
Baker, S. A., 264
Baker, S. E., 175-176
Balaban, C. D., 114, 467
Baldwin, C. K., 428
Baler, R. D., 152
Balkin, T. J., 140
Ball, D., 57
Ball, H., 330
Ball, L. J., 255
Ballesteros, S., 109
Balsen, Z., 109
Baltes, P. B., 371
Baltuch, G. H., 520-521
Banaji, M. R., 220, 552
Bancroft, J., 474
Bandura, A., 194, 194*f*, 195, 399-401, 406*f*, 501
Banich, T., 79
Banihashemi, L., 317
Banks, J. A., 553
Bao, G., 142
Baraas, R. C., 102
Barabasz, A., 148
Barber, T. X., 113
Barbui, C., 517
Bard, P., 317-318
Bar-Dayan, Y., 137
Barefoot, J. C., 435
Bargh, J. A., 534
Barkana, Y., 137
Barke, D. B., 421-422
Barker, J., 149
Barkley, R. A., 479-480
Barlaug, D., 430
Barlow, D. H., 463, 501
Barmeyer, C. I., 197
Barnes, B., 530
Barnes, M. L., 558
Barnes, V. A., 149
Barnett, J. E., 40-41
Barnett, S. M., 281
Baron, E. D., 521-522
Baron, J., 347

Baron, R. S., 543
Barone, P., 58
Baronio, P., 51
Barr, V., 486
Barrachina, J., 501
Barrada, J., 277
Barresi, J., 132
Barrett, D., 138
Barrett, L., 23
Barrett, L. F., 272, 314
Barrett, S., 182
Barrios, F. A., 80
Barron, F., 254
Barron, G., 560-561
Barrowclough, C., 477-478
Barson, J. R., 299
Bartecchi, C. E., 439
Bartholow, B. D., 196, 560-561
Bartlett, F., 222-223
Bartlett, M. Y., 561-562
Bartocci, G., 150
Barton, J., 194
Bartone, P., 430
Bartoshuk, L., 110*f*
Bartoshuk, L. M., 109
Bartzokis, G., 476-477
Baruss, I., 142, 162
Bassett, A. S., 475-476
Bassotti, G., 51
Bateman, A. W., 478-479
Bates, B. L., 149
Bates, J., 149
Bates, P. E., 278
Bates, R., 556-557
Bates, S., 444-446
Batson, C. D., 561-562
Bauer, I., 376-377
Bauer, J. J., 293, 475-476
Bauer, M., 471
Bauer, P., 211
Baum, A., 427, 427*f*
Baum, M. J., 60
Bauman, S., 406
Baumeister, R. F., 305, 541
Baumgartner, F., 430
Baumrind, D., 348-349, 349*f*
Baumrucker, S., 161-162
Bautista, V., 195
Bayley, P. J., 215
Baylis, F., 78
Bayliss, D. M., 210, 355
Bayne, R., 392
Bazalakova, M. H., 57
Beach, S. R., 137
Beaman, A. L., 545-546
Bearman, C. R., 255
Beaton, R. J., 206
Beattie, M., 158
Beatty, D. J., 399-400
Beatty, J., 50
Beatty, W. W., 270

Índice Onomástico

Beauchamp, M. R., 399-400
Bechara, A., 76, 404f
Beck, A. P., 509
Beck, A. T., 466, 466f, 473, 503, 504, 512
Beck, H. P., 172-173
Becker, B. E., 349, 358
Becker, T., 271
Beckham, J. C., 173-174
Beckmann, H., 475-476
Beckmann, S. C., 249
Bedard, W. W., 73
Beek, P. J., 75
Beersma, D. G. M., 143
Beesdo, K., 465-466
Begg, D., 290
Beghetto, R. A., 255
Begley, S., 77, 221
Behar, L., 37
Behbehani, J., 138
Behr, S. E., 220
Behrendt, R., 187
Behrens, M., 376-377
Beidel, D. C., 464, 467
Beilock, S. L., 210
Bekkering, H., 121-122
Belar, C., 8
Bell, L. A., 198
Bell, M., 355
Bell, R. A., 441-442
Bell, R. L., 174-175
Belli, R. F., 222-223
Belmaker, R. H., 404
Belov, D. I., 277
Belsky, J., 329, 348
Bem, D. J., 126, 308-309
Benac, N., 298
Benca, R. M., 145
Benderly, B. L., 271
Benet-Martinez, V., 264
Benham, G., 147
Benight, C. C., 421-422
Benjamin, E. J., 435
Benjamin, J., 404
Benjamin, L. T., Jr., 559f
Bennett, E. S., 225-226
Benoit, C., 66
Ben-Porath, Y. S., 411, 412
Bensing, J. M., 432
Benson, E., 305
Benson, H., 150, 499f
Benson, J. E., 395
Bentall, R. P., 474
Benton, S. A., 483, 484f, 520-521
Benton, S. L., 483, 484f, 520-521
Bentwich, J., 519
Beraldi, A., 470
Berdoy, M., 175-176
Berenbaum, H., 428
Berenson, L., 384, 416
Beresnevaité, M., 435
Bergen, L., 32-33
Berger, M., 509
Berger, S. A., 225-226f
Bergman, J. Z., 20
Bergman, S. M., 20
Berk, L. E., 349
Berkman, L. F., 376-377
Berkoff, M., 182
Berkowitz, L., 560, 560-561
Berle, D., 465-466, 500
Berman, A. L., 494
Berman, H., 370
Bernal, G., 11
Bernard, L. L., 289
Bernardi, S., 70
Bernier, M., 241-242
Bernstein, D., 225-226

Bernstein, D. M., 20
Bernstein, E., 564
Bernston, G. G., 319
Berntsen, D., 221, 226
Berntson, G. G., 531, 531f
Berridge, K. C., 291
Berrios, G. E., 455
Berry, D. C., 220, 555
Bertakis, K., 441-443
Berthoud, H. R., 290, 299
Betz, N., 399-400
Beutler, L. E., 512
Beyene, Y., 370
Bhamik, D. K., 517
Bhar, S., 504
Bhugra, D., 517
Bialystok, E., 264
Bianchi, R. A., 553
Bianchi, S. M., 364-365
Biemond, R., 498
Biener, L., 438
Bierut, L. J., 158, 160
Biesanz, J. C., 535
Bijlani, R. L., 150
Billiard, M., 142
Billy, B. D., 137
Bindemann, M., 99
Binder, J. L., 512
Bindman, A., 441-442
Binet, A., 272f, 272-273
Binetti, R., 158
Bingenheimer, J. B., 196
Birbaumer, N., 71
Bischoff, R. J., 510
Bishara, A. J., 229-230
Bishop, M., 420, 428
Biswas-Diener, R., 444-445
Bitterman, M. E., 171
Bittles, A. H., 278
Bizley, J., 76
Bjerknes, T., 122
Bjorklund, D. F., 9, 223-225
Bjornstad, R., 430, 473
Black, A. L., 445-446
Black, D., 515
Black, J., 142
Blagrove, M., 162
Blair, C. A., 560-561
Blakely, R. D., 57
Blakes, L., 132, 164
Blakeslee, S., 77
Blanco, D., 107
Blass, T., 547
Blatter, K., 143
Bleichhardt, G., 468
Blier, P., 56
Bliss, J. M., 435
Blixen, C. E., 297
Blomeyer, D., 160
Bloom, F., 72f
Bloom, P., 355
Bloom, P. N., 545-546
Bloom, S. R., 298-299
Blum, D., 346
Blum, H. P., 496
Blumenfeld, W. J., 198
Blumenthal, H., 359-360
Boahen, K., 51, 60
Boake, C., 9
Bock, K., 257
Bode, O., 432
Boden, J. M., 365-366
Bodendorf, M., 421-422
Bodin, G., 496
Boehm, K. E., 365-366f
Boeve-de Pauw, J., 364-365
Bogart, R. K., 113
Bogenschutz, M. P., 510

Bohart, A. C., 508, 513
Bohn, A., 221
Boichot, C., 69
Boileau, I., 155
Boisvert, C. M., 512
Boivin, M., 301
Bojhd, F., 556-557
Boles, D. B., 79
Bolger, N., 431
Boller, F., 74
Bolster, R. B., 69
Bonanni, R., 211
Bonanno, G. A., 421-422, 430
Bond, J. C., 153
Bond, M., 498
Bond, M. H., 400-401
Bonello, R. P., 113
Bonezzi, A., 89
Bonito, J. A., 555
Bonke, B., 220
Bonnardel, V., 100
Bonnet, C., 69
Bonnie, R. J., 454
Bookheimer, S. Y., 551, 551f
Borbély, A., 136f
Borden, V. M. H., 11
Borges, G., 483
Borisenko, J., 347
Borkan, J. M., 442-443
Borlido, C., 515
Born, J., 141, 421-422
Bornstein, M. H., 347
Bornstein, R. F., 456
Bosma, H. A., 361-364, 374-377
Bossarte, R. M., 365-366
Bosse, T., 249
Botvinick, M., 475-476
Bouchard, T. J., Jr., 401-403, 401-403f, 404
Bouchard, T. R., 267
Boulenger, J. P., 162
Bourne, L. E., 247f, 248f, 249-250
Bouton, M. E., 175-176
Bowden, E. M., 144
Bower, C., 278
Bower, G. H., 229-230
Bower, J. E., 427, 444-445
Bowers, J., 29
Bowie, C., 476-477
Boxer, P., 194, 196
Boycott, R., 328
Boyd, J., 119
Boyd-Wilson, B. M., 444-445
Boyle, S. H., 435
Boyne, P., 82
Brackel, H. J. L., 441
Bradley, M. M., 465-466
Bradshaw, J. W. S., 182
Braff, D. L., 477-478
Braffman, W., 147
Brafman, A. H., 497
Braine, N., 154
Brambilla, P., 517
Brandon, M., 121-122
Brang, D., 114
Branigan, C., 314
Brantley, P. J., 431
Brasic, J. R., 468
Brass, J., 267
Braun, A. R., 140
Brausch, A. M., 364-365
Brazelton, T. B., 340
Brazzini-Poisson, V., 137
Breese, G., 57
Bregman, M. R., 257
Breland, K., 187
Breland, M., 187
Brendgen, M., 331

Brendl, C., 89
Brennan, P., 109
Brennan, R. T., 196, 438
Brennen, T., 218
Breshears, J., 71
Bresler, C., 316
Breslin, C. W., 222-223, 222-223f
Brett, J. M., 151, 538
Brewer, J. B., 215
Brewer, M., 542
Brewer, R. D., 158
Brewis, A., 298
Bridges, M. W., 410f
Brief, A. P., 556-557
Bright, P., 231-232
Brinkhaus, B., 111-112
Brinton, B., 315
Brislin, R., 267
Brock, T. C., 529
Brodhead, J., 152
Brody, J., 438
Broeders, R., 561-563
Broidy, L. M., 479-480
Broman, C. L., 427
Bromet, E. J., 483
Bronson, P., 550
Brooker, R. J., 81f, 105f
Broome, K. M., 161
Brossart, D. F., 522-523
Brown, B. L., 516
Brown, C. H., 517
Brown, E., 439
Brown, J., 536
Brown, L. S., 225-226
Brown, P. K., 101
Brown, R., 211
Brown, R. J., 470
Brown, S., 74, 76
Brown, T. A., 463
Brown, T. M., 111-112
Browne, K. D., 258
Brownlee, K., 512-513
Bruce, V., 100
Bruehl, S., 564
Bruggeman, H., 120
Brule, D., 20
Brumbach, B. H., 8-9
Brummett, B. H., 435
Brunet, A., 518
Brunetti, E., 263
Bryan, A., 403-404
Bryan, J., 233-234
Bryant, R. A., 24, 138
Bryant, R. M., 11
Brydon, L., 424
Brymer, M. J., 421-422
Brynhildsen, J., 370
Brzustowicz, L. M., 475-476
Bschor, T., 444-445
Bucci, S., 475-476
Buchanan, R. W., 475-476
Buchanan, T., 399-400
Buchanan, T. W., 214
Buchert, R., 162
Buck, L. B., 109
Buckman, J., 231-232
Buckner, R., 136, 141
Buehner, M., 267-268
Buerkle, C., 305
Bukobza, G., 368
Bulf, H., 342
Bulgrin, A., 530
Bulik, C. M., 301
Bullock, D., 75
Bunge, S. A., 23
Bunting, M., 229-230
Burbach, M. E., 255
Burchfiel, C., 430

Burchinal, M. R., 348
Burdick, K. E., 467, 467f
Burger, J. M., 545-547
Burgoon, J. K., 555
Burhans, L. B., 173-174
Burke, M. V., 437
Burns, C. W., 99
Burns, J. W., 564
Burns, N. R., 233-234
Burrows, A., 27
Burt, D. M., 556-557
Burton, A., 99
Burton, K. S., 267-268
Busatto, G. F. de Mathis, 520-521
Busey, T. A., 20
Bush, J., 500
Bushman, B. J., 196, 560
Bushnell, M. C., 111-112
Buss, D. M., 8-9, 397, 401-403, 558, 558f
Bussey, T. J., 57
Butcher, J. N., 411, 412
Butler, J., 97f
Butler, L. D., 436-437
Butler, L. T., 220, 555
Butler, M. A., 174-175
Butt, T., 538
Buysse, D. J., 137
Byne, W., 307-308
Byrne-Davis, L., 420

C

Cabanac, M., 299
Cabioglu, M., 111-112
Cacioppo, J. T., 23, 50, 79, 530, 531, 531f, 551
Cadenhead, K., 477-478
Caelian, C. F., 365-366
Cahill, L., 80, 233-234
Cai, R., 478-479
Cain, D. J., 406, 507
Cain, M. E., 43
Cairns, R., 161-162
Cajochen, C., 143
Cakir, T., 113
Cal, C. S., 436-437
Caldwell, D. F., 545-546
Calin-Jageman, R. J., 92
Calkins, M., 15, 16f
Callen, F., 162
Caltagirone, C., 211
Cameron, C. L., 428
Cameron, H., 77
Cameron, O. G., 317
Campbell, D. T., 123
Campbell, N. B., 365-366f
Campbell, P., 216
Campbell, W., 486, 537-538
Campins, M., 501
Campos, R. C., 412-413
Canetti-Nisim, D., 24
Cannon, T. D., 82, 255
Cannon, W., 317-318
Cantalupo, C., 78
Canteras, M. M., 520-521
Canto, C., 122
Cantwell, R. H., 310-311
Caplan, D., 76-77
Caplan, J., 214
Capone, N. C., 331
Caprara, G., 397
Carbon, C., 92
Cardena, E., 148
Carels, R. A., 189
Carey, B., 210, 429, 452, 520-521
Carhart-Harris, R., 155
Carlesimo, G., 211
Carlin, A., 37

Índice Onomástico

Carlsmith, J. M., 533
Carlson, M., 560-561
Carnagey, N., 196, 560-561
Carney, D., 535
Carney, R. N., 209, 233-234
Carnochan, P., 315f
Carpenter, L., 178
Carpenter, S., 41
Carpenter, S. K., 228
Carr, T. H., 210
Carrera, M., 465-466
Carrillo, M., 58
Carroll, L., 257
Carson, R. E., 140
Carter, G. T., 161-162
Carter, J. C., 516
Carter, R. T., 264
Cartwright, R., 50, 140
Caruso, D. R., 271
Caruso, E., 245
Carvalho, J., 305
Carver, C. S., 410f
Casasanto, D., 261
Casasola, M., 355
Case, R., 355
Case, T. I., 108
Casey, S. D., 182
Cashon, C. H., 344, 355
Casper, L. M., 364-365
Caspi, A., 9, 331, 404
Caspi, R., 404
Cassells, J. V. S., 391
Cassidy, K. W., 347
Cassin, D., 156
Castaneda, C. R., 198
Castellani, E., 99
Castelli, L., 220
Castro, J., 397
Castro-Caldas, A., 80
Catalisano, D., 499
Cattell, H. E. P., 396
Cattell, A. K., 396
Cattell, R. B., 396, 406f
Cauce, A. M., 522-523
Cavallini, E., 374-375
Cavenett, T., 291
Cebrià, A., 501
Ceccanti, M., 158
Ceci, S. J., 223-225
Center for Science in the Public Interest, 154f
Centers for Disease Control and Prevention (CDC), 364-366
Ceponiene, R., 213
Cerutti, D. T., 182
Chaimow, D., 100f
Chamberlain, K., 421-422, 424f
Chamberlain, R., 158
Chamberlain, S. R., 467
Chambless, D. L., 513
Chan, A., 142
Chan, K. K., 532
Chandler, D. R., 11
Chandran, S., 248
Chang, J., 24, 182
Chao, R., 428
Chapkis, W., 161-162
Chapman, J., 543
Chapman, J. P., 475-476
Chapman, L. J., 475-476
Charles, A., 137
Charles, L., 430
Charmak, W. D., 111-112
Charman, D. P., 497
Charnley, J. L., 173-174
Chartrand, T. L., 125, 534
Chaudhry, H. R., 445-446
Chauhan, R. V., 513

Chavez, P. R., 158
Cheakalos, C., 296
Chebrolu, J., 80
Cheer, J. F., 179
Chen, A., 102
Chen, D. C., 30-31, 109, 113
Chen, E., 424
Chen, G., 436-437
Chen, J., 469
Chen, K., 530
Chen, T. H., 107
Chen, W. T., 80
Chen, Z., 478-479
Cheney, C. D., 442-444
Cheng, C., 432
Cheng, S., 400-401
Chenu, F., 56
Cherek, D. R., 161
Cheston, S. E., 513
Cheung, M. L., 432
Chiang, W. C., 355
Chincotta, D., 210f
Chivers, M. L., 305
Cho, A., 105
Cho, S., 82, 255
Chodorow, M., 229-230
Chomsky, N., 259, 260, 260f
Chong, C., 182
Chou, K., 430
Chou, S., 398
Chou, T. C., 143
Chow, E. W. C., 475-476
Choy, Y., 499
Christ, S. E., 336
Christakis, N. A., 438
Christian, C. J., 467, 467f
Christiansen, C., 65
Christmas, D., 520-521
Christodoulou, I., 267-268
Chrysikou, E. G., 249
Chu, D. Z. J., 113
Chu, R. L., 538, 539
Chuang, S., 364-365
Chung, C., 456, 473
Chylinska, J., 428
Cialdini, R. B., 529, 545-546
Cicchetti, D., 349
Çiçek, M., 249-250
Cieciuch, J., 397
Cipriani, A., 517
Cipriano, E. A., 318
Clair, J. M., 443-444
Clark, D., 111-112
Clark, D. A., 157, 466, 468
Clark, D. B., 159
Clark, D. M., 509
Clark, J., 508
Clark, L. A., 459-460
Clark, L. V., 354
Clark, M. P., 15
Clark, M. S., 537
Clark, R. E., 215
Clarke-Stewart, K., 349
Clarkin, J. F., 478-479
Clasen, L., 80
Clausen, A., 162
Claybourn, M., 435
Clayton, K., 155
Clément-Guillotin, C., 364-365
Clements, A. M., 79
Clementz, B., 537-538
Clerici, C., 51
Clifasefi, S., 225-226
Clifford, C. W. G., 98
Clifton, D., 445-446
Clinton, B., 534
Clore, G. L., 561-563
Cloud, J., 162

Coan, J. A., 431, 431f
Coates, S. L., 220
Cobos, P., 316
Cochran, S. D., 309-310
Coderre, T. J., 110
Coffman, S. J., 512
Cohen, A., 521-522
Cohen, A. L., 374-375
Cohen, B. H., 37
Cohen, G. L., 553
Cohen, J., 38
Cohen, L. B., 344, 355
Cohen, P., 161-162, 487
Cohen, S., 425, 425f, 431
Cole, D. A., 479-480
Cole, S. W., 430
Coleman, E., 305
Coleman, G., 135
Coleman, J., 359
Coleman, M., 372
Coles, R., 360-361
Colland, V. T., 441
Collins, A. M., 213, 213f
Collins, C. A., 428
Collins, L. M., 359-360
Colom, R., 267
Colombi, A., 20
Coltheart, M., 475-476
Coltraine, S., 550
Colvin, C., 535
Colwell, M. J., 347
Committeri, G., 194
Compagni, A., 50
Comuzzie, A. G., 301
Condray, D. S., 511
Conduit, R., 135
Cone-Wesson, B., 107
Conner, M., 532
Connolly, A. C., 241-242
Conover, K., 179
Convento, M. J., 140
Conway, M. A., 220, 226
Conway, T. L., 438
Cook, T., 149
Cooke, J. R., 141
Cooklin, A., 510
Coolidge, F. L., 392
Cooper, H., 37
Cooper, J., 509, 533
Cooper, M., 508, 528
Cooper, Z., 302-303
Cooper-Brown, L. J., 182
Copeland, J. D., 245
Coplan, J. D., 467
Coplan, R., 349
Coppersmith, G., 58
Cordnoldi, C., 225-226
Coren, S., 92, 118f, 121, 123f
Cork, R. C., 220
Corn, B., 436-437
Cornelius, M. D., 161
Cornell, C. B., 273
Cornier, M., 299
Corp, E. S., 297
Corpus, J. H., 292
Corr, P. J., 182
Corrigan, P. W., 474
Corsello, A., 222-223
Cosmides, L., 187
Cossette, M. P., 179
Costa, P. T., Jr., 397, 397f, 478-479, 542
Costa, R., 349
Côté, J. E., 368
Cotton, P., 486
Cotton, W. L., 305
Couey, J., 122
Coulson, S., 114

Courteau, J., 437
Couturier, J., 302
Coventry, K. R., 246
Cowan, C. W., 56
Cowan, N., 208, 355
Cowley, B. J., 145
Cowley, G., 231-232, 421
Cox, J., 289
Cox, R., 175-176
Coyle, N., 378
Coyle, T. R., 276
Coyne, J. C., 424f
Craighero, L., 341
Craik, F. I. M., 219, 220, 222, 264
Cramer, A., 349
Cramer, D., 28
Cramer, P., 389-390
Crandall, C. S., 356
Crawley, J. N., 467
Cray, J., 27
Creasey, G. L., 331
Creel, S. C., 257
Crews, F., 390-391
Crewther, S. G., 135
Criswell, H., 57
Critchfield, T., 180
Crites, S. L., Jr., 531, 531f
Crits-Christoph, P., 513, 523
Crittenden, R., 140
Crocker, J., 460-461
Crockett, E., 556-557
Croissant, B., 158
Crombag, H. S., 152
Cropley, A., 254
Crosnoe, R., 377-378
Crowder, R. G., 206
Crucian, G., 213
Crum, A. J., 44, 58
Crump, J., 392
Cueto, S., 403-404
Cui, L., 483
Cuijpers, P., 23, 511
Culbert, K., 302
Culhane-Pera, K. A., 442-443
Cullinane, C. A., 113
Cumberland, A., 561-562
Cummings, A., 213
Cunningham, P., 355
Curran, A., 271
Curran, M., 516
Cutting, J. C., 257
Cwikel, J., 37
Czajkowski, N., 111-112
Colsch, M., 140
Czopp, A. M., 553

D

Daddis, C., 364-365
Dadds, M., 64-65
Daftary, F., 226
D'Agostino, R. B., Sr., 435
Dai, D. Y., 531
Daines, B., 307-308
Dalai Lama, 267-268
Dalal, A. K., 420
Dale, A., 30-31
Daley, E. M., 30-31
Dalgleish, T., 210
D'Alessandro, L., 99
Damasio, A. R., 76
Damasio, H., 76
Damaske, S., 372
Damon, W., 360-361
Danaei, G., 436-437
D'Angelo, V., 499
Dani, J. A., 437
Daniels, K. A., 220
Danner, D., 276

Danoff-Burg, S., 428
Dante, 231-233
Dao, J., 494
Darby, L. A., 189
D'Arcy, R. C. N., 69
Dare, J. S., 370
Dark-Freudeman, A., 375-376
Darley, J. M., 27-29, 33-34-37, 40, 41, 561-562
Darling, J., 110
Darroch, J. E., 306-307
Darwin, C., 8
Darwin, C. J., 206
Das, A., 305
Dasborough, M. T., 536
Daskalakis, Z., 70
Date, I. I., 77
d'Athis, P., 69
Daum, I., 214
David, D., 504
Davidson, J., 435
Davidson, J. E., 317
Davidson, R. J., 50, 79, 431, 431f
Davies, I., 342
Davies, S., 415, 467
Daviglus, M. L., 435
Davis, D. D., 504
Davis, H. C., 149
Davis, J., 321
Davis, K., 267-268
Davis, L. J., 409
Davis, O., 330
Davis, R. D., 478-480
Davis, R. L., 105
Davis, S. R., 187
Davoili, M., 161
Davydow, D. S., 330
Dawson, D. A., 398
Day, A. L., 431
Day, N. L., 161
Day, R. D., 347
Dayan, P., 186
Dayas, C. V., 173-174
Deacon, B. J., 468
Deák, G. O., 54
Dean, C., 55-56
Dean-Borenstein, M. T., 424
Deanfield, J., 424
DeAngelis, D., 9
De Angelis, M., 89
Dear, K., 486
Dearing, E., 348
Denny, T. J., 210, 374-376
Deater-Deckard, K., 331, 349
De Beni, R., 225-226, 241
DeBoeck, P., 310-311
DeBord, K. A., 309-310
DeCasper, A. J., 335
Deccache, A., 430
DeCesare, K., 545-546
Decety, J., 23, 563f
Deci, E. L., 185, 294
Decker, S., 561-562
Dede, G., 76-77
De Dreu, C. W., 64-65
Dedrick, D., 141
DeFrain, J., 371, 372
De Gelder, B., 88, 99
deGroot, A. D., 208f
Deisseroth, K., 70
De la Casa, L. G., 174-175
DeLamater, J. D., 374-375
del Campo, N., 467
Delgado, M. R., 499
Del Giudice, M., 335
Delinsky, S. S., 189
DeLoache, J., 187
del Rosal, E., 342

Índice Onomástico

Demaree, H. A., 435
Dement, W. C., 140
DeMichael, T., 81-82
Dempster, F. N., 355f
Denke, C., 113
Denmark, G. L., 15
Dennett, D. C., 23
Dennis, I., 537
Dennis, S., 437
Dennis, T. A., 350
Denollet, J., 435
Denteneer, A., 441
d'Entremont, M. L., 349
Deouell, L. Y., 206
Der, G., 270
Deregowski, J. B., 124
Deremaux, S., 241-242
de Ridder, D. T., 432
Deri-Hasid, R., 441
Derryberry, W. P., 391
DeRubeis, R., 504, 520-521
Descartes, R., 14, 16f
Deshields, T., 430
Deshpande, S. N., 475-476
deSilva, P., 465-466
Des Jarlais, D. C., 154
Desmet, M., 473
Desmond, J. E., 215
Desruisseau, D. M., 142
Dessing, J. C., 75
DeSteno, D., 561-562
Detterman, D. K., 244, 277-278
Devonport, J. J., 399-400
Devor, M., 135
Devos, T., 549
Dewey, J., 15
Dhar, R., 249-250
Dhillon, S., 516
Diamond, M., 309-310
Dias, A. M., 82
Diaz, A., 355
Díaz, E., 174-175
Díaz, J., 80
Dickerman, V., 508
Dickinson, D. L., 533
Diehl, A., 158
Diemand-Yauman, C., 230-231
Diener, E., 443-446
Diener, M., 347
Diesendruck, G., 264
Di Fabio, A., 267-268
Di Forti, M., 58
DiFranza, J. R., 437
DiGiovanna, A. G., 369
DiGirolamo, G. J., 50
DiGrande, L., 421-422
Dijk, D., 290
Dijksterhuis, A., 125
Dillard, J. P., 314
Dillon, J., 19
DiLorenzo, P. M., 109
Dimidjian, S., 512
Dinges, D. F., 149
Dingfelder, S., 398
Dinse, H., 75
Dionne, R., 111-112
Dishion, T., 363-365
Dittrich, W. H., 467
Ditye, T., 92
Dixon, R. A., 374-376
Dizon-Reynante, C., 221
Djapo, N., 396
Djokic, R., 396
Do, V. T., 550
Dobbins, A. C., 120
Dobbins, I. G., 220
Dobronevsky, E., 519
Dodge, K. A., 330

D'Odorico, L., 258
Dohnke, B., 438
Doi, T., 390-391
Dolan, R. J., 319, 319f
Dolan, S. L., 511
Dolan-Pascoe, B., 400-401
Dolbier, C. L., 421
Dolinski, D., 545-546
Doll, H. A., 474
Dollar, J. M., 318
Dollinger, S. J., 531
Domhoff, G. W., 138, 139f, 144
Dominowski, R. L., 247f, 248f
Donahoe, J. W., 187
Donald, A., 424
Donche, V., 364-365
Donnellan, M., 479-480
Donnerstein, E., 196
Donoghue, J. P., 71
Dording, C., 517
Dortch, S., 152
Dostrovsky, J., 122
Doty, R. L., 109
Dougall, A. L., 427
Douglas, O., 267-268
Douglas Brown, R., 223-225
Dovidio, J. F., 549, 550, 553, 561-562
Dowd, S., 70
Dowdall, G. W., 158
Dowling, N., 499
Downey, J. E., 15
Doyle, R., 521-522f
Doyle, W. J., 425
Dozois, D., 468
Drachman, D., 498
Drago, V., 213
Draguns, J. G., 389-390, 513
Drain, T., 181
Draine, S. C., 125
Dresbach, T., 55-56
Drewes, A. A., 347
Drews, F. A., 210
Driscoll, D., 54
Driver, J., 99, 114
Drob, S., 391
Dryden, W., 504
Duberstein, P. R., 520-521
Dubinsky, A. J., 537
Dubow, E. F., 194
Ducharme, J. M., 181
Dudai, Y., 214
Dudek-Singer, J., 501, 560-561
Dugas, C., 50
Duke, M., 478-479
Dumont, D., 521-522
Dumont, M., 521-522
Dunbar, N. E., 555
Duncker, K., 250-251
Dunlop, W. L., 399-400
Dunn, W. J., 113
Dunner, D. L., 517
Dunning, K., 82
Duntley, S. P., 142
Durán, M., 357
Dürr-Pal, N., 162
Dworkin, R. H., 475-476
Dybdahl, R., 218
Dysart, J., 222-223

E

Eaker, E. D., 435
Earls, E. J., 196
Ebbinghaus, H., 15, 228, 229f
Eberhard, J., 515
Eberhard, K. M., 257
Ebstein, R. P., 403-404
Ebster, C., 545-546

Ecenbarger, W., 439
Echemendia, R., 409
Eckardt, M. H., 392
Eckersley, R., 486
Eden, J., 543
Edinger, J. D., 500
Edison, T., 248
Edoka, I. P., 471
Edwards, C. C., 438
Eftimiades, M., 561-562
Egan, J., 384
Egan, K., 355
Eggum, N. D., 561-562
Egliston, K., 501
Ehlers, C. L., 159, 160
Ehlert, U., 427
Ehrenfeld, T., 55
Eimer, B. N., 149
Ein-Dor, T. T., 421-422
Einstein, A., 254, 330
Einstein, G. O., 233-234
Eisch, A., 77
Eisenberg, M., 479-480
Eisenberg, N., 561-562
Eisenberger, N. I., 551, 551f
Ekeland, T. J., 406
Eklund, J., 403-404
Ekman, P., 315, 320-321-322
Ekroll, V., 121-122
Ekstsrom, R. D., 143
Elder, G. H., Jr., 377-378
Elfhag, K., 300
El-Hai, J., 519
Elhers, W., 389-390
Eliot, T. S., 269f
Eljamel, M. S., 520-521
el-Kaliouby, R., 321
Elkind, D., 364-365, 406
Elkins, G., 149
Ellason, J. W., 469
Ellins, E., 424
Elliot, A. J., 310-311
Elliott, A., 456
Elliott, J., 370
Elliott, M., 431
Ellis, A., 503, 504, 564
Ellis, B. J., 9
El-Mallakh, R. S., 162
Elston, R. C., 436-437
El Tom, S., 75
Emery, G., 466, 466f
Emick, J., 246
Emmelkamp, P. M. G., 498, 500
Encinas, J., 77
Endres, T., 187
Engel, R., 470
Engen, T., 108
Engle, R. W., 210, 267-268
Engler, J., 488
Entz, L., 141
Enzinger, C. C., 69
Epley, N., 125
Epstein, R., 441-443
Epstein, W., 98
Eranti, S. V., 519
Ergene, N., 111-112
Erickson, R., 109
Eriksen, M., 439
Erikson, E. H., 350-352, 361-362f, 361-364, 393
Erkens, J. A., 517
Eröss, L., 141
Ertel, K. A., 376-377
Ertel, S., 126
Ervik, S., 142
Eslick, G. D., 465-466
Espelage, D. L., 308-309
Essau, C. A., 473

Essén, B., 370
Estey, A. J., 392
Evans, A. M., 497
Evans, D. E., 403-404
Evatt, D. P., 437
Evcik, D., 113
Everette, T., 337
Everhart, D. E., 435
Everly, G. S., Jr., 457
Eynan, R., 479-480
Eysenck, H. J., 396, 396f, 406f, 511
Ezzati, M., 436-437

F

Fabo, D., 141
Fabri, M., 80
Fagan, J., 373
Fagan, J. F., 280, 282
Fagen, J., 108
Faggiano, F., 161
Fagiolini, A., 517
Fairchild, H. H., 196
Fairhall, A., 92
Fako, I., 396
Falcone, G., 519
Falcon-Eicher, S., 69
Fallon, A., 40-41
Fan, M. Y., 430
Fanselow, M. S., 55-56
Faraci, P., 499
Farah, M. J., 216
Farell, B., 99
Farinelli, L., 27
Fast, K., 109
Faust, D., 512
Faustisne, L., 334
Fazekas, F. F., 69
Fazel, M., 430
Fearing, V. G., 508
Fedeli, A., 299
Federer, R., 535-536
Fee, E., 111-112
Feeley, T., 27
Feeney, B. C., 537
Feiler, H. S., 160
Fein, S., 430, 432
Fekedulegn, D., 430
Feldman, D. H., 354
Feldman, R. S., 233-234
Feldner, M., 137
Feldt, L. S., 276
Felix, D. S., 510
Feltmate, S. E., 375-376
Fendt, M., 187
Feng, B., 441-442
Fenter, V. L., 517
Fenwick, P. B. C., 82
Ferguson, C. J., 196
Ferguson, M., 454
Fergusson, D. M., 365-366
Fernandez, L. C., 15
Fernandez, M., 240, 284
Fernando, M. L. D., 516
Ferraro, R. F., 220
Ferri, M., 161
Festinger, D., 291
Festinger, L., 17f, 532, 533
Fichtenberg, C. M., 438
Field, B., 424
Field, T., 342f
Fields, C., 249-250
Fields-Meyer, T., 358
Figen, A., 430
Figueiredo, B., 349
Fillingim, R. B., 291
Finan, P. H., 421
Finch, A. J., Jr., 564

Fine, L., 248
Fine, R., 248
Fineberg, N. A., 467
Fingelkurts, A. A., 148
Fink, A., 270
Fink, G., 519
Fink, G. R., 54, 78f, 194
Finkelstein, M., 292
Finkelstein, Y., 337
Finkler, K., 151
Finlay, F. O., 359
Finley, C. L., 145
Finn, A., 391
Fiore, M. C., 436-437
Firestein, B. A., 307-308
First, M. B., 459-460
Fischer, A. H., 314, 319
Fischer, 555
Fischer, K. W., 315f
Fischer, T. M., 92
Fischler, C., 299
Fischler, G., 411
Fiser, J., 120
Fish, M. C., 308-309
Fishbach, A., 249-250
Fisher, C. B., 40
Fisher, L., 209
Fiske, S. T., 534, 551
Fisogni, S., 51
FitzGerald, D., 213
Fitzgerald, P., 70
Fitzmaurice, P., 155
Flam, F., 108
Flavell, S. W., 56
Fleck, J. I., 144
Fleischman, D. A., 375-376
Fleming, J., 409
Fleminger, S., 480-481
Fletcher, M. E., 137
Flory, K., 428
Flynn, J. R., 173-174
Flynn, P. M., 161
Fobes, J. L., 73
Foderaro, L. W., 470
Fogel, A., 342
Folk, C., 118-119
Folkman, S., 421-422, 428, 432
Follett, K., 538
Fonagy, P., 479-480
Forbey, J., 412
Forer, B., 408
Forgas, J. P., 535
Forlenza, M. J., 60
Formenti, S. C., 520-521
Forrest, C., 516
Förster, J., 549-550
Fosse, M., 140
Fosse, R., 140
Fossey, D., 30-31f
Foster, D. H., 102
Foster, J., 398
Foster, K. M., 198
Foster, P., 213
Fotti, S., 501
Foulds, J., 437
Fountas, K. N., 73
Fournier, J., 241-242
Fowler, C. A., 107
Fowler, J. H., 438
Fox, K., 309-310
Fox, M. J., 57f, 58
Fox, S., 272
Foxe, J. J., 107
Frackowiak, R. S. J., 76
Fradera, A., 231-232
Frances, A., 459-460
Franciskovic, A., 173-174
Frank, E., 517

Índice Onomástico

Frankenberg, W. K., 341f
Frankham, P., 299
Franklin, A., 342
Franklin, G., Sr., 223-225f
Franklin, M. E., 500
Franklin, T. B., 278
Franko, D. L., 297
Franks, P., 441-443
Franzek, E., 475-476
Fraser, I., 435
Fraser, S. C., 544-545
Frasure-Smith, N., 436-437
Frederickson, B. L., 314
Freedberg, D., 211
Freedman, D. S., 301
Freedman, J. L., 544-545
Freedman, M. R., 303
Freedy, J. R., 421-422
Freeman, A., 504
Freeman, K., 421-422
Freire, J. C., 508
Frensch, P. A., 194
Freud, A., 15, 389-390, 393
Freud, S., 15, 16f, 18, 139-140, 140, 290, 308-309, 385-391, 406f, 468, 477-478, 496, 498, 560
Freudenberg, Z., 71
Friborg, O., 421-422, 430
Fricke-Oerkermann, L., 138
Fried, I., 215
Friedberg, R. D., 503
Friederici, A. D., 342
Friedman, J. N. W., 478-479
Friedman, M. J., 421-422
Friedman, S. R., 154
Frijda, N., 314
Frijda, N. H., 314, 319
Frimer, J. A., 361-362, 561-562
Frings, L., 80
Friston, K. J., 375-376
Frith, C. D., 99
Fritsch, T., 375-376
Fritz, S. M., 255
Frodl, T., 470
Frosch, A., 390-391
Frost, L. E., 454
Frost, R. O., 466, 468
Frumin, I., 109
Fu, L., 478-479
Fuchs, S. S., 69
Fujii, T., 552
Fujiki, M., 315
Fulero, S., 222-223
Fultz, J., 545-546
Funder, D. C., 397
Funke, G. J., 356
Furnham, A., 392
Furukawa, S., 107
Furukawa, T. A., 471
Furukawa, Y., 155
Furumoto, L., 15
Fusari, A., 109
Fyer, A. J., 499
Fyhn, M., 122

G

Gaab, J., 427
Gabriel, L. T., 277-278
Gabrieli, J. D. E., 215
Gadbois, S. A., 400-401
Gaertner, B., 561-562
Gaertner, S. L., 549, 550, 553
Gage, F. H., 79
Gage, P., 76
Galanter, M., 510
Galantucci, B., 107
Galef, D., 409
Gall, F. J., 14, 16f

Gallese, V., 55
Gallo, P., 259
Gallois, C., 529
Gallop, R., 504, 512
Galloway, G., 153
Gallup Poll, 125
Galton, F., 272
Galvin, D. M., 162
Gami, A. S., 142
Gandhi, K. K., 437
Gangestad, S. W., 305
Ganong, L. H., 372
Gaona, C., 71
Garb, H. N., 412-413
Garber, J., 479-480
Garcia, A., 500
Garcia, J., 175-176, 553
Garcia, R., 263
Garcia, S. M., 561-562
Garcia-Andrade, C., 159
Garcia-Mijares, M., 187
Garcia-Palacios, A., 37
Gardini, S., 241
Gardner, B., 519
Gardner, C., 155
Gardner, C. O., 471
Gardner, E. P., 111
Gardner, F., 564
Gardner, H., 76-77, 89, 267-268, 269f
Gardner, S., 15
Garle, H., 66
Garlow, S. J., 159
Garretson, M. E., 223-225
Garrido-Nag, K., 258
Garrigan, P., 121
Garry, M., 225-226
Garwick, G. B., 278
Gass, C. S., 30-31
Gatchel, R. J., 111-112
Gates, B., 415-446
Gatz, M., 471
Gautreaux, G., 501, 560-561
Gavrilescu, D., 222
Gawronski, B., 468
Gayathri, K., 483
Gaymard, B., 135
Gaynes, B. N., 143
Gazzaniga, M. S., 50, 80, 216
Ge, X., 359
Gegenfurtner, K. R., 102
Gelbard-Sagiv, H., 215
Gelenberg, A., 517
Gelfand, L., 504
Gelfand, M. M., 374-375
Geller, E., 185
Gelman, R., 355
Gelstein, S., 109
Gennaro, R. J., 132
Genovese, J. E. C., 354
Genovese, K., 27-28, 561-562
Gentile, B., 400-401
Gentner, D., 261
George, J., 510
George, M. S., 319
George, P., 114
George, R., 342
George, S., 156
Georgeson, M., 100
Geppert, C. M., 510
Gerdes, A., 187
Gernsbacher, M. A., 55
Gerrard, J., 436-437
Gerrie, M., 118-119
Gerritsen, C., 249
Gershkoff-Stowe, L., 259
Gerson, K., 372

Gerstel, N., 373
Getner, D., 255
Geva, D., 161
Geyer, T., 220
Giacobbi, P. R., Jr., 421-422
Giacomini, M., 78
Giannopoulos, V. L., 443-444
Gibb, R., 77
Gibbon, M., 472
Gibbons, F. X., 436-437
Gibbons, R. D., 517
Gibbs, N., 358
Gibbs, W. W., 257
Giedd, J., 80
Gielen, U. P., 10
Giese-Davis, J., 436-437
Gilbert, D. T., 222, 395
Gilbert, P. D., 431
Gilboa, A., 231-232
Gilchrist, A., 208
Gillam, B., 119
Gilligan, C., 360-364
Gilliss, C., 370
Ginsberg, S., 364-365
Gitlin, M., 476-477
Giusberti, F., 241
Gizer, I. R., 160
Gladwell, M., 412-413, 415
Gladwin, T., 266
Glantz, S. A., 438
Glass, G. V., 511, 512f
Glass, K., 428
Glei, D. A., 421-422
Gleitman, L. R., 260
Glickfield, L. L., 109
Glicksohn, J., 396, 535
Glisky, E. L., 376-377
Glover, G. H., 215
Glymour, M. M., 376-377
Godbout, R., 137
Godfrey, K., 516
Goeltzenleucher, B., 140
Goff, D., 213
Goffin, R. D., 537
Gogtay, N., 80
Goin, M. K., 494
Gokce, A., 220
Gold, J. M., 475-476
Gold, M., 155
Gold, P. E., 233-234
Goldberg, J., 515
Golden, R. N., 143
Golden, W. L., 149
Golder, S. A., 143
Goldfried, M. R., 512
Goldin, S., 261
Goldin-Meadow, S., 261
Goldman, E., 520-521
Goldman, R. N., 507
Goldstein, E., 223-225
Goldstein, I., 304
Goldstein, L. H., 82
Goldstein, R. B., 398
Goldstein, S. N., 361-364
Goleman, D., 344, 442-443f, 488
Golimbet, V. E., 403-404
Golombok, S., 308-309
Golosheykin, S., 150
Gomez-Ramirez, M., 107
Gonçalves, E. L., 187
Gong, H., 102
Gontkovsky, S. T., 73, 270
Goode, E., 108
Goodman, G., 223-225
Goodman, W. K., 467
Goodwin, J. E., 342
Goodwin, R., 542
Goodwin, R. D., 478-479

Gooley, J., 143
Gooren, L., 307-308
Gopie, N., 220
Gordijn, M. C. M., 143
Gordon, D., 459-460
Gordon, R., 109
Gosdin, M., 141
Gossop, M., 510
Gotlib, I. H., 473
Goto, T. K., 109
Gottesman, I. I., 475-476, 476-477f
Gottlieb, D. A., 182, 183
Gottlieb, J., 521-522
Gould, D., 179
Gould, E., 79
Gould, R. L., 370
Govan, D. G., 119
Grabe, S., 400-401
Grace, A. A., 215
Gradinaru, V., 70
Grady, D., 437
Graham, C. A., 474
Graham, J. R., 411
Graham, L., 81f, 105f
Graham, S., 359-360
Gralek, N., 111-112
Grainger, J., 211
Grammer, G. G., 441-442
Granath, F., 66
Grange, D. K., 336
Granic, I., 363-365
Grann, J. D., 229-230
Grant, A., 292-293
Grant, B. F., 398
Grant, D. M., 170
Grant, S., 412-413
Gray, G. C., 560-561
Gray, R., 337
Graziano, M. S. A., 75, 79
Greco, C. M., 82
Greely, H., 216
Green, B. G., 114
Green, B. L., 421-422
Green, D. L., 144
Green, D. N., 140
Green, J., 149
Green, J. A., 347
Green, J. P., 144
Green, M. C., 529
Green, P. A., 109
Green, P. R., 100
Greenberg, B. D., 520-521
Greenberg, G., 457-458
Greenberg, L. S., 507
Greenberg, R., 520-521
Greenberg, R. L., 466, 466f
Greenberg, R. M., 519
Greene, J. D., 319, 563
Greenfield, S., 132
Greening, E., 126
Greenspan, S., 277-278
Greenstein, D., 80
Greenstein, J. E., 437
Greenwald, A. G., 125, 220, 552
Greer, L. L., 64-65
Greer, P. L., 56
Greer, R. D., 501, 560-561
Greer, S., 435
Grefkes, C., 78f
Gregory, R. L., 121, 123
Gretchen, D., 513
Greve, D. N., 232-233
Greydanus, D. E., 480-481
Griffin, D. W., 556-557
Griffin, P., 198
Griffiths, J., 421-422
Grigorenko, E. L., 271, 279, 282
Grigoriadis, S., 509

Grilo, C. M., 302-303, 479-480
Grimes, T., 32-33
Grimm, J. W., 73
Grinspoon, S., 441
Gritsenko, I. K., 403-404
Gritz, E. R., 436-437
Groh, C., 368
Gronholm, P., 69
Gross, C. G., 79
Gross, D. M., 314
Gross, J. J., 314
Gross, M. D., 435
Grossmann, T., 342
Grothusen, J. R., 516-517, 517
Groves, R. M., 30-31
Grubaugh, A., 500
Gruber, S. A., 465-466
Grucza, R., 158
Gruenewald, T. L., 427, 444-445
Grünert, U., 98
Grunwald, T., 342
Gruseç, J. E., 194, 501
Grushka-Cockayne, Y., 244
Gschwendner, T., 220
Guadagno, R. E., 529
Guardino, M., 483
Guarnaccia, P. J. J., 487
Guastella, A., 64-65
Guéguen, N., 545-546
Guerrero, L., 27
Guez, J., 229-230
Guiard, B. P., 56
Guiliano, T. A., 395
Guillem, F., 137
Guilleminault, C., 137, 142
Guldemond, H., 279
Gulgoz, S., 226
Gumble, A., 189
Gunn, D. M., 210
Gur, M., 509
Gurin, P., 28
Gurnett, C. A., 142
Guthrie, I. K., 561-562
Gutierrez, P. M., 364-365
Gutiérrez, R., 229-230
Guttmacher Institute, 306-307
Guyll, M., 549-550
Gwadry, F., 140
Gwynn, M. I., 147
Gyulai, L., 473

H

Haberstick, B. C., 155, 334
Hackam, D. G., 43
Hackman, H. W., 198
Haddock, B., 374-375
Hafting, T., 122
Hager, E., 122
Haidt, J., 561-563
Haier, R. J., 267
Haimov-Kochman, R., 441
Hains, S., 542
Halcox, J., 424
Haley, W. E., 443-444
Halford, S., 347
Halgren, E., 260
Halgren, R. D., 501, 560-561
Halkitis, P., 155
Hall, B. J., 24
Hall, E., 368, 373
Hall, J., 535
Hall, J. A., 441-443
Hall, L. K., 225-226f
Hall, P. J., 182
Halldorson, M. K., 221
Halle, T., 348
Hallgren, M., 140
Hallschmid, M., 299
Halpern, A. R., 219

Índice Onomástico

Halpern, D. F., 372
Halpert, J., 441-442
Halsband, U., 80, 148
Ham, J., 561-563
Hämäläinen, H., 118-119
Hamani, Y., 441
Hamann, S., 214
Hambleton, R. K., 408
Hamed, M. S., 501
Hamer, M., 432
Hamer, R. M., 143
Hamilton, A. C., 207
Hamilton, S. P., 478-479
Hamilton, W. L., 438
Hammann, S. B., 319
Hammock, G. S., 560
Hammond, C., 155
Hammond, D. C., 149
Hamner, M., 500
Hampshire, A., 467
Hand, V., 457-458
Handgraaf, M. J., 64-65
Haney, C., 544-545
Hangya, B., 141
Hankin, B., 428
Hanley, C., 195
Hanley, S. J., 294
Hannan, A., 465-466
Hannon, E. E., 342
Hanson, D. R., 475-476
Haratani, T., 143
Harding, D. J., 306-307
Hardison, D. M., 257
Hardt, J., 365-366
Hardy, L. T., 346
Harel, M., 215
Hari, R., 206
Hariri, A., 551, 551f
Harlow, H. F., 346
Harlow, J. M., 76
Harmon, S. C., 511
Harmon-Jones, E., 551
Harold, G. T., 372
Harper, D. J., 519
Harper, T., 373
Harrington, D., 161-162
Harris, J., 64, 111-112, 216
Harris, K. R., 270
Harris, M. S., 154
Harris, R., 57
Hart, B., 259
Hartley, T., 430
Hartmann, E., 135f
Hartstein, M., 137
Hartung, C. M., 486
Harvard Mental Health Letter (HMHL), 523
Harvey, A. G., 141
Harvey, J. H., 306-307
Harvey, P. D., 476-477, 536
Harvey, R. H., 430
Harvey-Berino, J., 300
Hasan, R. M., 149
Hasher, L., 220
Hashimoto, M., 70
Haskell, C. F., 155
Haslam, C., 337
Hasselblad, V., 436-437
Hastings, R. P., 279
Hatsopoulos, N. G., 71
Hau, K. T., 297
Hauke, C., 391
Hauser, M. D., 355
Havercamp, S. M., 293
Havermans, R. C., 500
Haviland, J. S., 435
Haviland-Jones, J. M., 109
Hawkes, Christopher H., 109

Hawley, E., 123
Haworth, C., 330
Hayflick, L., 373
Hayne, H., 225-226
Haynes, P., 151
Hayward, R., 431
He, S-Z., 372
Health Pages, 441
Heard, H. L., 501
Heath, R. A., 309-310
Heatherton, T., 436-437
Heaton, R., 476-477
Hecht, J. M., 445-446
Hedges, D. W., 516
Hegarty, P., 529
Hegg, E., 179
Heidenreich, T., 509
Heier, M. S., 142
Heilman, C. J., 57
Heilman, K. M., 213, 254
Heim, C., 64-65
Heimberg, R. G., 459-460
Heine, S., 41
Heinen, T., 241-242
Heinrichs, R. W., 475-476
Heisel, M. J., 479-480
Heitzmann, C. A., 435
Heller, S., 390-391
Heller, W., 79
Helmbold, N., 270
Helmholz, H. von, 101
Helmuth, L., 56
Helstrup, T., 225-226
Henckes, N., 521-522
Henderson, J., 337
Henderson, J. M., 70
Henderson, S., 337
Hendriks, E. H., 435
Hendryx, M., 521-522
Henik, A., 113
Heninger, M., 159
Hennig-Fast, K., 470
Henningsen, D. D., 543
Henningsen, M. L., 543
Henrich, J., 41, 124
Henriksen, A. L., 521-522
Henry, D., 141
Hentschel, U., 389-390
Henwood, B. F., 457-458
Herbenick, D., 305
Herbert, W., 245
Hering, E., 102
Herman, C. P., 301, 302
Herman, D. B., 421-422f
Herman, J., 474
Hernandez, G., 179
Herpertz, S. C., 502f
Herrán, A., 465-466
Herrington, D. M., 65
Herrmann, A., 249
Herrnstein, R. J., 281-282
Herskovits, M. J., 123
Hertwig, R., 228
Hertzog, C., 376-377
Herzberg, L., 319
Hess, M. J., 81-82
Hess, T. M., 375-376, 538
Hessels, S., 229-230
Hesterberg, K., 403-404
Hewitt, J. K., 155
Heyes, C., 55
Heyman, G. D., 264
Hibbard, P., 119
Hiby, E. F., 182
Hickok, G., 54, 55
Higgins, S., 19
Hilarski, C., 478-479
Hilgard, E., 148

Hill, S. S., 40-41
Hiller, W., 468
Hillix, W. A., 263
Hine, D. W., 158
Hines, A., 428
Hines, M., 79
Hinman, N., 189
Hinson, J. T., 375-376
Hinterberger, T., 148
Hippocrates, 16f
Hirase, H., 70
Hirsch, J., 301
Hirschfeld, R. M. A., 517
Hirsh, I. J., 107
Hirt, E. R., 222-223
Hitch, G. J., 210
Hjemdal, O., 421-422, 430
Ho, L. T., 80
Ho, S. M. Y., 442-443
Hoare, P., 20
Hobfoll, S. E., 24, 421-422
Hobson, J. A., 134f, 140, 141
Hobson, K., 441
Hochschild, A., 372
Hock, H. S., 89
Hodgkinson, K. A., 475-476
Hoff, E., 257, 259, 261
Hoffer, T. B., 11
Hoffman, H., 37
Hoffmann, M., 370
Hofler, M., 465-466
Hofmann, S. G., 500
Hofmann, W., 220
Hogan, J., 415
Hogan, R., 415
Hogg, M. A., 542, 550
Hojjat, M., 558
Holcomb, P., 213
Holden, C., 78, 475-476
Holland, C. R., 280, 282
Holland, J. C., 436-437
Hollenstein, T., 363-365
Holler, G. D., 144
Holleran, S., 535
Hollingworth, H. L., 15
Hollingworth, L. S., 15, 17f
Hollins, K., 337
Hollis, K. L., 174-176
Hollist, C. S., 510
Hollon, S. D., 504, 520-521
Holman, B., 429
Holmes, A., 467
Holmes, J. G., 556-557
Holmes, S. A., 113
Holon, S. D., 512
Holowka, S., 79
Holsboer, F., 140
Holt, J., 452, 455, 490
Holt, M., 56
Holtz, J., 9
Holyoak, K. J., 82, 255
Home, J. A., 137
Honda, S., 70
Honer, W. G., 475-476
Hongchun, W., 148
Honorton, C., 126
Honzik, C. H., 192
Hood, S., 467
Hope, K., 522-523
Hopkins, W., 78
Hoppey, D., 279
Hopwood, C., 479-480
Horesh, D., 421-422
Hori, H., 403-404
Horínek, D., 231-232
Horney, K., 15, 385, 392, 392f, 393, 406f
Hornsey, M. J., 529, 541

Horowitz, H. A., 478-479
Horowitz, J. L., 479-480
Hort, J., 231-232
Horton, C. L., 140
Horton, K. D., 221
Horwood, L. J., 365-366
Hotopf, M., 517
Hou, Y., 400-401
Houg, S., 81-82
Houghtalen, R. P., 469
Houle, S., 515
Houlihan, D., 545-546
Houlihan, M., 435
Hoven, C. W., 467
Howard, D. E., 142
Howard, K. I., 225-226
Howard, R., 161-162
Howard, T. D., 65
Howe, C. J., 259
Howe, M. L., 222-223
Howell, E. F., 469
Howes, O., 58, 456, 475-476
Howitt, D., 28
Howland, R., 517
Hoyme, E. H., 278
Hoyt, C., 529
Hozawa, A., 435
Hsieh, D. K., 513
Hsieh, Y., 530
Huang, B., 398
Hubbard, E. M., 113, 114f
Hubbard, K., 296
Hubel, D. H., 17f, 98, 99
Huber, F., 249
Hudson, W., 124, 125f
Hudspeth, A. J., 76, 107
Huesmann, L., 194, 196
Hugdahl, K., 50, 79, 118-119
Hugenberg, K., 551
Hughes, A., 229-230
Huguer, N., 421-422
Huijie, T., 331
Hull, C. L., 290
Human, L. J., 535
Hummelvoll, J. K., 406
Humphrey, N., 271
Humphreys, C., 142
Humphreys, G. W., 117
Humphreys, K. L., 181
Hung, D. L., 194
Hungi, N., 233-234
Hunt, E., 249-250, 270
Hunt, J. S., 549
Hunt, M., 305, 307-308
Hunt, R., 209
Hunter, C., 113
Hur, K., 517
Hurt, C. A., 220
Hurt, C. S., 375-376
Hussain, R., 278
Hussein, S., 251-253
Huston, A. C., 196
Hutchinson, S. L., 428
Hutchison, K. E., 154, 403-404
Hyde, J. S., 306-310, 474
Hyde, K., 76
Hyman, B. T., 231-232
Hyman, M., 496
Hyworon, Z., 20

I

Iachini, T., 241
Iacoboni, M., 54, 55
Iaria, G., 194
Ievers-Landis, C. E., 336
Iglesias, A., 149
Igo, S. E., 30-31
Ihler, E., 441-442

Ihori, N., 196
Ikonomidou, C., 337
Imamura, M., 121
Inafuku, S., 142
Inagawa, S., 142
Ingvar, M., 80
Inhelder, B., 353
Innocenti, G. M., 336
Inoue, T., 517
Insel, T. R., 473
Insko, C., 556-557
International Human Genome Sequencing Consortium, 334
Iribarren, C., 435
iriz, J., 473
Irons, G., 172-173
Irwin, M., 427
Irwin, R. R., 150
Isaac, M., 421-422
Isaacson, J. S., 77, 109
Isay, R. A., 308-309
Isbell, L. M., 553
Ishii, K., 261
Ishikawa, S., 504
Iversen, L., 58, 456
Iversen, S., 58, 456
Iverson, P., 257
Ivry, R. B., 50
Ivy, L., 349
Iwai, Y., 70
Iyengar, S. S., 292
Izaki, Y., 215
Izard, C. E., 321

J

Jaasma, M. A., 561-562
Jackendoff, R., 261
Jackson, A., 499
Jackson, J. D., 430
Jackson, P., 467
Jackson, S., 474
Jacob, K. S., 483
Jacobs, G., 486
Jacobs, J. A., 372
Jacobs, M., 301
Jacobsen, F. M., 143
Jacobson, J. L., 278
Jacobson, N. S., 412f
Jacoby, E., 403-404
Jacoby, L. L., 229-230
Jacquez, F. M., 479-480
Jagacinski, R. J., 117
Jahn, R., 56
Jain, S., 421-422
James, M. H., 173-174
James, R., 532
James, W., 14, 15, 16f, 132, 316
Jamieson, G. A., 148
Jamison, K. R., 470, 472f
Janca, A., 421-422
Jang, H., 294
Jang, K. L., 64, 330
Janicak, P., 70
Janis, I. L., 543
Jansen, A., 500
Janson, R. A., 309-310
Janusek, L., 420
Janzen, J. I., 389-390
Jarcho, J. M., 551, 551f
Jarlais, D. C. D., 156
Jarrold, C., 209, 210
Jarvin, L., 279
Jasso, H., 54
Javitt, D. C., 475-476
Jean-Pierre, P., 435
Jefferson, D. J., 155
Jelley, R. B., 537
Jen, C-H., 538, 539

Índice Onomástico 639

Jena, S., 111-112
Jencks, C., 306-307
Jenkins, A. M., 11
Jenkins, F. J., 427
Jenkins, J., 421-422
Jenkins, J. M., 313
Jensen, A. R., 270, 272, 409
Jensen, M. P., 113
Jeo, R. M., 120
Jequier, E., 299
Jerant, A. F., 441-442
Jessell, T. M., 60
Jessen, S., 114
Jeter, D., 51, 330
Jetten, J., 541
Ji, D., 98
Jia, H., 373
Jiang, L., 276
Jinks, A. L., 109
Jobes, D. A., 494
Joe, G. W., 161
Joe, L., 530
Johannsen, M., 334
Johansen, T., 467
Johnson, A. M., 64
Johnson, C., 121, 374-375
Johnson, G. B., 55f
Johnson, H. D., 79, 310-311, 343
Johnson, L., 186
Johnson, P. J., 175-176
Johnson, R. J., 443-444
Johnson, S. P., 342
Johnson, V. E., 308-309
Johnson, W., 267, 374-375
Johnson-Greene, D., 40-41
John-Steiner, V., 356
Johnston, L. D., 152, 153f, 156, 161, 161f, 438, 438f
Joiner, T. E., Jr., 460-461, 473
Jones, A., 148
Jones, A. L., 392
Jones, D., 41
Jones, E. E., 498
Jones, J. E., 297
Jones, J. M., 350
Jones, K., 162
Jones, M., 149
Jones, R., 359
Jones, R. K., 306-307
Jones, S., 477-478
Joorman, J., 473
Jordan, A. H., 561-563
Jorgensen, G., 361-362
Josephs, O., 76
Jourdan, A., 508
Jovanović, D., 560-561
Joyce, J., 453
Juan, C., 194
Julien, R. M, 161
June, C. H., 334
Jung, C. G., 385, 391-392, 406f
Jung, J., 158
Jung, R. E., 267
Jung-Beeman, M., 144
Juslin, P., 244
Juster, E. T., 372
Justman, S., 44
Jusuf, P. R., 98

K

Kadosh, R., 113
Kagan, J., 403-404
Kahn, V., 403-404
Kahneman, D., 248, 444-446
Kahng, S. K., 460-461
Kainz, P. M., 100
Kaiz, M., 225-226
Kalb, C., 111, 113

Kalinchuk, A. V., 290
Kaller, C. P., 249-250
Kallio, S., 148
Kalodner, C. R., 503
Kam, K., 555
Kamarck, T., 425, 425f
Kameda, M. M., 77
Kaminaga, T., 206
Kamphaus, R. W., 412-413
Kanaya, T., 223-225
Kandel, E. R., 60, 76, 111
Kane, M. J., 118-119
Kangawa, K., 298-299
Kanner, A. D., 424f
Kanoski, S. E., 300
Kantrowitz, B., 159
Kao, D., 530
Kaplan, A. S., 516
Kaplan, J. R., 35f
Kaplan, M. S., 421-422
Kapur, S., 58, 456, 475-476, 515
Kara, P., 41
Karaszewski, B., 314
Karl, A., 113
Karni, A., 141
Karsdale, M. A., 65
Kashima, H., 471
Kasof, J., 143
Kassam, K. S., 222
Kassel, J. D., 437
Kassin, S. M., 20
Kaštelan, A., 173-174
Kato, K., 430
Kato, N., 519
Kato, T., 473
Katsiyannis, A., 278
Katsoulakis, E., 520-521
Katz, J., 111-112
Katz, L., 501
Katz, M., 290
Katz, P., 196
Katzman, M. A., 111-112
Kaufman, A., 121, 374-375
Kaufman, J. C., 254, 255, 271
Kaufmann, C., 140
Kavuncu, V., 113
Kawakami, K., 553
Kawakami, N., 471
Kawamoto, Y., 403-404
Kawamura, S., 292-293
Kawasaki, C., 350
Kawashima, H., 215
Kaya, M. C., 515
Kazar, D. B., 149
Kazdin, A., 512-513
Keane, M. M., 231-232
Kearns, K. P., 76-77
Keating, D. P., 354
Keefe, F. J., 111-112
Keller, M. B., 517
Kelley, H., 534
Kelley, M., 182
Kellman, P., 121
Kellner, C. H., 519
Kelly, J. B., 372
Kelly-Hayes, M., 435
Kelm, M., 57
Keltikangas-Järvinen, L., 403-404
Keltner, D., 313
Kemeny, M. E., 420, 427, 444-445
Kemp, R. I., 222-223
Kemp, S., 99
Kempermann, G., 77, 79
Kemps, E., 225-226
Kendler, K., 321
Kendler, K. S., 155, 330, 471, 475-476
Kennedy, C. E., 111-112

Kennedy, D. O., 155
Kennedy, J. E., 126
Kennedy, J. F., 221
Kennedy, K. S., 137
Kennedy, P., 71
Kennison, S. M., 29
Kensinger, E., 319
Kerns, J. G., 313
Kerr, A. L., 70
Kesebir, P., 443-444
Kesmodel, U., 337
Kess, J. F., 80
Kessels, R., 231-232
Kessler, R. C., 216, 483
Kettenmann, H., 51
Key, W. B., 125
Keyes, M., 401-403
Khaigrekht, M., 519
Khalil, E. L., 54
Khan, A. S., 30-31
Khayyer, M., 292
Khazaal, Y., 299
Khoshaba, D. M., 430
Kidd, E., 259
Kidd, K. K., 271, 282
Kiecolt, J. K., 373
Kihlstrom, J. F., 148, 220, 469
Kikuchi, Y. Y., 77
Kilner, J. M., 99
Kim, D. R., 519
Kim, H., 111-112
Kim, N., 121
Kim, S., 370
Kim, T., 56
Kimbrel, N. A., 464
Kim-Cohen, J., 404
Kindt, M., 518
King, A., 76, 104
King, R. A., 517
King-Casas, B., 479-480
Kinoshita, Y., 403-404
Kinsey, A. C., 307-308
Kirby, S. L., 221
Kirisoglu, C., 142
Kirk, K. M., 307-308
Kirk, S. A., 513
Kirk, S. B., 428
Kirkby, J., 140
Kirsch, I., 147, 148, 175-176
Kirschenbaum, H., 508
Kirsh, K. L., 435
Kisac, I., 421-422
Kish, S., 155
Kiss, A., 441-443
Kitaichi, Y., 517
Kitayama, S., 539
Klapp, S. T., 117
Kleiber, D. A., 377-378
Klein, R. G., 467
Kleinhaus, K., 477-478
Kleinman, A., 149, 487
Kleinman, J., 149, 487
Klerman, G. L., 483, 509
Klinger, M. R., 125
Kloos, B., 428
Klötz, F., 66
Kluck, A., 302
Kluger, J., 245, 463
Klump, K., 302
Knaevelsrud, C., 113
Knight, S. C., 149
Knoblich, G., 124
Knouse, L. E., 479-480
Knuutila, J., 206
Ko, H., 194
Koball, A., 189
Kobayashi, F., 315
Kobayashi, K., 109

Koçak, O., 241
Koch, C., 132
Koch, K. L., 108
Kocur, J., 182
Koehnle, T., 317
Koff, W. J., 309-310
Kogan, N., 253-254
Kogstad, R. E., 406
Kohlberg, L., 359-361, 360-361f
Köhler, W., 249-250
Kohn, D. B., 334
Kojima, M., 298-299
Kokaia, M., 57
Kolarov, V., 532
Kolata, G., 58
Kolb, B., 77
Kolenovic-Djapo, J., 396
Komarovskaya, I., 474
Konczak, J., 120
Kondo, T., 431
Konig, R., 336
Koocher, G. P., 40-41
Koole, S., 311-312
Koopman, C., 436-437
Kopelman, M. D., 480-481
Koper, R. J., 561-562
Koplewicz, H., 479-480
Kopp, T. G., 406
Korcha, R. A., 153
Koren, G., 337
Korn, J., 421-422
Kornhaber, A., 150
Kornhaber, C., 150
Korotkov, D., 435
Korotkov, K., 435
Kosambi, D. D., 111-112
Kosslyn, S. M., 50, 79, 241
Koster, O., 214
Kostygina, A., 196
Kothadia, S. M., 111-112
Kotov, R., 460-461
Kotre, J., 368, 373
Kotz, S. A., 107, 114
Koukoulis, G. N., 66
Kounios, J., 144
Koutstaal, W., 267-268
Kovacs, A. M., 264
Kovelman, I., 264
Kowalik, J., 498
Kowert, P. A., 543
Koyama, A., 213
Koyama, T., 517
Kozulin, A., 356
Kramer, P., 517
Krasnoperova, E., 473
Kravitz, R. L., 441-442
Kreher, B., 213
Kreppner, J., 241-242
Kreuger, A., 444-445
Krieger, K., 509
Krijn, M., 498
Krishman, S., 161-162
Krishnan, A., 240, 284
Krisztal, E., 69
Krueger, K., 186
Krueger, R., 401-404
Krull, D. S., 536f
Krumhuber, E. G., 321
Krumm, S., 267-268
Kruse, C., 435
Krusemark, E., 537-538
Krylowicz, B., 486
Kübler-Ross, E., 377-378
Kubovy, M., 98
Kuijer, R. G., 432
Kumar, P. S., 483
Kumar, S., 334
Kumari, V., 307-308

Kunugi, H., 403-404
Kunzmann, U., 371
Kuo, L. J., 264
Kuo, M., 158
Kuperberg, G., 213
Kuppens, P., 315
Kuriyama, K., 140
Kurtz, J. E., 400-401
Kuther, T. L., 11, 12f
Kvavilashvili, L., 209
Kwan, K., 400-401
Kwon, J. S., 465-466
Kwon, P., 473
Kwon, S. M., 465-466

L

Laas, I., 293
LaBar, K., 319
Labouliere, C. D., 499
Ladewig, J., 186
Laederach-Hofmann, K., 465-466
Lagacé-Séguin, D. G., 415
Laham, S. M., 535
Lahti, J., 403-404
Laine, M., 69
Laing, D. G., 109
Laing, R. D., 455-456
Laird, J. D., 316
Lakhan, S., 330
Lal, S., 15
Lalonde, F., 80
Lamal, P. A, 5f, 249-250
Lamb, M., 557f
Lamb, M. E., 223-225, 347, 349
Lambert, M. J., 511, 513
Lamborn, S. D., 368
Lampard, A. M., 302
Lando, H. A., 436-437
Landro, I., 113, 441-442
Lane, A. M., 399-400
Lane, K. A., 552
Lane, S. D., 161
Lang, A. J., 111-112
Lang, G., 113
Lang, P. J., 465-466
Langan-Fox, J., 412-413
Langdon, R., 475-476
Langdridge, D., 538
Lange, C., 316
Langer, E. J., 44, 58
Langley, B., 421-422
Langley, J., 290
Langlois, F., 298-299
Langreth, R., 432
Langston, R., 122
Lankov, A., 371
Lans, C., 441
Lanza, S. T., 359-360
Laplante, M., 465-466
Lapp, W. M., 153
Lappin, J., 58
Larcher, A. M., 516
Larsen, R. J., 397
Larson, J., 350
Larsson, M., 108
Lascaratos, G., 98
Lashgari-Saegh, S., 113
Latané, B., 27-29, 33-34-37, 35, 40, 41, 49, 561-562
Latif, T., 519
Lating, J., 457
Latner, J. D., 20, 189
Laucht, M., 160
Laugharne, J., 421-422
Laukli, E., 373
Laumann, E. O., 305
Laurenceau, J. P., 473
Lauterbach, D., 501

Índice Onomástico

La Valley, A., 27
Lavelli, M., 342
Lavenex, P., 214
Lavrakas, P. J., 530
Lawrence, W., 337
Lawson, M. J., 233-234
Lazarus, A. A., 523
Lazarus, J., 111-112
Lazarus, R. S., 424f, 432
Lazerson, A., 72f
Leahy, R. L., 473, 504
Leanza, G., 57
Leary, C., 182
LeBow, M. D., 302-303
LeChanu, M. N., 150
Leckenby, J. D., 530
Leckman, J. F., 517
Leclair-Visonneau, L., 135
Lee, A., 421-422
Lee, A. Y., 443-444
Lee, C. S., 280
Lee, D., 149, 487
Lee, F., 264
Lee, F. H., 113
Lee, H., 158
Lee, H. J., 465-466
Lee, J. V., 160
Lee, K., 370
Lee, M., 288
Lee, N., 80
Lee, S., 539
Lee, S. S., 98, 181
Lee, S. Y., 232-233
Lee, Y., 80
Lee-Chiong, T. L., 142
Leeman, R. F., 299
Leffard, S. A., 412-413
Lehar, S., 117
Lehman, D. R., 291, 428
Lehmkuhl, G., 138
Lehrman, S., 309-310
Leib, J. R., 336
Leibel, R. L., 301
Leiblum, S. R., 305
Leibowitz, S. F., 299
Leigh, E., 210
Leigh, J. H., 219
Leiter, S., 409
Leiter, W. M., 409
Leitner, L. M., 513
Lemay, E. P., Jr., 537
Lemonick, M. D., 154
Léna, C., 58, 473
Lencz, T., 467, 467f
Lendon, C., 376-377
Lenroot, R., 80
Lens, W., 310-311
Lenzenweger, M. F., 475-476, 478-479
Leo, R. J., 519
Lepage, J. F., 54, 194
Lepper, M. R., 292
Lepre, A., 421
Lesch, K. P., 467
Lesperance, F., 436-437
Lester, D., 444-445
Leu, J., 264
Leu-Semenescu, S., 135
Leuthardt, E. C., 71
Leuthold, H., 99
Levander, S., 515
Levant, R. F., 512
LeVay, S., 307-308
Levey, A. I., 57
Levey, G., 329, 331
Levi, A., 532
Levick, S. E., 334
Levin, B. E., 300

Levin, I. P., 404f
Levin, J. R., 209, 233-234
Levin, R., 138
Levin, R. J., 305
Levine, B., 375-376
Levine, J. M., 542
Levine, S. Z., 282, 346, 475-476
Levinson, D. J., 370
Levinson, S., 172-173
Levitt, S., 535
Levy, B. R., 375-378
Lewin, T., 364-365
Lewinsohn, P. M., 473
Lewis, C., 349, 557f
Lewis, C. M., 509
Lewis, G., 467
Lewis, R., 97f
Lewis, S., 436-437
Li, B., 456, 473
Li, H., 530
Li, K. K., 142, 194
Li, M. D., 436-437
Li, T-K., 152
Liang, H. B., 77
Liang, K. A., 306-307
Liang, L., 107
Liao, K. K., 80
Libedinsky, C., 76
Licht, E., 69
Lichtenstein, J., 248
Licis, A. K., 142
Lidz, J., 260
Lieb, R., 465-466
Liebal, K., 262-263
Lieberman, M. D., 195f, 551, 551f
Liebig, B., 142
Liedl, A., 113
Lien, Y-W., 538, 539
Lilienfeld, S. O., 412-413, 498, 512
Limbaugh, R., 161
Limon, M., 545-546
Lin, C-H., 561-562
Lin, H-M., 561-562
Lin, Y. Y., 56, 80, 194
Lincoln, A., 293
Lindahl, R., 427
Lindblad, F., 427
Lindemann, O., 121-122
Lindh-Astrand, L., 370
Lindley, L. D., 41
Lindorff, M., 431
Lindsay, P. H., 212
Lindsay, R. C. L., 222-223
Lindsey, E. W., 347
Lindvall, O., 57
Lindy, J., 73
Linehan, M. M., 501
Links, P. S., 479-480
Linz, S., 310-311
Lipsitz, J. D., 499
Lishner, D., 561-562
Liszkowski, U., 263
Litowitz, B. E., 391
Little, A., 556-557
Little, K., 156
Liu, H., 70
Liu, J., 211, 211f
Liu, J. H., 549
Liu, L., 372
Liu, Q., 105
Liu, X., 121, 374-375
Liverpool, M., 80
Livesley, W., 64, 330
Livingstone, A. G., 314
Livingstone, H. A., 431
Livingstone, M., 76
Lobato, M. I., 309-310
Lobban, F., 477-478

Lobo, I., 57
LoBue, V., 187
Locicero, A., 20
Lock, J., 302
Locke, E. A., 399-400
Locke, J., 14, 16f
Locke, J. L., 258
Lockhart, R., 219
Lockl, K., 356
Lofholm, N., 289
Loft, H., 162
Loftus, E. E, 213f
Loftus, E. F., 17f, 20, 213, 223-225, 223-225f, 225-226
Loftus, G. R., 20
Lohrenz, T., 479-480
Loitfelder, M. M., 69
Lomax-Bream, L., 479-480
Long, G. M., 206
Long, R., 80
Lonner, W. J., 513
Loper, A., 474
Lopes, A. C., 520-521
Lopez, A. D., 436-437
López, S. R., 487
López-Frutos, J., 229-230
Lorduy, K., 427
Lorenz, K., 344-345, 560
Lorenzo-López, L., 229-230
Lothane, Z., 391
Lou, X., 436-437
Lourel, M., 545-546
Lovallo, W. R., 50, 79
Love, C., 161
Love, T., 54
Loving, T., 556-557
Lovler, R. L., 408
LoVullo, S., 181
Lowe, P., 142
Lowenstein, J. H., 91
Lowery, D., 291
Loy, J. W., 535
Lu, J., 135, 143
Lu, P. H., 476-477
Lu, T., 107
Lu, Z., 404f
Lubell, K. M., 365-366
Lublin, H., 515
Lucas, R. E., 444-446
Lucas, W., 154
Lucchina, L., 110f
Luchins, A. S., 251-252
Luciano, M., 444-446
Lucki, I., 516
Luckiesh, M., 123f
Luders, E., 80
Ludman, E., 471
Ludwig, A. M., 472
Lum, J., 259
Luminet, O., 430
Lun, V. M., 400-401
Lundberg-Love, P., 155
Lundstrom, B., 92
Lunt, I., 10
Luo, S., 556-557
Lupfer, M. B., 551
Luria, A. R., 232-233
Luthar, S. S., 349, 359
Lutz, C. K., 43
Lutz, W., 511
Lykken, D. T., 401-403, 401-403f
Lymberis, S. C., 520-521
Lynch, S., 279
Lynch, T. R., 501
Lyness, J. M., 520-521
Lynn, S. J., 144, 148, 149, 175-176
Lynn, T. K., 421-422
Lyons, H., 306-307

M

Ma, J. Z., 436-437
Ma, Y., 42f
Macaluso, E., 99, 114
Macdonald, D. W., 175-176
Macdonald, M., 435
Macduff, I., 538
Machavoine, J., 442-443
Machin, M., 20
Mack, J., 226
Mackay, J., 439
MacKenzie, T. D., 439
Mackey, S., 111-112
Mackie, D., 533
MacKillop, J., 403-404
MacLean, L., 20
MacLennan, A., 370
MacLeod, J., 161
Macmillan, M., 390-391
MacNab, B., 267
MacNeilage, P. F., 78
Macy, M. W., 143
Madden, D. J., 373
Maddi, S. R., 430
Mader, S. S., 55f, 99f
Madon, S., 549-550
Maestú, F., 229-230
Magida, A. J., 366-367
Magis, D., 82
Magoni, M., 337
Magoon, M., 180
Magruder, K. M., 421-422, 512
Maguire, E. A., 214, 215f
Mahmood, M., 142
Mahn, H., 356
Mahoney, A., 179
Maier, S. F., 233-234
Maina, G., 517
Maitino, A., 400-401
Maj, M., 143
Majeres, R. L., 246
Major, J. T., 267
Majorano, M., 258
Malach, R., 215
Malaspina, D., 477-478
Maldonado, J. R., 469
Malenka, R. C., 152
Malhotra, A. K., 467, 467f
Malinow, R., 456, 473
Malle, B. E, 536
Malloy, L. C., 223-225
Malone, D. A., 519, 520-521
Malone, W., 537-538
Malouff, J. M., 511
Mamelak, A. N., 113
Mancinelli, R., 158
Manderscheid, R. W., 50
Mane, S., 530
Manenti, C., 309-310
Mangun, G. R., 50
Manly, J. J., 409
Mann, K., 158
Manning, M. A., 278
Mansari, M., 56
Manson, C., 474
Manstead, A. R., 314
Manstead, A. S. R., 315, 319
Mansuy, I. M., 278
Manuck, S. B., 35f
March, J. S., 500
Marchand, M., 545-546
Marcus, D., 512
Marcus, J., 149
Marcus, S. M., 517
Marcus-Newhall, A., 560-561
Marder, S. R., 475-476
Mariën, P., 70

Marighetto, A., 57
Mark, D. B., 435
Markesbery, W. R., 80
Markowitsch, J. J., 54, 194
Markowitz, J. C., 479-480, 483, 509, 520-521
Marks, I. M., 170
Markus, H. R., 539
Marmar, C., 421-422
Marsden, J., 510
Marsh, B., 439
Marsh, H. W., 297, 310-311
Marsh, R., 302f
Marshall, J. R., 561-562
Marshall, K., 109
Marshall, L., 141, 421-422
Marshall, M. K., 405
Marshall, R. D., 24
Marsiske, M., 280
Marszalek, J., 277
Martell, C. R., 512
Martelle, S., 195
Martiadis, V., 143
Martin, A., 82, 113
Martin, A. J., 310-311
Martin, E. A., 313
Martin, L., 261, 348
Martin, M. M., 264
Martin, N. G., 307-308
Martin, P. D., 431
Martin, R. C., 207
Martinez, J., 467
Martinez, M. J., 74, 76
Martini, M. I., 356
Martinko, M. J., 536
Martinussen, M., 430
Martuza, R. L., 520-521
Marzi, C. A., 80
Maser, J. D., 467
Mashour, G. A., 520-521
Maslach, C., 544-545
Maslow, A. H., 17f, 19, 293f, 293-295, 405, 406f, 457, 507
Massaro, D. W., 107
Massey, S., 529
Mast, F. W., 241
Master, A., 553
Masters, W. H., 308-309
Masuda, M., 556-557
Matheson, K., 421-422
Mathews, H. L., 420
Mathur, P., 475-476
Matkin, G. S., 255
Maton, K. I., 11
Matson, J., 181
Matsumoto, D., 321
Matsuo, H., 421-422
Matsuo, J., 403-404
Matsuoka, H., 504
Matthews, G., 356
Matthews, K. A., 435, 520-521
Mattick, R. P., 161
Maurer, D., 341
Mauss, I., 314
Mayer, J. D., 271
Maynard, A. E., 356, 364-365
McAdams, D. P., 293, 363-364, 475-476
McBride, C. M., 545-546
McBride, W. J., 174-175
McBurney, D. H., 114
McCabe, C., 109
McCafferty, D., 445-446
McCanlies, E., 430
McCarthy, D., 443-444
McCarthy, E. P., 132
McCarthy, J., 513
McCarthy, R. J., 535

Índice Onomástico 641

McCartney, K., 348
McCaul, K. D., 443-444
McCauley, R. N., 124
McClelland, D. C., 270, 309-311
McClellen, D., 141
McClintock, B., 269f
McClure, J., 444-445, 529
McConnell, A., 533
McCrae, R. R., 397, 397f, 400-401
McCrink, K., 355
McDaniel, M. A., 233-234
McDaniel, R. J., 113
McDonald, C., 477-478
McDonald, H. E., 222-223
McDonald, M. P., 57
McDougall, W., 289
McDowell, D. M., 153
McEwen, B. S., 424
McFarland, B. H., 421-422
McGaugh, J. L., 215
McGeary, J., 403-404
McGilvray, J., 260
McGinn, D., 414
McGinty, D., 136
McGregor, K. K., 331
McGue, M., 401-403
McGuffin, P., 475-476
McIntire, S. A., 408
McIntyre, K., 421-422
McKay, D., 466
McKay, P., 549
McKay, R., 475-476
McKinley, M. J., 290
McKnight, C., 154
McLellan, M., 273
McLeod, J., 508
McLeskey, J., 279
McLoughlin, D. M., 519
McMahon, R. P., 475-476
McMurtray, A. M., 69
McNally, R. J., 460-461
McNamara, J., 136
McNaughton, N., 182
McNulty, S. E., 395
McTeague, L. M., 465-466
Mead, M., 366-367
Means, M. K., 500
Medeiros, R., 376-377
Medvedev, S. V., 107, 118-119
Meeter, M., 215
Meganck, R., 473
Megías, J. L., 357
Mehl, M. R., 535
Mehler, J., 264
Mehl-Madrona, L. E., 149
Meinlschmidt, G., 64-65
Meister, E., 470
Mel, B. W., 56
Melinder, A., 223-225
Melloni, R., 58
Mel'nikov, K. S., 229-230
Meltzer, H. Y., 477-478
Meltzer, L., 77
Meltzoff, A. N., 342
Melzack, R., 111-112
Mendelsohn, J., 305
Mendez, M. F., 69
Menlove, F. L., 194, 501
Menon, G., 248
Menuhin, Y., 269f
Menzies, L., 467
Merali, Z., 421-422
Mercadillo, R. E., 80
Meri, J. W., 226
Merikangas, K. R., 483
Merluzzi, T. V., 435
Mermelstein, R., 425, 425f
Merrill, J., 158

Merryman, A., 550
Mesoudi, A., 9
Messerli-Buergy, N., 465-466
Messineo, M., 550
Messner, M., 529
Metcalfe, J., 218
Metzler, J., 241-242f
Meyer, A., 472f
Meyer, I., 186
Meyer, R. G., 149
Meyer-Bahlburg, H., 307-308
Meyerowitz, J., 309-310
Mezulis, A. H., 306-310, 474
Michael, R. T., 305-308
Micheau, J., 57
Mickey, B. J., 107
Midanik, L. T., 158
Middlebrooks, J. C., 107
Miesenbock, G., 70
Mifflin, L., 196
Mignon, A., 535
Miguez, G., 183
Mika, V. S., 441-442
Miklowitz, D. J., 477-478
Mikulincer, M., 346
Mikulka, P., 182
Milburn, N. G., 20
Miles, P., 541
Milgram, S., 546-547, 547f
Milicevic, D., 465-466
Miller, A. G., 395
Miller, C., 43
Miller, G., 143f, 487, 563
Miller, G. E., 424, 427
Miller, G. F., 281
Miller, J. A., 412-413
Miller, J. G., 538
Miller, L., 334, 435, 509
Miller, L. A., 319, 408
Miller, M. N., 299
Miller, N. E., 512
Miller, R. R., 171, 175-176, 183
Miller, T. I., 511, 512f
Miller-Jones, D., 280
Miller-Perrin, C., 182
Miller-Pogrund, T., 441
Milling, L., 113, 149
Millon, C., 479-480
Millon, T., 478-480
Mills, D., 549
Mills, M. J., 309-310
Mills, P. J., 421-422
Milner, B., 73, 211, 228
Milton, J., 126
Milwidsky, A., 441
Miner, J., 349
Miner-Rubino, K., 371
Ming, G., 77
Ming, L., 148
Ming, Z., 57
Ming-Cheng, C., 421-422
Mingle, P., 161-162
Mintz, A., 20
Mintz, J., 476-477
Minuchin, S., 510
Miquel, J., 373
Mirrione, M., 456, 473
Mischel, W., 395, 400-401
Mischoulon, D., 517, 517f
Miserando, M., 219
Mishra, P. K., 293
Misra, A., 420
Mitchell, D. B., 375-376
Mitchell, P., 64-65
Mitic, K., 58
Mitschke, A., 138
Mitte, K., 504
Miyamoto, T., 80

Mizrahi, R., 515
Moceri, D., 196
Moffitt, T. E., 9, 331, 404
Mograss, M., 137
Mogri, M., 70
Mohan, A., 150
Mohan, R., 517
Mohapel, P., 57
Moher, C., 179
Mohr, D., 504
Mojtabai, R., 476-477
Mokdad, A. H., 158
Molholm, S., 107
Molina, J., 499
Mollaret, P., 535
Møller, A. R., 105
Monahan, J., 9
Monetta, L., 107
Monk, T. H., 137
Monro, W., 20
Montague, P. R., 437, 479-480
Monteith, M. J., 553
Montejo, M., 195
Monteleone, P., 143
Montepare, J. M., 556-557
Montgomery, G., 149
Montgomery, K. L., 465-466
Montgomery, S., 56
Montgomery, S. A., 162
Montoya, R., 556-557
Moody, H. R., 373
Moon, S. M., 510
Moore, B. C. J., 90
Moore, D. G., 342
Moore, M. M., 29
Moore, N., 137
Moore, P. J., 111-112
Moore, S. D., 173-174
Moore, T., 75
Moore, Z., 564
Moorey, S., 504
Moosmann, M., 118-119
Morad, Y., 137
Mora-Giral, M., 302
Moran, A., 241-242
Morano, M. I., 424
Morcom, A. M., 375-376
Moreau-Debord, I., 179
Moreland, R. L., 542
Moreno, R., 342
Moretz, M., 466
Morgan, A. A., 280
Morgan, T., 183
Morina, N., 113
Morley, S., 111-112
Moro, L., 173-174
Morone, N. E., 82
Morran, D. K., 509
Morris, E., 271
Morris, J. F., 309-310
Morrison, P., 475-476
Morrone, A. S., 310-311
Morrow, J., 81-82, 182
Moscovitch, M., 214
Moseley, G., 111-112
Moselhy, H., 156
Moser, E., 122
Moser, M., 122
Mosher, C. J., 132, 154
Moshman, D., 360-361
Moskowitz, G. B., 534, 561-562
Moskowitz, J. T., 421-422, 428, 432
Moss-Morris, R., 8
Motley, M. T., 385
Moynahan, B., 240
Mu, X., 539

Muammar, O. M., 270
Mueller, C. E., 279
Mukamel, R., 215
Mulkens, S., 500
Mullen, B., 551
Müller, H., 117
Müller, H. J., 220
Müller, J., 113
Müller, P. A., 561-563
Munakata, Y., 355
Mundle, G., 158
Mungan, E., 219
Mungas, D., 409
Muris, P., 465-466
Murphy, D. L., 467
Murphy, G. J., 109
Murphy, G. L., 241-242
Murphy, J. L., 441-443
Murphy, J. M., 174-175
Murphy, K. R., 479-480
Murphy, R. T., 421-422
Murphy, S. A., 444-445
Murphy, S. T., 313
Murray, B., 11
Murray, C. J. L., 436-437
Murray, D., 281-282
Murray, J. P., 196, 414
Murray, R., 58
Murray, R. M., 477-478
Murray, S. L., 556-557
Murre, J. M. J., 215
Murthy, P., 278, 337
Murzynowski, J., 149
Mustaca, A. E., 183
Muzina, D., 515
Muzio, R. N., 183
Myers, D. G., 444-445
Myers, J. O., 155
Myers, L. L., 301
Myers, L. M., 377-378
Myers, M., 499
Myrick, H., 500
Myrtek, M., 435
Mytinger, C., 266

N

Näätänen, R., 107
Nadeem, E., 359-360
Nader, K., 518
Nadon, R., 149
Nagai, Y., 82
Nagda, B. A., 553
Nagin, D. S., 479-480
Nagpal, R., 475-476
Nagy, T. F., 40-41
Nahari, G., 396, 535
Naimi, T. S., 158
Najman, J. M., 337
Naka, M., 226
Nakagawa, S., 517
Nakamizo, S., 121
Nakamura, Y., 109
Nakata, A., 143
Nakato, E., 343f
Nakovics, H., 158
Nalbantian, S., 225-226
Naldini, L., 334
Narcissus, 398
Nargeot, R., 179
Narr, K. L., 80
Narrow, W. E., 483
Nasir, N. S., 457-458
Nasrallah, H., 515
Nater, U. M., 427
Nathan, P. E., 511
National Adolescent Health Information Center, 358

National Association for the Education of Young Children, 348
National Center for Health Statistics, 345f
National Institute of Child Health and Human Development (NICHD) Early Child Care Research Network, 347-348, 348f
National Institute on Drug Abuse, 162-163
National Research Council, 347
Natvig, G. K., 431
Naveh-Benjamin, M., 208, 222, 229-230
Nebeling, B., 162
Nederkoorn, C., 500
Neher, A., 9
Neitz, J., 100
Neitz, M., 100
Nelken, I., 104
Nellis, L., 273
Nelson, C. A., 72f
Nelson, D. E., 158
Nelson, W. M., III, 564
Neri, E., 436-437
Neria, Y., 421-422
Neron, S., 113
Nesheim, S., 337
Nesse, R. M., 473
Nestler, E. J., 152
Nestoriuc, Y., 82, 113
Nettelbeck, T., 233-234
Neubauer, A. C., 270
Neufeld, V., 144
Neumann, N., 71
Neumark-Sztainer, D., 20
Neumayr, B., 545-546
Neuzil, P. J., 392
Newby-Clark, I. R., 222-223
Newman, A., 420
Newman, C. F., 473
Newman, D., 479-480
Newman, L., 474
Newman, M., 77, 329, 331
Newman, S. D., 246
Newsom, J. T., 421-422
Newton, F. B., 483, 484f, 520-521
Nezworski, M. T., 412-413
Ng, J. R., 222-223
Nguyen, D., 98
Niccols, A., 337
Nichols, S., 19
Nickeas, R., 469
Nickerson, R. S., 229f
Niedenthal, P. M., 314
Nielsen, C., 111-112
Nielsen, M. E., 125
Nielsen, T., 138, 221
Nierenberg, A. A., 517
Niimi, R., 206
Nijboer, T. C. W., 100
Nikolaou, I., 443-444
Nil, R., 162
Nilsson, H., 244
Nimgaonkar, V. L., 475-476
Nimrod, G., 377-378
Nisbet, E. K., 444-445
Nisbett, R. E., 267, 282
Nishida, M., 136, 141
Nishimoto, S., 23f
Nishimura, T., 292-293
Nishino, S., 142
Nissle, S., 444-445
Nittrouer, S., 91
Niu, W., 267
Nixon, J. C., 151
Nixon, R. D. V., 291
Niyonsenga, T., 437

Índice Onomástico

Nobre, P., 305
Nocon, A., 465-466
Nokelainen, P., 267-268
Nolan, R. P., 435
Nolen-Hoeksema, S., 454, 464f, 474, 479-480
Norberg, K., 158
Norcia, A. M., 342
Norcross, J. C., 512, 513
NORC/University of Chicago, 309-310
Noren, G., 520-521
Norenzayan, A., 41
Norlander, T., 430
Norman, D. A., 212
Norton, M. I., 538
Norton, P. J., 498
Nosek, B. A., 220, 552
Novak, M. A., 43
Novello, A., 485-486
Novotny, C. M., 511, 512
Nowicki, S., Jr., 478-479
Noy, V. M., 436-437
Ntinas, K. M., 189
Nucci, L. P., 360-361
Nuechterlein, K. H., 476-477
Nurmi, J-E., 400-401
Nurnberger, J. I., Jr., 160
Nuss, C. K., 541
Nussbaum, A. D., 553
Nutt, D., 467
Nyberg, L., 211

O

Oakford, S., 279
Oatley, K., 313
Oberauer, K., 208
O'Brien, K. M., 302-303
O'Brien, M., 196
Obrocki, J., 162
Occhionero, M., 140
Ochsner, K., 321
O'Connor, D., 519
O'Connor, D. B., 300
O'Connor, R. C., 300
O'Doherty, J., 99
Oehlhof, M., 189
Oertli, K. A., 161-162
Offer, D., 225-226
Ogawa, Y., 143
Ogbu, J., 198
Ogloff, J. P., 454
Ogren, H. A., 315
Ogren, K., 519
Oh, S-S., 428
O'Hara, L. A., 254, 420
Ohira, T., 435
Ojha, H., 294
Okajima, I., 504
Okamoto, Y., 355
O'Keefe, J., 122
O'Keefe, T., 309-310
Olafsson, R. P., 498
Olatunji, B. O., 468
Olds, M. E., 73
Olea, J., 277
O'Leary, O. E, 516
Olfson, M., 517
Olivardia, R., 359-360
Olliver-Gray, Y., 197
Olmstead, M., 516
Olson, D. H., 371, 372
Olson, E. J., 142
Olson, J. M., 430, 432
Olson, T. R., 389-390
Olsson, H., 244
Oltmanns, T. F., 478-479

O'Malley, P. M., 152, 153f, 156, 161, 161f, 438, 438f
O'Neal, K. K., 154
O'Neill, A., 296
Ono, H., 372
Ono, Y., 471
Operskalski, B., 471
Opler, M., 477-478
Oppenheimer, D. M., 245
O'Reardon, J. P., 519, 520-521
Ormerod, T. C., 255
Ornat, S. L., 259
Orne, E. C., 149
Orne, M. T., 149
Orozco, C., 161
Orr, S., 518
Orwin, R. G., 511
Osei, S. Y., 300
Oskamp, S., 549-550
Ospina-Kammerer, V., 420
O'Sullivan, D. M., 441-443
Otake, K., 444-445
Oudiette, D., 135
Ouimet, A., 468
Ovarnstrom, U., 431
Overstreet-Wadiche, L., 77
Oviedo-Joekes, E., 161
Owen, L., 204
Oxoby, R. J., 533
Ozeki, H., 70
Özpolat, A., 249-250

P

Pääbo, S., 25
Pachankis, J. E., 512
Packer, D., 543
Padberg, F., 470
Padgett, D. K., 457-458
Padovani, R., 147
Pagani, L., 479-480
Pagano, C., 161
Page, S., 82
Pager, D., 549
Paggi, A., 80
Pagnin, A., 374-375
Pagonis, T. A., 66
Pakhomov, S. V., 107
Palazzeschi, L., 267-268
Palermo, L., 194
Palesh, O., 436-437
Pallanti, S., 70
Paller, K., 220
Palmer, J. C., 223-225, 223-225f
Palmisano, S. A., 119
Palmores, A., 428
Paluck, E. L., 553
Pamplugh, C., 465-466
Pandya, M., 519
Paniagua, F. A., 458, 513
Pankove, E., 253-254
Papini, M. R., 183
Papirman, Y., 538
Papp, L. A., 467
Pappu, V., 232-233
Paquier, P. F., 70
Parachuri, R., 113
Paradis, S., 56
Parhar, P. K., 520-521
Parides, M., 516
Pariser, S., 515
Parish, C. L., 77
Parish, W., 305
Park, H., 545-546
Park, J., 537
Park, K., 537
Parke, R. D., 347
Parker, B., 516

Parker, K. J., 424
Parker-Pope, T., 298, 303
Parmley, M. C., 253
Parnes, A., 206
Parra, A., 126
Parrott, A., 162
Parsinger, M. A., 73
Parson, L. M., 74
Pasaye, E. H., 80
Pascual, A., 545-546
Pascual, A. C., 360-361
Pascual, J., 501
Pashler, H. E., 187
Pasqualetti, P., 211
Passik, S. D., 435
Passingham, R. E., 76
Patall, E., 37
Patel, D. R., 480-481
Paterson, H. M., 222-223
Patten, S., 442-443
Patterson, D., 148, 336
Paukert, A., 522-523
Paul, A. M., 415
Paulmann, S., 107, 114
Paulozzi, L. J., 156
Pautassi, R., 499
Pavitt, C., 535
Pavlopoulos, V., 397
Pavlov, I., 16f, 169, 170, 172-176
Pawlby, S. J., 404
Paxson, C., 556-557
Paxton, J. M., 563
Payment, K. E., 222-223
Payne, D. G., 229-230
Payne, K., 512
Payne, L., 144
Pazzaglia, F., 241
Pearce, J. M. S., 113
Pearlstein, T., 486
Pearsall, J., 136, 141
Pearson, A. R., 549
Pearson, J., 98
Pedersen, N. L., 430
Pedersen, P. B., 513, 550, 553
Pedersen, S. S., 435
Pedersen, W. C., 560-561
Pedraza, O., 409
Peiro, J. M., 10
Pell, M. D., 107
Pellegrini, S., 183
Pelli, D. G., 99
Pellis, S. M., 347
Pellis, V. C., 347
Peltonen, L., 403-404
Peluso, D. S., 465-467
Pence, D., 532
Penke, L., 281
Penley, J. A., 428
Penn, D. L., 474
Penner, L. A., 561-562
Penney, J. B., Jr., 56-57
Penzel, F., 467
Peper, C. E., 75
Peretz, I., 76
Peretz, R., 519
Perez, R. M., 309-310
Pérez-Leroux, A. T., 259
Perfetti, B., 267-268
Perlis, T., 156
Perloff, R. M., 529
Perovic, S., 329
Perrett, D. I., 556-557
Perrin, M., 477-478
Perrin, R., 182
Perry, J., 389-390
Pert, C. B., 58

Perucci, C. A., 161
Perunovic, M., 435
Pervin, L. A., 397f, 406
Pesce, N. L., 50
Pesiridou, A., 519-521
Pesmen, C., 111, 113
Pessoa, L., 319
Peterfi, Z., 136
Peters, E., 374-375
Peters, J., 214, 437f
Petersen, A., 137
Petersen, K., 162
Peterson, A. L., 113
Peterson, C., 444-445
Peterson, L. R., 211
Peterson, M. J., 211
Peterson, R. A., 111-112
Petersson, K. M., 80
Petit, A., 69
Petit, J. W., 473
Petitto, L. A., 264
Petitto, L. A., 79, 258
Petraglia, J., 389-390
Petrill, S. A., 331
Petrou, S., 471
Petrovic, K. K., 69
Pettigrew, T. F., 549, 553
Petty, R. E., 444-445, 530
Peynircioğlu, Z. F., 219
Pfeffer, C. R., 473
Phelps, E. A., 499
Phelps, R. P., 276
Philip, P., 137
Phillips, E. L., 480-481
Phillips, R. S., 132
Piaget, J., 17f, 352f, 352-355
Picano, J., 430
Picasso, P., 254, 254f
Picchioni, D., 140
Pickard, N., 206
Pickel, K., 222-223
Pickering, G. J., 109
Pickett, C. L., 551
Piefke, M., 54, 194
Piel, E., 138
Pietarinen, A-V., 258
Piette, J., 441-442
Piliavin, J. A., 561-562
Pillay, S. S., 465-466
Pilling, M., 342
Pilotti, M., 229-230
Pilowsky, L., 475-476
Pincus, H. A., 459-460
Pincus, T., 111-112
Pine, D. S., 465-467
Pinel, J. P. J., 291
Pinker, S., 260, 261, 330
Pinkerton, S. D., 305
Pinna, B., 99
Pinquart, M., 520-521
Pintrich, P. R., 310-311
Piquero, A. R., 182
Piriz, J., 456
Pirvulescu, M., 259
Pi-Sunyer, X., 301
Pitman, R., 518
Pittman, J., 483
Platek, S., 99
Plato, 14
Platt, B. B., 57
Pleger, B., 75
Ploeger, A., 89
Plomin, R., 50, 278, 281, 330, 404, 475-476
Plowright, C. M. S., 174-175
Plucker, J. A., 254
Pluess, M., 329, 348
Plug, C., 121

Poehlman, T., 552
Pogarsky, G., 182
Poirier, C., 10
Polcin, D. L., 153
Pole, N., 421-422
Polivy, J., 301, 302
Pollack, A., 71
Pollak, K. I., 545-546
Pollard, H. P., 113
Pollitt, E., 403-404
Pollmacher, T., 140
Polonsky, D. C., 305
Poltrack, D., 530
Pomerlau, O. F., 436-437
Ponterotto, J. G., 513, 550, 553
Poo, C., 77
Poole, B., 118-119
Poorman, M., 494, 524
Popa, D., 58, 473
Pope, H., 359-360
Pope, K. S., 225-226
Popik, P., 516-517
Porges, E. C., 563f
Porkka-Heiskanen, T., 290
Porte, H. S., 141
Posner, M. I., 50
Post, J., 20
Post, J. M., 544-545
Postl, L., 501
Postman, L. J., 222-223
Poteat, V. P., 308-309
Potokar, J., 467
Pottick, K. J., 513
Potts-Datema, W., 336
Poulos, A. M., 55-56
Povey, R., 532
Powell, A. A., 561-562
Powell, L., 20
Powell, L. H., 306-307, 431
Powell, R. A., 172-173
Power, R., Jr., 470
Powers, K. D., 360-361
Powers, M., 500
Pozuelo, L., 519
Pramanick, M., 294
Pras, E., 137
Prasad, B., 245
Pratkanis, A. R., 125, 543, 545-546
Pratt, H. D., 480-481
Pratto, E., 549
Pratto, F., 310-311
Prentice, D., 551
Presniak, M. D., 389-390
Press, J., 373
Pressley, M. P., 270
Pretz, J. E., 267, 270, 271
Pretzer, J. L., 512
Price, D., 111-112
Price, E. C., 498
Price, L. R., 113
Price, M., 516
Priester, J. R., 444-445, 530
Prigot, J., 108
Prince, C. V., 309-310
Prince, M. J., 483
Prinz, J. J., 319
Prislin, R., 542
Proctor, R. W., 254
Proffitt, D. R., 120
Prohovnik, I., 319
Proudfoot, D., 245, 262-263
Proulx, C. D., 456, 473
Pruce, B., 246
Pryor, D. W., 307-308
Psotka, J., 230-231
Puca, R. M., 310-311
Puhl, R., 20
Pullum, G. K., 261

Índice Onomástico

Pumariega, A. J., 299
Purselle, D. C., 159
Putnam, F. W., 470

Q

Quartana, P. J., 564
Quas, J. A., 223-225
Quenot, J. P., 69
Quillian, M. R., 213
Quinlin, K. J., 480-481
Quinn, D. M., 460-461
Quintana, S. M., 24

R

Rabey, J. M., 519
Rabin, J., 100
Rabinowitz, J., 475-477
Rabson-Hare, J., 37
Racenstein, J. M., 474
Rachman, S., 465-466
Raczynski, J. M., 300
Raddatz, G., 100f
Radenovic, L., 329
Rado, J., 70
Rae, D. S., 483
Ragert, P., 75
Rahman, Q., 307-308
Räikkönen, K., 403-404
Raitakari, O. T., 403-404
Raja, S. N., 113
Rajagopal, S., 44, 58
Rajecki, D. W., 11
Ralston, A., 289, 295
Ram, C., 109
Ramachandran, V. S., 54, 113, 114, 114f
Ramchandani, P. G., 471
Ramirez, A. J. R., 555
Rammsayer, T., 270
Ramos, R. T., 56
Ramsay, M. C., 280, 412-413
Ramssen, E., 156
Ramus, F., 334
Rando, R., 486
Randolph-Seng, B., 125
Rangell, L., 456
Ransom, B. R., 51
Rapaport, M., 517
Rapee, R., 501
Rapoport, J., 80
Rapoport-Hubschman, N., 442-443
Rapport, R. L., 56
Raskin, N. J., 508
Rasmussen, E., 300
Rasmussen, N., 216
Rassin, E., 253, 465-466
Ratner, K. G., 534
Ravindran, A. V., 421-422
Ravitz, P., 509
Ray, L., 403-404
Ray, L. A., 154
Ray, R., 155
Rayner, R., 172-173
Raz, A., 147
Raznahan, A., 80
Read, D., 244
Read, J., 158
Realo, A., 397
Rector, N. A., 503, 504
Redding, G. M., 121, 123
Redish, A. D., 156
Reece, M., 30-31
Reed, G. M., 427, 444-445
Reed, M., 545-546
Reed, P., 182, 183
Reed, S. K., 249-250

Reese, R. J., 522-523
Reese-Durham, N., 267-268
Reetz, D., 486
Reeves, A. J., 79
Regan, P. C., 556-557
Regier, D. A., 483
Reichel, M., 349
Reichenberg, A., 476-477
Reid, J. R., 161
Reijonen, J. H., 480-481
Reilly, T., 143
Reilly-Harrington, N. A., 473
Reiner, R., 82
Reinhard, I., 138
Reinhard, M., 529
Reis, A., 80
Reisberg, D., 249, 257
Reiss, S., 293
Relier, J. P., 337
Remington, R., 118-119
Rende, R., 9
Repp, B. H., 124
Rescorla, R. A., 175-176
Resick, P., 430
Resurreccion, N., 430
Reynolds, C., 29
Reynolds, C. R., 280, 412-413
Ricci, F., 147
Ricci, L., 58
Riccio, C., 29
Rice, C., 480-481
Rice, D. R., 551
Rice, E., 20
Rice, M. L., 259
Rich, E. L., 73
Rich, S., 401-403, 401-403f
Richard, D. C. S., 501
Richards, C., 309-310
Richards, J. S., 113
Richards, R., 254
Richardson, A. S., 365-366
Richardson, D., 560
Richardson, D. L., 437
Richardson, G. A., 437
Richgels, D. J., 258
Richmond, V. P., 20
Ridge, T., 421
Rieber, R. W., 356
Riedel, G. G., 57
Rief, W., 82
Rif, J., 206
Rigby, L., 509
Riggins, R., Jr., 348
Riggs, L., 214
Rimrodt, S. L., 79
Rinaman, L., 317
Ringwalt, C., 154
Riniolo, T. C., 29
Rinne, J. O., 69
Rintala, D. H., 113
Riolo, E., 390-391
Risley, T. R., 259
Ritezschel, J., 109
Ritterfeld, U., 196
Rivera, R., 420
Rivera-Gaxiola, M., 344
Rizvi, S. L., 430, 501
Rizzo, M., 142
Robbins, B., 19
Robbins, W. J., 345f
Roberge, Y., 259
Robert, J., 78
Robert, S., 257
Roberts, J. E., 348
Roberts, M. E., 173-174
Robertson, E., 211
Robertson, J. M., 483, 484f, 520-521

Robertson, J. R., 161
Robertson, K., 518
Robins, C. J., 501
Robins, L. N., 483, 487
Robins, R. W., 225-226, 315, 403-404
Robinson, D. G., 467, 467f
Robinson, D. K., 356
Robinson, D. N., 102, 516
Robinson, R. E., 152
Robinson, T. E., 77
Roch-Locours, L. A., 79
Rock, A., 438
Rodd, Z. A., 174-175
Rodgers, C. S., 111-112
Roe, C., 376-377
Roecklein, K. A., 143
Roehrig, J. P., 297
Roesch, S. C., 428
Roets, A., 291
Rogalsky, C., 54
Rogers, C. R., 17f, 19, 405, 405f, 406f, 457, 507-508
Rogers, J. M., 337
Rogers, L. J., 70
Rogers, P., 152, 561-562
Rogers, S., 375-376, 476-477
Rogowska, J., 465-466
Rohan, K. J., 143
Rohleder, N., 427
Roid, G., 273
Roisman, G. I., 346
Roizen, N. J., 336
Roland, C., 156
Roland, J., 71
Roland, R., 430
Roll, J., 19
Rollman, G. B., 111-112
Rolls, E. T., 109, 314
Rom, S. A., 435
Romanczyk, R. G., 178
Romano, E., 479-480
Romeu, P. E., 221
Rönnberg, J., 210
Rooke, S. E., 158
Rooney, N. J., 182
Roosevelt, E., 293
Ropele, S. S., 69
Rorschach, H., 412-413
Roscoe, J. A., 435
Rosen, H., 504
Rosen, J., 78
Rosenbaum, M., 301
Rosenbaum, R. S., 231-232
Rosenbloom, T., 290
Rosenhan, D. L., 460-461
Rosenheck, R., 457-458
Rosenstein, D. S., 478-479
Rosenthal, A. M., 561-562
Rosenthal, L., 141
Rosenthal, M., 501
Rosenthal, N. F., 445-446
Rosenthal, R., 43
Rosenvinge, J. H., 421-422, 430
Roska, B., 99
Ross, C. A., 469
Ross, D., 194
Ross, H. E., 121
Ross, J., 140
Ross, L., 395
Ross, L. A., 107
Ross, M., 222-223
Ross, P. E., 262-263
Ross, S., 194
Rossato, M., 161
Rosseel, Y., 473
Rossi, E., 51
Rossi, J. J., 334

Rossouw, J. E., 370
Rotan, L. W., 420
Roter, D. L., 441-443
Roth, Y., 109
Rothbart, M. K., 403-404
Rothblum, E. D., 309-310
Rothman, A. J., 443-444
Rothstein, H. R., 196
Roughton, R. E., 308-309
Routtenberg, A., 73
Rouw, R., 114
Rowan, K., 349
Rowe, J. B., 76
Royzman, E. B., 347
Rozencwajg, P., 374-375
Rozenkrantz, L., 109
Rozin, P., 299
Rubboli, G., 80
Rubenstein, B. S., 141
Rubichi, S., 147
Rubin, D. C., 221, 222f, 226
Ruck, M. D., 37
Rudner, M., 210
Rudorfer, M. V., 467
Rudzinski, D., 496
Ruiz-Vargas, J., 229-230
Rünger, D., 194
Runyan, D., 182
Rupert, G. K., 300
Rusche, B., 43
Ruscher, J. B., 534
Rushton, J. P., 409
Rusjan, P., 515
Russell, J. A., 315
Russo, N., 408
Rust, T. B., 375-376
Ruth, B., 269f
Rutherford, B., 43
Ruthsatz, J. M., 277-278
Rutter, M., 329, 331
Ruud, R., 344
Ryan, R., 185
Ryan, R. M., 294
Rydell, R., 533
Rymer, R., 258
Ryncarz, R. A., 360-361
Ryner, L., 69

S

Saarni, C., 349
Sabater, J., 245
Sable, H. J. K., 174-175
Sacco, D., 551
Sachs-Ericsson, N., 376-377
Sacks, O., 74
Saczynski, J., 374-375
Sado, M., 471
Safer, M. A., 222-223, 222-223f
Saffran, J. R., 121-122
Sagarin, B. J., 545-546
Sagaspe, P., 137
Saggino, A., 267-268
Sagi, J., 141
Sahakian, B. J., 216
Sahin, N. T., 260
St. Dennis, C., 521-522
St. Jacques, P. L., 375-376
Sakamoto, A., 196
Sakano, Y., 504
Sakihara, S., 431
Sakurai, S., 292-293
Salat, D. H., 232-233
Saleem, M., 196
Salgado, D. M., 480-481
Sallquist, J., 561-562
Salmela-Aro, K., 400-401
Salovey, P., 271, 272, 443-444

Salsman, N. L., 501, 509
Saltel, P., 442-443
Salvendy, G., 254
Salvi, V., 517
Samaniego, C. M., 360-361
Samantaray, S. K., 294
Samoilov, V., 170
Sams, M., 206
Samuel, D. B., 460-461
Sanacora, G., 471
Sanchez, A., 365-366
Sandberg, D., 144
Sanderson, M., 454
Sandlund, M., 519
Sandomir, R., 66
Sandoval, J., 281
Saneyoshi, A., 206
Sanislow, C. A., 479-480
Sanjuan, E., 181
Sanlier, N., 421-422
Sanouri, A., 437
Santel, S., 302
Santelli, J., 30-31
Santhouse, C., 79
Saper, C. B., 135, 143
Sapolsky, R. M., 427, 520-521
Sarai, E., 136
Sargent, J. D., 436-437
Sarsour, K., 372
Sarver, D. E., 464
Sasanabe, R., 142
Sasayama, D., 403-404
Sato, K., 315
Sato, N., 334
Satpute, A. B., 195f
Saucier, D. A., 43
Saul, R. E., 69
Saulsberry, K., 443-444
Savage, J., 196
Savage-Rumbaugh, E. S., 262-263, 262-263f
Savas, H. A., 515
Savazzi, S., 80
Savitsky, K., 125
Sawa, A., 475-476, 515
Saywitz, K., 223-225
Scaglietti, L., 147
Scaramella, L. V., 336
Scarborough, E., 15
Scarr, S., 282, 404
Scaturo, D. J., 509
Scelfo, J., 471
Schachter, R., 509
Schachter, S., 318
Schack, T., 241-242
Schacter, D. L., 220
Schaefer, C., 424f
Schaefer, E. G., 221
Schaefer, H. S., 431, 431f
Schaefer, R. T., 371
Schäfer, M., 277
Schaffner, K. F., 475-476
Schaie, K. W., 373, 374-375, 375-376f
Schalk, G., 71
Schaller, M., 356, 545-546
Schallert, D. L., 315
Schaufeli, W. B., 541
Schechter, T., 337
Schedlowski, M., 436-437
Scheff, T. J., 454
Scheier, M. F., 376-377, 410f
Schenone, M. H., 335
Schepers, P., 254
Scherer, K. R., 321
Schermer, J., 64, 330
Scherzer, T. R., 121-122
Schettler, P. J., 517

Índice Onomástico

Schick, K., 262-263
Schieber, E., 373
Schienle, A., 318
Schiffer, A. A., 435
Schillinger, D., 441-442
Schimpf, P. H., 70
Schlarb, J. E., 137
Schlenger, W. E., 162
Schlinger, H. R., 19
Schmid, S., 504
Schmidt, J. P., 56-57
Schmidt, N. B., 460-461
Schmidt, U., 162
Schmitt, D. P., 397
Schmitt, F. A., 80, 375-376
Schmitt, M., 220
Schmitz, S., 155
Schmunk, G., 155
Schnabel, K., 552
Schnake, S. B., 534
Schnall, S., 561-563
Schnatz, P. F., 441-443
Schneble, E. J., 57
Schneider, A., 139f
Schneider, W., 356
Schnell, K., 502f
Schnupp, J., 76, 104
Schnyer, D. M., 220
Schoen, H., 397
Schoenen, J., 82
Schöner, J., 148
Schooler, L. J., 228
Schooler, N. R., 475-476
Schramm, E., 509
Schrauf, R. W., 226
Schredl, M., 138
Schreurs, B. G., 173-174
Schrier, R. W., 439
Schroeder, D. A., 561-562
Schroers, M., 108
Schubert, T., 311-312
Schulenberg, J. E., 152, 153f, 156, 161, 161f, 438, 438f
Schulte-Ruther, M., 54, 194
Schultz, E., 168
Schulz, D., 456, 473
Schulze, O., 162
Schulze-Bonhage, A., 80
Schumann, R., 472
Schurch, E., 511
Schutte, N. S., 511
Schwab, J. R., 293, 475-476
Schwartz, B. L., 218
Schwartz, J., 543
Schwartz, J. H., 60
Schwartz, J. M., 77
Schwartz, P., 364-365
Schwartz, S. J., 368
Schwartzmant, R. J., 516-517, 517
Schwarz, N., 444-446, 552
Schweinberger, S., 99
Schweizer, S., 210
Schwenkreis, P., 75
Sciaki-Tamir, Y., 441
Sciutto, M., 479-480
Scollon, C. N., 444-446
Scullin, M. H., 223-225
Seaton-Smith, K. L., 160
Sebanz, N., 124
Sebastiani, L., 99
Sebel, P. S., 220
Seeley, J. R., 473
Seeley, R., 70XR, 106f
Seeman, P., 58
Seery, M. D., 429
Sefcek, J. A., 8-9
Segal, D. L., 392
Segal, N. L., 401-403, 401-403f

Segall, M. H., 123
Segerstrom, S. C., 427
Seibt, B., 549-550
Seider, S., 267-268
Seifert, A. L., 549
Seli, H., 290
Seligman, M. E. P., 430, 444-446, 473, 511, 512
Selkoe, D. J., 231-232, 376-377
Sellbom, M., 411
Sells, R., 307-308
Selmon, N., 399-400
Selove, S., 336
Selsky, A., 366-367
Selye, H., 426f, 426-427
Semin, G. R., 257, 534
Semler, C. N., 141
Semykina, A., 310-311
Senghas, A., 321
Serdaris, N., 443-444
Seroczynski, A. D., 479-480
Sestir, M. A., 196
Seth, A. K., 132
Setter, S. M., 521-522
Seuss, Dr., 335
Seymour, B., 299
Shafer, V. L., 258
Shafran, R., 302-303
Shah, D. B., 520-521
Shahabi, L., 431
Shaikholeslami, R., 292
Shalvi, S., 64-65
Shamblen, S. R., 154
Shankar, G., 43
Shanok, A., 509
Shapiro, C. J., 479-480
Shapiro, L. R., 221
Shapiro, M. L., 73
Shapiro, S. L., 150
Sharma, H. S., 155
Sharma, M., 71
Sharma, R., 150
Sharman, S. J., 225-226
Sharp, C., 479-480
Sharpe, D., 442-444
Shastri, J., 347
Shaver, P. R., 315f, 346
Shea, A., 337
Shelton, R. C., 517, 520-521
Shen, C. K., 77
Shen, L., 314
Shepard, R. N., 241-242f
Shepherd, H., 549
Shepherd, R., 532
Sheppard, L. D., 270
Shepperd, J., 537-538
Sher, K., 365-366
Sherblom, S., 361-362
Sherman, D., 135
Sherman, J., 82
Sherman, S. L., 278, 336
Shibuya, A., 196
Shier, D., 97f
Shiffman, S., 438
Shiffrin, R. M., 205-206, 206f
Shimai, S., 444-445
Shimamura, A. P., 334
Shimono, K., 120
Shin, A., 290
Shinn, M., 521-522
Shiomi, T., 142
Shipherd, J., 430
Shizgal, P., 179
Shmuel, A., 100f
Shoda, Y., 400-401
Shono, Y., 229-230
Shorer, R., 519
Shors, T. J., 77

Short, E. L., 280
Shugart, H. A., 296
Shurkin, J. N., 279
Shusha, S., 109
Shwalk, D. A., 516
Shweder, R. A., 315
Sibley, C. G., 529
Sidman, M., 182
Siebler, F., 531
Siegel, R. K., 151
Siegert, R. J., 473
Siegler, I. C., 435
Sierra, C., 245
Sierra-Biddle, D., 465-466
Sifrit, K. J., 210
Silbersweig, D. A., 477-478
Sill, M., 374-375
Silva, A. J., 109
Silva, C., 80
Silva, M. T. A., 187
Silver, R., 429
Silverman, B., 76
Silverman, K., 19
Silverman, M. M., 494
Silverstein, M. L., 412-413
Simcock, G., 225-226
Simmers, J., 179
Simmons, A., 43
Simon, G., 471
Simon, S., 529
Simon, T., 273
Simonds, V. M., 174-175
Simonton, D. K., 29, 254
Simpson, N., 465-466
Sinclair, S., 20
Singer, B., 521-522
Singer, J. E., 318
Singer, J. L., 144
Singer, L. T., 337
Singh, A., 297
Singh, S., 306-307
Sininger, Y. S., 107
Sipes, B., 368
Sjoquist, P. O., 155
Skinner, B. F., 17f, 19, 178-179, 179f, 259, 399-400, 406f
Skoblar, B., 213
Skodol, A. E., 472
Skolnick, P., 516-517
Skoner, D. P., 425
Skowronski, J. J., 225-226, 535
Slater, D., 175-176
Slater, E., 472f
Slater, S., 420, 448
Sleek, S., 271
Sloan, D. M., 436-437
Sloan, E. P., 145
Sloboda, A., 154
Slocombe, K. E., 262-263
Slomkowski, C., 487
Slotnick, B. M., 111-112
Smart, R. G., 152
Smetana, J. B., 391
Smetana, J. G., 364-365
Smith, B. H., 278, 479-480
Smith, C., 140
Smith, C. A., 432
Smith, C. D., 80
Smith, D. E., 182
Smith, D. W., 173-174
Smith, E., 436-437
Smith, E. R., 534
Smith, G., 389-390
Smith, J., 349
Smith, J. R., 73
Smith, K., 142
Smith, M. B., 40
Smith, M. L., 511, 512f

Smith, R., 137
Smith, R. A., 555
Smith, S. E., 421
Smith, S. M., 398
Smith, W. B., 392
Smith-Bell, C. A., 173-174
Smith-Crowe, K., 556-557
Smrtnik-Vitulič, H., 396
Snider, R. K., 107
Snidman, N., 403-404
Snyder, D., 307-308
Snyder, D. J., 109
Snyder, J., 349
Snyder, M., 405
Snyder, S. H., 475-476, 515
Sobel, K., 118-119
Sobel, N., 109
Society for Personality Assessment, 412-413
Sodian, B., 356
Soeter, M., 518
Sohr-Preston, S. L., 336
Sokolove, M., 454
Soler, J., 501
Solesio-Jofre, E., 229-230
Solis, J., 71
Solms, M., 391
Solomon, M., 474
Solomon, S. D., 421-422
Solomon, Z. Z., 421-422
Somers, T. J., 111-112
Somers, V. K., 142
Sommer, B., 30-31
Sommer, R., 30-31
Sood, A. K., 430
Soorya, L. V., 178
Sorek, S., 229-230
Sori, C. E., 510
Sorosky, J. I., 441-443
Sorrell, J. T., 111-112
South, S., 404
Spackman, M. P., 315
Spanos, N. P., 113, 147
Sparks, J., 142
Sparks, P., 532
Sparrow, B., 211, 211f
Spear, L., 499
Spear, N. E., 499
Spearman, C., 267
Spector, P. E., 272
Spence, M. J., 335
Spencer, S. J., 430, 432
Spencer-Rodgers, J., 400-401
Sperling, G., 207
Sperry, R., 80
Spiegel, D., 50, 79, 436-437, 442-443, 469, 512
Spielberger, C. D., 390-391
Spiers, H. J., 214, 215f
Spies, C. D., 438
Spillmann, L., 99
Spindler, H., 435
Spinella, M., 444-445
Spinrad, T. L., 561-562
Spitoni, G., 267-268
Spitz, H. I., 153
Spitzer, L., 373
Spitzer, R. L., 472
Sporer, S., 529
Sprecher, S., 306-307, 556-557
Spreer, J., 80
Sprenger, M., 209
Sprenkle, D. H., 510
Springen, K., 133
Springer, C. M., 182
Springer, P. R., 510
Spunt, R. P., 195f
Squire, L. R., 215

Sririam, N., 220
Srivastava, M., 294
Staddon, J. E. R., 182
Stafford, E., 372
Stagner, B., 522-523
Stahl, L., 204
Staley, J. K., 471
Stang, P. E., 483
Stangier, U., 509
Stanhope, V., 457-458
Stankov, L., 267
Stanojevič, D., 560-561
Stanojevič, P., 560-561
Stanojevic, S., 58
Stanton, A. L., 428
Stapel, D. A., 257
Starcevic, V., 465-466
Starchenko, M. G., 107
Stark, J., 77
Stark, R., 318
Stark, S., 77
Startup, M., 475-476
Stasinos, J., 441-442
Statham, J. A., 375-376
Staub, A., 32-33
Staud, R., 111-112
Steblay, N., 222-223
Stecker, G. C., 107
Steele, C. M., 553
Steele, J. D., 520-521
Stegerwald, F., 309-310
Steiger, A., 136
Stein, L. A. R., 411
Steinberg, L., 364-365
Steinberg, M. B., 437
Steiner, J., 497
Steiner, M., 337, 486
Steiner, R. D., 336
Steinhardt, M. A., 421
Steketee, G., 466, 468
Stemler, S. E., 270
Stenbacka, L., 76
Stenklev, N. C., 373
Stephens, T., 70XR, 106f
Stephenson, R., 113
Steptoe, A., 432
Stern, E., 477-478
Stern, R. M., 108
Sternberg, R. J., 62, 197, 254, 267, 270-271, 279, 282, 331, 420, 557f, 557-558, 558
Stettler, N., 300
Stevens, G., 15
Stevens, M. J., 10
Stevens, P., 519
Stevens, S., 187
Stevenson, H. W., 539
Stevenson, J. L., 144
Stevenson, R. J., 108
Stewart, A., 441-442
Stewart, A. J., 371
Stewart, D., 510
Stewart, P. J., 226
Stickgold, R., 140
Stickley, T., 469
Stidd, K., 80
Stifter, C. A., 318
Stiling, P., 81f, 105f
Stillman, T., 305
Stinson, F. S., 398
Stitzer, M. L., 436-437
Stix, G., 216, 430
Stockman, M., 80
Stocks, E., 561-562
Stockton, R., 509
Stolick, M., 161-162
Stone, J., 475-476, 553
Stoolmiller, M., 436-437

Índice Onomástico

Storm, L., 126
Stouffer, E. M., 194
Strange, D., 225-226
Strathern, A., 226
Strathman, A. J., 530
Strauss, E., 80
Strayer, D. L., 210
Striano, T., 342, 343
Striegel-Moore, R., 301, 302
Strong, T., 510
Struckman, C. K., 543
Struening, E. L., 483
Strupp, H. H., 512
Stuart, S. P., 511
Stubhaug, A., 111-112
Stulz, N., 511
Sturgeon, R. D., 400-401
Subasi, V., 113
Suchan, B., 214
Suckling, J., 467
Sue, D., 497, 513
Sue, D. W., 497, 513
Sue, S., 24, 497
Suetsugu, T., 206
Sufian, J. T., 334
Suh, E. M., 445-446
Suhail, K., 445-446
Suizzo, M-A., 347
Sullivan, A., 269f
Sullivan, E., 560
Sullivan, J., 29
Sullivan, L. M., 435
Summers, M., 466
Summers, R., 63
Sung, R. Y. T., 297
Sung, W., 194
Super, C. M., 354
Suppes, T., 143
Surette, R., 196
Suridjan, I., 515
Susser, E. S., 421-422f
Sutin, A. R., 225-226
Sutton, R. M., 529
Suzuki, K., 517
Suzuki, L. A., 280, 281
Svarstad, B., 441-442
Svartdal, F., 183
Swahn, M. H., 365-366
Swain, P. I., 302
Swain, R. A., 70
Swales, M. A., 501
Swaminathan, V., 219
Swartz, H., 517
Sweeny, K., 537 538
Swencionis, J. K., 222
Swing, E. L., 196
Szasz, T. S., 455-456, 460-461
Szegedy Maszak, M., 472
Szmalec, A., 210
Szrama, N., 71
Szymusiak, R., 136

T

Tadmor, C. T., 264
Taillard, J., 137
Tajfel, H., 550, 551
Tajiri, N. N., 77
Takahashi, M., 143
Takahashi, R., 430
Takeuchi, D., 334
Takizawa, T., 431
Talajic, M., 436-437
Talarico, J., 221
Talbot, N., 469
Talmi, D., 214
Tal-Or, N., 538
Talukdar, S., 347

Tam, H., 209
Tam, T. W., 158
Tamagnan, G., 471
Tamborini, R., 545-546
Tamini, B., 556-557
Tammaro, E., 81-82
Tan, G., 113
Tan, L., 211, 261
Tan, Ü., 111-112
Tanaka, T., 517
Tanaka-Matsumi, J., 444-445
Tani, J., 334
Tanja, M., 173-174
Tanne, D., 141
Tanner, J. M., 359, 359f
Taras, H., 336
Tasker, F., 308-309
Tassinari, C. A., 80
Tate, P., 70XR, 106f
Taylor, A., 404, 432
Taylor, B., 348
Taylor, C. S., 75
Taylor, F., 138
Taylor, G. J., 435
Taylor, M., 430
Taylor, P. M., 161
Taylor, S. E., 427, 428, 430, 432, 441, 444-445
Tcheremissine, O. V., 161
Tees, R. C., 336
Tegenthoff, M., 75
Telch, M. J., 465-466
Tellegen, A., 401-403, 401 403f, 406f
Tempakski, B., 154
Tenenbaum, H. R., 37
Tenopyr, M. L., 267
Teodorov, E., 307-308
te Pas, S. F., 100
Tepper, B. J., 109
Teraishi, T., 403-404
Terganiemi, M., 107
Terman, L., 279
Terracciano, A., 400-401
Tewes, U., 436-437
Thachil, A. F., 517
Tharp, R. G., 197
Thase, M. E., 517, 520-521
Thatcher, D. L., 159
Theerman, P., 111-112
Theodore, A., 182
Theorell, T., 427
Theoret, H., 54, 194
Thomas, P., 475-476
Thomas, S., 499
Thomasius, R., 162
Thompson, C. P., 225-226
Thompson, D. M., 229-230
Thompson, J., 222-223
Thompson, K. R., 70
Thompson, L. F., 560-561
Thompson, M. C., 477-478
Thompson, P. M., 80
Thompson, R. F., 70
Thompson, S. S., 229-230
Thompson, W. W., 373
Thompson-Brenner, H., 511, 512
Thoresen, C. E., 431
Thorkildsen, T. A., 262-263
Thorndike, E. L., 177-178, 178f
Thorne-Yocam, K. A., 436-437
Thornton, A., 306-307
Thorpe, K., 296
Thorsteinsson, E. B., 511
Thrash, T. M., 310-311
Tian, X., 513
Tiana, T., 501
Tibbs, T., 430

Tierney Lindsey, K., 143
Tiggemann, M., 225-226
Tihanyi, B. T., 141
Tippin, J., 142
Tirri, K., 267-268
Titone, D. A., 135
Todd, T. P., 175-176
Todorov, A., 551
Toga, A. W., 80
Tokumori, K., 109
Tolman, E. C., 192
Tomaka, J., 428
Tomm, K., 510
Tommasi, L., 78
Toni, I., 76
Tononi, G., 132
Tooby, J., 187
Toribio, I., 161
Toth, J. P., 220
Toth, N., 262-263
Touhara, K., 109
Towsley, S., 403-404
Tracy, J. L., 315
Trainor, C. D., 137
Tramontana, J., 149
Tran, C., 428
Tranter, L. J., 267-268
Travis, F., 149, 151
Treiber, F. A., 149
Tremaine, M., 75
Tremblay, A., 300
Tremblay, J., 518
Tremblay, R. E., 479-480
Treur, J., 249
Treves, A., 122
Trevino, L., 441-442
Triesch, J., 54
Trimble, J. E., 513
Trimble, M. R., 82
Triscari, M., 499
Troche, S., 270
Tropp, L. R., 553
Trost, W. T., 501
Trujillo-Pisanty, I., 179
Trull, T. J., 479-480
Trullas, R., 516-517
Tsai, D., 530
Tsai, K. J., 77
Tsai, Y. C., 77
Tsaousis, I., 443-444
Tschitsaz, A., 511
Tseng, W. C., 483, 484f, 520-521
Tseng, W. S., 483, 487, 513
Tsuchiya, M., 471
Tsukasaki, T., 261
Tsunoda, S., 80
Tuch, D. S., 232-233
Tuerk, P. W., 500
Tuerlinckx, F., 310-311
Tugay, N., 113
Tulving, E., 211, 229-231
Turecki, G., 428
Turk, D. C., 111-112
Turkewitz, G., 79
Turkheimer, E., 478-479
Turnbull, O., 391
Turner, J. C., 550, 551
Turner, M. E., 543, 545-546
Turner, R., 425
Turner, S. M., 467
Turvey, M. T., 206
Tuszynski, M. H., 520-521
Tversky, A., 248
Twenge, J., 398, 400-401, 486, 541
Tydgat, I., 211
Tyler, J. M., 553
Tynelius, P., 300
Tzeng, O. L., 194

U

Ubell, E., 145
Ueda, H., 142
Ugurbil, K., 100f
Uhl, G., 187
Uhlmann, E., 552
Ulbert, I., 141
Umiltà, C., 407
Umphress, E. E., 556-557
Underwood, A., 113, 159
Unsworth, N., 210
Unterrainer, J. M., 80
Unützer, J., 471
Updegraff, K. A., 361-364
Urbina, S., 276
Urso, V., 499
Ursprung, W. W., 437
Usmani, Y., 516
Ustun, T. B., 483
Utsey, S. O., 550, 553
Uylings, H. B. M., 336
Uzelac, S., 364-365

V

Vaccaro, D., 51
Vaillant, C. O., 370
Vaillant, G. E., 370
Vaish, A., 343
Valencia, R. R., 281
Valentijn, A. M., 374-375
Valenza, E., 342
Vallortigara, G., 78
Vanasse, A., 437
Van Belle, V., 246
Van De Graaff, K., 214f
Vandell, D. L., 348
van den Berg, P. T., 254
van den Bos, K., 541, 561-563
Van den Wildenberg, W. P. M., 355
van der Helm, E., 136, 137f
van der Helm, P. A., 117
van der Kouwe, A. J. W., 232-233
Van der Molen, M. W., 355
van der Smagt, M. J., 100
Vandervert, L. R., 70
Van der Zee, E. A., 57
van Deusen, A., 82
Vandierendonck, A., 210
Van Dijk, W. W., 315
Van Essen-Zandvliet, L. E. M., 441
Vanheule, S., 473
Van Hiel, A., 291
van Hooren, S. A. H., 374-375
Van Kleef, G. A., 64-65
van Marle, K., 355
van Nieuwenhuijzen, M. M., 278
van Oort, R., 231-232
van Oppen, P., 511
Van Overwalle, F., 531
Van Petegem, P., 364-365
van Soelen, I. C., 281
van Straten, A., 511
Varga, M., 140
Varjassyová, A., 231-232
Vartanian, O., 246
Vasquez, G., 8-9
Vassalli, A., 290
Vassend, O., 111-111-112
Västfjäll, D., 440
Vecchi, T., 374-375
Vecchione, M., 397
Vedhara, K., 420

Vega, C. P., 29
Vegas, R., 187
Veilleux, J. C., 437
Velentzas, K., 241-242
Vella-Brodrick, D. A., 443-444
Vellacott, J., 349
Veltman, M. W. M., 258
Vender Hoorn, S., 436-437
Veniegas, R. C., 307-308
Venter, J., 498
Verdejo, A., 161
Verdon, B., 310-311
Verfaellie, M., 231-232
Vermani, M., 111-112
Vernon, P. A., 64, 270, 330
Verona, E., 560
Vettor, R., 161
Vickers, L., 64
Victor, S. B., 308-309
Vieira, E. M., 508
Vieira, K., 330
Vieten, C., 160
Vigorito, M., 175-176
Vikan, A., 218
Villanacci, V., 51
Villani, V., 64
Villemure, C., 111-112
Vincus, A. A., 154
Visser, P. S., 551
Vitak, J., 30-31
Vitaro, E., 479-480
Vitaro, F., 331
Vaitl, D., 318
Vitello, P., 106, 106f
Vitiello, A. L., 113
Vitousek, K. M., 302-303
Vleioras, G., 361-364
Vogt, D., 430
Volberg, V., 156
Volkow, N. D., 152
Volterra, V., 259
Vonk, J., 221
Von Känel, R., 421-422
VonKorff, M., 483
Von Schedvin, H., 430
Voracek, M., 397
Vorobyev, V. A., 69, 107
Voruganti, L. P., 516
Voss, J., 220
Vujic, V., 58
Vurbic, D., 175-176
Vyas, P., 428
Vygotsky, L. S., 356

W

Wacher, D. P., 182
Wachs, T. D., 403-404
Waddell, J., 77
Wade, K. A., 225-226
Wade, N. J., 120
Wager, T. D, 58
Wager, T. D., 314
Wagner, A. W., 501
Wagner, H. L., 315
Wagner, K., 80
Wagner, R. K., 270
Wagner, S. H., 537
Wagstaff, G. F., 148
Wain, H. J., 441-442
Waite, S., 509
Wald, G., 101
Wald, M. L., 543
Waldo, C. R., 309-310
Walker, E. E., 520-521
Walker, K., 76
Walker, L. J., 361-362, 561-562
Walker, M. P., 136, 137f, 140, 141
Walker, W., 113

Índice Onomástico

Walker, W. R., 225-226
Walkey, E. H., 444-445
Wall, J., 288
Wall, T. L., 159
Wallace, G., 80
Waller, B., 27
Waller, B. M., 262-263
Wallerstein, J. S., 372
Wallis, J. D., 23
Wallner-Blazek, M. M., 69
Walsh, B. T., 516
Walsh, R., 150
Walsh, V., 113
Walton, G. M., 553
Wampold, B. E., 513
Wang, A., 468
Wang, F., 441-442
Wang, F. F., 77
Wang, L., 400-401
Wang, M. C., 560
Wang, O., 225-226
Wang, P. S., 483
Wang, Q., 226, 539
Wang, S., 518
Wang, X., 107, 531
Wang, Z., 469
Ward, G., 211
Ward, L. M., 118f, 123f, 132, 550
Ward, T., 473
Ward, W. C., 253-254
Ward-Baker, P. D., 371
Warden, C. A., 530
Wardle, M. C., 437
Wark, B., 92
Warren, J., 474
Washburn, M. F., 15
Wasserman, E. A., 171
Waterhouse, J., 143
Waters, G., 76-77
Watson, C. S., 107
Watson, J. B., 17f, 18-19, 172-173
Watson, J. C., 507
Watson, M., 435
Watson, P. J., 421-422
Watters, E., 487
Waxman, S., 261
Weaver, K., 561-562
Webb, R., 161-162
Weber, A. L., 555
Weber, R., 196
Wechsler, D., 275
Wechsler, H., 158
Weck, F., 468
Weddle, C., 80
Weeks, M., 551
Wegner, D. M., 211, 211f
Wehrle, R., 140
Weinberg, M. S., 307-308
Weinberg, R. A., 282
Weiner, I. B., 412-413
Weiner, R. D., 519
Weinstein, L., 336
Weinstein, M., 421-422
Weisberg, J. N., 111-112
Weisner, C., 158
Weiss, A., 444-446
Weiss, B. D., 441-442

Weiss, M. R., 543
Weiss, W. M., 543
Weiss-Gerlach, E., 438
Weissman, M., 483, 509
Wekstein, D. R., 80
Welchko, R., 156
Welkowitz, J., 483
Welkowitz, L. A., 483
Weller, J., 498
Wells, B., 400-401
Wells, R., 132
Welsh, M., 246
Wenar, C., 479-480
Wenk, G. L., 233-234
Wenzel, A., 220, 306-307, 465-466
Werblin, F., 99
Werker, J. F., 336
Werner, J. S., 99
Wershba, R., 421
Wertheimer, M., 15, 116
Wesensten, N. J., 140
West, D. S., 300
West, J. F., 151
West, R., 196
West, R. L., 375-376
West, S. L., 154
Westen, D., 511, 512
Westerhausen, R., 118-119
Westers, P., 441
Westerterp, K. R., 299
Wetherington, J. M., 421-422
Wett, J. L., 521-522
Wetter, D. W., 436-437
Wetter, T. C., 140
Whaley, B. B., 442-443
Wheatcroft, J. M., 148
Whisman, M., 307-308
Whitbourne, S. K., 363-364, 370, 441-442
White, L., 260
White, N. M., 194
Whitebread, D., 347
Whitehouse, W. G., 149
Whitfield, K. E., 280
Whitney, P. G., 347
Whorf, B. L., 261
WHO World Mental Health Survey Consortium, 483, 485f
Wiater, A., 138
Wickelgren, E. A., 121
Widaman, K., 336
Widdershoven, J. W., 435
Widiger, T. A., 421-422, 459-461, 478-480, 486
Widmaier, E. P., 81f, 105f
Widmeyer, W. N., 535
Wiebe, J. S., 428
Wielgosz, A. T., 435
Wiesel, T. N., 17f, 98, 99
Wiggins, J. S., 397
Wilcox, K. J., 401-403, 401-403f
Wildavsky, B., 264
Wilde, D. J., 391, 392
Wilgoren, J., 348
Wilhelmsen, K. C., 160
Wilke, F., 162
Wilkin, L., 374-375

Wilkinson, H. A., 520-521
Wilkinson, L., 197
Willander, J., 108
Willard, J., 549-550
Williams, A., 43
Williams, C. J., 307-308
Williams, C. L., 412
Williams, G. C., 20
Williams, J. B. W., 472
Williams, J. M., 437
Williams, R. B., 435
Williams, S., 51
Williams, S. J., 142
Williams, T., 430
Williamson, P., 279
Willis, C., 222-223
Willis, G. L., 6, 58
Willis, S. L., 374-375
Willoughby, G., 246
Wills, K., 441-442
Wills, T. A., 436-437
Wilson, A., 241
Wilson, B., 207
Wilson, D., 549
Wilson, D. E., 221
Wilson, D. J., 542
Wilson, G. D., 307-308
Wilson, G. T., 189
Wilson, K. S., 147
Wilson, P. J., 109
Wilson, T. D., 222, 553
Wilson, T. G., 302-303
Windholz, G., 249-250
Winerman, L., 560-561
Winfrey, O., 445-446
Wingate, L. R., 170
Winkielman, P., 551
Winner, E., 279
Winocur, G., 231-232
Winograd, E., 220
Winson, J., 140
Winstead, B. A., 365-366
Winston, J. S., 99
Winter, D. G., 310-312, 371
Winter, J. B., 435
Winterbauer, N. E., 175-176
Winters, B. D., 57
Wise, E. H., 40-41
Wiseman, R., 126
Wismar, K., 421-422
Witelson, S., 307-308
Withey, S. B., 445-446f
Witnauer, J. E., 183
Witt, C. M., 111-112
Wittchen, H., 465-466
Wittenbrink, B., 552
Witter, M., 122
Witthöft, M., 468
Wittner, L., 141
Wixted, J. T., 228
Wohl, J., 513
Wolf, Y., 290
Wolfe, M. S., 376-377
Wolff, N., 521-522
Wolff, R., 81-82
Wolitzky, D. L., 497
Wolpert, E. A., 140

Wong, N., 464
Wood, J. M., 412-413
Wood, J. P., 98
Wood, P. R., 441-442
Wood, W., 529
Woodruff, N., 278
Woodruff, R., 50
Woodruff, S. I., 438
Woods, S. C., 297, 299
Woodson, S. R. J., 318
Woody, E. Z., 147
Woolf, V., 269f
Woollett, K., 214, 215f
Worth, K. A., 436-437
Worthen, J. B., 209
Worthley, R., 267
Wren, A. M., 298-299
Wright, J., 57
Wright, K., 143
Wright, R. A., 291
Write, E. E., 113
Wrosch, C., 376-377
Wrzesniewski, K., 428
Wu, C-H., 538, 539
Wu, L-T., 162
Wu, W-Y., 530
Wu, Y., 372
Wu, Z. Z., 80
Wuensch, K. L., 560-561
Wuethrich, B., 158
Wundt, W., 14-15, 16f
Wurtz, R. H., 76
Wynn, K., 355
Wyra, M., 233-234

X

Xiao, Z., 469
Xu, M., 297
Xu, Y., 469
Xue, G., 404f

Y

Yacoub, E., 100f
Yamada, K. A., 142
Yamagata, S., 400-401
Yaman, M., 113
Yamauchi, K., 471
Yamazaki, A., 421-422
Yan, H., 469
Yancey, C., 196
Yang, L., 516
Yang, R. J., 467
Yankell, S. L., 109
Yao, S-Q., 276
Yapko, M. D., 141
Yardley, L., 8
Yasuhara, T. T., 77
Yates, A., 454
Yates, M. C., 437
Yazdani, S., 556-557
Yeager, D., 421-422
Yechiam, E., 560-561
Yeh, T. C., 80
Yeo, T., 69
Yeomans, M. R., 109
Yeshurun, Y., 109

Yesilyaprak, B., 421-422
Yoder, M., 500
Yokosawa, K., 206
Yonas, A., 120
Yoshino, K., 195
Yoshiura, K., 109
Yoshiura, T., 109
Yougentob, S. L., 109
Young, K. M., 189
Young, S. E., 155
Young, T., 101
Young-DeMarco, L., 306-307
Yue, D. N., 473
Yumru, M., 515
Yurgelun-Todd, D. A., 465-466

Z

Zack, M. M., 373
Zacks, J., 241
Zadok, D., 137
Zaidel, E., 80
Zaitsu, W., 222-223
Zajonc, R. B., 313, 555
Zanna, M. P., 430, 432
Zaragoza, M. S., 222-223
Zarren, J. I., 149
Zatorre, R., 76
Zautra, A. J., 421
Zayas, V., 170
Zebrowitz, L. A., 556-557
Zeigler, D. W., 159
Zelenski, J. M., 444-445
Zeng, L., 254
Zepf, F. D., 390-391
Zepf, S., 390-391
Zerach, G. G., 421-422
Zetocha, K., 220
Zevon, M., 436-437
Zhang, D., 278
Zhang, F., 300
Zhang, G., 556-557
Zhang, Y., 249-250
Zhao, Z., 215
Zheng, H., 290
Zhou, S., 478-479
Zhou, Y., 102
Zhou, Z., 105, 109
Zhour, Y-H., 276
Zians, J., 310-311
Ziegler, M., 267-268
Zigler, E., 278
Zika, S., 421-422, 424f
Zimbardo, P. G., 24, 543-545
Zimmerman, R. R., 346
Zimmerman, U. S., 160
Zinkhan, G. M., 219
Zito, J. M., 518
Zlotnick, C., 480-481
Zoccolillo, M., 479-480
Zolotor, A., 182
Zou, Z., 469
Zuckerman, M., 291, 292f
Zuckerman-Hyman, C., 545-546
Zuger, A., 443-444
Zuniga, X., 198
Zupančič, M., 396
Zwisler, A., 435

Índice

Os números de páginas seguidos por *f* indicam figuras.

A

A Origem das Espécies (Darwin), 8
Abertura à experiência, 397, 397*f*
Abordagem cognitivo-comportamental, 503, 505*f*
Abordagem dos três sistemas da memória, 205-206, 206*f*
Abordagem eclética, 494, 513
Abordagem sociocognitiva, 194-196, 534-539
   autoeficácia e, 399-401
   cognição social, definição, 534
   entendendo como são os outros, 534
   formação de impressão, 534-535
   personalidade e, 399-401
   teoria da atribuição, 535-539
Abordagens cognitivas
   da motivação, 291-293, 294*f*
   tratamento, 502-505
Abordagens da motivação de redução do impulso, 290, 294*f*
   homeostase nas, 290
   impulso, definição, 290
Abordagens de aprendizagem da personalidade, 398-402, 406*f*
   abordagem comportamental de Skinner, 399-400
   abordagens cognitivo-comportamentais, 399-401
   autoestima, 400-401, 401-402*f*, 444-445
   avaliação, 400-402
   consistência da personalidade, 400-401
Abordagens de excitação da motivação, 291, 294*f*
Abordagens de incentivo à motivação, 291, 294*f*
Abordagens de tratamento cognitivas, 502-505
   abordagem cognitivo-comportamental, 503, 505*f*
   avaliação, 504
   terapia racional-emotiva, 503-504
Abordagens de tratamento comportamentais, 498-502
   avaliação, 501-502
   técnicas de condicionamento clássico, 489-500
   técnicas de condicionamento operante, 500-501
   terapia comportamental dialética, 501
Abordagens interacionistas
   da motivação, 294-295
   do desenvolvimento, 331
   do desenvolvimento da linguagem, 261

Abordagens nativistas, do desenvolvimento da linguagem, 260
Abordagens psicodinâmicas da personalidade, 385-393, 406*f*
   Adler e os outros neofreudianos, 392-393
   inconsciente coletivo de Jung, 391-392
   perspectiva neofreudiana de Horney, 392
   psicanalistas neofreudianos, 391-393
   teoria psicanalítica de Freud, 385-391
Abstinência, 475-476
Accutane, 338*f*
Aceitação, na adaptação à morte, 378
Acetilcolina (ACh), 57*f*, 58
Acidente vascular cerebral, 78*f*
Ácido gama-aminobutírico (GABA), 57, 57*f*
Acomodação, visual, 96
Aconselhamento não diretivo, 508
Acrofobia, 465-466*f*
Acupuntura, 111-112
Adaptação
   à luz, 96
   ao escuro, 96
   definição, 92
   sensorial, 92
Adenosina, 155
Adolescência, 358,367
   definição, 358
   desenvolvimento cognitivo, 359-362
   desenvolvimento físico, 358-360
   desenvolvimento moral, 359-362
   desenvolvimento social, 360-361*f*, 361-364
   estágios do desenvolvimento cognitivo de Piaget, 352*f*, 352-353, 359-360
   estágios psicossexuais, 387*f*, 388-389
   estágios psicossociais de Erikson, 360-362, 361-362*f*
   ritos de passagem pelo mundo, 366-367, 436-437
   suicídio na, 364-367
   tabagismo na, 436-437, 437*f*, 438*f*
   teoria do desenvolvimento moral de Kohlberg, 359-361
   transtornos psicológicos, 356-367, 474, 479-480
Afasia de Broca, 76
Afasia de Wernicke, 76-77
Afiliação, necessidade de, 310-311
África do Sul, características desejadas em um parceiro, 558, 558*f*
Afro-americanos
   anemia falciforme, 336
   estilos de aprendizagem, 198
   impacto dos estereótipos nos, 553
   inteligência e, 280-281

   no estabelecimento de normas, 409
   suicídio adolescente, 364-366
Agorafobia, 464*f*, 465-466
Agradabilidade, 397, 397*f*
Agressão, 559 561
   abordagens da frustração-agressão, 560-561
   abordagens dos instintos, 560
   aprendizagem observacional e, 195-196, 560-561
   armas e testemunho ocular, 222-225
   definição, 559-560
   estupro, 156*f*
   lidando com a raiva, 564
   televisão e, 32-33, 32-33*f*, 195-196
   tiroteios no filme *The Dark Knight Rises*, 4
   videogames e, 196
Aids (síndrome da imunodeficiência adquirida), 338*f*
Ajudando os outros, 560-563
Alarme e mobilização, 426
Álcool
   alcoolismo, 160
   beber compulsivo, 158, 159*f*
   como depressor, 156*f*, 157-160
   efeitos, 159*f*
   identificando problemas com, 158, 159*f*, 160, 162-163
   no desenvolvimento pré-natal, 278, 337, 338*f*
   síndrome alcoólica fetal, 278, 337
   transtorno devido ao uso de, 480-481
Alcoólicos Anônimos (AA), 163, 510
All Handicapped Children Act (Public Law 94, 142), 278
Algoritmos, 242-243
Altruísmo, 561-562
Alucinações, 156, 475-478
Alucinógenos, 157*f*, 161-162
Amar
   atração interpessoal e, 556-558
   tipos de amor, 556-558
Ambiente. *Ver também* Questão da natureza-criação
   no desenvolvimento pré-natal, 337-338, 338*f*
Ambiente de trabalho
   arranjos para cuidados infantis, 348, 348*f*
   famílias com apenas um dos pais, 358, 372
   papéis adultos e, 372
   testagem psicológica, 409, 414-415
   trabalhando em psicologia, 9-12. *Ver também* Opções de carreira; Psicólogos
Ameaça de estereótipo, 553
American Academy of Sleep Medicine, 145

American Anorexia Bulimia Association, 303
American Association on Intellectual and Developmental Disabilities, 277
American Psychological Association (APA), 15, 20
   sobre a discriminação contra *gays* e lésbicas, 308-310
Americanos nativos
   estilos de aprendizagem, 197, 198
   ritos de passagem, 366-367
   rotulando os transtornos psicológicos, 487
   suicídio adolescente, 365-366
Amígdala, 72*f*, 73, 73*f*, 137, 137*f*
   emoções e,
   neurociência social e, 551*f*, 551-552
Amizade, atração interpessoal e, 555-557
Amnésia
   anterógrada, 231-232
   dissociativa, 469-470
   origem, 221-222
   retrógrada, 231-232
Amok, 487
Amor apaixonado (ou romântico), 556-558
Amor companheiro, 556-558
Amostra, em pesquisa, 30-31, 36*f*
Amostras não tão grátis, 545-546
Amplitude, 106
Análise de fatores, 396-397
Análise meios-fim, 249-250
Analistas do comportamento, 188-189
Analogias, 255
Andrógenios, 304
Anemia falciforme, 336
Anfetaminas, 155, 156*f*, 216
Anorexia nervosa, 301-303, 480-481, 487
Ansiedade
   ansiolíticos, 516*f*, 518
   mecanismos de defesa, 388-391
Antidepressivos, 56, 132, 516*f*, 516-517
Antipsicóticos, 515-516, 516*f*
Apneia do sono, 142
Apoiadores sociais, 542
Apoio social
   definição, 431
   em grupos de autoajuda, 163, 510
   enfrentando o estresse e, 431
   no processo de perda de peso, 303
Aprendizagem, 166-201
   abordagem da teoria da aprendizagem do desenvolvimento da linguagem, 259-260
   agressão e, 560-561
   condicionamento clássico, 169-176, 498-500
   condicionamento operante, 177-191, 399-400, 500-501

648 Índice

definição, 169
estilos de aprendizagem e, 197-198
impacto cultural na, 197-198
latente, 192-194, 193f
observacional, 194-196, 501, 550
    agressão e, 195-196, 560-561
    como abordagem sociocognitiva, 194-196
    definição, 194
    violência na mídia e, 195-196
orientação sexual e, 308-309
personalidade e. *Ver* Abordagens de aprendizagem da personalidade
pesquisa com animais sobre, 170-173, 171f, 177-187, 178f, 179f, 187f, 192-193, 193f
restrições biológicas na, 187
técnicas de mudança do comportamento, 188-189
teoria da aprendizagem cognitiva, 192-199
Área
    auditiva do córtex, 74f, 76, 107
    motora do córtex, 74, 74f, 75
    somatossensorial do córtex, 74, 74f, 76f
    visual do córtex, 74f, 76, 99f
Áreas
    de associação do córtex, 74, 74f, 76-77
    sensoriais do córtex, 74, 74f, 75-76, 99f, 107
Armazenamento, 205, 205f
Arquétipos, 391-392
Arranjos de cuidados infantis, 347-348
Assistente social, 508
    clínico, 495f
    de proteção à criança, 350
    licenciado, 10
    psiquiátrico, 495f
Associação livre, 496-497
Atenção excessiva, 477-478
Atitudes
    definição, 529
    em relação ao processo de envelhecimento, 370, 375-376
    persuasão na mudança, 529-533
    relação entre comportamento e, 532-533
Ato falho freudiano, 385
Atração interpessoal, 555-558
    atração física e, 556-557
    definição, 555
    fatores no amar, 556-558
    fatores no gostar, 555-557
Audição, 104-108
    área auditiva do córtex, 74f, 76
    aspectos físicos do som, 105-108
    partes da orelha, 104-105, 105f
    percebendo o som, 104-108
    percepção de som do recém-nascido, 343-344
Autismo, 480-481
Autoatualização, 293, 405
Autoeficácia, 399-401
Autoestima, 444-445
    definição, 400-401
    na personalidade, 400-401, 401-402f
Avaliação
    cognitiva, 504
    comportamental, 412-413
    confiabilidade na, 408
    da inteligência. *Ver* Testes de inteligência
    da personalidade. *Ver* Testes psicológicos
    do programa, 7f
    medidas de autorrelato. *Ver* Medidas de autorrelato
    padronização dos testes, 411
    validade na, 408

Aversão do paladar, 175-176
Axônios, 51, 52, 56

B

Bainha de mielina, 52
Balbucio, 258
Barbitúricos, 156f, 160
Bateria de Testes de Aptidão Geral, 409
Beber compulsivo, 158, 159f
Bebês prematuros, 336
Bem-estar subjetivo, 443-446
Benzadrine, 155, 156f
Biofeedback, 81-82
    no manejo da dor, 113
    para melhorar o sono, 145
Bissexualidade, 307-310
Botões terminais, 51
Bulimia, 301-303, 480-481

C

Cafeína, 145
    como estimulante, 154f, 154-155
Caixa de Skinner, 178, 179f
Calmantes, 156f, 157-160
Canais semicirculares, 107-108
Câncer, 435-437
Casamento, 306-307, 371-373
    amor e, 558
    características desejadas em um parceiro, 558, 558f
    divórcio e, 371-372
    famílias com apenas um dos pais, 358, 372
    sexo conjugal, 306-307
    sexo extraconjugal, 307-308
    sexo pré-conjugal, 306-307
Caso "H.M.", 228
Catarse, 560
Causas
    disposicionais, 536-537
    situacionais, 536-537
Células
    bipolares, 97, 97f
    em direção a cabeça, 122
    estaminais, 77-78
    ganglionares, 97, 97f, 98
    gliais, 51
    olfativas, 108f, 109
    pilosas, 105
    place, 122
Cerebelo, 70, 72f
Cérebro, 61f, 68-83. *Ver também* Perspectiva da neurociência
    biofeedback e, 81-82, 113, 145
    córtex cerebral, 73-77
    dirigindo computadores com, 71
    diversidade humana e, 79-80
    enviando mensagem dos olhos para, 96-98
    especialização dos hemisférios, 78-81
    estudando estrutura e funções, 68-70, 72f
    neuroplasticidade e, 77-78, 78f
    núcleo central, 70f, 70-72
    orientação sexual e, 307-308
    processamento da mensagem visual, 98-99, 100f
    sistema límbico, 72-73
    tipos de exames do cérebro, 68-70
China
    características desejadas em um parceiro, 558, 558f
    tabagismo na, 439
    transtornos psicológicos, 487
Cingulotomia, 520-521

Cirurgia
    no manejo da dor, 113
    por faca gama, 520-521
    psicocirurgia, 519-521
Clorpromazina, 515
Cocaína, 155-156, 156f
Cóclea, 104-105, 105f
Codificação, 205, 205f, 229
Coeficiente de correlação, 31-32
Comer compulsivo, 301-303, 480-481
Comorbidade, 483
Competição Siemens, 240
Complexidade cognitiva, 254
Complexo de inferioridade, 393
Complicações no nascimento, 278
Comportamento
    de exposição a risco, 404f
    relação entre atitudes e, 532-533
    teoria da atribuição e, 535-539
Comportamento anormal
    classificação, 458-461, 487
    definindo anormalidade, 453-454
    perspectiva cognitiva, 455f, 456-457
    perspectiva comportamental, 455f, 456
    perspectiva humanista, 455f, 457
    perspectiva médica/biológica, 455f, 455-456
    perspectiva psicanalítica, 455f, 456
    perspectiva sociocultural, 455f, 457-458
Comportamento do espectador
    difusão da responsabilidade, 27-29, 32-38, 560-562
    pesquisa sobre, 27-29, 32-38, 41-42, 46, 560-562
Comportamento observável *versus* processos mentais internos, 21f, 22
Comportamento pró-social
    altruísmo e, 561-562
    definição, 560-561
    difusão da responsabilidade e, 27-29, 32-38, 560-562
Comportamento sexual, 304-310
    bissexualidade, 307-310
    heterossexualidade, 306-308
    homossexualidade, 307-310
    infecção sexualmente transmissível, 337, 338f
    masturbação, 305
    problemas e transtornos sexuais, 480-481
    transexualismo, 309-310
Compulsões, 465-466
Computadores. *Ver também* Mídias sociais
    dirigindo com o cérebro, 71
    inteligência artificial, 244, 245
    na solução de problemas, 244
    na testagem adaptativa, 277
Comunicação
    com provedores de atenção à saúde, 441-444
    perspectiva ambiental sobre a esquizofrenia, 477-478
Comunicadores de atitudes, 529
Conceitos, 241-243
Concepção
    definição, 333, 333f
    estágios do desenvolvimento após, 335-336
Condição socioeconômica (CSE)
    famílias com um dos pais e, 358, 372
    impacto da organização dos cuidados infantis sobre as crianças, 348
    inteligência e, 281
Condicionamento aversivo, 499
Condicionamento clássico, 169-176
    aplicação ao comportamento humano, 172-174, 498-500

condicionamento aversivo, 499
condicionamento operante *versus*, 177, 187, 188f
definição, 170
dessensibilização sistemática, 499-500
discriminação, 174-175
extinção, 173-175
fundamentos do, 170-173, 171f
generalização, 174-175
nas abordagens de tratamento comportamentais, 498-500
papel do, 169
pesquisa com animais sobre, 170-173, 171f
questionando pressupostos básicos, 174-176
tratamentos de exposição, 500
Condicionamento operante, 177-191, 399-400
    condicionamento clássico *versus*, 177, 187, 188f
    definição, 177
    discriminação, 184-185
    fundamentos do, 178-187
    generalização, 185
    lei do efeito de Thorndike, 177-178
    moldando, 186
    nas abordagens de tratamento comportamentais, 500-501
    no salvamento de vidas, 185
    pesquisa com animais e, 177-187, 178f, 179f, 187f
    reforço, 178-184
    sistema de fichas, 500-501
Cones da retina, 96, 97f, 97-98, 101-102
Confiabilidade, 276-277, 408
Conflito edípico, 388-391
Conformidade
    com papéis sociais, 543-545
    conclusões, 542
    definição, 541
    pensamento de grupo, 543-543
    técnicas para obter, 544-547
Conjunto mental, 251-252, 251-252f
Consciência, 386f, 387
    dividida, 148
    em vigília, 132
Consciente *versus* inconsciente, 21f, 22. *Ver também* Estados de consciência
Conselheiro
    clínico em saúde mental, 495f
    de reabilitação, 75
    em abuso de substância, 508
    profissional licenciado, 495f
Consentimento informado, 40-41
Consideração
    positiva condicional, 405
    positiva incondicional, 405, 508
Consistência
    da personalidade, 400-401
    relação entre atitudes e comportamento, 532
Consolidação, 215
Constância
    objetal, 352
    perceptiva, 120-121
Conteúdo
    latente dos sonhos, 139, 140f, 496-497
    manifesto dos sonhos, 139, 140f, 496-497
Contrato de contingência, 501
Coortes, 332
Coração, 65f
Coreanos, estilos de aprendizagem, 198
Corpo caloso, 72f, 80, 81f
Correlação
    negativa, 31-32
    positiva, 31-32

Córtex. *Ver* Córtex cerebral
Córtex cerebral, 65*f*, 70*f*, 73-77
    área motora, 74, 74*f*, 75
    áreas de associação, 74, 74*f*, 76-77
    áreas sensoriais, 74, 74*f*, 75-76, 99*f*, 107
Cortisol, 430
Criador em agência de publicidade, 532
Crianças. *Ver* Primeira infância e infância
    ambivalentes, 346
    desorganizadas-desorientadas, 346
    evitativas, 346
Criatividade
    definição, 253
    na solução de problemas, 253-254
    pensamento crítico e, 255
Crise da meia-idade, 370
Cromossomos
    definição, 333
    tipos de, 333-334
    X, 333-334
    Y, 333-334
Cultura
    atitudes em relação ao processo de envelhecimento, 370, 375-376
    barreiras de comunicação entre pacientes e médicos, 442-443
    como fator na psicoterapia, 513
    diferenças transculturais na memória, 225-226, 226*f*
    emoções e, 315, 320-322
    impacto da aprendizagem das diferenças culturais, 197-198
    jogo e, 347
    lateralização do cérebro, 80
    medidas de inteligência e, 281-282
    na visão do desenvolvimento cognitivo de Vygotsky, 356
    obesidade e, 296-298
    percepção e, 124
    raça e etnia no estabelecimento de normas, 409-410. *Ver também* Etnia; Raça
    ritos de passagem, 366-367, 436-437
    rotas transculturais para a consciência alterada, 150-151
    transtornos psicológicos, 483, 484-487
    uso de álcool, 158-159
    viés de atribuição no contexto cultural, 538-539
Cumprimento da lei
    conformidade dos guardas da prisão, 543-545
    hipnose no, 149
    testemunho ocular no, 20, 149, 222-226
    Curva do Sino, A (Herrnstein e Murray), 281-282

D

D.A.R.E (Educação para Resistência ao Abuso ou Drogas), 154
Decadência, 229-230
Decibéis, 106
Deep Blue (computador), 244
Deficiência intelectual (retardo mental), 277-279
    identificando as raízes da, 278
    integrando os indivíduos, 278-279
    problemas do desenvolvimento fetal e, 336-338, 338*f*
    rotulando, 277-279
Definição operacional, 28
Dendritos, 51, 52, 56
Dependência
    fisiológica, 152
    psicológica, 152
Depressão
    antidepressivos, 56, 132, 516*f*, 516-517
    eletroconvulsoterapia (ECT), 519

idade adulta e, 370
maior. *Ver* Depressão maior
na adaptação à morte, 378
na adolescência, 364-367, 479-480
necessidade de tratamento, 488
prevalência e incidência, 483
transtorno afetivo sazonal, 143, 143*f*
Depressão maior, 470-471, 473-474
    antidepressivos, 56, 132, 516*f*, 516-517
    eletroconvulsoterapia (ECT), 519
DES (dietilestilbestrol), 307-308, 338*f*
Desabrigados, 521-522
Desamparo aprendido, 429-430, 473
Desastre da nave Columbia, 542-543
Desejo sexual inibido, 480-481
Desempenho atlético, hipnose na melhora, 149
Desenvolvimento, 326-380
    adolescência, 358-360
    cognitivo. *Ver* Desenvolvimento cognitivo
    físico. *Ver* Desenvolvimento físico
    idade adulta, 361-362*f*, 363-364, 368-379
    marcos no, 328
    pré-natal, 332-335
    primeira infância e infância, 340-357
    questão da natureza-criação, 329-331
    social. *Ver* Desenvolvimento social
    técnicas de pesquisa desenvolvimental, 331-332
Desenvolvimento cognitivo
    abordagens de processamento da informação, 19, 355-356
    definição, 350-351
    memória e, 374-377
    período adolescente, 359-362
    períodos da primeira infância e infância, 350-356
    processo de envelhecimento e, 374-377
    teoria do desenvolvimento cognitivo de Piaget, 352-355
    teoria do desenvolvimento moral de Kohlberg, 359-361, 360-361*f*
    visão do desenvolvimento cognitivo de Vygotsky, 356
Desenvolvimento físico
    desenvolvimento sensorial, 341-344
    período adolescente, 358-360
    período da idade adulta, 369-370, 373-375
    período neonatal, 340-344
    períodos da primeira infância e infância, 340-344, 341*f*, 344
    processo de envelhecimento e, 373-375
    reflexos, 60, 340-341
    sexualidade, 359*f*, 359-360
Desenvolvimento moral. *Ver também* Comportamento pró-social
    altruísmo, 561-562
    natureza do, 359-362
Desenvolvimento pré-natal, 332-335
    básica da genética, 333-334
    estágios do desenvolvimento inicial, 335-336
    influências ambientais, 337-338, 338*f*
    influências genéticas, 336
Desenvolvimento psicossocial, 350-351, 361-364
Desenvolvimento sensorial, período neonatal, 341-344
Desenvolvimento social
    arranjos de cuidados infantis, 347-348
    estilos parentais, 348-350
    idade adulta, 370-371, 376-378
    mito da adolescência conturbada *versus* realidade, 363-365

na visão do desenvolvimento cognitivo de Vygotsky, 356
período adolescente, 360-361*f*, 361-364
períodos da primeira infância e infância, 344-351
relações com os pares, 347
suicídio adolescente, 354-367
teoria do desenvolvimento psicossocial de Erikson, 350-351, 361-364
vínculo e, 344-347
Designação randômica para a condição, 34-35
Desinstitucionalização, 521-523
Deslocamento, como mecanismo de defesa, 389-390*f*
Dessensibilização sistemática, 499-500
Detecção de características, 98-99
Determinismo
    definição, 19, 22
    livre-arbítrio *versus*, 19, 21*f*, 22
    nas abordagens de aprendizagem da personalidade, 401-402
Devaneios, 144, 144*f*
Desrealina, 155, 156*f*
Diabetes, no desenvolvimento pré-natal, 337
Dieta, 303
Dietas da moda, 303
Dietilestilbestrol (DES), 307-308, 338*f*
Diferença apenas perceptível, 91-92
Diferenças de gênero
    felicidade e, 444-445
    na mudança de atitudes, 529
    na necessidade de poder, 311-312
    personalidade e, 390-391
    sono e, 136-137
Diferenças individuais *versus* princípios universais, 21*f*, 22
Difusão da responsabilidade, 27-29, 32-38, 560-562
Direção, senso interno de, 122
Diretor de educação especial, 279
Discriminação
    definição, 549
    do estímulo, 174-175
    medida, 552
    no condicionamento clássico, 174-175
    no condicionamento operante, 184-185
    preconceito e, 549-554
    redução das consequências, 553-553
Disparidade binocular, 119
Disponibilidade heurística, 244-245
Dissonância cognitiva, 532-533, 533*f*
Diversidade
    cérebro e, 79-80
    cultura e percepção, 124
    diferenças culturais na memória, 225-226, 226*f*
    do comportamento sexual, 304-310
    educação bilíngue, 263-264
    entre psicólogos, 10-11
    impacto cultural na aprendizagem, 197-198
    inteligência e, 281-282
    linguagem e, 277-278
    raça e etnia no estabelecimento de normas, 409-410
    tabagismo pelo mundo, 439
Divisão
    autonômica, 61*f*, 62
    parassimpática, 61*f*, 62, 63*f*
    simpática, 61*f*, 62
    somática, 61*f*, 62
Divórcio, 371-372
DNA (ácido desoxirribonucleico), 333, 334
Doença arterial coronariana, 434-435

Doença de Alzheimer, 57, 77, 216, 231-232, 375-377
Doença de Lou Gehrig, 71
Doença de Parkinson, 58, 77
Doença de Tay-Sachs, 336
Doença do estudante de medicina, 488
Dom, 279
Donepezil, 216
Dopamina (DA), 57*f*, 58, 155-156, 179
Dor
    manejo, 113, 149
    sentidos cutâneos, 110-112
    teoria do portão de controle, 111-112
Drogas
    aditivas, 152-154, 337, 338*f*, 437*f*, 437-438
    inteligentes, 216
    psicoativas, 152, 515-518

E

Economia, 20
    comportamental, 538
Ecstasy (MDMA), 157*f*, 162
Educação bilíngue, 263-264
EEG (eletrencefalograma), 68, 69, 69*f*, 134*f*
Efeito
    da posição serial, 211
    da primazia, 211
    de recência, 211
    de reciprocidade do gostar, 556-557
    do halo, 537
    Google, 211
    rebote, 136
    scalloping, 184
Efeitos fetais do álcool (EFA), 337
Ego, 386*f*, 386-387
Egocentrismo adolescente, 364-365
Ejaculação, 359
Eletrencefalograma (EEG), 68, 69, 69*f*, 134*f*
Eletroconvulsoterapia (ECT), 519
E-mail, 249-250
Embrião, 335
Emoção expressa, 477-478
Emoções, 313-323
    cultura e, 315, 320-322
    definição, 313
    determinação da variação das, 314-315
    expressões faciais e, 319, 319*f*
    funções das, 314
    no desenvolvimento pré-natal, 337
    perspectiva da neurociência nas, 318-319
    rotulando os sentimentos, 314-315, 315*f*, 317
    teorias nas raízes das, 315-320
Emparelhamento estímulo-resposta, 170-176
Empatia, 508
Endorfinas, 57*f*, 58, 111-112
Enfrentamento, 428-432
    centrado na emoção, 428
    centrado no problema, 428
    de esquizofrenia, 452, 490
    definição, 428
    estratégias eficazes, 432
    evitativo, 428
    mecanismos de defesa no, 388-391, 428, 430
Engrama, 214, 215
Ensaio, 209, 233-234
Epilepsia, 71
Epinefrina, doença arterial coronariana e, 435
Equilíbrio, 107-108
Erro de atribuição fundamental, 538, 539
Erva-de-são-joão, 517

Escala de Inteligência Stanford-Binet, 272f, 273-276
Escala de Inteligência Wechsler para Adultos-IV (WAIS-IV), 275-276
Escala de Inteligência Wechsler para Crianças-IV (WISC-IV), 275-276
Especialização, hemisférica, 78-79
Espectro visível, 94f
Espermarca, 359
Espiritualidade, enfrentamento do estresse e, 431
Esquecimento, 228-235
　aflições do, 57, 77, 221-222, 231-233, 469-470
　dependente de estímulos, 229-230
　interferência proativa, 229-231, 230-231f
　interferência retroativa, 230-231
　métodos de redução, 232-234
　razões para, 229-230
　testemunho ocular e, 20, 149, 222-226
Esquema de reforço de intervalo fixo, 183f, 184
Esquema de reforço de razão fixa, 183, 183f
Esquema de reforço de intervalo variável, 183f, 184
Esquema de reforço de razão variável, 183f, 183-184
Esquema de reforço, 182-184
Esquemas, 222-223, 534
Esquizofrenia, 58, 474-478
　características, 474-476, 487
　catatônica, 475-476f
　causas, 475-478
　definição, 474
　desorganizada (hebefrênica), 475-476f
　enfrentando, 452, 490
　indiferenciada, 475-476f
　início, 475-476
　paranoide, 475-476f
　reativa, 475-476
　residual, 475-476f
　tipos de, 475-476f
Estado de repouso, 52
Estados de consciência, 130-165
　alterada, 132, 147-163
　consciência, definição, 132
　hipnose, 113, 132, 147-149
　meditação, 132, 149-150
　rotas transculturais para estados alterados, 150-151
　sono e sonhos, 132, 133-146
　sonos diurnos, 144, 144f
　uso de droga, 132, 152-163
Estágio
　anal (Freud), 387f, 388-389
　da autonomia versus vergonha e dúvida (Erikson), 350-351, 361-362f
　da confiança versus desconfiança (Erikson) 353, 361-362f
　da generatividade versus estagnação, 361-362f, 263
　da identidade versus confusão de papel (Erikson), 361-362f, 361-364
　da iniciativa versus culpa (Erikson), 350-351, 361-362f
　da intimidade versus isolamento (Erikson), 361-362f, 363-364
　das operações concretas (Piaget), 352f, 353
　das operações formais (Piaget), 352f, 353-354, 359-360
　de integridade do ego versus desespero (Erikson), 361-362f, 363-364
　de latência (Freud), 387f, 388-389
　fálico (Freud), 387f, 388-389
　genital (Freud), 387f, 388-389
　oral (Freud), 387f, 387-389
　pré-operatório (Piaget), 352f, 352-353
　sensório-motor, 352, 352f
Estágios
　da indústria versus inferioridade (Erikson), 350-351, 361-362f
　do sono, 134f, 134-136
　psicossexuais, 387f, 387-389
Estereótipos
　como profecia autorrealizada, 549-550
　contato aumentado na redução, 552-553
　definição, 549
Esteroides, 65-66, 66f, 157f
Estilos de aprendizagem, 197f, 197-198
　analítica, 197f, 197-198
　relacional, 197f, 197-198
Estimulação do nervo periférico, no manejo da dor, 113
Estimulantes, 154-156
　anfetaminas, 155, 156f, 216
　cocaína, 155-156, 156f
Estímulo
　definição, 89
　condicionado (EC) 170-175
　discriminativo, 185
　não condicionado (ENC), 170, 172-173, 175-176
　neutro, 170
Estômago, 65f
Estresse, 421-433
　apoio social e, 431, 510
　consequências do, 427f
　custo do, 421-427
　definição, 421
　desamparo aprendido e, 429-430, 473
　enfrentamento do, 428-432
　estressores classificadores, 421-422
　modelo de, 426f, 421-427
　natureza dos estressores, 421-422
　personalidade resistente/resiliente, 349, 429, 430
　psiconeuroimunologia (PNI) e, 420, 427
　resiliência e, 349, 429, 430
　síndrome de adaptação geral (SAG)
Estressores pessoais, 421-422
Estrogênios, 305
Estruturalismo, 14-15
Estudos com gêmeos
　fatores genéticos da personalidade, 401-403, 401-403f
　gêmeos idênticos, 281f, 329, 329f, 331
　inteligência e, 281f
　na orientação sexual, 307-308
　questão da natureza-criação em, 329, 331
Estudos de caso, 30-31, 36f
Estupro, 156f
Ética de pesquisa, 40-44
　consentimento informado, 40-41
　participantes representativos, 41, 42f
　pensamento crítico e, 44
　pesquisa com animais, 42-43
　viés experimental, 43-44
Etnia. Ver também etnias específicas
　autoclassificação da felicidade, 445-446
　como fator na psicoterapia, 513
　dos psicólogos, 10-11
　impacto da estereotipia e, 553
　no estabelecimento de normas, 409-410
Eventos cataclísmicos, 421-422
Exames de vestíbular, 276
Exercícios
　hábitos referentes a, 303
　para melhorar o sono, 145
　perda de peso e, 303
Expectativas
　experimentador, 44
　participante, 43-44

Experiência visceral, 316-318
Experimento, definição, 32-33
Experimentos "Little Albert", 172-175
Experimentos de obediência de Milgram, 546-547
Exposição gradual, 500
Expressão facial
　discriminação neonatal da, 342, 342f, 343, 343f
　emoções e, 319f, 320-322
Extinção, 173-175, 183
Extroversão, 396, 397, 397f

F
Fábulas pessoais, 364-365
Facebook, 20, 364-365, 556-557
Fala telegráfica, 259
Falsas lembranças, 223-226
Família Soprano (programa de TV), 195
Famílias com apenas um dos pais, 358, 372
Fantasia, no manejo da raiva, 564
Fator G, 267
Felicidade, 443-446
　características das pessoas felizes, 444-445
　dinheiro e, 444-446
　ponto de referência para, 444-446
　ritmos circadianos, 143
Fenilcetonúria (PKU), 336
Fenobarbital, 156f, 160
Fenômeno ponta da língua, 218
Feromônios, 109
Fertilização, 335
Feto
　definição, 335
　estágios do desenvolvimento, 335-336
　influências ambientais sobre o, 278, 337-338, 338f
　influências genéticas no, 336
Fígado, 65f
Filhos bumerangue, 364-365
Filhos com apego seguro, 346
Fixação funcional, 251-252
Fixações, 387-389
Flunitrazepam, 156f, 160
Fobia, 463-466
　do tipo ambiente natural, 464f
　do tipo animal, 464f
　do tipo lesão por injeção, 464f
　do tipo situacional, 464f
　social, 464f
Fobias específicas, 464f
Fome
　fatores biológicos na regulação, 297-299
　fatores sociais na alimentação, 299-300
　hipotálamo na regulação, 299
Fonemas, 257, 258
Fonologia, 257
Formação
　da impressão, 534-535
　reativa, como mecanismo de defesa, 389-390f
　reticular, 70, 72f
Fracionamento, 255
Frequência, 105-106, 106f, 107
Fuga dissociativa, 470
Funcionalismo, 15
Futuro da psicologia, 20, 23f, 23-24

G
GABA (ácido gama-aminobutírico), 57, 57f
Gay/lésbica, 307-310
Gêmeos idênticos, 329, 329f, 331
Generalização
　do estímulo, 174-175

excessiva no desenvolvimento da linguagem, 259
　no condicionamento clássico, 174-175
　no condicionamento operante, 185
Gênero. Ver também Diferenças de gênero; Homens; Mulheres; Papéis de gênero; Sexualidade
　beber compulsivo e, 158
　dos prestadores de cuidados à saúde, 441-443
　estilos de aprendizagem e, 198
　habilidades verbais, 80
　hormônios e, 65-66
　lateralização cerebral, 80
　mulheres na psicologia, 10-11, 15, 16-17f, 360-364, 392, 393
　sentido do olfato, 108-109
　tamanho do cérebro, 80
Genes. Ver também Questão da natureza-criação
　definição, 333
　fatores genéticos na personalidade, 401-403
　influências no feto, 337-338
　na esquizofrenia, 475-477, 476-477f
　na terapia genética, 334
　nos transtornos de ansiedade, 467
　Projeto Genoma Humano e, 334
Genética. Ver também Hereditariedade; Questão da natureza-criação
　comportamental, 7f, 9, 64, 330, 334, 401-403
　no desenvolvimento pré-natal, 333-334
　ponto de referência do peso e, 299
Genitais, 304f, 304-305
Gerente de recursos humanos, 414
Glândula hipófise, 64, 65f, 72f
Glândula pineal, 65f
Glândulas suprarrenais, 65f
Glutamato, 57, 57f
Gostar, atração interpessoal e, 555-557
Graduate Record Exam (GRE), 277
Gramática, 257-258
　definição, 257
　fonemas, 257, 258
　fonologia, 257
　semântica, 258
　sintaxe, 257
　universal, 260
Gravidez. Ver também Desenvolvimento pré-natal
　complicações no nascimento, 278
　concepção, 333, 335
　desenvolvimento fetal, 335-338
　influências no feto, 336-338, 338f
Grécia, antiga, 14, 122-123, 123f
Grelina, 298-299
Grupo-controle, 33-34
Grupo de apoio ao luto, 510
Grupo étnico. Ver também nomes de grupos étnicos específicos
　estilos de aprendizagem e, 197-198
　uso de álcool, 158-159
Grupo experimental, 33-34
Grupos, definição, 541
Guardas de prisão, conformidades com os papéis sociais, 543-545

H
Habilidade de navegação, 122, 214, 215f, 266, 266f, 269f
Habituação, 169, 342
Harmonia no relacionamento, 400-401
Hastes de retina, 96, 97f, 97-98
Haxixe, 157f
Hemisferectomia, 79

Hemisférios do cérebro
  definição, 79
  especialização, 78-79
  lateralização, 79-80
  pacientes com hemisférios separados, 80-81
Herdabilidade, inteligência e, 281-282
Hereditariedade, 8. *Ver também* Genes; Genética; Questão da natureza-criação
  esquizofrenia e, 475-477, 476-477*f*
  na determinação da inteligência, 278, 280-282
Hermafroditas, 309-310
Heroína, 156*f*, 160-161
Heterossexualidade, 306-308
  casamento, 306-307, 371-373
  definição, 306-307
  duplo padrão sexual, 306-307
  sexo conjugal, 306-307
  sexo extraconjugal, 307-308
  sexo pré-conjugal, 306-307
Heurística, 242-245, 255
  da familiaridade, 245
  da representatividade, 242-244
Hierarquia das necessidades de Maslow, 293*f*, 293-294, 294*f*, 405
Hierarquia de medos, 500
Hiperplasia suprarrenal congênita (HSC), 332-333
Hipertensão arterial, no desenvolvimento pré-natal, 337
Hipnose, 132, 147-149
  como estado alterado de consciência, 148-149
  no manejo da dor, 113, 149
  usos da, 113, 148-149
Hipocampo, 73, 73*f*
  células Place, 122
  doença de Alzheimer e, 376-377
  emoções e, 319
  memória e, 214, 215*f*
Hipocondríase, 468
Hipotálamo, 64, 65*f*, 72, 72*f*, 299
Hipótese
  da dopamina, 475-476
  da relatividade linguística, 261-263
  do *feedback* facial, 321-322
Hipóteses
  definição, 28
  no método científico, 28
  pesquisa de arquivo na testagem, 29
  viés de confirmação e, 251-253
Hispano-americanos
  estilos de aprendizagem, 198
  no estabelecimento de normas, 409
História da psicologia, 14-16
Histórico familiar, no suicídio adolescente, 365-366
Homens. *Ver também* Comportamento sexual; Diferenças de gênero; Gênero; Pais; Sexualidade
  altura e peso por idade, 345*f*
  conflito edípico e, 388-391
  desenvolvimento físico na adolescência, 359*f*, 359-360
  desenvolvimento moral, 359-361
  desenvolvimento psicossexual, 388-389, 391
  ejaculação, 359, 417
  estupro, 156*f*
  órgãos sexuais, 304*f*
  processo de envelhecimento, 370
  suicídio adolescente, 364-367
  transtornos do humor e, 470-471, 473-474
Homeostase, 72, 290
Homossexualidade, 307-310

Hora de dormir, 145
Hormônios, 64-66
  crescimento, 136
  na orientação sexual, 307-308
  nas respostas sexuais humanas, 304-305
  no desenvolvimento adolescente, 359*f*, 359-360
HSC (hiperplasia suprarrenal congênita), 332-333

I

Id, 386, 386*f*
Idade
  cronológica/mental, 272-276
  da mãe na gravidez, 338*f*
  de viabilidade, 335
Idade adulta, 368-379
  desenvolvimento físico, 369-370, 373-375
  desenvolvimento social, 370-371, 376-378
  divórcio, 371-372
  emergente, 368, 369*f*
  estágios psicossexuais, 387*f*, 388-389
  estágios psicossociais de Erikson, 352*f*, 363-364
  filhos e paternidade, 371-373
  início da esquizofrenia, 475-476
  média, 368, 369
  morte, 377-378
  mudanças cognitivas, 374-377
  mudando os papéis de gênero, 372
  precoce, 368, 369, 475-476
  tardia, 368, 373-378
Idade adulta final, 368, 373-378
  doença de Alzheimer, 57, 77, 216, 231-232, 375-377
  memória e, 374-377
  morte e, 377-378
  mudanças cognitivas, 374-377
  mudanças físicas, 373-375
  mundo social na, 376-378
Identidade
  definição, 361-362
  orientação sexual, 306-310
  pesquisa adolescente para, 361-364
Identificação, 388-389
Ilusão de Müller-Lyer, 123, 124*f*
Ilusões, 122-123, 123*f*, 124*f*
  positivas, 444-445
  visuais, 122-123, 124*f*
Imagem de estimulação magnética transcraniana (TMS), 68, 69*f*, 69-70, 519
Imagem de ressonância magnética funcional (IRMf), 23*f*, 68, 69, 69*f*, 214, 215*f*
Imagem de tensor de difusão, 232-233
Imagem fantasma, 101-102
Imagens mentais, 241-242, 241-242*f*
Imigração
  cultura e estilo de aprendizagem, 198
  forçada, impacto da, 198
Imitação
  na aprendizagem observacional, 194-196
  violência na mídia e, 195-196
Implante eletrocorticográfico (ECoG), 71
Imprinting, 344-346
Impulsos, 52
  primários, 290
  secundários, 290
Inconsciente
  coletivo, 391-392
  coletivo de Jung, 391-392
  consciente *versus*, 21*f*, 22
  na teoria psicanalítica de Freud, 385-386, 498

Inefabilidade, 151
Infância. *Ver* Primeira infância e infância
Infecção sexualmente transmissível, 337, 338*f*
Inflexões da fala, 240
Influência social
  concordância, 544-547
  conformidade, 541-545
  definição, 541
  obediência, 546-547
Informações, 208*f*, 208-209, 355
Ingroups, 550-551
Inibidores da MAO, 516, 516*f*
Inibidores seletivos da recaptação de serotonina (ISRSs), 56, 505*f*, 516*f*, 516-517, 517*f*
Insight, 249-250
Instintos, 289-290
  abordagens instintuais da agressão, 560
  definição, 289
  motivação e, 289-290, 294*f*
Insulina, 298-299
Integração, 278-279
Intelectualmente bem-dotado, 279
Inteligência, 266-283. *Ver também* Quociente de inteligência (QI)
  analítica, 271-272
  artificial (IA), 244, 245
  avaliação. *Ver* Testes de inteligência
  cinestésica corporal, 267-268, 269*f*
  criativa, 271-272
  criatividade *versus*, 254
  cristalizada, 267-268, 272*f*, 374-375
  definição, 267
  determinantes genéticos e ambientais, 278, 280-282
  emocional, 272*f*, 293-294
  espacial, 267-268, 269*f*
  existencial, 267-268
  fluida, 267-268, 272*f*, 374-375
  inteligências múltiplas, 267-268, 269*f*, 272*f*
  interpessoal, 267-268, 269*f*
  intrapessoal, 267-268, 269*f*
  linguística, 267-268, 269*f*
  matemática lógica, 267-268, 269*f*
  múltiplas, 267-268, 269*f*, 272*f*
  musical, 267-268, 269*f*
  naturalista, 267-268, 269*f*
  natureza da, 266-267
  prática, 270-271, 272*f*
  teorias da, 267-272
Interesse, 360-364
Interferência
  definição, 229-230
  proativa, 229-231, 230-231*f*
  retroativa, 230-231
Interneurônios, 62
Interpretação dos sonhos, 139, 140*f*, 496-497
Intestino delgado, 65*f*
Introspecção, 14-15
Inventário de Personalidade Narcisista (IPN), 398
Inventário Multifásico da Personalidade de Minnesota-2 (MMPI-2), 410-412, 411*f*, 486
Inventários. *Ver* Avaliação; Medidas de autorrelato
Investigação, 30-31, 36*f*
Iraque, invasão americana em 2003, 251-253
IRMf (imagem de ressonância magnética funcional), 23*f*, 68, 69, 69*f*, 214, 215*f*
Isolamento emocional, 428-429
ISRSs (inibidores seletivos da recaptação de serotonina), 56, 505*f*, 516*f*, 516-517, 517*f*

IST (infecção sexualmente transmissível), 337, 338*f*

J

"Jabberwocky" (Carroll), 257
Japão, estilo de criação dos filhos, 350
Jeopardy (jogo televisivo), 244
Jogo
  fatores culturais no, 347
  pais *versus* mães, 347
Judeus
  doença de Tay-Sachs, 336
  ritos de passagem, 366-367
Julgamento, na solução de problemas, 249-251

K

Kanzi (chimpanzé pigmeu), 262-263
Koro, 487

L

Lanugem, 340
Lateralização, 79-80
Latinos. *Ver* Hispano-americanos
Lei de todos ou nenhum, 52
Lei de Weber, 91-92, 114
Lei dos Direitos Civis de 1991, 409
Lei e efeito de Thorndike, 177-178
Leis de organização da Gestalt, 116-117
Lembranças
  em *flash*, 221-222, 222*f*
  reprimidas, 225-226, 469-470
  traumáticas, 518
Leptina, 300
Lésbica/*gay*, 307-310
Lesões virtuais, 69-70
Limiares
  absolutos, 90-91
  diferença, 91-92
Linfócitos, estresse e, 427
Língua russa, 262-263
Linguagem, 257-265
  assinada, 258*f*
  definição, 257
  desenvolvimento da linguagem, 258-261, 343-344, 426
  dos esquimós, 261
  educação bilíngue, 263-264
  gramática, 257-258
  influência no pensamento, 261-263
  períodos sensíveis, 336
  uso animal, 262-263
Livre-arbítrio
  definição *versus*, 19, 21*f*, 22
Lobo
  frontal, 73*f*, 74, 74*f*
  occipital, 74, 74*f*
  parietal, 74, 74*f*
  temporal, 74, 74*f*, 214
  temporal medial, 214
Lobos, 73*f*, 74, 74*f*
Lobotomia pré-frontal, 519
Localização do som, 104
LSD (dietilamida do ácido lisérgico), 157*f*, 162

M

Maconha, 157*f*, 161*f*, 161-162
Mães. *Ver também* Gravidez; Mulheres
  conflito edípico e, 388-391
  desenvolvimento pré-natal e, 337, 338*f*
  estilos parentais, 348-350
  situação estranha de Ainsworth, 346
  vínculo e, 344-346
Mania, 472*f*, 472-474

Manipulação experimental, 32-33
Mantra, 149
Manual diagnóstico e estatístico de transtornos mentais Quinta Edição, (DSM-5) 458-461
    cultura do, 487
    determinando distinções diagnósticas, 458-460
    falhas, 459-461
    principais categorias, 458-460, 459-460*f*
Mapas cognitivos, 193-194
Masturbação, 305
Maturação, 330
McDonalds, 169, 172-173
MDMA (Ecstasy), 157*f*, 162
Mecanismos de defesa
    definição, 389-390
    enfrentamento e, 388-391, 428, 430
    lista de, 389-390*f*
Medicamentos. *Ver* Terapia farmacológica; Uso de drogas
Medidas de autorrelato, 410-412
    da depressão, 471*f*
    da felicidade, 445-446
    da necessidade de cognição, 531*f*
    da personalidade, 396, 410-412, 486
    definição, 410
    do estresse, 425*f*
    do preconceito, 552
Meditação, 132, 149-150
Medos
    fobias, 463-466
    hierarquia dos, 500
Medula, 65*f*, 70, 72*f*
Medula espinal, 60, 61*f*
Meio do cérebro, 70
Membrana basilar, 104-105, 105*f*, 107
Memória, 202-237
    abordagem dos três sistemas, 205-206, 206*f*
    amnésia dissociativa, 469-470
    de curto prazo, 206, 206*f*, 207-209, 211
    de longo prazo, 206, 206*f*, 211-215, 218-227
    declarativa, 211, 212*f*
    definição, 205
    diferenças transculturais na, 225-226, 226*f*
    doença de Alzheimer, 57, 77, 216, 231-232, 375-377
    episódica, 212, 212*f*, 375-376
    esquecimento e, 228-235. *Ver também* Esquecimento
    explícita, 220-221
    falsas lembranças, 223-226
    funcional, 209-210, 210*f*
    idade adulta e, 370, 374-377
    implícita, 220-221
    lembranças em *flash*, 221-222, 222*f*
    lembranças reprimidas, 225-226, 269-270
    lembranças traumáticas, 518
    medicamento para melhorar, 216, 233-234
    melhoria, 216, 232-234
    níveis de processamento, 219-220
    no desenvolvimento infantil, 355
    procedural, 211, 212*f*
    processos construtivos na, 222-226
    semântica, 211, 212*f*, 375-376
    sensorial, 205-207, 206*f*, 207*f*
    sinais para recuperação, 205, 205*f*, 218-219
    síndrome hipertimésica, 204
Memória de curto prazo, 207-209
    definição, 206
    ensaio, 209

    memória de longo prazo *versus*, 211
    na abordagem dos três sistemas da memória, 205-206, 206*f*
Memória de longo prazo, 211-215, 218-227
    autobiográfica, 225-226
    definição, 206
    diferenças transculturais na, 225-226, 226*f*
    ensaio, 209, 233-234
    explícita, 220-221
    implícita, 220-221
    memória de curto prazo *versus*, 211
    memórias em *flash*, 221-222, 222*f*
    módulos de memória de longo prazo, 211-213, 212*f*
    na abordagem dos três sistemas da memória, 205-206, 206*f*
    neurociência da memória, 213-216, 215*f*, 231-232, 232-233*f*
    níveis de processamento, 219-220
    processos construtivos na reconstrução do passado, 222-226
    redes semânticas, 212-213, 213*f*
    sinais para recuperação, 218-219
    testemunha ocular, 20, 149, 222-226
Menarca, 359, 366-367
Menopausa, 65, 369-370
Mensagens
    excitatórias/inibitórias, 56
    na mudança de atitudes, 529
    positivamente/negativamente estruturadas, 443-444
    processamento de mensagens visuais, 96-99, 100*f*
Menstruação, 359, 366-367, 485-486
Mentalização, 195
Mera exposição, atração interpessoal e, 555
Metabolismo, 299
Metacognição, 355-356
Metadona, 161
Metanálise, 37-38, 511-512
Metanfetamina, 155, 156*f*
Metilfenidato, 216
Método científico
    como base da pesquisa psicológica, 5, 5*f*, 26-28
    definição, 26
    hipótese no, 28
    panorama do, 26*f*
    teorias no, 27-28
Mídias sociais, 20, 556-557
    personalidade narcisista e, 398
    uso adolescente das, 364-365
    violência na mídia e, 196
Mnemônico, 209
Modafinil, 216
Modelagem, 186, 314
Modelo de alternância da competência bicultural, 264
Modelo de predisposição da esquizofrenia, 477-478
Modificação do comportamento, 189
Módulos de memória, 211-213, 212*f*
Moralidade
    convencional, 360-361*f*
    pós-convencional, 360-361*f*
    pré-convencional, 360-361*f*
Morfina, 156*f*, 160
Morte. *Ver também* Suicídio
    adaptação a, 377-378
    síndrome da morte súbita infantil (SMSI), 142
    vudu, 62
Motivação, 288-312
    abordagens cognitivas da, 291-293, 294*f*
    abordagens de excitação da, 291, 294*f*
    abordagens de incentivo, 291, 294*f*

    abordagens de redução do impulso, 290, 294*f*
    abordagens instintuais, 289-290, 294*f*
    aplicando diferentes abordagens, 294-295
    definição, 289
    extrínseca, 321-323
    hierarquia das necessidades de Maslow, 293*f*, 293-294, 294*f*, 405
    intrínseca, 321-323
    para afiliação, 310-311
    para fome e alimentação, 296-303
    para o poder, 310-312
    para realizações, 309-311
Movimento aparente, 121-122
Mulheres. *Ver também* Comportamento sexual; Diferenças de gênero; Gênero; Mães; Sexualidade
    altura e peso por idade, 345*f*
    desenvolvimento físico na adolescência, 359*f*, 359-360
    desenvolvimento moral, 360-362
    desenvolvimento psicossexual, 388-389, 391
    em famílias com apenas um dos pais, 358, 372
    estupro, 156*f*
    menopausa, 65, 369-370
    menstruação, 359, 366-367, 485-486
    na psicologia, 10-11, 15, 16-17*f*, 360-362, 392, 393
    obesidade e, 296-298
    órgãos sexuais, 304*f*
    processo de envelhecimento, 369-370
    suicídio adolescente, 364-367
    trabalho fora de casa, 372-373

N

Narcisismo, 398, 479-480
Narcolepsia, 142
Narcóticos, 156-157*f*, 160-161
Narcóticos Anônimos (NA), 163, 510
Narrativa de histórias, diferenças culturais na memória, 225-226, 226*f*
National Academy of Sciences, 409
National Institute of Child Health and Development (NICHD), research on impact of child-care arrangements, 347–348, 348*f*
National Institute of Mental Health (NIMH), 41
National Science Foundation (NSF), 41
Necessidade
    de afiliação, 310-311
    de cognição, 531, 531*f*
    de poder, 310-312
    de realização, 309-311
Negação
    como mecanismo de defesa, 389-390*f*
    na adaptação à morte, 378
Negociação, na adaptação à morte, 378
Negros. *Ver* Afro-americanos
Nembutal, 156*f*, 160
Neonatos, 340-344
    definição, 340
    desenvolvimento sensorial, 341-344, 342*f*, 343*f*
    reflexos, 60, 340-341
Nervo óptico, 97-98, 99*f*
Neurociência
    comportamental, 6, 7*f*
    social, 23, 551-552
Neurocientistas comportamentais, 50, 132
Neurofeedback, 81-82
Neurogênese, 77
Neurônios, 51-59
    definição, 51
    em espelho, 54-55, 194, 195*f*

    estrutura dos, 51-52, 52*f*
    memória e, 214-215
    motores (eferentes), 62
    neurotransmissores, 56-58
    potencial de ação, 53, 53*f*, 54*f*
    queima dos, 52-55
    sensoriais (aferentes), 62
    sinapses, 55*f*, 55-56
    velocidade de transmissão, 53-54
Neuroplasticidade, 77-78, 78*f*
Neuropsicologia clínica, 7*f*, 9
Neurose, 496
Neuroticismo, 396, 397, 397*f*, 496
Neurotransmissores, 56-68
    definição, 56
    tipos de, 56*f*, 56-58
Nicotina, 155
    como aditiva, 437-438
    no desenvolvimento pré-natal, 337, 338*f*
Norepinefrina, doença arterial coronariana e, 435
Norma de reciprocidade, 545-546
Normas, 277
    definição, 409
    raça e etnia no estabelecimento, 409-410
Núcleo central, 70*f*, 70-72
Núcleo supraquiasmático (NSQ), 143
Nutrição
    dieta e perda de peso, 303
    no desenvolvimento pré-natal, 337, 338*f*
Nutricionista, 300

O

Obediência, 546-547
    definição, 546-547
    experimentos de Milgram, 546-547
Obesidade, 20, 296-303
    cultura e, 296-297, 298
    definição, 296-297
    dieta e perda de peso, 303
    estigma da, 298
    fatores biológicos na regulação da fome, 297-299
    fatores sociais na alimentação, 299-300
    ponto de referência do peso e, 299, 301
    raízes da, 300-301
Observação. *Ver* Observação naturalista
Observação naturalista, 29-30-31, 36*f*
Obsessão, 465-466
Ocitocina, 64-65
Óleo de haxe, 157*f*
Olfato, 108-109, 113-114
Opções de carreira, 10-11, 12*f*. *Ver também* Psicólogos
    assistente social, 508
    assistente social de proteção à criança, 350
    assistente social licenciado, 10
    conselheiro de reabilitação, 75
    conselheiro em abuso de substância, 508
    criador em agência de publicidade, 532
    diretor de educação especial, 279
    gerente de recursos humanos, 414
    nutricionista, 300
    tecnólogo do sono, 142
    treinador de cão-guia, 186
Orelha
    interna, 104-105, 105*f*
    média, 104, 105*f*
Organização Mundial da Saúde (OMS)
    dificuldades em saúde mental, 483, 485f
    obesidade e, 296
    tabagismo e, 439
Órgão vomeronasal, 109
Orientação
    coletivista, 539
    individualista, 539
    sexual, 306-310

Origem da mensagem, na mudança de atitudes, 529
Otimismo, 444-445
Otólitos, 107-108
Outgroups, 550-551
Ovários, 65f
Ovulação, 305
Oxicodona, 157f, 161

P

Pacientes com cérebro dividido, 80-81
Padrão de comportamento do Tipo A, 434-435
Padrão de comportamento do Tipo B, 434-435
Padrão duplo, sexual, 306-307
Padronização de testes, 411
Pais. *Ver também* Homens; Mães
 autoritários, 348-350, 349f
 estilos parentais, 348-350
 famílias com apenas um dos pais, 358, 372
 não envolvidos, 349f, 349-350
 permissivos, 348-350, 349f
 vínculo e, 347
Paladar, 109, 110f, 113-114
Pâncreas, 65f
Papéis de gênero
 na perspectiva neofreudiana de Horney, 392
 processo de envelhecimento e, 372
Papéis sociais
 conformidade aos, 543-545
 experimentos em prisão simulada, 543-545
Papilas gustativas, 109, 109f
Parafilias, 480-481
Paraplegia, 62
Paratireoide, 65f
Pares
 gostar e atração interpessoal, 555-557
 relações do bebê e na infância, 347
 tipos de amor, 556-558
Participantes em pesquisas
 animais, 35f, 42-43. *Ver também* Pesquisa com animais
 designação aleatória, 34-35
 expectativas dos, 43-44
 representativos, 41, 42f
Pensamento, 241-243
 conceitos, 241-243
 convergente, 254, 255
 de grupo, 542-543
 definição, 241
 divergente, 254, 255
 egocêntrico, 352-353, 364-365
 imagens mentais, 241-242, 241-242f
 influência da linguagem no, 261-263
Pensamento crítico
 criatividade e, 255
 pesquisa psicológica, 44
Percepção, 116-126
 constância perceptiva, 120-121
 cultura e, 124
 da fala, 107
 de movimento, 121-122
 de profundidade, 119-120, 124
 definição, 88, 89
 extrassensorial (PES), 125-126
 ilusões perceptivas, 122-123, 123f, 124f
 leis de organização da Gestalt, 116-117
 movimento, 121-122
 multimodal, 114
 processamento ascendente, 118-119
 processamento descendente, 117-118
 profundidade, 119-120, 124
 sensação *versus*, 88, 89, 128

senso interno de direção, 122, 214, 215f, 266, 266f, 269f
subliminar, 125
Período
 crítico, 258
 embrionário, 335
 fetal, 335-336, 338f
 germinal, 335
Períodos sensíveis, 336
Personalidade, 382-417
 abordagens biológica e evolucionista, 401-404, 406f
 abordagens de aprendizagem, 398-402, 406f
 abordagens humanistas, 404-406, 406f
 abordagens psicodinâmicas, 385-393, 406f
 avaliação. *Ver* Testes psicológicos
 câncer e, 436-437
 comparando as abordagens, 406
 definição, 384
 diferenças de gênero e, 390-391
 doença arterial coronariana e, 434-435
 fatores genéticos, 401-403
 resistente/resiliente, 349, 429, 430
 sociopática, 478-479
Perspectiva biológica. *Ver também* Perspectiva da neurociência; Perspectiva médica
 abordagens biológica e evolucionista da personalidade, 401-404, 406f
 na esquizofrenia, 477-478
 no comportamento anormal, 455f, 455-456
 nos transtornos de ansiedade, 467, 467f
 nos transtornos do humor, 473, 474
Perspectiva cognitiva, 240-265
 características da, 18f, 19
 linguagem na, 257-258
 na esquizofrenia, 477-478
 no comportamento anormal, 455f, 456-457
 nos transtornos de ansiedade, 468
 pensamento e raciocínio na, 241-256
 questões-chave e controvérsias, 21f
 solução de problemas na, 244, 245-254
 teoria da aprendizagem cognitiva, 192-199
 tratamento na, 502-505
Perspectiva comportamental
 abordagens de tratamento comportamentais, 498-502
 aprendizagem na, 399-400
 características da, 18f, 18-19
 no comportamento anormal, 455f, 456
 nos transtornos de ansiedade, 468
 nos transtornos do humor, 473
 questões-chave e controvérsias, 21f
 tratamento na, 498-502
Perspectiva da neurociência, 48-85
 apoio social e estresse, 431f
 aprendizagem observacional na, 194, 195f
 biofeedback e, 81-82
 características da, 17-18, 18f
 cérebro na, 68-83
 decisões morais na, 563f
 habilidades sociais e, 557f
 na esquizofrenia, 476-477f
 na memória, 213-216, 215f, 231-232, 232-233f
 na necessidade de sono, 137f
 na personalidade, 404f
 nas abordagens de tratamento cognitivas, 505f
 nas abordagens de tratamento comportamentais, 502f
 nas emoções, 318-319

neurociência comportamental/neurocientistas, 6, 7f, 50, 132
neurociência social/neurocientistas e, 23, 551-552
neurônios na, 51-59
no desenvolvimento da linguagem, 264, 264f
no futuro da psicologia, 23, 23f
nos transtornos do humor, 473
participantes representativos em pesquisa, 42f
processamento do bebê da expressão facial, 343f
questões-chave e controvérsias, 21f
regulação do comportamento alimentar, 302f
sistema endócrino na, 64-66
sistema nervoso na, 60-64
sobre transtornos de ansiedade, 467, 467f
tabagismo como adição, 437f, 437-438
Perspectiva evolucionista
 aprendizagem no, 187
 sonhos na, 140-141
Perspectiva humanista
 características da, 18f, 19
 da personalidade, 404-406, 406f
 no comportamento anormal, 455f, 457
 questões-chave e controvérsias, 21f
 Rogers e a necessidade de autoatualização, 405
 tratamento na, 507-509
Perspectiva linear, 120
Perspectiva médica. *Ver também* Perspectiva da neurociência; Provedores de atenção à saúde; Psicologia da saúde; Terapia biomédica; Terapia farmacológica
 definição, 455
 sobre comportamento anormal, 455f, 455-456
Perspectiva neofreudiana de Horney, 392
Perspectiva psicanalítica
 no comportamento anormal, 455f, 456
 nos transtornos do humor, 473
Perspectiva psicodinâmica
 características da, 18, 18f
 questões-chave e controvérsias, 21f
 tratamento na, 496-498
Perspectiva sociocultural,
 no comportamento anormal, 455f, 457-458
Perspectivas em psicologia
 atual, 16-19, 20
 cognitiva. *Ver* Perspectiva cognitiva
 comportamental. *Ver* Perspectiva comportamental
 futura, 20, 23f, 23-24
 humanista. *Ver* Perspectiva humanista
 neurociência. *Ver* Perspectiva da neurociência
 psicodinâmica. *Ver* Perspectiva psicodinâmica
 raízes históricas, 14-16
Persuasão, 529-533
 na mudança de atitudes, 529-533
 necessidade de cognição e, 531, 531f
 por meio da publicidade, 439, 530
 rota de processamento central/periférica em, 530-531
 rotas para, 530-531, 531f
Perturbações emocionais, 475-476
PES (percepção extrassensorial), 125-126
Pesadelos, 137-138
Pesquisa. *Ver também* Pesquisa psicológica
 correlacional, 31-33, 36f
 de arquivo, 29, 36f
 definição, 28

longitudinal, 332
sequencial, 332
transversal, 331-332
Pesquisa com animais
 ética da, 42-43
 impacto do propranolol na doença cardíaca, 35f
 observação naturalista, 30-31f
 questão da natureza-criação e, 331
 sobre condicionamento clássico, 170-173, 171f
 sobre condicionamento operante, 177-187, 178f, 179f, 187f
 sobre o desenvolvimento da linguagem, 262-263
 sobre solução de problemas, 249-250, 250-251f
 sobre teoria da aprendizagem cognitiva, 192-193, 193f
 sobre vínculo, 344-346
Pesquisa experimental, 32-33, 36f. *Ver também* Pesquisa com animais
 designação aleatória dos participantes, 34-35
 experimento, definição, 32-33
 grupos experimentais, 33-34
 grupos-controle, 33-34
 manipulação experimental e, 32-33
 replicação, 37-38
 variável dependente, 33
 variável independente, 33-35
Pesquisa psicológica, 33-45
 de arquivo, 29, 36f
 diversidade em, 41-42. *Ver também* Diversidade
 estudos de caso, 30-31, 36f
 ética da, 40-44
 evitando o viés experimental, 43-44
 método científico como base da, 5, 5f, 26-28
 observação naturalista, 29-31, 36f
 pensamento crítico e, 44
 pesquisa, 30-31, 36f
 pesquisa com animais. *Ver* Pesquisa com animais
 pesquisa correlacional, 31-33, 36f
 pesquisa experimental, 32-38, 36f
 questões sociais para, 20
 técnicas de pesquisa desenvolvimental, 331-332
Pessoas intersexo, 309-310
PET (tomografia por emissão de pósitrons), 68, 69, 69f, 77, 140, 318-319
PhD (doutorado em filosofia), 10f, 11
Placebos, 44, 58
Poder, necessidade de, 310-312
Pons, 70
Ponto cego, 97-98, 98f
Ponto de referência,
 felicidade, 444-446
 peso, 299, 301
População, em pesquisas, 30-31, 36f
Potenciação de longo prazo, 214-215
Potenciais corticais lentos, 71
Potencial de ação, 53, 53f, 54f
Prática, na melhoria da memória, 233-234
Prática da psicoterapia baseada em evidência, 512-513
Preconceito
 definição, 549-554
 discriminação e, 549-554
 fundamentos do, 550-552
 medida, 552
 redução das consequências do, 552-553
Pré-consciente, 385-386
Preocupações diárias, 421-422, 424f

Primeira infância e infância, 340-357
  abordagens do desenvolvimento de processamento da informação, 355-356
  desenvolvimento cognitivo, 350-356
  desenvolvimento da linguagem, 258-261
  desenvolvimento físico, 340-344, 341f, 344
  desenvolvimento social, 344-351
  estágios do desenvolvimento cognitivo de Piaget, 352f, 352-355
  estágios psicossexuais, 387f, 387-389
  estágios psicossociais de Erikson, 350-351, 361-362f
  fase neonatal, 340-344
  jogo e, 347
  obesidade na, 298
  tabagismo infantil, 439
  testemunho ocular das crianças, 223-225
  transtornos psicossociais, 479-481
  visão do desenvolvimento cognitivo de Vygotsky, 356
Priming, 220-221
Princípio
  da conservação, 353, 354f
  da realidade, 386f, 386-387
  do prazer, 386, 386f
Problema
  da vitória-régia, 249-250
  em pêndulo, 333-354
  de indução da estrutura, 246, 248f
  de organização, 246, 247f, 248f
  de transformação, 246, 248f
Procedimentos duplo-cego, 44
Processador central executivo, 210
Processamento
  ascendente, 118-119
  da rota central, 530-531, 531f
  descendente, 117-118
  pela rota periférica, 530-531, 531f
Processamento da informação
  como inteligência, 267-270, 272f
  memória e, 209-210
  na perspectiva cognitiva, 19, 355-356
  programas mentais em desenvolvimento na infância, 355-356
Processo da esquizofrenia, 475-476
Processos construtivos, 222-226
  definição, 222
  memória autobiográfica, 225-226
  testemunho ocular, 222-226
Produção da linguagem, 258-259
Profecia autorrealizável, 549-550
Progesterona, 305
Programas de imersão, 263-264
Programas mentais, 355-356
Projeção, como mecanismo de defesa, 389-390f
Projeto Genoma Humano, 334
Prosencéfalo, 70
Proteína precursora beta-amiloide, 378
Protótipos, 242-243
Provedores de atenção à saúde
  aumentando a adesão aos conselhos médicos, 442-444
  comunicação com, 441-444
  não adesão aos conselhos médicos, 441-442
  seguindo os conselhos médicos, 441-444
Proximidade, atração interpessoal e, 555
Prozac, 517, 517f
Psicanálise, 495f
  Freud e, 390-391, 496-497
  neofreudianos e, 391-393, 497
Psicanalistas neofreudianos, 391-393, 497
Psicocirurgia, 519-521
Psicofísica, 89

Psicologia
  ambiental, 7f
  clínica, 7f, 8, 11, 168, 495f
  cognitiva, 6, 7f, 240
  comunitária, 521-523
  da Gestalt, 15, 116-117
  da personalidade, 6, 7f
  das mulheres, 7f
  de aconselhamento, 7f, 8, 495f
  definição, 5
  do esporte, 7f
  educacional, 7f
  escolar, 7f
  evolucionista, 7f, 8-9, 63-64, 473
  experimental, 6, 7f
  forense, 7f
  futuro da, 20, 23f, 23-24
  importância da, 20
  industrial-organizacional (IO), 7f, 545-547
  método científico com base, 5, 5f
  mulheres na, 10-11, 15, 16-17f, 360-362, 392, 393
  opções de carreira, 10, 11, 12f. *Ver também* Opções de carreira
  perspectivas atuais em, 16-19, 20
  questões-chave e controvérsias, 21f, 21-22
  raízes históricas da, 14-16
  subáreas da, 66-69, 495f
  trabalhando em. *Ver* Opções de carreira; Psicólogos
  transcultural, 7f, 8
Psicologia da saúde, 6-8, 7f, 418-449
  bem-estar subjetivo, 443-446
  câncer, 435-437
  definição 420
  doença arterial coronariana, 434-435
  estresse e enfrentamento do estresse, 421-433
  psiconeuroimunologia (PNI), 420, 427
  seguindo os conselhos médicos, 441-444
  tabagismo, 436-439
Psicologia do desenvolvimento, 6, 7f, 168, 328, 329
  questão da natureza-criação na, 329-331
  técnicas de pesquisa em, 331-332
Psicologia social, 7f, 8, 23, 526-567
  agressão e, 559-561, 564
  ajudando os outros e, 560-563
  atração interpessoal e, 555-558
  cognição social na, 534-539
  concordância e, 544-547
  conformidade e, 541-545
  definição, 528
  estereótipos e, 549-550, 552-553
  mudança de atitude na, 529-533
  obediência e, 529-533
  preconceito e discriminação e, 549-554
Psicólogos, 5-9
  características dos, 10-11
  educação dos, 10f, 11
  escolha do terapeuta, 495f, 522-523
  PhD, 10f, 11
  subáreas, 6-9, 495f
  tipos de profissionais de psicologia, 7f, 495f
Psiconeuroimunologia (PNI), 420, 427
Psicoterapia, 495-514
  abordagem eclética, 494, 513
  abordagens de tratamento cognitivas, 502-503
  abordagens de tratamento comportamentais, 498-502
  avaliação, 510-513
  definição, 494

  escolhendo um terapeuta, 495f, 522-523
  fatores raciais e étnicos, 513
  profissionais que oferecem, 495f
  terapia humanista, 507-509
  terapia interpessoal, 509
  terapia psicodinâmica, 496-498
  terapias de grupo, 509-510
Psicoticismo, 396
Psiquiatria, 495f
Puberdade, 359
  depressão e, 364-367, 474
Publicidade
  criador em agência de, 532
  de cigarros em países em desenvolvimento, 439
  persuasão por meio da, 439, 530
Punição
  negativa, 180, 181f
  positiva, 180, 181f
  prós e contras da, 181-182
  reforço *versus*, 180, 181f, 181-182
Pupilas dos olhos, 95f, 95-96
Purga, 301-303

Q

QI. *Ver* Quociente de inteligência (QI)
Quebra-cabeça da Torre de Hanoi, 245f, 245-246, 249-250
Questão da natureza-criação, 21f, 21-22, 329f, 329-331
  inteligência e, 278, 280-282
  na determinação da influência relativa da natureza e criação, 331
  na esquizofrenia, 475-478
  na fome e obesidade, 296-301
  na homossexualidade/bissexualidade, 307-310
  no desenvolvimento fetal, 336-338
  nos transtornos de ansiedade, 467
  personalidade e, 403-404
Questionário dos 16 Fatores de Personalidade (16PF), 396
Quiasma óptico, 98, 99f
Quociente de inteligência (QI), 272-274. *Ver também* Inteligência; Testes de inteligência
  Binet e, 272f, 272-274
  deficiências intelectuais (retardo mental), 277-279, 336-338, 338f
  dom e, 272f, 272-274
  processo de envelhecimento e, 374-375
  questão da natureza-criação e, 278, 280-282
  Wechsler e, 275-276

R

Raça
  como fator na psicoterapia, 513
  dos psicólogos, 10-11
  no estabelecimento de normas, 409-410
Raciocínio
  algoritmos, 242-243
  heurística, 242-245, 255
Racionalização, como mecanismo de defesa, 389-390f
Racismo moderno, 549
Raiva
  doença arterial coronariana e, 435
  lidando com, 564
  na adaptação à morte, 378
  no transtorno da personalidade *borderline*, 478-480
Realizações
  medindo a motivação para realizações, 309-311
  necessidade de, 309-311

Recaptação, 56
Recém-nascidos. *Ver* Neonatos
Receptores neurais, 111-112
Reconhecimento, 218-219
Recordar, 218f, 218-219, 219f, 231-233
Recuperação, 205, 205f, 218-219
Recuperação espontânea, 173-175
Redes semânticas, 212-213, 213f
Reestruturação cognitiva, no manejo da dor, 113
Reflexo
  da mordaça, 340
  de Babinski, 341
  de rotação, 340
  de sucção, 340, 342
  de surpresa, 340-341
Reflexos, 60, 340-341
Reforçadores
  definição, 179
  negativos, 180, 181f
  positivos, 180, 181f
  primários, 179
Reforço, 178-184, 181f, 399-400
  contínuo, 182-183
  intermitente, 182-183
  parcial, 182-183
  programação de, 182-184
  punição *versus*, 180, 181f, 181-182
Reforços secundários, 179
Refração, 95
Regressão
  como mecanismo de defesa, 389-390f
  esquizofrenia como, 477-478
Remissão espontânea, 511
Replicação, 37-38
Representação, na solução de problemas, 246-248
Repressão, como mecanismo de defesa, 389-390, 389-390f
Resiliência, 349, 429, 430
Resistência, 430
Resposta
  condicionada (RC), 170-175
  de luta ou fuga, 314
  não condicionada (RNC), 170, 172-173
Resposta sexual humana. *Ver também* Sexualidade
  aspectos fisiológicos, 304-305
  biologia do comportamento sexual, 304-310
Restrições biológicas, na aprendizagem, 187
Resultados significativos, 37
Retardo. *Ver* Deficiência intelectual (retardo mental)
Retardo familiar, 278
Retardo mental. *Ver* Deficiência intelectual (retardo mental)
Retidão. *Ver também* Estados de consciência; Inconsciente
  definição, 132
  níveis de, 132
Retina, 96, 97f, 97-98
Rins, 65f
Ritalina, 216
Ritmos circadianos, 143
Ritos de passagem, 366-367, 436-437
Rombencéfalo, 70
Rotulação
  da deficiência intelectual (retardo mental), 277-279
  do comportamento anormal, 458-461, 475-476, 487
  dos dons, 279
  dos sentimentos, 314-315, 315f, 317
Rubéola (sarampo alemão), 337, 338f

S

Sarampo alemão (rubéola), 337, 338f
Seconal, 156f, 160
Segurança baseada no comportamento, 185
Seguro progressivo, 168
Semântica, 258
Semelhança, atração interpessoal e, 556-557
Senilidade, 375-377
Sensação, 89-92
  adaptação sensorial, 92
  definição, 88, 89
  desenvolvimento sensorial precoce, 341-344
  limiares absolutos, 90-91
  limiares de diferença, 91-92
  percepção versus, 88, 89, 128
Sensações cutâneas, 110-112
  definição, 111
  dor, 110-112
  sinestesia, 113-114
Serotonina, 57f, 58
Sexo
  conjugal, 306-307
  extraconjugal, 307-308
  pré-conjugal, 306-307
Sexualidade
  diversidade do comportamento sexual, 304-310
  estágios psicossexuais, 387f, 387-389
  no desenvolvimento adolescente, 359f, 359-360
  processo de envelhecimento e, 369-370
  resposta sexual humana, 304-310
Sífilis, 337, 338f
Sinais monoculares, 120
Sinais organizacionais, na melhoria da memória, 233-234
Sinapses, 55f, 55-56
Síndrome
  alcoólica fetal (SAF), 278, 337
  da imunodeficiência adquirida (aids), 338f
  da morte súbita infantil (SMSI), 142
  de adaptação geral (SAG), 426f, 426-427
  de distrofia simpática reflexa (SDSR), 110
  de Down, 278, 336
  de Korsakoff, 231-232
  hipertimésica, 204
Sinestesia, 113-114
Sintaxe, 257
Sistema
  de fichas, 500-501
  de processamento cognitivo-afetivo (SPCA), 400-401
  límbico, 72-73
  nervoso central (SNC), 60-62, 61f
  nervoso periférico (SNP), 61f, 62
  vestibular, 107-108
Sistema endócrino, 64-66
  hormônios. Ver Hormônios
  localização e função das glândulas endócrinas, 65f
Sistema nervoso, 60-64
  autônomo, 62-63, 63f, 316, 467
  bases evolucionistas, 63-64
  sistema nervoso central (SNC), 60-62, 61f
  sistema nervoso periférico (SNP), 61f, 62
Sistema nervoso autônomo, 62-63, 63f
  nos transtornos de ansiedade, 467
  raízes das emoções no, 316
Situação estranha de Ainsworth, 350

Situacionismo, 400-401
SMSI (síndrome de morte súbita infantil), 142
Solução de problemas, 245-254
  computadores e, 244
  criatividade e, 253-254
  impedimentos para soluções, 250-253
  julgamento, 249-251
  pensamento crítico e, 255
  preparação, 246-248
  produção de soluções, 248-250
  quebra-cabeça da Torre de Hanoi, 245f, 245-246, 249-250
  tipos de problemas, 246-248, 248f
Som
  aspectos físicos do, 105-108
  definição, 104
  memória sensorial, 206-207
  percepção do recém-nascido do, 343-344
  sinestesia, 113-114
  teorias do, 106-107
Sonambulismo, 142, 142f
Sonhos, 132, 135-141
  conteúdo manifesto dos, 139, 140f, 496-497
  explicações evolucionistas, 140-141
  função e significado dos, 137-141
  número de, 138
  sono REM (movimento rápido dos olhos) e, 134f, 135f, 135-136, 141, 142
  temas dos, 138-139, 139f
  teoria da realização do desejo inconsciente, 139f, 139-140
Sonilóquio, 142, 142f
Sono, 132, 133-146
  estágio, 134f, 142
  estágio 1, 134, 134f
  estágio 2, 134, 134f
  estágio 3, 134, 134f
  estágio 4, 134
  estágio 5/REM, 134f, 135f, 135-136, 141, 142
  estágios, 134-136, 142
  impacto da privação de sono, 137
  melhora, 145
  não REM (NREM), 135, 136
  perturbações, 141-142
  quantidade necessária, 136f, 136-137, 137f
  razões para, 136-137
  REM (movimento rápido dos olhos), 134f, 135f, 135-136, 141, 142
  ritmos circadianos, 143
  sonhos, 135-136, 137-141
SPM (síndrome pré-menstrual), 485-486
Status
  conformidade e, 542
  definição, 542
  socioeconômico. Ver Condição socioeconômica (CSE)
Subatenção, 477-478
Subcampos da psicologia, 6-9, 495f
  expandindo fronteiras, 8-9
  listas de, 7f, 495f
  questões básicas para, 6-8
Sublimação, como mecanismo de defesa, 389-390f
Submetas, na solução de problemas, 249-250, 255
Substância P, 111
Suicídio
  adolescente, 364-367
  linhas diretas para prevenção de suicídio, 366-367, 494
  sinais de alerta, 366-367

transtorno de estresse pós-traumático (TEPT) e, 421-422
Superego, 386f, 387
Superpaladar, 109-110
Suprimento visual, 210

T

Tabagismo
  abandonar, 437-438
  dissonância cognitiva no, 533, 533f
  em países em desenvolvimento, 439
  hipnose para reduzir, 149
  nicotina como estimulante, 155
  no desenvolvimento pré-natal, 337, 338f
  por adolescentes, 436-437, 437f, 438f
  por crianças, 439
  razões para, 436-437
Tálamo, 72, 72f
TDAH (transtorno de déficit de atenção/hiperatividade), 216, 456, 479-480
Técnica
  da palavra-chave, na melhoria da memória, 232-234
  da porta na cara, 545-546
  do isso não é tudo, 545-546
  do pé na porta, 544-546
Técnicas de aprendizagem adaptativa, 186
Técnicas de relaxamento
  no manejo da dor, 113
  para melhorar o sono, 145
Tecnólogo do sono, 142
Televisão
  agressão e, 32-33, 32-33f, 195-196
  aprendizagem observacional e, 195-196, 196f
  crimes inspirados na mídia, 195-196
  perda de peso e, 303
Temperamento, 401-404
  definição, 349
  estilo parental e, 349
Teoria
  da atividade do envelhecimento, 377-378
  da autodeterminação, 294
  da emoção de Schachter-Singer, 317f, 318
  da frequência da audição, 107
  da frustração-agressão, 560-561
  da identidade social, 550
  da síntese da ativação, 139f, 141
  das emoções de Cannon-Bird, 317f, 317-318
  das emoções de James-Lange, 316-317, 317f
  das inteligências múltiplas, 267-268, 269f, 272f
  de ativação da modulação da informação (AIM), 141
  de visão das cores do processo oponente, 102
  do desenvolvimento moral de Kholberg, 260-261, 360-361f
  do envelhecimento, descomprometimento, 378
  do inconsciente com realização, 139f, 139-140
  do portão de controle da dor, 111-112
  dos níveis de processamento, 219-220
  dos sonhos para sobrevivência, 139f, 140-141
  tricromática da visão em cores, 101-102
Teoria da aprendizagem cognitiva, 192-199
  aprendizagem latente, 192-194, 193f
  aprendizagem observacional, 194f, 194-196, 196f
  definição, 192

impacto cultural na aprendizagem, 197-198
Teoria da atribuição, 535-539
  processos de atribuição, 535-537
  vieses de atribuição, 537-539
Teoria do desenvolvimento cognitivo de Piaget, 352-355
  estágio das operações concretas, 352f, 353
  estágio das operações formais, 352f, 353-354, 359-360
  estágio pré-operatório, 352f, 352-353
  estágio sensório-motor, 352, 352f
  estágios versus desenvolvimento contínuo, 355
Teoria do desenvolvimento psicossocial de Erikson, 350-351, 361-364
  estágio da autonomia versus vergonha e dúvida, 350-351, 361-362f
  estágio da confiança versus desconfiança, 350-351, 361-362f
  estágio da diligência e construtividade versus inferioridade, 350-351, 361-362f
  estágio da generatividade versus estagnação, 361-362f, 363-364
  estágio da identidade versus confusão de papéis, 361-362f, 361-364
  estágio da iniciativa versus culpa, 350-351, 361-362f
  estágio da integridade do ego versus desespero, 361-362f, 363-364
  estágio da intimidade versus isolamento, 361-362f, 363-364
Teoria dos traços, 395-398, 406f
  avaliação, 397
  de Allport, 396
  de Cattell, 396
  de Eysenck, 396f
  definição, 395
  personalidade narcisista, 398, 479-480
  traços, definição, 395
  Traços de personalidade (Big Five), 397, 397f
Teoria psicanalítica de Freud, 385-391
  avaliação, 390-391
  desenvolvimento da personalidade, 387-389
  estágios psicossexuais, 387f, 387-389
  estruturação da personalidade, 386-387
  inconsciente, 385-386, 498
  mecanismos de defesa, 388-391, 389-390f
  psicanalistas neofreudianos, 391-393, 497
Teorias
  definição, 27
  do desgaste do envelhecimento, 373-375
  do envelhecimento de programação genética, 373-375
  no método científico, 27-28
  place da audição, 107
TEPT (transtorno de estresse pós-traumático), 172-174, 421-422, 467
Terapia
  centrada na pessoa, 507-508
  comportamental dialética, 501
  comportamental racional-emotiva, 503-504
  de autoajuda, 163, 510
  de família, 510
  de reposição hormonal (TRH), 65
  genética, 334
  germinativa, 334
  hormonal (TH), 369-370
  interpessoal (TI), 509
Terapia biomédica, 515-521
  definição, 494

eletroconvulsoterapia (ECT), 519
em perspectiva, 520-521
perspectiva médica sobre o comportamento anormal, 455f, 455-456
terapia farmacológica, 515-518
Terapia de luz
no manejo da dor, 113
para transtorno afetivo sazonal, 143f
Terapia farmacológica, 525-518. Ver também Uso de drogas
ansiolíticos, 516f, 518
antidepressivos, 56, 132, 516f, 516-517
antipsicóticos, 515-516, 516f
definição, 515
estabilizadores do humor, 516f, 517-518
inibidores da MAO, 516, 516f
inibidores seletivos da recaptação de serotonina (ISRSs), 56, 505f, 516f, 516-517, 517f
Terapia humanista, 507-509
avaliando, 509
terapia centrada na pessoa, 507-508
Terapia psicodinâmica, 496-498
abordagens contemporâneas, 497
avaliação, 497-498
psicanálise, 390-393, 495f, 496-497
Terapias de grupo, 509-510
terapia de autoajuda, 163, 510
terapia de família, 510
Teratogênicos, 337-338
Terrores noturnos, 142
Terrorismo, 20, 221
ataques terroristas ao World Trade Center (2001), 421-422, 421-422f
estresse e, 421-422, 421-422f
Testagem. Ver Avaliação; Medidas de autorrelato; Testes de inteligência; Testes psicológicos
Testagem adaptativa, 277
Teste
de Apercepção Temática (TAT), 310-311, 412-413
de Associação Implícita (TAI), 552
de Orientação Vital, 410f
de personalidade de Myers-Briggs, 392
de QI Culturefair, 280-281
de Rorschach, 412f, 412-413
para emprego, 409
Testemunho ocular, 20, 222-226
armas e, 222-225
de crianças, 223-225
falsas lembranças, 223-226
hipnose no, 149
lembranças reprimidas, 225-226
Testes de inteligência, 270, 271f, 272-279. Ver também Inteligência; Quociente de inteligência (QI)
confiabilidade, 276-277
cultura e, 281-282
definição, 272f
fator-g, 267
idade mental, 273-276
melhorando os escores nos, 277
testagem adaptativa, 277
testes padronizados, 277
validade, 276
Testes padronizados, 277
Testes projetivos de personalidade, 412-413
Testes psicológicos, 30-31, 392, 396-398, 408-415, 552. Ver também Personalidade, avaliação, 414-415
avaliação comportamental, 412-413
confiabilidade, 408

definição, 408
medidas de autorrelato, 410-412
métodos projetivos, 412-413
normas, 409-410
validade, 408
Testículos, 65f
Testosterona, 65-66, 66f
Tetra-hidrocanabinol (THC), 161-162
Tímpano, 104, 105f
Tireoide, 65f
Tiroteio no filme The Dark Knight Rises, 4
TMS (estimulação magnética transcraniana), 68, 69f, 69-70, 519
Tomar notas, na melhora da memória, 233-234
Tomografia por emissão de pósitrons (PET), 68, 69, 69f, 77, 140, 318-319
Traços
cardinais, 396
centrais, 534-535
da Personalidade Big Five, 397, 397f
de origem, 396
secundários, 396
Transexualismo, 309-310
Transferência, 497
Transgenerismo, 309-310
Transição da meia-idade, 370
Transtorno
afetivo sazonal, 143, 143f
alimentares, 296, 301-303, 480-481, 487
bipolar, 472-474
conversivos, 468, 469f
da personalidade antissocial, 478-479
da personalidade autodestrutiva, 484-485
da personalidade borderline, 478-480
da personalidade múltipla, 469, 487
de ansiedade generalizada, 465-466, 466f
de déficit de atenção/hiperatividade (TDAH), 216, 456, 479-480
de estresse pós-traumático (TEPT), 172-174, 421-422, 467
de personalidade narcisista, 398, 479-480
de sintomas somáticos, 468, 469f
devido ao uso de substância psicoativa, 480-481
disfórico pré-menstrual, 485-486
dissociativo de identidade (TDI), 469, 487
dissociativos, 468-470, 487
do pânico, 464-466
do pensamento formal, 474
fóbicos, 463-464, 464f
mentais orgânicos, 480-481
obsessivo-compulsivo (TOC), 465-467, 467f
perceptivos, 475-476
Transtornos da personalidade, 478-480
definição, 478-479
tipos, 478-480
Transtornos de ansiedade, 463-468
causas, 467-468
definição, 463
generalizada, 465-466, 466f
transtorno de pânico, 463-464, 464f
transtorno obsessivo-compulsivo (TOC), 465-467, 467f
Transtornos do humor, 470-474
causas, 473-474
definição, 470
depressão maior, 470-471, 473-474
estabilizadores do humor, 516f, 517-518

mania, 472f, 472-474
transtorno bipolar, 472-474
Transtornos psicológicos, 450-525
classificação do comportamento anormal, 458-461, 487
comportamento normal versus anormal, 453-462
contexto social e cultural dos, 484-487
cultura e, 483, 484-487
escolha do terapeuta, 495f, 522-523
esquizofrenia, 58, 452, 474-478, 487, 490
outros transtornos, 480-481
período adolescente, 364-367, 474, 479-481
perspectivas sobre a anormalidade, 455-458
prevalência e incidência, 483, 484f, 485f, 486
psicologia comunitária na prevenção, 521-523
terapia biomédica no tratamento, 494, 512-521
transtornos de ansiedade, 463-468
transtornos de personalidade, 478-480
transtornos dissociativos, 468-470, 487
transtornos do humor, 470-474
transtornos na infância, 479-481
transtornos de sintomas somáticos, 468, 469f
tratamento, 149, 488, 492-525
Tratamento de transtornos psicológicos, 488, 492-525
abordagens de tratamento cognitivas, 502-505
abordagens de tratamento comportamentais, 498-502
abordagens psicodinâmicas de tratamento, 496-498
em pesquisa experimental, 33-34
terapia biomédica, 515-521
terapia farmacológica, 515-518
Tratamentos de exposição, 500
Treinador de cão-guia, 186
Treinamento de controle do estímulo, 184-185
Treinamento dos esfíncteres, 388-389
Tribo Awa, ritos de passagem, 366-367
Tribos apache, ritos de passagem, 366-367
Triptofano, 145
Trukese, habilidades de navegação, 266, 266f, 269f
Twitter, 20, 143, 143f

U

Ulisses (Joyce), 453
Umami, 109
Unanimidade de grupo, 542-543
Uso de drogas, 132, 152-163. Ver também Terapia farmacológica
alucinógenos, 157f, 161-162
calmantes, 156f, 157-160
comprimidos para dormir, 145
drogas aditivas, 152-154, 337, 338f, 437f, 437-438
drogas psicoativas, 152, 515-518
estimulantes, 154-156, 156f
extensão do, 153f
identificação de problemas com, 162-163
narcóticos, 156-157f, 160-161
no desenvolvimento pré-natal, 337, 338f
para melhorar a memória, 216, 233-234
tratando a drogadição, 173-174

V

Validade, 276, 408
Valium, 57
Variáveis
definição, 31-32
independente/dependente, 33-35
Vérnix, 340
Viabilidade, 335
Videogames, aprendizagem observacional e, 196
Viés
atribuição, 537-539
confirmação, 251-253
experimental, 43-44
pelo interesse próprio, 537-538
semelhança presumida, 537
Teste de Associação Implícita (TAI) e, 552
Vieses de atribuição, 537-539
no contexto cultural, 538-539
tipos de, 537-538
Vínculo, 344-347
avaliação, 346
definição, 344
imprinting, 344-346
pesquisa com animais sobre, 344-346
tipos de, 346
Violência. Ver Agressão
Visão, 94-103
cega, 88
constância perceptual, 120-121
cultura e percepção, 124
desenvolvimento do recém-nascido da, 341-343, 342f
do desenvolvimento cognitivo de Vygotsky, 356
envio de mensagem do olho para o cérebro, 96-98
estrutura do olho, 95-96
ilusões visuais, 122-123, 124f
leis de organização da Gestalt, 116-117
memória sensorial, 206-207, 207f
ondas de luz na, 94, 94f
percepção de profundidade, 119-120, 124
percepção motora, 121-122
periférica, 96
ponto cego, 97-98, 98f
processamento de imagens visuais, 98-99, 100f
retina, 96, 97f, 97-98
sinestesia, 113-114
treinador de cão-guia, 186
Visão das cores/daltonismo, 100-102
explicando a visão das cores, 101-102
percepção das cores no recém-nascido, 343
teoria da visão das cores de processos oponentes, 102
teoria tricromática de visão das cores, 101-102
Vulnerabilidade ao estereótipo, 553

W

Walt Disney Company, 530
Washoe (chimpanzé), 262-263

Z

Zigotos, 335
Zona de desenvolvimento proximal (ZDP), 356